FÜNFZIG JAHRE DEUTSCHE MARK

Sonderausgabe
für die Deutsche Bundesbank

FÜNFZIG JAHRE DEUTSCHE MARK

Notenbank und Währung in Deutschland seit 1948

Mit Beiträgen von

Ernst Baltensperger, Peter Bernholz, Christoph Buchheim, Günter Franke, Jacob A. Frenkel, Morris Goldstein, Jürgen von Hagen, Carl-Ludwig Holtfrerich, Harold James, Wolfgang Kitterer, Manfred J. M. Neumann, Jochen Plassmann, Rudolf Richter, Klaus Stern, Manfred Streit, H. Jörg Thieme

mit einem Geleitwort von Hans Tietmeyer und einem Vorwort von Otmar Issing

herausgegeben von der Deutschen Bundesbank

Verlag C.H.Beck München

Die Beiträge von
Harold James und Jacob A. Frenkel/Morris Goldstein
wurden aus dem Englischen übersetzt von Karl Heinz Siber
und Dr. Michaela Kleber.

Mit 41 Tabellen und 45 Schaubildern im Text.

Die Deutsche Bibliothek – CIP-Einheitsaufnahme

Fünfzig Jahre Deutsche Mark : Notenbank und Währung in Deutschland seit 1948 / hrsg. von der Deutschen Bundesbank.
Mit Beitr. von Ernst Baltensperger ... Mit einem Geleitw. von Hans Tietmeyer und einem Vorw. von Otmar Issing.
Die Beiträge von
Harold James und Jacob A. Frenkel/
Morris Goldstein wurden aus dem Englischen übersetzt von Karl Heinz Siber und Michaela Kleber. – München : Beck
ISBN 3-406-43659-5
Buch. 1998 Ln
CD-ROM. 1998

ISBN 3 406 43659 5

Gesamtherstellung: Kösel, Kempten
Gedruckt auf säurefreiem, alterungsbeständigem Papier
(hergestellt aus chlorfrei gebleichtem Zellstoff)
Printed in Germany

Inhaltsübersicht

Dritter Teil
GELDPOLITIK IN DER BUNDESREPUBLIK DEUTSCHLAND

Vierter Teil
DEUTSCH-DEUTSCHE ASPEKTE DER GELD- UND WÄHRUNGSPOLITIK

Inhalt

Zweiter Teil
DIE NOTENBANK IM STAATS- UND FINANZGEFÜGE DER BUNDESREPUBLIK DEUTSCHLAND

Dritter Teil
GELDPOLITIK IN DER BUNDESREPUBLIK DEUTSCHLAND

Vierter Teil
DEUTSCH-DEUTSCHE ASPEKTE DER GELD- UND WÄHRUNGSPOLITIK

Fünfter Teil
DIE INTERNATIONALE SZENE

ANHANG

Zum Geleit

Unter den wirtschaftshistorisch wichtigen Daten in der deutschen Geld- und Währungsgeschichte nimmt der 20. Juni 1948 eine herausragende Stellung ein.

In einer denkbar schlechten Ausgangslage schuf das «Erste Gesetz zur Neuordnung des Geldwesens (Währungsgesetz)» unter alliiertem Besatzungsrecht die Rechtsgrundlage für die neue Währung. Der Name Deutsche Mark ist inzwischen ebenso untrennbar mit Wiederaufbau und Wohlstand wie mit dem hohen Grad gesellschaftlicher Stabilität dieses Landes verbunden. In diesem Jahr jährt sich mit dem Tag der Währungsreform von 1948 zum fünfzigsten Mal die Geburtsstunde der D-Mark.

Der Einführung der D-Mark als neues und alleiniges gesetzliches Zahlungsmittel vorausgegangen war im März des gleichen Jahres die Gründung der Bank deutscher Länder, als deren Rechtsnachfolgerin die Deutsche Bundesbank seit 1957 die ihr vom Gesetzgeber übertragenen geldpolitischen Aufgaben wahrnimmt.

Die Deutsche Bundesbank als Währungs- und Notenbank der Bundesrepublik Deutschland nimmt dieses Jubiläum zum Anlaß, der Öffentlichkeit das vorliegende Werk «Fünfzig Jahre Deutsche Mark. Notenbank und Währung in Deutschland seit 1948» vorzustellen. Sie folgt damit nicht nur der Tradition ähnlicher Anlässe. Es entspricht auch ihrem Selbstverständnis als integralem Teil der staatlichen Gesamtordnung eines pluralistischen und demokratischen Gemeinwesens, gleichsam als «Bringschuld» Rechenschaft abzulegen für das Tun und Handeln in dem ihr anvertrauten hoheitlichen Aufgabenbereich.

Eine solche Rückschau dürfte gerade auch vor dem Hintergrund der sich – bei Erscheinen dieses Buches – in ihrer Schlußphase befindenden Vorbereitungen für den Eintritt in die Endstufe der durch den Maastricht-Vertrag von 1992 vereinbarten Europäischen Wirtschafts- und Währungsunion von besonderem Interesse sein. Historische Erfahrungen im Währungsbereich, so zeitbedingt sie im einzelnen auch sein mögen, sind auch für die Gegenwart und Zukunft eine wichtige Erkenntnisquelle.

Dieses Buch ist das Ergebnis einer gemeinsamen Kraftanstrengung vieler Beteiligter, denen Dank zu sagen und Anerkennung zu zollen mir zugleich Pflicht und Freude ist. Dies gilt allen voran für die Autoren, die mit ihren jeweiligen Beiträgen diesem Werk ein spezifisches Gepräge gegeben haben. Konzeption und Aufbau des Buches sowie die organisatorische Gesamtleitung lagen in der besonderen Verantwortung von Herrn Professor Dr. Otmar Issing, Mitglied des Direktoriums der Deutschen Bundesbank.

Bei der Entwicklung der Konzeption stand Herr Professor Dr. Manfred J.M. Neumann beratend zur Seite; Herr Professor Dr. em. Knut Borchardt gab wertvolle Anregungen. In der Bundesbank waren an der Vorbereitung des Buches vor allem Herr Professor Dr. Dieter Lindenlaub, Herr Gerhard Ziebarth, Herr Günter Jost sowie Mitarbeiter der Hauptabteilung Volkswirtschaft und des Archiv- und Bibliotheksbereichs der Deutschen Bundesbank beteiligt. Das Werk wird von einer CD-ROM begleitet, die eine umfangreiche Auswahl monetärer Statistiken enthält. Für die Entwicklung dieser CD-ROM möchte ich den Mitarbeitern der Hauptabteilung Statistik meine Anerkennung aussprechen.

Mein Dank richtet sich nicht zuletzt an den Verlag C. H. Beck, München, der mit großer Sachkenntnis und ausgewählter Sorgfalt diesen Band ediert, sowie an die Verlagsgruppe Beck/Vahlen, die die Herausgabe der CD-ROM übernommen hat.

Möge der Leser das vorliegende Werk mit Gewinn und Nutzen zur Hand nehmen.

Frankfurt am Main, im Juni 1998

HANS TIETMEYER
Präsident der Deutschen Bundesbank

Vorwort

Das zentrale Anliegen dieses Werks ist es, ein möglichst objektives und profundes Gesamtbild eines halben Jahrhunderts deutscher Geld- und Währungspolitik mit seinen verschiedenen Phasen des Neuanfangs, der Kontinuität und relativen Ruhe, aber auch des Umbruchs und der Neuorientierung zu zeichnen. Die Grundkonzeption hierzu ist in der Bundesbank entworfen und in einem mehrstufigen Prozeß diskutiert worden. Sie stellt gleichsam den Gesamtrahmen für die einzelnen Beiträge dar, die schließlich einem namhaften Kreis fachlich ausgewiesener Wissenschaftler übertragen wurden.

Inhaltlich stand dabei nicht eine lückenlose chronologische Darstellung verschiedener Epochen der Geldpolitik im Vordergrund. Die Wirtschaft der Bundesrepublik in ihrer Entwicklung bildet nach der hier verfolgten Kompositionsidee vielmehr die empirische Kulisse für die wissenschaftliche Behandlung wichtiger Zeit- und Gegenwartsfragen praktischer Notenbankpolitik und ihre kritische Würdigung im Urteil unabhängiger Experten.

Diese Konzeption galt es für einen ungewöhnlich komplexen Untersuchungsgegenstand umzusetzen. Ein derartiges Vorhaben bedarf eines gewissen Maßes an Koordination, bestimmt aber auch zugleich die Rollenverteilung zwischen den Beteiligten. Der Bundesbank kam hierbei eine moderierende Funktion zu; diese schloß in Absprache mit den Autoren das Angebot ein, als Diskussionspartner zur Verfügung zu stehen.

Besonderen Wert haben wir darauf gelegt, nicht strikt nach dem Muster einer rein ablauforientierten Längsschnittsbetrachtung zu verfahren. Wir haben vielmehr - soweit möglich - das Ziel verfolgt, die Geldpolitik und das für sie maßgebliche nationale wie internationale Umfeld in einem übergreifenden Ansatz als einen eng verflochtenen Gesamtzusammenhang zu verstehen.

Es sei noch einmal betont, daß die für diese Schrift gewonnenen Autoren ihren Beitrag ausschließlich in eigener Verantwortung und in eigenem Namen verfaßt haben. Dabei sind unterschiedliche Auffassungen und Interpretationen historischer Ereignisse und Entwicklungen zu Wort gekommen, und es wurden Themenaspekte in verschiedenen Beiträgen von eigenen Standpunkten und Methoden aus beleuchtet. Dieses Ergebnis entspricht der Konzeption eines Werks aus der Feder unabhängiger Wissenschaftler.

Trotz dieser Verschiedenheit gab es Gemeinsamkeit in dem Bestreben, Handlungsmöglichkeiten und Beweggründe der Geld- und Währungspolitik in den letzten fünfzig Jahren aufzuzeigen, Spannungs- und Konfliktfelder zu analysieren sowie insbesondere jene Erfolgsbedingungen herauszuarbeiten, die die vergleichsweise hohe Wertbeständigkeit der D-Mark im Inland begründet und sie im Ausland zu einer harten und international begehrten Währung gemacht haben. Welche starke integrative Wirkung darüber hinaus dauerhaft gutes Geld ausüben kann, zumal wenn es im Rahmen einer freiheitlich-demokratischen Grundordnung mit einer wettbewerblich fest verankerten Marktverfassung einhergeht, haben die Vorgänge um die deutsche Wiedervereinigung einmal mehr eindrucksvoll bestätigt.

Um eine möglichst hohe Transparenz der Ereignisse und Vorgänge zu gewährleisten, hat die Bundesbank im Rahmen der rechtlichen Möglichkeiten technische Unterstützung gewährt. Zu diesem Zwecke hat sie ihr Historisches Archiv und ihre Dokumentenbestände zur Auswertung freigegeben. Dem Erfordernis des Vertrauensschutzes für die handelnden Personen wurde dadurch Rechnung getragen, daß eine Freigabe für die uneingeschränkte Nutzung der Akten gemäß dem Bundesarchivgesetz nur für diejenigen Schriftstücke erfolgte, die älter als 30 Jahre sind. Zudem gestattete sie aber auch Akteneinsicht in Dokumente jüngeren Datums, verbunden allerdings mit der Auflage, hieraus weder Namen noch Zitate zu entnehmen und zu verwenden. Die Arbeiten an den Manuskripten wurden zum 1. Mai 1997 abgeschlossen.

Dem vorliegenden Werk wünscht die Deutsche Bundesbank eine breite Aufnahme in der Öffentlichkeit, in Politik und Wissenschaft. Sie verknüpft damit zugleich die Hoffnung, einen Beitrag zum vertieften Verständnis für die Möglichkeiten, aber auch die Grenzen einer stabilitätsgerechten Geld- und Währungspolitik zu leisten. Dieser Erfahrungsschatz möge Eingang in die Stabilitätskultur einer gemeinsamen europäischen Geldordnung finden.

Frankfurt am Main, im Juni 1998

Otmar Issing
Mitglied des Direktoriums
der Deutschen Bundesbank

Erster Teil

ERBE UND NEUANFANG

I. Die Reichsbank 1876 bis 1945*

Von Harold James

1. Vorbemerkung

Bei der Gründung der Reichsbank stand von Anfang an das eindeutige Bekenntnis zum Fortschritt Pate, wie das 19. Jahrhundert ihn definierte. Fortschritt im unmittelbarsten Sinne einer zu errichtenden neuen Währungsordnung, die dazu bestimmt war, den bis dahin herrschenden Wildwuchs komplizierter und hemmender Vorschriften und regionaler Sonderwährungen aus der Welt zu schaffen und eine einigermaßen transparente Währungspolitik an seine Stelle zu setzen, die den Nährboden für ein dynamisches wirtschaftliches Wachstum bereiten würde. Fortschritt im Sinne eines Bekenntnisses zur Internationalität und zum Goldstandard als einer international verbindlichen Norm. Aber auch Fortschritt im innenpolitischen Bereich, wo durch die Teilhabe einer immer größeren Zahl von Menschen an sachlichen Debatten über öffentliche Belange mehr Rationalität in den Prozeß der Gesetzgebung einziehen sollte. Die Gründung einer deutschen Zentralbank verdankte sich dem Zusammenwirken zweier Haupttriebkräfte: dem Druck der liberal orientierten süddeutschen Staaten und der Fürsprache liberaler Wortführer im Reichstag; beiden gemeinsam gelang es, den anfänglichen Widerstand der preußischen Regierung gegen diese neue Institution aufzuweichen. Die Durchsetzung des Reichsbank-Projekts markiert in der Tat einen Höhepunkt im legislativen Wirken des deutschen Liberalismus Mitte des 19. Jahrhunderts. Die konzipierte Institution sollte regelgebunden geführt werden, daher unempfänglich sein für Einflußnahmen und Sonderinteressen und unabhängig von allfälligen Voreingenommenheiten, Abhängigkeiten oder Launen ihrer leitenden Männer.

* Der Dank des Autors gilt den Professoren Knut Borchardt, Gerald D. Feldman und Peter Kenen für ihre detaillierten und sehr hilfreichen Anmerkungen zum Entwurfsmanuskript für diese Arbeit.

2. Eine Zentralbank wird konzipiert

Die Diskussion über eine Reform des deutschen Währungswesens, wie sie in den sechziger und siebziger Jahren des 19. Jahrhunderts geführt wurde, verlief vor dem Hintergrund des Strebens nach Herstellung der politischen Einheit, stand zugleich aber auch im Zeichen einer fortschreitenden Integration der Deutschen in die globale Wirtschaft. Die Entscheidung Deutschlands für eine Goldwährung erwies sich als der entscheidende Schritt auf dem Weg zur Durchsetzung des Goldstandards als Basis des globalen Währungssystems. Ein internationaler Trend in Richtung Goldstandard hatte sich allerdings schon etliche Zeit vor dem Zustandekommen eines deutschen Einheitsstaates 1871 abgezeichnet, und obwohl in den sechziger Jahren erst zwei Länder – Großbritannien und Portugal – einen wirklichen Goldstandard praktiziert hatten, erschien die Hinwendung zum Gold doch vielen als der beste und gangbarste Weg, den internationalen Warenaustausch durch Schaffung einer weltweit wirklich einheitlichen Währungsbasis zu erleichtern. Eisenbahn und Telegraph hatten effektive Verbindungen zwischen den Märkten geschaffen. Die 1850er und 1860er Jahre standen im Zeichen bis dahin ungekannter Fortschritte in Richtung auf eine internationale Vereinheitlichung von Maßeinheiten und Normen und eines euphorischen Aufbruchs zu verbindlichen internationalen Festlegungen. Das Währungs- und Geldwesen gehörte zu den Bereichen, in denen von einer Internationalisierung die offenkundigsten Vorteile zu erwarten waren. Wie ein US-amerikanischer Kongreßausschuß für Währungsfragen es in einem Bericht von 1866 formulierte: «Die einzige Interessengruppe irgend eines Landes, die durch die Herbeiführung dieser Einheitlichkeit einen potentiellen Schaden erleiden könnte, ist die Zunft der Geldwechsler – eine Gruppe, die nur wenig zum Allgemeinwohl beiträgt.»[1]

Die neu entbrannte internationale Begeisterung für den Goldstandard hatte komplexe Gründe. Unter den Volkswirtschaftlern jener Zeit gab es etliche, die ein Miteinander von Gold- und Silberstandard (in der Sprache des 19. Jahrhunderts «Bimetallismus» genannt) für nicht praktikabel hielten, wohingegen etliche höchst namhafte Wirtschaftstheoretiker, von Leon Walras über Joseph Schumpeter bis Milton Friedman, die Ansicht vertreten haben, daß ein bimetallischer Standard wesentliche Vorzüge gehabt hätte, etwa im Hinblick auf die Sicherung internationaler Preisstabilität. Viele hielten das Gold einfach deshalb, weil es das wertvollere Metall war, für das probatere Zahlungsmittel: Man würde keine schweren Münzlasten bewegen müssen. Unter demselben Gesichtspunkt erschien das Gold aber auch als ungeeignet für den alltäglichen Zahlungsverkehr. Die Entdeckung reichhaltiger Goldvor-

1 Russell, Conferences, S. 35.

kommen in Kalifornien und Südafrika kurz vor der Jahrhundertmitte verscheuchte das Gespenst einer drohenden Goldknappheit und eines damit verbundenen Deflationsdrucks für den Fall, daß Gold zur Weltwährung gekürt würde. Nicht zuletzt war auch mit einem Mitzieh-Effekt zu rechnen: Wenn die Zahl der Länder, die sich zum Goldstandard bekannten, erst einmal eine bestimmte kritische Größe erreicht hätte, würden weitere Länder in Zugzwang geraten, um nicht den Anschluß an die sich mit neuer Dynamik entwickelnde Weltwirtschaft zu verlieren. Die moderne Volkswirtschaftslehre spricht hier von einer «determinierten» Entscheidung. Das Verhalten der Deutschen war wegweisend für die weitere Entwicklung des globalen Finanzsystems – zumal unschwer vorauszusehen war, daß eine Pro-Gold-Entscheidung der Deutschen eine Silberschwemme auf dem Weltmarkt auslösen und den Silberpreis drücken würde.[2]

In Deutschland galt der Goldstandard als Inbegriff von Modernität und Fortschritt. Auf der Internationalen Währungskonferenz von 1867, die Kaiser Napoleon III. zu dem ausdrücklichen Zweck einberufen hatte, einen allgemein verbindlichen Beschluß für den Goldstandard herbeizuführen, hatte der preußische Abgesandte Meinecke einen entschiedenen Standpunkt vertreten und dazu beigetragen, die Teilnehmer zu einem Goldkonsens zu bewegen. Obwohl in Preußen zu diesem Zeitpunkt noch ein Silberstandard galt, sah seine Regierung, so betonte er, es als notwendig an, «den Umstieg von einem Standard zum anderen durch Übergangsmaßnahmen vorzubereiten».[3] Der führende deutsche Währungsökonom, Adolf Soetbeer, fungierte auf dem Vierten Deutschen Handelstag im Oktober 1868 in Berlin als offizieller Berichterstatter. Der Handelstag verabschiedete eine Empfehlung, in der er sich für einen Monostandard aussprach, und zwar auf Grundlage einer Goldwährung, die um eine 25-Franc-Münze und eine Guldenmünze im Wert von 2,50 Francs herum aufgebaut werden sollte. «Die zügige Herbeiführung einer handhabbaren Währungseinheit in allen deutschen Staaten wird jetzt, wie bisher schon, als überaus wichtig und wünschenswert erachtet», hieß es in einer abschließenden Bewertung.[4]

Eine zusätzliche Dringlichkeit erhielt der Übergang zum Goldstandard in dem Moment, da die Erschließung der gigantischen Silbervorkommen im US-Staat Nevada die Gefahr einer Silberschwemme heraufbeschwor. In dieselbe Richtung wirkte aber auch eine politische Dynamik: In dem Maß, in dem der Zug der politischen Einigung Deutschlands in diesen Jahren an Fahrt gewann, wurde die Forderung nach einer einheitlichen Währung immer unabweisbarer. Auf der institutionellen Ebene war die Gründung des Norddeut-

2 Vgl. Gallarotti, Scramble, S. 39–42.
3 U.S. Senate, Monetary Conference, S. 826.
4 U.S. Senate, Monetary Conference, S. 728.

schen Bundes und die Schaffung seiner parlamentarischen Vertretung im Jahr 1867 ein entscheidender Schritt. Wie der angesehene britische Währungsexperte Walter Bagehot 1869 schrieb: «Deutschland muß sich für eine Währung entscheiden; keine seiner vielen Währungen, die es von seinen zersplitterten Einzelstaaten geerbt hat, ist gut genug, um unter den Bedingungen seiner staatlichen Einheit als seine alleinherrschende Währung zu fungieren. Wenn die Dinge so bleiben, wie sie sind, wird Deutschland mit Sicherheit die französische Währung übernehmen; schon liegt dem Bundesparlament eine Empfehlung vor, dies zu tun.»[5]

Die Dinge blieben natürlich nicht so, wie sie waren. Der Deutsch-Französische Krieg von 1870/71 sorgte für eine andere Weichenstellung. Das Währungssystem, für das Deutschland sich nach 1871 entschied, war nicht die auf dem Franc basierende internationale Version, wie Soetbeer und der Deutsche Handelstag sie vorgeschlagen hatten, sondern ein aus der preußischen Währung abgeleitetes Reformprodukt, das die tatsächliche politische Machtverteilung im neuen, preußisch dominierten Reich widerspiegelte. Der politische Charakter der neuen Währungsordnung ging nicht zuletzt aus der Tatsache hervor, daß Deutschland zur Bildung der erforderlichen Goldreserven hauptsächlich auf die 5 Mrd. Goldfrancs zurückgriff, die Frankreich im Frankfurter Frieden als Kriegsentschädigung auferlegt wurden.

Die entscheidenden gesetzgeberischen Schritte waren die Verkündung des Gesetzes über die Prägung reichseigener Goldmünzen am 4. Dezember 1871 und das Münzgesetz vom 9. Juli 1873. Zur grundlegenden Währungs- und Rechnungseinheit wurde die Mark erklärt; ihr Wert wurde auf den zehnten Teil des Wertes der «Reichsgoldmünze» festgelegt, was bedeutete, daß 1395 Mark gleichwertig mit einem Pfund Gold waren. Der in den nördlichen Landesteilen Preußens geläufige Taler wurde mit 3 Mark auf einen praktisch gut handhabbaren Wert gesetzt, während dem im Süden verbreiteten Gulden ein weit weniger griffiger Gegenwert von 1,71 Mark zugesprochen wurde. Silberne Talermünzen blieben bis 1907 im Umlauf, so daß im strengen Sinn erst von diesem Jahr an von der Existenz einer vollwertigen Goldwährung gesprochen werden konnte; allerdings kam es so gut wie nie vor, daß deutsche Notenbanken Silber auszahlten, wenn ihnen Banknoten zur Einlösung vorgelegt wurden.[6]

Mit der Reform der Währung allein war es nicht getan. Die Umstellung auf den Goldstandard schloß indes nicht zwangsläufig die Errichtung einer Zentralbank ein. Viele Aufgaben einer Zentralbank konnten von den bestehenden privaten Banken in ausreichender Weise erfüllt werden. So wurde zum Beispiel die Aufgabe, in der Phase des Übergangs zur neuen Währungsordnung überschüssiges Silber zu verkaufen, von einer privaten, nämlich der Deut-

5 Russell, Conferences, S. 90f.
6 Vgl. Borchardt, Währung und Wirtschaft, S. 8f.

schen Bank, wahrgenommen, und zwar über ihre asiatischen Niederlassungen (weil die riesigen Mengen, um die es ging, auf dem Londoner Markt die Kurse gedrückt hätten und dies wiederum zu Verlusten für das Reich geführt hätte).[7]

Auch war das Bankwesen selbst danach überaus anfällig und bedurfte staatlicher Reglementierung. Deutschland mußte sich mit einem allgemeinen Währungs- und Bankenchaos herumschlagen. Einige Schritte in Richtung auf eine Vereinfachung und Vereinheitlichung des Währungswesens waren durch die Dresdner Münzkonvention von 1838 getan worden, die jedoch den Taler und den Gulden als rivalisierende Währungen nebeneinander hatte bestehen lassen. Mit der Wiener Münzkonvention von 1857 erhielt der Taler eine gewisse Vorrangstellung, indem er rechtsverbindlich zum offiziellen Zahlungsmittel im gesamten Zollvereinsgebiet erklärt wurde, doch damit war das Währungsproblem noch nicht gelöst. Im Zeichen des wirtschaftlichen Aufbruchs der Jahrhundertmitte, der die Nachfrage nach Geld anschwellen ließ, wurden Notenbanken gegründet – im damaligen Sprachgebrauch «Zettelbanken» genannt, zumeist in Gestalt privater, von diesem oder jenem deutschen Staat lizensierter Banken. Sie versuchten, den Mangel an umlaufendem Geld zu beheben und Mittel und Wege zur besseren Bewältigung einer Situation zu finden, in der Münzen und Noten unterschiedlichen Wertes und unterschiedlicher staatlicher Herkunft parallel zirkulierten. Es gab zum Beispiel rund vierzig verschiedene Sorten staatlich garantierten Papiergelds, was offenkundig die Identifizierung gefälschter Noten erschwerte. Einige deutsche Kleinstaaten wie Anhalt-Bernburg und Anhalt-Köthen erlagen der Versuchung, ungedecktes Papiergeld zu drucken.[8] Die Zettelbanken konnten um so mehr Gewinn erzielen, je mehr kleine Scheine sie herauszubringen und in Umlauf zu halten vermochten. Während es 1851 erst neun solcher Zettelbanken gegeben hatte, waren es 1857 bereits 29.[9] Eingangs der 1870er Jahre gab es 33 Zettelbanken, die zusammen Noten im Wert von rund 1,35 Mrd. Mark[10] (entsprechend ca. 8% des Bruttoinlandsprodukts) in Umlauf hatten.

Die Vielzahl der Banken sorgte für permanente Instabilität, weil klar war, daß im Eventualfall einer Panik keine von ihnen ihre Einlösungspflicht würde erfüllen können. Wenn dieser Wildwuchs einer im Grunde unkontrollierten Bankenvielfalt nicht beschnitten worden wäre, wäre die monetäre Geschichte Deutschlands wahrscheinlich ähnlich verlaufen wie die der Vereinigten Staaten im 19. Jahrhundert mit ihren periodisch auftretenden Kettenreaktionen aus Vertrauenskrisen, Panikreaktionen und Bankzusammenbrüchen, gefolgt jeweils von Ausbrüchen des Volkszorns. Tatsächlich kam es in Deutschland

7 Vgl. Barth, Hochfinanz, S. 20f.
8 Vgl. Sommer, Reichsbank, S. 57.
9 Vgl. Dierschke/Müller, Notenbanken, Bd. 1, S. 6.
10 Vgl. Born, Ausbau, S. 262.

1857 und noch einmal 1866 zu solchen Krisen. Wenn die preußischen Truppen 1866 nicht bei Königgrätz die Österreicher geschlagen hätten, wäre es in Berlin zu einem großen Finanzkrach gekommen.

Eines der Ziele der Bankenreform bestand nach Aussage ihres Haupturhebers darin, die Zettelbanken durch «douce violence» von der Herausgabe von Banknoten abzubringen.[11] War in den ersten Jahren nach der deutschen Einigung die Entscheidung für einen einheitlichen Währungsstandard das zentrale währungspolitische Problem gewesen, so verlagerte sich das Schwergewicht der Debatte in der Folge auf die Frage, in welcher Form sich ein Mechanismus institutionalisieren ließe, mit dem Auswüchse der Spekulation und mißbräuchliche Bankenpraktiken unterbunden werden könnten. Diese Überlegungen rückten in den Vordergrund, nachdem der «Gründerkrach» von 1873 die Boomjahre jäh beendet hatte. Viele der in dieser Aufschwungphase neu entstandenen Aktienbanken waren zu dem Zweck gegründet worden, industrielle Unternehmungen auf den Weg zu bringen, und dies führte zum Ausbruch eines regelrechten Spekulationsfiebers. 1873 brachen dann etliche Banken zusammen, darunter die Quistorpsche Vereinsbank, eine der größten Gründerbanken.

Ein zweites wichtiges Thema ergab sich aus der Internationalisierung und der Einführung des Goldstandards. Die durch das Gold notwendig gewordenen internationalen Verbindungen erforderten eine neue währungspolitische Strategie. Von 1874 an setzten massive Goldabflüsse aus Deutschland ein, und zwar in der Größenordnung von 900 bis 950 Mio. Mark (was mehr war als die Summe aller bis 1873 in Umlauf gebrachten Reichsgoldmünzen).[12] Die Reichstagsdebatte über die Frage, ob Deutschland eine Zentralbank brauche, fand vor dem Hintergrund laufender Goldabflüsse statt, deren weitere Zunahme man befürchtete. Eine Zentralbank wäre, so lautete eines der vorgebrachten Argumente, das denkbar geeignetste Instrument für die Inszenierung einer zweckdienlichen Reaktion auf Bewegungen auf dem Edelmetallmarkt. Der erste Präsident der Reichsbank, Hermann von Dechend, der nie zu einem überzeugten Anhänger des Monometallismus wurde, bezeichnete es in einem späteren Rückblick bezeichnenderweise als die «Hauptaufgabe» der neuen Institution, «für die Währung zu sorgen, den Geldumlauf im Land aufrecht zu halten».[13] Im Kontext der selbstgestellten Aufgabe, Deutschland vor zu starken Goldabflüssen zu bewahren, wurde zum ersten Mal der Ausdruck «Hüterin der Währung» verwendet.

Am nachdrücklichsten wurde die Forderung nach Gründung einer Reichsbank in den siebziger Jahren nicht von der Reichs- oder der preußischen

11 Vgl. Deutscher Reichstag, Stenographische Berichte, 1889/90, S. 619.
12 Vgl. Helfferich, Reform, S. 378.
13 Deutscher Reichstag, Stenographische Berichte, 1889/90, S. 203.

Regierung erhoben (letztere sprach sich sogar ausdrücklich dagegen aus), sondern von dem liberalen Abgeordneten Ludwig Bamberger, der die Initiative ergriff, als dem Reichstag am 16. bis 18. November 1874 ein Entwurf für ein Bankgesetz vorgelegt wurde, worin von einer Reichsbank nicht die Rede war. Das Parlament statuierte im Verlauf seiner Debatte über diesen Gesetzentwurf das verblüffende Exempel einer institutionellen Neuerung, die auf Initiative der legislativen Gewalt erfolgte und nicht von oben herab, von Bismarck, verordnet wurde, wie unsere Klischeevorstellungen vom Kaiserreich als einem autoritären System es nahelegen. Bamberger argumentierte, eine Zentralbank könne durch einen wohldosierten Einsatz ihres wichtigsten Werkzeugs – des Ankaufs von Banknoten aus den Beständen privater Banken – die Kreditkonditionen steuern und auf diese Weise spekulativen Auswüchsen einen Riegel vorschieben. Ohne eine solche Steuerungsmacht könnten die umfangreichen internationalen Geldströme, die sich als Reaktion auf den Übergang zum Goldstandard ergeben könnten, die Kreditstrukturen bedrohen, ohne daß die Reichsbank die Möglichkeit hätte, private Banken zu stützen. Die Hauptaufgabe der zu schaffenden Zentralbank sei es daher nicht so sehr, für Währungsstabilität zu sorgen – die Gewähr hierfür sollte der Goldstandard bieten –, sondern als letzter Kreditgeber in der Kette das Finanzsystem zu stabilisieren.

Die Debatten im Reichstag hatten maßgeblichen Einfluß darauf, welche Beschränkungen der neuen Institution bei der Ausgabe von Banknoten auferlegt wurden. Es lag zunächst nahe, sich in dieser Beziehung an den britischen Regelungen zu orientieren. In den Reihen der Liberalen gab es viele, in deren Augen England der große Hort aufgeklärter institutioneller Lösungen war, von denen man sich eine Scheibe abschneiden konnte. Im Rahmen des 1844 in Kraft getretenen Peel Act war das Volumen der von der Bank of England ausgegebenen Banknoten zweigeteilt worden: in einen festgeschriebenen Teil, der als durch das Vertrauen zur Bank abgesichert galt (die sogenannte *fiduciary issue*), und einen variablen Teil; diese über das Volumen der *fiduciary issue* hinausgehende Teilmenge mußte vollständig durch die Goldreserven der Bank of England abgesichert sein. Die letztere Bedingung schreckte die meisten Deutschen. Eine genau definierte Obergrenze, wie der Peel Act sie vorschrieb, würde – so die Bedenken – zu Konkursen führen. Das britische Parlament war zwar befugt, die im Peel Act enthaltenen Beschränkungen vorübergehend außer Kraft zu setzen, doch dies war ein umständliches und nicht eben diskretes Verfahren zur Bewältigung kritischer Situationen. Die Deutschen zogen es daher vor, ihrer Reichsbank die Ausgabe von Banknoten «nach dem Bedürfnis ihres Verkehrs» zuzugestehen, unter der Maßgabe, daß ein Drittel des Volumens durch gültiges deutsches Geld, Reichskassenscheine oder Gold in Barren oder ausländischen Münzen abgedeckt sein mußte. Die übrigen zwei Drittel konnten durch diskontierte Wechsel oder Schecks gedeckt werden.

Als Zentralbank spielte die Reichsbank eine eigenartig beschnittene Rolle. Während die Preußische Bank in der Reichsbank aufging, druckten die Staatsbanken von Bayern, Sachsen und Württemberg weiterhin eigene Noten. Die Reichsbank durfte nur Noten im Wert von 100 Mark oder mehr drucken. Da dieses Minimum dem vierfachen Monatseinkommen eines Textilarbeiters entsprach, war klar, daß die breite Masse niemals Reichsbankgeld in die Hand bekommen würde. Dazu kam, daß das Banknotenprivileg der Reichsbank zeitlich beschränkt wurde mit der Folge, daß es zu einer eingehenden Debatte über die Politik des Hauses kam, als das Gesetz nach 15 Jahren zur Verlängerung anstand.

In das Reichsbankgesetz war ein Mechanismus eingebaut, der der Tendenz zur Aufblähung des Geldvolumens entgegenwirken sollte. Die ersten 250 Mio. Mark an ausgegebenen Banknoten (1899 wurde dieses Kontingent auf 450 Mio. Mark erhöht) wurden für steuerfrei erklärt; jenseits davon sollte auf den Anteil, der das deckungspflichtige Drittel überstieg, eine Steuer erhoben werden. Die Ausgabe von unter diese Steuer fallenden Noten war als Ausnahme von der Regel gedacht, eine Ausnahme, die allerdings nicht einen so spektakulären Charakter hatte wie die auf dasselbe praktische Resultat hinauslaufende zeitweilige Suspendierung des Peel Act in England. Die Urheber des Reichsbankgesetzes hatten sich vorgestellt, daß die Steuer der Reichsbank einen Anreiz geben würde, die Ausgabe von Banknoten, für die keine ausreichende Golddeckung vorlag, tunlichst zu vermeiden (und damit auch das darin liegende hohe Verlustrisiko auszuschalten), und in der Tat konnte die Reichsbank in der Zeit bis zum Ersten Weltkrieg fast durchgehend eine ausreichende Golddeckung vorweisen. Nur gelegentlich gab es einen Ausschlag in den Bereich der Banknotensteuer hinein.

Die rechtliche Verfassung der Reichsbank prägte auch in anderer Beziehung ihr praktisches Handeln. Ihre Strukturen entsprachen weitgehend denen der Preußischen Bank, an deren Stelle sie trat. Als Aufsichtsorgan fungierte ein sogenanntes Bankkuratorium, bestehend aus dem Reichskanzler als Vorsitzender und vier weiteren Mitgliedern als Vertreter der deutschen Bundesstaaten; dieses Gremium trat vierteljährlich zusammen. Geführt wurden die Geschäfte der Bank von einem Direktorium unter Leitung eines Präsidenten, und zwar nach allgemeinen Richtlinien, die der Reichskanzler festlegte. Demgemäß kam es hin und wieder vor, daß das Reichsbankdirektorium direkte politische Anweisungen erhielt, wie 1887 in dem berühmt gewordenen Fall, als die Bank aus außenpolitischen Gründen und auf Drängen Bismarcks die Lombardierung russischer Staatspapiere verbot.[14] Das war sicher nicht das Gebaren einer unabhängigen Zentralbank. Es kam in jener Zeit allerdings auch bei formell völlig unabhängigen Zentralbanken wie der Bank of England

14 Vgl. Holtfrerich, Relations, S. 105–159.

vor, daß politische, namentlich außenpolitische Rücksichten genommen wurden.

Wie die Preußische Bank oder die Bank of England, war auch die Reichsbank eine sich in Privatbesitz befindliche Einrichtung, deren Hauptorgan die einmal jährlich stattfindende Versammlung der Anteilseigner war; diese wurden in der Zeit dazwischen von einem aus fünfzehn Mitgliedern bestehenden Zentralausschuß vertreten, darunter mindestens neun mit Wohnsitz in Berlin, die sich in monatlichem Turnus trafen und an die die Geschäftsleitung berichtete. Der Zentralausschuß legte die Summen fest, die für den Ankauf börsenzugelassener Wertpapiere bereitgestellt wurden. Drei vom Zentralausschuß benannte Vertreter nahmen regelmäßig an den Sitzungen des Direktoriums teil. Für den Fall, daß die Bank Gewinne machte, war vorgesehen, daß diese in Form einer regulären Dividende von 3,5% an die Anteilseigner ausgeschüttet würden; von den darüber hinausgehenden Erträgen ging ein Viertel an die Anteilseigner, der Rest ans Reich. Um den Charakter der Reichsbank als einer auf Gewinnmaximierung ausgerichteten Institution zu unterstreichen und zugleich voll auszureizen, wurden die Gehälter der leitenden Angestellten teilweise an die in ihrem jeweiligen Verantwortungsbereich erzielten Gewinne gekoppelt.

Diese Konstruktion, die die Reichsbank zu einer zugleich privaten und öffentlichen Einrichtung machte, mag im Rückblick verwirrend erscheinen, in einer der abschließenden Reichstagsdebatten zum Thema Reichsbank zeigte sich jedoch ein Konsens darüber, daß die Ausgewogenheit dieser Mischung entscheidend für den Erfolg der neuen Institution sein werde. Tatsächlich hatte diese Mischung auch einen gewissen Sinnbildcharakter im Hinblick auf das neue Reich, das ebenfalls eine Synthese aus privaten Interessen und neuen politischen Strukturen war. Fortschritt definierte sich in dieser Periode (und definiert sich vielleicht zu allen Zeiten) als die geglückte Einspannung privater Interessen für das allgemeine Wohl. Der Ausschuß, der die Gesetzesvorlage erarbeitet hatte, vertrat durch seinen Berichterstatter Bamberger den Standpunkt, das Kapital der Bank sei sicherer aufgehoben, wenn sie nicht unter direkte staatliche Leitung gestellt würde.[15] Diese Konstellation spiegelte die Delikatesse des zu Beginn der siebziger Jahre ausgetüftelten Kompromisses wider, als die Herausforderung für die Politik darin bestand, für die Stabilisierung eines launischen und unausgereiften Finanzwesens zu sorgen, das sich bis dahin durch hektische und spektakuläre Pendelausschläge zwischen Hochkonjunktur und Krise ausgezeichnet hatte. Würde die Reichsbank in ausschließlich staatlicher Regie geführt, so sei mit einer zu starken Bereitschaft zu rechnen, in einer Vertrauenskrise den Banken und der Wirtschaft aus der Patsche zu helfen; die Präsenz privater Anteilseigner würde dafür sor-

15 Vgl. Deutscher Reichstag, Stenographische Berichte, 1874/75, S. 1356.

gen, daß solche Unterstützung auf die kürzestmögliche Zeitdauer beschränkt bliebe.

Dieses Argument wurde im Verlauf der folgenden 50 Jahre immer wieder zur Rechtfertigung der relativen Unabhängigkeit der Reichsbank vorgebracht, vor allem von der politischen Linken und oft in ausdrücklicher Verknüpfung mit politischen Gesichtspunkten. Das bedeutet nichts anderes, als daß just jene Gruppen, die, namentlich unter dem autoritäreren Regime der Periode nach 1879, von jeder Teilhabe an der Macht ausgeschlossen waren, die Unabhängigkeit der Reichsbank als ein wünschenswertes Gegengewicht zur preußisch dominierten Staatsmacht sahen. In diesem Sinne wiesen etwa die Liberalen darauf hin, «daß in keinem größeren Kulturstaat, mit alleiniger Ausnahme von Rußland, eine ... Zentralbank besteht, die auf Landesmittel fundirt ist, sondern sie sind alle auf Privatkapital gegründet».[16] In dem Jahrzehnt nach der Jahrhundertwende beriefen sich auch die Sozialdemokraten, die von diesem Zeitpunkt an eine wesentlich wichtigere Rolle in den politischen Debatten spielten, auf dieses Argument.

Die beiden Anliegen, die in den Reichstagsdebatten über die Gründung der Reichsbank am stärksten im Vordergrund standen – die Sicherung der Goldreserven und die Frage nach der angemessenen Reaktion auf eine kritische Finanzlage –, erwiesen sich in der Folge auch als maßgebliche Faktoren für das Verhalten der neuen Anstalt. Als Institution hatte die Reichsbank wenig Sympathie für den Handel mit Gold. In ihren ersten Geschäftsjahren bediente sie sich technischer – und umstrittener – Mittel zur Erschwerung der Tätigkeit von Gold-Exporteuren: So weigerte sie sich zum Beispiel, die Übergabe von Gold in der Handelsmetropole Hamburg vorzunehmen, und beharrte auf Berlin. Darüber hinaus kaufte sie, wenn auch nur in der kurzen Phase zwischen 1879 und 1881, Gold zu Preisen über dem offiziellen Goldkurs auf.[17] Über längere Zeiträume hinweg benutzte sie ihre Diskontpolitik und ihren Bestand an Wechseln als Mittel, um bei ihren Goldbeständen die selbstgesetzten Ziele zu erreichen.[18]

Jahrzehntelang – bis die Erfahrung der Hyperinflation und finanziellen Destabilisierung in den 1920er Jahren sie zum Umdenken zwang – zeigte sich die Reichsbank jederzeit bereit, im deutschen Bankensystem die Rolle einer Kreditgeberin in letzter Not zu spielen, auch noch als dies in den Jahren unmittelbar nach Ende des Ersten Weltkrieges zunehmend problematischer wurde. «Die Reichsbank ist die letzte Stütze des deutschen Binnenmarktes», hieß es dazu in dem 1900 veröffentlichten Jubiläumsband.[19]

16 Deutscher Reichstag, Stenographische Berichte, 1889/90, S. 193.
17 Vgl. The Reichsbank, S. 236.
18 Vgl. Giovannini, International Gold Standard.
19 The Reichsbank, S. 41.

Mit dem für die Reichsbank geschaffenen rechtlichen Rahmen war ein nahezu perfektes Instrument für eine den Regeln des Goldstandards folgende Geldpolitik geschaffen worden, die nicht auf dem physischen Austausch von Goldmengen basierte, sondern auf der Manipulation der inländischen Kreditzinsen. Wann immer die Reichsbank den Zinssatz für Wechseldiskonte erhöhte oder senkte, tat sie es aus Gründen ihrer Liquidität; die wichtigsten Parameter waren dabei das relative Volumen umlaufender Banknoten und die Höhe kurzfristiger Verbindlichkeiten in Gold und Silber. Wenn die Nachfrage nach Diskontkrediten der Reichsbank anstieg – sei es weil ihr Diskontsatz sich dem (im allgemeinen niedrigeren) Satz für erstklassige Handelswechsel angenähert hatte oder weil im Ausland die Kreditzinsen stiegen –, reagierte die Bank darauf normalerweise mit einer Erhöhung des Diskontsatzes. Dasselbe tat sie, wenn Gold in größeren Mengen abfloß.[20] Es ist bemerkenswert, daß es gelang, eine Konstellation institutioneller Bedingungen zu schaffen, die den eher widerspenstigen leitenden Angestellten der Reichsbank offenbar keine andere Wahl ließ, als sich in die vorgegebenen Spielregeln zu fügen. Gerade von Dechend hatte dem beschlossenen Übergang zum Goldstandard ursprünglich so ablehnend gegenübergestanden, daß er sich zu dem sehr ungewöhnlichen Schritt entschlossen hatte, sich mit einer Petition direkt an den Kaiser zu wenden, worin er seine Überzeugung kundtat, daß das «geplante Bankgesetz das Wohl des Landes im höchsten Grade gefährde».[21] Die Art und Weise, wie von Dechend sich dann in seine neuen Pflichten fügte, demonstrierte auf erstaunliche (und ermutigende) Weise den Triumph von Regeln und Gesetzen über persönliche Überzeugungen.

Schon in der Anfangsphase der Reichstagsdebatten hatten die Gesetzesgeber durch ihr Nein zu einer dem Peel Act entsprechenden Reglementierung dafür gesorgt, daß die Reichsbank immer in der Lage sein würde, inländische Wechsel aufzukaufen. Die Folge war, daß Wechsel in der Praxis zu einem Geldersatz wurden. Die Gewißheit, daß Handelswechsel bares Geld wert waren, stellte ein sicheres Fundament für die Expansion des deutschen Bankenwesens dar. Diese Sicherheit stand in drastischem Kontrast zu dem schwankenden Grund, auf dem die Kreditwirtschaft in den meisten anderen Ländern stand. Als die National Monetary Commission der USA den Rat deutscher Experten einholte, erklärten diese: «Die große Stärke unseres Finanzwesens in Deutschland ist die Reichsbank. Unter diesen Bedingungen ist die Frage nach unseren eigenen Barreserven von zweitrangiger Bedeutung, da wir jederzeit unsere Bestände an Handelswechseln bei der Reichsbank zu Geld machen können.»[22]

20 Vgl. Sommariva/Tullio, History, S. 83–120.
21 Sommer, Reichsbank, S. 109.
22 National Monetary Commission, Banking, S. 373 ff.

Eine zusätzliche Besonderheit bestand darin, daß die Reichsbank nicht nur Wechsel von anderen Banken, sondern auch über ein eigenes Netz von Niederlassungen ankaufte. Sie kaufte Wechsel unmittelbar von einem breit gestreuten Kundenkreis. Insgesamt 66821 Personen und Firmen standen 1910 auf der Diskontkundenliste der Reichsbank; nur 2361 davon waren Banken.[23] Bei manchen dieser Kunden handelte es sich um Kleinstbetriebe, und die Reichsbank betrachtete ihre Diskontgeschäfte mit diesen Kunden durchaus als «eine gewisse Sozialpolitik im Rahmen ihrer Kreditgewährung».[24] Manche Wechsel lauteten auf nicht mehr als 10 Mark. Da der Diskontsatz der Reichsbank gewöhnlich höher lag als der Zinssatz für von den Privatbanken gewährte Diskonte, zogen es Kunden mit erstklassiger Bonität fast immer vor, ihren Kreditbedarf bei Privatbanken zu stillen. Die dadurch bedingte reduzierte Qualität des Wechselbestandes der Reichsbank führte zwangsläufig zu gelegentlichen Einlösungsschwierigkeiten.

Es war unvermeidlich, daß in der ersten Zeit Zweifel und Ungewißheiten bestanden, ob diese Konstruktion wirklich geeignet war, Finanzpaniken zu verhindern. Als nach einer gewissen Anlaufzeit das Vertrauen in die Verläßlichkeit der Reichsbank-Garantie voll hergestellt war, zeigte sich der Erfolg in Gestalt einer ungeheuren Ausdehnung des Bankgeschäfts, das vor allem von der Jahrhundertwende an Dimensionen erreichte, die die Fähigkeit der Reichsbank, den Geldumlauf zu kontrollieren, gefährdeten. Mit Riesenschritten überholten die großen Berliner Banken die Reichsbank in bezug auf Größe und Bedeutung.[25] Hatte in den ersten zwanzig Jahren nach Gründung der Reichsbank die schwierige Aufgabe darin bestanden, ihr Glaubwürdigkeit zu verschaffen, so beschwor ihre erwiesene Solidität in der Folgezeit die Gefahr eines Verlusts an Kontrollgewalt herauf.

Die in der Zeit vor dem Ersten Weltkrieg erwiesene Fähigkeit des deutschen Finanzsystems, Krisengefahren zu minimieren, brachte ihm viel Lob ein. Der Hamburger Bankier und Geldtheoretiker Friedrich Bendixen schrieb 1909: «Wir Deutschen sind so glücklich, für das Problem der Reichsbankverfassung eine ideale Lösung gefunden zu haben, eine Lösung, um die uns einsichtige Köpfe des Auslandes beneiden.»[26] Die institutionellen Strukturen beeinflußten den Verlauf der deutschen Wirtschaftsentwicklung. Wie der Autor McGouldrick erst unlängst festgestellt hat, waren die Konjunkturzyklen in Deutschland «mild im Vergleich zu denen in anderen Ländern derselben Zeit oder in Westdeutschland nach 1950». Er gelangte zu dem Schluß, daß die Reichsbank damit, «ob absichtlich oder nicht, ein Ziel erreichte, das moderne

23 Vgl. The Reichsbank, S. 154–157.
24 Von Eynern, Die Reichsbank, S. 35.
25 Vgl. von Eynern, Die Reichsbank, S. 45.
26 Bendixen, Geld, S. 137; vgl. auch The Statist, 12. Oktober 1901.

Zentralbanken in unterschiedlichen Perioden verfehlten, nämlich in ihren monetären Verpflichtungen prozyklische Bewegungen zu vermeiden».[27] Diesen Gesichtspunkt registrierten amerikanische Analytiker deswegen mit besonderer Aufmerksamkeit, weil der Kontrast zu dem, was sich in derselben Zeit in den Vereinigten Staaten (oder auch in Lateinamerika) abspielte, frappierend war: Dort führten das Fehlen einer Zentralbank und der spekulative Charakter des Bankgeschäfts wiederholt zu dramatischen Vertrauenskrisen, wodurch die Wirtschaftsentwicklung wesentlich sprunghafter verlief. Ob das Ausbleiben schwerer Finanzkrisen generell die Wachstumsrate positiv beeinflußte, darüber läßt sich streiten. Doch es steht fest, daß das Wirtschaftswachstum dadurch bruchloser verlief und sich an der Höhe des Wachstums zunächst auch keine größeren politischen Auseinandersetzungen entzündeten.

3. Die Reichsbank als Zentralbank in der Praxis

In ihren Anfangsjahren legte die Reichsbank den Schwerpunkt ihrer Tätigkeit auf das Bemühen, eine Goldreserve aufzubauen. Sie kaufte Silbermünzen in großen Mengen auf (2,9 Tonnen zwischen 1876 und 1878) und tauschte sie an der Londoner Edelmetallbörse gegen Gold ein. Da sie jedoch gezwungen war, Goldmünzen in Umlauf zu bringen, schmolz die Goldreserve schnell wieder dahin. Anfang 1876 waren immerhin noch 78% der Reichsbank-Rücklagen auf Gold im Wert von 346 Mio. Mark entfallen; Ende 1878 konstituierten 180 Mio. Mark Gold nur noch 38% der Rücklagen.[28] Der Verkauf von Silber wurde im Mai 1879 gestoppt, nachdem der Silberpreis nicht zuletzt wegen der umfangreichen deutschen Verkäufe in den Keller gefallen und der Kauf von Gold dementsprechend teuer geworden war. In der ersten Hälfte der achtziger Jahre büßte die Reichsbank Reserven ein, doch zwischen 1885 und 1895 konnte sie größere Goldkäufe tätigen – obwohl der Silberpreis seinen dramatischen Niedergang fortsetzte –, und die Deckungsquote stieg an. (In manchen Monaten lag sie sogar über 100%.) Dies eröffnete die Möglichkeit, den Diskontsatz auf einem relativ niedrigen Niveau zu belassen – manchmal sogar auf 3%. Die günstigen Aussichten in bezug auf die Goldreserve und die damit einhergehenden niedrigen Diskontsätze trugen zum Aufbau von Vertrauen in das System bei.

Der quasi-autonome Charakter der Bank blieb ein Stein des Anstoßes. Die anhaltende Preisdeflation der siebziger und achtziger Jahre, die teilweise eine Folge des weltweiten Übergangs zum Goldstandard war, ließ Forderungen

27 McGouldrick, Operations, S. 312, 319; vgl. auch Lewis, Growth, S. 22f.
28 Vgl. Borchardt, Währung und Wirtschaft, S. 34 sowie Bopp, Operations, S. 33.

nach einem Kurswechsel in der Währungspolitik laut werden. Die Interessenvertreter der Schuldner machten geltend, daß eine großzügigere Kreditpolitik die Wirtschaft beflügeln würde, und forderten eine stärkere staatliche Kontrolle des Bankwesens mit dem Ziel, ein bekömmliches Maß an Reflation zu fördern. Diese Forderung war und blieb ein beständig wiederkehrendes Thema der Parteien des rechten Flügels. Nach der Wende zum 20. Jahrhundert durchlebte die Reichsbank unter dem Eindruck einer neuen Woge öffentlicher Kritik eine Periode der Selbstreflektion und des Selbstzweifels. Das offenkundigste Problem bestand darin, daß es zu diesem Zeitpunkt wieder eine sehr schwierige Aufgabe geworden war, die Goldreserven auf dem erforderlichen Stand zu halten.

Von Mitte der 1890er Jahre an hatten sich die Kreditkonditionen drastisch verändert. Die Phase einer sehr starken Ausweitung des den Geschäftsbanken gewährten Kreditvolumens begann, und zugleich führten neue Goldfunde in Alaska und Südafrika dazu, daß international das Angebot an Metallgeld wuchs. Das rapide Wachstum der deutschen Banken führte zu einer Aufblähung der Geldmenge im Inland, was wiederum die Gefahr einer Vertrauenskrise heraufbeschwor. Im Jahr 1901 machte die Reichsbank ihrer Rolle als letzte Zuflucht der Kreditsuchenden alle Ehre. Nach einer Reihe von Bankpaniken gingen bei der Dresdner Kreditanstalt und bei der Leipziger Bank die Lichter aus, und sogar die große Dresdner Bank verlor Einlagen von 60 Mio. Mark, weil ihr Name den Eindruck einer engen Verbindung zu Sachsen erweckte.[29] Der durchschlagende Erfolg, mit dem es der Reichsbank gelang, die Paniken zu beenden, warf ein *moral hazard*-Problem auf: Sie hatte sich als ein *zu guter* Nothelfer erwiesen.

Unter dem Eindruck der Krise und ihrer Bewältigung faßten die deutschen Banken den Mut, ihre Kreditvergabe auszuweiten und ihre eigenen Barreserven sowie ihre Einlagen bei der Reichsbank abzubauen. Wenn die Reichsbank jederzeit bereit war, Wechsel zu diskontieren, durfte man in Wechseln getrost eine vollwertige (und gewinnbringende) Reserve sehen. Zwischen 1890 und 1910 sank der relative Barreservenbestand der deutschen Aktienbanken, gemessen an den Verbindlichkeiten, von 15 auf 7,6%.[30] Namentlich die Berliner Großbanken nutzten die von der Reichsbank implizit gegebene Gewähr auf jederzeitige Wechsel-Liquidierung für die rasche Aufblähung ihrer Bilanzssummen. Das hatte zur Folge, daß ihr Wechsel-Portefeuille in viel schnellerem Tempo zunahm als das der Reichsbank und daß letztere den Kontakt mit dem Markt verlor – außer in Krisenzeiten.

Welche Gefahren in dem allzu großen Vertrauen zur Reichsbank schlummerten, wurde 1907 deutlich, als sich eine internationale Währungskrise von

29 Vgl. von Eynern, Die Reichsbank, S. 40f.
30 Vgl. Lumm, Diskontpolitik, S. 182.

den USA aus fortpflanzte. Es entspann sich aus diesem Anlaß eine neue Diskussion darüber, mit welchen internationalen Maßnahmen solche globalen Vertrauenskrisen künftig abgewendet werden könnten – die sich jetzt viel schneller ausbreiteten, nachdem mit dem transatlantischen Telegrafenkabel eine direkte Nachrichtenverbindung zwischen den Kontinenten eingerichtet worden war. In der Vergangenheit waren einige Krisen in kooperativem Zusammenwirken überwunden worden. 1907 gewährte die Banque de France der Bank of England einen Vorschuß und erklärte sich bereit, der New Yorker Börse durch Diskontierung erstklassiger amerikanischer Wechsel beizuspringen.[31] Nach 1907 sahen sich die Deutschen zu einem derartigen Vorgehen freilich nicht mehr in der Lage, teilweise wegen der Größenordnung und Gleichzeitigkeit der neuen Finanzkrisen, teilweise aber auch wegen der wachsenden internationalen Spannungen, die es zunehmend problematischer erschienen ließen, ausländischen Partnern Hilfe zu leisten. Die Marokkokrise von 1911 bietet hierfür ein aufschlußreiches Beispiel. Die Reichsbank hatte allerdings bei den kooperativen Hilfsmaßnahmen zur Beendigung der Krise von 1907 ohnehin nur eine kleine Rolle gespielt, wogegen in einem frühen Stadium der Krise sogar die Oesterreichische Nationalbank mit Goldlieferungen an die Bank of England und die Banque de France eingesprungen war.[32]

Die alten Forderungen der Rechten kamen erneut aufs Tapet, jetzt aber in einem anderen Kontext. Auch wenn keine Deflationsgefahr mehr bestand, forderten sie den Bau eines «silbernen Walls um unseren Goldschatz» sowie wirksame Maßnahmen gegen ein Schrumpfen der Reserven. Gold gehöre, so meinten sie, zum nationalen Eigentum, und man dürfe nicht zulassen, daß es immer dorthin fließe, wo gerade internationale Zahlungen fällig waren. So polemisch und politisch die Debatte auch war, spiegelte sie doch ein ernstzunehmendes volkswirtschaftliches Problem wider, das sich auch in theoretischen Überlegungen niederschlug. Hinter dem klassischen Verständnis des Goldstandards hatte die Vorstellung einer Steuerung der Edelmetallflüsse über die Preise gestanden: Preisunterschiede verursachten darin einerseits Warenströme, andererseits Handelsungleichgewichte. Die Goldströme kompensierten die Warenströme. Der konventionellen Auffassung zufolge war das Handelsbilanzdefizit, das Deutschland in den Jahren vor Ausbruch des Ersten Weltkrieges aufwies, die Folge eines starken Bevölkerungswachstums, das zu einer Vermehrung der Importe geführt hatte.[33] Später vertraten immer mehr deutsche Ökonomen den Standpunkt, es sei nicht die Handelsbilanz,

31 Vgl. «Zur internationalen Börsenkrisis», in: Berliner Actionair, 813 vom 6. November 1907 sowie 818 vom 23. November 1907.

32 Vgl. Volkswirtschaftliche Wochenschrift, Wien vom 28. März 1902.

33 Vgl. Denkschrift Glasenapp vom 10. März 1922 (Bundesarchiv Koblenz und Berlin R 2501 [Reichsbank] 6430).

die die Politik der Zentralbank bestimme, wie sie sich in den Diskontzinsen äußerte, sondern die Diskontpolitik der anderen Länder. Der Wechselkurs ließ sich in diesem Fall als eine Funktion von Zinsdifferenzen deuten, jedenfalls solange eine einseitige Veränderung der Wechselkurse durch eine oder mehrere der bedeutenderen Zentralbanken praktisch weitgehend ausgeschlossen werden konnte. Als determinierender Faktor für die Zinssätze geriet nun zunehmend das Geflecht der internationalen Kreditvergaben ins Blickfeld, und demgemäß schienen es eher die Sparguthaben als der Kontokorrent zu sein, die die monetäre Entwicklung in Deutschland bestimmten.

Die Kritik an der Reichsbank führte zu einem Führungswechsel. Ihr Präsident Richard Koch trat aus Altersgründen (er war 73 Jahre alt) zurück. Der neue, Anfang 1908 ernannte Reichsbankpräsident war Rudolf von Havenstein, ein tatkräftiger Beamter, der von 1900 bis 1908 Chef der Preußischen Staatsbank (der Seehandlung) gewesen war und dem man zutraute, daß er die Kritik der Agrarier an der Politik der Bank souveräner als sein Vorgänger abblocken und entschärfen würde.

Das Argument, mit dem Havenstein den Grundsatz der Unabhängigkeit der Zentralbank verteidigte, fußte auf der Feststellung, daß die Reichsbank in ihrer Diskontpolitik nicht frei sei. «Die Reichsbank kann ihn [den Diskont] – das ist schon oft ausgesprochen worden – nicht schaffen, sie kann ihn nur konstatiren und ihn nur innerhalb maßvoller Grenzen beeinflussen». Daraus folgte, daß die Geldpolitik der Reichsbank «nicht ... bestimmt wird durch die Finanzbedürfnisse des Staates und unbeeinflußt bleibt von den fiskalischen Interessen und Wünschen des Staates oder den hier noch mehr auszuschaltenden Interessen der Politik, sei es der Regierung, sei es auch der politischen Parteien».[34]

Als unmittelbare Antwort auf die Verminderung der Reserven im Verlauf der Bankpanik von 1907 hatte die Reichsbank versucht, durch die Ausgabe neuer Noten Gold aus dem Geldkreislauf zu ziehen. Schon 1906 waren Scheine zu 20 und 50 Mark aufgelegt worden; Anfang 1910 wurden die Noten der Reichsbank schließlich zum gesetzlichen Zahlungsmittel erklärt. Auf einer generelleren Ebene bestand die Reaktion der Reichsbank darin, daß sie versuchte, der weiteren Expansion der Geschäftsbanken Zügel anzulegen – etwas gegen deren «Überproduktion und Überspekulation» zu unternehmen, wie Havenstein nur drei Tage nach seiner Amtsübernahme erklärt hatte.[35] Ein Rückgang der Zinsen war nur zu erreichen, wenn die Großbanken sich in ihrer Kreditpolitik Zurückhaltung auferlegten und der Staat sich entgegen dem Trend des sich verschärfenden Rüstungswettlaufs zu einer Kürzung der Rüstungsausgaben durchrang.[36]

34 Deutscher Reichstag, Stenographische Berichte, 1907/08, S. 7072f.
35 Deutscher Reichstag, Stenographische Berichte, 1907/08, S. 2414.
36 Vgl. Lumm, Diskontpolitik, S. 180.

Aus der Warte der Reichsbank bestand die Lösung darin, daß die Banken sich verpflichteten, alle zwei Monate zu bilanzieren (was sie von 1912 an taten). Dies änderte allerdings kaum etwas am akuten Problem der, so schien es wenigstens, gefährlich geringen Barreserven. Die Forderung der Reichsbank, den Banken müßten Beschränkungen für die Kreditvergabe auferlegt werden, wurde in einer zunehmend schärferen Sprache formuliert. Die Probleme der Reichsbank wurzelten in Vorstellungen, die den währungspolitischen Aufgaben immer weniger angemessen waren. Der theoretische Ansatz, der dem Handeln der Reichsbank zugrunde lag, war die *real bills doctrine,* die in den großen Theoriedebatten des frühen 19. Jahrhunderts von den Parteigängern der *banking school* vertreten worden war (in der Auseinandersetzung mit der *currency school,* deren Auffassungen eher denen der Mengentheoretiker des 20. Jahrhunderts nahekamen). Aus der Sicht dieser Doktrin geschah die eigentliche Wertschöpfung durch den Handel; daraus folgte, daß Kredit, solange er zur Finanzierung von Handelsgeschäften gewährt wurde, die Wirtschaft nicht destabilisieren oder untergraben konnte. Die Leute, die diese Doktrin praktizierten, unterschieden zwischen «Handelswechseln» und spekulativen «Finanzwechseln», vor denen sie warnten. Wie die führenden ökonomischen Abhandlungen und Lehrbücher (von Gerhart Schulze-Gaevernitz, Felix Somary oder Adolf Weber) lehrten, schöpften Banken kein Geld, sondern liehen nur ihnen anvertraute Gelder aus.[37] Da jedoch ein immer größerer Teil der Wechseldiskontierungen bei den Geschäftsbanken vollzogen wurde, war die Zentralbank in normalen Zeiten gar nicht mehr in der Lage, eine Scheidung in Handels- und Finanzwechsel vorzunehmen. In dem Maß, wie die internationalen Kapitalmärkte expandierten, wurde der Finanzwechsel zu einem Standardinstrument internationaler Kreditgewährung.

Die Vorherrschaft der *banking school* in Deutschland erklärt, weshalb die Reichsbankleitung sich so nachdrücklich zu ihrer Aufgabe als *lender of last resort* (Kreditgeberin letzter Instanz) bekannte und der Ausweitung des privaten Kreditgeschäfts so rat- und hilflos gegenüberstand. Ihre Philosophie war indessen nicht einfach nur die Frucht einer abstrakten intellektuellen Vorliebe. Sie war das konkrete Produkt der äußeren Umstände, unter denen die Reichsbank entstanden war – der instabilen Lage der frühen 1870er Jahre, als Finanzpaniken und andere Symptome einer tiefgreifenden Instabilität in den Augen vieler die politischen Institutionen des neuen Reichs in Frage gestellt hatten. Zu jener Zeit hatte der wichtigste Daseinszweck der Reichsbank darin bestanden, einen Zusammenbruch des Bankenwesens zu verhindern. (Für die Einführung des Goldstandards hätte es keiner Reichsbank bedurft.) Um die Jahrhundertwende war klar, daß die Reichsbank die ihr gestellte Aufgabe so wirksam erfüllte, daß die Banken im Vertrauen darauf ihr

37 Vgl. Ellis, Monetary Theory, S. 395 f.

Kreditgeschäft ausweiten konnten, finanziert zum Teil mit im Ausland geliehenem Geld, ein Umstand, der von den deutschen Leistungsbilanzdefiziten Zeugnis ablegte und ständig drohte, die Reichsbank bei der Erfüllung ihrer anderen großen Aufgabe zu behindern: beim Hüten der deutschen Goldreserven.

Das Dilemma der Reichsbank – die Frage, ob sie ihre Goldreserven besser durch Erhöhung der Kreditzinsen oder durch Disziplinierung der Banken und Beschneidung ihres Kreditgeschäfts hochhalten solle – war mit einem politischen Element angereichert, das in den Debatten unmittelbar vor 1914 zunehmend Bedeutung erlangte. Die Goldreserven der Reichsbank stellten nämlich auch einen militärischen Aktivposten dar, der Deutschland in die Lage versetzen würde, einen Krieg zu führen. Havenstein war nicht bloß Bankier, er war der deutsche «Generalgeldmarschall».[38]

4. Inflation und Hyperinflation

Der Erste Weltkrieg setzte einen Schlußstrich unter die Ära eines liberalen Wirtschafts-Internationalismus, des unbeschränkten (wenn auch durch Zölle reglementierten) Austauschs von Kapital und Gütern und stabiler Finanzverhältnisse. In allen Ländern gingen altgewohnte Sicherheiten zu Bruch; das Vertrauen in die Geldwertstabilität schwand, was allenthalben beklagt wurde. Die Inflation und Hyperinflation, die Deutschland heimsuchten, gehören zu den berühmtesten und am gründlichsten untersuchten Währungskatastrophen der Menschheitsgeschichte. Im November 1923 war die Mark auf den 10^{12}ten Teil ihres Vorkriegswertes, gemessen am US-Dollar, gesunken. In den letzten Monaten der deutschen Inflation gelangte die Zentralbank zu der Überzeugung, sie müsse auf den realen Wertverlust ihrer Währung damit antworten, daß sie in immer schnellerem Turnus immer mehr Papiergeld auf den Markt warf. Die Reichsbank brüstete sich mit der Leistungsfähigkeit ihrer 30 Papierfabriken und 29 galvanoplastischen Anstalten; letztere lieferten nicht weniger als 400000 Druckplatten nicht nur an die reichsbankeigenen Druckereien mit ihren insgesamt 7500 Beschäftigten, sondern auch an 132 weitere Druckereibetriebe, die vorübergehend eingespannt wurden, um den hohen Papiergeldbedarf zu decken.[39]

Die grundlegende Ursache für die deutsche Inflation war der Erste Weltkrieg, genauer gesagt die Art und Weise, wie der militärische Konflikt und die aus ihm resultierenden Folgelasten finanziert wurden.

38 Feldman, Great Disorder, S. 32.
39 Vgl. Reichsbank, Verwaltungsbericht für das Jahr 1922, S. 14.

1. Im Juli und August 1914 rechnete alle Welt mit einem kurzen Krieg. Die unter diesem Blickwinkel zunächst ergriffenen Finanzierungsmaßnahmen waren denn auch auf die Bewältigung einer befristeten Ausnahmesituation – einer sich im Juli 1914 anbahnenden Finanzpanik – und die Finanzierung der unmittelbaren Kriegskosten ausgerichtet. Die im Reichsbankgesetz niedergelegte Verpflichtung zur Goldeinlösung der Banknoten wurde ausgesetzt, die Beschränkungen für die Diskontierung von Schatzwechseln wurden bis auf weiteres aufgehoben. Zusätzlich wurden Darlehenskassen eröffnet, die ermächtigt waren, gegen Hinterlegung staatlicher und quasi-staatlicher Wertpapiere Lombardkredite zu gewähren. Die von den Darlehenskassen ausgestellten Scheine konnten bei der Reichsbank gegen Banknoten eingetauscht werden. Ende 1918 befanden sich Darlehenskassenscheine im Gesamtbetrag von 10,1 Mrd. Mark im Umlauf, dazu 22,2 Mrd. Mark in Reichsbanknoten.[40] Insgesamt befand sich Ende 1918 fünfmal mehr Bargeld im Umlauf als Ende 1913.

Die Vorschriften für die Deckung des Papiergelds wurden dahingehend geändert, daß neben Gold auch Staatspapiere herangezogen werden konnten. Die Reichsbank hielt dennoch während der Dauer des Krieges an dem in der Praxis zunehmend nicht mehr beachteten Prinzip der Golddeckung fest; erst 1922 wurde die entsprechende Vorschrift außer Kraft gesetzt.

2. Als deutlich wurde, daß auf den Schlachtfeldern keine schnelle Entscheidung fallen würde, faßte die deutsche Regierung – wie die Regierungen anderer kontinentaleuropäischer Staaten – den Grundsatzbeschluß, die Kosten des Krieges nicht durch Steuererhöhungen aufzubringen. In den ersten beiden Kriegsjahren gelang es der Reichsregierung, Kriegsschuldverschreibungen zu plazieren; die Tatsache, daß der Kapitalmarkt diese Papiere annahm, wurde weithin als ein Vertrauensvotum der Öffentlichkeit für die Regierung und ihre Kriegspolitik gewertet. Ein Historiker bescheinigte der Reichsbank unlängst ein hohes Maß an «Verve, Geschick und Kreativität» bei der Vermarktung dieser Kriegsanleihen.[41] Von 1916 an schaffte es die Regierung nicht mehr, alle Kriegspapiere am Markt unterzubringen. Von diesem Moment an mußte die öffentliche Verschuldung zunehmend durch das Bankensystem aufgefangen werden, und das bedeutete in der Praxis: durch Diskontkredite der Reichsbank.

3. Mit dem Kriegsende kamen auf Deutschland neue Kosten zu. Ein erheblicher Kostenfaktor für den Staat waren die sozialen Folgelasten des Krieges – Rentenzahlungen an die Versehrten sowie die Witwen und Waisen der Gefallenen. Große Summen flossen darüber hinaus in Maßnahmen zur Aufrechterhaltung des sozialen Friedens in einer politischen Situation, in der die Gefahr

40 Vgl. Holtfrerich, German Inflation, S. 50f.; Feldman, Great Disorder, S. 35.
41 Feldman, Great Disorder, S. 654.

eines revolutionären Umsturzes bedrohlich akut schien. Die Lebensmittelpreise wurden durch staatliche Zuschüsse gestützt, und 1920 flossen 12% der Ausgaben des Reichs als Subventionen in den defizitären Post- und Eisenbahnbereich, weil man es für gesellschaftspolitisch notwendig hielt, die dortigen Arbeitsplätze zu erhalten. Der Subventionsanteil an den Staatsausgaben stieg in den darauffolgenden Jahren weiter an.[42] Die Regierung betrieb im Grunde eine Politik der Vollbeschäftigung, um den sozialen Frieden zu wahren. Ähnlich ausgerichtet war auch ihre Steuerpolitik. Die schwachen Koalitionsregierungen, die einander ablösten, fanden es politisch nicht opportun, Steuern deutlich zu erhöhen, und in der Wirtschaft machte sich zunehmend eine Antipathie gegen das Steuernzahlen an sich breit.[43]

Der Umfang der den Deutschen auferlegten Reparationslasten wurde auf der Friedenskonferenz von Versailles nicht festgelegt; er wurde erst mit dem Londoner Ultimatum vom Mai 1921 auf insgesamt 132 Mrd. Goldmark festgesetzt. Bei den Diskussionen um das Haushaltsdefizit rückten in der Folge die Reparationszahlungen immer stärker in den Vordergrund und verdeckten den Blick auf die internen Defizitquellen. Bis zu einem gewissen Grad darf man in dieser Verlagerung den Versuch sehen, die Schuld an der mißlichen Lage Deutschlands von den politischen Protagonisten des teuer erkauften, aber zerbrechlichen postrevolutionären Sozialkompromisses wegzuschieben und dem Volk einen Sündenbock in Gestalt der bösen Reparationsgläubiger zu präsentieren. Auf der anderen Seite kann nicht bezweifelt werden, daß die Reparationszahlungen eine gewichtige zusätzliche Belastung für den Staatshaushalt darstellten. Sie machten 1921 nicht weniger als 32,4%, 1922 sogar 35,7% aller deutschen Staatsausgaben aus.[44]

Die Folge war, daß trotz der von 1920 an unternommenen Bemühungen, Ausgaben zu kürzen und eine den Realitäten Rechnung tragende Besteuerung durchzusetzen, das Haushaltsdefizit bestehen blieb. Finanziert wurde es in zunehmendem Maße durch kurzfristige («schwebende») Schulden. Die einzige wirkliche Entlastung resultierte aus der Inflation, die, solange sie andauerte, den Schuldendienst zu einem Kinderspiel machte.

4. Die Reichsbank leistete dieser staatlichen Schuldenwirtschaft Vorschub, indem sie Staatspapiere diskontierte. Der Kursverlust der Mark an den internationalen Devisenmärkten, der schon in den Kriegsjahren einsetzte, zeigte, daß die Finanzwelt damit rechnete, daß die Staatsverschuldung zumindest teilweise von der Zentralbank finanziert werden würde.[45] In der Phase der allmählichen oder schleichenden Inflation, die bis zum Sommer 1922 dauerte,

42 Vgl. Ferguson, Paper, S. 278.
43 Vgl. Ferguson, Paper, S. 369.
44 Vgl. Webb, Hyperinflation, S. 37.
45 Vgl. Webb, Hyperinflation.

wurde noch nicht die gesamte Verschuldung auf diese Weise finanziert; besonders ausländische Anleger kauften deutsche Papiere in erheblicher Menge in der Überzeugung, die Mark werde sich erholen. Solche Kapitalzuflüsse – man schätzte ihren Umfang damals auf 7,6 bis 8,7 Mrd. Goldmark und geht neuerdings sogar von bis zu 15 Mrd. Goldmark aus (entsprechend 5 bis 10% des Nettoinlandsprodukts in den Jahren 1919–22)[46] – trugen zur Stützung der Mark bei. Die Zuversicht der Anleger hinsichtlich einer Erholung der Mark zeigte sich auch darin, daß die Mark bis 1922 zu den Lieblingen im Terminhandel gehörte. Im Juli 1922 und danach, als die Ermordung von Außenminister Rathenau die Regierung und die politische Ordnung erschütterte, veränderte sich jedoch die Stimmungslage. Der Anteil der kurzfristigen Schulden, die an der Reichsbank hängenblieben, wuchs von nun an dramatisch.

5. In dieser Periode diskontierte die Reichsbank weiterhin auch private Wechsel, und zwar zu real negativen Zinssätzen (d.h. zu Zinssätzen unterhalb der Inflationsrate) – bis zum Juli 1922 blieb der Diskontsatz mit 5% erstaunlich niedrig. Damit betrieb die Reichsbank eine Politik, die schon damals höchst umstritten war und es in der Folge auch blieb. Die damaligen Kritiker, darunter Walter Eucken und L. Albert Hahn sowie der italienische Volkswirtschaftler Costantino Bresciani-Turroni, Mitglied der alliierten Reparationskommission und Autor der ersten wichtigen Studie über die deutsche Inflation, hielten die Diskontpolitik der Reichsbank für ein Instrument unzulässiger Subventionen an den Teil der Wirtschaft, der direkten Zugang zur Reichsbank hatte.

Die von der Reichsbank vorgebrachte Rechtfertigung hob darauf ab, daß eine Erhöhung des Diskontsatzes nichts zur Dämpfung der Kreditnachfrage beigetragen hätte, weder auf der staatlichen Seite noch auf der Seite der Wirtschaft. Was die staatliche Seite betraf, so hätte eine Erhöhung des Diskontsatzes die Ausgaben für die Bedienung der kurzfristigen Schulden drastisch anschwellen lassen und damit (unter der Annahme sonst gleichbleibender Bedingungen) auch das staatliche Haushaltsdefizit vergrößert. Tatsächlich enthält dieses Rechtfertigungsargument für die Diskontpolitik der Reichsbank jedoch in seinen beiden Teilen einen logischen Kurzschluß. Die Aussage zur befürchteten Kostensteigerung ignoriert die Möglichkeit, daß ein realistischer Zinssatz die Regierung zu rascheren Anpassungsschritten gezwungen und den 1920 unternommenen kurzlebigen Versuch einer Stabilisierung der Staatsfinanzen vielleicht dauerhafter gemacht hätte. Die Aussage über die private Kreditnachfrage ignoriert die Tatsache, daß dauerhaft negative Zinssätze für begünstigte Wirtschaftssektoren *interest rate repression* und damit per-

46 Vgl. Holtfrerich, German Inflation; vgl. auch Feldman, Great Disorder, S. 598.

verse Anreize schaffen und dem wirtschaftlichen Wachstum höchst abträglich sind, wenn sie über längere Zeiträume hinweg gestützt werden.[47]

Die Diskontpolitik der Reichsbank war ganz sicher nicht die primäre Ursache für die Inflation – die war in der Fiskalpolitik der deutschen Regierung zu suchen –, doch sie schuf Anreize und leistete der Bildung von Machtblöcken und Interessengruppen Vorschub, die mithalfen, das Inflationskarussell in Schwung zu halten. Wenn man verstehen will, weshalb die Reichsbank sich so verhielt, wie sie es tat, muß man wissen, in welche verfehlten währungspolitischen Überzeugungen ihre leitenden Männer sich verstrickt hatten. Diese dogmatische Befangenheit charakterisierte die Reichsbank sowohl in der Zeit, als sie noch ein Teil des Staatsapparats war (bis 1922), als auch nach ihrer Umwandlung in ein unabhängiges Institut kraft eines neuen Reichsbankgesetzes, das die Alliierten 1922 als Gegenleistung für eine vorübergehende Aussetzung der Reparationszahlungen durchsetzten. Die Reichsbank beteuerte denn auch stets, sie habe Schatzwechsel nicht deswegen akzeptiert, weil sie entsprechende Weisungen aus der Reichskanzlei erhalten habe, sondern aus eigener Entscheidung und in dem Bewußtsein ihrer Pflichten gegenüber der deutschen Wirtschaft.[48]

Die Reichsbank sah in der deutschen Zahlungsbilanz sowie im Haushaltsdefizit die Hauptursachen der Inflation. Keiner dieser beiden Erklärungsversuche war völlig unplausibel.[49] Doch keiner half der Reichsbank, zu einer angemessenen Währungspolitik zu finden, denn beide suchten die Schuld für den Niedergang der Währung in Prozessen, die sich außerhalb der Reichsbank vollzogen. Das Erstaunlichste an den öffentlichen Verlautbarungen der Reichsbank in dieser Phase war ihre beständig wiederholte Versicherung, sie reagiere ja nur auf eine zunehmende Nachfrage nach Geld. Sie wartete sogar, besonders in den Anfangsstadien der Inflation, mit dem Argument auf, die nachlassende Geschwindigkeit des Geldumlaufs mache die von ihr ergriffenen Maßnahmen notwendig. Noch vor Kriegsende waren neue Banknotendruckereien in Betrieb genommen worden, und im Oktober 1918 empfahl die Reichsbank den Kommunen, «Notgeld» zu drucken. Ein 1922 verabschiedetes Gesetz regelte den Status des Notgeldes.[50]

Es gab einen intellektuellen Unterbau für diese Ineffektivität der Reichsbank. Es war dies das unbeirrte Festhalten an der *real bills doctrine,* das eine systematische Währungspolitik unmöglich machte. In einer Rede, die Havenstein in den letzten Stadien der Hyperinflation vor dem Zentralausschuß hielt, bediente er sich dieser Theorie als Hauptargument für die Rechtfertigung der

47 Vgl. World Bank, Miracle, S. 237.
48 Vgl. Reichsbank, Verwaltungsbericht für das Jahr 1922, S. 10.
49 Vgl. Kindleberger, Financial History, S. 301–305.
50 Vgl. RGBl 1, S. 693.

Politik der Reichsbank. «Daß die Gewährung von Krediten durch eine Notenbank den Papierumlauf vermehrt, ist zweifellos; aber soweit sie wirtschaftlich berechtigte und notwendige Kredite gibt, die der Produktion und dem Warenumsatz dienen, schafft die Notenbank keine künstliche Kaufkraft.»[51] Diese Einschätzung teilten zweifellos sehr viele, insbesondere diejenigen, die Nutznießer von Reichsbank-Krediten waren (und davon gab es im Zentralausschuß nicht wenige); am 2. August 1923 setzte das Reichsbank-Direktorium jedoch gegen das Votum des Zentralausschusses eine Erhöhung des Diskontsatzes durch. Erst jetzt, sehr spät, setzte bei den führenden Männern der Reichsbank ein Lernprozeß ein. Anfang 1923 rang man sich zu einem dramatischen Versuch durch, die Kreditbremse zu ziehen, indem die Richtlinien für die Diskontierbarkeit von Wechseln durch die Reichsbank erheblich verschärft wurden; allein, in einer durch die französische Ruhrbesetzung zusätzlich belasteten Situation waren die schweren negativen Folgen für die Wirtschaft und die daraus resultierenden Proteste zu überwältigend, so daß die Reichsbank ihren kurzen Flirt mit einer Politik der Kreditstabilität nach kurzer Zeit beendete.[52]

Tatsächlich hatte die Reichsbank aus der Vorkriegswelt ein Denken übernommen, bei dem die Finanzierung der Produktion – jedweder Produktion – obenan stand. Diese Auffassung paßte perfekt zu der herrschenden Neigung, die Zahlungsbilanz als ursächlich für die Inflation zu betrachten. Dieser Diagnose zufolge mußte Deutschland mehr produzieren, mehr exportieren und auf diese Weise zur Überwindung seiner Zahlungsbilanzschwäche beitragen. Diese «Produktionspolitik» paßte wiederum perfekt zu der sozialpsychologischen Diagnose, die die Eliten der deutschen Wirtschaft und Gesellschaft unter dem unmittelbaren Eindruck der russischen Revolution gestellt hatten: daß die Ankurbelung der Produktion und die Schaffung von Arbeitsplätzen wesentliche Voraussetzungen für die Aufrechterhaltung der fragilen politischen Stabilität in Deutschland waren.

Die leitenden Männer einer Zentralbank haben nicht gern das Gefühl, geistig isoliert zu sein. Bei der Rechtfertigung ihrer Position stützte sich die Reichsbank in einem bemerkenswert hohen Grad auf das Argument, ihre Politik entspreche dem Konsens internationaler Zentralbankiers, wie sie etwa 1920 auf der Brüsseler Finanzkonferenz versammelt waren.

Im Verlauf des Jahres 1923 änderte sich allerdings die Haltung der internationalen Finanzwelt. Besonders nachdem die Reichsbank im Frühjahr 1923 in dem gescheiterten Versuch, sich «gegen den Wind zu stemmen» und durch Interventionen auf den Devisenmärkten die Spekulanten mit deren eigenen Waffen zu schlagen, einen großen Teil ihrer Reserven aufgebraucht hatte,

51 Rede Havensteins, in: Deutsche Allgemeine Zeitung, Nr. 392 vom 25. August 1923.
52 Vgl. von Eynern, Die Reichsbank, S. 81 f.

wurden die Bank of England und die Federal Reserve Bank of New York zu entschiedenen Kritikern der Geschäftspolitik Havensteins, wie überhaupt die intellektuellen Fundamente der Reichsbank-Politik zunehmend ins Kreuzfeuer der Kritik gerieten.[53]

Um der Inflation ein Ende zu setzen, bedurfte es eines klaren Schnittes. Eine über einen längeren Zeitraum hinweg kontinuierlich hohe Inflationsrate ist zwar vorstellbar (und war für viele Volkswirtschaften Lateinamerikas über weite Strecken der Nachkriegsära hinweg eine Realität), aber eine Hyperinflation fordert zu einem drastischen Gegensteuern heraus. In Deutschland erfuhr die Lage eine grundlegende Veränderung durch die französische Ruhrbesetzung vom Januar 1923 an und die neue Lawine von Staatsausgaben, die daraus resultierte, daß die Belegschaften und Betriebe in der besetzten Zone für das Nicht-Arbeiten bezahlt wurden. Als im Herbst 1923 die Hyperinflation ihren Höhepunkt erreichte, stand Deutschland an der Schwelle zum Bürgerkrieg.

Es gab gegen Ende 1923 nur wenige gesellschaftliche Gruppierungen (abgesehen von den radikalen und undemokratischen politischen Parteien), die sich von der Inflation noch irgendwelche Vorteile versprachen; das hatte zur Folge, daß sich ein Konsens pro Stabilisierung herausbildete. Die Regierung Stresemann, die am 14. August 1923 die Geschäfte übernahm, besaß einen breiteren Rückhalt als ihre Vorgängerinnen, der allerdings ebenfalls zerbrechlich war. Bis zur kritischen Phase im Februar 1924 war der Reichstag bereit, Notverordnungen nach Artikel 48 der Weimarer Verfassung als Mittel zur Bewältigung der drängenden finanziellen Probleme zu akzeptieren. Jedoch konnte nur eine Zusammenarbeit mit dem Ausland die erwünschte Stabilisierung bringen, und die Siegermächte spielten denn auch eine maßgebliche Rolle nicht nur bei der Erarbeitung einer neuen institutionellen Struktur für die Reichsbank, sondern auch bei der Herbeiführung eines Wechsels an ihrer Spitze. Von ausländischen Bankiers und Zentralbanken konnte man erwarten, daß sie eher eine Experten- als eine politische Rolle übernehmen würden, und demgemäß erhofften sich die Entscheidungsträger auf deutscher Seite von einer internationalen Intervention einen Beitrag zur Entpolitisierung und Entschärfung der komplizierten Fragen, die sich im Zuge des Ringens der unterschiedlichen politischen und gesellschaftlichen Gruppierungen in Deutschland um die Durchsetzung ihrer Bedürfnisse und Interessen herauskristallisiert hatten.

Montagu Norman, Gouverneur der Bank of England, drängte auf die Entlassung Havensteins. Als Havenstein sich unter Berufung auf die Unabhängigkeit der Reichsbank gegen einen Rücktritt wehrte, ernannte die Regierung

53 Vgl. Schreiben von Norman an Havenstein vom 13. Juni 1923 und 20. Juni 1923 (BoE OV 34/71).

Stresemann Hjalmar Schacht zum Währungskommissar. Schacht, der politisch mit der linksliberalen DDP verbunden war, hatte in der Inflationszeit Kritik an Regierung und Reichsbank geübt.[54] Er hätte in seiner neuen Funktion viele bis dahin der Reichsbank eigene Kompetenzen übernommen, wäre nicht Havenstein am Tag nach seinem energischen Eintreten für die Autonomie der Reichsbank infolge eines Herzinfarkts ausgefallen. Als Schacht zu seinem Nachfolger ernannte wurde und das Reichsbank-Direktorium hiergegen Einspruch erhob und sich für die Ernennung des Nationalisten Karl Helfferich stark machte (der zu Kriegszeiten Staatssekretär im Reichsschatzamt gewesen war), überzeugte dieser Widerstand Montagu Norman und Benjamin Strong, den Gouverneur der New Yorker Federal Reserve Bank, vollends davon, daß die deutsche Regierung wirklich eine kluge Wahl getroffen hatte.[55]

Zum Teil weil Havenstein wegen des rechtlichen Status der Reichsbank nicht auf gesetzliche Weise entlassen werden konnte, vor allem aber wegen des politischen Glaubwürdigkeitsverlusts der Reichsbank im Gefolge der Inflation brachte der Versuch, die deutsche Währung zu stabilisieren, nicht nur einen Anlauf zur Errichtung einer neuen Zentralbank hervor, sondern deren zwei. Der erste manifestierte sich in der Rentenbank, die am 17. Oktober 1923 auf dem Verordnungsweg gegründet wurde und «wertbeständige» Rentenmark herausbrachte, die im Wert der goldkonvertiblen Mark von vor 1914 entsprachen. Die Rentenbank beschränkte sich auf die Kreditvergabe an Staat und Wirtschaft (wobei letztere über die Reichsbank bedient wurde); die Reichsbank hörte zugleich auf, Staatsschulden zu finanzieren. Am 15. November 1923, fünf Tage vor dem Tod Havensteins, stellte die Reichsbank die Diskontierung von Schatzwechseln ein. (Zu diesem Zeitpunkt befanden sich 192 Trillionen Mark – 192×10^{18} – im Umlauf.)

Die unmittelbare Ursache für die Inflation war beseitigt, doch die internationale und nationale Glaubwürdigkeit der Reichsbank mußte wiederhergestellt werden. Im April 1924 wurde eine weitere Zentralbank gegründet: die Golddiskontbank mit einem Kapital von 10 Mio. englischen Pfund, wovon die Reichsbank die Hälfte einbrachte, und zwar unter Zuhilfenahme ausländischer (vorwiegend britischer) Kredite. Die Hauptaufgabe der Golddiskontbank bestand darin, deutschen Unternehmen Kredite in harter Währung zu gewähren, doch besaß sie ihrer Satzung nach auch das Recht (von dem sie formell jedoch nie Gebrauch machte), Banknoten herauszugeben. Mitte 1924 gab es mithin drei parallel arbeitende deutsche Zentralbanken: die Reichsbank, die eine Papierwährung herausgab und deren Wert stabil zu halten versuchte; die Rentenbank, die wertbeständige Banknoten herausgab, die, obwohl sie kein

54 Vgl. Feldman, Great Disorder, S. 696.

55 Vgl. Schreiben von Pierre Jay an D.R. Crissinger vom 14. September 1925 (FRBNY, Reparations file).

gesetzliches Zahlungsmittel waren, weithin Verwendung fanden; und die auf das Pfund Sterling gegründete Golddiskontbank, die nie eigene Banknoten druckte, deren Goldanleihe jedoch in Coupons gestückelt wurde und so in der Praxis ebenfalls als Geld zirkulierte.[56]

Die Reichsbank überlebte, weil ihre neue Führung sie zu neuen Ufern internationalen Ansehens lotste. Schacht spielte anfänglich, im Winter 1923/24, eine entscheidende Rolle bei der Rettung der deutschen Währungseinheit, indem er britische Finanzhilfen mobilisierte und das Vorhaben der Franzosen blockierte, eine separate Rheinlandbank zu gründen, als Vorspiel für eine politische Abtrennung des Rheinlands von Deutschland.[57] Mit diesem Erfolg rettete er die politische und wirtschaftliche Einheit Deutschlands, doch reichte dies für sich allein noch nicht aus, um neues Vertrauen wachsen zu lassen.

5. Deflation und Depression

Nachdem die neue Reichsbank sich von einer unrealistischen Doktrin verabschiedet und den Mann, der diese zuletzt wie kein anderer verkörperte, begraben hatte, schickte sie sich nun an, sich nicht mehr an eine Doktrin, sondern an eine Regel zu halten: die Regel der festen Wechselkurse. Die Befolgung dieser Regel warf neue Probleme auf. Sie beraubte die Zentralbank der Fähigkeit, die Geldmenge zu kontrollieren. (Dies folgt ganz generell aus dem Übergang zu festen Wechselkursen.) Die Probleme spitzten sich dadurch zu, daß die private Kreditwirtschaft sich nach wie vor so verhielt, als ob es die gute alte Reichsbank mit ihrer *real bills doctrine* noch gäbe. Verschärfend kamen die allgemeinen und massiven Deflations- und Vertrauensprobleme hinzu, die auf der internationalen Ebene mit dem Golddevisenstandard der zwanziger Jahre einhergingen. Das alles führte dazu, daß die Politik, die die Reichsbank vor und während der Weltwirtschaftskrise betrieb, letzten Endes ebenso umstritten war wie ihr Verhalten in der Inflationszeit.

Die neue Reichsbank, die im Rahmen des Dawes-Plans zur Regulierung der Reparationen entworfen und durch das Bankgesetz vom 30. August 1924 konstituiert wurde, wies etliche offenkundige Ähnlichkeiten mit ihrer 1875 gegründeten Vorgängerin auf. Die diversen Nebenwährungen, wie die Rentenmark und die einzelnen Notgeld-Serien, wurden aus dem Verkehr gezogen. Eine wiederhergestellte Goldeinlösungspflicht bildete die funktionelle Grundlage der Reichsbank, die dafür garantieren mußte, 1392 Reichsmark (RM) für ein Pfund Gold in Zahlung zu nehmen; im Oktober 1924 wurde

56 Vgl. Woodward/Butler, Documents, Bd. XXVI, 1924, S. 905–908.
57 Vgl. Habedank, Die Reichsbank, S. 103f.; Schötz, Der Kampf, S. 34ff.

die neue Reichsmark ausgegeben. 40% der Papiergeldmenge mußte durch Gold und Devisen gedeckt sein, wobei Devisen nicht mehr als ein Viertel ausmachen sollten. Für den Diskontsatz wurde festgelegt, daß er immer mindestens 5% betragen und nur unter «ausnahmsweisen Umständen» unter diese Schwelle sinken sollte. Letzteres konnte nur mit Zustimmung des neugeschaffenen Generalrats (der an die Stelle des Generalausschusses trat) geschehen. Die Beachtung der Deckungsregel hatte zur Folge, daß immer dann, wenn die Deckungsrate auf knapp über 40% absank, radikale Einschnitte bei der Papiergeldausgabe vorgenommen werden mußten (eine Reduzierung um 100/40 oder das 2,5fache), damit die gesetzliche Deckungsquote gewahrt blieb. Wenn beispielsweise die Reichsbank-Reserven um 100 Mio. RM abnahmen, mußte darauf mit einer Reduzierung der Papiergeldmenge um 250 Mio. RM reagiert werden, eine Maßnahme mit stark deflatorischer Wirkung. Das Ausmaß der Kredite an den Staat, die durch die Diskontierung von Staatspapieren finanziert wurden, wurde beschränkt, zunächst auf 100 Mio. RM. 1926 wurde das Gesetz so novelliert, daß von da an insgesamt bis zu 400 Mio. RM diskontiert oder lombardiert werden durften.

Der erste Paragraph des neuen Bankgesetzes verkündete emphatisch die Autonomie der Zentralbank: «Die Reichsbank ist eine von der Reichsregierung unabhängige Bank.» Diese Autonomie war institutionell verankert. Der aus vierzehn Mitgliedern bestehende Generalrat bestand zur Hälfte aus Vertretern ausländischer Institutionen; für die Berufung der Mitglieder des Direktoriums und des Präsidenten bedurfte es der Zustimmung dieses Gremiums. Eines der ausländischen Mitglieder des Generalrats, der Kommissar für die Notenausgabe, konnte die Ausgabe von Papiergeld stoppen, wenn seiner Einschätzung nach die Stabilität oder die Golddeckung der Währung bedroht waren. Zusätzlich gesichert wurde die Mitsprache des Auslandes in der deutschen Währungspolitik durch die Einrichtung eines Generalagenten für Reparationszahlungen, dem die Kompetenz übertragen wurde, die Eintreibung und Transferierung von Reparationsleistungen zu überwachen, sowie durch die Unterstellung der Reichsbahn (die ebenfalls Reparationsleistungen erbrachte) unter ausländische Verwaltung. Auf der Habenseite schlug zu Buche, daß der neue Plan für die deutschen Reparationszahlungen durch eine Anleihe in Höhe von 800 Mio. Goldmark (die Dawes-Anleihe) gestützt wurde, die international aufgelegt wurde und das wiedererwachte internationale Vertrauen zu Deutschland demonstrierte.

Das Bemühen, nach der gigantischen Kapitalvernichtung der Inflationsjahre die Goldparität zu wahren, setzte hohe Zinssätze voraus. Dies trug entscheidend zu der chronischen wirtschaftlichen Schwäche der Weimarer Republik bei, die auch über die sogenannten «goldenen Jahre» hinweg bestehen blieb.[58] Die Reichsbank teilte diese Einschätzung uneingeschränkt: «Die fortdauernd hohen Zinssätze werfen ihre Schatten auf das ganze deutsche Wirtschaftsleben», hieß es in einer ihrer Verlautbarungen.[59] Es war jedoch damals – und ist noch heute – schwer erkennbar, welche realistische Alternative es in der durch die Inflation geschaffenen Situation gegeben hätte. Die einschränkenden Rahmenbedingungen waren teils rechtlicher Natur – die Verträge zum Dawes-Plan betteten das Reichsbankgesetz in das Geflecht internationaler Abkommen ein –, zum Teil aber auch Ausdruck der in der deutschen Öffentlichkeit vorherrschenden Auffassungen.[60] In der Bevölkerung bestanden nach wie vor massive Ängste vor einer neuen Inflation, und jedes Experimentieren mit währungspolitischen Alternativen, wie etwa eine bedingte Wechselkursfreigabe, hätte sogleich eine Vertrauenskrise heraufbeschworen. Die Stabilisierungspolitik brauchte den fest fixierten Wechselkurs, um der Währung einen sicheren Rückhalt zu geben. Nachdem man einmal einen Festkurs festgelegt hatte, brauchte man, um ihn aufrechterhalten zu können, relativ hohe Zinsen (deutlich über dem britischen oder amerikanischen Zinsniveau). Schacht erkannte dies früher als andere Politiker und lehnte alle 1923/24 diskutierten Alternativlösungen ab, etwa den Vorschlag, die Reichsmark auf Zinssteuern oder gar Waren zu gründen. (Die politische Rechte in Deutschland sprach sich eine Zeitlang für eine Roggenwährung aus.) Doch spätestens nach der Genueser Währungskonferenz von 1922 war klar, daß nur die Golddeckung in Frage kam, wenn man eine international glaubwürdige Währung haben wollte.

Eine Politik der Stabilisierung erforderte auch eine dauerhafte Konsolidierung der Staatsfinanzen. Die Dritte Steuernotverordnung, die am 14. Februar 1924 in Kraft trat, brachte eine durchgreifende Steuerreform; sie bürdete den Selbständigen und Immobilienbesitzern, die am stärksten von dem durch die Inflation ermöglichten Schuldenabbau profitiert hatten, besondere Lasten auf. Die große Frage lautete, ob die Bindung an den Goldstandard und die Durchsetzung einer soliden Fiskalpolitik ausreichen würden. Über weite Strecken der zwanziger Jahre sah die Reichsbank sich mit dem Problem der inflationsfördernden Effekte von Kapitaleinfuhren konfrontiert. Im Jahresbericht der Reichsbank für 1927 tauchte erstmals eine Aussage zum Zusammenhang zwischen Geldmenge und Preisstabilität auf: «Eine starke Vermehrung des Zahlungsmittelumlaufs, auch gegen volle Golddeckung, muß nachteilige Wirkungen auf die Preisgestaltung haben.»[61]

58 Vgl. Diehl (Hrsg.), Wirkungen; vgl. auch Holtfrerich, Zu hohe Löhne sowie Voth, High Wages.

59 Wie weit kann die Auslandsverschuldung Deutschlands fortgesetzt werden?, vom 14. Januar 1929 (Bundesarchiv Koblenz und Berlin R 2501 [Reichsbank] 6704); vgl. auch Reichsbank, Verwaltungsbericht für das Jahr 1928, S. 3.

60 Vgl. Borchardt, Zwangslagen, S. 87–132.

61 Reichsbank, Verwaltungsbericht für das Jahr 1927, S. 7.

Mit Schacht hielt in der Reichsbank ein neuer, eher autoritär als kollegial geprägter Führungsstil Einzug.[62] Seine Stärke lag, wie er selbst wohl wußte, in seinen guten Kontakten zu den Zentralbanken der anderen Mächte; man kann seine erste Amtszeit als Präsident (1924–1930) daher als ein frühes Experiment in Sachen «Zentralbank-Kooperation» betrachten. Eine besonders enge Beziehung unterhielt er zu Montagu Norman. Gemeinsam und mit Erfolg setzten sich die beiden 1927 für eine Senkung der Federal-Reserve-Leitzinsen ein, um etwas Druck von der europäischen Währungsfront zu nehmen. Später, als um die Jahreswende 1928/29 das britische Pfund unter Druck geriet, während einströmendes Auslandskapital die Mark nach oben trieb, erklärte Schacht sich bereit, der Bank of England Reichsmark gegen Pfund Sterling zu verkaufen.[63] Norman wiederum engagierte sich in den Jahren 1930 und 1931 tatkräftig, wenn auch letzten Endes erfolglos, für die Stützung der unter Druck geratenden Mark.

Zu den wesentlichen Voraussetzungen für das praktische Funktionieren der Kooperation zwischen den Zentralbanken in den zwanziger Jahren gehörte neben ihrer gesetzlich garantierten Autonomie ihre tatsächlich praktizierte Unabhängigkeit von innenpolitischen und binnenwirtschaftlichen Interessen und Zwängen. Schacht entledigte sich des historischen Vermächtnisses der Reichsbank dadurch, daß er heftige retrospektive Kritik an den Verflechtungen übte, die in den Inflationsjahren so viel Unheil angerichtet hatten – mit den staatlichen Institutionen und mit der Kreditwirtschaft. In seiner Anfangszeit widmete er sein Augenmerk vorrangig der Rationalisierung der öffentlichen Finanzen und richtete sowohl an die Reichsregierung als auch an die Staatsunternehmen Post und Bahn die Forderung, freie Geldmittel bei der Reichsbank anzulegen. Später, als die Regierung den strikten Sparkurs der Stabilisierungsperiode verließ und wieder ausgabenfreudiger wurde, wurde Schacht zum Kritiker der staatlichen Ausgabenpolitik. Er versuchte, den Umfang der Kreditaufnahme auf ausländischen Märkten – bei Banken und durch das Auflegen von Obligationen – einzuschränken, indem er durchsetzte, daß Obligationen nur noch nach Genehmigung durch die 1925 errichtete Beratungsstelle für Auslandskredite aufgelegt werden durften. Er sorgte dafür, daß seine Kollegen in den Zentralbanken der anderen Länder von seinen kritischen Auffassungen Kenntnis erhielten, da dies der Glaubwürdigkeit der Reichsbank zugute komme.

Im Verlauf des Jahres 1927 verschlechterte sich das Verhältnis Schachts zu seiner Regierung drastisch. In einer Rede, die er im November 1927 in Bochum hielt, prangerte er die Verschwendungssucht der deutschen Kommu-

62 Vgl. Vocke, Memoiren, S. 92f.

63 Vgl. Schreiben von Norman an Schacht vom 15. August 1928 und Schreiben von Schacht an Norman vom 15. Dezember 1928 (BoE G1/414).

nen an.[64] 1929 verschärften sich die Gegensätze weiter, als Schacht der Reichsregierung vorwarf, sie habe bei den Verhandlungen über die Neuregelung der Reparationen im Zuge der Haager Konferenz Fehler begangen. Im Dezember 1929 attackierte er in einer auf rücksichtslosen Konfrontationskurs getrimmten Denkschrift die Fiskalpolitik seiner Regierung und prangerte deren Konsequenzen für die Geld- und Kapitalmärkte an.[65]

Das Finanzgebaren der Regierung war nicht die einzige Ursache für die Probleme der Reichsbank. Sie hatte die Kontrolle über den Geldumlauf verloren, allerdings aus einem anderen Grund.[66] Während Schacht auf der einen Seite den Eindruck hatte, durch seine ständigen Kassandrarufe seinen Teil zur Minderung der öffentlichen Schulden beigetragen zu haben, waren seine Mahnungen an die Adresse der Kreditwirtschaft weniger wirkungsvoll gewesen.[67] Nach der 1923/24 vollzogenen Stabilisierung hatten die Banken ihre Portefeuilles wieder aufgefüllt und in Konkurrenz zueinander ihr Kreditgeschäft ausgebaut. Da die Reichsbank nur in den wenigsten Fällen direkten Einfluß auf die Politik der Banken nehmen konnte, veränderte sie ihr Krisenmanagement, indem sie sich darauf verlegte, die Verteuerung oder Verbilligung von Reichsbankkrediten als finanzpolitische Hauptwaffe einzusetzen.

Schacht war eine Zeitlang überzeugt, durch die Einführung von Kreditbeschränkungen im Frühjahr 1924 – er trieb damit die Zinsen für kurzfristige Kredite weit nach oben, auf durchschnittlich 45% im April 1924 – die Stabilisierung der Mark vor dem Scheitern bewahrt zu haben.[68] Am 11. Mai 1927 ergriff die Reichsbank eine neue kreditpolitische Initiative, indem sie ihren Beschluß verkündete, Diskontkredite an Banken künftig nur noch in einem Ausmaß zu gewähren, das in vertretbarer Relation zu den Barrücklagen und Giroguthaben der einzelnen Häuser stand. Die Zinsen für Tagesgelder schnellten daraufhin wieder auf über 6% hoch.[69] Diese Rationierung des Kredits war ein Versuch, der Börsenspekulation in Deutschland Zügel anzulegen und einen Damm gegen das Einströmen ausländischer Anlagegelder zu errichten, die durch die vermeintliche Gewinnträchtigkeit deutscher Aktien angelockt wurden. Schacht zitierte den Vorsitzenden der sogenannten Stempelvereinigung (des Kartells der Berliner Banken) zu sich und bat ihn, den Bankiers mitzuteilen, sie müßten ihre Kreditvergabe gegen Wertpapierhinterlegung drosseln, wenn sie weiterhin Zugriff auf Reichsbankkredite haben wollten.

64 Vgl. Schacht, Geborgte Währung, S. 22.
65 Vgl. Akten der Reichskanzlei, S. 1228.
66 Vgl. Hardach, Weltmarktorientierung, S. 71 ff.
67 Vgl. Schreiben von Schacht an Norman vom 15. Dezember 1928 (BoE G1/414).
68 Vgl. Enquête-Ausschuß, Die Reichsbank, S. 61.
69 Vgl. Enquête-Ausschuß, Die Reichsbank, S. 62.

Die Reichsbank glaubte, wenig andere Eingriffsmöglichkeiten zu besitzen; Änderungen des Diskontsatzes würden, so nahm sie an, wegen des hohen Volumens kurzfristiger internationaler Kapitalbewegungen nicht die gewünschte Wirkung erzielen. Unternähme sie den Versuch, durch eine Erhöhung des Diskontsatzes die Konjunktur zu dämpfen oder das Wachstum der Geldmenge zu beschneiden, so würde dies nur weiteres Auslandskapital ins Land locken und somit kontraproduktiv wirken. Dieses Dilemma ist typisch für die Situation einer unter der Bedingung fester Wechselkurse operierenden Zentralbank. (Eine ähnliche Situation gab in den 1960er Jahren Anlaß zu der Befürchtung, mit festen Wechselkursen werde gleichsam automatisch ein Mechanismus für den Import von Inflationstendenzen installiert.) So gelangte die Reichsbank zu der Überzeugung, daß ihr kaum etwas anderes übrigblieb, als zu dem eingestandenermaßen umständlichen und ungerechten Instrument der Kreditrationierung zu greifen. Instrumente wie dieses, die in erster Linie das Wachstum der Geldmenge stoppen sollten, erwiesen sich als weitgehend untauglich, wenn die umgekehrte Situation eines Kapitalabflusses und eines Vertrauensverlusts eintrat.

Es steht außer Zweifel, daß die Reichsbank die Zunahme der Auslandsverschuldung sowohl der deutschen Privatwirtschaft als auch der öffentlichen Hand mit wachsender Sorge beobachtete. Allerdings tat sie sich schwer, an ausreichende Informationen über das sich hier zusammenbrauende Problem zu gelangen; ihre Aufstellungen litten denn auch an einer starken Unterschätzung des Ausmaßes deutscher Auslandsschulden. In ihrem letzten Bericht vor Ausbruch der Schuldenkrise von 1931 setzte sie die Summe der Auslandsschulden mit 19,3 Mrd. RM an, wovon 8 Mrd. auf kurzfristige Schulden entfielen. Demgegenüber stellte die deutsche Regierung 1934 fest, daß der wirkliche Umfang allein der kurzfristigen Verschuldung im Juli 1931 bei 13,1 Mrd. RM gelegen hatte.[70]

Die Tatsache, daß die Reichsbank nunmehr gewillt war, den Zugang zu ihren Kreditmitteln von Bedingungen abhängig zu machen, hätte eigentlich zu einer Verhaltensänderung der Banken führen müssen, tat es aber nicht. Hatten die Banken bis zum Ersten Weltkrieg ihre Wechsel getrost als geldwerte Reserven erster Klasse betrachten und mit sehr niedrigen Barreserven und Reichsbankeinlagen operieren können, so hätten sie nach den Erfahrungen von 1924 und 1927 in dieser Beziehung mehr Vorsicht walten lassen müssen. Tatsächlich beließen sie es weiterhin bei sehr niedrigen Barrücklagen und wiegten sich in der Sicherheit, sich im Bedarfsfall auf ausländischen Märkten mit Krediten eindecken zu können; außerdem waren sie überzeugt, daß im Fall einer Krise die

70 Vgl. Schacht, Geborgte Währung, S. 7; Denkschrift vom 14. Januar 1929 (Bundesarchiv Koblenz und Berlin R 2501 [Reichsbank] 6704); Schuker, American Reparations, S. 114.

Reichsbank die Banken nicht im Regen stehenlassen würde. Der Wettbewerbsdruck machte die Vorhaltung hoher Barreserven zu einem, so schien es, zu kostspieligen Luxus. Wie weitverbreitet diese Einstellung war, läßt sich aus einem reichsbankinternen Memorandum ersehen, das die statistische Abteilung im August 1930 erstellte, unmittelbar vor Ausbruch der ersten Flut von Bankpaniken. In dem Papier wurde die Vorhaltung höherer Bankrücklagen angemahnt und der Vorschlag gemacht, die Privatbanken sollten bei der Reichsbank ein Sonderguthaben in Höhe von 5 % ihrer Einlagen einrichten, um die Gefahr einer Bankpanik zu verringern. Es wurde indes eingeräumt, «daß eine von den D-Banken oder eine von den provinziellen Großbanken auch im Falle einer Krise mehr Vertrauen genießen wird als eine kleine oder mittlere Kreditbank, und daß sie aus diesem Grunde vielleicht weniger einem Run ausgesetzt ist». Am Ende der Denkschrift fand sich die Einschätzung, daß in letzter Instanz die Reichsbank als Helferin in der Not würde einspringen müssen. «Je kleiner der ‹Puffer› der Barreserve ist, um so plötzlicher würde diese zusätzliche Inanspruchnahme der Reichsbank auftreten müssen. In keinem Fall könnte sich aber die Reichsbank dieser Inanspruchnahme entziehen. Würde sie im Hinblick auf andere drohende Gefahren, z. B. in bezug auf die Wechselkurse, in einem solchen Augenblick etwa zu Kreditrestriktionen schreiten wollen, so wäre ein völliger Zusammenbruch des Wirtschaftslebens die unausbleibliche Folge.»[71] Diese Aussage über eine zu diesem Zeitpunkt absolut unvorstellbare Eventualität sollte sich als geradezu unheimlich präzises Szenario für die Ereignisse des Jahres 1931 erweisen.

Erste Vorzeichen einer Panik zeigten sich im Verlauf der Reparationsverhandlungen von 1929, als die Reichsbank ein weiteres Mal zu Kreditrestriktionen griff. Zur eigentlichen Katastrophe kam es aber erst nach dem Ausscheiden Schachts aus der Reichsbank. Sein seit langem schwelender Konflikt mit der Regierung und seine kritische Haltung zum Young-Plan hatten ihn schließlich, im März 1930, zum Rückzug bewogen. Die Regierung berief Hans Luther zu seinem Nachfolger, der schon einmal Reichskanzler gewesen war und 1923/24 als Finanzminister maßgeblich an der Schaffung der fiskalischen Voraussetzungen für die Stabilisierung der Mark mitgewirkt hatte. Nach seinem Ausscheiden aus der Regierung hatte Luther sich vorrangig der Reform des Finanzausgleichs zwischen Reich, Ländern und Kommunen gewidmet. Er verfügte nicht über eine Ausbildung, die ihn zum Zentralbankier prädestiniert hätte, und sah sich vom ersten Augenblick seiner Amtszeit an mit fast unlösbar scheinenden Problemen konfrontiert.

Von Mai 1930 an schrumpfte das Einlagekapital der deutschen Banken. Der Abfluß von Einlagen beschleunigte sich nach der Reichstagswahl vom

71 Das Problem der volkswirtschaftlichen Liquidität, Memorandum vom 21. August 1930 (Bundesarchiv Koblenz und Berlin R 2501 [Reichsbank] 6484).

September 1930 mit ihren unerwartet großen Zugewinnen für die NSDAP. Zu einer erneuten Panik kam es im Mai 1931, nach der Zahlungseinstellung der Wiener Creditanstalt.

In den späteren Verwaltungsberichten der Reichsbank ist die Flucht aus der Reichsmark, ebenso wie in den meisten Geschichtswerken und Lesebüchern, als Abfluß ausländischen Kapitals dargestellt worden. In der zeitgenössischen Beurteilung durch die Reichsbank, durch zahlreiche deutsche Kommentatoren und durch die entscheidend wichtigen ausländischen Zentralbanken handelte es sich jedoch um eine Flucht deutscher Kapitalanleger.[72] Demzufolge einigten sich die Bank of England und die Federal Reserve Bank of New York darauf, daß man Deutschland nur dann zu Hilfe kommen würde, wenn die Reichsbank selbst wirksame Maßnahmen gegen die Kapitalflucht ergriff.[73] In der Praxis konnte das so aussehen, daß die Reichsbank den Privatbanken den Zugriff auf Devisen durch die Verwehrung von Krediten erschweren würde.

Der Vertrauensverlust zog ein Schrumpfen der Reichsbank-Reserven nach sich. Am 23. September 1930, vor der Reichstagswahl, hatte der Reservenpegel bei 69,6% gestanden, und auch am 23. Mai 1931 waren die Reserven noch beachtlich hoch gewesen, doch von da an ging es rapide bergab: Am 30. Juni waren die Gold- und Devisenreserven auf den bedrohlichen Pegel von nur noch 40,1% der Reichsbanknoten abgesackt. Die Reichsbank versuchte ihre Reserven aufzustocken, indem sie einen Kredit von 100 Mio. Dollar bei den anderen Zentralbanken aufnahm. Dabei wurde ihr immer wieder eingeschärft, daß sie als Gegenleistung für diese von außen kommende Unterstützung wirksame Maßnahmen gegen die Kapitalflucht ergreifen müsse. Die Erhöhung des Diskontsatzes auf 7% am 13. Juni reichte nicht aus, um das Vertrauen wiederherzustellen oder diejenigen abzuschrecken, die ihre Markguthaben abzogen, um sie auf den Devisenmärkten zu verkaufen. In dieser Situation rationierte die Reichsbank ein letztes und schicksalhaftes Mal die Vergabe von Diskontkrediten, und zwar mit Wirkung vom 22. Juni. Die Kreditrahmen wurden auf die am 19. Juni geschuldeten Beträge beschränkt, und zusätzlich wurde die Anweisung erteilt: «Bei allen Kreditgeschäften ist ganz besonders darauf zu achten, daß die Kreditgewährung der Reichsbank nicht dazu benutzt wird, um Devisenkäufe zu finanzieren, die nicht wirtschaftlich begründet sind.»[74] Die Banken konnten sich jetzt nicht mehr auf die Unterstützung der Reichsbank verlassen, und als sich die Nachricht von Riesenverlusten bei der DANAT-Bank verbreitete, setzte ein Run ein. Am 13. Juli 1931,

72 Vgl. Telefonat Harrison mit Norman vom 2. Juli 1931 (FRBNY 3115.2).

73 Vgl. Committee of Treasury, 9. August 1931 (BoE G8/60).

74 «An sämtliche Reichsbankanstalten», 21. Juni 1931 (Bundesarchiv Koblenz und Berlin R28/49).

nachdem die DANAT-Bank ihre Zahlungen eingestellt hatte, mußte ein allgemeiner Bankfeiertag ausgerufen werden.

Diese Bankenkrise, die die deutsche Wirtschaftskrise erheblich verschärfte, war das Ergebnis zweier miteinander verflochtener Umstände. Da war zunächst einmal die Schwäche und Verwundbarkeit der deutschen Banken, die Zweifel an der Bonität auch einiger der größeren Bankhäuser (insbesondere der DANAT-Bank) nährte. Dazu kamen zum zweiten Befürchtungen hinsichtlich der Fähigkeit der Regierung, einen ausgeglichenen Haushalt zustande zu bringen, und Unkenrufe, daß Deutschland aus diesem Grunde gezwungen sein könnte, den Goldstandard aufzugeben.[75] Jeder dieser Faktoren hätte aus eigener Kraft eine Krise auslösen können. Indem jedoch die Reichsbank versuchte, das letztere Problem (das schwindende Vertrauen zu Deutschland) durch die Verknappung der Diskontkredite zu bekämpfen, verschärfte sie das erste Problem erheblich und beschleunigte das Abgleiten in die Katastrophe. Daß Luther diesen Kurs einschlug, war eine Nachwirkung der so lange geübten Praxis, sich auf die Unterstützung der ausländischen Zentralbanken zu verlassen – das letzte Echo der Zentralbanken-Kooperation der zwanziger Jahre. Das Ausbleiben jeder Unterstützung seitens der Reichsbank machte es wiederum den deutschen Geschäftsbanken schwer, nach dem Zusammenbruch einzelner Bankhäuser wirksame Rettungsmaßnahmen zu ergreifen.

Es überrascht nicht, daß die Banken der Reichsbank den Vorwurf machten, sie habe tatenlos zugesehen, wie die Bankenkrise ihren Lauf nahm. Hans Luther hatte alle seine Kräfte darauf konzentriert, ausländische Unterstützung zu erwirken, auch dann noch, als seine in offenkundiger Panik unternommenen Flüge nach London und Paris sowie anschließend zur Bank für Internationalen Zahlungsausgleich in Basel für noch größere Nervosität auf den Finanzmärkten gesorgt hatten.

Der Reichsbank waren, als die Krise da war, durch die Verpflichtung, die Markparität von 1924 beizubehalten, und durch die vorgeschriebene Golddeckung von 40% die Hände gebunden. Erst nach der Bankenkrise ging sie zu einer flexibleren Politik über:

1. Die Londoner Konferenz vom Juli 1931 empfahl eine Stundung der kurzfristigen deutschen Schulden. Das am 18. August 1931 beschlossene Stillhalte-Abkommen galt zunächst für sechs Monate; danach wurde in einem jeweils einjährigen Turnus eine umfassendere Umschuldungsregelung ausgehandelt. Diese unter der Bezeichnung «Deutsches Kreditabkommen» laufende Praxis wurde bis zum Kriegsausbruch 1939 fortgesetzt.

2. Nach der Schulden- und Bankenkrise führte die deutsche Regierung eine Devisenbewirtschaftung ein.

75 Vgl. Balderston, The Banks; Hardach, Weltmarktorientierung, S. 126–131.

3. Gestärkt durch die Stundung der kurzfristigen Schulden und durch die Devisenkontrollen, konnte die Reichsbank sich nunmehr auf eine stärker wachstumsorientierte Politik verlegen; in ihren öffentlichen Verlautbarungen vertrat sie jedoch weiterhin, aus Rücksicht auf die verbreiteten Inflationsängste, einen strikten Sparkurs.[76] In der Praxis galt das Prinzip der Golddeckung seit dem 13. Juli 1931 nicht mehr; von diesem Zeitpunkt an wurden auch die Anforderungen an die Qualität der von der Reichsbank akzeptierten Wechsel drastisch heruntergeschraubt. Die Reichsbank diskontierte jetzt in erheblicher Größenordnung erneuerbare mittelfristige Wechsel zur Finanzierung deutscher Exporte in die UdSSR, was in der Praxis bedeutete, daß die Höchstlaufzeit von 90 Tagen, die im Rahmen der Reichsbankgesetze von 1875 und 1924 gegolten hatte, nunmehr überschritten werden konnte.

Im September 1931 nahm die Reichsbankführung an einer von der Friedrich-List-Gesellschaft veranstalteten Konferenz teil, auf der Maßnahmen zur Überwindung der Wirtschaftskrise (vor allem zur Arbeitsbeschaffung) und Möglichkeiten ihrer Finanzierung durch die Reichsbank erörtert wurden.[77] Nachdem die Abwertung des britischen Pfundes das Vertrauen in die Finanzsysteme erneut erschüttert hatte, hielt die Reichsbank es für besser, weitere öffentliche Erörterungen vorerst zu vermeiden. Insgeheim steuerte sie jedoch weiterhin einen expansiven Kurs und akzeptierte beispielsweise auch Wechsel öffentlich-rechtlicher Institutionen wie der Deutschen Gesellschaft für öffentliche Arbeiten (Öffa) oder der Bau- und Bodenbank, die Bauvorhaben finanzierten. Sie leitete damit eine Praxis ein, die unter der NS-Diktatur in größerem Maßstab fortgesetzt wurde, als die Metallurgische Forschungsgesellschaft eine analoge Rolle für die Finanzierung der Wiederaufrüstung spielte. Die Reichsbank rief schließlich selbst ein Tochterinstitut ins Leben, die Akzept- und Garantiebank, die mit der Aufgabe betraut wurde, gestundete Kredite aus dem Forderungsbestand der Geschäftsbanken zu übernehmen. Unter dem Eindruck der Krise von 1931 wurden viele der Beschränkungen aufgehoben, unter denen die Handlungsfreiheit der internationalisierten Reichsbank der 1920er Jahre gelitten hatte, so daß sie die Chance erhielt, ein weitaus höheres Maß an Kontrolle über die deutschen Finanzmärkte zu gewinnen.

76 Vgl. Borchardt, Inflationsangst.
77 Vgl. Borchardt, Wirtschaftspolitik.

6. Die Reichsbank und die Zwangswirtschaft

Nach 1931 faßte die Reichsbank wieder Tritt auf dem deutschen Geldmarkt, wurde allerdings zu einem Funktionselement in einem zunehmend stärker regulierten System, das auf der Unterdrückung von Marktsignalen beruhte. Auf dem Weg zu einer Wirtschaftspolitik, die dem Liberalismus den Rücken kehrte und sich auf ein immer stärkeres Maß an Kontrolle zubewegte, fand die entscheidende Weichenstellung 1931 statt; die politische Zäsur vom Januar 1933 brachte dann nur noch eine Beschleunigung dieser Entwicklung.

Im Gefolge der Krise von 1931 und der Verhängung von Devisenkontrollen warf die Reichsbank die Fesseln des Goldstandards ab. Ihre Politik folgte von da an nicht mehr einer konsequenten Linie, wenngleich natürlich gewisse politische Prioritäten gesetzt wurden. Zunächst versuchte die Reichsbank, durch eine Politik der Anreize das wirtschaftliche Wachstum zu fördern; im weiteren Verlauf der dreißiger Jahre engagierte sie sich für die Wahrung der Preisstabilität. Zu keiner Zeit machte sie jedoch den zielbewußten Versuch, ein praktisches Äquivalent zum Goldstandard zu finden, und sei es nur durch die Formulierung monetärer Zielvorgaben. Nur durch Orientierung an sachlichen Regeln wäre es der Reichsbank möglich gewesen, ihre Tätigkeit gegen politische Einflußnahmen abzuschirmen. Schließlich konnte man sich auf Fragen wie die nach den geeignetsten Mitteln zur Ankurbelung der deutschen Wirtschaft oder nach dem Stellenwert von Preis- und Lohnstabilität eine ganze Reihe unterschiedlicher, aber legitimer und plausibler Antworten vorstellen, entsprechend den divergierenden politischen Anschauungen und Interessen. Doch anstatt sich von Regeln leiten zu lassen, zogen es die Reichsbank und ihre politischen Dirigenten vor, die sich stellenden Fragen im Licht der persönlichen Glaubwürdigkeit der jeweils maßgeblichen Figuren zu sehen.

Die imposanteste Persönlichkeit in der deutschen Finanzwelt war Hjalmar Schacht. Seine erneute Berufung zum Reichsbank-Präsidenten im März 1933 war aus der Sicht Hitlers ein entscheidender Schachzug, hinter dem die Absicht stand, das Vertrauen sowohl der internationalen wie der deutschen Wirtschaft zu dem neuen Regime zu stärken. Schacht hatte mit großer Hartnäckigkeit eine Anti-Inflations-Linie vertreten, namentlich in den entscheidenden Niedergangsjahren der Weimarer Republik. Die Überzeugung, daß Schacht als Persönlichkeit Vertrauen schaffen konnte, war weitverbreitet. Unter dem unmittelbaren Eindruck der Bankenkrise von 1931 hatten führende Bankiers und Industrielle die (rechtlich gar nicht mögliche) Entlassung Luthers und seine Ablösung durch Schacht gefordert. Nach der Ernennung Hitlers zum Reichskanzler trat Luther zurück, und der Generalrat der Reichsbank berief auf Drängen Hitlers Schacht zu seinem Nachfolger. Wie dieser Vorgang zeigt, bietet auch eine scheinbar in Stein gemeißelte rechtliche

Unabhängigkeit der Zentralbank keine absolute Gewähr gegen politische Einflußnahme.

Ebenso wie Hitler hoffte, der dem Namen Schacht anhaftende Mythos würde die Gefahr von Bankpaniken oder eines Vertrauensverlusts bannen, sah Schacht in der Persönlichkeit des «Führers» den Schlüssel, mit dem sich das Tor zu einem neuen Wirtschaftsaufschwung würde öffnen lassen. Schacht hatte Hitler am Neujahrstag 1931 kennengelernt und war sogleich in eine enge politische Beziehung zum Nationalsozialismus und dessen charismatischem Führer getreten. Er war allerdings nie Parteimitglied geworden, und seine Bewunderung schien stets mehr Hitler persönlich zu gelten als der Bewegung oder deren Ideologie; überhaupt nichts übrig hatte er für die populistische Rhetorik der Nazis.

Lange Zeit sah Schacht in Hitler ein staatsmännisches «Genie». Noch nach 1945 bekannte er unumwunden, er habe Hitler für einen Mann gehalten, «mit dem man zusammenarbeiten konnte».[78] Obwohl Schacht im Verlauf der dreißiger Jahre eine immer größere Antipathie gegen den Nationalsozialismus entwickelte, blieb er von Hitler bezaubert und verhielt sich entsprechend devot. Vom Moment seines Zusammengehens mit der neuen politischen Bewegung an betrachtete Schacht es als seine historische Aufgabe, das Charisma des «Führers» zu instrumentalisieren und das Privateigentum vor den sozialistischen Bestrebungen der NSDAP zu schützen. Seinen größten Erfolg in dieser Richtung erzielte er damit, daß es ihm gelang, die Banken-Enquête von 1933 zu einem relativ harmlosen Unterfangen zu verdünnen, das einigen NS-Chefideologen ein Podium für Forderungen nach einer stärkeren Kontrolle der Banken bot. Im praktischen Endergebnis der Enquête, dem Kreditwesengesetz vom Dezember 1934, fand die nationalsozialistische Kritik an der Macht des Finanzkapitals jedoch so gut wie keinen Niederschlag. Das Gesetz schuf vielmehr ein Korsett von Rahmenbedingungen, das auch nach 1945 Bestand hatte und mithalf, der deutschen Nachkriegsentwicklung Form und Richtung zu geben. Für Kredite an Einzelpersonen wurden Höchstbeträge eingeführt. Ein Aufsichtsamt für das Kreditwesen unter Vorsitz des Reichsbank-Präsidenten wurde eingerichtet, das über die Höhe der Barreserven und das Liquiditätsniveau ersten und zweiten Grades zu befinden hatte. In § 16 wurde festgelegt, daß keiner Bank die Vorhaltung einer Barreserve im Umfang von mehr als 10% ihrer Verbindlichkeiten vorgeschrieben werden solle. Damit zog das Gesetz einen Schlußstrich unter die alte Kontroverse um die Einflußnahme der Reichsbank auf den Bankenkredit, eine Kontroverse, die mindestens seit der Währungskrise von 1907 immer wieder aufgeflammt war.

Weitere Schritte wurden getan, um der Reichsbank mehr Kontrolle über das Geschehen am Geldmarkt zu ermöglichen. Von Oktober 1933 an durfte

78 Vernehmung Schachts durch C.J. Hynning, 20. Juli 1945 (IfZ ZS 135/2).

sie offene Geldmarktgeschäfte machen – etwa Schatzwechsel kaufen und verkaufen mit dem Ziel, Liquidität zu schaffen oder überschüssige Liquidität abzuschöpfen; in der Praxis nahmen solche Geschäfte jedoch in den dreißiger Jahren keinen erheblichen Umfang an.[79] Als währungspolitisches Instrument wäre die Befugnis zu solchen Transaktionen in den zwanziger Jahren sicherlich nützlicher gewesen, als massenhaft einströmende ausländische Gelder für heftige Schwankungen in der Bankenliquidität gesorgt hatten. Die 1933 erfolgten Gesetzesänderungen waren mit dem Gesetz von 1924 voll vereinbar, weil die Siegermächte, die jetzt von der Bank für Internationalen Zahlungsausgleich vertreten wurden, ihnen zustimmten. Das neue Gesetz beseitigte allerdings eines der Schlüsselelemente der Neuregelung von 1924, nämlich den Generalrat als Aufsichtsorgan.

Im Hinblick auf den Kapitalmarkt kam es vor allem anderen darauf an, das in den Jahren der Wirtschaftskrise außerordentlich hoch gewesene Zinsniveau herunterzudrücken. Daß dies gelang, war nicht nur entscheidend wichtig für die Stabilisierung der Wirtschaft, sondern lag auch im Interesse des zu großen Teilen verschuldeten Mittelstandes, aus dem die NSDAP viele ihrer Gefolgsleute rekrutierte. Die Senkung der Zinsen sollte nicht auf dem Wege des gesetzlichen Zwangs erreicht werden wie in der Brüningschen Notverordnung vom Dezember 1931, sondern auf indirekte Weise: durch die Deckelung von Dividenden (mit dem Anleihestockgesetz vom 4. Dezember 1934) und durch eine Bestimmung, die Aktiengesellschaften verpflichtete, sich die Ausgabe von Obligationen vom Kapitalmarktausschuß der Reichsbank (der seit Mai 1933 bestand) genehmigen zu lassen. Tatsächlich wurden in den dreißiger Jahren nur wenige Firmenobligationen aufgelegt, der Rentenpapiermarkt blieb eine Domäne der öffentlichen Kreditnehmer. Eine großangelegte Umschuldungsoperation, die 1935 für Obligationen mit einer Verzinsung von mehr als 6% durchgeführt wurde, schuf die Voraussetzungen für neue Staatsanleihen.

Mit solchen Maßnahmen wurde die Grundlage für eine massive Anhebung der Staatsausgaben geschaffen. Schacht machte wiederholt deutlich, daß hinter der Neuordnung des Kapitalmarkts die Absicht stehe, die Finanzierung öffentlicher Großvorhaben zu ermöglichen. Seine öffentlichen Verlautbarungen zu diesem Thema ließen immer einen gewissen Raum für den Argwohn, daß dieser Weg in eine dauerhafte «Staatswirtschaft» führen könnte. Viele Reichsbank-Insider glaubten jedoch ebenso wie manche außenstehende Beobachter, unter den besonderen Umständen der dreißiger Jahre könne eine Ausweitung der wirtschaftlichen Aktivität des Staates nur die Funktion einer «Initialzündung» haben, um gleichsam den Absprung aus der Depression zu schaffen, und eine solche Zündung sei nötig, weil von der Privatwirtschaft

79 Vgl. Stucken, Kreditpolitik, S. 104f., 139.

praktisch keine Investitionsimpulse ausgingen. (Diese alternativen Deutungsmöglichkeiten haben sich auch in der historischen Literatur niedergeschlagen. Die meisten Analytiker tendieren zu der Auffassung, daß die Wirtschaftspolitik der Nationalsozialisten nicht als ein Versuch der praktischen Erprobung der Thesen von John Maynard Keynes gedeutet werden sollte, wenngleich es für die Jahre 1933 bis 1935 statthaft sein mag, von einer «konjunkturgerechten Fiskalpolitik» zu sprechen.[80])

Auch Schacht selbst bezeichnete die Arbeitsbeschaffung und den Bau von Straßen als die vorrangigsten Ziele der frühen nationalsozialistischen Wirtschaftspolitik; die Reichsbank willigte denn auch ein, zur Finanzierung des ersten nationalsozialistischen Arbeitsbeschaffungsprojekts, des sogenannten Reinhardt-Programms, Reichsmark-Wechsel im Volumen bis zu einer Milliarde zu rediskontieren. Zusätzlich hatte die Bank Arbeitsbeschaffungswechsel von der Reichsbahn und von den Reichsautobahnen in ihrem Portefeuille. 1934 befand sich rund die Hälfte aller Arbeitsbeschaffungswechsel im Besitz der Reichsbank.[81] Arbeitsplätze waren jedoch nicht das einzige Anliegen. Schacht erklärte auch, die Nutzung des Kapitalmarkts durch die öffentliche Hand berge den Schlüssel für die Wiederaufrüstung Deutschlands. Wie er Ende 1934 der Reichswehr mitteilte, sei das Anleihestockgesetz «im Hinblick auf die Wehrpolitik» gemacht worden.

Zusätzlich zur Mittelbeschaffung durch Anleihen wurden als Instrument der Rüstungsfinanzierung die sogenannten Mefo-Wechsel kreiert, Wechsel, die von Munitionsfabrikanten auf die Metallurgische Forschungsgesellschaft m.b.H. (Mefo) gezogen, von dieser akzeptiert und im Girokontor der Reichshauptbank in Berlin ausgezahlt wurden. Da es sich um Sechsmonatswechsel handelte, waren sie in der ersten Hälfte ihrer Laufzeit von einer Diskontierung durch die Reichsbank ausgeschlossen, wurden aber von deren Tochterinstitut, der Golddiskontbank, in Zahlung genommen.[82] Bis zum August 1937 wurden Mefo-Wechsel im Gesamtwert von 11.072 Mio. RM aufgelegt. Die Hälfte davon wurde nie der Reichsbank oder der Golddiskontbank zur Rediskontierung vorgelegt, sondern verblieb in den Händen privater Anleger.[83] Der Hauptzweck der ganzen Mefo-Übung bestand darin, einen Teil der Rüstungsausgaben aus dem Staatshaushalt herauszulösen. Die Erwartung der Deutschen, sie könnten das Ausmaß ihrer Wiederaufrüstung tarnen, indem sie aus den Mefo-Wechseln und der Größenordnung der dadurch aufgebrachten Gelder ein Geheimnis machten, ging nicht auf, denn es war anderen Ländern

80 Vgl. Erbe, Nationalsozialistische Wirtschaftspolitik, S. 37; vgl. auch Bresciani-Turroni, Economic Policy.

81 Vgl. Schreiben der Reichsbank an das Reichsfinanzministerium vom 7. Oktober 1936 (Bundesarchiv Koblenz und Berlin R2/18701).

82 Vgl. Merkblatt 1936, Bl. 4f. (Bundesarchiv Koblenz und Berlin R28/133).

83 Vgl. Schacht, Years, S. 317ff.

sehr wohl möglich, zu interpolieren, was in Deutschland vor sich ging. So wußte zum Beispiel die New Yorker Federal Reserve Bank ganz genau darüber Bescheid, wie die Mefo-Wechsel funktionierten und wie viele davon im Umlauf waren. (Ende 1938 schätzte sie ihr Volumen einigermaßen zutreffend auf 12–15 Mrd. RM.[84]) Ende 1937 stellte die Reichsbank den Handel mit Mefo-Wechseln ein, doch dafür kam ein ähnliches Instrument in Gebrauch: die Lieferschatzanweisung (die als Sicherheit für Lombardkredite hinterlegt werden konnte).[85]

Trotz aller Versuche, den bargeldlosen Zahlungsverkehr zu propagieren, um damit den bereits wieder spürbaren Zuwachs der Geldmenge zu bremsen, setzte bereits in den Friedensjahren eine neue Inflation ein. Da die Regierung sich größte Sorgen über die möglichen negativen Auswirkungen einer Inflation auf das Vertrauen der Öffentlichkeit machte, versuchte sie die inflatorische Tendenz durch Preiskontrollen niederzuhalten. Wie Hitler tönte: «Das habe ich auch Schacht erst klarmachen müssen, daß die erste Ursache des Gleichbleibens unserer Währung das KZ ist; die Währung bleibt, wenn jeder gepackt wird, der mehr fordert!»[86] In der Praxis zeitigten die Preiskontrollen ungewollte Nebenwirkungen, vor allem in Form eines stetigen Rückgangs der Produktqualität. Die amtlichen Zahlen über die Lebenshaltungskosten zeichnen zweifellos kein zutreffendes Bild vom Ausmaß der deutschen Preisinflation in den Jahren der wirtschaftlichen Erholung.[87]

Spätestens von August 1934 an warf die Position Schachts erhebliche Zweifel hinsichtlich der gesetzlich nach wie vor vorgeschriebenen Unabhängigkeit der Reichsbank auf. In diesem Monat übernahm er zusätzlich zu seinem Amt als Präsident der Reichsbank kommissarisch die Führung des Reichswirtschaftsministeriums. (Daß er nicht gleich zum Minister ernannt wurde, hatte seinen Grund in der Vorschrift, daß amtierende Minister von der Mitgliedschaft im Vorstand der Bank für Internationalen Zahlungsausgleich ausgeschlossen waren.)[88] Er war jetzt Mitglied der Regierung (der er als Minister ohne Geschäftsbereich auch nach seiner Entlassung als Wirtschaftsminister weiterhin angehören sollte) und mischte damit an oberster Stelle im nationalsozialistischen Staat mit. Diese Doppelfunktion Schachts konstituierte einen schwerwiegenden Verstoß gegen das Reichsbankgesetz, denn es lag auf der Hand, daß von einer Unabhängigkeit der Reichsbank unter diesem Präsidenten nicht mehr die Rede sein konnte. Der Nationalsozialismus, in dessen politischer Philosophie die Wirtschaft ohnehin als Dienerin der Politik zu fungie-

84 Vgl. Knoke and Despres, Notes on European Trip, June 16–August 19, 1938 (FRBNY).

85 Vgl. Boelcke, Finanzpolitik, S. 99.

86 Jochmann, Monologe, S. 88.

87 Vgl. Hachtmann, Lebenshaltungskosten, S. 32–73.

88 Vgl. Simpson, Hjalmar Schacht, S. 90.

ren hatte, hatte für eine solche rechtliche Trennung von Funktionen ohnehin keine Verwendung. Im Mai 1935 wurde die Machtstellung Schachts noch weiter gestärkt durch seine Ernennung zum Generalbevollmächtigten für die Kriegswirtschaft.

Der politische Weg, den Schacht selbst ging, verschärfte die in seiner Doppelrolle begründete Spannung. Zwischen 1934 und 1936 verlor er den Glauben an die NS-Parteigrößen, und nach dem Krieg behauptete er, schon 1934 erste Zweifel an Hitler gehegt zu haben.[89] Der Jahresbericht der Reichsbank für 1935, der im März 1936 erschien, als das ungleiche Ringen zwischen Reichsbank und Regierung auf einen vorläufigen Höhepunkt zusteuerte, warnte aber lediglich vor einer weiteren Erhöhung der kurzfristigen Staatsschuld.

Zu einem gewissen Teil war das zunehmende Unbehagen Schachts eine pragmatische, wahrscheinlich nicht zutiefst moralische Reaktion auf den Antisemitismus des NS-Regimes. Eine völlige Ausschaltung der Juden aus dem Wirtschaftsleben drohte das angestrebte Ziel der Vollbeschäftigung zu gefährden. Außerdem schadeten die antijüdischen Maßnahmen eindeutig den wirtschaftlichen Außenbeziehungen Deutschlands. Allerdings führte Schacht in seinen Stellungnahmen nicht nur Überlegungen zu den wirtschaftlichen Vor- und Nachteilen der Judenverfolgungen an. Im Mai 1935 überreichte er Hitler eigenhändig eine mutig und aufrüttelnd formulierte Denkschrift mit dem Titel «Betrifft Imponderabilien des Exportes»; darin prangerte er «die quälende Verfolgung einzelner jüdischer Personen unter Führung oder Mitwirkung parteimäßiger Stellen und das Versagen staatlicher Organe demgegenüber» an.[90]

1935, in der Phase der Ausarbeitung der Nürnberger Rassengesetze (die dann auf dem Reichsparteitag im September verkündet wurden), artikulierte Schacht einige seiner Einwände in einer öffentlichen Ansprache anläßlich der Königsberger Messe. Er attackierte insbesondere «spontane» antisemitische Aktionen, und im überzeugendsten Teil seiner Rede legte er ein emphatisches Bekenntnis zum Rechtsstaat ab. Er garnierte seine Kritik freilich mit Komplimenten für den Nationalsozialismus, und in seiner Rede kam auch die Aussage vor: «Die Juden müssen sich damit abfinden, daß ihr Einfluß bei uns ein für alle Mal vorbei ist.»[91]

Schacht behandelte die «jüdische Frage» weniger als ein grundsätzliches, denn als ein pragmatisches Problem. Er intervenierte etliche Male persönlich, um Mitgliedern der deutsch-jüdischen Bankierselite – etwa der Familien Mendelssohn und Warburg – zu helfen und ihnen Wege für die Transferierung von Vermögenswerten zu ebnen. Im Winter 1938/39 widmete Schacht sich

89 Vgl. Vernehmung Schachts durch M.I. Gurfein, 16. Oktober 1945 (NA).
90 Fischer, Hjalmar Schacht, S. 154f.
91 Schacht, Königsberger Rede, S. 9–11.

mit erheblichem Energieaufwand der Propagierung eines Planes, der faktisch auf die Finanzierung der jüdischen Auswanderung durch Nachlässe auf die deutschen Auslandsschulden hinauslief und aus dem am Ende nichts wurde.[92] Die Diskussionen hierüber brachten seitens der Reichsbank einen der bizarrsten und naivsten Versuche hervor, die NS-Regierung davon zu überzeugen, daß eine verstärkte jüdische Auswanderung ökonomisch vorteilhaft sei; es handelte sich um eine präzise errechnete Kalkulation der Kosten, die dadurch entstanden und weiter entstehen würden, daß die an wirtschaftlicher Betätigung gehinderten Juden in Deutschland bleiben mußten. Die Reichsbank ging davon aus, daß von dem 1938 in Deutschland vorhandenen und angemeldeten jüdischen Vermögen im Wert von 7,1 Mrd. RM nach Abzug der den Juden im November 1938 auferlegten Strafsteuern und der Verluste, die sie beim Verkauf von Sachwerten erleiden würden, noch 3,0 Mrd. RM verbleiben würden. Dieser Betrag würde ausreichen, um sie zehn Jahre lang am Leben zu erhalten (wobei eine der statistischen Normalität entsprechende Sterberate vorausgesetzt und weiterhin von der unerhörten und zugleich verräterischen Annahme ausgegangen wurde, daß keine jüdischen Kinder mehr geboren würden). Die Versorgung der jüdischen Bevölkerungsgruppe würde das Reich von diesem Zeitpunkt an noch einmal rund 2,5 Mrd. RM kosten.[93] Ein solcher Vorstoß konnte nur ins Leere gehen, da die Ideologie des Nationalsozialismus die Anwendung einer Kosten-Nutzen-Analyse im Bereich der Rassenpolitik, und sei es in der unmenschlichen Form dieser von der Reichsbank angestellten Modellrechnung, gar nicht zuließ.

Was zu einer wachsenden Entfremdung zwischen Reichsbank und Regierung führte, waren nicht so sehr rassenpolitische, als vielmehr finanzielle und wirtschaftliche Dinge: das beschleunigte Tempo der Wiederaufrüstung, das Wuchern des öffentlichen Sektors, die zunehmende Verschuldung der öffentlichen Hände und die Orientierung der deutschen Handelspolitik. Immer deutlicher wurde, daß das Forcieren der Staatswirtschaft nicht nur dem Zweck diente, der Marktwirtschaft durch eine Initialzündung auf die Sprünge zu helfen, sondern daß diese Staatswirtschaft eine eigene Logik und Dynamik gewonnen hatte. Die neuen Eliten nicht nur in der Partei, sondern auch in der Wirtschaft hatten ein Interesse daran, daß diese Entwicklung weiterging. Indem die Reichsbank immer wieder betonte, daß es für die Staatsausgaben Obergrenzen geben müsse, sorgte sie einerseits dafür, daß Widerstand jeglicher Art sich nur innerhalb ihres beschränkten und fachbezogenen Verantwortungsbereichs abspielte, kratzte aber andererseits doch an den Interessen der mächtigen neuen Eliten.

92 Vgl. Barkai, Boykott, S. 158–160; Fischer, Hjalmar Schacht, S. 216–220.

93 Vgl. Denkschrift vom 18. Januar 1939 (Bundesarchiv Koblenz und Berlin R 2501 [Reichsbank] 6641).

In den ersten Jahren der NS-Diktatur hatte Schacht wiederholt darauf hingewiesen, daß Deutschland dringend Exportmärkte finden müsse. In der Praxis vollzog sich jedoch unter seinen Augen eine immer stärkere Einengung des Außenhandels. Der «Schachtianismus», wie die Kombination aus eingefrorenen Schulden und politisch dirigiertem Handel im Ausland genannt wurde, erwarb sich in dieser Zeit den Ruf, eine neue Philosophie der Wirtschaftssteuerung zu sein. Die Wucht des wirtschaftlichen Aufschwungs von 1933/34 drohte die letzten knappen deutschen Reserven aufzufressen und führte zuerst zur Wiedereinführung sehr weitgehender Devisenkontrollen und danach, im Rahmen des Neuen Plans vom September 1934, zum Versuch einer Bilateralisierung des Außenhandels. In dem durch die Devisenkontrollen gesetzten Rahmen wurden für unterschiedliche Länder und Produkte unterschiedliche Wechselkurse festgesetzt. Schacht erklärte, diese Kontrollen seien eine Reaktion auf die Weigerung der Gläubigerländer, Deutschland einen Schuldennachlaß zu gewähren. Schacht und die Reichsbank gerieten auf diese Weise in einen politischen Sog, der eine auf Exporterfolge basierende Reintegration Deutschlands in die Weltwirtschaft zusätzlich erschwerte. Schacht widersetzte sich allerdings energisch den auf eine noch ausgeprägtere wirtschaftliche Autarkie zielenden Forderungen anderer Teile des Staatsapparats: des Reichsnährstandes, der Arbeitsfront und vor allem des unerbittlichen Hermann Göring.

Als Schacht sich 1936 gegen den Vierjahresplan stemmte, ging die Zuständigkeit für die deutsche Wiederaufrüstung an Göring und die Vierjahresplan-Organisation über. Im Verlauf des darauffolgenden Jahres bemühte sich Schacht, wenn auch vergeblich, die Unterstützung der führenden Stahlunternehmer von Rhein und Ruhr im Kampf gegen die Göringschen Pläne zu gewinnen, die den Aufbau eines staatlichen Stahlkonzerns auf Basis der nur mit großem Kostenaufwand förderbaren einheimischen Erze im Raum Salzgitter (der Reichswerke Hermann Göring) vorsahen. Die Schwerindustrie ließ Schacht mit seiner Kampagne gegen die Regierung allein – ähnlich wie sie es in der völlig anders gearteten Situation von 1929 bis 1930 getan hatte, als Schacht versucht hatte, eine breite politische Offensive gegen die letzte parlamentarische Regierung der Weimarer Republik zu starten.

Eine zunehmend umstrittene Frage, die sich aus der Diskussion über die Wiedereingliederung Deutschlands in die Weltwirtschaft ergab, lautete: Sollte Deutschland die Mark abwerten und sich um die Wiederaufnahme in den internationalen Wirtschaftskreislauf bemühen? Unter dem Eindruck der Krise von 1931 entschied man sich gegen eine Abwertung, teils wegen der bestehenden rechtlichen Beschränkungen, teils in der Befürchtung, dies könne in Deutschland als Beginn einer neuen Inflationswelle gedeutet werden. In der Praxis bedeutete die Einführung von Devisenkontrollen, daß Deutschland der Welt des Goldstandards den Rücken gekehrt hatte. Die Reichsmark war nicht mehr frei konvertibel. Nachdem der US-Dollar im März 1933 von seiner Goldparität entbunden worden war, schien sich die Zahl der Wahlmöglichkeiten für die deutsche Währungspolitik zu erhöhen. Für die Dauer der nächsten drei Jahre liefen in Deutschland ständig Gerüchte über eine bevorstehende Paritätsänderung um und lösten erhebliche politische Ängste aus.[94] Die Reichsbank bemühte sich, diese Diskussion einzudämmen, indem sie sich auf öffentliche Verlautbarungen von NS-Führern berief, in denen diese sich gegen Inflation und Abwertung ausgesprochen hatten; bis zum Sommer 1936 beharrte die Reichsbank auf ihrem resoluten Widerstand gegen jegliche Abwertung. Sie verwendete dabei das weithin gebräuchliche Argument der Inflationsgefahr.

Die Auflösung des Goldblocks und die Abwertung des Französischen Francs im Oktober 1936 schufen eine entscheidend neue Geschäftsgrundlage. Schacht begann jetzt, in einer Abwertung der Reichsmark ein Mittel zum Abbau der kostspieligen und umständlichen Devisen- und Außenhandelskontrollen zu sehen. Am 30. September 1936, am Vorabend der Franc-Abwertung, erklärte Schacht vor deutschen Pressevertretern, er sei bereit, sich an internationalen Gesprächen über die Wechselkurs-Relationen zu beteiligen.[95] Dieses Abweichen vom Pfad der Orthodoxie genügte, um der politischen Führung einen Schrecken einzujagen, für die das Gespenst der Inflationsangst stets höchste Gefahr signalisierte. Namentlich Hitler und Goebbels erklärten häufig, neben den republikanischen Regimen der zwanziger Jahre sei es vor allem die Inflation (gemeint war die in den Jahren des Ersten Weltkrieges) gewesen, die das Deutsche Reich zerstört habe. Der Staatssekretär im Propagandaministerium, Walther R. Funk, sei, so Goebbels, nach Schachts Ankündigung «gleich zum Führer gegangen, und der hat eingegriffen». Damit habe Funk, so die Schlußfolgerung seines Herrn und Meisters, «die deutsche Inflation verhindert».[96]

Diese Episode war das Vorspiel zur Entlassung Schachts aus dem Amt des Wirtschaftsministers; in den Augen Hitlers war er nicht mehr der unersetzliche Garant der Währungsstabilität, als den Hitler ihn (und die Reichsbank) in den ersten Jahren der nationalsozialistischen Herrschaft gebraucht hatte. Jetzt, Ende 1936, sorgte Hitler dadurch, daß er den Gauleiter Josef Wagner zum Reichskommissar für die Preisbildung berief, sogar für eine Verschärfung der Preiskontrollen.

94 Vgl. Entwurf eines Schreibens an die Herren Ersten Vorstandsbeamten (Dr. Nordhoff) vom 15. Juni 1934 (Bundesarchiv Koblenz und Berlin R 2501 [Reichsbank] 6510).

95 Vgl. Ausführungen des Herrn Präsidenten vor den Vertretern der Inlandspresse am 30. September 1936 (Bundesarchiv Koblenz und Berlin R 2501 [Reichsbank] 6994).

96 Fröhlich, Tagebücher, Bd. II, S. 689. In dieser gedruckten Ausgabe der Goebbels-Tagebücher befindet sich ein Transkriptionsfehler, der die ganze Episode unverständlich macht. Goebbels hatte in sein Tagebuch notiert: «Schacht wollte auch abwerten.» In der Fröhlich-Ausgabe erscheint das Verb fälschlich als «abwarten».

In öffentlichen Verlautbarungen konnte Kritik nur unter dem Deckmantel finanztechnischer Argumente zu Themen, die im Zuständigkeitsbereich der Reichsbank lagen, geäußert werden. Für Grundsatzdiskussionen gab es kein Forum. Schacht beschloß selbst seine gewagteste öffentliche Widerborstigkeit, die Königsberger Rede von 1935, mit dem Satz: «Wer meinen Ausführungen gefolgt ist, der wird erkennen, daß die finanzielle Durchführung der großen Aufgabe des Führers steht und fällt mit dem Vertrauen in die Sicherheit und Beständigkeit des Reiches und seiner Betriebe.»[97]

Die kritischen Vorbringungen Schachts, die im Ausland aufmerksam registriert und ausführlich kommentiert wurden, fügten dem nationalsozialistischen Regime letzten Endes wohl keinen großen Schaden zu. Gewiß war die Reichsbank die wichtigste innerdeutsche Stimme der Kritik an der Politik des Regimes zwischen 1935 und 1939 und spielte in dieser Beziehung eine bemerkenswerte Rolle in den Jahren der NS-Diktatur. Freilich war schon der bloße Anschein, daß in Deutschland Debatten und Diskussionen stattfänden, irreführend. Schacht war international so bekannt, und seine Worte hatten so viel Eleganz und Überzeugungskraft, daß seine kritischen Anmerkungen häufig, zumindest im mittleren Drittel des Jahrzehnts, als Anzeichen für ernsthafte Meinungsverschiedenheiten innerhalb der deutschen Regierung gedeutet wurden. Oder man unterlegte ihnen die alternative Bedeutung, die deutsche Wirtschaft sei, nachdem die Vollbeschäftigung praktisch wiederhergestellt war, dabei, an Schwung zu verlieren, und sei am Ende ihrer finanziellen Ressourcen angelangt.[98] Keine dieser beiden weitverbreiteten Überzeugungen barg sehr viel Wahrheit. Es gab in Deutschland noch ein großes Potential für weiteres Wirtschaftswachstum. Die kritische Haltung der Reichsbank-Führung führte keineswegs zu einer Verlangsamung des Wiederaufrüstungstempos gegen Ende der dreißiger Jahre, und der Konflikt, der schließlich zur Entlassung Schachts und zur dann auch formellen Unterjochung der Reichsbank führte, brachte Hitler zwar in eine gewisse Verlegenheit, die aber bald ausgestanden war.

In den Jahren 1938 und 1939 trieb der Konflikt der Reichsbank mit der Regierung auf einen Höhepunkt zu. Die Reichsbank forderte nachdrücklich eine Reduzierung des Volumens der umlaufenden Mefo-Wechsel. Dem stand jedoch ein weiter zunehmender Geldhunger des Staates gegenüber. Die 1938 aufgelegte vierte Reichsanleihe (in Höhe von 1,5 Mrd. RM) wurde zum ersten dramatischen Einbruch, den die NS-Regierung auf dem Kapitalmarkt erlitt: Ein erheblicher Teil der Anleihepapiere mußte von den an der Emission mitwirkenden Instituten selbst übernommen werden.[99] Im Dezember 1938

97 Schacht, Königsberger Rede, S. 17.
98 Vgl. Priester, Das Deutsche Wirtschaftswunder sowie Balogh, National Economy.
99 Vgl. James, Deutsche Bank, S. 329ff.

lehnte die Reichsbank die Gewährung eines vom Finanzministerium geforderten Sonderkredits in Höhe von 100 Mio. RM ab – ein gewagter Versuch, die Regierung zum fiskalischen Kürzertreten zu zwingen.

Am 7. Januar 1939 wandte Schacht sich in einem dramatischen, vom gesamten Reichsbank-Direktorium unterzeichneten Schreiben an Hitler, mit der Forderung, die Staatsausgaben auf das durch Steuereinnahmen oder langfristige Anleihen gesicherte Volumen zu begrenzen. Der Brief brachte das Thema Inflation wieder aufs Tapet. Er provozierte die Entlassung sowohl Schachts als auch, etwas später, Friedrich Dreyses, des Vizepräsidenten der Reichsbank, und Ernst Hülses sowie später noch weiterer Mitglieder des Direktoriums (Karl Blessing, Carl Ehrhardt und Wilhelm Vocke).

Am 15. Juni 1939 trat ein neues Reichsbankgesetz in Kraft, das die Bank direkt dem «Führer» unterstellte und keinen Zentralausschuß mehr vorsah. An seiner Stelle wurde ein «Beirat» eingerichtet, bestehend aus führenden Vertretern der deutschen Wirtschaft und aufgeteilt in diverse Unterausschüsse. Über das Ausmaß der «Betriebskredite», die die Reichsbank dem Reich gewähren durfte, entschied von da an der Führer, ebenso über den zulässigen Höchstbetrag an anzukaufenden Reichsschatzwechseln. Diese Vorkehrungen kamen praktisch einer Rückverwandlung der Reichsbank in eine perfekte Inflationsmaschine gleich, eine Rolle, in der ihre leitenden Angestellten sich äußerst unwohl fühlten. Die Vorschriften zur Golddeckung, bei diesem Stand der Dinge ohnehin völlig wirkungslos, wurden außer Kraft gesetzt. Die Anwendung des «Führerprinzips» auf die Leitung der Reichsbank-Geschäfte hatte zur Folge, daß es im Direktorium keine Mehrheitsentscheidungen mehr gab und daß der Präsident (dessen Amtsbezeichnung jetzt nicht mehr «Präsident des Reichsbankdirektoriums» lautete, sondern «Präsident der Deutschen Reichsbank») zum Alleinverantwortlichen für die Politik der Reichsbank wurde. Paradoxerweise – für die Politik im nationalsozialistischen Deutschland jedoch nicht ungewöhnlich – veränderte sich durch diesen Übergang zu einer autoritären Führungsstruktur in der Praxis kaum etwas. Denn der neue Präsident war, anders als sein Vorgänger, ein Leichtgewicht. Walther Funk hatte von Schacht bereits vorher das Wirtschaftsministerium übernommen, und er verbrachte weiterhin den größten Teil seiner Arbeitszeit im Ministerium, nicht in der Reichsbank. Schacht hatte von Funk eine sehr geringe Meinung, die offenbar vom größten Teil der Reichsbank-Bediensteten geteilt wurde. Wie er später seinen alliierten Vernehmern gegenüber erklärte: «Herr Funk ist sicherlich ein Dummkopf und versteht von Finanzdingen nichts.»[100]

Überraschenderweise verlor Funk weiterhin salbungsvolle Worte über die Unabhängigkeit der Reichsbank, obwohl die politische Realität der Aufrüstungs- und Kriegspolitik dem Hohn sprach. In einem internen Vortrag, den

100 Vernehmung Schachts durch C.J. Hynning, 11. Juli 1945 (IfZ 135/6).

er 1940 vor seinen «Vorstandsbeamten» hielt, erklärte er, wie unangenehm es für eine Zentralbank sei, unter der Aufsicht und Kontrolle eines Finanzministeriums zu stehen, das Anleihen aufnahm und Geld ausgab. Um wieviel besser sei da doch das deutsche Modell einer Personalunion, bei dem Reichsbankpräsident und Wirtschaftsminister ein und dieselbe Person seien! «Die Reichsbank habe immer die Möglichkeit, sich zu wehren, wenn von irgendeinem Ministerium sozusagen unsittliche Forderungen an sie gestellt würden, und könne in entscheidenden Fragen direkt zum Führer gehen.»[101]

Praktisch lag die Führung der Reichsbank-Geschäfte in den Händen der Vizepräsidenten – zunächst Rudolf Brinkmanns und sodann, nachdem dieser 1939 einen Nervenzusammenbruch erlitten hatte,[102] Emil Puhls, der für die technischen Abwicklungen zuständig war, und Kurt Langes, der sich für die Bank um politische Kontakte kümmerte. Puhl führte die von Schacht gepflegte Tradition mehr oder weniger verhüllter kritischer Anmerkungen zum NS-Regime in Anwesenheit ausländischer Experten fort.[103]

Wie verhielt sich die Masse der Reichsbank-Mitarbeiter? Zu Beginn der neuen Ära, 1933, hatte Schacht den Reichsbank-Beamten Weisung erteilt, kritische Äußerungen über den Nationalsozialismus zu unterlassen. «Sollte sich ... ein freudiges Bejahen dieses Geistes nicht ergeben, so bin ich zwar weit davon entfernt, einen Überzeugungszwang ausüben zu wollen; ich erwarte aber in einem solchen Falle, daß der Betreffende sich schweigend verhält.»[104] Im zweiten Halbjahr 1938, als der Konflikt zwischen Reichsbank und Regierung seinem Höhepunkt zusteuerte, machten zwei amerikanische Besucher die Beobachtung: «Die meisten derjenigen Reichsbank-Beamten, denen in ihrer Ausbildung die Lehren des orthodoxen Wirtschaftsliberalismus beigebracht wurden und die nach wie vor ernsthafte Zweifel an der Funktionsfähigkeit einer kontrollierten Wirtschaft ... hegen, vertraten die Meinung, das System der Devisenkontrollen, wie überhaupt das ganze über das deutsche Wirtschaftsleben verhängte System von Kontrollen, sei auf lange Sicht untauglich, sahen aber auch keine Möglichkeit einer Rückkehr zu einem freieren System, es sei denn es käme zu grundlegenden Veränderungen sowohl in den äußeren wirtschaftlichen Bedingungen als auch in der deutschen Innenpolitik.»[105] 1939 bemängelte das Wirtschaftsministerium, daß «die [Reichsbank] in ihrer gegenwärtigen Verfassung nicht im geringsten den Anforderungen entspricht, die an einen nationalsozialistischen Betrieb zu stellen

101 Vortrag Funk am 2. Februar 1940 (Bundesarchiv Koblenz und Berlin R 2501 [Reichsbank] 6363, Blatt 79).
102 Vgl. Marsh, Bundesbank, S. 129.
103 Jacobsson, Diary, 33, S. 101.
104 Verfügungen, 29. August 1933 (Bundesarchiv Koblenz und Berlin R 2501 [Reichsbank]).
105 Notes on European Trip June 16–August 19, 1938 (FRBNY).

sind».[106] Die Neuordnung der Reichsbank von Januar 1939 ab änderte nichts an der Denkweise der meisten Mitarbeiter, engte ihren Handlungsspielraum aber noch weiter ein. Von ihrer Rolle als «Hüterin der Währung» entbunden, war die Reichsbank in der Folge praktisch nur noch ein Rad im Getriebe der deutschen Kriegswirtschaft.

7. Der Zweite Weltkrieg

Wie der Erste Weltkrieg war auch Hitlers Krieg ruinös für die deutschen Staatsfinanzen. Man griff zu Steuererhöhungen – den Auftakt dazu bildete die Kriegswirtschaftsverordnung vom 4. September 1939 – und unternahm 1942 einen Versuch, Sondergewinne der Wirtschaft abzuschöpfen; dennoch reichten die Steuereinnahmen kaum aus, um auch nur den zivilen Teil der Staatsausgaben zu bestreiten. Die Kosten von Rüstung und Krieg waren nicht durch Einnahmen gedeckt. Während im ersten Kriegsjahr immerhin noch 30,2% aller Ausgaben der öffentlichen Hände aus regulären Staatseinnahmen bestritten wurden, sank dieser Anteil bis zum Jahr 1944/45 auf 11,2%.[107] Ein Versuch, wieder, wie im Ersten Weltkrieg oder in der Phase der Wiederaufrüstung in den dreißiger Jahren, Staatsanleihen öffentlich aufzulegen, wurde kaum unternommen; man fürchtete, dies könne zu einer für das Regime peinlichen finanziellen Volksabstimmung geraten, und außerdem standen bequemere Finanzierungsmethoden zur Verfügung. Man griff, um wenigstens einen Teil der Kriegskosten zu decken, zur «geräuschlosen Finanzierung» aus privaten Sparguthaben, die von Banken und Sparkassen in Staatspapiere konvertiert wurden, wie es bereits während der dreißiger Jahre geschehen war. Ein anderer Teil der Kriegskosten wurde durch erpreßte Zahlungen und Lieferungen der besetzten Länder aufgebracht. Allein, diese Quellen waren nicht ergiebig genug, und je länger der Krieg andauerte, in desto stärkerem Maß wurde zu seiner Finanzierung die Notenpresse herangezogen. Auf einem nach 1943 immer kürzeren und direkteren Weg landeten die Schatzwechsel und Schatzanweisungen der Regierung im Portefeuille der Reichsbank. Das hatte zur Folge, daß die umlaufende Geldmenge von 11 Mrd. RM zu Kriegsbeginn auf 73 Mrd. RM zum Zeitpunkt der deutschen Kapitulation anschwoll.[108]

Eine immer weitergehende Rationierung, flankiert von Lohn- und Preiskontrollen, nicht eine Begrenzung der Geldmenge, diente als primäre Anti-

106 Betrifft Reichsbankgesetz, o. D. («Sonderarchiv» Moskau 1458–1–349, Ordner 78).
107 Vgl. Boelcke, Finanzpolitik, S. 109.
108 Vgl. Hansmeyer/Caesar, Kriegswirtschaft, S. 417.

Inflations-Waffe. Die offiziell festgestellte Preisentwicklung entsprach in keiner Weise der tatsächlichen Vermehrung des Papiergeldumlaufs: Zwischen 1939 und 1944 stiegen die Lebenshaltungskosten laut amtlichem Index um lediglich 11,2%.[109] Schon am 27. August 1939, in der Phase der Mobilmachung für den Krieg, wurde per Verordnung die Rationierung von «Gütern des lebenswichtigen Bedarfs» eingeführt. Von einem frühen Zeitpunkt an war den Fachleuten in der Reichsbank klar – und in internen Dokumenten konnten sie das auch zum Ausdruck bringen –, daß mit solchen Maßnahmen die Inflation nicht auf Dauer unter der Decke gehalten werden konnte. Im Falle einer längeren Kriegsdauer rechneten sie mit der «Gefahr eines Schleichhandels mit unkontrollierbaren Preisen».[110] Vom Frühjahr 1941 an beschleunigte sich die Geldvermehrung durch die Druckerpresse, und die Reichsbank begann bei bestimmten Waren Preiserhöhungen von bis zu 60% zu registrieren. Die volkswirtschaftliche Abteilung stellte fest, es habe sich bereits weithin herumgesprochen, «daß zwischen der heutigen Währungslage und der Entwicklung um und nach dem [Ersten] Weltkrieg keine wesentlichen Unterschiede bestehen und daß sich die Inflationsschraube zu drehen begonnen hat».[111] 1944 war Deutschland nur noch einen kleinen Schritt vom Abgrund eines vollständigen Verlusts jeglichen Vertrauens zur Mark entfernt. Die «Zigarettenwährung» hatte schon 1941 ihr Debüt gegeben, und nach 1943 entwickelte sich auf breiter Front, und allen polizeistaatlichen Kontrollen zum Trotz, ein umfangreicher Schwarzmarkt.

Vom ersten Kriegstag an hatten sich die Volkswirtschaftler der Reichsbank bemüht, gegen einige der Argumente Stellung zu beziehen, die schon im Ersten Weltkrieg vorgebracht worden waren und die besagten, ein kriegführendes Land könne auf fiskalpolitische Grundsätze keine Rücksicht nehmen. Sie wiesen berechtigterweise darauf hin, daß nur mit Währungsdisziplin, nicht aber mit immer mehr Kontrollen, die durch das Aufblühen des Schwarzmarktes angerichteten Schäden begrenzt werden könnten. Allein, die große Mehrheit der meinungsbildenden Kräfte in Deutschland war anderer Auffassung. So ließ etwa das Wirtschaftsministerium verlautbaren, die «Stabilität der Währung beruhe heute in erster Linie auf der Preis- und Lohnpolitik, auf die die Reichsbank gar keinen Einfluß nehmen könne».[112] Jeder Widerstand von seiten der Reichsbank-Mitarbeiter wurde jedoch von der Geschäftsleitung desavouiert.

109 Vgl. Hansmeyer/Caesar, Kriegswirtschaft, S. 414.

110 Denkschrift vom 22. Februar 1940 (Bundesarchiv Koblenz und Berlin R 2501 [Reichsbank] 7005, Blatt 68–81 [Zitat von Blatt 81]).

111 Denkschrift vom 4. Oktober 1941 (Bundesarchiv Koblenz und Berlin R 2501 [Reichsbank] 7007, Blatt 295–296).

112 Denkschrift vom 27. September 1940 (Bundesarchiv Koblenz und Berlin R 2501 [Reichsbank] 6428, Blatt 105).

Funk legte in der ersten Phase seiner Amtszeit eine rührende Sorglosigkeit in Sachen Kriegsfinanzierung an den Tag. Ähnlich wie die Männer, die den voraufgegangenen Krieg geplant hatten, war er überzeugt, das Problem lasse sich bis zur (siegreichen) Beendigung des Krieges hinausschieben. Als im Herbst 1941 die Operation Barbarossa vor Moskau zum Stehen kam, glaubte Funk noch immer – und sagte es Hitler –, die geopolitische Neuordnung Europas werde auch das Finanzierungsproblem lösen. Dank der Beherrschung eines stark vergrößerten Wirtschaftsraumes «wird Deutschland in zehn Jahren die ganze Kriegslast beseitigt haben ohne Erschütterung unserer inneren Kaufkraft».[113]

Eine der Hauptaufgaben, mit denen die Reichsbank in der Frühphase des Krieges betraut war, bestand in der Ausarbeitung detaillierter «Baupläne» für das neue Europa. Nach den militärischen Erfolgen vom Mai und Juni 1940, als Deutschland nur noch mit Großbritannien als ernsthaftem Kriegsgegner zu tun hatte, startete Funk eine großangelegte Initiative. Zunächst verspottete er das Konzept einer auf Golddeckung basierenden Währung als eine amerikanische Idee: «Als Grundlage für eine europäische Währung wird das Gold in der Zukunft keine Rolle spielen, denn eine Währung hängt nicht von der Golddeckung ab, sondern von dem Wert, den der Staat, in diesem Fall die Vereinigten Staaten, ihr gibt. ... Wenn man alles Gold, das in amerikanischen Kellern eingelagert ist, herausnähme und auf eine Insel brächte und diese Insel verschwinden ließe, würde das Wirtschaftsleben der Nationen davon in keiner Weise beeinträchtigt.» In Zukunft würden die europäischen Volkswirtschaften durch langfristige Handelsverträge miteinander verbunden werden, und an die Stelle der bilateralen Abkommen, die in den dreißiger Jahren die wirtschaftliche Entwicklung gehemmt hätten, würde ein multilaterales Clearingsystem treten. «Durch den Abschluß langfristiger Vereinbarungen mit europäischen Ländern soll erreicht werden, daß die europäischen Volkswirtschaften sich im Rahmen eines weit in die Zukunft hinein geplanten Produktionssystems auf den deutschen Markt einstellen.»[114] Auch der Reichsbank schwebte die Rückkehr zu einem multilateralen Clearingsystem vor, innerhalb dessen die Reichsmark die Rolle einnehmen würde, die früher das Pfund Sterling gespielt hatte.[115]

Die in der Reichsbank entwickelten Europa-Visionen sind für den heutigen Betrachter schon deshalb von offenkundigem Interesse, weil sie in mancher Beziehung Ähnlichkeiten mit der nach dem Krieg geschaffenen internationalen Währungsordnung sowie mit den Plänen für eine Wirtschafts- und

113 Jochmann, Monologe, S. 80.
114 Funk, Economic Future, S. 9, 11.
115 Vgl. Denkschrift Emil Puhl vom 8. April 1941 (Bundesarchiv Koblenz und Berlin R 2501 [Reichsbank] 7018, Blatt 157ff.).

Währungsunion im Nachkriegs-Europa aufweisen.[116] Der riesige Propagandaaufwand, mit dem der Funksche Plan in die Welt posaunt wurde, trug mit zu dem Entschluß der Briten und Amerikaner bei, eigene währungspolitische Pläne für die Nachkriegswelt zu entwickeln. So gesehen gab die Funksche Initiative von 1940 den Anstoß für das 1944 geschlossene Abkommen von Bretton Woods. Einzelne Elemente des in Bretton Woods geschaffenen Systems wurden in den späten siebziger Jahren bewußt in die vertraglichen Grundlagen für das Europäische Währungssystem übernommen.

Eine solche faszinierende historische Einbettung mag dem Funk-Plan in der Rückschau eine größere Bedeutung verleihen, als er sie damals besaß. Die Vision einer europäischen Währung war eine reizvolle Zukunftsidee innerhalb eines Planes, der in der Schublade verschwand, als deutlich wurde, daß es sich nicht um einen kurzen europäischen Krieg handeln würde, gefolgt von einer für Deutschland maßgeschneiderten Friedensregelung. Als der Krieg sich länger hinzog, versperrten zunehmend mehr Hindernisse den Weg zur Herstellung einer europäischen Währungsunion.

Die Volkwirtschaftler der Reichsbank äußerten schon 1940 Bedenken gegen das ehrgeizigste Vorhaben Funks auf institutioneller Ebene, die vorgeschlagene Gründung einer Europa-Bank. Ihrer Meinung nach war es am besten, auf «zwischenstaatliche Vereinbarungen» und «starre Reglementierung» ganz zu verzichten. «Je formloser und unauffälliger die Währungsverschmelzung anläuft, um so sicherer ist der Erfolg gewährleistet», schrieben sie. Als Alternative schlug die Reichsbank eine bescheidenere Lösung vor: die Einrichtung eines multilateralen Clearing-Verbunds, der einen «inneren Europablock» aus den unter deutschem Einfluß stehenden Ländern umfassen sollte: Böhmen-Mähren, Slowakei, polnisches Generalgouvernement, Dänemark, Norwegen sowie Belgien, Luxemburg und Holland. Die Eingliederung weiterer Länder wie Bulgarien und Rumänien sah die Reichsbank als schwierig an, da diese Staaten «aus nationalen Prestigebedürfnissen nicht bereit sind, die Lenkung ihrer Zahlungsbilanz und ihrer Wirtschaft so sichtbar einem ausschlaggebenden deutschen Einfluß zu unterwerfen».[117]

Die Diskussion über ein europäisches Währungsgebiet krankte an zwei offenbar unlösbaren Problemen: dem Widerwillen der Deutschen, die Preise dem Markt zu überlassen, und ihren Skrupeln, den Ländern dieser Handelszone – die auch eine Region deutscher politischer Dominanz war – sichtbare wirtschaftliche Demütigungen zuzufügen. Tatsächlich war die Expansionspolitik des Dritten Reiches von Anfang an durch den Primat politischer Argumente gegenüber wirtschaftlicher Logik gekennzeichnet gewesen. Ende Februar 1938

116 Vgl. Marsh, Bundesbank, S. 132–135; vgl. auch Hoffmeyer, Monetary System, S. 19f.
117 Denkschrift vom 20. Juli 1940 (Bundesarchiv Koblenz und Berlin R 2501 [Reichsbank] 6428, Blatt 9ff.).

hatte die Reichsbank in aller Eile einen Plan für eine deutsch-österreichische Währungsunion auf Grundlage eines Umtauschkurses von 2 Schilling zur Reichsmark ausgearbeitet, die dem Wechselkurs an der Berliner Devisenbörse entsprach. Die Reichsbank-Ökonomen erkannten zwar, daß diese Tauschrate der höheren Kaufkraft des Schillings nicht gerecht wurde, sahen in ihrem Vorschlag aber ein probates Mittel zur Stimulierung der österreichischen Wirtschaft.[118] Obwohl sich das Reichswirtschaftsministerium dieser Auffassung anschloß, wurde der Plan schließlich mit der Begründung fallengelassen, daß er bei den Österreichern schlecht ankommen würde; diese erhielten am Ende ihre Reichsmark zu einem günstigeren Umtauschkurs, nämlich 1,50 Schilling. Es waren genau solche Widerstände und Rücksichtnahmen, die die Funkschen Pläne von 1940 unter den Bedingungen des Krieges zur Makulatur machten. Die erheblichen Clearing-Defizite Deutschlands bildeten ein unüberwindliches Hindernis für die Herstellung einer echten Clearing-Union, die eine Vorstufe für eine Währungsunion unter deutsche Flagge hätte sein können.

Je länger der Krieg dauerte, um so mehr wurde eine Clearing-Union Illusion; daher wurde bald klar, daß keine Chance bestand, den Plan in die Tat umzusetzen. Es ist somit nicht verwunderlich, daß er mit der Zeit in Vergessenheit geriet. Schon 1943 interessierten sich die volkswirtschaftlichen Abteilungen der deutschen Banken und der Reichsbank wesentlich mehr für die auf alliierter Seite entwickelten Pläne für die Nachkriegsordnung. Der Chefökonom der Bank für Internationalen Zahlungsausgleich, Per Jacobsson, kam im Juni 1943 sogar nach Berlin, um die Währungspläne von John Maynard Keynes und Harry Dexter White zu erläutern.[119] Als Funk im Juli 1944 (zur Zeit der Konferenz von Bretton Woods) eine weitere Rede hielt, schloß er darin eine Polemik gegen die Pläne der Alliierten ein; unter der Titelzeile «Wirtschaftsordnung gegen Währungsmechanismus» legte er dar, daß und weshalb aus deutscher und europäischer Sicht die britischen Pläne den amerikanischen, die er als «plutokratisch» bezeichnete, vorzuziehen seien.[120]

In den weit ausholenden deutschen Rahmenplanungen für eine Nachkriegs-Währungsordnung spielte das Gold eine zunehmend unbedeutendere Rolle. Funk machte immer wieder deutlich, daß er «die internationalen Spielregeln des Goldautomatismus» ablehnte, «weil uns dieses System unfrei macht».[121] Für das tagtägliche Funktionieren der deutschen Kriegswirtschaft war Gold aber nach wie vor von großer Bedeutung. So brauchte man es etwa, um die Einfuhr strategischer Materialien wie Chrom und Eisenerz zu bezahlen, die anders nicht zu bekommen waren. Das führte dazu, daß das Gold

118 Vgl. Denkschrift vom 26. Februar 1938 (Bundesarchiv Koblenz und Berlin R2501 [Reichsbank] 6673).
119 Vgl. Jacobsson, Life, S. 178f.; vgl. auch James, Post-War, S. 205–218.
120 Herbst, Der Totale Krieg, S. 305–310.
121 Funk, Economic Future, S. 22.

«zum kriegswichtigsten Rohstoff» wurde.[122] Als Regulans der internationalen Wirtschaft spielte das Gold freilich keine Rolle mehr, es war auf seinen viel älteren Status eines strategischen Zahlungsmittels zurückgefallen, das man brauchte, um die kämpfende Truppe in Marsch halten zu können. Der Umgang mit den Goldvorräten wurde denn auch zur politischen Chefsache – wie Funk dazu erklärte: «Bei allen Erörterungen über den Einsatz von Gold zu handelspolitischen oder auch politischen Zwecken hat deshalb auch stets der Führer mich persönlich hinzugezogen.»[123]

Die Deutschen verkauften ihr Gold an ausländische Zentralbanken, vor allem an die Schweizerische Nationalbank, die in den Kriegsjahren Gold für insgesamt 1.209,8 Mio. Schweizer Franken erwarb. Deutschland verkaufte aus seinen Beständen Gold im Gesamtwert von 930 Mio. RM zu offiziellen Kursen in die Schweiz, ferner Gold im Wert von 96 Mio. RM an Schweden (ein wichtiges Lieferland für hochwertiges Eisenerz und andere Rohstoffe) und für 80 Mio. RM an Rumänien. Die Schweiz lieferte zwar gewisse Güter an Deutschland (etwa Bauteile für Panzer), spielte aber im wesentlichen die Rolle eines finanziellen Mittelsmannes. Die Erlöse aus den Goldverkäufen an die Schweiz wurden benutzt, um auf deutsche Rechnung Zahlungen an Länder zu tätigen, die sich einem bilateralen Clearing verweigerten. Dies galt für Jugoslawien im Jahre 1940 und weiter bis zum Vorabend des deutschen Einmarsches am 6. April 1941, für Rumänien nach 1942 und für Spanien und Portugal während der gesamten Kriegsdauer. Portugal diente als Drehscheibe für den für Deutschland kriegswichtigen Import von Wolfram und Industriediamanten aus Südamerika. Der letzte deutsche Goldverkauf an die Schweizerische Nationalbank erfolgte am 6. April 1945; an diesem Tag ging von Konstanz aus Gold im Wert von 7,8 Mio. Franken (4,4 Mio. RM) in die Schweiz.[124]

Der größte Teil dieses Goldes war infolge kriegerischer Maßnahmen in deutschen Besitz gelangt. In den Zentralbanken eroberter Länder hatten die Deutschen Goldreserven in unterschiedlicher Höhe vorgefunden: für 245 Mio. RM in Österreich, 64 Mio. RM in der Tschechoslowakei (in beiden Fällen erkannte die Baseler Bank für Internationalen Zahlungsausgleich die Transferierung dieser Vorräte an); später kamen noch 18 Mio. RM in tschechischen Goldmünzen und 3 Mio. in tschechischem Gold dazu, 560 Mio. RM in Belgien, 340 Mio. in den Niederlanden, 198 Mio. in Italien, 12 Mio. in Luxemburg, 80 Mio. in Ungarn, 10 Mio. in Danzig.[125] Das belgische Gold

122 Eysen, Selbstversorgung, S. 1170.

123 Schreiben von Funk an Körner vom 14. Juli 1944 («Sonderarchiv» Moskau 700–1–86, Ordner 3).

124 Vgl. Golddepot des Reichsbankdirektoriums Berlin; Goldmünzdepot des Reichsbankdirektoriums Berlin (SNB Bern, 118, 119.8).

125 Vgl. Denkschrift, Totalbetrag des nichtgeraubten Goldes, das den Deutschen während des Krieges zur Verfügung stand. NA RG 59, 1945–49, Box 4206, 5. Februar 1946

stellte einen besonderen Problemfall dar. Belgien hatte zu Kriegsbeginn den größten Teil seiner Goldreserven nach England und in die USA verlagert, einen Teil aber auch nach Frankreich, von wo aus das Gold nach der deutschen Invasion nach Dakar verschifft wurde. Die Vichy-Regierung ließ dieses Gold auf dem Landweg über die Sahara zurückholen, und die Banque de France erklärte sich auf Anweisung von Premierminister Pierre Lavall bereit, es an die Reichsbank zu übergeben. Die Reichsbank versuchte, der Banque Nationale de Belgique eine Reichsmark-Gutschrift für das Gold auszustellen, doch die Belgier weigerten sich, die Quittung zu unterschreiben, die dem Besitzwechsel eine zumindest nominelle Legalität verliehen hätte.[126] Schließlich beschlagnahmten die Deutschen das Gold auf französischem Boden und brachten es nach Berlin, wo es in der Preußischen Münze zu neuen Barren umgeschmolzen und mit Zertifikaten, die auf die Mitte der dreißiger Jahre datiert waren, ausgestattet wurde, «da sonst die Herkunft des Goldes erkennbar gewesen wäre und dies beim Verkauf Schwierigkeiten gemacht hätte».[127] Die neuen Barren wurden an die Schweiz verkauft.

Die Bank für Internationalen Zahlungsausgleich, in der Deutsche auf maßgeblichen Posten saßen, allen voran Generaldirektor Paul Hechler, trug mit dazu bei, daß auch in der Ausnahmesituation eines totalen, den europäischen Kontinent überziehenden Krieges das, was die technokratischen Akteure nach wie vor als «Zentralbank-Kooperation» bezeichneten, weiter funktionierte.[128] Die Schweizerische Nationalbank machte deutlich, daß sie nur solches Gold kaufen würde, das sich mindestens seit 1939 in legitimem deutschen Besitz befand und somit nicht zu dem «Raubgold» gehörte, vor dessen Ankauf die Westalliierten warnten. Puhl erteilte mündliche Zusicherungen, daß die Reichsbank nur legitimes deutsches Gold liefern würde; erbeutetes Gold wurde in Berlin eingeschmolzen und mit deutschen Zertifikaten, datiert auf 1935, versehen.[129] Zum Zeitpunkt des Kriegsausbruches 1939 behauptete die Reichsbank, lediglich über Goldreserven im Wert von 70,8 Mio. RM zu verfügen. In Wirklichkeit waren es, einschließlich des «übernommenen» tschechoslowakischen Goldes, 382,7 Mio. RM. Spätestens 1943 erhielt die Schweizerische Nationalbank jedoch eindeutige Hinweise aus Frankreich und den USA, daß es sich bei dem ihr angebotenen Gold zum Teil um geraubtes

(SNB Bern, 0014, 1946); vgl. auch Smith, Nazi War Loot, S. 163; Unabhängige Expertenkommission, Goldtransaktionen; Czech Republic, Gold Reserves; Bank of Italy, Story of the Gold.

126 Vgl. Schreiben der BNB (vertreten durch Gouverneur A. Goffin) an die Reichsbank vom 5. August 1943 (SNB Bern 119.8).

127 Vermerk vom August 1943 («Sonderarchiv» Moskau 700–1–70, Ordner 110).

128 Vgl. Trepp, Bankgeschäfte.

129 Vgl. Bericht vom 16. Mai 1945 (SNB Bern 105.7).

Gold handelte.[130] Die Schweizer Zentralbankiers waren offenbar recht willige Opfer der deutschen Roßtäuscherei.

Die Reichsbank beteiligte sich auch an dem verwerflichen und verbrecherischen Geschäft, das den Insassen und Opfern der Konzentrations- und Vernichtungslager geraubte Gold zu verwerten. Mindestens 6 Mio. RM an Gold in 76 Lieferungen wurden aus den Lagern des Bezirks Lublin auf das Konto des SS-Hauptsturmführers Bruno Melmer deponiert. Als das Hauptgewölbe der Reichsbank Anfang 1945 geräumt und sein Inventar in ein Salzbergwerk im thüringischen Merkers eingelagert wurde, befanden sich darunter nicht nur 4173 Beutel mit Goldbarren, sondern auch 207 Behälter mit Gold, Silber und Juwelen, zusammengeraubt von der SS. Weiteres Beutegold krimineller Herkunft lagerte in Filialen der Reichsbank; so befand sich beispielsweise im Tresor der Regensburger Niederlassung das Tabernakel einer russisch-orthodoxen Kirche.[131] Alles in allem kaufte die Reichsbank der SS mindestens 1,28 Tonnen Gold ab (Wert: 3,6 Mio. RM) und ließ einen Teil dieses den Opfern der nationalsozialistischen Verfolgungs- und Ausrottungspolitik abgenommenen Goldes (darunter auch Zahngold) in den internationalen Handel einfließen.[132]

Die Beteiligung der Reichsbank und ihrer Beamten an den Verbrechen des Regimes war Grundlage für ihre Verurteilung nach 1945. Funk erhielt in Nürnberg eine lebenslängliche Gefängnisstrafe, Puhl wurde im «Wilhelmstraßenprozeß» zu fünf Jahren Freiheitsstrafe verurteilt. Schacht, der im Januar 1939 aus der Reichsbank ausgeschieden war, wurde in Nürnberg von allen Anklagevorwürfen freigesprochen.

8. Resümee

Die Reichsbank hatte vierzig gute Jahre, auf die dreißig schlechte folgten. Sie teilte, kurz gesagt, die Geschicke des Deutschen Reiches, gestaltete diese aber auch mit. In der Epoche des Kaiserreichs sorgte sie mit ihrer Währungspolitik für eine stabilere, weniger sprunghafte wirtschaftliche Entwicklung, als sie sich in den USA aufgrund der dort herrschenden chaotischeren Zustände im Finanzwesen vollzog. Allein, die Regeln und Grundsätze, die sich in diesen guten Jahren herausbildeten – die *real bills doctrine*, die Entwicklung der

130 Vgl. Vogler, Goldverkehr sowie Goldbestand am 1. 9. 1939 und Sonderdeviseneingang zwischen dem 1. 9. 1939 und dem 1. 11. 1944, beides vom 28. November 1944 («Sonderarchiv» Moskau 700–1–97).

131 Vgl. Registerblatt «A», Register of Shipments Received at Reichsbank Building Frankfurt (BoE C52/9).

132 Vgl. U.S. State Department, U.S. and Allied Efforts.

Reichsbank zum Schutzengel der deutschen Banken, ihre Rolle als Wächterin und Hüterin der Goldreserven –, entpuppten sich in dem Augenblick, da der Kriegsausbruch und das Platzen der Vereinbarungen über den internationalen Goldstandard zu einem radikalen Wandel der weltwirtschaftlichen Rahmenbedingungen führten, als unmittelbar ursächlich für die in dieser Situation auftretenden Schwierigkeiten und Bedrängnisse.

Die schlechten Jahre lösten einen spät einsetzenden und sehr langsamen Lernprozeß aus, der schmerzlich verlief. Zentralbanken brauchen als Betriebskapital ein Vertrauensguthaben. Jeder Fehler, den die Reichsbank beging und aus dem sie eine Lektion lernte, zehrte ein Stück von diesem Glaubwürdigkeitsguthaben auf. Als die Reichsbank in den zwanziger Jahren beschloß, nicht mehr wie selbstverständlich als *lender of last resort* für die private Finanzwelt zu fungieren, trug sie damit ihren Teil zum Finanzkollaps von 1930/31 bei – teilweise weil die Banken mit dieser ungewohnt harten Haltung der Reichsbank nicht ernsthaft gerechnet hatten. Die Lektion, die die Reichsbank durch die Inflation lernte – daß es Obergrenzen für die Kreditvergabe an den Staat und die öffentlichen Hände geben mußte –, trug ihren Teil zu den Krisen in der Spätphase der Weimarer Republik bei; nach 1933 waren die neuen nationalsozialistischen Herren Deutschlands entschlossen, sich, gleich was die Reichsbank sagen mochte, in dieser Beziehung keine Fesseln anlegen zu lassen. Im Verlauf der NS-Diktatur wurden die Tugenden einer liberalen Wirtschaftspolitik wiederentdeckt und im Rahmen «fachlicher» oder «technischer» Kritik am Wirtschaftskurs des NS-Regimes artikuliert; dies erwies sich als wertvolle Vorübung für die Neuordnung der deutschen Wirtschaft nach Kriegsende.

Unter langfristiger Perspektive betrachtet, erscheinen die Ereignisse der zwanziger und dreißiger Jahre – Inflation, Finanzkollaps, Weltwirtschaftskrise, nationalsozialistische Planwirtschaft und verdeckte neue Inflation – als höchst abschreckende Negativmodelle. Diese Erfahrungen stellten die Zentralbankiers auf harte Proben und rückten die volkswirtschaftliche Analyse stärker in den Mittelpunkt ihrer Tätigkeit. Allein, die scheinbar so einfache Frage, wie die Dinge anders und besser hätten gemacht werden können, erwies sich als sehr schwer zu beantworten.

Die Reichsbank der Zwischenkriegszeit hatte aus vergangenen Negativ-Erfahrungen nicht genug gelernt. Daß die Kritik, die sie in den dreißiger und vierziger Jahren am wirtschaftlichen Handeln ihrer Regierung übte, sporadisch blieb, lag vor allem an den politischen Rahmenbedingungen, die Kritik zu einer gefährlichen Übung machten und einen grundsätzlicheren Konfrontationskurs nicht zuließen. Dies ist jedoch noch nicht die ganze Wahrheit. Schacht, im zweiten Abschnitt der Reichsbankgeschichte sicherlich ihr einflußreichster und charismatischster Repräsentant, lieferte selbst das beste Beispiel für einen nicht zu Ende gebrachten institutionellen Lernprozeß. So einfach es ist herauszufinden, wogegen Schacht war – hohe Auslandsverschuldung, ungedeckte Staatsausgaben –, so schwer fällt es, eine positive wirtschaftspolitische Philosophie oder Leitlinie zu finden, die Schacht konsequent vertreten oder sich zu eigen gemacht hätte. Während seiner ganzen Reichsbank-Laufbahn vertrat er immer wieder Varianten der *real bills doctrine* und blieb skeptisch gegenüber den Quantitätstheoretikern. Die persönliche Bewunderung für das Charisma Hitlers war das besondere Charakteristikum eines Mannes, der die Orientierung verloren und kein schlüssiges Konzept für den weiteren Weg der Reichsbank vorzuweisen hatte. Der Mangel an theoretischen Konzepten führte dazu, daß man sich auf Persönlichkeiten verließ. Auf einer allgemeineren Ebene demonstrierte die Reichsbank durch ihre Instrumentalisierung für Zwecke der NS-Diktatur auch auf sehr deutliche Weise die Grenzen einer rein technokratischen Kritik. Von allem Kritikwürdigen, das die NS-Regierung in den späten dreißiger Jahren tat, war ihre Fiskalpolitik nicht das schlimmste Übel.

Politische und sogar moralische Fragen dieser Art waren zum Zeitpunkt der Gründung der Reichsbank durchaus ein Thema gewesen. Eine der Lektionen der 1870er Jahre, hervorgegangen aus den langen und produktiven Debatten über die verfassungsmäßige, wirtschaftliche und politische Neuordnung, besagte, daß nur ein adäquat gestaltetes Geflecht gesetzlicher und wirtschaftlicher Rahmenbedingungen die Möglichkeit schafft, private Interessen in gesellschaftsdienliche Bahnen zu lenken. Eine einzelne Institution konnte das aus eigener Kraft nicht schaffen. Die Voraussetzung dafür wäre auf wirtschaftlichem Gebiet die Existenz von länderübergreifenden und effektiven Ordnungsvorstellungen gewesen; die Tatsache, daß es solche in den 1930er Jahren nicht gab, war einer der Hauptgründe dafür, daß die Reichsbank sich mit der Formulierung einer klaren oder attraktiven Alternative zur Politik der kontrollierten Wirtschaft so schwer tat.

9. Quellen und Literatur

Quellen

Archiv der Bank of England (BoE)
Archiv der Federal Reserve Bank of New York (FRBNY)
Archiv der Schweizer Nationalbank Bern (SNB)
Bundesarchiv Koblenz und Berlin
Institut für Zeitgeschichte (IfZ), München
National Archives, Washington (NA)
Universitätsbibliothek, Basel
Zentrales Staatsarchiv in Moskau («Sonderarchiv»)

Literatur

Akten der Reichskanzlei (Weimarer Republik). Das Kabinett Müller II, 28. Juni 1928 bis 27. März 1930, Bd. 2, hrsg. von Karl D. Erdmann, Boppard am Rhein 1970

Ausschuß zur Untersuchung der Erzeugungs- und Absatzbedingungen der deutschen Wirtschaft (Enquête-Ausschuß), Die Reichsbank, Berlin 1929

Balderston, Theo: The Banks and the Gold Standard in the German Financial Crisis of 1931, University of Manchester Working Papers in Economic and Social History 24, 1993

Balogh, Thomas: The National Economy of Germany, in: Economic Journal 48 (1938), S. 461–498

Bank of Italy: The Story of the Gold Deposited at the Bank of Italy (1943–1958). Ein Beitrag zur Goldkonferenz in London, 2.–4. Dezember 1997, vervielfältigtes Manuskript, o. O. 1997

Barkai, Avraham: Vom Boykott zur «Entjudung»: Der wirtschaftliche Existenzkampf der Juden im Dritten Reich, Frankfurt a. M. 1988

Barth, Boris: Die deutsche Hochfinanz und die Imperialismen: Banken und Außenpolitik vor 1914, Stuttgart 1995

Bendixen, Felix: Geld und Kapital: Gesammelte Aufsätze, Jena 1920

Berger, Helge/Ritschl, Albrecht: Germany and the Political Economy of the Marshall Plan 1947–52, in: Eichengreen, Barry (Hrsg.): Europe's Post-War Recovery, Cambridge 1995

Boelcke, Willi A.: Die Finanzpolitik des Dritten Reiches, in: Bracher, Karl-Dietrich/Funke, Manfred/Jacobsen, Hans-Adolf (Hrsg.): Deutschland 1933–1945: Neue Studien zur nationalsozialistischen Herrschaft, Bonn 1992

Bopp, Karl R.: Reichsbank Operations 1876–1914, Federal Reserve Bank of Philadelphia 1953

Borchardt, Knut: Währung und Wirtschaft, in: Deutsche Bundesbank (Hrsg.): Währung und Wirtschaft in Deutschland 1876–1975, Frankfurt a. M. 1976

Borchardt, Knut: Zwangslagen und Handlungsspielräume in der großen Wirtschaftskrise der frühen dreißiger Jahre: Zur Revision des überlieferten Geschichtsbildes, in: Jahrbuch 1979 der Bayerischen Akademie der Wissenschaften, München 1979, S. 87–132

Borchardt, Knut: Das Gewicht der Inflationsangst in den wirtschaftspolitischen Entscheidungsprozessen während der Weltwirtschaftskrise, in: Feldman, Gerald D. (Hrsg.): Die Nachwirkungen der Inflation auf die deutsche Geschichte 1924–1933, München 1985, S. 233–260

Borchardt, Knut/Schötz, Hans-Otto: Wirtschaftspolitik in der Krise. Die (Geheim-)Konferenz der Friedrich-List-Gesellschaft im September 1931 über Möglichkeiten und Folgen einer Kreditausweitung, Baden-Baden 1991

Born, Karl Erich: Die deutsche Bankenkrise 1931: Finanzen und Politik, München 1967

Born, Karl Erich: Der Ausbau der Reichsinstitutionen und das Notenbankproblem: Die Herstellung der Währungseinheit und die Entstehung der Reichsbank, in: Kunisch, Johannes (Hrsg.): Bismarck und seine Zeit, Berlin 1991

Bresciani-Turroni, Costantino: Economic Policy for the Thinking Man, London 1950

Bresciani-Turroni, Costantino: The Economics of Inflation: A Study of Currency Depreciation in Postwar Germany, London 1953

Czech Republic: Czechoslovak Gold Reserves and their Surrender to Nazi Germany. Ein Beitrag zur Goldkonferenz in London 2.–4. Dezember 1997, vervielfältigtes Manuskript, o. O. 1997

Deutscher Reichstag: Stenographische Berichte über die Verhandlungen des Deutschen Reichstages, Bd. 35 (2. Legislaturperiode, II. Session, 1874/75)

Deutscher Reichstag: Stenographische Berichte über die Verhandlungen des Deutschen Reichstages, Bd. 111 (7. Legislaturperiode, V. Session, 1889/90)

Deutscher Reichstag: Stenographische Berichte über die Verhandlungen des Deutschen Reichstages, Bd. 229 (12. Legislaturperiode, I. Session, 1907/08)
Deutscher Reichstag: Stenographische Berichte über die Verhandlungen des Deutschen Reichstages, Bd. 235 (12. Legislaturperiode, I. Session, 1909)
Diehl, Karl (Hrsg.): Wirkungen und Ursachen des hohen Zinsfußes in Deutschland, Jena 1932
Dierschke, Karl/Müller, F.: Die Notenbanken der Welt, Berlin 1926
Ellis, Howard S.: German Monetary Theory 1905–1933, Cambridge, Mass. 1934
Erbe, René: Die nationalsozialistische Wirtschaftspolitik 1933–1938 im Lichte der modernen Theorie, Zürich 1958
Eucken, Walter: Kritische Betrachtungen zum deutschen Geldproblem, Jena 1923
Eysen, F.: Wehrwirtschaftliche Grenzen der Selbstversorgung mit mineralischen Rohstoffen, in: Der deutsche Volkswirt 11 (1937) 24, S. 1168–1170
Eynern, Gert von: Die Reichsbank: Probleme des deutschen Zentralnoteninstituts in geschichtlicher Darstellung, Jena 1928
Feldman, Gerald D.: The Great Disorder: Politics, Economics, and Society in the German Inflation 1914–1924, New York 1993
Ferguson, Niall: Paper and Iron: Hamburg Business and German Politics in the Era of Inflation 1897–1927, Cambridge 1995
Fischer, Albert: Hjalmar Schacht und Deutschlands «Judenfrage»: Der «Wirtschaftsdiktator» und die Vertreibung der Juden aus der deutschen Volkswirtschaft, Köln/Weimar/Wien 1995
Forstmeier, Friedrich/Volkmann, Hans-Erich (Hrsg.): Kriegswirtschaft und Rüstung 1939–1945, Düsseldorf 1977
Fröhlich, Elke (Hrsg.): Die Tagebücher von Joseph Goebbels: Sämtliche Fragmente, Bd. II, München 1987
Funk, Walther: The Economic Future of Europe, Berlin 1940
Gallarotti, Giulio M.: The Scramble for Gold: Monetary Regime Transformations in the 1870's, in: Bordo, Michael D./Capie, Forrest (Hrsg.): Monetary Regimes in Transition, Cambridge 1993
Giovannini, Alberto: «Rules of the Game» during the International Gold Standard: England and Germany, in: Journal of International Money and Finance 5 (1986), S. 467–483
Habedank, Heinz: Die Reichsbank in der Weimarer Republik: Zur Rolle der Zentralbank in der Politik des deutschen Imperialismus, Berlin (Ost) 1981
Hachtmann, Rüdiger: Lebenshaltungskosten und Reallöhne während des «Dritten Reiches», In: Vierteljahrsschrift für Sozial- und Wirtschaftsgeschichte 75 (1988), S. 32–73
Hansmeyer, Karl-Heinrich/Caesar, Rolf: Kriegswirtschaft und Inflation 1936–1948, in: Deutsche Bundesbank (Hrsg.): Währung und Wirtschaft in Deutschland 1876–1975, Frankfurt a.M. 1976, S. 367–429
Hardach, Gerd: Weltmarktorientierung und relative Stagnation: Währungspolitik in Deutschland 1924–1931, Berlin 1976
Helfferich, Karl: Die Reform des deutschen Geldwesens nach der Gründung des Reiches, Leipzig 1898
Herbst, Ludolf: Der Totale Krieg und die Ordnung der Wirtschaft. Die Kriegswirtschaft im Spannungsfeld von Politik, Ideologie und Propaganda 1939–1945, Stuttgart 1982
Hoffmeyer, Erik: The International Monetary System: An Essay in Interpretation, Amsterdam u.a. 1992
Holtfrerich, Carl-Ludwig: Zu hohe Löhne in der Weimarer Republik: Bemerkungen zur Borchardt-These, in: Geschichte und Gesellschaft 10 (1984), S. 122–141
Holtfrerich, Carl-Ludwig: The German Inflation 1914–1923, Berlin/New York 1986
Holtfrerich, Carl-Ludwig: Relations Between Monetary Authorities and Governmental Institutions: The Case of Germany from the 19th Century to the Present, in: Toniolo,

Gianni (Hrsg.): Central Banks' Independence in Historical Perspective, Berlin/New York 1988, S. 105–159
Holtfrerich, Carl-Ludwig: Did Monetary Unification Precede or Follow Political Unification in the 19th Century?, in: European Economic Review 37 (1993), S. 518–524
Jacobsson, Erin J.: A Life for Sound Money: Per Jacobsson, His Biography, Oxford 1979
James, Harold: Post-War German Currency Plans, in: Buchheim, Christoph/Hutter, Michael/James, Harold (Hrsg.): Zerrissene Zwischenkriegszeit: Wirtschaftshistorische Beiträge, Knut Borchardt zum 65. Geburtstag, Baden-Baden 1994, S. 205–218
James, Harold: Die Deutsche Bank und die Diktatur, in: Gall, Lothar u.a.: Die Deutsche Bank 1870–1995, München 1995, S. 323–408
Jochmann, Werner (Hrsg.): Adolf Hitlers Monologe im Führerhauptquartier 1941–1944: Die Aufzeichnungen Heinrich Heims, Hamburg 1980
Kindleberger, Charles P.: A Financial History of Western Europe, New York [2]1993
Krowoth, Rudolf: Die Finanzpolitik des Deutschen Reiches während der Reichskanzlerschaft Bethmann Hollwegs und die Geld- und Kapitalverhältnisse (1909–1913/14), Frankfurt a.M. 1986
Lewis, William Arthur: Growth and Fluctuations 1870–1913, London 1978
Lumm, Karl: Diskontpolitik, in: Bank-Archiv 11 (1912), S. 129–136, 145–150, 162–167, 179–187
Marsh, David: The Bundesbank: The Bank that Rules Europe, London 1992
McGouldrick, Paul: Operations of the German Central Bank and the Rules of the Game, 1879–1913, in: Bordo, Michael D./Schwartz, Anna J. (Hrsg.): A Retrospective on the Classical Gold Standard 1821–1931, Chicago 1984
National Monetary Commission: Report on Banking and Central Banking, Government Printing Office, Document 356, Washington D.C. 1910/1911
Neisser, Hans: Der internationale Geldmarkt vor und nach dem Kriege, in: Weltwirtschaftliches Archiv 29 (1929), S. 171–226
Plenge, Johannes: Von der Diskontpolitik zur Beherrschung des Geldmarktes, in: Bank-Archiv 11 (1912), S. 219–226, 242–246, 251–261
Priester, Hans: Das Deutsche Wirtschaftswunder, Amsterdam 1936
Publications of the National Monetary Commission, Bd. I, Interviews, Government Printing Office, Washington D.C. 1909
Reddish, Angela: The Latin Monetary Union and the Emergence of the International Gold Standard, in: Bordo, Michael D./Capie, Forrest (Hrsg.): Monetary Regimes in Transition, Cambridge 1993, S. 68–85
Reichsbank: Verwaltungsberichte der Reichsbank, verschiedene Jahrgänge
The Reichsbank 1876–1900, Government Printing Office, Washington D.C. 1910
Die Reichsbank 1876 bis 1910: Organisation und Geschäftsverkehr statistisch dargestellt, Reichsdruckerei, Berlin 1912
Russell, Henry B.: International Monetary Conferences, New York 1898
Schacht, Hjalmar: Eigene oder geborgte Währung: Vortrag, gehalten am 18. November 1927, Leipzig 1927
Schacht, Hjalmar: Grundsätze deutscher Wirtschaftspolitik, Oldenburg 1932
Schacht, Hjalmar: Königsberger Rede. Rede des Reichsbankpräsidenten und Beauftragten des Reichswirtschaftsministers Dr. Hjalmar Schacht auf der Deutschen Ostmesse Königsberg am 18. August 1935, Berlin 1935
Schacht, Hjalmar: My First Seventy-Six Years, London 1955
Schacht, Hjalmar: Kleine Bekenntnisse aus 80 Jahren, München 1957
Schötz, Hans-Otto: Der Kampf um die Mark 1923/24. Die deutsche Währungsstabilisierung unter dem Einfluß der nationalen Interessen Frankreichs, Großbritanniens und der USA, Veröffentlichungen der Historischen Kommission zu Berlin, Bd. 68, Berlin 1987

Schuker, Stephen A.: American «Reparations» to Germany 1919–1933: Implications for the Third World Debt Crisis, Princeton 1988
Simpson, Amos E.: Hjalmar Schacht in Perspective, Den Haag 1969
Smith, Arthur L.: Hitler's Gold. The Story of the Nazi War Loot, Oxford 1996
Sommariva, Andrea/Tullio, Giuseppe: German Macroeconomic History 1880–1979: A Study of the Effects of Economic Policy on Inflation, Currency Depreciation, and Growth, Basingstoke 1986
Sommer, Albrecht: Die Reichsbank unter Hermann von Dechend, Berlin 1931
Stucken, Rudolf: Deutsche Geld- und Kreditpolitik 1914–1953, Tübingen [2]1953
Trepp, Gian: Bankgeschäfte mit dem Feind: Die Bank für Internationalen Zahlungsausgleich im Zweiten Weltkrieg. Von Hitlers Europabank zum Instrument des Marshallplans, Zürich 1993
Turner, Henry Ashby: Die Großunternehmer und der Aufstieg Hitlers, Berlin 1985
Unabhängige Expertenkommission Schweiz – Zweiter Weltkrieg: Goldtransaktionen im Zweiten Weltkrieg: kommentierte statistische Übersicht. Ein Beitrag zur Goldkonferenz in London, 2.–4. Dezember 1997, vervielfältigtes Manuskript, Bern 1997
U.S. Senate 1879: International Monetary Conference of 1878, 45th Congress, 3rd Session
U.S. State Department: U.S. and Allied Efforts To Recover and Restore Gold and Other Assets Stolen or Hidden by Germany During World War II (Eizenstat-Bericht), Coordinated by Stuart E. Eizenstat, Mai 1997
Vocke, Wilhelm: Memoiren, Stuttgart 1973
Vogler, Robert: Der Goldverkehr der Schweizerischen Nationalbank mit der Deutschen Reichsbank 1939–1945, in: Geld, Währung und Konjunktur 3 (1985) 1, S. 70–78
Voth, Hans-Joachim: Did High Wages or High Interest Rates Bring Down the Weimar Republic? A Cointegration Model of Investment in Germany, in: Journal of Economic History 55 (1995), S. 801–821
Wagner, Adolph: Die Handelskrisis von 1857 und ihre Veranlassungen: Sonderdruck aus: Preußisches Wochenblatt 1858, Reichsbank, Berlin 1931
Webb, Steven B.: Hyperinflation and Stabilization in Weimar Germany, New York 1989
Weber, Marie-Lise: Ludwig Bamberger: Ideologie statt Realpolitik, Stuttgart 1987
Woodward, Ernest L./Butler, Rohan D. (Hrsg.): Documents on British Foreign Policy, 1919–1939, Serie 1, Bd. 1–, Her Majesty's Stationery Office, London 1947–
World Bank: East Asian Miracle, Washington D.C. 1993
Ziegler, Dieter: Das Korsett der «Alten Dame»: Die Geschäftspolitik der Bank of England 1844–1913, Frankfurt a.M. 1990
Zilch, Reinhold: Die Reichsbank und die finanzielle Kriegsvorbereitung 1907–1914, Berlin (Ost) 1987

II. Die Errichtung der Bank deutscher Länder und die Währungsreform in Westdeutschland

Von Christoph Buchheim

1. Einleitung

Obwohl die Währungsreform als Auslöser für das «Wirtschaftswunder» in Westdeutschland gilt und die Deutsche Bundesbank als eine der erfolgreichsten geldpolitischen Institutionen der Welt angesehen wird, hatte sich die historische Forschung bis Ende der achtziger Jahre um die Geschichte beider noch kaum gekümmert.[1] Lediglich Eckhard Wandel hatte in einem Buch beides behandelt, was jedoch die hohen Erwartungen, die der Titel weckte, keineswegs zu erfüllen vermochte. Ansonsten gab es noch einige neuere Aufsätze zur Währungsreform oder zu einzelnen ihrer Aspekte, u.a. von Hans Möller, Heinz Sauermann, Ian Turner und Albrecht Ritschl. Letzterer war Teil einer Kontroverse über die wahre wirtschaftliche Bedeutung der Währungsreform. Sie hatte ihren hauptsächlichen Ausgangspunkt in dem Buch von Werner Abelshauser aus dem Jahr 1975, in dem dieser zu belegen versuchte, daß die Währungsreform nur eine Nebenrolle für das Wachstum in der Folgezeit gespielt habe.[2] Inzwischen ist es um diese Frage wieder ruhiger geworden, sie scheint zugunsten der Opponenten Abelshausers entschieden zu sein.

Heute hat sich, was die Währungsreform betrifft, der Forschungsstand wesentlich verbessert, wie ja überhaupt die Besatzungszeit in Deutschland zunehmend das Interesse der Geschichtswissenschaft gefunden hat. Im Jahre 1993 publizierte Michael Brackmann seine Studie zur Vorgeschichte der Währungsreform, in der er weit ausholend bis in die NS-Zeit zurückgeht. Im gleichen Jahr erschien im «German Yearbook on Business History 1989–92» ein längerer Beitrag von Christoph Buchheim, in dem dieser verschiedene frühere Veröffentlichungen noch einmal zusammenfassend präsentierte. 1995 kam ein Buch von Gunther Mai über den Kontrollrat auf den Markt, worin er ausführlich auf die alliierten Verhandlungen über eine gesamtdeutsche

1 Vgl. Buchheim, Währungsreform, S. 189.

2 Vgl. Buchheim, Währungsreform, S. 189f.; dieser Beitrag ist ebenfalls als ein Beitrag zu der Kontroverse anzusehen.

Geldreform eingeht. Und demnächst wird das ergänzt durch einen Aufsatz von Jochen Laufer über die Politik der Sowjetunion in der deutschen Währungsfrage, die erste Veröffentlichung, die auf Akten aus russischen Archiven basiert. Außerdem gibt es seit 1991 eine Monographie von Michael Wolff speziell zur Währungsreform in Berlin.

Schlechter sieht die Situation allerdings nach wie vor bei der Geschichte der Zentralbankorganisation Westdeutschlands aus. Zwar geht Theo Horstmann in seinem Buch über die alliierte Bankenpolitik auch auf die Etablierung der Bank deutscher Länder (BdL) ein, wozu er schon zuvor zwei Spezialaufsätze geschrieben hat. Außerdem hat Monika Dickhaus kürzlich eine Studie zur Rolle der BdL bei der internationalen Währungspolitik Westdeutschlands sowie einen Beitrag zum Einfluß der Alliierten Bankkommission auf die BdL geschrieben. Jedoch existiert bisher weder eine umfassende wissenschaftliche Abhandlung zur Gesamtgeschichte der BdL oder der Deutschen Bundesbank noch ein neuerer Beitrag zur Frühgeschichte des Zentralbanksystems in Westdeutschland vor Gründung der BdL. Letzteres wird in Ansätzen im vorliegenden Beitrag versucht.

Im folgenden geht es zunächst um eine Darstellung der allgemeinen wirtschaftlichen Situation in Westdeutschland vor der Währungsreform. Dabei wird das Schwergewicht auf die Produktionsvoraussetzungen und den Produktionsanreiz für die Industrie gelegt, um die recht niedrige industrielle Erzeugung bis 1948 zu erklären. Dann folgt ein kurzer Abschnitt über das deutsche Bankensystem in der frühen Nachkriegszeit, bevor in einem umfangreichen vierten Abschnitt auf die alliierten Reformen der Zentralbankstrukturen, darunter den Aufbau der Landeszentralbanken, eingegangen wird. Im letzten Abschnitt steht schließlich die Währungsreform im Mittelpunkt, wobei auch die sowjetische Position, wie sie sich in russischen Akten niedergeschlagen hat, im Zusammenhang der interalliierten Verhandlungen betrachtet wird. Zudem wird gezeigt, daß die Reform in der Tat als Katalysator für rasches Wachstum in Westdeutschland gewirkt hat.

2. Die allgemeine wirtschaftliche Lage in Westdeutschland bis zur Währungsreform

Nach Kriegsende sah die Situation in Westdeutschland düster aus. Zahlreiche Städte waren durch die Bombardements zerstört, das Transportsystem war weitgehend funktionsunfähig, die Industrieproduktion lag darnieder.

Es ist daher kein Wunder, daß viele Menschen in bezug auf die wirtschaftliche Zukunft Deutschlands höchst pessimistisch waren. Manche aber ließen sich nicht täuschen. Unter diesen war Ludwig Erhard, der unmittelbar nach

Kriegsende von der örtlichen Militärregierung den Auftrag erhielt, ein Gutachten über die Probleme und Bedingungen des wirtschaftlichen Wiederaufbaus in Fürth zu schreiben. Seine Eindrücke von der Situation lassen sich folgendermaßen zusammenfassen: «In seinen Augen waren die Schäden schnell zu beheben und alles in allem nicht so gravierend, daß sie einen Wiederaufbau ernstlich beeinträchtigen konnten. Er wußte, daß die Arbeiter sofort nach Kriegsende wieder an ihren Arbeitsplätzen standen. Ihm war bei den Gesprächen mit Industriellen und Geschäftsleuten nicht verborgen geblieben, daß Maschinen und Fertigungshallen größtenteils nicht beschädigt und fast überall beträchtliche Vorräte an Rohstoffen vorhanden waren.»[3] Auch anderwärts waren Insider optimistisch. So ergab eine Analyse der Vereinigten Stahlwerke, daß 12 von 16 wichtigen Betrieben sofort zu mindestens 30% auslastbar waren. Und bei Krupp rechnete man damit, daß nach Erteilung der Produktionserlaubnis von einem Tag auf den anderen bei Roheisen 20% der Höchstproduktion, bei Rohstahl 25% und bei Walzwerkerzeugnissen fast 40% erzielt werden könnten.[4]

a) Die Produktionsvoraussetzungen für die Industrie

In der Tat waren die Bedingungen für eine Wiederaufnahme der Produktion in Westdeutschland recht gut. Trotz der Kriegstoten stieg die Bevölkerung durch den Zustrom von Flüchtlingen und Vertriebenen stark an, was sich in einer Vergrößerung des Arbeitskräftepotentials niederschlug. Hatte sich dieses 1939 auf 24,4 Mio. Personen im erwerbsfähigen Alter belaufen, so betrug es 1946 bereits 25,7 Mio. und 1948 27,2 Mio. Personen.[5]

Die Qualifikationsstruktur der Arbeitskräfte insgesamt war ebenfalls besser als vor dem Krieg und zum Zeitpunkt des Produktionsmaximums während des Krieges. Nicht nur kehrten Millionen deutscher Soldaten, darunter viele Facharbeiter, bald nach dem Krieg in ihre Heimatorte zurück. Vielmehr waren während des Krieges im Zuge des Fremdarbeitereinsatzes für weniger qualifizierte Tätigkeiten deutsche Arbeitskräfte in anspruchsvollere Positionen aufgestiegen, indem sie sich durch spezielle betriebliche Ausbildungsprogramme sowie durch *learning by doing* entsprechende Kenntnisse angeeignet hatten.[6] Außerdem befanden sich unter den Zuwanderern viele, die gewerbliche Berufe ausgeübt hatten und über diesbezügliche Fähigkeiten verfügten, die sie allerdings zunächst infolge ihrer Ansiedlung in agrarisch strukturierten

3 Woller, Gesellschaft und Politik, S. 214.
4 Vgl. Henke, Amerikanische Besetzung, S. 544.
5 Vgl. Abelshauser, Wirtschaftsgeschichte, S. 23.
6 Vgl. auch Abelshauser, Wirtschaft in Westdeutschland, S. 105 f.

Gebieten nicht einbringen konnten. Das änderte sich jedoch mit dem Wiederaufbau der Städte im Verlauf der fünfziger Jahre. Die schrittweise Eingliederung des Überschusses an qualifizierten Arbeitskräften in die Produktion entsprechend ihren Fähigkeiten kann jedenfalls als eine Ursache für das sogenannte Wirtschaftswunder angesehen werden.[7]

Auch hinsichtlich der Kapazitäten in der Industrie sah es gar nicht schlecht aus, hatten doch während des Krieges die Neuinvestitionen lange Zeit die Zerstörungen bei weitem übertroffen. Daher war 1945 das industrielle Anlagevermögen in Westdeutschland nicht nur größer, sondern auch moderner als in der Vorkriegszeit.[8] Zwar waren häufig gewisse Reparaturen erforderlich, vor allem auch an den Gebäuden, die von den Stammbelegschaften der Betriebe sofort nach Kriegsende in Angriff genommen wurden. Bald aber war die Industrie in der Lage, die Produktion hochzufahren.[9]

Glaubt man den zeitgenössischen Klagen, so behinderte allerdings immer wieder großer Rohstoffmangel das Produktionswachstum. Jedoch sind am Realitätsgehalt dieser Beschwerden durchaus gewisse Zweifel angebracht. Denn erstens konnte man, wenn entsprechende Aufträge vorlagen, häufig aus bewirtschafteten Beständen Zuteilungen erhalten. Diese waren sehr begehrt, denn sie wurden zu den offiziellen und das heißt: sehr niedrigen Preisen abgegeben. Man kann daher vermuten, daß der Bedarf gegenüber den Behörden oft überhöht angegeben wurde. Zweitens aber scheinen, wie ja bereits Erhard beobachtete, die Lager nach dem Krieg generell wohlgefüllt gewesen zu sein. Rohstoffrücklagen zu bilden gehörte, wie die Sicherung unersetzlicher Produktionsmittel und das Zusammenhalten der Stammbelegschaft, spätestens seit Herbst 1944 zur Strategie der Unternehmen, mit der sie sich auf die Zeit nach dem Krieg vorbereiteten.[10]

Dementsprechend groß waren die Horte. So wird von der Thyssenhütte berichtet, daß sie bei Kriegsende «stattliche Erzvorräte» besaß, die Gutehoffnungshütte verfügte über ausreichend Lagerbestände an Erzen, Koks, Schrott und Kalkstein sowie über einige zehntausend Tonnen an Roheisen und Halbzeug.[11] Ähnlich, wenn nicht noch besser, sah es bei anderen Unternehmen aus. Das zeigt, daß viele der Klagen über Rohstoffmangel wohl tatsächlich vorgeschützt waren.

Die Bilanz der Ressourcen war demnach nach dem Krieg überraschend positiv, entgegen dem flüchtigen Augenschein stand einem raschen Wiederaufschwung der Industrie kaum etwas im Wege. Auch war die Politik der Besatzungsmächte, die ja aufgrund der totalen Besetzung Deutschlands

7 Vgl. Dumke, Reassessing the Wirtschaftswunder, S. 451 ff.
8 Vgl. Abelshauser, Wirtschaftsgeschichte, S. 20 ff.
9 Vgl. Henke, Amerikanische Besetzung, S. 538 f.
10 Vgl. Henke, Amerikanische Besetzung, S. 455.
11 Vgl. Henke, Amerikanische Besetzung, S. 543.

Regierungsfunktionen zu übernehmen hatten, geprägt von konstruktivem Pragmatismus. Zwar klang die berühmte amerikanische Besatzungsdirektive Joint Chiefs of Staff (JCS) 1067, die Leitlinien für das Handeln der Militärregierung in der ersten Phase nach der Kapitulation niederlegte und teilweise noch den Einfluß Henry Morgenthaus widerspiegelte, recht hart. Sie enthielt aber eine Formel, die positive Eingriffe der Militärregierung erlaubte, wenn dies zur Verhinderung von Hungersnot, Seuchen oder Unruhen, die die Sicherheit der Besatzungstruppen gefährden könnten, notwendig war. Diese Formel war dehnbar, und sie wurde mit Unterstützung des Kriegsministeriums von den Angehörigen der amerikanischen Militärregierung sehr gedehnt. Die Briten hatten JCS 1067 ohnehin abgelehnt, da sie glaubten, ihre Umsetzung ginge letztlich zu Lasten der Besatzer selbst.[12]

In der Tat unternahm die Militärregierung nach dem Einmarsch überall sofort Schritte zur Stabilisierung der wirtschaftlichen Lage und zur Wiederankurbelung wichtiger Industrien. Dementsprechend erhielten Industriebetriebe, abgesehen von besonders sensiblen Bereichen, wozu die Stahlindustrie gehörte, offenbar in rascher Folge Produktionsgenehmigungen. Bereits Mitte Juli hatten beispielsweise fast alle größeren Werke in Köln eine solche Lizenz erhalten.[13] Im Zuge der Entnazifizierungsmaßnahmen wurden zwar zahlreiche Unternehmer ihrer Funktion enthoben. An deren Stelle traten Treuhänder, die jedoch, entgegen ihrem schlechten Ruf, in den meisten Fällen ebenfalls das Interesse des Betriebes im Auge hatten, waren es doch häufig Verwandte, leitende Angestellte oder andere dem Unternehmen nahestehende Personen.[14]

Im übrigen behinderten auch die stark öffentlichkeitswirksamen Industrieniveaupläne und Demontagen einen Wiederaufschwung der Industrieproduktion praktisch nicht. Die Industrieniveaupläne setzten nämlich das erlaubte Produktionsniveau, z.B. in der Stahlindustrie, jeweils so hoch fest, daß es bis 1950 von der tatsächlichen Produktion überhaupt nicht erreicht wurde. Die Demontagen aber waren in Westdeutschland insgesamt nicht groß, und sie betrafen vor allem die Branchen, die während des Krieges am stärksten expandiert hatten. In diesem Zusammenhang verweist eine neuere Studie auf «die auffällige Diskrepanz zwischen den geringen wirtschaftlichen Auswirkungen der Demontagen für Westdeutschland und der hohen politischen Brisanz des Themas».[15]

12 Vgl. Henke, Amerikanische Besetzung, S. 112ff.

13 Vgl. Schulz, Gläubiger und Schuldner, S. 258 sowie Plumpe, Vom Plan zum Markt, S. 84ff.

14 Vgl. Schulz, Gläubiger und Schuldner, S. 259 sowie Woller, Gesellschaft und Politik, S. 247ff.

15 Kramer, Die britische Demontagepolitik, S. 445, 455.

b) Das Fehlen eines ausreichenden Produktionsanreizes

Wenn also die Bilanz der Ressourcen positiv und die Politik der Besatzungsmächte alles in allem konstruktiv war, dann erhebt sich die Frage, warum der Aufschwung der industriellen Erzeugung und damit das Wirtschaftswachstum in Westdeutschland bis Mitte 1948 so verhalten ausgefallen ist. In jener Zeit belief sich die Industrieproduktion gemäß den offiziellen Zahlen – die Korrekturen nach oben, die hieran von Abelshauser und Mathias Manz vorgenommen worden sind, können heute wohl als widerlegt gelten[16] – auf etwa die Hälfte ihres Standes von 1936. In den meisten anderen westeuropäischen, ebenfalls vom Krieg in Mitleidenschaft gezogenen Ländern hatte sie dagegen bereits 1947 das Vorkriegsniveau fast erreicht oder gar überschritten.[17] Und selbst in der Sowjetischen Besatzungszone (SBZ) lag sie lange Zeit höher.[18]

Gründe für die niedrige Produktion waren der Rückgang der wöchentlichen Arbeitszeit und die geringe Arbeitsproduktivität. Noch im zweiten Quartal 1948 betrug die Produktivität nur 60% ihres Niveaus von 1936.[19] Mitverantwortlich dafür war die schlechte Ernährungssituation. Lagen die Rationen für Normalverbraucher doch nur zwischen etwa 1000 und 1500 kcal und in urbanen Zentren wie dem Ruhrgebiet zeitweise noch darunter.[20] Dazu kam aber, daß der offizielle Lohn keinerlei Anreiz bot, besonders hart zu arbeiten. Reichte er doch allemal aus, um die kargen Rationen, die es auf Karten gab, zu kaufen. Auf dem Schwarzen Markt hingegen war das Preisniveau derart hoch, daß der Lohn nur eine verschwindend geringe Kaufkraft besaß und ein Nur-Lohnempfänger dort praktisch nicht als Käufer auftreten konnte.

Das verweist auf das fundamentale wirtschaftliche Problem der Zeit, nämlich den gewaltigen Geldüberhang, der entstanden war, weil das Dritte Reich die Rüstungs- und Kriegsfinanzierung weitgehend über Verschuldung bei Kreditinstituten und der Reichsbank bewältigt hatte. Auf diese Weise war die Geldmenge über alle Maßen angestiegen. Die daraus resultierenden inflationären Folgen wurden durch den 1936 verhängten Preisstopp allerdings kaschiert, wozu noch eine zu Anfang des Krieges stark ausgebaute Bewirtschaftung fast aller Güter trat. Sowohl am Preisstopp als auch an der Bewirtschaftung hielten die Militärregierungen fest. Jetzt aber, nach dem Ende der disziplinierenden Kriegsanstrengungen und dem Untergang des totalitären

16 Vgl. Ritschl, Währungsreform, S. 136ff.

17 Vgl. Mitchell, International Historical Statistics. Europe, S. 411f.

18 Vgl. Zank, Wirtschaft und Arbeit in Ostdeutschland, S. 192f.

19 Vgl., auch für das folgende, Buchheim, Währungsreform, S. 189ff. sowie Buchheim, Currency Reform, S. 85ff.

20 Vgl. Trittel, Hunger und Politik, S. 216.

Regimes sowie angesichts des drastisch gesunkenen Sozialprodukts, traten die Konsequenzen der zurückgestauten Inflation überdeutlich zutage.

Zum einen waren Geschäfte, bei denen Ware gegen Reichsmark zum offiziellen Preis abgegeben wurde, für die Unternehmen höchst unattraktiv, da sie in der damaligen Situation regelmäßig einen Substanzverlust darstellten. Demgemäß vermied man solche Geschäfte, es sei denn, es waren behördliche Rohstoffzuteilungen daran gekoppelt. Die Unternehmen wichen in den Kompensationshandel aus, d.h. in den Tausch Ware gegen Ware, dessen Anteil an allen geschäftlichen Transaktionen in der Zeit vor der Währungsreform auf etwa 50% geschätzt wurde.[21] Dabei bedingte die Suche nach dem jeweils geeigneten Tauschpartner, wobei öfter ganze Tauschketten organisiert werden mußten, stark erhöhte Transaktionskosten, was den Anreiz zur Produktion vermindert haben dürfte.

Zum anderen zeigte sich an den Tauschrelationen, zu denen Kompensationsgeschäfte getätigt wurden, daß die Struktur der offiziellen Preise total verzerrt war. Man konnte also mit Hilfe dieser Preise, auch wenn man sie wegen ihres generell viel zu niedrigen Niveaus mit einem gemeinsamen Faktor multiplizierte, den betrieblichen Gewinn überhaupt nicht mehr realistisch kalkulieren. Da jedoch außer der Reichsmark keine andere Währung, in der sich eine angemessene Preisstruktur hätte bilden können, zur Verfügung stand, wurde das Gewinnmotiv in der Vorwährungsreformzeit irrelevant. Damit war der hauptsächliche Anreiz, der kapitalistische Unternehmer normalerweise zu Produktions- und Absatzanstrengungen motiviert, ausgeschaltet.[22]

Statt dessen trachteten sie danach, ihre Betriebe möglichst gut auf die Zeit nach der Währungsreform, mit der man sicher rechnen konnte, vorzubereiten, um gegen die dann wiederauflebende Konkurrenz bestehen zu können. Dieses Ziel bedingte u.a. die Reparatur von Betriebsgebäuden und Maschinen, die Erhaltung der Stammbelegschaft und -kundschaft sowie die Anlage möglichst großer Vorräte. Dabei scheint man nicht so sehr an hohen Fertigproduktbeständen interessiert gewesen zu sein als vielmehr an Halbwaren und vor allem an Rohstoffen.[23] Denn auf diese Weise vermochte man sich eine gewisse Flexibilität zu bewahren, und vor allem war man bei behördlichen Kontrollen vor Strafe relativ geschützt, da man immer argumentieren konnte, es fehle an ganz bestimmten Materialien, um Endprodukte herzustellen.

In der Tat deutet einiges darauf hin, daß die Firmen entgegen dem Eindruck, den sie selbst in der Öffentlichkeit zu erwecken suchten und der offenbar allzu rasch von manchen Autoren übernommen worden ist, ihre noch aus

21 Vgl. Mendershausen, Prices, S. 652ff.

22 Vgl. das Argument von Walter Eucken, daß ohne Rechenmittel als Lenkungsinstrument die Produktion nicht zu steigern sei; vgl. Protokoll der Sitzung am 6.11.47 (Institut für Zeitgeschichte [IfZ], Archiv, Depositum Hans Möller, Sonderstelle Geld und Kredit).

23 Vgl. auch Plumpe, Vom Plan zum Markt, S. 184.

der Kriegszeit stammenden Rohstoffhorte vor der Währungsreform kaum angetastet haben. Ja, zumindest teilweise gelang es ihnen offenbar sogar, sie noch zu vergrößern, indem sie Materialien aus bewirtschafteten Beständen unkorrekt abrechneten, was fast nicht zu kontrollieren war.[24]

In diesem Zusammenhang ist das Ergebnis einer Untersuchung des Hessischen Statistischen Landesamts von Anfang 1948 an jeweils einem besonders wichtigen Unternehmen aus 14 Branchen interessant; dabei nahm die Behörde an, es sei verallgemeinerbar.[25] Hiernach verfügten die betrachteten Firmen 1945 über Rohstoffvorräte im Wert von 47 Mio. RM, wohingegen diese Summe sich 1936 nur auf 18 Mio. RM belaufen hatte. Die Zahlen belegen, welche enorme Höhe die gehorteten Bestände bei Kriegsende tatsächlich erreicht hatten. Die Vorräte gingen nun aber im Zuge der wiederanlaufenden Produktion nicht etwa zurück, sondern sie stiegen weiter an und erreichten 1946 einen Wert von fast 60 Mio. RM, bei dem sie auch 1947 verharrten. Das bedeutete, im Jahre 1947 lagerten bei den Betrieben Rohstoffe, die den Produktionsbedarf von zwölf Monaten abgedeckt hätten, während die Vorräte 1936 nur für zwei Monate ausreichten. Dennoch klagten die meisten Firmen über Rohstoffmangel! Außerdem zeigte sich zwischen 1945 und 1947 ein Rückgang der Bestände an Fertigwaren von 15,9 auf 14,9 Mio. RM, dagegen eine Zunahme der Halbwarenlager von 20,4 auf 22,6 Mio. RM.

Ähnliche Tendenzen ergeben sich aus anderen Quellen. So wurde im Verwaltungsamt für Wirtschaft Mitte 1947 geschätzt, daß in den bizonalen Maschinenfabriken rund 65 000 Tonnen zu über 50% fertiggestellter Maschinenteile vorhanden seien.[26] Und Günter Keiser, damals Leiter der Sonderabteilung Wirtschaftsplanung der Verwaltung für Wirtschaft, erinnerte sich 1972, daß seine Behörde zum Zeitpunkt der Währungsreform bei den Unternehmen von «größeren Reserven, als wir je geahnt haben»,[27] überrascht wurde.

Etwas zugespitzt ausgedrückt, kann man demnach wohl folgendes feststellen: Trotz im großen und ganzen recht günstiger materieller Voraussetzungen zeigte die Industrieproduktion in Westdeutschland bereits seit 1946 starke Stagnationstendenzen, weil die Unternehmer nicht mehr produzieren *wollten*. Die wirtschaftlichen Rahmenbedingungen – Bewirtschaftung und administrative Preiskontrolle bei hohem Geldüberhang – waren nämlich derart, daß die Unternehmer ihr Gewinninteresse nicht mehr verfolgen konnten und jeglicher Verkauf zu den offiziellen Preisen einen Substanzverlust bedeutete und

24 Vgl. Krumbein, Wirtschaftssteuerung, S. 160ff., sowie Drexler, Planwirtschaft, S. 85.

25 Betriebs- und finanzwirtschaftliche Probleme in 14 Unternehmen der hessischen Industrie (Bundesarchiv Koblenz Z 1/864).

26 Abt. F I – Maschinenbau an Hauptabteilung B, 27. 5. 47 (Bundesarchiv Koblenz B 102/2371 H.1).

27 Abelshauser, Wirtschaft in Westdeutschland, S. 150, Anm. 69.

das ökonomische Überleben der Betriebe gefährdete.[28] Diese Situation änderte sich durch die Währungs- und Wirtschaftsreform von 1948 schlagartig, wobei sich jetzt, wie wir noch sehen werden, die umfangreichen unternehmerischen Vorbereitungen auf diesen Zeitpunkt bewährten.

Letztlich war die niedrige Industrieproduktion in Westdeutschland vor der Währungsreform also Folge einer spezifischen Inkonsistenz der herrschenden Wirtschaftsordnung: Die Versuche der behördlichen Produktionslenkung vertrugen sich angesichts jahrelang zurückgestauter Inflation nicht mit dem privatkapitalistischen Eigentum an den Unternehmen und scheiterten deshalb weitgehend.

3. Das deutsche Bankensystem in der frühen Nachkriegszeit

Sofort nach der Besetzung Berlins durch die Sowjets mußten die dortigen Banken, darunter auch die Zentralen sämtlicher Großbanken, ihre Geschäftstätigkeit einstellen. Die Konten wurden gesperrt, Guthaben konnten nicht mehr abgehoben werden, die Kassenbestände waren an das Berliner Stadtkontor abzuliefern. Das Stadtkontor war neben der Sparkasse die einzige Bank, die weiter arbeiten durfte, um die Geldversorgung Berlins aufrechtzuerhalten. Sie war hervorgegangen aus der Umwandlung der Reichsbankzentrale sowie ihrer Berliner Zweigniederlassungen. Die Schließung der übrigen Banken war als «vorläufig» deklariert, erwies sich jedoch in den allermeisten Fällen als endgültig. Im Juli 1945 erließ die Sowjetische Militäradministration in Deutschland (SMAD) dann den Befehl zur «Neuorganisation der deutschen Finanz- und Kreditorgane». Auf dessen Grundlage wurden in der SBZ Länder- und Provinzialbanken sowie Sparkassen neu eröffnet. Sie waren in öffentlichem Eigentum, ihre Anfangsausstattung an Mitteln stammte aus öffentlichen Etats. Damit war das Bankwesen in der SBZ infolge der Zerschlagung der einheitlichen Organisation der Reichsbank und der Großbanken nicht nur dezentralisiert, sondern sehr bald durch den Neuaufbau von Banken als öffentlichen Anstalten auch sozialisiert worden.[29]

Ganz anders verlief die Entwicklung dagegen zunächst in Westdeutschland. Dort sah das in der Besatzungszeit als Orientierungshilfe für die Militärregierungsangehörigen dienende anglo-amerikanische «SHAEF[30] Handbook» mit seinen umfangreichen technischen Anhängen[31] vor, daß von dem in Deutsch-

28 Vgl. auch Plumpe, Vom Plan zum Markt, S. 179.

29 Vgl. Holtfrerich, Die Deutsche Bank, S. 435 ff. sowie Bundesministerium für gesamtdeutsche Fragen, A bis Z, Stichwort: Banken.

30 Supreme Headquarters Allied Expeditionary Forces.

31 Genaueres zur Entstehungsgeschichte des Handbuchs und seiner – eingeschränkten – Bedeutung vgl. Henke, Amerikanische Besetzung, S. 100 ff.

land bestehenden Finanz- und Bankenapparat Gebrauch zu machen sei. Banken sollten allenfalls so lange geschlossen werden, bis eine ausreichende Kontrolle der Militärregierung installiert, belastetes Personal entlassen und Vorkehrungen für die Sperrung bestimmter Konten getroffen seien. Die Filialen der Reichsbank waren für die Weiterleitung von Informationen und Anweisungen der Militärregierung an alle betroffenen Kreditinstitute sowie für Zwecke der Bankenaufsicht zu nutzen.[32]

Tatsächlich arbeiteten die Banken in den Westzonen, abgesehen von kurzen Unterbrechungen, über das Kriegsende hinaus weiter. Besondere Beschränkungen wurden ihnen nicht auferlegt.[33] Das galt ebenfalls für die Niederlassungen der Reichsbank. Diese waren zwar ihrer Berliner Zentrale und zunächst auch ihres Zusammenhangs untereinander beraubt. Dennoch übten sie eine gewisse Geschäftstätigkeit aus, indem sie beispielsweise Ein- und Auszahlungen von Bargeld vornahmen und, zumindest lokal, den Überweisungsverkehr aufrechterhielten.

Nachdem die Verwertung von Reichstiteln in ihren Portefeuilles unmöglich geworden war, war es für die Sicherung der Liquidität der Banken sehr wichtig, daß vom Publikum gehortetes Bargeld wieder in den Kreditapparat zurückfloß. Diesbezüglich ergingen zahlreiche Aufrufe der Reichsbankzweiganstalten sowie Appelle zur Förderung des unbaren Zahlungsverkehrs. Und wirklich setzten im allgemeinen bereits kurze Zeit nach der Okkupation die Bareinzahlungen bei den Banken massiv ein, so daß die befürchteten Liquiditätsschwierigkeiten ausblieben.

Ein völlig neues Arbeitsfeld der Reichsbankanstalten waren Tätigkeiten zur Durchführung der Militärregierungsgesetze Nr. 52 und 53 über die Sperrung der Konten belasteter Personen und Institutionen bzw. die Meldungs- und Ablieferungspflicht von Devisen und ausländischen Vermögenswerten. In diesem Zusammenhang mußten die Weisungen der Militärregierung an die Banken weitergegeben, schwierige Fälle entschieden, Anträge auf Freigabe von Geldern bearbeitet und umfangreiche Melde- und Berichtspflichten erledigt werden. Diese Arbeiten beanspruchten generell einen recht erheblichen Teil des Personals der Reichsbankniederlassungen.[34] Ziemlich rasch stellten die einzelnen Reichsbankfilialen auch wieder den Kontakt untereinander her, indem sie anstelle der Post, die lahmlag, einen eigenen Kurierdienst einrichte-

32 Vgl. Holtfrerich, Die Deutsche Bank, S. 450 sowie Horstmann, Die Alliierten, S. 21 ff.

33 Vgl. Holtfrerich, Die Deutsche Bank, S. 453.

34 Vgl. Landeszentralbank von Württemberg-Baden, Bericht über das erste Geschäftsjahr 1947, S. 3; Landeszentralbank von Bayern, Geschäftsbericht für das Jahr 1947, S. 14, 18; Landeszentralbank von Rheinland-Pfalz, Geschäftsbericht für das Jahr 1947, S. 1; Reichsbankleitstelle Hamburg, Wirtschaftsbericht Nr. 1, S. 8 (HA BBk B 330/4950); Reichsbanknebenstelle Worms, Wirtschaftsberichte 1945 (HA BBk B 332/103 I).

ten. Dadurch kam der Überweisungsverkehr nach auswärtigen Plätzen ebenfalls wieder in Gang.[35]

Schließlich wurden regionale Zentralen der Reichsbank geschaffen, um die Niederlassungen buchhalterisch zusammenzufassen und eine Geschäftstätigkeit nach einheitlichen Richtlinien zu ermöglichen. So wurde im Juli 1945 eine Reichsbankzentralleitung für Bayern bei der Reichsbankhauptstelle in München etabliert, der bald solche für Württemberg-Baden in Stuttgart und für Hessen in Frankfurt am Main folgten. Im August 1945 machte die französische Militärregierung die Reichsbankstelle Kaiserslautern zur Hauptfiliale für das Nordgebiet und diejenige in Freiburg zur Hauptfiliale für das Südgebiet ihrer Zone. Im Februar 1946 wurde darüber hinaus in Speyer eine Leitstelle der Reichsbank für die gesamte Französische Zone gebildet, der ein Direktionskomitee unter der Kontrolle eines französischen Reichsbankkommissars vorstand. In der Britischen Zone war eine Reichsbankleitstelle in Hamburg bereits durch Verordnung der Militärregierung vom November 1945 geschaffen worden.[36] Lediglich in der Amerikanischen Zone kam es zu keiner formellen Organisation der Reichsbankanstalten auf zonaler Ebene, wenn auch informell die Hauptstelle in München zeitweise offenbar manche Funktionen einer solchen Organisation übernommen hat.[37] Immerhin wurde dort auch offiziell die Buchhaltung der Reichsbankniederlassungen der gesamten Zone zusammengefaßt, und in Frankfurt am Main wurde darüber hinaus eine zonale Clearingausgleichsstelle gegründet.[38]

Die beschriebene Wiederherstellung einer überlokalen Zentralbankstruktur erfolgte ganz in der Tradition der alten Reichsbank und auch mit deren Personal. So waren z.B. die Spitzenpositionen der Leitstellen in Hamburg und Speyer mit Reichsbankdirektoren besetzt. Kontinuität prägte ebenfalls die Arbeitsweise der Zentralen. Dies war für die Reichsbankleitstelle Hamburg in der entsprechenden Verordnung explizit festgelegt worden, wo es hieß: «Der Vorstand wird die Geschäfte der Reichsbank in der Britischen Zone in Übereinstimmung mit den geltenden deutschen Gesetzen führen.» Das bedeutete, daß im wesentlichen die Reichsbankverfassung als Grundlage der Arbeit der Leit-

35 Vgl. Leitstelle der Reichsbank für die Französische Zone an den Reichsbankkommissar, 23. Januar 1947 (HA BBk B 331-BW/53).

36 Vgl. Landeszentralbank von Bayern, Geschäftsbericht für das Jahr 1947, S. 18f.; Landeszentralbank von Rheinland-Pfalz, Geschäftsbericht für das Jahr 1947, S. 1; Reichsbankleitstelle Hamburg an alle Reichsbankanstalten, 14. Dezember 1945 (HA BBk B 331-BW/53).

37 Vgl. Sitzung des Bankenausschusses des Länderrats des amerikanischen Besatzungsgebiets, 5. Januar 1946 (Akten der Landeszentralbank in Bayern, HA BBk).

38 Vgl. Stellungnahme zum Schreiben des Amtes der Militärregierung vom 1. November 1945 (Akten der Landeszentralbank in Bayern, HA BBk).

stelle diente.[39] Dagegen sollte sich die Tätigkeit der Reichsbankleitstelle Speyer laut Statut nur auf einige Arbeitsfelder der vormaligen Reichsbankzentrale erstrecken, wozu die Regelung des Geld- und Überweisungsverkehrs sowie die Überwachung der Kreditgeschäfte der Reichsbankanstalten gehörten.[40] Jedoch schon bald sind ihr «zwangsläufig weitere Aufgaben zugefallen».

«Da in normalen Zeiten die Bankanstalten in besonderen Fällen pflichtgemäß die Entscheidung des Reichsbankdirektoriums einholten, war es nicht zu verwundern, daß sie sich nach Errichtung der Leitstelle dieser Einrichtung bedienten und in ständig wachsendem Maße die Leitstelle um Auskunft oder Entscheidung auf allen Gebieten angingen. Somit ist die Leitstelle schnell in größere und übergeordnete Aufgaben hineingewachsen und nach Umfang und Art ihrer Tätigkeit zu einer alle Arbeitsgebiete der Reichsbank umschließenden zentralen Verwaltungsstelle geworden.»[41]

Es hatte sich gewissermaßen, teils mit, teils ohne Zutun der Militärregierung, die Macht der Gewohnheit durchgesetzt, und in der Britischen und Französischen Zone war die alte deutsche Zentralbankstruktur zum großen Teil wiedererstanden. Auch in der Amerikanischen Zone gab es zweifellos eine Tendenz in diese Richtung, die sich allerdings nicht durchsetzte, weil hier die Militärregierung aktiv dagegen vorging und, wie noch gezeigt wird, eine grundlegende Reform durchsetzen wollte.

Wenn sich auch die äußere Hülle einer Zentralbankorganisation in Westdeutschland weitgehend wieder etabliert hatte, so fehlte es inhaltlich doch an Kernbestandteilen einer genuinen Zentralbankpolitik. Beispielsweise erfolgte keine aktive Regulierung des Bargeldumlaufs durch die Reichsbankorganisation mehr. Neuemissionen von Banknoten wurden nicht vorgenommen außer zum Ersatz beschädigter, aus dem Verkehr gezogener Geldscheine. Angesichts des enormen Geldüberhangs verwundert es nicht, daß Kredite von privater Seite und von Geschäftsbanken kaum nachgefragt wurden. Lediglich öffentliche Stellen verschuldeten sich teilweise in größerem Umfang, vor allem die Zonalhauptkasse des britischen Besatzungsgebiets. Der Haushalt dieser Zone wies nämlich infolge erheblicher Subventionen an den Kohlebergbau und die Eisenindustrie regelmäßig ein Defizit auf, das durch Überbrückungskredite der Reichsbank vorläufig gedeckt werden mußte.[42] In der

39 Vgl. Reichsbankleitstelle Hamburg an alle Reichsbankanstalten, 14. Dezember 1945 (HA BBk B 331-BW/53); Monatsbericht der Reichsbankleitstelle Hamburg, Februar 1948, S. 2 (HA BBk B 330/4950).

40 Vgl. Niederschrift über die Sitzung der Finanzoffiziere und Reichsbankdirektoren am 14. Februar 1946 in Tübingen (HA BBk B 331-BW/119).

41 Die Tätigkeit der Leitstelle der Reichsbank für die Französische Zone im Jahre 1946, S. 1f. (HA BBk B 331-BW/53).

42 Vgl. Monatsbericht der Reichsbankleitstelle Hamburg, Februar 1948, S. 3 (HA BBk B 330/4950).

Französischen Zone bedurfte u.a. das Außenhandelsamt der Militärregierung Oficomex des Reichsbankkredits zum Ausgleich des Negativsaldos der Reichsmarkbilanz des zonalen Außenhandels.[43] Charakteristisch für das Nichtvorhandensein einer eigentlichen Geldpolitik war, daß der Diskont- und Lombardsatz in Westdeutschland bis 1948 unverändert bei 3,5 bzw. 4,5% lagen.

Die Arbeit der Reichsbankorganisation beschränkte sich dementsprechend im wesentlichen auf eher technische Felder. Eine wichtige Funktion der Zentralstellen der Reichsbank war beispielsweise die Überwachung des Giroverkehrs innerhalb der Zonen und zwischen ihnen. Auch wurde ein Geldausgleich zwischen einzelnen Gebieten vorgenommen und vor allem darauf geachtet, daß das sehr knappe Kleingeld gleichmäßig verteilt war. Eine zentrale Buchhaltung wurde aufgebaut. Falschgeldfragen und schwierige Angelegenheiten im Zusammenhang mit den Militärregierungsgesetzen Nr. 52 und 53 wurden bearbeitet und umfangreiche Statistiken geführt. Schließlich waren die Reichsbankzentralen bei der Bankenaufsicht tätig.[44] Das alles wurde offenbar ziemlich effizient durchgeführt, und man hätte erwarten können, daß nach der geplanten Währungsreform die Reichsbankorganisation ebenfalls wieder eine geldpolitische Rolle übernehmen würde. Es sollte jedoch anders kommen.

4. Alliierte Reformen der Zentralbankstrukturen in Westdeutschland

a) Interalliierte Verhandlungen über das Bankwesen

Die Dezentralisierungsforderung, wie sie in der amerikanischen Anweisung JCS 1067 formuliert war, fand Eingang in das Potsdamer Abkommen, nun explizit bezogen auf das Wirtschaftsleben. Insbesondere die Amerikaner machten sie in der Folgezeit zu einem wichtigen Anliegen ihrer Besatzungspolitik, auch was das Bankwesen betraf. Dabei verfolgten sie eine doppelte Stoßrichtung. Zum einen ging es ihnen um eine Zurückdrängung privater Bankenmacht. Deshalb sollte die Beteiligung von Banken an Industrieunternehmen verboten und die Großbanken sollten zerschlagen werden. Zum

43 Vgl. Niederschrift über die Sitzung der Finanzoffiziere und Reichsbankdirektoren am 14. Februar 1946 in Tübingen (HA BBk B 331-BW/119).

44 Vgl. Monatsbericht der Reichsbankleitstelle Hamburg, Februar 1948, S. 2ff. (HA BBk B 330/4950); Die Tätigkeit der Leitstelle der Reichsbank für die Französische Zone im Jahre 1945 (HA BBK B 331-BW/53).

anderen wollten die Amerikaner keine einheitliche Zentralbankorganisation für ganz Deutschland mehr zulassen. Vielmehr sollten in jedem Land eine separate Zentralbank und Bankenaufsichtsbehörde gegründet werden. Allerdings war nie beabsichtigt, den Landeszentralbanken das Emissionsrecht zu geben. Die Schaffung einer neuen Währung für ganz Potsdam-Deutschland wurde durch diesen Plan also nicht in Frage gestellt.[45] Insgesamt waren diese amerikanischen Vorstellungen stark von den Verhältnissen in den USA selbst inspiriert.

Der die Großbanken betreffende Teil der beschriebenen Neuordnungsvorstellungen wurde von General Lucius Clays Finanzberater, Joseph M. Dodge, erstmals im Herbst 1945 im Finanzdirektorat des Alliierten Kontrollrats eingebracht und sogleich an dessen Bankenkomitee überwiesen.[46] Während ihm der sowjetische und der französische Vertreter dort zustimmten, stieß er auf den Widerstand der Briten. Letztere verwiesen auf den Passus des Potsdamer Abkommens, wonach Deutschland als wirtschaftliche Einheit zu behandeln sei, und argumentierten, dazu gehöre der überregionale Ausgleich von Finanzmitteln. Den Briten war daran sehr gelegen, nicht zuletzt aufgrund des hohen Kreditbedarfs für den zonalen Haushaltsausgleich. Deshalb stellten sie ihr Interesse an einem effizient funktionierenden Bankenapparat über die rein politisch motivierten radikalen Reformansätze der anderen Alliierten und insbesondere der Amerikaner.

Der Konflikt konnte im Bankenkomitee nicht gelöst werden, die Materie ging deshalb unentschieden zurück ins Finanzdirektorat. Dort machte Dodge im April 1946 eine Konzession an die britischen Wünsche. Er regte nämlich die Gründung einer Länder-Union-Bank an, die die Landeszentralbanken kontrollieren und koordinieren, eine gemeinsame Geldpolitik durchführen und die finanziellen Bedürfnisse der gesamtdeutschen Wirtschaft ausgleichen sollte. Der amerikanische Vorschlag, die Reichsbank aufzulösen und Landeszentralbanken zu errichten, war nun also implizit ebenfalls zu einer Verhandlungsmaterie im Kontrollrat geworden, gleichzeitig ergänzt um das Angebot einer Länder-Union-Bank.

Die britische Reaktion war grundsätzlich positiv. Jedoch stellten sich nun der französische und sowjetische Vertreter im Finanzdirektorat gegen den neuen Plan. Zeitweise schien es allerdings so, als ob der amerikanische Kompromißvorschlag, statt einer Länder-Union-Bank eine weniger stark institutionalisierte «Laender Central Bank Commission» und ein dieser übergeordnetes «Allied Banking Board» zu schaffen, die Zustimmung aller vier Besatzungsmächte finden könnte.[47] Schließlich aber lehnte die sowjetische

45 Vgl. Horstmann, Die Alliierten, S. 84 sowie Holtfrerich, Die Deutsche Bank, S. 462ff.

46 Vgl., auch zum folgenden, Horstmann, Bankensystem, S. 3ff.

47 Vgl. ACA DFIN Banking Committee, Elimination of Excessive Concentration of Economic Power in Banking, 21. 6. 1946 (HA BBk B 331-BW/341).

Seite doch ab mit dem bereits zuvor gebrauchten Argument, die Entscheidung über eine geldpolitische Zentralinstanz sei noch nicht spruchreif.

Ergebnislos verliefen dann auch die Gespräche auf den dem Finanzdirektorat vorgeschalteten Ebenen, nämlich im Koordinierungskomitee und am Ende im Kontrollrat selbst, der sich im Oktober 1946 mit dem Problem befaßte. Daraufhin erhielten die Militärgouverneure freie Hand für ihr Vorgehen hinsichtlich der Bankenfrage in ihren jeweiligen Zonen.

b) Die Landeszentralbanken

In der Tat drängte nun das Office of Military Government for Germany, United States (OMGUS) in den Ländern der Amerikanischen Zone auf möglichst rasche Inkraftsetzung gleichlautender Landeszentralbankgesetze, die von den Länderregierungen nach anfänglichem Druck der Besatzungsmacht inzwischen vorbereitet worden waren. Ende 1946 wurden die Gesetze verkündet, noch bevor sich die Länderparlamente konstituiert hatten, die sie sonst hätten beraten müssen, was weitere Verzögerungen gebracht hätte.[48] Im Gegensatz zu den Amerikanern hielten die Briten in ihrer Zone jedoch an der zentralistischen Reichsbankorganisation fest. In der Französischen Zone vollzog die Militärregierung, die bis dahin, wie beschrieben, den Wiederaufbau der hierarchischen Reichsbankstruktur jedenfalls provisorisch zugelassen hatte, nun eine definitive Wendung. Per Verordnung vom Februar 1947 verfügte sie – wie es hieß, in Durchführung ihres Programms der Dezentralisation, das sie ja auch im Kontrollrat vehement vertreten hatte – ebenfalls die Liquidation der Reichsbank und die Gründung von Landeszentralbanken. Dabei lehnte sie sich bewußt eng an das Vorbild der Amerikanischen Zone an, offenbar um eine eventuell übereinstimmende interalliierte Neuregelung nicht von vornherein zu verhindern.[49]

Auch in den Ländern der SBZ wurden im Frühjahr 1947 den Landeszentralbanken ähnliche Institute in Gestalt der Emissions- und Girobanken errichtet, während entsprechende Funktionen in Berlin vom Berliner Stadtkontor übernommen wurden.[50] Im Prinzip blieb damit also die Chance des Aufbaus eines gemeinsamen neuen Zentralbanksystems für ganz Potsdam-

48 Vgl. Holtfrerich, Die Deutsche Bank, S. 470ff.; Horstmann, Die Alliierten, S. 95ff.; Wandel, Bank deutscher Länder, S. 61.

49 Vgl. L'Administrateur Général Laffon à M. le Gouverneur de Bade, Objet: Création de Banques centrales, 3.2.47 (Ministère des Affaires Etrangères [MAE], Archives à Colmar, Service Français d'Occupation, c. 2156 p. 5a); Laffon à Oberpräsident de Bade, 24.1.47 (ebd.); Landeszentralbank von Rheinland-Pfalz, Geschäftsbericht für das Jahr 1947, S. 1.

50 Vgl. Landeszentralbank von Württemberg-Baden, Bericht über das erste Geschäftsjahr 1947, S. 4.

Deutschland gewahrt, abgesehen von der Sonderrolle, die die Britische Zone spielte, die jedoch, wie die Gespräche im Kontrollrat gezeigt hatten, durchaus verhandelbar war.

Die Landeszentralbanken waren formal nicht Rechtsnachfolger der Reichsbankorganisation. Letztere wurde vielmehr in den einzelnen Ländern der US-Zone sowie in der Französischen Zone jeweils einem Treuhänder zur Verwaltung und Abwicklung übertragen. Allerdings übernahmen die Landeszentralbanken generell nicht nur das Personal, die Gebäude und das Inventar der Reichsbankanstalten ihres Gebietes, sondern auch deren Verbindlichkeiten und Guthaben sowie die realisierbaren Forderungen und die Bestände an Reichsbanknoten. Die dabei in den Eröffnungsbilanzen auftretende Lücke zwischen den Aktiven und den höheren Passiven wurde durch Einräumung einer fiktiven Forderung gegen den Treuhänder der Reichsbank geschlossen. Das Grundkapital, dessen Höhe für die einzelnen Landeszentralbanken im Gesetz bestimmt war, wurde zunächst vom Land aufgebracht, sollte jedoch nach einer bestimmten Frist von den heimischen Kreditinstituten gezeichnet werden.[51] Letztere Bestimmung wurde später gestrichen, so daß die Landeszentralbanken im Eigentum der Länder verblieben sind.[52]

Die Organe der Landeszentralbanken waren der Vorstand – bestehend u.a. aus dem Präsidenten bzw. Generaldirektor sowie dessen Stellvertreter, die beide vom Ministerpräsidenten des Landes ernannt wurden und jederzeit aus wichtigen Gründen auch wieder abberufen werden konnten – und der Verwaltungsrat. Der Vorsitzende des Verwaltungsrats wurde ebenfalls vom Ministerpräsidenten ernannt. Den stellvertretenden Vorsitz hatte der Präsident der Landeszentralbank qua Amt inne. Weitere Mitglieder waren u.a. der Leiter der Bankenaufsichtsbehörde und vom zuständigen Fachminister zu ernennende Vertreter von Landwirtschaft, Gewerbe und Arbeitnehmern. Der Verwaltungsrat sollte demnach die Interessen der verschiedenen Wirtschaftskreise des Landes repräsentieren. Seine Aufgabe war die Aufstellung von Grundsätzen für die Tätigkeit der Zentralbank, die Bestimmung der Geldpolitik und die Überwachung der Geschäftsführung. Von direkten Weisungen der Regierung, an die er gebunden gewesen wäre, war in den Gesetzen

51 Vgl. beispielhaft auch für das folgende: Landeszentralbank von Württemberg-Baden, Bericht über das erste Geschäftsjahr 1947, S. 4ff.; Landeszentralbank von Württemberg-Baden, Bericht über die Geschäftsjahre 1948 und 1949, Anlage 8 (Landeszentralbank-Gesetz vom 7. Dezember 1946); Landeszentralbank von Rheinland-Pfalz, Geschäftsbericht für das Jahr 1947, S. 1ff.; Verwaltungsbericht der Landeszentralbank von Baden für das Geschäftsjahr 1947, S. 12ff. (Landesverordnung über die Errichtung einer Landeszentralbank vom 7. April 1947).

52 Vgl. Gesetz zur Änderung der Gesetze über die Landeszentralbanken, BGBl. 1952 I, S. 729.

nicht die Rede. Dennoch war der Einfluß der Länderregierungen nicht unerheblich, wie die Bestimmungen über die Ernennung zahlreicher Funktionsträger und die institutionalisierte Beteiligung mindestens des Leiters der Bankenaufsichtsbehörde, also eines Regierungsvertreters, im Verwaltungsrat zeigen.[53]

Die hauptsächlichen, gesetzlich benannten Aufgaben der Landeszentralbanken waren die Regelung des Geldumlaufs, die Übernahme der Rolle einer Bank der Geschäftsbanken, die Funktion einer Staatsbank für die einzelnen Länder und die Durchführung des Zahlungsverkehrs innerhalb des Landes und mit außerhalb der Landesgrenzen liegenden Gebieten. Zur Erfüllung dieser Aufgaben wurden den Landeszentralbanken Instrumente gegeben, über die zum großen Teil bereits die Reichsbank verfügt hatte. Dabei handelte es sich um die Diskont- und Lombardpolitik, um die Möglichkeit, Offenmarktgeschäfte mit bestimmten festverzinslichen Wertpapieren zu tätigen, um die Erlaubnis, öffentlichen Stellen kurzfristige Kassenkredite zu gewähren, sowie um die Beteiligung am Giroverkehr. Dazu kam als Neuerung nach amerikanischem Vorbild die Mindestreservepolitik. Über die Höhe der Mindestreserven, die die Geschäftsbanken in Abhängigkeit von ihren Kundeneinlagen bei den Landeszentralbanken zu unterhalten hatten, und die Höhe der von der Zentralbank für ihre Geschäfte zugrunde gelegten Zinssätze hatte der Verwaltungsrat zu entscheiden.

Im Unterschied zur Reichsbank durften die Landeszentralbanken Kreditgeschäfte im allgemeinen nur mit Banken und öffentlichen Stellen tätigen und nicht z.B. auch mit Industrieunternehmen. Sie konnten demnach kaum mehr in direkte Konkurrenz zu anderen Kreditinstituten treten. Noch wichtiger aber war, daß die Landeszentralbanken, wie bereits im Dodge-Plan vorgesehen, nicht das Recht zur Herstellung und Emission neuer Banknoten erhielten. Damit fehlte ihnen ein Hauptcharakteristikum einer Zentralbank, die ja begrifflich meist mit «Zentralnotenbank» gleichgesetzt wird. Zudem konnten sie deshalb die ihnen zugewiesene Aufgabe der Regelung des Geldumlaufs auch theoretisch gar nicht erfüllen. Es war somit klar, daß das System in dieser Hinsicht noch ergänzungsbedürftig war, was spätestens im Zusammenhang mit der Währungsreform zu geschehen hätte.

Wie im Dodge-Plan ebenfalls schon angesprochen, war gemäß den Landeszentralbankgesetzen der Länder der Amerikanischen Zone ein Bankenrat aus Vertretern der Zentralbanken zu errichten, der vor allem ihre Geldpolitik zu koordinieren hatte. An die diesbezüglich vom Bankenrat ausgesprochenen Empfehlungen sollten sich die Verwaltungsräte der Zentralbanken halten.

53 Vgl. Horstmann, Die Entstehung der Bank deutscher Länder, S. 205 f.

Diese Formulierungen waren recht vage.[54] In Wirklichkeit wurde die Zusammenarbeit der Landeszentralbanken der Amerikanischen Zone ziemlich stark institutionalisiert. So wurden 1947 eine Verrechnungsstelle für den länderüberschreitenden Zahlungsverkehr,[55] ein informelles Gremium der Landeszentralbankpräsidenten zur Abstimmung von Fragen der Verwaltung[56] und ein ständiges Sekretariat zur Durchführung der Beschlüsse des Bankenrats[57] geschaffen.

Interessant ist, daß der Präsident der Bayerischen Landeszentralbank sich sehr für München als Sitz dieses Sekretariats eingesetzt hat. In diesem Zusammenhang schrieb er in einem Brief vom Mai 1947 an die Bayerische Staatskanzlei: «Ich darf betonen, daß das Bankensekretariat wohl bestimmt ist, den Grundstein zu bilden für die künftige Zentralleitung der Notenausgabe in Deutschland und daß dieser Einrichtung daher heute schon eine Bedeutung beigemessen werden muß, die über die US-Zone hinausreicht.»[58]

Tatsächlich kann der Bankenrat als kleinerer Vorläufer des Zentralbankrats der Bank deutscher Länder (BdL) betrachtet werden,[59] und sein Sekretariat entsprach im Kern dem Direktorium der BdL, wie der Briefschreiber richtig erkannt hatte. Das Sekretariat war im Gesetz nirgends vorgesehen, es hatte sich vielmehr spontan aus Zweckmäßigkeitsgründen entwickelt. Die Struktur der späteren westdeutschen Zentralbankorganisation war somit in der Amerikanischen Besatzungszone bereits vorgeprägt. In diesem Kontext ist es auch interessant zu beobachten, daß man in den Quellen keine Informationen über eventuelle Abweichungen der Politik einzelner Landeszentralbanken von den Empfehlungen des Bankenrats findet. Diese wurden offenbar als bindend betrachtet.

In den Landeszentralbankgesetzen der Länder der Französischen Zone war eine dem Bankenrat ähnliche Koordinierungsinstanz nicht vorgesehen. Jedoch waren am selben Tag, an dem die Verordnung der französischen Militärregierung betreffend die Gründung von Landeszentralbanken erlassen

54 Laut Hans A. Adler, dem Leiter der OMGUS Banking Section, war in der englischen Vorlage vorgesehen, daß die Empfehlungen des Bankenrats für die Landeszentralbanken bindend sein sollten. Aufgrund eines Übersetzungsfehlers sei das im deutschen, maßgebenden Text der Landeszentralbankgesetze nur abgeschwächt wiedergegeben worden. Vgl. Adler, Reorganization, S. 328.

55 Vgl. Landeszentralbank von Württemberg-Baden, Bericht über das erste Geschäftsjahr 1947, S. 9.

56 Vgl. Bericht über die Sitzung der LZB-Präsidenten am 22. Mai 1947 (HA BBk B 331-H/29).

57 Vgl. Niederschrift über die 3. Sitzung des Bankenrats am 30. Juni 1947 (HA BBk B 331-H 29).

58 Grassmann an Dr. Pfeifer, Staatskanzlei, 9. 5. 47 (HA BBk B 330/11721).

59 So im Ergebnis auch: Landeszentralbank von Württemberg-Baden, Bericht über das erste Geschäftsjahr 1947, S. 6, sowie Adler, Reorganization, S. 328.

wurde, auch Verfügungen über die Etablierung eines Koordinierungsausschusses dieser Banken sowie über die Kontrolle des neuen Zentralbanksystems der Französischen Zone durch einen Kommissar der Besatzungsmacht ergangen.[60] Wie dem Bankenrat gehörten auch dem Koordinierungsausschuß Vertreter der Landeszentralbanken der Zone an. Wie der Bankenrat hatte auch der Koordinierungsausschuß vor allem die Geld- und Kreditpolitik der Landeszentralbanken aufeinander abzustimmen,[61] wobei seine Mitglieder sich darüber einig waren, daß, im Unterschied zur formalen Regelung für den Bankenrat, die Beschlüsse des Koordinierungsausschusses für die Landeszentralbanken verbindlich waren.[62] Weiterhin unterhielt auch der Koordinierungsausschuß ein besonderes Büro zur Vorbereitung seiner Sitzungen und zur Durchführung gemeinsamer Aufgaben der Landeszentralbanken wie des länderübergreifenden Überweisungsverkehrs und der Erstellung von Statistiken.

Die Ähnlichkeiten der institutionellen Entwicklung des neuen Zentralbanksystems in der Amerikanischen und Französischen Zone waren demnach sehr groß. Allerdings kann gar nicht übersehen werden, daß der Koordinierungsausschuß das direkte Erbe der Reichsbankleitstelle in Speyer antrat. Das äußerliche Zeichen dafür war, daß diese Stadt auch zum Tagungsort des Ausschusses wurde und Sitz seines Büros war. Personell blieb ebenfalls eine gewisse Kontinuität gewahrt, wenn auch ein Teil der Beschäftigten der Leitstelle auf die Landeszentralbanken verteilt wurde.[63] Schließlich war die Aufgabenstellung ziemlich ähnlich, wenn man an die Geldpolitik oder den Verrechnungsverkehr denkt, wozu speziell in der Französischen Zone noch die Bankenaufsicht kam.[64] Der größte Unterschied zur Reichsbankorganisation bestand offensichtlich in der juristischen Konstruktion. Statt eines hierarchisch aufgebauten Instituts mit zentraler Leitung existierten nun mehrere rechtlich völlig selbständige Zentralbanken, die gleichberechtigt in einem gemeinsamen Gremium zusammenarbeiteten, wobei dessen Entscheidungen für sie bindend waren.

Mit Blick darauf, daß einerseits das Zentralbanksystem der frühen Bundesrepublik sich 1947 in der Französischen wie in der Amerikanischen Zone bereits abzeichnete, andererseits aber gerade in ersterer auch deutliche Konti-

60 Vgl. Landeszentralbank von Rheinland-Pfalz, Geschäftsbericht für das Jahr 1947, S. 1.

61 Vgl. Ansprache des Herrn Auboyneau, Direktor der Finanzen, in der 1. Sitzung des Koordinierungsausschusses am 21. März 1947 (HA BBk B 331-RS/877).

62 Vgl. Vorläufiges Protokoll über die 1. Sitzung des Koordinierungsausschusses am 21. März 1947 (HA BBk B 331-RS/877).

63 Vgl. Vorläufiges Protokoll über die vorbereitende Sitzung des Koordinierungsausschusses am 25. Februar 1947 (HA BBk B 331-RS/877).

64 Vgl. Vorläufiges Protokoll über die 4. Sitzung des Koordinierungsausschusses am 23. Juli 1947 (HA BBk B 331-RS/877).

nuitätslinien mit der älteren Reichsbankorganisation erkennbar sind, kann man also behaupten, daß die *faktischen* Unterschiede zwischen beiden gar nicht so bedeutend waren und jedenfalls bei weitem nicht den Unterschieden in der formalen Verfassung entsprachen. Insofern wäre dann allerdings die gesamte, insbesondere von den Amerikanern mit hohem Engagement verfolgte Dezentralisierungspolitik, was das Zentralbanksystem anbelangt, schon vor Gründung der Bank deutscher Länder weit weniger effektiv gewesen, als es bei Betrachtung der Gesetzgebung allein zunächst erscheint. Es war wohl so, daß die von den Briten ins Feld geführten funktionalen Argumente für eine einheitliche Zentralbankorganisation stärker als die auf dem politischen Reißbrett konzipierten Neuordnungsvorstellungen waren und sich dabei die Logik der Sache mehr oder weniger von selbst durchsetzte. Im übrigen weist ja auch das gemeinhin als Modell für die amerikanischen Reformen des Zentralbanksystems in Deutschland angesehene Federal-Reserve-System in den USA mit dem Board of Governors eine starke, letztlich die nationale Geldpolitik bestimmende und obendrein von den einzelnen Federal Reserve Banks unabhängige Institution auf.

In diesem Zusammenhang kann es daher nicht erstaunen, daß offenbar recht intensive Kontakte zwischen den Zentralbanksystemen der verschiedenen Westzonen aufrechterhalten wurden bzw. sich weiterentwickelten. Ausdrücklich sind die Landeszentralbanken der Französischen Zone ermutigt worden, mit den Landeszentralbanken der Amerikanischen Zone und der Reichsbankleitstelle der Britischen Zone in Fühlung zu bleiben, und zwar durchaus auch ohne Beteiligung der Militärregierung.[65] Tatsächlich gab es z.B. gemeinsame Besprechungen der Kreditsachbearbeiter der Landeszentralbanken der Amerikanischen und der Französischen Zone.[66] Im Dezember 1947 schlossen sich die Reichsbankleitstelle Hamburg und das Büro des Koordinierungsausschusses in Speyer der Verrechnungsstelle der Landeszentralbanken der Amerikanischen Zone in Frankfurt am Main an und etablierten auf diese Weise ein effizientes überzonales Clearing.[67]

Auch die Geldpolitik in den einzelnen Zonen blieb konform. Die Entscheidung des Bankenrats, für die Beleihungspolitik der Landeszentralbanken Reichstitel als verwertbar anzusehen, wurde im Koordinierungsausschuß erörtert und ihre Übernahme auch in der Französischen Zone gewünscht.[68] Ver-

65 Vgl. Protokoll über die 5. Vorbesprechung der Generaldirektoren der Landeszentralbanken am 22./23. September 1947 (HA BBk B 331-RS/877).

66 Vgl. Aktenvermerk Nr. 4 über die Besprechung der Generaldirektoren der Landeszentralbanken der Französischen Zone am 22. März 1948 (HA BBk B 331-RS/877).

67 Vgl. Landeszentralbank von Württemberg-Baden, Bericht über das erste Geschäftsjahr 1947, S. 9.

68 Vgl. Vorläufiges Protokoll über die 8. Sitzung des Koordinierungsausschusses am 17. Februar 1948 (HA BBk B 331-RS/877).

schiedentlich erwog man im Bankenrat und im Koordinierungsausschuß, den Diskont- und Lombardsatz zu senken. Man nahm davon jedoch immer wieder Abstand und hielt in allen Westzonen weiter an den seit 1940 geltenden Sätzen fest. Allerdings sollten Banken in bestimmten Sonderfällen niedrigere Sätze zugestanden werden.[69] Das neue Instrument der Mindestreservefestlegung wurde von den Landeszentralbanken bis nach der Währungsreform nicht angewandt, so daß sich auch hier keine Differenz zur Reichsbankorganisation ergab.[70] Die gemeinsame Geldpolitik fand ihr Pendant in einem liberalen Zahlungsverkehr, wie er zwischen den einzelnen Westzonen unterhalten wurde. Nicht zuletzt zeugten davon teilweise recht hohe und zunehmende Zahlungssalden der Zentralbankorganisationen untereinander, auch über Zonengrenzen hinweg.[71]

c) *Die Bank deutscher Länder als Notenbank der Landeszentralbanken*

Die faktische Entwicklung im Gefolge der Dezentralisierung der Zentralbankorganisation in der Amerikanischen und Französischen Zone drängte also wieder zurück in Richtung einer gewissen Vereinheitlichung und Zentralisierung. Das spiegelte sich auch in den Verhandlungen, die Amerikaner und Briten nach dem Scheitern der diesbezüglichen Gespräche im Alliierten Kontrollrat führten, in denen es anläßlich der Bizonengründung um eine gemeinsame Struktur des Bankwesens für die beiden Zonen ging.[72] Dabei forderten die USA, was das Zentralbanksystem betraf, daß in der Britischen Zone die Reichsbankanstalten ebenfalls aufgelöst und Landeszentralbanken errichtet würden. Diesem Wunsch konnte sich Großbritannien letztlich schon aufgrund seiner finanziellen Abhängigkeit von den Amerikanern nicht verschließen. Im Gegenzug wollten die Briten jedoch so viel an zentralen Elementen durchsetzen wie möglich.

Als unabdingbar verlangten sie die Einrichtung eines bizonalen Budgets, auf das die Subventionen für Kohle und Stahl übernommen werden sollten, eine «Reconstruction Loan Corporation» zur langfristigen Wiederaufbaufi-

69 Vgl. Landeszentralbank von Württemberg-Baden, Bericht über das erste Geschäftsjahr 1947, S. 7; Niederschrift über die außerordentliche Sitzung des Bankenrats am 1. August 1947 (HA BBk B 331-H/29); Vorläufige Niederschrift über die 2. Sitzung des Koordinierungsausschusses am 13. Juni 1947 (HA BBk B 331-RS/877).

70 Vgl. Landeszentralbank von Württemberg-Baden, Bericht über das erste Geschäftsjahr 1947, S. 8; Landeszentralbank von Rheinland-Pfalz, Geschäftsbericht für das Jahr 1947, S. 4.

71 Vgl. Landeszentralbank von Bayern, Geschäftsbericht für das Jahr 1947, S. 14ff.; Monatsbericht der Reichsbankleitstelle Hamburg für Mai 1947, S. 10f. (HA BBk B 330/4950).

72 Für das folgende vgl. Horstmann, Die Alliierten, S. 134ff.; Horstmann, Die Entstehung der Bank deutscher Länder, S. 209ff.; Holtfrerich, Die Deutsche Bank, S. 487f.

nanzierung u.a. der Ruhrindustrie – hieraus wurde dann die Kreditanstalt für Wiederaufbau – und schließlich eine bizonale Zentralinstitution oberhalb der Landeszentralbanken. Bezüglich des letztgenannten Punktes wollte OMGUS ursprünglich nur ein relativ schwaches «Joint Banking Board» zugestehen, das die Politik der Landeszentralbanken, die die wichtigsten Elemente im System bleiben sollten, lediglich zu koordinieren hatte. Nachdem sich General Clay in Washington rückversichert hatte, einigte man sich schließlich aber doch auf die Etablierung eines richtigen Bankinstituts mit einem eigenen Apparat und einem «Managing Board» unter einem Präsidenten, die die Entscheidungen des «Board of Directors», des obersten Gremiums der Bank, das sich primär aus den Präsidenten der Landeszentralbanken zusammensetzen sollte, durchzuführen hatten.

Im Februar 1948 trat dann in der Britischen Zone eine Verordnung der Militärregierung in Kraft, nach der auch in den Ländern Nordrhein-Westfalen, Niedersachsen, Schleswig-Holstein und Hamburg Landeszentralbanken zu bilden waren.[73] Die Reichsbankleitstelle in Hamburg und die von ihr geführten Reichsbankanstalten der Zone gingen Ende März in Liquidation, welches Datum demnach das definitive Ende der Deutschen Reichsbank markiert.[74]

Schon zuvor, am 1. März 1948, waren in der Amerikanischen und Britischen Zone gleichlautende Verordnungen über die Errichtung der Bank deutscher Länder wirksam geworden.[75] Fast gleichzeitig konstituierte sich die Alliierte Bankkommission, deren Aufgabe u.a. die Kontrolle der BdL und ihrer Geldpolitik war. Damit wurde die direkte Aufsicht über das Zentralbanksystem durch die Militärregierung, die bisher nur in der Französischen Zone üblich war, in der Bizone übernommen. Die Landeszentralbanken der Französischen Zone konnten sich bereits Ende März der BdL anschließen,[76] wodurch diese die erste trizonale deutsche Institution geworden ist.[77] Im übrigen war die Konstruktion der BdL derart, daß auch die Eingliederung der Emissions- und Girobanken der SBZ möglich gewesen wäre.[78]

Dazu kam es jedoch nicht. Vielmehr wurde dort die Gründung einer «Deutschen Emissions- und Girobank» als eigenes Zentralinstitut diskutiert,

73 Vgl. Zweigstelle Emden, Verordnung Nr. 132 (HA BBk B 332/37).

74 Vgl. Monatsbericht der Reichsbankleitstelle Hamburg für Februar 1948, S. 1 (HA BBk B 330/4950).

75 Vgl. Gesetz- und Verordnungsblatt des Wirtschaftsrates des Vereinigten Wirtschaftsgebietes Nr. 12, Beilage Nr. 3; wieder abgedruckt in Seidel, Deutsche Geldgesetzgebung, S. 320ff.

76 Vgl. 3. Sitzung des vorläufigen Zentralbankrats (ZBR) am 2. April 1948 (HA BBk B 330/1); Geschäftsbericht der Bank deutscher Länder für die Jahre 1948 und 1949, S. 52.

77 Vgl. Wandel, Bank deutscher Länder, S. 73.

78 Vgl. Landeszentralbank von Württemberg-Baden, Bericht über das erste Geschäftsjahr 1947, S. 4.

die Ende Mai schließlich vollzogen wurde. Ihre rechtliche Ausgestaltung lehnte sich relativ eng an die der BdL an. Nach den separaten Währungsreformen in West- und Ostdeutschland wurde sie durch Anordnung der SMAD vom 20. Juli 1948 in «Deutsche Notenbank» umgetauft und erhielt das Monopol auf die Emission der neuen ostdeutschen Währung.[79]

Im Frühjahr 1948 war also die neue Zentralbankorganisation in Westdeutschland vollendet. Insbesondere existierte nun mit der Bank deutscher Länder eine Institution, die eine gemeinsame Währung in Umlauf bringen konnte, wodurch eine wichtige Voraussetzung für die geplante Geldreform geschaffen war. Daß die BdL zu gegebener Zeit diese Befugnis erhalten würde, war in folgenden ziemlich komplizierten Formulierungen im Artikel III des Gesetzes über die Errichtung der Bank deutscher Länder zum Ausdruck gebracht worden, wobei der Umfang des Geltungsbereichs der neuen Währung bewußt offengelassen wurde: «Die Bank erhält, wenn eine entsprechende Anweisung der zuständigen Alliierten Behörden ergeht, den Charakter einer allein berechtigten Notenbank und unternimmt nach Maßgabe der vorgenannten Anweisung die Ausgabe von Banknoten und auch von Münzen innerhalb ihres Zuständigkeitsgebietes und setzt sie in Umlauf.»

Im Unterschied zur Reichsbankorganisation war das neue Zentralbanksystem zweistufig, da sowohl die Landeszentralbanken als auch die BdL, deren Grundkapital die Landeszentralbanken hielten, rechtlich selbständige Institutionen waren. Dabei fungierte die BdL als Bank der Landeszentralbanken, deren Zahlungsausgleich sie besorgte, bei der sich diese refinanzierten und bei der sie beispielsweise auch Mindestreserveguthaben zu unterhalten hatten. Daneben durfte die BdL lediglich noch im Zahlungsverkehr mit dem Ausland tätig werden und Geschäfte mit der bizonalen Wirtschaftsverwaltung machen, an deren Stelle später die Bundesregierung trat. Geschäfte mit anderen Kreditinstituten waren ihr hingegen verwehrt; diese blieben den Landeszentralbanken vorbehalten. Allerdings waren letztere in dieser Hinsicht an die geldpolitischen Vorgaben der BdL gebunden. Denn im Gesetz über die Errichtung der Bank deutscher Länder wurde ausdrücklich festgelegt: «Die Bank bestimmt die gemeinsame Bankpolitik und sichert größtmögliche Einheitlichkeit in der Bankpolitik in den verschiedenen Ländern.»

Insbesondere fielen hierunter die Bestimmung des Diskont- und Lombardsatzes, des Zinssatzes für Offenmarktgeschäfte sowie die Festsetzung des Umfangs der Mindestreserven, die Geschäftsbanken bei den Landeszentralbanken zu halten hatten. Faktisch wurden die Landeszentralbanken somit zu ausführenden Organen der Bank deutscher Länder. Sein Gegengewicht fand dieses zentralistische Element allerdings darin, daß innerhalb der BdL der

79 Vgl. verschiedene Aktenstücke (Bundesarchiv Koblenz und Berlin, Außenstelle Coswig, DN 1 [alt]-405).

Zentralbankrat über die Politik der Bank zu entscheiden hatte und diesem alle Landeszentralbank-Präsidenten angehörten. Die Konstruktion lief also darauf hinaus, daß das Kollektiv der obersten Repräsentanten der Landeszentralbanken mit einfacher Stimmenmehrheit Beschlüsse faßte, die dann jede einzelne Landeszentralbank verpflichteten – eine spezifische Mischung aus zentralen und föderalen Elementen.

Außer den Präsidenten der Landeszentralbanken gehörten dem Zentralbankrat nur noch sein Vorsitzender und der Präsident des Direktoriums an, die beide von den Präsidenten der Landeszentralbanken zu wählen waren. In auffälligem Kontrast zu den Landeszentralbanken hatten deutsche Regierungsstellen demnach keinerlei direkten Einfluß auf die Spitze der BdL, und sie waren in deren Gremien auch nicht vertreten. Nach Lage der Dinge konnte das allerdings nicht anders sein, sollte die BdL doch offen für den Beitritt anderer Zonen gehalten werden, was die Beteiligung deutscher Stellen der Bizone ausschloß.[80] Darüber hinaus war im Gesetz explizit die Unabhängigkeit der BdL von Anweisungen irgendwelcher politischen Körperschaften, abgesehen von der Alliierten Bankkommission, postuliert worden.

Um die zuletzt genannte Bestimmung gab es 1951 größeren politischen Wirbel, als die Alliierte Hohe Kommission im Zusammenhang mit der Revision des Besatzungsstatuts anbot, auf die Befugnisse der Bankkommission zu verzichten, wenn diese Materie durch Bundesgesetz anderweitig geregelt würde.[81] Daraufhin wurde vom Finanzministerium ein Gesetzentwurf ausgearbeitet, durch den im Gesetz über die Errichtung der Bank deutscher Länder der Begriff «Alliierte Bankkommission» überall durch den Begriff «Bundesregierung» ersetzt, die BdL also der Regierung vollständig untergeordnet worden wäre. Hiergegen erhob sich heftiger Protest von seiten der Bank und der Öffentlichkeit.

Tatsächlich wurde der Gesetzentwurf daraufhin zurückgezogen. In dem Übergangsgesetz, auf das man sich dann einigte und das so lange Geltung haben sollte, bis das im Grundgesetz vorgesehene Bundesbankgesetz verabschiedet wäre, lautete der entscheidende Passus: «Die Bank deutscher Länder ist verpflichtet, die allgemeine Wirtschaftspolitik der Bundesregierung zu beachten und im Rahmen ihrer Aufgaben zu unterstützen.» Ganz ähnlich war die Bestimmung gefaßt, die 1957 in das Bundesbankgesetz aufgenommen wurde. Die viel gepriesene politische Unabhängigkeit der Notenbank in der Bundesrepublik Deutschland, die also unangetastet blieb, geht demnach auf ein alliiertes Gebot zurück, was ja ebenfalls für die Unabhängigkeit der Reichsbank während der Weimarer Republik galt.

80 Vgl. Horstmann, Die Entstehung der Bank deutscher Länder, S. 216.

81 Vgl., auch für das folgende, Deutsche Bundesbank (Hrsg.), 30 Jahre Deutsche Bundesbank, S. 101ff.

Die BdL übernahm die Funktionen von Bankenrat und Koordinierungsausschuß, ihr wurden das statistische Büro[82] und die Verrechnungsstelle[83] der Landeszentralbanken der Amerikanischen Zone eingegliedert. Der Zentralbankrat unterschied sich in seiner Tätigkeit zunächst nicht von den Vorgängerinstitutionen. Echte Geldpolitik konnte auch er angesichts des Geldüberhangs vor der Währungsreform nicht betreiben, die Zinssätze des Zentralbanksystems blieben weiterhin unverändert, Mindestreservesätze wurden nicht festgelegt. Allerdings wurden auf seiner Sitzung Mitte Juni 1948 die Zins- und Mindestreservesätze für die Zeit nach der Geldreform diskutiert und Beschlüsse hierüber gefaßt,[84] die von der Alliierten Bankkommission dann noch leicht revidiert wurden.[85] Insgesamt zeigte sich große Kontinuität in der Politik des Zentralbanksystems zwischen der Situation vor und nach Gründung der BdL, die erst infolge eines gewissermaßen exogenen Ereignisses, nämlich der Währungsreform, eine einschneidende Veränderung erfuhr.

Einen Testfall, wie stark die dezentralen Elemente des neuen Notenbanksystems wirklich waren, stellten die Wahlen des Vorsitzenden des Zentralbankrats und des Präsidenten des Direktoriums dar. In diesem Zusammenhang ist es interessant, den Erfahrungshintergrund der Präsidenten der Landeszentralbanken, die diese Wahlen im Zentralbankrat vorzunehmen hatten, kurz zu betrachten. Dabei stößt man bei einigen auf eine starke Reichsbanktradition. Eugen Hinckel, Präsident der Landeszentralbank von Baden, war Reichsbankdirektor in Freiburg gewesen, Ernst Hülse, Präsident der Landeszentralbank von Nordrhein-Westfalen, war sogar Mitglied des Reichsbankdirektoriums und einer der Leiter der Reichsbankleitstelle in Hamburg gewesen. Max Sentz (Niedersachsen) gehörte dem Beirat der Reichsbank an, und auch Karl Mündel (Württemberg-Hohenzollern) kam von der Reichsbank. Lediglich in den Ländern der Amerikanischen Zone waren mit Max Grasmann (Bayern), Otto Pfleiderer (Württemberg-Baden), Otto Veit (Hessen) und Hermann Tepe (Bremen) ausschließlich Personen ohne Reichsbank-Hintergrund zu Landeszentralbank-Präsidenten gemacht worden. In den anderen beiden Zonen traf das nur auf Wilhelm Boden (Rheinland-Pfalz), Otto Burkhardt (Schleswig-Holstein) und Karl Klasen (Hamburg) zu.[86] Man kann demnach nicht behaupten, daß bei den Mitgliedern des Zentralbankrats, dem föderalen Gegengewicht zur ansonsten hierarchischen Beziehung zwischen der Bank deutscher Länder und den Landeszentralbanken, die zentralistische Reichs-

82 Vgl. 2. Sitzung des vorläufigen ZBR am 17. März 1948 (HA BBk B 330/1).
83 Vgl. 1. Sitzung des vorläufigen ZBR am 8. März 1948 (HA BBk B 330/1).
84 Vgl. 10. Sitzung des ZBR am 15./16. Juni 1948 (HA BBk B 330/2).
85 Vgl. Telegramm Laenderbank an verschiedene Landeszentralbanken vom 21. Juni 1948 (HA BBk B 330/2).
86 Vgl. Dickhaus, Die Bundesbank, S. 60ff. sowie Horstmann, Die Alliierten, S. 111.

banktradition keine Rolle gespielt hätte. Ja, es gab innerhalb des Zentralbankrates selbst dezidierte Kritiker des neuen Systems.

Dementsprechend erstaunt es nicht, daß bei der ersten Wahl Otto Schniewind mit 8:3 Stimmen zum Vorsitzenden des Zentralbankrates und Hermann J. Abs mit 7:4 Stimmen zum Präsidenten des Direktoriums bestimmt wurden – beides ausgesprochen zentralistisch denkende Persönlichkeiten. Das zeigte sich auch an einer Bedingung, die sie für die Annahme der Wahl stellten. Um ihrer Verantwortung für die Stabilität der neuen Währung nachkommen zu können und um nicht bei der Kreditpolitik von den Präsidenten der Landeszentralbanken, deren Institute von billigeren Krediten letztlich profitierten, majorisiert zu werden, forderten sie nämlich, daß sie bei gleichlautender Stimmabgabe ihrerseits nur mit Dreiviertelmehrheit überstimmt werden könnten. Tatsächlich war der Zentralbankrat mit dieser Bedingung, die ja eine Schwächung seiner selbst bedeutete, einverstanden, was ein bezeichnendes Licht auf die Haltung der Mehrheit seiner Mitglieder bezüglich eines dezentral organisierten Notenbanksystems warf. Jedoch lehnte die Alliierte Bankkommission Abs und Schniewind ab, und vor allem die Amerikaner machten auch politische Vorbehalte gegen die Gewählten geltend.

Daraufhin wurde Karl Bernard zum Vorsitzenden des Zentralbankrats, Wilhelm Vocke zum Präsidenten des Direktoriums und Wilhelm Könneker zu dessen Stellvertreter gewählt, die die Wahl, teilweise nach längerem Zögern, schließlich annahmen. Dabei war wiederum charakteristisch, daß die beiden letzteren Mitarbeiter der Reichsbank gewesen waren, ja, Vocke war sogar Mitglied ihres Direktoriums und ebenfalls im Vorstand der Reichsbankleitstelle Hamburg gewesen. Als solcher war er ein äußerst engagierter Verfechter einer zentralistischen Struktur des Notenbanksystems.[87]

Diese Einstellung des Präsidenten des Direktoriums der Bank deutscher Länder konnte nicht ohne Rückwirkungen bleiben sowohl auf den Führungsstil als auch auf das Bild der Bank in der Öffentlichkeit. In der Tat rückte Vocke als faktischer Chef und oberster Repräsentant der Notenbank immer stärker in den Blick, und die BdL überflügelte, was das öffentliche Interesse anbelangte, die Landeszentralbanken.[88] Die dezentralen Elemente und die Tatsache der formalen Zweistufigkeit traten zurück. Hierzu trugen außer den Personen an der Spitze auch das Eigengewicht des Apparats der BdL und der damit verknüpfte Informationsvorsprung des Direktoriums bei, was ein bloßes «Board» niemals hätte entwickeln können. Diese Tatsache wurde von Könneker im Rückblick mit folgenden Worten völlig richtig beschrieben:

87 Vgl. Dickhaus, Die Bundesbank, S. 62 f.; Horstmann, Die Entstehung der Bank deutscher Länder, S. 214; Verschiedene Sitzungen des (vorläufigen) Zentralbankrats (HA BBk B 330/1, B 330/2).

88 Vgl. Horstmann, Die Entstehung der Bank deutscher Länder, S. 214 sowie Dickhaus, Die Bundesbank, S. 63 f.

«Dank der zentralen Stellung der Bank deutscher Länder bei der Entwicklung der Grundsätze für die Kreditpolitik und das Kreditgeschäft, dank auch des umfassenden Einblicks, den Kredit- und Bankenstatistik, Revisionstätigkeit, der Zahlungsverkehr mit dem In- und Ausland, der Verkehr mit dem Bund und seinen Einrichtungen boten, gingen von ihm [dem Direktorium; Anm. C. B.] wichtige Anregungen für die Beratungen und Beschlüsse des Zentralbankrats aus. Die Tätigkeit und Verantwortung des Direktoriums erstreckte sich somit nicht nur auf das seiner Leitung anvertraute Institut, sondern auch auf das gesamte System.»[89]

In Wirklichkeit agierte das System, wie in der Begründung zum Gesetz über die Deutsche Bundesbank[90] festgestellt wurde, wie ein einstufiges Filialunternehmen, da Geldpolitik in einem einheitlichen Währungsgebiet anders gar nicht betrieben werden konnte. Das Bundesbankgesetz zog daraus insofern die Konsequenz, als die Landeszentralbanken in Hauptverwaltungen der Bundesbank umgewandelt wurden. Ihnen blieb also nur der Name erhalten, sie verloren jedoch ihre eigenständige Rechtspersönlichkeit. Damit war die Zweistufigkeit des Zentralbanksystems in Westdeutschland auch dem äußeren Schein nach rückgängig gemacht worden. Die Dezentralisierungsbemühungen der Amerikaner waren in einem wichtigen Punkt endgültig gescheitert. Dennoch hat der Einfluß der Besatzungsmächte zwei wertvolle Resultate gebracht. Erstens war er eine zusätzliche Stütze für eine stabilitätsorientierte Geldpolitik und hat, in Gestalt der Alliierten Bankkommission, die Bildung von Vertrauen in die neue Währung im In- und Ausland beschleunigt. Zweitens, und noch wichtiger, ist durch ihn die Unabhängigkeit der Notenbank von politischen Einflüssen institutionell so stark verankert worden, daß dieser Grundsatz auch später nicht mehr rückgängig gemacht werden konnte.

5. Die Währungsreform

Die Währungsreform war eine alliierte Maßnahme. Das mußte schon deshalb so sein, weil es gar keine verantwortliche deutsche Instanz gegeben hat, die eine solche Reform für ganz Deutschland, wie ursprünglich geplant, hätte verabschieden können. Die Besatzungsmächte hatten ja in einer Erklärung vom 5. Juni 1945 ausdrücklich selber die oberste Regierungsgewalt in Deutschland übernommen. Das galt auch für die letztlich auf die drei Westzonen beschränkte Geldreform, denn zum Zeitpunkt ihrer Durchführung existierten zwar für die Bizone deutsche Regierungsinstitutionen, nicht aber

89 Könneker, Zentralbanksystem, S. 797.
90 Wieder abgedruckt in: Seidel, Deutsche Geldgesetzgebung, S. 335 ff.

für die sogenannte Trizone. Demgemäß wurde die Währungsreform in Westdeutschland durch gleichlautende Militärregierungsgesetze eingeführt.

Deutsche Stellen lehnten aber auch von sich aus jegliche Mitverantwortung für die Reform, wie sie umgesetzt wurde, ab. Der Währungsausschuß des bizonalen Wirtschaftsrates stellte dies von vornherein fest gegenüber den Mitgliedern des Konklaves von Rothwesten, eines Gremiums deutscher Experten, das von den Westalliierten im April 1948 zur Erarbeitung der konkreten Durchführungsbestimmungen der Währungsreform einberufen wurde.[91] Und die Experten selbst formulierten in einer an die Finanzberater der drei Militärregierungen gerichteten Erklärung zum Abschluß des Konklaves: «Die Ausarbeitung der Entwürfe bedeutet nicht, daß die darin vorgesehenen Maßnahmen inhaltlich in allen wesentlichen Punkten die Zustimmung der deutschen Sachverständigen gefunden hätten. Ihrer Meinung nach hätte vielmehr die Besonderheit der deutschen Verhältnisse unter politischen, sozialen und wirtschaftlichen Gesichtspunkten eine wesentlich anders geartete Lösung verlangt.»[92]

Teilweise dürfte die deutsche Haltung taktisch motiviert gewesen sein. Man wollte die Währungsreform, die die Geldvermögensbesitzer, darunter auch viele relativ kleine Sparer, weitgehend enteignete, als ein Oktroi der Besatzungsmächte erscheinen lassen, um bei Kritik und Protesten auf diese als Alleinverantwortliche verweisen zu können.[93] In der Tat wäre es einer demokratisch gewählten deutschen Regierung wohl auch unmöglich gewesen, ein Währungsreformprojekt dieser Radikalität, von der sein Erfolg jedoch wesentlich abhängig war, zu verabschieden. Das läßt sich gut an anderen Ländern beobachten. Es ist demnach als eine Ironie der Geschichte anzusehen, daß in Westdeutschland, gerade weil es besetzt war, durch eine besonders einschneidende Währungsreform von der Geldseite her bestmögliche Voraussetzungen für nachfolgendes Wachstum geschaffen worden sind.[94] Etwas Ähnliches läßt sich ja auch, wie erwähnt, bezüglich der Verankerung des Prinzips der politischen Unabhängigkeit der Bank deutscher Länder beobachten.

91 Vgl. Möller, Währungsreform, S. 446.

92 Erklärung der deutschen Sachverständigen zu ihrer Mitwirkung an der Geldreform, 8.6.48 (IfZ Archiv, Depositum Hans Möller).

93 Vgl. auch Brackmann, Wirtschaftswunder, S. 268.

94 Ganz ähnlich argumentierte auch Clays Finanzberater; vgl. Bennett to Coates, 15.12.47 (National Archives Washington [NA], RG 260 OMGUS, Office of Finance Adviser, Records relating to Specific Functional Policy Programs [Export-Import ...], Box No. 119).

a) Deutscher und amerikanischer Währungsreformplan

Der deutsche Einfluß auf die inhaltliche Konzeption der Währungsreform war jedoch tatsächlich gering – entgegen der angesichts ihres Erfolges verständlichen späteren Neigung, ihn als größer darzustellen, und auch entgegen einer kürzlich vorgelegten Interpretation,[95] die eine direkte Linie bis zu offiziösen deutschen Überlegungen während des Krieges zieht. So stellt Hans Möller, der selbst am Konklave beteiligt gewesen ist und eine Auswahl aus der Fülle deutscher Währungsreformpläne herausgegeben hat,[96] fest, daß alle diesbezüglichen deutschen Meinungsäußerungen «kaum auf Resonanz bei den Besatzungsmächten stießen» und die Kontakte der Alliierten zur Sonderstelle Geld und Kredit des Wirtschaftsrates «gleich Null» gewesen seien.[97] Wenn letzteres auch etwas übertrieben ist, da es insbesondere informelle Kontakte schon gegeben hat,[98] so ist doch charakteristisch, daß der von der Sonderstelle erarbeitete Homburger Plan sich grundlegend von der Währungsreform, wie sie tatsächlich durchgeführt wurde, unterschied. Dieser Plan[99] beinhaltete den «Entwurf eines Gesetzes zur Neuordnung des Geldwesens»; er wurde vom Währungsausschuß des Wirtschaftsrates angenommen, und die Mitglieder des Konklaves wurden darauf verpflichtet, ihn soweit wie möglich gegenüber den Militärregierungen durchzusetzen.[100] Mit gutem Grund kann man den Homburger Plan daher als quasi-offizielles deutsches Währungsreformprojekt bezeichnen.

Ein erster grundlegender Unterschied bezieht sich auf die Behandlung des Geldüberhangs selbst. Tatsächlich wurde dieser durch die Geldreform schlicht gestrichen, d.h. es wurden über den in D-Mark umgewandelten Teil der Reichsmarkguthaben hinaus keinerlei Ansprüche gewährt. Dagegen sah der Homburger Plan für die 80% nicht in Neugeld umzuwandelnden Altguthaben sowie für Reichsschuldtitel die Zuteilung von Reichsmark-Liquidationsanteilen vor. Der Geldvermögensverlust wäre demnach als noch nicht endgültig erschienen, was bei der vorgesehenen Ablösung dieser sogenannten «Liquis» zu womöglich destabilisierenden politischen Konflikten geführt hätte.

Dies war um so wahrscheinlicher, als der ebenfalls im Homburger Plan geregelte Lastenausgleich direkt mit dem Geldschnitt und damit den Reichsmark-Liquidationsanteilen verknüpft wurde. Er sollte nämlich prinzipiell in

95 Vgl. Brackmann, Wirtschaftswunder.
96 Vgl. Möller, Vorgeschichte.
97 Möller, Währungsreform, S. 441f.
98 Vgl. Brackmann, Wirtschaftswunder, S. 247f.
99 Abgedruckt in: Möller, Vorgeschichte, S. 477ff.
100 Vgl. Möller, Währungsreform, S. 446f.

Form von Ausschüttungen einer zu gründenden Ausgleichskasse auf die Reichsmark-Liquidationsanteile vorgenommen werden. Zur Finanzierung dieser Ausschüttungen waren insbesondere verschiedene Vermögensabgaben vorgesehen, die jedoch zu einem großen Teil durch Hingabe solcher Anteile erbracht werden konnten. Aufgrund dessen wäre, wie Berechnungen zeigen, der Ausgleichskasse kaum Neugeld zugeflossen, und erst recht nicht wäre es, wie eigentlich geplant, zu einer Umverteilung von Sachvermögen gekommen.[101] Der Lastenausgleich, ja auch nur eine angemessene Unterstützung der durch den Krieg bedürftig Gewordenen durch die Ausgleichskasse, wäre weitgehend illusorisch gewesen.

Tatsächlich wurde der Lastenausgleich strikt vom Geldschnitt getrennt. Allerdings wurde er in der Präambel des Währungsgesetzes erwähnt als eine Aufgabe, die mit großer Dringlichkeit von deutschen gesetzgebenden Stellen zu lösen sei. Dieser Auftrag wurde durch das Soforthilfegesetz vom August 1949 sowie das eigentliche Gesetz über den Lastenausgleich von 1952 eingelöst. Dadurch konnten nun effektiv Entschädigungszahlungen finanziert werden, die entscheidend zur Integration der Vertriebenen und Flüchtlinge und damit zur Wahrung des sozialen Friedens in der Bundesrepublik beigetragen haben.

Ein weiterer gravierender Unterschied zwischen dem Homburger Plan und der faktischen Währungsreform bestand darin, daß ersterer ein dem Vorsitzenden des Verwaltungsrates, also dem späteren Bundeskanzler, direkt verantwortliches Währungsamt vorsah. Es sollte die zur Durchführung und Ergänzung der Geldreform erforderlichen Vorschriften sowie «Maßnahmen, die in währungspolitischem Interesse dringend geboten erscheinen», vorbereiten. Dieser sehr allgemein gehaltene Auftrag und die Stellung des Präsidenten des Währungsamtes innerhalb der Regierung hätten diesen, wie Hans Möller schreibt, leicht zu einer «Art Superminister» werden lassen können. Es sei, heißt es weiter bei ihm, «nachträglich ... verständlich, daß die Militärregierungen diesen Vorschlag mit seinen weitgehenden Eingriffen in die Funktionsweise der deutschen Regierung und seiner Einschränkung der politischen Unabhängigkeit des Zentralbanksystems nicht akzeptierten».[102] Statt dessen wurde eine Währungsabteilung innerhalb der Bank deutscher Länder errichtet.

Andere Unterschiede ergaben sich bei den Regelungen zur Umstellung von privaten Schuldverhältnissen. Diese sollten, soweit es sich nicht um kurzfristig fällige Schulden handelte, laut Homburger Plan generell im Verhältnis 1:1 umgestellt werden, während sie tatsächlich 10:1 umgestellt wurden, wodurch

101 Wolf, Zum Problem der Vermögensabgabe und des Lastenausgleichs, 25.3.48 (IfZ Archiv, Depositum Hans Möller).

102 Möller, Währungsreform, S. 455.

man sich zahlreiche individuelle Sonderregelungen ersparte und die Ungerechtigkeit gegenüber der Umwertung von Spareinlagen (10:0,65) nicht allzu groß wurde. Geschäftsbeträge in neuem Geld für Unternehmen waren im Homburger Plan nicht vorgesehen. Wegen der Nichtverwertbarkeit der Reichsschuld wurden den Banken zum Ausgleich ihrer Bilanzen in der Währungsreform Ausgleichsforderungen gegen den Staat eingeräumt. Etwas Ähnliches war im Homburger Plan nicht nötig, da die Reichsschuldtitel grundsätzlich verwertbar blieben.

Der Umtausch von Alt- in Neugeld sollte gemäß Homburger Plan folgendermaßen geregelt werden: Eine Kopfquote in Höhe von 50 RM war 1:1 in Neugeld auszubezahlen. Darüber hinaus waren 5% der Altgeldguthaben auf Freikonten zu übertragen, worüber der Inhaber also sofort frei verfügen konnte, und 15% auf ein Festkonto. Die alliierten Vorgaben sahen demgegenüber eine Freiquote von 10% der Altgeldguthaben und eine hierauf anrechenbare Kopfquote von 25 Mark vor. Hiergegen argumentierten die deutschen Experten einerseits mit der Notwendigkeit der Berücksichtigung sozialer Gesichtspunkte. Denn mit der nicht anrechenbaren höheren Kopfquote sei am einfachsten eine relative Besserstellung großer Familien und der kleinen Geldvermögensbesitzer zu erreichen. Andererseits spreche für die niedrigere Freiquote, daß man den wahren Geldbedarf der Wirtschaft nicht kenne, eine anfangs zu knapp gewählte Geldversorgung aber leicht auszuweiten sei, wohingegen das umgekehrte Vorgehen sich praktisch verbiete. Die Höhe der Kopfquote war dann auch der einzige Punkt, in dem die Militärregierungen den deutschen Wünschen ein wenig entgegenkamen, indem sie sich bereit erklärten, die Kopfquote auf 50 Mark zu erhöhen. An der Anrechenbarkeit und der Freiquote von 10% hielten sie aber fest. Erst die Erkenntnis, daß die verfügbaren Banknoten jetzt nicht mehr ausreichen würden, führte dann zur weiter unten dargestellten endgültigen Regelung.[103]

Die vorstehende Übersicht hat gezeigt, daß der Homburger Plan für die Konzeption der Währungsreform weitgehend irrelevant war. Damit kann man aber auch den offiziellen deutschen Einfluß auf die Grundprinzipien der Reform praktisch vernachlässigen. Das war allerdings gut so. Denn die Durchführung des Homburger Plans hätte sehr wahrscheinlich gefährliche Konsequenzen gehabt. Einerseits nämlich hätte die darin zum Ausdruck kommende Tendenz, endgültige Entscheidungen aufzuschieben, falsche Erwartungen geweckt und zu langanhaltenden politischen *Bargaining*-Prozessen geführt, was seinerseits das Wachstum beeinträchtigt hätte. Denn dafür ist nun einmal die Beendigung einer inflationären Situation durch eine sofortige abschließende Regelung am besten, die die Erwartungen der Wirtschaftssubjekte schockartig und ohne Wenn und Aber auf die neue Lage umstellt.

103 Vgl. Buchheim, Währungsreform 1948, S. 214f.

Andererseits aber stand das geplante Währungsamt allzu offensichtlich in der Tradition des Dritten Reiches, zur Lösung von Problemen ad hoc weitgehend unverantwortliche Sondergewalten außerhalb der normalen Hierarchie staatlicher Institutionen zu schaffen, und obendrein hätte es die für die Stabilität der neuen Währung wohl unabdingbare Unabhängigkeit der Geldpolitik beeinträchtigt. Damit bestätigt also gerade der Homburger Plan nachdrücklich die weiter oben getroffene Feststellung, daß die Währungsreform nur deshalb so gut war, weil sie in der ausschließlichen Verantwortung der Besatzungsmächte durchgeführt worden ist.

Am 28. August 1946 brachte General Clay den Colm-Dodge-Goldsmith (CDG)-Plan für eine Währungsreform im Koordinierungskomitee des Kontrollrats ein. Dieser «Plan für die Liquidation der Kriegsfinanzierung und die finanzielle Rehabilitierung Deutschlands», benannt nach seinen Hauptautoren, den deutschstämmigen Ökonomen Gerhard Colm und Raymond W. Goldsmith, sowie Clays Finanzberater Joseph M. Dodge, war das Ergebnis einer von OMGUS veranlaßten, Anfang 1946 begonnenen Untersuchung der wirtschaftlichen, finanziellen und monetären Situation in Deutschland, die in zahlreichen Anlagen ihren Niederschlag gefunden hat.[104] Bei der Begründung der Notwendigkeit einer Währungsreform heißt es im CDG-Plan: «Nicht ein plötzlicher Zusammenbruch, sondern eine schleichende Lähmung des Wirtschaftskörpers ist heute die eigentliche Gefahr. Die Geld- und Finanzreform ist nicht nur – und auch nicht hauptsächlich – erforderlich, um den Zusammenbruch der Preiskontrolle zu verhindern, sondern zum Schutz der Produktion und zur Vermeidung eines wirtschaftlichen Chaos.»[105]

Daß diese Diagnose vom Frühjahr 1946 zutraf, hat die Analyse im zweiten Abschnitt des vorliegenden Beitrags gezeigt. Um die negative Entwicklung tatsächlich abzustoppen, mußte die Reform, wie die Autoren des CDG-Plans schrieben, «definitiv» sein.[106] Deshalb sollte der Geldüberhang radikal beseitigt und nicht nur blockiert werden. Außerdem sollte die gewählte Lösung eher zu hart als zu mild ausfallen, um die Notwendigkeit einer erneuten Reform auf jeden Fall auszuschließen. Dementsprechend wurde vorgeschlagen, generell alle monetären Titel im Verhältnis 10:1 auf die neue Währungseinheit umzustellen. Die Reichsschuld dagegen sollte ganz gestrichen werden, und zwar, wie es hieß, «aus ideologischen Gründen».[107] Statt dessen sollten insbesondere Finanzinstitute, damit ihre Zahlungsfähigkeit gewährleistet war, Stücke einer neu zu schaffenden deutschen Staatsschuld erhalten. Im übrigen sah schon der CDG-Plan die Bildung von Arbeitsgruppen deutscher Exper-

104 Der CDG-Plan ist ebenfalls abgedruckt bei Möller, Vorgeschichte, S. 214ff.
105 Möller, Vorgeschichte, S. 225.
106 Vgl. Möller, Vorgeschichte, S. 228.
107 Möller, Vorgeschichte, S. 234.

ten zur Ausarbeitung der Durchführungsbestimmungen der Währungsreform vor.

Der Geldschnitt war jedoch nur als die erste Phase des im CDG-Plan vorgestellten gesamten Reformvorhabens gedacht. In einem zweiten Schritt war ein Lastenausgleich vorgesehen, um eine gerechtere Verteilung der durch Krieg und finanzielle Neuordnung verursachten Verluste herzustellen: «Denn jede Lösung, die dem Gerechtigkeitsgefühl eines großen Teiles der deutschen Bevölkerung entgegensteht, wird ernste Schwierigkeiten für die junge demokratische Regierung zur Folge haben, wie etwa die unglückliche Lösung der Inflationsprobleme ... die Existenz der Weimarer Regierung aufs Spiel setzte.»[108]

Ein Kriegslastenausgleichsfonds sollte geschaffen werden, der für Verluste Zertifikate an die Betroffenen ausgeben würde, die innerhalb von 20 Jahren, eventuell nach Art der Verluste und Bedürftigkeit gestaffelt, einzulösen wären. Die Finanzierung des Fonds sollte aus Verzinsung und Tilgung einer fünfzigprozentigen Zwangshypothek erfolgen, mit der alles erhalten gebliebene Sachvermögen zu belasten wäre. Dabei wären Schuldnergewinne aus der Abwertung der Hypotheken zuvor voll zu erfassen, ein Gedanke, der durch das Hypothekensicherungsgesetz vom September 1948 zugunsten des Lastenausgleichs tatsächlich verwirklicht worden ist. Zudem sollte der Ertrag einer stark progressiv zu gestaltenden Kapitalabgabe auf das verbleibende Nettovermögen dem Fonds zufließen. Diese Abgabe wurde u.a. auch deshalb für notwendig gehalten, um die Belastung des einzelnen gemäß dem Grundsatz der Leistungsfähigkeit differenzieren zu können. Charakteristisch für die Lastenausgleichsregelung, wie sie im CDG-Plan vorgesehen war, war ihre konsequente Abkoppelung von der Geldreform im engeren Sinne, was den Erfolgschancen beider zugute kam und schon deshalb sinnvoll war, weil es beileibe nicht nur um den Ausgleich von Geldvermögensverlusten ging.

b) Verhandlungen über die Währungsreform im Kontrollrat

Zunächst war die Frage einer Währungsreform von den Alliierten dilatorisch behandelt worden. Statt dessen beschloß der Kontrollrat am 20. Oktober 1945, «die Besteuerung in Deutschland im größtmöglichen Maße» zu steigern. Daraufhin wurden in der Folgezeit die Sätze von direkten und indirekten Steuern, teilweise wiederholt, massiv angehoben. Als wichtige Ziele dieser Politik wurden die Abschöpfung des Geldüberhangs und die Inflationsbekämpfung genannt. Faktisch aber wurde der größte Teil der erhöhten Steuererträge nicht stillgelegt, sondern zur Finanzierung der Haushalte und

108 Möller, Vorgeschichte, S. 229.

damit auch der Besatzungskosten verwendet. Von inflationsdämpfender Wirkung konnte demnach keine Rede sein, man kann vielmehr vermuten, daß für die Bezahlung der Steuern auch Sparguthaben eingesetzt worden sind und so eher das Gegenteil eingetreten ist.[109]

Der CDG-Plan war General Clay bereits am 20. Mai 1946 fertig übergeben worden.[110] Die relativ lange Zeitspanne bis zu seiner offiziellen Vorlage im Kontrollrat Ende August – durch informelle Kontakte waren die anderen Besatzungsmächte jedoch längst über seinen Inhalt in Kenntnis gesetzt worden, wobei es zunächst schien, als ob sich relativ rasch ein Konsens erzielen lassen würde[111] - erklärt sich daraus, daß Washington Bedenken hatte, die insbesondere die Breite des vorgesehenen Lastenausgleichs betrafen. Man machte hiergegen sowohl verwaltungstechnische als auch, wegen des tiefen Eingriffs in die bestehende Vermögensverteilung und des gewaltigen Zuwachses an wirtschaftlicher Macht für den Staat, politische Vorbehalte geltend. Nach wiederholtem Drängen von General Clay wurde der CDG-Plan aber doch akzeptiert, wenigstens als Grundlage für Verhandlungen im Kontrollrat.[112]

Das Koordinierungskomitee überwies den CDG-Plan zur weiteren Beratung an das Finanzdirektorat des Kontrollrats. Dort unterbreiteten die Briten einen Gegenvorschlag, dessen wesentliche Elemente die Anpassung irrealer Preise vor dem Geldschnitt und ein Umstellungsverhältnis von 2,5:1 waren, wobei allerdings die Hälfte der umgestellten Beträge in niedrig verzinslichen, nicht tilgungsfähigen neuen Staatsschuldtiteln ausbezahlt werden sollte. Motiviert wurde dieser Alternativvorschlag zum einen wohl durch den den Haushalt der Britischen Zone belastenden hohen Subventionsbedarf des Kohlebergbaus, dessen Kosten den offiziellen Preisen davongelaufen waren. Dabei rechneten die Briten damit, daß die Korrektur der Preisstruktur zu einer durchschnittlichen Erhöhung des gesamten Preisniveaus um etwa 50% führen würde. Zum anderen hielten sie einen Geldschnitt von 10:1 für zu scharf. Preise und Löhne könnten dann womöglich nicht auf einem angemessenen Niveau gehalten werden, und somit würde eventuell eine Deflationsspirale ausgelöst.

Jedoch stieß der britische Vorschlag auf Ablehnung. Preisanpassungen vor der Geldreform wollte man lediglich in den offensichtlichsten Fällen erwägen, jedoch sollten diese nicht zu einer generellen Erhöhung des Preisniveaus führen. Bezüglich des Umstellungsverhältnisses einigte man sich schließlich, nachdem die Briten statt der Zuteilung von Staatsschuldtiteln die Blockade eines Teils des Geldüberhangs in die Diskussion gebracht hatten, tentativ darauf,

109 Vgl. Mai, Alliierter Kontrollrat, S. 257ff.

110 Vgl. Wandel, Bank deutscher Länder, S. 99.

111 Vgl. Minutes of Meeting, 19.6.46 (NA, RG 59, 1945–49, 862.51/6–846), sowie Möller, Währungsreform, S. 443.

112 Vgl. Buchheim, Währungsreform 1948, S. 204; Brackmann, Wirtschaftswunder, S. 213ff.; Mai, Alliierter Kontrollrat, S. 282.

70% des Geldumlaufs zu streichen, 20% zu blockieren und 10% in neues Geld einzutauschen.[113] Mitte Dezember 1946 erreichte man im Finanzdirektorat ebenfalls Übereinstimmung darin, daß die Reichsschuld annulliert und als Ersatz den Banken neue Staatsschuldtitel ausgehändigt werden sollten. Private Schuldverhältnisse, außer Hypotheken, sollten 10:1 abgewertet werden.[114]

In der gleichen Sitzung bekräftigten die Vertreter der Westalliierten allerdings auch, daß sie nicht bereit waren, die neuen Banknoten an verschiedenen Orten drucken zu lassen. Genau dies aber hatte die Sowjetunion im Oktober 1946 gefordert, nachdem über alle anderen technischen Aspekte der Notenherstellung im Finanzdirektorat Einvernehmen erzielt worden war. Dabei hatte die sowjetische Seite ihr Veto gegen die zentrale Herstellung der Banknoten in der Berliner Reichsdruckerei eingelegt und verlangt, einen Teil in Leipzig zu drucken. Denn, so lautete die Begründung, solange es keine Viermächteübereinkunft über die Reparationslieferungen und die Schaffung einer deutschen Zentralverwaltung gebe, müsse jede Besatzungsmacht das Recht haben, die neue Währung entsprechend dem uniformen Design in ihrer eigenen Zone zu drucken.[115] Das entsprach ganz der Position der Sowjetunion bei den Verhandlungen über die Bankenreform. Wir sahen ja bereits, daß sie dort die Errichtung einer zentralen geldpolitischen Institution als verfrüht ablehnte.

Die Sowjets hielten an ihrer Haltung bezüglich des Drucks der neuen Währung fest. Im Frühjahr 1947 waren Briten und Franzosen schließlich bereit nachzugeben, nicht aber die Amerikaner, die Sicherheitsgründe dagegen geltend machten. In einer amerikanischen Analyse kam man dann zu dem Schluß, der sowjetische Standpunkt sei Ausdruck einer prinzipiellen Verzögerungstaktik, da die SMAD aufgrund der Umgestaltung der Wirtschaftsordnung in der SBZ kaum ein Interesse an einer erfolgreichen Währungsreform habe. Daher solle man die Sowjets unter Druck setzen und einseitig mit der Herstellung neuer Banknoten in Berlin beginnen.[116]

In der Tat gab es offenbar Stimmen auf sowjetischer Seite, die von einem prinzipiellen Desinteresse an einer Währungsreform sprachen. Das Hauptmotiv für die Weigerung der Sowjets, einer zentralen Herstellung der Banknoten bzw. einer einzigen Emissionsstelle für die neue Währung zuzustimmen, scheint jedoch gemäß neuerer, auf sowjetischen Quellen basierender Forschung viel naheliegender und einfacher gewesen zu sein und die Briten zu bestätigen, die vermuteten, es gehe der Sowjetunion lediglich um die

113 Vgl. Buchheim, Währungsreform 1948, S. 204ff.; zur Preispolitik des Kontrollrats vgl. Mai, Alliierter Kontrollrat, S. 265ff.

114 Vgl. Memo by Bennet for Clay, 24.12.46 (IfZ Archiv, MF 260, POLAD/459/9), sowie Brackmann, Wirtschaftswunder, S. 233.

115 Vgl. CCG to C.O.G.A., 12.10.46 (Public Record Office London, FO 371/55418).

116 Vgl. Buchheim, Währungsreform 1948, S. 206ff.; die angeführte Analyse findet sich in Heath to Murphy, 15.5.47 (IfZ Archiv, MF 260, POLAD/460/2).

Gewißheit, jederzeit ihre Besatzungskosten finanzieren zu können.[117] Der sowjetische Finanzminister hatte gegenüber Molotov bereits im März 1946 zwar grundsätzlich der Notwendigkeit einer Währungsreform in Deutschland zugestimmt, jedoch gleichzeitig verlangt, es müsse klargestellt werden, «auf welchem Weg unsere Unabhängigkeit im Erhalt der notwendigen Mittel für die Deckung unserer Ausgaben (einschließlich Reparationen) gesichert wird, wenn das Budget der sowjetischen Besatzungszone ein Defizit aufweist».[118] Sowjetische Stellen vermuteten nämlich, daß die Westmächte mit Hilfe der zentralen Emission der neuen Währung, die Besatzungs- und Reparationskosten der SBZ kontrollieren oder gar beschneiden wollten[119] - eine Vermutung, die angesichts großer interalliierter Konflikte über diese Punkte nicht von der Hand zu weisen war. Daher war ihr Beharren auf der Unabhängigkeit der SMAD in diesen Fragen also durchaus verständlich.

Abgesehen von diesem Punkt wartete die SMAD aber offensichtlich lange Zeit vergeblich auf detaillierte Instruktionen aus Moskau. Das würde auch das die westlichen Alliierten irritierende Schwanken ihrer Positionen in den interalliierten Verhandlungen erklären. Man kann wohl kaum sagen, daß die sowjetische Seite von vornherein gezielt auf ein Scheitern einer gesamtdeutschen Währungsreform hinarbeitete. Allerdings kalkulierte man seit Mitte 1946 auch mit der eventuellen Notwendigkeit einer separaten Reform in der SBZ, falls die anderen Besatzungsmächte ihrerseits eine solche durchführen sollten.[120]

In letzterem unterschieden sich die Sowjets nicht von ihren Alliierten. So hatte der Leiter der Finanzabteilung der britischen Militärregierung schon im Juni 1945 gedrängt, mit den Vorbereitungen für eine auf die Westzonen beschränkte Währungsreform zu beginnen, damit man eine Alternative habe, falls es zu keiner Einigung mit der Sowjetunion komme.[121] Nach dem Aufflammen der Notendruckkontroverse und der Gründung der Bizone intensivierten Briten und Amerikaner ihre diesbezüglichen Überlegungen.[122] Ja, im Oktober 1947 fiel auf amerikanischer Seite die Entscheidung, der American Bank Note Company einen Druckauftrag für die neuen Banknoten zu erteilen.[123] Ähnlich verfuhren die Sowjets. Um die Jahreswende 1946/47 unterbreitete die SMAD Vorschläge zum Druck gesonderter Geldzeichen für die SBZ und mahnte die Herstellung des notwendigen Spezialpapiers

117 Vgl. Buchheim, Währungsreform 1948, S. 206.

118 Zverev an Molotov, 21.3.46 (Archiv für Außenpolitik der Russischen Föderation 082/30/130/32 Bl. 20), zitiert nach Laufer, Politik der UdSSR.

119 Vgl. Laufer, Politik der UdSSR.

120 Vgl. Laufer, Politik der UdSSR.

121 Vgl. Mai, Kontrollrat, S. 279.

122 Vgl. Mai, Kontrollrat, S. 287f.

123 Vgl. Buchheim, Währungsreform 1948, S. 208.

an.[124] Im Lauf des Jahres 1947 wurden Kupons gedruckt, die im Fall einer überraschenden Währungsreform auf westlicher Seite rasch auf die Reichsmarkscheine geklebt werden konnten – eine Maßnahme, die auch auf amerikanischer Seite zumindest erwogen wurde.[125] Ende 1947 begannen Überlegungen, eine Emissionsbank in der SBZ zu gründen.

Trotz der Vorbereitungen in Ost und West für separate Währungsreformen lassen sich die weiterhin stattfindenden Gespräche im Kontrollrat über eine vierzonale Reform aber nicht als bloße «Scheinverhandlungen» abtun.[126] Vielmehr praktizierten beide Seiten eine Doppelstrategie und suchten auf der Basis der eigenen Vorstellungen auch die Kompromißfähigkeit der jeweils anderen auszuloten. Allerdings trat die Absicht immer deutlicher in den Vordergrund, im Fall des Scheiterns der Viermächteverhandlungen die Schuld für die mit separaten Währungsreformen einhergehende endgültige Spaltung Deutschlands von sich selbst abwälzen zu können.[127]

Schließlich brachte Clay im Januar 1948 einen letzten Vorschlag für eine gemeinsame Währungsreform im Kontrollrat ein, der auf drei wesentliche Punkte reduziert war, nämlich Umtausch des alten Geldes im Verhältnis 10:1, Annullierung der Reichsschuld und die Übereinkunft, daß zusätzliches Geld nur durch den Kontrollrat ausgegeben werden dürfe.[128] Zur Überraschung der Westalliierten erwies sich der Chef der SMAD, Marschall Vassilij Sokolovskij, als kompromißbereit. Jetzt endlich stimmte er der zentralen Herstellung der neuen Banknoten zu und machte den Vorschlag, das Finanzdirektorat zu beauftragen, innerhalb von 60 Tagen einen Plan für eine einheitliche Geldreform auszuarbeiten.[129] Tatsächlich wurden dort intensive Beratungen aufgenommen, wobei offenbar über zahlreiche Punkte Konsens erzielt wurde. Während die Franzosen dies unterstützten und die Briten es mit gemischten Gefühlen beobachteten,[130] wurde man sich in Washington nun endgültig darüber klar, daß man eine vierzonale Währungsreform nicht mehr wollte, da die gesamtpolitische Entwicklung inzwischen eine andere Richtung eingeschlagen hatte. Dementsprechend wurde Clay instruiert, sich nach Ablauf der 60-Tage-Frist aus den Währungsreformverhandlungen zurückzuziehen.

Der Verwirklichung dieser Absicht, die die Westmächte in den Augen der

124 Vgl., auch für das Folgende, Laufer, Politik der UdSSR.

125 Vgl. Office Memo: Printing of a New German Mark Currency, 22.9.47 (NA, RG 59, 1945–49, 862.515/6–1247).

126 So aber Brackmann, Wirtschaftswunder, S. 231f.

127 Vgl. Mai, Alliierter Kontrollrat, S. 291ff. sowie Buchheim, Währungsreform 1948, S. 208.

128 Vgl., auch für das folgende, Buchheim, Währungsreform 1948, S. 208ff. sowie Mai, Alliierter Kontrollrat, S. 299ff.

129 Vgl. Laufer, Politik der UdSSR.

130 Vgl. Turner, Great Britain, S. 699f.

Öffentlichkeit mit der Verantwortung für die endgültige Spaltung Deutschlands belastet hätte, kamen die Sowjets mit ihrem Auszug aus dem Kontrollrat am 20. März jedoch zuvor; sie begründeten ihn mit der Weigerung ihrer Alliierten, sie über die Entscheidungen der Londoner Konferenz vom Frühjahr 1948 zu informieren. Ob dabei, wie Jochen Laufer vermutet,[131] auch der von den Sowjets wie von den Amerikanern eigentlich nicht mehr erwünschte, überraschende Erfolg der Verhandlungen über eine Währungsreform für ganz Deutschland eine Rolle gespielt hat, muß wohl noch dahingestellt bleiben.

c) *Die Geldreform in Westdeutschland*

Nun war der Weg zu einer auf Westdeutschland beschränkten Reform frei, über die die Amerikaner mit den Briten im Bipartite Board, der obersten alliierten Instanz der Bizone, schon des längeren verhandelt hatten. Ende März 1948 hatte man bereits auch eine ganze Reihe von Voraussetzungen dafür verwirklicht. Die Bank deutscher Länder war Anfang des Monats gegründet worden und bereit, die Emission der neuen Währung zu übernehmen. Ein einheitlicher Wechselkurs von 30 Dollarcents für die D-Mark war festgesetzt worden. Man hatte den Preisstopp offiziell außer Kraft gesetzt und erhöhte die Preise gewerblicher Produkte auf ein Niveau, das die Kosten deckte, sowie die Löhne um 15%. Damit hatten die Briten eine alte Forderung durchgesetzt, da, wie es hieß, die Preisstruktur leichter zu korrigieren sei, solange noch Geldfülle herrsche.[132] Die Banknoten waren ebenfalls gedruckt, ihre Verschiffung nach Deutschland war im Gange.[133] Längst hatte man auch mit den Franzosen über eine separate Währungsreform gesprochen, denen offenbar klar war, daß bei einem Scheitern der vierzonalen Währungsreform die Beteiligung ihrer Zone an der Reform in den Westzonen unvermeidlich war.[134] Das würde auch den Beitritt der Landeszentralbanken der Französischen Zone zur BdL bereits Ende März 1948 erklären.

Das erste offizielle Gespräch mit den Franzosen über die Prinzipien einer Geldreform für Westdeutschland fand am 2. April 1948 statt. General Pierre Koenig berichtete über dieses Treffen, daß sein amerikanischer und britischer Kollege dabei vorschlugen, die Modalitäten im großen und ganzen entsprechend dem CDG-Plan zu gestalten unter Einbeziehung der Änderungen, über die im Kontrollrat Einvernehmen erzielt worden war. Außerdem solle demnächst einer kleinen Anzahl deutscher Experten der Plan vorgestellt wer-

131 Vgl. Laufer, Politik der UdSSR.
132 Vgl. Buchheim, Währungsreform 1948, S. 211f.
133 Vgl. Wandel, Bank deutscher Länder, S. 129f.
134 Vgl. Mai, Alliierter Kontrollrat, S. 292f.

den. «Diese Konsultationen hätten vor allem den Zweck, den Deutschen das Gefühl zu geben, sie seien nicht ganz von der Ausarbeitung der Finanzreform ausgegrenzt gewesen. Jedoch seien seine Kollegen entschlossen, ihr Projekt nicht mehr entscheidend zu verändern.»[135]

Letzteres war in der Tat der Fall. Das Konklave von Rothwesten, das von Ende April bis 8. Juni dauerte, mußte sich im wesentlichen auf die Formulierung von Gesetzen, Verordnungen und Merkblättern sowie auf organisatorische Fragen beschränken.[136] Aber auch die Franzosen konnten, trotz entsprechender Versuche, nichts substantiell anderes mehr durchsetzen. Lediglich bei der mit dem Geldschnitt gekoppelten Steuerreform, die notwendig war, um durch eine Senkung der exorbitanten Steuersätze die Anreize zu Mehrarbeit und Produktionssteigerung richtig wirksam werden zu lassen, erreichten sie, daß deren Ausmaß viel bescheidener ausfiel, als ursprünglich geplant. In dramatischen Verhandlungen hierüber konnte ein Kompromiß erst am 17. Juni erzielt werden – gerade noch rechtzeitig vor dem Stichtag der Währungsreform.[137]

Parallel zu den letzten Verhandlungen liefen die logistischen Vorbereitungen für die Währungsreform. Es war beschlossen worden, den Umtausch der Kopfbeträge von den Lebensmittelkartenstellen vornehmen zu lassen, da anhand von deren Karteien Doppelauszahlungen am ehesten vermieden werden konnten. Das neue Geld wurde von Militär zu den Haupt- und Zweigstellen der Landeszentralbanken gebracht und von dort an die Sparkassen in den Bereichen der einzelnen Kreisernährungsämter weiterverteilt. Die Sparkassen übernahmen dann die Belieferung der Kartenstellen je nach der Zahl der von diesen betreuten Kartenbezieher. Dabei sollten Familien das neue Geld als eine Gesamtsumme erhalten, d.h. es sollten auch Noten über größere Beträge verwendet werden, da die kleinen Geldscheine sonst nicht ausgereicht hätten. Gleichzeitig war jedem Haushaltungsvorstand ein Formular für die Ablieferung und Anmeldung des Altgeldes auszuhändigen.[138]

Am Sonntag, dem 20. Juni 1948, war es dann soweit. Das Emissions- und das Währungsgesetz[139] traten in Kraft. Ersteres verwirklichte die in Artikel III des Gesetzes über die Errichtung der Bank deutscher Länder angekündigte Absicht und übertrug der BdL das ausschließliche Recht, im Währungs-

135 Objet: Réforme financière en Allemagne, 3.4.48 (MAE, Archives à Colmar, Groupe Français du Conseil de Contrôle) (Übersetzung des Verf.).

136 Eine – unvollständige – Übersicht über die Arbeiten findet sich bei Möller, Währungsreform, S. 451f.

137 Vgl. Buchheim, Währungsreform 1948, S. 215f.

138 Betr.: Aufgaben der Kartenstellen im Falle einer Währungsumstellung, 29.5.48 (HA BBk B 332/37); Richtlinien für die Beamten der LZB (HA BBk B 332/37).

139 Diese und die anderen Währungsreformgesetze sind abgedruckt in: Seidel, Geldgesetzgebung.

gebiet Banknoten und bis auf weiteres auch Münzen auszugeben. Das Währungsgesetz bestimmte in Paragraph 1: «Mit Wirkung vom 21. Juni 1948 gilt die Deutsche-Mark-Währung.» Weiterhin enthielt es Bestimmungen über die Kopfquote, deren Höhe inzwischen auf 60 DM festgesetzt worden war, auszuzahlen in zwei Raten: von 40 und weiteren 20 DM innerhalb der folgenden beiden Monate; über die Geschäftsbeträge der Betriebe von 60 DM je Arbeitnehmer und über die Erstausstattung der öffentlichen Haushalte. Im Gedächtnis der breiten Bevölkerung blieb dieser Sonntag aber vor allem deshalb haften, weil an diesem Tag sofort der erste Teil des Kopfbetrages gegen Hingabe von jeweils 60 RM ausbezahlt wurde. Und bereits am folgenden Montag waren die Schaufenster der Geschäfte mit lange nicht gesehenen Waren gefüllt. Der psychologische Effekt dieses Erlebnisses trug entscheidend zur Entstehung des Mythos «Währungsreform» bei, der bald vollständig den Enteignungscharakter des Geldschnitts überlagerte.

Die Radikalität dieses Geldschnitts wurde im Umstellungsgesetz vom 27. Juni deutlich. In seinem ersten Teil regelte es die Umwandlung der Reichsmarkguthaben bei Geldinstituten, bei denen alle Barbestände an Reichsmark einzuzahlen waren. Guthaben von Banken, Gebietskörperschaften, öffentlichen Unternehmen und NS-Organisationen erloschen. Alle anderen Guthaben wurden gemäß der ursprünglichen alliierten Planung im Verhältnis 10:1 in D-Mark umgestellt, wobei Kopf- und Geschäftsbeträge angerechnet wurden. Allerdings konnte der Inhaber nur über die Hälfte des umgewandelten Betrags, gegebenenfalls nach Überprüfung durch das Finanzamt, frei verfügen, wohingegen die andere Hälfte zunächst auf einem Festkonto blockiert wurde. Darüber hinaus war noch die Rede von einem nach Maßgabe der Militärregierungen den Altgeldbesitzern zu gewährenden Anspruch von einer weiteren D-Mark für je zehn Reichsmark, der sogenannten Schattenquote; dieser Anspruch ist jedoch niemals realisiert worden. Geldinstituten wurden 15% ihrer nach der Guthabenumwandlung entstandenen D-Mark-Sichtverbindlichkeiten und 7,5% ihrer Spareinlagen von den Landeszentralbanken gutgeschrieben. Soweit dies und ihr sonstiges nach der Währungsreform verbliebenes Vermögen zum Ausweis eines angemessenen Eigenkapitals nicht ausreichten, sollten ihnen, wie bereits im CDG-Plan vorgesehen, Ausgleichsforderungen gegen die öffentliche Hand zugeteilt werden.

Teil II des Umstellungsgesetzes betraf die Schuldverhältnisse. Grundsätzlich wurden diese ebenfalls 10:1 umgestellt. Ausgenommen hiervon waren regelmäßig wiederkehrende Verbindlichkeiten wie Löhne und Gehälter, Mieten, Pensionen, Sozialversicherungsrenten und Steuern, die in gleicher Höhe in D-Mark wie bisher in Reichsmark zu zahlen waren. Auf diese Weise wurde ein rekurrenter Anschluß an die Zeit vor der Währungsreform gesichert. Nicht umgestellt wurde die Reichsschuld; sie konnte demnach von den Gläubigern nicht mehr verwertet werden, was ja auch der Grund für die Notwendigkeit der Ausgleichsforderungen war.

Schließlich trat Anfang Oktober 1948 noch ein «Viertes Gesetz zur Neuordnung des Geldwesens», das Festkontengesetz, in Kraft. Es bestimmte, daß von den Geldern auf Festkonten 70% gestrichen, 10% einem Anlagekonto (bis 1954) gutgeschrieben und 20% freigegeben werden sollten. Im Ergebnis belief sich das Umstellungsverhältnis für größere Reichsmarkguthaben demnach nicht auf 10:1, sondern nur auf 100:6,5.

Die von Privatpersonen, Unternehmen außer Banken und öffentlichen Institutionen angemeldeten Reichsmarkguthaben beliefen sich auf rund 145 Mrd. RM. Das war die Basis der hoheitlichen Neugeldschöpfung. Sie betrug Ende Juni 1948 4,4 Mrd. DM, die aus Kopf- und Geschäftsbeträgen sowie Erstausstattungen an die öffentliche Hand und die Besatzungsmächte stammten. Bis Ende Dezember war sie auf 12 Mrd. DM angewachsen, wovon 5,3 Mrd. Gutschriften auf Freikonten darstellten. Insbesondere letzterer Betrag macht schlaglichtartig die Radikalität des Geldschnitts deutlich, denn allein die Reichsmark-Spareinlagen hatten über 70 Mrd. betragen, dazu noch einmal dieselbe Summe an Giro- und Termineinlagen.[140]

Die Zusammenstreichung auch kleinerer Ersparnisse dürfte die Masse der Sparer schockiert haben, hatte man bis zuletzt doch auf eine Sonderregelung für sie spekuliert. Außerdem bedeutete die volle Anrechnung der Kopfbeträge auf die in D-Mark umgewandelten Einlagen, daß zahlreiche Sparer bei der Umstellung ganz leer ausgingen, weil die Kopfbeträge der Haushaltsmitglieder schon höher waren als ein Zehntel ihrer Reichsmarkguthaben. Das kurzfristig sich breitmachende Gefühl der Enteignung wurde dann durch die Festkontenentscheidung vom Oktober noch einmal verstärkt und führte in diesem Zusammenhang zu einer Schwächung des Vertrauens in die D-Mark.

d) Währungsreformen in der Sowjetischen Besatzungszone und in Westberlin

Wie nach dem Poker im Kontrollrat nicht anders zu erwarten, wurde noch im Juni 1948 aufgrund eines SMAD-Befehls auch in der SBZ eine Währungsreform durchgeführt. Dabei wurden zunächst die vorbereiteten Spezialkupons auf Reichsmarkscheine geklebt. Auf diese Weise ist die sogenannte Kuponmark als einziges legales Zahlungsmittel in Ostdeutschland geschaffen worden, die Ende Juli dann durch neue Geldscheine, die auf Deutsche Mark der

140 Vgl. Deutsche Bundesbank (Hrsg.), Bankwesen in Zahlen, S. 25.

Deutschen Notenbank lauteten, ersetzt wurde.[141] In der Tat war durch die separaten Währungsreformen in den Westzonen und in der SBZ die Spaltung Deutschlands endgültig besiegelt.[142] Einen augenfälligen Ausdruck fand das in der Berlin-Blockade, die am 18. Juni 1948, dem Tag der Verkündung des Währungsgesetzes in Westdeutschland, begann und von den Westalliierten mit einer Gegenblockade der SBZ beantwortet wurde.

Westberlin war in die Währungsreform in Westdeutschland ursprünglich nicht einbezogen. Dagegen weitete die SMAD in ihren Befehlen die Währungsreform in der SBZ einseitig auf Groß-Berlin aus. Obwohl die Westmächte im Prinzip bereit gewesen wären, die Ost-Mark als alleiniges gesetzliches Zahlungsmittel auch in ihren Sektoren Berlins zu akzeptieren, wollten sie sich einem sowjetischen Diktat nicht beugen. Daher erließen sie am 24. Juni 1948, einen Tag nach der Verkündung des sowjetischen Währungsreform-Befehls, eine Verordnung, durch die die D-Mark auch in Westberlin eingeführt wurde. Dabei waren die Umstellungsbedingungen besser als in Westdeutschland, da die Kopfbeträge von ebenfalls 60 DM nicht angerechnet und Guthaben generell 10:1 umbewertet und freigegeben wurden. Allerdings galt letzteres nur für Einlagen, die seit Kriegsende entstanden waren. Erst Ende Dezember 1949 wurde auch die Umwandlung der sogenannten Uraltkonten von vor dem 9. Mai 1945 im Verhältnis 20:1 verfügt.

Jedoch auch die Ostmark blieb im Umlauf, ja, lebenswichtige Güter und Dienstleistungen wie Nahrungsmittel, Mieten und Verkehrstarife durften ausdrücklich statt in D-Mark auch in Ostmark bezahlt werden, wobei das Umrechnungsverhältnis 1:1 betrug, obwohl der freie Kurs der West- zur Ostmark sich bald bei etwa 1:4 einpendelte. Nach der endgültigen politischen Spaltung Berlins in einen West- und einen Ostteil wurde dann aber am 20. März 1949 die D-Mark als ausschließliches gesetzliches Zahlungsmittel bestimmt, wodurch Westberlin also nun vollständig zum westdeutschen Währungsgebiet gehörte. Zwar konnte die Ostmark weiter verwendet werden, jedoch nur noch zum jeweiligen Tageskurs. Im übrigen wurde jetzt auch die Berliner Zentralbank errichtet, die in Westberlin faktisch die Aufgaben einer Landeszentralbank übernahm, formell aber weitgehend unabhängig vom westdeutschen Zentralbanksystem war.[143]

141 Die diesbezüglichen Anordnungen sind ebenfalls abgedruckt in: Seidel, Deutsche Geldgesetzgebung; Zschaler, Währungsreform.

142 Vgl. den Aufruf der SMAD: An die Bevölkerung Deutschlands!, 19. Juni 48 (Bundesarchiv, Koblenz und Berlin, Außenstelle Coswig, DN 6–5).

143 Vgl. Geschäftsbericht der Bank deutscher Länder für die Jahre 1948 und 1949, S. 37ff. sowie Wolff, Währungsreform; wichtige Verordnungen finden sich in Seidel, Deutsche Geldgesetzgebung.

e) Die Wirtschaftsreform in Westdeutschland

Zeitlich zusammen mit der Währungsreform wurde in der Bizone eine Wirtschaftsreform durchgeführt, die, im Unterschied zu ersterer, vor allem auf deutscher Initiative beruhte.[144] Ihr hauptsächlicher Promotor war Ludwig Erhard, der damals Direktor der Verwaltung für Wirtschaft des Vereinigten Wirtschaftsgebietes (VWG) war. Er war davon überzeugt, daß die Währungsreform den gewünschten Erfolg nur haben würde, wenn gleichzeitig freie Preise und Märkte wieder Steuerungsfunktion übernähmen. In dieser Auffassung wurde er von der Mehrheit des Anfang 1948 bei seiner Verwaltung eingerichteten Wissenschaftlichen Beirats unterstützt.[145]

Dementsprechend formulierte Erhard zusammen mit seinem Mitarbeiter Leonhard Miksch das «Gesetz über Leitsätze für die Bewirtschaftung und Preispolitik nach der Geldreform», das zwei Tage vor der Währungsreform nach heftiger Debatte vom Wirtschaftsrat u.a. gegen die Stimmen der SPD verabschiedet wurde. Faktisch war es ein Ermächtigungsgesetz, das in seinen vier Artikeln den Direktor der Verwaltung für Wirtschaft befugte, weitreichende Maßnahmen auf dem Gebiet der Bewirtschaftung und Preiskontrolle zu treffen. Entscheidend war die Anlage, die Leitsätze enthielt, an denen sich das Handeln des Direktors orientieren sollte. Eine Schlüsselrolle fiel dabei den folgenden beiden Leitsätzen zu: «Der Freigabe aus der Bewirtschaftung ist vor ihrer Beibehaltung der Vorzug zu geben.» Und: «Der Freigabe der Preise ist vor der behördlichen Festsetzung der Vorzug zu geben.»[146]

Obwohl die Zustimmung der Militärregierungen noch fehlte, ließ Erhard für den Montag nach der Währungsreform eine weitgehende Lockerung der Bewirtschaftung und Aufhebung der Preiskontrollen verkünden.[147] Am 25. Juni erließ er aufgrund der im Leitsätzegesetz enthaltenen Ermächtigung formell die «Anordnung über Preisbildung und Preisüberwachung nach der Währungsreform», wodurch die Preise fast aller gewerblich hergestellten Fertigwaren freigegeben wurden. Infolge Nichterneuerung trat zudem aufgrund des Bewirtschaftungsnotgesetzes vom Oktober 1947 der größte Teil der Bewirtschaftungsvorschriften am 30. Juni automatisch außer Kraft. Am gleichen Tag wurde schließlich das Leitsätzegesetz vom Bipartite Board bestätigt. Insbesondere die amerikanische Militärregierung unterstützte die Aufhebung eines großen Teils der Bewirtschaftung nach der Währungsreform.

Während also spätestens Anfang Juli 1948 die Marktwirtschaft in großen

144 Vgl., auch zum folgenden, Buchheim, Währungsreform 1948, S. 220ff.
145 Den Diskussionsprozeß über dieses Thema zeichnet nach: Nicholls, Freedom.
146 Gesetz- und Verordnungsblatt des Wirtschaftsrates des VWG 1948, S. 59f.
147 Vgl. Nicholls, Freedom, S. 216.

Bereichen der bizonalen Wirtschaft auch formell wiederhergestellt worden war, wurden in der Französischen Zone Bewirtschaftung und Preiskontrolle zunächst voll beibehalten und später viel zögerlicher abgebaut. Obwohl man sich dort weniger denn je an die diesbezüglichen Vorschriften hielt, blieben doch die Transaktionskosten höher, und die Liquidität war aufgrund des Geldabflusses in die Bizone knapper. Das hatte Konsequenzen für den Wirtschaftsaufschwung in dieser Zone, wie noch gezeigt werden wird.

f) Folgen der Währungs- und Wirtschaftsreform

Die Währungs- und Bewirtschaftungsreform führte praktisch von einem Tag zum anderen zur Wiedererrichtung über den Preis gesteuerter Märkte und zum Verschwinden des Kompensationshandels. Geld war erneut begehrt, und dementsprechend stieg das Angebot von Waren und Leistungen, zumal die Unternehmen nur mit recht geringer Anfangsliquidität ausgestattet worden waren. Aber auch die Nachfrage war sehr hoch, gab es doch einen lange aufgestauten Nachholbedarf bei den Verbrauchern. Praktisch die gesamten Kopfbeträge und ein erheblicher Teil der umgestellten Bankeinlagen flossen in den Konsum. Letztere Tendenz wurde durch den Vertrauensverlust infolge der Festkontenentscheidung kurzfristig noch gestärkt. Die Geldumlaufsgeschwindigkeit war also sehr hoch, und das führte bald zu teilweise massiven Preissteigerungen, obwohl die Geldmenge an sich, gemessen am Sozialprodukt, wie die Bank deutscher Länder feststellte, eher niedrig war.[148]

Das allein zeigt schon, daß die BdL sich kaum hätte gegen die anfängliche inflationäre Entwicklung stemmen können, selbst wenn die Geldmenge durch sie beeinflußbar gewesen wäre.[149] Da aber die Geldschöpfung vornehmlich auf hoheitlichen Akten beruhte und die Banken infolge ihrer großzügigen Anfangsausstattung mit Geld über hohe Überschußreserven und damit ein großes Kreditgewährungspotential verfügten, das sie bald auch nutzten, war das Zentralbanksystem zunächst nicht in der Lage, die Geldausstattung der Wirtschaft effektiv zu regulieren.[150] Die Preissteigerungen lösten beträchtliche Unruhe in der Bevölkerung aus und drohten zeitweise den Erfolg der Währungsreform zu kompromittieren. Erst gegen Ende des Jahres fand infolge des Zusammenwirkens verschiedener Faktoren ein Umschwung des Preistrends statt.[151]

Durch die Währungs- und Bewirtschaftungsreform in Verbindung mit der

148 Vgl. zum ganzen vorhergehenden Abschnitt: Geschäftsbericht der Bank deutscher Länder für die Jahre 1948 und 1949, S. 2ff.

149 Vgl. Gundlach, Währungsreform, S. 27f.

150 Vgl. Geschäftsbericht der Bank deutscher Länder für die Jahre 1948 und 1949, S. 5f.

151 Vgl. Borchardt/Buchheim, Wirkung der Marshallplan-Hilfe, S. 321ff.

Festsetzung eines einheitlichen Wechselkurses wurden die Haupthemmnisse, die einem durchgreifenden Produktionsaufschwung entgegenstanden, beseitigt. Die Preisstruktur konnte sich anpassen, das Gewinnmotiv wurde für unternehmerisches Handeln wieder maßgebend. Mit dem Angebot stieg daher auch der Output an Endprodukten sehr rasch an, zumal die Betriebe ja genügend Halbwaren und Rohstoffe auf Lager hielten, sich ihre Stammbelegschaft erhalten und die Maschinen und Anlagen repariert hatten. Die Vorbereitungen auf den Tag X zahlten sich jetzt also aus. Der amtliche Index der Industrieproduktion erhöhte sich in der Bizone von Juni bis August um 26% und bis Jahresende dann noch einmal um 22%. Auch in der Französischen Zone wuchs die Industrieproduktion in den ersten beiden Monaten nach der Geldreform um 23%, was darauf hindeutet, daß die Unternehmen dort sich in der Zeit zuvor im Prinzip genauso verhalten hatten wie diejenigen in der Bizone. Bis Dezember stieg die Industrieproduktion dort weiter, jedoch im Unterschied zur Bizone nur um 10%.[152] Dies genau dürfte die Folge der verzögerten Bewirtschaftungsreform in jener Zone gewesen sein, was, wie gesagt, die Liquidität relativ verknappte und gemäß zeitgenössischen Beobachtungen zum Anwachsen der Fertigproduktbestände bei den Unternehmen führte.[153]

Entgegen zahlreichen Erwartungen löste die Währungsreform keine Rezession aus. Zwar nahm die offiziell gemeldete Arbeitslosigkeit zu, gleichzeitig stieg jedoch auch die Beschäftigung leicht an. Die durchschnittliche wöchentliche Arbeitszeit erhöhte sich um 10% und mehr. Und die Investitionen stiegen ebenfalls stark. Sie beliefen sich im zweiten Halbjahr 1948 im Vergleich zum ersten auf mehr als das Doppelte. Jedoch steigerten sich nicht nur die Mengen des Faktoreinsatzes, sondern es kam auch zu einem beträchtlichen, langanhaltenden Produktivitätswachstum. Beispielsweise nahm die Arbeitsproduktivität in der Bizone allein in dem kurzen Zeitraum zwischen Juni 1948 und März 1949 um mehr als 30% zu.[154]

Abschließend muß man also wohl festhalten: Trotz guter Rekonstruktionsbedingungen kam es in den ersten Jahren nach Kriegsende in Westdeutschland nur zu einem relativ geringen Wachstum der Industrieproduktion, da die herrschende Wirtschaftsordnung in Verbindung mit dem Geldüberhang eine effektive Produktionsblockade darstellte. Die zur Aufhebung dieser Blockade von vielen längst als notwendig erkannte Währungsreform verzögerte sich jedoch aufgrund mangelnden interalliierten Konsenses. Als sie schließlich aber doch durchgeführt wurde, geschah dies unter nahezu optimalen Rahmenbedingungen, insbesondere was das existierende Zentralbanksystem und

152 Vgl. Ritschl, Währungsreform, S. 164.
153 Vgl. Buchheim, Währungsreform 1948, S. 226f.
154 Vgl. Buchheim, Währungsreform 1948, S. 223f.

die Vorbereitungen der Unternehmen auf die Zeit danach betraf. So konnte die Währungs- und Wirtschaftsreform zum Katalysator werden, der das große Wachstumspotential tatsächlich aktivierte und das «Wirtschaftswunder» recht eigentlich auslöste.

6. Quellen und Literatur

Quellen

Bundesarchiv, Koblenz und Berlin
Historisches Archiv der Deutschen Bundesbank (HA BBk)
Institut für Zeitgeschichte (IfZ), München
Ministère des Affaires Etrangères (MAE), Archives à Colmar
National Archives (NA), Washington
Public Record Office, London
Staatsarchiv der Russischen Föderation (GARF)

Literatur

Abelshauser, Werner: Wirtschaft in Westdeutschland 1945–1948. Rekonstruktion und Wachstumsbedingungen in der amerikanischen und britischen Zone, Stuttgart 1975

Abelshauser, Werner: Wirtschaftsgeschichte der Bundesrepublik Deutschland (1945–1980), Frankfurt a.M. 1983

Adler, Hans A.: The Post-War Reorganization of the German Banking System, in: The Quarterly Journal of Economics 63 (1949), S. 322–341

Bank deutscher Länder: Geschäftsbericht für die Jahre 1948 und 1949

Borchardt, Knut/Buchheim, Christoph: Die Wirkung der Marshallplan-Hilfe in Schlüsselbranchen der deutschen Wirtschaft, in: Vierteljahrshefte für Zeitgeschichte 35 (1987), S. 317–347

Brackmann, Michael: Vom totalen Krieg zum Wirtschaftswunder. Die Vorgeschichte der westdeutschen Währungsreform 1948, Essen 1993

Buchheim, Christoph: The Currency Reform in West Germany in 1948, in: German Yearbook on Business History 1989–92 (1993), S. 85–120

Buchheim, Christoph: Die Währungsreform 1948 in Westdeutschland, in: Vierteljahrshefte für Zeitgeschichte 36 (1988), S. 189–231

Bundesministerium für gesamtdeutsche Fragen (Hrsg.): A bis Z. Ein Taschen- und Nachschlagebuch über den anderen Teil Deutschlands, Bonn 1969

Deutsche Bundesbank (Hrsg.): 30 Jahre Deutsche Bundesbank. Die Entstehung des Bundesbankgesetzes vom 26. Juli 1957. Dokumentation einer Ausstellung, Frankfurt a.M. 1988

Deutsche Bundesbank (Hrsg.): Deutsches Geld- und Bankwesen in Zahlen 1876–1975, Frankfurt a.M. 1976

Dickhaus, Monika: Die Bundesbank im westeuropäischen Wiederaufbau. Die internationale Währungspolitik der Bundesrepublik Deutschland 1948 bis 1958, München 1996

Dickhaus, Monika: The Foster-Mother of «The Bank that rules Europe»: the Bank deutscher Länder, the Bank of England and the Allied Banking Commission, in: Bance, Alan (Hrsg.): The Cultural Legacy of the British Occupation in Germany, Stuttgart 1997, S. 294–324

Drexler, Alexander: Planwirtschaft in Westdeutschland 1945–1948. Eine Fallstudie über die Textilbewirtschaftung in der britischen und Bizone, Stuttgart 1985
Dumke, Rolf H.: Reassessing the Wirtschaftswunder: Reconstruction and Postwar Growth in West Germany in an International Context, in: Oxford Bulletin of Economics and Statistics 52 (1990), S. 451–491
Gesetz- und Verordnungsblatt des Wirtschaftsrates des Vereinigten Wirtschaftsgebiets 1948
Gundlach, Erich: Währungsreform und wirtschaftliche Entwicklung: Westdeutschland 1948, Institut für Weltwirtschaft, Kieler Arbeitspapier Nr. 286, Kiel 1987
Henke, Klaus-Dietmar: Die amerikanische Besetzung Deutschlands, München 1996
Holtfrerich, Carl-Ludwig: Die Deutsche Bank vom Zweiten Weltkrieg über die Besatzungsherrschaft zur Rekonstruktion 1945–1957, in: Gall, Lothar u. a.: Die Deutsche Bank 1870–1995, München 1995, S. 409–578
Horstmann, Theo: Um «das schlechteste Bankensystem der Welt». Die interalliierten Auseinandersetzungen über amerikanische Pläne zur Reform des deutschen Bankwesens 1945/46, in: Bankhistorisches Archiv 11 (1985), S. 3–27
Horstmann, Theo: Kontinuität und Wandel im deutschen Notenbanksystem. Die Bank deutscher Länder als Ergebnis alliierter Besatzungspolitik nach dem Zweiten Weltkrieg, in: Pirker, Theo (Hrsg.): Autonomie und Kontrolle. Beiträge zur Soziologie des Finanz- und Steuerstaates, Berlin 1989, S. 135–154
Horstmann, Theo: Die Entstehung der Bank deutscher Länder als geldpolitische Lenkungsinstanz in der Bundesrepublik Deutschland, in: Riese, Hajo/Spahn, Heinz-Peter (Hrsg.): Geldpolitik und ökonomische Entwicklung. Ein Symposion, Regensburg 1990, S. 202–218
Horstmann, Theo: Die Alliierten und die deutschen Großbanken. Bankenpolitik nach dem Zweiten Weltkrieg in Westdeutschland, Bonn 1991
Könneker, Wilhelm: Vom Zentralbanksystem zur Deutschen Bundesbank, in: Zeitschrift für das gesamte Kreditwesen 10 (1957), S. 796–798
Kramer, Alan: Die britische Demontagepolitik am Beispiel Hamburgs 1945–1950, Hamburg 1991
Krumbein, Wolfgang: Wirtschaftssteuerung in Westdeutschland 1945–1949. Organisationsformen und Steuerungsmethoden am Beispiel der Eisen- und Stahlindustrie in der britischen/Bi-Zone, Stuttgart 1989
Landeszentralbank von Baden: Verwaltungsbericht der Landeszentralbank von Baden für das Geschäftsjahr 1947
Landeszentralbank von Bayern: Geschäftsbericht für das Jahr 1947
Landeszentralbank von Rheinland-Pfalz: Geschäftsbericht für das Jahr 1947
Landeszentralbank von Württemberg-Baden: Bericht über das Geschäftsjahr 1947
Laufer, Jochen: Zur Politik der UdSSR in der deutschen Währungsfrage 1944–1948 (Arbeitstitel), in: Vierteljahrshefte für Zeitgeschichte 46 (1998)
Mai, Gunther: Der alliierte Kontrollrat in Deutschland 1945–1948. Alliierte Einheit – deutsche Teilung?, München 1995
Mendershausen, Horst: Prices, Money and the Distribution of Goods in Postwar Germany, in: The American Economic Review 39 (1949), S. 646–672
Mitchell, Brian R.: International Historical Statistics. Europe 1750–1988, Basingstoke [3]1992
Möller, Hans (Hrsg.): Zur Vorgeschichte der Deutschen Mark. Die Währungsreformpläne 1945–1948, Basel 1961
Möller, Hans: Die westdeutsche Währungsreform von 1948, in: Deutsche Bundesbank (Hrsg.): Währung und Wirtschaft in Deutschland 1876–1975, Frankfurt a. M. 1976, S. 433–483
Nicholls, Anthony J.: Freedom with Responsibility. The Social Market Economy in Germany 1918–1963, Oxford 1994

Plumpe, Werner: Vom Plan zum Markt. Wirtschaftsverwaltung und Unternehmerverbände in der britischen Zone, Düsseldorf 1987

Ritschl, Albrecht: Die Währungsreform von 1948 und der Wiederaufstieg der westdeutschen Industrie. Zu den Thesen von Mathias Manz und Werner Abelshauser über die Produktionswirkungen der Währungsreform, in: Vierteljahrshefte für Zeitgeschichte 33 (1985), S. 136–165

Sauermann, Heinz: On the Economic and Financial Rehabilitation of Western Germany (1945–1949), in: Zeitschrift für die gesamte Staatswissenschaft 135 (1979), S. 301–319

Schulz, Günther: Gläubiger und Schuldner: Die Kölner Unternehmer 1945, in: Dülffer, Jost (Hrsg.): «Wir haben schwere Zeiten hinter uns». Die Kölner Region zwischen Krieg und Nachkriegszeit, Vierow 1996, S. 245–266

Seidel, Karl-Dieter: Die deutsche Geldgesetzgebung seit 1871, München 1973

Trittel, Günter J.: Hunger und Politik. Die Ernährungskrise in der Bizone (1945–1949), Frankfurt a. M. 1990

Turner, Ian: Great Britain and the Post-War German Currency Reform, in: The Historical Journal 30 (1987), S. 685–708

Wandel, Eckhard: Die Entstehung der Bank deutscher Länder und die deutsche Währungsreform 1948. Die Rekonstruktion des westdeutschen Geld- und Währungssystems 1945 bis 1949 unter Berücksichtigung der amerikanischen Besatzungspolitik, Frankfurt a. M. 1980

Wolff, Michael W.: Die Währungsreform in Berlin, Berlin 1991

Woller, Hans: Gesellschaft und Politik in der amerikanischen Besatzungszone. Die Region Ansbach und Fürth, München 1986

Zank, Wolfgang: Wirtschaft und Arbeit in Ostdeutschland 1945–1949. Probleme des Wiederaufbaus in der Sowjetischen Besatzungszone Deutschlands, München 1987

Zschaler, Frank: Die vergessene Währungsreform. Vorgeschichte, Durchführung und Ergebnisse der Geldumstellung in der SBZ 1948, in: Vierteljahrshefte für Zeitgeschichte 45 (1997), S. 191–223

Zweiter Teil

DIE NOTENBANK IM STAATS- UND FINANZGEFÜGE DER BUNDESREPUBLIK DEUTSCHLAND

III. Die Notenbank im Staatsgefüge

Von Klaus Stern

1. Einführung

Über die staatsrechtliche Stellung der deutschen Notenbank kurz vor der Errichtung einer europäischen Notenbank zu schreiben, könnte den Eindruck erwecken, es ginge mehr um eine historische, denn eine aktuelle Betrachtung. Doch dieser Eindruck trügt. Die Einordnung der Bundesbank als der zentralen deutschen Notenbank in das Staatsgefüge ist auch für die Europäische Zentralbank von größter Bedeutung, da Status und Funktionen der deutschen Bundesbank in vielerlei Hinsicht Vorbild geworden sind für Europas gemeinsame Notenbank, wie sie Art. 105 ff. des Vertrages zur Gründung der Europäischen Gemeinschaft i.d.F. vom 7. Februar 1992 geformt haben. Nicht eine Schlußbilanz der Bundesbank steht also zur Diskussion, sondern die staatsrechtliche Bewertung einer Notenbank, die 1997 – ein Jahr vor dem 50. Geburtstag der Deutschen Mark – ihr vierzigjähriges Jubiläum feiern konnte und die weltweites Ansehen genießt, nicht nur wegen ihrer klugen, auf Stabilität gerichteten Geldpolitik, sondern vor allem wegen ihrer rechtlich-institutionellen Ausgestaltung. Namentlich ihre Unabhängigkeit von politischen Organen als fundamentale Voraussetzung für einen stabilen Geldwert gehört zu den bedeutsamen Errungenschaften der Nachkriegszeit, die in den Prozeß der europäischen Wirtschafts- und Währungsunion einzubringen ist.

Sieht man die Europäische Union mit dem Bundesverfassungsgericht als einen «Staatenverbund», so sollten die rechtlich-institutionellen Komponenten, die für die Bundesbank im Staatsgefüge der Bundesrepublik Deutschland gelten, *mutatis mutandis* repräsentativ auch für die Europäische Zentralbank werden. Der Inhalt des «Protokolls über die Satzung des Europäischen Systems der Zentralbanken und der Europäischen Zentralbank», das in Maastricht 1992 beschlossen wurde und Teil des Vertrages über die Europäische Union ist, läßt hinsichtlich dieser Einschätzung keinen Zweifel zu. Eine Darstellung der deutschen Notenbank im Staatsgefüge ist mithin mehr denn je ebenso sinnvoll wie zukunftsgerichtet, nicht zuletzt auch deshalb, weil das Thema Unabhängigkeit der Notenbank auch für solche Staaten interessant wird, die diese ihren Zentralbanken nicht einräumen. Wo immer in neuerer Zeit einer Notenbank Unabhängigkeit gewährt wird, spielt das deutsche Vorbild eine bedeutsame Rolle.

2. Der verfassungsrechtliche Status der Bundesbank als Währungs- und Notenbank

a) Die Vorgaben des Verfassungsrechts

Nach Art. 88 Satz 1 GG errichtet der Bund eine Währungs- und Notenbank als Bundesbank. Damit ist erstmals in einer deutschen Verfassung eine institutionelle Festlegung und Standortbestimmung für die deutsche Zentralbank getroffen worden. Zugleich liegt darin eine Grundentscheidung für die Wirtschaftsverfassung der Bundesrepublik Deutschland.

Neben der Errichtungskompetenz des Bundes für die Bundesbank sieht das Grundgesetz nach dem Vorbild der früheren Verfassungen weitere Gesetzgebungszuständigkeiten des Bundes für das «Währungs-, Geld- und Münzwesen» (Art. 73 Nr. 4) sowie für das «Bankwesen» (Art. 74 Nr. 11) vor. Art. 73 Nr. 4 und Art. 74 Nr. 11 GG stehen zu Art. 88 Satz 1 GG in einem Verhältnis der Ergänzung: Sie beziehen sich auf Sachbereiche, die entsprechend der funktionalen Umschreibung «Währungs- und Notenbank» in Art. 88 Satz 1 GG zu den typischen Aufgaben einer solchen Einrichtung gehören und vorzugsweise von dieser auszufüllen sind. Eine Monopolstellung der Bundesbank, wonach sie die einzige Verwaltungseinrichtung zur Durchführung der nach Art. 73 Nr. 4 und Art. 74 Nr. 11 GG erlassenen Gesetzesregelungen wäre, läßt sich daraus aber nicht ableiten. Jedoch dürfte eine substantielle Verlagerung von Angelegenheiten des Währungswesens auf andere Organe verfassungswidrig sein.

Die Kompetenzzuweisung in Art. 88 Satz 1 GG berechtigt und verpflichtet den Bund zur Errichtung einer Währungs- und Notenbank im Sinne von Konstituierung, Organisation und Funktionszuweisung. Art. 88 Satz 1 GG enthält also einen *Verfassungsauftrag*. Der konkrete Adressat für die Errichtung wird allerdings nicht benannt. Daraus ist bisweilen geschlossen worden, daß eine Errichtung ohne Gesetz zulässig sei, weil Art. 86 Satz 2 GG die Bundesregierung zum Träger der Organisationsgewalt mache, soweit das (Grund-)Gesetz nichts anderes bestimme.[1] Praktisch ist aber auch nach dieser Auffassung ein Gesetz notwendig: Einmal verlangt Art. 87 Abs. 3 Satz 1 GG ein Gesetz, wenn die Rechtsform einer bundesunmittelbaren Körperschaft oder Anstalt gewählt wird. Zum zweiten bedarf es des Gesetzes, wenn der Bundesbank Eingriffe in die Eigentums- und Freiheitssphäre zugebilligt werden. Schließlich muß im parlamentarisch-demokratischen Rechtsstaat für Organisationsakte vom Rang der Errichtung einer Währungs- und Notenbank das Parlament selbst die

1 Vgl. Klein, Rechtsgutachten 1956, S. 1079.

wesentlichen Grundlagen des Organisationsgefüges schaffen. Es ist also der Gesetzgeber, der Adressat des Verfassungsauftrages zur Errichtung einer Währungs- und Notenbank ist.

Eine Mitwirkung des Bundesrates an der Errichtung sieht Art. 88 Satz 1 GG nicht vor. Da Mitwirkungsbefugnisse des Bundesrates nur aus dem Grundgesetz selbst erschlossen werden dürfen, bestehen sie für die Errichtung der Bundesbank nicht. Dementsprechend formulierte das Bundesverfassungsgericht lapidar: «Wenn der Bund ohne Zustimmung des Bundesrates nach Art. 88 eine Währungs- und Notenbank als Bundesbank errichten kann, so kann er auf Grund der gleichen Bestimmung ebenfalls ohne Zustimmung des Bundesrates entweder durch ausdrückliche Änderung und Ergänzung des Bundesbankgesetzes oder durch ein besonderes Gesetz wie das Kreditwesengesetz der Bundesbank weitere Aufgaben übertragen, sofern diese noch in ihren Geschäftskreis als Währungs- und Notenbank fallen.»[2]

Art. 88 Satz 1 GG hat dem Bund die Errichtung der Bundesbank zugewiesen und damit entschieden, daß die Bundesbank eine *Bundes*- und keine Länderinstitution ist.

Art. 88 Satz 1 GG enthält nicht nur einen Verfassungsauftrag, sondern zugleich auch eine *verfassungsrechtliche Gewährleistung dieser Einrichtung*.[3] Probleme bereitet regelmäßig die Bestimmung des Inhalts und der Grenzen solcher Garantien.[4] Dies gilt in besonderem Maße für Art. 88 Satz 1 GG. Mit der bloßen Existenzsicherung einer Bundesbank allein ist nämlich verhältnismäßig wenig gewonnen. Im Vordergrund steht vielmehr die Abgrenzung des geschützten Aufgabenkreises der Zentralbank, den Art. 88 Satz 1 GG lediglich mit den Begriffen «Währungs- und Notenbank» umschreibt. Daraus ist jedenfalls zu folgern, daß die Verfassung die Existenz der Institution als «Bank» garantiert, die im Kern «Währungs- und Noten»-Bank sein muß. Dieses Erscheinungsbild darf der Gesetzgeber nicht antasten. Was aber im einzelnen dazugehört, ist schwer auszumachen.[5]

Nach Art. 88 Satz 1 GG hat die Bundesbank zunächst einmal *Bank* zu sein. Dieser Begriff ist vorkonstitutionell geprägt im Sinne eines Kreditinstituts, das entsprechend dem in Deutschland gewachsenen sogenannten Universalbankensystem alle üblichen Bankgeschäfte betreibt. Diese sind nunmehr in § 1 Abs. 1 Satz 2 KWG aufgezählt und werden der Bundesbank somit durch

2 BVerfGE 14, S. 215.

3 Vgl. von Mangoldt/Klein, Grundgesetz, Art. 88, Anm. II 3 sowie Hahn, Bundesbank, S. 70f.

4 Vgl. Stern, Staatsrecht I, §§ 11 und 12.

5 Daß hierin aber die eigentliche Schwierigkeit besteht, hat bereits Höpker-Aschoff in seinem Schreiben an F. Klein zu dessen Gutachten deutlich zu machen versucht, abgedruckt in: Höpker-Aschoff, Grundgesetz und Notenbank.

die Bezeichnung als «Bank» in Art. 88 Satz 1 GG garantiert. Dementsprechend sind ihr gemäß §§ 19 bis 25 BBankG nahezu alle Bankgeschäfte gestattet, auch wenn es sich formal um eine abschließende Aufzählung der zugelassenen Geschäfte im Sinne eines Numerus clausus handelt und die zugelassene Geschäftstätigkeit mit den privaten Nichtbanken und dem Staat noch enger begrenzt ist als die mit den Geschäftsbanken (vgl. §§ 20, 22, 25 BBankG).

Die Bundesbank muß zugleich *Währungsbank* sein. «Der Begriff ‹Währungsbank› umfaßt mit der Sorge für das Geld sowohl die Versorgung der Volkswirtschaft mit Geldmitteln als auch die Sicherung des Geldwertes.»[6] In technischer Hinsicht übt die Bundesbank also die Funktion einer «Bank der Banken» aus, die als Reservebank und letzte Refinanzierungsquelle der Kreditinstitute die Zahlungsfähigkeit des gesamten deutschen Bankensystems gewährleistet.[7] Darüber hinaus schützt Art. 88 Satz 1 GG die eher funktionale Beziehung zur Währung im Sinne von Sicherung ihrer Stabilität.[8] Beide Aufgabenbereiche setzen die Ausstattung der Bundesbank mit Instrumenten zur Aufgabenerfüllung voraus. Sowohl das Grundgesetz als auch die höchstrichterliche Rechtsprechung schweigen zu der Frage, welche *währungspolitischen Befugnisse* im einzelnen der verfassungsrechtlichen Garantie unterfallen. Angesichts des knappen Textes des Grundgesetzes läßt sich lediglich die Garantie eines «währungspolitischen Minimums» zur wirksamen Beeinflussung der Währung rechtfertigen, auch wenn die Neigung groß ist, das bestehende und volkswirtschaftlich für sinnvoll gehaltene Instrumentarium insgesamt als verfassungsrechtlich garantiert zu erachten. Zu Recht hat das Bundesverwaltungsgericht die Mindestreservepolitik (§ 16 BBankG) dazu gerechnet. Außerdem dürfte die Diskontpolitik als das älteste Steuerungsmittel der Notenbank hierzu gehören (§ 15 BBankG). Schwierigkeiten bereitet dagegen die Einordnung des vergleichsweise jungen Instrumentariums der Offenmarktpolitik (§ 15 BBankG). Die erst 1979 von der Bundesbank entwickelten Offenmarktgeschäfte mit Rückkaufsvereinbarung über festverzinsliche Wertpapiere, die sogenannten Wertpapierpensionsgeschäfte, bilden aber seit Mitte 1985 die Grundlage ihrer Geldmarktsteuerung und haben den Rediskontkredit inzwischen längst von seinem traditionellen Spitzenplatz in der Refinanzierung der Kreditinstitute bei der Bundesbank verdrängt.[9] Angesichts dieser Entwicklung dürfte auch dieses Instrument von der Garantie des Art. 88 Satz 1 GG mittlerweile erfaßt sein.

6 BVerwGE 41, S. 349.

7 Dies entspricht dem historischen Bild nach § 12 RBG von 1875 und § 1 RBG von 1924.

8 So bereits von Mangoldt (1953), Grundgesetz, Art. 88, Anm. 2, in Ausdeutung der Materialien des Parlamentarischen Rates; seither herrschende Meinung, vgl. Uhlenbruck, Verfassungsmäßige Unabhängigkeit, S. 25; Samm, Bundesbank, S. 54, m. w. Nachw.

9 Vgl. Deutsche Bundesbank, Geldpolitik der Bundesbank, S. 113 ff.

Art. 88 Satz 1 GG gewährleistet zwar eine Währungsbank, macht diese aber nicht zum alleinigen Träger des Währungswesens.[10] Dies ergibt sich aus der Kompetenznorm des Art. 74 Nr. 4 GG sowie aus Art. 109 Abs. 2 GG, der Bund und Ländern generell die Beachtung der Erfordernisse des gesamtwirtschaftlichen Gleichgewichts – und damit auch der Währungsstabilität[11] auferlegt. Freilich kann auf Grund der simultanen Aufgabenzuweisung an mehrere Organe eine schwierige Konkurrenzlage im Sinne eines positiven Kompetenzkonfliktes auftreten. Dieser wird in Art. 109 Abs. 2 GG dadurch entschärft, daß die nach dieser Vorschrift gebotene Währungssicherung nur im begrenzten Rahmen der Haushaltswirtschaft von Bund und Ländern zu erfolgen hat. Die generelle Zuständigkeit als *«Hüterin der Währung»*[12] bleibt nach Art. 88 Satz 1 GG jedenfalls der Bundesbank vorbehalten.

Im engen Konnex zur Währungsbankfunktion der Bundesbank steht ihre Aufgabe als *Notenbank*. Bereits entstehungsgeschichtlich war klar, daß ihr das ausschließliche Recht zur Ausgabe von Banknoten zugewiesen werden sollte.[13] Dieser Garantie des Art. 88 Satz 1 GG steht auch nicht die Einschränkung in § 14 Abs. 1 Satz 4 BBankG entgegen, wonach die Bundesbank Noten, die auf kleinere Beträge als zehn D-Mark lauten, nur im Einvernehmen mit der Bundesregierung ausgeben darf. Da der Bundesregierung insoweit lediglich eine eng begrenzte Mitwirkungsbefugnis, aber kein eigenes Ausgaberecht eingeräumt wurde, kann jedenfalls *gegen* den Willen der Bundesbank kein zusätzliches Zentralbankgeld geschaffen werden.

Anders verhält es sich dagegen mit dem sogenannten Münzregal. Das Gesetz über die Ausprägung von Scheidemünzen vom 8. Juli 1950 (BGBl. I S. 323) i.d.F. des Gesetzes vom 10. Dezember 1986 (BGBl. I S. 2414) – Münzgesetz – überträgt die wichtigsten Befugnisse bezüglich des Hartgeldes auf die Bundesregierung. Die jährlichen Münzeinnahmen und -ausgaben werden im Bundeshaushalt ausgebracht.[14]

Verfassungsrechtlich nicht gewährleistet ist die inzwischen stark eingeschränkte Funktion der Bundesbank als *Haus- oder Geschäftsbank des Staates*. Auch ihre Aufgabe als Verwalterin der Währungsreserven – die Bundesbank ist die einzige Stelle in der Bundesrepublik Deutschland, die offizielle

10 Davon ging auch der Regierungsentwurf des Bundesbankgesetzes aus, BT-Drucks. II/2781, S. 23; vgl. ferner Lampe, Unabhängigkeit, S. 78; Beck, Gesetz, 2. Buch § 3, K 54ff., S. 149f.; Starke, Notenbank, S. 75.

11 Vgl. Stern/Münch/Hansmeyer, Stabilitätsgesetz, Art. 109, Anm. III 3 i.V.m. Stern/Münch/Hansmeyer, Stabilitätsgesetz, Einführung A II 2 und § 1 StabG Anm. III.

12 So die allgemein anerkannte Formulierung, vgl. von Spindler/Becker/Starke, Bundesbank, II. Teil § 2, Anm. 2, S. 169.

13 Vgl. Fögen, Geld- und Währungsrecht, S. 73f.; Püttner, Öffentliche Unternehmen, S. 165; Samm, Bundesbank im Verfassungsgefüge, S. 61f. und S. 179; Schmidt-Bleibtreu/Klein, Grundgesetz, Art. 88, Rdnr. 4.

14 Vgl. Gramlich, Bundesbankgesetz, § 12 Rdnr. 1.

Währungsreserven hält und damit die internationale Liquidität des Staates gewährleistet – ist nicht durch Art. 88 Satz 1 GG geschützt.

b) Gesetzliche Aufgabenzuweisung

Die Verfassung verbietet nicht, durch Gesetz der Bundesbank Aufgaben zuzuweisen, die mit ihrer Tätigkeit als Währungs- und Notenbank in Zusammenhang stehen. Dies ist vielfach geschehen auf dem Gebiet des Bankenaufsichtswesens, des Außenwirtschaftsrechts und insbesondere der Kapitalverkehrsbeschränkungen sowie auf Grund ihrer Ausgestaltung als Hausbank des Staates. Art. 88 Satz 1 GG verlangt jedoch, daß durch solche akzidentiellen Aufgaben die Funktion als Währungs- und Notenbank nicht beeinträchtigt wird.

c) Verfassungsorganqualität der Bundesbank

Die Untersuchung der Rechtsstellung der durch Art. 88 Satz 1 GG institutionalisierten Bundesbank innerhalb des Staatsgefüges wird häufig mit der Frage ihrer Qualität als *Verfassungsorgan* verknüpft.[15]

Die Frage nach der Verfassungsorganqualität kann nur das Grundgesetz selbst beantworten. Denn Verfassungsorgane sind solche Organe, die die Verfassung selbst konstituiert, deren Kompetenzen sich unmittelbar aus der Verfassung ergeben und die an der politischen Gesamtgestaltung des Staates teilhaben, also durch ihre «Tätigkeit recht eigentlich den Staat konstituieren und seine Einheit sichern».[16] Diese Kriterien treffen für die Bundesbank nicht zu.[17] Zwar ist die Bundesbank in ihrer Existenz und in ihrem funktionalen Kern von der Verfassung selbst gewährleistet, auch mag man nicht wenige ihrer Entscheidungsbefugnisse als staatspolitisch bedeutsame Teilhabe an der staatlichen Willensbildung einordnen; aber im wesentlichen sind ihre Aufgaben und ihre Organisation durch den einfachen Gesetzgeber geregelt. Selbst wenn dieser durch Art. 88 Satz 1 GG in seinem Gestaltungsspielraum beschränkt ist, wächst der durch diese Verfassungsvorschrift garantierten Institution noch nicht die Qualität eines Verfassungsorgans zu.

15 Vgl. dazu die Nachweise bei von Mangoldt/Klein, Grundgesetz, Art. 88, FN 152; von Münch/Kunig, Grundgesetz, Art. 88, Rdnr. 3.

16 Höpker-Aschoff, Bemerkungen des Bundesverfassungsgerichts, S. 197f.; Stern, Staatsrecht II, § 32 II 2 b.

17 Vgl. Dolzer/Vogel, Bonner Kommentar, Art. 93, Rdnr. 100; Löwer, Zuständigkeiten, § 56, Rdnr. 18; Gramlich, Bundesbank im Verfassungsgefüge, S. 81f.; von Spindler/Becker/Starke, Bundesbank, II. Teil, § 2, Anm. 1, S. 168.

Damit ist allerdings noch nicht die Entscheidung darüber gefallen, ob die Bundesbank Antragsteller oder Antragsgegner eines *Organstreitverfahrens* vor dem Bundesverfassungsgericht nach Art. 93 Abs. 1 Nr. 1 GG, § 13 Nr. 5 BVerfGG sein kann. Zwar wäre die Bundesbank als Verfassungsorgan ohne weiteres beteiligtenfähig. Art. 93 Abs. 1 Nr. 1 GG läßt aber über die nicht abschließende Aufzählung in § 63 BVerfGG hinaus auch «oberste Bundesorgane» oder «andere Beteiligte» genügen, «die durch dieses Grundgesetz in der Geschäftsordnung eines obersten Bundesorgans mit eigenen Rechten ausgestattet sind». Die Bundesbank kann jedoch weder aus dem Grundgesetz noch aus der Geschäftsordnung eines obersten Bundesorgans, sondern lediglich aus einfachem Bundesgesetz Rechte ableiten, so daß ihr auch insofern die Beteiligtenfähigkeit für die Führung eines Organstreits vor dem Bundesverfassungsgericht fehlt.[18]

d) Oberstes Exekutivorgan besonderer Art

Mit der Verneinung der Verfassungsorganqualität sowie der Beteiligtenfähigkeit gemäß Art. 93 Abs. 1 Nr. 1 GG ist die staatsrechtliche Stellung der Bundesbank noch nicht erschöpfend umrissen. Nach dem in Art. 1 Abs. 3, Art. 20 Abs. 2 GG vorgezeichneten Schema der drei staatlichen Hauptfunktionen steht die Bundesbank der Exekutive am nächsten. Bereits seiner systematischen Stellung nach gehört Art. 88 GG in den Regelungszusammenhang der vollziehenden Gewalt, der «Bundesverwaltung», wenngleich er in mehrfacher Hinsicht Spezialvorschrift im Abschnitt VIII. des Grundgesetzes ist: Die Tätigkeit der Bundesbank ist nicht, wie es zunehmend für die Verwaltung kennzeichnend geworden ist, auf Gesetzesvollzug angelegt. Art. 88 Satz 1 GG spricht auch nicht von Verwaltung oder von Ausführung der Gesetze über das Währungs- und Notenwesen, sondern kennzeichnet mit dem Begriffspaar «Währungs- und Notenbank» lediglich den Aufgabenbereich der Bundesbank. Danach normiert Art. 88 Satz 1 GG eine Bundesexekutivzuständigkeit besonderer Art, die sowohl von den Gegenständen der Bundeseigenverwaltung der Art. 86 bis 87 d GG abweicht als auch eine Durchbrechung der Zuständigkeits-Generalklausel des Art. 83 GG darstellt.

Dieser Zuordnung zum exekutiven Bereich entspricht die Qualifizierung der Bundesbank in § 2 Satz 1 BBankG als *bundesunmittelbare juristische Person des öffentlichen Rechts*. Angesichts der Funktion und der Weisungsfreiheit der Bundesbank ist allerdings die Bezeichnung als Behörde nur sehr einge-

18 Im Ergebnis ebenso: von Münch/Kunig, Grundgesetz, Art. 88, Rdnr. 3; Faber, Alternativkommentar, Art. 88, Rdnr. 35; von Spindler/Becker/Starke, Bundesbank, II. Teil § 2, Anm. 1, S. 168; Fögen, Geld- und Währungsrecht, S. 661; Gramlich, Abschied, S. 534.

schränkt verwendbar:[19] Die Bundesbank ist selbst rechtsfähig, und ihr Aufgabenbereich umfaßt vorwiegend nicht-typische Verwaltungstätigkeiten. Dies ist indirekt auch durch den Gesetzgeber des Bundesbankgesetzes dadurch bestätigt worden, daß dieser sich zu ausdrücklichen organisationsrechtlichen Zuordnungen veranlaßt sah, um bestimmte verwaltungsrechtliche Rechtsfolgen herbeizuführen (§§ 29 und 31 BBankG). Solche Vorschriften wären anderenfalls selbstverständlich und somit überflüssig. Zudem weist § 29 Abs. 1 Satz 1 BBankG nur dem Zentralbankrat und dem Direktorium der Deutschen Bundesbank «die Stellung von obersten Bundesbehörden» zu. Im Bereich der Exekutive kommt der Bundesbank also eine Sonderstellung zu. Sie ist nicht einer (Bundes-)Verwaltungsbehörde, sondern einem Regierungsorgan vergleichbar[20] und daher den *obersten exekutiven Staatsorganen* zuzurechnen.

Auf Grund dieser Zuordnung ist zugleich das Problem der sogenannten *Ministerialfreiheit*[21] der Bundesbank erklärt. Dem parlamentarischen Regierungssystem ist die Kontrolle aller Verwaltungstätigkeit durch das Parlament immanent. Um dieses Ziel zu erreichen, ist die Verwaltungstätigkeit grundsätzlich einem Mitglied der Regierung unterstellt, das für diese dem Parlament gegenüber die Verantwortung trägt. Daraus wird gemeinhin eine weitgehende Unzulässigkeit sogenannter ministerialfreier Räume abgeleitet. Art. 88 GG gewährt Ministerialfreiheit noch nicht. Sie folgt vielmehr erst aus der durch das Bundesbankgesetz normierten Stellung der Bundesbank als bundesunmittelbarer juristischer Person des öffentlichen Rechts, die bei der Ausübung ihrer Befugnisse nach § 12 Satz 2 BBankG «von Weisungen der Bundesregierung unabhängig» ist. Wer die Bundesbank in das administrative Behördensystem einordnet, muß ihre Ministerialfreiheit mit einem verfassungsrechtlich zugelassenen oder aus «gewichtigem sachlichen Grunde» notwendigen Ausnahmefall vom Grundsatz ministerieller Zuordnung erklären.[22] Bei Zuordnung zu den obersten Staatsorganen mit Regierungsqualität ist die Ministerialfreiheit dagegen selbstverständlich. Es bedarf aber der Vereinbarkeit mit dem durch Art. 20, 28 GG normierten Prinzip des demokratischen Rechtsstaates. Damit ist zugleich die staatsrechtliche Kardinalfrage einer Notenbank gestellt: Unabhängigkeit oder Steuerung durch Regierung und Parlament.

19 Das Bundesverwaltungsgericht hatte bereits in bezug auf die Vorgängerin der Bundesbank, die Bank deutscher Länder, Schwierigkeiten mit der Verwendung des Behördenbegriffs und dieser «eine einzigartige Stellung», die einem Bundesministerium vergleichbar ist, zuerkannt, vgl. BVerwGE 2, S. 218. Auch in BVerwGE 41, S. 334ff. wurde es strikt vermieden, von Verwaltungsbehörde, Verwaltungsakt und ähnlichen der Administrative zugehörigen Begriffen zu sprechen.

20 Wie hier: Fögen, Geld- und Währungsrecht, S. 109; Samm, Bundesbank im Verfassungsgefüge, S. 141f.; Samm, Bundesbankautonomie, S. 1–4; Studt, Rechtsfragen, S. 92.

21 Siehe dazu BVerfGE 9, S. 282; Fichtmüller, Zulässigkeit, S. 297ff.

22 Vgl. von Mangoldt/Klein, Grundgesetz, Art. 88, Anm. IV 3 b; Samm, Bundesbank im Verfassungsgefüge, S. 89ff., S. 96f.

3. Das Bundesbankgesetz von 1957 und seine rechtliche Weiterentwicklung

a) Die drei Grundentscheidungen des Bundesbankgesetzes

Mit dem Gesetz über die Deutsche Bundesbank vom 26. Juli 1957 hat der Gesetzgeber seinen Auftrag aus Art. 88 GG zur Errichtung einer Währungs- und Notenbank als Bundesbank erfüllt.

Als das Grundgesetz am 24. Mai 1949 in Kraft trat, war in den drei westdeutschen Besatzungszonen bereits ein zweistufig-dezentral organisiertes Zentralbanksystem eingerichtet worden, das Anweisungen politischer Körperschaften (seit 1951 auch in bezug auf die Besatzungsmächte) nicht unterworfen war. Art. 88 GG bestimmte zwar keinen Termin für die Errichtung der Bundesbank an Stelle des besatzungsrechtlichen Zentralbanksystems, dennoch war aus Gründen nationaler Souveränität die Ersetzung des Besatzungsrechts durch deutsches Recht – spätestens seit dem 5. Mai 1955 – erforderlich. Die Beratungen über die Neuordnung der deutschen Notenbankverfassung setzten bald nach Inkrafttreten des Grundgesetzes ein, konnten jedoch erst zum Ende der zweiten Legislaturperiode des Deutschen Bundestages abgeschlossen werden. Beteiligt waren in erster Linie die Bundesregierung, insbesondere das Bundesfinanz- und das Bundeswirtschaftsministerium, der Bundesrat, die politischen Parteien und die Bank deutscher Länder, alle vertreten im Bundestagsausschuß Geld und Kredit, der 1953 und 1957 über das Gesetz beriet.[23] Drei strittige Themenbereiche, zu denen Art. 88 GG keine (eindeutigen) Vorgaben enthielt, standen im Mittelpunkt der Diskussion: der organisatorische Aufbau der künftigen Bundesbank (einstufig-zentral oder zweistufig-dezentral), ihre Unabhängigkeit, insbesondere von der Bundesregierung, und ihre Rechtsform.

Die Meinungen hinsichtlich dieser Kernfragen gingen so weit auseinander, daß die Arbeiten am Bundesbankgesetz im Sommer 1953 am Ende der ersten Legislaturperiode eingestellt und wegen der Diskontinuität der Legislaturperiode zunächst endgültig abgeschlossen werden mußten. Erst Ende 1955 wurden die Arbeiten im Rahmen des Zweiten Deutschen Bundestages erneut aufgenommen. Insbesondere der Vorsitzende des Bundestagsausschusses Geld und Kredit, der CDU-Abgeordnete Hugo Scharnberg, machte sich 1957 um das Zustandekommen eines für alle Seiten annehmbaren Kompromißentwurfs verdient. Dieser wurde am 4. Juli 1957 vom Bundestag verabschiedet. Der

23 Eingehend zur Entstehung des Gesetzes vgl. Hentschel, Bundesbankgesetz, S. 3ff., S. 70ff.

Bundesrat gab seine nach eigener Ansicht gemäß Art. 84 Abs. 1 GG erforderliche Zustimmung am 19. Juli 1957. Nach Unterzeichnung und Ausfertigung durch den Bundespräsidenten wurde das Gesetz über die Deutsche Bundesbank mit dem Datum vom 26. Juli 1957 am 30. Juli 1957 verkündet und trat am 1. August 1957 in Kraft.

Hauptstreitpunkt von Beginn der Beratungen an war der organisatorische Aufbau der künftigen Bundesbank. Zwei Meinungslager standen einander gegenüber:[24] Eine Auffassung wollte die Bundesbank wie das seit 1948 bestehende Zentralbanksystem *zweistufig-dezentral,* d.h. mit rechtlich selbständigen Landeszentralbanken und mit föderalistischer Besetzung des obersten Entscheidungsgremiums organisieren.[25] Eine andere Meinung forderte dagegen einen dem Reichsbanksystem von 1875 bis 1945 entsprechenden *einstufig-zentralen* Aufbau mit einer Zentralbank, der die Landeszentralbanken unterstehen würden und deren oberstes Entscheidungsgremium überwiegend durch die Bundesregierung besetzt werden würde.[26]

Das Grundgesetz enthielt zu dieser Kontroverse keine Aussage. Weder verbietet es der Ausdruck *Bundes*bank in Art. 88 GG, auf Landeseinrichtungen im Organisationsgefüge zurückzugreifen, noch gelten die Einschränkungen des Art. 87 Abs. 3 Satz 2 GG für die Errichtung von Mittel- und Unterbehörden des Bundes, da es sich nicht um das Entstehen «neuer Aufgaben» handelt. Insofern stand es dem Gesetzgeber frei, das Landeszentralbanksystem oder das Reichsbanksystem zu verwirklichen.[27] Die im Bundesbankgesetz schließlich getroffene Regelung stellte einen *Kompromiß* zwischen beiden Auffassungen dar: Gemäß § 1 BBankG wurden die bestehenden Landeszentralbanken mit der Bank deutscher Länder verschmolzen, und diese wurde zur Deutschen Bundesbank umgestaltet. Dies bedeutete also die Auflösung der Landeszentralbanken als selbständige juristische Personen. Nach § 8 BBankG blieb die Bezeichnung der Landeszentralbank zwar erhalten, aber dahinter verbergen sich nurmehr Hauptverwaltungen der Bundesbank mit eingeschränkter funktionaler Selbständigkeit (§ 8 Abs. 2 BBankG) und einem besonderen föderalistischen Ernennungsmodus für die Präsidenten der Landeszentralbanken (§ 8 Abs. 4 BBankG). Auf diese Weise ist lediglich ein

24 Eingehend zu diesem Streit vgl. Beck, Gesetz, 1. Buch, E 117ff., S. 87ff.; Deutsche Bundesbank, 30 Jahre, S. 151ff. (Überblick über die verschiedenen Gesetzesentwürfe auf S. 195); Becker, Grundgesetz, S. 358ff., m. w. Nachw.

25 Vgl. BT-Drucks. I/4020 (Schaeffer-Entwurf); BT-Drucks. II/2832 (CSU-Entwurf); Deutsche Bundesbank, 30 Jahre, S. 179.

26 Vgl. BT-Drucks. II/2781 (Erhard-Entwurf); BT-Drucks. I/3929 (FDP-Entwurf); Deutsche Bundesbank, 30 Jahre, S. 166.

27 Vgl. Klein, Rechtsgutachten 1953; Deutsche Bundesbank, 30 Jahre, S. 160; eine diesbezügliche Verfassungsklage der FDP vom 4. Februar 1953 wurde vom Bundesverfassungsgericht durch Urteil vom 29. Juli 1953, vgl. BVerfGE 3, S. 3, S. 12ff., aus prozessualen Gründen als unzulässig abgewiesen, so daß es nicht zu einer Sachentscheidung kam.

Rest von Zweistufigkeit und Dezentralität übriggeblieben. Andererseits sind die Vorstände der Landeszentralbanken zugleich Organe der Bundesbank (§ 5 BBankG) und die neun Präsidenten der Landeszentralbanken Mitglieder des maximal 17köpfigen Zentralbankrates (§ 6 Abs. 2 BBankG). Die gefundene Konstruktion ist absolut neuartig; sie ist eine Verbindung von unitarischen und föderativen beziehungsweise zentralen und dezentralen Elementen. Sachkenner bescheinigen ihr, sich bewährt zu haben.[28]

Umstritten war weiterhin die Frage der *Unabhängigkeit* der künftigen Bundesbank im Verhältnis zu den Organen der Staatsleitung, insbesondere zur Bundesregierung. Vorbehalte gegen eine völlige Weisungsfreiheit der Bundesbank bestanden vor allem innerhalb der Bundesregierung. Der Gesetzentwurf des Bundesfinanzministeriums vom März 1950 sah demgemäß die Einrichtung eines Bundesausschusses für währungs- und wirtschaftspolitische Entscheidungen vor, der sich sowohl aus Vertretern der Bundesregierung als auch des Zentralbankrates zusammensetzen sollte und dessen Entscheidungen für den Zentralbankrat verbindlich sein sollten.[29] Auch Bundeskanzler Konrad Adenauer griff die Unabhängigkeit des bestehenden besatzungsrechtlichen Zentralbanksystems an, indem er die im Herbst 1950 sowie von Sommer 1955 bis Frühjahr 1956 verfolgte konjunkturdämpfende, aber preisstabilitätsorientierte Diskontpolitik des Zentralbankrates der Bank deutscher Länder offen kritisierte. Gegen jegliches Weisungsrecht der Bundesregierung sprachen sich dagegen Bundeswirtschaftsminister Ludwig Erhard sowie der Präsident des Zentralbankrates aus.[30] In den §§ 12 und 13 BBankG wurde eine Weisungsunabhängigkeit der Bundesbank mit gewissen Modifikationen geregelt.

Auch die Frage der *Rechtsform* der künftigen Bundesbank hat der Gesetzgeber des Grundgesetzes in Art. 88 GG offengelassen. Dem einfachen Gesetzgeber war es somit freigestellt, für die Bundesbank entweder eine privatrechtliche oder öffentlich-rechtliche Organisationsform zu wählen. Er entschied sich schließlich für die Schaffung einer *bundesunmittelbaren juristischen Person des öffentlichen Rechts* (§ 2 Satz 1 BBankG). Diese Konstruktion war bereits für die Bank deutscher Länder gewählt worden. Bei einer privatrechtlichen Organisationsform, wie sie teilweise der alten Reichsbank angesichts ihrer privaten Anteilsinhaber noch zugeschrieben worden war,[31] hätten der Bundesbank jedenfalls hoheitliche Befugnisse und damit der Status des Beliehenen übertragen werden müssen. Insofern war die Entscheidung für die öffentlich-rechtliche Rechtsform sicherlich sinnvoll.

28 Vgl. Veit, Grundriß, S. 624ff.; Hahn, Währungsbanken I, S. 150; Wagenhöfer, Notenbank, S. 8. Vgl. ferner die Beiträge in: Deutsche Bundesbank, Währung.

29 Auszugsweise abgedruckt in: Deutsche Bundesbank, 30 Jahre, S. 122.

30 Wiedergabe der Äußerungen in: Deutsche Bundesbank, 30 Jahre, S. 116 und S. 125f.

31 Vgl. Laband, Staatsrecht, S. 142; Meyer/Anschütz, Lehrbuch, S. 832; dagegen die herrschende Meinung: RGZ 15, S. 236; RGZ 36, S. 150f.; RGZ 45, S. 126; RGZ 53, S. 231; Breit, Bankgesetz, S. 109f., m. w. Nachw.

Die vom Gesetzgeber gewählte Bezeichnung «juristische Person des öffentlichen Rechts» läßt die Frage der Körperschafts- oder Anstaltsnatur offen. Die Bank deutscher Länder war ausdrücklich als Körperschaft (Art. I Nr. 1 Gesetz Nr. 60) bezeichnet worden, wobei freilich der ausnahmsweise gemäß Art. VIII Nr. 38 Gesetz Nr. 60 für nicht maßgeblich erklärte englische Originaltext nur von einer «juridical person under public law» sprach. Demgegenüber verwendete der Regierungsentwurf des Bundesbankgesetzes den Begriff «Anstalt». Offensichtlich hielt man diese die Geschichte des Notenbankrechts durchziehende Problematik für theoretischer Natur und verzichtete schließlich auf eine Entscheidung im Gesetzestext. Folgt man den klassischen Kriterien der Abgrenzung von Körperschaft und Anstalt, wonach bei der Körperschaft das mitgliedschaftliche und bei der Anstalt das sächliche Substrat im Vordergrund steht, so ist die Bundesbank Anstalt. Sie hat keine Mitglieder, wohl aber vorzugsweise sächliche Verwaltungsmittel: Gold, Devisen, Zahlungsmittel, Wertpapiere usw. Dementsprechend qualifiziert sie die Mehrheit des Schrifttums als Anstalt.[32] Dem Anstaltscharakter steht die fehlende Staatsaufsicht nicht entgegen. Mit ihr ließe sich auch der Körperschaftscharakter nicht beweisen, da *beide* Institutionen der mittelbaren Staatsverwaltung eben nur grundsätzlich einer begrenzten oder unbegrenzten Staatsaufsicht unterliegen. Im übrigen sind in den §§ 13, 34 Sätze 2 und 3 BBankG Rudimente einer Aufsicht enthalten.

Mit der Schaffung einer eigenen Rechtspersönlichkeit Bundesbank hat der Gesetzgeber sich für eine in Art. 86 Satz 1 und Art. 87 Abs. 3 Satz 1 GG vorgesehene Konstruktion entschieden. Die Schaffung einer eigenen Rechtsperson ist für die Art der von der Bundesbank wahrzunehmenden Befugnisse zweckmäßiger als eine Eingliederung in den Staatsapparat als unselbständiger Organisationskomplex. Sie ist den Kompetenzen der Bundesbank optimal angepaßt und gewährleistet zudem ihre Unabhängigkeit.

b) Die Änderungen des Bundesbankgesetzes durch die Wiedervereinigung Deutschlands

Die Vorschriften des Bundesbankgesetzes erfuhren infolge der Schaffung einer Währungs-, Wirtschafts- und Sozialunion zwischen der Bundesrepublik Deutschland und der Deutschen Demokratischen Republik durch Staatsver-

32 Vgl. von Mangoldt/Klein, Grundgesetz, Art. 88, S. 2418 (FN 130), m. w. Nachw.; Beck, Gesetz, 2. Buch § 2 K 30, S. 139; von Spindler/Becker/Starke, Bundesbank, II. Teil § 2 Anm. 1, S. 168; Donner/Neumann, Auswirkungen, S. 153; Hahn, Diskontsatzfestsetzung, S. 12f.; Schönle, Bank- und Börsenrecht, § 33 II., S. 377; Waechter, Geminderte Legitimation, S. 201, sieht in der Bundesbank eine «untypische Anstalt».

trag vom 18. Mai 1990 zunächst einige Ergänzungen, durch die Wiederherstellung der Deutschen Einheit wichtige, vor allem die organisationsrechtliche Struktur der Bundesbank betreffende Änderungen.[33]

Mit dem Inkrafttreten des Staatsvertrages am 1. Juli 1990 entstand zwischen beiden deutschen Staaten ein einheitliches Währungsgebiet mit der vollen geldpolitischen Souveränität der Deutschen Bundesbank und der D-Mark als gemeinsamer Währung. Die Bestimmungen des Vertrages schufen für die DDR vollständig neue währungsrechtliche Grundlagen; das Währungsstatut für die Bundesrepublik Deutschland blieb dagegen unberührt. In das Bundesbankgesetz wurde gemäß Art. 3 des Gesetzes zum Staatsvertrag vom 25. Juli 1990 ein neuer «Abschnitt 5 a» (§§ 25 a bis 25 d BBankG) als Rechtsgrundlage für den Aufbau einer eigenen Verwaltungsorganisation der Bundesbank in der DDR sowie für die Durchführung der Geldpolitik im neu einbezogenen Währungsgebiet eingefügt. Gemäß § 25 a BBankG errichtete die Bundesbank eine Vorläufige Verwaltungsstelle in Berlin sowie 15 Filialen in der DDR, die für die Geschäfte mit Kreditinstituten in der DDR sowie mit der DDR und deren öffentlichen Verwaltungen zuständig waren. Diese Filialen wurden in technischer, organisatorischer und personeller Hinsicht durch die westdeutschen Landeszentralbanken betreut, die gewissermaßen Patenschaften für die verschiedenen Bezirke in der DDR übernahmen. Die Bundesbank konnte damit bereits vor dem 3. Oktober 1990 Hoheitsbefugnisse im Gebiet der DDR ausüben (Anlage I Art. 14 Abs. 2 zum Staatsvertrag).

Voraussetzung für eine funktionierende Geldpolitik der Bundesbank im erweiterten Währungsraum war der Aufbau eines selbständigen, nach marktwirtschaftlichen Prinzipien organisierten Bankensystems in Ostdeutschland. Die Struktur des einstufigen Staatsbanksystems der DDR, in dem private Geschäftsbanken gänzlich fehlten, spiegelte noch die Einbindung in den planwirtschaftlich organisierten sozialistischen Staat wider. Zentrale Institution war die staatlich gelenkte Staatsbank der DDR, die sowohl Notenbank- als auch Geschäftsbankfunktionen wahrnahm und von deren Weisungen sämtliche anderen Institute des Kreditwesens mit Sonderaufgaben (Deutsche Außenhandelsbank, Deutsche Handelsbank, Bank für Landwirtschaft und Nahrung, Sparkassen und Genossenschaftskassen) abhängig waren. Die Bundesbank übernahm die Funktionen der Staatsbank der DDR als Notenbank, Bank der Banken und Hausbank des Staates. Bei der Umwandlung der bestehenden Kreditinstitute in Universalgeschäftsbanken spielten die westdeutschen Banken durch Joint Ventures und eigene Filialen eine wesentliche Rolle.

Mit der Währungsumstellung waren die Kreditinstitute der DDR unmittelbar in die Zins- und Geldmengensteuerung der Bundesbank, insbesondere in

33 Wiedergabe der Vertragstexte zur deutschen Wiedervereinigung bei Stern/Schmidt-Bleibtreu, Verträge und Rechtsakte.

ihre Refinanzierungs- und Offenmarktpolitik einzubeziehen. Sie verfügten jedoch zu diesem Zeitpunkt weder über entsprechende Bestände an bundesbankfähigen Handelswechseln noch über marktfähige Wertpapiere im Sinne der §§ 19 Abs. 1 Nrn. 1 bis 3, 21 BBankG. Gemäß § 25 b Abs. 2 BBankG wurde die Bundesbank ermächtigt, den Kreditinstituten vorübergehend bis zur Angleichung der Refinanzierungsbedingungen an westdeutsche Verhältnisse Sonderkonditionen einzuräumen. So eröffnete die Bundesbank den Kreditinstituten im Rahmen von festgelegten Refinanzierungskontingenten den Zugang zum traditionellen Rediskont- und Lombardkredit zunächst über eigene Bank-Solawechsel, die keine weiteren Unterschriften tragen.[34] In die Mindestreservepflicht des § 16 BBankG wurden die Kreditinstitute ab August 1990 einbezogen.

Als Folge der Wiedervereinigung Deutschlands stellte sich die Frage des endgültigen Sitzes der Bundesbank. In § 2 Satz 3 BBankG war nämlich lediglich eine vorläufige Regelung geschaffen worden: «Die Bank hat ihren Sitz am Sitz der Bundesregierung; solange dieser sich nicht in Berlin befindet, ist Sitz der Bank Frankfurt am Main.» Zur Vermeidung eines späteren Umzugs der Bundesbank nach Berlin ist diese Regelung mit Gesetz vom 20. Februar 1991 geändert und Frankfurt am Main als endgültiger Sitz festgelegt worden.

Der Einigungsvertrag vom 31. August 1990 (Anlage I Kapitel IV Sachgebiet B Abschnitt III Nr. 1) verpflichtete den Gesetzgeber, das Bundesbankgesetz innerhalb von zwölf Monaten nach Wirksamwerden des Beitritts am 3. Oktober 1990 an die neuen staatlichen Gegebenheiten anzupassen. Auf Grund erheblicher Meinungsverschiedenheiten zwischen dem Bund und der Mehrheit der Bundesländer wurde dieser Auftrag durch das Inkrafttreten des «Vierten Gesetzes zur Änderung des Gesetzes über die Deutsche Bundesbank vom 15. Juli 1992» mit einjähriger Verspätung erst am 1. November 1992 erfüllt.

Das Änderungsgesetz hob den Abschnitt 5 a mit den §§ 25 a bis 25 d BBankG wieder auf. Dies bedeutete zugleich die Auflösung der Vorläufigen Verwaltungsstelle der Bundesbank und ihrer 15 Filialen in der ehemaligen DDR mit Wirkung vom 1. November 1992. Die fünf neuen Bundesländer wurden in die Organisationsstruktur der Bundesbank eingegliedert. Das Änderungsgesetz war diesbezüglich ein Kompromiß zwischen der Bundesregierung, die eine Straffung der Organisationsstruktur befürwortete, und den Ländern, die dies mehrheitlich ablehnten und statt dessen eine Erweiterung auf sechzehn Landeszentralbanken forderten.[35] Abweichend von der bisheri-

34 Näheres: Vgl. Deutsche Bundesbank, Währungsunion, S. 19f.; Ein Jahr deutsche Währungs-, Wirtschafts- und Sozialunion, S. 20f.; Weikart, Währungsrecht, S. 624f.

35 Vgl. BT-Drucks. XII/988 (Gesetzentwurf des Bundesrates) und BT-Drucks. XII/1869 (Gesetzentwurf der Bundesregierung); zum Meinungsstreit: Vgl. Deutsche Bundesbank, Neuordnung der Bundesbankstruktur, S. 49ff.; zur Frage der Verfassungsmäßigkeit: Häde/Hartmann, Bundesbank, S. 407.

gen Regelung, wonach die Bundesbank in jedem der elf alten Länder jeweils eine Hauptverwaltung unterhielt, bestehen gemäß § 8 Abs. 1 BBankG nunmehr noch insgesamt neun Landeszentralbanken, von denen fünf für jeweils zwei beziehungsweise drei Bundesländer zuständig sind. Zum Ausgleich der Stimmenverhältnisse im Zentralbankrat wurde die in § 7 Abs. 2 Satz 1 BBankG bestimmte Höchstzahl der Mitglieder des Direktoriums von zehn auf acht herabgesetzt. Mithin sind die Teilhaberechte der Länder an der Bundesbank, die insbesondere in der Mitwirkung an der Bestellung der Präsidenten der Landeszentralbanken bestehen, insgesamt nicht geschmälert worden.

c) Die Änderungen von Recht und Status der Bundesbank durch das Recht der Europäischen Union

Mit Gesetz vom 8. Juli 1994 – fünftes Bundesbankänderungsgesetz – ist das Bundesbankgesetz an die zum 1. Januar 1994 in Kraft getretenen neuen Bestimmungen des EG-Vertrages (EGV) angepaßt worden, der seinerseits durch den Vertrag über die Europäische Union (EUV) – sogenannter Maastrichter Vertrag – vom 7. Februar 1992 geändert worden ist.

Nach dem alten Recht war die Bundesbank gemäß § 20 Abs. 1 Nr. 1 BBankG befugt, dem Bund, bestimmten Sondervermögen des Bundes (Bundesbahn, Bundespost, Ausgleichsfonds und ERP-Sondervermögen) sowie den Ländern kurzfristige Kredite in Form von Buch- und Schatzwechselkrediten (Kassenkredite) zu gewähren. Die Höhe der Kredite war gemäß § 20 Abs. 1 Nr. 1 lit. a bis f BBankG durch festgelegte maximale Grenzbeträge limitiert. Die Kreditgewährung als solche stand im Ermessen der Bundesbank. Auf Grund des Anwendungsvorrangs des EU-Rechts vor einfachem Recht ist § 20 Abs. 1 Nr. 1 BBankG wegen des entgegenstehenden Verbots der Kreditgewährung an öffentliche Einrichtungen durch die Europäische Zentralbank und die nationalen Zentralbanken gemäß Art. 104 Abs. 1 i.V.m. Art. 109 e Abs. 3 Satz 1 EGV seit 1. Januar 1994 nicht mehr anwendbar und wurde daher ersatzlos gestrichen. Die Bundesbankkredite an Bund, Sondervermögen und Länder sollten in erster Linie der technischen Erleichterung bei der Abwicklung von Zahlungstransaktionen und nicht zur Finanzierung von Staatsausgaben dienen. Mit dem Wegfall des § 20 Abs. 1 Nr. 1 BBankG wurde die in § 42 Abs. 3 Satz 2 BBankG enthaltene Bestimmung, daß vom Bund begebene Liquiditätspapiere nicht auf die Kredithöchstgrenze des § 20 Abs. 1 Nr. 1 lit. a BBankG anzurechnen sind, gegenstandslos und ebenfalls gestrichen.

Im Zusammenhang mit der Streichung des § 20 Abs. 1 Nr. 1 BBankG schaffte der Gesetzgeber zudem die Verpflichtung des Bundes, der Sondervermögen, Ausgleichsfonds und ERP-Sondervermögen sowie der Länder aus § 17 BBankG ab, ihre flüssigen Mittel bei der Bundesbank auf Girokonten einzulegen. Diese Änderung ergab sich zwar – anders als bei § 20 Abs. 1 Nr. 1 BBankG – nicht zwingend aus vorrangigem EU-Recht, wurde aber aus Vernunftgründen dennoch vorgenommen: Wenn den zentralen öffentlichen Haushalten einerseits das Privileg der Inanspruchnahme von grundsätzlich zinslosen Kassenkrediten bei der Bundesbank genommen wurde, sollten sie andererseits auch von der Last der Einlagenverpflichtung befreit, also auch insoweit wie andere Marktteilnehmer behandelt werden. Die Einlagenpflicht wurde daher mit Beginn der zweiten Stufe der Währungsunion durch die Genehmigung anderweitiger Anlagen gemäß § 17 Satz 2 BBankG zunächst faktisch, mit Inkrafttreten des Änderungsgesetzes zum 16. Juli 1994 auch gesetzlich aufgehoben.[36] Die öffentlichen Haushalte haben ihre liquiden Mittel in der Folge auf eine größere Anzahl von privaten und öffentlich-rechtlichen Banken verteilt, um Wettbewerbsverzerrungen durch die Bevorzugung einzelner Kreditinstitute zu vermeiden.

Ein weitgreifender Einschnitt in die deutsche Geld- und Notenbankverfassung kündigt sich infolge des am 7. Februar 1992 unterzeichneten und am 1. November 1993 in Kraft getretenen Vertrages über die Europäische Union an.[37] Der Vertrag sieht unter anderem gemäß den neugefaßten Art. 102 a bis 109 m EGV die *Schaffung einer Europäischen Wirtschafts- und Währungsunion* in drei Stufen bis spätestens zum 1. Januar 1999 vor. Während die Wirtschaftspolitik nach Maßgabe bestimmter wirtschaftlicher Rahmendaten koordiniert wird, aber im Zuständigkeitsbereich der Mitgliedstaaten verbleiben soll, wird die Währungspolitik nach einer zweistufigen Übergangsphase in der Endstufe vollständig auf das zu errichtende Europäische System der Zentralbanken (ESZB) übertragen werden.

Wichtigste institutionelle Neuerung im währungspolitischen Bereich war die Errichtung des *Europäischen Währungsinstituts (EWI)* mit Sitz in Frankfurt am Main. Das EWI ist gemäß Art. 109f Abs. 1 Satz 1 EGV mit eigener Rechtspersönlichkeit ausgestattet und «besitzt in jedem Mitgliedstaat die weitestgehende Rechts- und Geschäftsfähigkeit, die juristischen Personen nach dessen Rechtsvorschriften zuerkannt ist» (Art. 14 EWI-Satzung). Mitglieder des EWI sind nach Art. 1.2. EWI-Satzung die *Zentralbanken der Mitgliedstaaten* («nationale Zentralbanken»).

Unmittelbar nach Abschluß des ersten beziehungsweise des zweiten Prüfungsverfahrens mit dem Beschluß über den Zeitpunkt für den Beginn der dritten Stufe treffen der Rat und die Regierungen der teilnehmenden Mitgliedstaaten gemäß Art. 109 l Abs. 1 EGV die erforderlichen Vorkehrungen

36 Sehr kritisch zur faktischen Aufhebung durch die Deutsche Bundesbank: Gramlich, Neu- oder Fehlentwicklungen, S. 366f.

37 Zu den Einzelheiten und den Auswirkungen auf die Deutsche Bundesbank: Galahn, Deutsche Bundesbank.

für die *Errichtung des Europäischen Systems der Zentralbanken sowie der Europäischen Zentralbank (EZB)*, die an die Stelle des aufzulösenden Europäischen Währungsinstituts tritt. Das ESZB und die EZB nehmen ihre Befugnisse nach Maßgabe der Bestimmungen des EG-Vertrages und des «Protokolls über die Satzung des Europäischen Systems der Zentralbanken und der Europäischen Zentralbank» (ESZB-Satzung) ab dem ersten Tag der dritten Stufe in vollem Umfang wahr. An diesem Tag beschließt der Rat in der Zusammensetzung der Regierungsvertreter der teilnehmenden Mitgliedstaaten gemäß Art. 109 l Abs. 4 Satz 1 EGV auf Vorschlag der Kommission und nach Anhörung der EZB die unwiderruflich festen Wechselkurse der teilnehmenden Währungen zueinander und zur Europäischen Währungseinheit (ECU), die als künftige europäische Einheitswährung an deren Stelle treten wird.

Das ESZB besteht aus der EZB und den nationalen Zentralbanken. Mit eigener Rechtspersönlichkeit ist gemäß Art. 106 Abs. 2 EGV nur die EZB ausgestattet. Die Regelungen des EG-Vertrages und der ESZB-Satzung über Aufgabenbereich und Organisation des ESZB weisen große Übereinstimmungen mit den entsprechenden Regelungen des Gesetzes über die Deutsche Bundesbank auf.

Die Deutsche Bundesbank wird somit als Bestandteil des EZB ihre geld- und währungspolitischen Regelungskompetenzen und ihre Unabhängigkeit verlieren; entscheidungsbefugt bleibt sie in eigenen personellen und betriebstechnischen Angelegenheiten. Noch ungeklärt ist die Frage der Verteilung der Vollzugskompetenzen zwischen der EZB und den nationalen Zentralbanken. Art. 12.1 Abs. 3 EZB-Satzung gewährt hier einen beachtlichen Spielraum. Zweifelhaft bleibt, inwieweit auch das Subsidiaritätsprinzip des Art. 3 b Abs. 2 EGV herangezogen werden kann.[38]

Mit dem Entwurf eines Gesetzes zur Änderung des Gesetzes über die Deutsche Bundesbank (BT-Drucks. XIII/7493) sollen die Konsequenzen aus der Eingliederung der Deutschen Bundesbank in das Europäische Zentralbank-System gezogen werden. Dieses Sechste Änderungsgesetz des Bundesbankgesetzes wurde im Dezember 1997 verabschiedet. Ab dem Tag, an dem Deutschland an der Endstufe der Europäischen Währungsunion teilnimmt, entscheidet die Bundesbank nicht mehr autonom in der Geldpolitik. Diese wird von der EZB beschlossen, in deren Rat die Bundesbank allerdings durch ihren Präsidenten teilnimmt. Die Bundesbank bleibt aber deutsche Zentralbank.

38 Vgl. Jochimsen, Perspektiven, S. 159; Lecheler, Subsidiaritätsprinzip, S. 113ff.; Weber, Wirtschafts- und Währungsunion, S. 59f.

4. Die Organisation der Bundesbank

a) Die Organe der Bundesbank

Nach § 5 BBankG hat die Bundesbank von Gesetzes wegen drei Organe: den Zentralbankrat, das Direktorium und die Vorstände der Landeszentralbanken. Über das Verhältnis dieser drei Organe zueinander sagt das Gesetz unmittelbar nichts, außer daß gemäß § 11 BBankG das Direktorium zur gerichtlichen und außergerichtlichen Vertretung der Deutschen Bundesbank berufen ist; im Bereich einer Landeszentralbank beziehungsweise einer Hauptstelle (Zweiganstalt) liegt die Vertretungsmacht auch bei deren Vorstand beziehungsweise deren Direktoren. Doch wird der Sinn dieser Organtrias aus den Funktionen und der personellen Zusammensetzung der Organe deutlich. Die Organvielfalt spiegelt noch den Streit um den einstufig-zentralen beziehungsweise zweistufig-dezentralen Aufbau wider. Wichtiger aber ist, daß dadurch ein Stück innerer Gewaltenteilung und -kontrolle verwirklicht werden soll. Insofern wollte man in der Bundesbank gleichsam die Binnenstruktur der staatlichen Funktionendreiheit nachvollziehen.

Der *Zentralbankrat* übt legislative und exekutive Befugnisse aus; denn nach § 6 Abs. 1 BBankG bestimmt er die Währungs- und Kreditpolitik der Bank. Er stellt allgemeine Richtlinien für die Geschäftsführung und Verwaltung auf und grenzt die Zuständigkeit des Direktoriums sowie der Vorstände der Landeszentralbanken im Rahmen der Bestimmungen dieses Gesetzes ab. Er kann auch im Einzelfall dem Direktorium und den Vorständen der Landeszentralbanken Weisungen erteilen. Der Zentralbankrat trifft also die Grundsatz- und Leitentscheidungen der Bank. Das ergibt sich auch aus weiteren Zuständigkeitsvorschriften: §§ 26 Abs. 3 Satz 3, 31, 34 BBankG.

Der Zentralbankrat ist eine kollegiale «Behörde» (§ 29 BBankG). Er besteht gemäß § 6 Abs. 2 BBankG aus dem Präsidenten und dem Vizepräsidenten der Deutschen Bundesbank, den übrigen Mitgliedern des Direktoriums sowie den Präsidenten der neun Landeszentralbanken.

In der Regel tagt der Zentralbankrat alle zwei Wochen unter dem Vorsitz des Präsidenten oder des Vizepräsidenten der Deutschen Bundesbank. Er faßt seine Beschlüsse mit einfacher Mehrheit der abgegebenen Stimmen. Die Satzung der Bundesbank regelt Einzelheiten (§ 6 Abs. 3 BBankG). Nach § 13 Abs. 2 BBankG haben die Mitglieder der Bundesregierung Anwesenheits- und Antragsrecht im Zentralbankrat. Sie können eine Aussetzung der Beschlußfassung für eine Zeit von bis zu zwei Wochen verlangen.

Dem *Direktorium* obliegt nach § 7 Abs. 1 BBankG die Durchführung der Beschlüsse des Zentralbankrates sowie die Leitung und Verwaltung der

Bank, soweit nicht die Vorstände der Landeszentralbanken zuständig sind. Bestimmte Geschäfte sind ihm nach § 7 Abs. 1 Satz 3 BBankG ausdrücklich vorbehalten. Diese Aufzählung ist jedoch nicht erschöpfend, wie die Formulierung «insbesondere» und die §§ 11, 26 Abs. 3 Sätze 1 und 3 sowie 38 Abs. 5 BBankG zeigen. Das Direktorium ist das zentrale Administrativorgan der Bank. Ihm ist wie dem Zentralbankrat die Stellung einer obersten Bundesbehörde zuerkannt (§ 29 Abs. 1 Satz 1 BBankG).

Das Direktorium setzt sich zusammen aus dem Präsidenten und dem Vizepräsidenten der Deutschen Bundesbank sowie bis zu sechs weiteren Mitgliedern (§ 7 Abs. 2 BBankG). Sie sind in Personalunion Mitglieder des Zentralbankrates. Die gesetzliche Höchstmitgliederzahl ist erstmals in der Bundesbankgeschichte mit Wirkung vom 1. März 1995 voll ausgeschöpft worden. Die Mitglieder des Direktoriums müssen gemäß § 7 Abs. 2 Satz 2 BBankG «besondere fachliche Eignung» besitzen – eine geradezu selbstverständliche Voraussetzung, die offenbar wegen der Gefahr der «Politisierung» der Bank für erforderlich gehalten wurde. Sie werden für acht Jahre, ausnahmsweise auch für kürzere Zeit, mindestens aber für zwei Jahre bestellt (§ 7 Abs. 3 Satz 3 BBankG) und stehen in einem öffentlich-rechtlichen Amtsverhältnis (§ 7 Abs. 4 Satz 1 BBankG) eigener Art, ähnlich wie die Bundesminister (§ 1 BMinG). Im übrigen wird ihr Rechtsverhältnis zur Bundesbank, ihr Gehalt usw. – also das persönliche Grundverhältnis – durch privatrechtlichen Anstellungsvertrag geregelt, der der Zustimmung der Bundesregierung bedarf (§ 7 Abs. 4 Satz 2 und 3 BBankG).

Das Direktorium berät wie der Zentralbankrat unter Vorsitz des Präsidenten oder des Vizepräsidenten der Deutschen Bundesbank und entscheidet mit Stimmenmehrheit vorbehaltlich anderer Regelung durch Satzung. Bei Stimmengleichheit gibt die Stimme des Vorsitzenden den Ausschlag (§ 7 Abs. 5 BBankG).

Weiteres Organ sind die jeweiligen *Vorstände der Landeszentralbanken*. Die neun Landeszentralbanken sind die in den Ländern unterhaltenen Hauptverwaltungen (§ 8 BBankG) der Bundesbank und ihre Landeskopfstellen. Der Vorstand einer Landeszentralbank führt die in den Bereich seiner Hauptverwaltung fallenden Geschäfte und Verwaltungsangelegenheiten durch. In den ausschließlichen Zuständigkeitsbereich der Landeszentralbanken fallen insbesondere Geschäfte mit dem Land oder den Ländern sowie mit den öffentlichen Verwaltungen im Land oder in den Ländern, außerdem Geschäfte mit Kreditinstituten ihres Bereichs, soweit sie nicht nach § 7 Abs. 1 Nr. 2 BBankG dem Direktorium vorbehalten sind.

Die Vorstände bestehen aus dem Präsidenten und dem Vizepräsidenten der Landeszentralbank und bei den zwei für drei Bundesländer (Bremen, Niedersachsen und Sachsen-Anhalt beziehungsweise Hamburg, Mecklenburg-Vorpommern und Schleswig-Holstein) zuständigen Landeszentralbanken einem weiteren Vorstandsmitglied. Nach Maßgabe der Satzung können noch bis zu zwei weitere Mitglieder bestellt werden. Alle Vorstandsmitglieder müssen «besondere fachliche Eignung» besitzen (§ 8 Abs. 3 BBankG). Ihr Amtsverhältnis entspricht dem der Direktoriumsmitglieder (§ 8 Abs. 5 BBankG).

Obwohl im Gesetz nicht ausdrücklich als Organ genannt, wird man wegen §7 Abs. 5, §8 Abs. 4 Satz 3, §9 Abs. 3, §31 Abs. 2, §32 Satz 3, §41 Abs. 4 BBankG dem Präsidenten der Deutschen Bundesbank für die in diesen Vorschriften genannten Zuständigkeiten wohl ebenfalls Organqualität zuerkennen müssen.

b) Der Pluralismus der Ernennungsinstanzen

Die Mitglieder der Organe der Bundesbank werden durch verschiedene staatliche Organe bestellt. Es besteht ein *«Pluralismus der Ernennungsinstanzen»*.[39] Er dient der Teilhabe parlamentarischer und exekutiver, unitarischer und föderativer Instanzen an der personellen Besetzung der Bundesbank. Darin liegt ein Stück (personeller) Gewaltenteilung und zugleich eine Garantie für die Unabhängigkeit der Bank, wie sie in ähnlicher Form bei der Berufung von Bundesverfassungsrichtern und Bundesrichtern zu finden ist. Im einzelnen sind folgende Modalitäten vorgesehen:

- Präsident und Vizepräsident sowie die weiteren Mitglieder des Direktoriums werden nach Anhörung des Zentralbankrates auf Vorschlag der Bundesregierung vom Bundespräsidenten bestellt (§ 7 Abs. 3 Satz 1 und 2 BBankG).
- Die Präsidenten der Landeszentralbanken werden vom Bundespräsidenten auf Vorschlag des Bundesrates bestellt (§ 8 Abs. 4 Satz 1 und 2 BBankG), der seine Auswahl auf Grund eines Vorschlags der nach Landesrecht zuständigen Stelle – in der Regel der Landesregierung – und nach Anhörung des Zentralbankrates trifft.
- Die Vizepräsidenten und die weiteren Vorstandsmitglieder werden auf Vorschlag des Zentralbankrates vom Präsidenten der Deutschen Bundesbank bestellt (§ 8 Abs. 4 Satz 3 BBankG).

c) Weitere Stellen und Bedienstete der Bundesbank

Als ausschließlich beratendes Organ wird bei jeder Landeszentralbank ein *Beirat* mit höchstens 14 Mitgliedern aus dem Kreditgewerbe, der gewerblichen Wirtschaft, dem Handel, der Versicherungswirtschaft, den Freien Berufen, der

39 Samm, Bundesbank, S. 51 m. w. Nachw.; ferner Wagenhöfer, Föderalismus, S. 114; Uhlenbruck, Unabhängigkeit, S. 44ff.; Gaugenrieder, Zentralnotenbank, S. 123.

Landwirtschaft sowie der Arbeiter- und Angestelltenschaft gebildet (§ 9 Abs. 2 BBankG). Dieser Beirat soll über Fragen der Währungs- und Kreditpolitik mit dem Präsidenten und über die weiteren Aufgaben mit dem Vorstand der Landeszentralbank beraten. Er dient insbesondere der Pflege eines ständigen Kontaktes zwischen der Bundesbank und dem Kreditgewerbe beziehungsweise der kreditnehmenden Wirtschaft in den Bundesländern. Die zuständigen Landesminister können an den Beratungen teilnehmen und die Einberufung des Beirats verlangen (§ 9 Abs. 4 Satz 2 und 3 BBankG). Die Mitglieder des Beirats werden auf Vorschlag der zuständigen Landesregierung und nach Anhörung des Vorstandes der Landeszentralbank durch den Präsidenten der Bundesbank auf die Dauer von drei Jahren berufen (§ 9 Abs. 3 BBankG).

Nach § 10 BBankG darf die Deutsche Bundesbank *Zweiganstalten* (Hauptstellen und Zweigstellen) unterhalten. Ihre Existenz sah bereits das Bankgesetz von 1875 (§ 37) vor.[40] Sie sind Geschäftsstellen ohne Rechtsfähigkeit und werden von Direktoren geleitet, die der jeweiligen Landeszentralbank unterstehen. Die Bundesbank ist damit an allen bedeutenden Bankplätzen mit «Filialen» vertreten, die vor allem die Bargeldversorgung sowie die Abwicklung des bargeldlosen Zahlungsverkehrs unterstützen. Zum 30. April 1997 bestanden bundesweit noch 164 Zweiganstalten der Deutschen Bundesbank, von denen jedoch innerhalb der kommenden zehn Jahre wegen der zunehmenden Automatisierung weitere geschlossen werden sollen. Nach § 21 der Satzung der Deutschen Bundesbank vom 27. November 1958 (Bundesanzeiger Nr. 7 vom 13. Januar 1959 i.d.F. der Mitteilung Nr. 1004/71, Bundesanzeiger Nr. 66 vom 1. April 1971) beschließt der Zentralbankrat über Errichtung und Schließung von Zweigstellen.

Die *Bediensteten* der Bundesbank sind – wie allgemein im öffentlichen Dienst – Beamte, Angestellte und Arbeiter (§ 31 Abs. 1 BBankG). Obschon die Bundesbank eine juristische Person des öffentlichen Rechts darstellt, ist ihr nicht ausdrücklich die Dienstherrnfähigkeit im Sinne des § 121 Nr. 2 BRRG verliehen. Vielmehr sind die Beamten der Deutschen Bundesbank als «mittelbare Bundesbeamte» bezeichnet, für die das Bundesbeamtengesetz mit einigen Modifikationen durch das Bundesbankgesetz gilt (§ 31 Abs. 3 BBankG). Dementsprechend sind ein besonderes Personalstatut (Bundesanzeiger Nr. 145 vom 30. Juli 1960, geändert gemäß Mitteilung Nr. 2003/74 vom 9. Januar 1974, Bundesanzeiger 1974 Nr. 14) und eigene Vorbildungs- und Laufbahnvorschriften (Bundesanzeiger Nr. 81 vom 30. April 1971 i.d.F. der Mitteilung Nr. 2014/79 vom 28. Dezember 1979, Bundesanzeiger 1980 Nr. 6, zuletzt geändert durch die Mitteilung Nr. 2005/94 vom 18. März 1994, Bundesanzeiger 1994 Nr. 65) erlassen worden.[41] Oberste Dienstbehörde ist der

40 Näheres bei Breit, Bankgesetz, § 37.
41 Näheres bei Gramlich, Bundesbankgesetz, § 31 Rdnrn. 18ff. u. 35ff.

Präsident der Deutschen Bundesbank (§ 31 Abs. 2 Satz 3 BBankG). Allen Bediensteten ist eine gesteigerte Schweigepflicht auferlegt.

5. Aufgaben, Befugnisse und Instrumente der Bundesbank

a) Die gesetzliche Aufgabenzuweisung

§ 3 BBankG nennt als *Hauptaufgaben* der Bundesbank, den Geldumlauf und die Kreditversorgung mit dem Ziel der Währungssicherung zu regeln und für die bankmäßige Abwicklung des Zahlungsverkehrs im Inland und mit dem Ausland zu sorgen.

Diese Vorschrift enthält jedoch keine abschließende Aufzählung der Aufgaben. Das Gesetz greift an anderer Stelle die Hauptaufgabenbeschreibung – teils konkretisierend, teils erweiternd – wieder auf:
- die allgemeine Wirtschaftspolitik der Bundesregierung «unter Wahrung ihrer Aufgabe» zu unterstützen (§ 12 Satz 1);
- die Bundesregierung in Angelegenheiten von wesentlicher währungspolitischer Bedeutung zu beraten und ihr Auskunft zu geben (§ 13 Abs. 1);
- Banknoten als gesetzliches Zahlungsmittel auszugeben und gegebenenfalls einzuziehen (§ 14);
- eine Satzung zu erlassen (§ 34);
- nahezu alle Bankgeschäfte mit Kreditinstituten zu betreiben (§ 19);
- mit dem Bund, den Sondervermögen des Bundes, den Ländern und anderen öffentlichen Verwaltungen die in § 19 Abs. 1 Nr. 4 bis 9 aufgeführten Bankgeschäfte vorzunehmen (§ 20 Abs. 1);
- als *fiscal agent* die Emission von Schuldtiteln des Bundes und seiner Sondervermögen durchzuführen (§ 20 Abs. 2);
- gewisse Bankgeschäfte mit Privaten («jedermann») durchzuführen (§§ 22, 19).

Einige Arten von Tätigkeiten (Offenmarktgeschäfte, Bestätigung von Schecks, Geschäfte mit Ausgleichsforderungen) sind näher geregelt (§§ 21, 23, 24).

Außerdem sind der Bundesbank noch in anderen Gesetzen Aufgaben zugewiesen, und zwar:
- im Rahmen der Bankenaufsicht die Zusammenarbeit mit dem Bundesaufsichtsamt für das Kreditwesen (§§ 7; 8 Abs. 3 Satz 1; 10; 11; 13; 16 Satz 2; 25 Abs. 3; 44 Abs. 3; 44 b KWG; näheres unter e);
- Mitwirkung bei Erlaß bestimmter Rechtsverordnungen (§§ 1 Abs. 1 Satz 3 und Abs. 3 Satz 2; 10 Abs. 2 Satz 1 Nr. 3; 29 Abs. 3 Satz 1; 31 Abs. 1 Satz 1;

47; 48 KWG [«Anhörung»]; §§ 10 a Abs. 6 Satz 11; 22 Satz 1; 24 Abs. 4 Satz 1; 25 Abs. 4 Satz 1 KWG; §§ 2 Abs. 2 Satz 2; 27 Abs. 1 Satz 4 AWG [«Benehmen»]);

- Einvernehmen bei Aufstellung gewisser Grundsätze für das Kreditwesen durch das Bundesaufsichtsamt (§§ 10 Abs. 1 Satz 2; 11 Satz 2 KWG);
- Genehmigungserteilung gemäß § 12 Abs. 2 Satz 1; § 28 Abs. 2 Nr. 1 i.V.m. § 2 Abs. 2; §§ 5 bis 7; 22 Abs. 1; 23; 24; 49 Abs. 2 AWG i.V.m. § 3 Währungsgesetz;
- Überwachung der Depotpflicht nach § 28 a Abs. 1 i.V.m. § 6 a; § 44 AWG;
- Mitwirkung im Konjunkturrat für die öffentliche Hand und im Finanzplanungsrat (§ 18 Abs. 4 StabG, § 51 Abs. 1 Satz 3 HGrG; näheres unter f);
- Zusammenwirken von Bundesbank und Bundesregierung bei der Anweisung an die Sozialversicherungsträger, gemäß § 1383 b Abs. 2 RVO, § 110 b Abs. 2 AVG (§ 30 Abs. 1 StabG) einen Teil ihrer Rücklagen in bestimmten Anlageformen zu halten.

Bei der Zuweisung von Aufgaben ist jedoch stets die verfassungsrechtlich verankerte Hauptaufgabe als Währungs- und Notenbank gemäß Art. 88 GG zu beachten, die nicht beeinträchtigt werden darf. Das ist zwar bei den vorgenannten Aufgaben noch nicht der Fall, aber die Grenzen sind zu erkennen.[42]

Unabhängigkeit steht der Bundesbank gemäß § 12 Satz 2 BBankG allerdings nur bei Ausübung der Befugnisse nach dem Bundesbankgesetz zu. Im übrigen gilt die allgemeine Weisungsunterworfenheit nach Art. 86 GG.

Unter den aufgezählten Aufgaben spielt die in § 3 BBankG an erster Stelle genannte monetär-kreditäre Tätigkeit mit dem Ziel der Währungssicherung die beherrschende Rolle, um derentwillen die Bundesbank ebenso wie andere Währungs- und Notenbanken vorzugsweise errichtet worden sind. Aus dieser Funktion ist die für die Bundesbank oft gewählte Bezeichnung als *«Hüterin der Währung»* entstanden – ein Begriff, der freilich bereits in früheren Jahren geprägt wurde;[43] hierin liegt auch ihre staatliche, politische und ökonomische Bedeutsamkeit. In den Dienst dieser Hauptaufgabe sind daher weitgehend die geld- und währungspolitischen Befugnisse der Bundesbank gestellt.[44]

b) Hauptziel: Sicherung der Währung

Mit der Zielformel Sicherung der Währung hat das Bundesbankgesetz darauf verzichtet, die Komponenten des gesamtwirtschaftlichen Gleichgewichts festzulegen, wie sie später § 1 Gesetz zur Förderung der Stabilität und des Wachs-

42 Sehr großzügig: BVerfGE 14, S. 215 ff.
43 Vgl. von Lumm, Diskontpolitik, S. 8.
44 Vgl. Hahn, Währungsrecht, § 19 I 1, S. 269 Rdnr. 1.

tums der Wirtschaft vom 8. Juni 1967 (StabG) normierte: Preisstabilität, hoher Beschäftigungsstand, außenwirtschaftliches Gleichgewicht, stetiges und angemessenes Wirtschaftswachstum. Die Bundesbank selbst versteht das Ziel vorzugsweise als Sicherung der Preisstabilität.

Aus den sogenannten magischen Vielecken ist nur die Sicherung der Währung herausgegriffen. Das heißt nicht, daß die anderen Elemente des gesamtwirtschaftlichen Gleichgewichts der Bundesbank gleichgültig sein könnten. Sie sind auch für die Bundesbank über § 12 Satz 1 BBankG, § 13 Abs. 3 StabG relevant. Allerdings stellen die übrigen stabilitätspolitischen Ziele Faktoren dar, die nur im Rahmen ihres Hauptziels, der Währungssicherung, eine Rolle spielen dürfen. Diesem Ziel sind sie untergeordnet.[45] § 13 Abs. 3 StabG ist lediglich eine «Sollvorschrift», die unter dem Vorbehalt der jeweiligen Aufgabenzuweisung steht. Zudem dürfte das Bundesbankgesetz bei Divergenzen als die speziellere Vorschrift vorgehen. Bei etwaigen Zielkonflikten ist der Bundesbank mithin klar *ein* Ziel mit *Priorität* vorgegeben,[46] während die nach § 1 StabG verpflichteten sonstigen Organe des Bundes und der Länder die vier Ziele «gleichzeitig» zu verwirklichen haben. Wie bereits dargelegt, ist die Bundesbank nicht die einzige Institution, die mit der Sicherung der Währung in die Pflicht genommen ist. Vielmehr sind der Bund und die Länder in ihrer Gesamtheit angesprochen. Damit ist der Währungsstabilität ein entscheidender Wert in der Wirtschaftspolitik zuerkannt – zu Recht angesichts der verheerenden Erfahrungen eines Währungsverfalls für ein Staatswesen.

In Anbetracht ihrer währungspolitischen Befugnisse hat das Bundesverfassungsgericht der Deutschen Bundesbank «eine Schlüsselstellung im Kreditapparat der Bundesrepublik» beziehungsweise eine «beherrschende Stellung an der Spitze der Geld- und Kreditwirtschaft» bescheinigt.[47] Sie fungiert unter anderem als «Bank der Banken» und – nach Aufhebung der §§ 20 Abs. 1 Nr. 1 und 17 BBankG inzwischen allerdings stark eingeschränkt – auch als «Hausbank» für den Bund. Ferner sorgt sie in technischer Hinsicht für die Abwicklung des Zahlungsverkehrs im Inland und mit dem Ausland. Die Bundesbank ist das *zentrale geldpolitische Entscheidungsorgan im Staate*. Mit Hilfe der ihr zur Verfügung stehenden geldpolitischen Instrumente regelt die Bundesbank den Geldumlauf durch die Versorgung mit gesetzlichen Zahlungsmitteln und

45 Vgl. Coburger, Währungspolitische Befugnisse, S. 43 f.; Prost, Unabhängigkeitsfrage, S. 266; Fögen, Geld- und Währungsrecht, S. 66. Ich modifiziere insoweit meine Auffassung in Stern/Münch/Hansmeyer, Stabilitätsgesetz, § 13, Anm. II. 4. Aus der Zeit vor Erlaß des Stabilitätsgesetzes: Wagenhöfer, Notenbank, S. 8, der «eindeutig der Aufrechterhaltung des Geldwerts ... Vorrang vor anderen wirtschaftlichen Zielsetzungen» einräumt.

46 Deutlich: Issing, Einführung, S. 29; Coburger, Währungspolitische Befugnisse, S. 45; Woll/Vogl, Geldpolitik, S. 38.

47 BVerfGE 14, S. 212, S. 217.

durch die Beeinflussung ihrer Verwendung. Über den Zusammenhang von Kreditgewährung und (Buch-)Geldschöpfung steuert sie z.B. Menge und Preis des Kreditangebots und damit die Kreditversorgung der Wirtschaft. Die richtige Dosierung der Geldmenge ist – zumindest nach quantitätstheoretischen Vorstellungen – ausschlaggebend für ein monetäres Gleichgewicht, wobei allerdings zweifelhaft und umstritten ist, inwieweit die Bundesbank tatsächlich die Geldmenge zu steuern vermag und in welchem Ausmaß Geldmengenänderungen kausal für Veränderungen des Preisniveaus sind.[48] Jedenfalls ist die Geldversorgung nicht Selbstzweck, sondern sie hat immer das Ziel der Währungssicherung im Auge zu behalten. Dies bedeutet, schlagwortartig zusammengefaßt, die Verhütung von Inflation oder Deflation, näherhin die größtmögliche Stabilität des Binnen- und (in Grenzen auch) des Außenwertes der Währung im Sinne der Erhaltung ihres Wertes und ihrer Kaufkraft anzustreben. So lapidar und gängig diese Ziele sich formulieren lassen, so schwierig ist ihre Realisierung. Das Gesetz kann insofern nur Richtpunkte aufzeigen. Seine Verwirklichung ist die Kunst jeder Notenbankpolitik und bedarf eines «funktionierenden Bankenapparats».[49] Von ihrem Erfolg hängt ein Großteil von Glanz und Elend einer Notenbank und damit auch des Wohls von Staat und Gesellschaft ab.

c) Das währungspolitische Instrumentarium und seine rechtliche Qualifizierung

Zur Erfüllung ihrer Aufgaben hat das Bundesbankgesetz der Bundesbank ein vielfältiges *Instrumentarium* zur Verfügung gestellt, das sich im Laufe des Jahrhunderts seit Gründung der Reichsbank entwickelt hat. Im einzelnen beruht es gleichermaßen auf theoretischen Überlegungen der Volkswirtschaftslehre wie praktischer Erprobung. Schwieriger als die Beschreibung seiner Funktionsweise ist die *rechtliche Qualifizierung*. Sie wurde vom Bundesbankgesetzgeber vernachlässigt, obschon es auf Grund von Art. 19 Abs. 4 GG nicht ausbleiben konnte, daß auch Maßnahmen der Bundesbank einer gerichtlichen Prüfung unterzogen werden können. Die gängige juristische Einteilung der Maßnahmen einer juristischen Person des öffentlichen Rechts, etwa nach den Kategorien Rechtsetzung, Verwaltungsakt (Allgemeinverfügung), sonstige öffentlich-rechtliche Maßnahme und privatrechtliche Rechtshandlung, kann für die Bundesbank allein keine volle Erhellung der Problematik mit

48 Die Deutsche Bundesbank selbst ist hiervon jedoch fest überzeugt: Die Deutsche Bundesbank: Geldpolitische Aufgaben, S. 104f. (Schaubild 10); Schlesinger, Konzept, S. 3; Issing, Geldmengensteuerung, S. 682ff.

49 BVerfGE 14, S. 217.

sich bringen. Erst die Wirkungsweise der einzelnen Instrumente vermag ihre rechtliche Qualifizierung klarzustellen. Von Interesse sind dabei nur solche Maßnahmen, die unmittelbar oder mittelbar Rechtswirkungen auslösen. Unbeachtlich bleibt in diesem Zusammenhang das von der Bundesbank durchaus erfolgreich eingesetzte, aber rechtlich nicht fixierte geldpolitische Instrument der sogenannten *moral suasion*:[50] Hierunter sind die grundsätzlich unverbindlichen, an Kreditinstitute oder Nichtbanken (z.B. die Tarifparteien) gerichteten Appelle der Bundesbank zu verstehen, mit denen sie diese zu einem Verhalten im Sinne der geldpolitischen Ziele auffordert und gewissermaßen im Wege einer Art «Seelenmassage» zu beeinflussen versucht. Als wichtigstes Instrument in diesem Bereich ist insbesondere das jährliche, im voraus von der Bundesbank angekündigte Geldmengenziel zu nennen. Schließlich können auch nur diejenigen Befugnisse der Bundesbank behandelt werden, die Bestandteil des spezifischen Notenbankinstrumentariums sind. Soweit die Bundesbank Bankgeschäfte wie die übrigen Kreditinstitute tätigt, braucht darauf nicht eingegangen zu werden. Entscheidend sind allein die spezifischen geld- und währungspolitischen Instrumente der Bundesbank. Zu ihnen gehören:
- die Notenausgabe,
- die Refinanzierungspolitik,
- die Offenmarktpolitik,
- die Mindestreservepolitik und
- die Währungspolitik.

§ 14 Abs. 1 BBankG erkennt der Bundesbank das ausschließliche Recht zu, *Banknoten auszugeben*. Hierdurch wird ihre Funktion als Notenbank nach Art. 88 Satz 1 GG verwirklicht. Die Noten stehen unter besonderem strafrechtlichen Schutz (§ 35 BBankG, §§ 146ff. StGB). Die D-Mark-Noten – gesetzliches Zahlungsmittel seit dem 21. Juni 1948 und inzwischen einziges unbeschränktes gesetzliches Zahlungsmittel (§ 14 Abs. 1 BBankG) – sind «Geldzeichen öffentlich-rechtlichen Charakters»; sie werden kraft staatlicher Währungshoheit[51] ausgegeben und tragen ihren Wert in sich, sind also nicht mehr an Gold oder eine ähnliche Deckung gebunden.[52] Die Notenausgabe ist

50 Vgl. Issing, Einführung, S. 127ff.; Hahn, Währungsrecht, § 20 I 1, S. 296f., Rdnr. 1; Weikart, Geldwert, S. 105f.; Fröhlich, Instrumente, S. 50ff.; Gramlich, Bundesbankgesetz, Einl., Rdnrn. 16ff.; grundlegende Darstellung von Tuchtfeld, Moral Suasion, S. 23f., enger S. 32; siehe auch speziell zur Währungspolitik die eingehende Untersuchung von Siegert, Währungspolitik; ferner Wilmer, «Moral Suasion», S. 340f.; Farthmann/Coehn, Tarifautonomie, S. 898f.

51 Vgl. von Spindler/Becker/Starke, Bundesbank, II. Teil, § 14, Anm. 1; Beck, Gesetz, 2. Buch, § 14, K 338; zum Teil abweichend Fögen, Geld- und Währungsrecht, S. 74, der ein derartiges «Hoheitsrecht» nur anerkennt, wenn es gesetzlich zugesprochen ist.

52 Vgl. von Spindler/Becker/Starke, Bundesbank, II. Teil, § 14, Anm. 2; Beck, Gesetz, 2. Buch, § 14, K 349.

Teil der Zentralbankgeldschöpfung, genauer: Schaffung von «Stückgeld» im Gegensatz zu Zentralbankguthaben. Sie ist adressatloser Verwaltungsakt dergestalt, daß diese Note in ihrem jeweiligen aufgedruckten Wert gesetzliches Zahlungsmittel mit Wirkung für und gegenüber jedermann ist. Entsprechendes gilt für die Einziehung als *actus contrarius.*[53]

Die *Refinanzierungspolitik* der Bundesbank richtet sich unmittelbar und ausschließlich an die Kreditinstitute. Diese verschaffen sich im Wege der Refinanzierung, d.h. mittels Kreditaufnahme bei der Deutschen Bundesbank, durch den Verkauf von Wechseln (Rediskontkredit) und die Verpfändung von Wertpapieren (Lombardkredit) Zentralbankgeld.

Nach § 15 BBankG setzt die Bundesbank die für diese Geschäfte jeweils geltenden *Zins- und Diskontsätze* fest, die im Bundesanzeiger zu veröffentlichen sind (§ 33 BBankG). Nach dem Diskontsatz bestimmt sich der Preis, zu dem die Bundesbank bei Vorliegen der Voraussetzungen des § 19 Abs. 1 Nr. 1 und 2 BBankG bereit ist, Wechsel, Schecks und Schatzwechsel anzukaufen, d.h. zu (re-)diskontieren. Die Diskontpolitik dient insbesondere der längerfristigen Bereitstellung von Zentralbankgeld.

Lombardkredite gewährt die Bundesbank den Kreditinstituten dagegen grundsätzlich zum Zweck der kurzfristigen Überbrückung eines vorübergehenden Liquiditätsengpasses.[54] Gemäß § 19 Abs. 1 Nr. 3 lit. a bis f sind Lombardkredite verzinsliche Darlehen gegen Pfand bei einer Laufzeit von längstens drei Monaten. Der nach § 15 BBankG festgesetzte Zinssatz für die Lombardkredite, der *Lombardsatz,* liegt in der Regel etwa einen bis drei Prozentpunkte über dem Diskontsatz, was den Ausnahmecharakter dieser Refinanzierungsform unterstreicht.

Da die Rechtsbeziehungen der Kreditinstitute mit der Bundesbank, soweit es um Ankauf von Wechseln usw. geht, privatrechtlicher Natur sind, wird auch die Festsetzung der Zins-, Diskont- und Lombardsätze häufig als privatrechtlich qualifiziert, meist als eine Art allgemeiner Geschäftsbedingungen.[55] Dieser Ansicht stehen ihre Festlegung durch einseitige Anordnung, ihre Verbindlichkeit, die Pflicht zu ihrer Publizierung und ihre wirtschaftslenkende Kraft entgegen. Es spricht daher mehr dafür, sie dem Bereich des öffentlichen Rechts zuzuordnen, zumal das Bundesverwaltungsgericht auch

53 Vgl. BVerwGE 94, S. 295f.; dazu Anmerkung von Häde, Ersatzpflicht, S. 924; Häde, Geldzeichen, S. 50ff., S. 83, S. 96; Fögen, Geld- und Währungsrecht, S. 21, S. 23; von Spindler/Becker/Starke, Bundesbank, II. Teil, § 14, Anm. 1 I. 4, S. 283, Anm. 4, S. 295; Pfennig, Notenausgabe, S. 38, S. 55; anderer Ansicht: Fröhlich, Währungspolitische Instrumente, S. 109ff., der in Ausgabe und Einziehung von Banknoten Rechtsnormen sieht.

54 Vgl. Deutsche Bundesbank, Geschäftsbericht 1989, S. 84 sowie Deutsche Bundesbank, Geschäftsbericht 1990, S. 101.

55 Vgl. Weiland, Regelungskompetenzen, S. 76ff.; Fögen, Geld- und Währungsrecht, S. 76; Möschel, Wirtschaftsrecht, S. 105 m. w. Nachw.; ferner Prost, Diskontfestsetzung, S. 808.

die Festsetzung der Mindestreservesätze als öffentlich-rechtlich beurteilt hat.[56]

Die Steuerung des Geldvolumens mittels Diskontierung und Lombardierung ist aber nicht auf die Preiskomponente und die qualitativen Anforderungen an «bundesbankfähige» Wertpapiere beschränkt. Vielmehr kann die Bundesbank auch das *Refinanzierungsvolumen beschränken,* indem sie den einzelnen Geschäftsbanken besondere quantitative Grenzen setzt.

Bei der Festlegung der individuellen Rediskontkontingente steht die Regelung eines Einzelfalles im Vordergrund, so daß sie als Verwaltungsakt gemäß § 35 Satz 1 VwVfG einzustufen ist.[57]

Die Diskont- und Lombardpolitik dient der Deutschen Bundesbank gemäß § 15 BBankG «zur Beeinflussung des Geldumlaufs und der Kreditgewährung». Über die Festsetzung der Zinssätze und der quantitativen Refinanzierungsgrenzen kann die Bundesbank direkten Einfluß auf die Liquidität und damit auf die *Kreditpolitik der Kreditinstitute* nehmen. Da diese am Geldmarkt keine höheren Zinsen gewähren werden, als sie selbst für die kurzfristige Inanspruchnahme eines Lombardkredits bezahlen müßten, folgen die kürzerfristigen Soll- und Habenzinsen der Kreditinstitute insbesondere im Verkehr mit Nichtbanken weitgehend den Entwicklungen des Diskont- und Lombardsatzes. Beide Zinssätze behalten insofern ihre traditionelle Funktion als «Leitzinsen» in der Volkswirtschaft, als sie Auskunft über die Grundlinie der Geldpolitik der Deutschen Bundesbank geben. Die eigentliche Signalwirkung für geldpolitische Zinsänderungen geht jedoch von der für die Kreditinstitute inzwischen bedeutsameren Offenmarktpolitik der Bundesbank aus.[58]

Als *Offenmarktgeschäft* im Sinne von § 15 BBankG wird der An- und Verkauf bestimmter festverzinslicher Wertpapiere durch die Bundesbank für eigene Rechnung am offenen Markt bezeichnet. Geschäftspartner am offenen Markt sind in erster Linie die Kreditinstitute, aber auch öffentliche Verwaltungen sowie natürliche und juristische Personen des Privatrechts, d.h. grundsätzlich jedermann. Nach § 21 i.V.m. §§ 15, 19, 20, 22, 42 BBankG darf die Bundesbank «zur Regelung des Geldmarktes» – nicht etwa zum Zweck der Gewinnerzielung – Kaufgeschäfte über folgende Wertpapiere tätigen: Wechsel; Schatzwechsel; Schuldverschreibungen und Schuldbuchforderungen, deren Schuldner der Bund, eines seiner Sondervermögen oder ein Land ist, sowie andere zum amtlichen Börsenhandel zugelassene Schuldverschreibungen. Die Offenmarktgeschäfte haben «zu Marktsätzen» zu erfolgen: Die

56 Vgl. BVerwGE 41, S. 351.

57 So ebenfalls: Schönle, Bank- und Börsenrecht, § 35 III 2, S. 396f.; Coburger, Währungspolitische Befugnisse, S. 138; Kümpel, Währungspolitisches Instrumentarium, S. 9; wohl auch Fröhlich, Währungspolitische Instrumente, S. 121.

58 Vgl. Deutsche Bundesbank, Geldpolitische Aufgaben, S. 60; Geiger, Refinanzierungs- und Offenmarktpolitik, S. 136f.; Weikart, Währungsrecht, S. 629f.

Deutsche Bundesbank ist bei der einseitigen Bestimmung der Konditionen somit an die Situation am Geldmarkt gebunden. Offenmarktgeschäfte stellen privatrechtliche Kaufverträge dar. Den Schwerpunkt der Offenmarktpolitik der Bundesbank bilden ihre sogenannten Wertpapierpensionsgeschäfte, Offenmarktgeschäfte unter Rückkaufsvereinbarung, die sie ausschließlich mit mindestreservepflichtigen Kreditinstituten abschließt. Die bei den Wertpapierpensionsgeschäften berechneten Zinssätze üben Signalfunktion für die Zinserwartungen der Märkte aus und werden von der Bundesbank als Feinsteuerungsinstrument insoweit auch gezielt eingesetzt.

Indem die Bundesbank bei den Offenmarktgeschäften mit Nichtbanken in direkten Wettbewerb mit den durch die Kreditinstitute angebotenen Anlagemöglichkeiten tritt, nimmt sie zudem unmittelbaren Einfluß auf die Habenzinsen der Kreditinstitute.

Nach §16 Abs. 1 Satz 1 BBankG kann die Bundesbank im Rahmen ihrer *Mindestreservepolitik* verlangen, daß die Kreditinstitute in Höhe eines bestimmten Prozentsatzes ihrer Verbindlichkeiten zinslose Guthaben auf Girokonten bei ihr unterhalten. Sie legt die Prozentsätze für die verschiedenen reservepflichtigen Verbindlichkeiten der Kreditinstitute nach allgemeinen Gesichtspunkten fest (Satz 3); je nach Art der Verbindlichkeit ist der Reservesatz – mit Ausnahme der Verbindlichkeiten gegenüber Gebietsfremden – auf 30% (Sichtverbindlichkeiten), 20% (befristete Verbindlichkeiten) oder 10% (Spareinlagen) maximal begrenzt (Satz 2).

Diente die Mindestreservepolitik ursprünglich der Sicherung einer Liquiditätsreserve der Banken und damit dem Schutz ihrer Gläubiger, so steht heute gemäß §16 Abs. 1 Satz 1 BBankG die geldpolitische Steuerungsfunktion «zur Beeinflussung des Geldumlaufs und der Kreditgewährung» im Vordergrund. Die Bundesbank nimmt mit längerfristiger Wirkung Einfluß auf die Liquidität der Kreditinstitute und damit auf die Kreditgewährung und den Geldumlauf.

Die Festsetzung von Mindestreservesätzen ist öffentlich-rechtlicher Natur. Die Kreditinstitute werden hoheitlich zur Haltung der Mindestreserven verpflichtet. Die jeweilige Anordnung über die Mindestreserve ergeht «im Wege der Rechtsetzung», wobei das Bundesverwaltungsgericht offenläßt, ob es sich hierbei «um eine Rechtsverordnung, eine autonome Satzung oder um Rechtssätze eigener Art handelt».[59] Diese Rechtsetzungsbefugnis, die §16 BBankG gewährt, hält sich im Einklang mit Art. 80 Abs. 1 Satz 2 GG und ist Ausfluß der Satzungsautonomie der Bundesbank.

59 BVerwGE 41, S. 351; für eine Einstufung als Rechtsverordnung: Maunz u.a., Grundgesetz, Art. 88, Rdnrn. 26f.; Gramlich, Bundesbankgesetz, §16, Rdnr. 74; Gramlich, Mindestreserve, S. 204; Gramlich, Neu- oder Fehlentwicklungen, S. 374; Weiland, Regelungskompetenzen, S. 164ff.

Die Verpflichtung der Deutschen Bundesbank zur Währungssicherung umfaßt auch die *Sicherung des Außenwertes der D-Mark* im Verhältnis zu ausländischen Währungen. Auf dem deutschen Devisenmarkt werden ausländische Währungen zu D-Mark-Preisen gehandelt. Im Rahmen dieser *Währungspolitik* sind zwei Devisenmarktgegebenheiten grundsätzlich voneinander zu unterscheiden: frei floatende Wechselkurse und das System fester Wechselkurse.

Abschließend sind noch einige Befugnisse zu erwähnen, die in den Bereich der Devisenzwangs- beziehungsweise «Devisenbannwirtschaft»[60] einzuordnen sind. Gesetzliche Grundlage für *Kapitalverkehrsbeschränkungen* ist das Außenwirtschaftsgesetz (AWG) vom 28. April 1961 (BGBl. I S. 481) i.d.F. des Gesetzes vom 9. August 1994 (BGBl. I S. 2068). An erster Stelle ist die *Bardepotpflicht* gemäß § 6 a Abs. 1 AWG (eingefügt durch Gesetz vom 23. Dezember 1971, BGBl. I S. 2124, und geändert durch Gesetz vom 23. Februar 1973, BGBl. I S. 109) zu nennen. Danach wird die Bundesregierung ermächtigt, durch Rechtsverordnung vorzuschreiben, daß Gebietsansässige einen bestimmten Prozentsatz – gemäß Abs. 4 Satz 2 maximal 100% – von bei Gebietsfremden aufgenommenen Krediten während eines bestimmten Zeitraums zinslos auf einem Konto bei der Bundesbank in D-Mark zu halten haben. Die Ermächtigung zur Bestimmung des jeweiligen Depotsatzes ist gemäß § 27 Abs. 1 Satz 5 AWG auf die Bundesbank übertragen worden. Durch die Bardepotpflicht verteuern sich die davon betroffenen Kredite erheblich. Sie sollen auf diese Weise zurückgedrängt werden, um den (übrigen) kreditpolitischen Maßnahmen (wieder) größere Wirksamkeit zu verleihen. So sollte mit der von 1972 bis 1974 wirksamen Bardepotpflicht insbesondere die Kreditaufnahme von Unternehmen im Ausland eingeschränkt werden, da sie mit dem sonstigen Instrumentarium der Bundesbank nicht unmittelbar gesteuert werden kann. Es handelt sich mithin um eine Art variabler Devisenbewirtschaftung, deren Rechtswirkung sich für die Betroffenen unmittelbar aus der Verordnung ergibt. Nur bei Nichterfüllung der Pflicht erläßt die Bundesbank gemäß § 28 a AWG entsprechende (Heranziehungs-)Verwaltungsakte und Vollstreckungsmaßnahmen.[61] Wider-

60 Begriff bei von Spindler/Becker/Starke, Bundesbank, I. Teil, Abschnitt E IV 4, S. 103 f., die sie nicht zu den währungspolitischen Befugnissen der Bundesbank rechnen mit der Folge, daß sie nicht von der Unabhängigkeitsgarantie erfaßt wird (II. Teil, § 16, Anm. 7 b, d, S. 351, 353 f.).

61 Vgl. von Spindler/Becker/Starke, Bundesbank, II. Teil, § 16, Anm. 7 d cc (S. 353 f.); Weiland, Regelungskompetenzen, S. 100 ff., der das Instrument sehr kritisch beurteilt; weitere Einzelheiten bei: Starck, Kreditbegriff, S. 1607 ff.; Hübner, Ersatzansprüche, S. 353 ff. Auch die Rechtsprechung war mehrmals mit den Voraussetzungen für die Haltung eines Bardepots befaßt, vgl. BVerwG, Haltung eines sogenannten Bardepots, S. 1700 f.; BVerwG, Anordnung einer Depotpflicht, S. 467 ff.: in beiden Fällen war ein Heranziehungsbescheid erlassen worden; BGH, Anwendbarkeit des Außenwirtschaftsgesetzes, S. 2030 ff.: Schadensersatzbegehren; BGH, Scheingeschäft, S. 1572 ff.: Umgehungsgeschäfte.

spruch und Anfechtungsklage hiergegen haben keine aufschiebende Wirkung (§28 a Abs. 2 AWG).

Daneben besteht gemäß §§ 2 Abs. 1, 22 und 23 AWG die Möglichkeit, Geld- und Kapitalexporte beziehungsweise -importe einer allgemeinen Genehmigungspflicht zu unterwerfen oder sogar zu verbieten. Für die Erteilung von Genehmigungen auf Grund des AWG im Bereich des Kapital- und Zahlungsverkehrs sowie des Verkehrs mit Auslandswerten ist nach § 28 Abs. 2 Nr. 1 AWG die Deutsche Bundesbank ausschließlich zuständig. Zur Überwachung der Einhaltung des Außenwirtschaftsrechts hat die Deutsche Bundesbank gemäß § 44 AWG ein Auskunftsrecht: Sie kann von Auskunftspflichtigen die Vorlage geschäftlicher Unterlagen verlangen und bei diesen Prüfungen vornehmen.

d) Probleme des Rechtsschutzes gegen Maßnahmen der Bundesbank

Die Bestimmung der Rechtsnatur der einzelnen geld- und währungspolitischen Instrumente der Bundesbank ist wesentlich für die Frage, ob und inwieweit für die Kreditinstitute und sonstige Betroffene ein Rechtsschutz gegenüber Maßnahmen der Bundesbank besteht. Geld- und währungspolitische Maßnahmen der Bundesbank sind bislang selten Gegenstand gerichtlicher Streitigkeiten gewesen, so daß diese Frage im allgemeinen verfassungs- und verwaltungsrechtlichen Schrifttum nur wenig Beachtung gefunden hat. Auf Grund der Zuordnung der Bundesbank zur Exekutive kann es aber keinen Zweifel daran geben, daß auch das hoheitliche Handeln der Bundesbank der Rechtsschutzgarantie des Art. 19 Abs. 4 GG unterliegt.[62] Daraus ist grundsätzlich die umfassende richterliche Kontrolle von Hoheitsakten sowohl in rechtlicher als auch in tatsächlicher Hinsicht abzuleiten.[63] Da Gerichte allerdings nur am Maßstab des Rechts entscheiden können, setzt die gerichtliche Feststellung eines Rechtsverstoßes voraus, daß die einschlägige Streitfrage überhaupt eine Rechtsfrage ist. Besondere Schwierigkeiten bereiten hier die Bundesbankentscheidungen mit Prognosecharakter.[64] Die geld- und währungspolitischen Maßnahmen der Bundesbank stützen sich weniger auf die nachprüfbare Ermittlung der gegenwärtigen geld- und währungspolitischen Lage, sondern sie beruhen insbesondere auf der Vorhersage der zukünftigen gesamtwirtschaftlichen Entwicklung unter Berücksichtigung der Wir-

62 Vgl. Siebelt, Verhaltensspielraum, S. 194f.; Gramlich, Neu- oder Fehlentwicklungen, S. 381; Hahn, Währungsrecht, § 20 II, S. 305, Rdnr. 14. Für die EZB vgl. Art. 35 ESZB-Satzung; hierzu im einzelnen Koenig, Überlegungen, S. 661 ff.

63 Vgl. BVerfGE 31, S. 117; BVerfGE 35, S. 274; BVerfGE 51, S. 312; Maunz u. a., Grundgesetz, Art. 19 IV Rdnr. 183; Stern, Staatsrecht II, § 20 IV 5 f.

64 Eingehend Coburger, Währungspolitische Befugnisse, S. 116 ff.

kungen des einzusetzenden Instruments. Die Bundesbank ist auf Grund ihrer spezifischen Sachkompetenz insoweit ein besonders prädestinierter Entscheidungsträger.[65] Eine gerichtliche Überprüfung kann sich mithin nur auf die Frage beschränken, ob sich die Bundesbank bei ihrer Entscheidungsfindung zutreffender Ausgangswerte und wissenschaftlich vertretbarer Methoden bedient hat.[66] Soweit sie unbestimmte Gesetzesbegriffe des Bundesbankgesetzes oder anderer Rechtsvorschriften zu interpretieren hat, steht ihr daher ein nur begrenzt überprüfbarer Beurteilungsspielraum zu.

Allgemein läßt sich feststellen, daß jede Maßnahme der Bundesbank ihre Schranken in Verfassungsgeboten, insbesondere in den Grundrechten findet.[67] Darüber hinaus sind hinsichtlich des Vorliegens von Form- oder Verfahrensfehlern oder der Überschreitung von Ermessensregeln und -schranken Grundsätze des Verwaltungsrechts zu beachten.[68] Die Justitiabilität von Bundesbankmaßnahmen und damit der Nachweis eines Rechtsverstoßes werden für die das Gericht anrufende Partei jedoch um so schwieriger, je mehr es um Geld- und Währungspolitik geht. Dabei ist insbesondere zu berücksichtigen, daß ein ausreichender Gestaltungsspielraum der Bundesbank zur Erfüllung ihres verfassungsrechtlichen Auftrages der Währungssicherung und zum Schutz ihrer Unabhängigkeit gewährleistet sein muß. Ein Verstoß gegen Grundrechte oder eine Überschreitung der Befugnisse nach dem Bundesbankgesetz wird somit lediglich in *besonders gelagerten Situationen evidenten Fehlverhaltens* festzustellen sein.

e) Die Mitwirkung der Bundesbank an der Bankenaufsicht

Die Bundesbank wirkt gemäß den Regelungen im Gesetz über das Kreditwesen (KWG) an der Bankenaufsicht mit, soweit ihr Aufgabenbereich durch Maßnahmen der anderen an der Bankenaufsicht beteiligten Stellen (Bundesaufsichtsamt für das Kreditwesen, Bundesregierung, Bundesminister der Finanzen) betroffen ist. Ziel der Bankenaufsicht ist nach §6 Abs. 2 KWG die Sicherstellung eines funktionsfähigen Kreditwesens aus gesamtwirtschaftlichen Gründen. Diese Zielsetzung liegt zugleich im Interesse der Bundesbank, da ihre wichtigsten, der Währungssicherung dienenden geld- und währungs-

65 Vgl. Tettinger, Überlegungen, S. 422; Tettinger, Rechtsanwendung, S. 429ff.; Gramlich, Neu- oder Fehlentwicklungen, S. 378.

66 Vgl. BVerwG, Urteil vom 26. März 1981, S. 980.

67 Gramlich, Neu- oder Fehlentwicklungen, S. 379, meldet «Nachbesserungs»-Bedarf im Hinblick auf «rechtsstaatliche Konturen» und «demokratische Legitimation» des Instrumentariums der Bundesbank an.

68 Vgl. Gramlich, Neu- oder Fehlentwicklungen, S. 383; Coburger, Währungspolitische Befugnisse, S. 113ff. und S. 145ff.; eingeschränkt Hahn, Währungsrecht, §20 II Rdnrn. 14ff.

politischen Instrumente bei den Kreditinstituten ansetzen und der Erfolg ihrer Politik somit von einem stabilen und funktionsfähigen Kreditapparat abhängt.[69] Bankenaufsichtliche Maßnahmen können folglich mittelbar währungspolitisch bedeutsame Wechselwirkungen entfalten.

Gemäß § 7 Abs. 1 Satz 1 KWG werden die Bundesbank und das Bundesaufsichtsamt für das Kreditwesen (BAK) verpflichtet, nach Maßgabe des KWG zusammenzuarbeiten. Sie haben einander Beobachtungen und Feststellungen mitzuteilen, die für die Erfüllung der beiderseitigen Aufgaben von Bedeutung sein können (Satz 2). Der Präsident des BAK hat nach § 7 Abs. 2 KWG das Recht, an den Beratungen des Zentralbankrates der Deutschen Bundesbank teilzunehmen, soweit Gegenstände seines Aufgabenbereichs behandelt werden. Er hat hierbei kein Stimm-, wohl aber ein Antragsrecht.

Die Mitwirkung der Bundesbank bei bankenaufsichtlichen Maßnahmen ist im KWG in drei unterschiedlichen Intensitätsstufen vorgesehen:[70] Die schwächste Mitwirkungsform ist die «Anhörung» der Bundesbank, die vor dem Erlaß von bestimmten Rechtsverordnungen durch den Bundesminister der Finanzen (§§ 1 Abs. 1 Satz 3 und Abs. 3 Satz 2, 10 Abs. 2 Satz 1 Nr. 3, 22 Satz 1, 29 Abs. 3 Satz 1 und 31 Abs. 1 Satz 1 KWG) oder die Bundesregierung (§§ 47 Abs. 2 und 48 Abs. 1 KWG) sowie vor der Ernennung des Präsidenten des BAK (§ 5 Abs. 2 KWG) durchzuführen ist. Eine gründlichere Erörterung und Auseinandersetzung mit den Bedenken der Bundesbank ist erforderlich, soweit in den §§ 10 a Abs. 6 Satz 11, 24 Abs. 4 Satz 1 und 25 Abs. 4 Satz 1 KWG die Herstellung eines «Benehmens» mit der Bundesbank gefordert ist. Die Mitwirkungsformen der «Anhörung» und des «Benehmens» unterscheiden sich ansonsten jedoch kaum, da die Aufsichtsbehörde in beiden Fällen nicht an die Stellungnahme der Bundesbank gebunden ist.[71] Anders verhält es sich dagegen bei der Aufstellung von Grundsätzen über die Eigenkapitalausstattung oder über die Beurteilung der Liquidität eines Kreditinstituts gemäß den §§ 10 Abs. 1 Satz 2 und 11 Satz 2 KWG, bei der das BAK nur im «Einvernehmen» mit der Bundesbank handeln kann. Hierbei entfaltet die Stellungnahme der Bundesbank Bindungswirkung, so daß die Bundesbank die vom BAK beabsichtigte Regelung verhindern kann.

Überschneidungen zwischen den Aufgabengebieten der Bundesbank und der Bankenaufsicht ergeben sich auch im Bereich der Informationsbeschaffung und -auswertung. Gemäß § 7 Abs. 1 Satz 3 KWG hat die Bundesbank dem BAK, das als selbständige Bundesoberbehörde keinen eigenen Mittel-

69 Vgl. BVerfGE 14, S. 212; Szagunn/Wohlschieß, Kreditwesen, § 7 KWG, Rdnr. 1; Humm, Bankenaufsicht, S. 115.

70 Übersicht über sämtliche Mitwirkungsrechte bei Szagunn/Wohlschieß, Kreditwesen, § 6 KWG, Rdnr. 27; Humm, Bankenaufsicht, S. 118 ff.; Reischauer/Kleinhans, Kreditwesengesetz, § 7 KWG, Rdnr. 2.

71 Vgl. Humm, Bankenaufsicht, S. 119; Pohl, Deutsche Bundesbank, S. 53.

und Unterbau besitzt, ihre statistischen Daten und Informationen aus dem Kreditbereich sowie deren Auswertung zur Verfügung zu stellen. Aus verwaltungsökonomischen Gründen ist auch der Großteil von Anzeigen und Meldungen der Kreditinstitute nach dem KWG bei der Bundesbank einzureichen. Diese wertet die Daten aus und gibt nur die bankenaufsichtlich relevanten Fälle an das BAK weiter, wodurch dieses stark entlastet wird.[72] Die Bundesbank hat dem BAK nach § 16 Abs. 3 Satz 3 BBankG auch eine erhebliche oder wiederholte Unterschreitung des Mindestreserve-Solls durch ein Kreditinstitut mitzuteilen. Gemäß § 44 Abs. 3 Satz 2 KWG kann die Bundesbank von den Kreditinstituten und den Mitgliedern ihrer Organe hinsichtlich deren Meldungs- und Anzeigenpflichten Auskünfte über alle Geschäftsangelegenheiten sowie die Vorlegung der Bücher und Schriften verlangen. Bei einem solchen Auskunfts- und Vorlegungsersuchen der Bundesbank dürfte es sich um einen Verwaltungsakt handeln, der mit den allgemeinen Rechtsmitteln angegriffen werden kann.

f) Die Einbeziehung der Bundesbank in die nationale und internationale Wirtschafts-, Finanz- und Konjunkturpolitik

Die Deutsche Bundesbank ist sowohl auf nationaler als auch auf internationaler Ebene nachhaltig in die wirtschafts-, finanz- und konjunkturpolitische Willensbildung einbezogen:

Wirtschafts-, Finanz- und Konjunkturpolitik sind eine zentrale Aufgabe jeder Regierung. Ungeachtet der Mitwirkung anderer Staatsorgane sind sie aus in der Sache liegenden Gründen gouvernemental[73] und im Bundesstaat primär den zentralen Organen zugeordnet. Die *Bundesregierung* avanciert damit in diesem Bereich zum wichtigsten Entscheidungsorgan, das sich jedoch der Unterstützung sachverständiger Institutionen bedienen soll. Dazu gehört gerade die Bundesbank. Gemäß § 13 Abs. 3 BBankG soll die Bundesregierung den Präsidenten der Deutschen Bundesbank zu ihren Beratungen über Angelegenheiten von währungspolitischer Bedeutung zuziehen. Diese Regelung stellt ein Korrelat zum Teilnahmerecht der Mitglieder der Bundesregierung an Zentralbankratssitzungen gemäß § 13 Abs. 2 BBankG dar. Sie dient nach Auffassung der Bundesbank dazu, «die Beziehungen zwischen Bundesregierung und Bundesbank zu verdichten und der Bundesbank die Möglichkeit zu geben, sich hinsichtlich der wirtschaftlichen Zielsetzungen der Bundesregierung auf dem laufenden zu halten».[74] § 13 Abs. 3 BBankG ist zwar

72 Vgl. Bähre/Schneider, KWG-Kommentar, § 50 KWG, Anm. 2; Seeck/Steffens, Deutsche Bundesbank, S. 37f.

73 Vgl. Stern/Münch/Hansmeyer, Stabilitätsgesetz, S. 72.

74 Deutsche Bundesbank, Geschäftsbericht 1957, S. 7.

lediglich eine «Soll»-Vorschrift. Angesichts der Vielzahl von für die Währungspolitik bedeutsamen Faktoren ist jedoch die Teilnahme des Bundesbankpräsidenten, vertretungsweise auch des Vizepräsidenten (entsprechend den §§6 Abs. 3 Satz 1; 7 Abs. 5 Satz 1 BBankG), an Kabinettssitzungen bei grundlegenden Entscheidungen die Regel, auch wenn es im Ermessen der Bundesregierung liegt, wann Beratungsgegenstände «Angelegenheiten von währungspolitischer Bedeutung» sind und eine Einladung zu ihrer Sitzung nach § 21 Abs. 1 GeschOBReg erfolgt. Vorrangig entscheidet der Bundeskanzler, aber auch der einzelne Minister kann entsprechend § 23 Abs. 3 GeschOBReg auf die Zuziehung des Bundesbankvertreters hinwirken.

Zusätzlich wird die Verbindung zwischen Bundesbank und Bundesregierung durch Beteiligungsrechte der Bundesbank bei folgenden *Beratungs- und Koordinierungsgremien* auf Regierungsebene verstärkt:

- Auf Grund des Gesetzes über die Bildung eines Sachverständigenrates vom 14. August 1963 erstattet der *Sachverständigenrat zur Begutachtung der gesamtwirtschaftlichen Entwicklung* jährlich ein Gutachten über die gesamtwirtschaftliche Lage und deren absehbare Entwicklung und leitet es der Bundesregierung zu. Insbesondere sollen die fünf unabhängigen Sachverständigen, die sogenannten fünf Weisen, die Ursachen von aktuellen und möglichen Spannungen zwischen der gesamtwirtschaftlichen Nachfrage und dem gesamtwirtschaftlichen Angebot aufzeigen (§ 2 des Gesetzes). Der Sachverständigenrat kann hierzu den Präsidenten der Bundesbank hören, und umgekehrt kann dieser verlangen, dem Sachverständigenrat seine Stellungnahme vortragen zu können (§ 5 Abs. 1 und 2 des Gesetzes).
- Gemäß §18 StabG besteht seit 1967 bei der Bundesregierung der *Konjunkturrat für die öffentliche Hand*. Dem Konjunkturrat gehören die Bundesminister für Wirtschaft (als Vorsitzender) und der Finanzen, je ein Vertreter der Bundesländer und vier Vertreter der Gemeinden und der Gemeindeverbände an. Er hat die Aufgabe, die Interessen der Gebietskörperschaften hinsichtlich der Konjunkturpolitik der Bundesregierung zu wahren und zu koordinieren. Der Konjunkturrat ist gemäß §18 Abs. 2 Satz 2 StabG insbesondere vor Maßnahmen der Bundesregierung nach den §§ 15, 19 und 20 StabG (Zuführung von Mitteln der Gebietskörperschaften zur Konjunkturausgleichsrücklage, Beschränkungen der Kreditaufnahme) zu hören.[75] Darüber hinaus berät er alle zur Erreichung des gesamtwirtschaftlichen Gleichgewichts erforderlichen konjunkturpolitischen Maßnahmen und die Möglichkeiten der Deckung des Kreditbedarfs der öffentlichen Haushalte (§18 Abs. 2 Satz 1 Nr. 1 und 2 StabG). Seine Beschlüsse sind allerdings nicht

75 Näheres bei Höfling, Staatsschuldenrecht, S. 418ff.; Stern/Münch/Hansmeyer, Stabilitätsgesetz, § 18; Wittmann, Finanzwissenschaft, S. 98f.; Wiesner, Öffentliche Finanzwirtschaft I, S. 140f.

rechtsverbindlich, sondern nur empfehlend. Die Bundesbank – nicht ein bestimmter Organwalter der Bundesbank – hat gemäß § 18 Abs. 4 StabG das Recht, an den Beratungen des Konjunkturrates nach eigenem Ermessen teilzunehmen.

- Nach § 18 Abs. 3 StabG ist seit 1975 der *Ausschuß für Kreditfragen der öffentlichen Hand* geschaffen, der aus einem Unterausschuß des Konjunkturrates hervorging und nun ein eigenständiges Beratungsgremium darstellt. Den Vorsitz in diesem Ausschuß führt der Bundesminister der Finanzen. Der Ausschuß untersucht die Kapitalmarktsituation und den Kreditbedarf der öffentlichen Haushalte; er ist für die Vorbereitung der gegebenenfalls erforderlich werdenden Kreditlimitierung nach Art. 109 Abs. 4 GG, §§ 19–22 StabG zuständig.[76] Gemäß § 1 Abs. 1 Satz 3 seiner Geschäftsordnung nimmt die Deutsche Bundesbank als ständiger und aktiver Gesprächspartner an den Beratungen des Ausschusses teil.
- Weiteres finanzpolitisches Beratungs- und Koordinierungsgremium bei der Bundesregierung ist nach § 51 HGrG der *Finanzplanungsrat,* der sich aus den Bundesministern der Finanzen (Vorsitz) und für Wirtschaft, den für die Finanzen zuständigen Ministern der Bundesländer sowie vier Vertretern der Gemeinden und Gemeindeverbände zusammensetzt. Der Finanzplanungsrat gibt unverbindliche Empfehlungen für die Abstimmung der mittelfristigen Finanzplanung des Bundes mit den Planungen der Länder und Gemeinden, stellt eine einheitliche Systematik der Finanzplanungen auf und ermittelt volks- und finanzwirtschaftliche Annahmen für die Finanzplanungen und Schwerpunkte für eine den gesamtwirtschaftlichen Erfordernissen entsprechende Erfüllung der öffentlichen Aufgaben. Er berücksichtigt dabei die vom Konjunkturrat zur Erreichung der Ziele des Stabilitätsgesetzes für erforderlich gehaltenen Maßnahmen. Gemäß § 51 Abs. 1 Satz 3 HGrG kann die Bundesbank auch an den Beratungen des Finanzplanungsrates teilnehmen.

Die Beziehungen der Deutschen Bundesbank zu *inter- und supranationalen Organisationen und Institutionen* beruhen auf unterschiedlichen Rechtsgrundlagen: Gemäß § 4 BBankG ist die Bundesbank berechtigt, sich an der Bank für Internationalen Zahlungsausgleich und mit Zustimmung der Bundesregierung an anderen Einrichtungen zu beteiligen, die einer übernationalen Währungspolitik oder dem internationalen Zahlungs- und Kreditverkehr dienen. Zumeist ist die Bundesbank jedoch weder selbst Vertragspartei eines internationalen Übereinkommens noch in den völkerrechtlichen Abreden als staatliches Vollzugsorgan benannt.[77] In diesen Fällen sind die sich aus den

76 Vgl. Dickertmann/Siedenberg, Instrumentarium, S. 18; Höfling, Staatsschuldenrecht, S. 421 f.

77 Vgl. Gramlich, Bundesbankgesetz, § 4, Rdnrn. 12 ff., 32.

betreffenden internationalen Verträgen ergebenden Verpflichtungen von der Bundesregierung einzuhalten; die Bundesbank wird lediglich in die nationale Ausführung einbezogen. Aus diesem Grunde wird die Bundesbank von der Bundesregierung über §13 Abs. 3 BBankG an den Vorbereitungsarbeiten solcher internationalen Abkommen auf währungspolitischem Gebiet intern beteiligt. Hinsichtlich der Erfüllung der völkerrechtlichen Verträge werden jeweils interne nichtveröffentlichte Verwaltungsabkommen zwischen der Bundesbank und der Bundesregierung abgeschlossen.[78] Im EU-Recht ist die Bundesbank jedoch als solche in bestimmte Einrichtungen einbezogen.

- Nach den Vorschriften des Maastrichter Vertrages ist die Bundesbank an der zweiten und dritten Stufe der *Europäischen Wirtschafts- und Währungsunion* unmittelbar beteiligt. Nach Art. 106 Abs. 1 EGV ist die Bundesbank Bestandteil des Europäischen Systems der Zentralbanken. Der Präsident der Deutschen Bundesbank ist während der zweiten Stufe gemäß Art. 109f Abs. 1 EGV Mitglied des Rates des Europäischen Währungsinstituts. Ebenso wird er nach Beginn der dritten Stufe gemäß Art. 109 a Abs. 1 EGV dem Rat der Europäischen Zentralbank angehören. Schließlich ist ein Bundesbankvertreter Mitglied des in Art. 109 c EGV geregelten Beratenden Währungsausschusses (mit Beginn der dritten Stufe: Wirtschafts- und Finanzausschusses).
- Im Anschluß an die Konferenz von Bretton Woods wurde 1945 der *Internationale Währungsfonds (IWF)* errichtet, dem die Bundesrepublik Deutschland seit 1952 als Mitglied angehört.[79] Seine Aufgaben sind insbesondere die Förderung der Zusammenarbeit der Staaten auf dem Gebiet der Währung und der Stabilität der Wechselkurse sowie die Lockerung und Aufhebung von Devisenbewirtschaftung.[80] Oberstes Beschlußgremium des IWF ist der Gouverneursrat: Jedes Mitglied der Organisation bestellt hierfür in einer von ihm bestimmten Weise jeweils einen Gouverneur und einen Stellvertreter (Artikel XII Abschnitt 2 a) Satz 2 IWF-Übereinkommen). Entsprechend den internationalen Gepflogenheiten hat stets der Präsident der Deutschen Bundesbank das Amt des deutschen Gouverneurs ausgeübt;

78 Einzelheiten bei Gramlich, Bundesbankgesetz, § 4, Rdnrn. 17ff.; Dickertmann/Siedenberg, Instrumentarium, S. 19; von Spindler/Becker/Starke, Bundesbank, II. Teil § 4, Anm. 2, S. 215f.; Hahn, Währungsrecht, §15 I, S. 210, Rdnr. 2.

79 Übereinkommen über den Internationalen Währungsfonds vom 1./22. Juli 1944 in der Neufassung vom 30. April 1976; abgedruckt in Sartorius II; Beitritt der Bundesrepublik Deutschland durch Gesetz vom 28. Juli 1952 (BGBl. II, S. 637 und 728), geändert durch Gesetze vom 13. August 1959 (BGBl. II, S. 930), 30. Juli 1965 (BGBl. II, S. 1089), 12. Mai 1966 (BGBl. II, S. 245), 23. Dezember 1968 (BGBl. II, S. 1225), 17. Dezember 1970 (BGBl. II, S. 1325), 9. Januar 1978 (BGBl. II, S. 13) und vom 22. Juli 1991 (BGBl. II, S. 814).

80 Deutsche Bundesbank, Internationale Organisationen, S. 1ff.; Hahn, Währungsrecht, §13 I und §15 I, S. 174ff. und 210ff.; Dickertmann/Siedenberg, Instrumentarium, S. 21f.

er wird im Einvernehmen mit dem Bundesminister der Finanzen, dem stellvertretenden Gouverneur, tätig.

– Am 12. Mai 1930 nahm die *Bank für Internationalen Zahlungsausgleich (BIZ)* in Basel ihre Tätigkeit auf.[81] Seitdem sie ihre ursprüngliche Aufgabe, die Abwicklung der deutschen Reparationszahlungen aus dem Ersten Weltkrieg (Young-Plan), erfüllt hat, besteht ihre Funktion darin, die Zusammenarbeit der Zentralbanken zu fördern, neue Möglichkeiten für internationale Finanzgeschäfte zu schaffen und als Treuhänder («Trustee») bei internationalen Zahlungsgeschäften mitzuwirken. Die BIZ hat die Rechtsform einer Aktiengesellschaft. Aktionäre sind, mit Ausnahme der Staatsbanken Albaniens und der GUS-Staaten, alle europäischen Notenbanken – also auch die Deutsche Bundesbank – sowie die Notenbanken Australiens, Japans, Kanadas, Südafrikas und der USA. Die Organe der BIZ sind die Generalversammlung und der Verwaltungsrat, dem die Geschäftsführung obliegt. Der Bundesbankpräsident ist ständiges Mitglied des Verwaltungsrates.

Die internationale währungspolitische Zusammenarbeit findet nicht nur im Rahmen formeller internationaler Organisationen, sondern darüber hinaus in verschiedenen *informellen Gremien* statt, in denen sich Ländergruppen mit vergleichbaren Interessen zusammenschließen:

Die *Zehnergruppe (G10)* ist 1962 als informeller Zusammenschluß der zehn wichtigsten Industrieländer entstanden, die in einem Abkommen mit dem IWF (Allgemeine Kreditvereinbarung, AKV) die Bereitstellung weiterer Kreditmittel als Refinanzierungsquelle für IWF-Mitglieder vereinbarten. Die Deutsche Bundesbank ist unmittelbare Vertragspartei der AKV. An den Sitzungen der G10 nehmen sowohl die Finanzminister als auch die Zentralbankpräsidenten der elf Mitgliedsländer[82] teil.

Wichtigstes Gremium der informellen Währungskooperation zwischen den sieben größten Industrieländern der Welt (USA, Japan, Deutschland, Frankreich, Italien, Großbritannien und Kanada) ist die *Siebenergruppe (G7)*. Das Kernstück der G7-Kooperation bilden die jährlichen Treffen der Staats- beziehungsweise Regierungschefs, die sogenannten Weltwirtschaftsgipfel. Bedeutsam sind daneben die gemeinsamen Sitzungen der Finanzminister und Zentralbankpräsidenten der sieben Mitgliedsländer, bei denen aktuelle globale Wirtschafts- und Währungsfragen erörtert werden.

81 Abkommen über die BIZ vom 20. Januar 1930 mit Grundgesetz der BIZ und Statuten (RGBl. II, S. 288); Bekanntmachung über Änderungen des Grundgesetzes und der Statuten vom 22. Juni 1970 (BGBl. II, S. 765); Bekanntmachung über Änderungen der Statuten der BIZ, vom 6. November 1976 (BGBl. II, S. 1849).

82 Die Schweiz ist seit 1983 elftes Vollmitglied.

6. Unabhängigkeit und Verhältnis zu den Organen der Staatsleitung als staatsrechtliche Grundfrage der Notenbanken

a) Staatsrechtliche und politische Bedeutung des Problems

Die bisherigen Darlegungen haben die staatsrechtliche Grundfrage jeder Währungs- und Notenbank, nämlich ihre Einordnung in das verfassungsrechtliche Beziehungsgeflecht der Organe der politischen Führung und insbesondere ihre Unabhängigkeit, zwar mehrfach berührt, aber noch nicht beantwortet. Stichworte wie verfassungsgarantiertes Minimum, «vierte Gewalt», Zugehörigkeit zur Exekutive, Ministerialfreiheit, Verhältnis zum parlamentarischen Regierungssystem, Unterstützung der allgemeinen Wirtschaftspolitik der Regierung und «Pluralismus der Ernennungsinstanzen» belegen die *staatsrechtliche und politische Bedeutung des Themas.* Es hat die sowohl rechtlich wie politisch als auch volkswirtschaftlich gleichermaßen bedeutsame zentrale Frage nach der Position der Deutschen Bundesbank im freiheitlichen, demokratischen und sozialen Rechtsstaat zum Gegenstand. Dieser Grundfrage ist eine Vielzahl von Monographien und Aufsätzen gewidmet.[83] An dieser Stelle ist nur den rechtlichen, vorzugsweise staatsrechtlich wesentlichen Aspekten des Themas nachzugehen. Die wirtschaftswissenschaftlichen Implikationen des Problems sind an anderer Stelle behandelt. Unmöglich ist es auch, die «massiven Interessen und Ideologien»[84] aufzugreifen, die den Kampf um die Bundesbank zuweilen bestimmt haben. Methodisch kann als Ansatz für die Beantwortung der Frage nur die Verfassung selbst oder die auf ihrer Grundlage geformte Rechtsordnung in Betracht kommen.

b) Unabhängigkeit nach dem Grundgesetz

Das Grundgesetz enthält zwei Vorschriften, die für die Positionsbestimmung der Bundesbank im Verfassungsgefüge eine Rolle spielen: einmal den schon mehrfach erörterten Art. 88 GG und zum zweiten Art. 109 Abs. 4 Satz 1 Nr. 2 GG, wonach durch Bundesgesetz Vorschriften über eine Verpflichtung von Bund und Ländern, unverzinsliche Guthaben (Konjunkturausgleichsrücklagen) bei der Deutschen Bundesbank zu unterhalten, erlassen werden dürfen. Die zuletzt genannte Bestimmung ist zur Beantwortung der gestellten

83 Vgl. die im Literaturverzeichnis aufgeführten Titel.
84 Schmidt, Grundlagen, S. 658.

Grundfrage unergiebig; sie schaltet die Bundesbank rein finanztechnisch in ihrer Eigenschaft als (Haus-)Bank des Staates ein. Die Untersuchung hat sich somit auf Art. 88 GG zu konzentrieren.

Bis zum Inkrafttreten des Art. 88 Satz 2 GG am 25. Dezember 1992 bestand Art. 88 GG a.F. lediglich aus dem Satz «Der Bund errichtet eine Währungs- und Notenbank als Bundesbank». Aus dieser Vorschrift konnte bereits folgender Regelungsinhalt entnommen werden:

- die Bundesbank ist eine Institution der Exekutive;
- die Bundesbank ist Währungs- und Notenbank;
- die Bundesbank ist als Einrichtung unter Einschluß eines Mindeststandards an währungs- und notenbankpolitischen Instrumenten institutionell garantiert.

Sehr kontrovers ist bislang die Frage diskutiert worden, ob Art. 88 GG a.F., der jetzige *Art. 88 Satz 1 GG*, darüber hinaus eine *verfassungsrechtliche Garantie der Unabhängigkeit* der Deutschen Bundesbank enthält:

- Nicht wenige – meist teleologisch oder topisch, also vom Topos Währungs- und Notenbank her, sowie historisch argumentierende – Darstellungen entnehmen dem Art. 88 GG a.F. eine Aussage zugunsten einer Unabhängigkeit der Deutschen Bundesbank: Dies ergebe sich sowohl aus dem «vorkonstitutionellen Gesamtbild»[85] als auch aus der mit dem Begriffspaar «Währungs- und Notenbank» verbundenen Aufgabenstellung der Bundesbank, die unter wissenschaftlichen Gesichtspunkten ausschließlich von einer unabhängigen Zentralbank erfüllt werden könne. Einer Wiedergabe der Argumente im einzelnen bedarf es hier nicht.[86]
- Die Rechtsprechung des Bundesverwaltungsgerichts[87] und die bislang herrschende Lehre haben die Unabhängigkeit der Deutschen Bundesbank dagegen als mit Art. 88 GG a.F. vereinbar, nicht aber als verfassungsrechtlich garantiert angesehen.[88] Vorzugsweise wurde argumentiert, daß sich kein einheitliches vorkonstitutionelles Gesamtbild der deutschen Zentralbank seit 1875 ergebe, da ihre Unabhängigkeit lediglich zwischen 1922 und 1937

85 Auch das Bundesverfassungsgericht erkennt ein «vorverfassungsmäßiges Bild der deutschen Währungs- und Notenbank» als Argumentationsfigur an, BVerfGE 14, S. 216.

86 Näher Stern, Staatsrecht II, § 35 V 2 a.

87 Vgl. BVerwGE 41, S. 354ff.: «Sie [die Unabhängigkeit] ist allerdings nicht durch Art. 88 GG garantiert. Dafür ergibt sich weder aus dem Wortlaut noch aus dem Sinn und Zweck noch aus der Entstehungsgeschichte des Art. 88 GG eine Bestätigung ... Daß Währungspolitik auch in Weisungsgebundenheit und parlamentarischer Verantwortung betrieben werden kann, zeigen die Verhältnisse in anderen demokratischen Staaten.»

88 Vgl. Hettlage, Finanzverfassung, S. 8; Schmidt, Grundlagen, S. 671; Ketzel/Köser/Pfisterer, Notenbank, S. 23ff.; Gramlich, Abschied, S. 533; Gramlich, Bundesbank, S. 83; Hahn, Währungsrecht, § 18 III 1, Rdnrn. 18f.; Hahn, Bundesbank, S. 35; Kaiser, Bundesbankautonomie, S. 20. Faber, Wirtschaftsplanung, S. 14, bezweifelt selbst die einfachgesetzliche Einräumung der Unabhängigkeit.

sowie nach 1945 in Anordnungen der Alliierten und im Gesetz zur Errichtung der Bank deutscher Länder von 1948 verwirklicht war. Zudem könne auch aus dem Wortlaut des Art. 88 GG a.F. keine Unabhängigkeitsgarantie herausgelesen werden: Zu offensichtlich sei der Unterschied zu den Formulierungen in den Art. 97 Abs. 1 und 114 Abs. 2 GG, die den Richtern beziehungsweise den Mitgliedern des Bundesrechnungshofes – im Gegensatz zu Art. 88 GG a.F. – ausdrücklich Unabhängigkeit garantieren. Der knappe Text des Art. 88 GG a.F. erlaube auch keinen zwingenden Schluß von der Aufgabe auf den gebotenen Status als unabhängige Institution, auch wenn dieser Status währungspolitisch durchaus wünschenswert wäre.

Die Rechtslage hat sich jedoch seit dem Inkrafttreten des Gesetzes zur Änderung des Grundgesetzes vom 21. Dezember 1992 (BGBl. I S. 2086f.) entscheidend verändert. Im eingefügten *Art. 88 Satz 2 GG* ist nunmehr geregelt, daß die Aufgaben und Befugnisse der Deutschen Bundesbank im Rahmen der Europäischen Union nur auf eine Europäische Zentralbank übertragen werden können, «die unabhängig ist und dem vorrangigen Ziel der Sicherung der Preisstabilität verpflichtet». Damit ist erstmals ausdrücklich in Art. 88 GG verankert, daß das Ziel der Währungssicherung – jedenfalls auf europäischer Ebene – nur durch eine unabhängige Zentralbank zu erreichen ist. Es ist nicht ersichtlich, aus welchem Grund dieses für die Europäische Zentralbank aufgestellte verfassungsrechtliche Gebot auf die nationale Bundesbank keine Anwendung finden soll. Art. 88 Satz 1 GG enthält damit auf Grund des Rückschlusses aus Art. 88 Satz 2 GG nunmehr eine *verfassungsrechtliche Garantie der Bundesbankautonomie*.[89]

Diese Auslegung wird zudem durch zwei neuere Entscheidungen des Bundesverfassungsgerichts gestützt: In der Entscheidung vom 3. November 1989, die Fragen des innerdeutschen Zahlungsverkehrs betrifft, heißt es wörtlich: «Die Deutsche Bundesbank, die zudem kraft ihrer verfassungsrechtlichen unabhängigen Stellung keiner Aufsicht anderer Organe der Exekutive unterliegt, ist deshalb in der Lage, in erheblichem Umfang selbst zu bestimmen, welche Kriterien sie ihrer Genehmigungspraxis zugrunde legt.»[90] Im soge-

89 So auch Studt, Rechtsfragen, S. 87; wohl auch Pernice, Festschrift, S. 1068, FN 43; anderer Ansicht sind weiterhin: Papier, Grundgesetz, S. 839ff., ohne Begründung; Weikart, Änderung, S. 840 und Weikart, Währungsrecht, S. 644, mit Hinweis auf BT-Drucks. XII/3896, S. 22, wonach die «Formulierung des Art. 88 S. 2 GG keine Auswirkungen auf die gegenwärtige Rechtsstellung der Deutschen Bundesbank hat»; ihm folgend Stober, Wirtschaftsverwaltungsrecht, § 14 I 2. Wohl auch der Sonderausschuß «Europäische Union (Vertrag von Maastricht)», BT-Drucks. XII/3896, S. 12, wenn er feststellt, «daß die von ihm befürwortete Formulierung des Art. 88 Satz 2 GG keine Auswirkungen auf die gegenwärtige Rechtsstellung der Deutschen Bundesbank hat».

90 BVerfGE 62, S. 183; anders interpretiert von Schmidt, Wirtschaftsrecht, § 8 II 2 b, S. 365 (FN 99).

nannten Maastricht-Urteil des Bundesverfassungsgerichts findet sich folgende Feststellung: «Die im Blick auf die Europäische Union vorgenommene Ergänzung des Art. 88 GG gestattet eine Übertragung von Befugnissen der Bundesbank auf eine Europäische Zentralbank, wenn diese den ‹strengen Kriterien des Maastrichter Vertrages und der Satzung des Europäischen Systems der Zentralbanken hinsichtlich der Unabhängigkeit der Zentralbank und der Priorität der Geldwertstabilität› entspricht (Beschlußempfehlung und Bericht des Sonderausschusses ‹Europäische Union [Vertrag von Maastricht]› vom 1. Dezember 1992, BT-Drucks. XII/3896 S. 21). Der Wille des verfassungsändernden Gesetzgebers zielt also ersichtlich darauf, für die im Unions-Vertrag vorgesehene Währungsunion eine verfassungsrechtliche Grundlage zu schaffen, die Einräumung der damit verbundenen, in der dargelegten Weise unabhängig gestellten Befugnisse und Institutionen jedoch auf diesen Fall zu begrenzen. Diese Modifikation des Demokratieprinzips im Dienste der Sicherung des in eine Währung gesetzten Einlösungsvertrauens ist vertretbar, weil es der – in der deutschen Rechtsordnung erprobten und, auch aus wissenschaftlicher Sicht, bewährten – Besonderheit Rechnung trägt, daß eine unabhängige Zentralbank den Geldwert und damit die allgemeine ökonomische Grundlage für die staatliche Haushaltspolitik und für private Planungen und Dispositionen bei der Wahrnehmung wirtschaftlicher Freiheitsrechte eher sichert als Hoheitsorgane, die ihrerseits in ihren Handlungsmöglichkeiten und Handlungsmitteln wesentlich von Geldmenge und Geldwert abhängen und auf die kurzfristige Zustimmung politischer Kräfte angewiesen sind.»[91]

Die verfassungsrechtlich geschützte Unabhängigkeit der Bundesbank entspricht – *historisch* und *verfassungspolitisch* gesehen – den Zielen einer freiheitlichen demokratischen Grundordnung, die gerade in bezug auf eine so kardinale und mit schlimmen Erfahrungen in Deutschland belastete Frage wie der Stabilität der Währung nicht indifferent sein kann. Auch wenn es durchaus in anderen Staaten mit parlamentarischer Demokratie regierungsgelenkte Zentralbanken gibt,[92] so haben geschichtliche Erfahrungen und vergleichende Analysen des Notenbankwesens der Welt eine unabhängige Notenbank regelmäßig als die bessere Institution zur Erhaltung einer stabilen Währung ausgewiesen als eine von Regierung und Parlament abhängige Zentralbank. Eine unabhängige Notenbank ist ein Stück jener der gemischten Verfassung zugrundeliegenden Idee der Existenz mehrerer jeweils ganz anders konstitu-

91 BVerfGE 89, S. 208f.

92 Dies trifft insbesondere für die Bank of England zu: Klein, Bankensysteme, S. 71; Studt, Rechtsfragen, S. 112f.; Lück, Bank of England, S. 312ff.; allgemein: von Bonin, Zentralbanken, S. 93ff.; Stoffers, Notenbanken, S. 113ff.; Lampe, Unabhängigkeit, S. 54ff.; Prost, Bundesbank, S. 110f.; Veit, Währungspolitik, S. 191ff.; Bernauer, Staat, S. 77ff.; Schuppler, Unabhängigkeit, S. 54ff.

ierter «Gegenhalter»[93] zu – währungspolitischen Versuchungen unterliegenden – Parlamenten und Regierungen. Das hat nichts mit «Mythos»,[94] «Areopag»[95] oder Planlosigkeit[96] zu tun. Es ist vielmehr eine durchaus richtige und zutreffende Einschätzung der politischen und ökonomischen Realitäten, der sich auch das Bundesverfassungsgericht in der oben wiedergegebenen Maastricht-Entscheidung angeschlossen hat. Noch nie hat eine Zentralbankleitung von sich aus eine Währung zerrüttet. Es war immer der Staat, der die Geldwertverschlechterung als Mittel zur Finanzierung von Haushaltsdefiziten eingesetzt hat.[97] Zu Recht fordert daher Art. 108 EGV i.V.m. Art. 109 e Abs. 5 EGV, daß alle Mitgliedstaaten der Europäischen Union spätestens mit der Errichtung des Europäischen Systems der Zentralbanken ihren nationalen Notenbanken Unabhängigkeit zu gewähren haben.

c) *Die Ausgestaltung der Unabhängigkeit im Bundesbankgesetz*

Entsprechend den verfassungsrechtlichen Vorgaben des Art. 88 GG hat der (einfache) Bundesgesetzgeber im Bundesbankgesetz die Position der Bundesbank im Staatsgefüge geformt und ihr dabei Unabhängigkeit attestiert. Eine so feingewebte Materie wie das Geld- und Währungswesen verlangt von der Sache her eine überaus behutsame Hand, um diesem sensiblen Gebilde gerecht zu werden. Es kann daher nicht überraschen, wenn die Entstehung des Gesetzes über die Deutsche Bundesbank vom 26. Juli 1957 eine lange Zeit in Anspruch nahm und späterhin für dieses währungspolitische Grundgesetz trotz mancher Anfechtungen, wie etwa 1967 und 1973, die offizielle Parole lautete: «noli me tangere».[98]

Obwohl zur Zeit der Entstehung des Bundesbankgesetzes noch nicht das verfassungsrechtliche Gebot bestand, entschied sich der damalige Gesetzgeber – mit dem Hinweis auf die Sicherheit der Währung, die frei manipulierbar, besser: steuerbar ist – für die Schaffung einer unabhängigen Bundesbank: «Gerade weil aber die Stabilerhaltung unserer manipulierten Währung

93 So Rittershausen, Zentralnotenbank, S. 52; vgl. auch Schiller, Der schwierige Weg, S. 133, der die Rolle der Bundesbank im Rahmen der deutschen Wiedervereinigung untersucht und zu dem Schluß gelangt: «Im ganzen hat die Bundesbank sich in einer recht aufgewühlten und orientierungssuchenden Gesellschaft weithin als Hort der Vernunft gegen viel Unvernunft erwiesen, sie verkörpert in einer Bevölkerung, die von Politikverdrossenheit geplagt ist oder die ihr tagtäglich eingeredet wird, eine solitäre Instanz mit Autorität. Als Institution wird sie sichtbar von dem Gedanken an das Gemeinwohl geleitet ...»

94 Faber, Wirtschaftsplanung, S. 14.

95 Schiller, Verhandlungen, 10. Mai 1967, S. 4977.

96 Vgl. Arndt, Politik, S. 286ff.

97 Vgl. Schuppler, Unabhängigkeit, S. 75, ferner S. 62; ihr folgend Hahn, Währungsbanken, Bd. 2, S. 36; zustimmend Schmidt, Unabhängigkeit, S. 668.

98 Schiller, Verhandlungen, 1. September 1967, S. 184.

nicht mehr von automatisch wirkenden Golddeckungsvorschriften, sondern wesentlich von den Entscheidungen der Währungsbank über die richtige Dosierung der Geldmenge abhängt, dürfen diese Entscheidungen nicht unter Anweisung irgendeiner Stelle stehen, die an einer der Währungspolitik gegenläufigen Entwicklung des Geldvolumens aus irgendwelchen Gründen interessiert sein könnte. Denn wichtiger als alle anderen noch so guten Gründe ist die Sicherheit der Währung, die oberste Voraussetzung für die Erhaltung einer Marktwirtschaft und damit letzten Endes einer freiheitlichen Verfassung der Gesellschaft und des Staates. Potentielle Interessenten einer der Währungspolitik gegenläufigen Entwicklung des Geldvolumens sind erfahrungsgemäß alle politischen Instanzen, alle Kreditinstitute und alle Kreditnehmer. Von ihnen also muß die Notenbank unabhängig und nur dem Gesetz unterworfen sein.»[99] Die schließlich vom Gesetzgeber gefundene Lösung beruht auf folgenden formalrechtlichen Elementen der Unabhängigkeit:

- eigene Rechtssubjektivität (institutionelle Unabhängigkeit) als bundesunmittelbare juristische Person des öffentlichen Rechts;
- materielle Positionsbestimmung in den zwar rechtstechnisch nicht brillant formulierten, aber doch inhaltlich klaren Vorschriften der §§ 12 und 13 BBankG, die einen eigenen Abschnitt im Gesetz zugewiesen bekamen (funktionelle Unabhängigkeit);
- differenzierte Ausgestaltung der Ernennungsinstanzen für die Mitglieder der Bundesbankorgane (personelle Unabhängigkeit): Bundespräsident, Bundesregierung, Bundesrat, Landesregierungen, Zentralbankrat und Bundesbankpräsident;
- Grundkapital von 290 Mio. DM in der Hand des Bundes (§ 2 Satz 2 BBankG) mit gesetzlich festgelegter Gewinnverteilung (§ 27 BBankG), die die Abführung eines nach Dotierung gewisser Rücklagen und Forderungen unter Umständen verbleibenden Jahresgewinns an den Bund vorsieht (also keine finanzielle Unabhängigkeit).

Damit wurde eine sinnvolle Regelung der staatsrechtlichen Grundfrage der Bundesbank geschaffen, die sich bewährt und der Bundesbank in ihrer vierzigjährigen Geschichte eine im ganzen Volk anerkannte und weltweit respektierte Währungspolitik ermöglicht hat.[100]

99 Begründung zum Regierungsentwurf BT-Drucks. II/2781, S. 24; auch abgedruckt in: Beck, Gesetz, M 404, S. 587; ebenso Stellungnahme des Bundesrates, Anlage 2 zur BT-Drucks. II/2781, S. 49; auch abgedruckt in: Beck, Gesetz, M 409, S. 594, und schriftlicher Bericht des Vorsitzenden des Ausschusses für Geld und Kredit, H. Scharnberg, BT-Drucks. II/3603, S. 5; auch abgedruckt in: Beck, Gesetz, S. 602.

100 Vgl. Steuer, Vollmacht, S. 292 ff.; von Münch/Kunig, Grundgesetz, Art. 88, Rdnr. 26; Woll/Vogl, Geldpolitik, S. 40, S. 143 ff.; kritisch Könneker, Deutsche Bundesbank, S. 89 ff.; Faber, Wirtschaftsplanung, S. 14 («Mythos von der Unabhängigkeit») mit zustimmender Besprechung von Hoffmann-Riem/Faber, Wirtschaftsplanung, S. 443; Tietmeyer, Geldpolitik, S. 4.

Betrachtet man die gesetzliche Lösung genauer, so wird man in ihr nicht eine Unabhängigkeit der Bundesbank schlechthin finden, sondern vielmehr eine *funktionsbezogene Unabhängigkeit*:

Die Notenbank ist gemäß § 12 Satz 2 BBankG bei der Ausübung aller ihr nach dem Bundesbankgesetz zustehenden Befugnisse *von Weisungen der Bundesregierung unabhängig*. Soweit ihr Aufgaben in anderen Gesetzen zugewiesen sind, gilt das nicht. Weisungsfreiheit gegenüber der Bundesregierung bedeutet den Ausschluß von Anordnungen und Aufsichtsmaßnahmen aller Art. Der Erlaß von Rechtsverordnungen als Teil der Rechtsetzung dürfte nicht dazu gehören.[101] Aber die einschlägigen Gesetze sehen eine Mitwirkung («Anhörung», «Benehmen», «Einvernehmen») der Bundesbank beim Erlaß von Rechtsverordnungen durch die Bundesregierung vor.

Eine nicht unerhebliche Einschränkung der Unabhängigkeit nach § 12 Satz 2 BBankG stellt die in § 12 Satz 1 BBankG normierte Pflicht der Bundesbank dar, unter Wahrung ihrer Aufgabe die allgemeine Wirtschaftspolitik der Bundesregierung zu unterstützen. Außerdem bestehen im Bereich der Währungs(außen)politik Zuständigkeitsüberschneidungen zwischen Bundesbank und Bundesregierung. § 13 BBankG sieht ferner verschiedene Formen der Zusammenarbeit zwischen beiden Organen vor.

Unabhängigkeit der Bundesbank besteht nur gegenüber der Bundesregierung und ihr nachgeordneten Behörden, *nicht* aber gegenüber dem *Gesetzgeber*. Ihm gebührt gemäß Art. 20 Abs. 3 GG der Vorrang, da die vollziehende Gewalt an das Gesetz gebunden ist. Daraus folgt jedoch zugleich, daß sonstige Parlamentsbeschlüsse keine Verbindlichkeit gegenüber der Bundesbank besitzen.[102]

Keine Unabhängigkeit besteht auch gegenüber *Gerichtsurteilen*. Diese hat die Bundesbank – wie jedes Exekutivorgan – zu respektieren.

Auch dem *Bundesrechnungshof* gegenüber ist die Unabhängigkeit eingeschränkt. Gemäß § 26 Abs. 4 BBankG führt dieser auf der Grundlage des Prüfungsberichts eines Wirtschaftsprüfers über den Jahresabschluß der Bundesbank eine eigene Prüfung durch. Der Prüfungsbericht des Wirtschaftsprüfers und die dazu getroffenen Feststellungen des Bundesrechnungshofs werden dem Bundesminister der Finanzen mitgeteilt.

d) Bundesbank und Bundesregierung

Bei Erlaß des Bundesbankgesetzes sprach sich der Gesetzgeber eindeutig für die Unabhängigkeit der Bundesbank aus, zugleich betonte er aber, daß Unab-

101 Vgl. von Spindler/Becker/Starke, Bundesbank, II. Teil § 12, Anm. 3 III 2, S. 266.

102 Vgl. Beck, Gesetz, 2. Buch, § 12, K 301; Samm, Bundesbank, S. 37; Uhlenbruck, Unabhängigkeit, S. 36.

hängigkeit «selbstverständlich nicht dahin verstanden werden (darf), daß die Währungsbank ein Staat im Staate wird».[103] In diesem Sinne wurde die Unabhängigkeit der Bundesbank insbesondere im Verhältnis zur Bundesregierung begrenzt:

Die Bundesbank ist gemäß §12 Satz 1 BBankG zu einer Unterstützung der allgemeinen Wirtschaftspolitik der Regierung verpflichtet. Auch hier sind allerdings die Grenzen der Unterstützungspflicht zu beachten. Es ist nicht die Wirtschaftspolitik der Bundesregierung schlechthin, die unterstützt werden muß, sondern die «allgemeine» Wirtschaftspolitik, d.h. nicht jede einzelne Maßnahme, sondern nur die Grundlinie.[104] Zudem besteht diese Unterstützungspflicht für die Bundesbank nur «unter Wahrung ihrer Aufgaben», was auf die Währungssicherung des §3 BBankG hinzielt. Wie bereits dargelegt, genießt dieses Ziel Priorität. Die Bundesbank ist daher nur zur Unterstützung einer solchen allgemeinen Wirtschaftspolitik verpflichtet, die ihrer Aufgabe, die Stabilität der Währung zu sichern, nicht entgegensteht. Im Hinblick auf das Stabilitätsgesetz ist daher nochmals festzuhalten: Die Bundesregierung ist auf die Ziele des Stabilitätsgesetzes, wie sie in §1 ausgeformt sind, bei ihrer Wirtschafts- und Finanzpolitik rechtlich verpflichtet. Hierzu gehört auch die Preisstabilität. Wird dieses Ziel von der Bundesregierung nicht beachtet, so ist ihre allgemeine Wirtschaftspolitik rechtswidrig. Zugleich würde sie auch der Aufgabenstellung der Bundesbank zuwiderlaufen. Setzt die Bundesregierung bei ihrer Wirtschaftspolitik im Rahmen des §1 StabG die Akzente vorzugsweise auf die anderen Teilziele, ohne die Preisstabilität zu vernachlässigen, so ist die Bundesbank zur Unterstützung nur insoweit verpflichtet, als sie ihrer eigentlichen Aufgabe, die Währung zu sichern, nicht zuwiderhandelt. Insofern decken sich die Formulierungen in §13 Abs. 3 StabG «im Rahmen der ihnen obliegenden Aufgaben» und in §12 Satz 1 BBankG «unter Wahrung ihrer Aufgaben». Bundesregierung und Bundesbank sind mithin von Gesetzes wegen zur Kooperation im Sinne der Beachtung der Ziele beider Gesetze verpflichtet.

Die institutionelle Ausformung der funktionellen Unabhängigkeit der Bundesbank und ihrer Unterstützungspflicht hinsichtlich der allgemeinen Wirtschaftspolitik findet sich in § 13 BBankG: einerseits Teilnahmemöglichkeit theoretisch aller Mitglieder der Bundesregierung, praktisch aber nur des Finanz- oder/und des Wirtschaftsministers, an den Beratungen des Zentralbankrates ohne Stimmrecht, aber mit Antragsrecht und dilatorischem Vetorecht[105] (Abs. 2); andererseits Zuziehung des Präsidenten der Deutschen Bun-

103 Bericht des Vorsitzenden des Ausschusses für Geld und Kredit, H. Scharnberg, BT-Drucks. II/3603, S. 5.

104 Vgl. Schmidt, Unabhängigkeit, S. 673; Gramlich, Bundesbankgesetz, §12, Rdnr. 8; zum Teil abweichend Schäfer, Bundeseigene Verwaltung, S. 246.

105 Das Recht der Bundesregierung, die Beschlußfassung des Zentralbankrates bis zu zwei Wochen auszusetzen, stellt nach den Unabhängigkeitsmaßstäben des Europäischen

desbank zu Kabinettsberatungen über Angelegenheiten von währungspolitischer Bedeutung (Abs. 3). Gemäß §13 Abs. 1 BBankG hat die Bundesbank darüber hinaus die Bundesregierung in diesen Angelegenheiten zu beraten und ihr auf Verlangen Auskunft zu geben. Beratungs- und Auskunftspflicht bestehen nur gegenüber der Bundesregierung in ihrer Gesamtheit, nicht gegenüber jedem einzelnen Bundesminister.

Ein Verhältnis *konkurrierender Aufgabenzuweisung* besteht zwischen der Bundesbank und der Bundesregierung auf dem Gebiet der Währungs*außen*politik.[106] Bei internationalen Abkommen auf dem Gebiet der Währungspolitik ist in der Regel nicht die Bundesbank, sondern der Bund Vertragspartei; die Verpflichtungen und Rechte aus den betreffenden völkerrechtlichen Verträgen werden aber im Innenverhältnis zwischen Bundesregierung und Bundesbank durch interne Verwaltungsabkommen auf die Bundesbank übertragen. Anders sieht es aus bei einem System fester Wechselkurse, z.B. dem Europäischen Währungssystem (EWS) oder dem IWF-Abkommen in ursprünglicher Fassung: Hier ist es vor allem die Paritätenänderung gegenüber den Währungen anderer Staaten, die nicht der Bundesbank zugewiesen ist,[107] sondern von der Bundesregierung[108] verfügt wird. Dem steht nicht entgegen, daß z.B. die erste Aufwertung der D-Mark im Rahmen des IWF-Abkommens bei festen Wechselkursen «mit Zustimmung der Bundesbank» getroffen wurde.[109] Der Bundesbankpräsident wird auch bei Paritätenänderungen im Rahmen des Europäischen Währungssystems in die Entscheidungsfindung einbezogen. Letztlich liegt die Entscheidungsbefugnis aber bei der Bundesregierung. Sie gibt durch (Neu-)Festsetzungen von Wechselkursparitäten die Vorgaben für die Währungspolitik der Bundesbank.

Es liegt auf der Hand, daß die Stabilität einer Währung durch währungsaußenpolitische Maßnahmen gefährdet werden kann. Die Funktionsfrage bekommt damit auch eine kompetenzielle Dimension. Anders ausgedrückt:

Parlaments einen unzulässigen Eingriff in die funktionelle Unabhängigkeit der Deutschen Bundesbank dar: Potacs, Wirtschafts- und Währungsunion, S. 71; Galahn, Deutsche Bundesbank, S. 43.

106 Vgl. dagegen den nicht Gesetz gewordenen § 3 Abs. 2 Satz 1 des Regierungsentwurfs zum Bundesbankgesetz: «Die Verantwortung der Bundesregierung für die Sicherung der Währung bleibt unberührt», BT-Drucks. II/2781.

107 Vgl. Hoffmann, Rechtsfragen, S. 177f. m. w. Nachw.; Schmidt, Unabhängigkeit, S. 675; zu Paritätsänderungen: Tomuschat, Aufwertung; Hoffmann-Riem, Rechtsprobleme, S. 1374ff.; Müller, Währungsparität, S. 726ff.; Caspers, Betrachtungen, S. 343ff.; aus der Sicht des Internationalen Rechts: Hahn, Auf- und Abwertung, S. 1ff.

108 Vgl. Fögen, Geld- und Währungsrecht, S. 62f.; von Spindler/Becker/Starke, Bundesbank, II. Teil, § 14, Anm. 5, S. 298; Greitemann, Staatskassenmittel, S. 245f.; Caspers, Betrachtungen, S. 343; abweichend Tomuschat, Aufwertung, S. 38, S. 42; Müller, Währungsparität, S. 729 (für Gesetz); Hoffmann, Rechtsfragen, S. 146ff., S. 172f., S. 228f.; Hoffmann-Riem, Rechtsprobleme, S. 1376 (für Bundeskanzler und/oder Bundeswirtschaftsminister).

109 Vgl. Bekanntmachung über die neue Parität der D-Mark vom 8. März 1961, S. 2.

Darf die währungsaußenpolitisch zuständige Bundesregierung die primäre Zuständigkeit der Bundesbank für die Währungssicherung durch Maßnahmen in ihrem Zuständigkeitsbereich aushöhlen? Das Problem ist nicht allein mit dem Verweis auf die verfassungsrechtlich vorgesehenen Zuständigkeitsregelungen zu lösen. Wenn Art. 88 Satz 1 GG eine Währungsbank garantiert, dann bedeutet dies zugleich, daß die damit aufgetragene Funktion «Sorge um die Währung» auch von den anderen Verfassungsorganen im Rahmen ihrer verfassungsrechtlichen Zuständigkeiten beachtet werden muß. Nicht nur aus Art. 109 Abs. 2 GG und §1 StabG ergibt sich, daß auch Bund und Länder dafür in die Pflicht genommen sind. Die institutionelle Gewährleistung in Art. 88 Satz 1 GG garantiert auch einen unantastbaren Kernbestand der der Einrichtung zugewiesenen Aufgaben, da anderenfalls die Einrichtung Bundesbank Gefahr liefe, nur noch verfassungsrechtliches Dekorum, aber nicht mehr eigenverantwortliches oberstes Staatsorgan zu sein.

Die ebenso subtile wie abgewogene Regelung des Verhältnisses zwischen Bundesregierung und Bundesbank, die Unabhängigkeit und Kooperation zusammenzufügen sucht, läßt offen, wie im Falle von *Konflikten* zu verfahren ist. Der Gesetzgeber hat – abgesehen von der bereits erwähnten zeitlich eng begrenzten Möglichkeit, Beschlüsse zu verhindern (§ 13 Abs. 2 Satz 3 BBankG) – bewußt darauf verzichtet, institutionelle Vorkehrungen für den Konfliktfall zu treffen. Bei einer «Dramatisierung» des Konfliktes hat er als letzten Ausweg nur eine Entscheidung durch das Parlament gesehen, das dann entweder generell über Beibehaltung oder Fortfall der Unabhängigkeit der Währungsbank oder speziell über die gesetzliche Regelung einer konkreten Einzelfrage beschließen muß.[110] Der Konflikt würde also öffentlich und unter Kontrolle der öffentlichen Meinung ausgetragen. Nicht aufgegriffen hat man insbesondere die Lösung des österreichischen Nationalbankgesetzes, nach der ein Schiedsgericht aus je zwei Vertretern der Regierung und der Notenbank unter Vorsitz des neutralen Präsidenten des Obersten Gerichts zu entscheiden hat.[111] Man hat deshalb die §§ 12 und 13 BBankG als «leges imperfectae» bezeichnet.[112] Dies ist nur insofern zutreffend, als beide Bestimmungen als solche keine Konfliktlösung bieten. Dann aber gelten die allgemeinen Regelungen für die Entscheidung einer Streitigkeit. Nach ihnen sind

110 Vgl. Bericht des Abgeordneten H. Scharnberg (Schriftlicher Bericht des Ausschusses für Geld und Kredit), zu BT-Drucks. II/3603, S. 5; so auch Hahn, Bundesbank, S. 34; Gaugenrieder; Zentralnotenbank, S. 171 ff.

111 Vgl. §41 Abs. 3 und §§4, 45, 46 Nationalbankgesetz vom 8. September 1955 (BGBl. Nr. 184); über weitere Vorschläge vgl. Beck, Gesetz, 2. Buch, §12, K 309ff. Hervorzuheben ist der Vorschlag von Starke, Verfassungswidrigkeit, einen Vermittlungsausschuß zwischen Bundesbank und Bundesregierung zu schaffen; zum Ganzen Schuppler, Unabhängigkeit, S. 73 ff.

112 So wohl zuerst von Eynern, Unabhängigkeit, S. 35 f.

hierzu die Gerichte berufen. Da die Streitparteien Staatsorgane mit vom öffentlichen Recht geregelten Kompetenzen sind, kommt nur der Rechtsweg zur Verfassungs- oder zur (allgemeinen) Verwaltungsgerichtsbarkeit in Frage. Eine vor das Bundesverfassungsgericht gehörende Streitigkeit liegt freilich nur dann vor, wenn der Streit unter eine der enumerativen Zuständigkeitszuweisungen an das Bundesverfassungsgericht fällt. Außerdem ist erforderlich, daß die Auslegung und Anwendung von Verfassungsrecht den eigentlichen Kern des Rechtsstreits bilden oder das streitige Rechtsverhältnis entscheidend vom Verfassungsrecht geformt ist und die Beteiligten oberste Organe nach Maßgabe des Art. 93 Abs. 1 Nr. 1 GG sind. Beides ist bei einem Konflikt zwischen Bundesregierung und Bundesbank nicht gegeben: Ein solcher Streit ginge um Kompetenzen nach dem Bundesbankgesetz. Vor allem durch Heranziehung von Art. 88 GG hätte er zwar auch verfassungsrechtlichen Einschlag, doch läge darin nicht sein «Kern». Zudem ist die Bundesbank weder Verfassungsorgan noch sonstige Beteiligte einer Organstreitigkeit. Damit wäre für Rechtsstreitigkeiten zwischen Bundesregierung und Bundesbank der Verwaltungsrechtsweg nach § 40 Abs. 1 VwGO eröffnet. Es wurde jedoch bereits erörtert, daß Gerichte nur am Maßstab des Rechts entscheiden können. Konflikte um die Währungspolitik zwischen Bundesbank und Bundesregierung vor Verwaltungsgerichten wären indes weder sachdienlich noch erfreulich.[113] Eine sachadäquate gerichtliche Entscheidung würde nämlich um so schwieriger, je mehr es um Modalitäten der Geld- und Währungspolitik als solche geht, die gesetzlich nicht im einzelnen geregelt sind. Wenn nicht ein besonders evidentes Fehlverhalten einer Partei vorliegt, wird im Ergebnis regelmäßig der oder die jeweils Handelnde nicht gebremst werden können. Der Streit wird sich auf die «politische» Ebene, gegebenenfalls mit personellen Konsequenzen, zurückverlagern.

e) Bundesbank und Parlament

§ 12 BBankG klärt die Stellung der Bundesbank dahingehend, daß ihr Weisungsfreiheit nur gegenüber der Bundesregierung eingeräumt wird. Die Unabhängigkeit ist also nicht «absolut». Zur Positionsbestimmung der Bundesbank gegenüber dem Parlament ist bereits ausgeführt worden, daß einerseits zwar

113 Bundesregierung und Bundesbank sollten Konfliktfälle grundsätzlich untereinander, d.h. ohne Anrufung der Gerichte, lösen: Hasse, Europäische Zentralbank, S. 29, erinnert mit Verweisung auf Emminger, Währungskrisen, S. 361 f., an einen Briefwechsel zwischen beiden Organen im November 1978, demzufolge der Bundesbank von der Bundesregierung für den Konfliktfall das Recht auf Einstellung von Wechselkursinterventionen zugestanden wurde.

ihre Stellung im ministerialfreien Raum aus der Zuordnung zu den obersten Staatsorganen zu rechtfertigen ist, andererseits aber eine Bindung an Entscheidungen des Bundestages in Form von Gesetzen nicht in Frage gestellt werden kann. Das Verhältnis der beiden Organe zueinander ist mithin nicht allein mit dem lapidaren Satz Reiner Schmidts zu charakterisieren: «Er (der Gesetzgeber) hat die Bank lediglich mit einem Grundbestand an währungspolitischen Befugnissen und mit dem Recht zur Notenausgabe auszustatten.»[114] Die Probleme sind weitaus differenzierter. Aus diesem Grunde überrascht es, daß diesem Rechtsverhältnis im Schrifttum weit weniger Aufmerksamkeit zuteil wurde als dem Spannungsverhältnis zur Regierung.[115] Nach den bisherigen Darlegungen lassen sich folgende Markierungen festhalten:

Die Bundesbank ist keine «vierte» Gewalt, sondern Teil der vollziehenden Gewalt. Damit ist sie nach Art. 20 Abs. 3 GG an Gesetz und Recht gebunden. Für das Parlament bedeutet dies, daß es – vornehmlich gestützt auf die Kompetenztitel der Art. 73 Nr. 4 und Art. 74 Nr. 11 GG sowie Art. 88 GG – Rechtssätze in bezug auf Tätigkeit, Organisation und Stellung der Bundesbank erlassen kann. Sie müssen selbstverständlich in Einklang mit der Verfassungsgarantie der Bundesbank in Art. 88 GG und mit den anderen Verfassungsrechtsnormen stehen. Insoweit besteht ebensowenig eine Besonderheit gegenüber sonstigen Einrichtungen der Exekutive wie in der mangelnden Verpflichtungskraft von zu Währungsfragen gefaßten sogenannten schlichten Parlamentsbeschlüssen.

Die Problematik beginnt jedoch mit der in der Unabhängigkeit liegenden fehlenden Unterwerfung unter die Regierung und der daraus folgenden sogenannten Parlamentsfreiheit der Bundesbank, wobei der Begriff zunächst als Chiffre für ein sehr viel diffizileres Verhältnis zum parlamentarischen Regierungssystem und damit zur Gewalten- und Funktionenteilung insgesamt stehen soll, also zu zwei grundlegenden Strukturprinzipien der Verfassungsordnung des Grundgesetzes, die durch Art. 79 Abs. 3 GG als Bestandteil des in Art. 20 GG verankerten demokratisch-parlamentarischen Rechtsstaates für unantastbar erklärt sind. Schrifttum und Rechtsprechung sind sich im Ergebnis darin einig, daß die der Bundesbank verliehene Unabhängigkeit von der Regierung und der damit verbundene *Ausschluß von parlamentarischer Kontrolle* verfassungsmäßig sind.[116] Die verfassungstheoretische Begründung ist jedoch außerordentlich unterschiedlich:

114 Schmidt, Grundlagen und Grenzen, S. 671.

115 Zum Einbau der Zentralbank in die parlamentarische Demokratie zuletzt: Waechter, Legitimation, S. 182ff., der ausgehend vom Gewaltenteilungsprinzip die unabhängige Bundesbank als «Kontrollorgan» in bezug auf Legislative und Exekutive sieht (S. 197ff.).

116 Herrschende Meinung, vgl. BVerwGE 41, S. 356f.; von Münch/Kunig, Grundgesetz, Art. 88, Rdnrn. 24f.; Samm, Bundesbank, S. 148ff.; Schmidt, Unabhängigkeit, S. 671ff. jeweils m. w. Nachw.; Bedenken bei Faber, Wirtschaftsplanung, S. 71; mit zustimmender

Teils wird auf einen Selbstverzicht des Parlaments, teils auf den Ausnahmecharakter und das bestehende System von Abhängigkeiten sachlicher und personeller Art – so das Bundesverwaltungsgericht[117] –, teils auf die Sonderregelung des Art. 88 GG, teils auf die «Natur der Sache», teils auf das «vorrechtliche Gesamtbild» verwiesen.[118] Wenngleich in jeder Begründung richtige Elemente stecken, so wirkt keine für sich allein überzeugend: Der Selbstverzicht könnte mit der Unabdingbarkeit der berührten Grundsätze kollidieren; Art. 88 GG sagt nichts über das Verhältnis zum Parlament, seine systematische Stellung im VIII. Abschnitt würde eher sogar eine parlamentarische Kontrolle indizieren; die Natur der Sache und das vorrechtliche Gesamtbild sind – wie schon angedeutet – zumindest in bezug auf die Bundesbank keine brauchbaren verfassungsrechtlichen Rechtfertigungen. Am befriedigendsten scheint die Überlegung vom verfassungsrechtlich zulässigen Ausnahmetatbestand zu sein, die indessen zusätzlicher Abstützung bedarf.

Ausgangspunkt der parlamentarischen Kontrollfreiheit muß die Tatsache sein, daß es bei der Unabhängigkeit der Bundesbank nicht um einen «Mythos» geht, sondern daß es sich um einen durch geschichtliche Erfahrung, wirtschaftswissenschaftliche und staatspolitische Erkenntnis als richtig, sinnvoll und praktikabel erhärteten Grundsatz für die Lösung eines komplizierten Spannungsverhältnisses zwischen Notenbank und den zur politischen Leitung eingesetzten Staatsorganen handelt. Sowohl dem Parlamentarischen Rat als auch dem Gesetzgeber des Bundesbankgesetzes war die Stabilität der Währung als ein Anliegen von höchster staatspolitischer Notwendigkeit vertraut. Währungssicherung konnte man getrost als einen zwar zunächst nicht ausdrücklich formulierten, aber dem Grundgesetz immanenten Verfassungsauftrag bezeichnen. Durch Art. 109 Abs. 2 GG (gesamtwirtschaftliches Gleichgewicht) ist die Erhaltung der Kaufkraft zu einem ausdrücklichen Bestandteil von Verfassungsrang geworden.[119] Nunmehr regelt auch Art. 88 Satz 2 GG ausdrücklich, daß die Aufgaben und Befugnisse der Bundesbank nur auf eine Europäische Zentralbank übertragen werden können, die dem «vorrangigen Ziel der Sicherung der Preisstabilität verpflichtet» ist. Das verfassungsrechtlich vorgegebene Ziel legitimiert aber zugleich dazu, den rationalen Weg zur Verwirklichung dieses Auftrages einzuschlagen. Der Gesetzgeber des Bundesbankgesetzes hat im Wissen um die historischen Gefährdungen des deutschen Währungswesens durch «gelenkte» Notenbanken seine Entscheidung getroffen. Er hat deshalb die mit besonderen Unab-

Besprechung Hoffmann-Riem/Faber, Wirtschaftsplanung, S. 445; Füsslein, Verwaltung, S. 338f.

117 Vgl. BVerwGE 41, S. 357.

118 Vgl. zu den einzelnen Argumentationsfiguren Stern, Staatsrecht II, § 35 V 6 b; Samm, Bundesbank, S. 148ff.

119 Vgl. Schmidt-Preuß, Zentralfragen, S. 129.

hängigkeitsgarantien ausgestattete Notenbank beibehalten, so wie ein historischer Gesetzgeber den unabhängigen Richter und den unabhängigen Rechnungshof schuf.[120] Durch jene wurden ebensowenig wie durch diesen «Staaten im Staat» geschaffen; denn alle drei Institutionen haben nicht *plein pouvoir*, sondern klar umrissene Sachaufgaben anvertraut erhalten. Die Unabhängigkeit der Bundesbank tastet weder den Grundsatz der Zugehörigkeit materieller Regierungsaufgaben zur Regierung im organisatorischen Sinne an, noch den der parlamentarischen Kontrollbefugnis in bezug auf die Regierung, sondern schafft zur Wahrung eines hohen Verfassungsgutes ein den «politischen» Gewalten gegenüber neutrales, in höchstem Maße funktionstaugliches Gremium.[121] «Einer Demokratie», so stellt zu Recht Otmar Issing fest, «ist die Versuchung immanent, die Sphäre des Politischen in alle Lebensbereiche auszudehnen. Am Ende dieses Prozesses steht eine Überforderung der Politik, in deren Folge drohen zunächst die Enttäuschung der Bürger über nichterfüllte Erwartungen und in deren Verbund die Gefährdung der Demokratie.»[122] Eine gegenüber der Regierung unabhängige und der parlamentarischen Kontrolle und Verantwortlichkeit entrückte Notenbank ist kein «alogischer Bestandteil des Verfassungsgefüges»,[123] sondern eine besonders rationale Institution, für die optiert zu haben die weise Mäßigung derer zeigt, die anders gekonnt hätten, als sie gewollt haben. Der freiheitlichen demokratischen Grundordnung in unserem Staate ist diese Entscheidung erwiesenermaßen zugute gekommen; sie garantierte eine vergleichsweise stabile deutsche Währung. Vor allem aber blieb die Währung im großen und ganzen außerhalb des parlamentarischen Streits, ohne daß auf der anderen Seite das parlamentarische Regierungssystem gelitten hätte. Möge das deutsche Vorbild Leitprinzip für die Europäische Zentralbank sein!

7. Literatur

Abkommen über die Bank für Internationalen Zahlungsausgleich, vom 20. Januar 1930, in: Reichsgesetzblatt, Teil II, Nr. 7 (1930), S. 288–327

Arndt, Hans-Joachim: Politik und Sachverstand im Kreditwährungswesen, Berlin 1963

Bähre, Inge Lore/Schneider, Manfred: KWG-Kommentar, München ³1986

Beck, Heinz: Gesetz über die Deutsche Bundesbank vom 20. Juli 1957, Kommentar, Mainz-Gonsenheim/Düsseldorf 1959

120 Vgl. Geisler, Notenbankverfassung, S. 157f.: «Unabhängigkeit der Geldpolitik von politischen Einflüssen ist ebenso wichtig wie Unabhängigkeit der Justiz.»

121 Vgl. Schiller, Der schwierige Weg, S. 133; ferner Schmidt, Wirtschaftsrecht, §8 II 2 b, S. 364f.

122 Issing, Unabhängigkeit, S. 7.

123 Hüttl, Deutsche Bundesbank, S. 66.

Becker, Hans Joachim: Grundgesetz und Bundesbank, in: Die öffentliche Verwaltung 7 (1954), S. 358–360
Bekanntmachung über die neue Parität der D-Mark, vom 8. März 1961, in: Bundesanzeiger Nr. 48 vom 9. März 1961, S. 2
Bekanntmachung über Änderungen des Grundgesetzes und der Statuten der Bank für Internationalen Zahlungsausgleich, vom 22. Juni 1970, in: Bundesgesetzblatt, Teil II, Nr. 40 (1970), S. 765–787
Bekanntmachung über Änderungen der Statuten der Bank für Internationalen Zahlungsausgleich, vom 6. November 1976, in: Bundesgesetzblatt, Teil II, Nr. 60 (1976), S. 1849–1851
Bernauer, Engelbert: Staat und Notenbank, Freiburg i. Br. 1960
Bonin, Konrad von: Zentralbanken zwischen funktioneller Unabhängigkeit und politischer Autonomie, Baden-Baden 1979
Breit, James: Bankgesetz, Berlin 1911
Bundesgerichtshof: Anwendbarkeit des Außenwirtschaftsgesetzes auf ein Kreditgeschäft, Urteil vom 7. Juli 1977, in: Neue juristische Wochenschrift 30 (1977), S. 2030–2032
Bundesgerichtshof: Scheingeschäft wegen Umgehung der Bardepotpflicht, Urteil vom 24. Januar 1980, in: Neue juristische Wochenschrift 33 (1980), S. 1572–1574
Bundesverwaltungsgericht: Voraussetzungen für die Haltung eines sogenannten Bardepots, Urteil vom 3. Mai 1977, in: Neue juristische Wochenschrift 30 (1977), S. 1700–1701
Bundesverwaltungsgericht: Voraussetzungen der Anordnung einer Depotpflicht, Urteil vom 12. Juli 1979, in: Neue juristische Wochenschrift 33 (1980), S. 467–469
Bundesverwaltungsgericht: Urteil vom 26. März 1981, in: Deutsches Verwaltungsblatt 96 (1981), S. 975–983
Caspers, Hans-Friedrich: Rechtliche Betrachtungen zur Aufwertung der Deutschen Mark, in: Der Betriebs-Berater 16 (1961), S. 341–343
Coburger, Dieter: Die währungspolitischen Befugnisse der Deutschen Bundesbank, Diss. Bochum 1987
Deutsche Bundesbank (Hrsg.): Währung und Wirtschaft in Deutschland 1876–1975, Frankfurt a. M. 1976
Deutsche Bundesbank: 30 Jahre Deutsche Bundesbank. Die Entstehung des Bundesbankgesetzes vom 26. Juli 1957. Dokumentation einer Ausstellung, Frankfurt a. M. 1988
Deutsche Bundesbank: Die Währungsunion mit der Deutschen Demokratischen Republik, in: Monatsbericht 42 (1990) 7, S. 14–29
Deutsche Bundesbank: Ein Jahr deutsche Währungs-, Wirtschafts- und Sozialunion, in: Monatsbericht 43 (1991) 7, S. 18–30
Deutsche Bundesbank: Internationale Organisationen und Gremien im Bereich von Währung und Wirtschaft, Sonderdrucke der Deutschen Bundesbank Nr. 3, Frankfurt a. M. [4]1992
Deutsche Bundesbank: Die Neuordnung der Bundesbankstruktur, in: Monatsbericht 44 (1992) 8, S. 48–54
Die Deutsche Bundesbank: Geldpolitische Aufgaben und Instrumente, Sonderdrucke der Deutschen Bundesbank Nr. 7, Frankfurt a. M. [6]1993
Deutsche Bundesbank: Die Geldpolitik der Bundesbank, Frankfurt a. M. 1995
Deutsche Bundesbank: Geschäftsberichte, Frankfurt a. M., verschiedene Jahrgänge
Dickertmann, Dietrich/Siedenberg, Axel: Instrumentarium der Geldpolitik, Düsseldorf [4]1984
Dolzer, Rudolf/Vogel, Klaus (Hrsg.): Bonner Kommentar zum Grundgesetz, Heidelberg, Loseblattausgabe
Donner, Hartwig/Neumann, Petra: Die Auswirkungen der Europäischen Währungsunion auf die Unabhängigkeit der Deutschen Bundesbank, in: Bodin, Manfred/Hübl, Lothar (Hrsg.): Banken in gesamtwirtschaftlicher Verantwortung, Stuttgart 1994, S. 151–164

Emminger, Otmar: D-Mark, Dollar, Währungskrisen. Erinnerungen eines ehemaligen Bundesbankpräsidenten, Stuttgart 1986
Eynern, Gert von: Die Unabhängigkeit der Notenbank, Berlin 1957
Faber, Heiko: Wirtschaftsplanung und Bundesbankautonomie, Baden-Baden 1969
Faber, Heiko: Erläuterung von Art. 88 GG, in: Alternativ-Kommentar zum Grundgesetz für die Bundesrepublik Deutschland, Neuwied [2]1989
Farthmann, Friedhelm/Coen, Martin: § 19 Tarifautonomie, Unternehmensverfassung und Mitbestimmung, in: Benda, Ernst/ Maihofer, Werner/Vogel, Hans-Jochen (Hrsg.): Handbuch des Verfassungsrechts der Bundesrepublik Deutschland, Berlin/New York 1994, S. 851–960
Fichtmüller, Carl Peter: Zulässigkeit ministerialfreien Raums in der Bundesverwaltung, in: Archiv des öffentlichen Rechts 91 (1966), S. 297–355
Fögen, Hermann: Geld- und Währungsrecht, München 1969
Fröhlich, Wolfgang: Die währungspolitischen Instrumente der Deutschen Bundesbank und ihre Einordnung in die Regelungskategorien des öffentlichen Rechts, Diss. Würzburg 1983
Füsslein, Peter: Ministerialfreie Verwaltung, Diss. Bonn 1970
Galahn, Gunbritt: Die Deutsche Bundesbank im Prozeß der europäischen Währungsintegration, Berlin 1996
Gaugenrieder, Carl A.: Die rechtliche Stellung der deutschen Zentralnotenbank im Staatsgefüge in Geschichte und Gegenwart, Diss. Würzburg 1961
Geiger, Helmut: Das Verhältnis von Refinanzierungs- und Offenmarktpolitik, in: Ehrlicher, Werner/Simmert, Diethard B. (Hrsg.): Wandlungen des geldpolitischen Instrumentariums der Deutschen Bundesbank, Berlin 1988, S. 129–142
Geisler, Rudolf P.: Notenbankverfassung und Notenbankentwicklung in USA und Westdeutschland, Berlin 1953
Gramlich, Ludwig: Abschied vom «vorverfassungsmäßigen Gesamtbild», in: Deutsches Verwaltungsblatt 95 (1980), S. 531–538
Gramlich, Ludwig: Bundesbankgesetz, Währungsgesetz, Münzgesetz – Kommentar, Köln u.a. 1988
Gramlich, Ludwig: Die Deutsche Bundesbank im Verfassungsgefüge des Grundgesetzes, in: Juristische Schulung (1988), S. 81–84
Gramlich, Ludwig: Streit um die Mindestreserve, in: Zeitschrift für Bankrecht und Bankwirtschaft 1 (1989), S. 201–209
Gramlich, Ludwig: Neu- oder Fehlentwicklungen im Währungs- und Bankrecht?, in: Die Verwaltung 27 (1994), S. 361–389
Greitemann, Günter: Die Verwaltung der Staatskassenmittel als Rechtsproblem im Schnittpunkt von Finanzrecht, Bankrecht und Recht der Währungspolitik, München 1968
Häde, Ulrich: Geldzeichen im Recht der Bundesrepublik Deutschland, Baden-Baden 1991
Häde, Ulrich: Ersatzpflicht der Bundesbank für gestohlene und beschädigte Banknoten – BVerwG, NJW 954, in: Juristische Schulung 34 (1994) 11, S. 923–927
Häde, Ulrich/Hartmann, Uwe: Der praktische Fall: Bundesbank und Europäische Zentralbank, in: Verwaltungsrundschau 37 (1991), S. 404–412
Hahn, Hugo J.: Rechtsfragen der Diskontsatzfestsetzung, Karlsruhe 1966
Hahn, Hugo J.: Aufwertung und Abwertung im internationalen Recht, in: Deutsche Gesellschaft für Völkerrecht (Hrsg.): Fragen des Rechts der Auf- und Abwertung, Heidelberg/Karlsruhe 1979, S. 1–77
Hahn, Hugo J.: Die Deutsche Bundesbank im Verfassungsrecht, in: Bayerische Verwaltungsblätter (1982), S. 33–37
Hahn, Hugo J.: Währungsrecht, München 1990
Hahn, Oswald: Die Währungsbanken der Welt, 2 Bde., Stuttgart 1968
Hasse, Rolf H.: Europäische Zentralbank – Europäische Währungsunion ante portas?, in: Aus Politik und Zeitgeschichte 42 (1992), S. 23–32

Hentschel, Volker: Die Entstehung des Bundesbankgesetzes 1949–1957, in: Bankhistorisches Archiv 14 (1988), S. 3–31 (Teil I), S. 79–115 (Teil II)
Hettlage, Karl M.: Die Finanzverfassung im Rahmen der Staatsverfassung, Berlin 1956, S. 2–31
Hoffmann, Wolfgang P.: Rechtsfragen der Währungsparität, München 1969
Hoffmann-Riem, Wolfgang: Rechtsprobleme der Aufwertung 1969, in: Der Betriebs-Berater 24 (1969), S. 1374–1382
Hoffmann-Riem, Wolfgang/Faber, Heiko: Wirtschaftsplanung und Bundesbankautonomie, in: Archiv des öffentlichen Rechts 96 (1971), S. 443–446
Höfling, Wolfram: Staatsschuldenrecht, Heidelberg 1993
Höpker-Aschoff, Hermann: Grundgesetz und Notenbank, Brief an Friedrich Klein zu dessen Rechtsgutachten, in: Wertpapier-Mitteilungen, Teil IV 10 (1956), Sonderbeilage Nr. 7 zu Nr. 37, S. 12–17
Höpker-Aschoff, Hermann: Bemerkungen des Bundesverfassungsgerichts zu dem Rechtsgutachten von Professor Richard Thoma, in: Jahrbuch des öffentlichen Rechts der Gegenwart 6 (1957), S. 194–207
Hübner, Jürgen: Ersatzansprüche bei rechtswidriger Heranziehung zum Bardepot?, in: Neue juristische Wochenschrift 26 (1973), S. 353–357
Humm, Hubert: Bankenaufsicht und Währungssicherung, Diss. Würzburg 1988
Hüttl, Adolf: Die Stellung der Deutschen Bundesbank im Verfassungsgefüge, in: Deutsches Verwaltungsblatt 87 (1972), S. 64–66
Issing, Otmar: Die Unabhängigkeit der Bundesbank, in: Klatt, Sigurd/Willms, Manfred (Hrsg.): Strukturwandel und makroökonomische Steuerung, Festschrift für Fritz Voigt, Berlin 1975, S. 365–377
Issing, Otmar: Unabhängigkeit der Notenbank und Geldwertstabilität, in: Deutsche Bundesbank: Auszüge aus Presseartikeln, Nr. 79/1992, S. 1–8
Issing, Otmar: Einführung in die Geldpolitik, München [5]1993
Issing, Otmar: Geldmengensteuerung zur Sicherung des Geldwertes, in: WSI-Mitteilungen 47 (1994), S. 682–690
Jochimsen, Reimut: Perspektiven der europäischen Wirtschafts- und Währungsunion, Köln 1994
Kaiser, Rolf H.: Bundesbankautonomie – Möglichkeiten und Grenzen einer unabhängigen Politik, Frankfurt a. M. 1980
Ketzel, Eberhard/Köser, Reinhard/Pfisterer, Hans: Die Notenbank, Stuttgart [2]1976
Klein, Dietmar K. R.: Die Bankensysteme der EG-Länder, Frankfurt a. M. 1991
Klein, Friedrich: Rechtsgutachten über die Vereinbarkeit sowohl der einstufig-zentralen als auch der zweistufig-dezentralen Konstruktion des Notenbanksystems mit dem Grundgesetz, Berlin o. J. [um 1953]
Klein, Friedrich: Rechtsgutachten über die Frage, ob das Bundesnotenbankgesetz in der Fassung der Regierungsvorlage vom 18. Oktober 1956 der Zustimmung des Bundesrates bedarf, in: Wertpapier-Mitteilungen, Teil IV 11 (1957), S. 1074–1088
Koenig, Christian: Institutionelle Überlegungen zum Aufgabenzuwachs beim Europäischen Gerichtshof in der Währungsunion, in: Europäische Zeitschrift für Wirtschaftsrecht 4 (1993), S. 661–666
Könneker, Wilhelm: Die Deutsche Bundesbank, Frankfurt a. M. [2]1973
Kratzmann, Horst: Über Anmaßung und Ohnmacht des Staates im Geldwesen, in: Der Staat 35 (1996), S. 221–249
Kümpel, Siegfried: Das währungspolitische Instrumentarium der Deutschen Bundesbank aus rechtlicher Sicht, in: Wertpapier-Mitteilungen, Teil IV 46 (1992), Sonderbeilage Nr. 1 zu Nr. 3
Laband, Paul: Das Staatsrecht des Deutschen Reiches, Bd. III, Tübingen [5]1913
Lampe, Ortrun: Die Unabhängigkeit der Deutschen Bundesbank, München [2]1971

Lecheler, Helmut: Das Subsidiaritätsprinzip, Berlin 1993
Löwer, Wolfgang: § 56 Zuständigkeiten und Verfahren des Bundesverfassungsgerichts, in: Isensee, Josef/Kirchhof, Paul (Hrsg.): Handbuch des Staatsrechts, Bd. II, Heidelberg 1987, S. 737–848
Lück, Martin: Die Politik der Bank of England: Whitehall entscheidet, in: Zeitschrift für das gesamte Kreditwesen 47 (1994), S. 312–317
Lumm, Carl von: Diskontpolitik, Berlin 1926
Mangoldt, Hermann von: Das Bonner Grundgesetz, Berlin/Frankfurt a.M. 1953
Mangoldt, Hermann von/Klein, Friedrich: Das Bonner Grundgesetz, Bd. III, München ²1974
Maunz, Theodor u.a.: Grundgesetz, Kommentar, München/Berlin, Loseblattausgabe
Meyer, Georg/Anschütz, Gerhard: Lehrbuch des Deutschen Staatsrechts, 3. Teil, Leipzig/München ⁷1919
Möschel, Wernhard: Das Wirtschaftsrecht der Banken, Frankfurt a.M. 1972
Müller, Klaus: Die Änderung der Währungsparität als Problem der innerstaatlichen Kompetenzverteilung, in: Der Betriebs-Berater 26 (1971), S. 726–729
Münch, Ingo von/Kunig, Philip (Hrsg.): Grundgesetz-Kommentar, Bd. 3, München ³1996
Papier, Hans-Jürgen: § 18 Grundgesetz und Wirtschaftsordnung, in: Benda, Ernst/Maihofer, Werner/Vogel, Hans-Jochen (Hrsg.): Handbuch des Verfassungsrechts der Bundesrepublik Deutschland, Berlin/New York ²1994, S. 799–850
Pernice, Ingolf: Das Ende der währungspolitischen Souveränität nach dem Maastricht-Urteil des BVerfG, in: Due, Ole/Lutter, Marcus/Schwarze, Jürgen (Hrsg.): Festschrift für Ulrich Everling, Bd. II, Baden-Baden 1995, S. 1057–1071
Pfennig, Gero: Die Notenausgabe der Deutschen Bundesbank, Berlin 1971
Pfleiderer, Otto: Die Notenbank im Spannungsfeld von Wirtschafts- und Finanzpolitik, in: Interdependenzen von Politik und Wirtschaft, Festgabe für Gert von Eynern, Berlin 1967, S. 563–575
Pfleiderer, Otto: Die Notenbank im System der wirtschaftspolitischen Steuerung, in: Kaiser, Joseph H. (Hrsg.): Mittel und Methoden planender Verwaltung, Baden-Baden 1968, S. 409–427
Pfleiderer, Otto: Die Reichsbank in der Zeit der großen Inflation, die Stabilisierung der Mark und die Aufwertung von Kapitalforderungen, in: Deutsche Bundesbank (Hrsg.): Währung und Wirtschaft in Deutschland 1876–1975, Frankfurt a.M. 1976, S. 157–201
Pohl, Rudolf: Die Deutsche Bundesbank und die Kreditaufsicht, Diss. Freiburg i. Br. 1982
Potacs, Michael: Die Wirtschafts- und Währungsunion, in: Schwarze, Jürgen (Hrsg.): Vom Binnenmarkt zur Europäischen Union, Baden-Baden 1993, S. 71–82
Potacs, Michael: Nationale Zentralbanken in der Wirtschafts- und Währungsunion, in: Europarecht 28 (1993), S. 23–40
Prost, Gerhard: Die Diskontfestsetzung der Deutschen Bundesbank, in: Neue juristische Wochenschrift 19 (1966), S. 806–810
Prost, Gerhard: Die Deutsche Bundesbank im Spannungsbereich anderer unabhängiger Organe und Institutionen, in: Büschgen, Hans E. (Hrsg.): Geld, Kapital und Kredit, Festschrift Heinrich Rittershausen, Stuttgart 1968, S. 110–126
Prost, Gerhard: Wandlungen im deutschen Notenbankwesen, München 1972
Prost, Gerhard: Die Unabhängigkeitsfrage, der zentrale und neuralgische Punkt der neueren deutschen Notenbankgesetzgebung, in: Österreichisches Bank-Archiv 22 (1974), S. 259–270
Prost, Gerhard: Rechtliche Betrachtungen zum 100-jährigen Bestehen des deutschen Zentralbankwesens, in: Juristenzeitung 31 (1976), S. 263–268
Püttner, Günter: Die öffentlichen Unternehmen, Bad Homburg v.d.H./Berlin/Zürich 1969
Reichsbankgesetz, vom 14. März 1875, in: Reichsgesetzblatt Nr. 15 (1875), S. 177–189

Reichsbankgesetz, vom 30. August 1924, in: Reichsgesetzblatt Teil II, Nr. 32 (1924), S. 235–246
Reischauer, Friedrich/Kleinhans, Joachim: Kreditwesengesetz, Berlin, Loseblattausgabe
Rittershausen, Heinrich: Die Zentralnotenbank, Frankfurt a.M. 1962
Samm, Carl-Theodor: Die Stellung der Deutschen Bundesbank im Verfassungsgefüge, Diss. München 1967
Samm, Carl-Theodor: Verfassungsgarantierte Bundesbankautonomie, in: Wertpapier-Mitteilungen, Teil IV 38 (1984), Sonderbeilage Nr. 5 zu Nr. 27
Sartorius II, Nr. 44: Übereinkommen über den Internationalen Währungsfonds, München, Loseblattausgabe
Schäfer, Hans: Die bundeseigene Verwaltung, in: Die öffentliche Verwaltung 11 (1958), S. 241–248
Schelling, Friedrich Wilhelm von: Die Bundesbank in der Inflation, Frankfurt a.M. 1975
Schiller, Karl, in: Verhandlungen des Deutschen Bundesrates, Stenographische Berichte, 313. Sitzung, Bonn, 1. September 1967, S. 4977
Schiller, Karl, in: Verhandlungen des Deutschen Bundestages, Stenographische Berichte, 5. Wahlperiode, 108. Sitzung, Bonn, 10. Mai 1967, S. 184
Schiller, Karl: Der schwierige Weg in die offene Gesellschaft, Berlin 1994
Schlesinger, Helmut: Das Konzept der Deutschen Bundesbank, in: Ehrlicher, Werner/Simmert, Diethard B. (Hrsg.): Wandlungen des geldpolitischen Instrumentariums der Deutschen Bundesbank, Berlin 1988, S. 3–20
Schmidt, Reiner: Grundlagen und Grenzen der Unabhängigkeit der Deutschen Bundesbank, in: Caemmerer, Ernst von (Hrsg.): Xenion: Festschrift für Pan. J. Zepos, Bd. 2, Athen 1973, S. 655–680
Schmidt, Reiner: Öffentliches Wirtschaftsrecht, Allgemeiner Teil, Berlin u.a. 1990
Schmidt-Bleibtreu, Bruno/Klein, Franz: Kommentar zum Grundgesetz, Neuwied, Kriftel/Berlin [8]1994
Schmidt-Preuß, Matthias: Verfassungsrechtliche Zentralfragen staatlicher Lohn- und Preisdirigismen, Baden-Baden 1977
Schönle, Herbert: Bank- und Börsenrecht, München [2]1976
Schreiner, Heinrich: Bundesbankstruktur und Europäische Zentralbank, in: Zeitschrift für das gesamte Kreditwesen 44 (1991), S. 612–614
Schuppler, Edith: Die Unabhängigkeit der Notenbank, Wien 1962
Schuster, Leo: Zentralbankpolitik und Bankenaufsicht in den EWG-Staaten, Köln/Opladen 1967
Seeck, Horst/Steffens, Gernot: Die Deutsche Bundesbank, Düsseldorf [4]1979
Siebelt, Johannes: Der juristische Verhaltensspielraum der Zentralbank, Diss. Würzburg 1988
Siegert, Werner: Währungspolitik durch Seelenmassage? Frankfurt a.M. 1963
Spindler, Joachim von/Becker, Willi/Starke, O.-Ernst: Die Deutsche Bundesbank, Grundzüge des Notenbankwesens und Kommentar zum Gesetz über die Deutsche Bundesbank, Stuttgart u.a. [4]1973
Starck, Christian: Der Kreditbegriff und der Verhältnismäßigkeitsgrundsatz im Bardepotrecht, in: Der Betriebs-Berater 28 (1973), S. 1607–1612
Starke, O.-Ernst: Die Stellung der Notenbank im Staatsgefüge, in: Wertpapier-Mitteilungen, Teil IV 11 (1957), S. 75–94
Starke, O.-Ernst: Verfassungswidrigkeit der Aufgabenstellung der Bundesbank?, in: Wertpapier-Mitteilungen, Teil IV 31 (1977), S. 3–15
Stern, Klaus: Das Staatsrecht der Bundesrepublik Deutschland, Bd. I München [2]1984, Bd. II München 1980
Stern, Klaus/Münch, Paul/Hansmeyer, Karl-Heinrich: Gesetz zur Förderung der Stabilität und des Wachstums der Wirtschaft (Stabilitätsgesetz), Kommentar, Stuttgart u.a. [2]1972

Stern, Klaus/Schmidt-Bleibtreu, Bruno (Hrsg.): Verträge und Rechtsakte zur Deutschen Einheit, Bde. 1–3, München 1990/91
Steuer, Werner: Mehr Vollmacht für die Deutsche Bundesbank!, in: Wirtschaftsdienst 50 (1970), S. 292–296
Stober, Rolf: Wirtschaftsverwaltungsrecht, Stuttgart u.a. [10]1996
Stoffers, Erich: Die europäischen Notenbanken und die währungspolitische Zusammenarbeit in der Europäischen Gemeinschaft, in: Regul, Rudolf/Wolf, Herbert (Hrsg.): Das Bankwesen im größeren Europa, Baden-Baden 1974, S. 105–112
Strickrodt, Georg: Verfassungsgarantierte Währung, in: Zeitschrift für das gesamte Kreditwesen 5 (1952), S. 533–536
Studt, Detlef: Rechtsfragen einer europäischen Zentralbank, Diss. Erlangen, Nürnberg 1992
Szagunn, Volkhard/Wohlschieß, Karl: Gesetz über das Kreditwesen, Stuttgart u.a. [4]1986
Tettinger, Peter J.: Rechtsanwendung und gerichtliche Kontrolle im Wirtschaftsverwaltungsrecht, München 1980
Tettinger, Peter J.: Überlegungen zu einem administrativen «Prognosespielraum», in: Deutsches Verwaltungsblatt 97 (1982), S. 421–433
Thomas, Karl: Der Bund errichtet eine Währungs-Notenbank, in: Zeitschrift für das gesamte Kreditwesen 44 (1991), S. 614–616
Tietmeyer, Hans: Geldpolitik in europäischer Verantwortung, in: Deutsche Bundesbank: Auszüge aus Presseartikeln, Nr. 4/1994, S. 1–5
Tomuschat, Christian: Die Aufwertung der Deutschen Mark, Köln/Berlin 1970
Tuchtfeldt, Egon: Moral Suasion in der Wirtschaftspolitik, in: Hoppmann, Erich (Hrsg.): Konzertierte Aktion, Frankfurt a.M. 1971, S. 19–68
Uhlenbruck, Dirk: Die verfassungsmäßige Unabhängigkeit der Deutschen Bundesbank und ihre Grenzen, München 1968
Veit, Otto: Grundriß der Währungspolitik, Frankfurt a.M. [3]1969
Waechter, Kay: Geminderte demokratische Legitimation, Berlin 1994
Wagenhöfer, Carl: Der Föderalismus und die Notenbankverfassung, in: Seidel, Hanns (Hrsg.): Festschrift zum 70. Geburtstag von Dr. Hans Ehard, München 1957, S. 97–122
Weber, Albrecht: Die Wirtschafts- und Währungsunion nach dem Maastricht-Urteil des BVerfG, in: Juristenzeitung 49 (1994), S. 53–60
Weikart, Thomas: Geldwert und Eigentumsgarantie, Baden-Baden 1992
Weikart, Thomas: Die Änderung des Bundesbank-Artikels im Grundgesetz im Hinblick auf den Vertrag von Maastricht, in: Neue Zeitschrift für Verwaltungsrecht 12 (1993), S. 834–841
Weikart, Thomas: Währungsrecht im Wandel – Die jüngsten Änderungen des Bundesbankgesetzes, in: Kredit und Kapital 26 (1993), S. 608–646
Weiland, Gerd: Regelungskompetenzen der Deutschen Bundesbank, Diss. Hamburg 1967
Wiesner, Herbert: Öffentliche Finanzwirtschaft, Bd. 1, Heidelberg [9]1992
Wilmer, Lothar: Die Politik der «Moral Suasion» der Deutschen Bundesbank, in: Staats- und Kommunal-Verwaltung 21 (1975), S. 340–341
Wittmann, Walter: Finanzwissenschaft, 4. Teil, Stuttgart/New York [2]1977
Woll, Artur/Vogl, Gerald: Geldpolitik, Stuttgart 1976

IV. Öffentliche Finanzen und Notenbank

Von Wolfgang Kitterer

1. Einführung

In einer sozialen Marktwirtschaft wird der wirtschaftliche Prozeß im wesentlichen durch das selbständige Handeln privater Haushalte und Unternehmungen beherrscht. Sie orientieren sich an den Preissignalen des Marktes, der bei vollkommenem Wettbewerb dafür sorgt, daß sich das Angebot an Waren und Dienstleistungen optimal an die Nachfrage und damit an die Wünsche des Souveräns, des Konsumenten, anpaßt.

Das reibungslose Funktionieren eines solchen Wirtschaftssystems ist freilich an organisatorische und institutionelle Voraussetzungen gebunden, zu denen der Staat einen wesentlichen Beitrag zu leisten hat. Er schafft die Rahmenbedingungen (Rechtsordnung, Eigentumsrechte, Haftungsprinzip, Gewerbe- und Vertragsfreiheit, Wettbewerbskontrolle usw.), unter denen sich der Wirtschaftsablauf möglichst störungsfrei und effizient entfalten kann. Über diese allgemeine Funktion des Staates hinaus hat die Finanzpolitik als Teil der allgemeinen Wirtschaftspolitik die Aufgabe,

- den Umfang und die Struktur der über die öffentlichen Haushalte zu finanzierenden Leistungen festzulegen. Auf der makroökonomischen Ebene ergibt sich daraus unter anderem die Staatsquote, d.h. jener Anteil der Staatsausgaben am Bruttoinlandsprodukt, der als politisch gewollter Anspruch des Staates an die gesamtwirtschaftlichen Ressourcen gelten kann;
- die aus dem marktwirtschaftlichen Prozeß entstehende Verteilung der Leistungseinkommen durch Steuern und Staatsausgaben so zu korrigieren, daß sie gesellschaftspolitischen Vorstellungen von einer gerechten oder zumindest akzeptablen Einkommensverteilung entspricht;
- die Stabilität des Wirtschaftsprozesses so zu fördern, daß konjunkturelle Schwankungen im Auslastungsgrad des Produktionspotentials möglichst vermieden werden und daß das Wachstum der Wirtschaft gefördert wird.

Die Finanzpolitik kann diese Aufgaben in der Realität nicht ohne weiteres getrennt voneinander erfüllen. Verschiedene Zielsetzungen sind zuweilen miteinander verträglich oder gar gegenseitig förderlich; in anderen Fällen stehen sie aber auch in Widerspruch zueinander. Es kommt noch erschwerend hinzu, daß sich die Ergebnisse staatlicher Eingriffe in den Wirtschaftsablauf und die

Wirkungsweise finanzpolitischer Instrumente nicht immer eindeutig beurteilen lassen und daß auch andere Politikbereiche maßgeblich an der Erfüllung wirtschaftspolitischer Zielsetzungen beteiligt sind. Dies gilt insbesondere für die Notenbank, die in erster Linie für die Währungsstabilität zu sorgen hat, und die Tarifpartner, die die Löhne aushandeln. Je deutlicher man die Aufgaben der verschiedenen Träger der Wirtschaftspolitik voneinander trennen kann, desto klarer tritt hervor, wer wofür verantwortlich ist, und um so wirkungsvoller läßt sich die unbedingt notwendige Verschuldensanalyse betreiben. Andererseits müssen aber auch die Interdependenzen zwischen den verschiedenen Bereichen berücksichtigt werden. In diesem Beitrag soll im Zusammenhang mit dem Wandel der Staatstätigkeit, der wegen des begrenzten Raumes selbstverständlich nur in groben Zügen nachgezeichnet werden kann, in besonderem Maße das Verhältnis von Finanzpolitik und Geldpolitik, das immer wieder einer wechselvollen und kontroversen Bewertung unterworfen war, behandelt werden.

Wenn man die Entwicklung des Staatshaushaltes in den letzten Jahrzehnten in ihrer Gesamtheit überblickt, so fallen zwei Dinge besonders ins Auge, die man an Hand von Schaubild 1 leicht nachvollziehen kann: Einerseits ist der Anteil der Staatsausgaben (einschließlich Sozialversicherung) am Bruttoinlandsprodukt – die Staatsausgabenquote – in den sechziger und siebziger Jahren stark angestiegen. In den fünfziger Jahren lag die Staatsausgabenquote noch zwischen 30 und 35%. In den Jahren 1975 und 1982 erreichte sie dagegen Spitzenwerte von etwa 50%. In der zweiten Hälfte der achtziger Jahre sank dann die Staatsausgabenquote auf 46% und erreichte im Zuge der Finanzierung der deutschen Einheit in der ersten Hälfte der neunziger Jahre schnell wieder Werte von über 50%. Andererseits hat sich die staatliche Schuldenquote in der zweiten Hälfte der siebziger und Anfang der achtziger Jahre sowie in den neunziger Jahren geradezu dramatisch erhöht. Abgesehen von einem Zwischenhoch von etwa 22% in den Jahren 1967 und 1968, das sich im Gefolge der ersten Konjunkturkrise der Bundesrepublik 1966/67 ergeben hatte, lag der Anteil des Schuldenstandes der öffentlichen Hand am Bruttoinlandsprodukt in den sechziger und noch Anfang der siebziger Jahre deutlich unter 20%. Innerhalb eines Zeitraumes von nur zehn Jahren erhöhte er sich auf über 40%. In der zweiten Hälfte der achtziger Jahre konnte mit Mühe eine Konsolidierung der Schuldenquote bei etwa 43% erreicht werden, bis schließlich die Finanzierung der deutschen Einheit in vier Jahren einen gewaltigen Schuldensprung auf nahezu 60% des Bruttoinlandsproduktes auslöste.

Bei der Entwicklung der staatlichen Gesamtausgaben fällt wiederum ihre strukturelle Veränderung auf, die in Schaubild 2 zu sehen ist: Während bis Mitte der siebziger Jahre der Anteil der Ausgaben des Staates für Güter und Dienstleistungen an den Gesamtausgaben, jener Teil also,

Staatliche Ausgaben- und Schuldenquote Schaubild 1

in Prozent des Bruttoinlandsprodukts

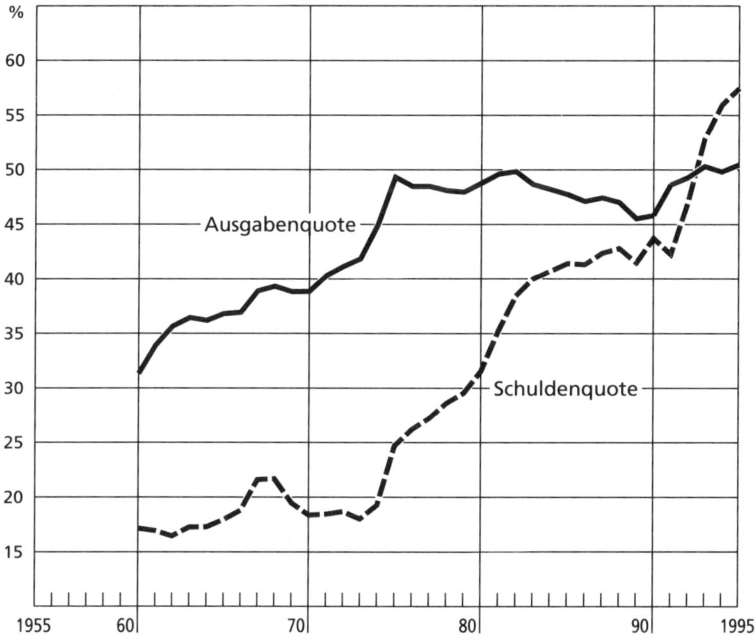

Quellen: Statistisches Bundesamt, Deutsche Bundesbank, Gutachten des Sachverständigenrates, lfd. Jahrgänge.

der den direkten Anspruch des Staates an die volkswirtschaftlichen Ressourcen kennzeichnet und der deshalb hier als Ressourcenquote bezeichnet wird, um einen mittleren Wert von etwas über 50% schwankt und demgemäß die Transferquote, d.h. der Anteil an den Gesamtausgaben des Staates, die als Transferzahlungen an die privaten Haushalte und Unternehmen fließen (einschließlich Zinszahlungen auf öffentliche Schulden), um einen mittleren Wert von etwas unter 50% schwankt, entwickeln sich beide Quoten nach 1975 deutlich auseinander. Die Transferquote nimmt stark zu und erreicht 1994 einen Wert von 56%. Die Ressourcenquote fällt in dem gleichen Zeitraum entsprechend auf 44% der staatlichen Gesamtausgaben ab.

Es wäre weit übertrieben, wollte man behaupten, diese Entwicklungslinien seien allein Ausdruck finanzpolitischer Gestaltungskraft. Einiges davon ist als Anpassungsreaktion auf krisenhafte ökonomische und gesellschaftspolitische Entwicklungen entstanden, die die Grenzen der Machbarkeit und Glaubwürdigkeit staatlichen Handelns oft genug sichtbar gemacht haben. Sowohl bei dem Anstieg der Staatsquote und der Schuldenquote als auch im Verlauf der

Staatliche Ressourcen- und Transferquote Schaubild 2

in Prozent der Gesamtausgaben des Staates

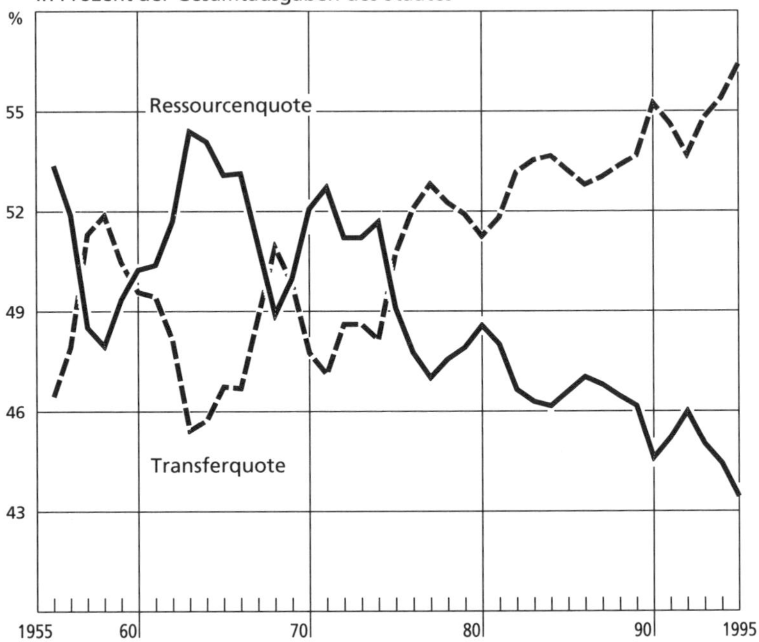

Quellen: Statistisches Bundesamt; Gutachten des Sachverständigenrates, lfd. Jahrgänge.

immer wieder notwendigen Konsolidierungsprozesse gab es Phasen der Harmonie, aber häufiger noch des Konfliktes zwischen Wünschenswertem und Erreichbarem.

2. Haushaltsüberschüsse und ihre Probleme in den fünfziger Jahren

a) Die finanzpolitischen Rahmenbedingungen

Die fünfziger Jahre waren die Zeit des deutschen «Wirtschaftswunders». Die Staatsquote war, wie bereits erwähnt, noch verhältnismäßig gering. Die wirtschaftspolitischen Debatten kreisten mehr um die für die Entwicklung der sozialen Marktwirtschaft notwendigen Rahmenbedingungen, insbesondere die Fragen der Liberalisierung des Waren-, Dienstleistungs- und Kapitalverkehrs, als um die Frage der Korrektur der vom Markt hervorgebrachten Einkommensverteilung. Die Steuerpolitik war zunächst darauf ausgerichtet, die für heutige Verhältnisse exorbitant hoch erscheinenden Steuersätze zu senken. So wurde beispielsweise bei der «kleinen Steuerreform» 1953 der Spitzengrenzsteuersatz der Einkommensteuer von 95% auf 80% und der maximale Durchschnittsteuersatz (der sogenannte Plafondsatz) von 80% auf 70% gesenkt; der Körperschaftsteuersatz für ausgeschüttete Gewinne wurde von 60% auf 30% herabgesetzt. Bei der sogenannten großen Steuerreform 1954 wurde der höchste Grenzsteuersatz bei der Einkommensteuer auf 63,45%, der Plafondsatz auf 55%, der Körperschaftsteuersatz für einbehaltene Gewinne von 60% auf 45% ermäßigt.

Eines der Hauptanliegen der Finanzpolitik bestand in der Förderung der Investitionen der Unternehmen, der Vermögensbildung der privaten Haushalte und der Finanzierung der Infrastruktur in den Bereichen des Verkehrs-, Bildungs- und Wohnungswesens. Da der Kapitalmarkt zunächst noch unterentwickelt war, blieb den Unternehmen nur die Möglichkeit, Selbstfinanzierung zu betreiben, d.h., die Investitionen im wesentlichen aus ihren einbehaltenen Gewinnen zu finanzieren. Sie wurde daher zunächst durch steuerliche Begünstigung einbehaltener Gewinne und Sonderabschreibungen gefördert. Die Gefahren dieser Politik lagen allerdings in einer mangelnden Marktkontrolle sowie einer möglichen Kapitalfehlleitung und Wachstumsstörungen, da die Unternehmen ihre Entscheidungen zu sehr an den Steuervergünstigungen orientierten.[1] Schon 1951 wurde die steuerliche Begünstigung für nicht entnommene Gewinne aufgehoben.[2] Die Herabsetzung des Körperschaftsteuersatzes für ausgeschüttete Gewinne auf 30% im Rahmen der «kleinen Steuerreform» 1953 sollte Anreize zu höheren Ausschüttungen und zu einer Einschränkung der betrieblichen Selbstfinanzierung geben. Die Steuerreform 1958 verstärkte diesen Anreiz. Der Körperschaftsteuersatz auf einbehaltene Gewinne wurde von 45% auf 47% erhöht, während der Körperschaftsteuersatz für ausgeschüttete Gewinne von 30% auf 11% gesenkt wurde. Die stärkere Fremd- und Beteiligungsfinanzierung der Unternehmen über Obligationen bzw. Aktien sollte auch den Sparern neue Anlagemöglichkeiten eröffnen. Und schließlich war es ein erklärtes Ziel der Regierung, öffentliche Investitionen verstärkt aus Anleihen zu finanzieren.[3] Dazu kam es allerdings nicht in dem geplanten Umfang, weil einerseits der Kapitalmarkt im Zuge der Hochkonjunktur geschont werden mußte und weil andererseits die starke

1 Vgl. Wissenschaftlicher Beirat beim Bundesministerium für Wirtschaft, Gutachten vom 10. Dezember 1950.

2 Vgl. Bundesministerium der Finanzen, Chronologie, S. 71f.

3 Vgl. Bundesministerium der Finanzen, Haushaltsreden 1957 bis 1961, S. 237.

Zunahme des Steueraufkommens eine Kreditaufnahme im größeren Stil überflüssig machte.

Antizyklische Fiskalpolitik im Sinne einer keynesianischen Nachfragesteuerung wurde zu dieser Zeit aus verschiedenen Gründen nicht betrieben. Das Gedankengut des Keynesianismus war Anfang der fünfziger Jahre in der Bundesrepublik selbst unter Wissenschaftlern noch wenig verbreitet.[4] Außerdem entsprachen die Finanzverfassung und das Haushaltsrecht nicht den Bedürfnissen der antizyklischen Fiskalpolitik. Die Einteilung in den ordentlichen und außerordentlichen Haushalt erlaubte nur eine sogenannte objektorientierte Kreditfinanzierung «zu werbenden Zwecken» bzw. für einen «außerordentlichen Bedarf», d.h. letztlich nur für Ausgaben mit investivem Charakter. Ein *deficit spending* zu konjunkturpolitischen Zwecken war dort nicht vorgesehen und wurde auch von Fritz Schäffer, der von 1949 bis 1957 das Bundesfinanzministerium leitete, rundweg abgelehnt.[5] Schließlich bestand aber auch faktisch zunächst wenig Bedarf an einer systematischen und entschiedenen Nachfragesteuerung. Ein weltweiter Investitionsboom stärkte Anfang der fünfziger Jahre die binnenwirtschaftlichen Auftriebskräfte. Einkommen, Ersparnis und Investition entwickelten sich bei hohen Wachstumsraten weitgehend harmonisch. Der Staat betätigte sich als Kreditgeber, insbesondere im Bereich des Wohnungsbaus. Die öffentlichen Haushalte schlossen insgesamt mit Finanzierungsüberschüssen ab. Berühmt wurde das Beispiel des im Bundeshaushalt aufgehäuften «Juliusturmes». In den Jahren 1953–1956 sammelte der Bundesfinanzminister für den Aufbau der Bundeswehr Finanzierungsmittel auf einem Sonderkonto der Deutschen Bundesbank an, die sich schließlich auf 7 Mrd. DM beliefen. Sie wurden 1957 und 1958 allerdings schnell verausgabt.

4 Vgl. dazu die Erinnerungen von Häuser, Ansprache eines Mitglieds, S. 2 und Timm, Fritz Neumark, S. 21, an das Wirken von Fritz Neumark. Vgl. auch Schmölders, Finanzwissenschaft. Auf die Vorläufer der *fiscal policy* in Deutschland weist insbesondere Schmölders, Finanzpolitik, S. 463–465 hin.

5 In seiner Rede zur Einbringung des Haushaltes 1950 berief sich Fritz Schäffer ausdrücklich auf das Grundgesetz: «Um ein modernes Wort zu gebrauchen: ‹deficit spending› ist durch das Grundgesetz in der deutschen Finanzpolitik untersagt.» Auch in seiner Haushaltsrede 1954 verwahrte er sich gegen das Ansinnen, «sich zur Politik des deficit spending, also zu einer Politik der bewußten Mißachtung des Grundsatzes des Ausgleichs des Haushalts zu bekennen». Bundesministerium der Finanzen, Haushaltsreden 1949 bis 1957, S. 81 und S. 233.

b) Der «Juliusturm» und die Geldpolitik

Aus finanzpolitischer Sicht war der «Juliusturm» kein Erfolg. Vielmehr zeugte er von der mangelhaften Abstimmung zwischen Finanzplanung und echtem Ausgabenbedarf. Da die nicht verausgabten Mittel als «Ausgabenreste» mitgeschleppt werden mußten, ohne neu veranschlagt zu werden, wurde außerdem die Bewirtschaftung der öffentlichen Mittel zunehmend undurchsichtiger. Aber diese Haushaltspolitik geriet jedenfalls nicht in ernsthaften Widerspruch zur Geldpolitik. Die Zentralbank hatte in den fünfziger Jahren alle Hände voll zu tun, um den Konflikt zwischen außen- und binnenwirtschaftlichem Gleichgewicht zu bewältigen. Wegen der zunehmenden außenwirtschaftlichen Überschüsse war sie gezwungen, den Wechselkurs der D-Mark durch hohe Devisenkäufe zu stabilisieren, so daß es zu einem starken Liquiditätszustrom kam, der insbesondere im Konjunkturaufschwung Ende 1954 bis Anfang 1956 zu Inflationserscheinungen im Inland führte. Der Versuch der Deutschen Bundesbank, mit Hilfe der Zinspolitik zu verhindern, daß die Binnenwirtschaft durch die hohe Liquidität zu sehr angeregt wurde, konnte auf Dauer nicht erfolgreich sein, weil steigende Zinssätze bei einem Zinsgefälle gegenüber dem Ausland wiederum den Kapitalimport stimulierten. In diesem Zusammenhang war die Liquiditätsabschöpfung, die sich durch die Überschüsse in den öffentlichen Haushalten ergab, eher als Unterstützung der geldpolitischen Zielsetzungen zu verstehen. Zwar führte der schnelle Abbau des «Juliusturmes» in den Jahren 1957/58 zu einer unerwünschten Anreicherung der Liquidität; er fiel jedoch gleichzeitig in eine Phase der Konjunkturabschwächung.[6] Auch der Auflösung der Kassenguthaben des Bundes im Haushaltsjahr 1958/59 wurden kaum expansive Wirkungen im Inland bescheinigt, weil die Guthaben überwiegend zur Abwicklung von Auslandsverpflichtungen verwendet wurden.[7]

Weder die Überschußbildung in den öffentlichen Haushalten noch die Verausgabung der im «Juliusturm» angesammelten Haushaltsmittel waren jedoch konjunkturpolitisch motiviert. Mit Blick auf die außenwirtschaftlichen Überschüsse wurde Konjunkturpolitik eher mit Mitteln der Zollpolitik betrieben. Während der Hochkonjunktur 1956 wurden mehrfach in kurzen Abständen Zollsenkungen beschlossen, um die heimische Wirtschaft zu entlasten und die Importe zu stärken.[8] Allerdings trat nach den Wahlen 1957 mit dem Ende der Ära Schäffer auch eine grundsätzliche Wende in der Finanzpolitik ein. Der

6 Vgl. dazu Schlesinger, Geldpolitik, S. 593f.

7 Vgl. Wissenschaftlicher Beirat beim Bundesministerium für Wirtschaft, Gutachten vom 14. April 1959, insbesondere S. 368f.

8 Vgl. Bundesministerium der Finanzen, Chronologie, S. 118, S. 121 und S. 129.

nachfolgende Bundesfinanzminister Franz Etzel war sich der Notwendigkeit einer stärkeren gesamtwirtschaftlichen Einordnung des öffentlichen Haushaltes bewußt. Er war davon überzeugt, daß die Bundesregierung im Rahmen einer aktiven Fiskalpolitik viele Möglichkeiten hatte, das gesamtwirtschaftliche Gleichgewicht zu sichern und insbesondere das Ausmaß und die Auswirkungen einer Abschwächung der Wirtschaftstätigkeit zu begrenzen.[9]

c) *Das Versagen der antizyklischen Finanzpolitik im Boom*

In den folgenden Jahren bestand allerdings eher das Problem, eine überhitzte Konjunktur durch Einnahmenüberschüsse zu dämpfen, um die Bemühungen der Notenbank zur Stabilisierung des binnenwirtschaftlichen Gleichgewichts zu unterstützen. Die Wissenschaftlichen Beiräte beim Bundesministerium für Wirtschaft und der Finanzen hatten entsprechende Empfehlungen bereits 1956 erarbeitet.[10] Die Abstimmung zwischen Geld- und Finanzpolitik gelang jedoch nicht. Die Deutsche Bundesbank drängte mehrfach und mit aller Deutlichkeit. Sie hatte im Sommer 1959, «als unverkennbar wurde, daß die Konjunktur in einen bedenklichen Boom überging, nachdrücklich auf die Notwendigkeit einer ‹antizyklischen› Politik hingewiesen und vor allem empfohlen, durch Beschränkung der öffentlichen Bauaufwendungen in dem damals am stärksten ‹erhitzten› Sektor der Wirtschaft für eine Abkühlung zu sorgen»;[11] ihre restriktiven geldpolitischen Maßnahmen vom September 1959 verstand sie zudem als ein warnendes Signal an die öffentlichen Stellen, «auch ihrerseits eine antizyklische Konjunkturpolitik zu betreiben, um erhebliche weitere Verschärfungen der Kreditpolitik vermeiden zu helfen»;[12] schließlich verfaßte der Zentralbankrat im November 1959 eine Resolution, in der er der öffentlichen Finanzpolitik in dieser hochkonjunkturellen Phase zur Bildung von Einnahmenüberschüssen riet.[13] Im September 1960 schrieb Bundesbankpräsident Karl Blessing einen Brief an Bundeskanzler Konrad Adenauer, in dem er vor inflationären Tendenzen warnte und finanzpolitische Zurückhaltung im Wahljahr 1961 anmahnte.[14]

Trotz dieser deutlichen Hinweise sah sich der Bundesfinanzminister nicht in der Lage, den empfohlenen Konzepten zu folgen. Zwar wurden im Juli

9 Vgl. Bundesministerium der Finanzen, Haushaltsreden 1957 bis 1961, S. 58f.

10 Vgl. Wissenschaftlicher Beirat beim Bundesministerium für Wirtschaft, Gutachten vom 3. Juni 1956, insbesondere Abschnitt V: Finanzpolitik.

11 Deutsche Bundesbank, Geschäftsbericht 1959, S. 2.

12 Deutsche Bundesbank, Geschäftsbericht 1959, S. 35.

13 Vgl. Bundesministerium der Finanzen, Chronologie, S. 139.

14 Vgl. den entsprechenden Hinweis in: Bundesministerium der Finanzen, Haushaltsreden 1957 bis 1961, S. 32.

1960 gewisse steuerpolitische Maßnahmen zur Konjunkturdämpfung ergriffen. So wurden beispielsweise die degressiven Abschreibungen und die erhöhten Absetzungen für Wohngebäude eingeschränkt.[15] In seiner Einbringungsrede für den Haushalt 1961 im September 1960 mußte Etzel jedoch zugestehen, daß die konjunkturpolitische Beweglichkeit der Bundesfinanzen wegen der großen feststehenden Ausgabenblöcke «nicht allzu groß ist. Die Forderung, in der Hochkonjunktur die öffentlichen Ausgaben zu kürzen und gleichzeitig die Steuermehreinnahmen in einer gewollten Überschußwirtschaft bei der Notenbank stillzulegen, verkennt deshalb einfach die harte und unabänderliche Wirklichkeit.»[16] Eine darüber hinausgehende antizyklische Stillegung von Haushaltsüberschüssen über Steuererhöhungen kam ohnehin für ihn nicht in Frage.[17]

3. Umbrüche und Reformen in den sechziger Jahren

In den sechziger Jahren ergaben sich für die Stellung der Finanzpolitik im Wirtschaftssystem in mehrfacher Hinsicht beachtliche Umbrüche und Reformen. Obwohl sich die Gründe dafür bereits in dem vorangegangenen Jahrzehnt angekündigt hatten, fanden sie erst in der zweiten Hälfte der sechziger Jahre ihren Niederschlag in gesetzlichen und verfassungsmäßigen Regelungen. Zu den großen finanzpolitischen Reformwerken dieses Jahrzehnts gehörten
- die Haushaltsreform;
- die große Finanzreform;
- die gesetzliche Kodifizierung der antizyklischen Finanzpolitik.

a) Der Weg zur Haushaltsreform

In den ersten 20 Jahren der Nachkriegszeit beruhte die Haushaltswirtschaft des Bundes und der Länder im wesentlichen auf der alten Reichshaushaltsordnung von 1922. Es zeigte sich jedoch bald, daß sie den Notwendigkeiten eines modernen Haushaltswesens nicht gewachsen war. Die bloße Titelveran-

15 Vgl. Bundesministerium der Finanzen, Chronologie, S. 143.

16 Bundesministerium der Finanzen, Haushaltsreden 1957 bis 1961, S. 217. Entsprechend skeptisch wurden daher auch die Möglichkeiten der antizyklischen Finanzpolitik im Finanzbericht der Bundesregierung zum Haushalt 1961 beurteilt. Vgl. dazu Bundesministerium der Finanzen, Möglichkeiten und Grenzen.

17 Vgl. Bundesministerium der Finanzen, Haushaltsreden 1957 bis 1961, S. 249 sowie Bundesministerium der Finanzen, Möglichkeiten und Grenzen, S. 92f.

schlagung und die Gliederung der Einnahmen und Ausgaben nach Verwaltungszuständigkeiten genügte weder, um die mit zunehmendem Umfang der staatlichen Tätigkeit notwendige Aussagefähigkeit hinsichtlich der politischen Zielsetzungen zu gewährleisten, noch konnte sie in irgendeiner Hinsicht den steigenden Anforderungen an eine ökonomisch-analytische Interpretation, insbesondere zum Einsatz einer antizyklischen Finanzpolitik, genügen. Die undurchschaubare Bewirtschaftung immer wieder verschleppter Haushaltsreste, die 1959 ein Volumen von mehr als 10 Mrd. DM erreichten,[18] untergrub das Vertrauen in die Kontrollierbarkeit der öffentlichen Finanzen. Auch der bis zur völligen Beliebigkeit gesteigerte Mißbrauch der Einteilung in den ordentlichen und außerordentlichen Haushalt verstieß gegen das Gebot zur Transparenz des Haushaltsgebarens und machte eine sorgfältige Kontrolle der staatlichen Anleiheaufnahme unmöglich.[19]

Mit der Ausdehnung der Staatstätigkeit in viele Bereiche der Gesellschafts- und Sozialpolitik, mit dem wachsenden Anteil der öffentlichen Hand am Sozialprodukt, der zugleich mit einer engeren Verflechtung in der Einnahmen- und Ausgabentätigkeit der verschiedenen gebietskörperschaftlichen Ebenen einherging, sowie schließlich auch mit dem Bedürfnis und der Notwendigkeit, Schwankungen im Wirtschaftsablauf durch einen stärkeren Einfluß der antizyklischen Finanzpolitik auszugleichen, machte sich auch der Mangel einer Koordinierung der Haushalts- und Finanzpolitik von Bund, Ländern und Gemeinden immer mehr bemerkbar. Schließlich fehlte der Haushaltsplanung eine mittelfristige Orientierung. Dies war ein Mangel, der in den Überschußjahren des Wirtschaftswunders noch hinzunehmen war, der allerdings bereits in der ersten Hälfte der sechziger Jahre zu einer krisenhaften Entwicklung der öffentlichen Finanzen führte. Das Wirtschaftswachstum zu dieser Zeit war trotz gewisser Strukturkrisen, wie z.B. im Kohlebergbau und in der Textilindustrie,[20] immer noch hoch, obwohl bereits etwas niedriger als in den Jahren davor. Erste Anzeichen einer schleichenden Inflation mit Preissteigerungsraten zwischen 2 und 3% wurden mit zunehmender Besorgnis registriert. Dennoch erwies es sich als immer schwieriger, die Ausgabenexpansion in den öffentlichen Haushalten in beherrschbare Bahnen zu lenken.[21] Die Staatsausgabenquote stieg daher – wie auch Schaubild 1 zeigt – deutlich an. Bereits 1961 wurden das Bundessozialhilfegesetz und die Lohnfortzahlung im Krankheitsfall beschlossen. Leistungsverbesserungen im Bereich der Sozialversicherung, des Kindergeldes, der Kriegsopferversorgung

18 Vgl. dazu Adami, Haushaltspolitik, S. 61 f.
19 Vgl. dazu Dreißig, Haushaltsausgleich, insbesondere S. 16.
20 Vgl. Bundesministerium der Finanzen, Haushaltsreden 1962–1966, S. 19 und S. 152.
21 Vgl. die Hinweise des damaligen Bundesfinanzministers Dahlgrün auf die immer stärker werdenden Einengungen des haushaltspolitischen Manövrierspielraums, Bundesministerium der Finanzen, Haushaltsreden 1962–1966, S. 225.

sowie der Spar- und Wohnungsbauprämien folgten.[22] Der Bund paßte sein Beamtenbesoldungswesen durch erhebliche strukturelle Verbesserungen an die von den Ländern vorweggenommene Entwicklung an.[23] Als schließlich beim Bund unvorhergesehene Mehraufwendungen für die Bundesbahn, den Steinkohlebergbau und den Devisenausgleich mit den Einnahmeausfällen durch die Steueränderungsgesetze 1964 und 1965 und mit den für das Wahljahr 1965 beschlossenen Leistungsverbesserungen im Sozialbereich kumulierten, mußte Ende 1965 – drei Monate nach der Bundestagswahl – ein sogenanntes Haushaltssicherungsgesetz beschlossen werden, durch das bereits gesetzlich festgelegte Leistungen aufgeschoben wurden. Doch damit war die Haushaltssanierung keineswegs erreicht. Der 1966 einsetzende Konjunktureinbruch verschärfte die Haushaltskrise weiter. Als im Herbst 1966 dringende Sparmaßnahmen ergriffen werden mußten, aber Ausgabenkürzungen und der Abbau von Steuervergünstigungen nicht mehr ausreichend erschienen, um das Haushaltsdefizit in Grenzen zu halten, sperrte sich der Koalitionspartner FDP gegen den Haushaltsausgleich durch Steuererhöhungen. Ihre Minister traten zurück. Einen Monat später endete mit dem Rücktritt von Bundeskanzler Ludwig Erhard die «kleine Koalition». Am 1. Dezember begann die «große Koalition» zwischen CDU/CSU und SPD unter Kurt Georg Kiesinger ihre Arbeit. Wenige Tage später, am 8. Dezember 1966, hatte der Bundestag zwei weitere Gesetze zur Haushaltssanierung zu beschließen, das Finanzplanungsgesetz, durch das beispielsweise das Mutterschaftsgeld auf die Arbeitslosenversicherung übertragen wurde, die Bundeszuschüsse zur Rentenversicherung neu geregelt bzw. gestundet und Ausbildungszulagen gekürzt wurden, sowie das Steueränderungsgesetz, das die Absetzbarkeit der Fahrten zwischen Wohnung und Arbeitsstätte beschränkte, die Sparförderung kürzte und die Mineralölsteuer erhöhte. In einem zweiten Steueränderungsgesetz 1966 wurde schließlich noch die Tabaksteuer erhöht. Obwohl die Bundesrepublik 1967 ihre erste schwere Konjunkturkrise erlebte und die Regierung Maßnahmen zu einer expansiven antizyklischen Finanzpolitik ergriff, wovon noch zu sprechen sein wird, mußte sie Ende 1967 weitere Haushaltssicherungsmaßnahmen ergreifen. Der Bundestag verabschiedete im Dezember das zweite Steueränderungsgesetz 1967. Im Kreditgewerbe wurden Steuervergünstigungen gekürzt. Zum ersten Mal wurde eine dreiprozentige Ergänzungsabgabe zur Einkommen- und Körperschaftsteuer erhoben. Das am gleichen Tag beschlossene Finanzänderungsgesetz begrenzte die Ausgaben

22 Vgl. Bundesministerium der Finanzen, Haushaltsreden 1962–1966, S. 24–27.

23 Vgl. Bundesministerium der Finanzen, Haushaltsreden 1962–1966, S. 137–139 und S. 157. Trotz der schwierigen Haushaltslage wurden solche strukturellen Verbesserungen, d.h. «eine stufenweise weitere Erhöhung der Besoldung und der Versorgung sowie eine wesentliche Verbesserung der Stellenpläne», noch 1965 beschlossen. Bundesministerium der Finanzen, Haushaltsreden 1962–1966, S. 253.

insgesamt und enthielt zu diesem Zweck Ausgabenminderungen in 36 Gesetzen.[24]

Im Verein mit einigen Grundgesetzänderungen und dem Stabilitäts- und Wachstumsgesetz (StWG) von 1967 schuf die Haushaltsreform 1969 wesentliche formale Voraussetzungen dafür, daß die Mängel des traditionellen öffentlichen Haushaltswesens beseitigt werden und daß die öffentlichen Haushalte ihre Funktion als gestalterisches Element der Wirtschafts-, Gesellschafts- und Sozialpolitik besser wahrnehmen konnten.[25] Das Haushaltsgrundsätzegesetz legte für Bund und Länder gemeinsame Grundsätze für das Haushaltsrecht fest. In Anlehnung an Art. 109 Abs. 2 GG und an den § 1 des Stabilitäts- und Wachstumsgesetzes enthielt es die Verpflichtung von Bund und Ländern, bei der Aufstellung und Ausführung ihrer Haushaltspläne «den Erfordernissen des gesamtwirtschaftlichen Gleichgewichts Rechnung zu tragen». Die Einteilung in den ordentlichen und außerordentlichen Haushalt entfiel und wurde durch die Regelung des Art. 115 GG ersetzt, wonach bei einem eng auszulegenden Investitionsbegriff[26] Einnahmen aus Krediten nunmehr die Summe der im Haushaltsplan veranschlagten Ausgaben für Investitionen nicht überschreiten dürfen. Das leidige Phänomen der Ausgabenreste wurde durch die Einführung des Fälligkeitsprinzips beseitigt. Seither dürfen nur noch Ausgaben veranschlagt werden, die im jeweiligen Haushaltsjahr auch tatsächlich fällig und damit kassenwirksam werden. Wenn sie nicht benötigt werden, verfallen sie und müssen gegebenenfalls neu veranschlagt werden. Die ökonomische und politische Aussagefähigkeit des Haushalts wurde durch die Einführung einer Finanzierungsübersicht und eines nach wirtschaftlichen Kategorien geordneten Gruppierungsplanes sowie durch die Einführung eines nach Aufgabengebieten gegliederten Funktionenplanes angereichert. Bund und Länder wurden verpflichtet, ihrer Haushaltswirtschaft eine fünfjährige Finanzplanung zugrunde zu legen. Außerdem wurde ein Finanzplanungsrat eingerichtet, der unter dem Vorsitz des Bundesfinanzministers Empfehlungen für eine Koordinierung der Finanzplanung aller Gebietskörperschaften sowie Schwerpunkte für eine den gesamtwirtschaftlichen Erfordernissen entsprechende Erfüllung der öffentlichen Aufgaben erarbeitet.

24 Vgl. Bundesministerium der Finanzen, Chronologie, S. 180.

25 Zu den haushaltsrechtlichen Reformen des Art. 109 vgl. z.B. Piduch, Bundeshaushaltsrecht, Zweites Kapitel, «Verfassungsrechtliche Grundlagen», S. 3–18.

26 Vgl. Friauf, Staatskredit, S. 342–345.

b) Finanzreform zwischen Unitarismus und Föderalismus

Eine stärkere Koordinierung der Finanzwirtschaft öffentlicher Gebietskörperschaften erschien auch noch auf einem anderen Gebiet erforderlich. Gemeint ist hier das Finanzausgleichssystem, so wie es im Grundgesetz der Bundesrepublik zunächst vorgesehen und dann 1955 bereits einmal grundlegend revidiert worden war. Die in dem Kompromiß zwischen unitarischer und föderalistischer Gliederung des Staatswesens im Grundgesetz zunächst niedergelegte Aufgabenverteilung erschien hinreichend und verhältnismäßig detailliert geregelt. Dagegen war die Verteilung der Verwaltungszuständigkeiten und (Finanzierungs-)Lasten zwischen Bund und Ländern weitgehend ungeordnet und unbestimmt. Im Laufe der Zeit ergab sich aus diesem Umstand eine immer stärkere und wegen des zunehmenden Bundeseinflusses ständig kontroverse Mischfinanzierung selbst in den Bereichen, in denen die Verwaltungs- und Finanzverantwortung eindeutig bei den Ländern lag.[27] «Auf diese Weise hatte sich in den ersten zwei Jahrzehnten der Geltung des Grundgesetzes eine ausgedehnte Finanzierung von Länderaufgaben durch den Bund als ‹Wildwuchs› herausgebildet.»[28]

Die große Finanzreform 1969 trug dem Bedürfnis nach einer Klärung dieser Verhältnisse Rechnung, indem sie durch die Bestimmung in Art. 104 a Abs. 1 GG: «Der Bund und die Länder tragen gesondert die Ausgaben, die sich aus der Wahrnehmung ihrer Aufgaben ergeben» einen eindeutigen Zusammenhang zwischen der Aufgaben- und der Finanzierungsverantwortung, das sogenannte Konnexitätsprinzip, verankerte und indem sie einen Katalog von Länderaufgaben, bei denen der Bund sich an der Finanzierung beteiligen konnte – die Gemeinschaftsaufgaben, Geldleistungsgesetze, Finanzhilfen, Kriegsfolgelasten und Zuschüsse zu den Lasten der Sozialversicherung –, als explizite Ausnahme vom Konnexitätsprinzip kodifizierte. Der Zeitgeist, der dieses Vorgehen beherrschte, trug allerdings den Keim innerer Widersprüche schon in sich. Einerseits sollte den Ländern die Eigenständigkeit und Eigenverantwortlichkeit erhalten bleiben, letztlich sollte sie ihnen durch die Verfassungsreform erst wieder verschafft werden. Andererseits waren die Bestrebungen, die Einheitlichkeit der Lebensverhältnisse herzustellen und den gesamtstaatlichen Einfluß zu verstärken, unverkennbar.[29] So darf es nicht verwundern, daß die große Finanzreform letztlich weder eine

27 Vgl. Pagenkopf, Finanzausgleich, S. 199–203.
28 Vogel, Grundzüge des Finanzrechts, S. 16.
29 Vgl. dazu insbesondere das Gutachten der sogenannten Troeger-Kommission, deren Vorarbeiten die Finanzreform 1969 maßgeblich prägten: Kommission für die Finanzreform, Gutachten.

Begrenzung des Bundeseinflusses erreichte noch die Länder dem Ziel einer größeren Eigenständigkeit näherbringen konnte. Obwohl die Probleme der zunehmenden Verflechtung im «kooperativen Föderalismus» bald erkannt wurden,[30] dauerte es bis in die achtziger Jahre, bis entschiedenere Maßnahmen zur Beseitigung der Mischfinanzierung ergriffen wurden.[31]

c) *Konflikte zwischen Finanz- und Geldpolitik*

Was die antizyklische Fiskalpolitik anbetraf, so verhielt sich die Politik in der ersten Hälfte der sechziger Jahre sehr zurückhaltend. Das hing damit zusammen, daß, wie schon beschrieben, die Ausgabenwünsche, die an die öffentliche Hand gerichtet wurden, immer weniger beherrschbar wurden und daß Ausgabenkürzungen in Zeiten der Hochkonjunktur schwer durchzusetzen waren. Zwar ergriff die Bundesregierung Maßnahmen zur Streckung von Investitionen, zur Sperrung von Bauausgaben, zum Verzicht auf den Abbau von Ausgabenresten und bemühte sich um einen konjunkturgerechten Haushaltsvollzug,[32] aber weitergehende Vorschläge der Wissenschaft, eine Zwangsanleihe zu begeben und die daraus fließenden Mittel stillzulegen,[33] hatten keine Realisierungschance, vielleicht auch deswegen, weil die schlechten Erfahrungen mit dem «Juliusturm» aus den fünfziger Jahren gegen eine erneute Überschußbildung sprachen.[34] Allerdings waren andere Maßnahmen der Regierung kaum konjunkturgerecht. Im Juni 1964 beschloß der Bundestag trotz zunehmender inflationärer Spannungen verbesserte Abschreibungsmöglichkeiten für Gebäude, im November folgten Steuererleichterungen durch Änderungen des Einkommensteuertarifs in Höhe von 3,5 Mrd. DM.[35]

Das prozyklische Verhalten des Staates belastete die Konjunktur 1965 erheblich. Die Inflation erreichte 1966 mit einer Preissteigerungsrate von fast

30 Vgl. Hesse, Politikverflechtung; Scharpf/Reissert/Schnabel, Politikverflechtung und Scharpf/Reissert/Schnabel, Politikverflechtung II.

31 Vgl. Frey, Finanzverfassung, S. 30–32; Wendt, Finanzhoheit, S. 1080–1083.

32 Vgl. dazu die Rede des Bundesfinanzministers Rolf Dahlgrün zur Einbringung des Haushaltsgesetzes 1965, in: Bundesministerium der Finanzen, Haushaltsreden 1962–1966, S. 199, sowie Bundesministerium der Finanzen, Haushaltsreden 1962–1966, S. 52, S. 73, S. 119 und S. 153.

33 Vgl. Wissenschaftlicher Beirat beim Bundesministerium der Finanzen, Aufgaben und Möglichkeiten der Finanzpolitik sowie Wissenschaftlicher Beirat beim Bundesministerium der Finanzen, Forderungen aus der konjunkturellen Lage; Jahresgutachten 1967/68 , S. 209.

34 Vgl. Bundesministerium der Finanzen, Haushaltsreden 1962–1966, S. 52.

35 Der Wissenschaftliche Beirat beim Bundesministerium der Finanzen hatte nachdrücklich empfohlen, diese Steuersenkungen aus konjunkturpolitischen Gründen auf einen späteren Zeitpunkt zu verschieben. Vgl. Wissenschaftlicher Beirat beim Bundesministerium der Finanzen, Forderungen aus der konjunkturellen Lage.

4% ein für damalige Verhältnisse schockierendes Ausmaß (vgl. Schaubild 3). Da die Einnahmen der öffentlichen Hand wegen der Steuererleichterungen nur schwach anstiegen, gleichzeitig aber die Ausgaben überproportional zunahmen, erhöhte sich der Finanzierungsbedarf der öffentlichen Hand beträchtlich (vgl. Schaubild 4). Die Kombination einer restriktiven Geld- und Kreditpolitik der Deutschen Bundesbank, die versuchte, den Preisanstieg zu bremsen, mit einer starken zusätzlichen Inanspruchnahme der Kreditfinanzierung durch die öffentliche Hand, schließlich auch die Erhebung einer 25prozentigen Kapitalertragsteuer auf Zinsen aus festverzinslichen Wertpapieren im Besitz von Gebietsfremden (Kuponsteuer) im März 1965, welche ebenso wie die konjunkturpolitisch motivierten Zollsenkungen von 1964 dazu beitragen sollte, den Inflationsimport durch Handelsbilanzüberschüsse einzuschränken, brachten den Kapitalmarkt an den Rand des Zusammenbruchs.[36] Erst nachdem die Bundesregierung im Herbst 1965 auf Drängen der Deutschen Bundesbank die wichtigsten öffentlichen Stellen – den Bund, seine Sondervermögen und die Städte – zu Gesprächen am «Runden Tisch» zusammengebracht hatte und eine Beschränkung und Koordinierung der staatlichen Kreditnachfrage beschlossen worden war, beruhigte sich der Markt.[37]

Die Bereitschaft zu einer entschiedenen antizyklischen Finanzpolitik war dennoch nicht gegeben. Die Rede von Finanzminister Rolf Dahlgrün vom 2. März 1966 zur Einbringung des Haushaltsgesetzes 1966 ist ein Muster für den wortreichen Versuch, die eigene Handlungsunfähigkeit oder den fehlenden Willen zur Koordinierung in der Stabilitätspolitik dadurch zu verschleiern, daß man sich zu bestimmten finanzpolitischen Grundsätzen bekennt, aber, sobald es darauf ankommt zu handeln, auf die Verantwortung anderer Politikbereiche verweist. Im vorbereitenden Gefecht um die Argumente hebt der Finanzminister zunächst die «vornehmste Pflicht» der Bundesregierung hervor, «die währungspolitischen Bemühungen der Deutschen Bundesbank durch eine *konjunkturgerechte Haushaltspolitik* zu unterstützen»,[38] und trifft die klare Diagnose, daß unter den «herausragenden wirtschaftspolitischen Leitbildern der Bundesregierung», nämlich der Stabilität des Preisniveaus und einem ausgeglichenen wirtschaftlichen Wachstum, vor allem das Ziel der Preisniveaustabilität verletzt sei. Dennoch wird die Verantwortung für die

36 Die Bundesregierung sah den Auslöser der Störungen am Kapitalmarkt eher in der restriktiven Diskontpolitik der Bundesbank, während diese die stark zunehmenden öffentlichen Anleihen für den Verfall des Kapitalmarktes verantwortlich machte. Vgl. Bundesministerium der Finanzen, Haushaltsreden 1962–1966, S. 53 sowie Deutsche Bundesbank, Geschäftsbericht 1965, S. 15f. und S. 21f.

37 Vgl. Deutsche Bundesbank, Geschäftsbericht 1965, S. 11f., S. 21f. und S. 67f.

38 Dieses und die folgenden Zitate der Haushaltsrede (einschließlich der Hervorhebung) sind dem Abdruck der Rede in: Bundesministerium der Finanzen, Haushaltsreden 1962–1966, S. 238f., entnommen.

gesamtwirtschaftliche Stabilität letztlich der Geldpolitik zugewiesen: «Das monetäre Ungleichgewicht setzt immer eine übermäßige Kreditexpansion voraus. Es kommt daher darauf an, den Kreditfinanzierungsspielraum einzuengen, der die Grundlagen für eine übersteigerte Nachfrage schafft. Deshalb muß beim Kampf gegen allgemeine Preissteigerungstendenzen das Schwergewicht ganz zwangsläufig bei der Geld- und Kreditpolitik liegen.» Um keine offene Flanke zu lassen, wird schließlich noch der dritte Partner im binnenwirtschaftlichen Ringen um die Preisstabilität durch den Hinweis auf die damals schon vieldiskutierte produktivitätsorientierte Lohnpolitik[39] in die Pflicht genommen: «Monetäre und budgetäre Restriktionspolitik würde jedoch letzten Endes wirkungslos bleiben, wenn sich die Einkommenser-

Inflation und Wirtschaftswachstum Schaubild 3

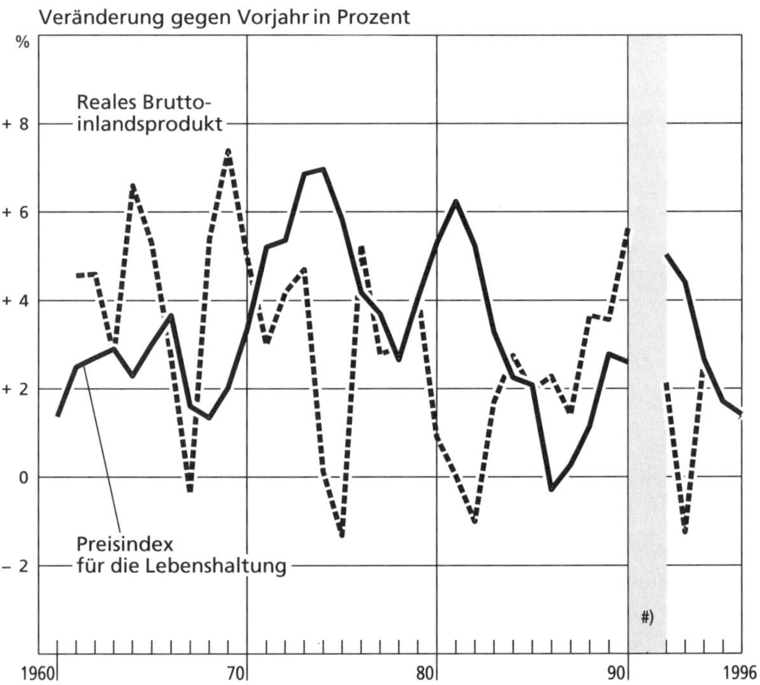

Neuer Gebietsstand. — Quelle: Deutsche Bundesbank.

39 Vgl. dazu Wissenschaftlicher Beirat beim Bundesministerium für Wirtschaft, Gutachten vom 12. Juni 1955, und Gutachten vom 21. Februar 1960. Die Gutachten des Beirats enthalten allerdings eine Reihe von Argumenten gegen die Anwendung der produktivitätsorientierten Lohnpolitik, z.B. für den Fall einer steigenden Staatsquote.

Staatliche Defizitquote *) Schaubild 4

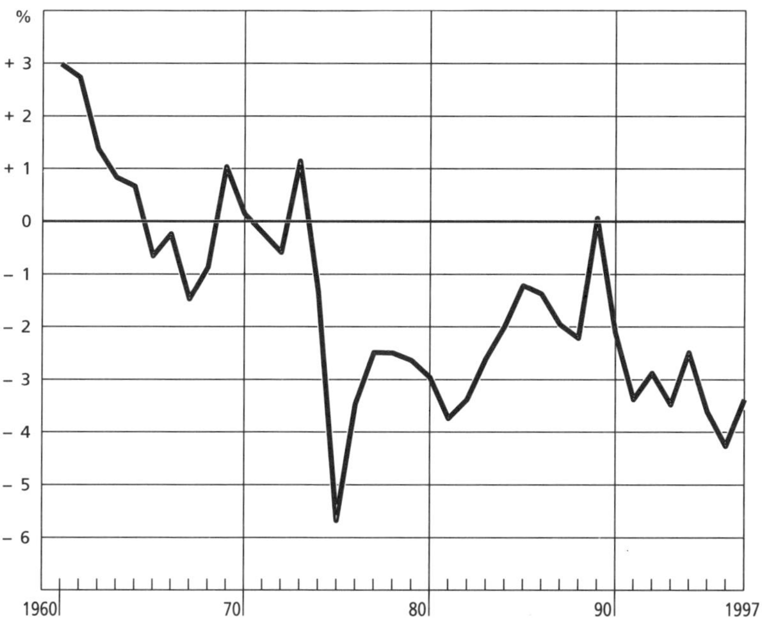

* Finanzierungssaldo des Staates in Prozent des Bruttoinlandsprodukts.
Quellen: Statistisches Bundesamt, Deutsche Bundesbank, Gutachten des Sachverständigenrates, lfd. Jahrgänge.

höhungen in der Wirtschaft nicht auch in dem durch den Produktivitätsfortschritt gezogenen Rahmen hielten.»

Es ist verständlich, daß die Deutsche Bundesbank sich bei diesem Verhalten der Finanzpolitik über eine mangelnde Koordination beklagte und ihrerseits darauf verwies, daß trotz einer Ausstattung ihres geldpolitischen Instrumentariums, die sie selbst für «modern» hielt,[40] ihre Grenzen erreicht seien, wenn die Fiskalpolitik ihr entgegengerichtet sei: «Mehr noch als früher zeigte sich im Jahre 1965, wie sehr die Kreditpolitik in ihrer Wirksamkeit von der Entwicklung der öffentlichen Haushalte abhängt und daß sie nicht in der Lage ist, den expansiven Effekt hoher staatlicher Defizite, der in einer unmittelbaren Erhöhung der Gesamtnachfrage und der Einkommensbildung besteht, zu kompensieren oder gar zu überkompensieren.»[41]

40 Vgl. Deutsche Bundesbank, Geschäftsbericht 1965, S. 3.
41 Deutsche Bundesbank, Geschäftsbericht 1965, S. 2.

d) Der Durchbruch der antizyklischen Fiskalpolitik in der Rezession 1966/67

Die antizyklische Fiskalpolitik, die bis Mitte der sechziger Jahre aus den dargelegten Gründen nicht zum Einsatz kam, erlebte ihren Durchbruch in der ersten schweren Konjunkturkrise 1966/67. Während das reale Bruttoinlandsprodukt 1965 noch um 5,3% und 1966 um 2,8% gestiegen war, sank es 1967 um 0,3% (vgl. Schaubild 3). Die Arbeitslosenquote erhöhte sich 1967 sprunghaft auf das Dreifache, und zwar von 0,7 auf 2,1%. Nachdem die kleine Koalition zwischen CDU/CSU und FDP im Oktober 1966 an den Bemühungen um die Haushaltssanierung durch Steuererhöhungen gescheitert war, hatte der Finanzminister der CDU/CSU-Minderheitsregierung Kurt Schmücker Anfang November eine gewisse Wende in der Haushaltspolitik angedeutet, indem er sich für ein Abgehen vom restriktiven Kurs und eine Hinwendung zu konjunkturpolitisch erwünschten Ausgabensteigerungen für öffentliche Investitionen aussprach.[42] Es war jedoch der großen Koalition von CDU/CSU und SPD vorbehalten, die bereits unter Erhard vorbereiteten gesetzlichen Grundlagen für eine Stabilisierungspolitik, die allerdings vorwiegend auf Konjunkturdämpfung ausgerichtet war, rasch zu einer allgemeinen «Magna Charta» der antizyklischen Fiskalpolitik auszuarbeiten. Am 8. Juni 1967 wurde der Art. 109 Abs. 2 in die Verfassung aufgenommen, wonach Bund und Länder bei ihrer Haushaltswirtschaft den Erfordernissen des gesamtwirtschaftlichen Gleichgewichts Rechnung zu tragen haben. Er schuf die Basis für das Stabilitäts- und Wachstumsgesetz, das Bund und Länder verpflichtet, ihre wirtschafts- und finanzpolitischen Maßnahmen «so zu treffen, daß sie im Rahmen der marktwirtschaftlichen Ordnung gleichzeitig zur Stabilität des Preisniveaus, zu einem hohen Beschäftigungsstand und außenwirtschaftlichem Gleichgewicht bei stetigem und angemessenem Wirtschaftswachstum beitragen» (§ 1StabWG).

Angesichts der zunehmenden konjunkturellen Abschwächungstendenzen beschloß die Bundesregierung bereits Anfang 1967 Sonderabschreibungen für Investitionen, die in der Zeit vom 20. Januar bis 31. Oktober 1967 ausgeführt oder in Auftrag gegeben wurden, sowie ein erstes konjunkturpolitisches Investitionsprogramm (Eventualhaushalt) in Höhe von 2,5 Mrd. DM. Im August 1967 wurde ein zweites Konjunkturprogramm in Höhe von 5,3 Mrd. DM bewilligt. Die Deutsche Bundesbank erklärte sich bereit, die Kreditfinanzierung des ersten Konjunkturprogramms «nach Maßgabe der währungspolitischen Möglichkeiten» zu unterstützen, indem sie den Diskontsatz und die

42 Vgl. Bundesministerium der Finanzen, Haushaltsreden 1962–1966, S. 279 und S. 296.

Mindestreservesätze weiter senkte.[43] Während der Sachverständigenrat in einem «Sondergutachten März 1967» der Regierung empfahl, zusätzlich zu dem verabschiedeten Investitionshaushalt einen weiteren Eventualhaushalt vorzubereiten,[44] äußerte die Deutsche Bundesbank im Frühjahr 1967 Bedenken. Ihrer Ansicht nach waren die bereits ergriffenen Maßnahmen ausreichend, um die Wirtschaft aus dem Konjunkturtief herauszuführen, weil neben dem Konjunkturprogramm die Defizite der Sozialversicherung und der hohe Überschuß der Zahlungsbilanz ebenfalls konjunkturstützend wirkten.[45] Mit Nachdruck mahnte sie auch eine strukturelle Konsolidierung der öffentlichen Haushalte, d.h. eine mittelfristige Einschränkung der Ausgabenzuwächse sowie insbesondere mehr Zurückhaltung bei den staatlichen Transferzahlungen, an.[46] Selbst ihre faktische Unterstützung für das zweite Konjunkturprogramm stand unter dem Vorbehalt, daß die mittelfristig vorgesehenen Einnahmenerhöhungen und Ausgabenkürzungen auch verwirklicht würden, um die Defizite der Jahre 1967/68 nicht zu einer Dauererscheinung werden zu lassen.[47]

Die abschließende Beurteilung des Erfolges der antizyklischen Fiskalpolitik in der ersten großen Rezession der Bundesrepublik fällt durchaus differenziert aus. Nach Auffassung des Wissenschaftlichen Beirates beim Bundesministerium der Finanzen entsprachen die expansiven Ausgabenprogramme und die darauf folgende Schuldentilgung «weitgehend dem Leitbild antizyklischer Finanzpolitik».[48] Hansmeyer betrachtete rückblickend die antizyklische Finanzpolitik in dieser Phase sogar als die vielleicht «bisher einzige gelungene Phase einer derartigen Politik».[49] Dagegen gab der Sachverständigenrat in seinem Jahresgutachten 1967/68 ein kritisches Urteil ab. Die öffentlichen Haushalte wirkten insgesamt nicht expansiv.[50] Die Kreditpolitik der Deutschen Bundesbank reagierte auf die Abschwächung der Wirtschaft «zu schwach und zu spät».[51] Gemessen an dem Konzept einer konzertierten Aktion, wie der Sachverständigenrat es sich damals vorstellte, lag der Grund für die Rezession «im Fehlen einer planvollen Koordination von Kredit- und Fiskalpolitik und im Fehlen einer wirksamen Verhaltensabstimmung zwischen den staatlichen

43 Vgl. Deutsche Bundesbank, Geschäftsbericht 1966, S. 17, und Deutsche Bundesbank, Geschäftsbericht 1967, S. 5 und S. 10.

44 Das Sondergutachten ist abgedruckt in: Sachverständigenrat, Jahresgutachten 1967/68.

45 Vgl. Deutsche Bundesbank, Geschäftsbericht 1966, S. 18.

46 Vgl. Deutsche Bundesbank, Geschäftsbericht 1966, S. 21f.

47 Vgl. Deutsche Bundesbank, Geschäftsbericht 1967, S. 19.

48 Wissenschaftlicher Beirat beim Bundesministerium der Finanzen, Verringerung der öffentlichen Netto-Neuverschuldung, S. 4.

49 Hansmeyer, Budgetpolitik, S. 21.

50 Vgl. Sachverständigenrat, Jahresgutachten 1967/68, Ziff. 171.

51 Sachverständigenrat, Jahresgutachten 1967/68, Ziff. 232.

Instanzen auf der einen und den nichtstaatlichen auf der anderen Seite».[52] Die Folgen dieser ungünstigen Konstellation haben die konjunkturpolitischen Eingriffe geradezu herausgefordert und so dem Keynesianismus im Gewande der fiskalpolitischen Globalsteuerung endgültig zum Durchbruch verholfen.

Sowohl die Rezession selbst als auch ihre Folgen für die Staatsverschuldung waren bald überwunden. Der Konjunkturaufschwung setzte bereits Ende 1967 ein und setzte sich 1968 bei weitgehend stabilen Preisen fort (vgl. Schaubild 3). Die staatliche Schuldenquote, die in den Jahren 1967/68 einen Spitzenwert von knapp 22% des Bruttoinlandsprodukts erreicht hatte (vgl. Schaubild 1), wurde in den Folgejahren wieder auf das Niveau von 1965 (etwa 18%) zurückgeführt. Allerdings hinterließ die Rezession eine deutlich erhöhte Staatsquote. Der Staatsanteil am Bruttoinlandsprodukt, der 1965/66 unter großen Anstrengungen auf etwa 37% stabilisiert worden war, stieg im Verlauf der Rezession um rund zwei Prozentpunkte an und kehrte nicht wieder auf sein ursprüngliches Niveau zurück. Insoweit deutete sich schon damals an, daß jene Vorstellung, nach der das Gewicht des Staates in einer Rezession zwar zunehmen muß, weil die antizyklische Fiskalpolitik den Ausfall der privaten Nachfrage durch zusätzliche staatliche Ausgaben kompensiert, jedoch bei einer Rückkehr zur Vollbeschäftigung das Ausgabenniveau soweit eingeschränkt werden kann, daß der ursprüngliche Staatsanteil wieder erreicht wird, fragwürdig ist; jene «allokative Neutralität» der antizyklischen Fiskalpolitik[53] selbst in einer Phase, in der sie als Erfolg angesehen wird, ist also nicht unbedingt realistisch.

52 Dürr, Historische Erfahrungen, S. 32. Auch Oberhauser, Geld- und Kreditpolitik, S. 628, kommt zu dem Urteil, daß ein rascherer Einsatz der geld- und fiskalpolitischen Instrumente die Rezession wirksam hätte abschwächen können. Die damalige Bundesregierung konzedierte wohl, daß es «nicht die objektiven wirtschaftlichen Faktoren (waren), die eine rezessive Entwicklung zwangsläufig herbeiführen mußten, sondern in größerem Maße die subjektiven Kräfte der Stimmung des politischen Klimas, der allgemeinen Atmosphäre». Strauß, Finanzpolitik, S. 30. Nach ihrer Auffassung hatte aber das Verhalten der Bundesbank einen bedeutenden Anteil an der rezessiven Entwicklung. Mit der atmosphärischen Verschlechterung Hand in Hand gingen nämlich «die alle wirtschaftliche Tätigkeit abschwächenden Maßnahmen der Bundesbank, die nach Härte und Länge überzogen sich objektiv und subjektiv auswirkten, auch dann noch, als bereits gegenteilige Wirkungen als Konjunkturdämpfung bitter nötig gewesen wären». Oberhauser, Geld- und Kreditpolitik, S. 30f.

53 Vgl. Hansmeyer, Budgetpolitik, S. 28. Selbst überzeugte Keynesianer waren der Auffassung, daß die Steuerquote in einer wachsenden Wirtschaft nicht ständig ansteigen dürfe und daß die Schuldenquote im Trend sinken müsse. Vgl. Schlieper, Wirtschaftspolitik, S. 82f. Auch die Finanzpolitik ging offensichtlich davon aus, daß im Spannungsverhältnis zwischen mittelfristigen Zielsetzungen und konjunktureller Flexibilität «lediglich der Zeitpunkt, in dem die Planziele realisiert werden sollen, je nach den konjunkturpolitischen Erfordernissen hinausgeschoben oder vorgezogen wird, ohne daß die Zielsetzungen und die gesetzten Prioritäten selbst grundlegend verändert werden». Strauß, Finanzpolitik, S. 95.

4. Wachstum und Inflation beim Übergang in die siebziger Jahre

a) Wachsende Kollektivbedürfnisse der Wohlstandsgesellschaft

Der Aufschwung und die Etablierung der antizyklischen Finanzpolitik in der zweiten Hälfte der sechziger Jahre nährten bei den Politikern die Befürchtung, daß sie sich dem «Primat» einer konjunkturorientierten Finanzpolitik zu beugen hätten. Dies widersprach dem mit ihren Aufgaben zunehmenden Selbstverständnis und Selbstbewußtsein der Finanzpolitik. Sowohl der Finanzminister der großen Koalition von CDU/CSU und SPD, Franz Josef Strauß, als auch der Finanzminister der sozialliberalen Regierung, Helmut Schmidt, vertraten den Standpunkt, daß die Kollektivbedürfnisse der Wohlstandsgesellschaft auf dem Gebiet der Infrastrukturleistungen sowie der Umverteilung und Sozialpolitik nicht hinter die Konjunktursteuerung zurücktreten dürften.[54] Mit der Absicht, den investiven Anteil der Staatsausgaben zu erhöhen, folgte die Finanzpolitik einem breiten Trend der wissenschaftlichen und politischen Diskussion der sechziger Jahre, in deren Verlauf der Nutzen öffentlicher Infrastrukturausgaben, insbesondere auf dem Gebiet des Bildungswesens, für die Wohlstandsmehrung einer Gesellschaft und für das Wachstum der Wirtschaft immer dringlicher dargestellt wurde.[55] Es gab damals wissenschaftliche Stellungnahmen, die einen Anstieg der Staatsquote von 40 auf 50% und eine Zunahme der laufenden staatlichen Defizitquote auf knapp 8%, gemessen am Bruttosozialprodukt, als empfehlenswert ansahen.[56] Die Bundesregierung war offensichtlich gewillt, sich zumindest tendenziell dieser Perspektive anzuschließen. Während sie in ihrer ersten mehrjährigen Finanzplanung 1967 bis 1971 für die Jahre 1969, 1970 und 1971 insgesamt ein Kreditvolumen (Netto-Kreditaufnahme) von 3,8 Mrd. DM vorgesehen hatte, erhöhte sich in der zweiten Finanzplanung 1968 bis 1972 das geplante Volumen der Nettokreditaufnahme für den gleichen Zeitraum auf 10,8 Mrd. DM.[57] Das ist nahezu eine Verdreifachung des Kreditbedarfs. Offensichtlich herrschte damals die Auffassung, daß die Inanspruchnahme der privaten Ersparnis durch

54 Vgl. Strauß, Finanzpolitik, S. 5f.; Schmidt, Schwerpunkte, S. 1516.

55 Vgl. z.B. Stohler, Planung der Infrastruktur; Jochimsen, Theorie der Infrastruktur; Jochimsen/Simonis, Infrastrukturpolitik; Frey, Infrastruktur.

56 Vgl. dazu den Bericht über die vom Bundeskanzleramt in Auftrag gegebene und 1969 abgeschlossene Studie der Prognos AG über «Gesellschaftspolitische Grundlagen der längerfristigen Sicherung des wirtschaftlichen Wachstums», in: Schröder, Ausgaben für die Infrastruktur, insbesondere S. 439–443.

57 Vgl. Strauß, Finanzpolitik, S. 96.

staatliche Kreditfinanzierung für das Wirtschaftswachstum weniger schädlich sei als die Steuerfinanzierung.[58] Selbst nach dem dramatischen Schuldenzuwachs in den Jahren 1974/75 erkannte die Regierung nur eine begrenzte Notwendigkeit zur Konsolidierung. Sie sollte im übrigen nicht durch Ausgabensenkungen, sondern durch Steuererhöhungen bewältigt werden.[59]

Vor diesem Hintergrund kann es nicht verwundern, daß sich der Anstieg der Staatsquote fortsetzte. Sie hatte sich in der ersten Hälfte der sechziger Jahre bereits von 33 auf 37% und während der Stabilisierungskrise 1966/67 auf 39% des Bruttoinlandsprodukts verschoben. Bis 1973 erhöhte sie sich um weitere drei Prozentpunkte auf 42% des Bruttoinlandsprodukts. Die staatliche Schuldenquote blieb in diesem Zeitraum bei etwa 18% weitgehend stabil (vgl. auch Schaubild 1), jedoch war dieses Ergebnis weniger einem entschiedenen haushaltspolitischen Handeln zuzuschreiben als den «eingebauten Stabilisatoren», insbesondere den üppig fließenden Steuereinnahmen und Sozialversicherungsbeiträgen. Die Hochkonjunktur 1968/69 war 1970/71 nur von einer milden Konjunkturdämpfung unterbrochen worden. In den beiden Jahren darauf schloß sich ein Konjunkturaufschwung mit starken Überhitzungserscheinungen an. Preissteigerungstendenzen, wie sie in der Bundesrepublik weder vor noch nach dieser Zeit erreicht wurden, waren die Folge. Die jahresdurchschnittliche Inflationsrate, die im Boomjahr 1969 noch bei knapp 2% lag, stieg bis 1973 auf fast 7% an (vgl. Schaubild 3).

b) Zunehmende Intensität des Verteilungskampfes

Selbstverständlich waren an dieser Entwicklung verschiedene Faktoren beteiligt: Der einkommenspolitische Verteilungskampf hatte an Intensität zugenommen; die Effektivlohnsteigerungen betrugen teilweise mehr als 10% und gingen deutlich über die Zunahme der Arbeitsproduktivität hinaus. Die öffentliche Hand wirkte daran kräftig mit, indem sie hohe Lohnsteigerungsraten zuließ und zugleich ihre Planstellen ausdehnte. 1971 stiegen die Personalausgaben der Gebietskörperschaften mit einer Rate von 19% geradezu explosionsartig an. Die Durschnittsverdienste erhöhten sich um 15%, nachdem sie schon im Jahr davor (1970) um 13% gestiegen waren.[60] Noch Anfang 1974 präjudizierten die öffentlichen Arbeitgeber die gesamte Lohnrunde dieses Jahres, indem sie als erster großer Tarifbereich mit Lohnzuwächsen von 12,5% entscheidende Signale setzten.[61] Der Deutschen Bundesbank waren

58 Vgl. Strauß, Finanzpolitik, S. 96.

59 Vgl. dazu die Hinweise des damaligen Bundeskanzlers Helmut Schmidt (Regierungserklärung, S. 37) in seiner Regierungserklärung vom Dezember 1976.

60 Vgl. Deutsche Bundesbank, Geschäftsbericht 1971, S. 8 und S. 15.

61 Vgl. Deutsche Bundesbank, Geschäftsbericht 1974, S. 14.

die Hände durch die außenwirtschaftliche Entwicklung gebunden. Trotz der Aufwertung der D-Mark im Oktober 1969, der kurzfristigen Wechselkursfreigabe und des Realignments 1971 sowie verschiedener Kapitalverkehrsbeschränkungen 1972 gelang es ihr nicht, die spekulativen Devisenzuflüsse und deren liquidisierende Wirkungen auf die inländische Geldversorgung hinreichend abzuwehren.

An der Verstärkung inflationärer Tendenzen war aber auch die Finanzpolitik, wie schon angedeutet, maßgeblich beteiligt. Sie mußte nicht nur wegen ihres erklärten Willens, einen noch größeren Teil des Sozialprodukts in Anspruch zu nehmen, mit dem Ziel der Preisniveaustabilität in Konflikt geraten. Vielmehr versagte die Stabilitätspolitik der öffentlichen Hand auch aus anderen Gründen. Mit dem Stabilitätsgesetz hatte man offensichtlich kein finanzpolitisch hinreichend abgesichertes Instrumentarium zur Umsetzung einer restriktiven Fiskalpolitik geschaffen. Zwar wurden Ausgabensperren beschlossen, Konjunkturausgleichsrücklagen gebildet und degressive Abschreibungen ausgesetzt, und die Schuldenaufnahme der öffentlichen Gebietskörperschaften wurde beschränkt. Jedoch hatte man in dem Gesetz die verteilungspolitische Komponente nicht berücksichtigt, weil die einkommenspolitische Absicherung der fiskalpolitischen Globalsteuerung Sache der sogenannten Konzertierten Aktion sein sollte. Da diese aber versagte,[62] mußte die Stabilitätspolitik verteilungspolitische Lasten tragen. So war es z.B. politisch nicht möglich, die nach dem Stabilitätsgesetz für alle Einkommensgruppen symmetrisch gedachten linearen Steuererhöhungen durchzusetzen. Statt dessen wurden Maßnahmen außerhalb des Stabilitätsgesetzes vorgezogen, die entweder verteilungspolitisch neutral erschienen, wie z.B. eine Stabilitätsanleihe, oder die negative verteilungspolitische Wirkungen für untere Einkommensschichten vermieden, wie z.B. eine Stabilitätsabgabe mit Einkommensgrenzen.[63] Letztlich war die Stabilitätspolitik der Regierung unter verteilungspolitischem Druck und in Konflikt mit ihrem Streben nach einem höheren Staatsanteil halbherzig und weit entfernt von dem notwendigen antizyklischen Verhalten.[64]

62 Vgl. Kloten, Stabilisierungspolitik, S. 685 f.

63 Vgl. Hansmeyer, Budgetpolitik, insbesondere S. 38 f.

64 Zur näheren Analyse dieser Phase vgl. neben Hansmeyer, Budgetpolitik, z.B. auch Kloten, Stabilisierungspolitik, insbesondere S. 662–666, S. 672 f. und S. 684 f.

5. Hoffnungen und Überforderungen der Geld- und Finanzpolitik (1973–1982)

a) Fiskal- und Geldpolitik bei flexiblen Wechselkursen

Im März 1973 schlossen sich sechs EG-Mitgliedsländer (Belgien, Dänemark, Deutschland, Frankreich, Luxemburg und die Niederlande) sowie Norwegen und Schweden zu einem Block-Floating zusammen. Mit der Freigabe des Wechselkurses und mit dem anschließenden Übergang zur Geldmengensteuerung trat ein Paradigmenwechsel in der Geldpolitik ein, der auch die antizyklische Finanzpolitik berührte. Aufgrund der außenwirtschaftlichen Absicherung konnte die Deutsche Bundesbank die Geldpolitik nunmehr wirksamer, als dies vorher möglich war, in den Dienst der Stabilisierung des binnenwirtschaftlichen Preisniveaus stellen. Um ihren Verantwortungsbereich klarer zu definieren und schärfer von dem der Finanzpolitik zu trennen, schlug der Sachverständigenrat vor,

- «Geldpolitik im Hinblick auf ihre Verantwortung für die Versorgung der Wirtschaft mit Geld, namentlich die Verantwortung für die Expansion der Geldbasis,
- Finanzpolitik im Hinblick auf ihre Verantwortung für das Volumen und die Struktur der öffentlichen Ausgaben sowie die öffentlichen Einnahmenregelungen zu definieren».[65]

Obwohl diese Zuordnung auf den ersten Blick wie selbstverständlich erscheint, verbarg sich dahinter eine von den herkömmlichen Konzepten stark abweichende Einschätzung der Einsatzmöglichkeiten beider Politikbereiche im Rahmen der Stabilitätspolitik. In aller Deutlichkeit lehnte der Sachverständigenrat zunächst die Illusion ab, «der Staat könne gleichsam eine ‹Vollbeschäftigungsgarantie› abgeben und einhalten».[66] Außerdem bewogen ihn gewisse Schwächen der Globalsteuerung dazu, die Finanzpolitik von ihrer stabilitätspolitischen Aufgabe zumindest in der Hochkonjunktur vollständig zu entlasten. Die bisherigen Konjunkturzyklen waren nämlich in der Mehrzahl der Fälle mit inflatorischen Tendenzen verbunden gewesen, so daß häufiger einschränkende fiskalpolitische Maßnahmen zur Dämpfung der Konjunktur erforderlich gewesen wären. Aber gerade in diesen Fällen pflegte die Politik zu versagen. Von einer Aufgabe, der sie nicht gewachsen war, befreit, sollte die Finanzpolitik die Möglichkeit haben, die anderen öffentlichen Aufgaben mit größerer Stetigkeit zu erfüllen.[67]

65 Sachverständigenrat, Jahresgutachten 1974/75, Ziff. 399.
66 Sachverständigenrat, Jahresgutachten 1974/75, Ziff. 369.
67 Vgl. Sachverständigenrat, Jahresgutachten 1974/75, Ziff. 398.

Diese entschiedene Beschränkung der Finanzpolitik konnte der Sachverständigenrat nur vertreten, weil seine Einschätzung der Effizienz der Geldpolitik ungleich optimistischer war. Jedenfalls galt dies in der längerfristigen Perspektive. Zwar sollte die Notenbank auf eine kurzfristige antizyklische Steuerung der Geldbasis im Prinzip verzichten und statt dessen eine mittelfristige mengenorientierte Geldpolitik betreiben, die sich nicht von dem stabilitätswidrigen Verhalten des Staates oder autonomer Gruppen beeindrucken läßt. Auch war man sich der Beschränkung bewußt, daß die Geldpolitik möglicherweise notwendige, jedoch in der Regel nicht hinreichende Bedingungen setzen konnte, um einen konjunkturellen Aufschwung herbeizuführen. Um aber jede Konfusion in der Wirkungsanalyse, beim Gebrauch des stabilitätspolitischen Instrumentariums und bei der Reichweite der Verantwortung der Bundesbank zu vermeiden, sollte die Aufgabe der Deutschen Bundesbank darin liegen, nicht nur die Einflüsse auf die Geldversorgung der Wirtschaft, die von ihren eigenen Aktivitäten ausgehen, sondern auch alle monetären Teilimpulse, die mit finanzpolitischen Maßnahmen verbunden sind, in die Steuerung der Geldbasis zu integrieren, d.h. je nach konjunktureller Situation zu kompensieren, zuzulassen oder zu verstärken.

Das Zusammenspiel zwischen Geld- und Fiskalpolitik unter den neuen Bedingungen der außenwirtschaftlichen Absicherung durch flexible Wechselkurse hatte eine erste Bewährungsprobe zu bestehen, als die Konjunktur unter dem Eindruck des Ölpreisschocks 1973/74 in die Rezession steuerte. In der Tat erfolgte ein bewußt koordiniertes Vorgehen: Während die Deutsche Bundesbank zunächst bestrebt war, durch Begrenzung der monetären Expansion den Preissteigerungstendenzen entgegenzuwirken, sollte die Finanzpolitik durch einen maßvoll expansiven Kurs unerwünschte Beschäftigungseinbußen vermeiden helfen.[68] Als sich die Anzeichen der Rezession verschärften und die Zahl der Arbeitslosen zum ersten Mal seit Mitte der fünfziger Jahre die Millionengrenze zu überschreiten drohte, ging die Deutsche Bundesbank zu schrittweisen Zinssenkungen und liquiditätspolitischen Maßnahmen zur Anregung der monetären Expansion über, während die Bundesregierung mehrere Programme zur Förderung von Beschäftigung, Investitionen und Wachstum beschloß.

Dies alles verlief keineswegs völlig reibungslos. Insbesondere kam es trotz der hohen Liquidität des Bankenapparates zu Störungen des Kapitalmarktes und einer Unterbrechung der Zinssenkungstendenz, als Mitte 1975 aufgrund des Nachtragshaushaltes des Bundes und einiger Länder der Eindruck entstand, die öffentliche Hand müßte ihre ohnehin schon stark angestiegenen

68 Vgl. Deutsche Bundesbank, Geschäftsbericht 1974, S. 1 und S. 18 sowie Sachverständigenrat, Jahresgutachten 1974/75, Ziff. 323.

Defizite noch beträchtlich ausdehnen.[69] Der haushaltspolitische Handlungsspielraum war so eng geworden und die Belastungen für die Zukunft drohten ein solches Gewicht anzunehmen, daß die Bundesregierung außerdem wenige Monate später, noch im Konjunkturtief, gezwungen war, mit Hilfe eines Haushaltsstrukturgesetzes Sparmaßnahmen zu ergreifen. Zahlreiche Leistungsgesetze wurden eingeschränkt, der Beitrag zur Arbeitslosenversicherung wurde angehoben und Erhöhungen der Mehrwertsteuer, der Tabaksteuer und der Branntweinsteuer wurden für den 1. Januar 1977 angekündigt. Obwohl solche Maßnahmen vom Standpunkt des einfachen akademischen Lehrbuchs über antizyklische Nachfragesteuerung vielleicht kontraproduktiv erscheinen mochten, trugen sie sicherlich dazu bei, das Vertrauen in die Nachhaltigkeit der Finanzpolitik zu stärken. Jedenfalls konnte die koordinierte Konjunkturpolitik von Bundesregierung und Deutscher Bundesbank insofern als erfolgreich betrachtet werden, als die Rezession Mitte 1975 wieder auslief und die Konjunktur 1976 in einen Aufschwung mündete.

Der Preis dafür war allerdings hoch. Die Arbeitslosenrate verharrte auf einem für damalige Verhältnisse hohen Niveau von mehr als 4%. Auch die Inflationsrate blieb im Aufschwung relativ hoch und ging erst auf einen Jahresdurchschnitt nahe 3% zurück, als 1977/78 eine Phase der Konjunkturabschwächung eintrat (vgl. Schaubild 3). An einen zyklischen Ausgleich der öffentlichen Defizite und eine Rückführung der aus konjunkturellen Gründen ausgedehnten Staatstätigkeit war nicht zu denken. Wegen der enormen Defizite (vgl. Schaubild 4) stieg die Schuldenquote des Staates scharf an. 1973 hatte sie noch gut 18% betragen. Ende 1976 lag der Anteil der Schulden am Bruttoinlandsprodukt bereits bei 26,5%. Die Ausgabenquote des Staates erhöhte sich in dem gleichen Zeitraum um mehr als sechs Prozentpunkte auf etwa 49% (vgl. Schaubild 1). Deutsche Bundesbank und Wissenschaft mahnten daher schon damals eindringlich zur Konsolidierung der Staatshaushalte und zu einer grundlegenden Revision der Staatstätigkeit.[70]

b) Nach der ersten Ölkrise: Suche nach neuen Wegen

Die anhaltenden Schwierigkeiten einer zunächst mit Euphorie begrüßten Globalsteuerung der Wirtschaft, die hohen Inflationsraten Ende der sechziger und in der ersten Hälfte der siebziger Jahre, die steigende Arbeitslosigkeit, die wachsenden Staatsdefizite, die ungelösten Anpassungsprobleme angesichts

69 Vgl. dazu Deutsche Bundesbank, Geschäftsbericht 1975, S. 17–22.

70 Vgl. Wissenschaftlicher Beirat beim Bundesministerium der Finanzen, Lage und Entwicklung der Staatsfinanzen; Deutsche Bundesbank, Geschäftsbericht 1975, S. 27f.; Sachverständigenrat, Jahresgutachten 1975/76, Ziff. 333–359 und Ziff. 424–432; Sachverständigenrat, Jahresgutachten 1976/77, Ziff. 221–227 und Ziff. 338–348.

des weltwirtschaftlichen Strukturwandels, insbesondere im Gefolge der Ölkrise, lösten in vielen Feldern der Wirtschaftswissenschaft sowie der Wirtschafts- und Gesellschaftspolitik eine gewisse Ratlosigkeit und die Suche nach neuen Ansätzen aus. Schon das Einschwenken einer Reihe von Notenbanken auf das monetaristische Konzept einer mittelfristig orientierten Geldmengensteuerung enthielt das Zugeständnis, daß eine Verstetigung der Geldversorgung der Wirtschaft unter anderem wegen der Komplexität der monetären Transmissionsmechanismen und der theoretischen Unkenntnis über die kurzfristige Entwicklung wirtschaftlicher Zusammenhänge notwendig sei.[71] Ein von acht internationalen Experten angefertigter Bericht der OECD über die Probleme der Globalsteuerung angesichts der «deterioration of performance regarding growth, employment and prices»[72] fand keine neuen Wege. Jedenfalls ging er nicht wesentlich über die Empfehlung eines stärker mittelfristig orientierten Nachfragemanagements hinaus.[73] Der spätere Nobelpreisträger Robert E. Lucas registrierte in dem Bericht «a tone of sad resignation»[74] und stellte in diesem Zusammenhang fest: «In 1966, it seemed to many that we had one theory which could quantitatively link fiscal policy to economic performance with sufficient accuracy that it could be responsibly applied to policymaking.[75] In 1977, we know we have none.»[76]

Auch auf vielen anderen Gebieten herrschte Unsicherheit. Die Bundesregierung rief eine Kommission ins Leben, welche die Ursachen des wirtschaftlichen und sozialen Wandels untersuchen sollte.[77] Sie schuf mit der Strukturberichterstattung der Wirtschaftsforschungsinstitute ein neues Instrument zur Analyse des wirtschaftlichen Strukturwandels, insbesondere der strukturellen und gesamtwirtschaftlichen Auswirkungen staatlicher Interventionen.[78] Sie setzte die sogenannte Transfer-Enquête-Kommission ein, welche die Komplexität des Steuer-Transfer-Systems untersuchen und Verbesserungsvorschläge

71 Vgl. Sachverständigenrat, Jahresgutachten 1974/75, Ziff. 374; Mayer, Monetarismus, S. 50–54. Selbstverständlich ist es nicht nur die Unwissenheit selbst, vielmehr sind es die daraus resultierenden gravierenden Fehler, welche die Monetaristen vor dem Versuch der ökonomischen Feinsteuerung warnen lassen. Vgl. dazu insbesondere Milton Friedmans Hinweise auf die Unwissenheit über den natürlichen Zins und die natürliche Arbeitslosenrate; in: Friedman, Die optimale Geldmenge, Kap. 5, Abschnitt I.

72 McCracken u.a., Employment, S. 12.

73 Vgl. McCracken u.a., Employment, S. 12.

74 Lucas, Business Cycle Theory, S. 264.

75 Gemeint war an dieser Stelle der Keynesianismus.

76 Lucas, Business Cycle Theory, S. 267.

77 Vgl. Kommission für wirtschaftlichen und sozialen Wandel, Bundesrepublik Deutschland.

78 Vgl. dazu Schmidt, Regierungserklärung und Gahlen, Strukturberichterstattung, sowie Markmann, Strukturwandel und Gahlen, Strukturpolitik, zur damals vieldiskutierten ordnungspolitischen Problematik der Investitionslenkung.

erarbeiten sollte.[79] Obwohl die Informationen und Analysen an Tiefe und Breite zunahmen, fehlten konsistente Theorieansätze zur Erklärung des gesellschaftlichen Wandels, so daß es sich als sehr schwierig herausstellte, überzeugende Handlungsanweisungen für die Wirtschafts- und Finanzpolitik abzuleiten.

c) *Überforderte Globalsteuerung*

Das offensichtlich vorhandene Problembewußtsein half nicht darüber hinweg, daß die Politiker die finanzielle Beherrschbarkeit der Programme, die sie im Interesse ihrer Wähler durchsetzen zu müssen glaubten, viel zu optimistisch einschätzten. Während die Staatsquote sich, wie Schaubild 1 zeigt, fast unverändert auf hohem Niveau bewegte, stieg die Schuldenquote innerhalb von drei Jahren (1976–1979) um weitere drei Prozentpunkte auf fast 30% an, so daß sie Ende der siebziger Jahre um 10 Prozentpunkte höher lag als fünf Jahre vorher. Der Versuch, die Expansion öffentlicher Haushalte über Steuererhöhungen zu finanzieren, soweit er überhaupt ernsthaft in Angriff genommen wurde, scheiterte am Steuerwiderstand und an den Konflikten mit der Konjunktur- und Wachstumspolitik. 1977 schwächte sich die Konjunktur in der Bundesrepublik ab. Zugleich wurde in der internationalen Diskussion die «Lokomotivtheorie» vertreten, wonach die Länder mit einer starken Leistungsbilanzposition (insbesondere Deutschland und Japan) ein zusätzliches *deficit spending* betreiben sollten, um über einen Anstieg ihrer Importe und die dadurch ausgelösten Multiplikatorwirkungen die Weltkonjunktur in Schwung zu bringen.[80] In diesem Umfeld leitete die Bundesrepublik einen Kurswechsel zur expansiven Fiskalpolitik ein. Das «Programm für Zukunftsinvestitionen» mit einem Volumen von 16 Mrd. DM in den Jahren 1978–1981[81] sowie eine Reihe von steuerlichen Entlastungsmaßnahmen und schließlich auch die Beschlüsse zur Stärkung der Nachfrage und zur Verbesserung des Wirtschaftswachstums, mit denen die Bundesregierung ihre auf dem Bonner Weltwirtschaftsgipfel im Juli 1978 gegebenen Zusagen einhalten wollte, zusätzliche konjunkturanregende Maßnahmen im Umfang von bis zu 1% des Bruttosozialprodukts zu ergreifen,[82] belasteten die zukünftigen Haushalte stark, ohne daß ein mittelfristiges Konsolidierungskonzept sichtbar wurde.

Aber auch die Geldpolitik hielt nicht konsequent genug an ihrer stabilitätspolitischen Linie fest. Zwar folgte die Deutsche Bundesbank im Prinzip dem

79 Vgl. Transfer-Enquête-Kommission, Transfersystem.
80 Vgl. z.B. OECD, Economic Outlook.
81 Vgl. Finanzbericht 1978 des Bundesministeriums der Finanzen, S. 74–76.
82 Vgl. Finanzbericht 1979 des Bundesministeriums der Finanzen, S. 68.

Konzept der Geldmengensteuerung. Trotz des Rückgangs der Inflationsraten wurde jedoch das Ziel der Preisniveaustabilität nicht erreicht. Das lag zum Teil daran, daß der geldpolitische Instrumenteneinsatz nicht in allen Fällen zum Konzept der Geldmengensteuerung paßte, zum Teil aber auch daran, daß die Geldpolitik – ebenfalls im Widerspruch zu diesem Konzept – gelegentlich zu einer kurzfristig orientierten antizyklischen Reaktion neigte.[83] Eine stetigere und stärker mittelfristig orientierte Geldversorgung der Wirtschaft hätte die Inflationsrate wesentlich stärker dämpfen können.[84]

Als Mitte 1979 der zweite Ölpreisschub einsetzte, in dessen Gefolge die Leistungsbilanz negativ wurde, die D-Mark kräftig abwertete, die jahresdurchschnittliche Inflationsrate sich wieder der Fünf-Prozent-Grenze näherte (vgl. Schaubild 3), die Zinsen weltweit ungewöhnliche Höhen erreichten und die Zahl der Arbeitslosen erstmals in der Nachkriegszeit die Zweimillionengrenze überschritt, war der Konsolidierungsbedarf bei den öffentlichen Finanzen so dringlich geworden, daß kaum noch ein konjunkturpolitischer Handlungsspielraum vorhanden war. Zwar stiegen die Defizite wegen der Ausgabenexpansion und der hohen Einnahmenausfälle in den öffentlichen Haushalten rasant an, so daß sich die Schuldenquote des Staates innerhalb von zwei Jahren (1980–1982) um weitere neun Prozentpunkte auf 39% des Bruttoinlandsprodukts erhöhte (vgl. Schaubilder 4 und 1). Jedoch wurden die gesamtwirtschaftlichen Wirkungen dieser Defizite von Wissenschaft und Politik insgesamt eher negativ eingeschätzt, weil Produzenten und Konsumenten angesichts zunehmend ungewisser Zukunftsperspektiven hinsichtlich der vom Staat ausgehenden Belastung des Kapitalmarktes, der Ordnung der öffentlichen Finanzen sowie der allgemeinen wirtschaftlichen Entwicklung eher Anlaß zur Zurückhaltung hatten.[85]

Während die Finanzpolitik in der Phase nach dem zweiten Ölpreisschock wie häufiger schon in rezessiven Phasen den Konflikt zwischen mittelfristig wirksamer Konsolidierung und kurzfristiger Expansion zu lösen hatte und vor dieser Aufgabe letztlich wieder versagte, hatte die Deutsche Bundesbank von Anfang an vor dem Versuch gewarnt, die Anpassungslasten, die durch den zweiten Ölpreisschock entstanden waren, durch eine Nachfrageausweitung zu lösen, weil dadurch der ohnehin notwendige Ressourcentransfer nur verschoben würde.[86] Insbesondere die konsumtiven Ansprüche der privaten

83 Vgl. Sachverständigenrat, Jahresgutachten 1977/78, Ziff. 175f. und Ziff. 403–415; Sachverständigenrat, Jahresgutachten 1978/79, Ziff. 133–139.

84 Vgl. die Simulationsstudie von Neumann, Geldpolitik.

85 Vgl. Sachverständigenrat, Jahresgutachten 1982/83, Sondergutachten, Ziff. 58; vgl. jedoch auch die abweichende Meinung von Krupp in: Sachverständigenrat, Jahresgutachten 1982/83, Sondergutachten, Ziff. 59 sowie die Empfehlungen des Finanzplanungsrates zur Konsolidierung im Finanzbericht 1982 des Bundesministeriums der Finanzen, S. 97.

86 Vgl. Deutsche Bundesbank, Geschäftsbericht 1979, S. 48.

und der staatlichen Haushalte an das Sozialprodukt sollten zurückgestellt und die notwendigen Staatsausgaben stärker durch Steuern gedeckt werden.[87] Die außerordentlich hohen Defizite in den öffentlichen Haushalten und das starke Leistungsbilanzdefizit fielen zeitlich zusammen mit einer restriktiven Geldpolitik in den Vereinigten Staaten, die zu einem steilen Zinsanstieg und einer Verbesserung der amerikanischen Leistungsbilanz führte. Dies und offensichtlich auch die Hoffnungen, die in die amerikanische Wirtschaftspolitik gesetzt wurden, nachdem Ronald Reagan zum Präsidenten der Vereinigten Staaten gewählt worden war, stärkten den Wechselkurs des Dollars und schwächten das Vertrauen in die D-Mark. Durch die Abwertungstendenz der heimischen Währung geriet die Deutsche Bundesbank in ein Dilemma. Einerseits wäre binnenwirtschaftlich ein niedriger Zins wünschenswert gewesen, um die inländische Investitionstätigkeit anzuregen. Andererseits konnte sich die Deutsche Bundesbank nicht vom hohen internationalen Zinsniveau abkoppeln und befürchtete zudem, daß die Abwertung der D-Mark den Inflationsimport beschleunigen würde. Sie betrieb daher eine restriktivere Geldpolitik, als es bei einer ausschließlichen Orientierung an den binnenwirtschaftlichen Erfordernissen notwendig gewesen wäre.

Alles in allem fehlte der Geldpolitik in der unmittelbaren Phase nach dem zweiten Ölpreisschock (1979–1981) die Unterstützung durch eine entschiedene finanzpolitische Konsolidierungsstrategie, um das Ziel der Preisniveaustabilität hinreichend zu sichern. Der von ihr erzeugte Anpassungsdruck über höhere Zinsen wäre aber auch geringer gewesen, wenn sie nicht daran hätte mitwirken müssen, eigene stabilitätspolitische Lasten der Vergangenheit – die mangelhafte Bekämpfung des Inflationspotentials in der zweiten Hälfte der siebziger Jahre und die daraus folgende verspätete Wende zu einer scharfen Restriktion – aufzuarbeiten.[88]

6. Konsolidierung und Koordination in den achtziger Jahren

a) Die Wende zur angebotsorientierten Wirtschaftspolitik

Das Jahr 1982 war aus finanzpolitischer Sicht durch die Haushaltskrise und aus gesamtwirtschaftlicher Sicht durch Stagflation auf hohem Niveau gekennzeichnet. Das Finanzierungsdefizit des Staates hatte sich in dem Zeitraum

87 Vgl. Deutsche Bundesbank, Geschäftsbericht 1979, S. 43 sowie Deutsche Bundesbank, Geschäftsbericht 1980, S. 18f.

88 Vgl. Sachverständigenrat, Jahresgutachten 1982/83, Sondergutachten, Ziff. 11.

1979–1982 von 36 Mrd. DM auf 53 Mrd. DM vergrößert (vgl. auch Schaubild 4), ohne daß dieser Schuldenexpansion, wie bereits erwähnt, positive Wirkungen auf die Gesamtwirtschaft zugesprochen werden konnten. Eher das Gegenteil war eingetreten. Auch die Staatsquote stieg wieder kräftig an. Zum ersten Mal seit Bestehen der Bundesrepublik überschritt sie 1982 die 50-Prozent-Grenze (vgl. Schaubild 1). Außerdem waren die Zinslasten der öffentlichen Haushalte innerhalb von vier Jahren von 24 Mrd. DM auf 44 Mrd. DM angestiegen. Eine Umkehr der Haushaltspolitik, so oft schon angemahnt, erschien dringender denn je. Hinzu kam die desolate wirtschaftliche Lage in der Bundesrepublik, die mit dem üblichen Instrumentarium der Stabilitätspolitik nicht mehr zu beherrschen war. Zwar waren die aus der zweiten Ölkrise resultierenden Leistungsbilanzdefizite nunmehr beseitigt. Jedoch war schon 1981 das Sozialprodukt (in realen Größen) kaum noch gewachsen. 1982 ging es um 1% zurück. Der Verbraucherpreisindex stieg in diesem Jahr um 5,3% (vgl. Schaubild 3). Die erwartete Belebung der Investitionstätigkeit war nicht eingetreten. Im Gegenteil, die Kapazitätsauslastung ging weiter zurück. Die Arbeitslosenquote erreichte mit 7,2% den in der Nachkriegszeit bisher höchsten Stand.

Die Haushalts- und Wirtschaftskrise endete in einer Regierungskrise. Der damalige Bundeswirtschaftsminister Otto Graf Lambsdorff (FDP) legte im September 1982 sein «Konzept für eine Politik zur Überwindung der Wachstumsschwäche und zur Bekämpfung der Arbeitslosigkeit» (das sogenannte Lambsdorff-Papier) vor und forderte insbesondere eine wachstums- und beschäftigungsorientierte Haushaltspolitik, Eingriffe in das soziale Netz und eine unternehmerfreundlichere Politik.[89] Dieses Konzept war die Grundlage für den Regierungswechsel von der sozial-liberalen zur christlich-liberalen Regierungskoalition unter Helmut Kohl im Oktober 1982.

Die durch die Ölkrisen erzeugten Angebotsschocks, das Zusammentreffen einer ausgeprägten Wachstumsschwäche mit hohen Inflationsraten sowie das Versagen der nachfrageorientierten Globalsteuerung trotz stark anwachsender staatlicher Defizite führten zu einer Rückbesinnung von der Prozeßpolitik zur Ordnungspolitik und in diesem Zusammenhang zu einer Neubewertung der Aufgaben der Finanzpolitik als Bestandteil der sogenannten angebotsorientierten Wirtschaftspolitik.[90] Deren Credo war das Saysche Theorem,

89 Zu den Vorschlägen von Bundeswirtschaftsminister Graf Lambsdorff vgl. Lambsdorff, Lambsdorffs Vorschläge.

90 Der Sachverständigenrat hatte das Konzept der angebotsorientierten Wirtschaftspolitik schon in den siebziger Jahren dargelegt. Vgl. Sachverständigenrat, Jahresgutachten 1976/77, Drittes Kapitel. Er hat es insbesondere in den achtziger Jahren in fast allen seinen Gutachten erläutert und ausgebaut. Auch die Wissenschaftlichen Beiräte beim Bundesministerium für Wirtschaft und der Finanzen haben sich eingehend damit beschäftigt. Vgl. Wissenschaftlicher Beirat beim Bundesministerium für Wirtschaft, Wirtschaftspolitik bei defizitärer Leistungsbilanz; Wissenschaftlicher Beirat beim Bundesministerium für Wirtschaft, Konjunkturpolitik – neu betrachtet; Wissenschaftlicher Beirat beim Bundesministerium der

wonach jedes Angebot sich seine notwendige Nachfrage selbst schafft, ihre Stoßrichtung die Beseitigung aller Störungen und Verzerrungen, die die Leistungsbereitschaft der Wirtschaftsakteure, die Entfaltung des Wettbewerbs sowie die Funktionsfähigkeit, Anpassungsfähigkeit und Anreizwirkungen des marktwirtschaftlichen Systems relativer Preise beeinträchtigen. Die Finanzpolitik sollte in diesem Rahmen

- die Staatsverschuldung senken und in Rezessionsphasen auf eine Finanzierung diskretionärer fiskalpolitischer Maßnahmen über Haushaltsdefizite verzichten. Die Erfahrung zeigt nämlich, daß die im Abschwung zunehmende Staatsverschuldung in nachfolgenden konjunkturellen Aufschwungphasen nicht wieder abgebaut wird und daß schließlich Steuererhöhungen oder Ausgabensenkungen unvermeidlich sind. Um eine prozyklische Fiskalpolitik zu vermeiden, sollten allerdings konjunkturbedingte Defizite hingenommen werden.
- die Staatsquote zurückführen (quantitative Konsolidierung), weil sie den Spielraum für rentable privatwirtschaftliche Leistungen zu sehr einenge und weil der Widerstand gegen die damit verbundene Abgabenlast immer stärker werde.
- die Struktur der Staatsausgaben wachstumsfreundlicher gestalten (qualitative Konsolidierung). Zu diesem Zweck sollte der konsumtive Anteil der Staatsausgaben zurückgedrängt werden; die öffentlichen Ausgaben für produktive investive Zwecke sollten dagegen steigen. Außerdem sollten die vielfältigen Transferzahlungen reduziert werden, durch die der Staat die Anreizmechanismen verzerre.
- die steuerlichen Voraussetzungen für eine Kräftigung der Investitionen und des Wirtschaftswachstums schaffen. Um die Steuerlast nicht überproportional ansteigen zu lassen, müßten inflations- und wachstumsbedingte Steuerlasten, die bei einem progressiven Steuersystem aus dem nominalen und realen Wachstum des Einkommens entstehen, durch eine entsprechende Anpassung der Steuersätze ausgeglichen werden. Aber nicht nur das zu erwartende, sondern auch das bereits bestehende hohe Steuerniveau müsse gesenkt werden, um die Anreize zur Steuervermeidung und zur Abwanderung wirtschaftlicher Aktivitäten in die Schattenwirtschaft zu vermindern und die einzelwirtschaftlichen Leistungsanreize zu stärken.

Weder in der wissenschaftlichen Auseinandersetzung noch in der Wirtschaftspolitik fand das Konzept der Angebotspolitik ungeteilten Anklang. Umstritten war vor allem, wo die Konsolidierung anzusetzen hatte, wie weit sie gehen durfte und inwieweit auf Nachfragestimulierung wirklich verzichtet werden konnte und sollte. In der Tat war es ja auch nicht leicht einzusehen,

Finanzen, Verringerung der öffentlichen Nettoneuverschuldung, insbesondere Abschnitt 3.4.1. Zur Angebotspolitik in den USA vgl. Kurz, Angebotsorientierte Wirtschaftspolitik.

wieso ein Teil des staatlichen Finanzierungsdefizits konjunkturelle Impulse auslösen konnte, während ein anderer Teil davon, jener, der als strukturell bezeichnet wurde, zurückgeführt werden mußte, weil er die Wiedergewinnung der gesamtwirtschaftlichen Stabilität behinderte,[91] wobei schließlich ein dritter Teil des gleichen Defizits, jener, der als konjunkturbedingt eingestuft wurde, annahmegemäß zwar keine konjunkturellen Impulse auslöste, aber auch nicht eingeschränkt werden durfte, weil sonst eine Schrumpfung der gesamtwirtschaftlichen Nachfrage gedroht hätte. Andere Kritiker der Angebotspolitik hielten das Konzept grundsätzlich, d.h. auch aus mittelfristiger Sicht, für zu einseitig und die Konsolidierung für zu weitgehend.[92] Vereinzelt gab es damals auch Stimmen, welche die Konsolidierung des Staatshaushaltes in die Nähe der fatalen Brüningschen Sparpolitik rückten.[93]

b) Konsolidierung zwischen Nachfragerisiken und Angebotsförderung

Die praktische Finanzpolitik der achtziger Jahre mußte sich aus den denkbar möglichen Kombinationen zwischen Nachfragerisiken und Angebotsförderung den politisch realisierbaren Teil heraussuchen. In erster Linie ging es ihr um den Abbau der hohen staatlichen Finanzierungsdefizite, die nicht nur den Kapitalmarkt belasteten, sondern wegen der hohen Zinsverpflichtungen auch den Handlungsspielraum für die Haushaltspolitik erheblich einengten. Ein langanhaltender wirtschaftlicher Aufschwung erleichterte die finanzpolitische Aufgabe. Dennoch war der Weg zur finanzpolitischen Solidität mühevoll und lieferte einen schmerzhaften Nachweis dafür, daß die Rückführung der Kreditfinanzierung, wenn sie von einem hohen Niveau aus vorgenommen werden muß, noch lange keine Abnahme der staatlichen Schuldenquote garantiert. Obwohl das Staatsdefizit von 54,2 Mrd. DM im Jahr 1982 innerhalb einer relativ kurzen Frist auf weniger als die Hälfte reduziert wurde – es betrug 1985 nur noch 21,1 Mrd. DM (vgl. auch Schaubild 4) –, stieg die Schuldenquote in diesem Zeitraum um weitere drei Prozentpunkte auf fast 42% an (vgl. Schaubild 1). Wenn man in diesem Zusammenhang von einem Erfolg der Konsolidierung in den achtziger Jahren sprechen will, so eigentlich nur in dem Sinne, daß es gelungen war, einen darüber hinausgehenden Anstieg der Schuldenquote zu verhindern. Eine Senkung der Schuldenquote wurde nicht erreicht.

91 Vgl. dazu Krause-Junk, Relevanz.

92 Vgl. z.B. Gerfin, Ursachen der Arbeitslosigkeit, sowie die regelmäßigen Minderheitsvoten eines Ratsmitglieds in den Gutachten des Sachverständigenrates während der achtziger Jahre.

93 Vgl. Neumark, Historische Prozesse, S. 31f.; vgl. auch die Kritik an einer solchen Sicht bei Borchardt, Wirtschaftskrisen, S. 51f.

In einer anderen Hinsicht fiel das Ergebnis allerdings wesentlich deutlicher aus. Die Staatsquote, die 1982 noch bei 50% lag, wurde bis 1989 auf knapp 46%, d.h. auf das niedrigste Niveau seit 1975, zurückgeführt. Freilich wäre es wünschenswert gewesen, mit dieser quantitativen auch die oben schon beschriebene qualitative Konsolidierung herbeizuführen. Dies gelang jedoch nicht. Wie Schaubild 2 zeigt, öffnete sich die Schere zwischen Transfer- und Ressourcenquote des Staatshaushaltes weiter. Die Transferquote, d.h. der Anteil der Transferausgaben an den staatlichen Gesamtausgaben, nahm nach einem kurzen Rückgang in den Jahren 1985 und 1986 in der zweiten Hälfte der achtziger Jahre wieder zu. Was die öffentlichen Investitionen betraf, die im Rahmen der angebotsorientierten Wirtschaftspolitik den konsumtiven Anteil der Staatsausgaben zurückdrängen sollten, so war auch dort keine markante Wende festzustellen. Zwar wurde der sinkende Trend der siebziger Jahre nicht fortgesetzt. Jedoch stabilisierte sich in den achtziger Jahren die staatliche Investitionsquote – ähnlich wie die private in den Jahren 1982–1987 – auf historisch niedrigem Niveau (vgl. Schaubild 5).

Auf dem Gebiet der Steuerpolitik wurden immerhin Teilerfolge erzielt. Mit

Private und öffentliche Investitionen — Schaubild 5

in Prozent des Bruttoinlandsprodukts

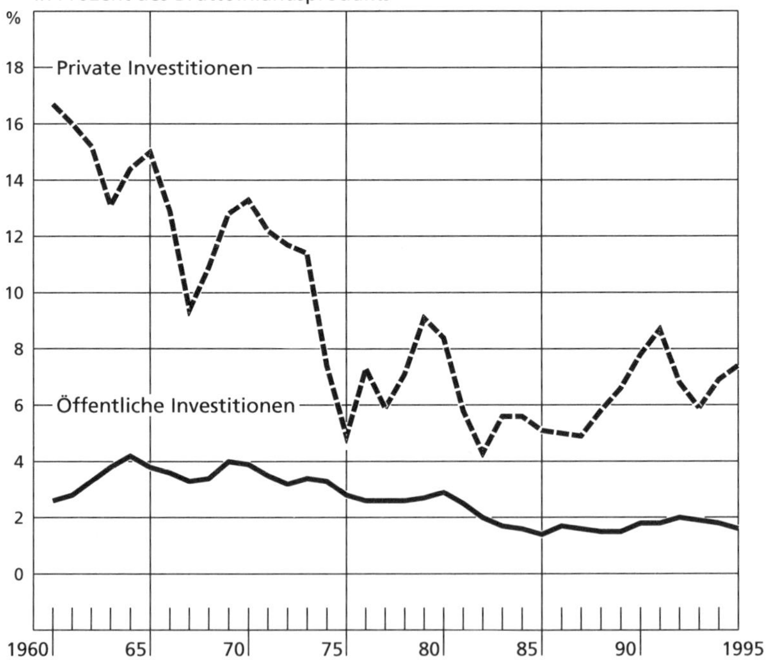

Quellen: Statistisches Bundesamt, Deutsche Bundesbank.

der Senkung der Staatsquote konnte auch die gesamtwirtschaftliche Steuerquote zurückgeführt werden. Eine wachstumsfreundliche Umstrukturierung des Steuersystems zugunsten der Verbrauchsteuern erwies sich dagegen als viel schwieriger. Vereinzelt wurden 1982/83 Entlastungen bei der betrieblichen Vermögensteuer und bei den Ertragsteuern vorgenommen. Da jedoch der Aufschwung in den folgenden Jahren überwiegend vom Export und mit etwas Verzögerung auch von den Unternehmensinvestitionen getragen wurde, die nicht mit Mehrwertsteuer belastet sind, ging der Anteil der indirekten Steuern – wie Schaubild 6 zeigt – sogar noch zurück.

Direkte und indirekte Steuern Schaubild 6

in Prozent des Steueraufkommens

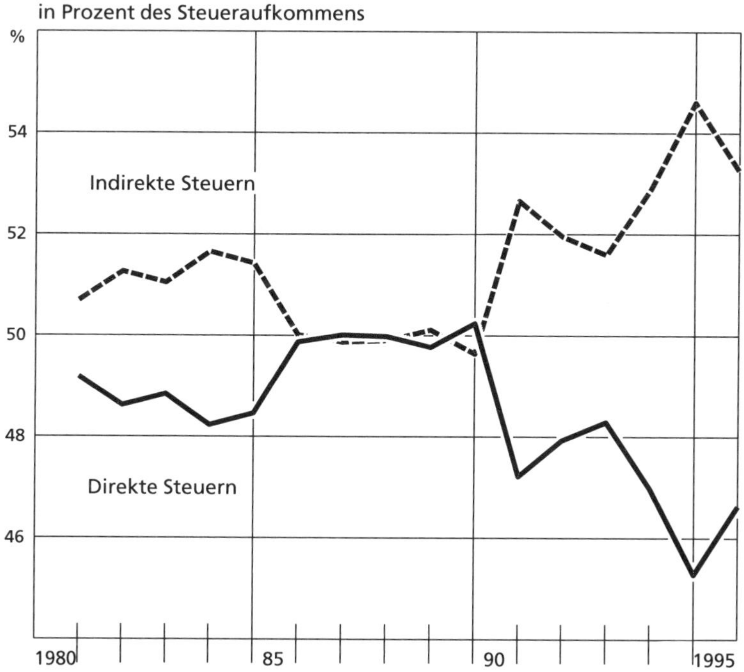

Quelle: Statistisches Bundesamt.

Bei der Einkommensteuerreform 1986/88 hatten zunächst verteilungs- und familienpolitische Zielvorstellungen den Vorrang. Erst das Steuerreformgesetz 1990 brachte eine grundlegendere Reform. Mit dem Übergang zu einem linear-progressiven Tarif wurde jener Teil des deutschen Einkommensteuertarifs beseitigt, der im Bereich der mittleren Einkommen durch eine scharfe Progression gekennzeichnet war und wegen seines überproportional steigenden Grenzsteuersatzes als «Mittelstandsbauch» bekannt war. Der Spitzensteuersatz wurde von 56 auf 53% gesenkt. Der Körperschaftsteuersatz für einbehaltene Gewinne wurde von 56 auf 50% reduziert. Da im Vorgriff auf das hohe Steuerentlastungsvolumen 1989 spezielle Verbrauchsteuern (Mineralölsteuer, Tabaksteuer, Versicherungsteuer, Steuer auf Erdgas und Flüssiggas) angehoben worden waren, wurde mit dem Abschluß der dreistufigen Steuerreform 1986/88/90 eine deutliche Umstrukturierung des Steuersystems zugunsten der indirekten Steuern sichtbar (vgl. Schaubild 6). Unbewältigt blieb freilich immer noch eine durchgreifende Reform der Unternehmensbesteuerung.

c) Wachsender Bedarf an internationaler Koordinierung der Wirtschaftspolitik

Während der Beginn der achtziger Jahre noch durch eine Konfliktsituation zwischen Finanz- und Geldpolitik gekennzeichnet war, ergab sich im weiteren Verlauf des Jahrzehnts eine weitgehend harmonische Abstimmung zwischen beiden Politikfeldern. Finanz- und Geldpolitik waren gemeinsam um Konsolidierung bemüht. Mit einer konsequenten Geldmengenpolitik trug die Notenbank dazu bei, daß der Verbraucherpreisindex sank und in den Jahren 1986/87 tatsächlich Preisniveaustabilität erreicht wurde. Die Wiedergewinnung der Stabilität des Geldwertes war allerdings auch zu einem guten Teil das Ergebnis außenwirtschaftlicher Einflüsse. Die Aufwertung der D-Mark verschärfte den internationalen Wettbewerbsdruck, und die sinkenden Preise für Öl und andere Rohstoffe verhalfen der Bundesrepublik zu einem Stabilitätsimport.[94] Als die Notenbank in der zweiten Hälfte der achtziger Jahre zu einer stärker wechselkursorientierten Geldpolitik überging und eine übermäßige Ausweitung der Zentralbankgeldmenge zuließ, baute sich ein Inflationspotential auf, das 1989/90 den Preisauftrieb wieder merklich verstärkte.

Der Anlaß für das außenwirtschaftlich orientierte Verhalten der Notenbank lag darin begründet, daß die internationale Koordination der Wirtschaftspolitik in den achtziger Jahren im Gegensatz zur binnenwirtschaftlichen Abstimmung zwischen Geld- und Fiskalpolitik weit weniger harmonisch verlief. Nach der Freigabe der Wechselkurse in den siebziger Jahren hatte sich herausgestellt, daß die Unabhängigkeit der Geld- und Finanzpolitik einzelner Länder in einem System flexibler Wechselkurse stärker eingeschränkt war, als man ursprünglich vermutet hatte. Die Ursachen dafür lagen zum Teil in der wachsenden weltwirtschaftlichen Verflechtung und in der zunehmenden Synchronisation der Konjunkturverläufe, zum Teil in der unterschätzten Bedeutung von Wechselkurserwartungen und ihren Auswirkungen auf den internationalen Kapitalverkehr. Es kam zu heftigen Schwankungen der realen

94 Vgl. Sachverständigenrat, Jahresgutachten 1987/88, Ziff. 236.

Wechselkurse, zum Überschießen nominaler Wechselkurse und zu sogenannten J-Kurven-Effekten in den Handelsbilanzen. In den achtziger Jahren wurde daher eine ganze Reihe von Maßnahmen zur Koordination der Geld-, Währungs- und Finanzpolitik vorgeschlagen, um wieder stabilere Wechselkurse zu erreichen.[95]

Ein besonderer Bedarf an internationaler Kooperation wurde aus der Entwicklung der US-amerikanischen Leistungsbilanzdefizite und deren Rückwirkungen auf den Dollarkurs abgeleitet. In den Vereinigten Staaten erzielte die Wirtschaftspolitik des Präsidenten Ronald Reagan in seiner ersten Amtszeit (1981–1984) bei expansiver Fiskalpolitik und zugleich restriktiver Geldpolitik zunächst große Erfolge, die sich auch in einer beachtlichen Höherbewertung des Dollars niederschlugen. Als jedoch die Haushalts- und Leistungsbilanzdefizite in den Vereinigten Staaten und die Leistungsbilanzüberschüsse in der übrigen Welt, insbesondere in Japan und in Deutschland, aber auch in den asiatischen Schwellenländern, ständig anwuchsen und der anhaltende Kursanstieg des Dollars sich immer weiter von den negativen wirtschaftlichen Grunddaten entfernte, leiteten die Finanzminister und Notenbankgouverneure der fünf wichtigsten Industrieländer durch koordinierte Devisenmarktoperationen im Verlauf des Jahres 1985 den Kursrückgang des Dollars ein.[96] Der unumgängliche Übergang zur Konsolidierung in der amerikanischen Wirtschaftspolitik zu Beginn von Reagans zweiter Amtsperiode (1985–1989), aber auch die stark expansive und zudem unstetige Geldpolitik des Federal Reserve Board, lösten erhebliche Unsicherheit aus. Einerseits schwand das Vertrauen in den dauerhaften Erfolg der amerikanischen Wirtschaftspolitik, die dazu geführt hatte, daß sich die USA von einem traditionell großen Gläubigerland zum größten Nettoschuldner der Welt entwickelten. Andererseits wurde befürchtet, daß die Rückführung der hohen amerikanischen Budget- und Leistungsbilanzdefizite weltweit rezessive Tendenzen auslösen würde und daß allzu starke Schwankungen des Dollars als Leitwährung zu massiven Störungen der Devisen- und Finanzmärkte führen könnten.

In dieser Situation forderten die Vereinigten Staaten eine stärkere internationale Koordination der Wirtschaftspolitik.[97] Um rezessive Tendenzen in der Weltwirtschaft zu verhindern, sollten die Überschußländer – insbesondere

95 Einen kurzen Überblick über diese Vorschläge und ihre Bewertung gibt Willms, Internationale Währungspolitik, Kapitel 9; vgl. auch Sachverständigenrat, Jahresgutachten 1986/87, Ziff. 245–259; Sachverständigenrat, Jahresgutachten 1987/88, Ziff. 329–340.

96 Vgl. Deutsche Bundesbank, Geschäftsbericht 1985, S. 66–70.

97 Vgl. dazu beispielsweise die Hinweise in Oudiz/Sachs, Macroeconomic Policy Coordination; Bergsten, Economic Crisis; Sachverständigenrat, Jahresgutachten 1987/88, Ziff. 4–7 und Ziff. 329–340; Wissenschaftlicher Beirat beim Bundesministerium für Wirtschaft, Gutachten vom 26./27. Februar 1988.

die Bundesrepublik und Japan – eine expansive Geld- und Fiskalpolitik betreiben. Zusätzliche Nachfrage von außen würde den Abbau des amerikanischen Leistungsbilanzdefizits beschleunigen und ein zu starkes Abfallen des Dollars verhindern. Zugleich würden sinkende Zinsen der Überschußländer einen expansiven Kurs der amerikanischen Notenbank erleichtern, ohne daß das internationale Zinsgefälle zugunsten des US-Dollars sich verringerte; nachteilige Folgen für den US-Dollar brauchten also nicht befürchtet zu werden.

Im Rahmen des Europäischen Währungssystems (EWS) wurden analoge Forderungen an die Bundesrepublik gestellt. Die mit der Dollaraufwertung einhergehende Schwäche des Außenwertes der D-Mark hatte die Spannungen im EWS in der ersten Hälfte der achtziger Jahre gemildert. Als mit der Dollarabwertung die Unterbewertung der D-Mark abgebaut wurde, verschärfte sich der Druck im Wechselkursverbund. Wegen der Dominanz der D-Mark, die sich zur faktischen Leitwährung im Europäischen Währungssystem entwickelt hatte, waren die Teilnehmer am EWS zu einer verhältnismäßig restriktiven Politik zur Verteidigung der Wechselkursrelationen gezwungen. Insbesondere die Schwachwährungsländer betrachteten daher die Konsolidierung des deutschen Staatshaushaltes und die restriktive Haltung der Deutschen Bundesbank als Behinderung ihrer eigenen Expansionspläne und als eine übermäßige (asymmetrische) Beteiligung an den von der Bundesrepublik Deutschland ausgehenden stabilitätspolitischen Anpassungslasten und forderten die Bundesrepublik auf, sich an einer expansiveren Geld- und Finanzpolitik zu beteiligen.[98]

d) Begrenzte Kooperation im Interesse einer stabilen Währung

Die Appelle zugunsten einer verstärkten internationalen Koordination der Wirtschaftspolitik wurden in der Bundesrepublik mit Zurückhaltung aufgenommen. Zwar akzeptierten sowohl die Bundesregierung als auch die Deutsche Bundesbank eine intensivere Kooperation auf europäischer und internationaler Ebene. Die Bundesregierung unterstützte «grundsätzlich» sowohl das Konzept der Kommission der Europäischen Gemeinschaft einer «kooperativen Wachstumsstrategie für mehr Beschäftigung»[99] als auch die Bemühungen um eine Stabilisierung der Wechselkurse.[100] Sie nutzte ihren finanzpolitischen

98 Vgl. Sachverständigenrat, Jahresgutachten 1987/88, Ziff. 349; vgl. zu diesem Problemzusammenhang auch Wyplosz, Discussion on Dornbusch, S. 47 sowie Guth, Europäische Währungsunion, S. 413 f.

99 Kommission der Europäischen Gemeinschaften, Jahreswirtschaftsbericht 1985–1986.

100 Vgl. Deutscher Bundestag, Jahreswirtschaftsbericht 1987 der Bundesregierung, Ziff. 38 und 39.

Spielraum für Ausgabensteigerungen und Steuersenkungen so weit, daß die Konsolidierung des Staatshaushaltes in den Jahren 1987 und 1988 ins Stocken kam (vgl. auch Schaubilder 1 und 4). Die Deutsche Bundesbank beteiligte sich nicht nur an internationalen Devisenmarktoperationen zur Stabilisierung der Wechselkurse, sondern ließ in den Jahren 1986–1988 zum Teil erhebliche Zielüberschreitungen ihrer Geldmengenexpansion zu, um mit niedrigen Zinsen die Konjunktur zu stützen und einen Aufwertungsschock der D-Mark zu verhindern. Die Bundesrepublik widersetzte sich aber einer noch stärkeren nachfrage- und wechselkursorientierten Einbindung der nationalen wirtschaftspolitischen Instrumente. Diese wäre auch verfehlt gewesen. Die Ursachen für die starken Schwankungen der realen Wechselkurse lagen zum großen Teil nicht in der fehlenden Koordinierung, sondern in der wechselhaften und widersprüchlichen Stabilitätspolitik einzelner Länder. Vor allem hatten die hohen Leistungsbilanzdefizite der Vereinigten Staaten ihren Grund nicht in einer zu geringen Nachfrage, sondern in der hohen Staatsverschuldung und der dadurch auch bedingten mangelnden Ersparnisbildung des Landes.

Der Versuch, die reale Nachfrage in den Überschußländern durch die Geldpolitik zu stimulieren, hätte auf Dauer ohnehin scheitern müssen. Das vollständige Ausrichten der nationalen Geldpolitik an der Stabilisierung der Wechselkurse oder an entsprechenden Zielzonen hätte ähnliche Schwierigkeiten provoziert wie das System von Bretton Woods. Die Verantwortung der Notenbank für die binnenwirtschaftliche Stabilität des Preisniveaus wäre außer Kraft gesetzt worden. Für die Finanzpolitik wären kaum zu bewältigende Anpassungsprobleme entstanden. Durch internationale Absprachen zu definierende Leistungsbilanzziele waren theoretisch und empirisch kaum zu begründen.[101] Ein stärkerer Einsatz nachfrageorientierter expansiver fiskalpolitischer Maßnahmen der Überschußländer hätte zwar die eigenen Leistungsbilanzüberschüsse reduziert und geholfen, die Leistungsbilanzdefizite der Vereinigten Staaten schneller abzubauen. Für die Bundesrepublik wäre dieses Vorgehen aber zu Lasten der Glaubwürdigkeit ihrer mittelfristig orientierten Stabilitäts- und Wachstumspolitik gegangen. Ähnlich wäre es ihr ergangen, wenn sie im Rahmen des Europäischen Währungssystems den Forderungen der Schwachwährungsländer nach einer expansiveren Geld- und Finanzpolitik nachgegeben hätte. Letztlich wäre dies nur auf dem Wege einer noch stärkeren binnenwirtschaftlichen Inflationierung mit entsprechenden Folgen für die übrige Gemeinschaft möglich gewesen.

101 Vgl. dazu Issing, Leistungsbilanzungleichgewichte; Issing/Masuch, Leistungsbilanzsalden.

7. Die zweifache Einheit: Deutschland und Europa

Die Wirtschaftspolitik in der Bundesrepublik Deutschland sah sich in den neunziger Jahren vor eine doppelte historische Herausforderung gestellt. Zum einen hatte der Zusammenbruch der sozialistischen Wirtschafts- und Gesellschaftssysteme in Osteuropa auch die DDR in den Strudel gerissen und den Deutschen eine unerwartete Wiedervereinigung gebracht. Zum anderen hatten die Staats- und Regierungschefs der Europäischen Gemeinschaft auf dem EG-Gipfel in Maastricht im Dezember 1991 die Schaffung einer Europäischen Union mit einer einheitlichen Währung spätestens zum 1. Januar 1999 beschlossen. Die Vollendung beider Zielsetzungen bereitet insbesondere der Finanzpolitik bis auf den heutigen Tag gewaltige Probleme.

a) Anpassungsprobleme bei der Finanzierung der Deutschen Einheit

Zu Beginn des deutschen Einigungsprozesses herrschte verständlicherweise große Euphorie.[102] Man unterschätzte sowohl die Anpassungsprobleme in Ost- und Westdeutschland als auch die Finanzierungslasten. Dies geschah nicht nur aus Unkenntnis über die tatsächlichen Verhältnisse, insbesondere über den Zustand des Produktivkapitals, in den neuen Bundesländern. Es fehlte auch an einer adäquaten Transformationstheorie für die Umwandlung sozialistischer Planwirtschaften in soziale Marktwirtschaften. Unter abstrakten Bedingungen des vollständigen Wettbewerbs hätte man erwarten können, daß beim Öffnen der Grenzen ein Kapitalzustrom in die ärmere Region entstehen würde. Der Aufschwung Ost hätte – sicherlich unter Berücksichtigung einer gewissen Anschubfinanzierung – fast von selbst in Gang kommen können, weil die dort herrschende niedrigere Kapitalausstattung hohe Rentabilitäten erwarten ließ.[103] Entsprechende Erwartungen schlugen sich 1990 in einer Aufwertung der D-Mark und relativ hohen Realzinsen nieder. Freilich hätten dazu die Löhne an das zunächst noch sehr niedrige Produktivitätsniveau angepaßt werden müssen. Hätten die Tarifpartner in den neuen Bundes-

102 Der Verfasser hat sich an verschiedenen Stellen zu den Finanzierungsproblemen der Deutschen Einheit geäußert: Vgl. Kitterer, Rechtfertigung und Risiken; Kitterer, Staatsverschuldung und Haushaltskonsolidierung; Kitterer, Volkswirtschaftliche und finanzpolitische Aspekte. Wiederholungen lassen sich nicht ganz vermeiden, sollen hier aber nicht im einzelnen nachgewiesen werden. Zur Finanzpolitik von 1990 bis 1995 vgl. auch die eingehende Analyse von Grossekettler, Rückblick.

103 Stellvertretend für den damals vielfach verbreiteten Optimismus sei hier auf die «Überlegungen zur Wirtschaftspolitik» der führenden Wirtschaftsforschungsinstitute verwiesen. Vgl. Gemeinschaftsdiagnose Frühjahr 1990 der Forschungsinstitute, S. 19–24.

ländern jedoch tatsächlich Löhne vereinbart, die etwa einem Drittel oder noch weniger des Westniveaus entsprachen, so wäre es wohl zu Abwanderungen großen Ausmaßes in den Westen gekommen. Um dies zu vermeiden, mußte der Staat die Sanierung der ostdeutschen Betriebe bei zu hohen Löhnen subventionieren. Erschwerend kam hinzu, daß auch der Umtauschkurs der Löhne im Verhältnis 1:1 das Gefälle zwischen den am Weltmarkt erzielbaren Preisen und den Produktionskosten verschärfte und daß die ostdeutschen Betriebe ihre traditionellen Märkte in Osteuropa verloren.

Alles in allem wurde spätestens im Verlauf des Jahres 1991 deutlich, daß der Transferbedarf für den Aufbau in Ostdeutschland sehr viel höher werden würde, als man ursprünglich erwartet hatte. In der Tat haben die neuen Bundesländer in den Jahren 1990–1995 Transfers in Höhe von 1031 Mrd. DM erhalten (vgl. Tabelle 1). Zieht man davon die dem Bund zufließenden Einnahmen aus den neuen Ländern in Höhe von rund 190 Mrd. DM ab, so ergeben sich immerhin noch Nettotransfers in Höhe von 841 Mrd. DM. Das

Tabelle 1: Öffentliche Leistungen für die neuen Bundesländer und Berlin Ost (in Mrd. DM)

Leistungen	1991	1992	1993	1994	1995	1991 bis 1995
Bund	75,7	95,9	117,8	120,4	156,5	566,3
Länder/Gemeinden (West)	5,0	5,0	10,0	14,0	17,0	51,0
Fonds «Deutsche Einheit»	35,0	33,9	35,2	34,6	9,5	148,2
Europäische Union	4,0	5,0	5,0	6,0	7,0	27,0
Sozialversicherung	30,2	50,8	56,4	49,8	51,5	238,7
Bruttoleistungen[1)]	149,9	190,6	224,4	224,8	241,5	1.031,2
Einnahmen aus den neuen Ländern	28,7	33,1	34,9	42,6	50,5	189,8
Nettoleistungen	121,2	157,5	189,5	182,2	191,0	841,4
nachrichtlich: in Prozent des Bruttoinlandsprodukts-West	3,8	4,5	4,6	4,2	5,0	

1) Ohne Mehrfachzählungen.

Quelle: Sachverständigenrat, Jahresgutachten 1995/96, Auszug aus Tabelle 40 (erweitert um die letzte Spalte).

entspricht einem Anteil in Höhe von ca. 4–5% des jährlichen Bruttoinlandsprodukts der alten Länder.

Von Anfang an hatte es Stimmen gegeben, die davor warnten, bei der Finanzierung der Deutschen Einheit den Pfad einer soliden Haushaltspolitik zu verlassen, und mahnten, die notwendigen Mittel durch Einsparungen und Umschichtungen aufzubringen.[104] Wider besseres Wissen hielt die Regierung zunächst jedoch daran fest, daß Steuererhöhungen nicht notwendig seien. Der Grund dafür lag nicht nur darin, daß vor den ersten gesamtdeutschen Wahlen Fehleinschätzungen aus politischen Gründen kaum zu korrigieren waren, sondern auch darin, daß jeder neu erkannte Bedarf einen lähmenden Streit über die Verteilung der damit verbundenen Finanzierungslasten auslöste. So verflog die Aura des historischen Ereignisses schnell und verwandelte sich in die Angst vor den zwar schwer definierbaren, aber gerade deshalb um so schwerer tragbaren finanziellen Lasten. Dabei forderten manche Politiker Solidarität von den Bürgern, waren aber selbst darauf bedacht, so wenig Abstriche wie möglich an ihren eigenen Haushalten machen zu müssen. Mit dem Einigungsvertrag wurde 1990 das System des horizontalen Finanzausgleichs, das die alten Länder stark belastet hätte, außer Kraft gesetzt. Statt dessen wurde der Fonds Deutsche Einheit eingerichtet, mit dessen Hilfe der Finanzierungsbedarf der neuen Länder bis Ende 1994 übergangsweise gedeckt werden sollte. Diese Konstruktion verschaffte den westlichen Bundesländern Vorteile zu Lasten des Bundes und begünstigte zudem paradoxerweise die finanzstarken Länder, denn diese hätten unter dem System des horizontalen Finanzausgleichs die höchsten Belastungen zu tragen gehabt.[105] Der Bund wiederum «refinanzierte» sich 1991 über die Erhöhung von Steuern, die ihm alleine zufließen (Solidaritätszuschlag, Mineralölsteuer, Tabaksteuer, Versicherungsteuer). Obwohl der Fonds Deutsche Einheit in den Jahren 1991 und 1992 aufgestockt wurde, war abzusehen, daß auch diese Mittel nicht ausreichen würden. Zudem blieb offen, wer letztlich die sich rasch kumulierenden Schulden des Kreditabwicklungsfonds, der Treuhandanstalt und der ostdeutschen Wohnungswirtschaft übernehmen sollte und wie die ostdeutschen Länder und Gemeinden nach 1994 in den Finanzausgleich einbezogen werden sollten. Umfang und Art der Finanzierungsbelastungen blieben daher letztlich weitgehend im unklaren. Erst als der einigungsbedingte Boom 1992 in einen sich abschwächenden Konjunkturverlauf überging, nachdem die Defizite in den öffentlichen Haushalten und die in Sonderfonds aufgehäuften Verbindlichkeiten sprunghaft angestiegen waren und schließlich klar wurde, daß

104 Vgl. z.B. Deutsche Bundesbank, Geschäftsbericht 1989, S. 25f.; Deutsche Bundesbank, Geschäftsbericht 1990, S. 31f.; Sachverständigenrat, Jahresgutachten 1990/91, Ziff. 218–220.

105 Vgl. Wissenschaftlicher Beirat beim Bundesministerium der Finanzen, Gutachten zum Länderfinanzausgleich, S. 24–35.

der Transferbedarf für die neuen Länder und Gemeinden noch weiter steigen würde, fanden im Frühjahr 1993 zwischen der Bundesregierung, den Spitzen der großen Parteien und den Ministerpräsidenten der Länder die sogenannten Solidarpaktverhandlungen statt, deren Ergebnis das «Föderale Konsolidierungsprogramm» war.

b) Unbewältigte Konsolidierung der öffentlichen Haushalte

Nach langen quälenden Diskussionen war damit ein Konzept gefunden, das den neuen Ländern rechtzeitig vor der im Einigungsvertrag festgelegten Frist (Ende 1994) durch die Neuordnung des horizontalen Finanzausgleichs zwischen den Ländern und des vertikalen Finanzausgleichs zwischen Bund und Ländern hinreichende Planungsgrundlagen für ihre zukünftige Finanzausstattung verschaffte. Der Kardinalfehler dieses Programms lag aber in der Art der Konsolidierung. Da auch im Verteilungsstreit unter Gebietskörperschaften Konflikte leichter zu lösen sind, wenn Besitzstände nicht angegriffen, sondern Zuwächse neu verteilt werden, einigten sich Bund und Länder zu Lasten des Dritten, des Steuerzahlers. Statt Ausgabenkürzungen und Abbau von Steuervergünstigungen wurden überwiegend Steuererhöhungen beschlossen. Das Föderale Konsolidierungsprogramm verschaffte daher nur eine Atempause, aber keine echte Lösung des Konsolidierungsproblems. Zwar war es inzwischen gelungen, den Anteil der direkten Steuern zugunsten der indirekten Steuern zurückzudrängen (vgl. Schaubild 6), und dies muß im Sinne der angebotsorientierten Wirtschaftspolitik durchaus als Erfolg gewertet werden. Die gesamte Abgabenquote stieg jedoch in der ersten Hälfte der neunziger Jahre auf den Rekordwert von fast 44%.[106] Sie stellt damit eine ernsthafte Belastung für die Wachstumschancen und die Wettbewerbsfähigkeit der deutschen Wirtschaft dar. Die Staatsquote, die in den achtziger Jahren unter günstigen Bedingungen auf 46% des Bruttoinlandsprodukts zurückgeführt worden war, liegt wieder bei 50% (vgl. Tabelle 2). Viel gewonnen ist damit nicht. Die Staatsverschuldung ist nämlich inzwischen so stark angestiegen – innerhalb von fünf Jahren um mehr als 15 Prozentpunkte auf 58% des Bruttoinlandsprodukts –, daß die öffentlichen Haushalte eine Zinslast von 4% des Bruttoinlandsprodukts zu tragen haben.[107]

Wie so oft sieht sich die Finanzpolitik derzeit wieder in der fatalen Lage, Konsolidierung in einer Phase der Wachstumsschwäche betreiben zu müssen.

106 Vgl. Sachverständigenrat, Jahresgutachten 1996/97, Tabelle 38*.

107 Diese Last wird auch noch weiter steigen, wenn es der Finanzpolitik, wie bisher (vgl. Tabelle 2), trotz der hohen Steuern nicht gelingt, die Defizitquote wesentlich unter 3% zu halten. Sollte die nominale Wachstumsrate des Bruttoinlandsprodukts auf mittlere Sicht tatsächlich 4% betragen, wie die Bundesregierung in ihrer mehrjährigen Finanzplanung

Tabelle 2: Ausgaben, Defizite und Schulden des Staates

in Mrd. DM				
Jahr	Bruttoinlandsprodukt	Ausgaben	Finanzierungssaldo[1)]	Schuldenstand
1980	1.472,04	721,88	–42,68	468,61
1990	2.426,00	1.118,12	–49,74	1.067,50
1991	2.853,60	1.395,04	–94,82	1.213,27
1992	3.075,60	1.526,72	–86,77	1.452,02
1993	3.158,10	1.598,74	–109,68	1.677,47
1994	3.320,40	1.662,11	–80,56	1.866,77
1995	3.457,40	1.751,10	–122,60	1.995,97
1996	3.554,00	1.796,50	–149,50 (137,90[2)])	2.061,90
1997	3.694,50	1.827,00	–122,50 (105,00[2)])	
in % des Bruttoinlandsprodukts				
1980		49,0	–2,9	31,8
1990		46,1	–2,1	44,0
1991		48,9	–3,3	42,5
1992		49,6	–2,8	47,2
1993		50,6	–3,5	53,1
1994		50,1	–2,4	56,2
1995		50,6	–3,5	57,7
1996		50,5	–4,2 (–3,9[2)])	58,0
1997		49,4	–3,3 (–2,9[2)])	

1) In Abgrenzung der Volkswirtschaftlichen Gesamtrechnung und ohne Berücksichtigung der Nettokreditaufnahme der Treuhandanstalt, die in den Jahren 1990–1994 insgesamt 204 Mrd. DM betrug. – 2) Angaben nach dem Jahreswirtschaftsbericht 1997 der Bundesregierung, S. 101.

Quelle: Sachverständigenrat, Jahresgutachten 1996/97.

Dies wird keine leichte Aufgabe. Es wird nämlich nicht mehr genügen, Ausgaben zu kürzen, es müssen auch Steuern gesenkt werden. Auf dem Gebiet der Steuerpolitik hat sich inzwischen ein enormer Reformbedarf aufgestaut, nicht nur wegen der notwendigen Steuerentlastungen, sondern auch wegen grundsätzlicher Strukturmängel.

annimmt (vgl. Finanzbericht des Bundesministeriums der Finanzen 1997, S. 69), so könnte eine nachhaltige Konsolidierung der Schuldenstandsquote bei 60% des Bruttoinlandsprodukts nur erreicht werden, wenn die Defizitquote im Durchschnitt unter 2,5 Prozent des Bruttoinlandsprodukts liegt.

Im Bereich der Unternehmensbesteuerung sind strukturelle Verbesserungen und Steuerentlastungen notwendig, um die Wettbewerbsfähigkeit des Standortes Deutschland zu sichern. Seit Jahrzehnten wird die Abschaffung der Gewerbesteuer gefordert, aber wegen der komplexen Rückwirkungen auf die Gemeindefinanzen nicht durchgesetzt. Die grundlegende Reform der Einkommensteuer durch eine deutliche Senkung der Grenzsteuersätze, die Beseitigung zahlloser Steuervergünstigungen und Sonderregelungen und die Ausweitung der Bemessungsgrundlage – Maßnahmen, die seit Jahren diskutiert werden – fordert einen Verzicht von vielen bisher Begünstigten und läßt dennoch enorme Steuerausfälle erwarten, deren Gegenfinanzierung ungewiß ist. Wenn es allerdings gelingen sollte, die von der Steuerreform-Kommission erarbeiteten «Petersberger Steuervorschläge» in die Realität umzusetzen,[108] wäre eine wichtige Reform für mehr Wachstum und Beschäftigung gelungen. Nicht weniger wichtig ist allerdings auch, daß das von der Bundesregierung bereits 1995 vorgelegte Konzept der «symmetrischen Finanzpolitik» in die Wirklichkeit umgesetzt wird. Danach sollen strikte Ausgabenbegrenzungen derart zur Senkung von Steuern und zum Abbau des Defizits genutzt werden, daß die Staatsquote bis zum Jahr 2000 wieder auf den Stand vor der deutschen Vereinigung (46%) zurückgeführt wird.[109]

c) Spannungen im europäischen Währungssystem

Im Gegensatz zu den achtziger Jahren kam es in der ersten Hälfte der neunziger Jahre durch die hohen Defizite in den öffentlichen Haushalten wieder zu einer Konfliktsituation zwischen Geld- und Finanzpolitik. Die Deutsche Bundesbank stand zunächst vor dem Problem, bei der deutsch-deutschen Währungsunion die Risiken eines Geldüberhangs zu vermeiden, weil unsicher war, welcher Teil der in den neuen Bundesländern umgetauschten Guthaben nachfragewirksam werden und welcher Teil in Geld- und Kapitalanlagen fließen würde. Für ihre verhältnismäßig restriktive Geldmengensteuerung im Jahr 1991 erntete sie im Inland Kritik.[110] Die expansive Fiskalpolitik, die hohen Lohnabschlüsse der Tarifpartner und der Anstieg der Inflationsrate veranlaßten die Deutsche Bundesbank aber zu einem Festhalten an ihren binnenwirtschaftlichen Stabilitätsvorstellungen und daher zu vergleichsweise hohen Zinsen, welche durch den engen Wechselkursverbund im Europäischen Währungssystem auf die Partnerländer ausstrahlten und diesen die Möglich-

108 Vgl. Bundesministerium der Finanzen, Reform der Einkommensbesteuerung.
109 Vgl. Bundesministerium der Finanzen, Finanzpolitik 2000.
110 Vgl. dazu Sachverständigenrat, Jahresgutachten 1991/92, Ziff. 171–173; Gemeinschaftsdiagnose Frühjahr 1992 der Forschungsinstitute, S. 29 sowie die kontroverse Diskussion von Pohl/Neumann/Reither, Ist die Geldpolitik zu restriktiv?

keit nahmen, eine eigenständige Geldpolitik mit niedrigeren Zinsen zu betreiben, um die dort auftretenden konjunkturellen Schwächetendenzen zu mildern. Ähnlich wie in der Phase 1985–1987 führte dies zu Spannungen innerhalb des Europäischen Währungssystems und letztlich auch zur Krise des EWS 1992/93, in deren Gefolge im Herbst 1993 die Bandbreiten der bilateralen Leitkurse auf ± 15% erweitert wurden. Wiederum hatte sich die Deutsche Bundesbank in dieser Zeit gegen das Ansinnen zu wehren, eine «symmetrische» Zinspolitik zu betreiben,[111] was letztlich bedeutet hätte, daß sie zu einer außenwirtschaftlich orientierten geldpolitischen Lockerung hätte übergehen müssen. Die Deutsche Bundesbank lehnte dieses Vorgehen – ungeachtet des 1992 deutlich und 1993 leicht überschrittenen Geldmengenziels – im Prinzip ab und betonte die besondere stabilitätspolitische Verantwortung des Ankerwährungslandes für die Zukunft des Europäischen Währungssystems.[112] Sie konnte darauf verweisen, daß die Spannungen im Europäischen Währungssystem auf die seit 1987 aufgelaufenen Konvergenzdefizite, insbesondere auf das zunehmende Preis- und Kostengefälle sowie die Konflikte zwischen binnenwirtschaftlicher und außenwirtschaftlicher Orientierung der Geldpolitik einzelner Länder zurückzuführen waren.[113] Unverkennbar war allerdings auch, daß der ungünstige deutsche *policy mix*, d.h. die enormen Defizite bei gleichzeitig hohen Zinssätzen, binnenwirtschaftlich verursacht war. Im Zuge der Finanzierung der Deutschen Einheit entstand neben der Kapitalmarktbelastung durch den Staat zusätzlich der hohe Kreditbedarf der Treuhandanstalt, der nicht in den öffentlichen Haushalten ausgewiesen wurde (vgl. Tabelle 2). Die Lenkungsfunktion der Geldpolitik wurde außerdem dadurch erschwert, daß die Signalwirkung des Zinses für bestimmte Marktteilnehmer erheblich beeinträchtigt wurde. Der größte Teil der privaten Investitionen in den neuen Bundesländern wurde nämlich durch Steuererleichterungen und Zuschüsse gefördert und mit zinsverbilligten Krediten finanziert, so daß die Kreditnachfrage auch durch ein relativ hohes Zinsniveau nicht zurückgehalten wurde. Das binnenwirtschaftlich bedingte, auf die europäische Ebene ausstrahlende geldpolitische Dilemma mußte demnach auch «im eigenen Haus» gelöst werden.[114]

111 Vgl. Deutsche Bundesbank, Geschäftsbericht 1992, S. 85f. sowie Kommission der Europäischen Gemeinschaften, Jahreswirtschaftsbericht 1993, S. 170.

112 Vgl. Kommission der Europäischen Gemeinschaften, Jahreswirtschaftsbericht 1993 sowie Deutsche Bundesbank, Geschäftsbericht 1993, S. 63.

113 Vgl. Deutsche Bundesbank, Geschäftsbericht 1992, S. 81–84 sowie Deutsche Bundesbank, Geld- und währungspolitische Beschlüsse, S. 19f.

114 Vgl. Sachverständigenrat, Jahresgutachten 1992/93, Ziff. 329. Zum Vorwurf, die hohen Zinsen seien eine Folge der deutschen Einheit, vgl. z.B. Eichengreen/Wyplosz, EMS, S. 75. Die Bundesbank vertrat dagegen den Standpunkt, daß die Gründe für die hohe Zinsbelastung einiger Partnerländer in den betreffenden Ländern selbst zu suchen seien, vgl. Deutsche Bundesbank, Geschäftsbericht 1992, S. 84.

d) Die fiskalischen Konvergenzkriterien des Vertrages von Maastricht

Obwohl die Gefahr weiterer negativer Auswirkungen übermäßig hoher Defizite auf die Preisniveaustabilität in der Bundesrepublik derzeit nicht gegeben ist, weil sich das Preisklima beruhigt hat, haben die vielfältigen Erfahrungen gezeigt, daß das Verhältnis von Geld- und Fiskalpolitik, insbesondere die Kreditfinanzierung staatlicher Haushalte, gerade unter dem Gesichtspunkt einer Erhaltung der Preisniveaustabilität sich sehr häufig zu einem neuralgischen Punkt der Stabilitätspolitik entwickelt. Die Deutsche Bundesbank hat immer wieder betont, daß die Geldpolitik überfordert ist, wenn es ihr allein überlassen bleiben soll, für die Erhaltung der Preisniveaustabilität zu sorgen, und daß die Unterstützung der Finanzpolitik (und der Tarifpolitik) zur Vermeidung der Inflation unabdingbar ist. Dies gilt im übrigen nicht nur für die Bundesrepublik, sondern noch viel mehr für eine Reihe von Mitgliedsländern im Europäischen Währungssystem, die in der Vergangenheit den Versuch unternommen hatten, bei expansiver Fiskalpolitik und steigenden Inflationsraten – oder zumindest bei steigenden Inflationsdifferenzen gegenüber stabileren Ländern – ihren Wechselkurs durch extrem hohe Zinsen zu verteidigen. Ein solcher *policy mix* überlastet die Geldpolitik, setzt die Notenbank einem zunehmenden politischen Druck aus und birgt letztlich die Gefahr in sich, daß die Inflationstendenzen national und international verstärkt werden. Haushaltsdisziplin im Sinne einer Beschränkung öffentlicher Haushaltsdefizite ist daher eine unabdingbare Voraussetzung für Preisstabilität in der Europäischen Union. Um sie zu gewährleisten, sind in dem Vertrag von Maastricht vom Februar 1992 die folgenden gemeinsamen Grundsätze festgelegt worden:

- Jede monetäre Finanzierung öffentlicher Defizite durch Überziehungs- oder andere Kreditfazilitäten bei der Europäischen Zentralbank oder den Zentralbanken der Mitgliedstaaten ist untersagt. Das gilt nicht nur für die Gebietskörperschaften, sondern auch für andere öffentlich-rechtliche Körperschaften, sonstige Einrichtungen des öffentlichen Rechts und öffentliche Unternehmen der Mitgliedstaaten. Dem gleichen Kreis öffentlicher Einrichtungen ist es auch verboten, durch bestimmte Maßnahmen einen bevorrechtigten Zugang zu Finanzinstituten zu schaffen.
- Die Gemeinschaft haftet weder für die öffentlichen Schulden und Schuldenlasten einzelner Länder, noch gilt diese Haftung für die Länder untereinander.
- Die Mitgliedstaaten sind verpflichtet, eine auf Dauer tragbare Finanzlage der öffentlichen Hand herzustellen, d.h. ein übermäßiges Defizit im Staatshaushalt zu vermeiden. Diese Vorschrift ist durch zwei der sogenannten Konvergenzkriterien konkretisiert worden: Das geplante oder tatsächliche

öffentliche Defizit darf 3% des Bruttoinlandsprodukts zu Marktpreisen, der Schuldenstand darf 60% des Bruttoinlandsprodukts zu Marktpreisen nicht überschreiten.

Während in den letzten Jahren beim Abbau der Inflationsraten, beim Rückgang der Zinsen und bei der Wechselkursstabilität innerhalb der Europäischen Gemeinschaft Fortschritte erzielt wurden,[115] ist die Haushaltskonsolidierung nicht in gleichem Maße vorangekommen. Seit 1993 ist zwar die Defizitquote im Durchschnitt aller Mitgliedsländer von gut 6% auf 4% (1996) zurückgegangen. In dem gleichen Zeitraum hat sich jedoch die Schuldenstandsquote von 66% auf 73% des Bruttoinlandsprodukts erhöht.[116] Somit sind – jedenfalls für die Gesamtheit der Länder – beide fiskalischen Konvergenzkriterien deutlich verfehlt. In der Bundesrepublik hat sich die Schuldenstandsquote, wie bereits dargestellt wurde, in den letzten Jahren mit großen Schritten der 60-Prozent-Grenze genähert. Mit 3,5% im Jahr 1995 und 4,2% im Jahr 1996 hat auch die Defizitquote den Referenzwert deutlich überschritten (vgl. Tabelle 2). Die Bundesregierung hat jedoch die Hoffnung, daß das Defizit 1997 auf 2,5% reduziert werden kann.[117]

Sowohl die Notwendigkeit als auch die Wirksamkeit der fiskalischen Konvergenzkriterien sind umstritten. Zuweilen wird die Ansicht vertreten, eine Koordinierung der Fiskalpolitik sei überflüssig; die Märkte könnten über länderspezifische Risikozuschläge für eine Haushaltsdisziplinierung sorgen.[118] Zudem hätten die Mitgliedsländer der Europäischen Union, wenn die dritte Stufe der Wirtschafts- und Währungsunion einmal realisiert sei und eine einheitliche Währung für alle gelte, nicht mehr die Möglichkeit, auf die Inflation auszuweichen, weil sie nicht über Geld verfügten, das sie selbst schaffen könnten. Von den fiskalischen Kriterien erübrige sich auf jeden Fall das Schuldenstandskriterium, weil gerade Länder, die ihre Schuldenquoten mit hohen Inflationsraten abgebaut hätten, dadurch relativ gut bewertet würden.[119]

Gegen das letzte Argument ist einzuwenden, daß der erfahrungsgemäß mühsame Prozeß der Konsolidierung der Staatsverschuldung wesentlich durch den Schuldenstand und die daraus resultierenden Zinslasten bestimmt wird, die den Haushaltsspielraum des jeweiligen Landes erheblich einengen.

115 Vgl. Kommission der Europäischen Gemeinschaften, Jahreswirtschaftsbericht 1996, S. 39–48.

116 Vgl. Kommission der Europäischen Gemeinschaften, Jahreswirtschaftsbericht 1996, S. 26 und Kommission der Europäischen Gemeinschaften, Jahreswirtschaftsbericht 1995, S. 25.

117 Vgl. Bundesministerium der Finanzen, Deutsches Konvergenzprogramm, S. 24.

118 Vgl. Vaubel, Absprachen; Wissenschaftlicher Beirat beim Bundesministerium für Wirtschaft, Europäische Währungsordnung, S. 22–25.

119 Vgl. Gemeinschaftsdiagnose Herbst 1995 der Forschungsinstitute, S. 31.

Auch die dynamischen Beziehungen zwischen Defizit und Schuldenstand sind zu beachten. Wie das Beispiel der Bundesrepublik in den letzten Jahren zeigt, garantiert nämlich die Einhaltung des Defizitkriteriums keineswegs einen konstanten oder gar abnehmenden Schuldenstand. Auf etwas höherem (Schulden-)Niveau gilt dieser inverse Zusammenhang – eine steigende Schuldenquote bei abnehmender Defizitquote – derzeit, wie oben dargelegt wurde, auch für den Durchschnitt der Länder der Europäischen Gemeinschaften. In manchen Fällen verlangt also gerade die Konsolidierung des hohen Schuldenstandes besondere Anstrengungen hinsichtlich der Rückführung der laufenden staatlichen Kreditfinanzierung.

Davon abgesehen wird befürchtet, daß die fiskalischen Konvergenzkriterien nicht streng genug gehandhabt werden, um eine disziplinierte Haushaltspolitik in der Staatengemeinschaft durchzusetzen.[120] Einerseits ist ihre Einhaltung im Vertrag von Maastricht trotz der präzisen Zahlenangaben unter den Vorbehalt vieler aufweichender Nebenbedingungen gestellt. Andererseits sind die Sanktionsmöglichkeiten bei Verstößen gegen die Disziplinierungsregeln schwach und konfliktanfällig formuliert. Der Anreiz zu einer höheren Verschuldung kann steigen, weil in einer Währungsunion das Abwertungsrisiko für schlechte Schuldner entfällt und länderspezifische Zinssteigerungen auch wegen des größeren Kapitalmarktes geringer ausfallen. Die politische Praxis *könnte* dazu tendieren, die Obergrenze der Defizitquote von 3% als Normalverschuldungsmöglichkeit zu interpretieren und schon bei verhältnismäßig geringen Konjunkturkrisen eine Überschreitung als gerechtfertigt ansehen. Der Haftungsausschluß ist zwar kodifiziert, aber nicht unbedingt glaubwürdig, weil die Finanzkrise eines Landes innerhalb der Gemeinschaft unter Umständen auch die Partnerländer in Mitleidenschaft zieht und kaum anzunehmen ist, daß in einer Union mit einheitlicher Währung im ernsthaften Krisenfall tatsächlich auf einen Beistand verzichtet würde. Schließlich besteht die Gefahr, daß die Entwicklung bestimmter Ausgleichsmechanismen innerhalb der Europäischen Union, wie beispielsweise des Kohäsionsfonds, für die Empfängerländer den Anreiz zur Beachtung der haushaltspolitischen Disziplin schwächen.

Die Mitgliedsländer der Europäischen Union haben inzwischen allerdings weitere Schritte unternommen, um die geld- und finanzpolitische Solidität der Gemeinschaft zu stärken. Auf Anregung des deutschen Finanzministers[121] haben sie sich im Dezember 1996 zu einem Stabilitäts- und Wachstumspakt entschlossen, der die fiskalischen Konvergenzkriterien strenger interpretiert.[122]

120 Vgl. Issing, Disziplinierung; Klein/Neumann, Regeln; Wissenschaftlicher Beirat beim Bundesministerium für Wirtschaft, Ordnungspolitische Orientierung, S. 73–78; Sachverständigenrat, Jahresgutachten 1996/97, Ziff. 351–357.

121 Vgl. Bundesministerium der Finanzen, Stabilitätspakt für Europa.

122 Vgl. Europäischer Rat in Dublin, Tagung der Staats- und Regierungschefs sowie Deutscher Bundestag, Jahreswirtschaftsbericht 1997 der Bundesregierung, Abschnitt E.

Das Verfahren zur Vermeidung übermäßiger Haushaltsdefizite soll präzisiert und gestrafft werden. Die Mitgliedstaaten haben sich außerdem verpflichtet, in normalen Konjunkturzyklen die Obergrenze für das Haushaltsdefizit von 3% nicht zu überschreiten und mittelfristig einen ausgeglichenen Haushalt oder einen Haushaltsüberschuß anzustreben. Ausnahmen sollen nur bei außergewöhnlichen Ereignissen (z.B. Naturkatastrophen) und bei einer schweren Rezession (z.B. bei einem Rückgang des Bruttoinlandsprodukts um mindestens 2%) gewährt werden.

Die anhaltende Diskussion darüber, welche Mitgliedstaaten die Voraussetzungen für eine Teilnahme an der dritten Stufe der Wirtschafts- und Währungsunion zum 1. Januar 1999 erfüllen, hat in einzelnen Ländern der Gemeinschaft weitere Bemühungen ausgelöst, den Schuldenstand und die Defizite in den öffentlichen Haushalten zu reduzieren. Manche der dabei angewandten Methoden zeigen allerdings einen bedenklichen Umgang mit den Vorschriften des Maastrichter Vertrages. So ist z.B. in Frankreich eine Einmalzahlung des Unternehmens France Télécom in Höhe von 37,5 Mrd. FF (etwa 11 Mrd. DM) in das Budget übernommen worden. Dieser Vorgang, der letztlich auf Vorauszahlungen für spätere Pensionsverpflichtungen beruht und daher eine reine Finanztransaktion darstellt, soll dennoch buchungstechnisch das staatliche Defizit im Jahr 1997 verringern, wird es in den Folgejahren aber anteilig wieder erhöhen.[123] Italien hat sich entschieden, eine «Europasteuer» in Form eines einmaligen Zuschlages zur Einkommensteuer zu erheben, der 1999 teilweise zurückgezahlt werden soll.[124] Belgien ist dazu übergegangen, Goldreserven zu verkaufen und spekulative Währungskäufe vorzunehmen, um seinen Schuldenstand zu senken.[125] Selbst im «Musterland» Deutschland wurden finanzpolitische Maßnahmen ergriffen, die nur zu einer sehr kurzfristigen Verbesserung des Bildes der Staatsbilanz führen werden. Darunter fallen die Verschiebung von Zahlungen in zukünftige Haushaltsjahre, die Streckung der Tilgungszahlungen für Verbindlichkeiten des Erblastentilgungsfonds oder auch der Versuch einer Neubewertung der Gold- und Devisenreserven der Bundesbank 1997.[126] Mit solchen kurzatmigen Maßnahmen werden zum Teil nicht nur Fakten willkürlich manipuliert, so daß die Glaubwürdigkeit der Politik Schaden erleidet. Sie widersprechen auch dem Geist des Maastrichter Vertrages, der eine auf Dauer tragbare Finanzlage der öffentlichen Hand als Voraussetzung für die Schaffung einer Wirtschafts- und Währungsunion vorsieht.

123 Vgl. Statistisches Bundesamt, Auskunft zum Fall France Télécom vom 1. November 1996.

124 Vgl. Bray/Sturani, Italy's ‹Eurotax›.

125 Vgl. Raphael, Statistics, S. 15.

126 Vgl. Sachverständigenrat, Jahresgutachten 1997/98, Ziff. 403; vgl. auch «Selbst die nationale Erbsenreserve wird überprüft, damit eine Null hinter dem Komma steht», in: Frankfurter Allgemeine Zeitung vom 3. Juli 1997.

e) Gefahren eines kurzfristig orientierten Debt Managements

Der Konsolidierungszwang, der durch die Einhaltung der fiskalischen Konvergenzkriterien ausgelöst wurde, hat offensichtlich auch in der Bundesrepublik dazu geführt, daß die kurzfristige Vermeidung übermäßiger Defizite zum beherrschenden Ziel der Haushaltspolitik geworden ist. Da sich der Schuldenstand bzw. das staatliche Defizit hart an der Grenze von 60% bzw. 3% bewegen, werden alle Möglichkeiten zur Einschränkung der Kreditaufnahme genutzt. Bei einem Schuldenstand von etwa 2 Billionen DM folgt beispielsweise aus jeder Zunahme oder Abnahme des Zinssatzes um einen Prozentpunkt eine entsprechende Veränderung der Zinsausgaben um 20 Mrd. DM. Es ist daher verständlich, daß die öffentliche Hand die seit einiger Zeit sinkenden kurzfristigen Zinsen bei einer steiler werdenden Zinsstruktur zum langen Ende hin nutzt, um sich stärker kurzfristig zu verschulden und auf diese Weise Zinsausgaben einzusparen. Bereits 1994 begannen der Bund und seine Sondervermögen, einjährige unverzinsliche Schatzanweisungen und Finanzierungsschätze zu emittieren.[127] Im vergangenen Jahr hat der Bund zum ersten Mal unterjährige unverzinsliche Schatzanweisungen (sogenannte Bubills) zur Haushaltsfinanzierung ausgegeben. Auch bei den Schuldscheindarlehen sind inzwischen die Laufzeiten verkürzt worden. Vor allem die Sonderfonds, der Erblastentilgungsfonds und der Fonds «Deutsche Einheit», sind dazu übergangen, unterjährige Schuldscheindarlehen aufzunehmen.[128]

Die Orientierung der Haushaltspolitik an der Zinskostenminimierung mag aus fiskalischen Gründen gerechtfertigt sein. Wenn sich jedoch die Struktur der Staatsverschuldung so verändert, daß ein beträchtlicher Teil im kurzfristigen Bereich gehalten wird, erhöht sich das gesamtwirtschaftliche Liquiditätspotential. Dadurch entstehen unter Umständen Konflikte mit den Zielsetzungen der Notenbank. Hierbei geht es um grundsätzlichere Aspekte des Verhältnisses von staatlichem Debt Management und Geldpolitik, die auch die Wirkungsmöglichkeiten der Geldpolitik im Rahmen der Europäischen Wirtschafts- und Währungsunion berühren.

Eine zunehmende Tendenz zur kurzfristigen Finanzierung verstärkt die Geldmarktabhängigkeit des Kapitalmarktes und damit letztlich auch der realwirtschaftlichen Vorgänge. Auf der Seite der Anbieter bzw. der Nachfrager wechseln die Anlage- bzw. Finanzierungsfristen in Abhängigkeit von der jeweiligen Zinsstruktur häufiger, so daß insbesondere am langen Ende des Marktes stärkere Kursschwankungen entstehen. Die geringere Kongruenz der Finanzierungserfordernisse für Investoren und Bindungsfristen für Anleger

127 Vgl. Deutsche Bundesbank, Geschäftsbericht 1994, S. 90.
128 Vgl. Deutsche Bundesbank, Staatsverschuldung, S. 29f.

erhöht die Volatilität der Märkte und schlägt sich in höheren Risikozuschlägen nieder. Sie erschwert auch die Geldmengenkontrolle, insbesondere die Durchsetzung geldpolitischer Restriktionen. Denn einerseits nimmt mit der Möglichkeit, in kürzeren Fristen und mit geringeren Kapitalverlusten zu Geld zu kommen, das gesamtwirtschaftliche Liquiditätspotential zu. Andererseits gerät die Notenbank wegen der unmittelbaren Auswirkungen ihrer Politik auf die Finanzierungskonditionen der Investoren möglicherweise stärker unter politischen Druck. Die Deutsche Bundesbank registriert daher die seit einigen Jahren zunehmende Liquidisierung des Kapitalmarktes mit einer gewissen Besorgnis[129] und hat ihre grundsätzlichen Bedenken gegen die Fristenverkürzung der Staatsverschuldung, insbesondere gegen die Begebung unterjähriger Papiere durch die öffentliche Hand, mehrfach zum Ausdruck gebracht.[130] Sie befürchtet, daß die langfristige Orientierung im deutschen Finanzsektor, die sie als einen wichtigen Aktivposten für die Geldpolitik und für das Wirtschaftssystem insgesamt ansieht, durch eine forcierte Ausbreitung kurzfristiger öffentlicher Titel Schaden nimmt.[131] Eine solche Entwicklung hätte auch erhebliche nachteilige Wirkungen auf die Solidität der zukünftigen europäischen Geldpolitik. Da die Finanzierung der Wirtschaft in anderen Ländern der Europäischen Union zum Teil wesentlich kurzfristiger und geldmarktnäher strukturiert ist und eine einheitliche europäische Geldpolitik nur möglich ist, wenn sich die Finanzmarktstrukturen und -kulturen der Mitgliedsländer einander annähern, besteht auch für die Bundesrepublik ein unmittelbares Interesse daran, die Langfristigkeit in den Finanzbeziehungen zu fördern.[132] Auch in dieser Hinsicht bedarf die Geldpolitik der Unterstützung der Finanzpolitik, insbesondere des staatlichen Debt Managements.

8. Literatur

Adami, Nikolaus: Die Haushaltspolitik des Bundes von 1955 bis 1965, Bonn 1970

Arbeitsgemeinschaft deutscher wirtschaftswissenschaftlicher Forschungsinstitute: Gemeinschaftsdiagnose: Die Lage der Weltwirtschaft und der deutschen Wirtschaft im Frühjahr 1990, Beurteilung der Wirtschaftslage durch die Mitglieder der Arbeitsgemeinschaft deutscher wirtschaftswissenschaftlicher Forschungsinstitute, Kiel 1990

Arbeitsgemeinschaft deutscher wirtschaftswissenschaftlicher Forschungsinstitute: Gemeinschaftsdiagnose: Die Lage der Weltwirtschaft und der deutschen Wirtschaft im Frühjahr 1992, Beurteilung der Wirtschaftslage durch die Mitglieder der Arbeitsgemeinschaft deutscher wirtschaftswissenschaftlicher Forschungsinstitute, Hamburg 1992

129 Vgl. z.B. Deutsche Bundesbank, Verbriefungstendenzen.

130 Vgl. zuletzt Deutsche Bundesbank, Staatsverschuldung, S. 29f.

131 Vgl. Deutsche Bundesbank, Geschäftsbericht 1992, S. 69; Deutsche Bundesbank, Geschäftsbericht 1994, S. 91f.; Deutsche Bundesbank, Geldpolitik der Bundesbank, S. 48.

132 Vgl. Tietmeyer, Währungsunion, S. 437.

Arbeitsgemeinschaft deutscher wirtschaftswissenschaftlicher Forschungsinstitute: Gemeinschaftsdiagnose: Die Lage der Weltwirtschaft und der deutschen Wirtschaft im Frühjahr 1995, Beurteilung der Wirtschaftslage durch die Mitglieder der Arbeitsgemeinschaft deutscher wirtschaftswissenschaftlicher Forschungsinstitute, Halle (Saale) 1995

Bergsten, Fred C.: Resolving the Global Economic Crisis: After Wall Street. A Statement by thirty-three Economists from thirteen Countries, Institute for International Economics, Washington D.C. 1987

Borchardt, Knut: Können Gesellschaften aus Wirtschaftskrisen lernen?, in: Hemmer, Hans-Rimbert/Quandt, Siegfried (Hrsg.): Deutsche Wirtschaft 1929/1983. Konjunkturen, Krisen, Perspektiven, Gießen 1985, S. 37–53

Bray, Nicholas/Sturani, Maria: Surprise! Italy's ‹Eurotax› Has a Give Back, in: Deutsche Bundesbank: Auszüge aus Presseartikeln, Nr. 73/1996, S. 6

Bundesministerium der Finanzen (Hrsg.): Finanzbericht, Bonn, verschiedene Jahrgänge

Bundesministerium der Finanzen: Möglichkeiten und Grenzen antizyklischer Finanzpolitik, in: Bundesministerium der Finanzen (Hrsg.): Finanzbericht 1961, Bonn 1961, S. 85–93

Bundesministerium der Finanzen (Hrsg.): Haushaltsreden – Die Ära Schäffer 1949 bis 1957, Dokumente – Hintergründe – Erläuterungen, Schriftenreihe zur Finanzgeschichte, Bd. 1, Bonn 1992

Bundesministerium der Finanzen: Chronologie zur Finanzgeschichte 1945–1969, Daten und Erläuterungen, Schriftenreihe zur Finanzgeschichte, Bd. 2, Bonn 1993

Bundesministerium der Finanzen (Hrsg.): Haushaltsreden – Franz Etzel 1957 bis 1961, Dokumente – Hintergründe – Erläuterungen, Schriftenreihe zur Finanzgeschichte, Bd. 3, Bonn 1994

Bundesministerium der Finanzen (Hrsg.): Haushaltsreden 1962–1966, Dokumente – Hintergründe – Erläuterungen, Schriftenreihe zur Finanzgeschichte, Bd. 4, Bonn 1995

Bundesministerium der Finanzen: Stabilitätspakt für Europa – Finanzpolitik in der dritten Stufe der WWU, Pressemitteilung vom 10. November 1995

Bundesministerium der Finanzen: Finanzpolitik 2000. Neue Symmetrie zwischen einem leistungsfähigen Staat und einer wettbewerbsfähigen Wirtschaft, Schriftenreihe des Bundesministeriums der Finanzen, H. 58, Bonn 1996

Bundesministerium der Finanzen: Deutsches Konvergenzprogramm, Bonn Dezember 1996

Bundesministerium der Finanzen (Hrsg.): Reform der Einkommensbesteuerung – Vorschläge der Steuerreform-Kommission – vom 22. Januar 1997, «Petersberger Steuervorschläge», Schriftenreihe des Bundesministeriums der Finanzen, H. 61, Bonn 1997

Deutsche Bundesbank: Geschäftsberichte, Frankfurt a. M., verschiedene Jahrgänge

Deutsche Bundesbank: Die jüngsten geld- und währungspolitischen Beschlüsse und die Entwicklungen im Europäischen Währungssystem, in: Monatsbericht 45 (1993) 8, S. 19–27

Deutsche Bundesbank: Die Geldpolitik der Bundesbank, Frankfurt a. M. 1995

Deutsche Bundesbank: Verbriefungstendenzen im deutschen Finanzsystem und ihre geldpolitische Bedeutung, in: Monatsbericht 47 (1995) 4, S. 19–33

Deutsche Bundesbank: Die Entwicklung der Staatsverschuldung seit der deutschen Vereinigung, in: Monatsbericht 49 (1997) 3, S. 17–32

Deutscher Bundestag: Jahreswirtschaftsbericht 1987 der Bundesregierung, Drucksache 10/6796 vom 15. Januar 1987

Deutscher Bundestag: Jahreswirtschaftsbericht 1997 der Bundesregierung, Drucksache 13/6800 vom 29. Januar 1997

Dreißig, Wilhelmine: Probleme des Haushaltsausgleichs, in: Haller, Heinz (Hrsg.): Probleme der Haushalts- und Finanzplanung, Schriften des Vereins für Socialpolitik, N.F. Bd. 52, Berlin 1969, S. 9–40

Dürr, Ernst: Historische Erfahrungen über die Wirtschaftspolitik in der Bundesrepublik

Deutschland, in: Siebert, Horst (Hrsg.): Perspektiven der deutschen Wirtschaftspolitik, Stuttgart u.a. 1983, S. 19–40

Eichengreen, Barry/Wyplosz Charles: The Unstable EMS, in: Brookings Papers on Economic Activity (1993) 1, S. 51–124

Europäischer Rat in Dublin: Tagung der Staats- und Regierungschefs der Europäischen Union am 13. und 14. Dezember 1996, Schlußfolgerungen des Vorsitzes, in: Bulletin des Presse- und Informationsamtes der Bundesregierung, Nr. 19, 5. März 1997, S. 189–209

Frey, Dietrich: Die Finanzverfassung der Bundesrepublik Deutschland, in: Arnold, Volker/Geske, Otto-Erich (Hrsg.): Öffentliche Finanzwirtschaft, München 1988, S. 11–54

Frey, René L.: Infrastruktur, Grundlagen der Planung öffentlicher Investitionen, 2., ergänzte Auflage, Tübingen/Zürich 1972

Friauf, Karl Heinrich: Staatskredit, in: Isensee, Josef/Kirchhof, Paul (Hrsg.): Handbuch des Staatsrechts der Bundesrepublik Deutschland, Bd. IV, Finanzverfassung – Bundesstaatliche Ordnung, Heidelberg 1990, S. 321–355

Friedman, Milton: Die optimale Geldmenge und andere Essays, München 1970

Gahlen, Bernhard: Strukturpolitik in der Marktwirtschaft, in: Wirtschaftsdienst 58 (1978) 1, S. 22–27

Gahlen, Bernhard (Hrsg.): Strukturberichterstattung der Wirtschaftsforschungsinstitute – Analyse und Diskussion –, Tübingen 1982

Gerfin, Harald: Ursachen der Arbeitslosigkeit, in: Siebert, Horst (Hrsg.): Perspektiven der deutschen Wirtschaftspolitik, Stuttgart u.a. 1983, S. 41–55

Grossekettler, Heinz: Die ersten fünf Jahre. Ein Rückblick auf die gesamtdeutsche Finanzpolitik der Jahre 1990 bis 1995, in: Finanzarchiv N.F. 53 (1996/97) 2, S. 194–303

Guth, Wilfried: Vom EWS zur Europäischen Währungsunion, in: Bofinger, Peter/Ketterer, Karl-Heinz (Hrsg.): Neuere Entwicklungen in der Geldtheorie und Geldpolitik: Implikationen für die Europäische Währungsunion, Tübingen 1996, S. 409–429

Hansmeyer, Karl-Heinrich: Ursachen des Wandels der Budgetpolitik, in: Häuser, Karl (Hrsg.): Budgetpolitik im Wandel, Schriften des Vereins für Socialpolitik, N.F. Bd. 149, Berlin 1981, S. 11–32

Häuser, Karl: Ansprache eines Mitgliedes der früheren Fakultät, in: Finanzarchiv N.F. 39 (1981), S. 1–10

Hesse, Joachim Jens (Hrsg.): Politikverflechtung im föderativen Staat – Studien zum Planungs- und Finanzierungsverbund zwischen Bund, Ländern und Gemeinden, Baden-Baden 1978

Issing, Otmar: Leistungsbilanzungleichgewichte und Leistungsbilanzziele, in: Bub, Norbert/Duwendag, Dieter/Richter, Rudolf (Hrsg.): Geldwertsicherung und Wirtschaftsstabilität, Frankfurt a.M. 1989, S. 87–100

Issing, Otmar: Disziplinierung der Finanzpolitik in der Europäischen Währungsunion?, in: Duwendag, Dieter/Siebke, Jürgen/Bofinger, Peter (Hrsg.): Europa vor dem Eintritt in die Wirtschafts- und Währungsunion, Schriften des Vereins für Socialpolitik, N.F. Bd. 220, Berlin 1993, S. 181–194

Issing, Otmar/Masuch, Klaus: Zur Frage der normativen Interpretation von Leistungsbilanzsalden, in: Kredit und Kapital 22 (1989) 1, S. 1–17

Jochimsen, Reimut: Theorie der Infrastruktur – Grundlagen der marktwirtschaftlichen Entwicklung, Tübingen 1966

Jochimsen, Reimut/Simonis, Udo E. (Hrsg.): Theorie und Praxis der Infrastrukturpolitik, Schriften des Vereins für Socialpolitik, N.F. Bd. 54, Berlin 1970

Kitterer, Wolfgang: Rechtfertigung und Risiken einer Finanzierung der deutschen Einheit durch Staatsverschuldung, in: Hansmeyer, Karl-Heinrich (Hrsg.): Finanzierungsprobleme der deutschen Einheit I, Schriften des Vereins für Socialpolitik, N.F. Bd. 229/I, Berlin 1993, S. 39–76

Kitterer, Wolfgang: Staatsverschuldung und Haushaltskonsolidierung, in: Wirtschaftsdienst 73 (1993), S. 633–638
Kitterer, Wolfgang: Volkswirtschaftliche und finanzpolitische Aspekte einer Verbesserung der Rahmenbedingungen für die Entwicklung der neuen Bundesländer, in: Stern, Klaus (Hrsg.): Vier Jahre Deutsche Einheit. Verbesserung der gesetzlichen, administrativen und finanzstrukturellen Rahmenbedingungen in der Bundesrepublik Deutschland, München 1995, S. 133–149
Klein, Martin/Neumann, Manfred J.M.: Fiskalpolitische Regeln und Beitrittsbedingungen für die Europäische Währungsunion: Eine Analyse der Beschlüsse von Maastricht, in: Duwendag, Dieter/Siebke, Jürgen/Bofinger, Peter (Hrsg.): Europa vor dem Eintritt in die Wirtschafts- und Währungsunion, Schriften des Vereins für Socialpolitik, N.F. Bd. 220, Berlin 1993, S. 195–225
Kloten, Norbert: Erfolg und Mißerfolg der Stabilisierungspolitik, in: Deutsche Bundesbank (Hrsg.): Währung und Wirtschaft in Deutschland 1876–1975, Frankfurt a.M. 1976, S. 643–690
Kommission der Europäischen Gemeinschaften: Jahreswirtschaftsbericht 1985–1986. Eine kooperative Wachtumsstrategie für mehr Beschäftigung, in: Europäische Wirtschaft Nr. 26 (1985), S. 5–85
Kommission der Europäischen Gemeinschaften: Jahreswirtschaftsbericht 1993, in: Europäische Wirtschaft, Nr. 54 (1993)
Kommission der Europäischen Gemeinschaften: Jahreswirtschaftsbericht 1995, in: Europäische Wirtschaft, Nr. 59 (1995)
Kommission der Europäischen Gemeinschaften: Jahreswirtschaftsbericht 1996, in: Europäische Wirtschaft, Nr. 61 (1996)
Kommission für die Finanzreform: Gutachten über die Finanzreform in der Bundesrepublik Deutschland, Stuttgart u.a. [2]1966
Kommission für wirtschaftlichen und sozialen Wandel: Wirtschaftlicher und sozialer Wandel in der Bundesrepublik Deutschland, Göttingen 1977
Krause-Junk, Gerold: Zur Relevanz des sogenannten strukturellen Defizits, in: Finanzarchiv N.F. 41 (1983), S. 52–59
Kurz, Rudi: Angebotsorientierte Wirtschaftspolitik in den USA. Grundlagen, Praxis und Konsequenzen, Institut für Angewandte Wirtschaftsforschung Tübingen, Forschungsberichte, Serie A, Nr. 56, Tübingen 1993
Lambsdorff, Otto Graf: Lambsdorffs Vorschläge an den Kanzler: Drastische Sparmaßnahmen, Steueränderungen, höhere Investitionen, Liberalisierung, in: Deutsche Bundesbank: Auszüge aus Presseartikeln, Nr. 80/1982, S. 14–15
Lucas, Robert E.: Studies in Business Cycle Theory, Oxford 1981
Markmann, Heinz: Strukturwandel und Investitionslenkung, in: Borgsdorf, U. u.a. (Hrsg.): Gewerkschaftliche Politik: Reform aus Solidarität. Zum 60. Geburtstag von Heinz O. Vetter, Köln 1977, S. 427–447
Mayer, Thomas: Die Struktur des Monetarismus, in: Ehrlicher, Werner/Becker, Wolf-Dieter (Hrsg.): Die Monetarismus-Kontroverse, Beiheft 4 zu Kredit und Kapital, Berlin 1978, S. 9–55
McCracken, Paul u.a.: Towards Full Employment and Price Stability. A Report to the OECD by a Group of Independent Experts, Paris 1977
Neumann, Manfred J.M.: Der Beitrag der Geldpolitik zur konjunkturellen Entwicklung der Bundesrepublik Deutschland 1973–1980, in: Kyklos 34 (1981), S. 405 bis 431
Neumark, Fritz: Historische Prozesse und wirtschaftspolitische Lösungsversuche 1929/1983, in: Hemmer, Hans-Rimbert/Quandt, Siegfried (Hrsg.): Deutsche Wirtschaft 1929/1983. Konjunkturen, Krisen, Perspektiven, Gießen 1985, S. 21–35
Oberhauser, Alois: Geld- und Kreditpolitik bei weitgehender Vollbeschäftigung und mäßi-

gem Preisanstieg (1958–1968), in: Deutsche Bundesbank (Hrsg.): Währung und Wirtschaft in Deutschland 1876–1975, Frankfurt a.M. 1976, S. 609–642

OECD: Economic Outlook 21, Paris 1977

Oudiz, Gilles/Sachs, Jeffrey: Macroeconomic Policy Coordination among the Industrial Economies, in: Brookings Papers on Economic Activity (1984) 1, S. 1–75

Pagenkopf, Hans: Der Finanzausgleich im Bundesstaat – Theorie und Praxis, Stuttgart u.a. 1981

Piduch, Erwin: Bundeshaushaltsrecht (Loseblattsammlung), Stuttgart/Berlin/Köln Stand 1996

Pohl, Rüdiger/Neumann, Manfred J.M./Reither, Franco: Ist die Geldpolitik zu restriktiv?, in: Wirtschaftsdienst 71 (1991) 9, S. 435–444

Raphael, Therese: Lies, Damned Lies and Statistics, in: Deutsche Bundesbank: Auszüge aus Presseartikeln, Nr. 69/1996, S. 14–16

Sachverständigenrat zur Begutachtung der gesamtwirtschaftlichen Entwicklung: Jahresgutachten 1967/68, Bundestagsdrucksache V/2310, Bonn, 4. Dezember (einschließlich Sondergutachten März 1967)

Sachverständigenrat zur Begutachtung der gesamtwirtschaftlichen Entwicklung: Jahresgutachten, Stuttgart laufende Jahrgänge von 1974/75 bis 1997/98

Scharpf, Fritz W./Reissert, Bernd/Schnabel, Fritz: Politikverflechtung – Theorie und Praxis des kooperativen Föderalismus in der Bundesrepublik, Kronberg, Ts. 1976

Scharpf, Fritz W./Reissert, Bernd/Schnabel, Fritz: Politikverflechtung II – Kritik und Berichte aus der Praxis, Kronberg, Ts. 1977

Schlesinger, Helmut: Geldpolitik in der Phase des Wiederaufbaus (1950–1958), in: Deutsche Bundesbank (Hrsg.): Währung und Wirtschaft in Deutschland 1876–1975, Frankfurt a.M. 1976, S. 555–607

Schlieper, Ulrich: Der Keynesianismus als wirtschaftspolitische Doktrin, in: Siebert, Horst (Hrsg.): Perspektiven der deutschen Wirtschaftspolitik, Stuttgart u.a. 1983, S. 79–84

Schmidt, Helmut: Schwerpunkte der Finanz- und Wirtschaftspolitik, in: Bulletin des Presse- und Informationsamtes der Bundesregierung, Nr. 212, Bonn, 6. September 1972, S. 1514–1516

Schmidt, Helmut: Regierungserklärung des Bundeskanzlers vom 16. Dezember 1976, in: Verhandlungen des Deutschen Bundestages, 8. Wahlperiode, Stenographische Berichte, Bd. 100, Plenarprotokolle 8/1–8/19, 14. Dezember 1976–18. März 1977, Bonn 1977, S. 31–52

Schmölders, Günter: Jüngste Entwicklung und Stand der Finanzwissenschaft in den Vereinigten Staaten, in: Zeitschrift für die gesamte Staatswissenschaft 105 (1949), S. 751–757

Schmölders, Günter: Finanzpolitik, Berlin/Heidelberg/New York [2]1965

Schröder, Dieter: Die Größenordnung der öffentlichen Ausgaben für die Infrastruktur in der Bundesrepublik Deutschland bis 1985, in: Jochimsen, Reimut/Simonis, Udo E. (Hrsg.): Theorie und Praxis der Infrastrukturpolitik, Schriften des Vereins für Socialpolitik, N.F. Bd. 54, Berlin 1970, S. 427–458

Statistisches Bundesamt: Auskunft des Statistischen Bundesamtes an die Presse zum Fall France Télécom, in: Deutsche Bundesbank: Auszüge aus Presseartikeln, Nr. 69/1996, S. 13

Stohler, Jacques: Zur rationalen Planung der Infrastruktur, in: Konjunkturpolitik 11 (1965), S. 279–308

Strauß, Franz Josef: Finanzpolitik. Theorie und Wirklichkeit, Berlin/Frankfurt a.M. 1969

Tietmeyer, Hans: Auf dem Weg zur Währungsunion, in: Tietmeyer, Hans: Währungsstabilität für Europa. Beiträge, Reden und Dokumente zur europäischen Währungsintegration aus vier Jahrzehnten, hrsg. vom Zentralbankrat der Deutschen Bundesbank, Baden-Baden 1996, S. 431–439

Timm, Herbert: Fritz Neumark – Nestor und Mentor der deutschen Finanzwissenschaft, in: Finanzarchiv N.F. 39 (1981), S. 20–28

Transfer-Enquête-Kommission: Das Transfersystem in der Bundesrepublik Deutschland. Bericht der Sachverständigenkommission zur Ermittlung des Einflusses staatlicher Transfereinkommen auf das verfügbare Einkommen der privaten Haushalte (Transfer-Enquête-Kommission), 6/1981, Stuttgart 1981

Vaubel, Roland: Internationale Absprachen oder Wettbewerb in der Konjunkturpolitik? Tübingen 1980

Vogel, Klaus: Grundzüge des Finanzrechts des Grundgesetzes, in: Isensee, Josef/Kirchhof, Paul (Hrsg.): Handbuch des Staatsrechts der Bundesrepublik Deutschland, Bd. IV, Finanzverfassung – Bundesstaatliche Ordnung, Heidelberg 1990, S. 3–86

Wendt, Rudolf: Finanzhoheit und Finanzausgleich, in: Isensee, Josef/Kirchhof, Paul (Hrsg.): Handbuch des Staatsrechts der Bundesrepublik Deutschland, Bd. IV, Finanzverfassung – Bundesstaatliche Ordnung, Heidelberg 1990, S. 1021–1089

Willms, Manfred: Internationale Währungspolitik, München [2]1995

Wissenschaftlicher Beirat beim Bundesministerium der Finanzen: Stellungnahme zu den Aufgaben und Möglichkeiten der Finanzpolitik angesichts der Gefahren konjunktureller Überhitzung vom 30. Januar 1960, zitiert nach dem Abdruck in: Wissenschaftlicher Beirat beim Bundesministerium der Finanzen: Entschließungen, Stellungnahmen und Gutachten 1949–1973, hrsg. vom Bundesministerium der Finanzen, Tübingen 1974, S. 222–232

Wissenschaftlicher Beirat beim Bundesministerium der Finanzen: Stellungnahme betreffend Forderungen aus der konjunkturellen Lage für die Steuerpolitik vom 4. Juli 1964, zitiert nach dem Abdruck in: Wissenschaftlicher Beirat beim Bundesministerium der Finanzen: Entschließungen, Stellungnahmen und Gutachten 1949–1973, hrsg. vom Bundesministerium der Finanzen, Tübingen 1974, S. 320–325

Wissenschaftlicher Beirat beim Bundesministerium der Finanzen: Probleme einer Verringerung der öffentlichen Netto-Neuverschuldung, Schriftenreihe des Bundesministeriums der Finanzen, H. 34, Bonn 1984

Wissenschaftlicher Beirat beim Bundesministerium der Finanzen: Zur Lage und Entwicklung der Staatsfinanzen in der Bundesrepublik Deutschland, in: Bundesministerium der Finanzen (Hrsg.): BMF-Dokumentation Nr. 15/75, Bonn, zitiert nach dem Abdruck in: Wissenschaftlicher Beirat beim Bundesministerium der Finanzen: Gutachten und Stellungnahmen 1974–1987, hrsg. vom Bundesministerium der Finanzen, Tübingen 1988, S. 1–29

Wissenschaftlicher Beirat beim Bundesministerium der Finanzen: Gutachten zum Länderfinanzausgleich in der Bundesrepublik Deutschland, Schriftenreihe des Bundesministeriums der Finanzen, H. 47, Bonn 1992

Wissenschaftlicher Beirat beim Bundesministerium für Wirtschaft: Gutachten vom 10. Dezember 1950 zur «Kapitalmarktpolitik und Investitionspolitik», zitiert nach dem Abdruck in: Wissenschaftlicher Beirat beim Bundesministerium für Wirtschaft: Sammelband der Gutachten von 1948 bis 1972, hrsg. vom Bundesministerium für Wirtschaft, Göttingen 1973, S. 101–108

Wissenschaftlicher Beirat beim Bundesministerium für Wirtschaft: Gutachten vom 12. Juni 1955 über «Probleme einer produktivitätsorientierten Lohnpolitik», zitiert nach dem Abdruck in: Wissenschaftlicher Beirat beim Bundesministerium für Wirtschaft: Sammelband der Gutachten von 1948 bis 1972, hrsg. vom Bundesministerium für Wirtschaft, Göttingen 1973, S. 279–283

Wissenschaftlicher Beirat beim Bundesministerium für Wirtschaft: Gutachten vom 3. Juni 1956 und 8. Juli 1956 über: «Instrumente der Konjunkturpolitik und ihre rechtliche Institutionalisierung», zitiert nach dem Abdruck in: Wissenschaftlicher Beirat beim Bundesministerium für Wirtschaft: Sammelband der Gutachten von 1948 bis 1972, hrsg. vom Bundesministerium für Wirtschaft, Göttingen 1973, S. 291–320

Wissenschaftlicher Beirat beim Bundesministerium für Wirtschaft: Gutachten vom 14. April

1959 über die «Konjunkturpolitische Situation der Bundesrepublik Deutschland im Frühjahr 1959», zitiert nach dem Abdruck in: Wissenschaftlicher Beirat beim Bundesministerium für Wirtschaft: Sammelband der Gutachten von 1948 bis 1972, hrsg. vom Bundesministerium für Wirtschaft, Göttingen 1973, S. 367–370

Wissenschaftlicher Beirat beim Bundesministerium für Wirtschaft: Gutachten vom 21. Februar 1960 über «Gegenwärtige Möglichkeiten und Grenzen einer konjunkturbewußten Lohnpolitik in der Bundesrepublik», zitiert nach dem Abdruck in: Wissenschaftlicher Beirat beim Bundesministerium für Wirtschaft: Sammelband der Gutachten von 1948 bis 1972, hrsg. vom Bundesministerium für Wirtschaft, Göttingen 1973, S. 395–409

Wissenschaftlicher Beirat beim Bundesministerium für Wirtschaft: Wirtschaftspolitik bei defizitärer Leistungsbilanz, Studien-Reihe 31, hrsg. vom Bundesministerium für Wirtschaft, Bonn 1981

Wissenschaftlicher Beirat beim Bundesministerium für Wirtschaft: Konjunkturpolitik – neu betrachtet, Studien-Reihe 38, hrsg. vom Bundesministerium für Wirtschaft, Bonn 1983

Wissenschaftlicher Beirat beim Bundesministerium für Wirtschaft: Gutachten vom 26./27. Februar 1988 über «Wirtschaftspolitische Konsequenzen aus den außenwirtschaftlichen Ungleichgewichten der großen Industrieländer», Studienreihe des Bundesministers für Wirtschaft, Nr. 58, Bonn, zitiert nach dem Abdruck in: Wissenschaftlicher Beirat beim Bundesministerium für Wirtschaft: Gutachten vom Dezember 1984 bis Dezember 1986, hrsg. vom Bundesministerium für Wirtschaft, Bd. 13, Göttingen 1987, S. 1409–1435

Wissenschaftlicher Beirat beim Bundesministerium für Wirtschaft: Europäische Währungsordnung, Bonn 1989

Wissenschaftlicher Beirat beim Bundesministerium für Wirtschaft: Ordnungspolitische Orientierung für die Europäische Union, Dokumentation, Nr. 356, hrsg. vom Bundesministerium für Wirtschaft, Bonn 1994

Wyplosz, Charles: Discussion on Dornbusch, Rudiger: The European Monetary System, the dollar and the yen, in: Giavazzi, Francesco/Micossi, Stefano/Miller, Marcus H. (Hrsg.): The European Monetary System, Cambridge 1988, S. 43–47

V. Notenbank und Finanzmärkte

Von Günter Franke

1. Die Notenbank im Spannungsfeld von Geldwertsicherung, Stabilität der Finanzmärkte und freiem Wettbewerb

Gemäß § 3 des Gesetzes über die Deutsche Bundesbank regelt die Bundesbank den Geldumlauf und die Kreditversorgung der Wirtschaft und sorgt für die bankmäßige Abwicklung des Zahlungsverkehrs. Als Ziel ist ihr die Sicherung der Währung vorgegeben; darunter wird die Sicherung des Geldwertes verstanden. Bei dieser Aufgabenstellung bleibt offen, inwieweit die Bundesbank auf die Geschäftsführung von Finanzintermediären und die Regulierung von Finanzmärkten einwirken sollte. Eine restriktive Auslegung beschränkt die Aufgaben der Notenbank auf die Nutzung ihres geldpolitischen Instrumentariums zum Zweck der Geldwertsicherung und vertraut auf die Kräfte des freien Wettbewerbs; diese, so die Erwartung, veranlassen die Finanzintermediäre zu umsichtiger und effektiver Geschäftsführung, unterbinden den Handel von Finanzinstrumenten, die mehr Schaden als Nutzen stiften, und fördern die Entwicklung gesamtwirtschaftlich erwünschter Finanzinstrumente ebenso wie von Regeln für ihren Handel; folglich bilden sich effiziente Finanzmärkte heraus, die jedem Marktteilnehmer faire Finanzkontrakte sichern.

Ein solches Vertrauen auf die Kräfte des freien Wettbewerbs läßt sich rechtfertigen, wenn weitgehende Transparenz des Marktgeschehens, solide Finanzkenntnisse auf seiten von Unternehmen und privaten Haushalten und freier Marktzugang zusammentreffen, wenn also weitgehend friktionslose Finanzmärkte bestehen. Hieran bestehen indessen wohlbegründete Zweifel. So gelingt es einzelnen Marktteilnehmern, andere zu übervorteilen, oder sie setzen durch leichtfertige Geschäftspolitik das ihnen anvertraute Vermögen aufs Spiel. Zusammenbrüche von Finanzintermediären können außerdem das Finanzsystem und damit eine Volkswirtschaft destabilisieren.

Diese potentiellen unerwünschten Wirkungen «freier» Finanzmärkte begründen eine Regulierung einerseits der Finanzmärkte und andererseits der Finanzintermediäre. Da jede Regulierung ihrerseits Schwächen aufweist, weil ihre Instrumente unvollkommen sind, sie den Wettbewerb einschränkt und die Regulierer auch ihre eigenen Interessen verfolgen, bleiben Regulierungen stets umstritten.

Vielfach wirkt die Notenbank bei der Regulierung von Finanzintermediären mit. Dies läßt sich wie folgt begründen. Um den Geldumlauf und die Kreditversorgung der Wirtschaft zu regeln und den reibungslosen Zahlungsverkehr zu gewährleisten, ist die Notenbank auf die Mitwirkung der Finanzintermediäre, vor allem der Kreditinstitute, angewiesen. Sie sind Mittler der Notenbankpolitik. Dieser Transmissionsmechanismus funktioniert auf Dauer nur dann, wenn die Notenbank auf die Geschäftspolitik der Kreditinstitute einwirken und systemischen Risiken des Finanzmarktes, die durch miteinander verkettete Insolvenzen von Finanzintermediären entstehen, wirksam vorbeugen kann. Aufgrund ihrer engen Zusammenarbeit mit den Kreditinstituten verfügt die Notenbank über hervorragende Informationen, die sie in besonderer Weise befähigen, bei der Regulierung der Kreditinstitute mitzuwirken. Daraus folgt jedoch nicht, daß allein die Notenbank für diese Regulierung zuständig ist. Da sie primär der Geldwertsicherung verpflichtet ist, nicht aber dem freien Wettbewerb, ist zu erwarten, daß sie gesamtwirtschaftlich unerwünschte Verhaltensweisen von Finanzintermediären toleriert, die die Geldwertsicherung erleichtern. Daher ist ein Gegengewicht anderer Institutionen im Regulierungsprozeß geboten.

Nicht so leicht ist die Mitwirkung der Notenbank bei der Regulierung des Handels von Finanzinstrumenten zu begründen. Diese Regulierung bezieht sich darauf, welche Instrumente zu welchen Regeln gehandelt werden dürfen. Wenn die Notenbank z.B. den Handel von Instrumenten unterbindet, trifft dies neben Kreditinstituten auch andere Unternehmen und private Haushalte. Das Argument, der Handel dieser Instrumente gefährde die Fähigkeit der Notenbank, den Geldwert zu sichern, vermag nur teilweise zu überzeugen. Denn erstens ist unklar, ob von diesen Instrumenten tatsächlich eine Gefährdung ausgeht. Dies ist nur möglich, wenn solche Instrumente in großem Umfang gehandelt werden. Ein umfangreicher Handel signalisiert jedoch einen erheblichen Nutzen dieser Instrumente. Zweitens ist die Notenbank aufgerufen, ihre geldpolitischen Instrumente zu verbessern, wenn neue Finanzinstrumente ihre bisherigen Instrumente stumpf machen.

Ein Handelsverbot schränkt zudem den Wettbewerb auf den Finanzmärkten ein, behindert die Innovation von Finanzdienstleistungen und damit die Herausbildung effizienter Finanzmärkte. Dies gefährdet die Existenz des heimischen Finanzmarktes in einem Umfeld liberalerer ausländischer Finanzmärkte. Allerdings ist der Notenbank zugute zu halten, daß die Risiken, die von neuen Finanzinstrumenten und von liberaleren Handelsregeln ausgehen, zunächst schwer abzuschätzen sind und daher eine zögerliche Haltung nahelegen. Aus diesem Grund wird eine Notenbank, die der Stabilität verpflichtet ist, Risiken zu vermeiden suchen und deshalb als Bremser im Finanzinnovationsprozeß empfunden werden.

Diese Ausführungen verdeutlichen das Konfliktpotential der Notenbankpolitik. Es wird im folgenden, wenn die Zeit seit 1948 nachgezeichnet wird, deutlich werden. Ein Gesamturteil über die Bundesbankpolitik setzt eine Wertung ihrer verschiedenen Wirkungen voraus, die hier nicht beabsichtigt ist. Auch wäre es ungerechtfertigt, Entscheidungen, die zum Teil schon lange zurückliegen, anhand des heutigen anstelle des damaligen Informationsstandes zu bewerten.

2. Die deutschen Banken

In diesem Abschnitt wird das Bankensystem in Deutschland charakterisiert und seine Bedeutung für die Wirtschaft umrissen. Sodann wird die Entwicklung neuer Formen der Finanzintermediation vorgestellt.

a) Das Bankensystem in Deutschland

Schon im vergangenen Jahrhundert entwickelten sich in Deutschland Banken mit universeller Betätigung im Einlagen-, Kredit- und Wertpapiergeschäft.[1] Eine Trennung in Banken, die entweder das Einlagen- und Kreditgeschäft oder das Wertpapiergeschäft betreiben, hat es in Deutschland nie gegeben. Dennoch existieren neben den Universalbanken Spezialbanken, die sich auf bestimmte Geschäftsbereiche konzentrieren. Bei den privaten Spezialbanken sind insbesondere zu erwähnen die Hypothekenbanken, die Bausparkassen und die Kapitalanlagegesellschaften, bei den öffentlich-rechtlichen Spezialbanken vor allem die Kreditanstalt für Wiederaufbau.

Die Universalbanken gliedern sich in die Sparkassen und Landesbanken, die Genossenschaftsbanken und die Kreditbanken. Zu den letzteren zählen die Großbanken, die Regionalbanken, die Privatbanken und die in Deutschland ansässigen Zweigstellen ausländischer Kreditinstitute. Während die meisten Sparkassen und Landesbanken öffentlich-rechtlicher Natur sind und einen öffentlich-rechtlichen Gewährträger haben, trifft dies für die übrigen Universalbanken nicht zu.

Die Kritik am Universalbankensystem konzentriert sich auf Interessenkonflikte zwischen den verschiedenen Geschäftsbereichen.[2] Beispielsweise kann

1 Vgl. Pohl, Universalbankensystem, Kap. II.1. e) und Kap. III.
2 Vgl. Mühlhaupt, Betriebswirtschaftslehre, Kap. 4.

ein Kreditinstitut versuchen, Kundeneinlagen auf niedrig verzinsliche Sparkonten statt in höher verzinsliche Formen des Wertpapiersparens zu lenken. Oder es nutzt Informationen, die ihm als Kreditgeber zufließen, für Dispositionen im Wertpapiergeschäft (seit 1994 durch das Wertpapierhandelsgesetz verboten). Außerdem wird befürchtet, daß das Universalbankensystem zu einer Machtkonzentration führt und dadurch die Effizienz des Kapitalmarktes beeinträchtigt. So wird argumentiert, die Universalbanken in Deutschland behinderten kraft ihrer umfassenden Stellung auf den Finanzmärkten eine wirksame Kontrolle von Aktiengesellschaften, im Gegensatz zum Trennbankensystem in den angelsächsischen Ländern.

Den Nachteilen des Universalbankensystems stehen Vorteile gegenüber. So kann der Kunde alle Finanzdienstleistungen aus einer Hand beziehen; dies kann die insgesamt anfallenden Informations- und Transaktionskosten senken. Insbesondere seit Beginn der achtziger Jahre versuchen die Universalbanken, über Allfinanzstrategien den Kunden umfassende Finanzdienstleistungspakete zu verkaufen. Ein weiterer Vorteil des Universalbankensystems liegt in der Risikostreuung, die durch die größere Zahl unterschiedlicher Geschäftsfelder entsteht; dies erleichtert die Solvenzsicherung. So besteht in den angelsächsischen Ländern und in Japan eine Tendenz, das Trennbankendurch ein Universalbankensystem abzulösen.

b) Die wirtschaftliche Bedeutung der Banken

Die Bedeutung der Banken für die Entwicklung der deutschen Wirtschaft läßt sich an verschiedenen Indikatoren festmachen. Tabelle 1 zeigt solche Indikatoren für den Zeitraum von 1950 bis 1995. Bei diesen von der Bundesbank und dem Statistischen Bundesamt veröffentlichten Daten ist zu berücksichtigen, daß es im Laufe der Zeit Änderungen im Kreis der einbezogenen Kreditinstitute gegeben hat und ab 1991 auch die neuen Bundesländer erfaßt sind. Schließlich sind die Angaben nicht preisniveaubereinigt. Um die relative Bedeutung der angegebenen Zahlen zu verdeutlichen, sind in den ersten beiden Zeilen der Tabelle das Bruttosozialprodukt und der Preisindex für die Lebenshaltung aller privaten Haushalte angegeben.

Die Bedeutung der Banken zeigt sich unter anderem am Volumen der Finanzintermediation, gemessen am Kreditvolumen, das inländische Kreditinstitute an inländische Nichtbanken vergeben, und an den Verbindlichkeiten der inländischen Kreditinstitute gegenüber inländischen Nichtbanken. Tabelle 1 zeigt, daß die Kreditversorgung inländischer Nichtbanken durch inländische Kreditinstitute, relativ zum Bruttosozialprodukt, im Zeitablauf gewachsen ist. Dasselbe gilt für die Einlagen inländischer Nichtbanken und die bei ihnen aufgenommenen Kredite. Beides ist nicht erstaunlich, wenn man bedenkt, daß infolge des Krieges bei der Einführung der D-Mark im Jahr 1948 Kredite und Einlagen auf ein sehr niedriges Niveau abgesunken waren. Die Geldvermögensbildung von privaten Haushalten und Unternehmen konnte erst in den fünfziger Jahren in nennenswertem Umfang einsetzen.

Einlagen- und Kreditgeschäft gehören zwar nach wie vor zum Kerngeschäft von Kreditinstituten, jedoch hat im Laufe der Zeit das Provisionsgeschäft erheblich an Bedeutung gewonnen. Hierbei handelt es sich vor allem um die Vermittlung von Wertpapiertransaktionen für fremde Rechnung, z.B. den Kauf und Verkauf von Wertpapieren und das Emissionsgeschäft; dazu kommen Entgelte für Haftungszusagen. Um die relative Verschiebung der Ertragsquellen zu verdeutlichen, gibt Tabelle 1 den Zinsüberschuß und den Provisionsüberschuß inländischer Kreditinstitute an.

Ohne die Auslandsverflechtung lassen sich die Aktivitäten von Kreditinstituten nicht charakterisieren. Dabei sind zwei Varianten der Auslandsverflechtung zu trennen, erstens die grenzüberschreitenden Aktiva und Passiva inländischer Kreditinstitute, zweitens die grenzüberschreitenden Aktiva und Passiva von Kreditinstituten im In- und Ausland, deren Muttergesellschaft ihren Sitz in Deutschland hat. Die erste Variante beschreibt die Auslandsverflechtung von Kreditinstituten, soweit sie von Deutschland ausgeht, unabhängig vom Sitz der Muttergesellschaft. Die zweite Variante beschreibt die Auslandsverflechtung von deutschen Kreditinstituten, einerlei ob sie von Zweigstellen in oder außerhalb von Deutschland ausgeht. Diese von der Bank für Internationalen Zahlungsausgleich (BIZ) publizierten Zahlen reichen allerdings nicht bis in die Anfangszeiten der D-Mark zurück. Tabelle 1 gibt die Aktiva und Passiva für beide Varianten in Mrd. US-Dollar an. Zu berücksichtigen ist, daß die von der BIZ für Variante 2 publizierten Zahlen nicht nur die grenzüberschreitenden Transaktionen erfassen, sondern auch die nicht grenzüberschreitenden Fremdwährungspositionen.

Diese Zahlen verdeutlichen die starke Zunahme der internationalen Verflechtung. Dazu beigetragen hat die zunehmende Präsenz ausländischer Kreditinstitute in Deutschland ebenso wie die deutscher Kreditinstitute im Ausland, wie die Zahl inländischer Kreditinstitute im Auslandsbesitz sowie die Zahl der Filialen und Tochtergesellschaften deutscher Kreditinstitute im Ausland anzeigen.

Rationalisierung, zunehmender Wettbewerb und Verschärfung der Eigenkapitalvorschriften für Kreditinstitute haben die Zahl der Kreditinstitute im Zeitablauf deutlich schrumpfen lassen. Vor allem kleinere Institute im Sparkassen- und im Genossenschaftssektor haben sich zusammengeschlossen.

Die Zahl der inländischen Bankstellen, also der inländischen Kreditinstitute einschließlich ihrer Zweigstellen, ist demgegenüber lange Zeit gestiegen (nicht in Tabelle 1 ausgewiesen). Infolge der Wiedervereinigung erreichte sie ihren Höhepunkt im Jahr 1992 mit 53.386 und geht seitdem leicht zurück. Der

Tabelle 1: Kennzahlen des Kreditgewerbes

Position	1950	1960	1970	1980	1990	1995
Bruttosozialprodukt,[1] Mrd. DM	98,6	303,0	675,7	1.477,4	2.448,6	3.445,6
Preisindex[2]	29,8	35,9	46,2	74,8	96,4	112,9
Kredite inländischer Kreditinstitute an inländische Nichtbanken,[3] Mrd. DM	28,2	167,7	513,1	1.462,0	2.875,0	4.436,9
Einlagen und aufgenommene Kredite,[4] Mrd. DM	21,3	148,0	439,5	1.155,7	2.334,5	3.021,1
Börsenfähige Inhaberschuldverschreibungen inländischer Kreditinstitute,[5] Mrd. DM	1,8	29,6	118,7	413,6	900,3	1.596,5
Zinsüberschuß inländischer Kreditinstitute, Mrd. DM	n	[6]10,7	14,0	40,2	80,5	[7]133,5
Provisionsüberschuß inländischer Kreditinstitute, Mrd. DM	n	[6]1,5	1,8	6,5	18,0	[7]27,1
Grenzüberschreitende Aktiva inländischer Kreditinstitute, Mrd. US-$	n	n	[8]48,7	73,3	38,0	563,7
Grenzüberschreitende Passiva inländischer Kreditinstitute, Mrd. US-$	n	n	[8]39,6	74,2	22,5	539,2
Internat. Aktiva von deutschen Kreditinstituten,[9] Mrd. US-$	n	n	n	[10]133,9	494,8	887,1
Internat. Passiva von deutschen Kreditinstituten,[9] Mrd. US-$	n	n	n	[10]117,6	349,8	859,2
Zahl der inländischen Kreditinstitute[11]	[12]13.883	13.234	8.549	5.355	4.180	3.487
davon im Auslandsbesitz	n	n	n	n	117	129
Zahl der Auslandsfilialen deutscher Kreditinstitute[13]	n	n	[14]23	74	128	181
Zahl der Auslandstöchter deutscher Kreditinstitute[15]	n	n	[14]27	52	96	117
Bei inländischen Kreditinstituten Beschäftigte[16] in Tsd.	n	266	471	555	679	[17]724

1) In jeweiligen Preisen; 1995 inkl. neue Bundesländer. – 2) Preisindex der Lebenshaltung aller Haushalte, 1991 = 100. – 3) Einschließlich Schatzwechsel, Wertpapieren und Ausgleichsforderungen. – 4) Einlagen von inländischen Nichtbanken und bei diesen aufgenommene Kredite inländischer Kreditinstitute, ohne Schuldverschreibungen inländischer Kreditinstitute. – 5) Einschließlich nachrangiger Schulden. – 6) Wert 1968. – 7) Vorläufig. – 8) Wert Ende 1977; der durchschnittliche amtliche Devisenkurs für den US-Dollar betrug im Jahr 1977: 2,3217; 1980: 1,8158, 1990: 1,6161 und 1995: 1,4338 DM/$. – 9) Internationale Aktiva und Passiva (= grenzüberschreitende Positionen zuzüglich lokale Positionen in Fremdwährung) von Kreditinstituten im In- und Ausland, deren Muttergesellschaft ihren Sitz in Deutschland hat; konzerninterne Positionen werden nicht berücksichtigt. Quelle: BIZ. – 10) Wert Ende 1983. – 11) Zahl der Kreditinstitute in Deutschland, ohne Postgiro- und Postsparkassenämter; bis 1989 ohne Bausparkassen. – 12) Wert Ende 1953. – 13) Mehrere Filialen in einem Land werden als eine gezählt. – 14) Wert Ende 1973. – 15) Ausländische Kreditinstitute im Mehrheitsbesitz deutscher Kreditinstitute. – 16) Jahresdurchschnitt. – 17) Wert 1994.
n = nicht bekannt.

Quellen (soweit nicht anders vermerkt): Statistisches Bundesamt, Deutsche Bundesbank.

zunehmende Druck zur Kostensenkung wird das dichte deutsche Zweigstellennetz weiter ausdünnen.

Ein letzter Indikator der wirtschaftlichen Bedeutung der Kreditinstitute ist die Zahl der in diesem Sektor Beschäftigten. Gegenwärtig sind etwa 2,5 % der Erwerbstätigen bei Kreditinstituten beschäftigt. Auch diese Zahl wird infolge des Vordringens elektronischer Serviceleistungen und infolge von Rationalisierungsmaßnahmen deutlich abnehmen.

c) Entstehung neuer Finanzintermediäre

Zu den Finanzintermediären zählen seit jeher Kreditinstitute einschließlich der bereits angesprochenen Spezialbanken sowie im weiteren Sinn auch Versicherungsunternehmen, insbesondere Lebensversicherungsunternehmen, die in Deutschland üblicherweise die Risikoabsicherung mit der Kapitalanlage kombinieren. Damit dienen Lebensversicherungen auch der Altersvorsorge, ebenso wie das normale und das Wertpapiersparen bei Banken. Daraus resul-

Tabelle 2: Geldvermögensbildung der privaten Haushalte sowie Vermögensanlagen der Versicherungsunternehmen und der Investmentfonds

Jahr	1950	1960	1970	1980	1990	1994
Geldvermögensbildung der privaten Haushalte (Mrd. DM)	[1]5.370	[1]28.610	87.380	121.070	202.480	236.250
davon Anlage bei Versicherungen (Mrd. DM)	n	n	8.230	25.450	47.350	79.010
Bestand von Vermögensanlagen der Versicherer (Mrd. DM)	4.024	24.222	84.238	278.752	713.812	1.011.395
Vermögen inländischer Investmentfonds (Mrd. DM)	–	3.146	10.495	47.123	238.855	486.037

1) Ersparnis der privaten Haushalte laut Statistischem Jahrbuch 1962, S. 560.
n = nicht bekannt.
– = nicht vorhanden

Quellen: Deutsche Bundesbank, Statistisches Bundesamt.

tiert eine erhebliche Konkurrenz zwischen Banken und Versicherungsunternehmen. Tabelle 2 verdeutlicht, daß die Versicherungsunternehmen einen wachsenden Anteil der Geldvermögensbildung der privaten Haushalte an sich binden konnten. Dementsprechend gewachsen sind die Bestände von Vermögensanlagen der Versicherungsunternehmen.

Seit 1956 betreiben vor allem Kreditinstitute das Investmentgeschäft auch über Kapitalanlagegesellschaften. Die Kreditinstitute besorgen den Verkauf der Investmentzertifikate, die Kapitalanlagegesellschaften übernehmen die Geldanlage. Dieses ertragreiche Geschäft gewinnt seit einiger Zeit auch deswegen an Attraktivität für die Banken, weil die Provisionssätze im Wertpapiergeschäft durch die wachsende Zahl von Direktbanken unter Druck geraten. Bisher bleibt das von Kapitalanlagegesellschaften investierte Vermögen unter dem der Versicherungsunternehmen.

Bemerkenswert in einem Universalbankensystem wie dem deutschen ist die Entstehung neuer Formen von Finanzintermediären. Denn Universalbanken versuchen, alle Finanzgeschäfte an sich zu ziehen. Zu den neuen Finanzintermediären zählen die Kreditkartenorganisationen, die Leasinggesellschaften sowie die Banken der Automobilunternehmen, der Warenhäuser und des Versandhandels. Leasinggesellschaften und Kreditkartenorganisationen betreiben keine Bankgeschäfte im Sinne des Kreditwesengesetzes. Sie sind daher keine Kreditinstitute, wohl aber Finanzinstitute nach §1 Abs. 3 KWG (Gesetz über das Kreditwesen). Damit unterliegen auch sie verschiedenen Vorschriften des KWG, sofern zur Unternehmensgruppe ein Kreditinstitut gehört.

Kreditkartenorganisationen bieten ein Leistungsbündel aus bargeldlosem Zahlungsverkehr, Zahlungsgarantie für den Zahlungsempfänger und Krediteinräumung an den Zahlenden an. Da es sich hierbei um klassische Aufgaben der Kreditinstitute handelt, haben die deutschen Banken, als sie das Marktpotential für Kreditkarten erkannten, 1976 die deutsche Eurocard-Gesellschaft gegründet. Durch aggressives Marketing gelang es den Kreditinstituten, den Marktanteil ihrer Bankkreditkarten in Deutschland rasch zu steigern:[3] Er wird per Ende 1996 auf knapp 90% geschätzt.[4]

Geht man für 1994 von einem Umsatz aller Kreditkarten in Deutschland in Höhe von 40 Mrd. DM aus und teilt diesen wegen der monatlichen Abrechnung durch 12, dann ergibt sich eine bescheidene Zahl. Dies deutet darauf hin, daß der Banknotenumlauf, der Ende 1994 236 Mrd. DM betrug, bisher durch Kreditkarten nur unwesentlich reduziert wird.

Verschiedene neue Finanzintermediäre spezialisieren sich auf Finanzdienstleistungen, die eng mit Sachleistungen gekoppelt werden. So bieten Leasing-

3 Vgl. Gesellschaft für Zahlungssysteme, Kreditkartenmarkt.

4 Vgl. «Der Markt für Kreditkarten wächst stärker als erwartet», in: Frankfurter Allgemeine Zeitung vom 8. Februar 1997, S. 21.

gesellschaften neben der Finanzierung von Gegenständen auch an, den Instandhaltungsservice und administrative Aufgaben zu übernehmen sowie den kostengünstigen Erwerb und die Verwertung des Gegenstands nach Ablauf der vereinbarten Nutzungsdauer. Ähnliches gilt für Banken von Automobilfirmen, Waren- und Versandhäusern.

Ähnlich wie im Kreditkartengeschäft gelang es den Kreditinstituten, einen erheblichen Anteil des Leasinggeschäftes an sich zu ziehen. Hierzu gründeten sie häufig eigene Leasinggesellschaften. Tabelle 3 verdeutlicht das Volumen von Leasingfinanzierungen. Der Anteil der durch Leasing finanzierten Investitionen an den gesamten Investitionen lag 1995 in Deutschland etwa bei 11,5%.

Tabelle 3: Finanzierung durch Leasinggesellschaften in Deutschland*

Jahr	1967	1977	1987	1990	1992	1994	1995
Mrd. DM	0,2	7,2	28,4	41,1	56,5	56,2	58,1[1)]

* Jährlicher Brutto-Zugang aus Neuzusagen.
1) Geschätzt.

Quellen: Bitz, Erscheinungsformen; Städtler, Leasing in Deutschland.

Tabelle 4: Kreditvergabe von «Autobanken» in Deutschland*

Jahr	1989	1990	1991	1992	1993	1994	1995
Mrd. DM	17,6	21,9	28,3	35,7	38,4	43,1	44[1)]

* An inländische Nichtbanken vergebene Kredite; Jahresendbestände.
1) Geschätzt.

Quelle: Arbeitskreis der Banken und Leasinggesellschaften der Automobilwirtschaft, Finanzdienstleistungen. Die Angaben beziehen sich auf Kreditinstitute, die dem Arbeitskreis angehören.

Tabelle 4 gibt die von den «Autobanken» an inländische Nichtbanken vergebenen Kredite an. Im Jahr 1995 repräsentiert der gesamte Kreditbestand der «Autobanken» in Höhe von 44 Mrd. DM nur gut 1% des Volumens aller von inländischen Kreditinstituten an inländische Nichtbanken vergebenen Kredite.

Zusammenfassend läßt sich feststellen, daß die neuen Intermediäre in den letzten 20 Jahren eigene Märkte aufgebaut und dabei überdurchschnittliche

Wachstumsraten erzielt haben. Auch in Zukunft ist davon auszugehen. Dennoch brauchen die klassischen Kreditinstitute diese Wettbewerber nicht zu fürchten. Einerseits sind deren Volumina bescheiden; andererseits haben sich die Kreditinstitute eine starke Position in den neuen Märkten gesichert.

Auch für die Bundesbank ergeben sich kaum Konsequenzen aus der Existenz der neuen Finanzintermediäre. Die Nachfrage nach Bargeld ist durch Kreditkarten bisher nur wenig gesunken. Die Leasinggesellschaften stellen nur ein vergleichsweise bescheidenes Finanzierungsvolumen. Die Banken von Waren- und Versandhäusern sind im allgemeinen Kreditinstitute, die der üblichen Bankenaufsicht unterliegen. Sowohl die Geldpolitik als auch die Bankenaufsicht werden daher nicht vor neue Herausforderungen gestellt.

3. Leistungen der Bundesbank für die inländischen Kreditinstitute

Als «Bank der Banken» erbringt die Bundesbank verschiedene Leistungen für die Kreditinstitute. Diese lassen sich in drei Bereiche einteilen: 1. Refinanzierung von Kreditinstituten, 2. Bereitstellung von Informationen und 3. Zahlungsverkehr.

a) Refinanzierung von Kreditinstituten

Die Bundesbank hat unter anderem die Aufgabe, die Kreditversorgung der Wirtschaft sowie den Geldumlauf zu regeln, im wesentlichen unter Einschaltung der inländischen Kreditinstitute. Diese können bei der Bundesbank Kredit aufnehmen, allerdings nur gegen erstklassige Sicherheiten wie Wechsel und lombardfähige Schuldverschreibungen. In Höhe dieser Kredite stellt die Bundesbank den Banken Zentralbankguthaben zur Verfügung. Ein Teil davon muß bei der Notenbank als zinslose Mindestreserve hinterlegt werden.

Die klassischen Instrumente der Refinanzierung sind der Diskont- und der Lombardkredit. Die Bundesbank legt für jedes Kreditinstitut ein Rediskontkontingent fest, bis zu dem sie bereit ist, In- und Auslandswechsel, die bestimmten Qualitätsanforderungen genügen, anzukaufen. Für die Kreditinstitute ist die Ausnutzung dieser Rediskontkontingente attraktiv, wenn die kurzfristigen Geldmarktsätze über dem Diskontsatz liegen, zu dem die Bundesbank die Wechsel abrechnet. Die Wechsel müssen bei Ankauf durch die Bundesbank eine Restlaufzeit von mindestens 20 Tagen und höchstens 90 Tagen aufweisen, während der Lombardkredit der Deckung eines kurzfristigen Liquiditätsbedarfs dient. Hierbei gibt die Bundesbank Kredit gegen

Verpfändung lombardfähiger Schuldverschreibungen zu einem Zinssatz in Höhe des Lombardsatzes.

Der Lombardsatz liegt stets über dem Diskontsatz, im Mittel um ein bis zwei Prozentpunkte. Da der Lombardsatz meist auch über dem Tagesgeldsatz liegt, werden Lombardkredite im allgemeinen nur wenig in Anspruch genommen.

Seit 1979 bietet die Bundesbank den Kreditinstituten außerdem Wertpapierpensionsgeschäfte an. Hierbei kauft sie lombardfähige Wertpapiere von den Kreditinstituten, die diese am vereinbarten Termin zurückkaufen müssen. Hierfür berechnet die Bundesbank den Wertpapierpensionssatz, auch Repo-Satz genannt. Wie aus Tabelle 5 hervorgeht, haben inzwischen die über Wertpapierpensionsgeschäfte eingeräumten Kredite die Diskont- und Lombardkredite weit überflügelt. Seit 1985 sind die Wertpapierpensionsgeschäfte zum primären Feinsteuerungsinstrument der Bundesbank im Bereich der Geldpolitik geworden.

Den Krediten der Bundesbank an inländische Kreditinstitute stehen Einlagen der Kreditinstitute bei der Bundesbank gegenüber. Deren Höhe wird maßgeblich durch die Mindestreservevorschriften bestimmt, wobei die Mindestreservesätze in den neunziger Jahren mehrfach wesentlich herabgesetzt wurden. Das Einlagevolumen, das die Kreditinstitute für die Abwicklung des Zahlungsverkehrs über die Bundesbank benötigen, dürfte gegenwärtig mit ca. 30 Mrd. DM unter dem Mindestreservesoll von knapp 40 Mrd. DM liegen.

Tabelle 5: Refinanzierung der Banken durch die Deutsche Bundesbank

Jahr	1950	1960	1970	1980	1990	1995
	Mrd. DM					
Diskontkredit	4,24	1,43	17,41	43,68	84,91	61,8
Lombardkredit	1,33	0,51	1,40	7,71	6,18	5,5
Wertpapier-pensionsgeschäfte	–	–	–	6,16	117,43	145,8
Kreditsumme	5,57	1,94	18,81	57,55	208,52	213,1
nachrichtlich: Einlagen bei der Bundesbank	1,89	13,05	26,25	53,85	74,68	49,7

Quellen: 1950: Bank deutscher Länder; 1960ff.: Deutsche Bundesbank.

b) Bereitstellung von Informationen

Eine weitere Leistung der Bundesbank besteht in der Bereitstellung vielfältiger Informationen. Die Bundesbank hat nach § 18 BBankG das Recht, zur Erfüllung ihrer Aufgaben Statistiken zu erheben. Darüber hinaus reichen die Kreditinstitute bei der Bundesbank bankenaufsichtliche Unterlagen wie Monatsausweise, Jahresabschlüsse und zugehörige Prüfungsberichte sowie gemäß §§ 13, 14, 16 und 24 KWG bestimmte Anzeigen ein. Daher verfügt die Bundesbank über einen hervorragenden Informationsstand. Diese Informationen wertet die Bundesbank aus und publiziert die Ergebnisse. Zu erwähnen sind vor allem die Banken- und die Kapitalmarktstatistik, die als Ergänzung zu den Monatsberichten der Bundesbank geliefert werden. Außerdem publiziert die Bundesbank regelmäßig Analysen der Jahresabschlüsse der Kreditinstitute.

Ebenso bietet die Bundesbank als Evidenzzentrale für Millionenkredite einen wichtigen Service. Jedes Kreditinstitut hat der Bundesbank die Namen der Schuldner mitzuteilen, die einen Kredit über 1 Mio. DM (seit 1993 3 Mio. DM) erhalten haben, ebenso die zugehörigen Kreditbeträge. Die Bundesbank ermittelt aufgrund der eingegangenen Anzeigen das Gesamtkreditvolumen jedes Schuldners und teilt dies den kreditgebenden Instituten mit. Seit einigen Jahren wird ein weitergehender Informationsaustausch zwischen Evidenzzentralen in mehreren europäischen Ländern aufgebaut.

c) Zahlungsverkehr

Die Automatisierung des Zahlungsverkehrs

Schließlich wird ein erheblicher Teil des Zahlungsverkehrs über die Bundesbank abgewickelt. Dies gehört zu den Aufgaben der Bundesbank, da ein zuverlässiger und rascher Zahlungsverkehr Voraussetzung für einen funktionsfähigen Geld- und Kapitalmarkt ist. Infolge von Ungleichgewichten zwischen Ein- und Auszahlungen der Kreditinstitute müssen diese über Möglichkeiten verfügen, plötzlich auftretende Überschüsse und Defizite rasch auszugleichen. Circa 30% der zwischenbetrieblichen unbaren Zahlungen werden von der Bundesbank verarbeitet.[5] Sie fungiert als Brücke zwischen den Gironetzen der Sparkassen, Kreditgenossenschaften, Großbanken und der Postbank und bietet denjenigen Kreditinstituten, die keinem dieser Netze angehören, die Abwicklung des Zahlungsverkehrs an.

5 Vgl. Deutsche Bundesbank, Neuere Entwicklungen.

Bei der Gestaltung von Zahlungsverkehrssystemen stellen sich drei Aufgaben: (1) Im Interesse der Nutzer sollten Zahlungsvorgänge rasch und endgültig abgewickelt werden. (2) Die mit der Abwicklung des Zahlungsverkehrs verbundenen Kosten sowie die erforderlichen Arbeitsguthaben (zinslose Guthaben von Kreditinstituten bei der Notenbank zur Abwicklung des Zahlungsverkehrs) sollten minimiert werden. (3) Die Risiken des Zahlungsverkehrssystems sollten minimiert werden. Die Bundesbank hat sich stets bei der Erfüllung dieser Aufgaben engagiert.[6]

Bereits im Jahr 1950 bemühten sich die Landeszentralbanken und die Bank deutscher Länder um eine rationellere Abwicklung des Zahlungsverkehrs. 1970 wurden die Voraussetzungen für die automatisierte Belegbearbeitung geschaffen. Seit 1992 bietet die Bundesbank den Kreditinstituten ein elektronisches Zahlungsverkehrssystem an. Die «elektronische Abrechnung mit Filetransfer» führt zu einer vollautomatisierten Abrechnung von Inlandszahlungen über 50.000 DM, die im Datenträgeraustausch-Format eingeliefert werden, sowie von SWIFT-Inlandsanschlußzahlungen (weltweite elektronische Interbankzahlungen). Darüber hinaus können Kreditinstitute und andere Großkunden über die Bundesbank selbständig Großbetragsüberweisungen elektronisch ohne Zeitverzögerung durchführen. Auch hat die Bundesbank die Durchleitungsdauer von Überweisungen, Lastschriften und Schecks erheblich verkürzt, so daß der Float deutlich reduziert wurde. Ein zinsbringender Float entsteht nur dann, wenn dem Zahlungsempfänger ein Betrag wertstellungsmäßig später gutgeschrieben als dem Zahlenden belastet wird.

Tabelle 6: Zahlungsverkehr der Bundesbank im Jahr 1995

Position	Stückzahl Mio.	Volumen Mrd. DM
Massenzahlungsverkehr	2.272	4.700
davon		
– maschinell optische Beleglesung	115	267
– Datenträgeraustausch	2.157	4.433
Großzahlungsverkehr	35	189.407
Insgesamt	2.307	194.107

Quelle: Geschäftsbericht der Deutschen Bundesbank 1995, S. 125.

6 Vgl. Deutsche Bundesbank, Neuere Entwicklungen.

Bis 1990 wickelte die Bundesbank den Zahlungsverkehr kostenlos ab. Im Juli 1990 wurde die Gebührenpflicht vom Zentralbankrat beschlossen; die Gebühren für den beleglosen Zahlungsverkehr sind am niedrigsten. Tabelle 6 gibt einen Überblick über den Zahlungsverkehr der Bundesbank im Jahr 1995. Sie verdeutlicht, daß die rationellen Zahlungsverkehrsinstrumente bei weitem dominieren.

Einschränkung der Zahlungsverkehrsrisiken

Neben der Geschwindigkeit der Abwicklung und den Kosten des Zahlungsverkehrs ist das Systemrisiko ein weiteres Qualitätsmerkmal des Zahlungsverkehrssystems. Zu den Risiken eines Zahlungsverkehrssystems zählen das Liquiditäts-, das Kredit- und das Systemrisiko. Das Liquiditätsrisiko resultiert aus der vorübergehenden Zahlungsunfähigkeit eines Teilnehmers am Zahlungsverkehr, das Kreditrisiko aus der dauerhaften Zahlungsunfähigkeit. Zu einem Systemrisiko kommt es, wenn infolge des Zahlungsausfalls eines Teilnehmers auch andere Teilnehmer zahlungsunfähig werden und daher der Zahlungsverkehr zusammenbricht (Dominoeffekt).

Ein anderes, jedoch verwandtes Risiko entsteht, wenn zwischen Leistung und Gegenleistung, die zeitgleich erfolgen sollten, eine Zeitspanne liegt: das sogenannte Herstatt-Risiko. Bevor die Herstatt-Bank im Jahre 1974 insolvent wurde, wurden ihr im Laufe des letzten Geschäftstages vor Schließung D-Mark-Beträge endgültig gutgeschrieben; die Gegenleistung in US-Dollar war aber noch nicht abgewickelt, so daß die Kontraktpartner hohe Verluste erlitten.

Ein Zahlungsverkehrssystem sollte die genannten Risiken möglichst ausschalten. Traditionell arbeiteten die Notenbanken mit sogenannten *Nettosystemen*. Hierbei werden die während eines Tages anfallenden Zahlungsaufträge von der Notenbank ausgeführt, am Abend sind verbleibende Sollsalden der Kreditinstitute durch Geldmarktgeschäfte oder Lombardierung von Wertpapieren glattzustellen. Kommt diese Glattstellung nicht zustande, behält sich die Notenbank vor, bereits ausgeführte Zahlungen am Abend wieder rückgängig zu machen (Rückabwicklung). Damit entstehen Liquiditäts-, Kredit- und Systemrisiken.

Diese haben die Notenbanken veranlaßt, Verbesserungen der Zahlungsverkehrssysteme zu diskutieren. Im Jahr 1990 veröffentlichte die BIZ den sogenannten Lamfalussy-Bericht, der verschiedene Möglichkeiten der Risikoreduzierung aufzeigt.[7] Unter anderem werden in diesem Bericht *Echtzeit-Bruttosysteme* erörtert; bei diesen werden Zahlungen von der Notenbank

7 Vgl. Bank für Internationalen Zahlungsausgleich, Interbank-Netting-Systeme.

sofort und unwiderruflich ausgeführt, wenn das Zentralbankkonto des auftraggebenden Kreditinstituts genügend Deckung aufweist.

Die Bundesbank hat an diesen Überlegungen mitgewirkt und sie aufgegriffen. Im Großbetragszahlungsverkehr hat sie im Jahr 1995 neben dem Nettoverfahren ein zweites Verfahren eingeführt, das einem Bruttoverfahren sehr nahekommt. Über die Landeszentralbank in Frankfurt am Main wird die Elektronische Abrechnung (EAF 2) abgewickelt. Sie dient dem gleichtägigen Zahlungsaustausch zwischen Kreditinstituten und erreicht mit einem täglichen Volumen von 600 Mrd. DM mehr als 70% des über die Bundesbank geleiteten Zahlungsverkehrsvolumens.[8]

Mit dem Zahlungsverkehrssystem EAF 2, das in zwei Phasen abgewickelt wird, ist der Bundesbank ein großer Schritt vorwärts gelungen. Das Gros der Zahlungsaufträge wird innerhalb von 20 Minuten nach Einlieferung endgültig abgewickelt. Damit werden ungewollte Kreditbeziehungen zwischen Kreditinstituten und ihren Kunden weitgehend vermieden. In Phase I werden unerwünschte hohe Nettozahlungen eines Instituts an ein anderes durch Senderhöchstbeträge vermieden; in der kürzeren Phase II besteht dieser Schutz allerdings nicht mehr. Da es lediglich in Phase II zur Rückabwicklung einzelner Zahlungen kommen kann, ist das Systemrisiko im Vergleich zu einem Nettosystem als gering einzustufen.

Noch nicht befriedigend gelöst sind die Risiken aus Zeitdifferenzen bei der Abwicklung von Leistungen und Gegenleistungen. Im Jahr 1993 gab die Bank für Internationalen Zahlungsausgleich im Nöell-Report[9] verschiedene Anregungen, wie die Notenbanken durch eigene Systeme diese Zeitdifferenzen verkürzen können.

4. Der Einfluß der Zinspolitik der Bundesbank auf die Finanzmärkte

Zur Sicherung des Geldwertes steht der Bundesbank ein Arsenal von Instrumenten zur Verfügung. Gleichzeitig unterliegt sie Restriktionen, die den freien Einsatz der Instrumente behindern. Besonders deutlich wurden solche Restriktionen, wenn die Bundesbank aufgrund internationaler Abkommen gezwungen war, das Ausbrechen von Wechselkursen der D-Mark aus vorgegebenen Bandbreiten durch Intervention im Devisenmarkt zu verhindern. Die mitunter unvermeidlichen negativen Folgen für die Geldwertstabilität beeinträchtigen auch die langfristige Glaubwürdigkeit der Bundesbank. Hier

8 Vgl. Deutsche Bundesbank, Elektronische Abrechnung, S. 16.

9 Vgl. Bank für Internationalen Zahlungsausgleich, Zahlungsverkehrsdienstleistungen.

soll der Frage nachgegangen werden, inwieweit die Bundesbank mit ihrer Zinspolitik tatsächlich die Finanzmärkte beeinflußt. Solche Einflüsse sind an Änderungen von Zinssätzen auf dem Geld- und Kapitalmarkt, an Änderungen von Aktienkursen sowie von Wechselkursen ablesbar, aber auch an Änderungen der Volatilitäten von Zinssätzen, Aktien- und Wechselkursen. Bestehen solche Wirkungen, so werden die Akteure auf diesen Märkten versuchen, solche Wirkungen zu prognostizieren und daraus Gewinn zu ziehen.

a) Zinspolitische Instrumente der Bundesbank

Zu den zinspolitischen Instrumenten der Bundesbank gehören die Diskont- und die Lombardpolitik, die Politik der Wertpapierpensionsgeschäfte sowie die Offenmarktpolitik.[10] Außerdem kann die Bundesbank über ihre Informationspolitik, die seit 1974 die Bekanntgabe eines Geldmengenziels einschließt, die Erwartungen der Marktteilnehmer und damit die Preise am Geld- und Kapitalmarkt verändern.

Diskont- und Lombardpolitik sowie die Wertpapierpensionsgeschäfte wurden bereits kurz in Abschnitt 3a charakterisiert. Offenmarktpolitik wird von der Bundesbank durch Kauf und Verkauf öffentlicher Anleihen betrieben. Allerdings hat die Bundesbank diese Politik nur «sporadisch ... in größerem Umfang»[11] eingesetzt. Damit möchte sie den Verdacht vermeiden, zur Finanzierung von staatlichen Haushaltsdefiziten beizutragen und das langfristige Zinsniveau maßgeblich zu beeinflussen. Im folgenden werden daher die Wirkungen von Diskont- und Lombardpolitik sowie der Politik der Wertpapierpensionsgeschäfte untersucht.

b) Zu erwartende Reaktionen auf effizienten Finanzmärkten

Will man untersuchen, wie die Zinspolitik der Bundesbank auf die Finanzmärkte wirkt, dann ist zwischen erwarteten und überraschenden zinspolitischen Maßnahmen zu unterscheiden. Wenn die Bundesbank eine genau umrissene Maßnahme für einen bestimmten späteren Zeitpunkt ankündigt, dann reagieren effiziente Finanzmärkte unverzüglich bei *Ankündigung* der Maßnahme. Bei der späteren Durchführung der Maßnahme kommt es zu keiner weiteren Reaktion, denn mit der Durchführung ist keine neue Informa-

10 Auch über ihre Einlagenpolitik (bis 1994), ihre Politik am Devisenmarkt und die Mindestreservepolitik kann die Deutsche Bundesbank Zinssätze und Wechselkurse beeinflussen.

11 Deutsche Bundesbank, Geldpolitik, S. 117.

tion verbunden. Werden Maßnahmen überraschend ohne vorherige Ankündigung durchgeführt, dann reagieren effiziente Finanzmärkte unverzüglich bei *Durchführung*.

Um erwartete von überraschenden zinspolitischen Maßnahmen zu unterscheiden, kann man versuchen, das Verhalten der Bundesbank zu prognostizieren. Solche Verhaltensprognosen bauen auf Vergangenheitsanalysen auf, in denen ein Zusammenhang zwischen zinspolitischen Maßnahmen einerseits und gesamtwirtschaftlichen Indikatoren sowie Finanzmarktdaten andererseits herausgefiltert wird. Solche Zusammenhänge lassen sich für eine Prognose des Bundesbankverhaltens heranziehen. Je deutlicher die Signale für bestimmte Maßnahmen sind, desto weniger überraschend sind solche Maßnahmen, desto schwächer sollte die Reaktion des Finanzmarktes ausfallen. Dennoch beinhalten auch solche Maßnahmen noch eine Information, erstens hinsichtlich ihres Ausmaßes, z.B. der Höhe einer Diskontsatzänderung, und zweitens hinsichtlich des Zeitpunktes. Da der Zentralbankrat Diskont- und Lombardsatz nur relativ selten ändert, besteht in den Finanzmärkten eine erhebliche Unsicherheit bezüglich des Zeitpunktes einer Änderung.

Der Überraschungsgehalt einer Maßnahme hängt außerdem vom Informationszweck ab, den die Bundesbank dem verwendeten Instrument zuweist. Bis zur Mitte der achtziger Jahre kam dem Diskont- und dem Lombardsatz eine dominierende Rolle als Signal der Zinspolitik zu. Seitdem nutzt die Bundesbank die Wertpapierpensionsgeschäfte zur Feinsteuerung des Geldmarktes. Da diese Geschäfte wöchentlich durchgeführt werden, im Gegensatz zu den eher seltenen Änderungen von Diskont- und Lombardsatz, signalisiert die Bundesbank heute ihre Zinspolitik primär über die Konditionen der Wertpapierpensionsgeschäfte. Änderungen von Diskont- und Lombardsatz haben eher nachvollziehenden Charakter und dementsprechend weniger Informationsgehalt. Daher sollte man erwarten, daß die Finanzmärkte seit der Mitte der achtziger Jahre schwächer auf Änderungen von Diskont- und Lombardsatz reagieren.

In eine ähnliche Richtung zielt auch die Unterscheidung von technischen und nicht-technischen zinspolitischen Maßnahmen. Technische Maßnahmen vollziehen lediglich Entwicklungen der Finanzmärkte nach und haben daher wenig Informationsgehalt. Beispielsweise liegt der Diskontsatz im allgemeinen unter den kurzfristigen Geldmarktsätzen. Wenn diese auf das Niveau des Diskontsatzes oder darunter gefallen sind, ist eine Rediskontierung von Wechseln für die Kreditinstitute nicht mehr attraktiv. Die Bundesbank sieht sich daher in einer solchen Situation veranlaßt, den Diskontsatz zu senken. Für die Finanzmärkte kommt eine solche Senkung nicht überraschend. Diese Überlegungen zeigen, daß bei der Interpretation von Finanzmarktreaktionen auf zinspolitische Maßnahmen der Bundesbank das «Umfeld» zu beachten ist.

c) Der empirische Befund

Wechselndes Umfeld der Zinspolitik seit 1948

Da sich die Rahmenbedingungen für die Zinspolitik der Bundesbank seit 1948 mehrfach geändert haben, werden zunächst die Zinsentwicklung und die Zinspolitik der Bundesbank grafisch charakterisiert. Schaubild 1 zeigt den Diskont- und den Lombardsatz und den Tagesgeldsatz seit 1949.

In der Wiederaufbauphase von 1949 bis 1960 verlief die Zinsentwicklung relativ ruhig. Der durchschnittliche Tagesgeldsatz lag stets in der Nähe des Diskontsatzes. Die Phase von 1960 bis 1973 war zunächst durch einen recht starken Preisauftrieb zur Mitte der sechziger Jahre gekennzeichnet, den die Bundesbank durch Erhöhungen von Diskont- und Lombardsatz zu bremsen suchte. Das Ende der sechziger Jahre und der Zeitraum von Januar 1972 bis März 1973 sind durch massive Devisenspekulationen im Rahmen des Bretton-Woods-Abkommens und schließlich seinen Zusammenbruch geprägt. Die Bundesbank war verpflichtet, den Kurs des US-Dollars durch Interventionen am Devisenmarkt zu stützen. Mit deutlichen Anhebungen von Diskont- und Lombardsatz versuchte die Bundesbank, die Liquidität im D-Mark-Geldmarkt zu verteuern. Diese Maßnahmen wurden allerdings relativ spät ergriffen, weil die Bundesbank nicht weiteres Auslandsgeld durch ein hohes Zinsgefälle zum Ausland anlocken wollte.

Insgesamt stand die Bundesbank den internationalen Spekulationswellen recht hilflos gegenüber, sie griff daher auch auf «Marterwerkzeuge gegen den freien Kapitalverkehr»[12] zurück.

Nach dem Zusammenbruch des Bretton-Woods-Abkommens im März 1973 erhöhte die Bundesbank Diskont- und Lombardsatz massiv und setzte den Lombardkredit zeitweise aus, um D-Mark-Liquidität abzuschöpfen; der Tagesgeldsatz stieg daraufhin bis auf 36%. Ab 1974 kam es zu einer Beruhigung an den Geldmärkten sowie deutlichen Ermäßigungen von Diskont- und Lombardsatz, die auch der ausgeprägten Rezession im Jahr 1975 entgegenwirken sollten.[13] In den Jahren 1979 und 1980 stiegen infolge einer strikten Geldmengenpolitik, die von den USA ausging, die Zinsen erheblich, Diskont- und Lombardsatz wurden angehoben. Nachdem die Inflation erheblich abgenommen hatte, sanken in den Jahren 1982 und 1983 die Zinssätze deutlich. Am Ende der achtziger Jahre setzte die Bundesbank wieder ein Signal gegen Inflationserwartungen, indem sie Diskont- und Lombardsatz anhob. Dies erwies sich als wichtig in dem Moment, als durch die Wiedervereinigung ein

12 Schlesinger, Rolle, S. 38.

13 Ab November 1973 gewährte die Bundesbank zeitweilig auch Sonderlombardkredite zu höheren, täglich veränderbaren Sonderlombardsätzen.

Schaubild 1

Entwicklung ausgewählter Notenbank- und Geldmarktsätze von 1948 bis 1996

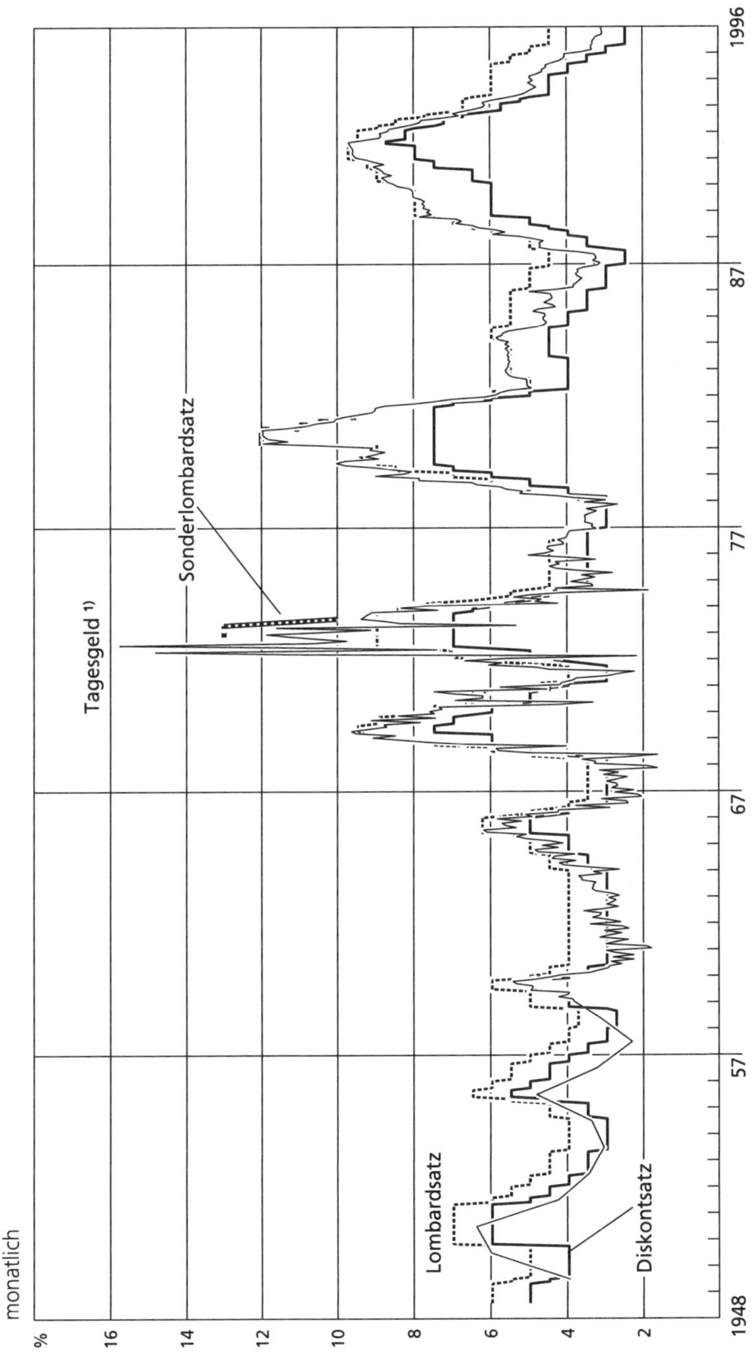

1 Ab 1949 bis 1959 jährlich. — Quelle: Deutsche Bundesbank.

weiterer Boom ausgelöst wurde. Erst als sich die Konjunktur im Jahr 1992 abkühlte, kam es zu einer weitreichenden Abnahme von Geldmarktsätzen, Diskont- und Lombardsatz, die sich bis in das Jahr 1996 fortsetzte.

Dieser Überblick zeigt, daß das Umfeld der Notenbankpolitik im Zeitablauf erheblichen Änderungen unterworfen war. Auch verdeutlicht Schaubild 1, daß der Tagesgeldsatz seit Mitte der achtziger Jahre praktisch immer zwischen Diskont- und Lombardsatz liegt. Seit dieser Zeit betreibt die Bundesbank die Feinsteuerung über Wertpapierpensionsgeschäfte.

Reaktionen auf Änderungen von Diskont- und Lombardsatz

In verschiedenen empirischen Studien[14] werden die Änderungen von Diskont- und Lombardpolitik untersucht. Im Zeitraum Januar 1961 bis Februar 1995 tagte der Zentralbankrat an 829 Tagen, jedoch wurden der Diskont- und/oder der Lombardsatz nur 83mal geändert. Diese Änderungen verteilen sich gleichmäßig auf die drei Teilzeiträume

- Januar 1961 bis März 1973 (Zusammenbruch des Bretton-Woods-Systems),
- April 1973 bis Januar 1985,
- Februar 1985 (intensiver Einsatz von Wertpapierpensionsgeschäften beginnt) bis Februar 1995.

Die Unterschiedlichkeit dieser Zeiträume zeigt sich unter anderem in der Diskont- und Lombardpolitik selbst. Ihre Determinanten lassen sich anhand einer linearen Regression untersuchen.[15] Im ersten Teilzeitraum können Änderungen von Diskont- und Lombardsatz recht gut anhand der Wachstumsraten des realen Bruttosozialprodukts in den vorangehenden vier Quartalen erklärt werden. Hohe Wachstumsraten waren Signale für eine Erhöhung von Diskont- und Lombardsatz, niedrige Wachstumsraten Signale für eine Senkung. Im zweiten Teilzeitraum tritt neben den Faktor «Wachstumsrate» mit der «Änderung der Inflationsrate im letzten Halbjahr gegenüber dem vorangehenden» ein zweiter Faktor. Ein Anstieg der Inflationsrate signalisiert eine Erhöhung von Diskont- und Lombardsatz. Im dritten Teilzeitraum dagegen lassen sich Änderungen von Diskont- und Lombardsatz gut erklären allein durch Abweichungen des Durchschnitts aus Tages- und Monatsgeldsatz von Diskont- und Lombardsatz. Wenn der Durchschnitt von Tages- und Monatsgeldsatz in die Nähe des Lombardsatzes rückt oder ihn übersteigt, dann wird eine Erhöhung von Diskont- und Lombardsatz wahrscheinlich. Wenn umgekehrt der Durchschnitt in die Nähe des Diskontsatzes oder dar-

14 Untersuchungen darüber, wie die kurzfristigen Kreditzinssätze auf Änderungen der offiziellen Zinssätze reagieren, finden sich beispielsweise in: Deutsche Bundesbank, Reaktionen; Franke/Meyer, Impact; Hardy, Market Reaction sowie Borio/Fritz, Response.

15 Vgl. Franke/Meyer, Impact.

unter sinkt, dann wird eine Senkung von Diskont- und Lombardsatz wahrscheinlich. Dieser Befund unterstreicht, daß seit Februar 1985 die Konditionen der Wertpapierpensionsgeschäfte die entscheidenden Signale der Zinspolitik sind und Diskont- und Lombardpolitik im wesentlichen die Entwicklungen am Geldmarkt nachvollziehen. Demnach sollte man erwarten, daß die Finanzmärkte seit Februar 1985 weniger deutlich auf Änderungen von Diskont- und Lombardsatz reagieren.

Schaubild 2 zeigt die relativen Änderungen des Tages- und des Monatsgeldsatzes an den vier Tagen vor und den sechs Tagen nach Änderung von Diskont- und Lombardsatz.[16] Um die Wirkungen genauer zu isolieren, wird die am Tag x beobachtete Änderung des Geldmarktsatzes vermindert um die beobachtete Änderung am Tag x der vorangehenden Zentralbankratssitzung, auf der keine zinspolitischen Beschlüsse gefaßt wurden. Der Tag x ist hierbei der Tag −4, −3, … , 0, +1, … , +5. Die so adjustierten Änderungen werden ausgehend vom Tag -4 kumuliert und in Schaubild 2 grafisch veranschaulicht. Punkte in den Tabellen über den Grafiken bedeuten, daß die adjustierten relativen Änderungen an den betreffenden Tagen signifikant von Null verschieden sind.

Im ersten Teilzeitraum (1961–1973) reagiert der Monatsgeldsatz bilderbuchmäßig auf Änderungen von Diskont- und Lombardsatz. Vor der Ankündigung geschieht wenig, am Tag nach der Ankündigung springt der Satz wie erwartet nach oben oder unten und verharrt danach etwa auf dem neuen Niveau. Dies gilt ebenso für den zweiten Teilzeitraum (1973–1985). Im dritten Teilzeitraum (1985–1995) dagegen steigt der Monatsgeldsatz im Vorfeld einer Erhöhung oder Senkung von Diskont- und Lombardsatz an; der Anstieg ist allerdings gering. Am Tag nach Ankündigung der Änderung reagiert der Monatsgeldsatz wie erwartet, kommt jedoch in den folgenden Tagen wieder auf das Niveau unmittelbar vor Ankündigung zurück. Auch wenn sich damit ein diffuses Bild im dritten Teilzeitraum zeigt, so bleibt doch festzuhalten, daß in allen Teilzeiträumen der Monatsgeldsatz unmittelbar nach Ankündigung der Politikänderung wie erwartet und signifikant reagiert.

Für den Tagesgeldsatz trifft dies nicht zu. Er verhält sich bilderbuchmäßig lediglich im zweiten Teilzeitraum. Im ersten Teilzeitraum steigt er bei einer Erhöhung des Diskont- und Lombardsatzes zwar unmittelbar nach Ankündigung, fällt dann jedoch unter das Ausgangsniveau. Im dritten Teilzeitraum zeigt sich ein unsystematischer Verlauf. Hiermit bestätigt sich die Vermutung, daß seit der intensiven Nutzung von Wertpapierpensionsgeschäften signifi-

16 Da meist beide Sätze gemeinsam geändert werden, wird nicht zwischen der Änderung nur eines Satzes und der beider Sätze unterschieden.

Reaktion des Tages- und des Monatsgeldsatzes auf Leitzinsänderungen

Schaubild 2

Tagesgeldsatz *)

Tag	-4	-3	-2	-1	0	+1	+2	+3	+4	+5
DL-A1					•					
DL-A2					•	••				
DL-A3		•	•	••						
DL-S1	••				•••					
DL-S2					•••			•		•
DL-S3										

Monatsgeldsatz *)

-4	-3	-2	-1	0	+1	+2	+3	+4	+5	Tag
				••						DL-A1
				••						DL-A2
	•	••		••						DL-A3
•				•••						DL-S1
			•	•••						DL-S2
				•••						DL-S3

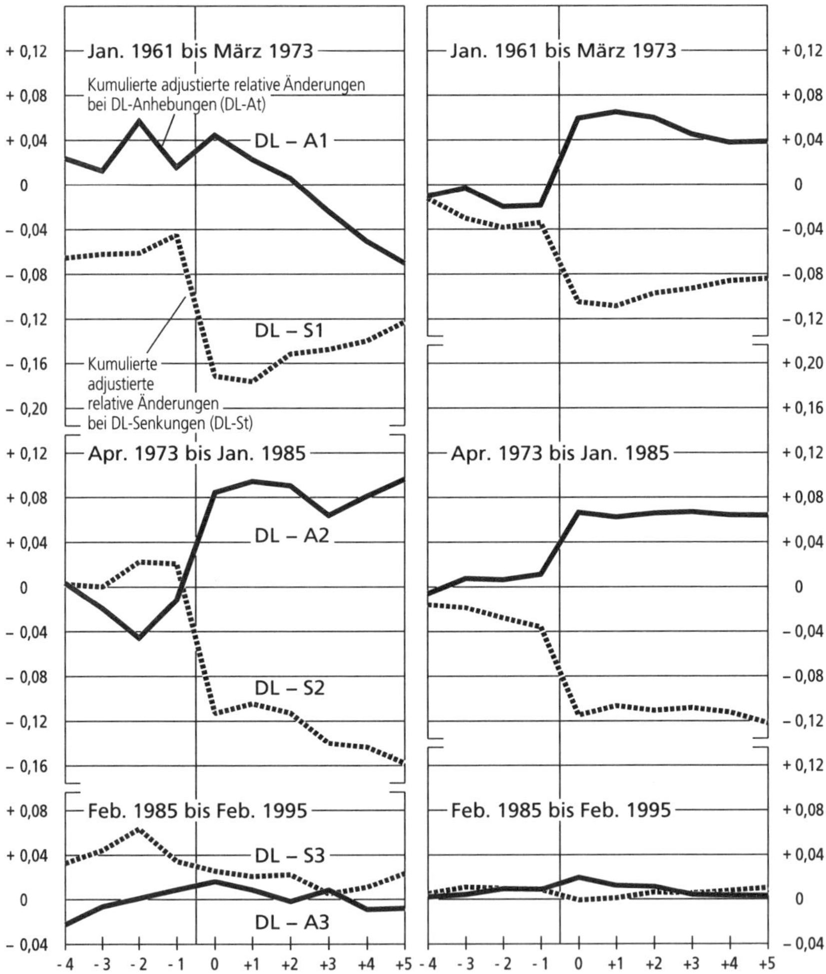

* Die senkrechte Linie kennzeichnet den Zeitpunkt, an dem die Änderung von Diskont- und Lombardsatz bekanntgegeben wird. Die Punkte in den Tabellen geben das Signifikanzniveau der adjustierten relativen Änderungen an einem Tag an (• 10 Prozent, •• 5 Prozent, ••• 1 Prozent). — Quelle: Franke/Meyer, Impact, S. 213. DL-A1,-A2,-A3: Diskont-/Lombardsatzanhebungen im Zeitraum 1 (Jan. 1961 - März 1973), 2 (Apr. 1973 - Jan. 1985) bzw. 3 (Feb. 1985 - Feb. 1995); DL-S1,-S2,-S3: Diskont-/Lombardsatzsenkung im jeweiligen Zeitraum.

Reaktion der Umlaufsrendite und der Aktienkurse auf Leitzinsänderungen Schaubild 3

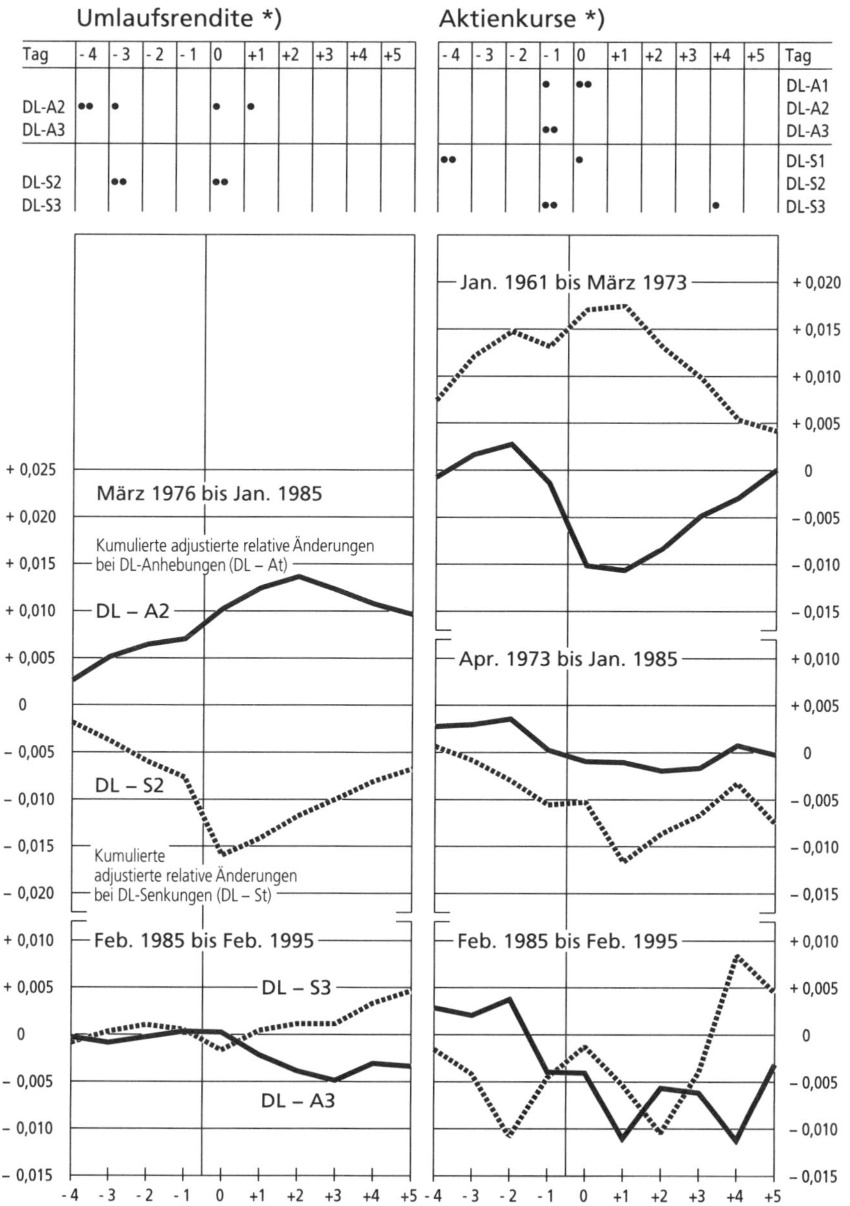

* Die senkrechte Linie kennzeichnet den Zeitpunkt, an dem die Änderung von Diskont- und Lombardsatz bekanntgegeben wird. Die Punkte in den Tabellen geben das Signifikanzniveau der adjustierten relativen Änderungen an einem Tag an (● 10 Prozent, ●● 5 Prozent, ●●● 1 Prozent). — Quelle: Franke/Meyer, Impact, S. 214. DL-A1,-A2,-A3: Diskont-/Lombardsatzanhebungen im Zeitraum 1 (Jan. 1961 - März 1973), 2 (Apr. 1973 - Jan. 1985) bzw. 3 (Feb. 1985 - Feb. 1995); DL-S1,-S2,-S3: Diskont-/Lombardsatzsenkung im jeweiligen Zeitraum.

kante dauerhafte Einflüsse der Diskont- und Lombardpolitik auf Tages- und Monatsgeldsätze nicht mehr bestehen.[17]

Schaubild 2 verdeutlicht, daß die relativen Änderungen der Monatsgeldsätze im Schnitt geringer sind als die der Tagesgeldsätze. Noch geringer ist der Einfluß auf die Umlaufrendite festverzinslicher Wertpapiere, wie Schaubild 3 zeigt.[18]

Die Umlaufrendite reagiert zwar im zweiten Teilzeitraum auf Änderungen der Diskont- und Lombardsätze wie erwartet, jedoch kommt es bereits im Vorfeld zu deutlichen Änderungen. Im dritten Teilzeitraum ergeben sich nur geringfügige, unsystematische Änderungen der Umlaufrendite. Insgesamt zeigt sich, daß die Diskont- und Lombardpolitik die Zinsstrukturkurve in den kürzesten Laufzeiten am stärksten und in den langen Laufzeiten kaum beeinflußt.[19] Der Einfluß ist bis Januar 1985 deutlich zu erkennen; danach wird er erheblich geringer und ist bereits nach wenigen Tagen nicht mehr erkennbar.

Aktienkurse sollten bei einer Erhöhung von Diskont- und Lombardsatz *sinken* (und umgekehrt), da ein höheres Zinsniveau den Barwert der Dividenden senkt. Im ersten Teilzeitraum reagieren die Aktienkurse unmittelbar nach Ankündigung einer Diskont- und Lombardsatzänderung wie erwartet, jedoch verflüchtigt sich der Effekt sehr rasch. Im zweiten und im dritten Teilzeitraum sind die Wirkungen gering.

Es liegt nahe zu untersuchen, ob die Finanzmarktreaktionen schwächer für *erwartete* Diskont- und Lombardsatzänderungen ausfallen. Als erwartet werden solche Politikänderungen bezeichnet, die gemäß der bereits beschriebenen Analyse der Faktoren, die die Politikänderungen erklären, eine hohe Wahrscheinlichkeit aufwiesen. Überraschenderweise fallen die Finanzmarktreaktionen auf erwartete Diskont- und Lombardsatzänderungen nicht schwächer aus.[20] Dies mag damit zusammenhängen, daß auch bei erwarteten Politikänderungen eine hohe Unsicherheit bezüglich Zeitpunkt und Ausmaß besteht und die Änderung daher eine wichtige Information beinhaltet.

Diese Ergebnisse erlauben auch einige Schlußfolgerungen zu der Frage, ob die Finanzmärkte effizient sind, ob sie also unverzüglich reagieren. Signifi-

17 Hardy, Market Reaction, kommt zu ähnlichen Ergebnissen für den zweiten Teilzeitraum. Er beobachtet jedoch auch im dritten Teilzeitraum signifikante Reaktionen des Tagesgeldsatzes.

18 Die Deutsche Bundesbank veröffentlicht täglich die Umlaufrendite festverzinslicher Wertpapiere. Diese Datenreihe ist erst seit März 1976 verfügbar. Für die Kurse deutscher Aktien wird der DAFOX verwendet, ein wertgewichteter Index deutscher Aktienkurse, der von der Karlsruher Kapitalmarktdatenbank errechnet wird.

19 Siehe auch Deutsche Bundesbank, Reaktionen.

20 Vgl. Franke/Meyer, Impact. Hardy, Market Reaction, findet schwächere, aber signifikante Reaktionen.

kant sind vor allem die Reaktionen unverzüglich nach Ankündigung der Diskont- und Lombardsatzänderung, an späteren Tagen gibt es fast keine signifikanten Änderungen. Dies spricht für die Effizienz der Finanzmärkte. Jedoch zeigen sich mehrfach an den späteren Tagen weitere Reaktionen, die die vorangehenden neutralisieren. Dies weckt Zweifel an der Effizienz.

Wasmund, Alexander und Feth[21] untersuchen den Einfluß von Leitzinsänderungen auf den D-Mark/US-Dollar-Wechselkurs im Zeitraum von 1974 bis 1994. Sie finden keinen systematischen Einfluß, weder im Gesamtzeitraum noch in Teilzeiträumen. Dies widerspricht der Vermutung, daß Leitzinssenkungen die heimische Währung schwächen, weil die Geldanlage im Inland an Attraktivität einbüßt.

Reaktionen auf Wertpapierpensionsgeschäfte

Da seit 1985 die Signalfunktion von Diskont- und Lombardsatz deutlich an Wirkung eingebüßt hat, sollte man vermuten, daß seitdem die Konditionen der Wertpapierpensionsgeschäfte diese Funktion übernommen haben. Im Jahr 1979 begann die Bundesbank, in unregelmäßigen Zeitabständen Pensionsgeschäfte durchzuführen. Bis Herbst 1984 wurden diese vorzugsweise zu Monatsbeginn, ab 1988 viermal im Monat, ab Dezember 1993 wöchentlich durchgeführt; manchmal wurden zudem den «geldmarktnahen Banken» Schnelltender mit nur wenigen Tagen Laufzeit angeboten. Bis Oktober 1992 betrug die Laufzeit der Pensionsgeschäfte vier Wochen oder rund zwei Monate, danach zwei Wochen.

Um die Signalwirkung von Pensionsgeschäften abzuschätzen, ist zwischen Zins- und Mengentender zu unterscheiden. Beim *Mengentender* bietet die Bundesbank den Kreditinstituten an, zu einem fest vorgegebenen Zinssatz Wertpapiere auf Zeit zu kaufen. Wenn die von allen Instituten zusammen angebotene Menge von Papieren das von der Bundesbank intern festgesetzte Limit unterschreitet, dann werden alle Gebote der Kreditinstitute erfüllt. Bei Überschreitung werden die Gebote mit einer für alle Institute gleichen Quote repartiert. Den Finanzmärkten gehen bei einem Mengentender zwei Signale zu: bei Ausschreibung des Tenders der festgelegte Zinssatz und einen Tag später das insgesamt zugeteilte Volumen sowie gegebenenfalls die Repartierungsquote.

Beim *Zinstender* gibt die Bundesbank keinen Zinssatz vor; die Institute legen in ihren Geboten jeweils Zinssatz und Menge gleichzeitig fest. Die Bundesbank bestimmt seit September 1988 nach dem amerikanischen Verfahren einen marginalen Zuteilungssatz: Alle Gebote mit höheren Zinssätzen werden voll befriedigt und zu diesen Zinssätzen abgerechnet, diejenigen mit einem

21 Vgl. Wasmund/Alexander/Feth, Leitzinsänderungen.

Zinssatz in Höhe des marginalen Zuteilungssatzes können repartiert werden. Mit der Abwicklung eines Zinstenders gehen den Finanzmärkten mehrere Informationen zu: der marginale Zuteilungssatz, der Schwerpunktsatz (Spanne der Sätze, bei denen das Schwergewicht der Zuteilungen lag) und das Zuteilungsvolumen.

Eine Untersuchung der Pensionsgeschäfte von 1979 bis Anfang März 1995 ergibt folgendes Bild. Bei Mengentendern gibt die Bundesbank den Festzinssatz am Tag der Ausschreibung bekannt. Weicht dieser Satz von dem Geldmarktsatz ab, der sich bei Fortschreibung eines Trends aus den vorangegangenen Tagen ergibt (= erwarteter Geldmarktsatz), so kann die Abweichung als Überraschung interpretiert werden. Dementsprechend sollte auch der Geldmarktsatz nach Bekanntgabe des Festzinssatzes vom erwarteten Geldmarktsatz abweichen. Diese Vermutung wird durch die Daten bestätigt: Sowohl für Tagesgeld als auch für Monatsgeld ergibt sich ein um so höherer überraschender Anstieg (Abfall) nach Bekanntgabe des Festzinssatzes, je weiter der Festzinssatz über (unter) dem erwarteten Tages- bzw. Monatsgeldsatz liegt. Dabei zeigt sich, daß der Tagesgeldsatz etwa doppelt so empfindlich wie der Monatsgeldsatz auf Überraschungen reagiert.[22]

Beim Zinstender nach dem amerikanischen Verfahren zeigt sich, daß Abweichungen des marginalen Zuteilungssatzes vom Tagesgeldsatz des Vortages zu etwa gleich hohen Änderungen des Tagesgeldsatzes gegenüber dem Vortag führen. Beim Monatsgeldsatz hingegen lassen sich keine signifikanten Zusammenhänge erkennen.[23]

Diese Befunde zeigen, daß die Feinsteuerung der Bundesbank über Pensionsgeschäfte vor allem auf den Tagesgeldsatz einwirkt, weniger auf den Monatsgeldsatz. Dies leitet zu der Frage über, ob die Bundesbank durch ihre Politik der Pensionsgeschäfte die in den Finanzmärkten bestehende Unsicherheit über die Zinsentwicklung eher vermindert oder verstärkt hat. Dabei ist es durchaus möglich, daß die Bundesbank durch häufigere Feinsteuerungsmaßnahmen im kurzfristigen Bereich die Unsicherheit in diesem Bereich erhöht, damit jedoch zu einer Verstetigung der Zinsentwicklung im mittel- und langfristigen Bereich beiträgt. Eingehende theoretische Analysen dieser Zusammenhänge stehen noch aus.

Einige empirische Befunde liegen bereits vor. Untersucht wird hierbei die Volatilität von Zinssätzen; sie ist ein Maß für die Schwankung von Zinssätzen und wird durch die Standardabweichung von Zinssatzänderungen errechnet. Die Bundesbank selbst wie auch Wasmund, Alexander und

22 Im Gegensatz dazu findet Hardy, Market Reaction, keine signifikanten Reaktionen von Tages- und Monatsgeldsatz.

23 Hardy, Market Reaction, findet eine schwach negative Reaktion des Tagesgeldsatzes, jedoch eine signifikant positive Reaktion des Monatsgeldsatzes.

Ahrens[24] kommen zu dem Ergebnis, daß die Volatilität des Tagesgeldsatzes mit dem intensiven Einsatz von Pensionsgeschäften zugenommen hat. Wasmund, Alexander und Ahrens finden jedoch auch, daß die Volatilität des Monatsgeldsatzes abgenommen hat. Demnach gelingt es anscheinend der Bundesbank, die Entwicklung des Monatsgeldsatzes zu verstetigen, jedoch auf Kosten einer abnehmenden Stetigkeit des Tagesgeldsatzes.

Sollte die Feinsteuerung des Geldmarktes die Entwicklung der längerfristigen Zinssätze verstetigen, so wäre dies ein Erfolg. Denn diese Zinssätze gehen in die Dispositionen von Unternehmen und Haushalten ein. Werden die Schwankungen dieser Zinssätze reduziert, dann erleichtert dies die Dispositionen und fördert die wirtschaftliche Entwicklung.

5. Die Rolle der Bundesbank bei der Liberalisierung der Finanzmärkte

a) Das Für und Wider einer Liberalisierung

Liberalisierung von Finanzmärkten ist ein Prozeß, in dem Für und Wider miteinander streiten. Je mehr Typen von Instrumenten gehandelt werden können und je weniger der Handel dieser Instrumente reguliert ist, um so liberaler ist der Finanzmarkt. Aus liberaler Perspektive sollten zwei Personen das Recht haben, jedes denkbare Finanzinstrument zu selbst gewählten Bedingungen untereinander zu handeln. Damit wird auch ein freier Wettbewerb gefördert. Jedoch wird dieser Grundsatz aus mehreren Erwägungen eingeschränkt: (1) Für zahlreiche Finanzkontrakte ist typisch, daß zwischen Leistung und Gegenleistung erhebliche Zeiträume liegen. Deswegen wird ein Rechtssystem benötigt, das die Erfüllung der Kontrakte zu niedrigen Transaktionskosten sichert. (2) Die Wirkungen komplizierter Finanzinstrumente sind schwer zu durchschauen. Der Gesetzgeber sieht es daher als seine Aufgabe an, unzureichend Informierte vor Übervorteilung zu schützen. (3) Ebenso versucht der Gesetzgeber heute, die Nutzung von Insiderwissen im Wertpapierhandel zu verhindern.

Zu diesen einzelwirtschaftlichen Argumenten treten gesamtwirtschaftliche: (1) Der unbeschränkte Handel von Finanzinstrumenten im Inland kann der Notenbank die Sicherung des Geldwertes erschweren. (2) Der unbeschränkte Handel kann zu hohen Verlusten von Unternehmen führen und damit die

24 Vgl. Deutsche Bundesbank, Reaktionen sowie Wasmund/Alexander/Ahrens, Zentralbankratssitzungen.

Stabilität des Finanzsystems gefährden. (3) Der unbeschränkte Handel kann unerwünschte Verhaltensänderungen der handelnden Personen fördern. So befürchtet die Bundesbank, daß mit dem Handel kurzfristiger Schuldtitel die Kurzfristorientierung der handelnden Personen zunimmt. Auch wenn hier eine Gefahr bestehen mag, so muß man doch die Frage stellen, ob es die Aufgabe der Bundesbank ist, diesbezüglich Einfluß zu nehmen. Die genannten Argumente können zum Verbot einzelner Finanzinstrumente wie auch zur Regulierung des Handels führen, also zu einer Deliberalisierung.

Starke Impulse für die Liberalisierung folgen aus der Internationalisierung der Wirtschaft. (1) Beschränkungen des Handels von Instrumenten im Inland erzeugen einen Anreiz, diesen Handel ins Ausland zu verlagern. Damit werden die Beschränkungen unterlaufen; außerdem werden Arbeitsplätze ins Ausland verlagert. (2) Mit der europäischen Integration wird ein einheitlicher Binnenmarkt verwirklicht, der den freien Kapital- und Dienstleistungsverkehr innerhalb der Europäischen Union garantieren soll. Nationale Regeln sind daher zunehmend in Konflikt mit den Prinzipien des freien Binnenmarktes geraten und mußten angepaßt werden. (3) Die Liberalisierung des Finanzmarktes kann auch als politisches Instrument eingesetzt werden. So kann ausländischen Kreditinstituten im Wege der Reziprozität ein größerer Handlungsspielraum in Deutschland eingeräumt werden, wenn dasselbe für deutsche Kreditinstitute im Ausland zutrifft.

Die Entwicklung in Deutschland seit 1948 ist durch zwei gegenläufige Strömungen bestimmt. Einerseits hat die Vielfalt der handelbaren Instrumente in den vergangenen 50 Jahren deutlich zugenommen, andererseits aber auch die Zahl der gesetzlichen Regelungen des Handels. Daher kann man nicht generell von einer Liberalisierung der Finanzmärkte sprechen.

b) Die am Liberalisierungsprozeß beteiligten Akteure

Die Vielfalt der Argumente spiegelt sich auch in der Vielfalt der Akteure wider, die sich für oder gegen eine Liberalisierung der Finanzmärkte einsetzen. Zuerst sind die inländischen Kreditinstitute zu nennen, die als Anbieter und Vermittler von Finanzdienstleistungen eine zentrale Rolle auf den Finanzmärkten übernehmen. Wären die Kreditinstitute eine homogene Interessengruppe, so könnte man davon ausgehen, daß sie gegen eine Liberalisierung wären. Denn eine Liberalisierung baut Wettbewerbsbarrieren ab und schmälert damit tendenziell die Gewinne der Kreditinstitute. Einige Institute versuchen jedoch, mit neuen Finanzinstrumenten neue Geschäftsfelder und Kunden zu erschließen. Daher besteht insbesondere bei innovativen Kreditinstituten ein Interesse an einer Liberalisierung.

Eine weitere Interessengruppe sind Unternehmen und private Haushalte, die Finanzdienstleistungen nachfragen; sie treten als Gruppe kaum in Erscheinung. Nicht selten stärken Gerichtsurteile ihre Position, indem sie den gesetzlichen Handlungsspielraum von Kreditinstituten restriktiv auslegen. Ob der deutsche Gesetzgeber ein originäres Interesse an der Liberalisierung der Finanzmärkte hat, darf bezweifelt werden. Jedoch hat die Bundesregierung die Schaffung eines einheitlichen europäischen Binnenmarktes stets befürwortet und die Verabschiedung entsprechender EG-Richtlinien unterstützt.

Schließlich sind die Bundesbank und das Bundesaufsichtsamt für das Kreditwesen (BAKred) als Akteure im Liberalisierungsprozeß zu nennen. Auch wenn beide Institutionen nicht als Gegner einer Liberalisierung bezeichnet werden können, so legen ihre Aufgaben ihnen doch eine vorsichtige Haltung nahe. Beide Institutionen wollen und können zwar Insolvenzen von einzelnen Kreditinstituten nicht verhindern, wohl aber Gefährdungen des Finanzsystems durch Schieflagen zahlreicher Institute. Da neue Finanzinstrumente häufig neue Risiken für Kreditinstitute erzeugen, deren Beherrschung erst erlernt werden muß, verhalten sich die Bundesbank und das BAKred gegenüber neuen Instrumenten zurückhaltend. Dies wird bei der Bundesbank durch die Sorge verstärkt, daß die Wirksamkeit ihrer Geldpolitik durch neue Instrumente beeinträchtigt werden könnte. Insgesamt ist daher davon auszugehen, daß Bundesbank und BAKred die Liberalisierung der Finanzmärkte zwar nicht verhindern, jedoch eine zögerliche Haltung einnehmen.

Im folgenden wird die Rolle der Bundesbank bei der Liberalisierung bis 1996 nachgezeichnet. Dabei stehen der Markt für D-Mark-Auslandsanleihen, die neuen Finanzinstrumente und die Mindestreservepolitik im Vordergrund.

c) Die Liberalisierung des Marktes für D-Mark-Auslandsanleihen

Das Verhalten der Bundesbank wird besonders deutlich an der Entwicklung des Marktes für D-Mark-Auslandsanleihen. Bis 1958 war die D-Mark nicht konvertibel und daher für internationale Finanztransaktionen nicht geeignet. Mit der Einführung der Konvertibilität änderte sich dies. Die D-Mark erwarb sich eine Reputation als stabile Währung mit vergleichsweise niedrigen Zinssätzen, so daß sie für ausländische Schuldner attraktiv wurde. Damit entstand der Markt für D-Mark-Auslandsanleihen.

In der hier verwendeten engeren Definition gehören zu den D-Mark-Auslandsanleihen alle *in Deutschland* von ausländischen Schuldnern aufgelegten D-Mark-Anleihen. Zu den ausländischen Schuldnern zählen öffentliche und private Schuldner mit Sitz im Ausland, allerdings nicht im Ausland domizilierende Tochtergesellschaften deutscher Unternehmen.

Im Jahr 1958 wurde die erste D-Mark-Auslandsanleihe begeben. Bis Ende 1967 blieb dieses Marktsegment eher bescheiden; die Anleihen erreichten ein

Umlaufvolumen von knapp 5 Mrd. DM, im Vergleich zu 135 Mrd. DM inländischer Emittenten.[25] Dies überrascht angesichts der deutschen Kuponsteuer, die 1965 auch auf Betreiben der Bundesbank eingeführt wurde. Hierbei handelt es sich um eine Quellensteuer von 25% auf die Zinserträge von D-Mark-Inlandsanleihen, die von gebietsfremden Inhabern zu zahlen war. Die Bundesbank hoffte, mit dieser Steuer ausländische Anleger vom deutschen Kapitalmarkt in Zeiten hoher Leistungsbilanzüberschüsse fernzuhalten.

Im Jahr 1968 stiegen die Emissionswünsche ausländischer Emittenten sprunghaft an. Die Bundesbank sah sich daher veranlaßt, diese Emissionen zu kanalisieren. Dazu vereinbarte sie im Februar 1968 mit den führenden deutschen Kreditinstituten ein Gentlemen's Agreement. Dieses stellt eine «freiwillige Vereinbarung zwischen der Notenbank und den Kreditinstituten (dar), nach denen sich diese für einen bestimmten Zeitraum zu einem von der Notenbank gewünschten, im gesamtwirtschaftlichen Interesse liegenden Verhalten verpflichten».[26] In diesem Gentlemen's Agreement wurde das *Verankerungsprinzip* vereinbart.[27] Danach übernahm ein deutsches Kreditinstitut die Konsortialführung bei der Emission von D-Mark-Auslandsanleihen in Deutschland, bei Anleihen mit D-Mark-Option wenigstens die Mitführung; andernfalls wirkten deutsche Kreditinstitute bei der Emission nicht mit.

Außerdem wurde im November 1968 im Zentralen Kapitalmarktausschuß der «Unterausschuß für D-Mark-Auslandsanleihen» gegründet, der die Emissionswünsche mit der Aufnahmefähigkeit des inländischen Marktes abstimmte. Diesem Ausschuß gehörte ab 1972 auch ein Mitglied des Direktoriums der Bundesbank an. Da eine Verdrängung inländischer Emittenten zu befürchten war, wurde das Emissionsvolumen für D-Mark-Auslandsanleihen im Januar 1975 auf monatlich 300 Mio. DM begrenzt.

Auch legte die Bundesbank Wert auf die informelle *Konversions- und Transferklausel,* wonach die D-Mark-Erlöse aus Emissionen unverzüglich in Fremdwährung zu konvertieren und ins Ausland zu transferieren seien. Hiermit wollte die Bundesbank verhindern, daß größere D-Mark-Beträge ins Ausland abwandern würden und die D-Mark zu einer internationalen Reservewährung werden würde. Die Bundesbank befürchtete davon Störungen ihrer Geldpolitik, insbesondere bei Währungsspekulationen.

Diese Vereinbarungen erleichterten es der Bundesbank, die Inanspruchnahme des Kapitalmarktes zu verstetigen. Auch den deutschen Kreditinstituten kamen sie gelegen, weil sie vor dem Wettbewerb ausländischer Kredit-

25 Deutsche Bundesbank, Geld- und Bankwesen, S. 303 und S. 306.

26 Issing, Geldpolitik, S. 136.

27 Vgl. Ergebnisprotokoll über eine Besprechung mit Vertretern von im Auslandsemissionsgeschäft tätigen Kreditinstituten über eine Inanspruchnahme der deutschen Kreditmärkte durch ausländische Emittenten am 6. Februar 1968 (HA BBk B 330/20665).

institute abgeschirmt wurden und damit höhere Erträge im Emissionsgeschäft erzielen konnten.

Zur Absicherung ihrer Politik mußte die Bundesbank die Emission von D-Mark-Auslandsanleihen im Ausland verhindern. Sie intervenierte dazu bei den ausländischen Notenbanken und begründete dies mit währungspolitischen Argumenten. Die ausländischen Notenbanken haben dies anerkannt und damit dem Gentlemen's Agreement internationale Wirkung verschafft.

Im März 1980 wurde das Gentlemen's Agreement sogar erweitert. Die Kreditinstitute verpflichteten sich, keine auf D-Mark lautenden Certificates of Deposit (CDs) und keine variabel verzinslichen Anleihen zu begeben. In den folgenden Jahren wurde das Gentlemen's Agreement wiederholt unterlaufen. Auch wurde immer deutlicher, daß der deutsche Finanzmarkt wegen der restriktiven Haltung der Bundesbank den Anschluß an die vielfältigen Innovationen auf anderen Finanzplätzen zu verpassen drohte. Zu den Gefahren aus der Wettbewerbsbeschränkung traten diejenigen einer finanztechnologischen Lücke. Die Bundesbank war sich bewußt, als liberalisierungs- und innovationsfeindlich zu gelten. Daher wurde das Gentlemen's Agreement im April 1985 aufgehoben.[28] Von nun an konnten auch in Deutschland ansässige Tochtergesellschaften ausländischer Banken die Konsortialführung bei der Emission von D-Mark-Auslandsanleihen übernehmen. Es blieb aber bei der Verankerung von D-Mark-Emissionen in Deutschland.

Zu Beginn der neunziger Jahre wuchs der Druck zu weiterer Liberalisierung insbesondere seitens der Europäischen Gemeinschaft. Durch Richtlinien bereitete sie den Europäischen Binnenmarkt zum 1. Januar 1993 vor. Die damit verbundenen Freiheiten im Kapital- und Dienstleistungsverkehr standen mit den Regelungen der Bundesbank nicht im Einklang. Dennoch wollte die Bundesbank das Verankerungsprinzip nicht aufgeben, um sich weiterhin einen Einfluß auf D-Mark-Emissionen zu sichern, insbesondere auf neuartige Konstruktionen; damit wurde der Finanzplatz Deutschland auch vor einer Abwanderung des Emissionsgeschäfts geschützt. So wurden ab August 1992 auch Zweigstellen ausländischer Banken zur Konsortialführung zugelassen, wenn sie über eine ausgebaute Konsortialabteilung in Deutschland verfügten.

d) Die Haltung der Bundesbank gegenüber neuen Finanzinstrumenten

In den siebziger Jahren verstanden es die Terminbörsen in Chicago, einen lebhaften Handel in Terminkontrakten und Optionen aufzubauen: Die amerikanischen Investmentbanken zogen durch die Verbriefung klassischer und innovativer Kreditformen einen Teil des Geschäfts von den *commercial banks* an

28 Deutsche Bundesbank, Pressenotiz vom 12. April 1985.

sich. So kam es am Ende der siebziger Jahre zu einer Welle von Finanzinnovationen, die bis heute andauert.

Für die Notenbanken stellten sich mit diesen Finanzinnovationen verschiedene Fragen, die bereits im Abschnitt 5a angesprochen wurden. Die Bundesbank hat bis 1985 die Gefahren bestimmter neuer Finanzinstrumente hoch eingeschätzt und dementsprechend ihre Begebung in Deutschland verhindert.[29] In einem Entwurf betreffend das «Angebot von Kapitalanlagen im internationalen Kapitalmarkt durch deutsche Kreditinstitute» vom Dezember 1979 weist die Bundesbank darauf hin, daß aus währungspolitischen Gründen die Anziehungskraft der D-Mark für Ausländer nicht durch das Angebot von am internationalen Markt gebräuchlich gewordenen handelbaren Einlagenzertifikaten (CDs) erhöht werden dürfe. Auch das Angebot variabel verzinslicher Kredite berge währungspolitische Gefahren, da die Schuldner einem hohen Zinsänderungsrisiko ausgesetzt seien. Dieses würden die Schuldner auf andere zu überwälzen versuchen. Hierin sah die Bundesbank eine Gefahr für die Geldwertstabilität. Auch führe ein variabler Zins in die Nähe einer Indexierung entgegen § 3 Währungsgesetz.

Erst im Dezember 1985 gab die Bundesbank ihren Widerstand gegen CDs und variabel verzinsliche Anleihen auf. Die variabel verzinslichen Anleihen erreichten Ende Juni 1996 jedoch nur einen Anteil von 8,9% am Volumen der D-Mark-Inlandsanleihen und einen Anteil von 15,5% am Volumen der D-Mark-Auslandsanleihen.[30]

Auch D-Mark-Zerobonds, also D-Mark-Anleihen ohne Kupon, deren Verzinsung sich im Kursanstieg äußert, wurden von der Bundesbank erst im April 1985 zugelassen. Die Bedenken der Bundesbank richteten sich gegen die vergleichsweise hohen Kursschwankungen dieser Papiere bei Änderungen des Zinsniveaus sowie gegen die hohe punktuelle Belastung des Schuldners am Rückzahlungstermin. Insgesamt hat sich der Zerobond-Markt in Deutschland nur schleppend entwickelt. Der Umlauf von D-Mark-Zerobonds erreichte bei D-Mark-Inlandsanleihen per Ende Juni 1996 lediglich einen Anteil von 0,2%, bei D-Mark-Auslandsanleihen einen Anteil von 2,3%.[31] Im Juni 1996 gaben das Bundesministerium der Finanzen und die Bundesbank bekannt, daß ab 1997 die Trennung von Kapital- und Zinsansprüchen bei bestimmten langlaufenden Bundesanleihen («Stripping») sowie ihr getrennter Handel zulässig sein sollen.[32]

Die Bundesbank hatte ebenfalls Bedenken gegen D-Mark-Auslandsanleihen, die an Währungsswaps gekoppelt sind, da ihre Risiken noch nicht genü-

29 Dies schließt nicht die klassischen Finanzterminkontrakte und -optionen ein. Optionen wurden an deutschen Börsen ab 1970 wieder gehandelt.

30 Deutsche Bundesbank, Kapitalmarktstatistik, S. 24 und S. 41.

31 Deutsche Bundesbank, Kapitalmarktstatistik, S. 24 und S. 41.

32 Vgl. Deutsche Bundesbank, Pressenotiz vom 13. Juni 1996.

gend transparent waren. Ihre Bedenken stellte die Bundesbank ebenfalls im Jahr 1985 zurück.

Besonders kritisch verhielt sich die Bundesbank gegenüber kurzfristigen Geldmarktpapieren. Erstens befürchtete sie eine unerwünschte Kurzfristorientierung der Geldnehmer und der Geldgeber, die der langfristigen Stabilität der D-Mark schaden könnte. Wenn Kredite zunehmend verbrieft werden, dann schlagen sich Stimmungsumschwünge mehr und mehr in Kursschwankungen und großen Umsätzen verbriefter Kredite nieder.[33] Diese deutlichen Signale nötigen die Bundesbank, der damit verbundenen Unsicherheit entgegenzusteuern. Gleichzeitig wird es für sie schwieriger, die Wirkungen ihrer Geldpolitik abzuschätzen. Zweitens kann die kurzfristige Refinanzierung der Kreditinstitute seitens der Bundesbank durch die Begebung von kurzfristigen Geldmarktpapieren in ihrer Wirksamkeit beeinträchtigt werden. Drittens kann die Begebung von kurzfristigen Geldmarktpapieren die Refinanzierung der Kreditinstitute verteuern, und damit die Kreditfinanzierung der Unternehmen. Denn ein Teil der Spareinlagen kann auf höher verzinsliche Geldmarktpapiere umgeschichtet werden. Dies war in den letzten Jahren auch zu beobachten.

Die Hauptsorge der Bundesbank galt allerdings stets der Sicherung des Mindestreservesystems. Kurzfristige Geldmarktpapiere eröffnen Möglichkeiten zur Umgehung der Mindestreservepflichten. Daher wird die Politik der Bundesbank betreffend Geldmarktpapiere im folgenden gemeinsam mit der Mindestreservepolitik erörtert.

e) Die Mindestreservepolitik der Bundesbank

Nach wie vor betont die Bundesbank, daß die Mindestreserve ein unverzichtbarer Bestandteil ihrer Politik sei. Sie versucht daher auch, die Mindestreserve in der Europäischen Währungsunion als Instrument zu sichern, obgleich nicht alle Staaten dieses Instrument nutzen. Die Euromärkte sind mindestreservefrei.

Inländische Kreditinstitute sind verpflichtet, für Sichteinlagen, befristete Einlagen und Spareinlagen zinslose Einlagen bei der Bundesbank zu unterhalten (Anweisung der Bundesbank über Mindestreserven). Die Höhe der Mindestreserve richtet sich nach der durchschnittlichen Höhe der reservepflichtigen Verbindlichkeiten, multipliziert mit den Mindestreservesätzen für die verschiedenen Kategorien von Verbindlichkeiten.

Früher wurde die Mindestreserve auch als Puffer zur Liquiditätssicherung der Kreditinstitute in Krisensituationen angesehen. Diese Funktion kommt

33 Vgl. Deutsche Bundesbank, Verbriefungstendenzen.

ihr heute kaum noch zu, zumal die Mindestreservesätze seit 1979 fast durchgängig nur gesenkt wurden. Seit August 1995 beträgt der Reservesatz 2%, für Spareinlagen nur 1,5%. 1977 betrug der Reservesatz für Sichteinlagen in der Spitze noch 14,9%. Auch die früher der Mindestreserve zuerkannte Funktion, über den Geldschöpfungsmultiplikator die von den Kreditinstituten eingeräumten Kredite zu beschränken, kann in Anbetracht der niedrigen Reservesätze nicht überzeugen. Die Grundsätze über Eigenkapital und Liquidität setzen erheblich schärfere Grenzen.

Die Mindestreserve dient heute dazu, der Bundesbank die Feinsteuerung des Geldmarktes zu erleichtern. Die Mindestreserve garantiert einen Bedarf der Kreditinstitute an Zentralbankgeld. Auch argumentiert die Bundesbank,[34] die Einlagen der Kreditinstitute bei der Notenbank seien ein wirksamer Liquiditätspuffer, da das Reserve-Ist eines Monats sich nur nach dem Durchschnitt der im Kalendermonat gehaltenen Guthaben bei der Bundesbank richte. Ein Kreditinstitut könne daher diesen Puffer flexibel je nach Bedarf in Anspruch nehmen. Außerdem könne die Bundesbank in der zweiten Monatshälfte den Geldmarkt über Pensionsgeschäfte genau steuern, da sie wisse, inwieweit die Kreditinstitute noch Geld für die Erfüllung ihrer Mindestreserveverpflichtungen benötigten.

Die Kraft dieser Argumente ist mehr und mehr umstritten. Denn dank ihrer starken internationalen Verflechtung können die Kreditinstitute zunehmend international Geld, allerdings kein Zentralbankgeld, beschaffen und anlegen. Außerdem kann die Bundesbank Liquiditätsverknappungen am Geldmarkt an Änderungen des Tagesgeldsatzes ablesen, die nicht parallel mit solchen längerfristigen Geldmarktsätzen laufen.

Die Mindestreserve war ein wichtiger Grund für die Bundesbank, die Liberalisierung des deutschen Kapitalmarktes zu bremsen. Da Schuldverschreibungen mit einer Gesamtlaufzeit von mindestens zwei Jahren nicht mindestreservepflichtig sind, ergeben sich durch die neuen Finanzinstrumente zahlreiche Umgehungsmöglichkeiten. So kann ein Kreditinstitut eine variabel verzinsliche Anleihe mit einer Laufzeit von mehr als zwei Jahren begeben und deren Handel an einer Börse beantragen. Die kurzfristigen Einleger kaufen dann für eine kurze Zeitspanne eine solche Anleihe; damit wird die Mindestreserve umgangen. Außerdem können ausländische Tochtergesellschaften deutscher Kreditinstitute kurzlaufende D-Mark-Einlagenzertifikate (CDs) (sofern diese nicht als D-Mark-Auslandsanleihen gelten) deutschen Anlegern verkaufen, ohne daß eine Mindestreserve anfällt. Dies trifft auch zu, wenn Anleger einem Unternehmen direkt Kredit geben, z.B. über Commercial Paper. Es überrascht daher nicht, daß die Bundesbank erst 1985 bzw. 1986 ihren Widerstand gegen variabel verzinsliche Anleihen und CDs aufgab.

34 Vgl. Deutsche Bundesbank, Neugestaltung.

Durch die Neuordnung der Mindestreservebestimmungen im Mai 1986 war zudem sichergestellt, daß Bankschuldverschreibungen und CDs mit einer Gesamtlaufzeit unter zwei Jahren der Mindestreserve unterliegen.

Einen weiteren Anlauf zur Weiterentwicklung des D-Mark-Geldmarktes nahm die Bundesbank nach den Währungsunruhen im Europäischen Währungssystem im Herbst 1992. Damals war die Geldmenge unerwartet stark gestiegen, so daß kurzfristige Papiere zur Liquiditätsabsorption wünschenswert waren. Außerdem wanderten infolge der Mindestreserve immer mehr Einlagen ins Ausland ab. Die Bundesbank beschloß daher im Februar 1993, die Mindestreservesätze deutlich zu senken und die freiwerdende Liquidität durch Emission von Bulis (Bundesbank-Liquiditäts-U-Schätze) abzuschöpfen. Diese unverzinslichen Schatzanweisungen mit einer Laufzeit von drei, sechs und neun Monaten wurden versteigert. Das Ziel der Bundesbank, vor allem auch inländische Nichtbanken anzusprechen, wurde verfehlt, da die Nichtbanken nur über Banken an der Versteigerung der Bulis teilnehmen konnten. Daher entschied sich die Bundesbank, die Emission von Bulis mit September 1994 einzustellen. Gleichzeitig lehnte sie die Emission unterjähriger Papiere durch die öffentliche Hand weiterhin ab.

Bereits im Jahr 1988 hatte die niedersächsische Landesregierung einen Entwurf für die Änderung des Gesetzes über Kapitalanlagegesellschaften vorgelegt, der geldmarktfondsähnliche Konstruktionen zugelassen hätte. Da aber Investmentfonds nicht der Mindestreserve unterliegen, sperrte sich die Bundesbank. Im Jahr 1993 schlug die EG-Kommission eine Änderung der EG-Investmentrichtlinie (OGAW-Richtlinie) vor, wonach in einem EG-Land zugelassene Geldmarktfonds automatisch auch in jedem anderen EG-Land vertrieben werden konnten. Im März 1994 stellte die Bundesbank ihre Bedenken gegen Geldmarktfonds zurück. Dies wurde ihr durch die inzwischen deutlich gesenkten Mindestreservesätze ebenso erleichtert wie auch durch den Verzicht der öffentlichen Hand, kurzfristige Papiere zu begeben. Ab September 1994 legten zahlreiche Banken eigene inländische Geldmarktfonds auf. Im Juni 1996 waren etwa 37,6 Mrd. DM in diesen Fonds angelegt.[35]

Um das Abwandern größerer Anlagebeträge ins Ausland zu verhindern, hat die Bundesbank im Dezember 1996 beschlossen, Einlagen, die in Form von Wertpapierpensionsgeschäften getätigt werden, von der Mindestreserve freizustellen. Überraschenderweise hat die Bundesbank im Jahr 1996 auch der Emission von Bubills zugestimmt.[36] Hierbei handelt es sich um Diskontpapiere des Bundes mit einer Laufzeit von sechs Monaten; das Gesamtvolumen soll 20 Mrd. DM nicht überschreiten.

35 Vgl. Deutsche Bundesbank, Kapitalmarktstatistik, Oktober 1996, S. 53.
36 Vgl. Deutsche Bundesbank, Pressenotiz vom 13. Juni 1996.

f) Wirkungen der Bundesbank-Politik auf den Finanzplatz Deutschland

Da zahlreiche Faktoren auf die Geschäftspolitik von Kreditinstituten einwirken, wäre es abwegig, einen einfachen Zusammenhang zwischen der Bundesbank-Politik und der Entwicklung des deutschen Finanzmarktes herzustellen. Dennoch lassen sich einige Vermutungen begründen. Das Gentlemen's Agreement zur Begebung von D-Mark-Auslandsanleihen hat die Konsortialführung lange Zeit deutschen Kreditinstituten gesichert. Ein wirksamer Wettbewerb ausländischer Kreditinstitute wurde unterbunden. Deutschen Kreditinstituten wurde auf diese Weise lukratives Geschäft gesichert. Gleichzeitig erwiesen sich diese Wettbewerbsschranken aber auch als Anreiz, Geschäfte außerhalb Deutschlands abzuwickeln. So haben deutsche Kreditinstitute wiederholt über Auslandsfilialen oder Auslandstöchter das Gentlemen's Agreement umgangen.

Die Mindestreserve erwies sich für größere Geldanleger frühzeitig als ein Grund, ihr Geld auf den mindestreservefreien Euromärkten anzulegen. Deutsche Kreditinstitute sind in Luxemburg und London sehr aktiv (Geschäftsvolumen in Luxemburg im Juni 1996 ca. 125 Mrd. DM,[37] in Großbritannien, vor allem London, ca. 601 Mrd. DM; gesamtes Geschäftsvolumen deutscher Kreditinstitute im Ausland ca. 1.247 Mrd. DM). Auch wenn die Mindestreservesätze inzwischen sehr niedrig sind, so stellt die Mindestreserve dennoch eine spürbare Belastung dar. Da die Margen bei internationalen Geschäften inzwischen auf wenige Basispunkte geschrumpft sind, stören auch schon Mindestreserve-Belastungen von ein bis zwei Basispunkten erheblich.

Die restriktive Haltung der Bundesbank zu Finanzinnovationen hat ebenfalls zur Stärkung der Finanzplätze London und Luxemburg beigetragen. Das Wissen um Finanzinnovationen hat sich vor allem im angelsächsischen Bereich entwickelt; in Deutschland brauchte es bis zur zweiten Hälfte der achtziger Jahre, um die Bedeutung dieser Instrumente zu erkennen.

Die Bundesbank hat dieses Problem schon frühzeitig gesehen, jedoch der Geldwertsicherung klare Priorität eingeräumt. Im Jahr 1985 wurde in einem internen Papier der Bundesbank ausgeführt, die privilegierten deutschen Banken würden durch die vorhandenen Regulierungen vor der «Zugluft» des internationalen Wettbewerbs bewahrt; die Bundesbank unterstütze damit «Monopolgewinne» im Bankgewerbe, bewährte neue Finanzinstrumente würden von Inländern nur an ausländischen Plätzen genutzt. Seitdem nimmt die Bundesbank eine wettbewerbsfreundlichere Haltung ein.

So setzte sie sich für eine Stärkung der Rolle von Auslandsbanken in Deutschland auf der Basis der Reziprozität ein. Sie empfahl dem Bundesfi-

37 Vgl. Deutsche Bundesbank, Bankenstatistik Oktober 1996, S. 92 und S. 94.

nanzminister im Jahr 1984 die Aufhebung der Kuponsteuer. Ebenso befürwortete sie bereits 1985 die erst 1991 umgesetzte Abschaffung der Börsenumsatzsteuer, weil ein Abwandern des Handels von variabel verzinslichen Anleihen nach London befürchtet wurde. Schließlich unterstützte die Bundesbank die Aufhebung der §§ 795, 808a BGB, also die Abschaffung der staatlichen Genehmigung der Emission von Schuldverschreibungen. Heute kann der deutsche Finanzmarkt als weitgehend liberalisiert bezüglich der handelbaren Instrumente gelten. Inzwischen ist die Bundesbank auch zu der Überzeugung gelangt, daß die neuen Finanzinstrumente ihre Geldpolitik nicht wesentlich beeinträchtigen.[38]

6. Die Rolle der Bundesbank bei der Bankenaufsicht

a) Gründe für die Beaufsichtigung von Kreditinstituten

Liberalisierung von Finanzmärkten und Bankenaufsicht können nicht unabhängig voneinander analysiert werden. Bei der Liberalisierung geht es um die Zulässigkeit von Finanzinstrumenten sowie die Regeln, die bei ihrer Begebung und ihrem Handel zu beachten sind. Bei der Bankenaufsicht geht es um die Regeln, die bei der Gründung von Banken und beim Betreiben von Bankgeschäften zu beachten sind. Werden die Finanzmärkte liberalisiert, so ergeben sich neue Geschäftsmöglichkeiten für Banken, die ihr Risiko deutlich erhöhen können. Will man Bankinsolvenzen durch Bankenaufsicht vorbeugen, dann erfordern neue Risiken neue Wege der Bankenaufsicht. Daher verwundert es nicht, wenn in den letzten zwei Jahrzehnten die Liberalisierung der Finanzmärkte eine Verschärfung der Bankenaufsicht nach sich zog.

Auch wenn es in Deutschland seit langem eine Gewerbeaufsicht gibt, so ist diese nicht zu vergleichen mit der Aufsicht von Kreditinstituten und Versicherungsgesellschaften. Diese Finanzintermediäre unterliegen einer besonders intensiven Aufsicht, die nicht unumstritten ist. Die Vertreter einer reinen Marktwirtschaft argumentieren, eine spezielle Bankenaufsicht sei überflüssig. Denn diejenigen Banken, die keine solide Geschäftspolitik betreiben, würden als solche erkannt und deswegen kaum Geschäftspartner finden. Dies ist jedoch nur zu erwarten, wenn es keine Einlagensicherungsfonds gibt, die jede Sorgfalt der Einleger erübrigen.

38 Vgl. Deutsche Bundesbank, Verwendung derivativer Finanzinstrumente; Deutsche Bundesbank, Verbriefungstendenzen.

Die Befürworter einer Bankenaufsicht argumentieren auf der Mikro- und der Makroebene.[39] Auf der *Mikroebene* geht es um die Transaktionskosten einer Geschäftsbeziehung. Der Sparer, der Geld bei einer Bank einlegen will, müßte sich zuvor über die Bonität der Bank informieren. Wenn es über die Bankenaufsicht gelingt, die Bonitätsbeurteilung durch den einzelnen Sparer zu erübrigen, dann werden Transaktionskosten gespart. Nun gibt es zahlreiche Beispiele dafür, daß eine Bankenaufsicht Bankinsolvenzen nicht verhindert; sie kann jedoch deren Wahrscheinlichkeit reduzieren.

Überzeugendere Argumente für eine Bankenaufsicht liefert die *Makroebene*. Die Banken unterhalten sehr enge Geschäftsbeziehungen miteinander. Daher besteht die Gefahr, daß die Insolvenz einer Bank die Insolvenz anderer Banken nach sich zieht und es zu einer Kettenreaktion kommt. Da die Banken den Zahlungsverkehr und weite Teile der Kreditversorgung einer Volkswirtschaft abwickeln, kann eine Störung dieser Dienstleistungen den Wirtschaftskreislauf erheblich beeinträchtigen. In dieser Schlüsselrolle unterscheidet sich der Bankensektor von anderen. Diese Erwägungen führten in allen westlichen Industrieländern zu einer ausgebauten Bankenaufsicht. Die damit einhergehenden Wettbewerbsbeschränkungen werden in Kauf genommen. In Deutschland zeigt sich dies im § 102 des Gesetzes gegen Wettbewerbsbeschränkungen, der wettbewerbsbeschränkendes Verhalten von Kreditinstituten ausdrücklich zuläßt, sofern dieses vom BAKred genehmigt oder überwacht wird und der Leistungsfähigkeit der Kreditinstitute dient.

Aus der Sicht der Notenbank spricht außerdem für die Bankenaufsicht, daß sie ihre Geldpolitik um so besser durchsetzen kann, je stärker die Banken reguliert werden.[40] Denn die Banken sind der Transmissionsriemen der Geldpolitik.

Allerdings dürfen bei all diesen Argumenten für eine Bankenaufsicht deren Probleme nicht übersehen werden. Neben den damit verbundenen Verwaltungskosten sind die Nachteile aus Wettbewerbsbeschränkungen zu beachten. Außerdem muß damit gerechnet werden, daß die Akteure der Bankenaufsicht eigene Interessen verfolgen, die von den gesellschaftlichen abweichen.[41] Schließlich erfordert die praktische Umsetzung der Bankenaufsicht häufig den Einsatz grober Instrumente, der zu unerwünschten Ausweichreaktionen der Banken führen kann.[42]

39 Vgl. Dewatripont/Tirole, Prudential Regulation, Kap. 2.2.
40 Vgl. Baltensperger, Regulierung.
41 Vgl. Boot/Thakor, Bank Regulation.
42 Vgl. Kim/Santomero, Risk in Banking.

b) Verteilung von Kompetenzen der Bankenaufsicht

Grundlage der Bankenaufsicht in Deutschland ist das KWG. Nach dem Zweiten Weltkrieg übten die Länderfinanzminister gemeinsam mit den Landeszentralbanken und der Bank deutscher Länder die Bankenaufsicht aus, basierend auf dem KWG in der Fassung von 1939. Bereits im Jahr 1948 befaßte sich der Zentralbankrat mit der Entwicklung eines Bankenaufsichtsgesetzes[43] und der Kompetenzverteilung bei der Bankenaufsicht. Im August 1948 beschloß er als Leitlinie, daß die Bankenaufsichtsbehörden der Länder die Durchführung der von der Bank deutscher Länder erlassenen Richtlinien überwachen und sicherstellen sollten.[44] Diese rigorose Leitlinie stieß auf den Widerstand der Bankenaufsichtsbehörden der Länder, die um ihre hoheitlichen Machtbefugnisse fürchteten.

Im Jahr 1951 legte ein aus Vertretern des Zentralbanksystems und der Bankenaufsichtsbehörden gebildeter Arbeitsstab einen Entwurf für ein Gesetz über das Kreditwesen vor.[45] Er fand keine Zustimmung im Zentralbankrat.[46] Überraschend beschloß das Bundeskabinett im Januar 1957 einen Entwurf für ein Gesetz über die Errichtung eines Bundesaufsichtsamtes für das Kreditwesen. Der Bank deutscher Länder war nicht einmal Gelegenheit zur Stellungnahme gegeben worden.[47] Dieser Entwurf schwächte die Rolle der Notenbank in der Bankenaufsicht; daher brachte der Zentralbankrat sein Mißfallen zum Ausdruck.[48] Unterdessen ging das Tauziehen um die Kompetenzverteilung zwischen Bundesbank, Bundeswirtschaftsminister und Bundesrat weiter.[49] Im November 1958 schließlich wurde ein Entwurf vorgelegt, den der Zentralbankrat unter Vorbehalt für akzeptabel hielt.[50] Danach übernahm das BAKred die hoheitlichen Aufgaben, die Bundesbank die praktische Durchführung der Aufsicht. Da das BAKred keine Außenstellen haben sollte, waren

43 Vgl. Protokoll der 20. Sitzung des Zentralbankrates der Bank deutscher Länder vom 19. Oktober 1948 (HA BBk B 330-006).

44 Vgl. Protokoll der 15. Sitzung des Zentralbankrates der Bank deutscher Länder vom 17. August 1948 (HA BBk B 330-004).

45 Vgl. Protokoll der 107. Sitzung des Zentralbankrates der Bank deutscher Länder vom 7./8. November 1951 (HA BBk B 330-049).

46 Vgl. Protokoll der 112. Sitzung des Zentralbankrates der Bank deutscher Länder vom 23./24. Januar 1952 (HA BBk B 330-052).

47 Vgl. Protokoll der 234. Sitzung des Zentralbankrates der Bank deutscher Länder vom 9./10. Januar 1957 (HA BBk B 330-099).

48 Vgl. Protokoll der 234. Sitzung des Zentralbankrates der Bank deutscher Länder vom 9./10. Januar 1957 (HA BBk B 330-099).

49 Vgl. Protokoll der 32. Sitzung des Zentralbankrates der Deutschen Bundesbank vom 2. Oktober 1958 (HA BBk B 330-145).

50 Vgl. Protokoll der 41. Sitzung des Zentralbankrates der Deutschen Bundesbank vom 19. Februar 1959 (HA BBk B 330-150).

Konflikte zwischen ihm und der Bundesbank von vornherein eingeschränkt. Dem anhaltenden Widerstand des Bundesrats ist es zuzuschreiben, daß das Gesetz erst im Jahr 1961 verabschiedet wurde.

Die Bundesbank sicherte sich mit dem neuen Gesetz über das Kreditwesen eine starke Stellung in der Bankenaufsicht, insbesondere in der praktischen Durchführung. Ihr Einfluß auf die materiellen Inhalte der Bankenaufsicht ist indessen mit der Internationalisierung des Bankgeschäfts zurückgegangen. Von der Europäischen Gemeinschaft wurden ab Mitte der siebziger Jahre zahlreiche Richtlinien über das Bankrecht beschlossen.

Einflußreiche Vorarbeiten wurden und werden vom Basler Ausschuß für Bankenaufsicht geleistet. Im Basler Ausschuß arbeiten die Vertreter von Aufsichtsbehörden und Notenbanken der Zehnergruppe sowie der Schweiz und Luxemburgs mit. Die Bundesbank kann zwar auch hier ihren Einfluß geltend machen, jedoch ist dieser in Anbetracht der starken internationalen Präsenz eher gering.

Im folgenden wird die Rolle der Bundesbank bei der Regulierung von Soll- und Habenzinsen, der Einlagensicherung, der Internationalisierung der Aufsicht und der Festlegung des Eigenkapitalbegriffs analysiert.

c) Die Regulierung von Soll- und Habenzinsen

Die Regulierung von Soll- und Habenzinsen wurde in zahlreichen Staaten als Mittel angesehen, den Banken eine auskömmliche Zinsspanne und den Notenbanken eine unmittelbare Einwirkung auf das Zinsniveau zu sichern. Höchsthabensätze sollten einen ruinösen Wettbewerb unter den Banken verhindern, Höchstsollsätze sollten kleinere Kreditnehmer schützen. In Deutschland trafen die Spitzenverbände des Kreditgewerbes nach der Bankenkrise ab 1931 Zinsabsprachen. Diese Rolle übernahmen nach dem Zweiten Weltkrieg die Bankenaufsichtsbehörden der Länder. Allerdings wurden schon frühzeitig «graue» Habenzinsen bezahlt, ohne daß dies von den Aufsichtsbehörden geahndet wurde.[51] Daher war die Regulierung der Zinsen im Zentralbankrat umstritten; nach außen wurde jedoch eine Zinsfreigabe nicht befürwortet.[52] Auch die Verbände der Kreditinstitute legten größten Wert auf die Zinsregulierung.[53] Schließlich wurde in § 23 des KWG von 1961 festgelegt, daß der Bundeswirtschaftsminister im Benehmen mit der Bundesbank die Zinssätze regeln kann.

51 Vgl. Protokoll der 152. Sitzung des Zentralbankrates der Bank deutscher Länder vom 28. Oktober 1953 (HA BBk B 330–073).

52 Vgl. Protokoll der 23. Sitzung des Zentralbankrates der Deutschen Bundesbank vom 8./9. Mai 1958 (HA BBk B 330–140).

53 Vgl. Gesetzliche Regelung der Soll- und Habenzinsen der Kreditinstitute. Vorlage für den Zentralbankrat vom 16. Mai 1958 (HA BBk B 330–141).

Der Minister delegierte dieses Recht an das BAKred, das im Einvernehmen mit der Bundesbank aktiv werden konnte. Am 1. März 1965 trat die erste Zinsverordnung in Kraft. Darin wurden die Sollhöchstsätze an den Diskontsatz gekoppelt, die Habenhöchstsätze indessen als feste Sätze vorgeschrieben.

Schon kurz nach Inkrafttreten der Verordnung begaben Kreditinstitute Kassenobligationen und umgingen damit die Zinsverordnung wie auch die Mindestreservepflicht.[54] Obgleich die Habenhöchstsätze im folgenden immer wieder der Marktlage angepaßt wurden, kam es auch weiterhin zu Umgehungen. Schließlich empfahl der Bundeswirtschaftsminister im Januar 1967 die Aufhebung der Zinsverordnung.[55] Ende März 1967 lief diese aus. An ihre Stelle traten Zinsempfehlungen der Bankenverbände.

Die gescheiterte Zinsverordnung macht die Grenzen der Bankenaufsicht deutlich. Das Festschreiben von Preisen kollidiert mit den Prinzipien des Wettbewerbs und kann daher kaum durchgesetzt werden. Wenn internationale Ausweichmöglichkeiten hinzutreten, behalten nationale Regelungen bestenfalls noch Bedeutung für «kleine» Bankkunden, während die großen ausweichen. Der Bankenaufsicht sind daher bei der Festlegung von Konditionen die Hände gebunden.

d) *Einlagensicherung*

Eine weitere Herausforderung kam auf die Bundesbank mit dem Zusammenbruch des Bankhauses Herstatt im Jahr 1974 zu. Diese Bank hatte große Positionen in Devisentermingeschäften aufgebaut; schließlich addierten sich ihre Verluste auf 1,2 Mrd. DM. Ein Versuch der Bundesbank, eine Rettungsaktion einzuleiten, scheiterte, so daß das BAKred am 26. Juni 1974 das Bankhaus schloß. Die damit entstandene Vertrauenskrise drohte zu einer Liquiditätskrise auszuufern. So wurden in größerem Umfang Einlagen bei den Privatbanken abgezogen; Versicherungsgesellschaften und öffentlich-rechtliche Institutionen waren hieran in besonderem Maß beteiligt. Die Bundesbank erweiterte daher die Rediskontmöglichkeiten und gewährte Lombardkredite in unbegrenzter Höhe.

Dieser Fall zeigte zwei Probleme deutlich: Erstens gerieten auch bonitätsmäßig einwandfreie Banken in den Sog des Vertrauensschwunds, so daß die Bundesbank sich gezwungen sah, als *lender of last resort* deren Liquidität zu stützen. Zweitens reichte der seit 1969 existierende Fonds des Bundesverban-

54 Vgl. Umgehung der Zinsverordnung und der Mindestreserveregelung durch Ausgabe von Schuldverschreibungen und auf anderen Wegen. Vorlage für den Zentralbankrat vom 20. April 1965 (HA BBk B 330–441).

55 Vgl. Schreiben des Bundeswirtschaftsministers Karl Schiller an den Präsidenten der Deutschen Bundesbank, Karl Blessing, vom 27. Januar 1967 (HA BBk B 330–459).

des deutscher Banken, der Einlagen natürlicher Personen bis zu 20.000 DM absicherte, nicht aus, um einen Run zu verhindern. Dementsprechend wurde nach Lösungen erstens zur Liquiditätssicherung von Banken und zweitens zur Verhinderung von Runs gesucht.

Die Bundesbank entwickelte das Konzept einer *Liquiditätskonsortialbank,* deren Aufgabe darin bestehen sollte, in Liquiditätsschwierigkeiten geratenen Banken mit unzweifelhafter Bonität Liquiditätshilfe zu gewähren, indem sie nicht-notenbankfähige Wechsel von diesen ankauft und in notenbankfähige verwandelt. Binnen kurzer Zeit wurde dieses Konzept verwirklicht, wobei sich die Bundesbank am Kapital der Liquiditätskonsortialbank mit 30% beteiligte.

Als schwieriger erwies sich die Lösung des Run-Problems. Das Bundesfinanzministerium legte einen Entwurf für eine gesetzliche Regelung vor, der weder auf die Gegenliebe der Banken noch auf die des BAKred stieß. Ebensowenig konnte sich die Bundesbank mit ihren Vorschlägen vom Oktober 1974 durchsetzen. Statt dessen setzte sich der Vorschlag des Bundesverbands deutscher Banken, der mit verschiedenen Bundesressorts abgestimmt war, durch. Es kam zur Einrichtung eines *Einlagensicherungsfonds,* dem sich jede private Bank anschließen kann, die einige Minimalanforderungen erfüllt; der Fonds garantiert Einlagen eines Anlegers bis zu 30% des haftenden Eigenkapitals der Bank.

Diese privatwirtschaftliche Lösung wurde zwar von den Mitgliedern des Zentralbankrats nicht als ideal empfunden, jedoch als ausreichend und schnell umsetzbar. Die öffentlich-rechtlichen sowie die genossenschaftlichen Banken hatten bereits eigene Sicherungseinrichtungen geschaffen.

Die Problematik jedweder Einlagensicherung besteht darin, daß die einzelne Bank gegenüber ihren Einlegern ihre Bonität nicht mehr glaubwürdig signalisieren muß. Die Risiken aus leichtfertiger Geschäftspolitik einer Bank werden nicht mehr von ihren Einlegern mitgetragen. Eingeschränkt werden diese Nachteile einer Einlagensicherung jedoch dadurch, daß Einlagen anderer Banken nicht gesichert sind und daher die Bank, die geldmarktfähig bleiben will, auf ihre Bonität achten muß. Außerdem muß eine dem Einlagensicherungsfonds angeschlossene Bank jederzeit bereit sein, sich einer Prüfung des Prüfungsverbandes privater Banken zu unterwerfen.

e) Bankenaufsicht über deutsche Grenzen hinweg

Seit den sechziger Jahren zog es auch deutsche Banken zunehmend an den Euromarkt. Großkunden bestanden darauf, von den günstigeren Euromarktkonditionen zu profitieren; Einleger nutzten die Vorteile des strengeren Bankgeheimnisses an einigen ausländischen Plätzen, um der deutschen Besteuerung zu entgehen. Den Banken bot der Euromarkt neben dem Fehlen der Mindestreserve auch andere Vorteile: Die Bankenaufsicht war weniger streng. Dazu traten weitgehende Freiheiten bei den Finanzinstrumenten, ein liberales Gesellschaftsrecht sowie Steuervergünstigungen.

Da Tochtergesellschaften im Ausland nicht der deutschen Bankenaufsicht unterlagen, die Muttergesellschaften in Deutschland jedoch im allgemeinen für die Verbindlichkeiten der Töchter hafteten, war die deutsche Bankenaufsicht gehandicapt. Durch Verlagerung von Geschäften ins Ausland konnten sich deutsche Banken der deutschen Bankenaufsicht weitgehend entziehen. Eine Verschärfung der Aufsicht in Deutschland hätte dieses Problem eher verstärkt. Deswegen diskutierte der Zentralbankrat bereits im Jahr 1977 verschiedene Möglichkeiten, dieses Problem zu beseitigen.

Versuche, mit ausländischen Aufsichtsbehörden zu kooperieren, erwiesen sich als wenig erfolgreich. Aufgrund eines späteren Gentlemen's Agreement wurden der Bundesbank und dem BAKred zwar Prüfungsberichte über die luxemburgischen Tochtergesellschaften deutscher Banken zugestellt, diese erwiesen sich jedoch als nicht ausreichend detailliert; auch wurden sie nur einmal pro Jahr vorgelegt. Daher beschloß der Zentralbankrat, den Bundesfinanzminister um eine Sofortnovelle des KWG zu ersuchen; danach hätten die Banken konsolidierte Monats- und Jahresabschlüsse unter Einschluß in- und ausländischer Beteiligungen (ab 10% Beteiligungsquote) an Kreditinstituten vorzulegen. Die Vorschriften über Eigenkapital und Kreditstreuung sollten für den *Bankkonzern* gelten.

Die Bemühungen um eine Sofortnovellierung des KWG im Jahr 1981 blieben ohne Erfolg. Die Bundesbank sah sich zu diesen Bemühungen um so mehr veranlaßt, als einige deutsche Banken im Inland entstandene Verluste auf Auslandstöchter verschoben und damit kaschierten. Im November 1983 bestätigten sich diese Befürchtungen, als das Bankhaus Schröder, Münchmeyer, Hengst & Co (SMH) zusammenbrach und nur durch eine konzertierte Aktion im Haus der Bundesbank unter Leitung der Präsidentin des BAKred gerettet werden konnte. Die SMH-Bank hatte an eine stark expandierende Firmengruppe nicht nur erhebliche Kredite aus Deutschland, sondern vor allem über ihre Luxemburger Tochter gegeben. Damit war die im KWG vorgeschriebene Limitierung von Großkrediten durch internationale Geschäfte unterlaufen worden.

Außerdem bekam die Bundesbank Unterstützung aus Basel. Die Zentralbankgouverneure der Zehnergruppe und der Schweiz hatten das «Basler Konkordat» beschlossen, wonach die Banken grenzüberschreitend auf Basis konsolidierter Abschlüsse zu beaufsichtigen sind. Kurze Zeit später, im Juni 1983, verabschiedete die Europäische Gemeinschaft die Richtlinie über die Beaufsichtigung der Kreditinstitute auf konsolidierter Basis. Im Jahr 1984 kam es dann zur Novellierung des KWG; die Beaufsichtigung auf konsolidierter Basis wurde Gesetz.

f) Das Tauziehen um das «haftende Eigenkapital»

Nicht so erfolgreich war die Bundesbank bei dem europäischen Tauziehen um die Festlegung des «haftenden Eigenkapitals». Es limitiert die Betätigungsmöglichkeiten der Banken, insbesondere hinsichtlich der Vergabe von Großkrediten und der Übernahme anderer Risiken. Je enger das haftende Eigenkapital definiert ist, um so geringer ist die Gefahr, daß es durch riskante Geschäfte zu einer Bankinsolvenz kommt. Die Einschränkung des Entscheidungsspielraums einer Bank verursacht indessen wie jede andere Beschränkung Kosten, insbesondere in Form entgangener Gewinne. Bei der Festlegung des haftenden Eigenkapitals sind außerdem zwei Kriterien zu berücksichtigen: (1) Für die verschiedenen Kreditinstitutsgruppen innerhalb eines Landes, (2) zwischen den Banken verschiedener Länder sollten faire Wettbewerbsverhältnisse geschaffen werden.

Ad (1): Bereits 1963 war die Wettbewerbsfähigkeit der Genossenschaftsbanken im Vergleich zu den Sparkassen, die von der Gewährträgerhaftung profitieren, durch einen Haftsummenzuschlag gestärkt worden (Verordnung über die Festsetzung eines Zuschlags für die Berechnung des haftenden Eigenkapitals von Kreditinstituten in der Rechtsform der eingetragenen Genossenschaft). Im Vorfeld der KWG-Novelle von 1984 versuchten die Sparkassenorganisation und die kommunalen Spitzenverbände, auch für die öffentlich-rechtlichen Kreditinstitute einen Haftsummenzuschlag durchzusetzen. Die Bundesbank widersetzte sich dem erfolgreich, weil sie eine grundsätzliche Aufweichung des Eigenkapitalbegriffs befürchtete. Der Haftsummenzuschlag der Genossenschaftsbanken wurde gleichzeitig reduziert.

Ad (2): Im Gegensatz dazu mußte die Bundesbank auf der internationalen Ebene weichen. Der Basler Ausschuß für Bankenaufsicht, der sogenannte Cooke-Ausschuß, erarbeitete im Jahr 1987 eine Empfehlung für die Ermittlung des Eigenkapitals von Banken. Obgleich die Vorschläge des Basler Ausschusses die Zustimmung der Zentralbankgouverneure benötigen und daher der Bundesbank ein Einfluß zukam, konnte sie nicht verhindern, daß der Ausschuß eine gegenüber der deutschen stark erweiterte Definition des haftenden Eigenkapitals vorschlug. Danach sollte neben dem Kernkapital aus Grundkapital und offenen Rücklagen weiteres Kapital angerechnet werden. Dazu zählten Neubewertungsrücklagen, also unrealisierte Gewinne aus Wertsteigerungen von Aktiva, sowie allgemeine Rückstellungen für Forderungsausfälle. Auch wenn gleichzeitig die Eigenkapitalunterlegung von 5,6% auf 8,0% der Risikoaktiva erhöht würde, ergäbe sich im Endergebnis doch eine Aufweichung der Pflicht zur Eigenkapitalunterlegung.

Im Juli 1988 stimmten die Notenbankgouverneure der Zehnergruppe der

Empfehlung des Cooke-Ausschusses zu.[56] Erleichtert wurde der Bundesbank die Zustimmung dadurch, daß die Empfehlung zahlreiche Banken in den USA und in Japan zu einer Aufstockung ihres Eigenkapitals nötigte. Die Europäische Gemeinschaft machte sich diese Empfehlung kurze Zeit später zu eigen und verabschiedete im April 1989 die Eigenmittel-Richtlinie. Im Dezember 1989 folgte die Solvabilitäts-Richtlinie, derzufolge das Eigenkapital mindestens 8% der Risikoaktiva erreichen muß. Gleichzeitig wurde die Zweite Bankrechtskoordinierungs-Richtlinie verabschiedet, derzufolge die Bankenaufsicht eines EG-Landes von den übrigen EG-Ländern anerkannt wird. Die im Herkunftsland zugelassenen Bankaktivitäten können in der gesamten EG ausgeübt werden.

Dennoch beschloß der Zentralbankrat im Februar 1990 – die Sicherheit des deutschen Banksystems höher setzend als die Schaffung gleicher internationaler Wettbewerbsbedingungen – dem deutschen Gesetzgeber zu empfehlen, Neubewertungsreserven nicht zuzulassen. Doch konnte sich die Bundesbank, unterstützt vom BAKred, nicht durchsetzen. Die im Januar 1993 in Kraft getretene Novelle des KWG folgte im wesentlichen der Empfehlung des Cooke-Ausschusses und ließ eine beschränkte Anrechnung von Neubewertungsreserven, Reserven für allgemeine Bankrisiken und langfristigen Verbindlichkeiten als ergänzendes Eigenkapital zu (§ 10). Mit der weiteren KWG-Novelle im Jahr 1997 werden auch Drittrangmittel (Nettogewinne und nachrangige kurzfristige Verbindlichkeiten mit einer Ursprungslaufzeit von mindestens zwei Jahren) in die Definition der Eigenmittel einbezogen.

In den neunziger Jahren ist der Einfluß der Bundesbank auf die Rechtsetzung für die Bankenaufsicht zugunsten der Europäischen Union weiter zurückgegangen. Gleichzeitig kommt dem Basler Ausschuß für Bankenaufsicht ein erheblicher Einfluß zu. Formal hat die Bundesbank in diesem Ausschuß zwar stärkere Einwirkungsmöglichkeiten, jedoch sind auch diese politischen Grenzen unterworfen.

7. Stärken und Schwächen des deutschen Finanzmarktes

Die Politik der Bundesbank hat ohne Zweifel einen erheblichen Einfluß auf die Entwicklung des deutschen Finanzmarktes ausgeübt. Daher sollen abschließend Stärken und Schwächen des deutschen Finanzmarktes im Zusammenhang zur Bundesbankpolitik aufgezeigt werden.

Zu den *Stärken* des deutschen Finanzmarktes zählt seine Solidität. Seit 1948 hat es in Deutschland vergleichsweise wenige Bankinsolvenzen gegeben.

56 Vgl. «Basler Minimalkonsens», in: Börsenzeitung vom 13. Juli 1988.

Abgesehen von der Herstatt-Bank hat es keine Insolvenz gegeben, die die Bonität deutscher Banken im Ausland nennenswert beeinträchtigt hätte. Dieses Verdienst kommt auch der Bankenaufsicht zu, an der die Bundesbank einen erheblichen Anteil hat.

Unterstützt wird die Solidität des deutschen Finanzmarktes auch durch die Einlagensicherungssysteme der verschiedenen Bankgruppen. Die Gefahr von Bankruns ist dadurch weitestgehend gebannt. Ein Fehlverhalten einzelner Banken aufgrund dieser Systeme ist bisher nicht deutlich sichtbar geworden. Dies könnte darauf zurückzuführen sein, daß die Systeme privatwirtschaftlich statt staatlich organisiert sind.

Profitiert haben die deutschen Banken auch von der Stabilität der D-Mark, die zur Rolle der D-Mark als internationaler Leit- und Reservewährung maßgeblich beigetragen hat. Infolgedessen wurden und werden zahlreiche grenzüberschreitende Kredit- und Anlagegeschäfte in D-Mark abgewickelt. Deutsche Banken haben in diesen Geschäften einen natürlichen Standortvorteil.

Ebenso profitiert der deutsche Finanzmarkt von dem hervorragenden Zahlungsverkehrssystem, das infolge der weitgehenden Elektronisierung kostengünstig, rasch und mit geringen Risiken arbeitet. Auch hierzu hat die Bundesbank wichtige Beiträge geleistet. Ähnlich zeichnet sich auch die Abwicklung und Abrechnung von Börsenaufträgen in Deutschland durch weitgehende Elektronisierung aus.

Den genannten Stärken des deutschen Finanzmarktes stehen verschiedene *Schwächen* gegenüber. Die Bundesbank hat ihre Bedenken gegenüber der zunehmenden Kurzfristorientierung der Marktteilnehmer zwar in ihrer Politik zurückgestellt, jedoch nicht aufgegeben. Die Problematik einer Kurzfristorientierung beschränkt sich nicht darauf, daß höhere langfristige Erträge zugunsten kurzfristiger geopfert werden. Eine Politik, die kurzfristige Marktwertrisiken reduziert, erhöht außerdem langfristige. Der Konflikt zwischen kurz- und langfristiger Risikopolitik wird vielfach nicht einmal erkannt. Obgleich damit die Bedenken der Bundesbank gegenüber der Kurzfristorientierung gestützt werden, ist allerdings zu fragen, ob dies die bis vor kurzem restriktive Bundesbankpolitik gegenüber Kurzläufern rechtfertigt.

Der Mangel an kurzlaufenden Papieren im deutschen Finanzmarkt steht im Kontext der allgemeinen Beobachtung, wonach der Anteil handelbarer, verbriefter Finanzierungstitel am gesamten Volumen von Schuld- und Beteiligungsverhältnissen in Deutschland niedrig ist. Börsengehandelte Industrieobligationen gibt es in Deutschland praktisch nicht mehr; der Marktwert börsennotierter deutscher Aktien lag 1995 in Deutschland bei etwa 27% des Bruttoinlandsprodukts, während er in den USA bei 93%, in Großbritannien bei 130% und in Japan bei 74% lag.[57]

57 Vgl. Deutsches Aktieninstitut, Factbook, S. FB-05-2-a.

Finanzinnovationen werden vor allem in den angelsächsischen Ländern kreiert. Deutschland fällt eher eine Nachahmerrolle zu, die Technologie von Finanzinnovationen sickert mit Verzögerung in deutschen Banken ein. Hierzu beigetragen hat die bis 1985 andauernde restriktive Haltung der Bundesbank gegenüber Finanzinnovationen. Gleichzeitig zeigten allerdings auch die deutschen Banken bis zur Mitte der achtziger Jahre kaum Interesse an Finanzinnovationen. Eine Ursache hierfür dürfte im Universalbankensystem zu suchen sein. In einem Trennbankensystem entwickeln die Investmentbanken viel Phantasie, um über verbriefte Finanzierungstitel am Kredit- und Beteiligungsgeschäft zu partizipieren. In einem Universalbankengeschäft entfällt der Wettbewerb zwischen Kredit- und Investmentbanken und damit ein Anreiz zu Finanzinnovationen.

Die deutschen Banken betrachten die von der Bundesbank erhobene Mindestreserve nach wie vor als eine Belastung des deutschen Finanzmarktes. Weil die Bundesbank die Mindestreserve als wichtiges Element in ihrer Geldpolitik ansieht, sucht sie nach Wegen, die Mindestreserve auch in einer künftigen Währungsunion beizubehalten. Dazu gehören die Freistellung von Wertpapierpensionsgeschäften ebenso wie die Bereitschaft, über eine Verzinsung der Mindestreserve nachzudenken.

In Anbetracht der kommenden Währungsunion und der Globalisierung der Finanzmärkte gewinnt die Stärkung der Wettbewerbsfähigkeit des deutschen Finanzmarktes immer mehr Bedeutung. Dabei ist die Wettbewerbsfähigkeit des deutschen Finanzmarktes zu unterscheiden von der deutscher Banken. Die großen deutschen Banken sind längst an den führenden internationalen Bankplätzen vertreten. Ende 1995 waren deutsche Banken mit 322 Tochtergesellschaften und 254 Zweigstellen im Ausland vertreten.[58] Zudem haben einige deutsche Banken ausländische Banken übernommen, insbesondere in Großbritannien. Die deutschen Banken wickeln inzwischen einen erheblichen Teil ihres Geschäfts über ihre ausländischen Stellen ab. Tabelle 7 verdeutlicht einerseits die internationalen Aktivitäten von Kreditinstituten, die in einem bestimmten Land domizilieren, andererseits die internationalen Aktivitäten von Kreditinstituten, deren Muttergesellschaften in einem bestimmten Land domizilieren. Die Zahlen in Mrd. US-Dollar beziehen sich auf das Jahresende 1995.

Tabelle 7 verdeutlicht in der ersten und zweiten Spalte, daß die grenzüberschreitenden Aktiva (563,7 Mrd. US-$) und Passiva (539,2 Mrd. US-$) von Kreditinstituten mit Sitz in Deutschland vergleichsweise bescheiden ausfallen.

58 Vgl. Deutsche Bundesbank, Bankenstatistik Oktober 1996, S. 104. Diese Zahlen sind höher als die in Tabelle 1 ausgewiesenen, da bei den Tochtergesellschaften Beteiligungen von mindestens 50% an Kreditinstituten, Factoring- und Leasingunternehmen, bei den Filialen auch Nebenzweigstellen mitgezählt sind.

Tabelle 7: Grenzüberschreitende Aktiva und Passiva von Kreditinstituten

	Kreditinstitute mit Sitz im betreffenden Land[1)]		Kreditinstitute mit Muttergesellschaft im betreffenden Land[2)]	
	Aktiva	Passiva	Aktiva	Passiva
Land	Mrd. US-$; Stand Ende 1995			
Deutschland	563,7	539,2	887,1	859,2
Frankreich	614,8	612,9	653,3	716,4
Großbritannien	1.350,4	1.442,7	322,1	379,7
USA	600,7	870,2	338,5	450,8
Japan	1.217,9	738,3	1.181,8	925,8
Schweiz	437,6	366,6	337,6	380,8

1) Grenzüberschreitende Aktiva und Passiva von Kreditinstituten mit Sitz im angegebenen Land. – 2) Grenzüberschreitende Aktiva und Passiva zuzüglich lokaler Positionen in Fremdwährung von Kreditinstituten mit Sitz der Muttergesellschaft im angegebenen Land, wobei unternehmens- und konzerninterne Positionen nicht berücksichtigt sind.

Quelle: Bank für Internationalen Zahlungsausgleich, Entwicklung des Internationalen Bankgeschäfts, Tab. 2 A; Tab. 7 Total position ˙/. related offices.

Mit Ausnahme der Schweiz rangieren die übrigen genannten Länder vor Deutschland. Darin wird die geringe Attraktivität des Finanzplatzes Deutschland sichtbar. Jedoch entfalten deutsche Kreditinstitute über ihre in- und ausländischen Bankstellen (dritte und vierte Spalte) mit internationalen Aktiva (887,1 Mrd. US-$) und Passiva (859,2 Mrd. US-$) eine beachtliche Aktivität, die lediglich von japanischen Banken übertroffen wird. Deutsche Banken sind also auf der internationalen Szene durchaus respektabel vertreten.

Unter den Finanzplätzen Europas nimmt London zweifellos den ersten Platz ein.[59] Insbesondere das Wertpapiergeschäft in all seinen klassischen und innovativen Varianten wie auch der Wertpapierhandel sind in London erheblich umfangreicher als in Frankfurt. Die Entscheidung einiger deutscher Großbanken, ihr Wertpapiergeschäft nach London zu verlagern, unterstreicht dies. Sollte es zu einer europäischen Währungsunion ohne die Mitgliedschaft

59 Vgl. London Business School, Competitive Position, Section 10.

Großbritanniens kommen, dann begünstigt jede Regulierung von Finanzmärkten in der Währungsunion ein Abwandern von Geschäften nach London. Das ist auch von einer europäischen Zentralbank zu beachten, die daran interessiert sein wird, hochqualifizierte Arbeitsplätze im Finanzbereich innerhalb des Euro-Währungsgebietes zu fördern. Ungeachtet dessen wird auch der Bundesbank nach wie vor eine wichtige Rolle zukommen, die Attraktivität des Finanzplatzes Deutschland zu stärken.

8. Quellen und Literatur

Quellen

Historisches Archiv der Deutschen Bundesbank (HA BBk)

Literatur

Arbeitskreis der Banken und Leasinggesellschaften der Automobilwirtschaft: Finanzdienstleistungen für den Automobilmarkt 1995, Pressemappe, Hamburg 1995

Baltensperger, Ernst: Die Regulierung des Bankensektors, in: Wirtschaftswissenschaftliches Studium 17 (1988), S. 53–57

Bank für Internationalen Zahlungsausgleich: Bericht des Ausschusses für Interbank-Netting-Systeme der Zentralbanken der Länder der Zehnergruppe, Basel 1990

Bank für Internationalen Zahlungsausgleich: Zahlungsverkehrsdienstleistungen der Zentralbanken für grenzüberschreitende und mehrere Währungen einbeziehende Transaktionen, Basel 1993

Bank für Internationalen Zahlungsausgleich: Entwicklung des Internationalen Bankgeschäfts und der Internationalen Finanzmärkte, Basel 1996

Bitz, Michael: Erscheinungsformen und Funktionen von Finanzintermediären, in: Wirtschaftswissenschaftliches Studium 18 (1989), S. 430–436

Boot, Arnoud/Thakor, Anjan: Self-Interested Bank Regulation, in: American Economic Review 83 (1993), S. 206–212

Borio, Claudio/Fritz, Wilhelm: The Response of Short-Term Bank Lending Rates to Policy Rates: A Cross-Country Perspective, BIS Working Paper 27, Basel 1995

Deutsche Bundesbank: Deutsches Geld- und Bankwesen in Zahlen 1876–1975, Frankfurt a. M. 1976

Deutsche Bundesbank: Die Deutsche Bundesbank – Geldpolitische Aufgaben und Instrumente, Frankfurt a. M. [6]1993

Deutsche Bundesbank: Zur Neugestaltung und Senkung der Mindestreserven, in: Monatsbericht 46 (1994) 2, S. 13–17

Deutsche Bundesbank: Geldpolitische Implikationen der zunehmenden Verwendung derivativer Finanzinstrumente, in: Monatsbericht 46 (1994) 11, S. 41–57

Deutsche Bundesbank: Neuere Entwicklungen im unbaren Zahlungsverkehr der Deutschen Bundesbank, in: Monatsbericht 46 (1994) 8, S. 47–63

Deutsche Bundesbank: Verbriefungstendenzen im deutschen Finanzsystem und ihre geldpolitische Bedeutung, in: Monatsbericht 47 (1995) 4, S. 19–33

Deutsche Bundesbank: Elektronische Abrechnung in Frankfurt am Main (EAF 2), in: Monatsbericht 48 (1996) 1, S. 16–19

Deutsche Bundesbank: Reaktionen der Geldmarkt- und kurzfristigen Bankzinsen auf Änderungen der Notenbanksätze, in: Monatsbericht 48 (1996) 10, S. 33–48
Deutsche Bundesbank: Geschäftsbericht 1995, Frankfurt a.M. 1996
Deutsche Bundesbank: Bankenstatistik. Statistisches Beiheft zum Monatsbericht 1, Oktober 1996
Deutsche Bundesbank: Kapitalmarktstatistik, Statistisches Beiheft zum Monatsbericht 2, Oktober 1996
Deutsche Bundesbank: Pressenotiz vom 12. April 1985, in: Auszüge aus Presseartikeln, Nr. 26/1985
Deutsche Bundesbank: Pressenotiz vom 12. Juni 1996, in: Auszüge aus Presseartikeln, Nr. 37/1996
Deutsches Aktieninstitut: DAI-Factbook 1996, Frankfurt a.M. 1996
Dewatripont, Mathias/Tirole, Jean: The Prudential Regulation of Banks, Cambridge, Mass. 1993
Franke, Günter/Meyer, Bernd: The Impact of German Discount and Lombard Policy on Financial Markets, in: Jaeger, Klaus/Koch, Karl-Josef (Hrsg.): Trade, Growth, and Economic Policy in Open Economies – Essays in Honour of Hans-Jürgen Vosgerau, Heidelberg 1998, S. 193–217
Gesellschaft für Zahlungssysteme: Entwicklung des Kreditkartenmarktes in Deutschland, Frankfurt a.M. 1995
Hardy, Daniel: Market Reaction to Changes in German Official Rates, Discussion paper 4 (1996), hrsg. von der Deutschen Bundesbank
Issing, Otmar: Einführung in die Geldpolitik, München [6]1996
Kim, Dacsik/Santomero, Anthony: Risk in Banking and Capital Regulation, in: Journal of Finance 43 (1988), S. 1219–1233
London Business School: The Competitive Position of London's Financial Services, Final Report, London März 1995
Mühlhaupt, Ludwig: Einführung in die Betriebswirtschaftslehre der Banken, Wiesbaden [3]1980
Pohl, Manfred: Entstehung und Entwicklung des Universalbankensystems, Frankfurt a.M. 1986
Schlesinger, Helmut: Die Rolle der Deutschen Bundesbank: Institutioneller Rahmen, Aufgaben und Politik, in: Kyongsang-nonch'ong, H. 6, 1988
Städtler, Arno: Leasing in Deutschland: Immobilien weiter expansiv – Massengeschäft rückläufig, in: ifo-Schnelldienst 48 (1995) 1/2, S. 8–15
Statistisches Bundesamt: Statistisches Jahrbuch für die Bundesrepublik Deutschland 1996, Wiesbaden 1996
Verband öffentlicher Banken: Kreditwirtschaftlich wichtige Vorhaben der EU, Köln [4]1996
Wasmund, Jörn/Alexander, Volbert/Ahrens, Ralf: Zentralbankratssitzungen der Deutschen Bundesbank und die Volatilität von Geld- und Kapitalmarktzinsen, Diskussionspapier, Gießen 1996
Wasmund, Jörn/Alexander, Volbert/Feth, Christoph: Der Einfluß von Leitzinsänderungen in unterschiedlichen geldpolitischen Regimen auf Aktien- und Wechselkurse: empirische Evidenz für die BRD, Diskussionspapier, Gießen 1996

Dritter Teil

GELDPOLITIK IN DER BUNDESREPUBLIK DEUTSCHLAND

«Die Kardinalfrage der Währung ist die der Unabhängigkeit der Notenbank.»
Wilhelm Vocke, Präsident des Direktoriums der Bank deutscher Länder

VI. Geldwertstabilität: Bedrohung und Bewährung

Von Manfred J.M. Neumann

1. Garantie des Geldwerts als Rahmenbedingung der Marktwirtschaft

Das Ziel der Kaufkraftstabilität des Geldes läßt sich ethisch begründen. Das ordoliberale Leitbild der Marktwirtschaft lautet, dem Wirtschaften der Menschen einen Ordnungsrahmen zu geben, der ihnen ein größtmögliches Maß an individueller Freiheit und Selbstverwirklichung in Selbstverantwortung ermöglicht. Dazu gehören Privateigentum und offener Leistungswettbewerb. Dazu gehört ebenso kaufkraftstabiles Geld. Nur solches Geld ist «geprägte Freiheit».[1] Gerade weil der Staat das Monopol der Geldschöpfung beansprucht, ist es von zentraler verantwortungsethischer Bedeutung, daß er den Bürgern im Austausch für ihre Leistungen ein kaufkraftstabiles Tauschmittel zur Verfügung stellt.

Der Rang des Ziels der Geldwertstabilität ergibt sich auch aus seiner Bedeutung für die Funktionsfähigkeit der Wettbewerbsordnung und letztlich für die Garantie sozialer Sicherung und des sozialen Friedens. Regierungen, die Geldwertstabilität geringschätzen, werden ihrer Verantwortung nicht gerecht. Mit einer instabilen, inflationären Geldversorgung verhindern sie, daß die Bürger das Wohlfahrtspotential der vorhandenen Ressourcen voll ausschöpfen können. Sie veranlassen die Bürger zu Dispositionen, die in einer stabilen Geldordnung ineffizient wären.

Andauernde Geldentwertung wirkt in vielfältiger Weise wohlfahrtsmindernd. Es sei nur an die wichtigsten ökonomischen und sozialen Defekte erinnert. Inflation beeinträchtigt die Informations- und Lenkungsfunktion der Preise, weil sie es erschwert, zwischen Änderungen der relativen Preise und des allgemeinen Preisniveaus zu unterscheiden. Inflation führt zu höheren Transaktionskosten, weil sie dazu veranlaßt, die Laufzeiten von Verträgen zu

1 Dostojevskij, Aufzeichnungen, S. 29.

verkürzen und die Geldhaltung auf ein gesamtwirtschaftlich suboptimales Maß zu verringern. Inflation wirkt negativ auf Investieren und Sparen, weil sie bei progressivem Einkommensteuertarif die Grenzsteuersätze und die reale Gesamtsteuerlast anhebt und die Unsicherheit über die zu erzielende reale Ertragsrate vergrößert.

Insgesamt wirkt Inflation wachstumsschädlich und beschneidet damit die Möglichkeiten zur sozialen Absicherung derer, die sich aufgrund persönlicher Handicaps oder der Zugangsbeschränkungen zum Arbeitsmarkt nicht selbst unterhalten können. Inflation beeinträchtigt die Lage der unteren sozialen Schichten auch insofern, als diese Menschen nicht über das Wissen verfügen, sich gegen Inflation zu schützen. Sie tragen daher überproportional die Last der Inflationssteuer.[2]

2. Die Kaufkraftstabilität der Deutschen Mark im internationalen Vergleich

a) Die Fakten

In den vergangenen fünfzig Jahren hat sich die D-Mark international den Ruf sprichwörtlicher Stabilität erworben. Tatsächlich ist die interne Kaufkraft der D-Mark, gemessen am Preisindex für die Lebenshaltung aller privaten Haushalte, aber fortwährend gesunken. Ausnahmen bildeten die Jahre 1950, 1952, 1953 und 1986. Die besondere Reputation der D-Mark beruht darauf, daß der Kaufkraftverfall anderer Währungen weit größer war und es deshalb seit Ende der sechziger Jahre immer wieder zu teils dramatisch verlaufenden Aufwertungen der D-Mark gekommen ist.

Tabelle 1 weist durchschnittliche Preissteigerungsraten anhand von Preisindizes der Lebenshaltung aus. Von 1949 bis 1996 ist das Preisniveau in Deutschland um durchschnittlich 2,8% pro Jahr gestiegen, und damit um etwas weniger als in der Schweiz (3,1%), aber wesentlich weniger als in anderen Industrieländern. Insbesondere in den großen europäischen Ländern Frankreich, Großbritannien und Italien sind die Kosten der privaten Lebenshaltung in den vergangenen knapp fünfzig Jahren mit durchschnittlichen Raten von 6–7% um mehr als das Doppelte der deutschen Rate gestiegen. Die in der Tabelle ebenfalls angegebenen Standardabweichungen zeigen zudem, daß die Preisniveauentwicklung in Deutschland im ganzen kontinuierlicher verlief als in den anderen Ländern.

2 Tietmeyer spricht von «kalter Enteignung». Vgl. Tietmeyer, Value, S. 38.

Tabelle 1: Entwicklung des Geldwerts im internationalen Vergleich
Preisindizes der privaten Lebenshaltung: durchschnittliche Inflationsrate,[1)]
Standardabweichung in Klammern

Gesamtperiode/ Teilperiode	Deutschland	Schweiz	USA	Japan	Frankreich	Großbritannien	Italien
1949–1996	2,8 (2,3)	3,1 (2,4)	4,1 (3,1)	4,4 (4,7)	5,9 (4,3)	6,6 (5,0)	7,0 (5,8)
1949–1959	1,1 (3,3)	1,1 (1,8)	2,1 (2,2)	2,9 (5,8)	6,2 (6,1)	4,3 (2,8)	2,7 (2,8)
1960–1972	2,9 (1,2)	3,7 (1,5)	2,8 (1,6)	5,6 (1,3)	4,4 (1,4)	4,5 (2,1)	3,8 (2,1)
1973–1979	4,9 (1,5)	4,7 (3,4)	8,2 (2,1)	10,1 (6,0)	10,2 (1,8)	14,7 (5,0)	15,5 (2,9)
1980–1996	2,8 (1,7)	3,2 (1,8)	4,7 (2,9)	2,0 (1,9)	5,2 (4,1)	6,1 (4,0)	8,6 (5,5)
Nachrichtlich:							
Geldwert Ende 1996 (1949 = 100)	27,3	23,8	15,2	13,3	6,7	5,3	4,2

1) Die durchschnittlichen Inflationsraten sind als geometrische Mittel berechnet.

Quelle: Deutsche Bundesbank; eigene Berechnungen.

Für die Bewertung der im internationalen Vergleich eindrucksvollen Ergebnisse der deutschen Geldpolitik ist zu berücksichtigen, daß die ausgewiesenen Zahlen das Maß der tatsächlichen Preissteigerung überzeichnen. Das liegt an den bekannten Problemen der Preisindexkonstruktion. Allerdings dürfte das Maß der Überzeichnung kaum mehr als einen Prozentpunkt betragen. Die verbreitete Annahme, eine gemessene Preissteigerungsrate von 2% entspreche einer wahren Rate von Null,[3] ist in Frage zu stellen.

3 In einem Gutachten für den Bundesfinanzhof äußerte sich die Bundesbank 1968 wie folgt: «Im allgemeinen wird es noch nicht als Geldwertminderung zu werten sein, wenn der Preisindex für die Lebenshaltung ... um vielleicht 1 Prozent pro Jahr steigt, und nur mit Einschränkungen kann es als Indiz für Geldwertverschlechterung gelten, wenn der Index sich zwischen 1 und 2 Prozent im Jahr erhöht.» Vgl. Deutsche Bundesbank, Geldentwertung, S. 12.

Ein Vergleich der Ergebnisse für Teilperioden zeigt, daß es der Deutschen Bundesbank und der Schweizerischen Nationalbank in den fünfziger Jahren sogar gelang, die Preissteigerungen bei durchschnittlich rund 1% zu halten. Erst in den siebziger Jahren geriet die Inflationsentwicklung außer Kontrolle, und zwar in allen Ländern, wenngleich in unterschiedlichem Ausmaß. Dies erklärt sich im wesentlichen einerseits aus den ab 1970 sprunghaft steigenden Defiziten der amerikanischen Zahlungsbilanz, die umfangreiche Interventionen zur Stützung des Dollars auslösten, und andererseits aus einer zu unbedenklichen monetären Alimentierung des Ölpreisschocks von 1973. Erst in den achtziger Jahren gelang es weltweit, den Inflationstrend wieder auf das Niveau der fünfziger und sechziger Jahre zurückzuführen. Dazu hat die Bundesbank, die die Führung im Rahmen des Europäischen Währungssystems übernahm, maßgeblich beigetragen.

b) Preisniveauverschiebungen als Problem der Geldpolitik

Die durchschnittliche Preissteigerung von 2,8% der vergangenen knapp 50 Jahre ist nicht einfach mit Inflation gleichzusetzen. Preissteigerungsraten lassen sich analytisch trennen in eine Inflationskomponente, die durch ein zu hohes Geldmengenwachstum verursacht wird, und in einmalige Preisniveauverschiebungen, die beispielsweise durch eine Anhebung der Mehrwertsteuersätze oder einen Preisschub bei importierten Rohstoffen ausgelöst werden. Ebenso wie die Inflationskomponente verringern Preisniveauverschiebungen die Kaufkraft der Währung. Aber daraus folgt nicht, daß die Zentralbank jegliche Preisniveauverschiebung zu verhindern hätte.

Das Ziel der Preisstabilität läßt sich unterschiedlich fassen. Würde man Preisstabilität im Sinne der Bewahrung absoluter Kaufkraftstabilität definieren, so hätte die Zentralbank dafür zu sorgen, daß das Preisniveau sich nicht dauerhaft von einem konstanten Zielwert entfernt. Daher wäre auf Preisniveauverschiebungen restriktiv zu reagieren, um sie wieder rückgängig zu machen. Gegen eine solche Konzeption spricht, daß ein Preisschub zu erheblichen strukturellen Anpassungsproblemen und zu einem Rückgang von Produktion und Beschäftigung führen kann. Eine restriktive Reaktion der Geldpolitik wirkte dann verschärfend.

Alternativ läßt sich Preisstabilität im Sinne der Vermeidung von Inflation definieren. Das bedeutet, die Zentralbank hat das Geldmengenwachstum am mittelfristigen Wachstum des Produktionspotentials auszurichten. Damit würde der historisch bedeutsamste Grund für andauernde Kaufkraftverluste beseitigt. Trotzdem käme es zu Kaufkraftverlusten, wenn nicht monetär verursachte Preisniveauverschiebungen auftreten.

Ein überlegenes Konzept der Preisstabilität verbindet das Ziel eines nichtinflationären Geldmengenwachstums mit dem Ziel einer Entschärfung solcher Preisniveauverschiebungen. Danach ist eine Preisniveauverschiebung weder rückgängig zu machen noch hinzunehmen, sondern es ist zu versuchen, sie so abzubremsen, daß sie nicht zum Anlaß für höhere Lohnabschlüsse genommen wird. Das strategische Ziel ist, Zweitrundenwirkungen zu verhindern.

Die Bundesbank hat versucht, nach diesem Konzept zu handeln. Die bedeutendste Bewährungsprobe kam mit dem Ölpreisschub im Herbst 1973. Die Bank hatte im März 1973 mit der Aufhebung der Wechselkursbindung an den Dollar einen beispiellos restriktiven Kurs der Geldpolitik eingeleitet, um die Volkswirtschaft von dem inflationären Erbe des Systems von Bretton Woods zu befreien. 1972 waren Geldbasis und Geldmenge M1 noch mit Zuwachsraten zwischen 13 und 16% expandiert, und die Rate der Preissteigerung hatte sich bis Anfang 1973 auf rund 7% beschleunigt. Innerhalb weniger Monate gelang es der Bank, das Wachstum beider monetärer Aggregate praktisch zum Stillstand zu bringen. In diese Situation platzte die Vervierfachung der Erdölpreise im Oktober 1973. Es war klar, daß die einschneidende Veränderung der Faktorpreisrelationen zusätzlich kontraktiv auf Produktion und Beschäftigung wirken würde. Es mußte mit einer Preisüberwälzung auf breiter Front und einer Intensivierung des heimischen Verteilungskampfes gerechnet werden. In Übereinstimmung mit der sozialliberalen Bundesregierung gab die Bank dem Ziel, einen größeren Preisschub nach Möglichkeit zu verhindern, den Vorzug. Sie führte deshalb im Unterschied zu den meisten anderen Zentralbanken ihre restriktive Politik bis weit in das Jahr 1974 hinein fort und lockerte den Kurs danach nur allmählich. So gelang es, dem Preisauftrieb die Spitze zu nehmen und die Preissteigerungsrate auch 1974 auf 7% zu begrenzen. Demgegenüber sprang die Preissteigerungsrate in Frankreich auf 13%, in Großbritannien auf 16%, in Italien auf 19% und in Japan sogar auf 23%. Der Preis für den eindrucksvollen Erfolg der Bundesbank bestand in einer Verschärfung des Rückgangs von Produktion und Beschäftigung.

Auch im nachhinein läßt sich nicht sicher bestimmen, ob ein weniger restriktiver Kurs ausgereicht hätte, den ölpreisinduzierten Preisauftrieb hinreichend einzugrenzen und übertriebenen Erwartungen über Preis- und Lohnüberwälzungsspielräume den Nährboden zu entziehen. Was die Kosten der Inflationsbekämpfung angeht, so ist zu berücksichtigen, daß auch andere Industrieländer in ähnlich schwere Produktions- und Beschäftigungskrisen gerieten. Rechnet man als unmittelbaren Verlust nur den absoluten Rückgang des Bruttoinlandsprodukts, also nicht den gesamten Verlust an Wachstum, so betrugen die Verluste in Großbritannien und Italien 2,4% bzw. 2,1%, während sie in Deutschland und Japan auf die Hälfte (1,2%) begrenzt werden konnten. Noch eindrucksvoller schnitten die Vereinigten Staaten und

Frankreich ab, deren Produktionsrückgang mit 0,5% bzw. 0,3% sehr gering ausfiel.

Letztlich zahlte sich für die Bank ihre entschiedene Haltung insofern aus, als sie ihr die weitere Bekämpfung der Inflation in den Folgejahren erleichterte. Es gelang, die Preissteigerungsrate bis 1978 auf weniger als 3% zu senken, während die französische Rate nur auf 9% zurückging. Auch die in Tabelle 1 für den Zeitraum 1973–1979 ausgewiesenen Zahlen machen das deutlich. Während in Deutschland und in der Schweiz die durchschnittliche Inflationsrate bei knapp 5% gehalten werden konnte, lag sie in Japan und Frankreich bei rund 10%, in Großbritannien und Italien bei rund 15%.

c) *Preisstabilität: eine Wachstumsbremse?*

Als Folge postkeynesianischer Ideen wurde im akademischen Bereich bis Ende der sechziger Jahre, und in der politischen Praxis vieler Länder noch lange danach, die irrige Vorstellung vertreten, mit Hilfe expansiver Geldpolitik könne das reale Zinsniveau nicht nur vorübergehend, sondern dauerhaft gesenkt und auf diese Weise ein höherer Wachstumspfad erreicht werden.[4]

Es bedarf keiner raffinierten empirischen Untersuchungsmethoden, um zu erkennen, daß es den behaupteten positiven Zusammenhang zwischen Inflation und realem Wachstum nicht gibt. Tabelle 2 sind Angaben über das Wachstum des realen Bruttoinlandsprodukts pro Kopf zu entnehmen. Danach ist beispielsweise die Wirtschaft des Inflationslands Italien seit Ende 1950 wesentlich stärker gewachsen als die der relativ preisstabilen Schweiz (3,5 gegen 1,9% pro Jahr), aber nicht stärker als die (west-) deutsche Volkswirtschaft (3,5%). Für Großbritannien, das Land mit der zweithöchsten Inflationsrate, ist demgegenüber nur ein Wachstum von durchschnittlich 2% zu verzeichnen. Ein Vergleich der Teilperioden zeigt überdies, daß in allen betrachteten Ländern das durchschnittliche reale Wachstum in den fünfziger und sechziger Jahren bei geringer bis moderater Inflation weit höher war als danach. Und schließlich zeigt die Entwicklung seit Anfang der achtziger Jahre, daß sich im Unterschied zu den Inflationsraten die realen Wachstumsraten der Länder nur wenig voneinander unterscheiden.

Insgesamt spricht die empirische Evidenz eindeutig gegen die These, daß Inflation das Wachstum stimuliert. Aber auch die gegenteilige Hypothese, wonach Preisstabilität das Wachstum fördert, läßt sich durch diesen Ländervergleich nicht belegen. Tatsächlich bedürfte es eingehender empirischer Modellierungen, die die wichtigsten Wachstumsfaktoren explizit berücksichtigen, um den positiven Einfluß isolieren zu können, den eine stabile Geld-

4 So Tobin, Money, aber gegensätzlich Friedman, Role.

Tabelle 2: Wachstum des realen Bruttoinlandsprodukts pro Kopf
Durchschnittliche Wachstumsrate,[1)] Standardabweichung in Klammern

Gesamtperiode/ Teilperiode	Deutschland	Schweiz	USA	Japan	Frankreich	Großbritannien	Italien
1950–1994	3,5 (2,8)	1,9 (2,6)	1,8 (2,2)	nv[2)]	3,0 (1,9)	2,0 (2,1)	3,5 (2,4)
1950–1959	7,0 (2,2)	2,9 (3,0)	1,7 (3,1)	nv	3,9 (1,7)	2,1 (1,6)	5,1 (1,8)
1960–1972	3,7 (2,2)	3,2 (1,7)	2,4 (1,6)	8,6 (2,5)	4,5 (0,9)	2,5 (1,4)	4,5 (2,1)
1973–1979	2,8 (2,2)	0,3 (2,9)	1,9 (2,2)	3,0 (2,6)	2,6 (1,6)	2,3 (2,7)	3,4 (2,8)
1980–1994	1,5 (1,8)	1,0 (1,9)	1,2 (1,9)	2,7 (2,0)	1,4 (1,6)	1,5 (1,4)	1,8 (2,4)

1) Die durchschnittlichen Wachstumsraten sind als geometrische Mittel berechnet. – 2) Nicht verfügbar.

Quelle: Deutsche Bundesbank; eigene Berechnungen.

ordnung auf das Wachstum haben dürfte. Die Untersuchungen im Rahmen des Forschungsprogramms der neuen Theorie endogenen Wachstums stehen in dieser Hinsicht erst am Anfang.

3. Besonderheiten der deutschen Geldverfassung

Die großen Inflationen dieses Jahrhunderts lehren, daß Geldwertstabilität nicht bewahrt werden kann, wenn den Regierungen nicht der Zugriff auf die Geldversorgung des Landes verwehrt wird. Die Monetaristen schlugen deshalb verschiedene Geldmengenregeln vor, die den Zentralbanken vorgeschrieben werden sollten.[5] Die prinzipielle Alternative bildet die Errichtung einer unabhängigen Zentralbank. Sie läßt sich als eine Selbstbindung der Regierung bzw. des politischen Systems verstehen.[6] Diese Lösung wurde von

5 Vgl. z.B. Friedman, Program, S. 90ff. und Meltzer, Overview.

Geldtheoretikern bemerkenswert lange nicht gesehen, ja sogar verworfen.[7] Die im ganzen guten Erfahrungen Deutschlands und der Schweiz werden auch heute noch weniger auf die institutionellen Sicherungen ihrer Zentralbanken zurückgeführt als vielmehr auf die Existenz besonderer Stabilitätskulturen.[8]

Der Leitgedanke dieses Beitrags ist, daß der deutsche Stabilitätserfolg entscheidend durch die de facto weitgehende Unabhängigkeit der Bundesbank bestimmt worden ist. Die Entwicklung des Geldwerts wird kürzerfristig durch vielfältige Faktoren beeinflußt, aber langfristig ausschließlich durch den Expansionsgrad der Geldversorgung. Letztlich kommt es darauf an, daß die Leitung der Zentralbank in die Lage gesetzt und gewillt ist, gegen die besonderen Interessen gesellschaftlicher Kräfte die Kontrolle über die Geldversorgung mit dem Ziel der Geldwerterhaltung auszuüben. Dazu bedarf es der Unabhängigkeit der Zentralbank als Institution und, ebenso wichtig, der Unabhängigkeit der Mitglieder ihres Leitungsgremiums.

a) Unabhängigkeit der Bundesbank als Institution

Die weitgehende Unabhängigkeit der Bundesbank als Institution beruht im Kern auf der in § 12 Satz 2 Bundesbankgesetz bestimmten Unabhängigkeit von Weisungen der Bundesregierung. Obwohl vom deutschen Gesetzgeber 1957 erlassen, ist diese Bestimmung den Alliierten, insbesondere amerikanischem Einfluß, zu verdanken. Sie hatten 1948 vor Gründung der Bundesrepublik in Art. I Satz 3 des von ihnen erlassenen Militärregierungsgesetzes über die Errichtung der Bank deutscher Länder bereits verfügt, daß «die Bank nicht den Anweisungen irgendwelcher politischer Körperschaften oder öffentlicher Stellen mit Ausnahme der Gerichte unterworfen» ist. Das war eine prägende Grundsatzentscheidung.[9] Freilich hatten die Alliierten

6 Vgl. Neumann, Precommitment, S. 99. In der spieltheoretisch ausgerichteten Makroökonomik wird argumentiert, daß es keine absolut glaubwürdige Selbstbindung gebe. Dabei wird übersehen, daß die politischen Kosten einer Aufhebung des Unabhängigkeitsstatuts prohibitiv hoch sein können.

7 Vgl. Friedman, Monetary Authority und Brunner, Tradition. Beide betonen die Gefahr, daß unabhängige Zentralbankiers ihren diskretionären Spielraum zu gesamtwirtschaftlich schädlichen Aktionen nutzen. Ein historisches Beispiel ist der Reichsbankpräsident Rudolf von Havenstein, der, obwohl unabhängig aufgrund des auf Druck der alliierten Reparationskommission erlassenen Autonomiegesetzes vom Mai 1922, die Reichsverschuldung monetisierte und so der Hyperinflation den Weg bahnte. Er verstarb am 20. November 1923, dem Tag der Währungsstabilisierung.

8 Zur Bedeutung von Stabilitätskultur vgl. Abschnitt 7 dieses Beitrags.

9 Als daher das Gesetz 1951 erstmals in deutscher Kompetenz novelliert wurde, blieb

sich selbst die Möglichkeit vorbehalten, die deutsche Geldpolitik durch Anordnungen zu beschränken. Davon wurde jedoch kein Gebrauch gemacht.

Die Weisungsfreiheit der Bundesbank gilt für die im Gesetz aufgezählten Befugnisse. Dazu zählen im wesentlichen die Notenausgabe, die Diskont-, Kredit- und Offenmarktpolitik, die Mindestreservepolitik und das Recht zur Anordnung statistischer Erhebungen auf dem Gebiet des Bank- und Geldwesens. Die Weisungsfreiheit gilt dagegen nicht für weitere Aufgaben, die der Bank durch Gesetz oder andere Vereinbarungen übertragen werden. Dies bedeutet eine prinzipielle Beschränkung der Unabhängigkeit. Der im Hinblick auf die Sicherung von Geldwertstabilität bedeutendste Anwendungsfall ist die Übertragung der Aufgabe, eine vorgegebene Währungsparität durch Interventionen und andere Maßnahmen zu sichern. Aus dieser wichtigsten Beschränkung der Unabhängigkeit, die latent das Ziel bedroht, Geldwertstabilität zu gewährleisten, entstanden unvermeidlich Konflikte zwischen Bundesregierung und Bundesbank.[10]

Das Gesetz enthält weitere Bestimmungen, die den Grad der Unabhängigkeit der Bank als Institution beeinflussen. So haben nach § 13 Abs. 2 Mitglieder der Bundesregierung das Recht, an Sitzungen des Zentralbankrats (ZBR) teilzunehmen und Anträge zu stellen. Sie haben kein Stimmrecht, können aber verlangen, eine Beschlußfassung bis zu zwei Wochen auszusetzen. Dieses suspensive Veto, wenn es nicht extensiv genutzt wird, stellt keine entscheidende Einschränkung der Unabhängigkeit dar, auch wenn im Einzelfall Schaden entstehen kann. Des weiteren hat die Bank nach §13 Abs. 1 die Bundesregierung in Angelegenheiten von wesentlicher währungspolitischer Bedeutung zu beraten, und nach Abs. 3 soll die Regierung den Präsidenten der Bundesbank zu ihren Beratungen über Angelegenheiten von währungspolitischer Bedeutung zuziehen. Von Bedeutung ist, daß die Bank die Pflicht zur Beratung stets offensiv als ein Recht wahrgenommen hat. Nach ihrer Auffassung ist diese Beratung «nicht an ein entsprechendes Verlangen der Bundesregierung gebunden. Das bedeutet, daß die Bundesbank ... auf Grund eigener Initiative an die Bundesregierung herantreten kann und auch herantreten muß [!], wenn sie nach ihrem pflichtgemäßen Ermessen einen Ratschlag ... für geboten hält.» Würde man dieser Interpretation nicht fol-

diese Bestimmung unangetastet. Bundeswirtschaftsminister Ludwig Erhard setzte sich dafür ein. Ein Jahr zuvor hatte er allerdings in der Sitzung des Zentralbankrats (ZBR) vom 22. Februar 1950 erklärt, wenn die Bank deutscher Länder ein Programm zur Bekämpfung der Arbeitslosigkeit nicht vorfinanziere, dann befürchte er, «daß wir einen sehr schweren Stand haben würden in der Regierung und vor dem Bundestag, um die These von der Unabhängigkeit der Notenbank aufrechtzuerhalten». Wortprotokoll der 53. ZBR-Sitzung vom 22./23. Februar 1950, S. 1 (HA BBk B 330/23).

10 Darauf wird in Abschnitt 5 dieses Beitrags eingegangen.

gen, so «könnte ein vielleicht nicht erwünschter Rat ... dadurch verhindert werden, daß die Bank nicht um ihren Rat gefragt wird».[11]

Das Gesetz gibt der Bank nur ein Ziel auf: «die Währung zu sichern» (§ 3). Andere Ziele hat sie nicht zu verfolgen. Zwar hat die Bank nach § 12 Satz 1 «die allgemeine Wirtschaftspolitik der Bundesregierung zu unterstützen», aber nur «unter Wahrung ihrer Aufgabe». Diese Formel ist kaum justitiabel und so gesehen nur von deklamatorischer Bedeutung.[12] Aber sie öffnet eine Grauzone für Pressionsversuche. Um dem vorzubeugen, vertritt die Bundesbank auch zu dieser Bestimmung eine offensive Interpretation, wonach sie «nach ihrem eigenen pflichtgemäßen Ermessen» zu bestimmen hat, ob die Voraussetzungen für eine Unterstützung der allgemeinen Wirtschaftspolitik gegeben sind.[13]

Zur Unabhängigkeit der Bank als Institution gehört schließlich, daß die öffentlichen Haushalte sich nicht Zentralbankkredit nach ihrem Belieben verschaffen können. Bis zur Novellierung des Gesetzes von 1994 konnten öffentliche Verwaltungen Kassenkredite erhalten, allerdings nur im Rahmen gesetzlich bestimmter, enger Obergrenzen.

b) Persönliche Unabhängigkeit

Eine Zentralbank mag relativ unabhängig sein als Institution. Das nützt für das Ziel der Geldwertsicherung wenig, sofern die Regierung es in der Hand hat, die Mitglieder des Leitungsgremiums, oder jedenfalls ihre Mehrheit, an relativ engem Zügel zu führen. Ob das der Fall ist, wird wesentlich bestimmt durch die Art des Ernennungsverfahrens, die Verteilung der Ernennungen über die Zeit und die Länge der Amtsdauer.[14]

Der Zentralbankrat besteht aus den Mitgliedern des Direktoriums und den Präsidenten der Landeszentralbanken. Voraussetzung der Bestellung ist eine «besondere fachliche Eignung». Das war bei den Mitgliedern des Direktoriums immer der Fall und gilt insbesondere für die Präsidenten, die aus der Bank bzw. der Reichsbank hervorgingen oder aus leitenden Stellungen von Großunternehmen und dem Bundesministerium für Finanzen kamen. Auch bei den Landeszentralbankpräsidenten wurde in der Regel auf besondere fachliche Eignung geachtet.[15]

11 Deutsche Bundesbank, Bundesregierung, S. 16f.
12 Vgl. Lindner, Krise, S. 345.
13 Vgl. Deutsche Bundesbank, Bundesregierung, S. 16.
14 Zur theoretischen Grundlegung vgl. Neumann, Precommitment.
15 Der ZBR, der zu jedem Vorschlag anzuhören ist, hat in wenigen Fällen Einwendungen erhoben. Das hat allerdings keine Ernennung verhindert. Vgl. auch Woll, Unabhängigkeit.

Die Mitglieder des Direktoriums werden auf Vorschlag der Bundesregierung, die Landeszentralbankpräsidenten auf Vorschlag des Bundesrates, und damit der betreffenden Landesregierungen, bestellt. Der Pluralismus der Vorschlagsinstanzen[16] entspricht der föderalen Struktur Deutschlands und beschneidet a priori den Einfluß der Bundesregierung. Die Ernennungen sind überdies zeitlich gestaffelt, um zu verhindern, daß in einem bestimmten Jahr eine größere Anzahl von ZBR-Mitgliedern ersetzt und auf diesem Weg politisch Einfluß genommen werden könnte. Im Zeitraum 1960–1996 gab es nur vier Jahre, in denen vier Mitglieder ersetzt wurden. In allen anderen Jahren waren es weniger, in der Regel nur eines. Von besonderem Interesse ist der potentielle politische Einfluß der jeweiligen Bundesregierung auf die Zusammensetzung des Direktoriums, das bis zur Novellierung des Bundesbankgesetzes von 1991 bis zu zehn Mitglieder umfassen konnte, danach bis zu acht. Im angegebenen Zeitraum erfolgten insgesamt 20 Neuberufungen. Das bedeutet, daß über die Länge einer normalen Legislaturperiode von vier Jahren die Bundesregierung durchschnittlich nicht mehr als zwei Personen neu vorschlagen konnte.

Alle Mitglieder des ZBR werden für acht Jahre, ausnahmsweise auch für eine kürzere Zeit, aber für mindestens zwei Jahre, bestellt. Diese im internationalen Vergleich relativ lange Amtsdauer fördert langfristiges Denken. Vor allem fördert sie persönliche Unabhängigkeit, und zwar um so mehr, in je höherem Alter Personen ernannt werden. Dabei ist die bei Amtsantritt zu erwartende tatsächliche Amtsdauer erheblich länger, weil eine Wiederbestellung für erneut bis zu acht Jahren möglich ist. Das ist durchweg gleichsam automatisch, also ohne Ansehen der Person und der von ihr vertretenen Auffassungen, praktiziert worden, soweit das persönliche Lebensalter das angesichts der üblichen Pensionierungsgrenze (65 bis 68 Jahre) zuließ. Betrachtet man die Gruppen der zwischen 1969 und 1993 nicht durch Tod ausgeschiedenen 17 Mitglieder des Direktoriums und der zwischen 1972 und 1995 nicht durch Tod ausgeschiedenen 24 Landeszentralbankpräsidenten, so ergibt sich für beide Gruppen getrennt, daß sie im Durchschnitt im Alter von 52 Jahren erstmals bestellt wurden und dem ZBR 14 Jahre lang angehörten. Damit entsprach die Berufungspraxis der von mir entwickelten theoretischen Idealvorstellung, wonach Eintrittsalter und Amtsdauer so kombiniert sein sollten, daß die Position bei Amtsantritt als letzte des Berufslebens gelten kann und daher kein Anreiz für politische Rücksichtnahmen mehr gegeben ist (Thomas-Becket-Effekt).[17] Die sechs Präsidenten

16 Er ist dem beherrschenden Einfluß der Amerikaner auf das Militärregierungsgesetz zur Errichtung der Bank deutscher Länder von 1948 zu verdanken.

17 Neumann, Precommitment, S. 103: «The conditions of contract and of office would have to be set such that the appointee frees him- or herself from all former political ties or dependencies and accepts the central bank's objective of safeguarding the value of the cur-

der Bundesbank waren im Durchschnitt sogar 60 Jahre alt, als sie in dieses Amt berufen wurden.[18]

Es gibt theoretische Erwägungen, wonach auch das Verhalten von Zentralbankiers durch die Höhe der Bezahlung beeinflußt werden kann. Die wenigen Informationen, die über die Gehälter bekannt sind, sprechen allerdings nicht dafür, daß es besonders attraktiv wäre, beispielsweise aus einer leitenden Funktion in der privaten Bankwirtschaft in den ZBR zu wechseln. Von Bedeutung ist, daß das Wachstum der Gehälter den Vereinbarungen im öffentlichen Dienst folgt und insofern positiv mit der Inflationsrate verknüpft ist. Nimmt man die Tatsache des international eindrucksvollen Stabilitätserfolgs der Bundesbank hinzu, so folgt, daß die technokratische Idee, Inflation sei nur zu verhindern, indem den Zentralbankiers in Relation zur Inflationsrate die Gehälter gekürzt werden, empirisch nicht gestützt wird.[19]

4. Konfliktfelder

Eine stabilitätsorientierte Geldpolitik ist stets latent bedroht durch besondere Interessen. Letztlich kommt es darauf an, daß die Zentralbankiers die Durchsetzung solcher Interessen abwehren. Deshalb wird untersucht, wie die Mitglieder des ZBR die Verfassungswirklichkeit gestaltet haben. Eine Leitfrage ist, ob es sich beim ZBR um ein «politisiertes Gremium» handelt, das sich für andersgeartete politische Interessen von Bundes- und Länderregierungen einspannen läßt, oder ob die aus der Art der Anstellungsbedingungen abgeleitete, alternative Hypothese einer großen persönlichen Unabhängigkeit durch empirische Evidenz erhärtet werden kann.

a) Stützung von Wahlinteressen?

Die von William D. Nordhaus begründete Theorie eines politischen Konjunkturzyklus[20] leitet aus dem Wiederwahlinteresse von Regierungen die Schlußfolgerung her, daß eine Regierung den kurzfristigen Trade-off zwi-

rency as his or her professional leitmotif. We may call this a ‹Thomas-Becket› effect.» Mit der Bezeichnung des erwünschten Effekts wird an den Kanzler des englischen Königs Heinrich II. erinnert, der als Kanzler die Interessen des Königs gegen die Kirche vertrat, aber nach Ernennung zum Erzbischof von Canterbury die Interessen der Kirche gegen den König wahrnahm. Vgl. auch Issing, Perspektiven.

18 Eine Ausnahme war Karl Otto Pöhl, der im Alter von 47 Jahren zum Vizepräsidenten ernannt wurde und drei Jahre später zum Präsidenten.

19 Vgl. etwa Vaubel, Glaubenssätze oder Walsh, Optimal Contracts.

20 Vgl. Nordhaus, Political Business Cycle.

schen Arbeitslosigkeit und Inflation nutzen wird, um durch Konjunkturstimulierung im Wahljahr einen Rückgang der Arbeitslosigkeit zu bewirken. Empirische Untersuchungen haben zu keinem eindeutigen Ergebnis geführt. Zwar läßt sich für einige Länder und einzelne Episoden ein opportunistisches Handeln im Interesse des Machterhalts nachweisen, aber eben nicht systematisch.[21] Nimmt man an, daß die Wirtschaftssubjekte (eingeschränkt) rationale Erwartungen bilden, so läßt sich der Konjunkturzyklus von der Regierung bzw. von ihrer abhängigen Zentralbank nicht über die Kontrolle der Geldpolitik manipulieren, weil das antizipiert wird und somit durch entsprechende Lohnforderungen abgewehrt werden kann. Allerdings sollte sich der Versuch zur Manipulation in entsprechenden Änderungen der finanz- und geldpolitischen Instrumente nachweisen lassen.[22]

Wendet man diese Theorie auf die Bundesbank an und ist die Bank nicht nur rechtlich, sondern auch faktisch regierungsunabhängig, so sollten sich die Implikationen der Theorie nicht bestätigen lassen. Eine indirekte und damit sehr schwache Testmethode besteht darin zu prüfen, ob die Bank die Finanzpolitik der Bundesregierung systematisch akkommodiert. Entsprechende Untersuchungen haben zu widersprüchlichen Ergebnissen geführt.[23]

Eine unmittelbare Implikation dieser Theorie ist die weitere Hypothese, daß die Bundesbank zur Stützung der jeweiligen Bundesregierung in Vorwahlperioden regelmäßig den Diskontsatz senkt. Eine einfache Auswertung der Diskontsatzpolitik vor sämtlichen Bundestagswahlen von 1953 bis 1994 zeigt, daß das nicht systematisch der Fall war. Der Diskontsatz wurde zwar während der Vorwahlperioden folgender Wahlen gesenkt: 1953, 1957, 1961, 1976, 1983, 1987 und 1994. Diesen sieben Wahlen stehen aber fünf Wahlen gegenüber, vor denen der Diskontsatz mehrfach heraufgesetzt wurde: 1965, 1969, 1972, 1980 und 1990. Das Zahlenverhältnis von sieben zu fünf weicht nicht statistisch signifikant von der Null-Hypothese der Gleichverteilung ab. Die Zinssenkungen könnten zudem ökonomisch begründet gewesen sein. Deshalb untersuchen Berger und Solveen anhand von Reaktionsfunktionen, ob sich die strengere Hypothese vertreten läßt, daß die Bank die Zinssätze zu stark senkte. Ihre Ergebnisse sind negativ.[24]

Die Hypothese, daß die Bundesbank die Wiederwahl der jeweiligen Bundesregierung durch eine Zinssenkungspolitik in Vorwahlzeiten begünstigt, bestätigt sich also nicht. Das spricht für die faktische Unabhängigkeit der

21 Vgl. Alesina, Comment sowie Alesina/Rubini, Political Cycles.

22 Vgl. Rogoff/Sibert, Elections.

23 So folgte nach Frey und Schneider die Bundesbank im Zeitraum 1957–1977 dem finanzpolitischen Kurs der Bundesregierung mit einer Verzögerung von einem halben Jahr. Vgl. Frey/Schneider, Central Bank Behaviour. Nach Berger ist die Hypothese dagegen für den Zeitraum 1950–1971 zu verwerfen. Vgl. Berger, Independence.

24 Vgl. Berger, Independence sowie Solveen, Unabhängigkeit.

Bank. Allerdings handelt es sich um ein vordergründiges Ergebnis. Es sagt nichts darüber aus, ob die Mitglieder des ZBR sich in ihren Entscheidungen unabhängig verhalten oder ob sie etwa versuchen, die Wahlchancen von Regierung und Opposition zu beeinflussen. Die Tatsache, daß es vor Wahlen häufiger auch zu restriktiven Zinsbeschlüssen kam, könnte hypothetisch damit zusammenhängen, daß jeweils eine Mehrheit der Mitglieder des ZBR politisch der Opposition zuneigte und deshalb versuchte, deren Wahlchancen durch eine geldpolitisch bewirkte Verschlechterung der Konjunkturlage zu verbessern. Solche für die jeweilige Bundesregierung ungünstige Konstellationen lassen sich nicht a priori ausschließen, weil die Regierung nur auf die Bestellung der Direktoriumsmitglieder Einfluß hat und zudem die zeitlich versetzten Anstellungsverträge es verhindern, daß sämtliche Direktoriumsmitglieder im Laufe einer Legislaturperiode ersetzt werden können.

Vaubel hat als erster untersucht, ob die Geldpolitik der Bundesbank auf das Vorherrschen bestimmter parteipolitischer Präferenzen im ZBR zurückgeführt werden kann.[25] Er ließ sich von der Hypothese leiten, daß Zentralbankiers, die einer politischen Partei angehören oder angehörten, sich in den Dienst der Partei stellen und daher im Vorfeld von Bundestagswahlen versuchen, durch eine zweckentsprechende Gestaltung des Expansionsgrads der Geldpolitik die Wahlchancen ihrer Partei zu verbessern. Zentralbankiers, die der Regierungscouleur zuzurechnen sind, würden demnach vor Wahlen für eine expansive Geldpolitik sorgen wollen, während jene, die der Oppositionscouleur zuzurechnen sind, dagegen arbeiten würden. Vaubel untersuchte diese starke Hypothese anhand des Vergleichs der Wachstumsraten der eng abgegrenzten Geldmenge M1 während Vorwahlperioden mit den von ihm ermittelten «politischen Mehrheiten» im ZBR. Er kam zu dem Ergebnis, daß sich die Hypothese einer Dominanz parteipolitischer Präferenzen nicht ablehnen läßt.[26]

Wenn es richtig wäre, daß die Mitglieder des ZBR sich bei ihren Entscheidungen von parteipolitischen Rücksichtnahmen leiten lassen, so sollte sich das in ihrem Abstimmungsverhalten dokumentieren. Das kann hier erstmals untersucht werden. Im ZBR wird über Maßnahmen abgestimmt, und zwar über die Veränderung von Zinssätzen, von Mindestreservesätzen und seit Ende 1974 über die jährlichen Geldmengenziele. Für eine Untersuchung des Abstimmungsverhaltens eignen sich die Zinsbeschlüsse am besten. Sie erlauben es, den Zeitraum 1952–1994 auszuwerten, in dem 12 Bundestagswahlen stattfanden. Die Mindestreservepolitik spielt dagegen seit 1987 keine besondere Rolle mehr. Die Ära der Geldmengenziele ist mit rund 20 Jahren noch kürzer.

25 Vgl. Vaubel, Public-Choice-Analyse.

26 Allerdings fehlt Vaubels Ergebnissen statistische Signifikanz. Vgl. Neumann, Deutsche Bundesbank, S. 82ff.

Tabelle 3: Zinspolitische Abstimmungen im Zentralbankrat

Jahr	Bundesregierung	Zentralbankrat	Maßnahmen
	C- oder S-geführt	Politische Herkunft[1)] C : S : ?	Diskontsatz = D Lombardsatz = L H = Heraufsetzung S = Senkung Ja : Nein : Enthaltung
1952	C	5 : 5 : 3	
20. 08			S D+L 10 : 3 : 0
1953		5 : 5 : 1	
7. 01.			S D+L 10 : 1 : 0
10. 06.			S D+L 8 : 2 : 0
15. 09.	Wahl		
1956	C	3 : 7 : 1	
5. 09.			S D+L 9 : 2 : 0
1957		3 : 7 : 1	
9. 01.			S D+L 8 : 3 : 0
15. 09.	Wahl		
1960	C	7 : 9 : 4	
2. 06.			H D+L 11 : 5 : 0
10. 11.			S D+L Einstimmig
1961		8 : 8 : 4	
19. 01.			S D+L 18 : 1 : 0
4. 05.			S D+L 15 : 2 : 0
17. 09.	Wahl		
1964	C	10 : 7 : 3	keine solche Maßnahme
1965		10 : 8 : 2	
21. 01.			H D+L 16 : 0 : 4
12. 08.			H D+L 10 : 9 : 0
19. 09.	Wahl		
1968	C-S Koalition	11 : 7 : 2	keine solche Maßnahme
1969		11 : 7 : 2	
20. 03.			H D+L
17. 04.			H D+L
19. 06.			H D+L
11. 09.			H D+L
28. 09.	Wahl		

Tabelle 3: Fortsetzung

Jahr	Bundesregierung	Zentralbankrat	Maßnahmen
	C- oder S-geführt	Politische Herkunft[1)] C : S : ?	Diskontsatz = D Lombardsatz = L H = Heraufsetzung S = Senkung Ja : Nein : Enthaltung
	Vorgezogene Wahl		
1972	S	10 : 7 : 1	
6. 10.			H D+L
2. 11.			H D+L
19. 11.	Wahl		
1975	S	9 : 9 : 1	
14. 08.			S D+L
11. 09.			S D+L
1976		10 : 9 : 1	keine solche Maßnahme
3. 10.	Wahl		
1979	S		
12. 07.		9 : 8 : 2	H D+L
31. 10.		8 : 8 : 2	H D+L
1980		7 : 8 : 2	
28. 02.			H D+L
30. 04.			H D+L
18. 09.			S L
5. 10.	Wahl		
	Vorgezogene Wahl		
1982	C	8 : 7 : 2	
21. 10.			S D+L
2. 12.			S D+L
1983		8 : 7 : 2	
6. 03.	Wahl		
1986	C	8 : 7 : 2	
6. 03.			S D
1987		8 : 7 : 2	
22. 01.			S D+L
25. 01.	Wahl		

Tabelle 3: Fortsetzung

Jahr	Bundesregierung	Zentralbankrat	Maßnahmen
	C- oder S-geführt	Politische Herkunft[1)] C : S : ?	Diskontsatz = D Lombardsatz = L H = Heraufsetzung S = Senkung Ja : Nein : Enthaltung
1989	C	8 : 7 : 2	
5. 10.			H D+L
1990		10 : 6 : 2	
1. 11.			H L
2. 12.	Wahl		
1993	C	8 : 4 : 4	
1. 07.			S D+L
29. 07.			S L
9. 09.		8 : 5 : 3	S D+L
21. 10.		7 : 6 : 3	S D+L
1994		7 : 6 : 3	
14. 04.			S D
14. 05.			S D+L
11. 06.			S D+L
16. 07.	Wahl		

1) C = CDU, CSU oder nicht-sozialliberaler Flügel der FDP; S = SPD oder sozialliberaler Flügel der FDP.

Quelle: Deutsche Bundesbank; eigene Ermittlungen.

Tabelle 3 führt für jede Bundestagswahl die vor der Wahl im ZBR bestehenden politischen Mehrheitsverhältnisse und die Abstimmungen des ZBR über Änderungen von Diskontsatz und Lombardsatz auf. Dabei sind ZBR-Mitglieder mit dem Buchstaben C gekennzeichnet, sofern sie der CDU, der CSU oder dem nicht-sozialliberalen Flügel der FDP zuzurechnen sind, mit dem Buchstaben S, sofern sie der SPD oder dem sozialliberalen Flügel der FDP zuzurechnen sind, mit einem Fragezeichen, sofern sie keiner Partei zugeordnet werden können. Diese Angaben wurden von Vaubel übernommen und für die Jahre 1991–1994 aufdatiert.[27] Die Angaben über die Abstimmungsergebnisse wur-

27 Vgl. Vaubel, Public-Choice-Analyse. Vaubels Angaben wurden in zwei Punkten korrigiert. Eine Person, die Vaubel für die Jahre 1964–1988 der S-Gruppe zuordnete, war tatsächlich parteilos. Ebenso rechnet Vaubel für das Jahr 1990 eine Person, die keiner Partei angehört, irrtümlich der C-Gruppe zu.

den von der Bundesbank zur Verfügung gestellt. In Tabelle 3 werden nur Angaben für den Zeitraum 1952–1965 publiziert, weil neuere Abstimmungsergebnisse einer Sperrfrist von 30 Jahren unterliegen. Sie werden aber im folgenden mit ausgewertet. In Anlehnung an Vaubels Abgrenzung der Länge des Vorwahlzeitraums werden für alle regulären Bundestagswahlen die Beschlüsse der jeweils vorangegangenen 15 Monate berücksichtigt. Für die beiden vorgezogenen Wahlen von 1972 und 1983 wurde der Vorwahlzeitraum auf sechs Monate verringert, da in beiden Fällen das wahlauslösende Mißtrauensvotum weniger als sechs Monate vor der Wahl erfolgte.

Vaubels Vermutung eines Parteigängertums läßt sich in folgende Hypothesen fassen:

Wiederwahlhypothese: Mitglieder des ZBR, die der Couleur der amtierenden Bundesregierung zuzurechnen sind, stimmen vor Bundestagswahlen für Senkungen der Zinssätze und stimmen gegen Heraufsetzungen der Zinssätze.

Abwahlhypothese: Mitglieder, die der Couleur der jeweiligen Opposition zuzurechnen sind, stimmen vor Bundestagswahlen für Heraufsetzungen der Zinssätze und gegen Senkungen der Zinssätze.

Da die Abstimmungen nicht namentlich durchgeführt werden, lassen sich die Hypothesen nicht direkt überprüfen. Eine weitere Schwierigkeit bildet der Umstand, daß dem ZBR zu allen Zeiten auch Personen angehörten, die parteilos waren. Über deren Stimmverhalten sagen die Hypothesen nichts aus.

Würde man für die Auswertung der Zinsbeschlüsse nur darauf abstellen, ob dem ZBR vor Wahlen mehr Mitglieder der Regierungs- oder der Oppositionscouleur angehörten, dann käme man zu folgenden Ergebnissen: Der Wiederwahlhypothese entsprechen die Beschlüsse vor den Bundestagswahlen von 1983, 1987 und 1994, dagegen nicht die Beschlüsse vor den Wahlen von 1965, 1980 und 1990. Der Abwahlhypothese entsprechen die Beschlüsse vor der Wahl von 1972, dagegen nicht die Beschlüsse vor der Wahl von 1957. Die den Wahlen von 1953, 1961, 1969 und 1976 vorangehenden zinspolitischen Entscheidungen wären nicht auswertbar, weil für keine politische Richtung eine Mehrheit bestand[28] oder weil, wie im Falle der Wahl von 1969, eine große Koalition regierte. Insgesamt wären nach diesem Testansatz, der Vaubels Vorgehensweise entspricht, beide Hypothesen zu verwerfen.

Allerdings wäre ein solches Vorgehen methodisch unbefriedigend, da die Informationen über die den Entscheidungen zugrundeliegenden Abstimmungsverhältnisse ungenutzt blieben. Sofern die aufgeführten Hypothesen zutreffen, sollten sich die in Tabelle 3 aufgeführten Mehrheitsverhältnisse direkt in gleichartigen Abstimmungsergebnissen spiegeln. Das ist ein strenge-

28 Zwar könnte man berücksichtigen, daß die Stimme des Präsidenten bei Stimmengleichheit ausschlaggebend ist, tatsächlich gab es aber keine derart knappe Entscheidung. Allerdings wurde ein Präsident der Bank einmal mit großer Mehrheit überstimmt.

rer Test, der es erlaubt, sämtliche Entscheidungen auszuwerten. Beispielsweise stellte sich 1953 eine C-geführte Bundesregierung zur Wiederwahl. Der ZBR setzte sich damals aus fünf C-Mitgliedern, fünf S-Mitgliedern und einem keiner Partei zurechenbaren Mitglied zusammen. Je nachdem, wie das zuletzt erwähnte Mitglied sich entschied, konnte es, wenn die Hypothesen zutreffen, sowohl zu Zinssenkungen wie auch zu Zinserhöhungen kommen. Aber die Abstimmungen hätten jeweils 6:5:0 (Ja : Nein : Enthaltung) lauten müssen, sofern sich die ZBR-Mitglieder von ihren politischen Präferenzen leiten ließen. Tatsächlich kam es zu Zinssenkungsbeschlüssen mit 10:1:0 Stimmen am 7. Januar und mit 8:2:0 Stimmen am 10. Juni 1953. Beim ersten Termin stimmten demnach mindestens vier jener fünf Mitglieder des ZBR, die der S-Opposition zuzurechnen waren, für die Zinssenkung, beim zweiten Termin mindestens zwei Mitglieder. Das widerspricht Parteigängertum.

Eine kursorische Durchsicht der Tabelle 3 läßt bereits erkennen, daß sich Vaubels parteipolitische Aufgliederung des ZBR durchweg nicht in entsprechende Abstimmungen übersetzte. Um das weiter zu klären, werden in Tabelle 4 die Diskontsatzbeschlüsse verdichtet.[29] Es werden sämtliche Bundestagswahlen mit Ausnahme der Wahl von 1969 berücksichtigt. Damals regierte eine große C-S-Koalition; die oben formulierten Hypothesen erlauben für diesen Fall keine eindeutigen Aussagen über das zu erwartende Stimmverhalten. Während der übrigen Vorwahlzeiten gab es insgesamt 20 Beschlüsse, den Diskontsatz zu senken, und zehn Beschlüsse, ihn heraufzusetzen. Da die Größe des ZBR sich im Zeitablauf änderte und nicht bei jedem Beschluß sämtliche Mitglieder anwesend waren, werden in der Tabelle 4 die Zusammensetzung des ZBR und die Abstimmungsergebnisse in Prozentsätzen ausgedrückt.

Die Tabelle erlaubt es, die beiden politökonomischen Hypothesen anhand von Durchschnittsergebnissen zu überprüfen. Die ausgewiesenen Mittelwerte der Zusammensetzung des ZBR und der Abstimmungsergebnisse zeigen zunächst, daß sämtliche Beschlüsse im Durchschnitt von erheblich mehr Mitgliedern des ZBR unterstützt wurden, als bei Gültigkeit der Hypothesen zu erwarten war. Die Zustimmung zu den Vorschlägen betrug im Durchschnitt rund 76% in den zehn Fällen der Diskontsatzerhöhung und rund 86% in den 20 Fällen der Diskontsatzsenkung.

Nach der Wiederwahlhypothese stimmen Mitglieder der Regierungscouleur gegen das Heraufsetzen des Diskontsatzes. Abschnitt A der Tabelle 4 zeigt, daß sie bei solchen Beschlüssen mit 44% im Durchschnitt ein ebenso großes Stimmgewicht besaßen wie die Mitglieder der Oppositionscouleur. Tatsächlich haben auch Mitglieder der Regierungscouleur für Heraufsetzun-

29 Auf eine entsprechende Auswertung der Entscheidungen über den Lombardsatz kann verzichtet werden, weil sie nur selten abwichen.

Tabelle 4: Abstimmungen im Zentralbankrat vor Bundestagswahlen[1] (in %)

A) 10 Heraufsetzungen des Diskontsatzes						
	Zusammensetzung des ZBR			Abstimmungsergebnis		
	Coleur:					
Position	Regierung	Opposition	Neutral	Ja	Nein	Enthaltung
Mittelwert	44,1	44,1	11,8	75,9	19,5	4,5
(Standardabweichung)	(4,7)	(6,8)	(4,1)	(10,6)	(14,5)	(6,7)
B) 20 Senkungen des Diskontsatzes						
	Zusammensetzung des ZBR			Abstimmungsergebnis		
	Coleur:					
Position	Regierung	Opposition	Neutral	Ja	Nein	Enthaltung
Mittelwert	42,8	42,4	14,8	85,8	12,2	1,9
(Standardabweichung)	(6,4)	(8,8)	(5,8)	(11,0)	(11,1)	(3,6)

1) Erfaßt sind sämtliche Diskontsatzbeschlüsse der letzten 6 Monate vor den vorgezogenen Wahlen 1972 und 1983 sowie der letzten 15 Monate vor den regulären Wahlen von 1953 bis 1994. Die Wahl von 1969 ist nicht berücksichtigt.

Quelle: Deutsche Bundesbank; eigene Berechnungen.

gen des Diskontsatzes gestimmt. Unter der extremen Annahme, daß sämtliche Mitglieder der jeweiligen Oppositionscouleur und auch die Parteilosen für diese Beschlüsse stimmten, folgt, daß Mitglieder der Regierungscouleur ein Stimmgewicht von mindestens 20% zu den Ja-Stimmen beitrugen. Das bedeutet, daß im Durchschnitt zumindest jedes zweite Mitglied der Regierungscouleur für die Diskontsatzerhöhungen stimmte. Dieses Ergebnis falsifiziert die Wiederwahlhypothese.

Die Abwahlhypothese besagt, daß Mitglieder der jeweiligen Oppositionscouleur gegen Senkungen des Diskontsatzes stimmen. Solche Beschlüsse wurden im Durchschnitt mit rund 86% der Stimmen gefaßt. Unter der extremen

Annahme, daß sämtliche Mitglieder der Regierungscouleur und ebenso die Parteilosen für die Diskontsatzsenkungen stimmten, folgt, daß die Mitglieder der Oppositionscouleur diese Beschlüsse mit einem durchschnittlichen Stimmgewicht von mindestens 28,2% unterstützten. Das bedeutet, daß mindestens zwei von drei Mitgliedern der Oppositionscouleur ebenfalls für Diskontsatzsenkungen stimmten. Damit ist auch die Abwahlhypothese eindeutig falsifiziert.

Besonders eindrucksvolle Fälle der Falsifizierung bilden die Bundestagswahlen 1957 und 1965. Vor der Wahl von 1957 gab es im ZBR mit sieben von elf Personen eine große Mehrheit von Mitgliedern, die der SPD zuzurechnen waren. Ihr gemeinsames Stimmgewicht betrug rund 64%. Sie hätten daher den Diskont- und den Lombardsatz heraufsetzen können, um entsprechend der Abwahlhypothese die Wiederwahlchancen der damaligen Adenauer-Regierung zu verringern. Statt dessen sorgten sie mehrheitlich für zwei Zinssatzsenkungen. In der Sitzung des ZBR vom 5. September 1956 stimmten mindestens fünf der sieben für die Senkung der Zinssätze, in der Sitzung vom 9. Januar 1957 mindestens vier. Im Vorwahlzeitraum der Bundestagswahl von 1965, die zur Wiederwahl der Erhard-Regierung führte, wurden die Zinssätze zweimal heraufgesetzt, obwohl die Mitglieder der Regierungscouleur, zu denen der damalige Präsident der Bundesbank gehörte, diese Entscheidungen mit 10 von 20 Stimmen hätten verhindern können.

b) Ausgewählte Konfliktfälle

Aus der Tatsache, daß sich der ZBR für Wahlinteressen nicht hat einspannen lassen, ist nicht zu schließen, daß die Geldpolitik etwa apolitisch geführt worden wäre. Weil Geldpolitik in den Wirtschaftsprozeß und damit letztlich in die Lebensverhältnisse der Menschen eingreift, kann sie nicht rein technokratischen Mustern folgen. Es kann bei geldpolitischen Entscheidungen nicht völlig außer Ansatz bleiben, welche Folgen sie für andere Politikfelder haben. Sofern die Zentralbank an der Grundlinie der Preisstabilität festhält, kann sie durchaus vorübergehende Verletzungen, etwa aus außenwirtschaftlichen Gründen, tolerieren.

Allerdings ist es unvermeidlich, daß eine unabhängige Zentralbank immer wieder in Konflikte mit den Interessen der eigenen Regierung, wie auch denen von Regierungen wichtiger Handelspartner, gerät. Sie muß daher immer damit rechnen, daß es zu politischem Druck von außen und sogar zu Bestrebungen kommt, die Unabhängigkeit de facto einzuengen. Wenn sich die Zentralbankiers in einem solchen Fall nicht persönlich bewähren, haben sie für immer verloren. Es sei an nur zwei Fälle in der an Konflikten reichen Geschichte der Bundesbank erinnert.

Adenauers «Fallbeil-Rede»

Regierungen tun sich immer schwer, wenn die Zentralbank im Interesse der Sicherung von Preisstabilität eine restriktivere Linie der Geldpolitik einschlägt. Das hat weniger damit zu tun, daß sie das Ziel der Preisstabilität gering schätzten, als vielmehr damit, daß jede Abschwächung der Konjunktur zu geringeren Steuereinnahmen und unangenehmen Anpassungszwängen für die staatliche Finanzpolitik führt. Die Folge ist ein schwierigeres innenpolitisches Klima. Zwar ist es kurzsichtig, wenn eine Regierung versucht, das Einschlagen eines restriktiveren Kurses der Geldpolitik zu verhindern, sofern er gerechtfertigt ist. Jedes Aufschieben erzwingt später drastischere Maßnahmen. Aber der politische Prozeß fördert die Fokussierung auf die kurze Frist. So ist es nicht erstaunlich, daß sowohl christ- wie sozialdemokratisch geführte Bundesregierungen versucht haben, ein Umschalten der Geldpolitik auf eine restriktivere Linie, wenn nicht zu verhindern, so jedenfalls zu verzögern.

Der markanteste Versuch, die Bundesbank bzw. die Bank deutscher Länder von Zinserhöhungen abzubringen, wurde 1956 vom damaligen Bundeskanzler Konrad Adenauer unternommen. Der Fall ist von besonderer Bedeutung, weil einerseits Adenauer vor einem öffentlichen Angriff auf die Autonomie der Bank nicht zurückschreckte und andererseits der ZBR sich dazu verstand, zur Sicherung seiner Unabhängigkeit eine offensive politische Strategie zu verfolgen. Bereits im Oktober 1950, als der ZBR angesichts eines von der Korea-Krise ausgelösten drastischen Preisanstiegs den Diskontsatz um zwei Prozentpunkte heraufsetzen wollte, hatte Adenauer vergeblich versucht, ihm das auszureden. Aber damals stand die Bank noch unter dem Schutz des von den Alliierten 1948 erlassenen Gesetzes. Fünf Jahre später, als die Bank nach einer langen Periode der Zinssenkung wieder den Diskontsatz heraufsetzen wollte, war das nicht mehr der Fall. Jetzt konnte Adenauer im Prinzip mit der Mehrheit im Bundestag das Gesetz über die Bank deutscher Länder ändern. Überdies hatten die Vorbereitungen zum Erlaß des Gesetzes über die Errichtung der Bundesbank bereits begonnen. Das schuf Spielraum für politischen Druck.

Die Bank setzte erstmals im August 1955 Diskont- und Lombardsatz vorsichtig um einen halben Prozentpunkt herauf. Die Maßnahme kam im Grunde viel zu spät, weil die Wirtschaft seit Mitte 1954 boomte: Innerhalb eines Jahres wuchs die Industrieproduktion um 15%, nahm die Beschäftigung um eine Mio. Personen zu und stieg die Inflationsrate von 0 auf knapp 3%. Trotzdem wurde von seiten der Industrie der neue Kurs der Geldpolitik als wachstumsschädlich gebrandmarkt. Adenauer machte sich die Kritik zu eigen und schrieb am 7. November 1955 an den Präsidenten des Direktoriums

Vocke: «Ich wäre Ihnen dankbar, wenn die Bank deutscher Länder auf dem Gebiet der Kreditpolitik keine einschneidenden Maßnahmen vorschlagen oder verfügen würde, ohne daß vorher eine Konsultation mit der Bundesregierung stattgefunden hat.»[30] Vocke spielte postwendend den Ball zurück. Er antwortete am 8. November 1955 ebenso deutlich: «... darf ich darauf hinweisen, daß einschneidende kreditpolitische Maßnahmen zur Zuständigkeit des ZBR gehören».[31]

Damit war klar, daß es zu einer Machtprobe kommen würde, sobald die Zinssätze weiter angehoben werden mußten. In der Sitzung des ZBR am 7./8. März 1956 legten die Minister Ludwig Erhard und Fritz Schäffer weisungsgemäß ein suspensives Veto gegen eine erneute Anhebung der Zinssätze ein.[32] Der ZBR setzte trotzdem einstimmig Diskont- und Lombardsatz um einen Prozentpunkt herauf. Er wies die Zulässigkeit des suspensiven Vetos mit der Begründung zurück, das aufschiebende Veto sei praktisch bereits verbraucht worden, da Minister Schäffer am 22. Februar telefonisch um die Aussetzung einer Beschlußfassung bis zur Rückkehr Minister Erhards von einem Englandaufenthalt gebeten hatte.[33]

Es kam nun zu einem politischen Zusammenspiel zwischen der Bank und den beiden Ministern. Ein Stabilisierungsprogramm wurde entworfen, mit dem die Minister das Kabinett am 17. Mai überraschten. Tags darauf hob der ZBR bei Anwesenheit der Minister mit acht zu zwei Stimmen die Zinssätze erneut um einen Prozentpunkt an und kürzte die Rediskontkontingente. Die Beschlüsse wurden von den Ministern unterstützt. Damit hatte Adenauer die Machtprobe mit der Bank praktisch verloren. Aber er verschlimmerte die Niederlage, indem er den weiteren Fehler beging, sich am 23. Mai in einer Rede vor dem Bundesverband der Deutschen Industrie von der Entscheidung zu distanzieren und die Unabhängigkeit der Bank zu kritisieren. Er sagte u.a.: Der ZBR «ist natürlich verantwortlich nur sich selbst, wir haben hier ein Organ, das niemandem verantwortlich ist, auch keinem Parlament und nicht einer Regierung». Und: «Es ist der deutschen Konjunktur ein schwerer Schlag versetzt worden; auf der Strecke bleiben werden die Kleinen ... das Fallbeil

30 Schreiben von Adenauer an Vocke vom 7. November 1955 (HA BBk B 330/2011).

31 Schreiben von Vocke an Adenauer vom 8. November 1955 (HA BBk B 330/2011).

32 Erhard, der sich für eine Diskonterhöhung aussprach, sagte: «Ich kann mich dieses Auftrags nur entledigen und muß ihm folgen. Ich habe ja meine persönliche Meinung dazu gesagt. Ich weiß nicht, ob überhaupt das Veto schon konsumiert ist.» Vgl. Wortprotokoll der 214. ZBR-Sitzung vom 7./8. März 1956, S. 18 (HA BBk B 330/92).

33 Das Argument, die Bundesregierung habe durch frühzeitige, interne Einwendungen gegen mögliche Zinserhöhungen das suspensive Veto bereits verbraucht, ist von der Bank auch in späteren Konfliktfällen verwendet worden. Daher kam es später nie mehr zu einer förmlichen Einlegung des Vetos.

trifft die kleinen Leute und deswegen bin ich sehr betrübt.»[34] Die Reaktion der deutschen Presse war für Adenauer vernichtend. Sie stellte sich vor die Bank, und diese nutzte die Gunst der Stunde zu einer öffentlichen Antwort im folgenden Monatsbericht.[35]

Der Erfolg der Bank deutscher Länder in der Auseinandersetzung mit Adenauer um die Zinspolitik des Jahres 1956 war für die Festigung der De-facto-Unabhängigkeit der Bank von nicht zu unterschätzender Bedeutung. Sowohl die Unterstützung der Bank durch zwei zentrale Mitglieder der Regierung als auch der scharfe Angriff des Bundeskanzlers erwiesen sich als glückliche Umstände. Sie bewirkten eine Solidarisierung der Öffentlichkeit mit der Bank, die fortan prägend war. Kein späterer Bundeskanzler hat es mehr gewagt, in vergleichbarer Weise die Bundesbank öffentlich anzugreifen und ihre Unabhängigkeit in Frage zu stellen. Zwar kam es Anfang 1979 unter Bundeskanzler Helmut Schmidt zu einem offenen Konflikt, als Staatssekretär Manfred Lahnstein nach der Sitzung des ZBR am 18. Januar eine Heraufsetzung von Lombardsatz und Mindestreservesätzen überraschend als verfrüht bezeichnete. Aber er hütete sich wohlweislich, die Unabhängigkeit der Bank in Zweifel zu ziehen.

Gründung des deutsch-französischen Finanz- und Wirtschaftsrats

Da die Bundesbank nach der Gründung des Europäischen Währungssystems (EWS) die Führungsrolle in Europa bei der Bekämpfung der Inflation übernahm, wuchs sie unvermeidlich zugleich in die Rolle der systemführenden Zentralbank hinein. Die D-Mark wurde als härteste und unbeschränkt international handelbare Währung zum Stabilitätsanker für die übrigen Mitgliedswährungen. In den ersten Jahren des EWS kam es zu häufigeren Abwertungen anderer Mitgliedswährungen, insbesondere auch der zweitwichtigsten Währung, des Französischen Franc. Nachdem Francois Mitterands keynesianisches Experiment einer Stimulierung der französischen Volkswirtschaft fehlgeschlagen war, nahm Frankreich nach 1983 in einer einzigartigen Kehrtwendung den Stabilitätszwang des EWS als eine positive Herausforderung an. Dessenungeachtet wurde auf eine Ausweitung der Interventionsfinanzierung seitens der Bundesbank hingearbeitet und im September 1987 durch das Notenbankabkommen von Basel/Nyborg auch erreicht. Die gleichsam hegemoniale Stellung der D-Mark wurde aber weiterhin als Stachel empfunden.

34 Bank deutscher Länder, Rede von Bundeskanzler Dr. Adenauer, S. 1.

35 Dort setzte sie sich ausführlich mit den Hauptargumenten gegen ihre Beschlüsse auseinander, und es kam zu ungewöhnlichen Belehrungen, wie beispielsweise «... es gehört zu den Elementarerkenntnissen der Nationalökonomie ...» oder «... es wäre Vogel-Strauß-Politik, wollte man ignorieren, daß ...». Bank deutscher Länder, Kreditpolitische Maßnahmen, S. 3ff.

Frankreich begann nach Wegen zu suchen, an der Führung des EWS beteiligt zu werden. Eine ferne Option bildete eine Europäische Währungsunion mit einer gemeinsamen Zentralbank. Näher lag der Versuch, die Bundesbank in eine deutsch-französische Koordination fest einzubinden.

So kam es, daß bei den deutsch-französischen Konsultationen am 13. November 1987 völlig überraschend vorgeschlagen wurde, zusätzlich zu einem deutsch-französischen Verteidigungsrat auch einen »Wirtschafts- und Währungsrat» einzurichten, dem die Finanzminister und die Notenbankgouverneure beider Länder angehören sollten. Der Rat sollte «Entscheidungen» zu allen Fragen treffen können, die in die Zuständigkeitsbereiche der Finanzminister und der Notenbankgouverneure beider Länder fielen. Insbesondere die Zinspolitik sollte koordiniert werden. Wäre der Vorschlag umgesetzt worden, so wäre damit die Unabhängigkeit der Bundesbank praktisch aufgehoben worden.

Die Bundesregierung akzeptierte den Vorschlag eines Regierungsabkommens, weil ein Junktim zwischen der Einrichtung des Verteidigungsrates und des Wirtschafts- und Währungsrates hergestellt wurde. In den Verhandlungen zwischen den Finanzministerien beider Länder wurde der französische Vorschlag entschärft. Der Rat wurde um den deutschen Wirtschaftsminister erweitert und in «Finanz- und Wirtschaftsrat» umbenannt. Vor allem wurde, was die Geldpolitik angeht, nur noch zur Aufgabe gemacht, die monetären Politiken «im Hinblick auf ihre Annäherung» zu «erörtern». Die Bank wurde über den modifizierten Text offiziell am 13. Januar 1988 unterrichtet. Das Direktorium erhob Bedenken. Daraufhin übermittelte das Bundesfinanzministerium am 14. Januar einen weiter abgeschwächten Text. Danach sollten die Notenbankgouverneure nicht Mitglieder des Rates sein, sondern nur (als Gäste) an den Sitzungen teilnehmen.

Der ZBR wurde erst am 21. Januar 1988 mit dem Abkommen und der Bitte um Zustimmung befaßt. Jetzt war die Sachlage für die Bank negativ verändert. Erstens wurde eine wieder verschärfte Fassung vorgelegt.[36] Danach sollten die Gouverneure wieder Mitglieder des Rates sein, und die Währungspolitik sollte nicht «im Hinblick auf ihre Annäherung» erörtert werden, sondern «mit dem Ziel einer möglichst weitgehenden Abstimmung». Zweitens sollte der Text auf französischen Wunsch nicht als ein Regierungsabkommen verabschiedet werden, sondern als ein ratifizierungsbedürftiges Zusatzprotokoll zum deutsch-französischen Vertrag von 1963. Das bedeutete, das Abkommen würde völkerrechtliche Verbindlichkeit erhalten und damit einen höheren Rang als das Bundesbankgesetz.

Im Verlauf der Diskussion des ZBR kam es zu einer fast einhellig negativen

36 Warum es nicht bei der relativ moderaten Fassung vom 14. Januar 1988 blieb, ist nach der Aktenlage des Historischen Archivs der Deutschen Bundesbank nicht zu klären.

Beurteilung. Zwar wurde anerkannt, daß die Einbindung der Bundesrepublik in den europäischen Integrationsprozeß und in die währungspolitische Zusammenarbeit mit den USA und Japan unvermeidlich die geldpolitische Bewegungsfreiheit de facto einschränke. Deshalb müsse man aber nicht auch eine rechtliche Beschränkung der Autonomie der Bank akzeptieren. Ob das der Fall sei, habe die Bundesregierung gar nicht geprüft. Zwar sei die Bundesbank nicht Vertragspartner, aber der Präsident der Bank werde im Finanz- und Wirtschaftsrat zu Zugeständnissen gedrängt werden. Damit werde die Willensbildung im ZBR relativiert.

Im Ergebnis zog sich der ZBR geschickt aus der Schlinge. Er ermächtigte seinen Präsidenten, an dem Rat «teilzunehmen», stellte diese Zustimmung aber unter den Vorbehalt, daß durch das Zusatzprotokoll die Unabhängigkeit der Bank, zusammengefaßt in den §§ 3, 6 Abs. 1 und 12 Satz 2 Bundesbankgesetz, inhaltlich nicht berührt werde.

Schließlich gelang es aufgrund breiter Unterstützung aus Öffentlichkeit und Parlament, im Rahmen der Ratifizierung des Protokolls den versuchten Zugriff auf die Kompetenzen der Bundesbank vollständig abzuwehren. Die Bundesregierung gab eine bindende Interpretation des Vertrages, indem dem Gesetz eine «Denkschrift» beigefügt und der französischen Regierung zur Kenntnis gebracht wurde.[37] Darin wurde klargestellt, daß der Finanz- und Wirtschaftsrat ein Konsultationsgremium und kein Entscheidungsorgan sei. Unmittelbare Rechtswirkungen könnten von seinen Beratungen nicht ausgehen. Die Rechtsstellung der Bundesbank werde durch das Protokoll nicht berührt. Obwohl der Finanz- und Wirtschaftsrat tagt, hat man von ihm in der Öffentlichkeit nie wieder gehört.

5. Wechselkurspolitische Einbindungen

Das Ziel interner Geldwertstabilität läßt sich nicht vereinbaren mit dem Ziel einer Stabilität des nominalen Außenwerts der Währung. Das ist offensichtlich für den Fall, daß der Wechselkurs gegenüber einer Währung fixiert wird, deren Umlauf inflationiert wird. Es gilt ebenso für den Fall realer Ungleichgewichte zwischen Volkswirtschaften. Sie erzwingen Anpassungen der relativen Preise, die sich unvermeidlich in Änderungen der nominalen Wechselkurse übersetzen, es sei denn, es würden hinreichende Verschiebungen der internen Preisniveaus der beteiligten Volkswirtschaften zugelassen.

Die immanente Konkurrenz des Ziels interner Geldwertstabilität zu dem

37 Vgl. «Unabhängigkeit der Bundesbank sicher. Denkschrift zum deutsch-französischen Finanz- und Wirtschaftsrat», in: Börsenzeitung vom 3. Dezember 1988.

Ziel der Wechselkursstabilität hat zur Folge, daß es im Rahmen der Geldverfassung eines Landes einer Grundsatzentscheidung bedarf, welchem Ziel der Vorrang gegeben werden soll. Für die Bundesrepublik ist spätestens seit 1973 unzweifelhaft, daß das Ziel interner Geldwertstabilität den Primat hat. Dem steht nicht entgegen, daß sich der Gesetzgeber 1957 mit der Zielformulierung «die Währung zu sichern» nicht eindeutig festlegte.[38] Damals war vielen die Unausweichlichkeit des Zielkonflikts noch wenig klar. Vocke erklärte 1957 bündig: «Wir wollen keine Aufwertung, und wir wollen kein Einschwenken auf die inflationistische Linie mancher Länder.»[39] Die großen Zielkonflikte sollten erst noch kommen, und sie wurden unvermeidlich zu Konflikten zwischen der Bundesbank und der jeweiligen Bundesregierung, weil nicht der Bank, sondern der Regierung die Wahrnehmung der Währungssouveränität nach außen übertragen ist.

Diese Regelung der Kompetenzen bedeutet eine grundlegende Einschränkung der Unabhängigkeit der Bundesbank. Es ist das Recht der Bundesregierung, gestützt auf Bundestag und Bundesrat, die D-Mark in ein System fester Wechselkurse einzubinden. Jedes Festkurssystem bringt mit seinen besonderen Spielregeln Einschränkungen der Unabhängigkeit der Bank mit sich und erschwert damit die Sicherung des internen Geldwerts. Aber aus der Logik der seit langem akzeptierten Grundentscheidung für den Primat der Geldwertstabilität folgt, daß die Regierung wechselkurspolitische Einbindungen nicht so gestalten darf, daß es faktisch zu einer Aushebelung der Unabhängigkeit der Bank kommt. Das bedeutet, daß Wechselkursparitäten veränderbar sein müssen und, um dies de facto zu gewährleisten, daß es keine Verpflichtung zu unbegrenzten Interventionen geben darf.

a) Das Problem der außenwirtschaftlichen Absicherung

Im Rückblick auf die Ära von Bretton Woods ist es bemerkenswert, daß es bis in die frühen sechziger Jahre hinsichtlich der Sicht der Zusammenhänge verkehrte Fronten gab. Nicht die Bundesbank, sondern Bundeswirtschaftsminister Erhard sah klar, daß Aufwertungen der D-Mark nicht tabuisiert werden konnten, wenn das seit Mitte der fünfziger Jahre zunehmende außenwirtschaftliche Ungleichgewicht abgebaut und ein beschleunigter Anstieg des

38 In der Begründung des Gesetzentwurfes des Bundeswirtschaftsministeriums vom 28. August 1956 heißt es: «Die Stabilität der Inlandskaufkraft ist … von überragender Bedeutung, aber trotzdem darf die Stabilität der Auslandskaufkraft … nicht außer Betracht gelassen werden.» Vgl. Entwurf eines Gesetzes über die Deutsche Bundesbank vom 28. August 1956, Bundestagsdrucksache 2781.

39 Rede auf der Bankentagung vom 23. Mai 1957, zitiert nach Marsh, Bundesbank, S. 240f.

Preisniveaus verhindert werden sollte. Die Mitglieder des ZBR dagegen, von Ausnahmen wie Otmar Emminger abgesehen, waren gegen jede Änderung der Parität zum Dollar eingestellt. Nicht nur Vocke, sondern ebenso der auf ihn folgende erste Präsident der Bundesbank, Karl Blessing, betrachtete die Währungsparität als sakrosankt, gerade so, als ob man noch in Zeiten der Goldwährung lebte. So kam es, daß die erste Aufwertung der D-Mark im März 1961 nur nach langem Widerstand der Bundesbank vorgenommen wurde.

Aber man lernte dazu. Als daher 1968 eine vom Französischen Franc ausgelöste Währungskrise ausbrach, sprach sich die Mehrheit des ZBR unter Einschluß von Blessing für eine Aufwertung der D-Mark aus, während unter dem Einfluß des Bankiers Hermann Josef Abs Bundeskanzler Kurt Georg Kiesinger und Bundesfinanzminister Franz Josef Strauß sich dagegen wandten. Ganz anders Karl Schiller, Bundesminister für Wirtschaft und ab Herbst 1969 auch für Finanzen, der in den folgenden Jahren immer wieder für eine grundsätzliche Offenheit für Aufwertungen der D-Mark und ein Block-Floating gegenüber dem Dollar warb, und zwar gegen den Widerstand des im Jahre 1970 berufenen Bundesbankpräsidenten Karl Klasen. Der war ein entschiedener Gegner von Aufwertungen und erst recht eines Lösens der D-Mark vom Dollar durch Floaten. Unter seinem Einfluß wandte sich im Mai 1971 eine Mehrheit des ZBR gegen Schillers Vorschlag, die D-Mark zu floaten, und sprach sich statt dessen für eine «Devisenbannwirtschaft» durch Nutzung des § 23 Außenwirtschaftsgesetz aus. Und das wiederholte sich im Juni 1972. Während Schiller 1971 ein zeitlich begrenztes Floating gegen den Willen der Bundesbank durchsetzen konnte, folgten ihm 1972 seine Kabinettskollegen nicht mehr.[40] So trug die Bank dazu bei, daß die Agonie des Bretton-Woods-Systems auf Kosten des internen Geldwerts der D-Mark um ein Dreivierteljahr verlängert wurde. Bis zur Einstellung der Dollarstützung am 2. März und zum Beginn des europäischen Block-Floatings am 18. März 1973 mußte die Bank weitere Devisen in Höhe von rund 25 Mrd. DM aufkaufen. Daher blieb das Geldmengenwachstum zweistellig, und die Inflationsrate stieg von gut 5 auf 7%.

Es bedurfte der Devisensturzflut von Anfang Februar 1973 und eines historischen Zufalls,[41] daß es zu einem Meinungsumschwung im ZBR kam. Aber nun war es Schillers Nachfolger Helmut Schmidt, der sich noch wochenlang gegen ein Floating stemmte. Und wieder half ein historischer Zufall. Am entscheidenden Tag, dem 1. März, war Schmidt krankheitsbedingt abwesend. So

40 Daraufhin trat Schiller zurück. Die Ablehnung des Floating spielte eine Rolle, aber der Hauptgrund war, daß sich Schiller in der Haushaltspolitik nicht durchsetzen konnte. Vgl. dazu Emminger, D-Mark, S. 218.

41 Vizepräsident Emminger leitete Direktorium und ZBR, da Präsident Klasen krankheitsbedingt von Januar bis Mitte März ausfiel.

konnte Emminger in einer Blitzaktion bei Bundeskanzler Willy Brandt die Schließung der Devisenmärkte für den nächsten Tag durchsetzen.[42]

Seit dem Ende des Währungssystems von Bretton Woods ist es niemals wieder dazu gekommen, daß eine Mehrheit des ZBR der Illusion erlag, die Bundesbank müsse Wechselkursparitäten um jeden Preis halten und könne dennoch ihrer Aufgabe gerecht werden, den internen Geldwert zu sichern. Als daher die Bank Ende der siebziger Jahre von der Bundesregierung mit der Errichtung eines neuen Wechselkurssystems konfrontiert wurde, war es für den ZBR unzweifelhaft, daß die Bank ihre Unabhängigkeit und damit die Kontrolle über die Entwicklung von Geldmenge und Geldwert verlieren würde, wenn es keine Garantie dafür geben würde, daß die Währungsparitäten veränderbar seien.

b) Zustimmung zur Gründung des Europäischen Währungssystems (EWS)

Die extreme Dollar-Krise des Jahres 1978 führte zu einer lebhaften Diskussion über Möglichkeiten, den europäischen Währungsverbund der auf die Währungen des sogenannten D-Mark-Blocks zusammengeschrumpften Schlange auszubauen. Ende Juni 1978 deutete der damalige Bundeskanzler Schmidt in einem Interview für Business Week an, daß er nicht an eine Erweiterung der Schlange denke, sondern an etwas «which goes *a little* beyond the present snake».[43] Beim Treffen des Europäischen Rats Anfang Juli wurde dann eine erste Blaupause für das EWS vorgelegt mit dem Ziel, innerhalb eines halben Jahres einen verabschiedungsreifen Vorschlag zu entwickeln.

Für die Bundesbank stellten sich im wesentlichen zwei Fragen. Wie mußte zum einen das EWS technisch konstruiert sein, um zu verhindern, daß einer Harmonisierung der nationalen Inflationsraten nach oben der Weg gebahnt wurde? Wie konnte zum anderen politisch gesichert werden, daß die Bank durch das EWS nicht dauerhaft gehindert werden würde, der Aufgabe der Geldwertsicherung nachzukommen? Zur Vorbereitung der Diskussionen des ZBR wurde in einer Vorlage vom September 1978 zutreffend aufgezeigt, daß eine Ausrichtung der Interventionspflicht am Währungskorb des EWS für die Bundesrepublik weit größere Interventions- und Anpassungslasten zur Folge haben würde als eine an dem Paritätengitter anknüpfende bilaterale Interventionspflicht.[44] Die Korblösung lief zudem darauf hinaus, eine vom Geleitzug

42 Vgl. Emminger, D-Mark, S. 240f.

43 Deutsche Bundesbank, What Germany will seek at the summit, S. 2.

44 Die Korblösung implizierte, daß die D-Mark aufgrund ihres großen Gewichts in der Korbeinheit die zulässige Aufwertungsgrenze erreichen – und damit eine deutsche Interventionspflicht auslösen – konnte, ohne daß die übrigen Währungen zugleich an ihre zulässige Abwertungsgrenze stoßen mußten.

der EWS-Währungen abweichende Währung zu stigmatisieren. Als *essentials* wurden in der Vorlage Rechte zur einseitigen Paritätsänderung und zum Ausscheiden und Pausieren genannt. Wünschenswert war schließlich eine enge Begrenzung der gegenseitigen Krediteinräumung.

In den folgenden Wochen zeigte sich in harten Verhandlungen mit den europäischen Partnern, daß die meisten Vorstellungen der Bank nicht konsensfähig waren. Immerhin konnte sie das Paritätengitter als Bezugspunkt für bilaterale Interventionen durchsetzen und damit die Bedeutung des Abweichungsindikators relativieren. Angesichts der unbefriedigenden Verhandlungsergebnisse war sich der ZBR klar, daß es um so wichtiger wurde, verläßliche Zusicherungen der Bundesregierung zu erhalten, daß sie nur solchen EWS-Regelungen zustimmen werde, die die Autonomie der Bank gewährleisteten, und daß sie die Bank insbesondere vor übermäßigen Interventionsverpflichtungen bewahren werde. Um diese Zusicherungen zu erreichen, wurden drei «Grundsätze» formuliert. Der dritte Grundsatz lautete:

«Die geldpolitische Autonomie der Bundesbank kann in besonderer Weise gefährdet werden, wenn sich bei starken Ungleichgewichten im künftigen EWS übermäßige Interventionsverpflichtungen ergeben, durch welche die innere Geldwertstabilität bedroht wird. Dies würde die Erfüllung der gesetzlichen Aufgabe der Bundesbank unmöglich machen. Die Bundesbank geht, unter Hinweis auf mehrfache mündliche Zusicherungen des Herrn Bundeskanzlers und des Herrn Bundesfinanzministers, davon aus, daß die Bundesregierung in einem solchen Falle die Bundesbank vor einer derartigen Zwangslage bewahrt, entweder durch eine Korrektur der Paritäten im EWS oder erforderlichenfalls auch durch eine mindestens vorübergehende Entbindung von der Interventionspflicht.»[45]

Die Grundsätze machte der ZBR am 16. November 1978 zur Voraussetzung seiner Zustimmung zur Verwendung des Währungskorbs als Indikator, zur vorläufigen Einbringung von 20% der Gold- und Devisenreserven in den Fonds für währungspolitische Zusammenarbeit und zur Aufstockung des kurz- und mittelfristigen Währungsbeistands. Mit Schreiben vom selben Tage teilte der damalige Präsident Emminger dem Bundeskanzler die Beschlüsse sowie die vom ZBR formulierten Grundsätze mit und bat um die Bestätigung der vollen Übereinstimmung. Eine schriftliche Bestätigung des dritten Grundsatzes erhielt die Bundesbank nicht.

Aber Bundeskanzler Schmidt fand sich bereit, dem ZBR in der folgenden Sitzung seine Sicht der Dinge darzulegen. Er tat dies in sehr eindrucksvoller, farbiger Weise, indem er ausführlich auf die europapolitischen Beweggründe und die besondere politische Lage und Geschichte Deutschlands einging. Zugleich bestätigte er nachdrücklich, daß er im Hinblick auf die übermittelten

45 Emminger, D-Mark, S. 361.

Grundsätze voll mit der Bundesbank übereinstimme, und er betonte, daß für ihn die Unabhängigkeit der Bundesbank außerhalb jeder Diskussion stehe.[46] Die Mitglieder des ZBR nutzten ihrerseits die Gelegenheit, dem Kanzler ihre Besorgnisse hinsichtlich einzelner Punkte für die Schlußverhandlungen mit auf den Weg zu geben, u.a. zum Abweichungsindikator als Auslöser von Maßnahmen, zu den Kreditmechanismen und zum Saldenausgleich.

In der Gesamtbewertung ist zum einen festzustellen, daß der ZBR seine Vorstellungen über die Gestaltung des EWS nur zum Teil hat durchsetzen können. Es spricht manches dafür, daß die Bundesregierung sich in den Schlußverhandlungen dafür nicht genügend einsetzte. Für den Bundeskanzler war Währungspolitik ein Instrument der Außenpolitik. Er war sich der mit dem EWS verbundenen Risiken bewußt. Wie öffentlichen Äußerungen zu entnehmen ist, war er sich insbesondere auch darüber im klaren, daß das Währungssystem Deutschland eine höhere monetäre Expansionsrate aufzwingen konnte. Aber das Risiko mußte in seiner Sicht eingegangen werden um des Ziels der Festigung der Europäischen Gemeinschaft und ihrer Stärkung im Verhältnis zu den USA willen.

Zum anderen ist festzuhalten, daß es dem ZBR aber gelang, die Unabhängigkeit der Bank zu bewahren. Er erhielt von der Bundesregierung eine klare Bekräftigung der Unabhängigkeit der Bank und, was letztlich mehr zählte, die konkrete Zusicherung einer Notbremse in Form der Aussetzung der Interventionsverpflichtung bei Gefährdung des internen Geldwerts. Diese Zusicherung hat sich in den großen Krisen des EWS als sehr hilfreich erwiesen.[47]

6. Strategische Sicherung durch Geldmengenziele

Seit mehr als zwanzig Jahren führt die Bundesbank ihre Politik unter dem Vorzeichen öffentlicher Geldmengenziele. Nach dem Übergang zum Floating gegenüber dem Dollar im Jahre 1973 entwickelte die Bank ein Konzept der Geldmengenkontrolle und entschloß sich erstmals Ende 1974, ein Geldmengenziel für das Jahr 1975 öffentlich bekanntzugeben.

Den letzten Anstoß gab das Gutachten 1974/75 des Sachverständigenrats, das die monetaristischen Vorstellungen einer mittelfristig orientierten Geldmengenpolitik gleichsam hoffähig machte, ohne freilich das Markenzeichen zu

46 Marsh behauptet, der Kanzler habe angedeutet, er werde vielleicht darauf drängen, die Unabhängigkeit der Bundesbank durch eine Änderung des Bundesbankgesetzes einzuschränken. Das ist unzutreffend, und es wäre auch politisch sehr unklug gewesen. Vgl. Marsh, Bundesbank, S. 258.

47 Die Zusicherung wurde bewußt nur mündlich gegeben. Aber es wurde ein Wortprotokoll angefertigt, das von beiden Seiten verwahrt wird.

erwähnen (Ziff. 312–316, 374–396).[48] Aber dem waren ausführliche Diskussionen der Geldmengenpolitik in der Bank und im ZBR vorausgegangen, Diskussionen, die sich auf einem bemerkenswert hohen Niveau abspielten. Hatte 1968 ein Memorandum des Direktoriumsmitglieds Rolf Gocht «Ketzerische Gedanken in der Nacht», in der Vorstellungen Milton Friedmans diskutiert wurden, noch befremdlich gewirkt, so fand sich der ZBR bereits Mitte 1970 bereit, sich anhand von Referaten Gochts (pro) und Leonhard Gleskes (contra) über die währungspolitischen Vorschläge Friedmans intensiver mit dem neuen Gedankengut zu beschäftigen.[49] Die Einsicht wuchs, daß das hergebrachte Konzept der Orientierung an der Bankenliquidität besser durch eine Steuerung der Geldbasis oder Zentralbankgeldmenge ersetzt werden sollte.[50] Im Verlauf des Jahres 1973 kam es zu ausführlichen Grundsatzdiskussionen über das Konzept der Geld- und Kreditpolitik und über die Instrumente der Zentralbanksteuerung. Man war sich einig, daß dem Bankensystem der Puffer der Freien Liquiditätsreserven genommen werden mußte, damit die Bundesbank nicht länger nur «Selbstbedienungsladen» für die Banken wäre, und man lernte schnell, daß die durch die Freigabe des Wechselkurses der D-Mark zum Dollar erleichterte Rückgewinnung der Initiative zur Schaffung von Zentralbankgeld zugleich eine flexiblere Geldmarktsteuerung erforderte, um eine die Marktteilnehmer verunsichernde Zinsvolatilität zu vermeiden.

Öffentliche Geldmengenziele verfolgen einen doppelten Zweck. Sie dienen der Zentralbank als ein Maßstab, der dazu zwingt, sich über die Angemessenheit einzelner Maßnahmen und etwaiger Abweichungen vom gewählten Ziel Rechenschaft zu geben. Wichtiger noch ist die Informationsfunktion für Wirtschaft und Politik, weil damit einerseits die Erwartungen hinsichtlich der Preisentwicklung beeinflußt werden und es andererseits erschwert wird, auf die Zentralbank Druck im Sinne einer stärkeren monetären Expansion auszuüben. Der ZBR war sich bereits bei der Beschlußfassung über das erste Geldmengenziel über diese Aspekte im klaren. Das Ziel selbst wurde aller-

48 Zuvor hatte Neumann es als wichtigste Aufgabe bezeichnet, «die Stabilisierungspolitik zu stabilisieren», und vorgeschlagen, «von der bisherigen Zyklusorientierung zu einer Trendorientierung überzugehen». Neumann, Stabilisierungspolitik, S. 69. Und Neumann hatte der Bank zu mehr Publizität hinsichtlich ihres in der zweiten Hälfte des Jahres 1974 eingeleiteten Kurswechsels geraten: «Dabei müßte die Bundesbank auch die Grenzen nennen, die der monetären Expansion künftig gesetzt werden sollen.» Neumann, Auf leisen Sohlen, S. 70.

49 Kennzeichnend war die Bemerkung von Gleske: «Die Aufgabe von Herrn Gocht, der hier gewissermaßen als Advokat Friedmans auftreten mußte, war sicher, psychologisch betrachtet, schwieriger als die meine; (denn) die Lehren Friedmans ... legen durchaus den Schluß nahe, daß wir an diesem Tisch letztlich überflüssig sind.» Zitiert mit der Genehmigung von Gleske.

50 Vgl. die diesbezüglichen Referate auf dem Konstanzer Seminar 1970 von Neumann, Bank Liquidity und Willms, Evaluation.

dings sehr schwammig formuliert: «*Aus heutiger* [!] *Sicht könnte* [!] ein Wachstum der Zentralbankgeldmenge ... *um etwa* 8 Prozent als ... vertretbar erscheinen.»[51]

Was die Herleitung der Geldmengenziele angeht, so folgte die Bundesbank in den siebziger Jahren noch nicht den Empfehlungen einer mittelfristigen Orientierung. Das hätte erfordert, nur die Erwartungen hinsichtlich der Trendraten von Produktionspotential und Umlaufsgeschwindigkeit zu berücksichtigen, nicht aber auch Erwartungen hinsichtlich von Änderungen des Auslastungsgrades oder über kürzerfristige Abweichungen der Umlaufsgeschwindigkeit vom Trend.[52] Zu einer Potentialorientierung kam es erst mit dem Ziel für 1983.[53]

Das Konzept der Geldmengenziele ist im ZBR im Verlauf der vergangenen zwei Jahrzehnte immer wieder kritisch diskutiert worden. Aber zweimal kam es beinahe zu einer Aufgabe des Konzepts: Ende 1978 und Ende 1987. In beiden Fällen war es zu größeren Verfehlungen des Ziels gekommen: 11 statt 8% im Durchschnitt des Jahres 1978, 8 statt 3 bis 6% im Verlauf des Jahres 1987. In beiden Fällen war das Überschreiten der Zielmarge durch sehr hohe Interventionen zugunsten des Dollars bzw. von EWS-Währungen verursacht worden. 1978 übertraf die Zunahme der Nettoauslandsposition der Bundesbank die gleichzeitige Ausweitung der Geldbasis um 20%, 1987 sogar um 70%.

Es kann nicht überraschen, daß in der Erörterung des pro und contra einer Fortführung des Konzepts öffentlicher Geldmengenziele beide Male gleichartige Argumente auftauchten. Befürworter des Geldmengenziels argumentierten, eine Aufgabe der Ziele werde in der Öffentlichkeit als Resignation der Bank verstanden werden, wenn nicht gar als Freibrief für eine lockere Geldpolitik. Das werde die Glaubwürdigkeit der Geldwertorientierung der Bank beschädigen. Die Skeptiker hielten dagegen, es werde aus außenwirtschaftlichen Gründen auch weiterhin schwierig sein, die Ziele einzuhalten, und das werde die Glaubwürdigkeit der Bank beeinträchtigen. Deshalb sei es besser, den Zielen den Charakter der Verbindlichkeit zu nehmen. Aber es gab einen wichtigen Unterschied zwischen 1978 und 1987, und zwar in der Haltung der Bundesregierung. 1978 unterstützte der damalige Wirtschaftsminister Otto Graf Lambsdorff dezidiert die Befürworter des Festhaltens an einem Geldmengenziel, u.a. mit dem Argument, es müsse den Partnern des neugegründeten EWS signalisiert werden, daß das System mit Stabilitätspolitik vereinbar

51 Pressenotiz der Deutschen Bundesbank vom 5. Dezember 1974, Hervorhebungen durch den Verfasser.

52 Für eine kritische Analyse der Geldmengenziele der Jahre 1979–1994 vgl. Neumann, Monetary Targeting.

53 Jenes Ziel wurde sogar nur auf die erwartete Zunahme des Produktionspotentials und die Rate des «unvermeidlichen» Preisanstiegs gestützt.

sei und die Geldmengenkontrolle eine Schlüsselrolle spiele.[54] 1987 dagegen sprach sich Lambsdorffs Nachfolger Martin Bangemann für die Herabstufung des Geldmengenziels zu einer Orientierungsgröße aus, weil sich so das Problem der Glaubwürdigkeit und Meinungsverschiedenheiten zwischen der Bank und der Bundesregierung vermeiden ließen. Während also 1978 die Bundesbank seitens der Bundesregierung ermuntert wurde, ihr Konzept fortzuführen und die Ziele einzuhalten, war das 1987 nicht der Fall.

Insgesamt gesehen hat sich das Konzept öffentlicher Geldmengenziele auf der Grundlage einer mittelfristig orientierten Geldmengenpolitik bewährt. Hervorzuheben sind die Informationsfunktion, die die Preiserwartungen günstig beeinflußt, und die Schutzschildfunktion, die es erleichtert, politischen Druck aus dem Inland wie aus dem Ausland abzuwehren, der auf eine zu expansive Gestaltung der Geldpolitik zielt. Die Bundesbank hat bewiesen, daß die Geldmenge in hinreichend engen Grenzen gesteuert werden kann, auch wenn es in einzelnen Jahren zu größeren Zielverfehlungen kam. Unter langfristigem Aspekt ist die Wahl des monetären Zielaggregats von untergeordneter Bedeutung. Dies gilt nicht für die kurze Frist. Insofern war der Wechsel gegen Ende 1987 von der Zentralbankgeldmenge zur Geldmenge M3 verständlich.[55]

Hervorzuheben ist schließlich, daß das Konzept der Bank es durchaus erlaubt, kürzerfristig von dem ins Auge gefaßten Wachstumspfad der Geldmenge abzuweichen, beispielsweise um wechselkurspolitischen Gesichtspunkten Rechnung zu tragen. Untersuchungen der Reaktionsfunktion der Bank zeigen, daß die Bank eine moderate Politik des *leaning against the wind* betrieben hat.[56] Aber solche Abweichungen dürfen sich nicht verfestigen, die Geldmengenexpansion muß immer wieder zur mittelfristigen Stabilitätslinie zurückgeführt werden, wenn nicht die Glaubwürdigkeit der Stabilitätsorientierung aufs Spiel gesetzt werden soll. Die Bundesbank hat sich dieser schwierigen Aufgabe auch bei ungünstigem Umfeld immer wieder gestellt. Nicht zuletzt darauf beruht ihr hohes internationales Ansehen.

54 Deshalb nennt von Hagen in seinem Beitrag zu dieser Festschrift das EWS den «Retter» der Geldmengenziele.

55 Vgl. dazu Issing, Stability.

56 Vgl. Neumann/von Hagen, Germany, S. 311ff. und Neumann, Monetary Targeting, S. 186ff.

7. Stabilitätskultur

Zentralbankunabhängigkeit ist eine notwendige, aber keine hinreichende Voraussetzung für den Erhalt von Geldwertstabilität. Die Zentralbank kann eine solche Politik letztlich nur führen, wenn das Ziel von der Bevölkerung als grundlegend akzeptiert wird. Ungeachtet des berühmten Diktums von Helmut Schmidt aus dem Jahre 1972, wonach 5 % Inflation einer Arbeitslosigkeit von 5 % vorzuziehen seien, ist in der deutschen Öffentlichkeit niemals ernsthaft in Frage gestellt worden, daß der Erhalt des Geldwerts wünschenswert ist und dies zugleich eine unerläßliche Rahmenbedingung für die Marktwirtschaft und den Erhalt des sozialen Friedens darstellt. Helmut Schlesinger hat dafür das Wort von der Stabilitätskultur geprägt, und ausländische Beobachter hat dies zu dem Gedanken verführt, der deutsche Stabilitätserfolg sei weniger auf die Institution der Bundesbank zurückzuführen als vielmehr auf die leidvollen Erfahrungen der deutschen Bevölkerung mit der Hyperinflation von 1921 bis 1923 und der zurückgestauten Inflation 1936 bis 1948. Aufgrund dieser Erfahrungen habe sich in der deutschen Bevölkerung eine besondere Präferenz für Geldwertstabilität herausgebildet, wie sie anderswo so nicht zu finden sei.

Dieser Sicht der Zusammenhänge ist insofern zuzustimmen, als sich Geldwertstabilität nicht erhalten läßt, wenn es an Stabilitätskultur fehlt, wenn also in breiten Kreisen der Bevölkerung kein ausgeprägtes Bewußtsein von der Bedeutung der Erhaltung des Geldwerts für das eigene Wohl verankert ist. In solchem Fall fehlte es im Grunde an der Legitimation für das Institut der Zentralbankunabhängigkeit, würde stabilitätsorientierte Geldpolitik als arbeitsplatzvernichtend gebrandmarkt und der demokratische Prozeß folgerichtig das Statut aufheben.

Allerdings ist auch in Deutschland Stabilitätskultur keine Konstante. Wie jede Form von Kultur ist sie zerbrechlich und vom Verfall des Wissens bedroht. Hier erweist sich das Statut der Zentralbankunabhängigkeit als entscheidendes Fundament des Kulturerhalts. Die Zentralbankiers können ihre spezifische Machtstellung gegen besondere politische Interessen nur erhalten, indem sie in der Öffentlichkeit unablässig für das Ziel der Geldwertstabilität werben und erklären, warum es zur Sicherung dieses Ziels des Statuts der Unabhängigkeit bedarf.[57] Aus Eigeninteresse sind sie Träger dieser Kultur. Die Bundesbank hat von Anfang an eine Öffentlichkeitsarbeit betrieben, die ihresgleichen sucht. Dazu gehören die ausführlichen Geschäfts- und Monatsbe-

57 Dann müssen sie die «Unabhängigkeit des Gesetzgebers» nicht fürchten, sondern können, wie zuletzt der Konflikt um die Neubewertung der Gold- und Devisenreserven im Jahre 1997 erwies, darauf vertrauen, daß die Öffentlichkeit sie unterstützt.

richte, die Statistischen Beihefte, die Datenbänder und die Auszüge aus Presseartikeln. Dazu gehören vor allem die unablässigen Vorträge von Mitgliedern des ZBR bei vielfältigen Anlässen und nicht zuletzt eine systematische Pressearbeit. Wenn Inflation unpopulär ist in Deutschland, dann nicht weil wesentliche Teile der Bevölkerung große Inflationen erlebt hätten, sondern weil die Zentralbankiers nicht müde werden, die negativen Wirkungen zu erklären und so den besonderen Rang des Ziels der Preisstabilität und die allein daraus abzuleitende Unabhängigkeit der Zentralbank immer erneut begründen.

8. Quellen und Literatur

Unveröffentlichte Quellen

Historisches Archiv der Deutschen Bundesbank (HA BBk)

Literatur

Alesina, Alberto: Comment on Nordhaus, in: Brookings Papers on Economic Activity (1989) 2, S. 50–56

Alesina, Alberto/Roubini, Nouriel: Political Cycles in the OECD Economies, in: Review of Economic Studies 59 (1992), S. 663–688

Bank deutscher Länder: Neue kreditpolitische Maßnahmen, in: Monatsbericht, Mai 1956, S. 3–12

Bank deutscher Länder: Rede von Bundeskanzler Dr. Adenauer am 23. Mai 1956 in Köln vor dem Bundesverband der Deutschen Industrie, abgedruckt in: Auszüge aus Presseartikeln, Nr. 58/1956, S. 1–2

Berger, Helge: The Bundesbank's Path to Independence. Evidence from the 1950s, Münchner Wirtschaftswissenschaftliche Beiträge, Nr. 96–09, München 1996

Brunner, Karl: The Pragmatic and Intellectual Tradition of Monetary Policy Making and the International Monetary Order, in: Ehrlicher, Werner/Richter, Rudolf (Hrsg.): Geld und Währungsordnung, Berlin 1983, S. 97–141

Deutsche Bundesbank: Das Ausmaß der Geldentwertung seit 1950 und die weitere Entwicklung des Geldwertes, in: Monatsbericht 24 (1968) 3, S. 3–19

Deutsche Bundesbank: Bundesregierung und Bundesbank, in: Monatsbericht 20 (1972) 8, S. 15–17

Deutsche Bundesbank, Pressenotiz vom 5. Dezember 1974, in: Auszüge aus Presseartikeln, Nr. 77/1974, S. 1

Deutsche Bundesbank: What Germany will seek at the summit. Interview with Helmut Schmidt by G. Thomas Gibson and Robert F. Ingersoll, in: Auszüge aus Presseartikeln, Nr. 47/1978, S. 1–3

Dostojevskij, Fedor M.: Aufzeichnungen aus einem Totenhause, Frankfurt a. M. 1971

Emminger, Otmar: D-Mark, Dollar, Währungskrisen. Erinnerungen eines ehemaligen Bundesbankpräsidenten, Stuttgart 1986

Frey, Bruno S./Schneider, Friedrich: Central Bank Behaviour. A Positive Empirical Analysis, in: Journal of Monetary Economics 7 (1981), S. 291–315

Friedman, Milton: A Program for Monetary Stability, New York 1959
Friedman, Milton: Should There Be an Independent Monetary Authority?, in: Yeager, Leland B. (Hrsg.): In Search of a Monetary Constitution, Cambridge, Mass. 1962, S. 219–243
Friedman, Milton: The Role of Monetary Policy, in: American Economic Review 58 (1968), S. 1–17
Issing, Otmar: Perspektiven der Europäischen Währungsunion, in: Deutsche Bundesbank: Auszüge aus Presseartikeln, Nr. 18/1992, S. 1–6
Issing, Otmar: Stability of Monetary Policy – Stability of the Monetary System, in: Deutsche Bundesbank: Auszüge aus Presseartikeln, Nr. 22/1995, S. 4–9
Lindner, Gudrun: Die Krise als Steuerungsmittel. Eine Analyse der Bundesbankpolitik in den Jahren 1964–66/67, in: Leviathan 1 (1973), S. 342–381
Marsh, David: Die Bundesbank. Geschäfte mit der Macht, Gütersloh 1992
Meltzer, Alan H.: Overview, in: Federal Reserve Bank of Kansas City (Hrsg.): Price Stability and Public Policy, Kansas City 1984, S. 209–222
Neumann, Manfred J.M.: Bank Liquidity and the Extended Monetary Base as Indicators of German Monetary Policy, in: Brunner, Karl (Hrsg.): Proceedings of the First Konstanzer Seminar on Monetary Theory and Monetary Policy, Beiheft 1 zu Kredit und Kapital, Berlin 1972, S. 165–217
Neumann, Manfred J.M.: Stabilisierungspolitik stabilisieren, in: Wirtschaftswoche 28 (1974) 25, S. 69–74
Neumann, Manfred J.M.: Auf leisen Sohlen, in: Wirtschaftswoche 28 (1974) 44, S. 70
Neumann, Manfred J.M.: Precommitment by Central Bank Independence, in: Open Economies Review 2 (1991), S. 95–112
Neumann, Manfred J.M.: Die Deutsche Bundesbank als ein Modell für die Europäische Zentralbank?, in: Duwendag, Dieter/Siebke, Jürgen/Bofinger, Peter (Hrsg.): Europa vor dem Eintritt in die Wirtschafts- und Währungsunion, Schriften des Vereins für Socialpolitik, N.F. Bd. 220, Berlin 1993, S. 81–96
Neumann, Manfred J.M.: Monetary Targeting in Germany, in: Kuroda, Iwao (Hrsg.): Towards More Effective Monetary Policy, Hampshire 1997, S. 176–198
Neumann, Manfred J.M./Hagen, Jürgen von: Germany, in: Fratianni, Michele U./Salvatore, Dominick (Hrsg.): Monetary Policy in Developed Economies, Westport, CT/London 1993, S. 299–334
Nordhaus, William D.: The Political Business Cycle, in: Review of Economic Studies 42 (1975), S. 169–190
Rogoff, Kenneth S./Sibert, Anne C.: Elections and Macroeconomic Policy Cycles, in: Review of Economic Studies 55 (1988), S. 1–16
Solveen, Ralph: Verhindert die Unabhängigkeit der Zentralbank politische Konjunkturzyklen?, Kieler Arbeitspapier Nr. 747, Kiel 1996
Tietmeyer, Hans: The Value of Monetary Stability in the World Today, Von Hügel Lecture, in: Tietmeyer, Hans: Währungsstabilität für Europa. Beiträge, Reden und Dokumente zur europäischen Währungsintegration aus vier Jahrzehnten, hrsg. vom Zentralbankrat der Deutschen Bundesbank, Baden-Baden 1996, S. 29–43
Tobin, James: Money and Economic Growth, in: Econometrica 33 (1965), S. 671–684
Vaubel, Roland: Überholte Glaubenssätze, in: Wirtschaftsdienst 69 (1989), S. 276–279
Vaubel, Roland: Eine Public-Choice-Analyse der Deutschen Bundesbank und ihre Implikationen für die Europäische Währungsunion, in: Duwendag, Dieter/Siebke, Jürgen/Bofinger, Peter (Hrsg.): Europa vor dem Eintritt in die Wirtschafts- und Währungsunion, Schriften des Vereins für Socialpolitik, N.F. Bd. 220, Berlin 1993, S. 23–80
Walsh, Carl E.: Optimal Contracts for Central Bankers, in: American Economic Review 85 (1995), S. 150–167
Willms, Manfred: An Evaluation of Monetary Indicators in Germany, in: Brunner, Karl

(Hrsg.): Proceedings of the First Konstanzer Seminar on Monetary Theory and Monetary Policy, Beiheft 1 zu Kredit und Kapital, Berlin 1972, S. 219–242

Woll, Arthur: Zur Unabhängigkeit der Deutschen Bundesbank – Unzeitgemäße Betrachtungen zu einem aktuellen Problem, in: Nienhaus, Volker/Suntum, Ulrich van (Hrsg.): Grundlagen und Erneuerung der Marktwirtschaft, Baden-Baden 1988, S. 185–197

VII. Geldpolitik bei festen Wechselkursen (1948–1970)

Von Carl-Ludwig Holtfrerich

1. Ausgangsthese

Robert Mundell hat modelltheoretisch nachgewiesen, daß die Wirksamkeit der Geldpolitik in offenen Volkswirtschaften vom Typ des Wechselkurssystems und von der Freiheit oder Beschränkung des internationalen Kapitalverkehrs abhängt.[1] Er zeigte, daß bei freiem Kapitalverkehr und festen Wechselkursen die Geldpolitik weniger wachstums- und beschäftigungspolitische Wirkungen im Inland als außenwirtschaftliche Wirkungen auf die Kapital- und Leistungsbilanz erzielen kann. Demgegenüber kann die Fiskalpolitik die Stabilisierung der binnenwirtschaftlichen Konjunktur relativ wirksam leisten. Daraus folgerte er, daß bei festen Wechselkursen die Geldpolitik ganz auf die Herstellung des außenwirtschaftlichen Gleichgewichts oder einer anderen gewünschten Zahlungsbilanzsituation konzentriert werden sollte, die Fiskalpolitik demgegenüber auf die Sicherung des binnenwirtschaftlichen Gleichgewichts.[2] Bei flexiblen Wechselkursen stellte er die genau entgegengesetzten Wirkungen der beiden Politikbereiche fest und sah dementsprechend für sie eine genau umgekehrte Aufgabenverteilung vor.[3]

Entsprechend Mundells Theorie müßte sich in dieser Studie zeigen, daß mit dem Übergang zur De-facto-Konvertibilität der D-Mark schon Mitte der fünfziger Jahre eine restriktive Geldpolitik der Bank deutscher Länder/Bundesbank zur Bekämpfung konjunktureller Überspannungstendenzen im Inland regelmäßig zum Scheitern verurteilt war, wenn sie nicht gleichzeitig

1 Vgl. Mundell, Dynamics; Mundell, Use; Mundell, Capital.

2 Zu dem gleichen Ergebnis kam Swoboda, Monetary Policy.

3 Mundell vernachlässigte von den vier üblichen wirtschaftspolitischen Zielen das der Preisstabilität und von den drei wichtigsten Wirtschaftspolitikbereichen den der Lohnpolitik. Das dürfte sich daraus erklären, daß er in einer liberalisierten Weltwirtschaft die Preisentwicklung für den Bereich der handelbaren Güter durch den internationalen Preiszusammenhang als vorgegeben betrachtete und er als Keynesianer die Preisentwicklung im Bereich der nicht-handelbaren Güter stärker in Abhängigkeit von der Lohnpolitik als von der Geldpolitik sah. Diese Ansicht vertrat im übrigen bis in die frühen siebziger Jahre auch die Bank deutscher Länder/Bundesbank selbst, was in ihren ständigen Maßhalteappellen an die Tarifpartner zum Ausdruck kam.

aus außenwirtschaftlichen Gründen angezeigt war, ja, daß die Geldpolitik über Zinssenkungen unter das Niveau in den wichtigsten anderen Ländern wegen der dadurch induzierten Kapitalabflüsse einen größeren stabilitätspolitischen Beitrag für die Binnenkonjunktur leisten konnte als über Zinserhöhungen. Ebenso müßte sich zeigen, daß eine restriktive Geldpolitik kaum Wachstums- und Beschäftigungseinbußen verursachte und daß die konjunkturelle Entwicklung im Inland stärker von der Fiskalpolitik und anderen Feldern der Wirtschaftspolitik, einschließlich der Lohnpolitik, abhing als von der Geldpolitik.

In der Periode fester Wechselkurse gelang die Realisierung wirtschaftspolitischer Ziele in der Bundesrepublik jedenfalls weit besser als danach, und zwar sowohl beim Wirtschaftswachstum und der Vollbeschäftigung als auch bei der Preisstabilität (vgl. Tabelle 1).[4] Es stellt sich die Frage, inwieweit das relativ gute Ergebnis der Wirtschaftspolitik bis 1969 und das relativ schlechte in den letzten 25 Jahren entsprechend Mundells Theorie mit dem *policy mix* zu tun haben. Die größere Preisstabilität müßte in der Periode der festen Wechselkurse vor allem auf eine relativ geringere Weltinflation einerseits und eine stabilitätsgerechtere Lohnpolitik andererseits zurückzuführen sein, das höhere Wirtschaftswachstum und die niedrigere Arbeitslosigkeit müßten vor allem auf die Fiskalpolitik und die außenwirtschaftliche Entwicklung, d.h. die anhaltend hohen Leistungs- und Zahlungsbilanzüberschüsse, vor allem auf die Geldpolitik zurückzuführen sein.

Diese Studie wird zeigen, daß die Tarifpartner in der Periode der festen Wechselkurse – außer in Zeiten extremer konjunktureller Überspannungen – Lohn- und Preisdisziplin übten und so ihre Verantwortung für die Sicherung der Preisstabilität wahrnahmen. Ein Großteil der konjunkturellen Stabilisierungspolitik wurde von der Fiskalpolitik geleistet, die insofern die ihr nach Mundells Theorie zufallende Verantwortung für Wachstum und Beschäftigung trug. Die Geldpolitik ihrerseits konnte dabei nur in den frühen Jahren der D-Mark-Inkonvertibilität unterstützend mitwirken. Danach war sie

4 Das galt nicht nur für die Bundesrepublik Deutschland, sondern mehr oder weniger auch für die anderen OECD-Länder. Vgl. Lindlar, Wirtschaftswunder. In der Bundesrepublik betrug das Wirtschaftswachstum von 1973 bis 1997 nur noch 2,1% p.a. und das Produktivitätswachstum (je Erwerbstätigem) 1,9% p.a. Die Arbeitslosenquote stieg seit 1973 tendenziell laufend, bis sie 1997 wieder rund 11% erreichte, d.h. das Niveau, mit dem die Bundesrepublik 1950 in das «Wirtschaftswunder» gestartet war. 1970 markierte eine Zäsur in der Inflationsentwicklung. Für die Gesamtperiode 1970–1997 ergab sich ein durchschnittlicher Anstieg der Lebenshaltungskosten von 3,5% p.a. Dies war fast das Doppelte des durchschnittlichen Anstiegs von 1952 bis 1969, und das, obwohl die flexiblen Wechselkurse dafür sorgten, daß sich die Preis- und Lohnstückkostenentwicklung in der Bundesrepublik durch die tendenzielle D-Mark-Aufwertung vom internationalen Inflationszug abhängen konnte. Vgl. Lindlar/Holtfrerich, Geography, S. 233.

hinsichtlich der binnenwirtschaftlichen Stabilisierung weitgehend machtlos.[5] Hatte der Zentralbankrat (ZBR) zur Konjunkturdämpfung die Zinsen erhöht, lernte er mehrmals die Lektion, die Mundell so zusammenfaßte, daß «ein Überschußland unter inflationärem Druck die monetären Bedingungen entspannen und die Steuern anheben (oder die Staatsausgaben senken) sollte».[6] Freilich schien er diese Lektion im jeweils nächsten Boom schon wieder vergessen zu haben.

Es war ein Glücksfall für die Wirtschaftsentwicklung in der Bundesrepublik vor 1970, daß das Geld- und Liquiditätswachstum wegen der offenen außenwirtschaftlichen Flanke stets reichlich war. So konnte bei relativer Lohndisziplin der Tarifpartner sich das ungehindert entfalten, was damalige Zeitgenossen die «Mengenkonjunktur» nannten, nämlich das hohe Wirtschafts- und Arbeitsplatzwachstum. Es ist kein Zufall, daß dies bei nahezu totaler Preisstabilität 1952 bis 1955 stattfand, als die Fiskalpolitik mit dem Aufbau des «Juliusturms» ihre größten stabilitätspolitischen Beiträge leistete.

Zusammenfassend: Die Aufgabenverteilung zwischen den drei wichtigsten Politikbereichen entsprach in der Periode der festen Wechselkurse weitgehend den Erkenntnissen der Mundell-Theorie. Die Geld- und Wirtschaftspolitik war dementsprechend erfolgreich.

2. Die wirtschaftliche und monetäre Entwicklung im Überblick

In den folgenden Tabellen und Schaubildern werden einige wichtige Daten zur wirtschaftlichen und monetären Entwicklung der Bundesrepublik präsentiert.

5 Darum wandte sich die BdL/Bundesbank stets hilfesuchend an die Träger der Fiskalpolitik, wenn konjunkturpolitische Bremsmaßnahmen notwendig waren.

6 Meine Übersetzung aus Mundell, Use, S. 70.

Tabelle 1: Allgemeine Wirtschaftsentwicklung 1950–1970

	Lebens-haltungs-kosten, Änderungs-rate in %	Arbeits-losen-quote in %	Wirt-schafts-wachs-tum real in %	Investi-tions-quote in %	Arbeitsstun-denpro-duktivität, Zuwachs-rate in %	Brutto-stunden-löhne, Zuwachs-rate in %	Lohnstück-kosten der Gesamtwirt-schaft, Zuwachs-rate in %	Haushaltsdefizite/-überschüsse				Öffentliche Schulden am Jahresende			
								des Bundes		aller öffentlichen Haushalte		des Bundes		aller öffentlichen Haushalte	
								in Mrd. DM	in % des BIP	in Mrd. DM	in % des BIP	in Mrd. DM	in % des BIP	in Mrd. DM	in % des BIP
1950		11,0		18,9				−1,0	−1,0	−0,5	−0,5	7,3	7,1	20,6	20,0
1951	7,7	10,4	10,9	18,9	6,8	14,9	8,8	0,0	0,0	+1,5	+1,2	8,2	6,5	22,4	17,7
1952	2,1	9,5	9,0	19,4	3,6	7,8	0,9	−0,5	−0,3	+1,0	+0,7	8,9	6,2	24,0	16,6
1953	−1,8	8,4	7,9	20,6	4,2	4,8	0,6	+1,5	+1,0	+3,0	+1,9	17,0	11,0	33,9	21,8
1954	0,2	7,6	7,5	21,5	5,4	2,6	0,6	+0,5	+0,3	+2,0	+1,2	20,1	12,0	38,7	23,2
1955	1,6	5,6	12,1	23,5	6,5	6,8	0,3	+2,0	+1,0	+3,0	+1,6	20,8	10,9	41,0	21,5
1956	2,5	4,4	6,9	23,7	3,7	9,9	3,1	+1,5	+0,7	+3,0	+1,4	20,6	9,8	42,0	19,9
1957	2,0	3,7	5,7	22,5	6,9	8,7	2,7	−2,0	−0,9	−0,5	−0,2	22,9	10,0	43,9	19,1
1958	2,2	3,7	3,5	22,7	4,0	6,8	4,0	−1,5	−0,6	−2,0	−0,8	23,4	9,5	46,5	18,9
1959	1,0	2,6	7,4	24,0	7,9	5,4	−1,0	−3,0	−1,1	−1,5	−0,6	25,1	9,3	49,6	18,4
1960	1,4	1,3	9,0	24,3	8,2	9,3	2,1	−1,0	−0,3	+3,0	+1,0	26,8	8,9	52,7	17,4
1961	2,3	0,8	5,6	25,2	4,9	10,3	6,9	+1,1	+0,3	+2,1	+0,6	25,9	7,8	57,1	17,2
1962	3,0	0,7	4,0	25,8	5,9	11,5	4,5	−1,2	−0,3	+0,2	+0,1	27,2	7,6	60,4	16,7
1963	3,0	0,8	3,4	25,6	5,6	7,5	3,4	−2,7	−0,7	−4,0	−1,0	30,1	7,9	67,1	17,5
1964	2,3	0,8	6,8	26,6	7,7	8,4	1,8	−1,0	−0,2	−5,2	−1,2	31,3	7,5	73,8	17,6
1965	3,4	0,7	5,7	26,2	4,5	9,8	4,3	−2,0	−0,4	−8,8	−1,9	33,0	7,2	83,7	18,2
1966	3,5	0,7	2,8	25,5	3,3	6,6	4,1	−2,4	−0,5	−7,5	−1,5	35,6	7,3	93,0	19,1
1967	1,4	2,1	−0,2	23,1	5,8	3,2	0,2	−8,5	−1,7	−15,9	−3,2	43,5	8,8	108,2	21,9
1968	1,5	1,5	6,3	22,4	5,8	4,4	0,8	−4,4	−0,8	−9,3	−1,7	47,2	8,9	117,1	22,0
1969	2,8	0,9	7,8	23,2	6,8	9,0	3,6	+0,8	+0,1	+1,3	+0,2	45,4	7,6	117,9	19,8
1970	3,7	0,7	6,0	25,5	3,1	13,9	11,6	−1,4	−0,2	−3,9	−0,6	47,3	7,0	125,9	18,6

Quellen: Deutsche Bundesbank, Sachverständigenrat und Statistisches Bundesamt.

Tabelle 2: Außenwirtschaftliche Entwicklung 1949–1970

	Leistungsbilanz Saldo in Mio. DM	Kapitalbilanz Saldo in Mio. DM		Auslandsposition in Mrd. DM				
				BdL/ Bundesbank			Kreditinstitute	
		langfristig	kurzfristig	Auslands-aktiva	davon Gold	Auslands-passiva	Auslands-aktiva	Auslands-passiva
1949	–262	49	0	0,85		0,55	0,05	
1950	–323	488	149	1,08		1,82	0,38	
1951	2.485	–79	–464	2,00	0,12	0,65	0,40	0,57
1952	2.726	–357	363	4,97	0,59	0,38	0,21	0,82
1953	4.148	–378	–320	8,37	1,37	0,05	0,25	1,45
1954	4.015	–438	–268	11,50	2,63	0,17	0,38	1,63
1955	2.676	–271	–369	13,29	3,86	0,14	0,54	1,92
1956	4.986	–365	203	18,32	6,23	0,19	0,74	3,02
1957	6.538	–390	–1.265	24,06	10,60	0,72	1,40	3,61
1958	6.628	–1.437	–1.292	27,03	10,96	0,39	2,05	3,47
1959	4.824	–3.629	–2.769	25,20	10,93	0,45	5,06	4,11
1960	5.612	–81	2.353	33,34	12,29	0,62	4,41	5,39
1961	4.033	–4.053	–956	32,01	14,43	0,75	7,32	6,67
1962	–686	–183	–414	30,96	14,49	0,61	8,88	6,80
1963	1.956	1.806	–1.186	33,53	15,14	0,46	10,36	7,69
1964	1.586	–894	–431	34,28	16,73	0,78	12,48	8,50
1965	–5.036	1.137	2.405	32,89	17,37	0,71	14,48	8,99
1966	1.712	–342	343	34,70	16,91	0,62	16,23	9,03
1967	11.428	–2.930	–8.918	35,09	16,65	1,17	24,01	10,37
1968	13.187	–11.201	5.076	41,93	17,88	1,44	34,96	16,24
1969	8.835	–23.040	4.361	28,05	14,70	1,46	49,56	23,15
1970	4.784	–934	17.647	51,73	14,34	3,55	52,79	33,45

Erläuterungen und Quellen:
Saldo der Leistungs- und Kapitalbilanz:
Erläuterungen: Ein (–) bedeutet jeweils ein Defizit.
Quelle: Deutsche Bundesbank, 40 Jahre, S. 254f.
Auslandsposition der Bank deutscher Länder/Bundesbank und der Kreditinstitute:
Erläuterungen: Stand am jeweiligen Jahresende.
Quelle: Deutsche Bundesbank, 40 Jahre, S. 15, S. 17 und S. 26.

Tabelle 3: Monetäre Entwicklung 1949–1970

	Zentralbank-geldmenge, Zuwachsrate in %	Geldmenge M3, Zuwachsrate in %	Geld-marktzins in %	Kapital-marktzins in %	Geschäftsbankenkredite an Nichtbanken, Zuwachsrate in %	Freie Liquiditätsreserven der Geschäftsbanken in Mrd. DM
1949	16,5		3,24		95,2	0,3
1950	8,7	23,2	4,31	6,22	54,1	0,3
1951	15,4	21,3	6,01	6,39	25,9	1,3
1952	16,0	20,4	5,11	5,94	25,7	4,1
1953	10,3	19,3	3,57	6,11	24,5	5,1
1954	6,9	14,9	2,89	6,37	24,6	5,3
1955	10,1	12,1	3,16	6,10	19,5	5,7
1956	6,5	11,4	4,71	6,30	12,9	8,5
1957	10,8	16,1	3,96	7,10	10,8	14,2
1958	9,2	13,6	3,08	6,50	12,4	16,1
1959	7,8	16,1	2,70	5,80	18,6	17,4
1960	7,5	10,9	4,56	6,30	23,3	11,5
1961	11,6	14,8	2,93	5,90	15,2	14,7
1962	7,8	10,4	2,66	6,00	12,6	17,2
1963	8,1	9,9	3,00	6,10	12,3	17,4
1964	8,4	9,4	3,29	6,20	13,1	18,0
1965	9,0	10,6	4,10	6,80	12,8	15,6
1966	5,5	8,3	5,34	7,80	9,1	13,7
1967	6,7	12,0	3,35	7,00	10,3	24,9
1968	9,5	11,8	2,59	6,70	12,4	34,3
1969	9,4	9,4	4,81	7,00	14,8	31,0
1970	6,8	9,1	8,65	8,20	10,7	20,5

Erläuterungen und Quellen:

Zentralbankgeldmenge:

Erläuterungen: Berechnet von Jahresende zu Jahresende. Da die Bundesbank für die Periode 1948–1959 Statistiken zur Zentralbankgeldmenge nicht zur Verfügung stellen kann, wird für die Periode 1949–1960 stellvertretend die Zuwachsrate des Bargeldumlaufs angegeben. Das ist auch deswegen vertretbar, weil die eigentlich mitzuerfassenden Mindestreserveeinlagen nur einen Bruchteil des Bargeldumlaufs ausmachen und dazu zu konstanten Reservesätzen einbezogen werden müßten, was die Variabilität dieses Faktors einschränkt. Der Einfluß dieses Faktors auf die Zuwachsrate ist aus diesem Grunde ohnehin minimal gegenüber dem Faktor Bargeldumlauf.

Quellen: 1949–1960: Deutsche Bundesbank, 40 Jahre, S. 20. Ab 1961: Angaben der Bundesbank.

Geldmenge M3:

Erläuterungen: Berechnet von Jahresende zu Jahresende.

Quellen: Deutsche Bundesbank, 40 Jahre, S. 16. 1950–1954 wurde diese Statistik um die dort fehlenden Spareinlagen mit gesetzlicher Kündigungsfrist ergänzt, indem die gesamten Spareinlagen zu zwei Dritteln denen mit gesetzlicher Kündigungsfrist zugeordnet wurden. Das entspricht etwa dem Anteil, den die Spareinlagen mit gesetzlicher Kündigungsfrist an den gesamten Spareinlagen in der zweiten Hälfte der fünfziger Jahre hatten. Die gesamten Spareinlagen werden ausgewiesen in: Bank deutscher Länder, Statistisches Handbuch, S. 16.

Geldmarktzins:

Erläuterungen: Zins auf Tagesgeld, Jahresdurchschnittswerte.

Quelle: Deutsche Bundesbank, 40 Jahre, S. 207.

Kapitalmarktzins:

Erläuterungen: Umlaufrendite festverzinslicher Wertpapiere, Jahresdurchschnittswerte.

Quellen: 1950–1954: Morawietz, Rentabilität und Risiko, S. 334. Ab 1955: Deutsche Bundebank, 40 Jahre, S. 207.

Geschäftsbankenkredite an Nichtbanken:

Quelle: Deutsche Bundebank, 40 Jahre, S. 44.

Freie Liquiditätsreserven:

Erläuterungen: 1949–1957: Stand am Jahresende. Ab 1958: Jahresdurchschnittswerte.

Quelle: Angaben der Bundesbank.

Internationaler Vergleich der Diskontsätze

Schaubild 1

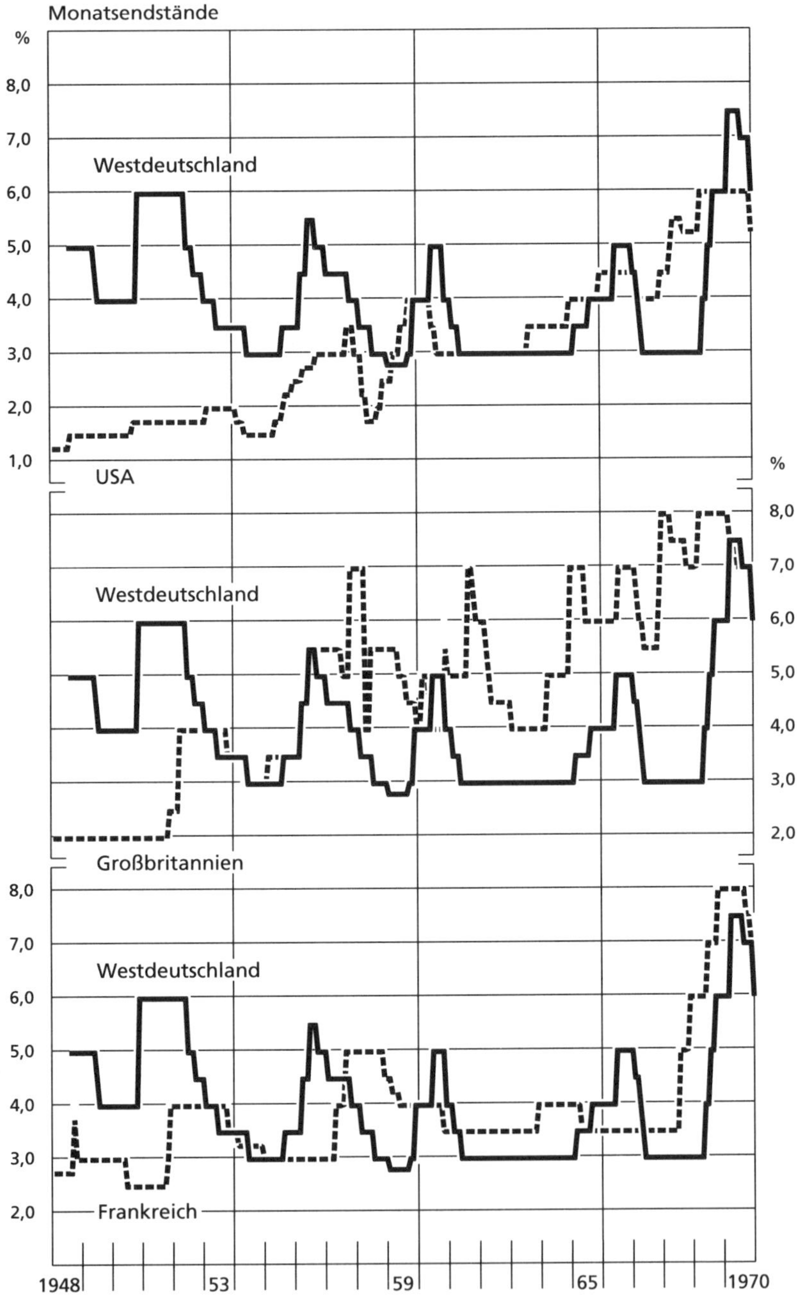

Quelle: Berechnungen der Deutschen Bundesbank nach verschiedenen Quellen (Federal Reserve Bulletin, Banque de France, Bank für Internationalen Zahlungsausgleich).

Tagesgeld-Zinsdifferenz zwischen Westdeutschland und den USA 1960-1970

Schaubild 2

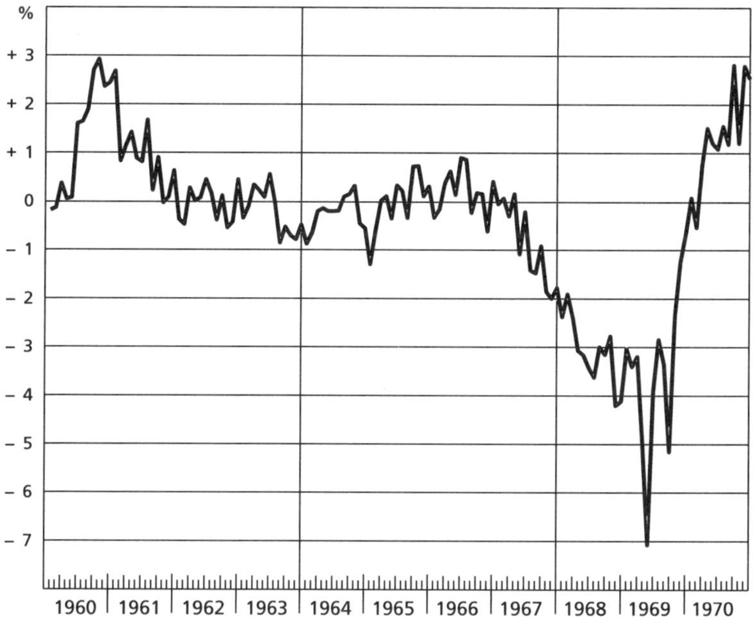

Zinsvorsprung Westdeutschlands: +
Quelle: Deutsche Bundesbank

Mittlerer monatlicher Tagesgeld- und Diskontsatz

Schaubild 3

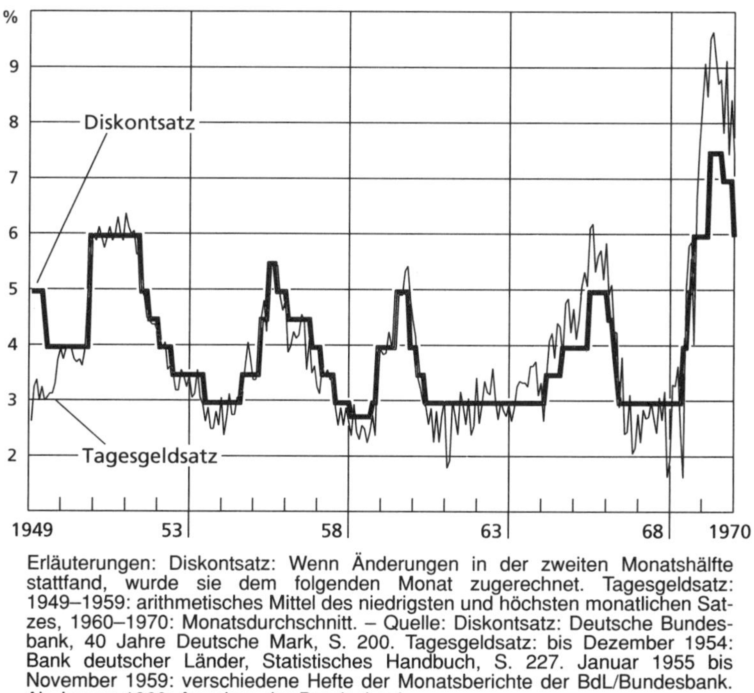

Erläuterungen: Diskontsatz: Wenn Änderungen in der zweiten Monatshälfte stattfand, wurde sie dem folgenden Monat zugerechnet. Tagesgeldsatz: 1949–1959: arithmetisches Mittel des niedrigsten und höchsten monatlichen Satzes, 1960–1970: Monatsdurchschnitt. – Quelle: Diskontsatz: Deutsche Bundesbank, 40 Jahre Deutsche Mark, S. 200. Tagesgeldsatz: bis Dezember 1954: Bank deutscher Länder, Statistisches Handbuch, S. 227. Januar 1955 bis November 1959: verschiedene Hefte der Monatsberichte der BdL/Bundesbank. Ab Januar 1960: Angaben der Bundesbank.

Freie Liquiditätsreserven und Liquiditätsquote Schaubild 4

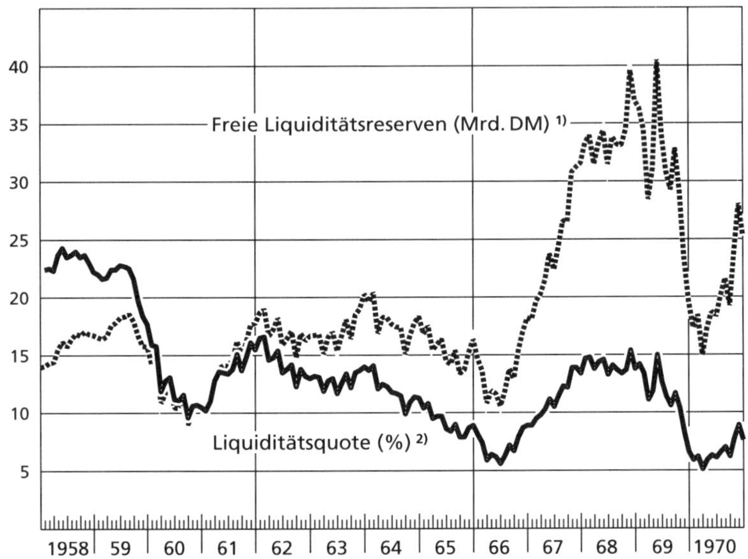

1 Inländische Geldmarktpapiere, Geldmarktanlagen im Ausland, unausgenutzte Rediskont-Kontingente, Überschußguthaben (Zentralbankguthaben./. Mindestreservesoll) abzüglich Lombardkredite der Bundesbank. — 2 Freie Liquiditätsreserven der Kreditinstitute in % des Einlagenvolumens (Sicht-, Termin- und Spareinlagen - ohne Gelder mit Befristung von 4 Jahren und darüber - von Nichtbanken und ausländischen Kreditinstituten). — Quelle: Deutsche Bundesbank.

3. Institutionen, Ziele und Instrumente der Geldpolitik

Die Besonderheit der geldpolitischen Rolle der Bundesbank, wie jeder Notenbank, liegt nicht im Umfang ihrer Wirkungsmacht oder in ihrer Alleinzuständigkeit. Selbst eine von der Regierung unabhängige Zentralbank ist in ihrer Fähigkeit, die geldpolitische Entwicklung einer Volkswirtschaft zu steuern, beschränkt. Es war deshalb eine treffende Formulierung, als Otmar Emminger 1970 auf eine der «monetäre(n) Nebenregierung(en)» hinwies.[7] Denn neben der Notenbank agieren im Inland andere politische Institutionen und private Gruppen und im Ausland darüber hinaus die dortigen Zentralbanken. Die geldpolitische Wirkung der Entscheidungen einzelner dieser Institutionen kann größer sein als die der Bundesbank. Ganz sicher gilt das für die Gesamtheit der der Bundesbank gegenüberstehenden «monetären

7 Vgl. Emminger, Zahlungsbilanz, S. 1072 sowie Emminger, D-Mark, S. 174, S. 466. Er bezog dies damals auf die Devisenzuflüsse aus dem Ausland, durch die der Bundesbank die Kontrolle über das Kredit- und Geldvolumen in Deutschland verlorengegangen war.

Nebenregierungen». Die Chance der Bundesbank, das geldpolitische Geschehen wirkungsmächtig zu beeinflussen, liegt darin, daß die Bundesbank als einzige der genannten Institutionen ihre Entscheidungen konsequent mit einer geldpolitischen Zielrichtung für das Inland trifft, während die geldpolitischen Wirkungen des staatlichen Handelns meistens, der Unternehmen und privaten Haushalte praktisch immer aus Entscheidungen resultieren, die auf andere als geldpolitische Ziele gerichtet sind. Ihre geldpolitischen Wirkungen sind nur Nebenprodukte, die sich darüber hinaus ohne Zutun der Notenbank auch noch gegenseitig neutralisieren können. Das *divide* ergibt sich bei diesen Institutionen aus ihren unterschiedlichen Interessen zwangsläufig, und so kann die Notenbank die *impera*-Rolle spielen.

Das Gesetz bzw. die Verordnung der Alliierten Besatzungsmächte, die zur Errichtung der Bank deutscher Länder (BdL) am 1. März 1948 führten, nannte als Kern der Zweckbestimmung der BdL: «die Währung sowie das Geld- und Kreditsystem zu festigen». Weitere Ziele der Wirtschaftspolitik wurden weder direkt noch indirekt genannt.

Der BdL waren explizit die zwei klassischen Notenbankfunktionen übertragen worden, nämlich als Hüterin der Währung und als *lender of last resort* für die Kreditinstitute tätig zu sein. Im Bundesbankgesetz wurde die letztgenannte Funktion nicht mehr genannt. Dort wurde der Bundesbank in § 3 zwar zusätzlich die Aufgabe übertragen, «für die bankmäßige Abwicklung des Zahlungsverkehrs im Inland und mit dem Ausland» zu sorgen. Ihre Hauptaufgabe wurde hier aber nur auf die der «Hüterin der Währung» beschränkt: Sie sollte «den Geldumlauf und die Kreditversorgung der Wirtschaft mit dem Ziel, die Währung zu sichern», regeln. Im Abschlußbericht vom 28. Juni 1957 des zuständigen Bundestagsausschusses für Geld und Kredit, mit dem dieser den fertigen Gesetzentwurf dem Bundestag zuleitete, wurde zu § 3 aber ausdrücklich festgehalten, daß für die Sicherung der Währung neben der Bundesbank, «und zwar sogar in erster Linie, die Bundesregierung und der Gesetzgeber, aber auch z.B. die Sozialpartner» verantwortlich sind.[8]

In § 12 wurde ihr zwar die Unabhängigkeit von Weisungen der Bundesre-

8 In der Begründung, mit der die Bundesregierung am 18. Oktober 1956 den Gesetzentwurf zur Deutschen Bundesbank dem Bundestag zugeleitet hatte, war zu § 3 ausgeführt worden, die Stabilität der Inlandskaufkraft sei zwar «von überragender Bedeutung», aber trotzdem seien auch die anderen Ziele (Stabilität der Auslandskaufkraft, Vollbeschäftigung und stetiges Wirtschaftswachstum) für die Bundesbank wichtige Ziele. «So wird es manchmal nötig sein, unter Würdigung aller Umstände den für das ‹Gesamtinteresse› oder das ‹Wohl des Landes› optimalen Kompromiß zu finden.» Allerdings trügen auch die Regierung und andere Institutionen Verantwortung für die Verwirklichung der wirtschaftspolitischen Ziele, auch für die Sicherung der Währung. «Deshalb ist eine gute Zusammenarbeit aller verantwortlichen Instanzen unter Einschluß der Notenbank nicht minder wichtig als deren ... Unabhängigkeit von anderen Instanzen.»

gierung zugesichert, aber sie wurde gleichzeitig darauf verpflichtet, «unter Wahrung ihrer Aufgabe die allgemeine Wirtschaftspolitik der Bundesregierung zu unterstützen».[9] Im sogenannten Stabilitätsgesetz vom 8. Juni 1967 wurde diese Unterstützungsverpflichtung der Bundesbank weiter konkretisiert. Dort heißt es in § 13, Abs. 3, daß alle bundesunmittelbaren Körperschaften des öffentlichen Rechts, also auch die Bundesbank, «im Rahmen der ihnen obliegenden Aufgaben die Ziele des § 1 berücksichtigen» sollen. § 1 schreibt vor, wirtschafts- und finanzpolitische Maßnahmen seien «so zu treffen, daß sie im Rahmen der marktwirtschaftlichen Ordnung gleichzeitig zu Stabilität des Preisniveaus, zu einem hohen Beschäftigungsgrad und außenwirtschaftlichen Gleichgewicht bei stetigem und angemessenem Wirtschaftswachstum beitragen».[10]

Grundsätzlich gibt es bei festen Wechselkursen drei Zwischenziele (oder Ansatzpunkte) der Geldpolitik: erstens, die Geldmenge, in ihren verschiedenen Abgrenzungen von M1 bis «M3 erweitert», oder auch nur die Geldbasis, d.h. die Zentralbankgeldmenge ohne die Guthaben der öffentlichen und privaten Nichtbanken bei der Zentralbank; zweitens, die Freien Liquiditätsreserven und, drittens, die Zinssätze und die Zinsstruktur für Kredite unterschiedlicher Arten und Laufzeiten. Dieser letztgenannte Ansatzpunkt stand für die Bundesbank jedoch in einem engen Zusammenhang mit ihrer Einflußnahme auf den Umfang und die Struktur der Freien Liquiditätsreserven.

Was die Geld- und Kreditpolitik der BdL in der Wiederaufbauphase der Bundesrepublik von der Währungsreform 1948 bis zum Erreichen der Vollbeschäftigung in der Boomphase 1955 bis 1957 als Zwischenziel verfolgte, war neben dem Bemühen, die Zinsen wegen ihrer Bedeutung für die Investitionstätigkeit und somit für das Wirtschaftswachstum und die Beschäftigung möglichst niedrig zu halten, vor allem die Akkumulation von Währungsreserven durch Exportüberschüsse, um aus der anfänglich international schwachen eine starke D-Mark entstehen zu lassen. Bei der Beurteilung der Liquiditätslage der Geschäftsbanken hatte die BdL bis 1958 ausschließlich deren *aktuelle* Zentralbankgeldbestände (Primärliquidität, vor allem die Überschußreserven) im Auge. Sie schenkte deren *potentiellem* Zentralbankgeld (Sekundärliquidität) und damit den Freien Liquiditätsreserven noch keine Beachtung.

Ganz anders als in der uns heute vertrauten monetaristischen Perspektive schätzte die BdL auch das Wachstum des «Geldvolumens» ein. Darunter verstand sie den Bargeldumlauf außerhalb des Bankensystems und die «binnen weniger als 30 Tagen fälligen Bankeinlagen» (= Sichteinlagen) der Nichtban-

9 Gesetz über die Deutsche Bundesbank vom 26. Juli 1957.

10 Gesetz zur Förderung der Stabilität und des Wachstums der Wirtschaft vom 8. Juni 1967.

ken.[11] Das «Geldvolumen» nach damaliger Definition war z.B. 1953 um knapp 13% gewachsen, was die BdL nicht als Gefahr für die Preisstabilität ansah. Es ist charakteristisch für die damaligen geldpolitischen Auffassungen, daß nicht nur die Termineinlagen von über 30 Tagen sowie die Spareinlagen nicht zum «Geldvolumen» gerechnet wurden, sondern daß ihnen ein kontraktiver Einfluß auf die Entwicklung der Geldmenge und damit der monetären Nachfrage zugerechnet wurde.[12] Erreicht wurden nur reale Wirkungen auf das Wirtschaftswachstum (1953: +8,3%; 1954: +7,7%) und die Beschäftigung, während die Lebenshaltungskosten 1953 um fast 2% fielen und 1954 konstant blieben.

Seit 1958 bis Anfang der siebziger Jahre stand für die Bundesbank als Zwischenziel ihrer Geldpolitik die Kontrolle der «Freien Liquiditätsreserven» der Geschäftsbanken im Vordergrund.[13] Dem lag die Vorstellung zugrunde, daß eine Zentralbank das Volumen der Giralgeldschöpfung der Geschäftsbanken und damit die Geldmenge nicht direkt, dagegen den Umfang der Freien Liquiditätsreserven der Banken und so deren Kreditschöpfungskapazität direkt unter Kontrolle halten könne. So könne sie die monetäre Gesamtnachfrage der Volkswirtschaft indirekt beeinflussen. Die westdeutsche Notenbank steuerte in jener Zeit eine Größe, die neben den Überschußreserven der Geschäftsbanken als freiem Teil ihres *aktuell* vorhandenen Zentralbankgelds die von ihnen jederzeit zusätzlich bei der Notenbank in Zentralbankgeld mobilisierbaren Aktiva, also das *potentielle* Zentralbankgeld, einschloß. Dem lag die Erfahrung zugrunde, daß die Geschäftsbanken ihre Bestände an Zentralbankgeld, soweit sie nicht als Mindestreserve gehalten werden müssen, möglichst klein zu halten versuchen, weil diese keinen Zinsertrag bringen.[14]

11 Einschließlich aller öffentlichen Hände, was die damalige Definition des «Geldvolumens» von der heutigen Definition von M1 unterscheidet. Vgl. Geschäftsbericht der Bank deutscher Länder für das Jahr 1953, S. 14 sowie Issing, Einführung, S. 9.

12 Da dieses «Aufkommen längerfristiger Fremdmittel bei den Kreditinstituten» mit 10,15 Mrd. DM 1953 fast ebenso hoch lag wie die Zunahme der «Kreditgewährung des gesamten Bankensystems» mit 10,45 Mrd. DM, wurde das hohe Wachstum der Kreditgewährung mit seiner expansiven Wirkung auf das «Geldvolumen» als fast vollständig kompensiert angesehen. Übrig blieb also nur die expansive Wirkung der Devisenzuflüsse (3,5 Mrd. DM) auf den Zuwachs des «Geldvolumens» (3,3 Mrd. DM). Wäre das Geldmengenwachstum nach der heutigen Definition von M3 beurteilt worden, so hätten die Währungshüter – wie schon in den Vorjahren – eine Zuwachsrate von knapp 20% feststellen müssen (Tabelle 3).

13 Emminger, Zwanzig Jahre, S. 28, sprach im März 1968 von zehn Jahren Erfahrung mit der «Liquiditätspolitik der Notenbank». Ein direkter Nachweis für den Beginn 1958 läßt sich in den ZBR-Protokollen nicht finden.

14 Dies ist der Grund, warum die Bundesbank 1965 feststellte, daß die Überschußreserven «von 1949 bis heute fast durchweg bedeutungslos» waren. Deutsche Bundesbank, Methodische Erläuterungen, S. 30. Zu den Freien Liquiditätsreserven zählte die Bundesbank in der Zeit der festen Wechselkurse: Überschußreserven, d.h. die Zentralbankgutha-

Die Spielräume für eine autonome Kreditgewährung und damit Geldschöpfung der Geschäftsbanken ergaben sich aus ihrer «Liquiditätsquote», d.h. ihrem Bestand an Freien Liquiditätsreserven im Verhältnis zu ihrem Einlagevolumen (vgl. Schaubild 4). Die Schwierigkeit lag darin, daß das Ausmaß der Freien Liquiditätsreserven der Banken nicht nur von der Geldpolitik der Zentralbank beeinflußt wurde, sondern auch von Marktfaktoren, nämlich von Änderungen der Bargeldhaltung, der Nettoguthaben der öffentlichen Hände bei der Zentralbank, der Geldmarktverschuldung der öffentlichen Hände gegenüber dem Bankensystem und der Nettodevisenposition des Inlands gegenüber dem Ausland.[15]

Vom Ende der fünfziger Jahre bis zum Ende des festen Wechselkurssystems Anfang der siebziger Jahre stellten die ausländischen Geldmarktanlagen, d.h. die Devisenbestände der Kreditinstitute, den Marktfaktor dar, der die Freien Liquiditätsreserven am stärksten bestimmte und dem die Bundesbank in ihrem Bemühen um die Kontrolle der Freien Liquiditätsreserven wegen ihrer Interventionspflicht zur Aufrechterhaltung des D-Mark-Wechselkurses oft hilflos ausgeliefert war. Demgegenüber waren die Einflüsse von Änderungen der Bargeldhaltung, die in einem engen Zusammenhang mit Änderungen der Lohnsumme durch Erhöhung der Beschäftigtenzahl und vor allem der Löhne standen,[16] und der beiden anderen Marktfaktoren, weil kalkulierbarer oder mit den Verursachern besser abstimmbar, von der Bundesbankpolitik viel leichter aufzufangen.

In der Periode 1948–1970 wurde das Arsenal zentralbankpolitischer Instrumente durch den Gesetzgeber dreimal grundlegend neu bestückt. 1948 erhielt die BdL durch die Gesetzgebung der Westalliierten im Zusammenhang mit der Währungsreform eine Erstausstattung an Instrumenten, erstmals in Deutschland das mindestreserve- und offenmarktpolitische. Der nächste Schritt wurde mit dem Bundesbankgesetz von 1957 vollzogen (Erweiterung der offenmarkt- und einlagenpolitischen Möglichkeiten). Die dritte Erweiterung des Notenbankinstrumentariums erfolgte nach dem Stabilitätsgesetz von 1967 durch Gesetze, die die Bundesbank mit mehr Munition zur Abwehr stabilitätsgefährdender Kapitalzuflüsse aus dem Ausland versorgten (100prozentige Mindestreservesätze für Auslandseinlagen, Bardepot).[17]

ben der Geschäftsbanken (= Ist-Reserve) minus dem Mindestreservesoll; unausgenutzte Refinanzierungsspielräume, d.h. Rediskontkontingente und Lombardspielräume; inländische Geldmarktpapiere im Besitz der Geschäftsbanken, soweit diese in die Marktregulierung der Bundesbank einbezogen waren, und ausländische Geldmarktanlagen im Besitz der Geschäftsbanken.

15 Deutsche Bundesbank, Institutionen, S. 20.

16 Dieser Zusammenhang wurde seit Mitte der sechziger Jahre durch den Übergang zu bargeldlosen Lohnzahlungen stark beeinflußt.

17 Vgl. Stern/Münch/Hansmeyer, Gesetz, S. 203.

4. Geld- und Kreditpolitik 1948–1970

Von den rein inländischen Quellen der Geschäftsbanken für Zentralbankgeld war in der betrachteten Periode der Wechselkredit der westdeutschen Notenbank am wichtigsten.[18] Lombardkredite spielten demgegenüber eine völlig untergeordnete Rolle.[19] Aus diesem Grund und weil der Lombardsatz, bis auf wenige Ausnahmen gegen Ende des Betrachtungszeitraums, stets um einen Prozentpunkt über dem Diskontsatz lag, wird im folgenden auf die Erwähnung von Lombardsatzänderungen weitgehend verzichtet.

Auch die Änderungen der am 1. Mai 1952 eingeführten Rediskontkontingente werden ausgeblendet, weil diese kaum beansprucht wurden.[20] Im Gegensatz zur Nach-Bretton-Woods-Ära waren sie das, was der heute für dieses Gebiet zuständige Bundesbankbeamte mir gegenüber eine «Luftnummer» nannte.[21]

Neben dem zinspolitischen Instrument des Diskontsatzes waren vor allem die liquiditätspolitischen Instrumente der Mindestreserve, der Offenmarkt- und der Swap-Politik[22] von Wichtigkeit. Mit ihnen konnten Überschußreserven und Freie Liquiditätsreserven der Banken gebunden werden. Ihrem Einsatz wird im folgenden deshalb besondere Beachtung geschenkt.

Von den außenwirtschaftlich orientierten Instrumenten stand das stärkste der Bank deutscher Länder/Bundesbank in der Zeit der festen Wechselkurse nicht zur Verfügung: das Wechselkursinstrument. Es lag in der Kompetenz der Bundesregierung. Dennoch wird ihm im folgenden große Beachtung gewidmet, weil der D-Mark-Wechselkurs eine strategische Rolle in der

18 Von den gesamten Notenbankkrediten an inländische Kreditinstitute machten sie Ende 1948 88%, 1958 82% und 1968 86% aus. Deutsche Bundesbank, 40 Jahre, S. 26.

19 Wertpapierpensionsgeschäfte gab es bis 1980 noch nicht.

20 Nur 1952 und zum Jahresultimo der beiden folgenden Jahre wurden sie nennenswert in Anspruch genommen, aber selbst dann nur zwischen knapp 40 und gut 50%. Erst als sich mit den Währungsturbulenzen von 1969 und 1970 das Bretton-Woods-System aufzulösen begann, stieg ihre Bedeutung wieder an und erreichte Ende Januar 1970 mit 77% Inanspruchnahme ein vorläufiges Maximum. Errechnet aus monatlichen Zeitreihen, die die Bundesbank zur Verfügung gestellt hat.

21 Änderungen mochten zwar für einzelne Kreditinstitute, die an der Grenze ihrer Kontingente arbeiteten, von Bedeutung sein. Für die Gesamtheit der Kreditinstitute waren sie bedeutungslos.

22 Bei einem Swapgeschäft verkaufte die Bundesbank den Kreditinstituten US-Dollars per Kassa und kaufte sie gleichzeitig zu einem festgesetzten Kurs per Termin zurück. In der Regel lag der Terminkurs unter dem Kassakurs. In diesen Fällen ließ sie sich die Kurssicherung mit einem «Deport» bezahlen. Wenn sie den Geldexport besonders fördern wollte, verzichtete sie auf einen Deport und führte Swap-Transaktionen zu pari durch oder bot sogar einen höheren Termin- als Kassakurs an (= «Report»). Vgl. Deutsche Bundesbank, Institutionen, S. 57f.

gesamten Währungs- und Außenwirtschaftspolitik der Bundesrepublik spielte und die Frage einer D-Mark-Aufwertung angesichts der hartnäckigen westdeutschen Devisenüberschüsse von 1951 bis 1970 immer wieder im Zentrum geldpolitischer Diskussionen stand.

Aufmerksamkeit wird der Frage geschenkt werden, worauf der ZBR mit geldpolitischen Entscheidungen reagierte: Waren es bei Restriktionsmaßnahmen außenwirtschaftliche Defizite, inländische Preiserhöhungen, exzessive Lohnsteigerungen, eine zu wenig restriktive Fiskalpolitik der öffentlichen Hände oder zu große Überschuß- oder Freie Liquiditätsreserven der Geschäftsbanken? Waren es bei Lockerungsmaßnahmen außenwirtschaftliche Gründe oder binnenwirtschaftliche, z.B. das Wirtschaftswachstum oder die Beschäftigung zu steigern, einen deflationären Preistrend zu vermeiden, den Kapitalmarkt zu fördern oder den Kreditinstituten aus Liquiditätsengpässen herauszuhelfen (*lender of last resort*-Funktion)? Zum letzten Punkt wird die Antwort auf die alte Frage wichtig sein, ob die Notenbank mit ihren Diskontsatzänderungen den stark außenwirtschaftlich beeinflußten Entwicklungen auf dem Geldmarkt folgte oder ob sie in der Lage war, die Geldmarktentwicklungen zu beherrschen.

Auch das geldpolitische Gesamtkonzept der Bundesbank wird geprüft werden. Ob die Steuerung der «Freien Liquiditätsreserven» als Zwischenziel der Geldpolitik sinnvoll war oder ob die Kredit- und Geldschöpfung der Banken weitgehend unabhängig vom Volumen ihrer Freien Liquiditätsreserven war, wird an der Entwicklung der «Liquiditätsquote» geprüft werden.

a) Die Periode der schwachen Währung 1948–1951

Die westlichen Besatzungsmächte hatten – einem Wunsch der Amerikaner folgend – dafür gesorgt, daß die in Vorbereitung der Währungsreform gegründete BdL als eine von den Landesregierungen unabhängige Institution wirken konnte, aber alle wichtigen geldpolitischen Entscheidungen unterlagen einem Genehmigungsvorbehalt der Allied Bank Commission (ABC). Sie war befugt, der BdL und dem ZBR Weisungen zu erteilen.[23]

Bei Meinungsverschiedenheiten auf dem Gebiet der Geldpolitik zeigte vor allem die Allied Bank Commission Entgegenkommen. Wilhelm Vocke pflegte den ständigen Kontakt mit der Allied Bank Commission, die ihren Sitz in demselben Gebäude (Taunusanlage 4–6) genommen hatte wie die BdL, und ging mit ihr weitgehend konform. ZBR-Präsident Karl Bernard neigte eher dazu, es gelegentlich auch auf eine Konfrontation ankommen zu lassen. Vocke mit seinem Stab im Direktorium, das alle wichtigen geldpolitischen

23 Vgl. Art. II des BdL-Gesetzes vom 1. März 1948.

Entscheidungen vorbereitete, hätte im ZBR die einflußreichere Position haben können. Er konnte sich dort aber nicht immer durchsetzen.[24] Das lag vor allem daran, daß Vocke die Ansicht der Allied Bank Commission teilte, die Kreditpolitik müsse in Friedenszeiten marktkonform statt dirigistisch geführt und eine Gefährdung der Stabilität mit einer Hochzinspolitik beantwortet werden, während die LZB-Präsidenten aus produktions- und beschäftigungspolitischen Rücksichten eher zu niedrigeren Diskontsätzen neigten.[25]

Schon mit seiner ersten geldpolitischen Entscheidung wich der ZBR in seiner Sitzung am 15./16. Juni 1948, also noch vor der Währungsreform, in einer für ihn typischen Weise von den Erwartungen und Vorstellungen der alliierten Seite ab. Obwohl sie in ihren eigenen Ländern entsprechend den damals dominierenden keynesianischen Auffassungen alle eine Politik des eher leichten Geldes verfolgten – z.B. betrug der Diskontsatz der Federal Reserve Bank of New York damals nur 1,25% (vgl. Schaubild 1) –, hatten die Alliierten der deutschen Seite einen hohen Diskontsatz von etwa 8% nahegelegt. Dennoch entschied sich der ZBR mit 9 von 13 Stimmen für einen Satz von 5%, der – wie die späteren Diskontsätze – auch für den Schatzwechseldiskont und als Zinssatz für Kassenkredite an die öffentliche Hand und die Zweizonenverwaltung gültig war.

Der ZBR beschloß am 15./16. Juni 1948 auch ein Rundschreiben an die Landeszentralbanken mit Richtlinien für die Kreditgewährung. Darin hieß es einleitend und für den Kurs der Geldpolitik in der folgenden Periode des wirtschaftlichen Wiederaufbaus grundlegend: «Das Gelingen der Währungsreform wird wesentlich davon abhängen, ob die Geldinstitute in der Lage sind, die Kredite dorthin zu lenken, wo sie die beste volkswirtschaftliche Verwendung finden, d.h. wo sie der Inganghaltung des Warenumschlags und der Produktion dienen.» Die Sätze für Mindestreserven, die die Kreditinstitute bei ihren Landeszentralbanken zinslos zu hinterlegen hatten, wurden auf 10% für Sichtverbindlichkeiten und auf 5% für befristete Verbindlichkeiten und Spareinlagen festgelegt.[26]

24 Vocke wurde bei vielen ZBR-Entscheidungen, besonders zur Diskontpolitik, überstimmt.

25 Entsprechend groß war deshalb Vockes Ansehen bei den Bankfachleuten der Alliierten, das z.B. in folgender Beobachtung eines Kenners der deutschen Zentralbankszene in der Bank of England zum Ausdruck kommt: «In practice, the President of the Board of Management (Vocke) does all the work and takes all the decisions, while the President of the Board of Directors [Bernard] does not cut so much ice.» (BoE OV 34/92: Rootham, Note, 5.4.1950.) Diese Einschätzung war – wie die Praxis der folgenden Jahre zeigen sollte – falsch.

26 Der ZBR traf damals (Diskont 1%, Lombard 2%) und in der gesamten BdL-Periode auch separate Entscheidungen über die Diskont- und Lombardsätze, die im Geschäftsverkehr zwischen den Landeszentralbanken und der Bank deutscher Länder, die letztlich das Zentralbankgeld zur Verfügung zu stellen hatte, galten. Auch mußten die Landeszentral-

Die Verantwortlichen für die Währungsreform vom 20. Juni 1948 waren unsicher, wie groß der monetäre Mantel für die westdeutsche Wirtschaft geschneidert werden müßte, um weder bei zu geringer Größe eine Deflation mit ihren produktions- und beschäftigungshemmenden Wirkungen noch bei Übergröße eine Inflation und damit eine erneute Erschütterung des Vertrauens in die neue Währung zu bewirken.[27] Sie handelten deshalb mit großer Vorsicht. Es war nicht genau einschätzbar, welche Nachfrage von seiten der privaten Haushalte auf die Wirtschaft zukommen und wieviel von den gehorteten Warenvorräten der Unternehmen angeboten werden würde. Dazu kam die Ungewißheit über die Haushaltslage der öffentlichen Hände nach der mit Steuersenkungen verbundenen Währungsreform. Ob die öffentlichen Hände das gesetzliche Defizitverbot würden einhalten können, war unklar.[28]

Vor dem Krieg hatte die Geldmenge der deutschen Wirtschaft im Sinne von M3 mindestens zwei Drittel des Bruttosozialprodukts (BSP) betragen. Jetzt wurde bei einem geschätzten BSP von 45 Mrd. DM durch die Erstausstattung der privaten und öffentlichen Haushalte und der Unternehmen sowie durch die Freigabe nur der Hälfte der umgestellten Reichsmark-Altgeldguthaben (d.h. 5%) bis Ende Juli 1948 eine Geldmenge von zunächst weniger als 10 Mrd. DM zur Verfügung gestellt.[29] Und trotzdem tendierte die Preisentwicklung stark nach oben, erst recht als im September die zweite Rate des Kopfbetrags mit einem Volumen von fast 1 Mrd. DM ausgegeben war. Von Juni bis Oktober 1948 stiegen die Lebenshaltungskosten um etwa 14%, die Rohstoffpreise noch stärker.[30] Dies führte zu der Entscheidung der Militärregierungen (Viertes Gesetz zur Neuordnung des Geldwesens vom 4. Okto-

banken Mindestreserven bei der Bank deutscher Länder unterhalten. Aber da alle diese Sätze, die wegen der Zweistufigkeit des westdeutschen Zentralbanksystems bis zur Gründung der Bundesbank existierten, faktisch nur für die Gewinnverteilung zwischen den Landeszentralbanken und der Bank deutscher Länder von Bedeutung waren, werden die Entscheidungen dazu im folgenden ausgeblendet.

27 Diese Unsicherheit bestand auch in der Bank deutscher Länder, wie ein 18seitiges Exposé des Leiters der Hauptabteilung Volkswirtschaft und Statistik, Eduard Wolf, vom 14. Oktober 1948, wegen neuer statistischer Informationen mit einem vierseitigen Nachwort am folgenden Tag, zeigt. (HA BBk B 3351 und 3402 [Akten Wolf]).

28 Zwar hatte § 28 des Umstellungsgesetzes zur Währungsreform den öffentlichen Haushalten ein Defizitverbot auferlegt. Vgl. Harmening/Duden, Währungsgesetze, S. 39. Aber sie verfügten über Guthaben im Zentralbanksystem in Höhe von 2,4 Mrd. DM aus der gesetzlichen Geldschöpfung. Es blieb offen, wieviel sie von ihren Guthaben im Zentralbanksystem in Umlauf bringen würden.

29 Geschäftsbericht der Bank deutscher Länder für die Jahre 1948 und 1949, S. 4.

30 Für die monatlichen Daten vgl. Wallich, Triebkräfte, S. 72. Einerseits brachten nämlich die öffentlichen Hände wegen der entstandenen Haushaltslücken in den Monaten Juli, August und September 1948 ihre Notenbankguthaben schnell in Umlauf. Andererseits entlud sich eine Kaufwelle der Konsumenten, finanziert nicht nur aus ihrem laufenden Einkommen, sondern auch aus ihren umgestellten Sparkonten.

ber 1948), von der gesperrten Hälfte der auf D-Mark umgestellten Bankeinlagen nur noch $^{2}/_{10}$ ganz und $^{1}/_{10}$ für eine mittel- bis langfristige Anlage freizugeben und die restlichen $^{7}/_{10}$ völlig zu streichen.[31] Insgesamt war durch die Währungsumstellung einschließlich der Oktober-Freigaben eine Geldmenge (im Sinne von M3) von rund 13 Mrd. DM auf gesetzlichem Wege geschaffen worden.[32] Dazu kam die nach der Währungsreform anlaufende neue Kredit- und damit Geldschöpfung der Geschäftsbanken. Die kurzfristigen Bankkredite an Nichtbanken beliefen sich Ende Oktober 1948 auf 3,8 Mrd. DM gegenüber 1,3 Mrd. Ende Juli.[33]

Als die starken Preissteigerungen im Herbst 1948 geldpolitischen Handlungsbedarf signalisierten, nahm der ZBR ab Oktober zunächst eine abwartende Haltung ein.[34] Statt zins- oder mindestreservepolitischer Maßnahmen machte er den Landeszentralbanken eine besonders strenge Beachtung der Mitte Juni beschlossenen Richtlinien für die Kreditgewährung, also eine Verstärkung der selektiven Kreditkontrolle, zur Auflage. In der ZBR-Sitzung vom 2./3. November wurde beschlossen, Bankakzepte nur noch dann zu rediskontieren, wenn sie der Finanzierung von Außenhandelsgeschäften oder behördlich angeordneter Einlagerungen dienten («Einfuhr- und Vorratsstellenwechsel»).[35] Auch am 16. November 1948 beschloß der ZBR nur, die direkte Kreditkontrolle über die bereits praktizierten Kreditrichtlinien hinaus insofern zu verschärfen, als die Landeszentralbanken den Kreditinstituten auferlegen sollten, nach Möglichkeit ihr Kreditvolumen nicht über den Stand vom 31. Oktober 1948 zu erweitern. Ausnahmen, insbesondere zum Zwecke der Exportförderung, wurden zugelassen.[36] Mit Wirkung vom 1. Dezember

31 Vgl. Stucken, Geld- und Kreditpolitik, S. 204.

32 Vgl. Deutsche Bundesbank, Geld- und Bankwesen, S. 25.

33 Vgl. Geschäftsbericht der Bank deutscher Länder für die Jahre 1948 und 1949, S. 5. Zu dieser starken Ausweitung hatte das Auslaufen des Verbots der im deutschen Bankkreditgeschäft traditionell dominierenden Kontokorrentkreditgewährung am 8. August 1948 erheblich beigetragen. Bis dahin hatte nämlich – gegen den Protest des ZBR – § 32 des «Dritten Gesetzes zur Neuordnung des Geldwesens» (Umstellungsgesetz) den Kreditinstituten die Vergabe von Krediten außer Wechselkrediten und Krediten an die öffentliche Hand grundsätzlich verboten. Vgl. Harmening/Duden, Währungsgesetze, S. 40, 331. Zur ablehnenden Position des ZBR zum Kontokorrentkreditverbot: Protokoll der 11. ZBR-Sitzung am 24. Juni 1948 (HA BBk B 330/Drs. 142). Die anschließende Kreditexpansion wurde den Geschäftsbanken vor allem dadurch ermöglicht, daß ihnen die Zentralbankguthaben aus der Erstausstattung der öffentlichen Hände zuflossen und sie dadurch unabhängig von der Kredit- und Geldschöpfung der Bank deutscher Länder reichlich mit Liquidität ausgestattet waren.

34 Protokoll der 19. und 20. ZBR-Sitzung am 5. und 19. Oktober 1948 (HA BBk B 330/Drs. 142).

35 Dadurch sollten die Kreditinstitute in den um einen Prozentpunkt teureren Lombard gezwungen werden. Vgl. Emmer, Monetary Policy , S. 56.

36 Die Exportförderung war von Anfang an ein besonderes Anliegen der Westalliierten,

1948 wurde der Mindestreservesatz für Sichtverbindlichkeiten von 10 auf 15% angehoben, allerdings nur für Institute an sogenannten Bank-, nicht an Nebenplätzen.

Aber die Diskonterhöhung, die von ihren Befürwortern mehr aus psychologischen oder Signalgründen für notwendig gehalten wurde, scheiterte entgegen dem Votum der beiden Präsidenten mit 7 zu 6 Stimmen am 2. November und sogar mit 8 zu 5 Stimmen am 3. November, nachdem der Sprecher der Allied Bank Commission, L. Ingrams, brieflich und im ZBR persönlich dringend dazu geraten hatte.[37] Erneut mit 7 zu 6 Stimmen, diesmal auf Wunsch der Allied Bank Commission in geheimer Abstimmung, wurde eine Diskontsatzerhöhung am 16. November abgelehnt, nachdem sich die angelsächsischen Mitglieder der Allied Bank Commission und deutsche Politiker, darunter besonders Ludwig Erhard, in einer auf Wunsch der Allied Bank Commission eigens einberufenen Besprechung mit den beiden Notenbankpräsidenten am 6. November entschieden dafür ausgesprochen hatten und nachdem General Lucius Clay Präsident Bernard zum 14. November zu sich bestellt hatte, um das von den Amerikanern gewünschte deutliche Restriktionssignal einer Diskonterhöhung anzumahnen.[38] In seinen Sitzungen am 30. November/1. Dezember und am 10. Dezember 1948 lehnte der ZBR wiederum eine Diskontsatzerhöhung (Vorschlag +3%) mit jeweils 7 zu 6 Stimmen ab.

Die Gegner argumentierten: 1. Priorität hat die Förderung der Produktion durch eine ausreichende Kreditversorgung, 2. eine Diskonterhöhung erhöht die Kosten der Produktion und heizt deshalb die Inflation noch stärker an, und 3. eine Diskonterhöhung kann die Kreditexpansion nicht so wirksam bremsen wie die direkten Kreditkontrollen durch Verschärfung der Kreditrichtlinien. Mit dem dritten Punkt hatten sie insofern recht, als die Kreditinstitute in Liquidität schwammen und auf den Refinanzierungskredit der Notenbank gar nicht angewiesen waren.[39] Dazu kam, daß der Tagesgeldsatz,

weil nur so ihre Hilfsprogramme überflüssig werden konnten und die wirtschaftliche Rekonstruktion Westeuropas gelingen konnte.

37 Die ABC sah bei ihrer Forderung nach einem höheren Diskontsatz die Notwendigkeit, Vertrauen in die Stabilität der neuen Währung zu wecken und die Entschlossenheit der Bank deutscher Länder zu signalisieren, mit klassischen Mitteln der Stabilitätspolitik die neue Währung zu verteidigen.

38 Nun stand noch im Raum, ob die ABC einen höheren Diskontsatz oktroyieren würde. Dazu kam es wahrscheinlich nur deshalb nicht, weil der französische ABC-Vertreter dagegen war, was die ZBR-Mitglieder vor ihrer Entscheidung am 16. November erfuhren.

39 Denn unmittelbar nach der Währungsreform betrugen ihre Überschußreserven rund 50% des Mindestreservesolls (vgl. Emmer, Monetary Policy , S. 55), im Januar 1949 noch 35%. Im Januar 1950 betrugen die Überschußreserven noch 10%. Erst im letzten Quartal 1950, nachdem die noch zu behandelnde Devisenkrise ausgebrochen war, gingen sie auf die später normalen Werte um die 3 bis 4% zurück (Angaben der Bundesbank). Eine Diskontsatzerhöhung hätte den Banken nur den Anlaß zur Anhebung der Kreditzinsen geliefert,

zu dem sie sich auf dem Geldmarkt refinanzieren konnten, sogar bis Ende 1949 weit unter dem Diskontsatz lag (vgl. Schaubild 3).[40]

Angesichts der hohen Überschußreserven muß allerdings kritisch gefragt werden, warum der ZBR die Mindestreserveerhöhung zum 1. Dezember nicht schon viel früher und bis zur gesetzlichen Obergrenze von 20% vornahm. Damit hätte er die Überschußreserven einfangen können, um seiner Diskontpolitik zur Wirksamkeit zu verhelfen. Insofern hat er seine Möglichkeiten, die inflationäre Kreditausweitung der Banken zu bremsen, in der zweiten Jahreshälfte 1948 nicht ausgenutzt.

In ihrem Geschäftsbericht hat die BdL die Zurückhaltung des ZBR bei der Eindämmung der Liquidität der Banken so begründet: Sie sei untauglich gewesen, «weil für diejenigen Wirtschaftszweige, die infolge noch bestehender Preisbindungen nicht oder nur in bescheidenem Maße zur Selbstfinanzierung in der Lage waren, die Kreditaufnahme die einzige Finanzierungsquelle bildete, die produktive Entfaltung der Wirtschaft jedoch unter keinen Umständen unterbunden werden durfte».[41] Nur eine möglichst selektive Kreditkontrolle sei angezeigt gewesen. Hier zeigt sich erstmals deutlich, daß der ZBR – wie später bei vielen anderen Gelegenheiten – produktions- vor stabilitätspolitische Gesichtspunkte stellte.

Allerdings lief Ende 1948 die inflationäre Entwicklung aus, das Tempo der Kreditexpansion ließ nach, und die Preise begannen zu sinken. Die Kehrseite war allerdings, daß die Arbeitslosenzahl, die seit der Währungsreform von rund 450000 (Arbeitslosenquote: 3,2%) auf nicht mehr als 800000 Ende 1948 gestiegen war, erheblich anstieg: auf 1,3 Mio. im Sommer und Herbst 1949 und dann rapide auf knapp 2 Mio. im Februar 1950, eine Quote von etwa 13%.[42]

Es waren nicht die kreditpolitischen Entscheidungen, die den Umschwung herbeiführten,[43] sondern außenwirtschaftliche und fiskalpolitische Entwick-

weil durch die Zinsregulierung automatische Anpassungen eingetreten wären. Sie hätte die Kreditspielräume der Banken aber nicht eingeengt.

40 Zur zentralen geldpolitischen Bedeutung des Tagesgeldmarktes vgl. Bockelmann, Bundesbank, S. 53 ff. Zum Geldmarkt ausführlich vgl. Brehmer, Struktur.

41 Geschäftsbericht der Bank deutscher Länder für die Jahre 1948 und 1949, S. 6.

42 Dies war vor allem Folge des Zustroms von Flüchtlingen aus Ostdeutschland und trug dazu bei, daß die Lohnentwicklung nach der Aufhebung des Lohnstopps am 3. November 1948 moderat blieb. Die Industrieproduktion wuchs 1949 zwar noch um fast 25%. Aber gegenüber dem Zuwachs von etwa 50% allein im zweiten Halbjahr 1948 war dies bescheiden. Vgl. Ritschl, Währungsreform, S. 164f. Wallich, Triebkräfte, S. 77, spricht von «eine[r] Periode relativer Stagnation». Der Anstieg führte allerdings auch dazu, daß die Rohstoffimporte so stark zunahmen, daß der westdeutsche Ausfuhrüberschuß im kommerziellen Bereich nach dem ersten Halbjahr 1949 in einen Einfuhrüberschuß umschlug, der im Dezember 1949 ein Maximum erreichte. Für Zahlenangaben vgl. Geschäftsbericht der Bank deutscher Länder für die Jahre 1948 und 1949, S. 2f.

43 Wallich meint dazu sibyllinisch: «Welche Rolle die Kreditrestriktionen dabei gespielt haben, ist Sache der persönlichen Auffassung.» Wallich, Triebkräfte, S. 76.

lungen sowie eine Änderung des Konsumverhaltens der privaten Haushalte. Außenwirtschaftlich trug zur Preisstabilisierung bei, daß gegen Ende 1948 an verschiedenen Rohstoffmärkten die Preise zurückgingen, vor allem wegen einer beginnenden Rezession in den USA. Und fiskalpolitisch: Hatten die öffentlichen Hände in den ersten Monaten nach der Währungsreform zur Deckung ihrer Defizite noch auf ihre Erstausstattungen auf Konten des Zentralbanksystems zurückgreifen müssen, so flossen seit Ende 1948 die Steuereinnahmen so reichlich, daß sie seit dem Winter 1948/49 Haushaltsüberschüsse dort stillegten und damit Zentralbankgeld dem Kreislauf entzogen.[44] Dazu kam, daß die Marshallplanhilfe anlief und durch ihre Bindung an die *Counterpart Funds* (Gegenwertmittel), d.h. die Verpflichtung der deutschen Abnehmer zur Hinterlegung eines entsprechenden D-Mark-Betrages im Zentralbanksystem, einen kontraktiven geldpolitischen Effekt auslöste.[45] Schließlich ist von Bedeutung, daß die privaten Haushalte verstärkt zu sparen anfingen und deshalb das Wachstum der Konsumnachfrage geringer wurde.[46] Aus allen diesen Gründen konnte die Kreditexpansion der Banken weitergehen, ohne daß die Preise nach oben getrieben wurden.

Die Kreditkontrollmaßnahmen, die bei der Umsetzung in die Praxis durch die Landeszentralbanken die Kreditexpansion der Banken ohnehin kaum gebremst hatten, wurden am 22. März 1949 aufgehoben. Aber erst im Mai beschloß der ZBR weitere Lockerungsmaßnahmen: die Aufhebung der Restriktionen für Akzeptkredite, eine Senkung des Mindestreservesatzes, jeweils für Sichteinlagen, auf 12% für Bankplätze und auf 9% für Nebenplätze zum 1. Juni 1949. Am 24. Mai, als Erhard an der ZBR-Sitzung teilnahm und darauf drängte, «von der psychologischen Seite der Wirtschaft einen Auftrieb zu geben», wurde eine Diskontsatzsenkung um 0,5% – mit 10 zu 2 Stimmen bei einer Enthaltung – beschlossen.[47] Dem folgte am 12. Juli – einstimmig – eine weitere Diskontsatzsenkung auf 4%. Bei beiden Beschlüssen

44 Die Zentralbankeinlagen deutscher öffentlicher Stellen stiegen von rund 1,8 Mrd. DM Ende 1948 auf 3,3 Mrd. Ende 1949. Vgl. Bank deutscher Länder, Handbuch, S. 26.

45 Vgl. Emmer, Monetary Policy , S. 58. Die eingelegte Summe stieg von 7,7 Mio. sprunghaft auf 1028 Mio. DM von Ende November bis Ende Dezember 1949. Sie nahm bis Ende Januar 1950 zwar wieder auf die Hälfte ab, stieg dann aber wieder, um ab Mai 1950 für zwei Jahre andauernd über 1 Mrd. DM zu verharren. Vgl. Bank deutscher Länder, Handbuch, S. 26. Ähnlich wirkten die Guthaben alliierter Dienststellen im Zentralbanksystem. Durch langsame Verausgabung der deutschen Mittel für Besatzungskosten stiegen sie von rund 0,5 Mrd. DM Ende November 1949 auf rund 1,1 Mrd. einen Monat später und hielten sich weitgehend auf diesem Niveau für die nächsten zwei Jahre. Vgl. Bank deutscher Länder, Handbuch, S. 26.

46 Nicht ganz übereinstimmende monatliche Daten zur Entwicklung der Spar- und Termineinlagen finden sich in: Bank deutscher Länder, Handbuch, S. 109, und in: Wallich, Triebkräfte, S. 73 und S. 79.

47 Protokoll der 35. ZBR-Sitzung am 24. Mai 1949 (HA BBk B 330/Drs. 142).

spielte angesichts bevorstehender langfristiger Anleiheemissionen auch der Wunsch nach Belebung des Kapitalmarktes eine Rolle.[48] Zum 1. September 1949 wurde eine Erleichterung bei den Mindestreserven auf einen Satz von 10% an Bankplätzen und auf 8% an Nebenplätzen beschlossen. Erstmals wurde auch der Reservesatz für Termin- und Spareinlagen geändert und von 5 auf 4% gesenkt. Als Begründung für den einstimmigen Beschluß wurde darauf verwiesen, daß Mitte August die Überschußreserven der Geschäftsbanken auf nur noch 7,1% ihres Reservesolls gesunken seien; die Anspannung am Geldmarkt und der Liquiditätsentzug bei den Geschäftsbanken seien in der gegenwärtigen konjunkturellen Lage nicht erwünscht.[49]

So trug sogar der ZBR selbst zu den danach wieder relativ hohen Überschußreserven bei, die seine Diskontpolitik im großen und ganzen ohne Belang für die Liquidität der Banken sein ließen. Der Tagesgeldsatz lag noch immer erheblich unter dem Diskontsatz, der also trotz der Senkungen auch weiterhin auf die Liquidität der Banken nicht expansiv wirkte (vgl. Schaubild 3). Deshalb war es vor allem die Lockerung der Mindestreserven, die es den Banken erlaubte, ihre kurzfristigen Kredite an private Haushalte und Unternehmen von März 1949 bis zum Beginn des Koreakrieges im Juni 1950 von 5,2 auf 11,0 Mrd. DM auszuweiten. Und trotzdem waren die Preise weiter rückläufig, bis sie am Vorabend des Koreakrieges ihr Niveau aus der Zeit der Währungsreform wieder erreichten. Sicherlich hätte der ZBR damals große Wachstums- und Beschäftigungschancen vergeben, wenn er eine produktionspotentialorientierte Geldmengenpolitik nach dem heutigen Muster betrieben hätte.

Im letzten Quartal 1948 und den ersten vier Monaten 1949 war den Kreditinstituten auch daraus Zentralbankgeld zugeflossen, daß Devisen aus kommerziellen Ausfuhrüberschüssen an die BdL abgegeben werden konnten.[50] Diese Liquiditätsquelle versiegte danach, vor allem als die gerade gegründete Bundesrepublik sich ab September 1949 an dem ersten von der OEEC und der Marshallplanverwaltung (ECA) initiierten Liberalisierungsprogramm für den innereuropäischen Handel beteiligte, eine Liberalisierungsquote von rund 50% herstellte und damit Handelsschranken schneller abbaute als andere europäische Länder. Jetzt entzog die Finanzierung von Importüberschüssen den Geschäftsbanken Liquidität. Diese waren gezwungen, erstmals massiv «in die Notenbank zu gehen». Während bis zur Jahresmitte das Volumen ihrer Zentralbankeinlagen und ihre Refinanzierungsverbindlichkeiten annähernd ausgeglichen zwischen 1,2 und 1,6 Mrd. DM geschwankt hatten, so stieg ihre

48 Vgl. Protokolle der 35. und 39. ZBR-Sitzung am 24. Mai und 12. Juli 1949 (HA BBk B 330/Drs. 142).
49 Vgl. Protokoll der 41. ZBR-Sitzung am 30./31. August 1949 (HA BBk B 330/Drs. 142).
50 Vgl. Wallich, Triebkräfte, S. 73 und S. 79.

Refinanzierungssumme bis November 1949 auf knapp 4 Mrd. DM an. Sie blieb bis September 1950 auf etwa diesem Niveau, während die Zentralbankeinlagen der Geschäftsbanken teilweise auf unter 1 Mrd. DM abfielen.[51] Zum ersten Mal hatte die BdL die Geschäftsbanken «im Griff». Trotz der hohen Arbeitslosigkeit im Winter 1949/50 entschied sie sich dafür, mit ihrem Diskontsatz nicht weiter herunterzugehen. «Ihre Gesamtpolitik stand im Zeichen des Vorrangs der Währungsstabilität und des Zahlungsbilanzausgleichs gegenüber der Vollbeschäftigung», resümierte Henry Wallich.[52] Allerdings hatte sie sich im August 1949 erstmals, und zwar ausdrücklich im Vorgriff auf bald zu erwartende Einnahmen, zur Vorfinanzierung eines kleinen Arbeitsbeschaffungsprogramms der Militärgouverneure und der Verwaltung für Wirtschaft bzw. Finanzen, konzentriert auf die Förderung von Investitionen und Exporten, im Volumen von bescheidenen 300 Mio. DM bereit erklärt.[53] Im übrigen verwahrte sich die BdL gegen den 1949 lauter werdenden Vorwurf, sie betreibe eine Deflation, indem sie darauf hinwies, daß sowohl ihr Zentralbank- als auch der Geschäftsbankenkredit weiter zugenommen hätten.[54]

Daß der ZBR mit dem Diskontsatz nicht weiter herunterging, hatte auch mit den internationalen Turbulenzen zu tun, die von der Pfundabwertung um 30,5% am 19. September 1949 ausgegangen waren. Während andere Länder, z.B. die skandinavischen, diesen Abwertungssatz übernahmen, wurde die D-Mark nur um 20,6% abgewertet, was eine De-facto-Aufwertung gegenüber anderen europäischen Währungen bedeutete. Die Bundesregierung und die BdL entschlossen sich zu dem geringeren Satz vor allem deswegen, weil sie Preissteigerungen im Inland vermeiden wollten.[55] Durch die Importe aus den Ländern mit stärker abgewerteter Währung wurde tatsächlich der Preisrückgang in der Bundesrepublik verstärkt. Der ZBR befand sich erstmals im Zielkonflikt zwischen innerem und äußerem Gleichgewicht, aber genau umgekehrt zu der Konstellation, die für die Geldpolitik nach 1950 typisch werden sollte. Binnenwirtschaftlich war – auch nach Ansicht der BdL – eine Lockerung der monetären Zügel angezeigt, besonders als die Industrieproduktion im Winter 1949/50 schrumpfte. Aber das außenwirtschaftliche Defizit stand

51 Vgl. Geschäftsbericht der Bank deutscher Länder für die Jahre 1948 und 1949, S. 8 sowie für das Jahr 1950, S. 3.

52 Wallich, Triebkräfte, S. 82.

53 Vgl. Protokoll der 41. ZBR-Sitzung am 30./31. August 1949 (HA BBk B 330/Drs. 142). Vgl. auch Giersch/Paqué/Schmieding, Miracle, S. 58.

54 Vgl. Geschäftsbericht der Bank deutscher Länder für die Jahre 1948 und 1949, S. 8. Wallich geht ausführlich auf die auch bei den Besatzungsmächten unterschiedlichen Deflationssorgen ein. Vgl. Wallich, Triebkräfte, S. 77–84.

55 Vgl. die Kabinettssitzung mit Bernard und Vocke am 21. September 1949 in: Bundesarchiv, Kabinettsprotokolle, Bd. 1, S. 74ff., und das Wortprotokoll S. 285ff. Auch sollte die Bundesrepublik nicht zum Sterlingraum gerechnet werden. Abs sah die Wettbewerbsfähigkeit der deutschen Exportindustrie nur bei einem Satz von 25% als nicht gefährdet an.

dagegen. Es müsse «zunächst einmal mit allen Mitteln eine Ankurbelung des Exports erstrebt werden», da die Wirtschaft noch zu stark binnenmarktorientiert sei, schrieb die BdL. Es komme auf die Wiedererlangung des Zahlungsbilanzgleichgewichts «ohne autarkische Methoden» an.[56] Dies entsprach ganz den Erwartungen der Alliierten und der Linie der Bundesregierung, die in ihrem Memorandum vom 15. Dezember 1949 an die OEEC zur zukünftigen Wirtschaftsentwicklung in Westdeutschland erklärt hatte: «Die deutsche Wirtschaftspolitik wird auf die Belebung der Exporte konzentriert sein.»[57]

Aber solche Erklärungen genügten den Alliierten nicht, sie wollten Taten sehen. Die Alliierte Hohe Kommission stellte der gesamten Wirtschafts- und damit auch der Geldpolitik der Bundesrepublik in dem nicht nur der Bundesregierung, sondern auch der BdL zugesandten Antwortbrief vom 7. Februar 1950 ein vernichtendes Zeugnis aus.[58] Erst unter diesem Druck fanden sich die Bundesregierung und die BdL bereit, ein weiteres Konjunkturprogramm zur Bekämpfung der Arbeitslosigkeit mit einem Volumen von 950 Mio. DM (ca. 1% des BSP) ins Auge zu fassen, das am 8. Februar 1950 im Kabinettsausschuß für Wirtschaft diskutiert wurde und das über Kredithilfen der BdL, im wesentlichen in Form von temporären Refinanzierungszusagen im Vorgriff auf zukünftige Einnahmen, finanziert werden sollte.[59]

Die Durchführung der Arbeitsbeschaffungsprogramme kam nur schlep-

56 Geschäftsbericht der Bank deutscher Länder für die Jahre 1948 und 1949, S. 10, S. 13.

57 Übersetzt aus der Stellungnahme der Alliierten Hohen Kommission dazu vom 7. Februar 1950 (HA BBk B 330/2025 [Korrespondenz Vocke]). Das Memorandum wurde auch abgedruckt in der Neuen Zürcher Zeitung am 20. Februar 1950, die Antwort der Bundesregierung ebenda am 6. März 1950. Zur Vorgeschichte: vgl. Hagemann, Konjunkturpolitik, S. 90ff. Eine Zusammenfassung dieses «Memorandenkrieges» ist unter dem Titel «Economic Dogmatism in Germany» vom Economist am 11. März 1950 veröffentlicht worden. Vgl. Giersch/Paqué/Schmieding, Miracle, S. 59f.

58 Die Hohen Kommissare teilten die düstere Prognose der Deutschen nicht und bemängelten vor allem die Lethargie der konjunkturpolitischen Instanzen angesichts einer auf 13% gestiegenen Arbeitslosenquote, die die deutsche Seite als «strukturell» bedingt ansah und deshalb untätig hinzunehmen bereit war. Sie forderten Konjunkturprogramme mit expansiven kreditpolitischen Maßnahmen aus inländischen Quellen und wiesen den Einwand der Bundesregierung, nur durch die Aufstockung der Marshallplanhilfe könnten solche Maßnahmen unbedenklich finanziert werden, entschieden zurück.

59 Es ging um größere und längerfristige Exportaufträge, Investitionen der Post, der Bundesbahn und sonstiger Verkehrseinrichtungen, der Landwirtschaft sowie der Industrie- und Handwerksbetriebe und um Schiffsbau. Zusätzlich wurde ein Wohnungsbauprogramm im Volumen von 2,6 Mrd. DM aufgelegt, das letztlich aus Marshallplangeldern bestritten, aber auch mit einer Rediskontzusage der Bank deutscher Länder vorfinanziert werden sollte. An der abschließenden ZBR-Beratung, die am 1. März 1950 auf Wunsch Adenauers in Bonn stattfand, nahm neben fünf Ministern (Finanzen, Wirtschaft, Vertriebene, Marshallplan und Arbeit) erstmals auch Bundeskanzler Adenauer selbst teil. Protokolle der 52., 53. und 54. ZBR-Sitzung am 9./10. Februar, 22./23. Februar und 1. März 1950 (HA BBk B 330/Drs. 142).

pend in Gang. Ende Juni 1950 war die BdL aus allen bis dahin laufenden Arbeitsbeschaffungsprogrammen nur mit knapp unter 300 Mio. DM in Anspruch genommen.[60] Als die LZB-Präsidenten sich im Mai 1950 bei den Kabinettsberatungen zu einer Aufstockung der Arbeitsbeschaffungsprogramme immer noch widerwillig zeigten, einen von Erhard gewünschten Kredit der BdL an den Bund in Höhe von 1 Mrd. DM zur Finanzierung von öffentlichen und zur Subventionierung bestimmter privater Investitionen bereitzustellen, gab die Allied Bank Commission der Bundesregierung zu bedenken, ob es zur Belebung der Konjunktur und zur Beendigung des leicht deflationären Preistrends nicht angebracht wäre, die Geldmenge durch Freigaben aus der «Schattenquote» um 3,5 Mrd. DM, aber ausschließlich für Kapitalanlagezwecke, zu erhöhen.[61] Über Freigaben aus dieser «Schattenquote» war eine Geldmengenerhöhung auch gegen den Willen der BdL möglich. Die Alliierten zogen nämlich eine echte Kreditschöpfung der BdL, d.h. eine dauerhafte Geldmengenerhöhung, der temporären Vorschußfinanzierung vor.[62] Die Wirkung dieser Drohgebärde blieb nicht aus: Die BdL verweigerte zwar nach wie vor den Milliardenkredit an die Regierung. Vocke sprach sich in seinem Antwortschreiben an den Vorsitzenden der Allied Bank Commission, D. H. Macdonald, gegen jede Freigabe aus der Schattenquote aus, erklärte sich aber bereit, die Kreditspielräume der Banken um die von Erhard gewünschte 1 Mrd. DM zu erweitern, und zwar «to raise production and to reduce unemployment».[63] Genau das hätte die Freigabe eines entsprechenden Betrages aus der Schattenquote für Kapitalanlagezwecke auch bewirkt.

Schon im zweiten Quartal 1950 faßte die Wirtschaft wieder Tritt. Vor allem der Anstieg der Exporte und ein Aufschwung in der Investitionsgüterindustrie bewirkten die Wiederaufnahme des Wachstums der Beschäftigung und der Produktion.[64] Im Juni 1950 war die Arbeitslosenzahl gegenüber dem

60 Geschäftsbericht der Bank deutscher Länder für das Jahr 1950, S. 27, Tabelle 6, mit detaillierten Zahlen zur Inanspruchnahme der Bank deutscher Länder nach Quartalen. Hentschel, Zahlungsunion, S. 715, Anm. 2, nennt eine unrichtige, niedrigere Summe.

61 Die «Schattenquote» war der noch offene Anspruch aus §2 des Umstellungsgesetzes, das eine generelle Umwandlung der Altgeldguthaben im Verhältnis 10:1 (tatsächliche Umwandlung schließlich 10:0,65) vorgesehen, aber darüber hinaus einen zusätzlichen Anspruch von höchstens 1 DM für je 10 RM Altgeldguthaben offengelassen hatte. Die Umstellung der «Schattenquote» in diesem Sinn ist durch das Altsparergesetz vom 14. Juli 1953 erfolgt.

62 Vgl. die Kabinettssitzung vom 24. Februar 1950 in: Bundesarchiv, Kabinettsprotokolle, Bd. 2, S. 226f.

63 Der Vorschlag wurde in einem Memorandum der ABC vom 4. Mai 1950 zu Papier gebracht und von D.H. Macdonald, dem britischen Vertreter in der ABC, mit Schreiben vom 16. Mai 1950 der Bank deutscher Länder zugeleitet (HA BBk B 330/2033, Korrespondenz Vocke, Bd. Ma). Dort befindet sich auch die Antwort von Vocke vom 5. Juni 1950. Hentschel, Erhard, S. 117, beschreibt den ganzen Vorgang.

64 Vgl. Emmer, Monetary Policy, S. 60.

Maximum vom Februar um fast 450000 Personen gefallen. Der Konflikt zwischen äußerem und innerem Gleichgewicht verflüchtigte sich noch vor dem Ausbruch des Koreakrieges am 25. Juni 1950.

Die «sprunghafte Binnenmarkt-Ausweitung»[65] nach dem Ausbruch des Koreakrieges machte die Arbeitsbeschaffungsprogramme eigentlich überflüssig, aber gerade im zweiten Halbjahr 1950 und im ersten Quartal 1951 wurde der BdL-Kredit dafür am stärksten in Anspruch genommen, und zwar bis zu einem Nettobetrag von rund 850 Mio. DM. Die monetäre Nachfrage expandierte nun explosionsartig. Die zuvor wiedererstarkte Sparneigung in der Bundesrepublik brach ein. Die Preishausse an den Weltmärkten und die Angst der Bevölkerung vor den Folgen des Krieges für die junge Währung verursachten bei starker Erhöhung der Umlaufsgeschwindigkeit des Geldes eine Flucht in die Sachwerte und deshalb eine starke Nachfrageerhöhung im Inland.[66] Über den Einbruch der Spartätigkeit, Hamsterkäufe und die allgemeine Flucht in die Sachwerte bewirkte der Koreakrieg, zusammen mit den Auswirkungen der im April 1950 beschlossenen Steuersenkung und den Arbeitsbeschaffungsprogrammen, jedoch einen zunächst von der Inlandsnachfrage getragenen Aufschwung nach typisch keynesianischem Muster.[67] Die Industrieproduktion stieg im zweiten Halbjahr 1950 um 20%, nachdem sie von November 1949 bis April 1950 (mit einem zehnprozentigen Einbruch zu Beginn des Winters) ein halbes Jahr lang stagniert hatte.[68] Insofern hat ein Koreaboom stattgefunden.[69]

Die inflationäre Wirkung dieser Faktoren blieb in den ersten drei Monaten des Krieges bei den Lebenshaltungskosten noch weitgehend aus.[70] Erst im

65 Geschäftsbericht der Bank deutscher Länder für das Jahr 1950, S. 48.

66 Sie wurde dadurch verstärkt, daß im April 1950 eine durchschnittlich siebzehnprozentige Lohn- und Einkommensteuersenkung rückwirkend zum 1. Januar 1950 beschlossen worden war. Die bereits geleisteten Steuerüberzahlungen wurden aber erst nach dem Kriegsbeginn erstattet. Da die öffentlichen Hände ihre Ausgaben nicht reduzierten, rutschten sie ins Defizit und wirkten damit nicht mehr kontraktiv auf die Zentralbankgeldmenge und die Liquidität der Banken, sondern expansiv auf die monetäre Gesamtnachfrage. Ausführlich zu allen genannten Faktoren vgl. Geschäftsbericht der Bank deutscher Länder für das Jahr 1950, S. 6ff. Peter Temin, Korea boom, der jüngst bestritten hat, daß es im ersten Kriegsjahr einen Koreaboom in Westdeutschland gegeben habe, hat nur insofern recht, als dieser – wie mit einem Blick auf die Entwicklung der Leistungsbilanz ohnehin erkennbar – nicht exportinduziert war.

67 So stellte auch schon die Bank deutscher Länder in ihrem Geschäftsbericht für das Jahr 1950 die Ursachen der «Koreahausse» dar. Vgl. Geschäftsbericht der Bank deutscher Länder für das Jahr 1950, S. 6f.

68 Vgl. Statistisches Bundesamt, Statistisches Jahrbuch 1952, S. 209.

69 Giersch/Paqué/Schmieding, Miracle, S. 62, behalten mit ihrer keynesianischen Interpretation des Koreabooms recht, während Abelshausers These, «Zum ersten Mal spürte die westdeutsche Wirtschaft einen Wachstumsschub über die Außenwirtschaft», durch Temin, Korea boom, widerlegt ist. Vgl. Abelshauser, Wirtschaftsgeschichte, S. 68.

70 Sie fielen von Juni bis August sogar noch um rund 2%. Im September blieben sie sta-

ersten Halbjahr 1951 zeigte sich die inflationäre Entwicklung bei den Lebenshaltungskosten in voller Stärke, um sich danach wieder zu beruhigen. Im Juni 1951 lagen nämlich die Lebenshaltungskosten um 10,6% über dem Niveau vom Dezember 1950.[71] Bei den Grundstoffpreisen inländischer und eingeführter Produkte zeigte sich, wie auf den Weltmärkten, die inflationäre Entwicklung in Deutschland sofort nach dem Kriegsausbruch. Im Juli 1950 lagen sie schon um 2,5% höher als im Juni, im September um 10%, im Dezember um 17% und im März 1951 sogar um 27%.[72] Danach beruhigte sich der Preisauftrieb. Diese Entwicklungen zeigen, daß der ZBR im zweiten Halbjahr 1950 schon aus binnenwirtschaftlichen Gründen auf Restriktionskurs hätte gehen müssen. Anlaß für den Kurswechsel in der Kreditpolitik wurden jedoch außenwirtschaftliche Gründe.

Die erste Restriktionsmaßnahme beschloß der ZBR Mitte September 1950 auf Initiative von Wirtschaftsminister Erhard.[73] Die Mindestreservesätze wurden zum 1. Oktober heraufgesetzt: für Sichteinlagen von 10 auf 15% an Bankplätzen und von 8 auf 12% an Nebenplätzen; für Termineinlagen von 4 auf 8%; für Spareinlagen blieben sie unverändert, um die Sparkapitalbildung zu fördern. Wieder wurde der wesentlich höhere Handlungsspielraum (bis maximal 20%) nicht ausgenutzt.

Im Herbst 1950 spitzte sich die außenwirtschaftliche Lage zu, und zwar im Zusammenhang mit der offiziellen Gründung der Europäischen Zahlungsunion (EZU) am 19. September 1950, nachdem der amerikanische Kongreß die vereinbarte Dollarhilfe als Startkapital für die EZU gebilligt hatte, rückwirkend auf den 1. Juli.[74] Die Bundesrepublik liberalisierte vereinbarungsgemäß ihre EZU-Importe sofort auf offiziell 60%, faktisch auf 77% im letzten Quartal 1950[75] und steuerte so als Vorreiter der Handelsliberalisierung auf immer größere Handelsbilanzdefizite innerhalb des EZU-Raums und

bil. Erst im Oktober 1950 begannen sie allmählich zu steigen und lagen im Dezember um rund 2% über dem Niveau vom August/September, d.h. wieder auf der Höhe vom Juni 1950. Vgl. Statistisches Bundesamt, Statistisches Jahrbuch 1952, S. 404.

71 Die Bruttostundenlöhne waren schon von Juni bis Dezember 1950 um rund 7,5%, im anschließenden Halbjahr um rund 11,5%, d.h. im ersten Jahr des Koreakrieges um rund 20% gestiegen. Vgl. Statistisches Bundesamt, Statistisches Jahrbuch 1952, S. 412.

72 Vgl. Geschäftsbericht der Bank deutscher Länder für das Jahr 1950, S. 3.

73 «... ich habe es sozusagen illegal [wegen der Unabhängigkeit der Notenbank von der Bundesregierung; Anm. C.-L. H.] bewerkstelligt, daß der Zentralbankrat in seiner letzten Sitzung eine starke Erhöhung der Mindestreserven beschlossen hat», schrieb Erhard am 23. September 1950 an Adenauer. Der Brief ist abgedruckt in: Ludwig-Erhard-Stiftung, Korea-Krise, S. 191. Ähnlich äußert sich Erhard in einem Brief an Schäffer vom 6. Dezember 1950; vgl. Ludwig-Erhard-Stiftung, Korea-Krise S. 240.

74 Vgl. Geschäftsbericht der Bank deutscher Länder für das Jahr 1950, S. 53 sowie Kaplan/Schleiminger, Payments Union, S. 87.

75 Vgl. Geschäftsbericht der Bank deutscher Länder für das Jahr 1950, S. 52.

damit bei knappen Währungsreserven auf eine gewaltige Devisenkrise zu, zumal die Dollarhilfen 1950 mit knapp 500 Mio. Dollar programmgemäß nur noch die Hälfte ihres Volumens im Vorjahr ausmachten.[76] Die Defizitposition gegenüber der EZU ergab sich auch aus einer gewaltigen Umschichtung bei den Lieferländern der deutschen Einfuhren, und zwar von den USA auf die EZU-Länder, während die Umschichtung bei den deutschen Exporten umgekehrt war.[77] So verwandelte sich in der Bundesrepublik die Dollarlücke tendenziell in einen Mangel an EZU-Währungen.[78]

Das BdL-Direktorium wollte die außenwirtschaftliche Schieflage – ebenso wie Erhard – nicht durch eine Entliberalisierung, d.h. administrative Einschränkung, der Importe, sondern kurzfristig vor allem durch marktkonforme Maßnahmen der Einfuhrdämpfung und langfristig durch Exportsteigerungen überwinden. Die BdL erklärte am 7. Oktober 1950 alle erteilten Einfuhrlizenzen für ungültig, wenn sie nicht in der folgenden Woche mit Kontrakten belegt würden. Auf seiner Sitzung am 13. Oktober 1950 beschloß der ZBR im Einvernehmen mit der Bundesregierung die Wiedereinführung der Bardepotpflicht von 50% des beantragten Devisenbetrages beim Antrag auf Importlizenzen ab dem 16. Oktober 1950, also eine marktkonforme Einfuhrerschwernis.[79] Gleichzeitig wurde die Rediskontierbarkeit von Bankakzepten, die im allgemeinen der Finanzierung von Importen dienten, auf den

76 Vgl. Geschäftsbericht der Bank deutscher Länder für das Jahr 1950, S. 46 und S. 51.

77 Vgl. Geschäftsbericht der Bank deutscher Länder für das Jahr 1950, S. 49. Gleichzeitig kam es zu einer tendenziellen Normalisierung der warenmäßigen Zusammensetzung der Exporte. Der Anteil der Fertigwarenausfuhr nahm von etwas über 50% 1949 auf 65% 1950 zu und näherte sich damit dem Vorkriegsanteil von 78% wieder an. Vgl. Geschäftsbericht der Bank deutscher Länder für das Jahr 1950, S. 48.

78 Das war allerdings gewollt. Schon am 2. August 1950 hatte Erhard in einem Brief an Vocke hervorgehoben, daß es in der Koreakrise das wichtigste sei, die verarbeitenden Industrien ausreichend mit Rohstoffen zu versorgen, «um auf diesem Felde keinerlei Mangellagen in Erscheinung treten zu lassen». Ludwig-Erhard-Stiftung, Korea-Krise, S. 183. Für die Bank deutscher Länder kam folgender Gesichtspunkt hinzu. Da sie zur Stärkung ihrer Währungsreserven nur am Erwerb von Gold und konvertiblen Dollars und nicht von inkonvertiblen europäischen Währungen interessiert war, machte es Sinn, die europäischen Ziehungsrechte so weit wie möglich in Anspruch zu nehmen, um die für den Wiederaufbau der Exportwirtschaft dringend benötigten Vorprodukte zu importieren. So war für sie im internationalen Wettbewerb um knappe Dollars ein günstiger Startplatz zu erreichen. Aus diesem Grund plädierte die Bank deutscher Länder für den vorpreschenden Abbau der deutschen Handelshemmnisse gegenüber EZU-Ländern und ging das Risiko einer passiven Zahlungsbilanz bewußt ein. Vgl. Dickhaus, Bundesbank, S. 79f. Die Rechnung, daß dies auf längere Sicht die Exportfähigkeit und die internationale Währungsposition stärken würde, wurde durch die spätere Entwicklung ja auch voll bestätigt.

79 Sie war schon 1949 in Kraft gewesen und am 16. Februar 1950 aufgehoben worden; vgl. Kühne, Regelungen, S. 62, 104f. Der Bardepotsatz wurde ab 23. Dezember 1950 auf 25% ermäßigt, ab 15. Januar 1951 sogar auf 5% für Einfuhren mit langen Lieferfristen und subventionierte Importe. Vgl. Ludwig-Erhard-Stiftung, Korea-Krise, S. 390.

Stand vom 12. Oktober 1950 begrenzt. Zur langfristigen Stimulierung der Exporte setzten die BdL und die Bundesregierung neben verschiedenen Exportförderungsmaßnahmen auf allgemeine Kreditrestriktionen und auf eine restriktive Fiskalpolitik. Die boomende Nachfrage im Inland, besonders im Konsumbereich, sollte gedämpft und dadurch die Wirtschaft in die Steigerung der Exporttätigkeit gedrängt werden.

Auf eine restriktive Fiskalpolitik wurde vom BdL-Direktorium und im ZBR, und zwar dort von den Gegnern einer stärker restriktiven Kreditpolitik, gedrängt. Man könne dem außenwirtschaftlichen Defizit nicht allein mit kreditpolitischen Mitteln entgegenwirken, «es sei denn, wir riskieren ein Herabdrücken der ganzen Wirtschaftstätigkeit».[80]

Dagegen strebten Vocke und das BdL-Direktorium auch eine deutliche Diskontsatzerhöhung an. Während der entscheidenden Sitzung am 26. Oktober 1950 mit Adenauer, auf dessen Verlangen der ZBR ausnahmsweise im Bundeskanzleramt (damals im Museum König) in Bonn tagte, und weiteren Bundesministern (Ludwig Erhard, Fritz Schäffer, Wilhelm Niklas für Ernährung und Landwirtschaft), sah sich der ZBR einem Regierungslager gegenüber, in dem die Ansichten zu den von Vocke vorgeschlagenen und von Bernard mitgetragenen geldpolitischen Maßnahmen, ebenso wie im ZBR selbst, gespalten waren.[81] In dieser Konfliktsituation setzte sich der ZBR mit seiner Diskonterhöhung von 4 auf 6% gegen den Widerstand von Adenauer und Schäffer durch.

Nachdem der ZBR bemerkt hatte, daß die Banken das Einfrieren des Bankakzeptvolumens durch ein Ausweichen auf die Refinanzierung von normalen Wechseln umgingen, beschloß er am 2. November 1950 eine Rückführung des Refinanzierungsvolumens der Geschäftsbanken (Diskont und Lombard) um 10% bis zum 31. Januar 1951. Gleichzeitig wurde verfügt, Bankakzepte, die

80 Wortprotokoll der 70. ZBR-Sitzung am 4./5. Oktober 1950, zitiert nach: Dickhaus, Bundesbank, S. 90. Diese Meinung vertrat Otto Pfleiderer auch noch nach der Diskonterhöhung. Vgl. Wortprotokoll der 76. ZBR-Sitzung am 24. November 1950 (HA BBk B 330/34). Vgl. Dickhaus, Bundesbank, S. 92. Einige befürchteten, das deutsche Bankwesen sei instabil und bei einer Verschärfung der Kreditrestriktionen drohe sogar eine Bankenkrise wie 1931. Vgl. Dickhaus, Bundesbank, S. 91. Erst als die Devisenkrise im Winter 1951 einem neuen Höhepunkt zustrebte, sollten ihre Bedenken zum Tragen kommen.

81 Bei Wirtschaftsminister Erhard, dessen politische Karriere von dem Gelingen seines marktwirtschaftlichen Kurses auch in der Außenwirtschaftspolitik abhängig war, fand die Bank deutscher Länder Unterstützung für die Diskontsatzerhöhung um ganze zwei Prozentpunkte als Alternative zu handelsbeschränkenden Maßnahmen zum Ausgleich der Zahlungsbilanz. Finanzminister Schäffer demgegenüber sah in Zinserhöhungen eine Belastung des Bundeshaushalts insofern, als die Aufnahme und Bedienung der Staatsschulden teurer werden würden. Bundeskanzler Adenauer, der sich von dem Bankier Robert Pferdmenges vorher hatte beraten lassen, sorgte sich im Hinblick auf die Wahlchancen der Regierungsparteien um die damals noch hohe Arbeitslosigkeit und sah in Zinserhöhungen eine Gefährdung der Binnenkonjunktur.

der Ausfuhrfinanzierung dienten, nicht mehr auf das eingefrorene Bankakzeptvolumen anzurechnen.[82] Da die Rückführung des Refinanzierungsvolumens von den Landeszentralbanken durchzuführen war und diese die Spielräume für vorgesehene Ausnahmen sehr großzügig gestalteten, wurde das Ziel dieser Maßnahme verfehlt.

Die BdL betonte fortan die Einfuhrabhängigkeit der deutschen Wirtschaft, vor allem aus dem EZU-Raum. Die administrative Einschränkung der Importe wurde von der BdL auch deshalb nicht mehr gewünscht, weil die Importe zur Dämpfung des mit der Koreahausse verbundenen Preisauftriebs beitrugen. Das BdL-Direktorium setzte auch auf den Sonderkredit, dessen Auflagen ihm helfen würden, im widerspenstigen ZBR sein Politikkonzept durchzusetzen. Es bestand darin, durch eine restriktive Geldpolitik und größere Preisstabilität in Deutschland als im Ausland die deutsche Wirtschaft in den Export zu treiben und so gleichzeitig die D-Mark zu härten und das Wirtschaftswachstum und die Beschäftigung zu fördern.[83] Diese Strategie wurde durch von der OEEC angemahnte zusätzliche Exportförderungsmaßnahmen der Bundesregierung (Aufstockung der Hermes-Bürgschaften und der Exportkredite zu Sonderkonditionen bei der Kreditanstalt für Wiederaufbau, bevorzugte Zuteilung von Rohstoffen an Exportunternehmen, Steuererleichterungen u.ä.) und mit Wirkung ab 1. Januar 1951 durch die BdL dadurch unterstützt, daß Exporttratten nicht zum deutschen Diskontsatz, sondern zu dem durchweg niedrigeren Diskontsatz des Ziellandes angekauft wurden.[84] Die Exportorientierung der deutschen Geldpolitik sollte sich in den folgenden Jahren als sehr erfolgreich erweisen.

Im November 1950 wurde der erste EZU-Sonderkredit überhaupt in Höhe von 120 Mio. DM an die Bundesrepublik gewährt, und zwar mit bestimmten Auflagen.[85] Die Devisenkrise trieb einem zweiten Höhepunkt im Februar

82 Vgl. Geschäftsbericht der Bank deutscher Länder für das Jahr 1950, S. 96.

83 Vgl. Dickhaus, Bundesbank, S. 93, S. 98. Dazu mehr im folgenden Abschnitt.

84 Vgl. das Memorandum der Bundesregierung an die OEEC vom 27. November 1950 und die Bestandsaufnahme der OEEC zur «Durchführung der deutschen Programme zur Überwindung der Zahlungsbilanzschwierigkeiten gegenüber der Europäischen Zahlungs-Union» vom 19. Mai 1951, abgedruckt in: Ludwig-Erhard-Stiftung, Korea-Krise, bes. S. 224 und S. 394.

85 Folgende Auflagen: eine strikte Fortführung der bereits beschlossenen und noch vorgesehenen restriktiven Kreditmaßnahmen durch die Bank deutscher Länder, um ein «organisches» Gleichgewicht zwischen der Güternachfrage und dem begrenzten Importangebot herzustellen; steuerliche Maßnahmen, vor allem zur Eindämmung der Konsumnachfrage (Umsatzsteuererhöhung, Rückführung von Steuervergünstigungen) sowie zum Ausgleich des Staatshaushalts, und Vermeidung jeglicher Politik der Defizitfinanzierung; Exportförderung durch steuerliche und kreditpolitische Maßnahmen, gegebenenfalls durch bevorzugte Rohstoffzuteilung; bessere Kontrolle der Devisenbewegungen und Maßnahmen zur Verhinderung von rein spekulativen Anträgen auf Einfuhrlizenzen; Herstellung realisti-

1951 zu, nachdem die Volksrepublik China Ende November 1950 militärisch in den Krieg eingegriffen hatte. Als dadurch weitere Maßnahmen erforderlich wurden, erhöhte der ZBR bezeichnenderweise weder den Diskontsatz weiter, was vor allem von Vocke gewünscht wurde, noch die Mindestreservesätze.[86] Vielmehr wurden jetzt im Wege der unmittelbaren Kreditkontrolle die Banken zur Rückführung ihres kurzfristigen Kreditvolumens um 1 Mrd. DM bis Mai 1951 verpflichtet, wobei die konkrete Ausführung dieser Politik bei den Landeszentralbanken lag, denen genaue Rückführungsbeträge vorgegeben wurden. Dies wurde endgültig aber erst beschlossen, nachdem die Bundesregierung aufgrund einer Empfehlung des ZBR von Mitte Februar 1951 die Einfuhrliberalisierung gegenüber dem EZU-Raum nun doch noch suspendiert hatte.[87]

Nachdem der EZU-Sonderkredit mit über 91 Mio. DM im Februar 1951 fast verbraucht war, drückte John McCloy in einem Brief an Bundeskanzler Adenauer vom 6. März 1951 sein Mißtrauen gegenüber der liberalen Erhardschen Wirtschaftspolitik aus und verlangte dirigistische Lenkungsmaßnahmen und Versorgungsprioritäten, ähnlich denen, die die USA selbst mit ihrem *Defense Production Act* vom 8. September 1950 und der Verkündung des nationalen Notstands im Dezember 1950 eingeführt hatten. «Wenn aber nicht sofort Maßnahmen in der vorgeschlagenen Richtung ergriffen werden, besteht wenig Aussicht, daß die Regierung der Vereinigten Staaten bewogen werden kann, die Dollarhilfe fortzusetzen und der Bundesregierung beim Erwerb der unentbehrlichen Rohstoffe behilflich zu sein.»[88] Er mahnte an, die BdL müsse die von ihr eingeleiteten Maßnahmen zur Devisenkontrolle,

scher Zinssätze zur Förderung der Kapitalbildung; Ablehnung einer D-Mark-Abwertung. Vgl. Emminger, D-Mark, S. 52f.

86 Bevor der ZBR in seiner Sitzung am 28. Februar/1. März 1951 den Vorschlag einer Erhöhung des Diskontsatzes auf 10% ablehnte, sprach sich das Bundeskabinett in einer Sondersitzung am 27. Februar 1951 mehrheitlich gegen eine Diskonterhöhung aus und beschloß, dagegen öffentlich Stellung zu nehmen, wenn sie dennoch durchgeführt werden sollte. Vgl. Auszug aus dem Protokoll der Kabinettssitzung, abgedruckt in: Ludwig-Erhard-Stiftung, Korea-Krise, S. 281.

87 Vgl. Emminger, D-Mark, S. 54, S. 57 sowie das Schreiben Vockes an Adenauer vom 26. Februar 1951, abgedruckt in: Ludwig-Erhard-Stiftung, Korea-Krise, S. 275ff., in dem er die Kreditrückführung und «eine kurzfristige, aber drastische Diskonterhöhung» ankündigt. Da zu diesem Zeitpunkt auch die Lebenshaltungskosten dramatisch anstiegen, schienen die Befürworter einer liberal-marktwirtschaftlichen Politik gescheitert zu sein. Erhards politische Karriere stand in den folgenden Wochen auf des Messers Schneide. Nicht nur die Opposition attackierte ihn heftigst, sondern auch Adenauer distanzierte sich von ihm, indem er ihm am 19. März 1951 schrieb: «Sie haben persönlich einen großen Anteil Schuld an den gegenwärtigen Verhältnissen auf wirtschaftlichem Gebiet.» Ludwig-Erhard-Stiftung, Korea-Krise, S. 301ff. (Protokoll einer Bundestagssitzung zur Wirtschaftspolitik in der Koreakrise) sowie S. 341 (Schreiben Adenauer an Erhard).

88 HA BBk B 330/3131. Auch abgedruckt in: Ludwig-Erhard-Stiftung, Korea-Krise, S. 284ff., sowie in: Abelshauser, Ansätze, S. 734ff.

die «noch nicht voll durchgeführt» seien, verstärken, und trat für eine Wiedererhöhung des am 23. Dezember 1950 von 50% auf 25% herabgesetzten Bardepots der Importeure beim Antrag auf Einfuhrlizenzen ein. Zu dem angemahnten Maßnahmenkatalog gehörte auch: «Nachdrückliche Durchführung der notwendigen Krediteinschränkungen und einer verschärften Auswahl der gewährten Kredite, um sicher zu stellen, daß sie notwendiger Investition und Produktion zugute kommen.»[89]

Angesichts der Zuspitzung der deutschen Devisenkrise im Februar 1951 war auch im europäischen Ausland der Eindruck entstanden, daß es zu ihr wegen zu schlaffer Durchführung der Restriktionsmaßnahmen gekommen sei, die ihrerseits auf den föderalistischen Aufbau des westdeutschen Zentralbanksystems zurückzuführen sei. Das EZU-Direktorium wiederholte am 22. März 1951, als die Vorarbeiten für ein Bundesbankgesetz bereits angelaufen waren,[90] seine Mahnung, daß die Autorität der Notenbankzentrale in der Bundesrepublik unverzüglich zu stärken sei.[91] Zum Hintergrund dieser Kritik gehörte auch die Erfahrung von Vocke, daß alle restriktiven Maßnahmen, die er vorschlug, von den LZB-Präsidenten abgelehnt, verzögert oder sogar in ihrem LZB-Bereich unterlaufen wurden.[92]

Die deutsche Zahlungsbilanzlage besserte sich so schnell, daß die BdL bereits Mitte 1951 das Ende der Devisenkrise verkünden konnte und die Bundesregierung ab 20. September 1951 die Bardepotpflicht auf Importe aufhob. Während im Februar 1951 die Bundesrepublik nicht nur ihre normale EZU-Quote von 320 Mio. DM voll ausgenutzt hatte, sondern auch den größten Teil des Sonderkredits von 120 Mio. DM, reichten die Überschüsse gegenüber dem EZU-Raum ab März aus, um schon im Mai 1951, 5 Monate vor Fälligkeit, den Sonderkredit voll zurückzuzahlen und bis zum Jahresende alle Schulden gegenüber der EZU zu tilgen. Für 1951 insgesamt konnten eine praktisch ausgeglichene Handelsbilanz und ein Überschuß in der Leistungsbilanz ausgewiesen werden.[93] Zum Jahresende lagen auch die kurzfristigen

89 In seinem Antwortschreiben an McCloy vom 27. März 1951 zeigte sich Adenauer voll kooperationswillig und sagte eine Verstärkung verschiedener administrativer Kontrollmaßnahmen zur Förderung rüstungswirtschaftlich wichtiger Exporte, insbesondere in Verbindung mit dem neuen Wirtschaftssicherungsgesetz, zu. Der Brief ist abgedruckt in: Ludwig-Erhard-Stiftung, Korea-Krise, S. 347ff., sowie in: Abelshauser, Ansätze, S. 739ff.

90 Zur Entstehungsgeschichte des BBankG vgl. Hentschel, Entstehung, S. 3ff., S. 79ff.

91 Kaplan/Schleiminger, Payments Union, S. 110.

92 Vgl. Dickhaus, Bundesbank, S. 92.

93 Im Januar 1952 liberalisierte die Bundesregierung wieder 57% der EZU-Importe und erhöhte diese Quote drei Monate später auf 76% und damit über den offiziellen Liberalisierungsgrad vor dem Ausbruch der Devisenkrise. Vgl. Geschäftsbericht der Bank deutscher Länder für das Jahr 1951, S. 54f., sowie Kaplan/Schleiminger, Payments Union, S. 113; Emminger, Probleme der Korea-Krise, S. 26f.; Dickhaus, Bundesbank, S. 99ff. Die vom ZBR verordnete Kreditrückführung um 1 Mrd. DM war bis Ende Mai 1951 zu 83% durch-

Kredite der Geschäftsbanken an Wirtschaftsunternehmen und Private schon wieder um etwa 2 Mrd. DM über dem Stand des Vorjahres,[94] und das, obwohl der ZBR an den erhöhten Diskont- und Mindestreservesätzen bis Ende Mai 1952 festhielt und die BdL seit Herbst 1951 erstmals in größerem Umfang restriktive Offenmarktoperationen vornahm.[95]

b) Währungs- und fiskalpolitischer Merkantilismus 1951–1956

Die amerikanische Regierung setzte – auf der Basis ihrer Planungen während des Zweiten Weltkrieges – nach dem Kriegsende alles daran, eine liberale Weltwirtschaftsordnung in einem kooperativen statt einem – wie in den Zwischenkriegsjahren – nationalistisch antagonistischen internationalen Umfeld zu schaffen. Auf Grund der Erfahrungen mit der nationalsozialistischen Planwirtschaft und Autarkie, die in Krieg und Währungszerrüttung geendet hatten, hatte auch in Deutschland, besonders innerhalb der Freiburger Schule des Ordoliberalismus, eine eigenständige Entwicklung marktwirtschaftlicher Konzeptionen mit einem Staat, der die Rechts-, Wettbewerbs- und Sozialordnung mit starker Hand garantiert, aber ansonsten die Märkte von administrativen staatlichen Eingriffen frei hält, stattgefunden.[96] Von diesem Geist geprägt, war die Liberalisierung der Märkte im Inland und nach außen die wichtigste Maxime der Erhardschen Wirtschaftspolitik seit der Währungsreform.

Sie war darüber hinaus auch ein ganz wesentliches Anliegen der BdL-Politik. Gegenüber Volkmar Muthesius äußerte Vocke dazu sinngemäß:

«Das alles ist ja doch überhaupt noch nicht wieder ‹eine richtige Wirtschaft› – und er meinte dabei die damals, etwa im Jahre 1950, noch weiter und tiefer als heute [1956] gehende Verkrampfung des wirtschaftlichen Lebens durch plan- und zwangswirtschaftliche Staatseingriffe. Wilhelm Vocke hat als einer unter Wenigen stets die störenden Wirkungen erkannt, die von jeglicher Reglementierung auf die Geldpolitik ausgehen ... Aus dieser Einsicht in die ursächlichen Zusammenhänge zwischen Zwangs- und Planwirtschaft einerseits und Störungen im Geldsystem andererseits erklärt sich auch Vockes

geführt worden und wurde im Oktober offiziell beendet. Die Rückführung war von den Banken ohnehin durch eine überproportionale Expansion ihres mittel- und langfristigen Kredits unterlaufen worden. Vgl. Dürr, Wirkungsanalyse, S. 139ff. sowie Geiger/Ross, Banks, S. 146ff.

94 Geschäftsbericht der Bank deutscher Länder für das Jahr 1951, S. 20f.

95 Vgl. Wallich, Triebkräfte, S. 95 sowie Geschäftsbericht der Bank deutscher Länder für das Jahr 1952, S. 14; Emmer, Monetary Policy , S. 66f.

96 Vgl. Nicholls, Freedom.

Ausspruch, daß Zwangswirtschaft und Inflation nur zwei Aspekte einer und derselben Sache seien.»[97]

Erhards Liberalisierungsschritte im Inland im Zusammenhang mit der Währungsreform, besonders die Freigabe der meisten Preise und der Abbau der meisten Bewirtschaftungsmaßnahmen, und im Außenhandelsbereich, nach dem ersten innereuropäischen Liberalisierungsabkommen vom Oktober 1948, seiner Erweiterung im Herbst 1949 und besonders nach der Gründung der EZU zum 1. Juli 1950, erfuhren durch die deutsche Devisenkrise 1950/51 zunächst einen Rückschlag. Erneut wandten Bundesregierung und Gesetzgeber handelsmerkantilistische Praktiken an, um die Ausfuhr zu fördern und die Importkonkurrenz zu hemmen.[98]

Eine merkantilistische Politik der Generierung von Exportüberschüssen und der anfangs auch unbedingt notwendigen Stärkung der westdeutschen Währungsreserven mußte sich aber angesichts der langfristig verfolgten Liberalisierungspolitik anderer Mittel als der des traditionellen außenhandelspolitischen Merkantilismus oder Protektionismus bedienen. Der Ausweg lag in einem währungs- und fiskalpolitischen Merkantilismus. Voraussetzung war ein System fester Wechselkurse ohne Goldautomatismus, d.h. mit Spielräumen für eine autonome Währungspolitik. Und genau dies stellte das Bretton-Woods-System bereit. Es ermöglichte, der eigenen Währung einen Stabilitätsvorsprung zu verschaffen, ohne den Wechselkurs zu ändern, wodurch inländische gegenüber ausländischen Gütern stärker konkurrenzfähig wurden.

Daß diese Strategie in den fünfziger Jahren erfolgreich praktiziert wurde, geht im nachhinein nicht nur aus den tatsächlich seit 1952 bis zur D-Mark-Aufwertung 1961 erwirtschafteten hohen deutschen Leistungsbilanzüberschüssen und aus der Tatsache hervor, daß bei stabilem D-Mark-Wechselkurs die Preis-

97 V. Muthesius, Wilhelm Vocke, in: Gesundes Geld, S. 14.

98 Mit dem «Gesetz über steuerliche Maßnahmen zur Förderung der Ausfuhr» vom Juni 1951 wurden Steuererleichterungen bei der Einkommens- und Körperschaftssteuer für Fertigwarenexporte, die Freistellung der Auslandswechsel von der Wechselsteuer, die Befreiung der Transportversicherungen im Außenhandel von der Versicherungssteuer und die Umsatzsteuerrückvergütung für Exporte, am höchsten für Fertigwaren, eingeführt. Auch das erste bundesrepublikanische Zolltarifgesetz, das zum 1. Oktober 1951 in Kraft trat, war in versteckter Form stark protektionistisch ausgelegt. Die Wertzölle stiegen progressiv mit der Verarbeitungsstufe von Produkten an, d.h. die Rohstoffeinfuhr war meist zollfrei, Zwischenprodukte waren mit mäßigen Zollsätzen, etwa zwischen 10 und 20%, und industrielle Fertigprodukte mit den höchsten Zollsätzen, etwa zwischen 20 und 35% belegt. Vgl. Hölscher, Krisenmanagement, S. 38. Daraus ergaben sich jeweils weit höhere Effektivzollbelastungen. Diese wurden allerdings im GATT und später in der Europäischen Wirtschaftsgemeinschaft (EWG) laufend abgebaut, teilweise auch einseitig zur Bekämpfung inflationärer Entwicklungen im Inland. Dies war beim Kurs der Erhardschen Wettbewerbs- und Außenwirtschaftspolitik von Anfang an absehbar gewesen. Vgl. Erhard, Rückkehr sowie Buchheim, Wiedereingliederung.

steigerungen in der Bundesrepublik, gemessen am Sozialproduktsdeflator, zwischen 1950 und 1958 mit durchschnittlich 3,4% p.a. um einiges geringer waren als die 5,5% p.a. im Rest der OEEC.[99] Vielmehr ist dies auch dokumentiert im Jahresbericht des Deutschen Sparkassen- und Giroverbandes für 1959, veröffentlicht während der Aufwertungsdebatte 1960, und zwar mit der Forderung, daß der «monetäre Protektionismus» der Bundesrepublik beseitigt werden müsse, um die binnenwirtschaftliche Währungsstabilität zu sichern.[100]

Noch stärker fällt ins Gewicht, daß er im vorhinein von der BdL, besonders von Vocke, als langfristige Strategie auch für die Geldpolitik konzipiert und geplant war. Alec K. Cairncross sprach 1950 als EZU-Sachverständiger von «den bekannten deflationären Neigungen Vockes».[101]

1949 wurde die Exportorientierung der Währungspolitik in Ansätzen erkennbar. Der ZBR war schon damals bereit, von der orthodoxen Notenbankregel, Kredite nur kurzfristig zu vergeben, zugunsten der Exportförderung abzugehen und dafür mittel- und langfristige Kredite bereitzustellen. Bei der Wahl des Abwertungssatzes im September 1949 spielten Gesichtspunkte der internationalen Wettbewerbsfähigkeit eine wichtige Rolle.[102] Darüber hinaus kam es darauf an, die Geldpolitik allgemein relativ restriktiv anzulegen. Vocke plädierte in der ZBR-Sitzung vom 26./27. Oktober 1949 dafür, «zur Stärkung des Exportes die inneren Dinge knapp zu halten».[103] ZBR-Präsident Bernard war der gleichen Überzeugung.[104] Aber noch war die ZBR-Mehrheit solchen Argumenten nicht zugänglich. Sie handelte vermeintlich noch ganz binnenwirtschaftlich orientiert und senkte 1949 sowohl den Diskont- als auch die Mindestreservesätze. Aber der westdeutsche Diskontsatz blieb mit 4% weit über den Sätzen in den alliierten Ländern (vgl. Schaubild 1). Insofern wurde auch in dieser Phase eine im Vergleich zum Ausland restriktive Geldpolitik betrieben.

99 Giersch/Paqué/Schmieding, Miracle, S. 109.

100 Jahresbericht des Deutschen Sparkassen- und Giroverbandes für 1959, S. 12.

101 Alec K. Cairncross: Bericht über die im Auftrag der EZU unternommene Deutschlandreise vom 28. Oktober bis 3. November 1950, datiert vom 9. November 1950, in: Ludwig-Erhard-Stiftung, Korea-Krise, S. 208. Zunächst dachte Vocke allerdings nicht an die Deflation der Binnenwirtschaft, sondern an eine Wechselkursmaßnahme. Schon am 17. August 1948, also kurz nach der Währungsreform, kritisierte er mit Blick auf die internationale Wettbewerbsfähigkeit der westdeutschen Wirtschaft im ZBR, daß die Alliierten den D-Mark-Wechselkurs mit 30 cents = 1 DM zu hoch angesetzt hätten und daß bald eine Neufestsetzung auf »20 cts. oder noch weniger» notwendig sein würde. Dickhaus, Bundesbank, S. 74.

102 Vgl. Dickhaus, Bundesbank, S. 75f. und zum vorigen Satz: S. 70.

103 Zitiert nach: Dickhaus, Bundesbank, S. 70 sowie S. 114.

104 Otto Burkhardt, LZB-Präsident von Schleswig-Holstein, schloß sich in der ZBR-Sitzung am 27./28. November 1949 dieser Linie mit der Äußerung an, daß «gerade auch die Liberalisierung des Außenhandels zu einem Druck auf die Inlandspreise nötigt». Zitiert nach: Dickhaus, Bundesbank, S. 71.

Eine deutliche Änderung in der Gesamteinstellung des ZBR trat nach dem Ausbruch des Koreakrieges Ende Juni 1950 in Erscheinung. Vocke und Bernard erkannten, daß dies ihre Chance zur Realisierung der lange anvisierten Strategie war, nämlich durch Dämpfung der Inlandsnachfrage mittels einer restriktiven Geldpolitik Exportförderung zu betreiben.[105] 1951 und weiter bis zum 29. Mai 1952 hielt der ZBR nicht nur an dem hohen Diskontsatz von 6% fest, sondern bis zum Oktober 1951 auch an seinem Kreditrückführungsbeschluß vom Februar desselben Jahres, obwohl die Marshallplanbehörde ECA (Jean Cattier)[106] und der Bundesverband des privaten Bankgewerbes (sein Präsident war Robert Pferdmenges) nach der schnellen Überwindung der Devisenkrise schon im ersten Halbjahr 1951 eine Lockerung der Kreditrestriktionen gefordert hatten. Als maßgeblicher Grund für diese Haltung wurde neben der weiter notwendigen Lohn- und Preisstabilisierung angegeben, die Kreditbegrenzung solle die binnenwirtschaftliche Nachfrage niedrig halten, um einen Exportdruck zu erzeugen und die Industrie auf die Auslandsmärkte zu verweisen.[107] Am 17. Mai 1951, nach den Preissteigerungen des ersten Koreakriegsjahres, führte Vocke gegenüber einem interessierten Fachpublikum aus:

«Gewiß, die Preissteigerungen bei uns haben uns ernste Sorge gemacht – aber, wenn Sie sie mit dem ausländischen Preisniveau und mit den Preissteigerungen im Ausland vergleichen, so sehen Sie mit Befriedigung, daß wir ständig erheblich darunter bleiben. Und das ist unsere Chance, das ist entscheidend, für unsere Währung und besonders für unseren Export. Wir leben von der Steigerung unseres Exports, und dieser wieder von der relativen Niedrighaltung unseres Preis- und Lohnniveaus. ... Wie gesagt, unser hinter dem Ausland zurückbleibendes Preisniveau ist der zentrale Punkt unserer Bemühungen bei der Notenbank, und es ist ein Erfolg dieser Bemühungen. Das mögen die bedenken, die uns zurufen: Eure Restriktionen sind zu scharf, sind nicht mehr nötig.»[108]

105 Vgl. Dickhaus, Bundesbank, S. 93. Etwa gleichzeitig wurde auch die Gründung der EZU von der Bank deutscher Länder als «eine große Chance für die deutsche Exportwirtschaft» gesehen; Dickhaus, Bundesbank, S. 85 f. Auch schon Wallich hat diese Strategie der Geldpolitik festgestellt. Vgl. Wallich, Triebkräfte, S. 80. Erhard unterstützte diesen Kurs voll, indem er an Vocke am 2. August 1950 schrieb, daß «sich gerade aus der gegenwärtigen Situation eine sehr große Zukunftschance für die deutsche Außenwirtschaft ergibt. Wenn es uns nämlich durch innere Disziplin in höherem Maße als anderen Ländern gelingt, das Preisniveau zu halten, werden wir auf lange Sicht exportfähiger und unsere Währung innerlich und im Verhältnis zum Dollar dichter und gesünder.» Ludwig-Erhard-Stiftung, Korea-Krise, S. 183.

106 Vgl. Emminger, Probleme der Korea-Krise sowie Ludwig-Erhard-Stiftung, Korea-Krise, S. 418 ff.

107 Vgl. Dickhaus, Bundesbank, S. 104 f. sowie Ludwig-Erhard-Stiftung, Korea-Krise, S. 409 (Antwortschreiben von Vocke an den Bundesverband des privaten Bankgewerbes vom 30. Juni 1951).

108 Vortrag auf der 1. Kreditpolitischen Tagung der «Zeitschrift für das gesamte Kredit-

Im BdL-Geschäftsbericht für 1951 wurde ein Jahr später festgestellt, daß «die künftige Geld- und Konjunkturpolitik weiter die denkbar größte Rücksicht auf die außenwirtschaftliche Lage nehmen» müsse. «Außerdem muß unbedingt der westdeutsche Bestand an Gold und freien Devisen ... vergrößert werden.»[109]

Schon Wallich (1955) konstatierte mehrfach, daß die westdeutsche Geldpolitik bei binnenwirtschaftlichen Expansionsmaßnahmen zurückhaltend war, um eine «Kapazitätsreserve» an Produktionspotential für den Export zu schaffen.[110] Hajo Riese sprach 1990 davon, daß die Bundesrepublik einem «merkantilistischen Instinkt» folgte und daß die Strategie der Bank deutscher Länder/Bundesbank letztlich nicht auf die Preisstabilisierung als solche zielte, sondern, auf den Nenner gebracht, darin lag, «daß sie die *Härte der Deutschen Mark mit ihrer Unterbewertung* zu verbinden sucht».[111] Er hält es für eine «Mär», daß die spezielle Inflationsangst der deutschen Bevölkerung als Motiv bei der Verwirklichung einer relativ größeren Preisstabilität in der Bundesrepublik vorherrschend gewesen sei.[112] Robert Emmer zog schon 1955 folgendes Fazit aus seiner Untersuchung der Geldpolitik der BdL: Sie habe ihr Arsenal an Instrumenten zur Sicherung der Preisstabilität bei weitem nicht voll genutzt. Sie habe immer auch produktions- und außenhandelspolitische Ziele verfolgt. Im Konfliktfall habe sie der Förderung des Außenhandels Priorität vor der Sicherung der Preisstabilität und der Förderung der Produktion eingeräumt.[113]

Auch die Fiskalpolitik hat entscheidende Beiträge zu dieser merkantilistischen Strategie geleistet, besonders seit der Koreakrise. Zum einen tat sie dies mit speziellen Steuervergünstigungen (Exportförderungsgesetz von 1951) und Bürgschaften für Exportkredite (Hermes-Bürgschaften). Zum anderen leistete sie einen makroökonomischen Beitrag durch Haushaltsüberschüsse («Juliusturm»), die zur Eindämmung der Inlandsnachfrage beitrugen. Dazu kam der

wesen» am 17. Mai 1951, abgedruckt in: Vocke, Gesundes Geld, S. 56. Es paßt natürlich ins Bild dieser Strategie des währungspolitischen Merkantilismus, daß Vocke später einer der entschiedensten Gegner jeglicher D-Mark-Aufwertung werden sollte.

109 Geschäftsbericht der Bank deutscher Länder für das Jahr 1951, S. 19.

110 Daten zur Auslastung des Kapitalstocks und des Arbeitskräftepotentials finden sich in: Giersch/Paqué/Schmieding, Miracle, S. 10f.

111 Riese, Forschungsprojekt, S. 11, S. 13. Ähnlich auch Hölscher, Entwicklungsmodell, S. 47. Er spricht von «Protektionismus mit Hilfe der unterbewerteten Deutschen Mark» als «Strategie», aber erst seit der Devisenkrise 1950/51.

112 Die populäre These von der Inflationsangst der Deutschen hat ausführlich auch Eingang gefunden in: Kennedy, Bundesbank, S. 6ff. Dagegen vertritt Goodman die These, daß die vergleichsweise große Preisstabilität in der Bundesrepublik nicht das Resultat der Inflationsangst und eines darauf beruhenden sozialen Konsenses gewesen sei, sondern der institutionellen Struktur, d.h. vor allem der Unabhängigkeit der Notenbank. Vgl. Goodman, Sovereignty, S. 58, S. 100.

113 Vgl. Emmer, Monetary Policy, bes. S. 69

enorm hohe Beitrag, den der Staatssektor 1948–1960 mit 44% zur volkswirtschaftlichen Nettosparquote leistete.[114] Auch die großzügige Sparförderung für den privaten Bereich wirkte in die gleiche Richtung.[115]

Als nach der Gründung der EZU die deutsche Devisenkrise ausbrach, wurde der EZU-Sonderkredit an ein Auflagenbündel gebunden, das darauf hinauslief, durch eine restriktive Geld- und Fiskalpolitik die Nachfrage im Inland zu dämpfen und über kredit- und steuerpolitische Maßnahmen die Exporte zu fördern. Als die Devisenkrise im Februar 1951 ihren Höhepunkt erreichte, forderte die Alliierte Hohe Kommission in ihrem Memorandum an die Bundesregierung vom 7. Februar 1950 u.a., daß die deutsche Wirtschaftspolitik nicht nur verbal, sondern wirksam «auf die Stimulierung der Exporte konzentriert wird».[116] Später sollten die Westalliierten die Geister, die sie riefen, nicht mehr loswerden. Nicht nur Vocke und Bernard, sondern eine Mehrheit im ZBR hatte den Wert dieser Strategie des währungspolitischen Merkantilismus erkannt und verfolgten sie, vor allem seit der Koreakrise, nicht nur erfolgreich, sondern bis zum Exzeß.

Nach den strategischen sollen im folgenden nun die taktischen Entscheidungen der Geldpolitik in der «Wirtschaftswunderzeit» seit dem Koreaboom zur Darstellung kommen. 1952 entspannte sich die konjunkturelle Lage. Die Leistungsbilanz blieb positiv, und die *Terms of Trade* verbesserten sich wegen des starken Rückgangs der Importpreise seitdem deutlich. Die Arbeitslosigkeit blieb jedoch zunächst hoch, rund 10% zum Jahreswechsel 1951/52 und auch noch ein Jahr später. Aber die Investitionsquote stieg, und das Wirtschaftswachstum blieb mit 9% 1952 sehr hoch (vgl. Tabelle 1). Wegen der hohen Arbeitslosigkeit gab es auch jetzt noch Forderungen nach binnenwirtschaftlichen Expansionsmaßnahmen, vor allem von den Gewerkschaften und

114 Vgl. Stolper/Roskamp, Planning, S. 388.

115 Schon 1948 war auf Drängen deutscher Stellen in § 10 des Einkommensteuergesetzes das steuerbegünstigte Sparen eingeführt worden. Bis Ende 1954 konnten bis zu 15% des Einkommens als Sonderausgabe geltend gemacht werden, wenn sie auf Sparkonten mit einer Sperrfrist von drei Jahren festgelegt wurden. Vgl. Jahresbericht des Deutschen Sparkassen- und Giroverbandes für 1954, S. 9. Ab 1. Januar 1955 galten absolute Höchstbeträge für das steuerbegünstigte Sparen und verlängerte Festlegungsfristen, ab 1959 wurde das Sparen nicht mehr mit Steuervergünstigungen, sondern mit staatlichen Prämien gefördert. Besonders durch die sehr hohe Sparförderung bis 1955 wurde die Inlandsnachfrage gedämpft. In den USA demgegenüber wurde aus keynesianisch geprägter Angst vor den nachfragedämpfenden Wirkungen des Sparens, die genau gegenteilige Politik, nämlich die Förderung des Konsums durch Freistellung der Zinsaufwendungen für Konsumentenkredite von der Einkommensteuer seit 1945 praktiziert.

116 HA BBk B 330/2025 (Korrespondenz Vocke). Dies kann auch damit im Zusammenhang gesehen werden, daß die ABC (zusammen mit Vocke) 1948/49 für eine stärker restriktive Zinspolitik der Bank deutscher Länder eingetreten war, als sie vom ZBR verwirklicht wurde. Damit hätte schon damals die Inlandsnachfrage stärker gedämpft und der Anreiz zu Exporten gestärkt werden können.

aus SPD-Kreisen.[117] Sie richteten sich auch an die BdL, die ihren Restriktionskurs seit Herbst 1951 durch ausgedehnte Offenmarktoperationen in den Papieren, die sie zur Finanzierung der Arbeitsbeschaffungsprogramme und anderer staatlicher Projekte 1949/50 übernommen hatte, faktisch verschärft und dadurch bis Juni 1952 1,1 Mrd. DM an Bankenliquidität gebunden hatte.[118] Allerdings kompensierte dies die Liquiditätszuflüsse bei den Banken aus dem Verkauf der durch die Exportüberschüsse erwirtschafteten Devisen an die BdL nur zum Teil.

Am 30. April 1952 beschloß der ZBR eine erste kreditpolitische Lockerung insofern, als mit Wirkung vom 1. Mai die bis dahin einheitlichen Mindestreservesätze nicht nur nach Bank- und Nebenplätzen, sondern auch nach Reserveklassen gestaffelt wurden. Das bedeutete für die kleineren Institute eine Absenkung. Weitere deutliche Mindestreservesenkungen wurden zum 1. September 1952 und zum 1. Februar 1953 vorgenommen. Am 28. Mai 1952 beschloß der ZBR auf Vorschlag von Bernard mit 9 zu 4 Stimmen eine einprozentige Diskontsatzsenkung auf 5%. Zuvor war festgestellt worden, daß die Kreditgewährung der Banken rückläufig sei und von der Geldkapitalbildung übertroffen werde. Auch hätten steigende Devisenüberschüsse zu einer Verflüssigung des Geldmarktes geführt.[119]

Vom 20. August 1952 bis zum 10. Juni 1953 senkte der ZBR den Diskontsatz in drei Schritten von jeweils 0,5% auf 3,5%. Den letzten tat er angesichts großer Verflüssigungstendenzen am Geldmarkt durch Leistungsbilanzüberschüsse und obwohl gerade in jenem Monat die zweite Steuerreform seit der Währungsreform in Kraft trat, die die Einkommensteuer um durchschnittlich 15% senkte und damit die binnenwirtschaftliche Nachfrage in der boomenden Wirtschaft verstärkte.[120] Die geldpolitische Lockerung war also außenwirtschaftlich motiviert. Beim letztgenannten Zinsschritt kam zur Sprache, daß der Satz auch dann immer noch hoch sei im Vergleich zu anderen Ländern (vgl. Schaubild 1).

Am 16. Dezember 1953 stimmte der ZBR einem weiteren Konvertibilitätsschritt zu: der Überführung von Ausländer-«Sperrmarkkonten» in «Liberalisierte Kapitalguthaben» (= «Libka-Mark»), die Mitte September 1954 zur Durchführung kam.[121] Angesichts der hohen deutschen EZU-Überschuß-

117 Vgl. Wallich, Triebkräfte, S. 93.

118 Wallich meint allerdings, daß die Offenmarktverkäufe nicht in restriktiver Absicht erfolgten, sondern nur um ungeliebte Notenbankaktiva loszuwerden. Vgl. Wallich, Triebkräfte, S. 93.

119 Weitere Lockerungen wurden in den folgenden ZBR-Sitzungen mit Rücksicht auf die Londoner Schuldenverhandlungen zurückgestellt, um dort nicht den Eindruck einer zu großen deutschen Zahlungsfähigkeit zu erwecken.

120 Vgl. Ehrlicher, Finanzpolitik, S. 220.

121 Vgl. Kühne, Regelungen, S. 412.

position empfahl der ZBR am 31. März 1954 einstimmig, sämtliche Stillhaltekredite aus dem Kreditabkommen vom Sommer 1952 in Höhe von 317 Mio. DM vollständig zur Rückzahlung freizugeben.

Am 19. Mai 1954 beschloß der ZBR mit 9 (darunter beide Präsidenten) zu 2 Stimmen eine weitere Diskontsenkung um 0,5% auf 3%, und zwar ausschließlich mit Rücksicht auf die äußere Währungslage. Da die Bank of England ihre Rate gerade auf 3% zurückgeführt habe, würde bei Untätigkeit ein starkes Zinsgefälle zum Ausland bestehen. Dagegen bedürfe «die Wirtschaft zurzeit keiner besonderen konjunkturpolitischen Hilfe seitens der Notenbank».[122] Diese wurde nämlich von der bevorstehen dritten, der «Großen» Steuerreform gegeben, die am 16. Dezember 1954 in Kraft trat. Durch sie wurde der Spitzensteuersatz von 70 auf 55% gesenkt.[123]

Auf fast allen ZBR-Sitzungen seit 1951 bis zum Höhepunkt des «Juliusturms» im September 1956 mit rund 7,5 Mrd. DM[124] wurde positiv vermerkt, daß der Bund Kassenüberschüsse erwirtschaftete, die im Zentralbanksystem eingelegt werden mußten und die den Verflüssigungstendenzen aus den Leistungsbilanzüberschüssen ohne Zutun der Zentralbankpolitik entgegenwirkten.[125] Daneben wurde der damals stetig hohe Anstieg der Sparguthaben, der wegen der Entlastung der Banken von Mindestreserveverpflichtungen das Gegenteil von liquiditätsmindernd war, positiv vermerkt, weil er wegen seines geldkapitalbildenden Charakters die ebenfalls starke Ausweitung der kurzfristigen Kreditgewährung der Banken ohne Gefahr für die Preisstabilität erlaube.

Als Argument für Diskontsenkungen hatten auch kapitalmarktpolitische Gesichtspunkte eine Rolle gespielt. Der ZBR wünschte nicht nur einen von Zinsbindungen und Steuervergünstigungen unverzerrten Kapitalmarkt, sondern auch einen ergiebigen Kapitalmarkt zu mäßigen Zinssätzen. Er war der Ansicht, daß niedrigere kurzfristige Geldmarktsätze und damit auch niedrige Zinsen auf Spareinlagen das Interesse privater Geldvermögensbesitzer am Erwerb von Kapitalmarkttiteln stärken und so den Kapitalmarktzins senken

122 Protokoll der 169. ZBR-Sitzung am 19. Mai 1954 (HA BBk B 330/Drs. 142).

123 Vgl. Ehrlicher, Finanzpolitik, S. 220f. Vor der Währungsreform hatte der Spitzen-, d.h. höchste Grenzsteuersatz bei über 100% und der höchste Durchschnittssteuersatz bei 94% gelegen.

124 Vgl. Emminger, D-Mark, S. 78.

125 Dahinter stand allerdings kein konjunkturpolitisches Motiv. Der Bund wollte im Hinblick auf künftige Rüstungsausgaben lediglich Kassenreserven schaffen, besonders nachdem am 27. Mai 1952 der Vertrag zur Schaffung der Europäischen Verteidigungsgemeinschaft (EVG) von den sechs Montanunionsstaaten unterzeichnet worden war. Es war ein Glücksfall für die wirtschaftliche Stabilität in der Bundesrepublik, daß sich die Ratifizierung hinzog und schließlich am Widerstand des französischen Parlaments 1954 scheiterte. Die geplanten Militärausgaben konnten deshalb erst sehr viel später als geplant beim Aufbau der Bundeswehr getätigt werden.

und nach dem Auslaufen des zweiten Kapitalmarktförderungsgesetzes zum 1. Januar 1955 niedrig halten würden.[126] Hierin schlug sich – wie bei der früher geübten Zurückhaltung mit Diskonterhöhungen – nieder, daß der ZBR bei seinen Entscheidungen nicht nur das Ziel der gegenüber dem Ausland größeren Preisstabilität, sondern auch produktionspolitische Ziele im Auge hatte.

Schon als die BdL im April 1955 ihren Geschäftsbericht für das Jahr 1954 veröffentlichte, stellte sie darin fest, daß sich 1954 «das Preisklima merklich gewandelt» hatte.[127] Im Gegensatz zum Vorjahr seien die Preise im zweiten Halbjahr «unter dem Einfluß einer starken Nachfrageerhöhung, aber zum Teil auch, weil verschiedene Weltmarktpreise anzogen und die Lohnerhöhungen allmählich fühlbar wurden», teilweise heraufgesetzt worden. Zusammen mit der Bundesregierung verfolge die BdL deshalb die weitere Entwicklung mit besonderer Aufmerksamkeit, «um einer eventuellen Verschärfung der Lage auch mit den ihr zu Gebote stehenden Mitteln entgegenzutreten». Auch die Arbeitslosenquote hatte im Sommer 1955 mit unter 5% das Vollbeschäftigungsniveau nach damaliger Definition erreicht.[128] Die Lohnerhöhungen, deren Rate seit 1951 rückläufig gewesen war, fielen deshalb 1955 wieder stärker aus (vgl. Tabelle 1).

Kurze Zeit später war es soweit: Die kreditpolitischen Zügel wurden in verschiedener Weise angezogen, und zwar ausschließlich zur Dämpfung der heißlaufenden Konjunktur, d.h. aus binnenwirtschaftlichen Gründen. Denn die außenwirtschaftliche Lage war weiterhin durch hohe Exportüberschüsse und Devisenzuflüsse geprägt. Von restriktiven Maßnahmen in der äußeren Währungspolitik könne keine Rede sein, ließ die BdL verlauten.[129] Deshalb strebe die Notenbank den weiteren Abbau der noch vorhandenen Devisenrestriktionen an und begrüße es «lebhaft», daß die Bundesregierung darüber hinaus durch Zollsenkungen und andere Einfuhrerleichterungen die Importe steigern wolle. Diese außenwirtschaftlichen Maßnahmen waren ausschließlich auf die Beeinflussung der Leistungsbilanz, d.h. den Abbau ihrer Überschüsse, gerichtet. Die Bank erkannte zunächst offensichtlich nicht, daß der Abbau der

126 Zu den Wirkungen der Kapitalmarktförderungsgesetze und zur Entwicklung des Kapitalmarkts vgl. Borchardt, Pfandbriefmarkt, S. 165ff.

127 Geschäftsbericht der Bank deutscher Länder für das Jahr 1955, S. 3.

128 In einem wissenschaftlichen Gutachten über Vollbeschäftigung im Auftrag der UNO aus dem Jahr 1955 hatten Sachverständige den Tatbestand der Vollbeschäftigung schon dann als erfüllt angesehen, wenn eine Arbeitslosigkeit von etwa 5% der Arbeitsfähigen erreicht war. Vgl. das Referat «Währungsstabilität in der vollbeschäftigten Wirtschaft» von Heinrich Irmler, Vizepräsident der LZB von Niedersachsen, auf der Fachtagung des Deutschen Raiffeisenverbandes e.V. in der Lochmühle bei Ahrweiler am 5. November 1956, S. 6 im Original des Textes. Auszugweise abgedruckt in: Bank deutscher Länder, Auszüge aus Presseartikeln, Nr. 139 vom 21. Dezember 1956, S. 2ff. In Großbritannien war das Vollbeschäftigungsziel von Lord Beveridge mit 3% bekanntlich ehrgeiziger definiert worden.

129 Vgl. Geschäftsbericht der Bank deutscher Länder für das Jahr 1955, S. 1.

Devisenrestriktionen, d.h. die Annäherung an die D-Mark-Konvertibilität, nicht nur die Warenimporte beleben, sondern eine neue Quelle für Devisenzuflüsse öffnen würde, nämlich über die Kapitalbilanz. Denn als eine de facto bereits konvertible Währung, eine relativ stabile und mit starken Währungsreserven ausgestattete dazu, bot die D-Mark für das Auslandskapital einen Anreiz, sich am deutschen Geld- und Kapitalmarkt zu engagieren. Dies zeigte sich in den folgenden Jahren und löste die Debatten um eine D-Mark-Aufwertung aus.[130]

Die kreditpolitischen Restriktionen begannen ab Mai 1955 mit größeren Offenmarktverkäufen. Weil der BdL dafür schon 1954 das notwendige Material an Geldmarktpapieren ausgegangen war, vereinbarte sie im Mai 1955 mit dem Bundesfinanzminister, daß dieser ihr im Austausch gegen 2 Mrd. DM der dreiprozentigen Ausgleichsforderungen der BdL aus der Währungsumstellung Geldmarktpapiere zur Verfügung stellte. In der ersten Juliwoche 1955 erreichten die abgegebenen Mobilisierungspapiere bereits ein vorläufiges Maximum von 1,5 Mrd. DM.[131] Angesichts der wesentlich höheren Liquiditätszuflüsse aus den Exportüberschüssen, die sich 1955 in der Leistungsbilanz trotz eines 27prozentigen Anstiegs der Wareneinfuhr noch auf 2,7 Mrd. DM (nach 4,0 Mrd. DM 1954) beliefen, reichten die Offenmarktoperationen zur Dämpfung der Konjunktur bei weitem nicht aus, obwohl ab Juni 1955 auch die öffentlichen Haushalte wieder Kassenüberschüsse erwirtschafteten und als Einlagen im Zentralbanksystem stillegten. Bei Geldmarktsätzen, die wegen der Offenmarktoperationen und des sonstigen Liquiditätsentzugs über das Niveau des Diskontsatzes gestiegen waren (vgl. Schaubild 3), griffen die Geschäftsbanken jetzt wieder zunehmend auf ihre Refinanzierungsmöglichkeiten bei der Zentralbank zurück, was in den Vorjahren weitgehend überflüssig gewesen war.

Deshalb beschloß der ZBR am 3. August 1955, die «schmiegsame» und geräuschlose Offenmarktpolitik durch andere «sichtbare» Maßnahmen zu ergänzen. Um zum «Maßhalten» anzuhalten und «in der weiteren Expansion ein Abgleiten der Hochkonjunktur und der Vollbeschäftigung in gefährliche Entwicklungsbahnen» zu verhindern,[132] wurde der Diskontsatz um 0,5 % auf 3,5 % angehoben und mit einer Mindestreserveerhöhung um einen Prozentpunkt die Bankenliquidität um 0,5 Mrd. DM vermindert. In seiner Sitzung am 12. Oktober 1955 beschloß der ZBR als weitere konjunkturdämpfende Maß-

130 Vgl. dazu ausführlich: Carstens, Aufwertungsdebatte sowie Kaufmann, Debate.

131 Davon liefen allerdings nur gut 0,5 Mrd. DM auf einen Liquiditätsentzug bei den Banken hinaus, da knapp 0,3 Mrd. DM der neuen Mobilisierungspapiere aus bereits umlaufenden Schatzanweisungen des Bundes bestanden und über 0,6 Mrd. DM von öffentlichen Stellen gegen Abgabe von Ausgleichsforderungen übernommen wurden.

132 Geschäftsbericht der Bank deutscher Länder für das Jahr 1955, S. 17.

nahme, sogenannte Bauwechsel, die der Zwischenfinanzierung von Bauvorhaben dienten, aber nicht im eigentlichen Sinne Handelswechsel waren, nicht mehr zu refinanzieren.

Seit Herbst 1955 erkannte die Bundesregierung, daß sie die Stabilitätspolitik nicht allein der BdL überlassen konnte. Bei der De-facto-Konvertibilität wurden nämlich deren Waffen stumpfer. Erhard gab zur konjunkturpolitischen Verantwortung des Bundes zwei Regierungserklärungen im Bundestag ab, am 19. Oktober 1955 und am 22. Juni 1956. Finanzminister Schäffer äußerte sich seit Herbst 1955 in den «Allgemeinen Vorbemerkungen zu den Haushaltsplänen des Bundes» ähnlich.[133]

Trotz der monetären Restriktionen blieb die zu dämpfende Kreditnachfrage der mit der Rekordrate von 12% wachsenden Wirtschaft weiter lebhaft. Das Kreditvolumen der Geschäftsbanken stieg 1955 um 23%. Dem stand ein doppelter Druck auf die Bankenliquidität durch anhaltende Kassenüberschüsse der öffentlichen Haushalte sowie durch eine starke Zunahme des Bargeldumlaufs, vor allem wegen des starken Anstiegs der Masseneinkommen, gegenüber.[134] Dies führte dazu, daß die Geldmarktsätze erheblich über den dreieinhalbprozentigen Diskontsatz stiegen.[135] Der vergleichsweise niedrige Diskontsatz war praktisch eine Einladung an die Geschäftsbanken, ihre Verschuldungsmöglichkeiten beim Zentralbanksystem auszunutzen. Nachdem diese im ersten Halbjahr ihre Refinanzierungsverbindlichkeiten gegenüber dem Zentralbanksystem noch um knapp 1 Mrd. DM abgebaut hatten, erhöhten sie diese in der zweiten Jahreshälfte um 2,3 Mrd. DM. Die Inanspruchnahme der festgesetzten Rediskontkontingente erreichte zum Jahreswechsel 1955/56 ein Maximum von über 45% und ging im folgenden Halbjahr nur deshalb etwas zurück, weil die BdL das festgesetzte Volumen erhöhte. Die Nettodevisenankäufe der BdL im Umfang von 2,2 Mrd. DM 1955 reichten für die Geschäftsbanken offenbar nicht aus, um sich die für ihre Kreditexpansion notwendige Liquidität zu verschaffen.

Vocke und der ZBR hatten dies alles erkannt. Vocke äußerte in der ZBR-Sitzung vom 12. Oktober 1955, daß angesichts der angespannten Lage auf dem Geldmarkt «unser Diskont zu niedrig ist». Aber Einbrüche am Aktienmarkt und der Renditeanstieg am Anleihemarkt nähmen der BdL «einen Teil der Arbeit ab». Noch riet er, wie auf der späteren Sitzung am 23. November,

133 Vgl. Dreißig, Entwicklung, S. 738.

134 Letztere resultierte sowohl aus der großen Arbeitsplatzexpansion als auch aus erheblichen Lohnerhöhungen.

135 Tagesgeld lag in den letzten Monaten des Jahres 1955 um 0,25 bis 0,75, Dreimonatsgeld sogar um mehr als 2,5 Prozentpunkte über dem Diskontsatz. Die Geldmarktsätze übertrafen damit auch die seit August in mehreren Schritten angehobenen Abgabesätze für Geldmarktpapiere erheblich. Deshalb konnte von der Offenmarktpolitik der Bank deutscher Länder seit etwa Juli 1955 keine kontraktive Wirkung mehr ausgehen.

mit einer Diskonterhöhung noch zu warten. Die drohende Gefahr eines solchen Schritts in der Zukunft war nach seiner Ansicht mindestens gleichermaßen wirkungsvoll wie eine tatsächliche Diskonterhöhung. Im übrigen habe die Regierung den dringenden Wunsch, «wir möchten augenblicklich nichts machen und ihr die Vorhand lassen mit ihrem [Konjunktur-] Programm».[136]

Obwohl die BdL seit dem 3. August 1955 bis zum 7. März 1956 ihren wichtigsten Refinanzierungszins, den Diskontsatz, nicht änderte, waren für die Geschäftsbanken die Liquiditätsbeschaffungskosten am Geldmarkt erheblich gestiegen. Angesichts der Hochkonjunktur sah dies der ZBR als erwünscht an. Aber es reichte bei weitem nicht aus, um die Kreditexpansion der Geschäftsbanken um 23% 1955 zu verhindern. Für die Geschäftsbanken war die große Marge zwischen Diskontsatz und Geldmarktsätzen freilich die Quelle hervorragender Jahresabschlüsse. Wegen der Habenzinsverordnung blieben die Zinssätze für Bankeinlagen, die traditionell am Diskontsatz orientiert waren, niedrig. Zwar gab es auch für die Sollzinsen verordnete Höchstsätze, aber hier gab es größere Gestaltungsspielräume zur Anpassung an die Sätze des Geldmarkts.[137] Die Zinsmarge der Banken entwickelte sich also außerordentlich positiv.[138]

Der ZBR nutzte seine Möglichkeiten, die Kreditexpansion und die von ihm selbst festgestellte Konjunkturüberhitzung stärker zu bremsen, erneut nicht. Seine Möglichkeiten lagen vor allem darin, den Anstieg der Refinanzierungskredite um 2,3 Mrd. DM in der zweiten Jahreshälfte 1955 durch stärker restriktive Maßnahmen zu verhindern. Daß angesichts der De-facto-Konvertibilität der D-Mark, also der offenen außenwirtschaftlichen Flanke, verstärkte Liquiditätszuflüsse aus dem Ausland solche Restriktionen wahrscheinlich unterlaufen hätten, ist ein anderes Problem, das der ZBR unbeachtet ließ.

Im ZBR kam die Unzulänglichkeit der Diskontsatzerhöhung vom 3. August 1955 in verschiedener Form zur Sprache. Eduard Wolf berichtete in fast allen Sitzungen seit Herbstbeginn 1955, daß der Diskontsatz unter den Geldmarktsätzen liege und daß deshalb die BdL den Kontakt zum Geldmarkt verloren habe. In der ZBR-Sitzung am 11. Januar 1956, in der einige Mitglieder eine Diskonterhöhung befürworteten, äußerte Wolf, «daß die Wirtschaft seit Jahren einem außergewöhnlichen Kaufkraft- und Liquiditätsentzug durch die kontraktiv wirkende Finanzpolitik ausgesetzt ist», daß «die eigenste Aufgabe der Kreditpolitik nicht von dieser, sondern immer mehr von der ganz anderen

136 Wortprotokoll der 203. ZBR-Sitzung am 12. Oktober 1955 (HA BBk B 330/88).

137 Dürr weist darauf hin, daß die Sollzinssätze regelmäßig weniger zurückgenommen wurden als der Diskontsatz. Vgl. Dürr, Wirkungsanalyse, S. 245, S. 248.

138 Dies trug z.B. bei der Deutschen Bank-Gruppe zur Explosion der Reingewinne von 8,8 (1953) und 9,5 Mio. DM (1954) auf 15,7 (1955) und 25,3 Mio. DM (1956) bei. Vgl. Holtfrerich, Deutsche Bank, S. 567.

Überlegungen folgenden Finanzpolitik besorgt» werde und daß die Notenbank «in eine abseits ihrer Aufgaben und Zielsetzungen liegende Hilfsstellung gedrängt [wird], indem sie den unabweislichen [sic!] Refinanzierungsbedarf, den die Bewegung der öffentlichen Gelder auslöst, decken muß; der Notenbankkredit wird also trotz restriktiver Grundhaltung der Notenbank scheinbar ausgeweitet, was bereits zu mißverständlichen Interpretationen der Wirksamkeit der Notenbankpolitik geführt hat».[139]

In der folgenden ZBR-Sitzung am 25./26. Januar 1956 scheiterte der Vorschlag einer Diskonterhöhung mit 5 zu 6 Stimmen. Die Befürworter argumentierten, «daß der derzeitige Diskontsatz im Hinblick auf die Geldmarktsituation nicht mehr ‹zeitgemäß› und ‹marktgerecht› sei; er bedürfe der Revision, wenn sich nicht die Notenbank in die Position der billigsten und bequemsten Geldbeschaffungsstelle hineinmanövrieren lassen wolle. Knapper, aber billiger Kredit sei ein Prinzip, das – je länger je mehr – mit der Marktwirtschaft in Widerspruch geraten müsse.» Die Gegner einer Diskonterhöhung, zu denen neben Bernard erstaunlicherweise auch Vocke gehörte, argumentierten u.a., ein solcher Schritt würde «zwar von einem Teil der Banken aus ihrer Interessenlage heraus begrüßt, aber von der Wirtschaft im allgemeinen nicht verstanden».[140] BDI-Präsident Fritz Berg hatte nämlich in einer öffentlichen Rede im Dezember 1955 der BdL vorgeworfen, bereits mit ihrer seit August 1955 betriebenen restriktiven Kreditpolitik «der guten Konjunktur einen massiven Schlag versetzt» zu haben.[141] Hier zeigt sich am deutlichsten, wie stark der ZBR bei zinspolitischen Entscheidungen in jener Zeit Rücksicht auf produktionspolitische Gesichtspunkte und Interessen nahm und dafür sogar das als währungspolitisch notwendig Erkannte zurückstellte. Obwohl keine entsprechende Gefahr vorlag, blieb er der *lender of last resort*-Funktion verhaftet.

Im Februar 1956 änderte sich die Balance offenbar. Am 1. des Monats lud Bernard die Minister für Wirtschaft und Finanzen schriftlich ein, an der nächsten ZBR-Sitzung am 15. Februar teilzunehmen, weil das Problem der Erhöhung der Banksätze akut geworden sei. Am Morgen des 15. mußten die Minister wegen Behinderungen des Bahnverkehrs durch Schnee und Frost

139 Protokoll der 210. ZBR-Sitzung am 11. Januar 1956 (HA BBk B 330/Drs. 142). In der Presse war im letzten Quartal 1955 mehrfach Kritik an der zu wenig restriktiven BdL-Politik geübt worden.

140 Protokoll der 211. ZBR-Sitzung am 25./26. Januar 1956 (HA BBk B 330/Drs. 142). Zu Vockes Stimme: Wortprotokoll (HA BBK B 330/91).

141 Darauf reagierte der ZBR mit einer gesonderten zweiseitigen Pressenotiz, in der er Bergs Behauptungen widerlegte. Wortprotokoll der 209. ZBR-Sitzung am 21. Dezember 1955 (HA BBk B 330/90). In der ZBR-Sitzung am 23. November 1955 war schon von einem «Trommelfeuer» auf die ZBR-Mitglieder die Rede gewesen, «das von seiten der Wirtschaft und ihrer Funktionäre betrieben wird». Wortprotokoll der 206. ZBR-Sitzung am 23. November 1955 (HA BBk B 330/89).

absagen. Der ZBR sah deshalb von einer Beschlußfassung ab. Zur folgenden ZBR-Sitzung am 22. Februar 1956 waren beide Minister wiederum eingeladen. Morgens rief Schäffer bei Bernard an und äußerte unter Hinweis auf einen dienstlichen Aufenthalt Erhards in England «vorsorglich das förmliche Verlangen ..., eine Beschlußfassung um acht Tage auszusetzen».[142] Daraufhin veranlaßte Bernard den ZBR, die Sache am 7. März 1956 endgültig zur Entscheidung zu bringen. An jenem Tag wurde tatsächlich die Erhöhung des Diskontsatzes um 1,0 auf 4,5% beschlossen. Aber auch bei diesem Zinsschritt hinkte die BdL nur hinter dem Anstieg der Zinssätze am Geldmarkt hinterher, die wegen der anhaltenden Liquiditätsanspannungen in den Wintermonaten weiter beträchtlich angestiegen waren. Auch nach der Diskonterhöhung vom 7. März lag der Zinssatz für kurzfristiges Geld um bis zu 0,75 Prozentpunkte über dem Diskontsatz. Die Refinanzierungsverbindlichkeiten der Kreditinstitute gegenüber dem Zentralbanksystem erreichten dementsprechend im März 1956 ein Maximum von knapp 5,5 Mrd. DM und waren damit gegenüber Ende 1955 noch einmal um etwa 1 Mrd. DM angestiegen. Danach entspannte sich die Lage am Geldmarkt. Der Anstieg der Tagesgeldsätze war gebrochen. Sie fielen im April bis auf das Niveau des Diskontsatzes von 4,5% zurück.

Woraus erklären sich die starke Anspannung im ersten Quartal und die dann folgende Entspannung? Die Erhöhung des Bargeldumlaufs aus den für das Vorjahr schon erwähnten Gründen hielt 1956 weiter an und entzog den Geschäftsbanken 1956 Liquidität im Gesamtumfang von 1,2 Mrd. DM. Auch durch weitere Offenmarktoperationen der BdL wurden den Banken in den ersten elf Monaten des Jahres 1956 1,1 Mrd. DM an Liquidität entzogen. Im ersten Quartal 1956 war der Liquiditätsentzug bei den Kreditinstituten aus den Überschüssen der öffentlichen Haushalte noch beträchtlich gewesen. Er verlor im weiteren Jahresverlauf aber ständig an Bedeutung. Und mit dem beginnenden Abbau des «Juliusturms», insoweit die Mittel nicht für Rüstungskäufe im Ausland verwendet wurden, führte der Bund den Banken gegen Jahresende sogar Liquidität zu.

Aber der Hauptfaktor für den Wandel der Geldmarktverhältnisse nach dem ersten Quartal waren die Devisenüberschüsse, die die BdL anzukaufen hatte. «Hatte der Anstieg der öffentlichen Zentralbankeinlagen im ersten Quartal 1956 den Banken noch erheblich mehr Mittel entzogen als ihnen gleichzeitig aus den Devisenabrechnungen mit der Bank deutscher Länder zugeflossen waren, so gewannen in den beiden folgenden Quartalen ... die Devisenüberschüsse rasch die Oberhand», stellte die BdL dazu fest.[143] 1956 gewannen die

142 Der ganze Vorgang ist beschrieben im: Protokoll der 214. ZBR-Sitzung am 7. März 1956 (HA BBk B 330/Drs. 142).

143 Geschäftsbericht der Bank deutscher Länder für das Jahr 1956, S. 44.

Banken aus dieser Quelle 5,9 Mrd. DM an Liquidität gegenüber nur 2,2 Mrd. DM 1955. Noch war dies in beiden Jahren fast ausschließlich ein Ergebnis der Überschüsse in der Leistungsbilanz, nicht der Kapitalbilanz. Das änderte sich erst ab 1957.

In der Phase der Entspannung am Geldmarkt war der Höhepunkt der Konjunkturüberhitzung aus binnenwirtschaftlichen Nachfrageimpulsen schon überschritten, was an ersten Anzeichen einer Abschwächung der inländischen Investitionskonjunktur zu erkennen war. Im zweiten Quartal 1956 hatte die Expansion der Auslandsnachfrage die Rolle der Konjunkturlokomotive übernommen, gegen die die inländische Kreditpolitik im System fester Wechselkurse selbstverständlich wirkungslos war. Statt dessen konnten Restriktionsmaßnahmen allenfalls die deutsche Importnachfrage tendenziell dämpfen und so die unerwünschten Devisenüberschüsse als Quelle von Bankenliquidität vergrößern, also nur *self-defeating* und insofern zielgegenläufig wirken.

Just in dieser Lage tat der ZBR seinen schärfsten Schritt in Richtung Kreditrestriktion. Am 18. Mai 1956 beschloß er eine weitere Erhöhung des Diskontsatzes um 1,0 auf 5,5 %. Zur Dämpfung der boomartigen Exportkonjunktur (plus 28 % im zweiten Quartal 1956 gegenüber dem Vorjahresquartal) wurden nunmehr auch Auslandswechsel, Auslandsschecks, D-Mark-Akzepte von Ausländern und Exporttratten von der BdL nur noch zum allgemeinen und nicht – wie zuvor – zum niedrigeren Diskontsatz des Partnerlandes angekauft.

Die Folge dieser weiteren Restriktionsmaßnahmen war, daß sich für die Banken die Zinsarbitrage zwischen Zentralbankzins und Geldmarktzins nicht mehr lohnte. Fast spiegelbildlich zur Erhöhung der Refinanzierungsverbindlichkeiten der Kreditinstitute beim Zentralbanksystem in der zweiten Jahreshälfte 1955 und im ersten Quartal 1956 von rund 2 auf 5 Mrd. DM nahmen von Mai 1956 bis März 1957 diese Verbindlichkeiten wieder auf 2 Mrd. DM ab. Zusammen mit dem schon erwähnten Liquiditätsentzug durch Offenmarktoperationen konnte die BdL so einen Großteil der Liquiditätswirkung der Devisenüberschüsse neutralisieren.

Die scharfen Restriktionsmaßnahmen vom 18. Mai 1956 waren von Erhard und Schäffer ausdrücklich gutgeheißen worden. Sie sorgten sich primär um die Stabilität der Preise und fürchteten die Überhitzung der Konjunktur. Sie verstanden die kreditpolitischen Beschlüsse als Teil ihres Bonner Stabilisierungsprogramms. Im April war auf Initiative von Erhard neben dem Wirtschaftskabinett, und zwar «hinter dem Rücken» von Adenauer, der «Konjunkturrat» zur Koordinierung der Geld- mit der Fiskal- und allgemeinen Wirtschaftspolitik gegründet worden. Ihm gehörten Erhard, Schäffer und Vocke an. Er setzte seinerseits den wichtigen «Abteilungsleiterausschuß» ein. Dieser tagte zunächst etwa einmal im Monat und leistete die eigentliche

Abstimmungsarbeit, auch zu jenem Konjunkturprogramm.[144] Dahinter stand die Einsicht, daß die außenwirtschaftlichen Entwicklungen den binnenwirtschaftlichen Handlungsspielraum der Notenbank einengten und ein größerer Teil der Konjunkturpolitik von der Fiskalpolitik zu leisten war.[145]

Aber die von Vocke im ZBR mit Zustimmung der anwesenden Minister Erhard und Schäffer durchgesetzten Kreditrestriktionen stießen nicht nur beim BDI-Präsidenten Berg, sondern auch bei Adenauer, dem das Gespenst eines tiefen Konjunktureinbruchs im Wahljahr 1957, der übrigens nicht eintrat, und der Entzug der Wahlkampfhilfen der deutschen Industrie vor Augen standen, auf scharfe Ablehnung. Die Angelegenheit gipfelte darin, daß Adenauer sich vor der Jahresversammlung des BDI im Kölner Gürzenich am 23. Mai 1956 unisono mit Berg von der restriktiven Geldpolitik der BdL mit der Bemerkung distanzierte: «Es ist der deutschen Konjunktur ein schwerer Schlag versetzt worden; und auf der Strecke bleiben werden die Kleinen.»[146]

Die ZBR-Beschlüsse bestärkten Adenauer darin, daß er Vocke als Notenbankpräsident unbedingt loswerden müsse, und zwar gelegentlich der nunmehr beschleunigt durchgeführten gesetzlichen Vorbereitungen der Umwandlung der BdL in die Deutsche Bundesbank. Auch wollte er nun unbedingt den Sitz der Notenbank von Frankfurt nach Köln, also in die Nähe der Regierung, verlegen. Bei einer Beratung des Bundesbankgesetzentwurfs in der Kabinettssitzung vom 11. Juli 1956 äußerte er: «Bei der Wahl des Sitzes [der Bundesbank] sei zu beachten, daß die Tätigkeit der Bank vom richtigen Geist getragen sein müsse. Der jetzige Standort der Bank habe zu einem Sonderdasein der Bank deutscher Länder geführt. Die Bundesnotenbank müsse die politische Atmosphäre mitempfinden, da gerade auch die Bank darauf Rücksicht nehmen müsse.»[147]

Schon am 19. Oktober 1955, also gut zwei Monate nach der ersten Diskont-

144 Vgl. Koerfer, Kampf, S. 110ff. sowie Hentschel, Erhard, S. 255f.; Berger, Konjunkturpolitik, S. 220ff. Die Sitzungsprotokolle befinden sich im Bundesarchiv Koblenz, B 102/1296 bis 1298. Die Bank deutscher Länder war dort anfangs durch Wolf vertreten, das Finanzministerium durch Oeftering und das Wirtschaftsministerium durch Müller-Armack.

145 In der Regel wurden im Abteilungsleiterausschuß auch die beabsichtigten geldpolitischen Beschlüsse des ZBR im vorhinein zur Diskussion gestellt, während die Notenbank ihre Forderungen an die Fiskalpolitik dort «geräuschlos» vortragen konnte. Der Konjunkturrat existierte bis zum Stabilitätsgesetz vom 8. Juni 1967, als andere Gremien diese Funktion übernahmen. Im Abteilungsleiterausschuß war auch die Diskonterhöhung vom 18. Mai vorbesprochen worden.

146 Zitiert nach: Koerfer, Kampf, S. 117.

147 Bundesarchiv, Kabinettsprotokolle, Bd. 9, S. 19. Dort (S. 102ff.: Kabinettsitzung vom 24. August 1956 mit Bernard und Vocke) auch weitere Diskussionen über die Sitzfrage. Die BdL-Präsidenten drängten auf die Festschreibung des Sitzes in Frankfurt am Main. Mit ihrer dort auch vorgetragenen Forderung nach Einbeziehung der Sozialversicherungsträger in die Einlageverpflichtung für flüssige Mittel bei der Bundesbank konnten sie sich letztlich nicht durchsetzen.

erhöhung, hatte Erhard in einer Regierungserklärung ein kontraktives Konjunkturprogramm angekündigt. Es resultierte vor allem in Appellen an die Tarifpartner zum Maßhalten bei Löhnen und Preisen und an die Gebietskörperschaften zur Kürzung öffentlicher Bauaufträge. Geplante größere Steuersenkungen wurden vertagt. Vom Bundestag wurden am 8. Dezember 1955 und am 20. Januar 1956 zwei «konjunkturpolitische Zollverordnungen» verabschiedet.[148] Im Juni 1956 ging die Regierung in Abstimmung mit der BdL mit einem umfassenderen zweiten Konjunkturprogramm in dieser Richtung weiter. Die Zollsenkungen des ersten Programms wurden bis Dezember 1957 verlängert. Eine dritte «konjunkturpolitische Zollverordnung» senkte die Importzölle für eine große Zahl gewerblicher Fertigwaren.[149] Am 19. Juni 1956 beschloß die Regierung die Ausweitung der Handelsliberalisierung gegenüber dem Dollarraum, mit der sie bereits Anfang 1954 begonnen hatte.[150]

Die zielgegenläufige Wirkung der Restriktionsmaßnahmen zur Dämpfung der Inlandsnachfrage trat 1956 klar zutage. Die BdL sprach erstmals von «regelwidriger» Entwicklung des Außenhandels.[151] Normalerweise wäre mit der trotz der Dämpfungsmaßnahmen anhaltend guten Konjunktur in der Bundesrepublik, wie schon im Vorjahr, auch 1956 ein Rückgang der Exportüberschüsse zu erwarten gewesen. Das Gegenteil trat ein. Als Ursache für die «Regelwidrigkeit» schloß die BdL ihre eigenen Kreditrestriktionen ebenso aus wie die Preisentwicklung im Inland und Ausland, die während der Beschleunigung des Exportwachstums von Herbst 1955 bis Mitte 1956 kaum unterschiedlich gewesen sei. Sie sah den rasanten Exportanstieg vor allem als Ergebnis eines dem deutschen vergleichbaren Investitionsbooms bei wichtigen Handelspartnern. Wegen eigener beschränkter Liefermöglichkeiten hätte sich die Nachfrage dieser Länder nach Investitionsgütern auf die in diesem

148 Die Zollsätze land- und bauwirtschaftlicher Betriebsmittel und Hilfsstoffe wurden bis Juni 1956 um 50% gesenkt. Befristete Zollsenkungen gab es auch für Nahrungsmittel und geringwertige Investitionsgüter. Vgl. Berger, Konjunkturpolitik, S. 112ff.

149 Vor allem aus dem Konsumgüterbereich, unbefristet um bis zu 25%, nachdem bereits im März 1955, auch aus konjunkturpolitischen Gründen, die Zollsätze auf mehr als 700 Zollpositionen um 10–35% ermäßigt worden waren.

150 Die im Konjunkturprogramm ebenfalls vorgesehene steuerliche Importförderung konnte allerdings erst im Juli 1957 umgesetzt werden. Auch binnenwirtschaftlich wurde die Regierung aktiv. Im Juni 1956 verhängte sie eine Haushaltssperre für 10% aller Investitionsmittel und setzte die Gewährung von Investitionsbürgschaften für die private Wirtschaft aus. Zu der vom ZBR gewünschten Einschränkung der degressiven Abschreibungsmöglichkeiten für unternehmerische Investitionen konnte sich Bonn nicht durchringen. Aber die Sparförderung wurde deutlich erhöht, um die Konsumnachfrage einzuschränken. Dem kontraktiven Maßnahmenbündel aus Bonn stand jedoch die konjunkturpolitisch expansive Wirkung von Einkommensteuererleichterungen durch ein Gesetz vom 5. Oktober 1956 gegenüber. Vgl. Berger, Konjunkturpolitik, S. 116ff.

151 Geschäftsbericht der Bank deutscher Länder für das Jahr 1956, S. 7.

Segment elastische, weil traditionell starke deutsche Wirtschaft gerichtet. «Die Ausfuhr kaum eines anderen Landes war also derart konjunkturbegünstigt wie die deutsche.»[152]

Unmittelbar nach Bekanntgabe des zweiten Konjunkturdämpfungsprogramms der Bundesregierung stellte der ZBR am 27. Juni 1956 erste Anzeichen einer Entspannung, besonders im Grundstoff- und Investitionsgüterbereich, einerseits und eine größere Bankenliquidität durch Devisenzuflüsse andererseits fest. Der Eindruck verstärkte sich zwei Wochen später. Die Industrie drängte mit Anleiheemissionen mit Zinskupons von 8% auf den Kapitalmarkt, weil zeitweise dieser Zins noch niedriger war als der für kurzfristige Bankkredite.

Am 22. August ließ sich der ZBR von Direktoriumsmitgliedern über weitere Tendenzen in derselben Richtung und über eine deutliche Stabilisierung in der Entwicklung der Preise und der Bankkreditgewährung berichten. Auch die Baukonjunktur sei nun rückläufig. Ungebrochen sei nur noch der Anstieg der Masseneinkommen und damit der Anstieg der Konsumnachfrage. Trotz der starken Lohnerhöhungen gingen seit Juli die Spareinlagenbestände zurück. Als sich dieser Gesamteindruck zwei Wochen später bestätigte und zusätzlich festgestellt wurde, daß der Tagesgeldsatz unter den Diskontsatz gefallen war, kam es, auf Vorschlag von Bernard, übrigens gegen das Votum von Vocke wegen des noch ungebremsten Anstiegs der Löhne und des Konsums, zu dem Beschluß, den Diskontsatz um 0,5% auf 5% zurückzunehmen. Dabei spielten zwar die genannten binnenwirtschaftlichen Faktoren noch die Hauptrolle. Aber es wurde ausdrücklich festgestellt, daß man damit auch das Zinsgefälle gegenüber dem Ausland verringern und den dadurch ausgelösten Störungen durch internationale Geldbewegungen und der zu erwartenden internationalen Kritik an der deutschen Zinspolitik begegnen wolle.[153] Außerdem glaubte man, durch die Diskontsatzsenkung über eine psychologische Wirkungskette eine Stärkung der angeschlagenen Sparneigung und einen Rückgang der Kapitalmarktzinsen erreichen zu können.

Am 8. Januar 1957 hatte Eduard Wolf an einer Sitzung der Abteilungsleiter des «Konjunkturrats» im Wirtschaftsministerium auf Initiative und unter dem Vorsitz des Leiters der dortigen Grundsatzabteilung, Alfred Müller-Armack, teilgenommen. Müller-Armack verfolgte mit dieser Aussprache den Zweck, die BdL von einer Diskontsenkung abzuhalten. Die Verbrauchskonjunktur habe noch nicht nachgelassen und die Entspannungstendenzen seien nur vorübergehender Natur, zumal mit einer Steigerung der Rüstungsausgaben gerechnet werden müsse. Wolf, die Kapitalmarktabteilung des Bundesmini-

152 Geschäftsbericht der Bank deutscher Länder für das Jahr 1956, S. 8.

153 Vgl. Protokoll der 226. ZBR-Sitzung am 5./6. September 1956, S. 7 (HA BBk B 330/Drs. 142), sowie das Wortprotokoll (HA BBk B 330/96).

steriums für Wirtschaft und Erhard, der an einem großen Teil der Sitzung persönlich teilnahm, waren anderer Meinung, zumal die Spartätigkeit zum Jahresende wieder angestiegen sei. Dies berichtete Wolf in der ZBR-Sitzung am 9./10. Januar 1957. Der ZBR folgte der Ansicht von Wolf, daß mindestens seit dem Frühherbst 1956 Entspannungssymptome zu beobachten gewesen seien, und beschloß – nach Anhörung und ohne Einwände der Minister für Wirtschaft und Finanzen, aber gegen das Votum von Vocke – mehrheitlich (8 zu 3 Stimmen) eine Senkung des Diskontsatzes um 0,5% auf 4,5%.[154] In der folgenden Zeit verflüssigte sich der Geldmarkt aus den hohen Leistungsbilanzüberschüssen stark. Die BdL senkte die Abgabesätze für Geldmarktpapiere mehrfach und versuchte durch Offenmarktoperationen die Bankenliquidität einzudämmen.

Im Ausland formierte sich in den folgenden Monaten stärkerer Widerstand gegen den noch immer als Hochzinspolitik angesehenen BdL-Kurs. Als der ZBR am 10. Juli 1957 wiederum über eine Diskontsenkung, die von einigen Mitgliedern vorgeschlagen worden war, ausführlich diskutierte, stand er bereits unter Druck von seiten des OEEC-Rats und des deutschen Mitglieds des EZU-Direktoriums, Hans Karl von Mangoldt.[155] Die BdL handele «nicht systemgerecht», weil «wir den Devisenzustrom sich nicht auswirken lassen würden in Zinssenkungen und Preissteigerungen». Obwohl die Bundesrepublik eine aktive Zahlungsbilanz habe, betreibe die BdL eine restriktive Kreditpolitik.

In dieser Sitzung machte Pfleiderer – der nach Helmut Schlesinger «sehr wichtig für den ZBR» und «der einzige intellektuelle LZB-Präsident» gewesen sei, «der Eduard Wolf etwas entgegensetzen konnte»[156] – die bemerkenswerte Feststellung, daß die Zahlungsbilanzüberschüsse «das Problem Nr. 1» seien. Zusammen mit anderen hielt er es aber für fraglich, daß man die spekulativen Kapitalzuflüsse aus der Veränderung der *Terms of Payments* und anderen Quellen mit einer Diskontsatzsenkung bremsen könne. Wolf wies im übrigen darauf hin, daß nicht das absolute Zinsniveau in Deutschland, sondern das Zinsgefälle zum Ausland entscheidend sei. Dieses habe sich aber in den letzten Monaten durch Zinssteigerungen im Ausland verringert. Pfleiderer stellte fest, daß die Art der Anlage der deutschen Währungsreserven zu den vergleichsweise niedrigen Zinssätzen im Ausland, besonders in den USA, beigetragen habe. Denn die zufließenden Dollardevisen würden ja gar nicht effektiv aus den USA abgezogen, sondern dort als Guthaben bei amerikani-

154 Auch baute er mit einer Verkürzung der Frist für den Ankauf von Exporttratten die Exportförderung durch Notenbankkredit weiter ab, im Februar auch seine Mittel für die Ausfuhrkredit AG (AKA).

155 Wortprotokoll der 249. ZBR-Sitzung am 10. Juli 1957 (HA BBk B 330/104). Vgl. auch Kaplan/Schleiminger, Payments Union, S. 260.

156 Interview des Autors mit Schlesinger am 3. März 1997.

schen Geschäftsbanken oder in US-Schatzwechseln gehalten, bei denen die Bundesrepublik der größte ausländische Käufer sei. Das sei zwar ertragspolitisch, nicht aber währungspolitisch richtig. Denn die Bundesrepublik trage mit diesen kurzfristigen Kapitalexporten, nämlich der Anlage des ihr aus den Leistungsbilanzüberschüssen mit EZU-Ländern zufließenden Goldes in den USA, dazu bei, daß dort die Zinsen niedrig und das Zinsgefälle zur Bundesrepublik hoch bleibe. Er schlug vor, einen größeren Teil der Währungsreserven in Gold zu halten. Vocke stimmte ihm darin weitgehend zu. Wahrscheinlich war es die Konsequenz dieser Diskussion, daß die Goldreserven der westdeutschen Notenbank 1957 von 6,2 auf 10,6 Mrd. DM, also um 71%, stiegen.[157] Tatsächlich verharrten 1957 die US-Geldmarktzinsen über den deutschen, was zur Entspannung der außenwirtschaftlichen Probleme beitrug.

Pfleiderers Äußerungen in dieser Sitzung sind noch aus einem anderen Grund bemerkenswert. Angesichts der außenwirtschaftlichen Lage forderte er eine «Umschaltung des kreditpolitischen Instrumentariums, wie wir es schon in unseren letzten kreditpolitischen Beschlüssen tendenziell getan haben. Wir haben ja, wenn wir die Gesamtheit unserer Beschlüsse ansehen, in gewisser Weise umgeschaltet [von der Zinspolitik] auf die Liquiditätspolitik.»[158] Damit meinte er, daß die BdL seit September 1956 den Diskontsatz zwar zweimal gesenkt, aber ihren Kurs bei den liquiditätspolitischen Maßnahmen weiter verschärft habe. Am wichtigsten war die Offenmarktpolitik: Ende 1956 waren erst 1,4 Mrd. DM an Mobilisierungstiteln am Markt abgesetzt worden, Ende Oktober 1957 waren es 5,6 Mrd., d.h. in 10 Monaten ein Liquiditätsentzug von 4,2 Mrd. DM.[159] Am 10. April 1957 hatte der ZBR beschlossen, zum 1. Mai 1957 die Mindestreservesätze für Inlandsverbindlichkeiten auf gestaffelt 9–13% und für Auslandsverbindlichkeiten sogar auf den damals höchstzulässigen Satz von 20% anzuheben, um dadurch Geschäftsbankenliquidität abzuschöpfen. Zum 1. September 1957 wurden Auslandsverbindlichkeiten, für die – soweit sie konvertierbar waren – schon seit 1948 ohnehin (bis zum Frühjahr 1959 in Kraft) ein Verzinsungsverbot bestand, sogar mit den im Bundesbankgesetz vom 30. Juli 1957 angehobenen Höchstsätzen von 30% belegt.[160] Das Bundesbankgesetz verpflichtete die Länder 1957 erstmals, alle ihre flüssigen Mittel bei der Bundesbank einzulegen, so daß auch einlagenpolitisch ein kontraktiver liquiditätspolitischer Effekt ent-

157 Vgl. Deutsche Bundesbank, 40 Jahre, S. 26.

158 Wortprotokoll der 249. ZBR-Sitzung am 10. Juli 1957 (HA BBk B 330/104).

159 Vgl. Geschäftsbericht der Deutschen Bundesbank für das Jahr 1957, S. 41 f. Auch die folgenden Angaben finden sich in diesem Geschäftsbericht. Vgl. auch: Berger, Konjunkturpolitik, S. 69.

160 Vgl. Deutsche Bundesbank, 40 Jahre, S. 190.

stand, der dem expansiven Effekt aus dem vom «Kuchenausschuß» des Bundestages betriebenen Abbau des «Juliusturms» entgegenwirkte. Die nächste Diskontsenkung ließ aber noch auf sich warten.[161]

c) Geldpolitik in der Zwickmühle 1956–1961

Die erfolgreiche Stabilitätspolitik, die von den geld- und fiskalpolitischen Entscheidungsträgern sowie den Tarifpartnern gestaltet wurde, hatte bei fast Preisstabilität im Inland und höheren Inflationsraten im Ausland seit 1951 zu hohen Überschüssen in der Handels- und Dienstleistungsbilanz geführt, die – ohne den innerdeutschen Handel – 1957 einen Höhepunkt von knapp 3,7% des BSP erreichten (vgl. Tabelle 2). Zusammen mit den ebenfalls seit 1951 einsetzenden Nettokapitalzuflüssen, die 1957 nach einer explosionsartigen Zunahme in jenem Jahr 0,7% des BSP ausmachten, hatten die daraus resultierenden Devisenzuflüsse die Währungsreserven der BdL von 0,7 Mrd. DM Ende 1950 auf 17,6 Mrd. DM Ende 1957 anschwellen lassen. Das entsprach 7,6% des BSP, 55% der deutschen Importe und 102% des Bargeldumlaufs. Die gesamten Auslandsaktiva der BdL betrugen Ende 1957 sogar 10,4% des BSP, 75,4% der Importe und 139% des Bargeldumlaufs. Die Ära Vocke war auch dadurch gekennzeichnet, daß der Anteil des Goldes an den Währungsreserven von weniger als 10% Ende 1951 auf über 60% Ende 1957 gesteigert wurde. In der Ära Blessing seit Anfang 1958 pendelte sich ein Verhältnis um die 50% ein.[162]

Die Kehrseite dieser anhaltenden Entwicklung der Überschußposition war, daß die deutsche Volkswirtschaft in der Zeit der Dollarlücke den anderen EZU-Staaten Devisen entzog und damit ihre Fähigkeit schwächte, das notwendige Devisenpolster für den angestrebten Übergang zur Konvertibilität der europäischen Währungen aufzubauen. Zwar erwirtschaftete die Bundes-

161 Der ZBR hatte einen solchen Schritt am 24. Juli 1957 zwar erwogen, aber nach einer gründlichen, lesenswerten Abwägung der Argumente noch abgelehnt. Einleitend hatte Wolf berichtet, er habe an einem Abteilungsleitertreffen des «Konjunkturrats» teilgenommen. Dort sympathisiere man mit einer Diskontsenkung. Vgl. Protokoll der 250. ZBR-Sitzung am 24. Juli 1957 (HA BBk B 330/Drs. 142).

162 Alle Zahlen berechnet nach: Deutsche Bundesbank, 40 Jahre, S. 5, S. 20, S. 26 und S. 255. Für den Anteil des Goldes an den gesamten BdL-Auslandsaktiva vgl. Tabelle 2. Die «Vergoldung» der Währungsreserven in der Ära Vocke war vor allem ein Erfolg der «Härtung» der EZU in dem Sinne, daß ein wachsender Teil der bilateralen Defizite nach Wahl der Schuldner in Gold oder in Dollar ausgeglichen werden mußte: nach der Gründung der EZU im Juli 1950 zunächst nur 25%, ab 1954 50% und ab 1955 75%. Da in dieser Zeit der Goldpreis auf dem Londoner Markt etwas unter der offiziellen Dollarparität lag, wurden die nicht kreditierten deutschen Überschüsse überwiegend in Gold statt in Dollar beglichen. Vgl. Emminger, D-Mark, S. 95 f.

republik, wie die anderen EZU-Länder, Außenhandelsdefizite mit dem Dollarraum. Während sie diese durch ihre Überschußposition in der EZU weit überkompensierte, addierten sich bei den anderen EZU-Ländern, insbesondere auch im Falle Frankreich und Großbritannien, die EZU-Defizite zu den Dollardefiziten. Sie hatten es also zusätzlich zu ihrer «Dollarlücke» mit einer «D-Mark-Lücke» zu tun. Und durch die rasante Aufstockung des Goldanteils an ihren Währungsreserven begann die BdL gleichzeitig, die Golddeckung und damit die Rolle des US-Dollar als Leitwährung im Weltwährungssystem zu schwächen,[163] ein Problem, das sich in den folgenden Jahren verschärfte und in den sechziger Jahren offen ausbrach.

Ein stärkerer währungspolitischer Beitrag des Überschußlandes Bundesrepublik zum Ausgleich der Zahlungsbilanzen der europäischen Defizitländer – entweder durch eine stärkere Anpassung der deutschen Preisentwicklung an die höheren Inflationsraten im EZU-Durchschnitt oder durch eine D-Mark-Aufwertung – wurde seit der ZBR-Entscheidung über Kreditrestriktionen am 3. August 1955 erwartet. Schon damals kritisierte das EZU-Direktorium diese zinspolitische Entscheidung. Nach den weiteren Diskonterhöhungen bis auf 5,5% monierte es im Juli 1956 «die extrem inländische Orientierung der deutschen Politik und die Vernachlässigung außenwirtschaftlicher Erwägungen».[164] Auch im folgenden Jahr, als die BdL bereits zinspolitisch gelockert, aber liquiditätspolitisch, vor allem durch Offenmarktpolitik und eine Mindestreserveerhöhung zum 1. Mai, restriktiv agiert hatte, blieb die Kritik von seiten des Auslands heftig. Im Ausschuß der Minister-Stellvertreter der OEEC am 17./18. Juni 1957 wurde angesichts der extremen deutschen Überschußposition die deutsche Wirtschafts- und Währungspolitik von allen Seiten scharf angegriffen, so daß die Bundesrepublik völlig isoliert war.[165]

Wie immer in solchen Fällen waren es die Geschäftsleute und die Devisenhändler gewesen, die als erste reagierten. Sie setzten auf eine D-Mark-Aufwertung, indem sie spekulative Anlagen in D-Mark bei deutschen Ban-

163 Von 1950 bis 1957 fiel die Deckung des Bargeldumlaufs durch Gold in den USA von 84% auf 74%. Vgl. U.S. Bureau of the Census, Historical Statistics, S. 993, S. 995.

164 Bericht des deutschen EZU-Direktors von Mangoldt, zitiert nach: Kaplan/Schleiminger, Payments Union, S. 253.

165 Mit der Drohung, die D-Mark innerhalb der EZU zur «knappen Währung» zu erklären und gegen deutsche Exporte zu diskriminieren, forderten die anderen Länder, die Bundesrepublik möge auch ihrerseits zur Wiederherstellung des außenwirtschaftlichen Gleichgewichts beitragen und zugunsten von Frankreich mit seiner Devisenkrise sofort einen Sonderkredit an die EZU gewähren. Darüber hinaus sei von einigen Ländern «eine stärkere Expansion der innerdeutschen Nachfrage bei gleichzeitigen preisdrückenden Maßnahmen (durchgreifende Zollsenkung oder Währungsaufwertung), von anderen ein umfangreicher öffentlicher und privater Kapitalexport oder eine massive Rückzahlung der Auslandsschulden empfohlen worden», berichtete Emminger dem ZBR am 26. Juni 1957. Protokoll der 248. ZBR-Sitzung am 26. Juni 1957 (HA BBk B 330/Drs. 142).

ken plazierten, obwohl seit 1948 den Geschäftsbanken die Verzinsung solcher Anlagen untersagt war, und indem die Geschäftswelt ihre *Terms of Payments,* d.h. die Zahlungsfristen für Ex- und Importgeschäfte, entsprechend änderte.[166]

Die Entscheidungsträger der BdL/Bundesbank verstanden ihren gesetzlichen Auftrag, die Währung zu sichern, stets in dem doppelten Sinn, nämlich die Parität der D-Mark im Rahmen des Bretton-Woods-Systems nach außen zu verteidigen und gleichzeitig die Preisstabilität im Innern zu gewährleisten. Dabei interpretierten sie diesen Auftrag so, daß die Sicherung der binnenwirtschaftlichen Stabilität, besonders der Preisstabilität, im Konfliktfall Priorität vor einer zahlungsbilanzorientierten Währungspolitik genießen sollte. Nachdem sie sich schon im Frühjahr 1957 ähnlich geäußert hatte,[167] ließ die Bundesbank im Frühjahr 1960 verlauten:

«Vor die Wahl zwischen solchen außenwirtschaftlichen Rücksichtnahmen und den Erfordernissen der Wahrung des inneren Geldwerts gestellt, konnte es für die Bank jedoch keinen Zweifel darüber geben, daß den letzteren der Vorrang gebührt, da die Verteidigung der Preisstabilität von fundamentaler Bedeutung für die gesamte Wirtschaftsentwicklung ist und die Störungen, die sich aus einer erneuten Verstärkung der Devisenzugänge bei den Geschäftsbanken ergeben könnten, leichter in Schach gehalten und überwunden werden können als die Konsequenzen eines Abgleitens auf die gefährliche Bahn stärkerer Preissteigerungen.»[168]

Die deutschen Zahlungsbilanzüberschüsse setzten aber nicht nur die Defizitländer im Ausland unter deflationären Anpassungsdruck, solange diese ihre eigenen Währungen nicht abwerteten. In der Bundesrepublik entstand aus derselben Situation wegen der Interventionsverpflichtung der BdL/Bundesbank zur Verteidigung der D-Mark-Parität automatisch ein inflationärer Anpassungsdruck. Bei der Diskussion um die D-Mark-Aufwertung in Deutschland ging es also nicht um eine Verlagerung der geldpolitischen Priorität von der Sicherung der Preisstabilität im Inland auf die Herstellung des außenwirtschaftlichen Gleichgewichts. Befürworter der D-Mark-Aufwertung sahen diese als notwendig an, um die Gefahr der «importierten Inflation» abzuwenden. Es handelte sich um eine Diskussion darüber, ob das Instrument der D-Mark-Aufwertung oder andere Instrumente zur Verteidigung der Preisstabilität in Deutschland einzusetzen seien und ob der Fall eingetreten sei, in dem nach den Statuten des Internationalen Währungsfonds eine Paritätsänderung zulässig sein sollte: das Vorliegen eines «fundamentalen Ungleichgewichts».

166 Vgl. Kaplan/Schleiminger, Payments Union, S. 255.
167 Vgl. Geschäftsbericht der Bank deutscher Länder für 1956, S. 8.
168 Geschäftsbericht der Deutschen Bundesbank für das Jahr 1959, S. 3.

Die BdL/Bundesbank, allen voran Vocke und Blessing, widersetzte sich jedem Aufwertungsvorschlag und glaubte, das außenwirtschaftliche Gleichgewicht vor allem durch Kapitalexporte wiederherstellen zu können. Darüber kam es 1958 zu einer öffentlichen Kontroverse mit L. Albert Hahn. Dieser vertrat die «Bumerang-These». Er behauptete, entgegen der Notenbankansicht würden langfristige Kapitalexporte die Leistungsbilanzüberschüsse nicht kompensieren, sondern die Nachfrage nach deutschen Exporten vergrößern und so auf den Überschuß in der deutschen Leistungsbilanz zurückschlagen, solange die Unterbewertung der D-Mark fortbestehe.[169] Er sprach 1960 von einer «Zwickmühle», in der sich die Bundesbank zwischen den Zielen Wechselkurs- und Preisstabilisierung befand.[170]

Noch im März 1955, als es um die Verlängerung des EZU-Abkommens und um die Vorbereitung des Übergangs zur Konvertibilität der europäischen Währungen ging, hatten die Bundesregierung und die BdL den Vorschlag Großbritanniens abgelehnt, mehr Flexibilität der Wechselkurse durch Erweiterung der Bandbreiten um die Parität von ±1% auf ±3% zuzulassen.[171] Einige ZBR-Mitglieder gingen damals sogar soweit vorzuschlagen, im Falle einer Pfundabwertung im Zusammenhang mit der Erweiterung der Bandbreiten den D-Mark-Wechselkurs an das Pfund anzuhängen, also auch abzuwerten. Am 3. Juli des folgenden Jahres schlug Erhard – im Hinblick auf das nächste Ministerratstreffen der OEEC am 17.-19. Juli 1956 – in einem Brief an den damaligen britischen Schatzkanzler Harold Macmillan vor, eine multilaterale Neufestsetzung der Währungsparitäten auf einer von Macmillan einzuberufenden Währungskonferenz ins Auge zu fassen. Stabile Währungen sollten ihre Paritäten behalten, Defizitländer aber abwerten. Dies sei sinnvoller als die theoretische Alternative, daß Länder mit stabilen Preisniveaus aufwerteten. In einem Interview mit der Financial Times am 11. Juli 1956 fügte Erhard hinzu, daß er auch einer Erweiterung der Bandbreiten um die Parität auf ±5% zuzustimmen bereit sei, wenn die Defizitländer ihre Parität nicht abzuwerten wünschten. Diesmal lehnte Macmillan für die britische Regierung die Wechselkursvorschläge Erhards ab, weil inzwischen eine Sterlingabwertung als Gefahr für den Bestand der *Sterling Area* angesehen wurde.[172]

169 Vgl. Hahn, Kapitalausfuhr, S. 137ff. In der 31. ZBR-Sitzung am 18./19. September 1958 kam es zu einer eingehenden Auseinandersetzung mit Hahns Thesen; vgl. das entsprechende Protokoll (HA BBk B 330/Drs. 142) sowie Kaufmann, Debate, S. 195.

170 Hahn, Integration, S. 206.

171 Vgl. Kaufmann, Debate, S. 193 sowie Kaplan/Schleiminger, Payments Union, S. 218ff. Die Angelegenheit wurde auf der 189. Sitzung des ZBR am 16. März 1955 diskutiert und die ablehnende Position der Bank deutscher Länder festgeschrieben. Vgl. das geheime Zusatzprotokoll zur 189. Sitzung des ZBR (HA BBk, Nachlaß Emminger N-2/243).

172 Vgl. Kaplan/Schleiminger, Payments Union, S. 257f. sowie Hentschel, Erhard, S. 277; Kaufmann, Debate, S. 193.

Was war zwischenzeitlich in Deutschland passiert, daß in Kreisen der Bundesregierung eine De-facto-Aufwertung der D-Mark nicht mehr abgelehnt wurde? Erhard, der angesichts der starken deutschen Exportwirtschaft den umfassenden Abbau der Außenhandelskontingente und einen schnellen Übergang zur Konvertibilität aller europäischen Währungen als im nationalen Interesse Deutschlands liegen sah, hatte schon seit 1952 den Gedanken an eine Freigabe der Wechselkurse und eine damit verbundene Abwertung des Französischen Franc und des Pfundes und De-facto-Aufwertung der D-Mark propagiert.[173] Er war damit aber nicht nur bei internationalen Organisationen, der Europäischen Zahlungsunion und dem Internationalen Währungsfonds (IWF), sondern auch bei der Bank deutscher Länder, speziell bei Vocke, auf Widerstand gestoßen. Wichtiger noch war, daß sich Erhard im zuständigen Bundeskabinett in dieser Frage nicht durchsetzen konnte. Adenauer, unter dem Einfluß seiner wirtschafts- und währungspolitischen Berater Robert Pferdmenges und Hermann Josef Abs sowie des BDI-Präsidenten Berg, sperrte sich wie Vocke entschieden gegen den De-facto-Aufwertungsvorschlag.[174]

Der Wissenschaftliche Beirat beim Bundeswirtschaftsministerium, der wie Erhard liberale marktwirtschaftliche Lösungen staatlichen Dirigismen grundsätzlich vorzog, schätzte die Leistungsbilanzüberschüsse als strukturell ein und sprach schon in seinem Gutachten vom 3. Juni 1956 von einem fundamentalen Ungleichgewicht und der Notwendigkeit einer Wechselkursanpassung und gab damit – wie mit seinem späteren ausführlichen Gutachten zur Außenwirtschaft vom 30. April 1957 – dem Wirtschaftsminister volle Rückendeckung in der Aufwertungsfrage.[175] Allerdings kam auch nach seiner Ansicht eine einseitige Paritätserhöhung der D-Mark nicht prioritär in Betracht, da die Leistungsbilanz gegenüber dem Dollarraum nicht im Überschuß, sondern sogar defizitär war. Auch stünden zahlreiche Schuldnerländer nur wenigen Gläubigerländern gegenüber; deshalb könne die nötige Differenzierung bei der Berichtigung von Währungsrelationen nur durch unterschiedliche Abwertungen erreicht werden. Gegen Abwertungen der anderen Währungen hatte auch Vocke nichts einzuwenden: Es sei Sache der kranken Währungen, sich einer Abwertungsoperation zu unterziehen, ein Gesunder brauche sich nicht operieren zu lassen.[176] Aber weil der Beirat die

173 Schon Ende 1952 hatte Erhard für die EZU-Währungen eine Schwankungsbreite der Wechselkurse um die Parität von ±5% vorgeschlagen, um damit die Partnerländer für die Konvertibilität der Währungen zu gewinnen. Die Bank deutscher Länder lehnte dies ab. Vgl. Protokoll der 135. ZBR-Sitzung am 17./18. Dezember 1952 (HA BBk B 330/Drs. 142), sowie Hentschel, Erhard, S. 192, S. 276.

174 Zum Einfluß der beiden Bankiers und des Industriellen Berg vgl. Koerfer, Kampf, bes. S. 85 f.

175 Vgl. Wissenschaftlicher Beirat, Gutachten 1948–1972, S. 296 ff., S. 333 ff.

176 Vgl. Kaufmann, Debate, S. 196; Emminger, D-Mark, S. 86.

ansteckende Wirkung der festen Bindung an inflationskranke Währungen und unrealistische Paritäten erkannte, vertrat er im Gegensatz zu Vocke den Standpunkt, daß zur Sicherung der Preisstabilität im Inland eine einseitige D-Mark-Aufwertung doch unausweichlich werden könnte.[177]

Emminger war innerhalb des Direktoriums und seit 1958 im ZBR der Hecht im Karpfenteich der BdL-/Bundesbankopposition gegen die Aufwertung. Schon im Juni 1956 hatte er auf einer Generalversammlung des Münchener Ifo-Instituts davon gesprochen, daß die Bundesrepublik «mit den Export- und Devisenüberschüssen *die Inflation des Auslands importieren»* würde. Er prägte damit den später allgemein akzeptierten Begriff von der «importierten Inflation», sehr zum Mißfallen von Vocke. Noch hatte er nicht offen von D-Mark-Aufwertung als Gegenmaßnahme gesprochen, sondern nur von einer Förderung des Kapitalexports, vorzeitiger Schuldenrückzahlung, Verringerung der Exportförderung u.ä.[178]

In einem vertraulichen Memorandum «Deutsche Überschußposition und Wechselkurspolitik» vom 10. November 1956 faßte Emminger den Zielkonflikt zwischen innerer und äußerer Währungsstabilität bereits klar ins Auge und bekundete seine Meinung, daß eine D-Mark-Aufwertung über kurz oder lang unausweichlich sei, wenn die Preisstabilität im Inland gewahrt werden solle. Um den Schaden gering zu halten, plädierte er dafür, eine Wechselkursänderung möglichst sofort vorzunehmen. Er schlug vor, die zulässige Band-

177 Vgl. Wissenschaftlicher Beirat, Gutachten 1948–1972, S. 343.

178 Vgl. Emminger, D-Mark, S. 79, sowie auch den Artikel über den Vortrag in der Süddeutschen Zeitung vom 7. Juni 1956 unter dem Titel «Wir importieren die Inflation des Auslandes». Heinrich Irmler, damals noch Vizepräsident der LZB von Niedersachsen, ging als erster aus der Führungsetage des Zentralbanksystems mit dem Thema «D-Mark-Aufwertung» an die Öffentlichkeit, und zwar in einem Vortrag auf einer Fachtagung des Deutschen Raiffeisenverbandes am 5. November 1956. Irmler stellte «ein echtes Dilemma» fest. Würde durch die restriktive Kreditpolitik die Nachfrage im Inland gedämpft und das Preisniveau stabilisiert, so führe dies die Gefahr herbei, daß die Handels- und Zahlungsbilanzüberschüsse nicht zurückgehen, sondern eher weiter wachsen würden. Das Originalmanuskript mit dem Titel «Währungsstabilität in der vollbeschäftigten Wirtschaft» befindet sich in: HA BBk, Pressearchiv. Es wurde auszugsweise abgedruckt in: Deutsche Bundesbank, Auszüge aus Presseartikeln, Nr. 139 vom 21. Dezember 1956, S. 2ff., bezeichnenderweise ohne die Ausführungen zur D-Mark-Aufwertung. Dort (S. 4) ist nur noch die Passage enthalten, aus der Situationsanalyse «ergäbe sich logisch die Konsequenz, daß eigentlich die europäischen Defizitländer ihre Wechselkursparität überprüfen und evtl. eine Abwertung vornehmen müßten. Die Neigung hierzu ist allerdings, zumindest im Augenblick, nicht groß.» Die Beschreibung dieser Dilemmasituation taucht in ähnlicher Form im Geschäftsbericht der LZB von Niedersachsen für das Geschäftsjahr 1956, S. 8f., wieder auf. Dort heißt es: «Die Restriktionspolitik würde sich dann [wenn die Auslandsnachfrage die zurückgedämmte Binnennachfrage ersetzt; Anm. C.-L. H.] in ihrer Wirkung geradezu selbst aufheben. Demgegenüber war aber zu bedenken, daß die einzige Alternative zur Kreditverteuerung und Kreditbeschränkung darin bestanden hätte, den internationalen Wechselkurs der Deutschen Mark zu ändern.»

breite des Dollarkurses vorläufig von ±1% auf ±6 bis 8% zu erweitern und gleichzeitig den D-Mark-Wechselkurs sofort in die Nähe des oberen Bereichs dieser Marge zu verschieben.[179]

Erst nach Emmingers Drohung, das Memorandum im ZBR diskutieren zu lassen, fand sich Vocke bereit, das Papier in einer «Geheimsitzung» des Direktoriums am 12. Dezember 1956 zur Diskussion zu stellen. Emminger blieb dort völlig isoliert. Obwohl er anerkannte, daß ein allgemeines Realignment mit Paritätsänderungen vor allem bei den Defizitländern wünschenswert sei, beharrte er darauf, daß zur Verteidigung der inneren Stabilität auch eine einseitige D-Mark-Aufwertung notwendig sein könnte.[180]

Im ZBR bewegte sich in der Aufwertungsfrage nichts. Am 10. Juli 1957 ging er mit der Erklärung an die Presse, daß die umlaufenden Gerüchte über eine D-Mark-Aufwertung gegenstandslos seien und daß er darin mit dem Bundeswirtschaftsminister übereinstimme.[181] Als Ergebnis einer Kabinettssitzung am 19. und 20. August 1957 zu dieser Frage, an der auch die beiden Notenbankpräsidenten teilnahmen, veröffentlichte die Bundesregierung: «Das Verhältnis der DM zum US-Dollar bedarf auf Grund aller wirtschaftlichen Tatbestände keiner Änderung. Alle Gerüchte über eine beabsichtigte Aufwertung der DM sind gegenstandslos. Bundesregierung und Bundesbank werden die im In- und Ausland so hoch eingeschätzte Stabilität der deutschen Währung weiterhin wahren.»[182] Danach beruhigte sich die Spekulation auf eine DM-Aufwertung.

Dazu hatte auch eine international abgestimmte Aktion beigetragen. Die französische Notenbank setzte ihren Diskontsatz herauf. Großbritannien erhöhte seinen Eckzins von 5 auf 7% und gab mit den Deutschen auf der Herbsttagung 1957 des IWF die offizielle Erklärung ab, daß eine Änderung der Paritäten ausgeschlossen sei.[183] Der ZBR senkte am 18. September einstimmig den Diskontsatz um 0,5% auf 4%. Er wolle damit «die innerwirtschaftliche Expansion zu Lasten der Export-Konjunktur, also ohne nachhaltige Wirkungen für die innere Stabilität», fördern.[184] Das Wort «nachhaltige» läßt allerdings darauf schließen, daß sich der ZBR mindestens in gewissem Ausmaß für die bereits stattfindende Anpassungsinflation entschieden hatte.

179 HA BBk, N2–1243.

180 Vgl. Emminger, D-Mark, S. 79ff. Im September 1957 ging Emminger in der Wechselkursfrage erstmals an die Öffentlichkeit, indem er in einem Aufsatz seine Ansicht veröffentlichte, daß theoretisch auch flexible Wechselkurse, die von Kanada und Peru praktiziert und vom IWF geduldet worden waren, mit den IWF-Statuten vereinbar seien. Vgl. Emminger, Währungsfonds, S. 732ff.

181 Vgl. Protokoll der 249. ZBR-Sitzung am 10. Juli 1957 (HA BBk B 330/Drs. 142).

182 Vgl. Protokoll der 3. ZBR-Sitzung am 21./22. August 1957 und der 249. ZBR-Sitzung am 10. Juli 1957 (HA BBk B 330/Drs. 142 und 143).

183 Vgl. Kaplan/Schleiminger, Payments Union, S. 262f.

184 Vgl. Protokoll der 5. ZBR-Sitzung am 18. September 1957 (HA BBk B 330/Drs. 142).

1958 entspannte sich die außenwirtschaftliche Situation darüber hinaus auch insofern, als es in den USA zu einer Rezession kam. Dazu kam, daß Frankreich, das die größten Probleme mit Außenhandelsdefiziten in Europa hatte, mit Devisenbewirtschaftungsmaßnahmen seit August 1957[185] und mit einer Art Ersatzabwertung des Französischen Franc um 17%[186] (Steuern auf Importe und Exportsubventionen), abgelöst durch eine De-jure-Abwertung im Dezember 1958 um 15%, zur Entspannung der Nachfrage nach deutschen Exporten beitrug.

Alle Diskontsatzsenkungen um jeweils 0,5% am 5. September 1956, am 10. Januar und 18. September 1957, am 16. Januar und 26. Juni 1958 sowie schließlich am 8./9. Januar 1959 um 0,25% auf das Rekordtief der Nachkriegszeit von nur noch 2,75% waren sehr stark außenwirtschaftlich motiviert, während diejenigen, die jeweils dagegen votierten, binnenwirtschaftlich argumentierten. Z.B. war in der ZBR-Sitzung am 26. Juni 1958 davon die Rede, daß es im Ausland eine Welle von Diskontsenkungen gegeben habe, denen man sich anpassen müsse.[187] Noch deutlicher trat dieses Motiv in der ZBR-Sitzung am 8./9. Januar 1959 in Erscheinung. Nach dem «Übergang zur vollen Konvertibilität [Ende 1958] sei eine weitere Senkung des deutschen Zinsniveaus unerläßlich».[188] Daneben spielte vor allem die Überlegung eine Rolle, daß man durch die Senkung der kurzfristigen Zinsen die Aufnahmebereitschaft des Kapitalmarktes fördere, der sich in der Tat in den Jahren 1957–1959 bei sinkender Zinstendenz erstmals zu voller Blüte entfaltete. Auch binnenwirtschaftlich würden die Zinssenkungen in die Landschaft passen. Das Wirtschaftswachstum war 1958 auf nur noch 3,5% zurückgegangen. Ein Rückgang der Arbeitslosenquote (3,7%) blieb 1958 erstmals in den fünfziger Jahren aus (vgl. Tabelle 1).

1959 und 1960 rollte die nächste Konjunkturwelle heran. Die Wachstumsrate stieg über 7,4% auf 9,0%, die Arbeitslosenquote fiel über 2,6% auf das Überbeschäftigungsniveau von 1,3%. Während der Lohnanstieg 1959 mit 5,4% noch moderat ausfiel, reagierten die Tarifpartner 1960 auf die angespannte Arbeitsmarktlage, typischerweise erst in der Spätphase des Booms, mit Lohnerhöhungen von über 9% (vgl. Tabelle 1).

Der ZBR machte sich seit Sommer 1959 über die Konjunkturüberhitzung größte Sorgen und erkannte die Inflationsgefahr. Da er angesichts der offenen außenwirtschaftlichen Flanke um die begrenzte Wirksamkeit geldpolitischer Restriktionen wußte, forderte er noch vor eigenen Zinsschritten bei der Bundesregierung eine «antizyklische» Fiskalpolitik ein. Am 6. August 1959

185 Vgl. Kaplan/Schleiminger, Payments Union, S. 263 und S. 276.
186 Vgl. Emminger, D-Mark, S. 88.
187 Vgl. Protokoll der 26. ZBR-Sitzung am 26. Juni 1958 (HA BBk B 330/Drs. 142).
188 Protokoll der 38. ZBR-Sitzung am 8./9. Januar 1959 (HA BBk B 330/Drs. 142).

schrieben Blessing und Vizepräsident Heinrich Troeger einen Brief an Erhard, mit Kopien an den Bundeskanzler und den Finanzminister, in dem sie die Baukonjunktur im Zentrum des Booms sahen und eine «antizyklische» Bautätigkeit der öffentlichen Hände, eingeschlossen eine Streckung der Förderung des sozialen Wohnungsbaus, anmahnten. So könne der Einsatz der Kreditbremse, der «die Unterbringung von Bundesanleihen in Frage» stellen würde, vermieden und die «Mengenkonjunktur» erhalten werden.[189]

Kurz darauf versuchte die Geldpolitik erneut, mit binnenwirtschaftlich orientierten Maßnahmen, die sich abzeichnenden Inflationsgefahren zu bannen. Neben anderen Restriktionsschritten, z.B. der Förderung des Geldexports durch Swap-Politik, erhöhte der ZBR den Diskontsatz am 3. September 1959 von 2,75 auf 3%, am 22. Oktober auf 4% und am 2. Juni 1960 auf 5%. Er bemerkte, daß er damit zinsinduzierte Kapitalimporte anregte, die zu den erneut auf eine D-Mark-Aufwertung spekulierenden hinzukamen. Er versuchte, diese durch ein Verzinsungsverbot zur Abwehr von Auslandsgeldern abzuwehren, für das er die Zustimmung der Bundesregierung brauchte und erhielt. Das kam einer Entliberalisierung und erneuten Diskriminierung des internationalen Kapitalverkehrs gleich, der mit dem offiziellen Übergang zur Konvertibilität Ende 1958 gerade erst freigegeben worden war. Neben seinen Zinsentscheidungen beschloß der ZBR am 2. Juni Maßnahmen zur Eindämmung der Bankenliquidität, vor allem Mindestreserveerhöhungen auf Inlands- und Auslandsverbindlichkeiten, allerdings ohne das gesetzliche Maximum (nunmehr 30%) auszuschöpfen. Er beschloß auch eine aktivere Offenmarktpolitik, in deren Rahmen die Sozialversicherungsträger beträchtliche Summen an Mobilisierungspapieren aufnahmen, sowie die Stillegung der «Blessing-Milliarde».[190]

Für das Scheitern der «kreditpolitischen Breitseite»[191] vom 2. Juni 1960 spielte auch die eine Woche später eingeleitete Lockerung der bis dahin restriktiven amerikanischen Kreditpolitik eine Rolle (vgl. Schaubilder 1 und 2). Die Bundesbank bezeichnete dies als «tragische Koinzidenz».[192] Ihre restriktive Kreditpolitik war damit «praktisch aus dem Sattel gehoben» worden.[193]

189 HA BBk N-2/243.

190 Es handelte sich dabei um eine freiwillige Verpflichtung der Banken, 1 Mrd. DM an Mobilisierungspapieren für zunächst zwei Jahre im eigenen Besitz zu halten, statt sie jederzeit – wie sonst üblich – gegen Zentralbankgeld an die Bundesbank zurückgeben zu können. Diese Vereinbarung beschränkte die Freien Liquiditätsreserven der Banken. Die Bundesbank verzichtete im Gegenzug auf eine weitere mögliche Erhöhung der Mindestreservesätze. Vgl. Schmölders, Geldpolitik, S. 263.

191 Emminger, D-Mark, S. 109f.

192 Geschäftsbericht der Deutschen Bundesbank für das Jahr 1960, S. 5.

193 Emminger, Zwanzig Jahre, S. 14.

Im Auftrag des ZBR schrieb Blessing am 1. September 1960 einen Brief an Adenauer persönlich (mit Kopien an Ludwig Erhard und Franz Etzel).[194] Es gebe keine Möglichkeit mehr, allein mit kreditpolitischen Mitteln den Preisauftrieb wirksam zu bekämpfen. Nicht nur müßten die öffentlichen Ausgaben auf das absolut unabweisbare Maß beschränkt werden, vielmehr müßte auch die reichliche Liquidität in der Wirtschaft «im Steuer- und Umlagewege» abgeschöpft werden. Die daraus mögliche Erhöhung der Entwicklungshilfe könne das Problem der Devisenüberschüsse mildern.[195] Genannt wurde ein fiskalpolitischer Stabilisierungsbeitrag aller Gebietskörperschaften von 2 bis 3 Mrd. DM (BSP 1960: 303 Mrd. DM). Die Alternative sei: entweder Anpassungsinflation oder eine steuerliche Ersatzaufwertung bzw. Aufwertung der D-Mark.

Emminger hatte bereits im Dezember 1959 die Aufwertungsfrage in der Bundesbank wieder auf die Tagesordnung gebracht. In seinem ausführlichen überarbeiteten Papier vom 20. Januar 1960 trug er vor: Diesmal seien nicht die Defizite europäischer Länder, sondern das Zahlungsbilanzdefizit der USA das Gegenstück zur deutschen Überschußposition. Da dieser «Kranke» seinen Wechselkurs nicht anpassen könne, stelle sich das Problem anders als 1956/57. Er plädierte für eine D-Mark-Aufwertung um 7,7%, also von 4,20 auf 3,90 DM pro Dollar.[196]

Der ZBR gab die erneut gescheiterte binnenwirtschaftliche Orientierung seiner Politik am 10. November 1960 auf und entschloß sich zu einer Leitzinssenkung um einen vollen Prozentpunkt, am 19. Januar 1961 um weitere 0,5% auf 3,5%.[197]

Als die Bundesbank im Februar 1961 einen weiteren Lockerungsschritt vorbereitete, kam es zum Konflikt mit der Bundesregierung. In vertraulichen Vorgesprächen legten sowohl Erhard als auch Finanzminister Etzel Einspruch ein und drohten ein offizielles Veto an. In dieser Konfliktsituation spielten im Gegensatz zu den früheren Fällen die Regierungsvertreter die Rolle entschlossener Verteidiger der Preisstabilität im Inland, auf seiten Erhards freilich mit dem Vorhaben, die Stabilitätspolitik im Innern durch eine D-Mark-

194 Vgl. HA BBk N-2/244.

195 Diese waren nicht etwa konjunkturgerecht wegen des Booms, sondern nur wegen stark erhöhter Übertragungen und Kapitalexporte leicht zurückgegangen. Der Handelsbilanzüberschuß war sogar gestiegen (Tabelle 2).

196 Vgl. HA BBk N-2/244. Vgl. auch: Emminger, D-Mark, S. 106f.

197 Erhard und sein Staatssekretär Müller-Armack machten gegen den ersten Schritt wegen des Zeitpunkts und wegen des Ausmaßes, allerdings nur inoffiziell, Bedenken geltend, wahrscheinlich weil damit der außenwirtschaftliche Druck in Richtung der von ihnen gewünschten D-Mark-Aufwertung gemindert wurde. Gegen den zweiten Schritt wurde der Widerspruch aus Bonn schon stärker artikuliert, allerdings auch diesmal ohne daß es zu einem offiziellen Veto der Bundesregierung mit der Folge einer zweiwöchigen Suspension des Beschlusses gekommen wäre.

Aufwertung abzusichern. Die Bundesbank aber war noch entschlossen, gerade dies zu verhindern. Mit ihren Diskontsenkungen hatte sie im Grunde signalisiert, daß sie entgegen ihren stets betonten Prioritäten nunmehr die Verteidigung der äußeren Währungsstabilität in den Vordergrund gerückt und hinsichtlich der inneren Stabilität resigniert und kapituliert hatte. Sie war offenbar gewillt, die Alternative zur D-Mark-Aufwertung, eine Anpassungsinflation, hinzunehmen, und schlug sich damit auf die Seite von Per Jacobsson, dem geschäftsführenden Direktor des IWF, der diese Strategie schon seit 1956 vertreten hatte.

Wie früher die Notenbank in ihren offiziellen Verlautbarungen, so erkannte nun Erhard, daß die Verteidigung der inneren Währungsstabilität bei Politikern und in der Bevölkerung für wichtiger gehalten wurde als die Beibehaltung der D-Mark-Parität. Er ging in die Offensive und gab am 20. Februar 1961 vor der CDU-Fraktion die folgende scharfe Erklärung ab: «Daß wir diese Überschüsse haben und viel zahlen müssen, und daß die Preise immer weiter steigen, verdanken wir der Bundesbank beziehungsweise dem Herrn Blessing.» Erhard kritisierte die seit November 1960 betriebene geldpolitische Auflockerung und wollte insbesondere die für den März geplante Senkung der Mindestreserven verhindern. In einer Sondersitzung am 25. Februar 1961 entschloß sich der ZBR, dies dennoch zu tun, wenn auch mäßig. Er glaubte, den bei den Banken zu beobachtenden Liquiditätsentzug aufgrund der hohen Kapitalexporte (vgl. Tabelle 2) kompensieren zu müssen, auch durch eine aktivere Offenmarktpolitik. In der Diskussion schlugen ZBR-Mitglieder mit Kritik an die Adresse der Regierung vehement zurück, vor allem Bundesbankvizepräsident Troeger:

«Die Regierung, die die Vollbeschäftigung erstrebt hat, die Vollbeschäftigung erreicht hat und die Vollbeschäftigung beibehält, muß eine aktive und bewußte Konjunkturpolitik betreiben. Sie hat es aktiv betrieben – Wirtschaftswunder –, sie muß es auch negativ treiben, wenn die Konjunkturlage das erfordert. Daß sie es nicht tut, das ist unser eigentliches Dilemma [und nicht die Aufwertungsfrage]. ... Die Währungspolitik ist ein Stück, ein Teil der Wirtschaftspolitik.»[198]

Als Blessing nach der Erhard-Kritik mehrere tadelnde Anrufe aus CDU-Kreisen erhalten hatte, beklagte er sich gegenüber Emminger: «Jetzt will man mir persönlich die Verantwortung in die Schuhe schieben sowohl für alle kommenden Preissteigerungen als auch für die Zahlungen an die Amerikaner beziehungsweise an das Ausland. Die Regierung will auf diese Weise aus dem Schneider kommen. Das mach ich nicht mehr mit. Ich gehe zum Alten [Adenauer] und werfe mein Amt hin.» Emminger, der von den Direktoriumskollegen seit längerer Zeit Irmler und seit Anfang 1960 auch Wolf in der Auf-

198 Wortprotokoll der ZBR-Sondersitzung am 25. Februar 1961 (HA BBk B 330/175 I).

wertungsfrage auf seiner Seite hatte,[199] erwiderte: «Ich billige nicht die Methode der Bonner. Aber sachlich stehe ich unverändert auf der Linie der Aufwertung, in der Hauptsache, weil sonst die Bundesbank auf eine völlig verkehrte Seite gedrängt wird und weiter an Ansehen verliert. Es ist unmöglich, wenn nun die Regierung für Stabilität eintritt, die Notenbank aber scheinbar nicht. Wir müssen unbedingt heraus aus dieser Situation.»[200]

Adenauer hatte in einer Besprechung am 18. Oktober 1960 über die Zahlungsbilanzüberschüsse und die Aufwertungsfrage gegenüber seinen Ministern Erhard, Etzel und Heinrich von Brentano sowie Bundesbankpräsident Blessing geäußert: «Ich möchte von der Aufwertung bis zur Bundestagswahl [September 1961] nichts mehr hören.» Daraufhin kam eine Sachdebatte über das Für (Erhard) und Wider (Blessing) der Aufwertung gar nicht erst zustande. «Es bestand volle Einmütigkeit, daß eine Aufwertung nicht in Frage kommt»,[201] hieß es im Kommuniqué lapidar, wobei Erhards Zustimmung wohl nur als Beitrag zur Beruhigung der Devisenmärkte zu verstehen war. Statt dessen wurden die von der amerikanischen Regierung gewünschte Entwicklungshilfeleistung sowie Bemühungen um eine konjunkturgerechte, d.h. restriktive, Fiskalpolitik und um einen stabilitätsfördernden Beitrag der Wirtschaft zugesagt.

Erhard ließ schon einen Tag später die New York Herald Tribune wissen, daß er nach wie vor für eine D-Mark-Aufwertung eintrete. Adenauer, unter dem Einfluß seiner Berater Abs und Pferdmenges aus dem Bankenbereich und des BDI-Präsidenten Berg, stand unter dem Eindruck vor allem folgender Argumente gegen die Aufwertung: Erstens, auch eine Wechselkursänderung nach oben würde bei der durch zwei Währungsreformen besonders empfindlich gemachten deutschen Bevölkerung Stabilitätssorgen auslösen. Das könne er sich nicht leisten, da er für die nächste Bundestagswahl seine Regierung als Garanten stabiler Verhältnisse empfehlen wolle. Zweitens, eine Aufwertung würde bei westlichen Nachbarstaaten als offensiver Akt von deutscher Seite interpretiert werden. Drittens, im Falle einer Verschlechterung der Weltkonjunktur könne sich die deutsche Industrie die Belastungen aus einer D-Mark-Aufwertung nicht leisten.[202]

Tatsächlich bot der BDI im November 1960 als Beitrag zur Preisstabilisie-

199 Vgl. Emminger, D-Mark, S. 108.

200 Alle drei Zitate und der ganze Vorgang in: Emminger, D-Mark, S. 122f.

201 Beide Zitate und der ganze Vorgang in: Emminger, D-Mark, S. 118. Daß Blessing in einem Konjunkturgespräch beim Finanzminister am 12. September 1960 die Aufwertung für nötig gehalten hätte, wie Hentschel, Erhard, S. 369, neuerdings glaubt herausgefunden zu haben, muß eine Fehlperzeption des Ministers Heinrich Krone, den Hentschel als Quelle angibt, sein.

202 Vgl. Erhard For Revaluation of Currency, in: New York Herald Tribune vom 20. Oktober 1960.

rung ohne Aufwertung ein Fünfpunkteprogramm an: 1. einen Aufruf an seine Mitglieder zur Preisdisziplin; 2. eine Verpflichtungserklärung zur Zeichnung einer Entwicklungshilfeanleihe von 1, später 1,5 Mrd. DM durch Industrieunternehmen; 3. die Förderung des Kapitalexports; 4. das Einfrieren von Teilen des Investitionskapitals bei der Bundesbank und 5. ein Gentlemen's Agreement zwischen der öffentlichen Hand und der Bauindustrie, das die Zurückstellung nicht unbedingt notwendiger Bauvorhaben vorsah. Nachdem ein angeblich gegebenes Versprechen Adenauers an Fritz Berg, im Gegenzug auf eine D-Mark-Aufwertung zu verzichten, durch den Vollzug der D-Mark-Aufwertung um 5% durch Kabinettsbeschluß vom 3. März 1961 nicht eingehalten wurde, suspendierte Berg die Zahlung von 100.000 DM, die aus Industriekreisen jeden Monat an die CDU gezahlt wurden.[203]

Zur Bundestagswahl im November 1961 mußte die CDU auf die Wahlkampfhilfe der Industrie aber schon nicht mehr verzichten. Die Wahl des niedrigen Aufwertungssatzes, anstelle des in der Forschungsabteilung des IWF für notwendig gehaltenen Satzes von mindestens 10%, vorzugsweise 15%,[204] trug den Interessen der Industrie weitgehend Rechnung und löste nicht einmal ansatzweise die Katastrophe aus, von der Berg zuvor immer gesprochen hatte. Es war nämlich Adenauer gewesen, bei dem am 28. Februar 1961 die entscheidende Sitzung zur Vorbereitung des Kabinettsbeschlusses stattgefunden hatte, der weitergehende, von der Industrie ungeliebte Vorschläge abgeblockt hatte. Adenauers kluger Ratgeber Pferdmenges hatte mit seiner Neueinschätzung der Lage dazu den Weg bereitet. Er wehrte sich damals nicht mehr gegen eine Aufwertung. Die hartnäckigsten Aufwertungsgegner Abs und Berg waren bezeichnenderweise nicht eingeladen worden. Erhard wollte, entsprechend Emmingers Vorstellung vom Dezember 1959, eine Aufwertung um 7,7%, d.h. von 4,20 DM auf 3,90 DM pro Dollar, vorschlagen. Adenauer: «Warum so kompliziert, mit 4,00 DM für den Dollar rechnet es sich doch viel leichter! Und wir nehmen Rücksicht auf die Betroffenen.» Auch eine Erweiterung der Bandbreiten anstelle einer Paritätsänderung fegte nach Blessings Darstellung Adenauer mit der Bemerkung vom Tisch: «Da weiß ja niemand, woran man ist ... Die Wirtschaft muß doch disponieren können.»[205]

Blessing hatte am Tag zuvor schon einen Alternativvorschlag zur Aufwertung, eine negative Devisenbewirtschaftung zur Abwehr von kurzfristigen Auslandsgeldern, als «Quatsch» abgelehnt. Jetzt konnte sich auch Blessing der Aufwertungsnotwendigkeit nicht mehr verschließen: «Ich schließe mich schweren Herzens und widerstrebend ... an.»[206] Nach dem offiziellen Kabi-

203 Zu diesem Abschnitt vgl. Kaufmann, Debate, S. 199ff.
204 Vgl. James, Monetary Cooperation, S. 113ff.
205 Beide Zitate: Emminger, D-Mark, S. 124f.
206 Zitiert nach: Emminger, D-Mark, S. 124.

nettsbeschluß am 3. März 1961 stimmte nachmittags sogar der ZBR der Aufwertung mehrheitlich ausdrücklich zu, obwohl er nur verpflichtet war festzustellen, daß die Regierung das gesetzlich vorgeschriebene «Benehmen» mit der Bundesbank hergestellt habe. Der ZBR war ohnehin am Ende seiner Möglichkeiten angekommen, den Aufwertungsbeschluß noch zu verhindern, und war offensichtlich in Sorge um einen Reputationsverlust der Bundesbank, der insofern drohte, als der Bundeswirtschaftsminister die Aufwertung in der Öffentlichkeit überzeugend als stabilitätspolitisch notwendige Maßnahme darstellte.[207]

d) Geldpolitik ohne Sturm von außen 1961–1967

Die D-Mark-Aufwertung von 5% im März 1961 wurde von vielen im Inland und im Ausland als zu niedrig angesehen. Deshalb hielt die Nervosität auf den Devisenmärkten zunächst noch an. International wurde aber energisch daran gearbeitet, die Devisenmärkte zu beruhigen. Die Präsidenten der wichtigsten Notenbanken erklärten bei ihrem Routinetreffen in der Bank für Internationalen Zahlungsausgleich in Basel am 12. März 1961, «daß weitere Wechselkursänderungen auf keinen Fall zu erwarten seien».[208] Sie vereinbarten kurzfristige Swap-Fazilitäten, d.h. Devisenhilfen, mit denen unter Druck geratene Währungen in Zukunft verteidigt werden sollten.[209]

Ungefähr um diese Zeit endete die Spekulation auf eine weitere D-Mark-

207 Blessing und fast der gesamte ZBR hatten sich, wie schon zuvor Vocke, gegen eine D-Mark-Aufwertung jahrelang entschieden zur Wehr gesetzt. «Für eine Notenbank – das bitte ich zu verstehen – ist nun einmal die Währungsparität eine sakrosankte Sache, die man nur verändern darf, wenn alle anderen Mittel nicht zum Erfolg führen», führte Blessing in einer gemeinsamen Pressekonferenz mit Erhard unmittelbar nach der Aufwertung als Hauptbegründung für den langjährigen Widerstand der BdL/Bundesbank an. Blessing, Kampf, S. 30. Auch abgedruckt im Monatsbericht der Deutschen Bundesbank für März 1961. Blessing hatte noch am 17./18. Oktober 1960 im Direktorium der Bundesbank und unmittelbar vor einer entscheidenden Sitzung zur Aufwertungsfrage bei Adenauer am 18. Oktober 1960 sowie erneut in einer ZBR-Sitzung am 25. Februar 1961 seinen Rücktritt angedroht, wenn es zur Aufwertung käme. Dem setzte für den umgekehrten Fall Erhard am 20. Februar 1961 vor der CDU-Fraktion seine eigene Rücktrittsdrohung entgegen. Vgl. Emminger, D-Mark, S. 117f., S. 123, sowie James, Monetary Cooperation, S. 114. Zwischen diesen Polen vermittelte Adenauer am 28. Februar den Kompromiß einer «schwachen» Aufwertung.

208 Emminger, D-Mark, S. 129.

209 Der Wechselkurs des britischen Pfunds wurde unter maßgeblicher Beteiligung der Bundesbank mit diesem neuen Beistandsmechanismus in einer Gesamthöhe von 910 Mio. Dollar bis zum Juli 1961 verteidigt. Ende Juli sprang der IWF mit einer mittelfristig eingeräumten Ziehungsmöglichkeit in Höhe von insgesamt 2 Mrd. Dollar dem britischen Pfund bei.

Aufwertung. Dazu hatte auch beigetragen, daß die Bundesbank ihre Restriktionspolitik weiter lockerte. Im Rahmen der Offenmarktpolitik wurden die Abgabesätze für Geldmarktpapiere weiter gesenkt.[210] Schließlich wurde am 3. Mai 1961 eine Herabsetzung des Diskontsatzes auf nur noch 3% beschlossen. Bereits im Februar, März und April 1961 waren die Mindestreservesätze für Inlandsverbindlichkeiten gesenkt worden. Demgegenüber wurden seit dem 1. Mai 1961 die Mindestreservehöchstsätze nicht nur – wie schon seit Anfang 1960 – auf den Zuwachs an Auslandsverbindlichkeiten, sondern auch auf den Bestand angewandt. Allerdings durften die Banken ihre Bestände an Bankguthaben und Geldmarktanlagen im Ausland von dem Bestand der mindestreservepflichtigen Auslandsverbindlichkeiten abziehen («Kompensationsprivileg»). Von Mai 1961 bis Juni 1962 betrieb die Bundesbank in bis dahin nicht gekanntem Ausmaß Swap-Politik.[211] Damit förderte sie die Devisenhaltung auf seiten der Geschäftsbanken statt bei ihr selbst. Hierbei ging es nach wie vor um die Abwehr von Liquiditätszuflüssen aus dem Ausland, die wegen der niedrigeren Geldmarktzinsen in den USA (vgl. Schaubild 2) noch beträchtlich waren. Jedenfalls wurden alle diese geldpolitischen Maßnahmen außenwirtschaftlich begründet.

Im zweiten Halbjahr 1961 wurde die Kapitalbilanz (kurz- und langfristig) stark passiv. Sie schloß nach einem Überschuß von 2,3 Mrd. DM 1960 das Jahr 1961 sogar mit einem Defizit von 5 Mrd. DM ab, wozu allerdings auch die vorzeitige Rückzahlung von Nachkriegsschulden beigetragen hatte. Darin und in einer Erhöhung des Defizits in der Übertragungsbilanz kam auch eine gewaltige Steigerung der Entwicklungshilfeleistung der Bundesrepublik auf einen Gesamtumfang von 4 Mrd. DM zum Ausdruck.[212] Angesichts der außenwirtschaftlichen Entspannung wurden ab 1. Februar 1962 die Mindestreservesätze auf Auslandsverbindlichkeiten von ihrem Höchstniveau mehr als halbiert und unter die Sätze für Inlandsverbindlichkeiten zurückgeführt.

Die Zinsdifferenz gegenüber den USA war 1962 praktisch beseitigt (vgl. Schaubild 2). Auch die Leistungsbilanz normalisierte sich schon ab Mitte 1961. Der Überschuß von 5,6 Mrd. DM 1960 reduzierte sich für 1961 auf 4,0. 1962 trat mit minus 0,7 Mrd. DM sogar ein leichtes Defizit in Erscheinung (vgl. Tabelle 2). Bis einschließlich 1966 gab es keine größeren Überschüsse mehr, im Konjunkturaufschwung des Jahres 1965 sogar ein Defizit von

210 Vgl. Geschäftsbericht der Deutschen Bundesbank für das Jahr 1960, S. 47f.

211 Vgl. Müller, Politik, S. 13.

212 Zu dem darin sichtbaren «burden sharing», einer «gerechten Verteilung der internationalen Lasten», hatte im Februar 1961 die neue US-Regierung unter Präsident Kennedy die Bundesregierung angesichts des Zahlungsbilanzüberschusses des Jahres 1960 von rund 8 Mrd. DM (Devisenbilanz) aufgefordert. Insofern sah Emminger zu Recht in den der D-Mark-Aufwertung vorausgehenden Überschüssen den «Geburtshelfer einer systematischen Entwicklungshilfepolitik» der Bundesrepublik. Vgl. Emminger, D-Mark, S. 114.

5,0 Mrd. DM, ein Indiz für die Abwesenheit der «Spannung zwischen innerer Währungsstabilität und Zahlungsbilanzgleichgewicht» oder des Konflikts zwischen «dem äußeren und dem innerem Gleichgewicht», Formulierungen, die Blessing schon im Juni 1958 bzw. im Januar 1961, also vor der D-Mark-Aufwertung, benutzt hatte.[213] Dies war freilich nicht nur ein Ergebnis der bescheidenen fünfprozentigen D-Mark-Aufwertung, die nach Berechnungen von IWF-Experten die deutschen Exporte um 10% hinter denen zurückbleiben ließ, die ohne Aufwertung zustande gekommen wären.[214] Vielmehr war sie auch ein Ergebnis der Tatsache, daß die Aufwertung so spät erfolgt war, daß die Anpassungsinflation, die Alternative zur Aufwertung, von 1960 bis 1962 mit Lohnsteigerungen von jährlich rund 10% und darüber bereits zuvor voll in Gang gekommen war, während in anderen Industrieländern, besonders in den USA, die Lohnkostenentwicklung in wesentlich ruhigeren Bahnen verlief. Die Lohnstückkosten in der Bundesrepublik stiegen in den 3 Jahren insgesamt um 14% gegenüber nur 8,6% in Großbritannien und einem Minus von 2% in den USA.[215] Das spiegelte sich auch in der Preisentwicklung wider. Der Anstieg der Lebenshaltungskosten stieg von weniger als 1% 1959 kontinuierlich auf rund 3% 1962 und verharrte auf etwa diesem Niveau bis einschließlich 1966 (vgl. Tabelle 1).

Als Ende 1963/Anfang 1964 spekulative Kapitalzuflüsse das außenwirtschaftliche Gleichgewicht erneut zu stören begannen, wurden die Mindestreservesätze für Auslandsverbindlichkeiten ab 1. April 1964 wieder auf das Maximum von 30% erhöht und fast drei Jahre lang auf diesem Niveau gehalten. Zur Wiederherstellung der Ruhe an der «Devisenfront» trugen auch steuerliche und dirigistische Maßnahmen zur Steuerung des internationalen Kapitalverkehrs bei. Die US-Administration kündigte 1963 eine *Interest Equalization Tax* an, die 1964 rückwirkend in Kraft trat. 1965 kamen «freiwillige» Kontrollen der Kapitalausfuhr aus den USA hinzu, die 1968 zur Pflicht wurden. In Bonn wurde umgekehrt, um Kapitalimporte abzuwehren, im März 1964 das «Kuponsteuergesetz» angekündigt, das am 27. März 1965 in Kraft trat. Mit ihm wurde eine 25prozentige Kapitalertragssteuer für festverzinsliche Wertpapiere deutscher Emittenten im Besitz von Gebietsfremden eingeführt.

Die Bundesbank tolerierte die schleichende Inflation ohne ernsthafte binnenwirtschaftliche Restriktionen über Jahre hin. Blessing erklärte dies im

213 Vortrag vor dem Deutschen Sparkassentag am 20. Juni 1958 in Köln, abgedruckt in: Blessing, Verteidigung, S. 149; Vortrag am 23. Januar 1961 in Mailand, abgedruckt in: Blessing, Kampf, S. 20. Er hatte dort auch vom «Januskopf» der Kreditpolitik: «das eine Gesicht blickt nach innen und das andere nach außen» (S. 26), und vom «Problem internes Gleichgewicht contra externes Gleichgewicht» (S. 28f.) gesprochen.

214 Vgl. Emminger, D-Mark, S. 133.

215 Vgl. Emminger, D-Mark, S. 165.

April 1962 so: «Wenn wir die Vorteile der Integration, d.h. einen großen Außenhandel, freien Geld- und Kapitalverkehr, und daraus folgend einen hohen Lebensstandard haben wollen, müssen wir sozusagen auch die Nachteile der Integration in Kauf nehmen, d.h. wir müssen uns zahlungsbilanzkonform verhalten ... die nationale Kreditpolitik kann eine schleichende Inflation mit Erfolg nur dann bekämpfen, wenn auch die maßgeblichen ausländischen Partner eine entsprechend restriktive Kreditpolitik treiben.»[216] Er konzedierte damals, daß das Problem der Geldwertstabilität nicht befriedigend gelöst sei. «Ich bin aber nicht ohne Hoffnung, daß das Problem gemeistert werden kann, und daß die schleichende Inflation nicht unser Schicksal sein muß. ... Wir, die Notenbank, stehen Gewehr bei Fuß.»

Für einige Jahre blieben sie so stehen. Der Diskontsatz blieb bis Anfang 1965 unverändert bei 3%. Dies bedeutete, daß sich Kreditinstitute zu einem Realzinssatz von Null oder fast Null bei der Bundesbank refinanzieren konnten. Eine ähnliche Situation hatte es nur im ersten Jahr nach dem Ausbruch des Koreakrieges gegeben, als der sogar erheblich angehobene Diskontsatz auf einen negativen Realzins für Rediskontkredite hinauslief. Aber damals wie jetzt – jedenfalls bis Februar 1964 – lag der Tagesgeldsatz fast durchweg unter dem Diskontsatz (vgl. Schaubild 3), so daß es für die Kreditinstitute billiger war, sich am privaten Geldmarkt zu refinanzieren als bei der Notenbank. Das änderte sich in der Hochkonjunktur der Jahre 1964/65, zu der die von der Bundesregierung veranlaßten Wahlgeschenke, insbesondere in Form einer Steuersenkung und Erhöhung der Sozialausgaben, 1965 erheblich beigetragen hatten. Als die Notenbank zu bremsen begann, trat der Bund aufs Gaspedal und verhielt sich prozyklisch. Das Defizit des Bundeshaushalts stieg von 1 auf 2 Mrd. DM und das aller öffentlichen Haushalte von 1,2 auf 1,9% des Bruttoinlandsprodukts (BIP) (vgl. Tabelle 1). Seit dem Aufschwung in unmittelbarem Anschluß an die Währungsreform war es die erste Konjunkturwelle, die nicht primär vom Export, sondern von der Inlandsnachfrage getragen war. Das hatte zur Folge, daß sich die Leistungsbilanz in der zweiten Jahreshälfte 1964 passivierte und 1965 das schon erwähnte Defizit von 5 Mrd. DM aufwies. Mit den daraus entstehenden Devisenverlusten büßten die Kreditinstitute erheblich an Liquidität ein.

Der Tagesgeldsatz lag ab März 1964 durchweg über dem Diskontsatz, auch nachdem dieser am 21. Januar 1965 auf 3,5% und am 12. August 1965 auf 4% angehoben worden war (vgl. Schaubild 3). Die Richtung dieser Zinsschritte war nicht nur aus binnenwirtschaftlichen Gründen schon seit langem angezeigt, sondern stand nun angesichts der defizitären Leistungsbilanz auch im Einklang mit den außenwirtschaftlichen Erfordernissen. Die erhöhten Dis-

216 Vortrag bei der Tagung der Friedrich-Naumann-Stiftung in Bad Kreuznach am 6. April 1962, abgedruckt in: Blessing, Kampf, S. 101 f. Für das folgende Zitat: S. 105 f.

kontsätze waren jedoch noch immer reale Diskontsätze von Null und weniger; denn der Preisanstieg bei den Lebenshaltungskosten lag im Dezember 1965 gegenüber dem Vorjahresmonat bei 4,2%. In dieser Periode lohnte sich die Refinanzierung der Banken bei der Bundesbank statt auf dem privaten Geldmarkt. Folgerichtig erhöhte sich das Refinanzierungsvolumen bei der Bundesbank von 1,9 Mrd. DM Ende 1963 um 2 Mrd. 1964, um 1,6 Mrd. 1965 und um 2,6 Mrd. DM im ersten Halbjahr 1966.[217]

Vor allem die Lohnerhöhungen, die doppelt so hoch waren wie das Produktivitätswachstum (vgl. Tabelle 1), und der Anstieg der Lebenshaltungskosten, der mit 4,5% im April 1966 gegenüber dem Vorjahresmonat den höchsten Stand seit dem Koreakrieg erreicht hatte, machten der Bundesbank Sorgen. Dazu kam, daß zwar die Defizite der übrigen Haushalte 1966 leicht zurückgingen, sich das des Bundes aber weiter erhöhte. Der ZBR beschloß am 27. Mai 1966 einstimmig eine weitere Diskontsatzerhöhung auf 5%.[218] Obwohl damit die Quasi-Subventionierung der Kreditinstitute mit Realzinssätzen von Null für Rediskontkredite dem Ende zuging, hatte der ZBR seinen Spielraum für Diskonterhöhungen zur Dämpfung der Nachfrage nach Refinanzierungskrediten nicht voll ausgeschöpft, da der Tagesgeldsatz bis zum Jahresende oberhalb dieser Marke verharrte (vgl. Schaubild 3). Aber die Diskonterhöhung hatte wieder die Dilemmasituation der Bundesbank entstehen lassen. Wohl unterbrach sie den Schwung der binnenwirtschaftlichen Hochkonjunktur, zumal auch der Kapitalmarktzins etwa im Ausmaß der Diskonterhöhungen gestiegen war, nämlich von 6,2% 1964 auf 6,8% 1965 und weiter auf 7,8% 1966.[219] Auch der Preisauftrieb schwächte sich in der zweiten Jahreshälfte 1966 stark ab. Die Entwicklung ging schließlich in die Mini-Rezession des Jahres 1967 mit einer erstmals leicht negativen Wachstumsrate der westdeutschen Wirtschaft über.

Die letztgenannte Diskonterhöhung führte zu einem neuen Konflikt mit Bonn. Nicht nur die Bundesregierung, auch die wirtschaftspolitischen Sprecher der SPD-Opposition, Karl Schiller und Herbert Ehrenberg, kritisierten die Hochzinspolitik, ebenso die sonst eher auf seiten der Bundesbank stehenden Wirtschaftsverbände und die Presse.[220] Einige Wochen vor dem Sturz des Kanzlers Erhard im November 1966 forderte auch die Bundesregierung öffentlich, daß die Bundesbank ihren restriktiven Kurs beenden solle.[221]

217 Vgl. Geschäftsbericht der Deutschen Bundesbank für das Jahr 1964, S. 44, 1965, S. 51 und Geschäftsbericht der Deutschen Bundesbank für das Jahr 1966, S. 40.

218 In dieser ZBR-Sitzung lag sogar der Vorschlag einer zweiprozentigen Erhöhung auf dem Tisch (HA BBk B 330/431).

219 Vgl. Deutsche Bundesbank, 40 Jahre, S. 207. Umlaufrendite inländischer festverzinslicher Wertpapiere jeweils im Jahresdurchschnitt.

220 Vgl. Caesar, Handlungsspielraum, S. 189.

221 Vgl. Holtfrerich, Relations, S. 146.

Blessing gab später zu, er habe 1966 «mit etwas Brachialgewalt versucht, die Dinge in Ordnung zu bringen».[222] Es liefen Gerüchte um, daß Blessing Erhard gestürzt habe.[223] Auch Kurt Georg Kiesinger als Kanzler der großen Koalition forderte schon in seiner Antrittsrede vor dem Bundestag am 13. Dezember 1966 ein schnelles Ende der Kreditrestriktionen. Angesichts der noch unerledigten Hausaufgaben der neuen Regierung zur Sanierung des Haushalts und der noch nicht stabilitätsgerechten Lohnentwicklung ließ sich der ZBR auf seiner nächsten Sitzung am 15. Dezember 1966 davon und von der Zinssenkungsforderung des anwesenden neuen Wirtschaftsministers Schiller noch nicht beeindrucken. Er hatte zwar mit einer kleinen Mindestreservesenkung auf Inlandsverbindlichkeiten zum 1. Dezember 1966 ein Signal gegeben. Aber erst am 5. Januar 1967 vollzog er mit einer Diskontsenkung um 0,5% den ersten vorsichtigen Zinsschritt, und zwar mit 15 zu 3 Stimmen bei 2 Enthaltungen. Man dürfe das Vertrauen in die Bundesbank nicht gefährden und solle deshalb behutsam vorgehen. Weitere Lockerungen seien erst angezeigt, wenn in der Haushalts- und Lohnfrage Fortschritte vorlägen und auch im Ausland die Zinssätze zurückgenommen würden, weil sonst mit Liquiditätsabflüssen gerechnet werden müsse. Dies waren die Hauptargumente, mit denen der weitergehende Vorschlag einer einprozentigen Diskontsenkung abgelehnt wurde.[224] In den folgenden Monaten folgten weitere Lockerungsschritte, bis der Diskontsatz am 11. Mai wieder 3% erreicht hatte und die Mindestreservesätze auf Inlands- und Auslandsverbindlichkeiten zum 1. September auf ein Rekordtief ermäßigt worden waren. Ab August 1967 führte die Bundesbank die Zinssenkungspolitik mit Offenmarktkäufen weiter.

Zu Beginn der Lockerungspolitik hatte die Bundesregierung, u.a. mit einem noch im Dezember 1966 eilig verabschiedeten Haushaltsicherungsgesetz, die von der Bundesbank angemahnten haushaltspolitischen Schritte vollzogen. Schiller, der mit defizitfinanzierten Konjunkturankurbelungsprogrammen vom Januar und vom Juli 1967 einen «Aufschwung nach Maß» herbeiführen wollte, kritisierte diese langsame Gangart im April 1967 öffentlich und widersetzte sich der Wiederberufung von Blessing als Bundesbankpräsident, die 1967 anstand, allerdings ohne Erfolg.[225]

Dazu hatte auch beigetragen, daß die Bundesbank im Frühjahr 1967 Schillers Plan eines zweiten Konjunkturprogramms zur Bekämpfung der Rezession zunächst ablehnte, dabei diesmal von Unternehmerseite unterstützt und von Gewerkschaftsseite attackiert. Schließlich war sie, wie beim ersten Programm, aber doch zu einer monetären Unterstützung bereit, und zwar durch

222 Brawand, Wohin, S. 56.
223 Vgl. Wildenmann, Rolle, S. 14.
224 Vgl. Protokoll der 230. ZBR-Sitzung am 5. Januar 1967 (HA BBk B 330/Drs. 142).
225 Vgl. Holtfrerich, Relations, S. 146.

Erhöhung der Liquidität der Banken, u.a. durch die Einbeziehung mittelfristiger Kassenobligationen mit maximal 18 Monaten Restlaufzeit in die Geldmarktregulierung.[226] Streit gab es zu diesem Zeitpunkt auch bei den abschließenden Beratungen des Stabilitätsgesetzes vom 8. Juni 1967 insofern, als die Bundesregierung der Bundesbank zwar neue kreditpolitische Instrumente zur Verfügung stellen wollte, aber über ihren Einsatz nach dem Zweischlüsselprinzip mitbestimmen wollte. Die Bundesbank lehnte aus diesem Grund das ihr angebotene Instrument der «Kreditplafondierung» ab.[227]

Im Jahr 1967 aktivierte sich die Leistungsbilanz der Bundesrepublik stark (vgl. Tabelle 3). Der Devisenzustrom füllte die Liquiditätsreserven der Banken in Form von Auslandsaktiva nachhaltig auf (vgl. Tabellen 2 und 3) und entzog der Bundesbank die Möglichkeit, diese zu steuern. Aber immerhin wurde 1967 der Leistungsbilanzüberschuß durch Kapitalexporte vollständig ausgeglichen. Dazu hatte das niedrige Zinsniveau in Deutschland bei steigenden Zinsen in den USA und Großbritannien, das das Pfund im November um 14,3% abwertete, entscheidend beigetragen.[228]

Aber mit der Dämpfung der Binnenkonjunktur trat ein gewaltiger Umschwung der Leistungsbilanz ein, die sich von einem Minus von 5 Mrd. DM 1965 auf ein Plus von 1,7 Mrd. DM für das Gesamtjahr 1966 aktivierte. Das stellte nur den Auftakt für einen Aktivsaldo von +11,4 Mrd. 1967 und +13,2 Mrd. DM 1968 dar (vgl. Tabelle 2). Schon in der zweiten Jahreshälfte 1966 flossen den Banken daraus liquide Mittel im Umfang von 3,6 Mrd. DM zu.[229] Mit der Hälfte dieses Betrages bauten diese ihre Refinanzierungsverpflichtungen bei der Bundesbank wieder ab. Den Rest nutzten sie zur Stärkung ihrer Freien Liquiditätsreserven, die im Verlauf der Hochkonjunktur von 20 Mrd. DM im Januar 1964 auf 17 Mrd. ein Jahr später, auf 15 Mrd. im Januar 1966 und sogar weiter auf 11 Mrd. im Juni 1966 schrumpften. Die Liquiditätsquote, d.h. das Verhältnis der Freien Liquiditätsreserven zu den Einlagen der Kreditinstitute, zeigte dementsprechend einen noch stärkeren Rückgang. Sie fiel von 13,9% im Januar 1964 auf 10,6% ein Jahr später, auf 8,3% im Januar 1966 und schließlich auf ein Minimum von 5,8% im Juni 1966. Im Januar 1968 waren die Freien Liquiditätsreserven wieder auf 33 Mrd. DM und die Liquiditätsquote auf 14,9% angestiegen (vgl. Schaubild 4).[230] Diese Liquidität hatten die Banken insbesondere in Form kurzfristiger Bankguthaben und Geldmarktanlagen im Ausland aufgebaut, die die Bundes-

226 Vgl. Oberhauser, Geld- und Kreditpolitik, S. 627f. sowie Geschäftsbericht der Deutschen Bundesbank für das Jahr 1967, S. 50.

227 Vgl. Stern/Münch/Hansmeyer, Gesetz, S. 370. Zum Stabilitätsgesetz allgemein vgl. Abelshauser, Jahre, S. 163ff.

228 Vgl. Emminger, D-Mark, S. 137.

229 Vgl. Geschäftsbericht der Deutschen Bundesbank für das Jahr 1966, S. 37.

230 Vgl. auch Geschäftsbericht der Deutschen Bundesbank für das Jahr 1966, S. 41.

bank durch Vergünstigungen bei den Mindestreserveverpflichtungen («Kompensationsprivileg») und durch eine entsprechende Gestaltung der Swapsätze subventionierte, um die Liquiditätszuflüsse zu neutralisieren. Entscheidend für den hohen Geldexport waren aber die starken geldpolitischen Lockerungen der Bundesbank zur Bekämpfung der Rezession 1967, während in den USA und Großbritannien Zinserhöhungen stattfanden (vgl. Schaubilder 1 und 2).[231] Auch diese expansive Phase der Geldpolitik entsprach den Erfordernissen der inneren Stabilität und der Zahlungsbilanz gleichzeitig.

Zusammenfassend: Die Politik der Steuerung der Freien Liquiditätsreserven war schon Mitte der sechziger Jahre gescheitert. Denn trotz der beträchtlichen Eindämmung der Freien Liquiditätsreserven fand die expansive Kredit- (und damit Geld-)schöpfung der Geschäftsbanken von Anfang 1964 bis in die erste Jahreshälfte 1966 mit Zuwachsraten zwischen 13 und 14% p.a. praktisch ungebremst statt (vgl. Tabelle 3).[232] Das geldpolitische Konzept entpuppte sich, wie Schlesinger es nannte, als «Milchmädchenrechnung».[233]

Auch kann in dieser Periode nicht davon die Rede sein, daß die Bundesbank ihr wichtigstes zinspolitisches Instrument, den Diskontsatz, zur Sicherung der binnenwirtschaftlichen Stabilität, d.h. zur Bekämpfung der schleichenden Inflation und zur Dämpfung der Hochkonjunktur, bei durchaus vorhandenen Handlungsspielräumen rechtzeitig und wirksam eingesetzt hätte. Als mit Beginn der Hochkonjunktur im Frühjahr 1964 die große Nachfrage der Banken nach Refinanzierungskrediten von der Bundesbank einsetzte, verzichtete sie auf den Einsatz dieses zinspolitischen Hauptinstruments. Auch nahm sie es hin, daß sich die Banken durch Rückgabe von Offenmarktpapieren an die Bundesbank 1964 2,2 und 1965 1,9 Mrd. DM an Zentralbankgeld beschafften.[234] Starke Restriktionen wandte sie nur gegen die Liquiditätszuflüsse aus dem Ausland an (maximale Mindestreservesätze, Swap-Politik) und setzte im übrigen auf die liquiditätsmindernde Wirkung des «Kuponsteuergesetzes». Binnenwirtschaftlich beschränkte sich die Bun-

231 Vgl. Geschäftsbericht der Deutschen Bundesbank für das Jahr 1967, S. 49f.

232 Vgl. auch Geschäftsbericht der Deutschen Bundesbank für das Jahr 1966, S. 46f. Auch Narr-Lindner, Grenzen, stellt das Scheitern der Geldpolitik in dieser Zeit fest, Kohler, Grenzen, ebenso, auch für die Restriktionsperioden 1959/60 und 1969–1971.

233 Interview mit dem Autor am 3. März 1997. Schon 1968 hatte Emminger bemerkt, die Erfahrung mit der Liquiditätspolitik der Bundesbank seit 1958 habe gezeigt, «daß manchmal ein außerordentlich langer Bremsweg nötig ist, bis die Liquiditätspolitik der Notenbank bis zur Kreditversorgung, zum Geldumlauf und zur Gesamtnachfrage in der Volkswirtschaft durchschlägt. Es besteht kein unmittelbarer Zusammenhang zwischen Liquiditätspolitik der Notenbank einerseits, Geldumlauf und Gesamtnachfrage andererseits. Die beiden sind vielmehr nur durch ein sehr elastisches Gummiband miteinander verbunden.» Emminger, Zwanzig Jahre, S. 28.

234 Vgl. Geschäftsbericht der Deutschen Bundesbank für das Jahr 1964, S. 44 und Geschäftsbericht der Deutschen Bundesbank für das Jahr 1965, S. 51.

desbank auf die traditionelle Rolle einer Zentralbank, nämlich die eines *lender of last resort* für die inländischen Kreditinstitute. Sie ließ dabei eine Anpassungsinflation in gewissem Ausmaß zu.

Wie die Bundesregierung lehnte sie eine außenwirtschaftliche Absicherung für eine binnenwirtschaftlich orientierte Stabilitätspolitik, die der Sachverständigenrat in seinem ersten Jahresgutachten für 1964/65 mit dem Vorschlag des Übergangs zu flexiblen Wechselkursen gefordert hatte, ab.[235] Obwohl es ja nie explizit so formuliert worden ist – erst recht nicht von Blessing, dessen Politik dies aber als seine Auffassung offenbarte –, galt 3% Inflation p.a. als besser als 3% D-Mark-Aufwertung p.a. mit den von den IWF-Experten für die 1961er Aufwertung vorgerechneten Konsequenzen für die deutsche Exportwirtschaft. Das Ziel der Preisstabilität war relativiert worden.

e) Ein Ausbruchsversuch aus der Zwickmühle 1968–1970

1968 änderte sich die Situation. Bei Preisstabilität im Inland und inflationären Tendenzen im Ausland (USA: +4,1% bei Haushaltsdefiziten wegen des Vietnamkrieges; Großbritannien: +4,9% nach der 14,3prozentigen Pfundabwertung im November 1967; Frankreich: +4,6% bei Lohnexplosion nach den Studentenunruhen vom Mai 1968 und dem anschließenden Generalstreik; Japan: +5,5%) nahm der deutsche Leistungsbilanzüberschuß weiter zu. Zwar nahm auch der langfristige Kapitalexport stark zu. Aber die kurzfristige Kapitalbilanz kehrte sich in einem Ausmaß von 14 Mrd. DM gegenüber dem Vorjahr um und wurde stark aktiv. Dies waren spekulative Geldzuflüsse, vor allem aus Frankreich.

Dazu kam die Schwäche des Dollars als Ankerwährung des Bretton-Woods-Systems. Seine Golddeckung war so dünn geworden, daß schon am 30. März 1967 – nach amerikanischen Drohungen mit einer Truppenreduzierung – Blessing dem Vorsitzenden des Federal Reserve Board in einem Brief versicherte, daß die Bundesbank in Zukunft nicht mehr beabsichtige, Dollars beim US-Schatzamt in Gold einzutauschen. Dies war das genaue Gegenteil der Politik, die Pfleiderer 1957 angeregt und Vocke noch konsequent umgesetzt hatte. Die Bundesbank erklärte sich 1968 sogar bereit, als Beitrag zur Milderung der amerikanischen Zahlungsbilanzprobleme mittelfristige Anleihepapiere des US-Schatzamts («Roosa-Bonds») im Betrag von 500 Mio. Dollar anzukaufen.[236] Noch deutlicher wurde die dünne Golddecke, an der

235 Vgl. Sachverständigenrat, Jahresgutachten 1964/65, S. 132ff. Für die ablehnende Stellungnahme der Bundesregierung S. 146ff. Auch Emminger distanzierte sich von dem Vorschlag. Vgl. Emminger, Währungspolitik, S. 75ff.

236 Vgl. James, Monetary Cooperation, S. 192. Blessing bekannte sich 1971 «persönlich

das internationale Währungssystem hing, als unter dem Druck spekulativer Nachfrage nach Gold Mitte März 1968 die Interventionen der westlichen Zentralbanken am Londoner Goldmarkt eingestellt wurden und der freie Goldpreis von da an über die Parität des Dollar zum Gold stieg. Dies war der Anfang vom Ende des Bretton-Woods-Systems.

Diesmal setzte der ZBR das Mindestreserveinstrument zur Abwehr von Liquiditätszuflüssen aus dem Ausland zunächst nicht ein. Statt dessen forderte die Bundesbank zur außenwirtschaftlichen Absicherung ihrer Stabilitätspolitik schon in der ersten Septemberwoche 1968, als die Devisenwelle wieder auf die Bundesrepublik zurollte, von der Bundesregierung eine D-Mark-Aufwertung. Im ZBR hatte sich zuvor außer Emminger und Irmler auch Blessing für eine D-Mark-Aufwertung eingesetzt und eine Mehrheit von der Notwendigkeit überzeugen können. Obwohl auch der Sachverständigenrat in einem vertraulichen Sondergutachten dieselbe Maßnahme empfohlen hatte, lehnte Schiller eine Aufwertung als «Absurdität» ab.[237] Auch eine konzertierte Wechselkursänderung des schwachen Französischen Franc und der starken D-Mark um jeweils etwa 5% Ab- bzw. Aufwertung, die Mitte November 1968 die beiden Notenbankpräsidenten nach einer neuen Spekulationswelle – allein vom 1. bis 20. November mußte die Bundesbank 8,6 Mrd. DM an Devisen ankaufen, und zwar trotz des Geldexports über Swapgeschäfte im Umfang von 3,5 Mrd. DM – ausgehandelt hatten, scheiterte am Widerstand sowohl von Schiller als auch von Finanzminister Franz Josef Strauß. Die darauf folgende Währungskonferenz der sogenannten Zehner-Gruppe in Bonn am 20. November 1968 wurde mit der Entscheidung der Bundesregierung konfrontiert, lediglich eine «Ersatzaufwertung» vorzunehmen. Es wurde eine Sonderabgabe auf die Ausfuhr und eine Steuervergünstigung für die Einfuhr von jeweils 4% eingeführt. Diese Maßnahme war – wie die D-Mark-Aufwertung von 1961 – nicht nur im Ausmaß zu gering. Sie wirkte vielmehr auch nur auf die Handelsbilanz und nicht, wie eine normale Aufwertung, auf die gesamte Leistungs- und Kapitalbilanz. Die ausländischen Finanzminister und Notenbankchefs waren bestürzt. Blessing hatte verärgert die Währungskonferenz verlassen, «weil er das Geschimpfe seiner ausländischen Kollegen nicht länger anhören wollte».[238] Emminger, der ihn daraufhin vertrat, empfand das Treffen als «die unerfreulichste Währungskonferenz, die ich je mitgemacht hatte».[239] Kiesinger äußerte im Fernsehen: «Solange ich dieser Bundesregierung als Kanzler vorstehe, wird es eine Aufwertung der

schuldig», dadurch zur inflationären Entwicklung in der Welt und in der Bundesrepublik beigetragen zu haben. Vgl. Brawand, Wohin, S. 61.

237 Vgl. Emminger, D-Mark, S. 141.

238 Baring, Machtwechsel, S. 143.

239 Emminger, D-Mark, S. 146.

D-Mark nicht geben.»[240] Er kam von dieser Position bis zum Ende seiner Amtszeit nach der verlorenen Bundestagswahl Ende September 1969 nicht mehr herunter, obwohl er zur Aufwertung neigte.

Am Tag nach der Währungskonferenz distanzierte sich die Bundesbank nach einem entsprechenden Auftrag des ZBR in einem vertraulichen Fernschreiben an den Kanzler und die beiden zuständigen Minister, das an die Öffentlichkeit gelangte, von der offiziellen Behauptung der Regierung, die Ersatzaufwertung sei «in engstem Einvernehmen mit der Bundesbank» beschlossen worden. Der ZBR halte die Ersatzaufwertung «für eine Ersatzlösung, die zwar in die richtige Richtung zielt, aber nicht geeignet erscheint, die derzeitige Währungsunruhe nachhaltig zu beheben».[241] Die Fraktionsvorstände der SPD und CDU/CSU warfen aus dem Mund ihrer Sprecher Helmut Schmidt und Rainer Barzel dem ZBR daraufhin vor, er sei «der eigenen Regierung in den Rücken» gefallen bzw. habe sie «im Stich gelassen».[242] Daraufhin gab es Überlegungen zu einer Einschränkung der gesetzlichen Unabhängigkeit der Bundesbank.[243]

In Frankreich lehnte de Gaulle dementsprechend eine Franc-Abwertung ab. Obwohl ihm die Zehner-Gruppe einen außerordentlich großen Beistandskredit von 2 Mrd. Dollar zugesagt hatte, verordnete er eine rigorose Devisenbewirtschaftung, Einfuhrkontingente und Exportsubventionen. Schließlich wurde der Französische Franc Anfang August 1969 dann doch um 11,1% abgewertet.

Am Tag nach der Währungskonferenz wurden zur Abwehr von Geldzuflüssen aus dem Ausland zum 1. Dezember 1968 die Mindestreserven auf den Zuwachs von Auslandsverbindlichkeiten der Banken auf 100% festgesetzt.[244] Am 20. Februar 1969 beschloß der ZBR mehrheitlich, auf die Regierung einzuwirken, die Ersatzaufwertung durch eine mehr als vierprozentige D-Mark-Aufwertung abzulösen. Es war ihm klar, daß sonst jede Restriktionsmaßnahme im Innern, die angesichts der boomenden Wirtschaft dringend erforderlich war, von der außenwirtschaftlichen Flanke her unterlaufen würde.[245] Aber auch umgekehrt wurde in diesen Tagen im ZBR argumentiert: Ein niedriger Zins, der den Kapitalexport fördere, sei gegenwärtig in der Wir-

240 Zitiert nach: Emminger, D-Mark, S. 143.

241 Protokoll der 277. ZBR-Sitzung am 21. November 1968 (HA BBk B 330/Drs. 142).

242 Zitiert nach: Emminger, D-Mark, S. 147. Zu dieser «Tragikomödie in drei Akten» vgl. auch: Roeper, D-Mark, S. 161 ff.

243 Vgl. Caesar, Handlungsspielraum, S. 190.

244 Das war nur deshalb möglich, weil die Sätze auf den Bestand der Auslandsverbindlichkeiten noch niedrig waren und deshalb im gesamten Durchschnitt die Höchstsätze des BBankG nicht überschritten wurden. Durch die Änderung des BBankG vom 22. Juli 1969 wurde eine 100prozentige Mindestreserve auf den Zuwachs der Auslandsverbindlichkeiten ohne Anrechnung auf die bestehenden Höchstsätze erlaubt.

245 Vgl. Emminger, D-Mark, S. 150.

kung restriktiver als ein hoher Zins. Die Bundesbank konnte nur noch durch einen «perversen» Einsatz ihrer Zinspolitik restriktiv auf die Liquiditätslage der Banken wirken. Die Notwendigkeit einer außenwirtschaftlichen Absicherung konjunkturdämpfender Kreditverteuerungen durch eine D-Mark-Aufwertung wurde in diesem Ansturm auf den D-Mark-Wechselkurs voll erkannt.

Im März 1969 beschloß das Kabinett nur fiskalpolitische Restriktionen und Einfuhrliberalisierungen, nämlich: Bundesausgaben in Höhe von 1,8 Mrd. DM zu sperren, einen Teil der Steuermehreinnahmen für Rückzahlungen von Auslandsschulden zu verwenden und noch bestehende Einfuhrkontingente aufzustocken.[246] Im ZBR wurde daraufhin ausdrücklich festgestellt, daß die Aufgabe der Ziele «außenwirtschaftliches Gleichgewicht» und «Preisstabilität» zugunsten der Aufrechterhaltung der Währungsparität mit dem Stabilitätsgesetz nicht zu vereinbaren wäre. Die Sicherung der inneren Stabilität, entweder mit fiskalischen oder monetären Maßnahmen, benötige die Beseitigung des fundamentalen außenwirtschaftlichen Ungleichgewichts.

Schiller wandelte sich im März vom Saulus zum Paulus und forderte nun selbst die Aufwertung, weil er die Unzulänglichkeit der Ersatzaufwertung erkannte.[247] Er bat Emminger als alten Freund Kiesingers, den Kanzler für die Aufwertung zu gewinnen. Das Gespräch fand statt, brachte aber nicht das gewünschte Resultat. Strauß blieb ohnehin im Lager der Aufwertungsgegner. Er wollte das innere Ungleichgewicht mit fiskalpolitischen Restriktionsmaßnahmen und das äußere mit vorzeitigen Schuldentilgungen an das Ausland bekämpfen.[248] Schiller dagegen sah die «soziale Symmetrie» in Gefahr, weil sich angesichts explodierender Unternehmensgewinne, gerade auch aus dem Export, und der mit zwei bis drei Jahren langfristig abgeschlossenen moderaten Tarifverträge ein sozialer Sprengsatz bildete, der dann im September 1969 in Form von «wilden Streiks» tatsächlich explodieren sollte.

Zu einer Aufwertung kam es aber bis nach der Bundestagswahl am 28. September nicht. Statt dessen war die Frage zum Wahlkampfthema Nr. 1 und damit zu einer parteipolitischen Frage geworden. SPD und FDP traten mit Rückendeckung fast aller Wirtschaftswissenschaftler und eines großen Teils der öffentlichen Meinung sowie mit der Bundesbank als stillem Verbündeten für eine D-Mark-Aufwertung als Mittel zur Verteidigung der Währungsstabilität nach innen ein. Die CDU/CSU verteidigte mit Unterstützung der üblichen Interessenverbände, besonders des BDI, die Stabilität der D-Mark nach außen. Auch Karl Klasen und Wilhelm Vocke sprachen sich öffentlich gegen

246 Vgl. Roeper, D-Mark, S. 164.
247 Übereinstimmend: Baring, Machtwechsel, S. 143 und Emminger, D-Mark, S. 151.
248 Vgl. Baring, Machtwechsel, S. 143 f.

eine D-Mark-Aufwertung aus.[249] Die Wähler entschieden sich gegen die angestrebte absolute Mehrheit der Christdemokraten und ermöglichten dadurch die erste sozial-liberale Bundesregierung.

Der ZBR hatte am 16. April 1969 mit restriktiven zinspolitischen Maßnahmen begonnen. In Anwesenheit des Aufwertungsgegners Strauß, der keine Einwände erhob, erhöhte er den Diskontsatz von 3 auf 4%, wozu ein Anziehen der Eckzinssätze in den USA und anderen Ländern den außenwirtschaftlichen Spielraum bereitzustellen schien. Anfang Mai rollte jedoch eine neue Spekulationswelle auf die D-Mark zu. In der ZBR-Sitzung am 8. Mai 1969 wurde deshalb bei dem dafür ohnehin aufgeschlossenen Wirtschaftsminister Schiller erneut eine D-Mark-Aufwertung angemahnt. Finanzminister Strauß ließ den ZBR wissen, er sei nur gegen eine einseitige D-Mark-Aufwertung, nicht gegen eine mulitilaterale Anpassung der Paritäten. In jenen Tagen diskutierte der ZBR auch über eine Schließung der Devisenbörsen. Zum 1. Juni und 1. August wurden die Mindestreservesätze erhöht, und zwar auf Inlands- und Auslandsverbindlichkeiten. Weitere Diskonterhöhungen am 19. Juni auf 5% und am 10. September 1969 auf 6% wurden vom ZBR beschlossen, um damit die Bundesregierung zur D-Mark-Aufwertung zu zwingen.[250] Daß dies – das war ungewöhnlich – noch kurz vor dem Wahltermin am 28. September geschah, war angesichts des außen- und binnenwirtschaftlichen Dilemmas fast eine politische Entscheidung des ZBR zuungunsten der CDU/CSU.

Weit stärker als die Zinserhöhung führten zwei andere Ereignisse zur nächsten großen Währungskrise: der Rücktritt de Gaulles am 27. April 1969 und eine Rede von Strauß in München am 28. April 1969, in der er verlauten ließ, bei einer Aufwertung käme man mit einem Satz von unter 8% nicht davon. Im übrigen sei er nur gegen eine isolierte D-Mark-Aufwertung, nicht gegen eine multilaterale Wechselkurskorrektur. Im Ausland, besonders in der englischen Presse, wurde dies als Anerkennung der Aufwertungsnotwendigkeit hochgespielt.[251] In den Tagen vom 28. April bis zum 9. Mai 1969 flossen der Bundesbank 17 Mrd. DM an Devisen zu, die bis dahin größte Spekulationswelle gegen den D-Mark-Wechselkurs. Schiller und Blessing drängten erneut auf Aufwertung. Der ZBR sprach sich in seiner Sitzung am 8. Mai einstimmig dafür aus. Nach Vorgesprächen im kleineren Kreis mit Blessing, Emminger und Irmler

249 Karl Klasen und Franz Heinrich Ulrich (beide Vorstandsmitglieder der Deutschen Bank), Leserbrief in: Börsenzeitung vom 15. Mai 1969, sowie Vocke, Wilhelm: Richtige Paritäten – eine Utopie, in: Handelsblatt vom 9./10. Mai 1969.

250 Vgl. Baring, Machtwechsel, S. 145. Insofern kann man sagen, daß die Bundesbank zum Sturz der Regierung Kiesinger, der sich ja selbst auf die Nicht-Aufwertung festgelegt hatte, beitrug. Vgl. Emminger, D-Mark, S. 168ff.

251 Vgl. Emminger, D-Mark, S. 153f. Die Stichworte der Rede veröffentlichte das Bundesministerium der Finanzen in: Finanznachrichten, Nr. 97 vom 29. April 1969.

beschloß das Kabinett in Anwesenheit von Blessing am 9. Mai, die D-Mark «endgültig, eindeutig und ewig» nicht aufzuwerten, wie es Regierungssprecher Conrad Ahlers (SPD) unter dem Gelächter der Journalisten formulierte.[252]

Statt der Aufwertung wurden von der Bundesregierung nur folgende Maßnahmen eingeleitet: die vorzeitige Tilgung von Auslandsschulden, die Konsolidierung von Bundesschulden und die Erhebung einer später zurückzuzahlenden Konjunkturausgleichsrücklage, die entsprechend dem Stabilitätsgesetz bei der Bundesbank stillgelegt wurde. Dies führte, zusammen mit dem Kabinettsbeschluß vom 9. Mai, tatsächlich zunächst zu einer gewissen Beruhigung der Spekulation: Auslandsgelder flossen aus Deutschland zum Teil wieder ab. Aber kurz vor der Bundestagswahl setzte eine neue Spekulationswelle ein. Drei Tage vor der Wahl gab die Regierung dem Drängen der Bundesbank nach und schloß die offiziellen Devisenbörsen. Am Tag nach der Wahl wurden sie wieder geöffnet, aber die Regierung befreite die Bundesbank vorübergehend von ihrer Interventionspflicht gegenüber dem Dollar.[253] Der Wechselkurs des Dollar fiel in den folgenden Wochen auf 3,70 DM. Kurz nach dem Amtsantritt der neuen Regierung Brandt/Scheel wurde die Parität der D-Mark um 9,3 % von 4,00 auf 3,66 DM je Dollar aufgewertet und gleichzeitig die Ersatzaufwertung rückgängig gemacht. Damit war die D-Mark in das Festkurssystem von Bretton Woods zurückgekehrt.[254]

In den Wochen danach flossen über 20 Mrd. DM der spekulativen Auslandsgelder wieder ab. Dies griff die Devisenreserven der Bundesbank stark an. Sie mußte zum ersten Mal in der ganzen Nachkriegszeit ihre Reservequote beim IWF in Anspruch nehmen. Der Devisenabfluß engte auch die Liquidität der Banken ein und veranlaßte den ZBR zu einigen liquiditätsstärkenden Maßnahmen, u. a. Mindestreservesenkungen. Die Zinspolitik blieb angesichts des anhaltenden Preis- und Lohnauftriebs aber zunächst weiter restriktiv. Die Nachfrageinflation war nach den «wilden» Streiks in eine Lohnkosteninflation, die auch in den folgenden Jahren anhalten sollte, übergegangen. Emminger hat dies wohl richtig als Folge der erheblich verspäteten Aufwertung gesehen.[255]

Weil die Leistungsbilanzüberschüsse 1969 und 1970 stark zurückgingen und die Kapitalbilanz 1969 mit dem bis dahin größten Defizit abschloß, hatte die Bundesbank auch außenwirtschaftlich wieder Spielraum für eine Politik

252 Vgl. Baring, Machtwechsel, S. 145 sowie Emminger, D-Mark, S. 156. Diese Politik entsprach wieder einmal den Wünschen des BDI-Präsidenten Berg und des Bankiers Abs. Von den bedeutenden Wirtschaftsmanagern war DIHT-Präsident Wolff von Amerongen einer der wenigen, die eine D-Mark-Aufwertung befürworteten.

253 Der IWF stimmte dem zu, nur die EG-Kommission wandte sich aus Sorge um den Gemeinsamen (Agrar-)Markt dagegen. Sie hätte eine Anpassungsinflation vorgezogen. Vgl. Emminger, D-Mark, S. 162.

254 Diesmal schlossen sich weder die Niederlande noch irgendein anderes Land der D-Mark-Aufwertung an.

255 Vgl. Emminger, D-Mark, S. 166.

des teuren Geldes. Am 4. Dezember erhöhte der ZBR in einem ungewöhnlichen Schritt nur den Lombardsatz auf 9%, am 8. März 1970 wurde mit einer Diskontsatzerhöhung auf 7,5% und einem Lombardsatz von 9,5% ein in der Geschichte der D-Mark nie zuvor existierendes Niveau erreicht.

Wegen der hohen Zinsen in Deutschland schrumpfte 1970 der Passivsaldo der langfristigen Kapitalbilanz von über 23 Mrd. DM im Vorjahr auf weniger als 1 Mrd. DM (vgl. Tabelle 2). Die US-Notenbank schaltete aus binnenwirtschaftlichen Gründen von einer Hoch- auf eine Niedrigzinspolitik um. Sie senkte die Rendite am Geldmarkt (für Dreimonatsschatzwechsel) von 8% im Januar 1970 bis auf 3% im März 1971 ab. Die amerikanischen Banken bauten deshalb ihre hohe Auslandsverschuldung auf dem Eurodollarmarkt 1970 um 13 Mrd. DM ab und überschwemmten dadurch Europa mit Liquidität. Davon floß der größte Teil als kurzfristiges Kapital in die Bundesrepublik ein: Die kurzfristige Kapitalbilanz war 1970 mit fast 18 Mrd. DM aktiv (vgl. Tabelle 2). Die Auslandsaktiva der Bundesbank verdoppelten sich 1970 fast, obwohl der ZBR in der zweiten Jahreshälfte mit Zinssenkungen begann. Zwar gelang es ihm, die Freien Liquiditätsreserven der Banken, vor allem durch Mindestreserveerhöhungen, um ein Drittel zu reduzieren (vgl. Tabelle 3), von Mai 1969 auf Mai 1970 sogar um mehr als die Hälfte von 41 auf 19 Mrd. DM. Aber die Kreditgewährung der Geschäftsbanken expandierte mit über 10%, wie schon in den Vorjahren, weiterhin sehr stark. Vor allem gelang es der Geldpolitik nicht, den Lohnkostenanstieg zu bremsen, der 1970 bei den Bruttostundenlöhnen mit rund 14% erstmals wieder fast die Steigerungsrate im Koreaboom 1951 und bei den Lohnstückkosten mit 11,6% absolutes Rekordniveau erreichte (vgl. Tabelle 1). Trotzdem war die Anpassungsinflation nicht stark genug, um den internationalen Geldanlegern die Lust am Pokern um eine Aufwertung der D-Mark zu nehmen. Die nächste internationale Währungskrise stand 1971 ins Haus.

Der Bund und die sonstigen öffentlichen Hände leisteten keinen fiskalpolitischen Stabilisierungsbeitrag. Ihre Haushalte rutschten 1970 von kleinen Überschüssen im Vorjahr leicht ins Defizit (vgl. Tabelle 1) und das trotz der Tatsache, daß das hohe Wirtschaftswachstum und die inzwischen über dreiprozentige Inflation die Steuereinnahmen überproportional ansteigen ließen. Hohe Tariflohnsteigerungen im öffentlichen Dienst und eine expansive Sozialpolitik der sozial-liberalen Koalition verhinderten einen fiskalpolitischen Stabilisierungsbeitrag. Mit der Einführung eines nicht rückzahlbaren Konjunkturzuschlages zur Einkommensteuer, der bei der Bundesbank stillgelegt wurde, leistete die Bundesregierung 1970 entsprechend dem Auftrag des Stabilitätsgesetzes einen völlig unzureichenden konjunkturdämpfenden Beitrag im Umfang von 2,2 Mrd. DM.[256]

256 Vgl. Deutsche Bundesbank, 40 Jahre, S. 28.

5. Fazit

Von 1951 bis 1970 war nicht die westdeutsche Notenbank die wichtigste Quelle der Bankenliquidität und des Geldmengenwachstums, sondern das, was Otmar Emminger die «Ersatz-Notenbank» genannt hat: die Devisenzuflüsse aus dem Ausland. Die Zentralbankgeldmenge erhöhte sich von 11,4 Mrd. DM Ende 1950, freilich unter großen Schwankungen, auf 67,8 Mrd. DM Ende 1970, also um 56,4 Mrd. DM. Davon resultierten 50,6 Mrd. DM, d.h. rund 90%, aus der Aufstockung der Währungsreserven und sonstigen Auslandsaktiva der BdL/Bundesbank.[257]

Angesichts der Devisenzuflüsse, in den fünfziger Jahren vor allem aus der Leistungsbilanz und darüber hinaus seit der zweiten Hälfte der fünfziger Jahre – bei zunächst De-facto- und dann offizieller D-Mark-Konvertibilität – aus der Kapitalbilanz, war das, was die Notenbank an traditioneller Stabilitätspolitik seit 1955 ins Werk setzte, seien es Diskontsatz- und Mindestreserveerhöhungen oder Offenmarktverkäufe, unzureichend, um die schleichende Inflation zu verhindern. Was dadurch an Liquidität gebunden oder an Liquiditäts- und Geldmengenzuwachs verhindert wurde, wurde weit überkompensiert durch die «Ersatz-Notenbank». Hätte die BdL/Bundesbank zur Abwehr der Devisenzuflüsse bereits in der zweiten Hälfte der fünfziger Jahre nicht nur erhöhte Mindestreserven für Auslandseinlagen (ab 1. Mai 1957) verlangt, sondern auch das Instrument der Swap-Politik eingesetzt, und zwar massiv, statt fast nur die üblichen Instrumente für eine restriktive binnenwirtschaftlich orientierte Geldpolitik (so 1955/56 und 1959/60), dann hätte sie das Stabilitätsproblem an der Wurzel bekämpft. Sie hätte durch eine zahlungsbilanzkonforme statt zunächst binnenwirtschaftlich orientierte, aber stets unter dem Druck der Zahlungsbilanz gescheiterte Geldpolitik mehr für die Preisstabilität in der zweiten Hälfte der fünfziger Jahre und danach leisten können, als sie tatsächlich schaffte.[258] Sie befand sich seit 1955 immer wieder in der «Zwickmühle», weil eine strukturelle Fehlorientierung des geldpolitischen Instrumenteneinsatzes auf die Binnenwirtschaft vorlag. Am wirksamsten wäre eine rechtzeitige und angemessene D-Mark-Aufwertung gewesen. Doch dieses Instrument stand der Notenbank nicht zur Verfügung. Daß der ZBR es 1956/57 einstimmig und 1959–1961 mehrheitlich auch nicht eingesetzt wissen wollte, ist ein Symptom der strukturellen Fehlorientierung seines Instrumen-

257 Errechnet aus: Deutsche Bundesbank, 40 Jahre, S. 20, S. 28f. Zentralbankgeldmenge = Bargeldumlauf + Einlagen inländischer Kreditinstitute sowie inländischer Unternehmen und Privatpersonen bei der Bundesbank (einschließlich «Bardepot» 1950).

258 Schon Müller, Politik, S. 89, stellte als Ergebnis seiner Studie fest, daß bei festen Wechselkursen «die Zentralbankpolitik Richtung und Umfang des Kapitalverkehrs wirksam steuern kann». Er nannte allerdings Konvertibilität als Voraussetzung.

teneinsatzes auf die binnenwirtschaftlichen Überhitzungssymptome statt auf die außenwirtschaftlichen Ursachen.

Selbst in der Ära Vocke, als der BdL bis zum Beginn der De-facto-Konvertibilität der D-Mark 1955 geldpolitischer Handlungsspielraum mit primär binnenwirtschaftlichen Wirkungen noch zur Verfügung stand, erreichte die Bundesrepublik nicht in erster Linie wegen der geldpolitischen Restriktionen zur Verteidigung der binnenwirtschaftlichen Stabilität den auch von der BdL angestrebten internationalen Stabilitätsvorsprung und die damit verbundenen internationalen Wettbewerbsvorteile. Zwar erschien die deutsche Zinspolitik im Vergleich zum Ausland, besonders zu den USA, binnenwirtschaftlich restriktiv zu sein. Aber relativ zur Dynamik des westdeutschen Wirtschaftswachstums war die Geldpolitik nicht restriktiv, außer in der Devisenkrise 1950/51. Die wirtschaftspolitischen Akteure, die in den fünfziger Jahren die entscheidenden Beiträge zur relativen Preisstabilität in der Bundesrepublik leisteten, waren nämlich nicht die ZBR-Mitglieder, sondern die Unternehmen, die für die hohen Produktivitätsfortschritte sorgten, die Tarifpartner, die die Lohnstückkostenentwicklung in Westdeutschland im System fester Wechselkurse zunächst unterhalb derjenigen der Hauptkonkurrenzländer hielten,[259] und die Bundesregierung, die mit dem Aufbau des «Juliusturms» bis zu einem Maximum von 7,5 Mrd. DM im September 1956 mehr an Liquidität stillegte, als die BdL von Ende 1950 bis Ende 1956 durch die Erhöhung ihres Mindestreservesolls um 2,5 Mrd. DM und durch Nettoverkäufe von Wertpapieren am offenen Markt (0,9 Mrd. DM) geschafft hatte.[260]

Vockes Stolz auf die gehorteten Goldvorräte der BdL waren deshalb so naiv wie der der klassischen Merkantilisten. Der ZBR gab vor, die Preisniveauentwicklung im Griff zu haben. In Wahrheit stand er über weite Strecken fast hilflos der Geldmengenerhöhung gegenüber. Sein größter Beitrag zum «Wirtschaftswunder» lag darin, daß er diese nicht als Problem für die Bewahrung der Preisstabilität ansah, sondern entsprechend seiner produktionspolitischen Orientierung als Schmiermittel der «Mengenkonjunktur», jedenfalls solange die Tarifpartner nicht mit einer entsprechenden Erhöhung des Lohnstückkostenniveaus reagierten.[261]

Seit Beginn der De-facto-Konvertibilität 1955 wirkten geldpolitische Restriktionen primär außenwirtschaftlich, indem sie die westdeutschen Leistungs- und Kapitalbilanzüberschüsse erhöhten, die ihrerseits eine expansive

259 Vgl. Lindlar/Holtfrerich, Geography, S. 235.

260 Die Summe der Erhöhung des Mindestreservesolls und der Offenmarktverkäufe der BdL/Bundesbank wurde aus den Angaben in den Monatsberichten der BdL/Bundesbank 1958 errechnet.

261 Das entsprach dem, was Flassbeck, Geldwertstabilität, S. 30, so formulierte: «Zur Expansion der Beschäftigung unabdingbar ist ... eine Expansion der monetären Nachfrage, die die Wachstumsrate der Nominallöhne übersteigt.» Vgl. auch Flassbeck, Preise.

Wirkung auf das inländische Geld- und Liquiditätsvolumen entfalteten. Das ist der Grund dafür, daß der stabilitätspolitische Beitrag der Reservebildung im «Juliusturm» bis 1956 durch die scharfen Kreditrestriktionen jenes Jahres nicht ersetzt werden konnte und daß 1956 die schleichende Inflation einsetzte (vgl. Tabelle 1).

In der Ära Blessing trat zumindest insofern ein gewisser Regimewechsel ein, als die Erhöhung der Zentralbankgeldmenge sich nicht mehr nur aus Devisenüberschüssen speiste. Die Zentralbankgeldmenge nahm von Ende 1958 bis Ende 1969 um 27,9 Mrd. DM zu, während die Währungsreserven und sonstigen Auslandsaktiva der Bundesbank kaum anstiegen. Das bedeutete, daß die inländischen Kreditinstitute und Unternehmen fast im vollen Umfang der Devisenüberschüsse dieser Periode Geld- und Kapitalexporte betrieben, d.h. einen entsprechenden Teil ihrer Mittel in Auslandsaktiva anlegten (vgl. Tabelle 2 für die Kreditinstitute). Der ZBR unterstützte diese Entwicklung sowohl durch seine Politik eines niedrigen Diskontsatzes von 3%, die er z.B. von Mai 1961 bis Januar 1965, allerdings unter Inkaufnahme einer moderaten Anpassungsinflation, durchhielt, als auch gezielt durch Devisenswapgeschäfte mit den Kreditinstituten.[262] Dies war eine viel höher zu bewertende geldpolitische Leistung als alles, was der ZBR mit seinen sonstigen Instrumenten an Einfluß auf das Wachstum der inländischen Kredit- und Geldschöpfung der Banken ausübte.

Die Restriktionspolitik von 1969/70, als der Diskontsatz von 3% bis zum 20. März 1969 in mehreren Schritten auf 6% am 10. September 1969 angehoben wurde,[263] war nur scheinbar ein Rückfall in alte Sünden und Ausdruck einer noch immer vorhandenen strukturellen Fehlorientierung des Instrumenteneinsatzes der Bundesbank. Denn der wesentliche Unterschied zum geldpolitisch ähnlichen Kurs 1955/56 und 1959/60 lag darin, daß sich diesmal der ZBR zuvor dafür ausgesprochen hatte, statt dessen das stärkste währungspolitische Instrument zur Wiedergewinnung des außenwirtschaftlichen Gleichgewichts, nämlich eine D-Mark-Aufwertung, frühzeitig zum Ein-

262 Ende November 1968 und Mitte Juni 1970 tätigte die Bundesbank auch sogenannte Outright-Terminoperationen in US-Dollar am Devisenmarkt. Es ist bezeichnend für die geringe Aufmerksamkeit, die der ZBR anderen als den üblichen Zentralbankinstrumenten schenkte, daß die Festsetzung der Swapsätze nicht durch den ZBR erfolgte, sondern der Kompetenz des Bundesbankdirektoriums überlassen wurde.

263 Danach erfolgte noch eine weitere Diskonterhöhung auf den neuen Rekord von 7,5% am 8. März 1970. Allerdings handelte der ZBR in diesem Fall nicht nur im Hinblick auf den damals sehr hohen Preisanstieg im Inland, sondern auch unter Berücksichtigung der außenwirtschaftlichen Lage. Nach der Aufwertung waren nämlich spekulative Gelder im Umfang von knapp 20 Mrd. DM aus der Bundesrepublik wieder abgeflossen. Auch die «Grundbilanz», d.h. die Summe aus der Leistungs- und langfristigen Kapitalbilanz, war im ersten Halbjahr 1970 noch stark defizitär. Vgl. Geschäftsbericht der Deutschen Bundesbank für das Jahr 1970, S. 87.

satz zu bringen. Der ZBR wollte mit seiner Restriktionspolitik – diesmal im vollen Bewußtsein ihrer Untauglichkeit – die außenwirtschaftliche Zwangslage verschärfen, um die Bundesregierung zum Aufwertungsschritt zu zwingen.

Als Karl Klasen im Januar 1970 das Amt des Bundesbankpräsidenten übernahm, interpretierte er die Bundesbankaufgabe «Sicherung der Währung» noch anders, als es seine Nachfolger bis heute tun. Er erkannte dem Wirtschaftswachstum die gleiche Bedeutung zu wie der Geldwertstabilität. Er erinnerte daran, daß für das deutsche Volk nicht nur die Inflation, sondern auch die Arbeitslosigkeit «ein Trauma» gewesen sei.[264] Auch kann seine Präferenz, den Status der Bundesbank lieber mit «autonom» als mit «unabhängig» zu bezeichnen, als Indiz dafür gewertet werden, daß er Stabilitätspolitik noch in Kooperation und Abstimmung mit der Bundesregierung und ihrer Fiskal- und sonstigen Wirtschaftspolitik anstreben wollte.

Das Hauptergebnis meines Beitrages lautet: In der Periode der festen Wechselkurse herrschte bei relativ moderater Lohnpolitik im Zusammenspiel von Geldpolitik und Fiskalpolitik ein *policy mix* vor, der bei besonders bis 1956 stabilitätsgerechter, kontraktiver Fiskalpolitik eine aus Devisenüberschüssen gespeiste relativ expansive Geldpolitik erlaubte, ohne das Ziel der Preisstabilität zu gefährden oder allzusehr zu verfehlen.[265] Selbst Diskonterhöhungen wirkten expansiv, weil sie Zahlungsbilanzüberschüsse erzeugten. Dem ZBR fehlte wegen der offenen außenwirtschaftlichen Flanke seit 1955 über weite Strecken der Handlungsspielraum für eine binnenwirtschaftliche Überhitzungserscheinungen wirksam bekämpfende Geldpolitik. Selbst wenn und wo er ihn hatte, schöpfte er ihn nicht aus. Z.B. hielt er in Boomphasen den Diskontsatz häufig unter dem Tagesgeldsatz (vgl. Schaubild 3) und milderte so die restriktive Wirkung hoher Tagesgeldsätze. Auch bei den Mindestreserven für Inlandseinlagen schöpfte er das gesetzliche Maximum von 20 bzw. 30% nie aus, ja blieb in der ganzen Periode erheblich unter dieser Grenze.[266] Dieses Verhalten bedeutete, daß die Bundesbank sich auf ihre *lender of last resort*-Funktion konzentrierte.

Statt dessen übernahm die Fiskalpolitik in dieser Periode bei einer Gefährdung des gesamtwirtschaftlichen Gleichgewichts nicht nur Verantwortung für die Förderung des Wachstums und der Beschäftigung, sondern auch für die Sicherung der Preisstabilität. Umgekehrt hatte die BdL/Bundesbank bei der Gestaltung ihrer Geldpolitik nicht nur die Sicherung der Preisstabilität, sondern auch produktionspolitische Ziele im Auge. Die verschiedenen Träger

264 Vgl. Marsh, Bundesbank, S. 64.
265 Zu einem ähnlichen Ergebnis kommt: Dürr, Wirkungsanalyse, S. 160ff.
266 Vgl. Deutsche Bundesbank, 40 Jahre, S. 186f.

und Instrumente der Wirtschaftspolitik halfen einander aus und kooperierten.[267]

In den frühen siebziger Jahren trat eine grundsätzliche Änderung in der Aufgabenverteilung zwischen den Trägern der Fiskal- und der Geldpolitik ein. Zum einen wurde beobachtet, «daß die Bundesregierung ihren fiskalpolitischen Spielraum nicht durch eine stabilitätspolitische Ausrichtung einengen lassen wollte und der Bundesbank die Aufgabe, Preisniveaustabilität zu erreichen, allein überließ».[268] Zum anderen verfügte die Bundesbank nach dem Aufbrechen des Bretton-Woods-Systems nun über viel größere Spielräume für die Gestaltung ihrer Geldpolitik, weil sie von ihren Interventionsverpflichtungen zugunsten der Verteidigung einer festen D-Mark-Parität gegenüber dem Dollar befreit war. Die Bundesbank spezialisierte sich fortan mit ihrer Politik der Geldmengensteuerung auf die Inflationsbekämpfung.[269]

267 Freilich klappte die Zusammenarbeit nicht immer reibungslos. Sogar noch 1971/72 wurde auch in Bundesbankkreisen die Notwendigkeit der Abstimmung zwischen den verschiedenen Wirtschaftspolitikbereichen als notwendige Bedingung einer erfolgreichen Stabilitätspolitik gesehen, als dort die Möglichkeiten einer Geldmengensteuerungspolitik zwar diskutiert, aber noch skeptisch eingeschätzt wurden. Im Juli 1971 vertrat die Bundesbank in ihrem Monatsbericht zur Frage der Kooperation mit der Fiskal- und sonstigen Wirtschaftspolitik in der Inflationsbekämpfung noch folgende Ansicht: «Die Erfahrung der letzten 20 Jahre hat indes auch gezeigt, daß die Maßnahmen der Kreditpolitik zusammen mit einer in die gleiche Richtung zielenden Wirtschafts- und Fiskalpolitik, zumindest dann, wenn sie nicht durch außenwirtschaftliche Einflüsse aufgehoben werden, diese Übersteigerungen schließlich eindämmen und ein besseres Gleichgewicht in der Volkswirtschaft wiederherstellen können.» Deutsche Bundesbank, Längerfristige Entwicklung, S. 19. Heinrich Irmler drückte dies 1972 angesichts der damals hohen Inflationsrate so aus: «Die Fiskalpolitik hat jetzt die besondere Aufgabe, ihre Rolle im Kampf gegen die Inflation zu spielen, indem sie auf beträchtliche Haushaltsüberschüsse hinarbeitet, die zu neutralisieren sind.» Irmler, Concept, S. 160f., Übersetzung von mir. Als Begründung verwies er nicht nur auf die Grenzen, die der Bundesbank in der Inflationsbekämpfung durch die außenwirtschaftlichen Bindungen und Entwicklungen gesetzt waren, sondern auch auf ein Interesse der Bundesbank daran, abrupte Änderungen in der Zinsentwicklung zu vermeiden. «Sollten quantitative Schwankungen des Geldangebots nur um den Preis einer abrupten Änderung der Zinssätze vermeidbar sein, würde die Bundesbank vermutlich eine gewisse Kontinuität der Zinssätze um einiges bevorzugen.»

268 Woll/Vogl, Geldpolitik, S. 145. Vgl. auch Marsh, Bundesbank, S. 37: «Die Uminterpretation des [Bundesbank-] Gesetzes in Richtung auf maximale Preisstabilität vollzog sich erst gegen Ende des Systems von Bretton Woods, als die Verpflichtung zu stabilen Wechselkursen zwangsweise an Gewicht verlor.»

269 Dies hatte der Sachverständigenrat in seinem Jahresgutachten von 1974/75 (Ziff. 364ff.) empfohlen. Die Geldpolitik sollte die Fiskalpolitik weitgehend von ihrem antizyklischen Auftrag entlasten. Tatsächlich zogen sich seitdem die Verantwortlichen für die Fiskalpolitik aus diesem Aufgabengebiet weitgehend zurück und gingen auf einen bis heute anhaltenden, von Haushaltsdefiziten geprägten Expansionskurs. Dies zeigt sich vor allem daran, daß die Gesamtverschuldung der öffentlichen Haushalte in der Bundesrepublik in Prozent des BIP von 1950 bis in die erste Hälfte der siebziger Jahre – mit durchgehend meist knapp unter 20% – keine ansteigende Tendenz zeigte (vgl. Tabelle 1), während dieser

Der ZBR zögerte seit dem Ende der festen Wechselkurse nicht mehr, zur Ansteuerung eines Geldmengenziels die Zinssätze in die Höhe schnellen zu lassen, was ihm zuvor aus außenwirtschaftlichen Gründen verwehrt war. Sein neues Geldmengenkonzept ließ ihn nunmehr vernachlässigen, was er selbst einmal aus produktionspolitischen Gründen als sinnvoll erkannt und praktiziert hatte und was die führenden Kommentatoren des Bundesbankgesetzes noch 1973 folgendermaßen formulierten:

«Liquiditätsbeschränkungen und Zinserhöhungen stehen in dem schlechten Ruf, gerade diejenigen Investitionen zu behindern, die schnelle Produktivitätsfortschritte ermöglichen und damit den allgemeinen Preisanstieg verhindern könnten. Wenn überhaupt in einem solchen Fall [nämlich bei Vollbeschäftigung das Wachstum der gesamtwirtschaftlichen Nachfrage im Rahmen des Produktivitätsfortschritts zu halten, um Inflation zu vermeiden; Anm. C.-L. H.] monetäre Maßnahmen für geeignet gehalten werden, so wird vielfach empfohlen, eher die Sparkapitalbildung anzuregen als die Sachkapitalbildung zu behindern.»[270]

Mit Blick auf die eingangs vorgestellte Theorie von Mundell läßt sich feststellen, daß die BdL/Bundesbank bis zum Zerfall des Systems fester Wechselkurse die ihr zukommende Rolle, nämlich die Geldpolitik ganz auf die Sicherung des äußeren Gleichgewichts auszurichten, unter dem Druck der Devisenüberschüsse immer wieder wahrzunehmen gezwungen wurde, während die Fiskal- und Lohnpolitik, der Mundell-Theorie entsprechend, wesentliche Beiträge zum binnenwirtschaftlichen Gleichgewicht (Preisstabilität, Vollbeschäftigung und Wirtschaftswachstum) leisteten. Dies war eine tragende Säule der relativ erfolgreichen Wirtschaftspolitik bis 1970.[271]

Prozentsatz seitdem bis heute auf mehr als das Dreifache gestiegen ist. In den vergleichbaren Zeitreihen anderer Industrieländer lassen sich etwa gleichzeitig ähnliche Strukturbrüche feststellen. Das läßt den Schluß zu, daß es eine internationale Ursache für dieses Phänomen gab. Diese Ursache war eben der Zerfall des Bretton-Woods-Systems. Daß dieser Strukturbruch die in den siebziger Jahren aggressivere Lohnpolitik weltweit erklären kann, zeigt Holtfrerich, Wechselkurssystem.

270 Spindler/Becker/Starke, Bundesbank, S. 21.

271 Der bei flexiblen Wechselkursen notwendigen umgekehrten Rollenverteilung entsprachen in den letzten 25 Jahren weder die Geld- noch die Fiskal- und Lohnpolitik. Die im Durchschnitt höheren Inflationsraten, niedrigeren Wachstumsraten und bis heute tendenziell steigenden Arbeitslosenquoten können als das Ergebnis des «neuen», aber eben falschen Assignment der Aufgaben in der Wirtschaftspolitik seit 1974 angesehen werden. Vgl. Kloten/Ketterer/Vollmer, Stabilization, S. 392, S. 395 sowie Kloten u.a., Entwicklung, S. 77ff. Eine weitere Ursache liegt in der seit den siebziger Jahren fehlenden intensiven Kooperation der Träger der Geld-, Fiskal- und Lohnpolitik. Symptomatisch ist, daß das Wirtschaftskabinett, das sich zuvor zu fast monatlichen Beratungen mit dem Bundesbankpräsidenten traf, seit 1970 nur noch einmal im Jahr tagte, um den Jahreswirtschaftsbericht der Bundesregierung zu besprechen. Information aus dem Bundeskanzleramt.

6. Quellen und Literatur

Quellen

Archiv der Bank of England (BoE)
Bundesarchiv Koblenz und Berlin
Historisches Archiv der Deutschen Bundesbank (HA BBk)

Literatur

Abelshauser, Werner: Ansätze «korporativer Marktwirtschaft» in der Korea-Krise der frühen fünfziger Jahre, in: Vierteljahrshefte für Zeitgeschichte 30 (1982), S. 715–756
Abelshauser, Werner: Wirtschaftsgeschichte der Bundesrepublik Deutschland (1945–1980), Frankfurt a.M. 1983
Abelshauser, Werner: Die Langen Fünfziger Jahre. Wirtschaft und Gesellschaft der Bundesrepublik Deutschland 1949–1966, Düsseldorf 1987
Bank deutscher Länder: Statistisches Handbuch der Bank deutscher Länder 1948–1954, Frankfurt a.M. 1955
Bank deutscher Länder: Geschäftsberichte, Frankfurt a.M., verschiedene Jahrgänge
Bank deutscher Länder: Auszüge aus Presseartikeln, verschiedene
Baring, Arnulf: Machtwechsel. Die Ära Brandt-Scheel, Frankfurt a.M. 1982
Berger, Helge: Konjunkturpolitik im Wirtschaftswunder. Handlungsspielräume und Verhaltensmuster von Bundesbank und Regierung in den 1950er Jahren, Tübingen 1997
Blessing, Karl: Die Verteidigung des Geldwertes, Frankfurt a.M. 1960
Blessing, Karl: Im Kampf um gutes Geld, Frankfurt a.M. 1966
Bockelmann, Horst: Die Deutsche Bundesbank, Frankfurt a.M. [3]1996
Borchardt, Knut: Realkredit- und Pfandbriefmarkt im Wandel von 100 Jahren, in: 100 Jahre Rheinische Hypothekenbank, Frankfurt a.M. 1971, S. 105–196
Brawand, Leo: Wohin steuert die deutsche Wirtschaft? München 1971
Brehmer, Ekhard: Struktur und Funktionsweise des Geldmarktes der Bundesrepublik Deutschland seit 1948, Tübingen [2]1964
Buchheim, Christoph: Die Wiedereingliederung Westdeutschlands in die Weltwirtschaft 1945–1958, München 1990
Bundesarchiv (Hrsg.): Die Kabinettsprotokolle der Bundesregierung, Bde. 1, 2 und 9, Boppard am Rhein 1982, 1984 und 1997
Caesar, Rolf: Der Handlungsspielraum von Notenbanken. Theoretische Analyse und internationaler Vergleich, Baden-Baden 1981
Carstens, Reimer: Die Aufwertungsdebatte, Tübingen 1963
Deutsche Bundesbank: Änderung des Wechselkurses der DM, in: Monatsbericht 13 (1961) 3, S. 3–5
Deutsche Bundesbank: Methodische Erläuterungen zur Analyse der Bankenliquidität, in: Monatsbericht 17 (1965) 4, S. 29–37
Deutsche Bundesbank: Längerfristige Entwicklung des Geldvolumens, in: Monatsbericht 23 (1971) 7, S. 11–28
Deutsche Bundesbank: Die währungspolitischen Institutionen und Instrumente in der Bundesrepublik Deutschland, Frankfurt a.M. 1971
Deutsche Bundesbank: Deutsches Geld- und Bankwesen in Zahlen 1876–1975, Frankfurt a.M. 1976

Deutsche Bundesbank: 40 Jahre Deutsche Mark. Monetäre Statistiken 1948–1987, Frankfurt a.M. 1988
Deutsche Bundesbank: Auszüge aus Presseartikeln, verschiedene
Deutsche Bundesbank: Geschäftsberichte, Frankfurt a.M., verschiedene Jahrgänge
Deutsche Bundesbank: Monatsberichte, verschiedene
Deutscher Sparkassen- und Giroverband: Jahresberichte, verschiedene Jahrgänge
Dickhaus, Monika: Die Bundesbank im westeuropäischen Wiederaufbau. Die internationale Währungspolitik der Bundesrepublik Deutschland 1948 bis 1958, München 1996
Dreißig, Wilhelmine: Zur Entwicklung der öffentlichen Finanzwirtschaft seit dem Jahre 1950, in: Deutsche Bundesbank (Hrsg.): Währung und Wirtschaft in Deutschland 1876–1975, Frankfurt a.M. 1976, S. 691–744
Dürr, Ernst: Wirkungsanalyse der monetären Konjunkturpolitik, Frankfurt a.M. 1966
Ehrlicher, Werner: Finanzpolitik seit 1945, in: Schremmer, Eckart (Hrsg.): Steuern, Abgaben und Dienste vom Mittelalter bis zur Gegenwart, Stuttgart 1994, S. 213–247
Emmer, Robert E.: West German Monetary Policy, 1948–54, in: Journal of Political Economy 63 (1955), S. 52–69
Emminger, Otmar: Internationaler Währungsfonds und Wechselkurspolitik, in: Zeitschrift für das gesamte Kreditwesen 10 (1957), S. 732–736
Emminger, Otmar: Zwanzig Jahre deutsche Geldpolitik. Rückblick und Ausblick, Stuttgart 1968
Emminger, Otmar: Zahlungsbilanz- und währungspolitische Probleme des internationalen Kapitalverkehrs, in: Zeitschrift für das gesamte Kreditwesen 23 (1970), S. 1067–1073
Emminger, Otmar: D-Mark, Dollar, Währungskrisen. Erinnerungen eines ehemaligen Bundesbankpräsidenten, Stuttgart 1986
Emminger, Otmar: Ordnungs- und währungspolitische Probleme der Korea-Krise, in: Carstens, Karl u.a.: Die Korea-Krise als ordnungspolitische Herausforderung der deutschen Wirtschaftspolitik. Texte und Dokumente, Stuttgart 1986
Erhard, Ludwig: Deutschlands Rückkehr zum Weltmarkt, Düsseldorf 1953
Flassbeck, Heiner: Preise, Zins und Wechselkurs. Zur Theorie der offenen Volkswirtschaft bei flexiblen Wechselkursen, Tübingen 1988
Flassbeck, Heiner: Geldwertstabilität in Raum und Zeit. Skizzen zu einem Zwei-Phasen-Konzept wirtschaftlicher Entwicklung in der Bundesrepublik Deutschland (und der Welt), in: Riese, Hajo/Spahn, Heinz-Peter (Hrsg.): Geldpolitik und ökonomische Entwicklung. Ein Symposion, Regensburg 1990, S. 24–32
Geiger, Till/Ross, Duncan M.: Banks, Institutional Constraints and the Limits of Central Banking: Monetary Policy in Britain and West Germany, 1950–52, in: Jones, Geoffrey (Hrsg.): Banks and Money: International and Comparative Finance in History, Ilford 1991, S. 138–156
Gesetz über die Deutsche Bundesbank vom 26. Juli 1957, in: Bundesgesetzblatt 1957, Teil I, S. 745–746
Gesetz zur Förderung der Stabilität und des Wachstums der Wirtschaft vom 8. Juni 1967, in: Bundesgesetzblatt 1967, Teil I, S. 582ff.
Giersch, Herbert/Paqué, Karl-Heinz/Schmieding, Holger: The Fading Miracle. Four Decades of Market Economy in Germany, Cambridge 1992
Goodman, John B.: Monetary Sovereignty. The Politics of Central Banking in Western Europe, Ithaca 1992
Hagemann, Walter: Von der Ordnungs- zur Konjunkturpolitik. Zur Funktionsentwicklung staatlicher Wirtschaftspolitik in Westdeutschland von 1948–1967, Essen 1984
Hahn, L. Albert: Kapitalausfuhr: Illusion und Wirklichkeit, in: Die Zeit vom 15. Juni 1958; wiederabgedruckt in: Hahn, L. Albert: Geld und Kredit. Währungspolitische und konjunkturtheoretische Betrachtungen, Frankfurt a.M. 1960, S. 137–147

Hahn, L. Albert: Über monetäre Integration, in: Hahn, L. Albert: Fünfzig Jahre zwischen Inflation und Deflation, Tübingen 1963, S. 200–218
Harmening, Rudolf/Duden, Konrad: Die Währungsgesetze. Handausgabe mit ausführlicher Erläuterung der Umstellungsvorschriften, München 1949
Hentschel, Volker: Die Entstehung des Bundesbankgesetzes 1949–1957. Politische Kontroversen und Konflikte, in: Bankhistorisches Archiv 14 (1988), S. 3–31, 79–115
Hentschel, Volker: Die Europäische Zahlungsunion und die deutschen Devisenkrisen 1950/51, in: Vierteljahrshefte für Zeitgeschichte 37 (1989), S. 715–758
Hentschel, Volker: Ludwig Erhard. Ein Politikerleben, München 1996
Hölscher, Jens: Krisenmanagement und Wirtschaftswunder. Die Überwindung der Zahlungskrise 1950/51, in: Riese, Hajo/Spahn, Heinz-Peter (Hrsg.): Geldpolitik und ökonomische Entwicklung. Ein Symposion, Regensburg 1990, S. 33–43
Hölscher, Jens: Entwicklungsmodell Westdeutschland. Aspekte der Akkumulation in der Geldwirtschaft, Berlin 1994
Holtfrerich, Carl-Ludwig: Wechselkurssystem und Phillips-Kurve, in: Kredit und Kapital 15 (1982), S. 65–89
Holtfrerich, Carl-Ludwig: Relations between Monetary Authorities and Governmental Institutions. The Case of Germany from the 19th Century to the Present, in: Toniolo, Gianni (Hrsg.): Central Banks' Independence in Historical Perspective, Berlin/New York 1988, S. 105–159
Holtfrerich, Carl-Ludwig: Die Deutsche Bank vom Zweiten Weltkrieg über die Besatzungsherrschaft zur Rekonstruktion 1945–1957, in: Gall, Lothar u.a.: Die Deutsche Bank 1870–1995, München 1995, S. 409–578
Irmler, Heinrich: The Deutsche Bundesbank's Concept of Monetary Theory and Monetary Policy, in: Brunner, Karl (Hrsg.): Proceedings of the First Konstanzer Seminar on Monetary Theory and Monetary Policy, Beiheft 1 zu Kredit und Kapital, Berlin 1972, S. 137–164
Issing, Otmar: Einführung in die Geldtheorie, München [10]1995
James, Harold: International Monetary Cooperation Since Bretton Woods, Washington D.C. 1996
Kaplan, Jacob J./Schleiminger, Günther: The European Payments Union. Financial Diplomacy in the 1950s, Oxford 1989
Kaufmann, Hugo M.: A Debate Over Germany's Revaluation 1961. A Chapter in Political Economy, in: Weltwirtschaftliches Archiv 103 (1969), S. 181–212
Kennedy, Ellen: The Bundesbank. Germany's Central Bank in the International Monetary System, London 1991
Kloten, Norbert u.a.: Zur Entwicklung des Geldwertes in Deutschland. Fakten und Bestimmungsgründe, Tübingen 1980
Kloten, Norbert/Ketterer, Karl-Heinz/Vollmer, Rainer: West Germany's Stabilization Performance, in: Lindberg, Leon N./Maier, Charles S. (Hrsg.): The Politics of Inflation and Economic Stagnation, Washington D.C. 1985, S. 353–402
Koerfer, Daniel: Kampf ums Kanzleramt. Erhard und Adenauer, Stuttgart 1987
Kohler, Reinhard: Grenzen der Bundesbankpolitik. Wirkungsanalysen restriktiver Zentralbankpolitik 1959–1974, Berlin 1979
Kühne, Rudolf: Die Regelungen für den Außenwirtschaftsverkehr unter der Geltung der besatzungsrechtlichen Devisenbewirtschaftungsgesetze, Frankfurt a.M. (als Manuskript gedruckt; Bibliothek der Deutschen Bundesbank) 1984
Landeszentralbank von Niedersachsen: Geschäftsbericht für das Geschäftsjahr 1956, Hannover 1957
Lindlar, Ludger: Das mißverstandene Wirtschaftswunder. Westdeutschland und die westeuropäische Nachkriegsprosperität, Tübingen 1997
Lindlar, Ludger/Holtfrerich, Carl-Ludwig: Geography, exchange rates, trade structures:

Germany's export performance since the 1950s, in: European Review of Economic History 1 (1997), 217–246
Ludwig-Erhard-Stiftung (Hrsg.): Die Korea-Krise als ordnungspolitische Herausforderung der deutschen Wirtschaftspolitik. Texte und Dokumente, Stuttgart 1986
Marsh, David: Die Bundesbank. Geschäfte mit der Macht, München 1992
Morawietz, Markus: Rentabilität und Risiko deutscher Aktien- und Rentenanlagen seit 1870: unter Berücksichtigung von Geldentwertung und steuerlichen Einflüssen, Wiesbaden 1994
Müller, Heinz: Die Politik der deutschen Zentralbank 1948–1967. Eine Analyse der Ziele und Mittel, Tübingen 1969
Mundell, Robert A.: The Monetary Dynamics of International Adjustment under Fixed and Flexible Exchange Rates, in: Quarterly Journal of Economics 74 (1960), S. 227–257
Mundell, Robert A.: The Appropriate Use of Monetary and Fiscal Policy for Internal and External Stability, in: IMF Staff Papers 9 (1962), S. 70–79
Mundell, Robert A.: Capital Mobility and Stabilization Policy under Fixed and Flexible Exchange Rates, in: Canadian Journal of Economics and Political Science 29 (1963), S. 475–485
Narr-Lindner, Gudrun: Grenzen monetärer Steuerung. Die Restriktionspolitik der Bundesbank 1964–1974, Frankfurt a.M. 1984
Nicholls, Anthony James: Freedom with Responsibility. The Social Market Economy in Germany, 1918–1963, Oxford 1994
Oberhauser, Alois: Geld- und Kreditpolitik bei weitgehender Vollbeschäftigung und mäßigem Preisanstieg (1958–1968), in: Deutsche Bundesbank (Hrsg.): Währung und Wirtschaft in Deutschland 1876–1975, Frankfurt a.M. 1976, S. 609–642
Riese, Hajo: Das Forschungsprojekt «Geldpolitik als Grundlage der ökonomischen Entwicklung der Bundesrepublik Deutschland», in: Riese, Hajo/Spahn, Heinz-Peter (Hrsg.): Geldpolitik und ökonomische Entwicklung. Ein Symposion, Regensburg 1990, S. 2–17
Ritschl, Albrecht: Die Währungsreform von 1948 und der Wiederaufstieg der westdeutschen Industrie, in: Vierteljahrshefte für Zeitgeschichte 33 (1985), S. 136–165
Roeper, Hans: Die D-Mark. Vom Besatzungskind zum Weltstar, Frankfurt a.M. 1978
Sachverständigenrat zur Begutachtung der gesamtwirtschaftlichen Entwicklung: Jahresgutachten, Stuttgart, verschiedene Jahrgänge
Schmölders, Günter: Geldpolitik, Tübingen ²1968
Spindler, Joachim von/Becker, Willy/Starke, O.-Ernst: Die Deutsche Bundesbank. Grundzüge des Notenbankwesens und Kommentar zum Gesetz über die Deutsche Bundesbank, Stuttgart ⁴1973
Statistisches Bundesamt: Statistisches Jahrbuch für die Bundesrepublik Deutschland, Stuttgart 1952
Stern, Klaus/Münch, Paul/Hansmeyer, Karl-Heinrich: Gesetz zur Förderung der Stabilität und des Wachstums der Wirtschaft, Stuttgart ²1972
Stolper, Wolfgang F./Roskamp, Karl W.: Planning a Free Economy: Germany 1945–1960, in: Zeitschrift für die gesamte Staatswissenschaft 135 (1979), S. 374–404
Stucken, Rudolf: Deutsche Geld- und Kreditpolitik 1914 bis 1963, Tübingen ³1964
Swoboda, Alexander K.: Monetary Policy under Fixed Exchange Rates. Effectiveness, the Speed of Adjustment and Proper Use, in: Economica 40 (1973), S. 136–154
Temin, Peter: The «Korea boom» in West Germany. Fact or Fiction?, in: Economic History Review 48 (1995), S. 737–753
U.S. Bureau of the Census: Historical Statistics of the United States. Colonial Times to 1970, Washington D.C. 1975
Vocke, Wilhelm: Gesundes Geld. Gesammelte Reden und Aufsätze zur Währungspolitik, Frankfurt a.M. ²1956
Vocke, Wilhelm: Memoiren, Stuttgart 1973

Wallich, Henry C.: Triebkräfte des deutschen Wiederaufstiegs, Frankfurt a.M. 1955
Wildenmann, Rudolf: Die Rolle des Bundesverfassungsgerichts und der Deutschen Bundesbank in der politischen Willensbildung. Ein Beitrag zur Demokratietheorie, Stuttgart 1969
Wissenschaftlicher Beirat beim Bundesministerium für Wirtschaft: Sammelband der Gutachten von 1948 bis 1972, hrsg. vom Bundesministerium für Wirtschaft, Göttingen 1973
Woll, Artur/Vogl, Gerald: Geldpolitik, Stuttgart 1976

VIII. Geldpolitik auf neuen Wegen (1971–1978)

Von Jürgen von Hagen

1. Einleitung

In den siebziger Jahren beginnt eine neue Ära der Geldpolitik in Deutschland. Nach einem Vierteljahrhundert der Bindung der D-Mark an den Dollar und einer Zeit des weitgehenden Verlustes der Kontrolle über die Geldschöpfung wurde die Bundesbank im März 1973 von der Interventionspflicht gegenüber dem Dollar befreit. Damit war die Geldpolitik zwar nicht frei von wechselkurspolitischen Zwängen, der stärkste und unmittelbare außenwirtschaftliche Druck war jedoch gewichen. Neue Wege standen der Geldpolitik offen.

Bevor sie neue Konzepte und Strategien entwickeln konnte, mußte sich die Bundesbank zuerst auch im Inland als führende Instanz der Geldpolitik behaupten. Im Rückblick scheint es dem Betrachter allzu leicht, als habe die Bank ihre neue Handlungsfreiheit konsequent zur Entwicklung einer neuen Geldmengenpolitik, symbolisiert durch die Ankündigung von Geldmengenzielen, genutzt. Verschrieb sich die Bundesbank entschieden dem Ziel der Preisstabilität und einer verstetigten Geldpolitik, anstatt der Versuchung kurzfristiger Konjunktursteuerung nach keynesianischem Muster zu verfallen?

Näheres Hinsehen zeigt, daß dieses Bild zu einfach ist. Geldmengenpolitik war in den siebziger Jahren in vielfacher Hinsicht ein Experiment, keineswegs unumstritten unter den Entscheidungsträgern. Die erste Ankündigung eines Geldmengenziels erfolgte als Versuch, die Abkehr von einer strikten Stabilitätspolitik maßvoll zu vollziehen. Mittelfristige Orientierung der Geldpolitik gab es in den folgenden Jahren kaum. Am Ende drängt sich der Eindruck auf, daß die Politik der Geldmengenziele ihr Überleben vor allem der Tatsache verdankte, daß der Verzicht auf ein Geldmengenziel kurz vor dem Beginn des neuen Europäischen Währungssystems (EWS) den Eindruck erweckt hätte, die Bundesbank gebe ihren stabilitätsorientierten Kurs auf. Ist die Bundesbank am Ende mehr in den neuen Weg, der sich letztlich als richtig erwies, hineingestolpert, als daß sie ihn beschritten hätte?

Dieser Beitrag zeichnet die Entwicklungen der Jahre 1971–1978 nach. Die Gelegenheit zum Studium umfangreicher Quellen, die die Bundesbank zur Verfügung stellte, ermöglicht die Darstellung der Geldpolitik als Ergebnis der sie prägenden Entscheidungen im Zentralbankrat der Bundesbank. So entsteht einerseits ein subjektives Bild, denn wir lassen andere Akteure der Wirtschaftspolitik kaum zu Wort kommen. Andererseits entsteht, diesem Buch angemessen, ein Eindruck von den Überzeugungen und Zweifeln, die in der Gestaltung der Geldpolitik dieser Zeit eine Rolle spielten. Folgt man Niehans' Ansicht, daß Geldpolitik letztlich eine von Menschen gemachte Kunst ist,[1] so gehört zum Verständnis einer geldpolitischen Epoche das Verständnis der Beweggründe ihrer Entscheidungen. Dann wird auch klar, daß weder das Bild des konsequenten Einschlagens des neuen Weges noch das des Stolperns in den neuen Weg den eigentlichen Entwicklungen gerecht wird.

Die folgende Betrachtung teilt die Jahre 1971–1978 in drei Perioden ein. Das inflationäre Ungleichgewicht der Jahre 1971 und 1972 bildet den Ausgang. Die anschließende Zeit bis 1974 umfaßt eine Periode der Emanzipation der Geldpolitik und der monetären Stabilisierung. Die Jahre 1975–1978 schließlich sind eine Phase der Entwicklung hin zu einem neuen Konzept der monetären Stabilisierungspolitik. Wir schließen mit dem Beginn des EWS.

2. Ohnmacht im Ungleichgewicht: deutsche Geldpolitik Anfang der siebziger Jahre

a) Die Wirtschaft der Bundesrepublik im Ungleichgewicht

Zu Beginn der siebziger Jahre befand sich die Bundesrepublik in einem wirtschaftlichen Ungleichgewicht. Soziale Verteilungskonflikte schürten inflationäre Impulse, und die Handlungsfähigkeit der Geldpolitik war durch das Währungssystem und den Mangel an Aktionsmöglichkeiten der Zentralbank gelähmt.

Schaubild 1 zeigt die wirtschaftlichen Trends dieser Jahre in Grundzügen.[2] Der Stabilisierung auf hohem Wachstumsniveau von 1970 und 1971 folgte 1972 ein neuer Aufschwung. Die Inflation, die 1970 und 1971 8% erreichte, milderte sich 1972 auf 5%, stieg aber bis 1974 wieder auf 7%. Zugleich herrschte Vollbeschäftigung. Der Sachverständigenrat kennzeichnete den Arbeitsmarkt 1970 als leergefegt.[3]

Hohe Lohnforderungen spiegelten den Anspruch der Gewerkschaften wider, die Einkommensverteilung zugunsten der Arbeitnehmer zu verbes-

1 Vgl. Niehans, Theory, S. 336.

2 Wachstum und Inflation sind anhand der Wachstumsraten des realen Bruttoinlandsprodukts und des Deflators des Bruttoinlandsprodukts gemessen.

3 Vgl. Sachverständigenrat, Jahresgutachten 1970/71, S. 15.

sern.[4] Schaubild 1 verdeutlicht dies anhand der Veränderung der Lohnstückkosten, d.h. des um den Zuwachs der Produktivität korrigierten Lohnwachstums. Die Lohnpolitik der Gewerkschaften wurde durch die von der Regierung Brandt abgegebene Vollbeschäftigungsgarantie unterstützt.[5] Besonders 1971 wurde die Lohnentwicklung zu einer wichtigen Ursache des Preisauftriebs.[6] In der Erwartung, steigende Löhne über höhere Preise abwälzen zu können, setzten die Unternehmer den Forderungen der Gewerkschaften wenig Widerstand entgegen.[7]

Als zweiter Verteilungskonflikt kam der wachsende Anspruch des Staates an das Sozialprodukt hinzu, eine Folge der zahlreichen Reformen, aber auch

Indikatoren zur Wirtschaftsentwicklung

Schaubild 1

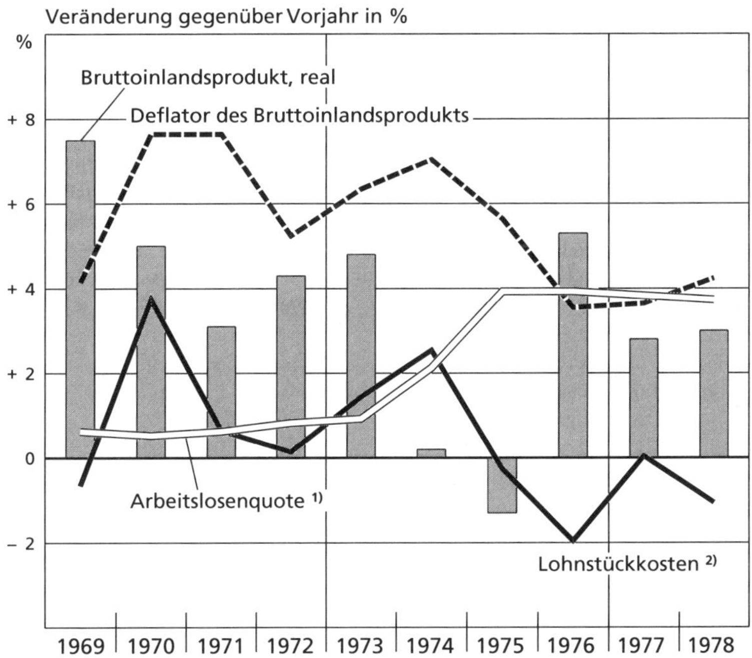

1 Arbeitslose in % der Erwerbspersonen insgesamt. — 2 Lohnkosten je Einheit des nominalen Bruttoinlandsprodukts.

4 Vgl. Deutscher Gewerkschaftsbund, Entwicklungsmöglichkeiten.

5 Vgl. Sachverständigenrat, Jahresgutachten 1970/71, Ziff. 48ff.; Jahresgutachten 1971/72, Ziff. 64ff.

6 Vgl. Deutsche Bundesbank, Geschäftsbericht 1970, S. 8 und Deutsche Bundesbank, Geschäftsbericht 1971, S. 13.

7 Vgl. Sachverständigenrat, Jahresgutachten 1971/72, Ziff. 64.

der eigenständigen Zielsetzung der SPD-Regierung, die Staatsquote heraufzusetzen. 1969 und 1970 betrugen die Einnahmen und Ausgaben des Staates noch rund 40% des Bruttoinlandsprodukts. In den folgenden Jahren wuchs der Anteil der Ausgaben beständig, um 1975 50% erstmals zu überschreiten. Die expansive Haushaltspolitik stand im deutlichen Widerspruch zu der konjunkturpolitischen Notwendigkeit eines neutralen oder kontraktiven fiskalischen Impulses zur Eindämmung der Preissteigerung.[8]

Auch die Geldpolitik entsprach nicht dem inflationären Ungleichgewicht. Ab der zweiten Hälfte 1970 nahm die monetäre Expansion gemessen an der Geldmenge M1 oder der Zentralbankgeldmenge kräftig zu (Schaubild 2).[9] Zugleich expandierte die Kreditvergabe der Banken an inländische Nichtban-

Geldmengenwachstum

Schaubild 2

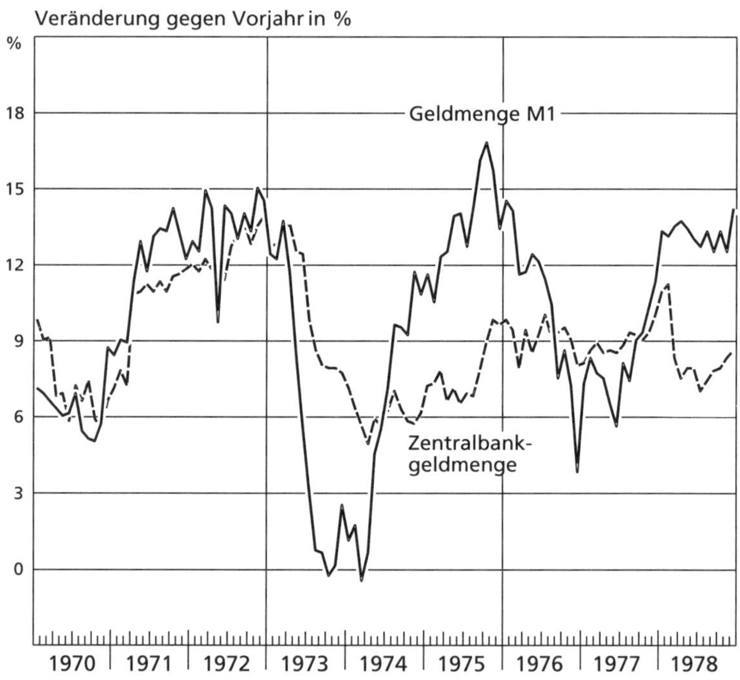

Quelle: Deutsche Bundesbank.

8 Der konjunkturelle Impuls berechnet sich als Differenz zwischen dem tatsächlichen und dem konjunkturneutralen Finanzierungssaldo des Staates, jeweils bezogen auf das Bruttoinlandsprodukt.

9 Die Geldmenge M1 besteht aus dem Bargeld plus den Sichteinlagen inländischer Nichtbanken bei inländischen Kreditinstituten. Die Zentralbankgeldmenge besteht aus dem Bargeld plus den Sicht-, Termin- und Spareinlagen inländischer Nichtbanken, letztere jeweils mit ihren Mindestreservesätzen (vom Januar 1974) gewichtet.

ken. Beides trug zu der sich beschleunigenden Geldentwertung bei. Die unangemessene monetäre Expansion drückt aus, was im Zentralbankrat der Bundesbank konstatiert wurde: Die Bundesbank hatte die Kontrolle über die Geldschöpfung weitgehend verloren.

b) Das monetäre Konzept der Deutschen Bundesbank

Die Schwierigkeiten der Geldpolitik dieser Zeit und die nachfolgenden Entwicklungen lassen sich besser verstehen, wenn wir uns zunächst das Konzept der Geldpolitik der Bundesbank in seinen Grundzügen verdeutlichen. Dieses Konzept läßt sich in einer Reihe von Grundsätzen zusammenfassen.

1. Die monetäre Analyse der Bundesbank betrachtet die *Veränderung* des Geldvolumens, sie ist insofern eine Stromanalyse und nicht, wie sonst in der Makroökonomik üblich, eine Analyse von Bestands- oder Vermögensgrößen.[10]

2. Im Rahmen der monetären Analyse wird die Veränderung des Geldvolumens als das Residuum einer Reihe grundlegender Marktentwicklungen interpretiert:

Veränderung des Geldvolumens =
  Kreditgewährung inländischer Banken an inländische Nichtbanken
+ Veränderung der Devisenreserven der Bundesbank
  und der Nettoauslandsforderungen der Banken
– Veränderung des Geldkapitals inländischer
  Nichtbanken bei inländischen Kreditinstituten
– Zentralbankeinlagen inländischer öffentlicher
  Haushalte
– Sonstige Einflüsse.

Wie im monetaristischen Modell und anders als im keynesianischen Modell des Geldangebots steht der inländische Kreditmarkt im Mittelpunkt der monetären Analyse.

3. Eine Zunahme der Netto-Auslandsforderungen der Banken und der Devisenreserven der Bundesbank führen zu einer Expansion der Geldmenge, sofern sie nicht durch Geldkapitalbildung, also Anlagen in andere Bankverbindlichkeiten, absorbiert werden oder aber ihren bilanziellen Gegenposten in der Kreditgewährung finden.

4. Die Nachfrage der Banken nach Zentralbankgeld ist durch die Mindestreserve bestimmt. Da diese sich jedoch auf bereits geschaffene Einlagen bezieht, ist die Nachfrage nach Zentralbankgeld zu jedem Zeitpunkt exogen, so daß eine Variation der Geldbasis das Geldangebot nicht beeinflußt. Hier liegt der zweite Unterschied zur monetaristischen Analyse des Geldangebots.

10 Vgl. Brunner, Money supply process.

c) Das geldpolitische Dilemma

Die Bundesbank verfügte in diesem Konzept über zwei indirekte Wege zur Steuerung des Geldangebots.[11] Im Rahmen ihrer *Zinspolitik*, der Festlegung der Notenbankzinsen, beeinflußte sie die Kreditmarktzinsen und damit aufgrund der Zinselastizität die *Kreditnachfrage*. Im Rahmen ihrer *Liquiditätspolitik* beeinflußte sie den Bestand an Freien Liquiditätsreserven der Banken, d.h. Überschußguthaben der Banken bei der Zentralbank sowie Aktiva der Banken, die diese jederzeit in Zentralbankgeld umwandeln können.[12] Ansatzpunkt der Liquiditätspolitik war die Vorstellung, daß die Banken eine einiger-

Außenwert der D-Mark und Interventionen der Bundesbank Schaubild 3

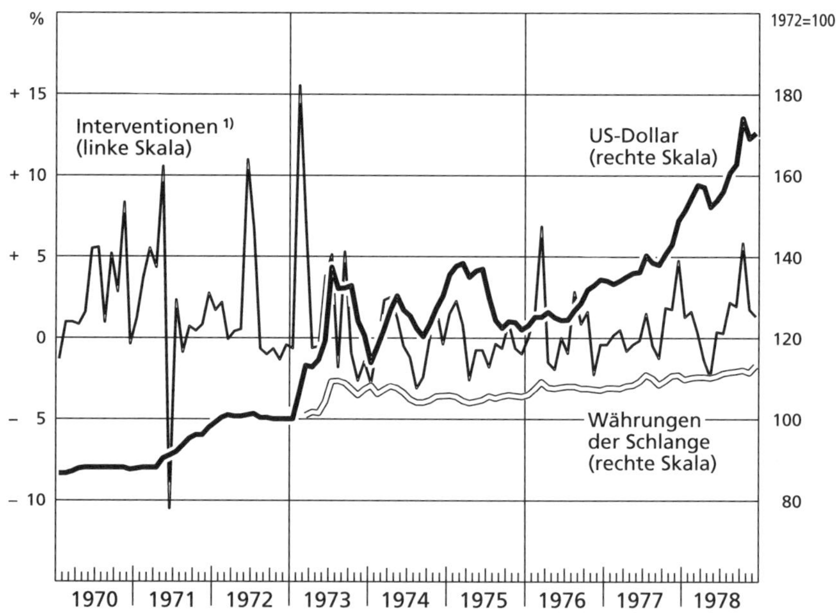

1 Monatliche Veränderungen der Nettoauslandsaktiva der Bundesbank in Relation zur Geldbasis. — Quelle: Deutsche Bundesbank, eigene Berechnungen.

11 Vgl. z.B. Deutsche Bundesbank, Geschäftsbericht 1970, S. 19ff.; Deutsche Bundesbank, Geschäftsbericht 1972, S. 26ff.

12 Unter den Bedingungen der frühen siebziger Jahre waren dies Devisenguthaben der Banken sowie unausgenutzte Rediskontkontingente, Geldmarktpapiere, die die Bundesbank mit jederzeitiger Rückkaufsgarantie abgegeben hatte, und freier Lombardspielraum. Vgl. Deutsche Bundesbank, Neuabgrenzung, S. 47f.

maßen stabile Relation zwischen den Freien Liquiditätsreserven und den inländischen Einlagen, d.h. eine stabile Liquiditätsquote, anstrebten. Eine Schaffung bzw. Rückführung der Freien Liquiditätsreserven würde daher nach einiger Zeit zu einer Expansion bzw. einem Rückgang des *Kreditangebots* führen.

Zu Beginn der siebziger Jahre erwies sich das Konzept einer stabilen Liquiditätsquote als nicht mehr angemessen.[13] Die starke Expansion des Kredit- und des Geldangebots erfolgte 1971 und 1972 bei einer relativ geringen bzw. fallenden Liquiditätsquote. Die Bundesbank erkannte die Ursache der Instabilität in der Entwicklung alternativer Möglichkeiten der Liquiditätsbeschaffung für die Banken im Zuge der Entstehung funktionierender inländischer und ausländischer Geldmärkte.[14]

Zinsentwicklung

Schaubild 4

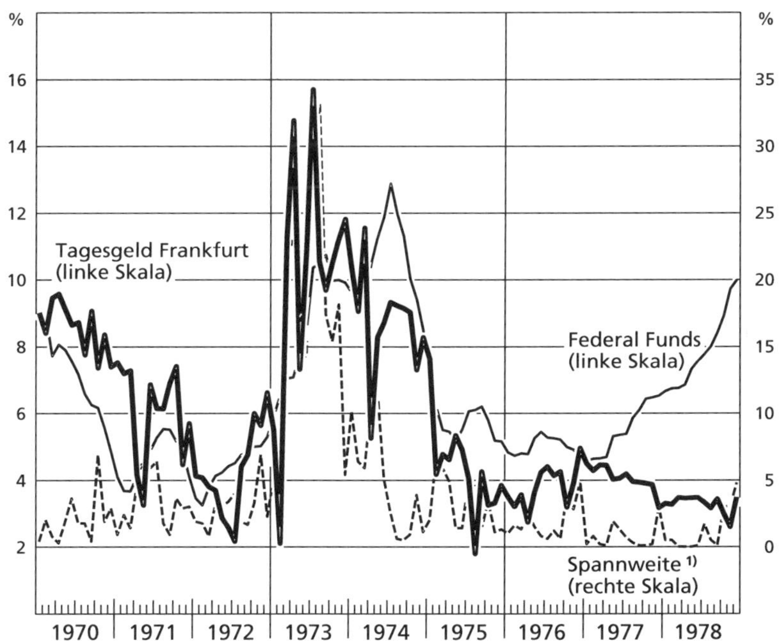

1 Differenz zwischen Maximum und Minimum der Tagesgeldsätze im Monat.— Quelle: Deutsche Bundesbank, eigene Berechnungen.

13 Vgl. Deutsche Bundesbank, Geschäftsbericht 1970, S. 21 f.

14 Vgl. Deutsche Bundesbank, Geschäftsbericht 1973, S. 3. Der Sachverständigenrat, Jahresgutachten 1973/74, Ziff. 172, nennt als weitere Ursache für die Instabilität die 1969 geänderten Liquiditätsgrundsätze der Bankenaufsicht.

Im Rahmen ihres Konzepts konnte die Bundesbank bis zu einem gewissen Grad Zins- und Liquiditätspolitik mit unterschiedlichen Zielsetzungen betreiben.[15] Diese Trennung war jedoch nur möglich, solange der durch eine positive Zinsdifferenz angelockte Zustrom an Auslandsgeldern nicht die Liquiditätspolitik konterkarierte. Hier lag das Dilemma der Geldpolitik 1971 und 1972: Die starke Geld- und Kreditexpansion erforderte eine deutlich restriktive Politik, während der expansive Kurs in den USA seit Anfang 1970 Zinssenkungen notwendig machte.[16] Schaubild 4 zeigt die rapide Senkung der Geldmarktzinsen in Deutschland im Gefolge der amerikanischen Zinsen Anfang der siebziger Jahre. Senkungen des Diskont- und des Lombardsatzes erfolgten in Kombination mit restriktiven liquiditätspolitischen Maßnahmen, die jedoch das Wachstum der Geldmenge nicht ausreichend begrenzten.[17] Im Frühjahr 1971 wurde der Aufwertungsdruck durch spekulative Kapitalzuflüsse weiter verstärkt. Schaubild 3 verdeutlicht das Ausmaß der Interventionen, gemessen als monatliche Veränderungen der Nettoauslandsaktiva der Bundesbank in Relation zur Geldbasis, die zur Abwehr des Aufwertungsdrucks erforderlich wurden.

Das Dilemma bestand also in der Unmöglichkeit, binnen- und außenwirtschaftliche Ziele der Geldpolitik miteinander zu verbinden. Die Bundesbank sprach von dem «währungspolitischen Dreieck», bestehend aus den binnenwirtschaftlichen Notwendigkeiten restriktiver Geldpolitik, dem festen Wechselkurs und der Liberalisierung des internationalen Kapitalverkehrs.[18]

Angesichts dieses Problems stellten sich zwei dringende Fragen an die Geldpolitik: erstens, wie eine hinreichende Absicherung gegen den inflationären Druck von außen zu erreichen sei, und zweitens, welche Alternative die Bundesbank zu der offenbar nicht mehr praktikablen Steuerung der Liquiditätsquote zur Kontrolle der monetären Expansion verfolgen solle. Antworten auf diese Fragen standen im Zentrum der Entwicklung der Jahre 1973 und 1974.

15 Beispielhaft dafür ist der Beschluß des Zentralbankrates vom März 1971, der gleichzeitig mit der Senkung des Diskontsatzes die Rediskontkontingente der Banken um 10% kürzte, was tendenziell zinserhöhend wirkte: Die Diskontsatzsenkung diente der Verringerung des Zinsgefälles zum Dollar, während die Kürzung der Rediskontkontingente die Liquidität des Bankensektors verringern und so einen eigenständigen Stabilitätskurs sichern sollte; vgl. Deutsche Bundesbank, Geschäftsbericht 1971, S. 17. Willms und Neumann kamen in empirischen Untersuchungen zu dem Ergebnis, daß die Bundesbank in den sechziger Jahren trotz der Wechselkursbindung einen eigenständigen binnenwirtschaftlichen Kurs verfolgen konnte; vgl. Willms, Controlling Money und Neumann, German Money Supply. Dagegen zeigten Alexander und Loef empirisch, daß die Fähigkeit der Bundesbank zur Kontrolle der Geldbasis gerade in Zeiten außenwirtschaftlichen Ungleichgewichts unvollständig war; vgl. Alexander/Loef, Geldbasis.

16 Vgl. Deutsche Bundesbank, Geschäftsbericht 1970, S. 14f.

17 Vgl. auch Schlesinger, Geldpolitik 1967–1977.

18 Vgl. Deutsche Bundesbank, Geschäftsbericht 1970, S. 22.

3. Emanzipation der Geldpolitik

a) Außenwirtschaftliche Absicherung

Die außenwirtschaftliche Absicherung konnte im Prinzip auf zwei Wegen erreicht werden: Durch die Aufhebung der Wechselkursbindung oder durch die Einschränkung der freien Konvertibilität der D-Mark. Der Zentralbankrat war Anfang der siebziger Jahre in dieser Frage geteilter Meinung. Präsident Karl Klasen zog die Aufrechterhaltung des Fixkurses vor und plädierte nicht zuletzt im Hinblick auf die Chancen der deutschen Exportwirtschaft für Beschränkungen des Devisenverkehrs, obwohl damit der Eindruck entstand,[19] die Währungspolitik befinde sich auf dem Weg in den Dirigismus.[20]

Anfang Mai 1971 empfahlen die Wirtschaftsforschungsinstitute und der Sachverständigenrat die Aufhebung der Wechselkursbindung. Der Sachverständigenrat wies zugleich auf die ordnungspolitischen Probleme von Kapitalverkehrskontrollen hin.[21] Wirtschaftsminister Karl Schiller bezweifelte die Wirksamkeit administrativer Kontrollen[22] und favorisierte öffentlich die Kursfreigabe.[23] Nachdem Schiller im Mai 1971 auf Drängen des Zentralbankrates die Schließung der Devisenbörsen veranlaßt hatte, sprach sich dieser gegen die anschließende Freigabe des Wechselkurses aus: Ein solcher Schritt stehe im Widerspruch zu den gerade beschlossenen Vereinbarungen zur Bildung einer Europäischen Währungsunion. Das Dollarproblem müsse in Zusammenarbeit mit den europäischen Partnern gelöst werden, die Kontrollen vorzogen.[24] Die Kursfreigabe führe zu einer Aufwertung, die im Rahmen einer mit den EG-Partnern abgestimmten Aktion geringer und für die deutsche Exportwirtschaft weniger schädlich ausfallen würde.

Die Freigabe des Dollarkurses erfolgte dennoch zum 9. Mai auf Weisung der Regierung. Die Bundesbank nutzte den dadurch entstandenen Spielraum zunächst für restriktive geldpolitische Maßnahmen. Schon im Herbst zeigte sich aber, daß die Inflationsbekämpfung nicht die höchste Priorität besaß. Als sich die Zeichen einer konjunkturellen Abkühlung mehrten, senkte der Zen-

19 So z.B. Hagelstein, Karl Schiller.

20 In diesem Sinn äußerte sich auch Klasen in seiner Rede vor dem Hamburger Übersee-Club; vgl. Klasen, Aktuelle Probleme.

21 Brief des Sachverständigenrats vom 6. Mai 1971 an den Bundesminister für Wirtschaft, abgedruckt in: Sachverständigenrat, Jahresgutachten 1971/72, Anhang IV.

22 Dies geht auch aus zahlreichen, von Kannengießer und Barbier zusammengestellten Äußerungen Schillers hervor; vgl. Kannengießer/Barbier, Karl Schiller.

23 Kannengießer, Professor.

24 Vgl. Sachverständigenrat, Jahresgutachten 1971/72, Ziff. 237.

tralbankrat am 13. Oktober Diskontsatz und Mindestreservesätze, um die inländische Nachfrage zu beleben und eine zu deutliche Aufwertung der D-Mark zu verhindern.[25]

Im Vorfeld der Rückkehr zu einem festen Wechselkurs Ende 1971 waren im Zentralbankrat vor allem zwei Maßnahmen zur außenwirtschaftlichen Absicherung im Gespräch: die Pflicht zur Genehmigung des Erwerbs festverzinslicher Wertpapiere durch Ausländer und eine neu zu schaffende Verpflichtung, bei der Aufnahme von Krediten im Ausland ein «Bardepot» in Höhe eines bestimmten Prozentsatzes des Kreditbetrages zinslos bei der Bundesbank zu hinterlegen. Erst nach dem *Smithsonian Agreement* im Dezember 1971 erklärte sich Schiller bereit, der Bundesregierung eine den Vorstellungen der Bank entsprechende Bardepotpflicht vorzuschlagen.[26] Sie wurde zum 1. März 1972 mit einem Satz von 40% erstmals eingeführt.

Die Auseinandersetzung zwischen Schiller und der Bundesbank spitzte sich zu, als die Bundesbank im Frühjahr 1972 erneut die Genehmigungspflicht verlangte. Sie trug mit zu Schillers Rücktritt im Juni 1972 bei, wenn auch eher als Auslöser denn als Ursache. Am 29. Juni verordnete die Regierung die Genehmigungspflicht zusammen mit einer Verschärfung der Bardepotpflicht.[27] Schillers Nachfolger als Finanzminister, Helmut Schmidt, stand den Wünschen der Bundesbank nach administrativen Kontrollen wohlwollender gegenüber.[28] Mit dem Drängen nach administrativen Kontrollen begab sich die Bundesbank allerdings in eine schwierige Lage, denn die Befugnis zu deren Gebrauch oblag nach geltendem Recht der Bundesregierung, die damit mehr Einfluß auf die Geldpolitik erhalten hätte. Zwar verlangte der Zentralbankrat die formelle Kompetenz für die Handhabung der Kontrollen von der Bundesregierung, doch Schmidt stellte dieser Forderung seine Vorstellung von einer zwischen Finanzministerium und Bundesbank geteilten Befugnis zu deren Handhabung entgegen.

Das Jahr 1972 offenbarte die mangelnde Wirksamkeit administrativer Kontrollen.[29] Ab Juni schlug die Bundesbank – in ausdrücklicher Übereinstimmung mit dem Finanzminister – vorsichtig einen restriktiveren Kurs ein. Das

25 In seiner Rede vom November 1971 betonte Klasen, die Konjunktur müsse zwar «gebremst» werden, aber dies dürfe nicht zu einseitig geschehen; vgl. Klasen, Aktuelle Probleme.

26 Schiller knüpfte diese Bereitschaft an die Voraussetzung einer flankierenden Senkung des Diskontsatzes.

27 Der Sachverständigenrat reagierte darauf unmittelbar mit dem deutlichen Hinweis auf die ordnungspolitische Problematik. Vgl. Sondergutachten vom 3. Juli 1972, abgedruckt in: Sachverständigenrat, Jahresgutachten 1972/73, Anhang IV.

28 Börsenzeitung vom 22. September 1972.

29 Der Sachverständigenrat legte im einzelnen dar, wie Banken und Unternehmen rasch neue Wege fanden, um die Kontrollen zu umgehen; vgl. Sachverständigenrat, Jahresgutachten 1972/73, Ziff. 224ff.; vgl. auch Schlesinger, Geldpolitik 1967–1977.

Heraufsetzen des Diskontsatzes um je einen halben Prozentpunkt in zeitlich kurzen Abständen (9. Oktober, 3. November, 1. Dezember, 12. Januar) reflektiert das vorsichtige Ausloten der Belastbarkeit des außenwirtschaftlichen «Schutzwalls». Zu Beginn des Jahres 1973 geriet der Dollar erneut in spekulative Attacken, die die Bundesbank zu enormen Interventionen zwangen (Schaubild 3). Anfang Februar 1973 empfahl das Direktorium der Bundesregierung die Schließung der Devisenmärkte. Die Regierung verschärfte statt dessen die Kapitalverkehrskontrollen, um eine *europäische* Lösung zu ermöglichen.[30] Die Reaktion des Rates bezeugt die drastische Wandlung seiner Einstellung gegenüber Kontrollen: Eine große Mehrheit war für eine temporäre Einstellung der Stützung des Dollars und erklärte zugleich, daß strengere Kontrollen weder praktikabel noch erfolgversprechend seien.[31]

Gegenüber dem Frühjahr 1971 hatte sich jedoch auch die Position des Finanzministers geändert. Schmidt betonte die außenpolitische Bedeutung der Währungspolitik.[32] Aus politischer Sicht hätte ein deutscher Alleingang zu einer Krise mit Frankreich geführt. Dagegen bestand die Hoffnung, daß Frankreich und Großbritannien zu einer europäischen Lösung gebracht werden könnten. Schmidt sah voraus, daß die Möglichkeiten einer eigenständigen, nationalen Geldpolitik auf dem Weg zu einer Wirtschafts- und Währungsunion in Europa auf Grenzen stoßen würden. Die Bundesregierung warnte vor einer Behinderung der europäischen Integration durch die Bundesbank.[33]

Am 1. März 1973 spitzte sich die Dollarkrise zu. Am Vormittag war die Bundesbank gezwungen, Dollarbeträge in bis dato ungekannter Höhe anzukaufen. Die Schließung der Devisenbörsen erfolgte daraufhin koordiniert mit den europäischen Partnern zum 2. März 1973. Als die Börsen am 19. März wieder eröffnet wurden, war die Wechselkursbindung an den Dollar aufgehoben.

Die Bundesbank war damit nicht ganz frei von währungspolitischen Zwängen. Nach wie vor bestand der europäische Währungsverbund der *Schlange,*

30 Im einzelnen erfolgte dies durch die Kürzung der Bardepot-Freibeträge, die Erhöhung des Bardepotsatzes auf zuletzt 100%, die Genehmigungspflicht für den Aktienerwerb durch Ausländer und die Kreditaufnahme im Ausland. Vgl. Deutsche Bundesbank, Geschäftsbericht 1972, S. 16ff.

31 Emminger berichtet, daß Bundesbankpräsident Klasen aufgrund einer Erkrankung an den Sitzungen im Februar und Anfang März nicht teilnahm. Klasen sei aber bei seiner strengen Ablehnung einer Kursfreigabe geblieben. Vgl. Emminger, D-Mark, S. 231f.

32 In seiner späteren Kritik an der Bundesbank betont Schmidt diesen Grundsatz: Währungspolitik, so argumentiert er dort, sei immer auch Außenpolitik und dürfe nicht einer Zentralbank allein überlassen werden. Vgl. Schmidt, Bürokraten sowie Schmidt, Kampf.

33 Kurz zuvor hatte Schmidt in einem Zeitungsinterview erklärt, Deutschland wolle nicht aus dem allgemeinen Inflationstempo der Europäischen Gemeinschaft ausscheren. Vgl. «Schmidt: Inflation erträglicher als Aufwertungsdruck», in: Frankfurter Allgemeine Zeitung vom 27. Januar 1973.

die 1972 als Vorstufe zu der geplanten Wirtschafts- und Währungsunion in Gang gesetzt worden war. Die Interventionsverpflichtungen in dem europäischen System gefährdeten allerdings die Autonomie der Bundesbank nicht so stark wie die Bindung an den Dollar.[34] Bis 1976 warf die außenwirtschaftliche Seite der Geldpolitik keine größeren Probleme auf.[35] Die Kapitalverkehrskontrollen wurden bis Ende 1974 durch die Bundesregierung fast völlig wieder aufgehoben.

b) Rückgewinnung der monetären Steuerung

Nach dem Ende der Interventionspflicht gegenüber dem Dollar konnte die Frage, wie die Kontrolle über die Geldschöpfung im Inland wiederzugewinnen war, angegangen werden. Auch hierzu gab es im Zentralbankrat unterschiedliche Vorstellungen. Eine Reihe von Mitgliedern gab staatlichen Kontrollen den Vorzug vor marktwirtschaftlichen Ansätzen. Im Laufe des Jahres 1972 plädierte die Bundesbank für eine neue, auf die Zunahme der Kreditvergabe der Banken bezogene Pflichtreserve.[36] Der Vorschlag der *Kreditplafondierung* war noch radikaler. Danach sollte die Bundesbank den Banken quantitative Grenzen der Kreditvergabe setzen.[37] Der Weg zu einer staatlichen Kreditverwaltung nach dem französischen Muster des *encadrement de credit* wäre damit vorgezeichnet gewesen. Der Sachverständigenrat warnte in seinem Jahresgutachten 1972/73 eindringlich vor dem Weg in den Dirigismus.[38] Finanzminister Schmidt signalisierte dagegen Sympathie für die Vorstellungen der Bundesbank.[39]

Die Vorlage für eine Revision des Bundesbankgesetzes, die die Bank 1973 der Bundesregierung zuleitete, enthielt beide Vorschläge. Beide wurden in den Gesetzentwurf des Finanzministeriums aufgenommen. Die Kreditplafondie-

34 Zu den Regelungen der *Schlange* vgl. Deutsche Bundesbank, Geschäftsbericht 1971, S. 52f.

35 Die geringere außenwirtschaftliche Belastung wird deutlich an dem Verhältnis zwischen der Zunahme der Devisenreserven und dem Wachstum der Zentralbankgeldmenge: Während zwischen 1967 und 1973 der Zuwachs der Devisenreserven die Zunahme der Zentralbankgeldmenge um das Dreifache überstieg, kaufte die Bundesbank zwischen Frühjahr 1973 und Ende 1977 Devisen lediglich in Höhe der Hälfte des Zuwachses der Zentralbankgeldmenge.

36 Sie erhoffte sich dadurch eine engere Verbindung zwischen Kreditvergabe und Mindestreservepflicht; vgl. Deutsche Bundesbank, Geschäftsbericht 1972, S. 28. Bei der Passivmindestreserve gilt die Verbindung zwischen einer neuen Kreditvergabe und einer höheren Mindestreserve nur mittelbar, da die bei der Kreditschöpfung geschaffenen Einlagen nicht notwendigerweise bei der ausleihenden Bank verbleiben.

37 Vgl. Deutsche Bundesbank, Geschäftsbericht 1972, S. 28.

38 Vgl. Sachverständigenrat, Jahresgutachten 1972/73, Ziff. 397ff.

39 Vgl. Börsenzeitung vom 22. September 1972.

rung sollte laut Gesetzentwurf allerdings mit einer «Zwei-Schlüssel-Regelung», d.h. in gemeinsamer Kompetenz mit dem Finanzminister eingeführt werden. Die damit drohende Aushöhlung der Autonomie der Bundesbank und die mißlichen Folgen einer solchen Regelung für spätere Verhandlungen über die Angleichung der Instrumente zwischen den Notenbanken der EG-Länder minderten die Attraktivität dieses Instruments.

Mitte Januar 1973 stellte der Zentralbankrat in einer Grundsatzdebatte drei Ansätze der geldpolitischen Kontrolle einander gegenüber: die Kreditplafondierung, die Vorschrift einer bestimmten Liquiditätsquote und die direkte Steuerung des Zentralbankgeldangebots. Die verpflichtende Liquiditätsquote wurde mit dem Hinweis auf die Instabilität der Nachfrage nach Freien Liquiditätsreserven verworfen. Diskussionsvorlagen verwiesen darauf, daß die Steuerung des Angebots an Zentralbankgeld die Abschaffung aller Automatismen voraussetzte, die die Bundesbank auf Veranlassung anderer zwangen, Zentralbankgeld herzugeben. Die Bundesbank sei durchaus in der Lage, das Angebot an Zentralbankgeld mit hinreichender Genauigkeit zu steuern. Die Bundesbank müsse bei einer größeren außenwirtschaftlichen Absicherung in Zukunft ihre Politik als Steuerung der Menge von Zentralbankgeld verstehen. Bedenken bestanden im Rat hinsichtlich der Frage, ob die Bundesbank über die dazu nötigen Instrumente verfüge. Die Zusammenfassung der Diskussion macht deutlich, daß die Mehrheit des Zentralbankrates zu diesem Zeitpunkt bereits einer stärkeren Kontrolle des Angebots an Zentralbankgeld zuneigte.[40]

Mit der Einstellung der Interventionen am Devisenmarkt entstand im März eine neue Situation. Da Devisen nun nicht mehr unmittelbar in Zentralbankgeld getauscht werden konnten, waren sie den Freien Liquiditätsreserven nicht mehr zuzurechnen. Infolge vorangegangener kreditpolitischer Maßnahmen sanken die Freien Liquiditätsreserven der Banken auf einen Stand von praktisch Null.[41] Damit erlangte die Bundesbank direkte Kontrolle über das Angebot an Zentralbankgeld. Die Entscheidung für die direkte Steuerung des Angebots an Zentralbankgeld war praktisch gefallen.

Die Bank nutzte ihre neuen Möglichkeiten sofort aus, um einen restriktiven Kurs durchzusetzen und das Entstehen neuer Freier Liquiditätsreserven zu verhindern. Auch als im März die Tagesgeldzinsen in Frankfurt vereinzelt auf 40% hochschnellten, entschloß sich der Zentralbankrat nicht zu einer Lockerung (Schaubild 4). Mitte April urteilte man im Rat, die Banken müßten durch einen restriktiven Kurs zur Einschränkung der Kreditvergabe gezwungen werden. Die Bundesregierung teilte diese Einschätzung und übermittelte ihre Ansicht, die Bundesbank solle angesichts des außenwirt-

40 In späteren Zentralbankratssitzungen wurde mehrfach auf die Einigung von Anfang Januar verwiesen, stärkere Kontrolle über das Geldangebot auszuüben.

41 Vgl. Deutsche Bundesbank, Geschäftsbericht 1973, S. 3.

schaftlichen Spielraums alles Mögliche tun, um den Inflationstrend umzukehren.

Am 4. Mai erhöhte die Bundesbank den Diskontsatz auf 6%. Mitte Mai plädierte ein Mitglied des Direktoriums für eine abermalige Zinserhöhung, da bei den Banken noch immer die Ansicht vorherrsche, die Bundesbank werde jeden durch Kreditexpansion verursachten Zentralbankgeldbedarf decken. Der Vorschlag fand Ende Mai Unterstützung mit der Begründung, das Vertrauen der Banken in die automatische Beschaffung von Zentralbankgeld müsse dauerhaft erschüttert werden. Zusammen mit der Diskontsatzerhöhung beschloß der Rat am 30. Mai die Suspendierung des Lombardkredits zugunsten des Sonderlombards, dessen Volumen die Bundesbank besser kontrollieren konnte.[42]

Die angestrebte Verlangsamung der monetären Expansion zeichnete sich schon ab Mitte 1973 ab (Schaubild 2). Insofern erwies sich die neue Politik der «monetären Steuerung bei Freien Liquiditätsreserven von Null» bald als Erfolg. Allerdings führte sie nicht nur zu einem höheren Zinsniveau am Geldmarkt, sondern auch zu größerer Volatilität der kurzfristigen Zinsen (Schaubild 4). Nach 2,4% im Februar stieg der Tagesgeldzins im Durchschnitt des März auf 11% und im April auf fast 15%; er fiel im Mai auf 7,4% und erreichte im Juli fast 16%. Zugleich stieg die Spannweite der Zinsen am Markt im März auf 13, im April auf 28 und im August sogar auf 33 Prozentpunkte. Derartige Unruhen trugen der Bundesbank rasch die Kritik ein, Verwirrung zu stiften und mit dem Überleben des Bankensystems zu spielen.[43]

Die neue Politik hatte mit zwei Schwierigkeiten zu kämpfen. Wollte die Bundesbank die Menge an Zentralbankgeld direkt kontrollieren, große Zinsausschläge aber vermeiden, so mußte sie entweder Liquidität schnell in geeigneter Höhe bereitstellen oder den Zentralbankgeldbedarf der Wirtschaft einigermaßen voraussagen können. Ersteres erforderte Offenmarktgeschäfte in größerem Umfang, als die Bundesbank für angemessen hielt. Letzteres erwies sich in der Praxis als schwierig, da sich die Zentralbankgeldnachfrage rasch und deutlich ändern konnte.

Das zweite Problem lag in dem möglichen Widerspruch zwischen einer direkten Kontrolle der Geldbasis und der Ausgestaltung der Mindestreserve: Wollte die Bundesbank die Geldbasis direkt steuern, so mußte sie prinzipiell zulassen, daß der Bankensektor insgesamt und daher einzelne Banken ihre

42 Intern bezeichnete man später die Tatsache, daß die Bundesbank im Frühjahr 1973 den Banken keinen nennenswerten Spielraum zur Beschaffung von Zentralbankgeld gab, als sichtbare Veränderung ihrer Politik und als entscheidende Voraussetzung für die Wirksamkeit einer restriktiven Geldpolitik.

43 So z.B. «Die Bundesbank spielt mit dem Feuer», in: Handelsblatt vom 27. Juli 1973.

Mindestreservepflicht nicht erfüllen konnten.[44] Dagegen sprach nach Ansicht einiger Ratsmitglieder, daß die Zentralbank nicht gut den Banken eine Reservepflicht auferlegen konnte, ohne dafür zu sorgen, daß die Möglichkeit zu ihrer Erfüllung wenigstens prinzipiell bestand. Eine Diskussionsvorlage wies darauf hin, daß hohe Geldmarktzinsen keineswegs einfach als angemessene Strafe für schlechte Liquiditätsplanung einer Bank angesehen werden dürften. Andererseits mußte eine bedingungslose Erfüllung des Mindestreservebedarfs der Banken die geldpolitische Gestaltung unterwandern.

Ein Kompromiß zwischen dem Mindestreservesystem und einer aktiven, geldpolitischen Steuerung war indes möglich, wenn die Bundesbank auf die kurzfristige Mengenkontrolle verzichtete und sich statt dessen auf die mittel- und längerfristige Entwicklung des Angebots an Zentralbankgeld konzentrierte. Schon im Juni wies eine Diskussionsvorlage darauf hin, daß das eigentliche Ziel, die Banken auf einen von der Bundesbank bestimmten Wachstumspfad des Angebots an Zentralbankgeld zu zwingen, längerfristiger Natur sei; ein Nachgeben gegenüber saisonalen und kurzfristigen Schwankungen der Zentralbankgeldmenge stünde dem nicht im Wege. Darüber hinaus konnte die Kontrolle des mittelfristigen Wachstumspfades auch über den Preis, also die Zinskonditionen der Bundesbank, erfolgen. Die Steuerung der Zentralbankgeldmenge wurde damit – in der Diktion der Bundesbank – zur «indirekten Kontrolle über den Zinshebel».

In den folgenden Jahren rückte damit der Geldmarktzins als summarisches Maß der Zinskonditionen der Bundesbank immer mehr als Orientierungsgröße der Bundesbank in den Mittelpunkt.[45] Wichtigste Voraussetzungen für das neue Konzept waren die weitgehende Abwesenheit außenwirtschaftlicher Restriktionen und daß die Bundesbank kein eigenständiges Zinsziel verfolgte.

Einige Mitglieder des Zentralbankrates bezeichneten die neue Politik im Juni 1973 als *Steuerung der Geldbasis*; in diesem Sinn sprach auch der Geschäftsbericht 1973 von der «unmittelbaren Kontrolle der Zentralbankgeldmenge».[46] Diese Sichtweise stieß jedoch aus drei Gründen auf Ablehnung in der Bundesbank. Erstens, weil sie suggerierte, die Bundesbank könne die Menge an Zentralbankgeld unmittelbar steuern, was aufgrund der Mindestreserve als unrichtig empfunden wurde. Zweitens, weil der Anspruch, die Geldbasis zu steuern, zu der schwierigen Frage nach einem angemessenen Geldbasisziel führte. Drittens gab es innerhalb und außerhalb der Bundesbank

44 Vgl. auch Dudler, Instrumente, S. 44.

45 Vgl. z.B. Deutsche Bundesbank, Zentralbankgeldbedarf, S. 21 ff. Von Hagen bezeichnet dieses Verfahren später als Steuerung des Angebotspreises für Zentralbankgeld; vgl. von Hagen, Strategien.

46 Vgl. Deutsche Bundesbank, Geschäftsbericht 1973, S. 4. Dies entsprach auch der Interpretation des Sachverständigenrats; vgl. Sachverständigenrat, Jahresgutachten 1973/74, Ziff. 170 und Ziff. 292.

Vorstellungen, nach denen die Geldpolitik sich an einem mittelfristigen Ziel für die *Geldmenge,* also einem Nichtbankenaggregat orientieren sollte, um langfristig Preisstabilität sicherzustellen.[47] Ende 1972 machte sich der EG-Ministerrat diese Vorstellungen zu eigen, als er empfahl, die Zentralbanken der Mitgliedsländer sollten sich an einer Zielwachstumsrate für die Geldmenge ausrichten.

Dieser Vorschlag warf jedoch zunächst die Frage nach dem richtigen Geldmengenbegriff auf, da keines der traditionellen Aggregate für eine monetäre Steuerung recht geeignet erschien. Ende 1973 argumentierte eine Vorlage für den Zentralbankrat, daß im Grunde nur ein Aggregat, das Einlagen mit unterschiedlichem Liquiditätsgrad unterschiedlich gewichte, als Geldmenge zu vertreten sei. Einfache Summenaggregate würden dagegen in Zeiten steigender oder fallender Zinsen das monetäre Wachstum verzerrt wiedergeben. Nehme man nun an, daß die Staffelung der Mindestreservesätze Unterschiede in den Liquiditätsgraden reflektiere, dann könne man die mit ihren Mindestreservesätzen gewogenen Einlagenbestände zu einer neuen Geldmenge aggregieren: Die *Zentralbankgeldmenge,* das neue Aggregat der Bundesbank, war geboren.[48] Daß die Annahme über den Zusammenhang zwischen Liquiditätsgrad und Mindestreservesätzen kaum sachlich untermauert war, wurde dabei ebenso akzeptiert wie die Tatsache, daß die resultierende, sehr hohe Gewichtung des Bargeldumlaufs zu Problemen führen könnte. Bei ohnehin vernachlässigbar geringen Überschußreserven der Banken war das neue Aggregat aber mit der Geldbasis identisch und blieb es, solange sich die Mindestreservesätze nicht sehr stark änderten.[49] Das Geschick des Vorschlags lag darin, daß die Steuerung der Zentralbankgeldmenge sowohl für jene Mitglieder des Zentralbankrates akzeptabel wurde, die eine Kontrolle der Geldbasis für wünschenswert hielten, als auch für jene, die solch eine direkte quantitative Steuerung der Basis für unmöglich erachteten und die Steuerung einer Geldmenge vorzogen. Ohnehin entsprach die Steuerung der Zentralbankgeldmenge dem, was die Bundesbank als «monetäre Steuerung bei Freien Liquiditätsreserven von Null» seit März 1973 betrieb.[50]

47 Vgl. Friedman, Monetary Policy.

48 Das neue Aggregat wurde offenbar schon vorher zu Analysezwecken in der volkswirtschaftlichen Abteilung verwendet. So sprach man intern schon Anfang der siebziger Jahre von der fiktiven Zentralbankgeldmenge, bei der Wirkungen von Reservesatzänderungen ausgeschaltet werden.

49 Vgl. auch Dudler, Instrumente. Neumann wies darauf hin, daß die zu konstanten Reservesätzen berechnete Zentralbankgeldmenge Schwankungen der Geldbasis überzeichnet, wenn die aktuellen Reservesätze niedriger sind als die unterstellten; vgl. Neumann, Konstrukte.

50 Infolge dieses Interpretationsvorschlags konnte die neue Zentralbankgeldmenge gleichzeitig als Geldbasis (Zentralbankgeld) und als Nichtbankenaggregat (Geldmenge) gelten. Ihre Doppeldeutigkeit trat offen zutage, als die Bundesbank ihr neues Aggregat der

c) Offenmarktpolitische Erfahrungen

Der neue Steuerungsansatz erforderte Instrumente, die ein flexibles Nachgeben gegenüber Schwankungen der Nachfrage nach Zentralbankgeld ermöglichten, ohne mittelfristig die Kontrolle über die Geldschöpfung in Frage zu stellen. Die herkömmlichen Instrumente der Bundesbank waren hierzu nicht geeignet, da sie die Geschäftsinitiative zu stark den Banken überließen und selbst eine häufigere Änderung der Leitzinsen nicht genügend Flexibilität ermöglicht hätte.

In der öffentlichen Diskussion um die Reform des Instrumentariums wurde vor allem von außerhalb der Bundesbank der Vorschlag vorgebracht, die Steuerung der Geldschöpfung nach angelsächsischem Vorbild hauptsächlich über Geschäfte am offenen Markt vorzunehmen.[51] In der Bundesbank stieß dieser Vorschlag jedoch auf Ablehnung. Einzelne Landeszentralbankpräsidenten fürchteten, daß solche Geschäfte aufgrund ihrer Tendenz zur räumlichen Zentralisierung das Direktorium der Bundesbank gegenüber dem Zentralbankrat stärken würden und verlangten entsprechende Korrekturen im Entscheidungsverfahren der Bundesbank. Bedenken herrschten aber auch im Direktorium, da Offenmarktgeschäfte aufgrund der Enge des Kapitalmarktes zu große Zinsbewegungen auslösen und dadurch eine restriktive Politik erschweren könnten.

Trotz dieser Bedenken begann die Bundesbank ab März 1974 größere Offenmarktkäufe, um angesichts des wachsenden Kreditbedarfs des Staates eine Zinserhöhung zu verhindern, ohne jedoch den Marktzins auf Dauer künstlich niedrig zu halten. Zur Begründung kamen mehrere Motivationen zusammen: Befürchtungen, die Bundesregierung könne durch Zinssubventionen die Wirksamkeit eines hohen Kapitalmarktzinses unterlaufen, Zweifel an der nachfragedämpfenden Wirkung eines hohen Kapitalmarktzinses und Bedenken, hohe Zinsen könnten kosten- und daher preistreibend wirken. Die aktivere Offenmarktpolitik sollte auch der Bundesregierung den Verzicht auf Kassenkredite bei der Bundesbank erleichtern, deren außergewöhnliche Zunahme seit Anfang 1974 verstärkt als geldpolitischer Störfaktor empfunden wurde. Der Bestand staatlicher Wertpapiere in der Bilanz der Bank, der Ende

Öffentlichkeit gleichzeitig als Geldmengenziel und damit als Nichtbankenaggregat und als monetären Indikator, d.h. als Geldbasis, präsentierte; vgl. Deutsche Bundesbank, Geschäftsbericht 1975. Sie trug der Bundesbank die Kritik ein, eine Zielgröße zu verwenden, die keinen gängigen Definitionen von Geldmengen oder der Geldbasis entsprach. Vgl. Neumann, Konstrukte sowie Caesar, Mindestreserve.

51 Vgl. besonders Deutsches Institut für Wirtschaftsforschung, Bundesbankgesetz, S. 206ff. sowie Sachverständigenrat, Jahresgutachten 1972/73, Ziff. 400ff., Jahresgutachten 1974/75, Ziff. 384ff.

1972 und 1973 nur 20 bzw. 6 Mio. DM betragen hatte, nahm bis Dezember 1974 um das 48fache zu.

In den ersten Julitagen 1975 kaufte die Bundesbank Anleihen im Wert von 200 Mio. DM; im Juli stieg ihr Wertpapierportfolio um das Neunfache. Mitte August wurde im Zentralbankrat die Empfehlung ausgesprochen, einen Anstieg der Zinsen am Rentenmarkt unter allen Umständen zu vermeiden. Die Bundesregierung empfahl angesichts der labilen Konjunkturlage, einen Zinsanstieg zu verhindern, um die Wirksamkeit ihrer Konjunkturprogramme nicht zu beeinträchtigen. Trotz der Warnung, die Bundesregierung werde bei künstlich niedrigen Zinsen keinen Zugang mehr zum Kapitalmarkt finden, setzte sich die Interventionspolitik durch.

Bis zum Spätsommer 1975 erweiterte die Bundesbank ihr Wertpapierportfolio bis auf den Höchststand von 3,9 Mrd. DM. Angesichts des zunehmenden Abstands zur Rendite nicht gestützter Papiere konnte die Bundesregierung jedoch kaum noch neue Kredite am Rentenmarkt aufnehmen. Die Abkehr von der aktiven Offenmarktpolitik erfolgte schließlich im Oktober vor dem Hintergrund der Erfahrung, daß ein Anstieg des Zinsniveaus am Kapitalmarkt letztlich doch nicht verhindert werden konnte.

Der Rückzug aus der aktiven Offenmarktpolitik bewirkte zwar geringere Zinswirkungen als befürchtet,[52] jedoch hatte das Experiment gelehrt, daß sich auch angesichts nur vermuteter Zinswirkungen die Bundesbank nur schwer dem internen und externen Druck entziehen konnte, die Zinskonditionen der Bundesregierung günstig zu gestalten. In den folgenden Jahren konzentrierte sich die Bundesbank daher im Ausbau ihres Instrumentariums auf die verschiedenen Varianten der Refinanzierung einschließlich der Offenmarktgeschäfte mit Rückkaufsvereinbarung, die derartige Effekte nicht befürchten ließen.[53]

4. Monetäre Stabilisierungspolitik

a) Geldpolitik, Fiskalpolitik und makroökonomische Stabilisierung

In den fünfziger und sechziger Jahren war Stabilitätspolitik in Deutschland vorrangig Aufgabe der Geldpolitik. Die Bundesbank hatte ihren begrenzten Handlungsspielraum für eine konsequente Politik der Preisstabilität genutzt. Diese Ausrichtung der Stabilisierungspolitik versagte erstmals in der Rezes-

52 Vgl. Deutsche Bundesbank, Geschäftsbericht 1976, S. 18.
53 Vgl. Neumann/von Hagen, Germany, S. 316ff.

sion von 1966. Die politische Reaktion kam in Form des Stabilitäts- und Wachstumsgesetzes, das der Fiskalpolitik neue und flexible Instrumente zur konjunkturellen Steuerung an die Hand gab. Der Aufschwung nach 1967 schien den Führungsanspruch der Fiskalpolitik in der Konjunktursteuerung zu bestätigen, eine Rolle, die dem amerikanischen Vorbild der sechziger Jahre und dem intellektuellen Klima, das Wirtschaftsminister Schiller in seinem berühmten Ausspruch «Konjunktur ist unser Wille, nicht unser Schicksal!» charakterisierte, entsprach.

Da die Fiskalpolitik außenwirtschaftlichen Zwängen viel weniger ausgesetzt war als die Geldpolitik, mußte die Bekämpfung der Inflation Anfang der siebziger Jahre auf einer fiskalisch gesteuerten Dämpfung der gesamtwirtschaftlichen Nachfrage beruhen.[54] Finanzminister Alex Möller, der diese Rolle erkannte, setzte sich für Haushaltskürzungen ein, trat aber im Mai 1971 zurück, als er sich im Kabinett damit nicht durchsetzen konnte. Daß auch sein Nachfolger Schiller darüber scheiterte, signalisierte die Unfähigkeit der Regierung, das durch Übernachfrage und Verteilungskämpfe beschriebene Ungleichgewicht fiskalpolitisch zu bewältigen. Hier offenbarte sich deutlich die politische Asymmetrie fiskalischer Konjunktursteuerung: Der Regierung fiel es leichter, in Zeiten zu geringer Nachfrage die Staatsausgaben auszuweiten, als in Zeiten der Übernachfrage Staatsausgaben zu kürzen.

Der politische Ausweg lag in der Forderung, die Fiskalpolitik durch eine wirksamere Geldpolitik zu entlasten. In ihrer Erklärung vom 18. Januar 1973 rückte die Regierung daher die Geldpolitik offiziell an die erste Stelle der Stabilitätspolitik. Auch der Sachverständigenrat forderte in seinem Jahresgutachten 1972/73 eine stärkere Verantwortlichkeit der Geldpolitik in der Sicherung der Preisstabilität.[55] Im Zentralbankrat stieß diese Aufgabenverteilung durchaus nicht auf ungeteilte Zustimmung. Einige Mitglieder meinten, es komme angesichts der Verteilungskämpfe der Verbände auf eine geeignete Einkommenspolitik an. Andere fürchteten, die anderen wirtschaftspolitischen Entscheidungsträger könnten sich aus der Verantwortung stehlen, wenn die Bundesbank mehr Verantwortung übernähme. Die Bundesbank würde durch eine restriktive Geldpolitik zu leicht in Konflikt mit der Wirtschaftspolitik der Bundesregierung geraten. Trotzdem mußte die Bank, nachdem sie die Kontrolle über die Geldschöpfung zurückgewonnen hatte, eine aktivere stabi-

54 Vgl. Deutsche Bundesbank, Geschäftsbericht 1971, S. 25.

55 Vgl. Sachverständigenrat, Jahresgutachten 1972/73, Ziff. 329ff. Der Sachverständigenrat sprach von einem Scheitern der Regierung in dem Konflikt zwischen Konjunktursteuerung und der Versorgung mit öffentlichen Gütern. Allerdings lehnte Claus Köhler in seinem Minderheitsgutachten die implizite Schwächung der Fiskalpolitik ab und wies darauf hin, daß bis 1966 gerade das Fehlen einer aktiven Fiskalpolitik in Deutschland bedauert worden war.

litätspolitische Rolle übernehmen, gerade auch weil die Finanzpolitik nach ihrer Einschätzung zu wenig in dieser Hinsicht leistete.

Im Geschäftsbericht 1973 erklärte die Bank die Bekämpfung der Inflation – in Übereinstimmung mit den Zielen der Bundesregierung – zur Grundlinie der Geldpolitik.[56] Die im Verlauf von 1973 sich abzeichnende Konjunkturschwäche und die Ölpreiskrise vom Herbst waren der Anlaß zu einer neuen Aufgabenteilung zwischen Geld- und Fiskalpolitik. Im Geschäftsbericht 1974 erklärte die Bundesbank, die Geldpolitik sei nun primär verantwortlich für die Preisstabilität, während die Bundesregierung wirtschaftliche Strukturschwächen beseitigen solle.[57] Im Sommer 1974 plädierte die Regierung, die Bundesbank solle trotz stagnierender Produktion und steigender Arbeitslosigkeit an ihrem Kurs des knappen Geldes festhalten. Im Fall einer kritischen Lage am Arbeitsmarkt plane die Bundesregierung Beschäftigungsmaßnahmen.

b) Wirtschaftsentwicklung 1974–1978

Stand in den ersten Jahren dieses Jahrzehnts die Bekämpfung einer durch Lohndruck und Übernachfrage angeheizten Inflation im Vordergrund, so änderte sich nach dem Ölpreisschock im Herbst 1973 die Lage, da nun zunehmend auch die Arbeitslosigkeit ins Blickfeld rückte. Schaubild 1 zeigt, daß die deutsche Wirtschaft unter dem gemeinsamen Einfluß der monetären Restriktion und der Ölkrise in die Rezession geriet.[58] Gleichzeitig stieg die Arbeitslosigkeit und verharrte ab 1975 dauerhaft auf einem Niveau von 4%.[59] 1976 erholte sich die deutsche Konjunktur kräftig, flachte aber 1977 und 1978 mit Zuwachsraten des realen Bruttoinlandsprodukts von knapp 3% wieder ab.

Erst etwa ein Jahr nach Beginn der Rezession wurde deutlich, daß der Trend steigender Inflationsraten gebrochen und die Bundesrepublik aus dem Inflationszug der Industrieländer ausgeschert war.[60] Nachdem jedoch die Geldpolitik schon ab 1975 wieder expansiver wurde, stieg die Inflation 1977 zunächst leicht und 1978 wieder kräftig an.

Ende 1976 setzte eine erneute Aufwertung der D-Mark vor allem gegen-

56 Vgl. Deutsche Bundesbank, Geschäftsbericht 1973, S. 45.

57 Noch deutlicher umschrieb der Sachverständigenrat die Arbeitsteilung: Während sich die Geldpolitik um die Preisstabilität kümmern und 1974 an ihrem restriktiven Kurs festhalten sollte, war die Finanzpolitik damit betraut, für genügend Beschäftigung zu sorgen.

58 Den Beitrag der Geldpolitik zur Rezession analysiert Neumann, Beitrag der Geldpolitik.

59 Vgl. auch Deutsche Bundesbank, Geschäftsbericht 1973, S. 34f.

60 Vgl. Deutsche Bundesbank, Geschäftsbericht 1974, S. 16f.

über dem Dollar ein (Schaubild 3), die zunehmend als Gefahr für die deutsche Exportwirtschaft angesehen wurde. Die Bundesbank suchte dieser Bedrohung ab 1976 wieder mit kräftigen Interventionen am Devisenmarkt zu begegnen; 1976 vor allem im Rahmen der *Schlange*, 1977 und 1978 vor allem zur Stützung des Dollars.[61]

Da die Bundesregierung durch zusätzliche Ausgabenprogramme den Beschäftigungseffekt der Ölkrise aufzufangen trachtete, blieb die Haushaltspolitik weiterhin expansiv. Gleichzeitig klafften Ausgaben und Einnahmen des Staates auseinander, so daß die Verschuldungsquote kräftig anstieg. Gerade in den Jahren 1974–1976 stand die Geldpolitik daher unter dem Eindruck stark wachsender Verschuldung des Staates.

c) Geldmengenpolitik

Nachdem das Abflachen der Inflation den ersten Erfolg der neuen monetären Steuerung gezeigt hatte, traten bald zwei andere Fragen in den Vordergrund: die Frage nach dem längerfristigen Konzept der Geldpolitik und die Frage, wie die Geldpolitik auf die immer deutlicher werdende Konjunkturschwäche reagieren sollte.

Verstetigung der Geldpolitik

Einige Mitglieder des Zentralbankrates betonten, die Bundesbank müsse einen stetigeren, primär am Ziel der Preisniveaustabilität ausgerichteten Kurs verfolgen. So sprach sich ein Mitglied schon im Januar 1973 dafür aus, die Geldpolitik im Rahmen einer mit der Bundesregierung koordinierten allgemeinen Richtlinie kontinuierlicher zu gestalten. Ebenso forderte Helmut Schlesinger, die Geldpolitik müsse sich stärker an der mittelfristigen Entwicklung der Wirtschaft orientieren.[62]

1974 kritisierte der Sachverständigenrat, die vorangegangene monetäre Restriktion habe die Wirtschaft zu unvorbereitet getroffen; die hohen Lohnforderungen und die Beschäftigungsverluste des Jahres 1974 reflektierten Erwartungsfehler der Tarifpartner.[63] Zur Vermeidung solcher Fehler schlug der Rat im Herbst 1974 vor, die Bundesbank solle ein Ziel für das Geldmengenwachstum als Orientierungshilfe für die Tarifpartner bekanntgeben. Diesen Vorschlag griff die Bundesregierung mit ihrer Absicht auf, ein Wachs-

61 Vgl. Pohl, Außenwirtschaftliche Komponente.
62 Vgl. Mainert, Zentralbankgeldsteuerung.
63 Vgl. Sachverständigenrat, Jahresgutachten 1974/75, Ziff. 131, Ziff. 139f. und Ziff. 310.

tumsziel für die Zentralbankgeldmenge zum Bestandteil ihres Konjunkturprogramms zu machen.

Die Idee eines mittelfristigen Wachstumsziels paßte offensichtlich in das Konzept der Steuerung der Zentralbankgeldmenge und war daher auch in der Bundesbank nicht neu.[64] Sie war bereits im Geschäftsbericht 1973 angelegt, wo es hieß: «Wie 1973 wird die Bundesbank 1974 bemüht sein, die Zentralbankgeldmenge so zu steuern, daß das Geld- und Kreditvolumen in dem Maße expandieren kann, wie es mit einem stabilitätsorientierten Wachstum der Wirtschaft vereinbar ist.»[65]

Das erste Geldmengenziel

Mitte 1974 mehrten sich Rufe nach einer geldpolitischen Lockerung zur Sicherung von Beschäftigung und Wachstum, denen sich auch die Wirtschaftsforschungsinstitute und der Sachverständigenrat anschlossen.[66] Auch in der Bundesbank standen die Zeichen auf Lockerung.[67] Problematisch war allerdings, wie eine Lockerung vollzogen werden konnte, ohne dem Publikum und den Tarifpartnern den Eindruck zu vermitteln, die Bundesbank verlasse ihren stabilitätsorientierten Kurs, und dadurch neue Inflationserwartungen zu schüren.

Die Bekanntgabe eines Geldmengenziels bot den Ausweg: die Gelegenheit, der Öffentlichkeit eine Lockerung zu signalisieren und zugleich die Absicht, die monetäre Expansion nicht wieder aus dem Ruder laufen zu lassen. Im Zentralbankrat herrschte auch die Auffassung, daß im Fall einer anhaltenden Rezession der Verweis auf das Geldmengenziel die Abwehr von politischem Druck für eine zu starke monetäre Expansion erleichtern würde. Schließlich entsprach ein Geldmengenziel auch dem Wunsch derjenigen, die für eine verstetigte Politik eintraten. Entscheidend war, daß der Vorschlag, ein Geldmengenziel zu setzen, aus verschiedenen Motiven opportun und daher mehrheitsfähig war.

Wenig umstritten war die Zielrate von 8%. Nachdem die Zentralbankgeldmenge 1974 mit 6% gewachsen war, erschien die Bekanntgabe einer Zuwachsrate für die Zentralbankgeldmenge von 8% für 1975 als ein plausibler Weg, eine begrenzte Lockerung zu signalisieren. Für den Vorschlag von 8% für 1975 sprachen zwei weitere Überlegungen. Erstens beliefen sich die Voraussagen des realen Wachstums und der Preissteigerung für 1975 auf

64 Vgl. Bockelmann, Haupt- und Nebensachen.
65 Deutsche Bundesbank, Geschäftsbericht 1973, S. 45.
66 Vgl. Sachverständigenrat, Jahresgutachten 1974/75, Ziff. 246.
67 Vgl. «Bundesbank will Geldschleusen nicht bedingungslos öffnen», in: Handelsblatt vom 31. Dezember 1974. Zu Klasens Position vgl. Steves, Bonner Wünsche.

2 bzw. 6%. Ein Ziel von 8% entsprach also auch einer neutralen, am erwarteten Wachstum des nominalen Sozialprodukts ausgerichteten Politik. Zweitens wurde die Wachstumsrate des Produktionspotentials mit 3% beziffert und die unvermeidbare Inflationsrate mit 5%. Das Ziel entsprach also ebenfalls einer potentialorientierten Geldpolitik. Die Zielrate von 8% war daher für Zentralbankratsmitglieder mit ganz unterschiedlichen Vorstellungen von der Ausrichtung der Geldpolitik einigungsfähig.

Bedenken bestanden zunächst gegen die Veröffentlichung des Ziels. Einige Mitglieder meinten, die Flexibilität der Geldpolitik dürfe nicht durch künstliche Barrieren eingeschränkt werden. Andere äußerten Zweifel, ob die Geldmenge präzis genug kontrolliert werden könne. Fraglich sei auch, ob der Zusammenhang zwischen dem nominalen Sozialprodukt und der Geldmenge so genau beziffert werden könne. Der Kompromiß wurde durch den Vorschlag ermöglicht, in der Veröffentlichung darauf hinzuweisen, daß *kurzfristig kein enger* Zusammenhang zwischen Sozialproduktsentwicklung und Geldmengenwachstum bestehe und das Ziel von 8% *nur aus derzeitiger Sicht* stabilitätspolitisch vertretbar erschien, so daß der Bundesbank ein Handlungsspielraum erhalten blieb.[68]

Eingeschränkte Verstetigung oder situationsgerechte Geldpolitik?

Die Konvergenz der verschiedenen Gesichtspunkte in der Festlegung einer Zielrate erleichterte zwar Ende 1974 den Beschluß zugunsten eines Geldmengenziels, konnte aber die Konflikte um die Orientierung der Geldpolitik nicht beseitigen. Der Zentralbankrat mußte sich früher oder später mit der Wahl zwischen einer «eingeschränkten Verstetigung», d.h. der Orientierung des Geldmengenwachstums am mittelfristigen Wachstumstrend, und einer «situationsgerechten» Politik, die zusätzlich auch konjunkturelle Schwankungen berücksichtigte, auseinandersetzen.[69]

Die Bundesbank konnte sich in den siebziger Jahren nicht zu der ersten Lösung entschließen. Dies wird in der Ableitung des Geldmengenziels deut-

68 Bezeichnenderweise diskutierte der Rat im Anschluß daran die Möglichkeit einer Zinssenkung. Angesichts der Unsicherheit über den Zeitpunkt, zu dem eine weitere Zinssenkung angemessen sei, setzte sich die Empfehlung durch, auf die Verabschiedung des Stabilisierungsprogramms der Regierung zu warten. Die Zinssenkung erfolgte am 19. Dezember 1974 zeitgleich mit der Verabschiedung eines konjunkturellen Ankurbelungsprogramms der Regierung im Parlament. Vgl. «Senkung des Diskontsatzes in der Bundesrepublik», in: Neue Zürcher Zeitung vom 20. Dezember 1974.

69 Eine Diskussionsvorlage fügt diesen Alternativen noch die in der Praxis wenig relevante radikale Verstetigung nach dem Muster einer Friedmanschen Geldmengenregel, die auf Jahre angelegt ist, hinzu. Sie weist darauf hin, daß schon in der Festlegung des Ziels für 1976 die eingeschränkte Verstetigung zu einem anderen Ziel geführt hätte als die situationsgerechte Politik.

lich, die neben dem Trendwachstum des Sozialprodukts auch die erwartete Veränderung des Auslastungsgrades und der Umlaufsgeschwindigkeit einbezog. Es ist auch daran erkennbar, daß die Bank ihr Geldmengenziel regelmäßig in die gesamtwirtschaftliche Zielprojektion der Bundesregierung einbettete. Bereits im Geschäftsbericht für 1975 schrieb die Bank: «Die mit dem Geldmengenziel offenbarte Lockerung der Geldpolitik sollte die Nachfrage anregen und Spielraum für mehr reales Wachstum schaffen».[70] Otmar Emminger sprach in einem Interview Anfang 1975 von «Lockerungsmaßnahmen der Bundesbank zur Konjunkturankurbelung».[71] Im Bericht für 1976 hieß es, «Bundesbank und Bundesregierung streben ... ein reales Wachstum von 5 Prozent an.»[72] Der Bericht für 1977 schließlich definiert als Ziel ein «kräftiges Wirtschaftswachstum und eine weitere Eindämmung des Preisanstiegs».[73] Hatte der Geschäftsbericht für 1974 noch die Eindämmung der Inflation als oberstes Ziel der Geldpolitik bezeichnet,[74] so waren nach dem ersten Erfolg in diesem Kampf die Stabilitätsorientierung und die Verstetigung der Geldpolitik zugunsten alter Vorstellungen von der Konjunktursteuerung wieder in den Hintergrund getreten.

Erste Erfahrungen mit Geldmengenzielen

In den ersten Monaten des Jahres 1975 entsprach das Wachstum der Zentralbankgeldmenge zunächst dem angekündigten Ziel, schwächte sich dann aber im Frühjahr ab. Schon im April regten Mitglieder des Zentralbankrates an, angesichts der schwachen Konjunktur die Notenbankzinsen weiter zu senken, stießen jedoch auf Zweifel am Erfolg einer so kurzfristig angelegten Konjunktursteuerung. Die Gegner einer solchen Maßnahme verwiesen darauf, daß die Geldpolitik sich angesichts des Geldmengenziels nicht an monatlichen Wirtschaftszahlen, sondern an längerfristigen Zielvorstellungen ausrichten müsse. Ende April senkte die Bundesbank dennoch zunächst den Lombardsatz und am 22. Mai erneut Lombard- und Diskontsatz. Sechs Monate nach dem ersten Geldmengenziel war der Diskontsatz um zwei Prozentpunkte und der Lombardsatz um drei Prozentpunkte gefallen.

Ab Mitte 1975 erlaubte die Bundesbank den Banken wieder den Aufbau von Freien Liquiditätsreserven in größerem Ausmaß. Dadurch mußte nach den Erfahrungen der Vergangenheit die Kontrolle über die Zentralbankgeldmenge schwächer werden. Mitte August und Mitte September wurden Dis-

70 Deutsche Bundesbank, Geschäftsbericht 1975, S. 6f.

71 «‹Im Sommer die Tendenzwende› – Interview mit Bundesbank-Vize Otmar Emminger», in: Wirtschaftswoche vom 21. Februar 1975.

72 Deutsche Bundesbank, Geschäftsbericht 1976, S. 23.

73 Deutsche Bundesbank, Geschäftsbericht 1977, S. 33.

74 Vgl. Deutsche Bundesbank, Geschäftsbericht 1974, S. 1.

kont- und Lombardsatz erneut ermäßigt. Ende Oktober wurde dem Rat berichtet, daß sich das Wachstum der Zentralbankgeldmenge auf eine Jahresrate von zuletzt 10% beschleunigt habe. Einen Antrag, die Leitzinsen zu senken, um der hohen Arbeitslosigkeit entgegenzuwirken, lehnte der Zentralbankrat ab. Im *Zielmonat* Dezember 1975 betrug das Wachstum der Zentralbankgeldmenge auf Jahresbasis rund 10%. Das erste Jahr endete mit einer deutlichen Zielüberschreitung.

Die Diskussion im Zentralbankrat über die Erfahrungen mit dem ersten Geldmengenziel am Ende des Jahres zeichnete ein gemischt positives Bild. In der Öffentlichkeit sei das Geldmengenziel allgemein positiv aufgenommen und als Orientierungshilfe verstanden worden. Im Jahresverlauf habe sich gezeigt, daß das Wachstum der Zentralbankgeldmenge starken Schwankungen unterliege, die nicht präzis kontrolliert werden könnten. Es sei richtig gewesen, an dem Ziel festzuhalten, obwohl das geschätzte reale Wachstum von 2% nicht erreicht werden konnte, denn eine Korrektur des Ziels nach unten hätte eine prozyklische Geldpolitik bedeutet. Vor diesem Hintergrund stand der Vorschlag, auch für 1976 ein Geldmengenziel zu beschließen. Allerdings sollte das Ziel als Wachstumsrate des durchschnittlichen Geldbestands 1976 gegenüber 1975 formuliert werden, um kurzfristigen Schwankungen weniger ausgeliefert zu sein.

Mitte Dezember entschloß sich der Rat für ein Durchschnittsziel von 8%, nachdem auch die Bundesregierung ihre positive Haltung zur Geldmengensteuerung ausgedrückt hatte. Die Veröffentlichung sollte darauf hinweisen, daß diesem Ziel ein Verlaufsziel von nur 5,5% und damit eine deutliche Verlangsamung der monetären Expansion entspreche.

d) Dominanz der Konjunkturpolitik – Ende der Geldmengenpolitik?

Angesichts der konjunkturellen Besserung Anfang 1976 konnte sich die Bundesbank prinzipiell wieder auf das Geldmengenziel und die Inflationsrate konzentrieren. Das Jahr 1976 wurde insofern zum ersten echten Prüfstein der Geldmengenorientierung. Schon zu Beginn zeigte sich, daß die angestrebte Verlangsamung des Geldmengenwachstums nicht eintrat. Mitte Februar lehnte der Zentralbankrat eine Zinssenkung zur Unterstützung der noch immer labilen Konjunktur mit dem Hinweis ab, ein solcher Schritt werde die Einhaltung des Geldmengenziels erschweren. Deutet dieser Entschluß auf die bindende Wirkung des Geldmengenziels hin, so spricht die weitere Entwicklung dagegen. Bereits Anfang April zeichnete sich ab, daß die Einhaltung des Ziels angesichts steigender Freier Liquiditätsreserven gefährdet war. Die überwiegende Mehrheit des Rates teilte diese Einschätzung, konnte sich aber angesichts der konjunkturellen Lage erst Anfang Mai zu Gegenmaßnahmen entschließen.

In einer neuerlichen Diskussion der Grundlinie der Geldpolitik forderten einige Mitglieder des Rates wiederum eine Verstetigung der Geldpolitik. Ihnen wurde entgegnet, man könne die kurzfristigen Wirkungen geldpolitischer Maßnahmen nicht einfach ignorieren. Die Flexibilität der Geldpolitik sei gerade ihr großer Vorzug gegenüber anderen wirtschaftspolitischen Instrumenten. Das Geldmengenziel sei nicht unabänderlich, sondern könne dem Konjunkturverlauf angepaßt werden.

Erst als im Herbst, nach der Überwindung des konjunkturellen *Sommerlochs,* die konjunkturpolitischen Bedenken verflogen waren und sich zugleich eine Verschärfung der lohnpolitischen Auseinandersetzungen ankündigte, wuchs im Rat wieder die Bereitschaft, der Überschreitung des Geldmengenziels zu begegnen. Nun war es zwar bereits zu spät, das Ziel für das ganze Jahr zu erreichen, eine Begrenzung der Überschreitung sollte aber Glaubwürdigkeitsverluste der Bundesbank gering halten und den Tarifpartnern ein unbeirrtes Festhalten der Bundesbank an ihrer stabilitätspolitischen Orientierung signalisieren.

Ende 1976 betonte eine Diskussionsvorlage für den Zentralbankrat, die starke konjunkturpolitische Ausrichtung der Geldpolitik stelle den Sinn eines Geldmengenziels in Frage. Dennoch sprach sich die Mehrheit des Rates für eine Fortführung der Geldmengenpolitik aus, da diese im Publikum und auch international positiv beachtet würde. Uneinigkeit herrschte über die eigentliche Bedeutung der Geldmengenorientierung. Die Ansicht einiger Mitglieder, das Geldmengenziel habe einen heilsamen Zwang zur Disziplin ausgeübt und sei zum internen Handlungsmaßstab geworden, wurde von anderen bezweifelt. Dem Verlangen, die Bundesbank müsse sich stärker an dem Ziel ausrichten, stand der Wunsch entgegen, das Ziel mit einer internen Marge zu versehen, innerhalb derer der Konjunkturverlauf gesteuert werden solle. Die Bundesregierung zeigte sich an der Fortführung der Politik der Geldmengenziele interessiert, da sie die Geldpolitik verstetige und aus dem Tagesgeschehen herausnehme; die Unabhängigkeit der Bundesbank werde dadurch gestärkt. Mitte Dezember einigte sich der Zentralbankrat auf ein Durchschnittsziel von 8% für 1977, das, mit einer Verlaufsangabe von 6–7% angegeben, wiederum eine Verlangsamung der monetären Expansion erforderte.

Im Laufe des Jahres 1977 stand jedoch die Konjunktur wieder im Mittelpunkt. Als sich eine Verfehlung des Wachstumsziels der Regierung abzeichnete, konnte sich die Bundesbank zu der eigentlich angestrebten monetären Restriktion nicht mehr entschließen.[75] Erst im Herbst mehrten sich im Zentralbankrat wieder Hinweise auf den drohenden Verlust an Glaubwürdigkeit

75 Die Deutsche Bundesbank wies auch auf außenwirtschaftliche Einflüsse und Verzerrungen der Zentralbankgeldmenge in der Begründung der Zielüberschreitung hin; vgl. Deutsche Bundesbank, Geschäftsbericht 1977, S. 1f. und S. 20ff.

aufgrund der erneuten Zielüberschreitung. Die Geldpolitik, so wurde kritisiert, sei 1977 zur reinen Zinspolitik geworden, bei der das Geldmengenziel keine Rolle mehr gespielt habe. Durch die starke monetäre Expansion sei ein Inflationspotential aufgebaut worden, das die Geldpolitik schon im nächsten Jahr vor Probleme stellen werde.

Im Zusammenhang mit der Diskussion um das Geldmengenziel für 1978 lebte die Debatte um die Orientierung der Geldpolitik im Zentralbankrat wieder auf. Eine Diskussionsvorlage verwies darauf, daß das Experimentierstadium, das 1975 begonnen habe, sich nicht unbegrenzt fortführen lasse. Die Bank müsse sich der Frage stellen, ob sie das Ziel wirklich ernst nehmen wolle. Die Vorlage bemängelte, daß das Durchschnittsziel zu wenig bindende Kraft entfalte, da bei einem solchen Ziel das Ergebnis immer schon zur Hälfte durch den Überhang aus dem Vorjahr und in der zweiten Jahreshälfte zusätzlich durch die Politik der ersten Monate vorgegeben sei. Auch die Orientierung an der Wachstumsprojektion der Bundesregierung sei ein Manko, da sie zu sehr auf die gleichzeitigen Beziehungen zwischen Geldmenge und nominalem Sozialprodukt abstelle, ein Widerspruch zu der Behauptung, die Geldpolitik wirke mit erheblichen Verzögerungen. Die Projektion habe sich auch als sehr ungenau erwiesen. Diese Vorlage empfahl schließlich, dem Geldmengenziel einen über ein Jahr hinausgehenden Zeithorizont zu geben.

In der Diskussion wurden gegenteilige Auffassungen geäußert. Das Kalenderjahr sei geeignet, um andere, jährliche Entscheidungen wie Lohnverhandlungen und Haushaltsbeschlüsse zu beeinflussen. Die Orientierung an der Zielprojektion der Bundesregierung signalisiere der Öffentlichkeit, daß die Geldmengenpolitik von der Bundesregierung mitgetragen werde. Zur Sicherung eines größeren Spielraums für geldpolitisches Handeln im Jahresverlauf könne der Zentralbankrat ein Durchschnittsziel mit einer Marge von einem Prozentpunkt kombiniert mit einem Verlaufsziel für das vierte Quartal mit einer Bandbreite von zwei bis drei Prozentpunkten beschließen.

Anfang Dezember bezog ein Mitglied des Direktoriums deutlich Stellung gegen die Geldmengenpolitik. Im Rückblick auf 1977 hätte eine bessere *Zinspolitik* mit rechtzeitiger Zinssenkung die Konjunktur verbessert, die außenwirtschaftliche Lage erleichtert und vielleicht sogar durch die Abwehr der Geldzuflüsse aus dem Ausland der Bundesbank eine bessere Kontrolle über die monetäre Expansion ermöglicht. Die Vorstellung, die Bundesbank könne sich mit der Bindung an objektive Daten politischem Druck entziehen und ihre Unabhängigkeit stärken, sei zweifelhaft. Schließlich sei es inakzeptabel, die Funktion des Zentralbankrates auf die Festlegung eines Geldmengenziels zu verengen. Entscheidungen über das geldpolitische Vorgehen könne man sich nicht durch ein Geldmengenziel aus der Hand nehmen lassen. Ein weiteres Mitglied bekräftigte die Ansicht, auf keinen Fall dürfe man sich zum Sklaven einer Zahl machen.

Trotz dieser Kontroverse beschloß der Zentralbankrat Mitte Dezember erneut ein Geldmengenziel. Er folgte dabei weitgehend dem Vorschlag eines Durchschnittsziels von 8% verbunden mit einem Korridor von 5–7% als Verlaufsziel. Wie schon das erste Geldmengenziel verdankte auch das Ziel im Dezember 1977 seine Verabschiedung letztlich dem Bestreben des Zentralbankrates, eine konjunkturpolitisch und außenwirtschaftlich motivierte Lockerung der Geldpolitik in der Öffentlichkeit nicht als Abkehr von der stabilitätsorientierten Linie der Bundesbank erscheinen zu lassen: Der Verzicht auf ein Geldmengenziel gleichzeitig mit der Senkung der Leitzinsen hätte allzu leicht den Eindruck erweckt, die Bundesbank habe ihren stetigen monetären Kurs verlassen.[76]

Schon im Frühjahr 1978 stellte sich heraus, daß die Zentralbankgeldmenge wiederum zu schnell wuchs. Anfang Juni 1978 wurde die Überprüfung des Geldmengenziels ein eigenständiger Punkt der Tagesordnung des Zentralbankrates. Der Rat zog eine öffentliche Begründung der Zielverfehlung mit dem Hinweis auf den verzerrenden Einfluß des Bargeldumlaufs und die starken Devisenzuflüsse den Alternativen einer Zielkorrektur nach oben und einer zeitweisen Suspendierung der Geldmengenpolitik vor.[77] Er betonte, daß die tolerierbare Zielabweichung stets vor dem Hintergrund der Konjunktur gesehen werden müsse: Sollte sich die Konjunktur bessern und es wieder zu verstärkten Inflationstendenzen kommen, dann müßte die Zielverfehlung für die Geldmenge enger begrenzt werden.

Dieses Szenario trat schließlich im Herbst und Winter 1978 ein. Im Dezember wurde dem Zentralbankrat berichtet, es gebe nun fast keinen wirtschaftlichen Sektor mehr ohne Zeichen des Aufschwungs. Nachdem die Konjunkturschwäche überwunden war und die Inflation wieder zu steigen drohte, gewannen die Preisentwicklung und mit ihr das Geldmengenziel wieder an Bedeutung in den Überlegungen des Zentralbankrates.

76 So betonte die Bundesbank in ihrem Geschäftsbericht für 1977, daß die Zielverfehlung im Jahre 1977 nicht als Aufgabe der stabilitätspolitischen Orientierung mißzuverstehen sei. Die erneute Angabe eines Geldmengenziels für 1978 zeige das Festhalten an der Grundlinie an; kurzfristige Abweichungen von dieser Linie aus konjunkturellen und außenwirtschaftlichen Gründen seien auch im Rahmen einer geldmengenorientierten Politik zu erwarten gewesen. Vgl. Deutsche Bundesbank, Geschäftsbericht 1977, S. 20ff.

77 Vgl. Deutsche Bundesbank, Geldpolitische Maßnahmen, S. 5f. Bereits im Monatsbericht vom Juni 1978 sprach die Bundesbank von nicht erklärbaren Veränderungen des Bargeldumlaufs, die die Zentralbankgeldmenge verzerrten; vgl. Deutsche Bundesbank, Wirtschaftslage, S. 17f.

e) Das Europäische Währungssystem: Retter der Geldmengenziele

Das Jahr 1978 stand wieder ganz im Zeichen außenwirtschaftlicher Entwicklungen. Auf der einen Seite führte der internationale Vertrauensverlust gegenüber dem Dollar zu einer heftigen Aufwertung der D-Mark (Schaubild 3). In der Bundesbank wurde diese Entwicklung mit Sorge gesehen, da sie zu Problemen der deutschen Exportwirtschaft führen mußte. Auf der anderen Seite mehrten sich seit der Anpassung der Leitkurse in der *Schlange* vom Herbst 1977 Anzeichen einer Reform dieses Systems. Weitergehende Regelungen im wechselseitigen finanziellen Beistand der Zentralbanken und eine Stärkung der Symmetrie der *Schlange* – d.h. Schwächung der dominanten Stellung der D-Mark als der härtesten Währung im System – wurden vor allem unter dem Aspekt diskutiert, die Erweiterung der *Schlange* um Großbritannien und den Wiedereintritt Italiens und Frankreichs zu erleichtern. Die Bundesbank begrüßte einerseits die Aussicht einer vergrößerten Schlange, weil ein größerer Verbund eine Entlastung der D-Mark gegenüber spekulativen Kapitalzuflüssen aus dem Dollarraum bedeutete. Andererseits fürchtete sie, ein größerer Verbund könnte sich zu einer gemeinsamen Dollarpolitik entschließen, was letzten Endes noch größere Interventionen der Bundesbank zur Stützung des Dollars bedeutet hätte.

Im Juni 1978 diskutierte der Zentralbankrat verschiedene Optionen der Weiterentwicklung der *Schlange*. Zu den Neuerungen gehörten die Schaffung des Fonds für währungspolitische Zusammenarbeit, die Definition der Leitkurse auf der Basis der Europäischen Rechnungseinheit – der Vorläuferin des ECU – und ein abgestimmtes Verhalten gegenüber dem Dollar. Die Initiative von Bundeskanzler Schmidt und dem französischen Präsidenten Giscard d'Estaing zur Gründung des Europäischen Währungssystems (EWS) beim EG-Gipfel in Bremen Anfang Juli kam insofern nicht völlig überraschend.

Eine Revue der Ereignisse, die sich dem Gipfel anschlossen, würde den Rahmen dieses Beitrags sprengen. Von Bedeutung war die Gründung des EWS für unser Thema dennoch, denn sie beeinflußte in starkem Maße die Haltung des Zentralbankrates auch in der Frage der Geldmengenpolitik. Dies wurde deutlich, als im Dezember der Vorschlag, ein Geldmengenziel auch für 1979 zu formulieren, diskutiert wurde. Einige Mitglieder waren dezidiert der Ansicht, es sei nun an der Zeit, eine Politik, mit der sich die Bundesbank wegen der wiederholten Zielüberschreitungen längst lächerlich gemacht habe, aufzugeben. Weder außerhalb noch innerhalb der Bundesbank sei das Geldmengenziel als Orientierungsmarke ernst genommen worden.

Für die Beibehaltung eines Geldmengenziels sprachen nach Meinung anderer Mitglieder vor allem zwei Gründe. Erstens sei ein Wiederaufleben der Inflation abzusehen. Ein Geldmengenziel würde einen restriktiveren Kurs der

Geldpolitik erleichtern. Das Geldmengenziel sei in den letzten Jahren nicht beachtet worden, weil die Bundesbank ohnehin einen expansiven Kurs verfolgte, was sich 1979 aber ändern würde.

Zweitens betonten viele Mitglieder die schädliche Signalwirkung einer sichtbaren Abkehr von der Geldmengenorientierung am Beginn des neuen EWS. Die Öffentlichkeit erhalte so den Eindruck, die Bundesbank werfe angesichts der neuen außenwirtschaftlichen Zwänge in ihrem Bemühen um Preisstabilität das Handtuch – dies werde die Inflationserwartungen schüren. Selbst ein Mitglied des Direktoriums, das 1977 noch das Konzept der Geldmengenziele scharf kritisiert hatte, schloß sich der Meinung an, der Verzicht auf ein Geldmengenziel für 1979 würde in der Öffentlichkeit einen unerwünschten Eindruck machen. Dieses Mitglied wies auch auf das hohe Ansehen der Geldmengenpolitik im Ausland hin. Zu bedenken gegeben wurde auch, daß gerade zu Beginn des EWS ein Festhalten an der Praxis der Geldmengenziele erforderlich sei, um den Partnern im System und der Öffentlichkeit die Vereinbarkeit eines europäischen Verbundes mit einer konsequenten Stabilitätspolitik zu vermitteln. In der Abstimmung beschloß der Zentralbankrat die Bekanntgabe eines Geldmengenziels für 1979 mit breiter Mehrheit. Die Veröffentlichung sollte den experimentellen Charakter dieser Politik jedoch stärker als zuvor betonen und den Erwartungshorizont bezüglich der Zieleinhaltung herabsetzen.

Man kann darüber spekulieren, was geschehen wäre, hätte die Gründung des EWS nicht stattgefunden. Vieles deutet darauf hin, daß die Bundesbank ihre Praxis der Ankündigung eines Geldmengenziels Ende 1978 aufgegeben hätte. Ein weiteres Ausbleiben des konjunkturellen Aufschwungs hätte dies noch wahrscheinlicher gemacht. Andererseits wäre es übertrieben zu behaupten, die Bundesbank habe nur angesichts des EWS ihre Politik der Geldmengenziele fortgesetzt. Auch andere gute Gründe sprachen dafür. Eine gewisse Ironie der Geschichte liegt jedoch darin, daß die Einführung neuer, außenwirtschaftlicher Zwänge, die die Handlungsfreiheit der Geldpolitik schwächen mußten, im Zentralbankrat zu einer Stärkung der Befürworter von Geldmengenzielen führte.

f) Geldmengenpolitik: eine Interpretation

Die gängige Lehrbuchbeschreibung der Geldpolitik ordnet die Strategie der Geldmengenziele in das Tinbergensche Paradigma optimierender Wirtschaftspolitik ein, nach dem wirtschaftspolitische Entscheidungsträger mit dem Einsatz ihrer Instrumente eine Zielfunktion maximieren, die die Zielvariablen Preisstabilität, Beschäftigung und Wachstum enthält. Geldmengenpolitik wird in diesem Paradigma zu einer zweistufigen Lösung der wirtschaftspolitischen

Aufgabe: Auf der ersten Stufe steht die Berechnung des Geldmengenziels aus den übergeordneten Zielen, auf der zweiten Stufe steht die Ausrichtung aller Instrumente an dem abgeleiteten Ziel, die Geldmenge auf ihren Zielwert zu steuern. Die Geldmengenstrategie selbst rechtfertigt sich aus einer Abwägung der Quellen konjunktureller Störungen in der Volkswirtschaft.[78]

Als Beschreibung der Geldmengenpolitik der Bundesbank der siebziger Jahre geht dieses Bild in (mindestens) zwei wichtigen Dimensionen fehl. Erstens in der Struktur der geldpolitischen Entscheidungen: Die Zweistufigkeit der Entscheidungen, die im Jahresverlauf die Konzentration geldpolitischer Überlegungen auf die Erreichung des Geldmengenziels erfordert hätte, läßt sich in den Diskussionen im Zentralbankrat nicht erkennen. Ebensowenig enthielt sich der Rat des Versuchs, einzelne geldpolitische Maßnahmen an kurzfristigen, beschäftigungspolitischen Zielen auszurichten, anstatt zunächst, wie es die Zweistufigkeit erfordert hätte, die Konsequenzen aktueller konjunktureller Entwicklungen in einer Aktualisierung des Geldmengenziels auszudrücken. Statt dessen fungierte das Geldmengenziel intern als Restriktion, die bei Entscheidungen mehr oder minder stark beachtet wurde.

Dessenungeachtet war die Bundesbank bestrebt, mit dem Geldmengenziel nach außen ein Zeichen ihrer Stabilitätsorientierung zu setzen. Inwieweit dies tatsächlich gelang, läßt sich nicht abschließend beurteilen. Die entschiedene Stabilisierungspolitik der Jahre 1973 und 1974 und die im internationalen Vergleich recht geringen Inflationsraten in der Bundesrepublik der siebziger Jahre waren sicherlich in der Lage, die Inflationserwartungen zu dämpfen. Ob das Geldmengenziel darüber hinaus einen Erwartungseffekt hatte, ist ungewiß. Angesichts der mangelnden internen Bindung der Entscheidungen an das Geldmengenziel herrschten jedoch auch in der Bundesbank große Zweifel, ob das Geldmengenziel wirklich seine Signalfunktion erfüllen konnte.

Zweitens ist die Vorstellung eines optimierenden Zentralbankrates als *positives* Paradigma für diese Periode unangemessen. Optimierung einer Zielfunktion impliziert, daß die Entscheidungsträger einzelne Ziele gegeneinander abwägen, so daß der Einsatz ihrer Instrumente Kompromisse zwischen konfligierenden Zielen reflektiert. Eine sich abzeichnende graduelle Überschreitung des Geldmengenziels müßte dann, selbst wenn dieses nur ein geringes Gewicht in der Zielfunktion hätte, zu einer graduellen Abkehr von dem bisherigen Kurs führen. Weiterhin müßte eine deutliche Veränderung der zu erwartenden Zielerreichung in einer Dimension bei gleichbleibenden Bedingungen in den anderen Zielbereichen dazu führen, daß sich der Einsatz der Instrumente deutlich in Richtung auf das erste Ziel verschiebt. Die Erfahrun-

78 Vgl. dazu Brunner/Meltzer, Monetary Indicators; Friedman, Targets; von Hagen, Strategien; Poole, Optimal Choice.

gen der Jahre 1975–1978 zeigen, daß der Zentralbankrat sich nicht solchermaßen verhielt.

Entscheidungen im Zentralbankrat lassen sich in einem alternativen Paradigma besser verstehen. Kurz zusammengefaßt lautet es, daß eine Änderung im Einsatz der Instrumente nur dann stattfindet, wenn genügend Gründe dafür sprechen. Diskussionen im Zentralbankrat reflektieren immer wieder das Bemühen, verschiedene Begründungsfelder der Geldpolitik daraufhin abzuklopfen, ob eine Änderung des aktuellen Kurses angezeigt ist. Zu diesen Feldern gehören in der hier betrachteten Periode regelmäßig die Konjunkturentwicklung, die internationale Entwicklung, die Entwicklung am Geld- und Kapitalmarkt und die Preisentwicklung. Veränderungen der Instrumente finden statt, wenn die aktuellen Entwicklungen in ausreichend vielen Begründungsfeldern in dieselbe Richtung zeigen. Die oben diskutierte *Konvergenz der Begründungen* für das Geldmengenziel für 1975 liefert ein anschauliches Beispiel. Sprechen genügend Gründe für eine Änderung der Notenbankzinsen, dann – und auch dies widerspricht der Vorstellung einer optimierenden Geldpolitik – ist das Ausmaß der Zinsänderung vorgegeben und beträgt entweder 50 oder 100 Basispunkte.

Die Betrachtung der Entscheidungsprozesse im Zentralbankrat zeigt, daß die relative Bedeutung der einzelnen Begründungsfelder sich im Zeitablauf deutlich ändern kann. War zu Anfang der siebziger Jahre die Preisentwicklung ein sehr wichtiges Feld, so klang seine Bedeutung Mitte der siebziger Jahre ab zugunsten der Beschäftigungsentwicklung. Akute Probleme schoben sich, wie ein Direktoriumsmitglied einmal eindrücklich betonte, immer wieder vor das im Grunde akzeptierte Gebot einer stringenten, mittelfristigen Kontrolle der monetären Entwicklung. Die Gefahren einer zu expansiven Entwicklung wurden so besonders dann geringer gewichtet, wenn sich die Inflationsrate zurückgebildet hatte und gleichzeitig andere wirtschaftliche Probleme auftraten.

Das Geldmengenziel liefert in diesem Zusammenhang ein zusätzliches Begründungsfeld, das implizit die Bedeutung der Preisentwicklung als Begründungsfeld stärkt. Sein Charakter als Zwischenziel bedeutet aber, wie auch Emminger einmal betonte, daß das Gewicht dieses Begründungsfelds von der Wichtigkeit der Inflationsrate selbst abhängt. Dennoch ist das Geldmengenziel nicht überflüssig. Seine Bedeutung im Entscheidungsprozeß dürfte darin liegen, das Ziel der Preisstabilität zu konkretisieren und vor allem auch in einen kürzerfristigen zeitlichen Rahmen zu projizieren. Die Unsicherheit in der Abschätzung der Folgen konkreter, aktueller Entscheidungen für die Entwicklung des Preisniveaus und der gegenüber Konjunkturbewegungen relativ lange Zeithorizont der geldpolitischen Entscheidungen fördern die Tendenz zur Vernachlässigung des Ziels der Preisstabilität im Tagesgeschehen der Geldpolitik. Ein Geldmengenziel ist hilfreich, weil die Folgen aktueller Entscheidungen für die monetäre Expansion besser und schneller absehbar sind.

So betrachtet läßt sich auch verstehen, wie das EWS zum Retter der Geldmengenpolitik werden konnte. Die Einbindung in einen neuen Wechselkursverbund bedeutete für die Bundesbank die Gefahr des erneuten Verlusts der monetären Kontrolle und damit letztlich neue Inflationsgefahren. Die neue außenwirtschaftliche Restriktion mußte daher zu einer Stärkung des Ziels der Preisstabilität als Begründungsfeld geldpolitischer Maßnahmen führen; dies auch insofern, als die Bundesbank sich politischen Drucks der Regierung, die die Kompetenz über das Wechselkurssystem hatte, am besten mit dem Hinweis auf das Ziel der Preisstabilität erwehren konnte. Die Stärkung dieses Ziels in den Entscheidungen des Zentralbankrates zog die Stärkung des Geldmengenziels nach sich, zumal sich Interventionen zur Stützung schwächerer Partnerwährungen am schnellsten in der Geldmengenentwicklung niederschlagen konnten und diese daher einen Maßstab für die Kompatibilität des Währungssystems mit dem Ziel der Preisstabilität liefern konnte. So betrachtet dürfte das EWS den Anstoß nicht nur zur Beibehaltung der Geldmengenziele gegeben haben, sondern auch zum Ausbau dieser Politik hin zu einer konsequenteren Potentialorientierung, einer «eingeschränkten Verstetigung» also, wie sie die Bundesbank in den achtziger Jahren betrieb.

5. Literatur

Alexander, Volbert/Loef, Hans-Edi: Kontrolle der Geldbasis und ihrer Komponenten – Eine empirische Analyse für die BRD, in: Kredit und Kapital 7 (1974), S. 508–541

Bleile, Georg: Die neue Geldpolitik der Deutschen Bundesbank, in: Zeitschrift für das gesamte Kreditwesen 28 (1975), S. 22–25

Bockelmann, Horst: Streitfragen zur Kontrolle der Geldschöpfung durch die Notenbank. Referat im Ausschuß für Geldtheorie und Geldpolitik im Verein für Socialpolitik, Frankfurt a.M. 10. Mai 1976

Bockelmann, Horst: Orientierungspunkte der Geldpolitik, in: Kredit und Kapital 17 (1984), S. 64–83

Bockelmann, Horst: Haupt- und Nebensachen – der Kurswechsel in der Geldpolitik der Bundesbank 1973/74, in: Bub, Norbert/Duwendag, Dieter/Richter, Rudolf (Hrsg.): Geldwertstabilität und Wirtschaftsstabilität. Festschrift für Helmut Schlesinger, Frankfurt a.M. 1989, S. 191–202

Brunner, Karl: A diagrammatic exposition of the money supply process, in: Schweizerische Zeitschrift für Nationalökonomie und Statistik 109 (1973), S. 481–553

Brunner, Karl/Meltzer, Allan H.: The meaning of monetary indicators, in: Horwich, George (Hrsg.): Monetary process and policy, Homewood 1967, S. 187–207

Caesar, Rolf: Die Rolle der Mindestreserve im Rahmen der Geldbasiskonzeption der Deutschen Bundesbank, in: Jahrbücher für Nationalökonomie und Statistik 191 (1976), S. 229–250

Deutsche Bundesbank: Neuabgrenzung der freien Liquiditätsreserven der Banken, in: Monatsbericht 25 (1973) 6, S. 47–48

Deutsche Bundesbank: Neue geldpolitische Maßnahmen, in: Monatsbericht 30 (1978) 7, S. 5–6

Deutsche Bundesbank: Die Wirtschaftslage im Frühjahr 1978, in: Monatsbericht 30 (1978) 6, S. 13–46

Deutsche Bundesbank: Zentralbankgeldbedarf der Banken und liquiditätspolitische Maßnahmen der Bundesbank, in: Monatsbericht 34 (1982) 4, S. 21–26

Deutsche Bundesbank: Monatsberichte, verschiedene

Deutsche Bundesbank: Geschäftsberichte, Frankfurt a. M., verschiedene Jahrgänge

Deutscher Gewerkschaftsbund: Die wirtschaftlichen und sozialen Entwicklungsmöglichkeiten in der Bundesrepublik Deutschland, vervielfältigtes Manuskript, Düsseldorf 7. Oktober 1970

Deutsches Institut für Wirtschaftsforschung: Bundesbankgesetz und aktuelle Geldpolitik, in: Wochenbericht 40 (1973) 23, S. 201–208

Dudler, Hermann-Josef: Instrumente und quantitative Hilfsmittel der kurzfristigen Geldmengenkontrolle, in: Ehrlicher, Werner/Richter, Rudolf (Hrsg.): Geld- und Währungsordnung, Schriften des Vereins für Socialpolitik, N.F. Bd. 138, Berlin 1983, S. 39–84

Emminger, Otmar: D-Mark, Dollar, Währungskrisen. Erinnerungen eines ehemaligen Bundesbankpräsidenten, Stuttgart 1986

Friedman, Benjamin M.: Targets, instruments, and indicators of monetary policy, in: Brunner, Karl/Neumann, Manfred J. M. (Hrsg.): Inflation, unemployment and monetary control, Beiheft 5 zu Kredit und Kapital, Berlin 1979, S. 248–287

Friedman, Milton: The Role of Monetary Policy, in: American Economic Review 58 (1968), S. 1–17

Geiger, Helmut: Das Verhältnis von Refinanzierungs- und Offenmarktpolitik, in: Ehrlicher, Werner/Simmert, Diethard B. (Hrsg.): Wandlungen des geldpolitischen Instrumentariums der Deutschen Bundesbank, Beiheft 10 zu Kredit und Kapital, Berlin 1988, S. 129–142

Hagelstein, Bert: Was Karl Schiller nicht unterschrieb, in: Handelsblatt vom 3. Juli 1972

Hagen, Jürgen von: Strategien kurzfristiger Geldmengensteuerung, Hamburg 1986

Irmler, Heinrich: Ausführungen von Dr. Heinrich Irmler, in: Deutsche Bundesbank: Auszüge aus Presseartikeln, Nr. 75/1974, S. 1–5

Kannengießer, Walter: Der ungeliebte Professor geht, in: Frankfurter Allgemeine Zeitung vom 7. Juli 1972

Kannengießer, Walter/Barbier, Hans D.: Karl Schiller über Karl Schiller und seine Politik, in: Frankfurter Allgemeine Zeitung vom 7. Juli 1972

Klasen, Karl: Aktuelle Probleme der Währungspolitik, in: Deutsche Bundesbank: Auszüge aus Presseartikeln, Nr. 89/1971, S. 1–8

Mainert, Alf: Zentralbankgeldsteuerung – die neue Kreditpolitik der Bundesbank. Kurzfassung eines Vortrags zur betrieblichen Fortbildung der Deutschen Bundesbank, unveröffentlichtes Manuskript, November 1974

Nemitz, Kurt: Aspekte der Geldmarktsteuerung, in: Kredit und Kapital 13 (1980), S. 323–337

Neumann, Manfred J. M.: Konstrukte der Zentralbankgeldmenge, in: Kredit und Kapital 8 (1975), S. 317–345

Neumann, Manfred J. M.: A Theoretical and Empirical Analysis of the German Money Supply Process, in: Frowen, Stephen F./Courakis, Anthony S./Miller, Marcus H. (Hrsg.): Monetary Policy and Economic Activity in West Germany, Stuttgart 1977, S. 73–124

Neumann, Manfred J. M.: Der Beitrag der Geldpolitik zur konjunkturellen Entwicklung in der Bundesrepublik Deutschland, in: Kyklos 34 (1981), S. 405–431

Neumann, Manfred J. M./ Hagen, Jürgen von: Germany, in: Fratianni, Michele/Salvatore,

Dominick (Hrsg.): Monetary Policy in Developed Economies, Westport, CT/London 1993, S. 299–334
Niehans, Jürg: The Theory of Money, Baltimore 1978
O. V.: Schillers Rücktritt – Addition von Ursachen in: ifo Schnelldienst 53 (1972) 22
Pohl, Reinhard: Die außenwirtschaftliche Komponente der Geldversorgung, in: Ehrlicher, Werner/Simmert, Diethard B. (Hrsg.): Wandlungen des geldpolitischen Instrumentariums der Deutschen Bundesbank, Beiheft 10 zu Kredit und Kapital, Berlin 1988, S. 177–215
Poole, William: Optimal choice of monetary policy instruments in a simple stochastic macro model, in: Quarterly Journal of Economics 84 (1970), S. 197–216
Sachverständigenrat zur Begutachtung der gesamtwirtschaftlichen Lage: Jahresgutachten, Stuttgart, verschiedene Jahrgänge
Schiller, Karl: Regierungsmotto ‹Nach uns die Sintflut›, in: Der Arbeitgeber 24 (1972), S. 560
Schlesinger, Helmut: Die Geldpolitik als Mittel der Inflationsbekämpfung, in: Deutsche Bundesbank: Auszüge aus Presseartikeln, Nr. 54/1973, S. 1, 4–8
Schlesinger, Helmut: Die Geldpolitik der Deutschen Bundesbank 1967–1977, in: Kredit und Kapital 11 (1978), S. 3–29
Schlesinger, Helmut: Das Konzept der Deutschen Bundesbank, in: Ehrlicher, Werner/Simmert, Diethard B. (Hrsg.): Wandlungen des geldpolitischen Instrumentariums der Deutschen Bundesbank, Beiheft 10 zu Kredit und Kapital, Berlin 1988, S. 3–20
Schmidt, Helmut: Die Bürokraten ausgetrickst, in: Die Zeit vom 24. August 1990
Schmidt, Helmut: Kampf gegen die Nationalisten, in: Die Zeit vom 31. August 1990
Simmert, Diethart B./Zweig, Gerhard: Instrumente auf dem Prüfstand, in: Wirtschaftsdienst 60 (1980), S. 226–230
Steves, Kurt: Bonner Wünsche an die Notenbank, in: Die Welt vom 11. Oktober 1974
Willms, Manfred: Controlling Money in an Open Economy: The German Case, in: Federal Reserve Bank of St. Louis Review 53 (1971) 4, S. 10–27

IX. Geldpolitik bei wachsender Integration (1979–1996)*

Von Ernst Baltensperger

1. Einleitung

Die Deutsche Bundesbank hatte während des Zeitraums von 1979 bis 1996 eine Reihe schwieriger Herausforderungen zu bestehen. Häufig mußte sie sich heftiger Kritik aus dem In- und Ausland erwehren und war ihre Politik Gegenstand intensiver Auseinandersetzungen. Im Ergebnis – gemessen am Grad ihrer Zielerreichung und der von ihr errungenen internationalen Reputation – darf diese Politik aber zweifellos als klarer Erfolg beurteilt werden, jedenfalls im Vergleich zu jener der großen Mehrzahl anderer Notenbanken während derselben Periode. Dies kommt nicht zuletzt im Vorbildcharakter zum Ausdruck, den das Modell der Bundesbank mit dem Maastricht-Vertrag für die Konstruktion einer europäischen Zentralbank einzunehmen vermochte. Eine Darstellung und Evaluation dieser Politik, welche nach dem Zusammenbruch des Fixkurssystems von Bretton Woods anfangs der siebziger Jahre zuerst definiert und dann schrittweise erprobt und entwickelt werden mußte, stellt deshalb eine interessante Aufgabe dar.

Gemeinsam mit der im vorausgehenden Beitrag behandelten Periode von 1971 bis 1978 ist der Phase von 1979 bis 1996, daß die Geldpolitik – im Gegensatz zur Situation unter dem Bretton-Woods-System – in einem Regime grundsätzlich flexibler Wechselkurse stattfinden konnte und somit eine nationale Kontrolle der Geldmengenentwicklung für die Bundesbank möglich war. Die Bundesbank entschied sich früh, diese Möglichkeit entschieden zu nutzen und in den Dienst des Ziels der Preisstabilität (innere Geldwertstabilität) zu stellen. Sie tat dies von Anfang an durch die Verfolgung einer Politik der mittelfristig orientierten Geldmengenkontrolle, seit 1975 im Rahmen einer Strategie der Ankündigung von jährlichen Geldmengenzielen – einer Strategie, der sie bis heute treu geblieben ist, auch wenn sie im In- wie im Ausland, und selbst innerhalb der Entscheidungsgremien der Bundesbank, über die Jahre hinweg immer wieder diskutiert und von Zeit zu Zeit in Frage gestellt wurde.

* Ich danke meiner Mitarbeiterin Anne Kleinewefers Lehner für eine kritische Durchsicht des Manuskripts.

Im Gegensatz zur Vorperiode von 1971 bis 1978 aber ist die Strategie der potentialorientierten Geldmengensteuerung 1979 in der Bundesbank im Prinzip etabliert und, jedenfalls vorläufig, bewährt, nachdem es zuvor um ihre Entwicklung und Erprobung gegangen war. Im Gegensatz zur Vorperiode ist ab 1979 zudem das Europäische Währungssystem (EWS) in Kraft – ein System internationaler Vereinbarungen, welches für die Währungsbehörden der Mitgliedsländer, und damit für die Bundesbank, neue Restriktionen und Interventionsverpflichtungen bedeutete. Dennoch verstand es die Bundesbank, ihre stabilitätsorientierte Geldmengenstrategie auch in einem derartigen Währungssystem erfolgreich anzuwenden und durchzusetzen, und dies bei zunehmender Integration der Finanzmärkte in Europa und der Welt. Die Bundesbank ist dadurch, ohne daß dies von der Konstruktion des Systems her vorgesehen war, faktisch zur dominierenden Notenbank und die D-Mark zur Ankerwährung im EWS geworden. Die Periode bietet gleichzeitig viel Anschauungsunterricht für die herausragende Bedeutung der Unabhängigkeit der Notenbank von der Regierung. Nur unter solchen institutionellen Bedingungen – und auf dem Hintergrund eines starken Stabilitätsbewußtseins der Bevölkerung – konnte sich nämlich die Bundesbank einem zeitweise enormen Druck seitens ausländischer und inländischer politischer Kreise erfolgreich widersetzen und die von ihr als richtig erachtete Stabilitätspolitik beibehalten. Natürlich illustriert die Periode auch in aller Deutlichkeit, daß in einem inflationären internationalen Umfeld zwischen den Zielsetzungen der Preisstabilität (innere Geldwertstabilität) und der nominellen Wechselkursstabilität (äußere Geldwertstabilität) mittel- und längerfristig ein unlösbarer Konflikt besteht.

In die Betrachtungsperiode fielen, abgesehen von der Entwicklung des EWS, verschiedene prägende internationale Wirtschaftsereignisse wie der zweite Ölpreisschock am Ende der siebziger Jahre, die internationale Verschuldungskrise der frühen und mittleren achtziger Jahre, die von der Geld- und Finanzpolitik der USA ausgehenden massiven Schwankungen des Dollarkurses während der ganzen achtziger Jahre oder der Aktienpreissturz vom Herbst 1987 – Ereignisse, welche die Geldpolitik in Deutschland und anderswo vor heikle Anpassungs- und Entscheidungsprobleme stellten. Eine Herausforderung ganz besonderer Art, welche die Bundesbank im letzten Drittel der Betrachtungsperiode vor außerordentliche, in diesem Fall spezifisch deutsche Problemstellungen setzte, war die deutsch-deutsche Währungsunion im Rahmen der deutschen Wiedervereinigung im Jahr 1990. Ebenfalls von grundlegender Konsequenz sind selbstverständlich die sich seit Beginn der neunziger Jahre immer deutlicher abzeichnenden Pläne zur Bildung einer Europäischen Währungsunion.

Im Betrachtungszeitraum fand eine stetige Entwicklung des geldpolitischen Instrumentariums der Bundesbank statt, einerseits als Ergebnis eines Lernprozesses aus den akkumulierten Erfahrungen mit diesen Instrumenten, andererseits als Anpassung an veränderte Verhältnisse im Umfeld der Notenbankpolitik, insbesondere an die Liberalisierung, Internationalisierung und Intensivierung des Wettbewerbs im Bank- und Finanzgewerbe. Von zentraler Bedeutung waren speziell der Aufbau passender Instrumente für eine flexible Geldmarktsteuerung über offenmarktpolitische Maßnahmen und verbunden damit die allmähliche Rückführung der Bedeutung der Diskont- und Lombardpolitik sowie die im Laufe der Periode stattfindende Neugestaltung (und Bedeutungsminderung) der Mindestreservepolitik.

Die Darstellung der Bundesbankpolitik im vorliegenden Beitrag ist in sechs – notgedrungenermaßen etwas willkürlich voneinander getrennte – Phasen aufgegliedert, welche sich jeweils durch einen Wechsel des geldpolitischen Kurses und des Umfelds der Geldpolitik auszeichneten: 1979–1981 («Monetäre Restriktion»), 1982–1985 («Lockerung und Normalisierung der Geldpolitik»), 1986–1989 («Zielüberschreitungen und langsame Rückkehr zur Restriktion»), 1990–1991 («Deutsche Währungsunion»), 1992–1994 («Die Bundesbank im Bannstrahl der internationalen Kritik: langsame Lockerung bei massiven Zielüberschreitungen»), 1995–1996 («Normalisierung des Geldmengenwachstums bei weiteren Zinssenkungen»).

Für jeden dieser Zeitabschnitte wird ein Abriß des geld- und währungspolitischen Geschehens gegeben, einschließlich des Umfelds und der wichtigsten Konfliktfelder der Geldpolitik, der Zielvorstellungen und Zielrealisierungen der Bundesbank, der zugehörigen öffentlichen Diskussion und ihrer Beurteilung. Kontroverse Punkte von allgemeinerem Interesse sowie Entwicklungen von besonderer Bedeutung werden jeweils speziell aufgegriffen. Abschließend folgt in einer Reihe zusätzlicher Abschnitte eine Zusammenfassung der wichtigsten allgemeinen Erkenntnisse und Lehren, die sich aus der Betrachtung der deutschen Geldpolitik während der vergangenen zwei Jahrzehnte ziehen lassen, etwa hinsichtlich der Zweckmäßigkeit und Realisierbarkeit einer Strategie der Geldmengenziele, der operativen Durchführung einer solchen Politik und des dazu notwendigen Instrumentariums, sowie eine Gesamtbeurteilung der Bundesbankpolitik während der betrachteten Periode und des gesellschaftlichen und institutionellen Umfelds, in dem sie stattfinden konnte.

2. Monetäre Restriktion: 1979–1981

a) Ausgangslage und wirtschaftliches Umfeld

Die wirtschaftliche Situation, der sich die Bundesbank zu Beginn unserer Betrachtungsperiode im Jahr 1979 gegenübersah, war, aus dem Moment heraus betrachtet, recht komfortabel. Das reale deutsche Bruttoinlandsprodukt

(BIP) hatte 1978 um 3,0% zugenommen und wuchs 1979 mit einer Rate von 4,2%, begleitet von ausgelasteten Produktionskapazitäten, Beschäftigungswachstum und zurückgehender Arbeitslosigkeit (Arbeitslosenquote: 3,3%) sowie kräftigen Investitionen. Weniger positiv stellte sich die Situation allerdings bei der Teuerungs- und Geldmengenentwicklung dar. Schon im Laufe des Vorjahrs zeichnete sich eine Beschleunigung des Preisauftriebs ab, welcher dann im Jahresdurchschnitt 1979 eine Rate von 4,1% erreichte und im Laufe der Periode 1979–1981 weiter zunahm. Diese nicht ganz überraschende Entwicklung war auf dem Hintergrund der starken Ölpreiserhöhungen seit 1978 (zweite Erdölkrise) und eines kräftigen Geldmengenwachstums in den Vorjahren entstanden. Insbesondere 1978 übertraf das tatsächliche Wachstum der Zentralbankgeldmenge mit einer Zunahme von über 11% das ursprünglich gesetzte Geldmengenziel der Bundesbank von 8% sehr beträchtlich, nicht zuletzt wegen einer damals starken Wechselkursorientierung der Geldpolitik. Im internationalen Vergleich, vor allem mit den USA, aber auch mit wichtigen europäischen Partnerländern wie Frankreich, Großbritannien und Italien blieb der Preisanstieg in Deutschland allerdings mäßig; im Gegenteil, der Stabilitätsvorsprung gegenüber diesen Ländern nahm weiter zu.

Massive Steigerungen der Importpreise, vor allem der Energiepreise, bewirkten zudem einen Umschwung in der deutschen Leistungsbilanz und führten 1979 zum ersten Mal seit vielen Jahren zu einem Leistungsbilanzdefizit der BRD. Der zunehmende Inflationsdruck, aber auch die Passivierung der Leistungsbilanz veranlaßten die Bundesbank zu einem scharfen Kurswechsel, welcher bis Ende 1981 eine stark restriktive Geldpolitik bedeutete. Die sehr gute Konjunktur im Ausgangsjahr 1979 ließ dies anfänglich auch relativ problemlos zu. Die Fortsetzung des restriktiven Kurses 1980 und 1981 stand dann aber mehr und mehr im Zeichen der Wachstumsabschwächung und der Konjunkturwende. Dies war eine Folge der eintretenden weltweiten Stabilisierungskrise, aber auch der restriktiven Geldpolitik der Bundesbank. 1980 nahm das deutsche BIP real noch um 1,0% zu, bei rückläufiger Beschäftigung ab dem 3. Quartal und ansteigender Arbeitslosenquote; 1981 stagnierte das reale BIP, und die Arbeitslosenquote stieg auf 4,8% an. Das Leistungsbilanzdefizit der BRD erhöhte sich 1980 gegenüber dem Vorjahr massiv auf 24 Mrd. DM (bei mengenmäßig immer noch relativ starken Exporten). Bedeutsam für die BRD war ab 1980 zudem die inzwischen eingetretene Schwäche der D-Mark. War die D-Mark 1979 international noch stark, so wertete sie sich seit 1980 kräftig ab, vor allem gegenüber dem US-Dollar, aber auch innerhalb des EWS. Erst im Laufe von 1981 kehrten sich diese außenwirtschaftlichen Prozesse, zum Teil als Folge der ergriffenen Politik, langsam wieder um.

Leistungsbilanz und Wechselkurs wurden in dieser Phase für die Politik der Bundesbank zu wichtigen zusätzlichen Zielkriterien, welche im Laufe der zunehmenden Konjunkturabschwächung mehr und mehr in Konflikt mit dem Ziel der Konjunkturverstetigung und -stimulierung gerieten und zu entsprechenden bundesbankinternen und öffentlichen Diskussionen Anlaß gaben. Mit der Zielsetzung der Preisniveaustabilisierung dagegen stand eine außenwirtschaftliche Orientierung der Geldpolitik in dieser Phase nicht im Konflikt: Da die Inflationsrate 1980 auf 5,4% und 1981 auf 6,3% im Jahresdurchschnitt zunahm, verlangte diese, ebenso wie eine Stärkung der D-Mark, eine restriktive Geldpolitik. Erst gegen Ende 1981 kam es zu einer Wende all dieser Prozesse, was der Bundesbank den Übergang zu einer etwas lockereren Politik ermöglichte.

Die Politik der Bundesbank gab in dieser Periode der Geldwertstabilität und den außenwirtschaftlichen Zielkriterien deutliche Priorität gegenüber der Konjunkturstabilisierung, in der richtigen Erkenntnis, daß eine realwirtschaftliche Stabilität auf die Dauer ohne monetäre Stabilität nicht realisierbar ist. Es bleibt etwas weniger klar, wie weit für die Bundesbank dabei der innere oder der äußere Geldwert die dominierende Zielsetzung darstellte. Auf der einen Seite betonte sie immer wieder die überragende Bedeutung von Preisstabilität und Inflationsbekämpfung und hielt diese auch in internen Zentralbankratsbeschlüssen fest. Auf der anderen Seite aber rechtfertigte sie ihre Restriktionspolitik in dieser Periode ebenso häufig, wenn nicht gar öfter, mit außenwirtschaftlichen «Anpassungszwängen» und Stabilitätsüberlegungen. Auch in den Diskussionen im Zentralbankrat kommt diese Ambivalenz häufig zum Ausdruck. Im Endeffekt ist es für diese Phase allerdings müßig darüber zu streiten, bestand ja in der gegebenen Situation kein wirklicher Konflikt zwischen den beiden Zielkriterien.

Die Finanzpolitik der öffentlichen Körperschaften wirkte in der ganzen Phase 1979–1981 deutlich expansiv und baute zunehmend einen Konsolidierungsbedarf auf. Sie bot der Bundesbank somit wenig Unterstützung und erschwerte im Gegenteil ihre Aufgabe.[1]

Das EWS hatte im März 1979 einen ruhigen Start, war aber nachher verschiedentlich durch Spannungen und Anpassungsbedarf der Leitkurse gekennzeichnet, erstmals bereits im September 1979. Schon im ersten Jahr seiner Existenz wurde deutlich, daß eine unabhängige Geldmengenpolitik der Bundesbank angesichts der durch das EWS implizierten Interventionspflichten bei internationalen Inflationsdifferenzen nur möglich bleiben konnte, wenn die Bereitschaft zur Entspannung über Leitkursanpassungen vorhanden blieb. Die relative Schwächephase der D-Mark, die sich vor allem 1980 auch im EWS manifestierte, wirkte sich allerdings zunächst für das System beruhigend aus. Erst 1981 kam es wieder zu größeren Leitkursverschiebungen mit einer Aufwertung der D-Mark.

1 Noch mehr galt Entsprechendes für die Fiskalpolitik der USA zur selben Zeit.

b) Die Geldpolitik der Bundesbank im Detail

Geldmengenziel und Geldmengenentwicklung

Der Wille der Bundesbank zur Führung einer strikten, stabilitätsorientierten Geldpolitik äußerte sich in einer deutlichen Verringerung des angestrebten Geldmengenwachstums während der Periode 1979–1981 im Vergleich zu den vorausgegangenen Jahren. Das methodische Vorgehen bei der Wahl des Geldmengenziels blieb im Prinzip gegenüber den Vorjahren (und über die ganze nachfolgende Periode hinweg bis in die Gegenwart) unverändert: Ausgangspunkt bildete eine Abschätzung des Wachstums des Produktionspotentials; dazu kam eine (angesichts der jeweils gegebenen Ausgangslage) kurzfristig als «unvermeidbar» akzeptierte Preissteigerungsrate[2] (sowie später eine Korrektur für die trendmäßige Veränderung der Umlaufsgeschwindigkeit und, in gewissen Jahren, eine Korrektur für Fehlentwicklungen in den Vorperioden). Das monetäre Zielaggregat, die Zentralbankgeldmenge, blieb vorläufig ebenfalls unverändert. Neu war jedoch ab 1979 die Wahl eines Verlaufsziels (vom 4. Quartal des Vorjahrs bis zum 4. Quartal des laufenden Jahres, anstelle eines Jahresdurchschnittsziels) sowie die Festlegung eines Zielkorridors (anstelle eines Punktziels), dessen Breite die bei der Zielfestlegung für die Geldpolitik existierenden Unsicherheiten reflektieren und es der Bundesbank erlauben sollte, je nach Konjunkturentwicklung einerseits und Wechselkursentwicklung andererseits eher den unteren oder oberen Rand anzustreben, eine Praxis, welcher die Bundesbank bis heute treu geblieben ist. Das Ziel wurde (und wird bis heute) jeweils im Dezember des Vorjahrs für die nachfolgende Zeitperiode angekündigt. Usus geworden ist ebenfalls eine Überprüfung des gesetzten Ziels zur Jahresmitte.

Mit einer deutlichen Senkung des Geldmengenziels gleich schon für 1979 wollte die Bundesbank ein klares Stabilitätssignal setzen. In den anschließenden Jahren folgten sukzessive weitere Rückführungen des Zielbands: Die angekündigten Zuwachsraten für die Zentralbankgeldmenge waren 6–9% für 1979, 5–8% für 1980 und 4–7% für 1981. Die tatsächlichen Zuwächse stellten sich auf etwa 6% für 1979, 5% für 1980 und 4% für 1981 ein (Schaubild 1). Die tatsächliche Entwicklung erfolgte also in allen drei Jahren am unteren Rand des angekündigten Korridors. Dies spiegelte die Besorgnis der Bundesbank wider über die hartnäckig hohe Inflation und über die einen großen Teil der Periode charakterisierende D-Mark- und Leistungsbilanzschwäche, anfänglich zudem die noch starke Inlandskonjunktur. Die realisierte Entwicklung entsprach insofern den bei der Ankündigung angegebenen Intentionen.

2 Nach Wiederherstellung der Preisstabilität Mitte der achtziger Jahre ersetzt durch das Konzept einer «normativen» Preissteigerungsrate.

Geldmengenziele und tatsächliche Entwicklung der Geldmenge *) 1979-1981

Schaubild 1

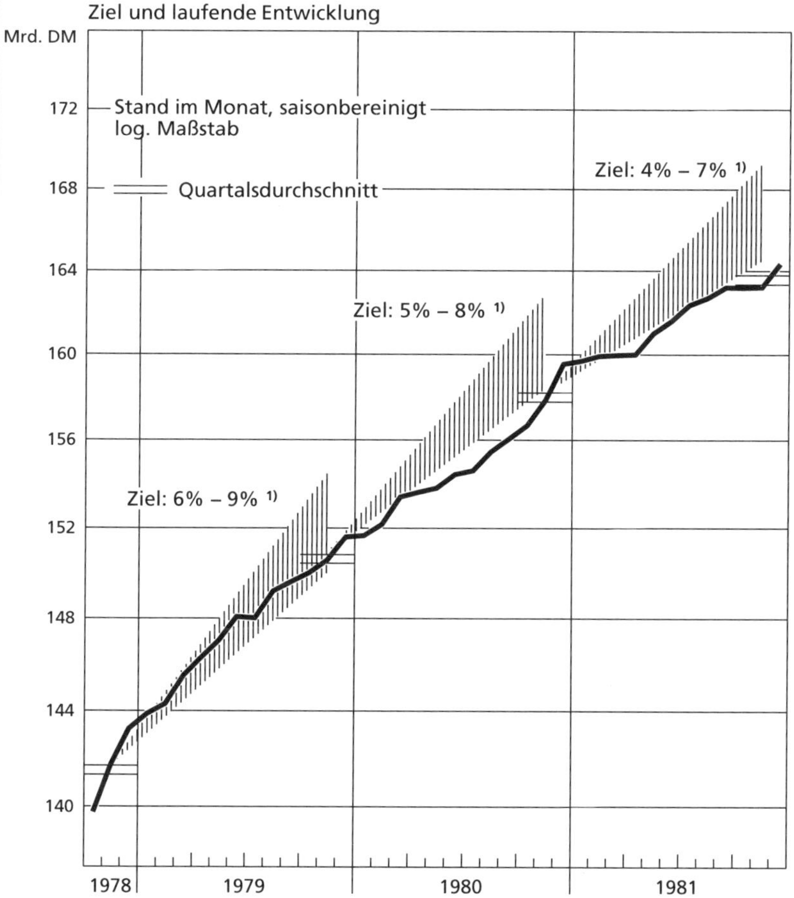

* Zentralbankgeldmenge: Bargeldumlauf (ohne Kassenbestände der Kreditinstitute an inländischen Noten und Münzen) plus Reserve-Soll auf Inlandsverbindlichkeiten ohne reservepflichtige Bankschuldverschreibungen (mit konstanten Reservesätzen - Basis Januar 1974 - berechnet). — 1 Vom 4. Quartal des vorangegangenen Jahres bis zum 4. Quartal des laufenden Jahres. — Quelle: Deutsche Bundesbank.

Geldmarktsteuerung

Die geldpolitische Steuerungskonzeption der Bundesbank beruht auf einer indirekten Kontrolle der Geldmenge über die Beeinflussung der Bedingungen, zu denen sie am Geldmarkt Zentralbankgeld zur Verfügung stellt. Da anfangs 1979 die Zentralbankgeldmenge noch mit hohen Raten wuchs, mußte die Bundesbank die von ihr kontrollierten Zinssätze massiv erhöhen und die

Leitzinssätze und Geldmarktsatz 1979-1981 Schaubild 2

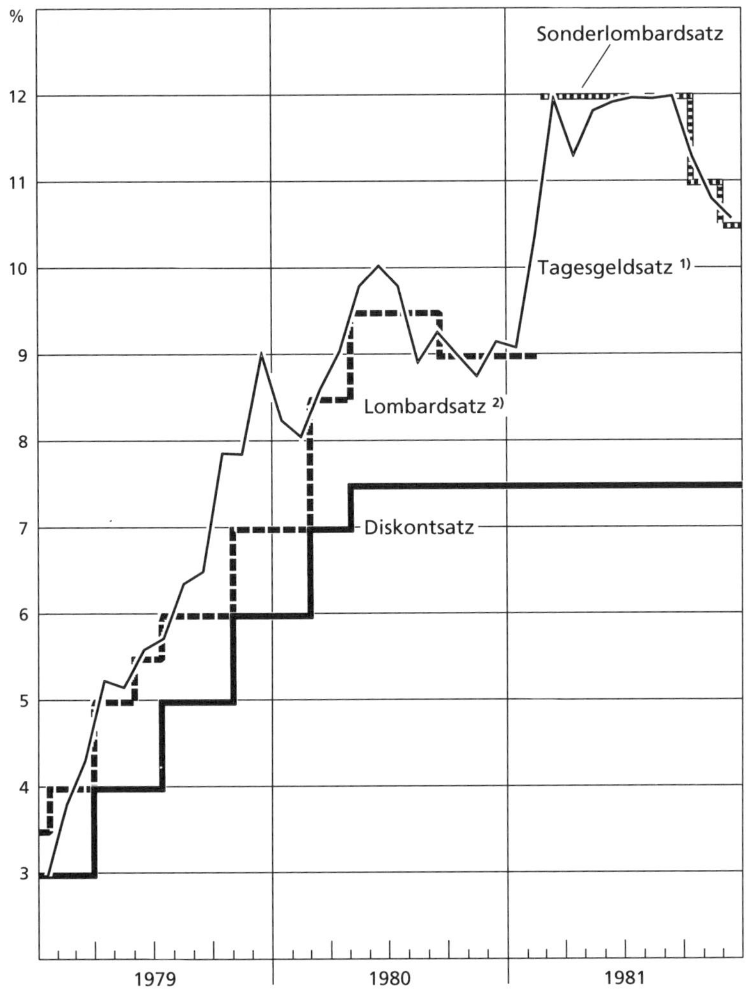

1 Monatsdurchschnitte. — 2 Sonderlombardsatz ab 20.2.1981 bis 6.5.1982. — Quelle: Deutsche Bundesbank.

Liquidität des Bankensystems einschränken, einerseits über die Kürzung von Rediskontkontingenten und die Erhöhung der Mindestreserven, andererseits durch die Erhöhung der Leitzinsen. Der Diskontsatz wurde in mehreren Schritten von 3% anfangs 1979 auf schließlich 7,5% ab Mai 1980 erhöht, der Lombardsatz von anfänglich 3,5% auf 9,5% im Mai 1980, im Februar 1981 als Sonderlombard gar auf 12%, bei Schließung des normalen Lombardfensters. Den meisten dieser Entscheide gingen intensive Debatten im Zentralbankrat voraus. Erst in der zweiten Jahreshälfte 1981 erfolgte wieder ein leichter Abbau dieses hohen Leitzinsniveaus (Schaubild 2).

Die starke Erhöhung der Kurzfristzinssätze war begleitet von wesentlich geringeren Reaktionen der Langfristzinsen. Dieser Vertrauensbeweis der Märkte in die Bundesbankpolitik (welcher eine Stabilisierung und Rückführung der längerfristigen Inflationserwartungen widerspiegelte) führte daher zu einer abgeflachten und später gar inversen Zinsstruktur, charakteristisch für Phasen der erfolgreichen Inflationsbekämpfung.

Zunehmend wichtiger als Instrumente der Geldmarktsteuerung wurden im Verlauf dieser Periode neue Techniken der Feinsteuerung der Bankenliquidität über Devisenswapgeschäfte, Pensionsgeschäfte mit ankaufsfähigen festverzinslichen Wertpapieren am offenen Markt, später auch Devisenpensionsgeschäfte. Dies sind im wesentlichen Formen von Offenmarktgeschäften, welche der Bundesbank eine bedeutend flexiblere Feinsteuerung der Geldmarktverhältnisse gestatten, als dies mit den traditionellen Instrumenten der Diskont- und Lombardpolitik oder der Mindestreservepolitik möglich ist. Insbesondere sah die Bundesbank einen Vorteil darin, daß sie die Initiative über Laufzeit und Satzgestaltung hier selber wahrnehmen konnte. Die Bundesbank war bestrebt, die in dieser Phase starke Bedeutung des Lombardkredits einzuschränken und durch die neuen, flexiblen Instrumente zu ersetzen. Mit wachsender Verwendung dieser Instrumente wurde der damit gesteuerte Tagesgeldsatz mehr und mehr zum wesentlichen Zielzinssatz. Veränderungen der offiziellen Leitzinssätze (Diskont-, Lombardsatz) erhielten zunehmend eine Funktion, welche in erster Linie der Aussendung von Signalen diente.

Andere Geldaggregate

Unterschiedlich abgegrenzte Geldaggregate entwickeln sich bekanntlich oft nicht im Gleichschritt, vor allem in der kurzen Frist und infolge zinsinduzierter Umschichtungen zwischen verschiedenen Geldkomponenten. Dies gilt auch für die Phase 1979–1981. Die breit definierte Geldmenge M3 wuchs ungefähr parallel zur Zentralbankgeldmenge; die enger abgegrenzten Aggregate M1 und M2 andererseits wurden stark von dem eintretenden kräftigen Zinsanstieg beeinflußt: M1 wuchs aus diesem Grund weniger stark, 1981 sogar negativ, M2 umgekehrt stärker als die Zentralbankgeldmenge (Umschichtungen von Sicht- und Spareinlagen zu Termineinlagen).

1981 trat ein auch im weiteren Verlauf des Betrachtungszeitraums wiederholt diskutiertes Problem auf, welches schließlich ab 1988 für den Übergang zu M3 als Zielgröße verantwortlich sein sollte: Das im letzten Quartal schwache, sogar unter dem Zielkorridor verlaufende Wachstum der Zentralbankgeldmenge, welches vor allem durch die praktische Stagnation der Bargeldnachfrage (die etwa die Hälfte der Zentralbankgeldmenge ausmachte) bedingt war, unterzeichnete im Urteil der Bundesbank das «wahre» Geldmengenwachstum respektive überzeichnete den Restriktionsgrad der Bundesbankpolitik. Die Beeinträchtigung der Indikatorqualität der Zentralbankgeldmenge durch solche oder ähnliche «Sonderfaktoren» ist von der Bundesbank später verschiedentlich zur Begründung von Zielabweichungen und deren Tolerierung beansprucht worden.

Gegen Ende des Jahres 1981 zeichnete sich immer deutlicher ein Nachlassen des Preis- und Lohndrucks ab; die D-Mark wurde wieder zu einer starken Währung, nicht nur im EWS, sondern auch gegenüber dem US-Dollar, und die Leistungsbilanz verbesserte sich stark. Die erhofften Wirkungen der monetären Restriktionspolitik der drei vorausgehenden Jahre gingen insofern deutlich ihrer Erfüllung entgegen.[3] Allerdings schwächte sich gleichzeitig die Konjunktur stark ab und drohte in eine Rezession überzugehen.

c) *Kontroverse um den angemessenen Restriktionsgrad*

Intensiv wurde 1979–1981 die Frage diskutiert, ob der gewählte geldpolitische Kurs der Situation angemessen oder durch einen allzu hohen Restriktionsgrad charakterisiert war. War 1979 die Zustimmung zu diesem Kurs, jedenfalls im Inland, relativ groß und kam Kritik an der deutschen Hochzinspolitik vornehmlich aus dem Ausland, speziell aus den USA[4] (Vorwurf der Entfesselung eines «Zinskriegs», von hausgemachten Problemen der US-Wirtschaftspolitik ablenkend und ökonomisch völlig unfundiert), so intensivierte sich mit der zunehmend schlechteren Konjunkturlage in den Jahren 1980 und 1981 die Kritik am «übermäßigen Restriktionskurs» der Bundesbank auch innerhalb von Deutschland.

Dies ist für Phasen der Inflationsbekämpfung und monetären Restriktion normal und auch in anderen Perioden und Ländern immer wieder beobachtbar. Dabei ließen sich zwei Diskussionsrichtungen feststellen. Auf der einen Seite gab es eine stark pragmatische Diskussion um den angemessenen Restriktionsgrad der Geldpolitik. Diese hatte sehr viel mit der Gewichtung unterschiedlicher Zielvorstellungen für die Notenbankpolitik zu tun. Je nachdem, ob die Geldwertstabilisierung, die Wechselkursstabilisierung oder die Konjunkturverstetigung als Zielsetzung der Notenbankpolitik in den Vordergrund gestellt wurde, kamen unterschiedliche Ratgeber zu unterschiedlichen Empfehlungen.

3 Zur Entwicklung von Kapitalmarktzins, Inflation und Außenwert der D-Mark während der Betrachtungsperiode 1979–1996, vgl. Schaubilder 13 und 14.

4 Mit Henry Reuss, dem einflußreichen Vorsitzenden des Bankenausschusses des US-Repräsentantenhauses, als Hauptexponenten.

Auf der anderen Seite gab es eine Diskussion, welche die Geldpolitik aus der Perspektive theoretischer und ordnungspolitischer Vorstellungen und Maximen durchleuchtete und beurteilte. War der Grad der Verstetigung der befolgten Politik adäquat, oder war diese durch zuviel Unstetigkeit gekennzeichnet? Wurde die praktische Politik ihrem Anspruch der mittelfristigen Potentialorientierung gerecht? Solche Fragestellungen führten zu Auseinandersetzungen über alternative geldpolitische Konzeptionen und Strategien und deren Verhältnis zur wirtschaftspolitischen Wirklichkeit, etwa zur Frage nach der «richtigen» monetären Zielgröße, dem Sinn von Zielkorridoren (anstelle von Punktzielen) und von mehrjährigen Zielen, oder nach dem angemessenen Instrumentarium zur Verfolgung des Geldmengenziels. Im folgenden soll die Auseinandersetzung mit den genannten Themenkreisen kurz beschrieben und kommentiert werden.

Außenwirtschaftliche Orientierung der Geldpolitik

Eine zentrale Auseinandersetzung während der ganzen Phase 1979–1981 betraf die Frage der Gewichtung außenwirtschaftlicher Faktoren bei der Durchführung der Geldpolitik. Sie fand vor allem in den Jahren der ausgeprägten Leistungsbilanz- und D-Mark-Schwäche 1980 und 1981 in einer für die BRD vorher und später eher untypischen Form statt. In dieser Phase kam nämlich der Vorwurf einer zu starken Außenwirtschaftsorientierung der Bundesbank vornehmlich aus dem Lager jener, welche die Konjunktursteuerung als vorrangige Zielsetzung der Geldpolitik betonten und deshalb die in dieser Phase häufig auf außenwirtschaftliche Anpassung und Stärkung der D-Mark ausgerichtete Hochzinspolitik der Bundesbank als zu restriktiv und für die Konjunktur schädlich verurteilten, in der Regel bei starker Verharmlosung der Inflationsgefahren, die von einer Politik tieferer Zinsen und stärkeren Geldmengenwachstums ausgegangen wären.[5] Vor allem 1980, und noch mehr 1981, wurde die Kritik, der die Bundesbank aus dieser Richtung ausgesetzt war, äußerst hart, gipfelnd in öffentlichen Schelten der Bundesbank durch den damaligen Bundeskanzler Helmut Schmidt. Auffallend ist, daß diese Debatte vorwiegend als Auseinandersetzung zwischen einer außenwirtschaftlichen Orientierung (an Wechselkurs oder Zahlungsbilanz) und einer binnenwirtschaftlichen Orientierung im Sinne von Konjunktur- und Arbeitsmarktstabi-

5 Zu den eifrigsten Kritikern dieser Richtung gehörte Rüdiger Pohl, Universität Hagen (vgl. etwa Pohl, Bundesbank im Schlepptau), teilweise reihten sich aber auch die deutschen Wirtschaftsforschungsinstitute unter sie ein. Ironischerweise sollten sich Pohl und andere, die in den Jahren 1979–1981 die außenwirtschaftliche Orientierung der Bundesbankpolitik hart kritisierten, in späteren Phasen mit umgekehrt gelagerten Devisenmarktverhältnissen (D-Mark-Stärke) zu uneingeschränkten Befürwortern einer außenwirtschaftlichen Ausrichtung und «Verantwortung» der Bundesbank wandeln (vgl. insbesondere Abschnitt 5).

lisierung geführt wurde. Nicht adäquat berücksichtigt wurde dabei die für die Bundesbank erklärtermaßen prioritäre Zielsetzung der inneren Geldwertstabilität. Die damaligen Forderungen nach einer deutlich weniger restriktiven Politik erscheinen im nachhinein unter diesem Aspekt denn auch schlecht gerechtfertigt, blieb doch die Inflationsrate in Deutschland bis tief in das Jahr 1981 hinein hartnäckig hoch und zeichneten sich erst zur Jahreswende 1981/82 erste Erfolge bei der Teuerungsbekämpfung ab. In einem gewissen Ausmaß trug allerdings die Bundesbank selber zu dieser Ausrichtung der Diskussion bei, indem sie ihre Politik allzu oft mit rein außenwirtschaftlichen Argumenten (D-Mark-Stärkung, Leistungsbilanzausgleich) zu begründen versuchte.

Der generelle Vorwurf, daß die Bundesbankpolitik 1979–1981 zu restriktiv gewesen sei, ist sicher ungerechtfertigt, war doch diese Politik in bezug auf ihre Hauptzielsetzung, die Inflationsbekämpfung, im Ergebnis sehr erfolgreich. Wären die Empfehlungen der erwähnten Kritik befolgt worden, so hätte sich dieser Erfolg nicht oder wesentlich weniger rasch eingestellt. Mit dem Hauptziel Preisstabilität und bei der Ausgangslage anfangs 1979 war ein deutlich restriktiver Politikpfad unumgänglich. Die richtige Sicht ist daher, daß die Bundesbank, soweit sie für den anschließenden Konjunkturrückschlag verantwortlich war, dies nicht wegen ihrer Hochzinspolitik zwischen 1979 und 1981 war, sondern wegen ihrer allzu expansiven und zu stark auf den Wechselkurs ausgerichteten Geldpolitik in den davor liegenden Jahren 1977/78, deren Spätfolgen jetzt korrigiert werden mußten. Hierbei zeigte die Bundesbank eine gewisse Neigung, den Preisauftrieb der Jahre 1980/81 primär als exogen aufgetretenes, durch die Erhöhung der Öl- und Importpreise und die Abschwächung der D-Mark bedingtes Ereignis darzustellen, gegen das es nun vorzugehen galt. Die Mitverantwortung der eigenen Geldpolitik in den Jahren 1977/78 für diese Entwicklung ist jedoch nicht wegdiskutierbar.

Differenzierter war die Kritik jener, welche die Preisstabilität als prioritäre Zielsetzung der Bundesbankpolitik unterstützten, jedoch eine geradliniger auf diese Zielsetzung ausgerichtete Geldpolitik mit mehr Stetigkeit und deshalb weniger Wechselkursrücksichten forderten.[6] Hätte etwa eine mehrjährige Zielverpflichtung anfangs 1979 die Inflationserwartungen rascher reduziert und damit den Anpassungsprozeß an tiefere Inflationsraten reibungsloser gestaltet? Vielleicht. Aber retrospektiv muß man feststellen, daß die Bundesbank effektiv während der Jahre 1979–1981 eine recht stetige Geldpolitik führte und daß es ihr offensichtlich gelang, etwa gemessen an ihrem Einfluß

6 Solche Kritik kam etwa vom Kieler Institut für Weltwirtschaft (vgl. z.B. Trapp, Geldpolitik) sowie von Manfred J.M. Neumann, Universität Bonn (vgl. z.B. Neumann, Geldmengenpolitik) und dem Shadow European Economic Policy Committee, Europe.

auf die deutschen Langfristzinsen, die Inflationserwartungen rasch zu stabilisieren und auf tiefere Werte zurückzuführen. Wäre der rezessive Einbruch 1981/82 milder ausgefallen, wenn die Bundesbank 1981 etwas rascher auf einen Lockerungskurs umgeschaltet hätte? Vielleicht. Nachzuweisen ist dies allerdings schwer, denn dieser Einbruch war nicht auf die BRD beschränkt und fiel zudem auch nicht besonders tief und lang aus.

Was aber die Periode 1979–1981, zusammen mit der vorausgehenden Phase 1977/78, mit Deutlichkeit zeigt, ist, welche Risiken im Hinblick auf ihre anderen Zielsetzungen eine Wechselkursorientierung der Geldpolitik in sich birgt. Das bedeutet nicht, daß man solche Risiken nie auf sich nehmen soll. Aber man muß sich ihrer bewußt sein.

Geldmengenziel und monetäre Zielvariable

Die Konzeption einer auf die Steuerung der Geldmenge ausgerichteten Geldpolitik und der Ankündigung von Geldmengenzielen hat in Deutschland, und zur damaligen Zeit weltweit, breite Anerkennung gefunden. Ganz unumstritten blieb sie aber nie, auch in den Jahren 1979–1981, und zwar weder in der Öffentlichkeit noch im Zentralbankrat der Bundesbank. So wurde von Kritikern auch damals etwa gefragt, ob Geldmengenziele «in so unsicheren Zeiten» überhaupt sinnvoll sein können. Eine breit abgestützte Kritik entwickelte sich in der Phase 1979–1981 daraus aber nicht.

Stark umstritten war hingegen die Frage der adäquaten monetären Zielvariablen. Insbesondere wurde der von der Bundesbank bevorzugten Zentralbankgeldmenge die Geldmenge M1 als alternative Zwischenziel- und Indikatorvariable entgegengestellt, mit besonderem Nachdruck etwa vom Kieler Institut für Weltwirtschaft. Die Kieler Kritik am zu harten Restriktionsgrad der Bundesbankpolitik und jene anderer, ähnlich argumentierender Opponenten hatte wesentlich mit der Wahl dieser Indikatorvariablen zu tun. Da in Hochzinsphasen die eng definierte Geldmenge M1 typischerweise im Vergleich zu den weiter gefaßten Geldaggregaten (wie M3 oder der Zentralbankgeldmenge) aufgrund zinsinduzierter Verschiebungen von Sicht- zu den Termineinlagen zurückbleibt, ergab sich aus der Beobachtung von M1 der Eindruck eines wesentlich stärkeren Restriktionsgrades als auf der Basis der Zentralbankgeldmenge. Hier zeigt sich, daß jedes Geldmengenkonzept in gewissen Situationen seine Nachteile als geldpolitischer Indikator besitzt. In der mittleren und längeren Frist verschwinden diese Unterschiede allerdings weitgehend wieder. Zentral für die Geldmengenpolitik ist, daß durch die konsequente Begrenzung des trendmäßigen Geldmengenwachstums eine entsprechende Begrenzung der trendmäßigen Preisniveauentwicklung und damit eine nominale Verankerung des Preissystems gewährleistet wird. Dies ist grundsätzlich mit verschiedenen Geldmengenbegriffen gleichermaßen möglich.

Zielkorridor

Zu einiger Kritik gab der Übergang der Bundesbank zur Verwendung eines Korridors für ihre Zielgröße Anlaß. Hinter diesem Korridor stand die Vorstellung, daß die Notenbank einen gewissen Spielraum braucht, um auf Entwicklungen Rücksicht nehmen zu können, welche im Zeitpunkt der Zielfestlegung noch nicht bekannt oder genau absehbar sind, sei es auf den Devisen- und Finanzmärkten, sei es in der Konjunktur, sei es bei den Preisen. Die Verkündung des Geldmengenziels hat bei dieser Konzeption die Rolle, den Wirtschaftsteilnehmern Information über die geldpolitischen Intentionen der Notenbank zu vermitteln und damit ihre Erwartungen zu beeinflussen und zu verankern. Zugleich bedeutet sie für die Notenbank eine Selbstverpflichtung und (bei Zielverfehlungen) eine Rechtfertigungspflicht. Der Korridor aber gewährt der Notenbank die angesichts vielfältiger, für die Geldpolitik relevanter Unsicherheiten notwendige Flexibilität bei der Durchführung ihrer Aufgabe. Insbesondere sollen dadurch in einem gewissen Ausmaß Anpassungen der Geldpolitik ermöglicht werden, ohne daß gleich von einer Zielverletzung die Rede sein muß. Die Breite des Korridors soll bei dieser Konzeption das Ausmaß der im Zeitpunkt der Zielfestlegung existierenden Ungewißheitsfaktoren reflektieren. Anfänglich wählte die Bundesbank auf diesem Hintergrund eine Bandbreite von drei Prozentpunkten; später reduzierte sie diese auf zwei Prozentpunkte.

Diese Konzeption steht und fällt mit der Breite des gewählten Korridors und mit der Überzeugungskraft, mit der die Notenbank den tatsächlich gewählten Verlauf innerhalb (oder gegebenenfalls außerhalb) des Korridors zu rechtfertigen vermag. Bei seiner Einführung 1979 und in den anschließenden Jahren wurde die Idee eines Korridors von drei Prozentpunkten von verschiedenen Beobachtern als Erschwernis für die Erwartungsbildung der Marktteilnehmer und potentieller Rückfall in eine diskretionäre Geldpolitik gerügt.[7] Allerdings hat sich die Bundesbank von Anfang an bemüht, schon bei der Zielankündigung Erklärungen dazu abzugeben, unter welchen Bedingungen (insbesondere für Wechselkurs- und Konjunkturentwicklung) sie einen Kurs im oberen oder unteren Bereich des Zielkorridors anzustreben gedenkt. Im Zeitraum 1979–1981 hat sie sich auch sehr gut daran gehalten. Insofern ist ihre Vorgehensweise von jener der Ankündigung bedingter Punktziele[8] nicht wesentlich verschieden. Aus heutiger Sicht, und auf dem Hintergrund von 20 Jahren praktischer und wissenschaftlicher Auseinandersetzung mit Geldmengenzielen, erscheint die Idee bedingter Zielankündigun-

7 Vgl. z.B. Neumann, Beteuerungen.
8 Wie sie beispielsweise von der Schweizerischen Nationalbank gepflegt wird.

gen, sei es in Punkt- oder in Korridorform, angesichts der vielfältigen Unsicherheiten im Umfeld der Notenbankpolitik bei sinnvoller Anwendung unproblematisch und wohletabliert (vgl. Abschnitt 8).

d) Neue Formen der Geldmarktsteuerung

In der Periode von 1979 bis 1981 tat die Bundesbank einen wichtigen Schritt in der Entwicklung ihres Instrumentariums zur Steuerung des Geldmarktes. Mit der Einführung von Instrumenten der Offenmarktpolitik, vor allem in der Form von Wertpapierpensionsgeschäften (Offenmarktgeschäften mit Rückkaufsvereinbarungen), und der damit einhergehenden Zurückstufung der Diskont- und Lombardpolitik wurde ein Prozeß eingeleitet, der schließlich im Laufe der achtziger Jahre zur eindeutigen Ablösung der letzteren durch die offenmarktpolitischen Instrumente als dominantes Mittel zur Bereitstellung und Veränderung von Zentralbankgeld führen sollte. War der Anteil von Wertpapierpensionsgeschäften an der Schaffung von Zentralbankgeld 1980 noch 6%, so sollte er bis 1989 auf 60% und in den neunziger Jahren auf über 70% steigen.

Der tiefste Refinanzierungssatz der Bundesbank ist der Diskontsatz; seine geringe Höhe impliziert eine Subvention bei der Gewährung von Diskontkredit. Die Banken haben daher ein offensichtliches Interesse an der Benutzung dieses Kredits. Die Bundesbank war ihrerseits bestrebt, unausgenutzte Rediskontierungskontingente, welche aus ihrer Sicht nicht direkt von ihr beeinflußbares, potentielles Zentralbankgeld darstellen, über entsprechende Anpassungen der Kontingente möglichst gering zu halten. Als aktives Instrument der Feinsteuerung des Geldmarktes eignet sich die Diskontpolitik daher nicht. Zudem ist die Diskontpolitik wegen ihres Subventionselements oft auch nicht ohne weiteres mit dem Gebot der Wettbewerbsneutralität in Übereinstimmung zu bringen. Der Lombardkredit (Belehnung von Wertpapieren durch die Bundesbank) hat traditionellerweise die Funktion eines Mittels zum Spitzenausgleich bei Notbedarf im Geldmarkt. Der Zinssatz für Lombardkredit, welcher von seiner ursprünglichen Konzeption her quantitativ unbeschränkt verfügbar ist, liegt deshalb stets über dem Diskontsatz. In der Restriktionsphase 1979–1980, in welcher der Lombardsatz nur verzögert und unvollkommen an die verknappten Geldmarktverhältnisse angepaßt wurde und deshalb unter dem Tagesgeldsatz lag, wurde der Lombardkredit von den Banken stark beansprucht und drohte, entgegen seiner ursprünglichen Funktion, zu einem Mittel der Normalfinanzierung der Banken zu werden. Die Bundesbank entschloß sich daher zur Einführung quantitativer Limitierungen auch für den Lombardkredit («Lombardlinien»), 1981 gar zur zeitweise völligen Schließung des Lombardfensters und der Einführung eines Sonderlombards zu wesentlich höherem Satz. Da die genauen Bedingungen und die Verfügbarkeit dieses Sonderlombards zunächst offengelassen wurden, führte dies bei den Banken anfänglich zu scharfer Kritik und dem Vorwurf der Verunsicherung und Beeinträchtigung der Funktionsfähigkeit des Geldmarktes.

Als Ergänzung dieser Beschränkungen der traditionellen Refinanzierungskanäle und auf dem Hintergrund der Hemmung der Bundesbank, den Diskont- und Lombardsatz noch stärker zu erhöhen, erfolgte dann die Einführung der bereits erwähnten offenmarktpolitischen Instrumente – einer Politikvariante, welche in der deutschen Währungspolitik bis dahin völlig unbedeutend gewesen war (vgl. Abschnitt 9).

3. Lockerung und Normalisierung der Geldpolitik: 1982–1985

a) Allgemeine Tendenzen und Umfeld der Geldpolitik

Waren die Jahre 1979–1981 durch eine stark restriktive, auf die Eindämmung der Inflation ausgerichtete Geldpolitik gekennzeichnet, so lassen sich die anschließenden Jahre 1982–1985 als eine Phase der monetären Lockerung und Normalisierung charakterisieren, in deren Verlauf die in den vorausgehenden Jahren eingeleiteten Bemühungen um die Rückgewinnung der Preisstabilität schließlich ihre Früchte trugen. Die Inflation war zu Beginn dieser Phase mit einer Rate von 5,3% im Jahresdurchschnitt 1982 noch hoch; sie sank aber kontinuierlich auf 3,4% im Jahresdurchschnitt 1983, 2,3% 1984 und 2,2% 1985. Entsprechend fielen die Kapitalmarktzinsen von ihrem Spitzenniveau von 11,3% im September 1981 auf unter 6% Anfang 1986. Die in den vorausgehenden Jahren inverse Zinsstruktur normalisierte sich auf tieferem Niveau.

Zu einem Umschwung kam es ab 1982 auch in der deutschen Leistungsbilanz und in den Verhältnissen an den Devisenmärkten. Erstmals seit mehreren Jahren, bedingt durch den Rückgang der Energiepreise, die Wiedererstarkung der D-Mark und die Abschwächung der deutschen Binnenkonjunktur, schloß die deutsche Leistungsbilanz 1982 wieder mit einem Überschuß ab, welcher in den anschließenden Jahren sogar drastisch zunehmen sollte. An den Devisenmärkten festigte sich die D-Mark wieder deutlich, jedenfalls gegenüber den europäischen Währungen. Der US-Dollar blieb vorerst allerdings weiterhin stark und überbewertet, und die Devisen- und internationalen Finanzmärkte waren durch zeitweise heftige Schwankungen und durch die internationale Verschuldungskrise geprägt.

Im Verlaufe von 1982 kam es aber auch, parallel zu einer markanten Abschwächung in der internationalen Wirtschaftsentwicklung, zu einem verstärkten – und für die Bundesbank erklärtermaßen etwas überraschenden – Rückschlag in der deutschen Konjunktur. Das reale Bruttoinlandsprodukt schrumpfte 1982 um 0,9%, bei rückläufiger Beschäftigung und einer auf 6,7% ansteigenden Arbeitslosenquote. Die Bundesbank richtete ihre Geldpolitik unter diesen Umständen etwas stärker auf die Unterstützung der Konjunkturerholung aus und beschloß 1982 und anfangs 1983 mehrfache Zinssenkungen und liquiditätspolitische Lockerungsschritte. Die Rückbildung der Inflation und der Inflationserwartungen, zusammen mit der veränderten außenwirtschaftlichen Konstellation, erlaubte ein solches Vorgehen ohne Gefährdung der stabilitätspolitischen Fortschritte und des Geldmengenziels. Eine Rückführung der Bundesbankzinsen parallel zum Rückgang der Inflation und der Kapitalmarktzinsen war im Gegenteil stabilitätspolitisch sinnvoll und unbedenklich.

Mit dem Jahr 1983 setzte langsam nach drei schwachen Jahren der Wiederaufschwung ein, mehr oder weniger synchron mit anderen Industrieländern. Das reale BIP wuchs 1983 wieder mit einer Rate von 1,8%, allerdings bei nach wie vor schwacher Arbeitsmarktlage und einer auf 8,1% ansteigenden Arbeitslosenquote. Im Verlaufe von 1984 und 1985 setzte sich dieser 1983 begonnene Aufschwung, eingebettet in eine jetzt sehr kräftig wachsende Weltwirtschaft und unterstützt durch entsprechende Nachfrageimpulse aus dem Ausland, verstärkt fort. Das reale BIP nahm 1984 um 2,8% und 1985 um 2,0% zu und lag damit nahe beim geschätzten mittelfristigen Wachstumspotential. Von dieser Entwicklung profitierte schließlich auch der Arbeitsmarkt mit einem wachsenden Beschäftigungsvolumen, obwohl die Arbeitslosenquote aus strukturellen Gründen nach wie vor auf einem hohen Niveau von über 8% verharrte.

Die Geldpolitik der Bundesbank blieb darauf ausgerichtet, die erzielten Fortschritte bei der Geldwertstabilisierung zu bewahren, und konnte dies, abgesehen von einigen vorübergehenden Störungen, zwischen Anfang 1983 und Anfang 1985 bei mehr oder weniger unveränderten Geldmarktbedingungen und zielgerechter Geldmengenausweitung realisieren. Im Verlauf des Jahres 1985 konnte die Bundesbank, bei sich auf tiefem Niveau stabilisierenden Inflationsraten und Langfristzinssätzen, die von ihr bestimmten Bundesbankzinsen erneut der Zinstendenz am Markt entsprechend senken.

Das EWS war in der Periode von 1982 bis Ende 1985 von zahlreichen Spannungen und häufigem Bedarf nach Leitkursanpassungen überschattet. Leitkursveränderungen fanden mehrmals 1982 und 1983 statt sowie nach einer etwas ruhigeren Phase erneut im Sommer 1985 und im April 1986. Eine einschneidende, mehr als nur vorübergehende Beeinträchtigung der Fähigkeit der Bundesbank zur Kontrolle der deutschen Geldmenge ergab sich aber aus den Interventionsverpflichtungen des EWS aufgrund der letztlich immer wieder vorhandenen Bereitschaft der Mitgliedsländer zur Vornahme von Paritätsänderungen nicht.

Die deutsche Finanzpolitik war 1982–1985 gekennzeichnet durch die Einleitung und Durchführung eines langfristigen Konsolidierungsprogramms, in dessen Verlauf das Ausgabenwachstum und die öffentlichen Defizite erheblich begrenzt werden konnten. Sie schuf deshalb für die Geldpolitik in dieser Phase, im Gegensatz zur Vorperiode, keine besonderen Schwierigkeiten, ganz im Gegensatz zur gleichzeitigen Situation in den USA, welche durch überbordende Staatsdefizite und fehlenden politischen Willen zur Korrektur dieser Fehlentwicklungen charakterisiert war.

b) Die Geldpolitik der Bundesbank im Detail

Geldmengenziele und Geldmengenentwicklung

Die Bundesbank setzte sich für die Jahre 1982 und 1983 ein gegenüber dem Vorjahr jeweils unverändertes Wachstumsziel für die Zentralbankgeldmenge von 4–7%. Für das Jahr 1984 ermäßigte sie dann die Obergrenze des Zielkorridors um einen Prozentpunkt und ging zu der etwas geringeren Bandbreite von 4–6% über. Für 1985 schließlich senkte sie angesichts der erreichten Fortschritte bei der Geldwertstabilität den Zielkorridor auf 3–5% ab. Die tatsächlich realisierten Zuwächse der Zentralbankgeldmenge stellten sich auf 6% für 1982, 7% für 1983, 5% für 1984 und 5% für 1985 ein (gerundete Werte). Das Geldmengenziel wurde also in allen vier Jahren dieser Phase eingehalten (Schaubild 3). Gemessen an diesen Daten darf die Geldpolitik dieser Periode sicher als kontinuierlich und vertrauensbildend bezeichnet werden.

Die Mechanik der formalen Zielableitung blieb im Prinzip gegenüber den Vorjahren unverändert. Für 1982 und 1983 ging die Bundesbank von einer Zunahme des Produktionspotentials von ungefähr 2% aus; dazu kam eine (bewußt unterhalb der bei der Zielfestlegung realisierten Inflationsrate gewählte) «unvermeidliche» Preissteigerungsrate von 3,5%. Die Ziele wurden als konditionierte Ziele verkündet. Die auf drei Prozentpunkte festgelegte Breite des Zielkorridors sollte den im Zeitpunkt der Zielfestlegung als relativ hoch eingeschätzten Unsicherheitsfaktoren Ausdruck verleihen. Die schlechte Konjunkturlage veranlaßte die Bundesbank 1982 und 1983, gemäß ihren für eine solche Entwicklung angekündigten Intentionen, die obere Hälfte des Zielkorridors anzupeilen. 1983 bewegte sich die Zentralbankgeldmenge im ganzen Jahr oberhalb des Zielkorridors. Am Jahresende wurde aber ziemlich genau der obere Rand des Korridors erreicht.

Die Verringerung des Zielkorridors auf eine Bandbreite von zwei Prozentpunkten für das Jahr 1984 reflektierte den im Urteil der Bundesbank abnehmenden Unsicherheitsgrad angesichts der sich abzeichnenden Stabilitätsfortschritte sowie das Wachstum der Geldmenge am oberen Rand der gesetzten Bandbreite im Vorjahr, und die Absenkung des gesamten Zielkorridors für 1985 spiegelte die inzwischen erreichte Rückführung der Inflationsrate wider. Die Bundesbank verstand dies als Fortführung einer grundsätzlich unveränderten, auf die Sicherung der realisierten Stabilitätsfortschritte ausgerichteten Geldpolitik. Beachtenswert ist, daß bei der Begründung des Ziels für das Jahr

Geldmengenziele und tatsächliche Entwicklung der Geldmenge *) 1982-1985 Schaubild 3

Ziel und laufende Entwicklung

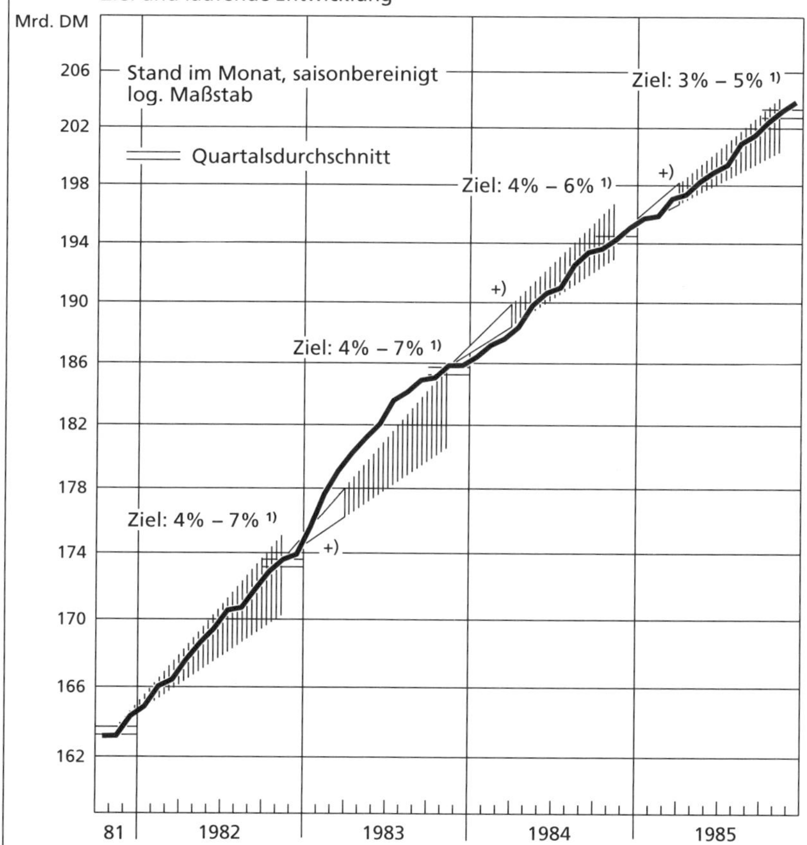

* Zentralbankgeldmenge: Bargeldumlauf (ohne Kassenbestände der Kreditinstitute an inländischen Noten und Münzen) plus Reserve-Soll auf Inlandsverbindlichkeiten ohne reservepflichtige Bankschuldverschreibungen (mit konstanten Reservesätzen - Basis Januar 1974 - berechnet). — + Der Zielkorridor wurde erstmals für 1984 (und nachträglich für 1983) bis März nicht schraffiert, weil die Zentralbankgeldmenge um die Jahreswende i.d.R. stärkeren Zufallsschwankungen unterliegt. — 1 Vom 4. Quartal des vorangegangenen Jahres bis zum 4. Quartal des laufenden Jahres. — Quelle: Deutsche Bundesbank.

Leitzinssätze, Pensionssatz und Geldmarktsatz 1982-1985

Schaubild 4

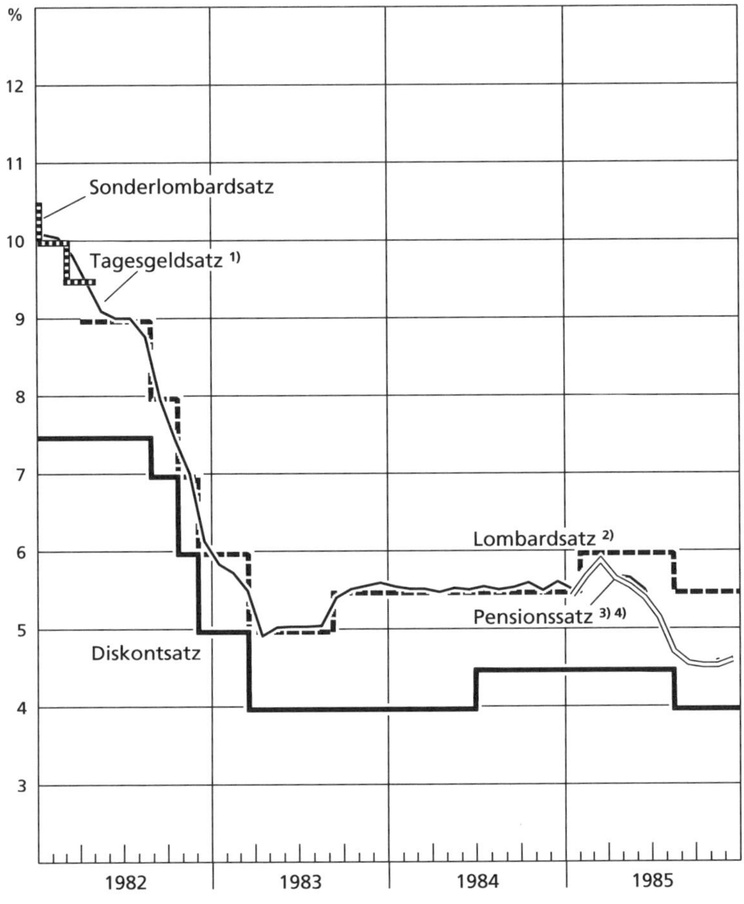

1 Monatsdurchschnitte. — **2** Sonderlombardsatz ab 20.2.1981 bis 6.5.1982. — **3** Monatsdurchschnittlicher Zinssatz für Wertpapierpensionsgeschäfte mit einmonatiger Laufzeit, einheitlicher Zuteilungssatz (Mengentender) bzw. marginaler Zuteilungssatz (Zinstender). — **4** Erst ab 1985 verfügbar. — Quelle: Deutsche Bundesbank.

1985 erstmals auf die explizite Erwähnung des – für manche Beobachter anstößigen und zu Mißverständnissen Anlaß gebenden – Begriffs einer «unvermeidlichen» Inflationsrate verzichtet wurde. Implizit wurde aber eine vergleichbare Preisannahme bei der Zielableitung weiter berücksichtigt, indem jetzt einfach das abgeschätzte Potentialwachstum nominell ausgedrückt wurde.[9] Die tatsächliche Entwicklung der Zentralbankgeldmenge ver-

9 Im Laufe der Zeit sollte sich später die Interpretation dieser Komponente des Geld-

lief 1984 im unteren bis mittleren Bereich und 1985 in der oberen Hälfte des Zielkorridors.

Maßnahmen der Geldmarktsteuerung und Weiterentwicklung des offenmarktpolitischen Instrumentariums

Anfangs 1982 setzte die Bundesbank ihren bereits gegen Ende des Vorjahrs eingeleiteten langsamen Lockerungskurs vorsichtig fort. In den ersten Monaten wurde der Sonderlombardkredit zunächst in zwei Schritten von 10,5% auf 9,5% verbilligt und schließlich im Mai eingestellt und durch den Normallombard ersetzt, zunächst zu einem Satz von 9%. Diese zinspolitischen Schritte wurden ergänzt durch eine «abtastende», sich an der D-Mark-Entwicklung orientierende Feinsteuerung der Bankenliquidität auf kurzfristig reversibler Basis durch Offenmarktgeschäfte mit Rückkaufsvereinbarung. Mitte 1982 kam es, bei vorübergehend schwacher D-Mark, zu einer Zinssenkungspause. Ab Jahresmitte erfolgten eine dauerhafte Liquiditätsfreigabe der Bundesbank über «Grobsteuerungsmaßnahmen» (Vergrößerung der Rediskontkontingente, Mindestreservesenkungen) und weitere Senkungen der Leitzinssätze auf 5% resp. 6%. Die Entspannung am Geldmarkt setzte sich damit fort, und es kam in der zweiten Jahreshälfte zu deutlichen Zinssenkungen; der Tagesgeldsatz fiel von 12% anfangs des Jahres auf etwa 6% zum Jahresende (Schaubild 4).

Anfangs 1983 setzte die Bundesbank diese Politik fort und senkte im März die Leitzinssätze auf 4% resp. 5%. Die reichliche Liquiditätsversorgung, bei vorübergehender Überschreitung des Geldmengenziels und sich abschwächender D-Mark, veranlaßte die Bundesbank dann ab April zu leichtem Gegensteuern und im September zu einer Wiederanhebung des Lombardsatzes auf 5,5%. Das Geldmengenziel konnte so für 1983 gerade noch eingehalten werden.

1984 blieb der liquiditätspolitische Kurs insgesamt etwa unverändert, und die Geldmengenzunahme erfolgte nach Plan. Eine Mitte des Jahres erfolgte Anhebung des Diskontsatzes, bei gleichzeitiger Ausweitung der Rediskontlinien, hatte nur den Sinn einer Annäherung an den Lombard- und Geldmarktsatz und blieb ohne wesentlichen Einfluß auf das Marktzinsniveau.

Im Herbst 1984 faßte die Bundesbank einen wichtigen und zukunftsweisenden Beschluß zum verstärkten Einsatz des Instruments der revolvierenden Wertpapierpensionsgeschäfte bei der laufenden Versorgung des Bankensystems mit Zentralbankgeld. Mit der Umsetzung dieses Beschlußes im Februar

mengenziels zu jener einer (niedrigen) «normativen» Preissteigerungsrate wandeln, d.h. jenes Preisanstiegs, welcher angesichts der statistischen Ungenauigkeit der Inflationsmessung und der Qualitätssteigerungen beim Güter- und Dienstleistungsangebot mit dem Ziel der Preisstabilität vereinbar erscheint.

1985 erfolgten eine entscheidende Weiterentwicklung der Technik der Geldmarktsteuerung durch Instrumente der Offenmarktpolitik und ein Übergang zu einer flexibleren Geldmarktsteuerung. Die Bundesbank wollte den Lombardkredit, welcher seit den vorangegangenen Jahren restriktiver Geldpolitik von den Banken mehr und mehr als dauerhafte und quantitativ bedeutsame Refinanzierungsquelle benutzt wurde, auf seinen ursprünglichen Zweck der vorübergehenden Ausnahmenfinanzierung zurückführen. Gleichzeitig wollte sie damit eine Lockerung der engen Bindung des Tagesgeldsatzes an den Lombardsatz erreichen und so die Möglichkeit gewinnen, über die von ihr gesetzten Bedingungen für Offenmarktgeschäfte innerhalb einer gewissen Marge flexibler auf den kurzfristigen Geldmarktsatz einwirken zu können. Die Lombardpolitik eignet sich für eine solche Feinsteuerung nicht, da der Lombardsatz nicht täglich in kleinen Schritten verändert werden kann. Bei Offenmarktgeschäften schien zudem im Vergleich zu Leitzinsanpassungen die Gefahr geringer, daß klein dosierte, kurzfristige Änderungen jedesmal gleich als grundlegende Kursänderung der Geldpolitik interpretiert würden. Zur Realisierung dieser angestrebten Veränderung in der Verwendung ihrer Steuerungsinstrumente bot die Bundesbank Pensionsgeschäfte zu Sätzen leicht unterhalb des Lombardsatzes an. Da dadurch nicht der Eindruck einer allgemeinen Lockerung der Geldpolitik erweckt werden sollte, hob man gleichzeitig den Lombardsatz von 5,5% auf 6% an, begleitet von einem großzügigen Angebot von Wertpapierpensionsgeschäften (Ersatz für den bisherigen «Dauerlombard»). Mit diesen Änderungen wurde der «Pensionssatz» oder «Repo-Satz», d.h. der für Wertpapierpensionsgeschäfte geltende Zinssatz,[10] mehr und mehr zum entscheidenden Orientierungsdatum für die anderen Geldmarktsätze. Vor allem der Tagesgeldsatz folgt dem Pensionssatz seither sehr nahe. Die Banken waren anfangs 1985 durch diese Neuerungen in den Steuerungstechniken der Bundesbank ziemlich verunsichert und beklagten einen Verlust an Signalqualität und an Vorhersehbarkeit der Geldmarktbedingungen. Dies war aber in erster Linie ein Gewöhnungsproblem.

Ab Frühjahr 1985 senkte die Bundesbank den Pensionssatz in kleinen Schritten und reduzierte damit das Niveau der Geldmarktsätze. Im August 1985 paßte sie schließlich den Diskont- und Lombardsatz an diese Entwicklungen an, indem sie diese auf 4% resp. 5,5% reduzierte.

Entwicklung anderer Geldaggregate

War in der Hochzinsphase von 1980/81 die eng definierte Geldmenge M1 aufgrund zinsinduzierter Umlagerungen von Sicht- und Spareinlagen in Ter-

10 Festgelegt entweder als Festsatz (bei Mengentender) oder als Zuteilungssatz (bei Zinstender).

mineinlagen deutlich weniger gewachsen als die Zentralbankgeldmenge, so kehrte sich dieser Prozeß 1983–1985 aufgrund des fallenden Zinsniveaus um: 1983 nahm M1 um 8% zu, 1984 und 1985 um gut 5%. Die Abweichungen von der Zuwachsrate der Zentralbankgeldmenge hielten sich aber, bei zeitweise erheblichen Schwankungen innerhalb der Jahre, in vergleichsweise bescheidenem Rahmen, so daß von dieser Seite her die Indikatorqualität der Zentralbankgeldmenge nicht grundlegend in Frage gestellt wurde. Auch M3 wuchs wie üblich ungefähr im Gleichschritt mit der Zentralbankgeldmenge.

Gleichwohl stellte die Bundesbank 1983 fest, daß die Qualität der Zentralbankgeldmenge als Zwischenziel und Indikator der Geldpolitik wegen zeitweiser «Sonderentwicklungen», insbesondere einer ungewöhnlich starken Zunahme des Bargeldumlaufs anfangs 1983, in gewissen Phasen vermindert erschien. Da dieser Einfluß – der auch schon 1981 auftrat und in späteren Jahren wieder eine Rolle spielen sollte – nur vorübergehend wirksam wurde, ergaben sich daraus für die Bundesbank (vorläufig) keine Konsequenzen.

c) Die Geldpolitik im Lichte der öffentlichen Diskussion

Die Diskussion um den Restriktionsgrad der Geldpolitik wurde auch 1982–1985 kontrovers weitergeführt, zum Teil verbunden mit heftiger Kritik an der Bundesbank, insgesamt aber doch maßvoller als während der Hochzinsphase 1980/81 und bei alles in allem breiter Unterstützung in der Öffentlichkeit. Der seit Ende 1981/Anfang 1982 eingeleitete Lockerungskurs wurde allgemein begrüßt. Während er aber gewissen Beobachtern zu langsam und zaghaft vor sich ging, hatten andere Bedenken, daß die Bundesbank mit der Wiedererstarkung der D-Mark und der deutschen Leistungsbilanz nun der Versuchung erliegen könnte, wieder zu sehr zu einer auf Konjunktursteuerung ausgerichteten, antizyklischen Geldpolitik alten Stils zurückzukehren. In der Tat wurde die Tatsache, daß die Bundesbank ihre restriktive Politik in den Jahren 1980/81 allzu häufig mit außenwirtschaftlichen «Zwängen» gerechtfertigt hatte, von ihren auf monetäre Expansion eingestellten Kritikern jetzt angesichts der Umkehr der außenwirtschaftlichen Konstellation dazu benutzt, eine kompromißlose Ausrichtung der Geldpolitik auf die Konjunktur- und Arbeitsmarktstützung zu fordern.[11] Diese Kritik war zum Teil mit einer Ablehnung der Strategie der Geldmengenziele überhaupt und der Forderung nach ihrem Ersatz durch Zinsziele oder kombinierte Zins- und Geld-

11 Insbesondere Rüdiger Pohl und die Gewerkschaften wurden nicht müde, solche Ermahnungen an die Bundesbank zu richten (vgl. z.B. Pohl [1982], Geldpolitik), aber auch politische Persönlichkeiten wie Karl Schiller oder Helmut Schmidt (jetzt Exkanzler) schlossen sich ihr an. Vgl. auch Deutsches Institut für Wirtschaftsforschung (DIW), Zins im Schlepptau, sowie DIW, Geldpolitik nicht wachstumsgerecht.

mengenziele verbunden, zum Teil mit dem Vorwurf einer unangemessen niedrigen Wahl des Geldmengenziels, etwa aufgrund einer inadäquaten Abschätzung des Potentialwachstums. Der Bundesbank ist zugute zu halten, daß sie sich auf solche Kritik nicht einließ. Der Vorwurf, daß ihre Politik dem realwirtschaftlichen Erholungsprozeß nicht genügend Raum lasse und damit verantwortlich sei für Wachstumsschwäche, Rezession und ansteigende Arbeitslosigkeit (wenn nicht gar für eine neue Weltwirtschaftskrise), konnte durch den Vergleich mit der Konjunktur- und Arbeitsmarktentwicklung in anderen Ländern relativ gelassen abgewiesen werden. In der Tat ist es so, daß der Konjunkturrückschlag in Deutschland weder schwerer ausfiel noch länger andauerte und die Arbeitsmarktsituation sich eher besser entwickelte als in Ländern wie Frankreich, Großbritannien oder Italien, welche sich in dieser Phase einer weniger disziplinierten und stärker inflationären Geldpolitik verschrieben hatten. Auch der Vergleich mit den realwirtschaftlichen Folgen der wenig stetigen Geldpolitik der USA in dieser Zeit fällt für die Bundesbank günstig aus.

Umgekehrt erwiesen sich in dieser Phase auch die Befürchtungen als ungerechtfertigt, daß die Bundesbank nach dem Wegfall ihrer «außenwirtschaftlichen Restriktionen» die Inflationsgefahr unterschätzen und in eine zu aktivistische und expansive Politik zurückfallen werde. Zwar wuchs im Jahr 1983 die Geldmenge vorübergehend zu stark und verließ den Zielkorridor nach oben, was starke Kritik seitens stabilitätsbewußter Beobachter hervorrief, welche eine «Wiederholung der Fehler von 1978» befürchteten.[12] Die Bundesbank war sich aber – wie auch die Diskussionen im Zentralbankrat belegen – dieser Gefahren früh bewußt und reagierte noch im Laufe von 1983 mit einer Straffung ihres Kurses. Zwar kritisierte der Sachverständigenrat diese Korrekturmaßnahmen im Herbst 1983 als ungenügend, doch darf festgehalten werden, daß die Geldpolitik tatsächlich auf einen Stabilitätskurs zurückgelangte und in den nachfolgenden beiden Jahren darauf blieb. Die Politik der Bundesbank 1982–1985 war, aus der Retrospektive betrachtet, sehr erfolgreich – viel erfolgreicher, als es ein Rückblick auf die oft sehr kontroverse und aufgeregte Diskussion jener Zeit würde vermuten lassen. Alles in allem hat die Bundesbank in der Phase 1982–1985 ihre 1979 eingeleitete Restriktionspolitik, welche durch die Fehlentwicklungen von 1975 bis 1978 notwendig geworden war, mit ruhiger Hand und erfolgreich abgeschlossen, trotz häufiger Anfechtungen von unterschiedlichen Seiten. Dafür verdient sie hohes Lob.

Natürlich ist es richtig, daß es besser gewesen wäre und vermutlich zu weniger realwirtschaftlichen Störungen geführt hätte, wenn die Bundesbank über die ganze Periode 1975–1985 hinweg eine stetigere, also 1975–1978

12 Vgl. etwa Sachverständigenrat, Jahresgutachten 1983/84 oder Rheinisch-Westfälisches Institut für Wirtschaftsforschung, Geldausweitung.

durch weniger Expansion und 1979–1982 durch weniger Restriktion geprägte, Politik geführt hätte. Die Fehlentwicklungen dabei sind aber 1975–1978, und insbesondere 1978, geschehen. Soweit der Vorwurf der mangelnden Stetigkeit erhoben werden kann, muß man ihn auf diese Phase richten, nicht auf die durch sie notwendig gewordene Korrekturphase 1978–1981 und schon gar nicht auf die Konsolidierungsphase 1982–1985. Dabei muß man sich auch bei dieser Kritik bewußt sein, daß die Bundesbank in den siebziger Jahren erst limitierte Erfahrungen mit der neuen Politik der Geldmengensteuerung hatte und daß die Bewältigung einer Aufwertungswelle, wie sie die BRD 1978 erlebt hat, eine Notenbank vor äußerst schwierige Probleme stellt.

d) Neuorientierung der Geldpolitik?

Die Tatsache, daß man 1985 auf eine bereits zehnjährige Erfahrung mit Geldmengenzielen zurückblicken konnte, hat manche Beobachter und auch die Bundesbank selber[13] dazu veranlaßt, diese Erfahrungen kritisch zu evaluieren und grundsätzliche Überlegungen zur geldpolitischen Strategie neu aufzuwerfen. Im Mittelpunkt stand dabei häufig die Frage, ob die Politik der Bundesbank in den vorausgehenden zehn Jahren wirklich ihrem erklärten Konzept einer potentialorientierten Geldpolitik entsprochen habe. Ein Gesichtspunkt, der dabei vielfach kritisch geltend gemacht wurde, betraf die Stetigkeit der Geldpolitik und die Forderung nach einer verbindlichen Festlegung der Notenbankpolitik für eine mehr als nur einjährige Frist in der Form mehrjähriger Geldmengenziele. Verbunden damit wurde in der Regel die Ablehnung von (zu breiten) Zielkorridoren sowie von «Vorbehalten» der Notenbank zum Geldmengenziel. Dahinter stand der bekannte monetaristische Grundgedanke, daß die Notenbank der Öffentlichkeit ihre geldpolitischen Absichten auf zumindest mittlere Frist hinaus in möglichst präziser und verläßlicher Form vermitteln sollte und durch eine am Realtrend der Wirtschaft orientierte, mit Preisstabilität konsistente Wahl der monetären Expansionsrate für eine glaubwürdige Verankerung der Preisstabilität und entsprechender Preiserwartungen sorgen sollte. Kritiker wie Manfred J.M. Neumann oder Jürgen Pfister hielten das Jahr 1985, angesichts der weitgehend erreichten Preisstabilität, für einen günstigen Ausgangspunkt für eine Neuorientierung der Geldpolitik in diesem Sinn, also für den Übergang zu einer echten, mittelfristig orientierten Verstetigungspolitik.[14] In einer solchen hätte natürlich auch das Konzept einer «unvermeidlichen» Preissteigerungsrate keinen

13 In ihrem Geschäftsbericht für das Jahr 1984. Vgl. auch Schlesinger, Geldpolitik.
14 Vgl. Neumann, Realtrendorientierung sowie Pfister, Geldpolitik.

Platz mehr (welches in der Tat ein Kind der Disinflationsperiode und von der Bundesbank für das Jahr 1985 bereits aufgegeben worden war).

Die Schwierigkeiten solcher Mehrjahresziele – von der Bundesbank in ihrer Rechtfertigung der Beibehaltung bedingter einjähriger Ziele mit Korridor hervorgehoben – liegen in der Möglichkeit des Auftretens von im Zeitpunkt der Zielfestlegung unvorhersehbaren, dauerhaften Veränderungen der relevanten Zusammenhänge zwischen Geldmenge und Güterpreisen, z.B. der Umlaufsgeschwindigkeit oder des Wachstums des Produktionspotentials. Solche verlangen von der Geldpolitik Anpassungsfähigkeit, besonders über längere Fristen hinweg, wenn keine Fehlentwicklungen induziert werden sollen. Unbedingte Ziele für längere Fristen und ihre starre Einhaltung wären zwar günstig im Sinne der Selbstbindung und der Schaffung von Glaubwürdigkeit. Zwischen Selbstbindung und Anpassungsfähigkeit an veränderte Trends existiert aber ein Trade-off. Mehrjahresziele können daher, noch mehr als Einjahresziele, sinnvollerweise nur bedingte Ziele sein. Die Erfahrungen seit 1985 haben die Notwendigkeit solcher Flexibilität noch deutlicher gemacht und diese inzwischen mehr und mehr auch in monetaristische Konzepte der Geldpolitik einfließen lassen. Eine wichtige Frage ist dabei allerdings, ob es gelingen kann, solche Anpassungsfähigkeit in der Form von regelgebundenen Mechanismen zu erfassen und damit Flexibilität und Selbstbindung miteinander zu verbinden.[15] Unbeschränkte Flexibilität ohne hinreichende Selbstbindung bringt ebenfalls die Gefahr von Fehlentwicklungen mit sich. Auch die Bundesbank ist in den nachfolgenden Jahren dieser Gefahr nicht ganz entgangen, wenn auch besser als die Mehrzahl anderer Notenbanken. Ob sich bedingte Mehrjahresziele und Einjahresziele mit klarer Verpflichtung der Notenbank auf Preisstabilität von ihrer Wirkung und Glaubwürdigkeit her groß unterscheiden, ist zweifelhaft. Wesentlich ist so oder so eine feste, glaubwürdige Verankerung des Stabilitätswillens, welche nur durch entsprechendes Handeln über längere Fristen hinweg erreicht werden kann und die Unabhängigkeit der Notenbank von der Regierung voraussetzt.

15 Vgl. dazu etwa die Vorschläge von McCallum, Monetary Policy oder Meltzer, Stabilization.

4. Zielüberschreitungen und langsame Rückkehr zur Restriktion: 1986–1989

a) Allgemeine Entwicklung und Umfeld der Geldpolitik

Während der ganzen Periode 1986–1989 setzte sich in der BRD der wirtschaftliche Aufschwungprozeß, der 1983 begonnen hatte, ungebrochen fort, eingebettet in eine die Industrieländer insgesamt erfassende Wachstumsphase vergleichbaren Ausmaßes. 1986 und 1987 war dies aber zahlreichen Beobachtern und auch der Bundesbank noch durchaus nicht klar. Rücksichtnahmen auf konjunkturelle Risiken hatten in ihrer Politik daher immer wieder erhebliches Gewicht. Die durchschnittliche reale Wachstumsrate in Deutschland zwischen 1983 und 1989 betrug gut 2,5% und erreichte 1988 eine Spitze von 3,7%. Die Beschäftigung nahm zu, bei tendenzmäßigem Rückgang der Arbeitslosigkeit, wobei die Arbeitslosenquote allerdings strukturell bedingt auf einem gegenüber früher hohen Niveau von über 7% verharrte. Die Produktionskapazitäten erreichten 1988/89 einen hohen Auslastungsgrad, und es stellten sich schließlich Überhitzungstendenzen ein. Auch in der Weltwirtschaft insgesamt blieb das Wachstumstempo hoch; nur in den USA und in Großbritannien begann es 1989 langsam zu stocken. Der Preisauftrieb blieb anfangs in Deutschland sowie weltweit moderat. In Deutschland war die Inflationsrate 1986 unter dem Einfluß sinkender Erdöl- und Importpreise gar geringfügig negativ (-0,2%), und 1987/88 blieben die Preise praktisch stabil. Angesichts eines starken Geldmengenwachstums, kräftiger Binnen- und Auslandsnachfrage, schrumpfender Kapazitätsreserven und eines international sich verschlechternden Inflationsklimas zeichneten sich aber mehr und mehr auch in Deutschland Inflationstendenzen ab, und 1989 stieg die Inflationsrate auf 2,8% an (Industrieländer im Durchschnitt 4,3%).

Der Rückgang der Inflation brachte 1986/87 international und auch in Deutschland einen Rückgang des Zinsniveaus, bei vergleichsweise steil werdender Zinsstruktur. Hohe Kapitalzuflüsse und Aufwertungsdruck auf die D-Mark führten dazu, daß die Bundesbank ein hohes Geldmengenwachstum zuließ: Die Inflationsrisiken schienen ihr angesichts der starken D-Mark und fallender Energiepreise momentan gering. Der Börsencrash vom Herbst 1987, der die Zentralbanken der meisten Länder zu einer reichlichen Liquiditätsversorgung des Systems veranlaßte, verstärkte diese Lockerungstendenz der Geldpolitik zunächst weiter. Erst nachdem im Laufe des Jahres 1988 sichtbar geworden war, daß der Aktienpreissturz – entgegen den anfänglichen Befürchtungen – praktisch ohne Einfluß auf den weltwirtschaftlichen Wachstumsprozeß blieb und sich zunehmend Inflationsbefürchtungen verbreiteten, kam es zu einer Straffung der Geldpolitik und einem wiederansteigenden Zinsniveau. Auch die Bundesbank wurde jetzt zunehmend besorgt über den durch wiederholte Zielüberschreitungen geschaffenen hohen «Geldsockel» und leitete einen Kurswechsel ein. Das Jahr 1989 stand dann geldpolitisch «im Dienste vorbeugender Inflationskontrolle» und sah eine drastische Straffung mit Erhöhung der Bundesbankzinsen auf den höchsten Stand seit 1982 (bei ab November 1989 wieder inverser Zinsstruktur).

Die Jahre 1986–1989 waren durch eine markante Zunahme der Leistungsbilanzungleichgewichte gekennzeichnet. Der deutsche Leistungsbilanzüberschuß wuchs in diesen Jahren auf bisher ungeahnte Höhen an (eine häufige Quelle internationaler Kritik und ausländischer Forderungen nach konjunkturstimulierenden Maßnahmen der BRD), während sich gleichzeitig die amerikanische Leistungsbilanz stark defizitär entwickelte. Die Devisen- und Finanzmärkte waren durch Turbulenzen und starke Volatilität gekennzeichnet, bei einer generellen Erstarkung der D-Mark und Schwäche des US-Dollar in den Jahren 1986/87, einer Umkehr dieser Tendenzen 1988 und zu Beginn 1989 und einer erneuten Trendwende im zweiten Halbjahr 1989.

Kennzeichnend für diese Periode war auch eine starke Tendenz zur Forderung nach verstärkter internationaler Kooperation in der Währungs- und Finanzpolitik und die fast rituale Beteuerung des Willens dazu im Rahmen internationaler Treffen und Abkommen (z.B. Louvre-Accord 1987). Im großen und ganzen blieb es dabei bei Lippenbekenntnissen und an den Devisenmärkten bei Interventionsmaßnahmen mit wenig bleibender Wirkung. Für die BRD war diese Kooperationstendenz häufig mit amerikanischen Forderungen nach einer (noch) expansiveren Geldpolitik in Deutschland verbunden.

Das EWS war 1986/87 durch zeitweise starke Spannungen und Realignments gekennzeichnet. 1988/89 blieb die Situation hingegen weitgehend ruhig. Der Zustand der öffentlichen Haushalte der BRD, gemessen am Haushaltsdefizit, verbesserte sich bis 1989 aufgrund eines starken (konjunkturbedingten) Wachstums der Einnahmen markant, allerdings bei ebenfalls hoher Zunahme der Ausgaben. Neue Herausforderungen großer Dimension wurden am Ende der Periode 1986–1989 sichtbar, welche die deutsche Geld- und Währungspolitik, und die deutsche Politik generell, in den kommenden Jahren prägen sollten: die deutsch-deutsche Währungsunion einerseits und die aufkommenden Pläne zur Verstärkung der Integration der Kapitalmärkte und zur Bildung einer Europäischen Währungsunion andererseits.

b) Die Geldpolitik der Bundesbank im Detail

Geldmengenziele und Geldmengenentwicklung

Ein hervorstechendes Merkmal der Periode 1986–1989 waren die markanten Überschreitungen der gesetzten Geldmengenziele in den ersten drei Jahren dieser Phase. Eine wichtige Zäsur in der Geldmengenpolitik der Bundesbank bildete außerdem der Übergang von der Zentralbankgeldmenge zur Geldmenge M3 als Zielgröße ab dem Jahr 1988.

Das von der Bundesbank für 1986 etablierte Zielband lautete auf 3,5–5,5%. Es war gegenüber dem Ziel des Vorjahrs um einen halben Prozentpunkt angehoben worden und reflektierte die Annahme eines entsprechend höheren Wachstums des Produktionspotentials. Ein kräftiges Realwachstum sollte damit von der monetären Seite her ermöglicht werden. Das effektive Geldmengenwachstum lag dann mit fast 8% weit über diesem Ziel. Die Geldmenge entwickelte sich im ganzen Jahr oberhalb des Zielkorridors (Schaubild 5). Nach einer vorübergehenden Zurückbildung erhöhte sich die Zuwachsrate in der zweiten Jahreshälfte wieder stark und erreichte Monatswerte bis zu 8,1%. Entsprechende Entwicklungen erfuhren neben der Zentralbankgeldmenge auch alle anderen Geldaggregate. Es waren in erster Linie außenwirtschaftliche Motive (Eindämmung des Aufwertungstrends bei hohen Kapitalzuflüssen), verbunden mit konjunkturellen Bedenken, welche die Bundesbank 1986 eine derartige monetäre Expansion tolerieren ließen. Die resultierenden Inflationsgefahren erschienen ihr angesichts von Aufwertungsdruck, Energiepreissenkungen und momentan praktisch stabilem Preisniveau geringfügig. Die Bundesbank wußte aber aus ihren Erfahrungen von 1978/79, daß der Zusammenhang zwischen Geldmenge und Preisniveau zwar vorübergehend durch Aufwertungseffekte und sinkende Importpreise entkoppelt werden konnte, auf längere Sicht aber durchschlagen würde. Sie war daher über den entstandenen Geldüberhang anfangs 1987 beunruhigt.

Der Zielkorridor für 1987 wurde dann auf 3–6% festgelegt, also mit unverändertem Mittelwert, aber einer etwas größeren Korridorbreite aufgrund zunehmender Unsicherheiten. Da die Bundesbank über die Konjunkturaussichten nach wie vor besorgt war, dachte sie eher an eine Entwicklung im oberen Zielbereich. In Wirklichkeit verlief das Geldmengenwachstum wiederum weit oberhalb des Zielbands, erneut vor allem aufgrund der Berücksichtigung außenwirtschaftlicher Zielkriterien, im Herbst dann auch als Reaktion auf den Börsencrash vom Oktober 1987. Das effektive Geldmengenwachstum betrug schließlich wiederum 8%. Wie schon in früheren Jahren wurde festgestellt, daß die Geldmengenentwicklung wegen der starken Gewichtung des Bargeldumlaufs in der Zentralbankgeldmenge bei dem jetzt niedrigen Zinsniveau durch diese «überzeichnet» werde. Tatsächlich wuchs die Geldmenge M3 mit der etwas geringeren Rate von 6,4%. Aus solchen Erwägungen heraus ging die Bundesbank ab 1988 zu einem Ziel für M3 über, welches sie seither der Zentralbankgeldmenge (sowie engeren Aggregaten wie M1) vorzieht. Den Zielkorridor für 1988 – jetzt für M3 festgelegt und ausnahmsweise erst im Januar 1988 bekanntgegeben – berechnete die Bundesbank auf der Basis eines realen Potentialwachstums von 2%, einer normativen Preissteigerungsrate von 2% sowie eines Zuschlags von 0,5% für das im Vergleich zum nominellen Produktionspotential im langfristigen Durchschnitt etwas höhere Wachstum von M3. Bei Beibehaltung einer Bandbreite von drei Prozentpunkten kam sie auf dieser Basis auf einen Zielbereich von 3–6%, genau wie im Vorjahr. Das Ziel für 1988 wurde zwar insgesamt erneut überschritten, mit einer realisierten Zunahme von knapp 7% aber (im Vergleich zu den Vorjahren) weniger deutlich. In der ersten Jahreshälfte war die monetäre Expansion nach wie vor sehr stark; die von der Bundesbank im Laufe des Jahres eingeleitete Straffung (Rücknahme der Lockerungen vom Herbst 1987) wirkte dann aber dämpfend. Gegen Jahresende 1988 wuchs die Bargeldnachfrage wegen Unsicherheiten über die mögliche Einführung einer Quellenbesteuerung von Zinserträgen sehr stark. Alle anderen Geldaggregate nahmen 1988 noch stärker zu als M3.

Die dreimalig aufeinanderfolgende Überschreitung des Geldmengenziels und die damit einhergehenden Inflationsrisiken beunruhigten die Bundesbank stark und veranlaßten sie, wie bereits erwähnt, zu einer klaren Straffung ihrer Politik. Ihr Wachstumsziel für M3 für das Jahr 1989 gab sie zum ersten (und bisher einzigen) Mal seit 1978 ohne explizite Korridorfestlegung mit «etwa 5%» an. Sie rechnete dabei wiederum mit einem realen Potentialwachstum von 2–2,5%, mit einer normativen Preissteigerungsrate von 2% sowie einem Zuschlag von 0,5% für die abnehmende Umlaufsgeschwindigkeit von M3. Von einem Abschlag für den in den Vorjahren aufgebauten Geldüberhang sah sie jedoch ab.

Das Ziel für 1989 wurde mit 5% tatsächlich eingehalten. Wesentlich dafür war zweifellos die starke Straffung der Geldpolitik (analog zur Politik anderer westeuropäischer Länder in dieser Phase). Beigetragen hat auch die Aufgabe der Pläne zur Einführung einer Quellensteuer auf Zinserträge, welche eine Normalisierung der Bargeldhaltung und des Geldmengenwachstums begünstigte. Kräftig zugenommen haben allerdings die Euroanlagen, was die Bundesbank zur Definition und vermehrten Beobachtung eines entsprechend erweiterten Aggregats «M3 erweitert» führte (= M3 plus Euroanlagen und kurzlaufende Bankschuldverschreibungen in Händen von Nichtbanken in der BRD). Dieses Aggregat nahm 1989 um gut 8% zu, also wesentlich stärker als M3 in der traditionellen Abgrenzung.

Die Bundesbank befaßte sich Ende 1989/Anfang 1990 eingehend mit der

Geldmengenziele und tatsächliche Entwicklung der Geldmenge *) 1986-1989 Schaubild 5

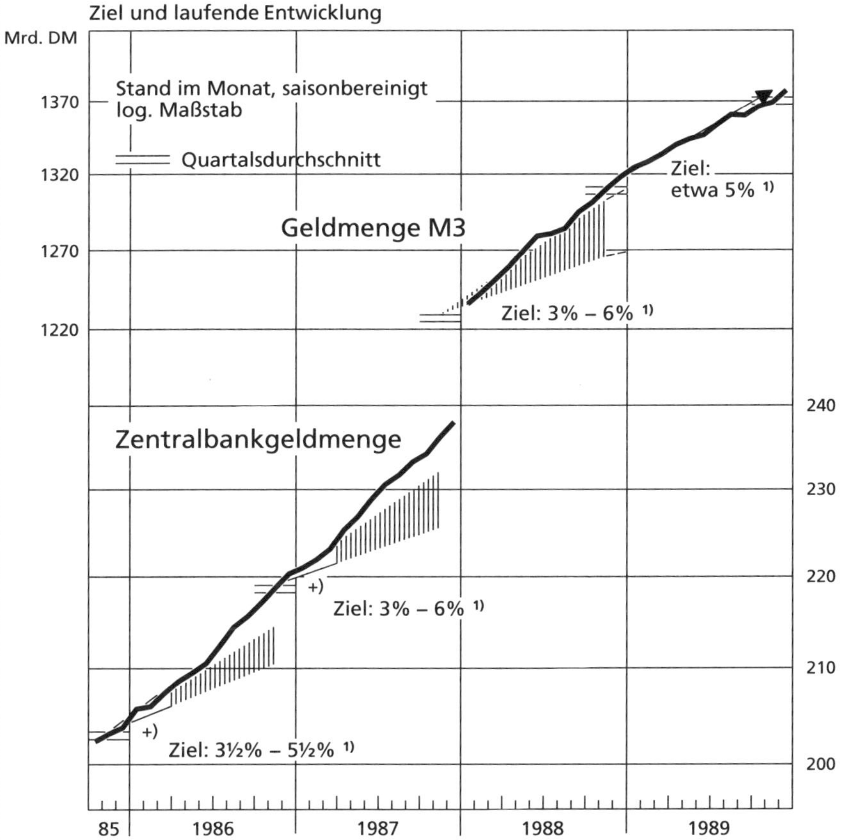

* Bis 1988 Zentralbankgeldmenge: Bargeldumlauf (ohne Kassenbestände der Kreditinstitute an inländischen Noten und Münzen) plus Reserve-Soll auf Inlandsverbindlichkeiten ohne reservepflichtige Bankschuldverschreibungen (mit konstanten Reservesätzen - Basis Januar 1974 - berechnet). Ab 1988 M3: gemittelt aus 5 Bankwochenstichtagen, dabei Ultimostände jeweils zur Hälfte angerechnet. — + Der Zielkorridor wurde bis März nicht schraffiert, weil die Zentralbankgeldmenge um die Jahreswende i.d.R. stärkeren Zufallsschwankungen unterliegt. — 1 Vom 4. Quartal des vorangegangenen Jahres bis zum 4. Quartal des laufenden Jahres. — Quelle: Deutsche Bundesbank.

Frage des aus den vorausgehenden Jahren resultierenden Geldüberhangs und der Einschätzung seiner geldpolitischen Relevanz. Reflektierte dieser Überhang eine dauerhafte Erhöhung der Geldnachfrage, oder handelte es sich um eine bloß vorübergehende und damit potentiell inflationsträchtige Verschiebung der Liquiditätspräferenz? Unklar blieb der Bundesbank auch die richtige Einschätzung der Euroanlagen und ihres Liquiditätscharakters. Ihr Vertrauen in das Konzept der Geldmengenorientierung der Geldpolitik an sich

Leitzinssätze, Pensionssatz und Geldmarktsatz 1986-1989

Schaubild 6

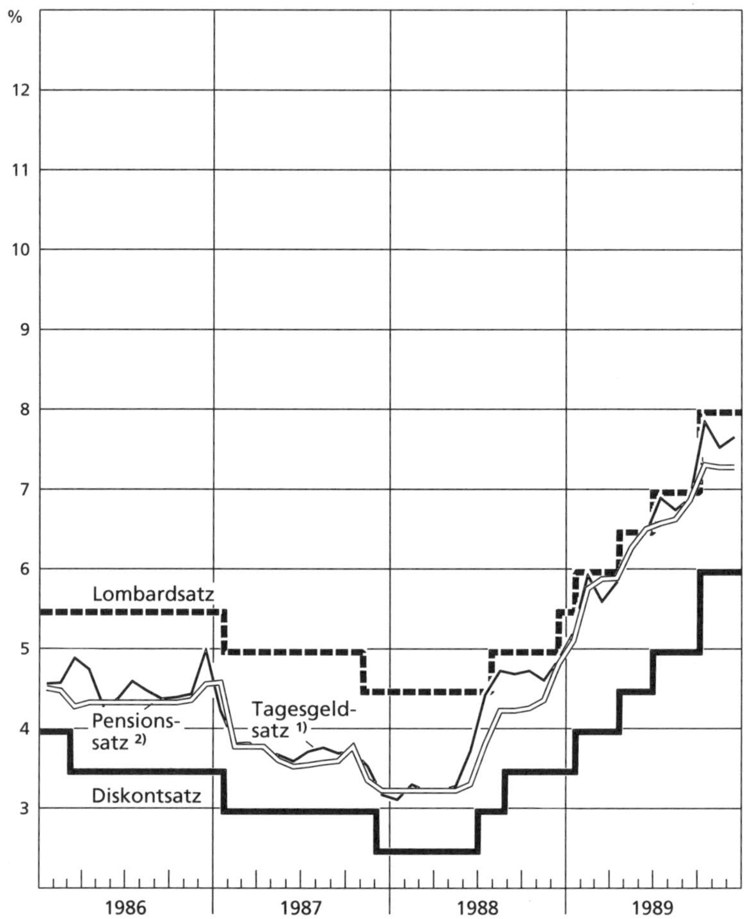

1 Monatsdurchschnitte. — 2 Monatsdurchschnittlicher Zinssatz für Wertpapierpensionsgeschäfte mit einmonatiger Laufzeit; einheitlicher Zuteilungssatz (Mengentender) bzw. marginaler Zuteilungssatz (Zinstender). — Quelle: Deutsche Bundesbank.

blieb aber auch angesichts solcher Schwierigkeiten – die in der Tat bei jedem anderen Konzept auch auftreten würden – unerschüttert.

Maßnahmen zur Geldmarktsteuerung und zum Ausbau des Instrumentariums

Anfangs 1986 paßte die Bundesbank ihre Zinssätze, der internationalen Zinstendenz folgend, durch eine Senkung des Pensions- und Diskontsatzes an (den Lombardsatz ließ sie bis Anfang 1987 unverändert). Nachher behielt sie dieses Zinsniveau bis gegen Jahresende trotz starken Geldmengenwachstums mehr oder weniger unverändert bei. Um die Jahreswende 1986/87 veranlaßten starke Liquiditätszuflüsse, verbunden mit Aufwertungsdruck auf die D-Mark, die Bundesbank zu Mittelabschöpfungen von insgesamt 12 Mrd. D-Mark über Kürzungen der Rediskontkontingente und Erhöhung der Mindestreservesätze. Diskont-, Lombard- und Pensionssatz wurden gleichzeitig – etwas widersprüchlich – um 0,5% gesenkt (als Signal dafür, daß diese Abschöpfungsmaßnahmen nicht als Verschärfung des geldpolitischen Kurses gedacht seien). Der Pensionssatz stand damit anfangs 1987 auf etwa 3,8% (Schaubild 6).

Im Laufe von 1987 veranlaßten Finanzmarktturbulenzen und Aufwertungsdruck auf die D-Mark die Bundesbank wiederholt dazu, ihre kurzfristigen Zinssätze weiter zu senken. Unterstützt durch gleichzeitige Zinsanhebungen in den USA beruhigte sich der Devisenmarkt zunächst (Stabilisierung des DM-$-Kurses gemäß Louvre-Accord vom Februar 1987). Eine vorübergehende Marktversteifung als Folge restriktiver Maßnahmen der US-Notenbank führte im Herbst kurzfristig zu einer Anpassung des Pensionssatzes an die nach oben zeigenden Marktzinsen. Diese Entwicklung wurde dann aber durch den Börsencrash vom Oktober 1987 brüsk unterbrochen. Die Bundesbank, wie die meisten anderen Notenbanken, reagierte darauf rasch mit kräftigen Maßnahmen zur Sicherung einer ausreichenden Liquiditätsversorgung und erneuten Zinssenkungen: Der Pensionssatz wurde auf 3,25% zurückgeführt, der Lombardsatz auf 4,5% gesenkt und der Diskontsatz auf 2,5% (was einem historischen Tiefstand entsprach).

EWS-Spannungen sowie die im Louvre-Accord eingegangenen Verpflichtungen zur Stärkung des schwachen Dollar zwangen die Bundesbank Ende 1987 und anfangs 1988 zu hohen Devisenmarktinterventionen und zu anschließenden Abschöpfungen der so entstandenen zusätzlichen Bankenliquidität über Reduktionen des ausstehenden Bestandes an Pensionsgeschäften (welcher seinen niedrigsten Stand seit drei Jahren erreichte). Um einer Gefährdung ihrer Politik der flexiblen Geldmarktsteuerung über dieses Instrument vorzubeugen, beschloß die Bundesbank im Februar 1988 eine dauerhafte Kürzung der Rediskontkontingente und deren Substitution durch Pensionsgeschäfte.

In der ersten Hälfte von 1988 blieben die Notenbankzinsen praktisch unverändert auf tiefem Niveau. Ab Mitte 1988 kam es dann zu einer schrittweisen Wiederanhebung des Pensionssatzes und der Eckzinssätze, zuerst in Form der Zurücknahme der im Herbst 1987 beschloßenen Lockerungsmaßnahmen, später als eigentlicher Kurswechsel, in dessen Verlauf der Pensionssatz in zahlreichen Schritten von 3,25% Mitte 1988 auf schließlich 7,3% zum Jahresende 1989 hinaufgeführt wurde, dem höchsten Stand seit 1982. Die

Bundesbank reagierte damit auf zunehmende Inflationsbefürchtungen. Für manche Beobachter kamen diese Zinserhöhungsschritte allerdings zunächst überraschend. Um übertriebenen Zinsbefürchtungen entgegenzutreten, ging die Bundesbank bei ihren Pensionsgeschäften in dieser Phase vorübergehend zum Mengentender mit Festzinsen über und teilte die Pensionsgeschäfte zu etwas unter dem Marktzins liegenden Preis zu (bevor sie später wieder zu der in ihrem Urteil marktnäheren Form des Zinstenders zurückkehrte).

In der zweiten Jahreshälfte 1988 nahm die Bundesbank umfangreiche Devisenverkäufe zwecks Stützung der D-Mark und eine starke Ausweitung des ausstehenden Bestands an Wertpapierpensionsgeschäften vor. Diese nahmen damit in ihrer Bedeutung weiter zu. Die Bundesbank vollzog dabei beim Auktionsverfahren eine Umstellung auf das «amerikanische» Zuteilungssystem (Zuteilung nicht zu einheitlichen, sondern zu individuellen Bietungssätzen, im Gegensatz zur zuvor verwendeten «holländischen» Methode). Der Zusammenhang zwischen dem Pensionssatz und den Geldmarktsätzen wurde damit noch enger.

Eine wichtige Neuregelung des Notenbankinstrumentariums während dieser Periode betraf auch die Mindestreserve. Im Mai 1986 trat eine bereits im Dezember 1985 beschlossene Senkung der Mindestreservesätze in Kraft. Diese Maßnahme verfolgte keine geldpolitischen Absichten, sondern sollte – einer Forderung der Banken folgend – die internationale Wettbewerbsfähigkeit der deutschen Finanzinstitute stärken und stellte den Anfang eines Prozesses dar, in dessen Verlauf sich über die kommenden Jahre hinweg die Mindestreserveregelungen profund wandeln sollten, ohne daß aber die Mindestreserve als Instrument der Notenbankpolitik grundsätzlich in Frage gestellt worden wäre. Damit die Mindestreservesenkung nicht als Signal für eine lockerere Geldpolitik verstanden würde, wurde sie von einer Reduktion der Rediskontkontingente vergleichbaren Ausmaßes begleitet.

c) Gerechtfertigte Zielüberschreitungen?

Im Mittelpunkt der öffentlichen Diskussion um die Geldpolitik der Bundesbank zwischen 1986 und 1989 standen die Überschreitungen der Geldmengenziele in den drei Jahren 1986–1988 und der dadurch entstandene «Geldüberhang». War dieser im Hinblick auf das Stabilitätsziel der Bundesbank gefährlich, und hätte er deshalb Anlaß für einen frühzeitigen Kurswandel sein sollen, oder war er dies nicht und somit gerechtfertigt? Die Auseinandersetzung zwischen jenen, welche die Preisstabilität als klar vorrangiges Ziel der Geldpolitik werteten und jenen, welche die Konjunktursteuerung und außenwirtschaftliche Ziele als (zumindest) ebenso wichtig ansahen, entzündete sich in dieser Phase an dieser Frage. Die Argumentation der letzteren

Gruppe[16] bewegte sich dabei zwischen einer generellen Ablehnung einer an Geldmengenzielen orientierten Geldpolitik und der Beanspruchung von Sonderfaktoren zur Begründung einer Verschiebung der Liquiditätspräferenz der Wirtschaft und stützte sich stark auf die Tatsache, daß die Preissteigerungsraten zwischen 1986 und 1988 in der Tat noch sehr gering blieben. Angesichts einer in ihrem Urteil immer noch labilen Konjunktur wandten sich diese Beobachter klar gegen eine Verschärfung der Politik und forderten im Gegenteil 1986 und 1987 noch weitergehende Lockerungsmaßnahmen. Beachtenswert ist, daß Kritiker dieser Schule jetzt plötzlich starke Argumente zugunsten einer Außenwirtschaftsorientierung der Geldpolitik fanden, welche sie 1979–1981 heftig abgelehnt hatten.

Häufig unterstützt wurde diese Richtung durch ähnliche Argumente der internationalen, insbesondere der amerikanischen Politik und Presse. Zeitweise führte dies zu absurden Forderungen an die Bundesbank, etwa im August 1986 oder im Herbst 1987 durch den damaligen US-Schatzkanzler James Baker, der eine Verletzung des Louvre-Accord diagnostizierte und trotz Überschreitung des Geldmengenziels den Vorwurf einer «deflationären» Geldpolitik der Bundesbank erhob. Gewünscht war effektiv eine Angleichung an die inflationäre US-Geldpolitik der damaligen Jahre. Die Jahre nach 1985 bilden ein klassisches Beispiel für die Situation, in welche die Geldpolitik nach einer erfolgreich abgeschlossenen Disinflationsphase geraten kann. Die momentan erreichte Preisstabilität bedeutet, daß Warnungen vor zukünftigen Inflationsrisiken nur sehr schwer Gehör finden.

Auf der anderen Seite betonten stabilitätsorientierte Ökonomen die Verzögerungen im Wirkungszusammenhang zwischen Geldmenge und Preisen und warnten vor zukünftigen Geldwertverlusten.[17] Die realisierte Preisstabilität stellte demgemäß die Frucht der Restriktionspolitik der vorangehenden Perioden dar, und die jetzigen Zielüberschreitungen würden sich in der zukünftigen Preisentwicklung niederschlagen.

Diese Auseinandersetzung fand auch im Zentralbankrat der Bundesbank immer wieder statt. Die tatsächliche Bundesbankpolitik hielt sich zunächst mehr an die konjunktur- und außenwirtschaftsorientierte Sichtweise, wenn auch nicht so ausgeprägt, wie deren Vertreter dies zum Teil gewünscht hätten. Andererseits blieb sich aber die Bundesbank, wie die interne Diskussion im Zentralbankrat zeigte, der damit eingegangenen Risiken doch immer stark bewußt. Im Laufe von 1988 und noch mehr 1989 setzte sich dann auch die Einsicht zur Notwendigkeit der Einleitung einer Korrektur deutlich durch.

16 Darunter als Hauptkontrahent wiederum Pohl, jetzt Mitglied des Sachverständigenrats. Vgl. z.B. Pohl, Geldpolitische Konzeption.

17 Vgl. etwa die Jahresgutachten des Sachverständigenrats 1986/87 und 1988/89 (mit Minderheitsvoten von Pohl) sowie Neumann, Stabilität oder Herz/Starbatty, Worte und Taten.

Natürlich läßt sich, wie immer aus der Rückschau, nicht exakt feststellen, wie sich ein früherer Kurswechsel zu einer restriktiveren Politik und eine in diesem Sinn stetigere Politik genau ausgewirkt hätten. Sicher hätte diese durch den geringeren Aufbau eines Geldüberhangs den Inflationsauftrieb der Jahre nach 1988 gedämpfter ausfallen lassen (im Idealfall verhindert), und der scharfe Kurswechsel von 1989 und der anschließenden Jahre hätte damit vermieden werden können. Angesichts des weltweiten robusten Wachstumsprozesses bis 1989 läßt sich ex post auch gut argumentieren, daß negative Auswirkungen auf Realwirtschaft und Arbeitsmarkt kaum gravierend ausgefallen wären und der Effekt vielleicht sogar konjunkturstabilisierend gewesen wäre. Zweifellos wäre andererseits eine restriktivere Politik auf harten (resp. noch härteren) Widerstand im internationalen Diskurs gestoßen, sowohl in den USA als auch bei den EWS-Partnern. Die Tolerierung des gemessen am Ziel übermäßigen Geldmengenwachstums ist auf diesem Hintergrund am ehesten verständlich. Zudem ist der Bundesbank wie auch anderen Beobachtern zugute zu halten, daß in der Tat 1986 und 1987 über die sich später ergebende Konjunkturentwicklung erhebliche Ungewißheit bestand, Ungewißheit, die sich für den Beobachter ex post wie immer aufgelöst hat. Zu betonen ist weiterhin, daß es der deutschen Geldpolitik in diesen Jahren zweifellos wesentlich leichter gefallen wäre, eine stetige Politik zu betreiben, wenn sie dies eingebettet in ein weniger unstetiges internationales Umfeld, vor allem was die USA betrifft, hätte tun können. Aus diesem Umfeld kann sich eine Notenbank, auch die Bundesbank, nie völlig herauslösen.[18]

d) Änderung der monetären Zielvariablen

Wie erwähnt ging die Bundesbank ab 1988 von der Zentralbankgeldmenge zur Geldmenge M3 als Ziel- und Indikatorgröße über. M3 enthält dieselben Komponenten, aber mit anderer Gewichtung. Die Zentralbankgeldmenge gemäß Definition der Bundesbank umfaßt die Bargeldhaltung sowie das Mindestreservesoll der Banken auf Sicht-, Termin- und Spareinlagen, berechnet zu den Reservesätzen von Januar 1974. Die Geldmenge M3 hingegen schließt die Bankeinlagen mit ihrem vollen Gewicht ein. Sie wird daher von Veränderungen der Bargeldhaltung wesentlich weniger beeinflußt. Als Hauptvorteile der Zentralbankgeldmenge galten ursprünglich die frühe statistische Verfügbarkeit sowie die unmittelbare Beeinflußbarkeit und Verantwortung der Bundesbank für diese Größe.[19]

18 Allgemein als korrekt empfunden wurde die Reaktion der Bundesbank auf den Börsencrash vom Herbst 1987.

19 Diese Argumente haben den Sachverständigenrat bewogen, noch weit über 1988 hinaus der Zentralbankgeldmenge den Vorzug zu geben.

Im Hintergrund des Entscheids der Bundesbank zum Wechsel zu M3 stand umgekehrt die «Überzeichnung» der monetären Entwicklung durch die Zentralbankgeldmenge im Jahr 1987 (wie auch schon zuvor und wiederum in späteren Jahren). Als störend wurde deren starke Bargeldlastigkeit empfunden. Angesichts der damals niedrigen Zinsen, zum Teil auch als Folge von Aufwertungserwartungen für die D-Mark, hatte der Bargeldumlauf stark zugenommen und den Bargeldanteil an der Zentralbankgeldmenge Ende 1987 auf 52% anschwellen lassen. Der Bargeldanteil an der Geldmenge M3 andererseits betrug Ende 1987 lediglich etwa 10%. Die Vorteile der Zentralbankgeldmenge schienen der Bundesbank gegenüber dem Argument der zu starken Abhängigkeit von den Schwankungen der Bargeldhaltung vergleichsweise unbedeutend.

Der Übergang von der Zentralbankgeldmenge zu M3 läßt sich durchaus begründen und vertreten. Langfristig gesehen ist die Wahl relativ unerheblich; die Vorteile und Nachteile liegen in erster Linie bei den unterschiedlichen kurzfristigen Indikatoreigenschaften der beiden Größen. Am Hauptproblem des übermäßigen Geldmengenwachstums änderte sich durch diesen Wechsel natürlich nichts.

5. Die Deutsche Währungsunion: 1990–1991

a) Allgemeine Entwicklung und Umfeld der Geldpolitik

Das herausragende Ereignis der Jahre 1990/91 für Deutschland war die wirtschaftliche und politische Wiedervereinigung durch den Staatsvertrag vom 1. Juli 1990. Dieses Ereignis bedeutete auch für die deutsche Währungspolitik eine Zäsur ohne Parallele in der Nachkriegsgeschichte seit 1948. Die D-Mark wurde alleiniges gesetzliches Zahlungsmittel im vereinigten Deutschland, mit Übertragung aller Kompetenzen für die Geldpolitik auf die Bundesbank. Diese Ausdehnung des Währungsgebiets der D-Mark auf die Länder der ehemaligen DDR – trotz anfänglicher Skepsis der Bundesbank von der Politik schlagartig herbeigeführt – stellte für die Bundesbank eine Herausforderung außerordentlicher Art dar.

Das weltwirtschaftliche Umfeld war in diesen Jahren durch eine deutliche Wachstumsabschwächung gekennzeichnet, zuerst in Nordamerika, Großbritannien und Schweden, später zunehmend auch in Kontinentaleuropa, nicht jedoch in Japan. Die Auswirkungen der deutschen Wiedervereinigung ermöglichten es Deutschland, sich vorläufig von dieser Tendenz abzukoppeln: Das reale BIP in Westdeutschland wuchs 1990 mit der hohen Rate von 5,7% und

1991 mit 5,0%, bei zunehmender Beschäftigung und abnehmender Arbeitslosigkeit, zugleich aber auch bei sich beschleunigendem Preisauftrieb (Inflationsrate 1990: 2,7%, 1991: 3,6%). Erst in der zweiten Jahreshälfte 1991 begann sich ein Konjunkturumschwung auch in Deutschland abzuzeichnen.

Ganz anders war natürlich die Situation in Ostdeutschland. Der schwierige Prozeß der Umstrukturierung und Eingliederung der neuen Bundesländer in das System der Marktwirtschaft, zusammen mit dem Wegfall der traditionellen Ostmärkte, zahlreichen Investitionshindernissen und hohen Lohnforderungen, führte zur massiven Freisetzung von Arbeitskräften und Wachstumseinbußen. Erst im Laufe des Jahres 1991 traten erste leichte Verbesserungen ein.

Die deutsche Finanzpolitik war in diesen Jahren stark expansiv, geprägt durch kräftig steigende Ausgaben, massive Transfers nach Osten und eine starke Ausweitung der staatlichen Haushaltsdefizite und der Staatsverschuldung, bei allerdings relativ solider Ausgangssituation. 1991 wurden zur Milderung dieser Tendenz einige dämpfende Maßnahmen beschloßen (Solidarzuschlag, Anhebung indirekter Steuern).

Das hohe Wirtschaftswachstum in Deutschland bei nachlassender Konjunktur im Ausland und die daraus resultierenden Importzunahmen und Exportabschwächungen bewirkten einen Umschwung in der deutschen Leistungsbilanz, deren Überschuß sich 1990 zunächst kräftig verminderte und 1991 in ein erhebliches Defizit verwandelte. Die D-Mark blieb 1990 im EWS stabil und stärkte sich gegenüber dem US-Dollar, schwächte sich dann anfangs 1991 etwas ab (Dollarstärke im Gefolge des Golfkrieges), um sich aber ab Sommer 1991 wieder aufzufangen.

Die internationalen Unterschiede in den konjunkturellen Entwicklungen bewirkten starke Divergenzen zwischen den Geldpolitiken verschiedener Länder. Die USA, Kanada und Großbritannien, später gefolgt auch von kontinentaleuropäischen Ländern, gingen im Gefolge der Konjunkturabschwächung zu einer Politik der Lockerung über, während Deutschland (wie Japan) an einer restriktiven Politik festhielt. Als Folge dieser Divergenzen in den geldpolitischen Entwicklungen kam es zu entsprechenden Veränderungen im internationalen Zinsgefüge. Das Zinsgefälle zwischen Deutschland und den USA kehrte sich um und nahm 1991 vor allem bei den kurzfristigen Sätzen ein beachtliches Ausmaß an. Im EWS kam es zu einer verstärkten Annäherung der Zinssätze. In Deutschland wurde die Zinsstruktur 1991 zunehmend invers.

In der Europäischen Gemeinschaft wurde der Wille zur Kooperation und Konvergenz und zur Weiterführung des Prozesses zu einer Europäischen Währungsunion weiter bekräftigt. Die erste Stufe zur Europäischen Wirtschafts- und Währungsunion (WWU) wurde am 1. Juli 1990 in Kraft gesetzt, und die WWU-Pläne wurden mit dem Entwurf des Maastricht-Vertrags vom

Dezember 1991 weitergetrieben. Großbritannien trat 1990 dem EWS bei, und Italien verzichtete auf eine größere Schwankungsbreite für die Lira. Die Idee einer Annäherung an eine faktische Währungsunion verbreitete sich in politischen Kreisen und an den Finanzmärkten stark unter dem (sich später als sehr voreilig erweisenden) Eindruck, daß Paritätsanpassungen aus politischen Erwägungen in der Zukunft mehr und mehr ausgeschlossen seien. Die Bundesbank versuchte dieser Tendenz durch Warnungen vor einem voreiligen Verzicht auf Paritätsänderungen entgegenzutreten, im Moment allerdings vergeblich.

Ende 1991 zeichnete sich in Deutschland die Gefahr eines Konjunkturrückschlags ab, bei nach wie vor hohem Preisauftrieb, hohen Lohnzuwachsraten und stark angespannten Staatsfinanzen, aber langsamem Beginn einer Aufwärtsbewegung in Ostdeutschland.

b) Die Geldpolitik der Bundesbank im Detail

Erweiterung des Währungsgebiets und «Geldmengensprung»

Technisch gesehen gingen die Einführung der D-Mark in Ostdeutschland am 1. Juli 1990 sowie der Einbezug der ostdeutschen Banken in die Bundesbankpolitik mehr oder weniger problemlos vor sich. Die Hauptschwierigkeit für die Bundesbank war die Vergrößerung ihres Währungsgebiets und die Einschätzung der Konsequenzen dieser Vergrößerung für eine adäquate Geldversorgung. Gesicherte Erkenntnisse über die Geldnachfrage der ostdeutschen Wirtschaft und Bevölkerung und über das Liquiditätsverhalten der ostdeutschen Banken lagen zu diesem Zeitpunkt nicht vor. Die Bundesbank orientierte sich daher in ihrer laufenden Politik zunächst weiter an ihrer für die alten Bundesländer verfolgten Linie und einer für das Jahr 1990 auf Westdeutschland beschränkten Geldmengenrechnung, versuchte jedoch in einer «Zusatzrechnung» die Vergrößerung des Währungsgebiets auf die neuen Bundesländer zu erfassen.

Als Folge der Währungsunion und der vertraglich festgelegten Umtauschrelation zwischen Ost- und Westwährung wurden in Ostdeutschland Anfang Juli 1990 D-Mark-Geldbestände im Sinne von M3 in der Größenordnung von etwa 15% der westdeutschen Geldmenge M3 neu geschaffen («Geldmengensprung»). Die längerfristige Nachfrage der ostdeutschen Wirtschaft nach Geldmitteln ließ sich nur schwer abschätzen, wurde jedoch geringer veranschlagt. Da in der DDR zuvor liquides Vermögen praktisch nur in Geldform gehalten worden war, wurde für die Zeit nach der Eingliederung in das Wirtschaftssystem der BRD in einem erheblichen Ausmaß ein Umtausch in höherverzinsliche, nicht in M3 eingeschlossene Anlageformen erwartet.

Die ostdeutschen Banken hielten zudem anfänglich höhere Überschußreserven, als dies längerfristig erwartet werden konnte. Eine Rückbildung der umstellungsbedingt aufgeblähten Geldhaltung der ostdeutschen Wirtschaft war aus diesem Grund in einem gewissen Maß automatisch zu erwarten. Solche Anpassungsvorgänge fanden auch tatsächlich statt, besonders ab Jahresende 1990. Der längerfristige Zusatzbedarf an Geld seitens der ostdeutschen Wirtschaft wurde anfangs 1991 grob auf etwa 10% des westdeutschen Bestandes geschätzt. Es verblieb somit ein «Geldüberhang» von etwa 5%.

Für das Jahr 1991 ging die Bundesbank dann zu einer auf Gesamtdeutschland bezogenen Geldmengenrechnung und entsprechendem Geldmengenziel über. Es ist klar, daß das Maß an Ungewißheit dabei den Rahmen des Üblichen weit überstieg.

Geldmengenentwicklung, Geldmengenziel und Geldmarktsteuerung

Eine zentrale Frage war zunächst, ob es angesichts der «wiedervereinigungsbedingten» Ungewißheiten überhaupt angezeigt sei, weiterhin bei einer Politik der Geldmengensteuerung und Geldmengenziele zu bleiben. Die Bundesbank entschied sich für die Beibehaltung ihrer bewährten Politik. Bei der Festlegung des Geldmengenziels für 1990 betonte sie in ihren (auf die westlichen Bundesländer beschränkten) Überlegungen die Kontinuität ihrer Politik und orientierte sich weitgehend unverändert an den Zielvorstellungen des Vorjahrs und deren Begründung. Bei Rückkehr zur expliziten Berücksichtigung des Korridorkonzepts strebte sie daher eine Zuwachsrate für M3 von 4–6% an.

Der realisierte Geldmengenzuwachs blieb im Jahr 1990 zunächst mäßig und verlief mit einer Zunahme von knapp 6% für M3 insgesamt zielgerecht. Die Größe «M3 erweitert» stieg allerdings mit einer Zuwachsrate von beinahe 8% stärker an. Hoch war ebenfalls die Geldkapitalbildung. Von Jahresbeginn bis zum Sommer verlief M3 am unteren Rand des Zielkorridors, nachher nahm die Zuwachsrate zu, und die Geldmenge bewegte sich zum oberen Korridorrand hin (Schaubild 7). Diese Geldmengenentwicklung konnte die Bundesbank bei 1990 nur relativ wenig veränderten Geldmarktbedingungen realisieren. Der Diskontsatz blieb während des ganzen Jahres unverändert auf 6%, der Pensionssatz wurde im Verlaufe des Jahres leicht angehoben und erreichte zum Jahresende die Marke von etwa 8,5%, und der Lombardsatz wurde im November ebenfalls von 8% auf 8,5% angepaßt (Schaubild 8).

Das Geldmengenziel für 1991 wurde unverändert auf 4–6% festgelegt, jetzt aber für die gesamtdeutsche Geldmenge M3 und unter Berücksichtigung des vereinigungsbedingten «Geldmengensprungs» bei der Wahl des Ausgangsniveaus. Angesichts des vermuteten Liquiditätsüberhangs aus der

Geldmengenziele und tatsächliche Entwicklung der Geldmenge *) 1990-1991 Schaubild 7

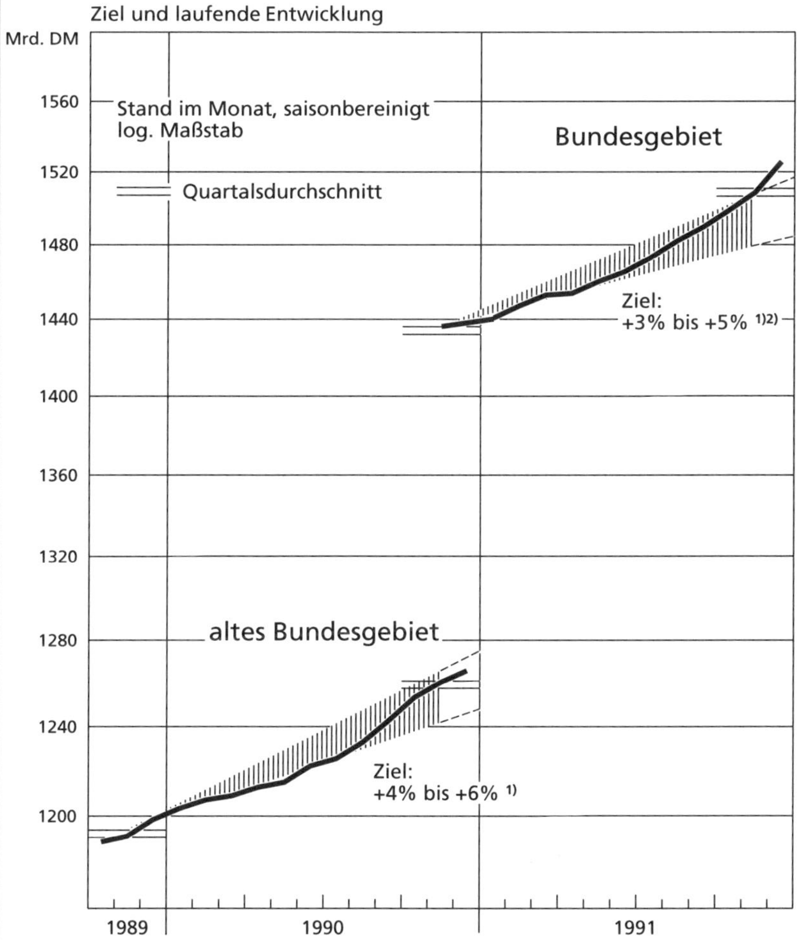

* M3, gemittelt aus fünf Bankwochenstichtagen; dabei Ultimostände jeweils zur Hälfte angerechnet. — **1** Vom 4. Quartal des vorangegangenen Jahres bis zum 4. Quartal des laufenden Jahres. — **2** Gemäß der Adjustierung des Geldmengenziels im Juli 1991. — Quelle: Deutsche Bundesbank.

Währungsumstellung und der damit verbundenen Inflationsrisiken wurde eine Expansion eher am unteren Korridorrand angestrebt.

Das sich beschleunigende Geldmengenwachstum in Westdeutschland Ende 1990 bewog die Bundesbank anfangs 1991 zu einer weiteren Erhöhung ihrer Zinssätze: Der Lombardsatz wurde im Februar auf 9% und der Diskontsatz auf 6,5% angehoben, bei zunächst unverändertem Pensionssatz von etwa 8,5%. Im August und Dezember folgten weitere Zinserhöhungsschritte. Die

Leitzinssätze, Pensionssatz und Geldmarktsatz 1990-1991 Schaubild 8

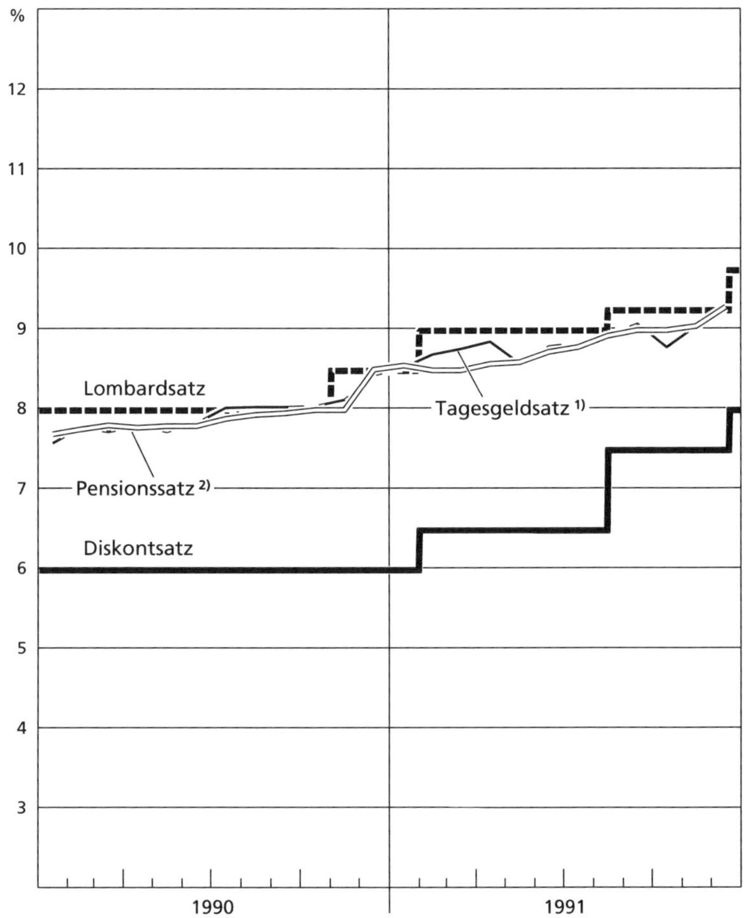

1 Monatsdurchschnitte. — 2 Monatsdurchschnittlicher Zinssatz für Wertpapierpensionsgeschäfte mit einmonatiger Laufzeit, einheitlicher Zuteilungssatz (Mengentender) bzw. marginaler Zuteilungssatz (Zinstender). — Quelle: Deutsche Bundesbank.

beiden Eckzinssätze erreichten bis Ende 1991 mit 8% resp. 9,75% ihren höchsten Stand der Nachkriegszeit, abgesehen von dem früher gelegentlich verwendeten Sonderlombardsatz; der Pensionssatz bewegte sich analog. Die Bundesbank wollte mit diesen Maßnahmen angesichts einer sich beschleunigenden Geldmengen- und Preisentwicklung einer dauerhaften Erhöhung der Inflation und wachsenden Inflationserwartungen vorbeugen.

Die Entwicklung der Geldhaltung im Osten war 1991 von den erwarteten

Portfolioanpassungen (Umtausch von Geldmitteln in höherverzinsliche Anlageformen) gekennzeichnet. Diese führten zu einem Rückgang der ostdeutschen Geldbestände und auch zu einem (zunächst) gedämpften Wachstum der gesamtdeutschen Geldmenge M3 entlang dem unteren Rand des Zielkorridors. Die Bundesbank nahm dies als Evidenz für eine Negativverschiebung der ostdeutschen Geldnachfrage und revidierte bei der ususgemäßen Überprüfung des Geldmengenziels zur Jahresmitte, erstmals in der Geschichte ihrer Politik der Geldmengenziele, ihr Ziel durch Herabsetzung des Zielkorridors auf 3–5 %. Sie betonte dabei ausdrücklich, daß dies eine unveränderte grundlegende Zielvorstellung und keine Veränderung ihres geldpolitischen Kurses zum Ausdruck bringen sollte. Nach der Jahresmitte beschleunigte sich allerdings die Expansion von M3 wieder, trotz hoher Zinsen und abgeschwächter Konjunktur. Insgesamt wurde das (revidierte) Ziel 1991 mit einer Zuwachsrate von 5,2 % (nahezu) eingehalten, aber bei einem zum Jahresende hohen Wachstumstempo. Festgestellt wurde insbesondere eine starke Erhöhung des Bargeldumlaufs. Mögliche Gründe dafür lieferten die Entwicklung einer Parallelwährungsfunktion für die D-Mark in gewissen Ländern in Osteuropa sowie die erneute Diskussion um die Einführung einer Zinsertragssteuer.

c) Fortsetzung der Politik der Geldmengenziele angesichts des vereinigungsbedingten Strukturbruchs?

Die Frage, ob angesichts der großen Ungewißheiten, welche mit der deutschen Wiedervereinigung verbunden waren, die Politik der Geldmengenziele weitergeführt werden könne und solle, wurde in der Öffentlichkeit wie auch innerhalb der Bundesbank kontrovers diskutiert. Die Hauptschwierigkeiten wurden in der Unsicherheit der Abschätzung der ostdeutschen Geldnachfrage und des ostdeutschen Potentialwachstums gesehen. Auf diesem Hintergrund forderten gewisse Kritiker der Bundesbank für den Übergang und für eine gewisse Anpassungszeit danach eine pragmatischere Geldversorgung «auf Sicht» und ohne explizites Geldmengenziel. Die Argumente für eine Beibehaltung der bewährten Praxis der jährlichen Geldmengenziele, welche sich im Zentralbankrat der Bundesbank nach ausführlicher Diskussion deutlich durchzusetzen vermochten, beruhten umgekehrt stark auf der Idee einer Demonstration von Kontinuität in der geldpolitischen Linie der Bundesbank und der Vermittlung eines Stabilitätssignals an das In- und Ausland. Die erwähnten Schwierigkeiten bei der Ableitung eines adäquaten Geldmengenziels wurden von der Bundesbank sehr wohl gesehen (und führten 1991 ja auch erstmals zu einer Neufestlegung des Zielkorridors bei der Überprüfung zur Jahresmitte). Der Verzicht auf ein Geldmengenziel hätte aber die Gefahr in sich getragen, daß die Märkte dies als eine Abkehr von der bisherigen Stabilitätspolitik oder zumindest als eine Abschwächung des Willens zur Durchsetzung einer solchen hätten interpretieren können. Eine Rolle spielte auch das Wissen, daß das wirtschaftliche Gewicht der neuen Bundesländer insgesamt doch relativ gering und damit das Risiko gravierender Fehlentwicklungen beschränkt war. Insgesamt darf man aus der Rückschau festhalten, daß das Geldmengenziel seine Rolle als Stabilitätssignal in diesen Jahren nicht schlecht erfüllt hat, zumal die Bundesbank bereit war, es aufgrund neuer Informationen zur Jahresmitte 1991 adäquat anzupassen.[20]

d) Öffentliche Diskussion und internationale Kritik

Die Politik der Bundesbank wurde im Jahr 1990 insgesamt noch recht gut aufgenommen, im Inland galt das auch für die Zinserhöhungen vom November 1990 und das Geldmengenziel für 1991. Einige Diskussion entspann sich im November über die Situation am Geldmarkt, als der Satz für Tagesgeld über den Lombardsatz stieg und für Unverständnis über die Geldmarktsteuerung der Bundesbank sorgte. Die damit einhergehende starke Beanspruchung des Lombardkredits führte auch im Zentralbankrat zu Diskussionen um eine Flexibilisierung des Lombardsatzes, d.h. einer automatischen Bindung dieses Zinssatzes an den Geldmarktsatz. Dieser Weg wurde allerdings nicht beschritten, dafür aber der Lombardsatz auf 8,5% erhöht.

Die zunehmenden Inflationssorgen, zusammen mit einer stark expansiven Finanzpolitik und einer rapide wachsenden Staatsverschuldung, veranlaßten die Bundesbank 1991 zu weiteren Zinsschritten, erstmals im Februar. Dies löste den Beginn einer Welle harter ausländischer Kritik an der Hochzinspolitik der Bundesbank aus, sowohl aus den USA als auch aus Europa. Der Vorwurf des «D-Mark-Egoismus» kam auf, und es war die Rede von einem «Schlag gegen die Währungsunion». Forderungen nach einer Abkoppelung der D-Mark (mit ihren vereinigungsbedingten Sonderproblemen) vom EWS wurden erhoben. Dazu kamen bald auch Mißfallensäußerungen von seiten der deutschen Politik, einschließlich solcher von Bundeskanzler Helmut Kohl. Die Bundesbank blieb aber von dieser Kritik unbeeinflußt und betonte richtigerweise, daß ihre Stabilitätspolitik nicht nur im deutschen Interesse liege, sondern als Anker für das EWS und Garant für dessen Stabilität und Überlebensfähigkeit auch das gesamteuropäische und internationale Interesse repräsentiere. Darüber hinaus wies sie, ebenfalls zu Recht, auf die zur Zeit zu wenig wahrgenommene Verantwortung der Finanz- und der Lohnpolitik hin.

20 Zur Stabilität der monetären Zusammenhänge nach 1990 vgl. von Hagen, Monetary Union sowie Issing/Tödter, Geldmenge.

Einmal mehr gibt die Geschichte dieser Periode hervorragenden Anschauungsunterricht darüber, was konkret mit der Unabhängigkeit einer Zentralbank gemeint ist und wie unverzichtbar diese für die Durchsetzung einer stabilitätsorientierten Geldpolitik ist.

Die Beschleunigung der Inflation im weiteren Verlauf des Jahres 1991 (im Juli auf 4,9% in Westdeutschland) ließ zunehmend auch Stimmen hervortreten, welche die zu expansive Geldpolitik der vergangenen Jahre kritisierten und weitere Restriktionsschritte forderten,[21] während andere vor übertriebenen Bremsmanövern warnten.[22] In der Tat senkte die Bundesbank ja dann zur Jahresmitte ihr Geldmengenziel und leitete weitere Zinserhöhungsschritte ein.

6. Die Bundesbank im Bannstrahl der internationalen Kritik. Langsame Lockerung bei massiven Zielüberschreitungen: 1992–1994

a) Allgemeine Tendenzen und Umfeld der Geldpolitik

Die Jahre 1992–1994 waren in Deutschland nach wie vor durch die Bewältigung der Wiedervereinigung mit der ehemaligen DDR geprägt. Im internationalen Kontext befand sich die BRD weiterhin in einer Ausnahmesituation. Während die Weltwirtschaft, wenn auch nur sehr allmählich, ihre Wachstumsschwäche zu überwinden begann und sich bis 1994 wieder deutlich erholte, am ausgeprägtesten in den angelsächsischen Ländern, zeichnete sich umgekehrt ab 1992 in Deutschland ein Ende der seit 1983 anhaltenden und durch den Wiedervereinigungsboom verlängerten Wachstumsphase ab. Dieser asynchrone Konjunkturverlauf machte sich auch in Unterschieden in der Geld- und Währungspolitik bemerkbar und führte, vor allem im Jahr 1992, zu enormen Spannungen zwischen Deutschland und seinen Partnerländern in Nordamerika und Europa und einer beispiellosen Welle von Kritik an der Bundesbank aus dem Ausland. Im Verhältnis zu den Ländern des EWS wurde dieser Konflikt verstärkt durch den schon in den vorausgegangenen Jahren festgestellten Mangel an Bereitschaft zu Paritätsanpassungen (Vorstellung einer de-facto-Vorwegnahme der Währungsunion). Der Zusammenbruch dieser Festkursillusionen führte schließlich zu außerordentlichen Turbulenzen an den Devisenmärkten und endete beinahe in der Sprengung des EWS. In

21 Vgl. z.B. Neumann, Bundesbank.
22 Vgl. z.B. Sievert, Bundesbank sowie Pohl, Geldpolitik.

Deutschland wurde die Situation der Geldpolitik zusätzlich erschwert durch eine enorme Überforderung der öffentlichen Haushalte (ähnlich wie in vielen anderen Ländern) und durch sehr hohe Lohnforderungen (teils konjunkturbedingt und teils durch Inflationsbefürchtungen bewirkt).

Das Wachstum der Industrieländer, gemessen an der Zuwachsrate des BIP von 1,6%, war 1992 insgesamt etwas stärker als 1991, aber immer noch bescheiden. Die Geldpolitik zahlreicher Länder sowohl in Nordamerika als auch in Europa war daher auf Entspannung und Konjunkturstimulierung eingestellt. Die deutsche Konjunktur schwächte sich zwar langsam ab, aber bei einem Wachstum des gesamtdeutschen BIP von immerhin noch 2,2% (im Westen 1,8%, im Osten 7,8%), einer im Westen noch mehr oder weniger stabilen Beschäftigungssituation sowie hohem Lohn- und Inflationsdruck. Die Beschäftigungslage im Osten verschlechterte sich allerdings angesichts einer sehr schnellen Anpassung der Ostlöhne an die Westlöhne und des Zusammenbruchs der traditionellen Exportmärkte in Osteuropa weiter. Die Inflationsrate erreichte im Westen 1992 den Wert von 4,0%, und die Ostpreise erhöhten sich mit einer Rate von 13,5%. Die deutsche Geldpolitik war daher zu einer gewissen Restriktion gezwungen, wollte sie nicht das Ziel der Preisniveaustabilität ganz aus den Augen verlieren. Trotzdem ließ die Bundesbank ein sehr starkes Wachstum der Geldmenge zu und begann ab Herbst 1992 die von ihr bestimmten Zinssätze in zahlreichen kleinen Schritten zu senken («Politik der Trippelschritte»). Die Kapitalmarktzinsen ermäßigten sich und fielen von ihrem Höhepunkt von 9,2% im Oktober 1990 bis auf 6,5% im März 1993. Die Zinsstruktur war 1992 noch invers, 1993 wieder leicht positiv.

1993 setzte sich der internationale Wachstumsprozeß in zunächst mäßigem Tempo fort, bei weiterhin angespannten öffentlichen Haushalten, aber nachlassender Inflation und Ermäßigung des Zinsniveaus in vielen Ländern. Am raschesten wuchs die Wirtschaft der USA, in der es zu eigentlichen Überhitzungstendenzen und anfangs 1994 zu einem geldpolitischen Kurswechsel und einer Tendenz zu wiederansteigenden Zinssätzen kam, die sich anschließend auch auf die europäischen Kapitalmärkte übertrug.

In Deutschland setzte umgekehrt um die Jahreswende 1992/93 ein konjunktureller Rückschlag ein. Das deutsche BIP schrumpfte im Jahr 1993 um 1,1% (in Westdeutschland um 1,9%), verbunden mit starken Lohnerhöhungen und einer mäßigen Auslandsnachfrage. Die Arbeitslosenquote im Westen stieg auf 7,3%; die Inflationsrate sank gleichzeitig auf 4,5%, unterstützt durch fallende Importpreise. Der Osten verzeichnete allerdings ein beachtliches reales Wachstum (8,9%), bei immer noch sehr schlechter Arbeitsmarktlage und sprunghaft ansteigenden Lohnkosten. Anfangs 1994 verbesserten sich die Perspektiven, bei sich aufhellender Auslandskonjunktur und mäßigeren Lohnabschlüssen, wieder erheblich: 1994 erreichte die BRD eine unerwartet starke Zunahme des realen BIP von fast 3% (Westen 2,2%, Osten

9,9%), allerdings bei einer aus strukturellen Gründen weiter zunehmenden Arbeitslosigkeit. Die Inflationsrate verringerte sich auf knapp unter 3%.

Die deutsche Geldpolitik stellte sich im Laufe des Jahres 1993 angesichts der konjunkturellen Dämpfung und der sich abzeichnenden Resultate ihrer relativ strikten Politik der Vorjahre, trotz momentan immer noch hoher Preissteigerungsrate, vermehrt auf Entspannung und Zinssenkungen ein und setzte diese Politik 1994 bei insgesamt sehr starkem Geldmengenwachstum fort.

Die öffentlichen Finanzen in Deutschland waren in der ganzen Periode durch starkes Ausgabenwachstum und, trotz Steuer- und Abgabenerhöhungen, hohe Staatsdefizite gekennzeichnet. Außenwirtschaftlich herrschten Leistungsbilanzdefizite; die D-Mark war stark und der US-Dollar insgesamt schwach.

Die Turbulenzen im EWS im Herbst 1992 zwangen die Bundesbank aufgrund ihrer Interventionsverpflichtungen zu Devisenkäufen in Rekordhöhe. Nachdem die Finanzmärkte allzulange der Illusion einer Quasi-Währungsunion verfallen gewesen waren, entdeckten sie jetzt plötzlich wieder ihre (objektiv durchaus gerechtfertigten) Zweifel an der Aufrechterhaltbarkeit fixer Währungsparitäten. Im Gefolge der Herbst-Turbulenzen kam es erstmals seit 1987 wieder zu einem Realignment und einer Aufwertung der D-Mark. Das britische Pfund und die italienische Lira schieden aus dem EWS aus. Trotzdem traten 1993 erneut enorme Spannungen und Unruhen an den Devisenmärkten auf, verbunden mit sehr umfangreichen Interventionen und erneuten Realignments. Im August führten diese Entwicklungen schließlich zur Erweiterung der Schwankungsbreiten auf ±15% (und beinahe zum Zusammenbruch des Systems). Nachher blieb das EWS zwar labil, ohne jedoch weitere größere Störungen zu verursachen.

b) Die Geldpolitik der Bundesbank im Detail

Geldmengenziele und Geldmengenentwicklung

Die Geldmengenentwicklung der Jahre 1992–1994 war durch starkes Geldmengenwachstum und hohe Zielüberschreitungen, insbesondere im Jahr 1992, gekennzeichnet. Für 1992 setzte sich die Bundesbank ein Wachstumsziel für M3 von 3,5–5,5%. Die leichte Erhöhung von einem halben Prozentpunkt gegenüber dem Vorjahr beruhte auf einem Kompromiß im Zentralbankrat zwischen Mitgliedern, welche aus konjunktureller Besorgnis und angesichts von «Sondereinflüssen» auf M3 den Zielkorridor um einen Prozentpunkt anheben wollten, und jenen, welche bei einem gegenüber dem Vorjahr unveränderten Ziel bleiben wollten. Die normative Preissteigerungsrate wurde unverändert auf 2% belassen und reflektierte angesichts der weit höheren momentan realisierten Inflationsrate stabilitätspolitische Ambitionen. Das Wachstum von M3 verlief schon Ende 1991 rasch und blieb das ganze Jahr 1992 über sehr hoch, bis in den Sommer mit einer Trendrate von etwa 8,5%, im Herbst – verstärkt durch die Unruhen im EWS – vorübergehend mit einer Trendrate von über 10%. Für das ganze Jahr wurde schließlich insgesamt ein Zuwachs von über 9% erreicht, die stärkste Überschreitung des Geldmengenziels seit dessen Einführung vor beinahe 20 Jahren (Schaubild 9).

Ursache für die Hinnahme dieser starken monetären Expansion durch die Bundesbank war neben dem Bemühen, die (noch gute) Konjunktur nicht durch allzuviel Restriktion unnötig zu belasten, vor allem eine starke Rücksichtnahme auf die Wechselkursentwicklung und das internationale Umfeld. Zum starken M3-Wachstum gegen Ende 1992 trug außerdem die zu Beginn 1993 geplante Einführung einer Zinsertragssteuer bei, welche sich im Vorfeld in großen Verschiebungen von Finanzanlagen in die Bargeldhaltung sowie ins Ausland niederschlug. Überdies förderten die vorherrschende inverse Zinsstruktur und die Ungewißheit über die zukünftigen Zinsbewegungen die Anlage in kurzfristigen Terminanlagen (vorübergehende Anlage von «Langfristmitteln» in Festgeldern). Es ist aber klar, daß das hohe Wachstum der Geldmenge, bei aller Bedeutung solcher Sonderfaktoren (welche in der Regel ja nur kurzfristig wirksam werden), nicht in erster Linie diesen zugeschrieben werden konnte. Alle anderen Geldmengenaggregate wuchsen 1992 noch stärker als M3. Die Gefahr der Entstehung eines Inflationspotentials durch diese Entwicklung war daher unverkennbar.

Auf diesem Hintergrund legte die Bundesbank ihren Zielkorridor für M3 für das Jahr 1993 auf 4,5–6,5% fest. Sie ging dabei von einem realen Potentialwachstum von 3%, einer normativen Inflationsrate von 2% und einem Zuschlag von 1% für die Reduktion der Umlaufsgeschwindigkeit von M3 aus. Dies hätte an sich eine Bandbreite von etwa 5–7% nahegelegt. Die Zielfestlegung wurde aber durch die starke Zielüberschreitung des Vorjahrs sowie durch die in ihrer mittelfristigen Bedeutung kaum einschätzbaren erwähnten Sonderentwicklungen erschwert. Die Bundesbank berücksichtigte daher die reichliche Geldversorgung im Ausgangszeitpunkt mit einem Abschlag und setzte den Korridor leicht tiefer an. Sie wollte mit diesem Ziel angesichts der momentanen Inflationsrate von 5% ihren Willen zur Beibehaltung ihrer auf die mittelfristige Geldmengenkontrolle ausgerichteten Stabilitätspolitik demonstrieren.

Die ersten Monate des Jahres 1993 waren markiert durch einen Rückgang des Bargeldumlaufs (Auflösung der Sonderbewegung von Ende 1992) und eine entsprechende Normalisierung der M3-Entwicklung. Für das Jahr 1993 insgesamt blieb das M3-Wachstum mit einer Rate von gut 7% etwas mäßiger als im Vorjahr, aber immer noch hoch, bei einer im Jahresverlauf ungleichmäßigen Entwicklung. Stark wuchs auch «M3 erweitert».

Geldmengenziele und tatsächliche Entwicklung der Geldmenge *) 1992-1994 Schaubild 9

Ziel und laufende Entwicklung

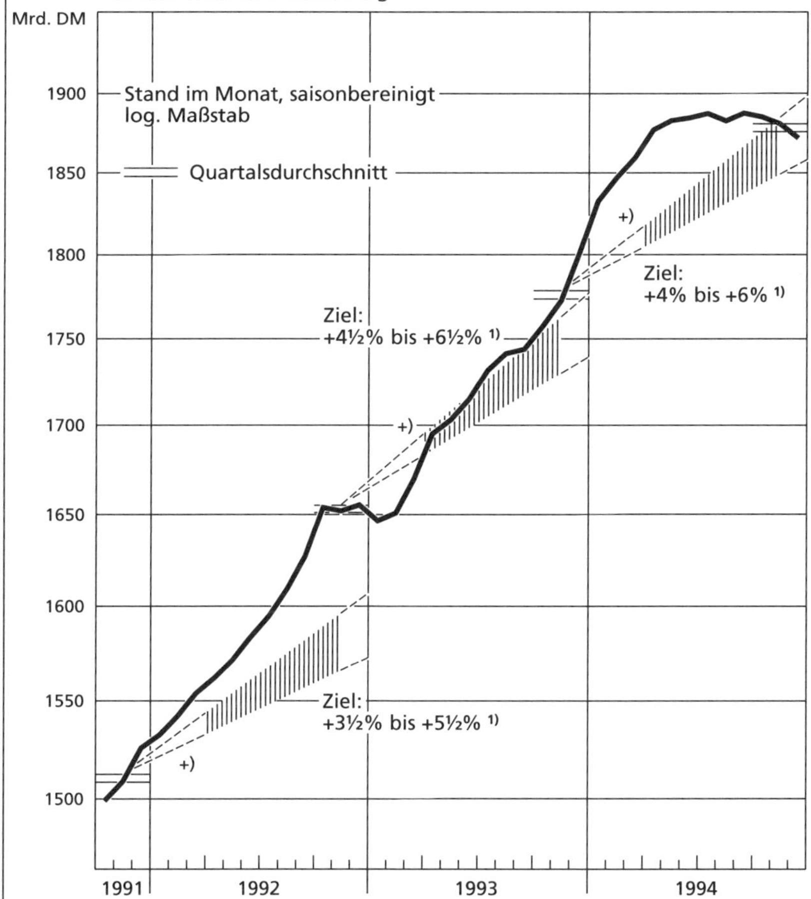

* M3, gemittelt aus fünf Bankwochenstichtagen; dabei Ultimostände jeweils zur Hälfte angerechnet. — + Der Zielkorridor wurde bis März nicht schraffiert, weil M3 um die Jahreswende i.d.R. stärkeren Zufallsschwankungen unterliegt. — **1** Vom 4. Quartal des vorangegangenen Jahres bis zum 4. Quartal des laufenden Jahres. — Quelle: Deutsche Bundesbank.

Das Zielband für M3 für das Jahr 1994 reduzierte die Bundesbank dann im Vergleich zum Vorjahr geringfügig auf 4–6%. Die Reduktion um einen halben Prozentpunkt erfolgte aufgrund einer entsprechenden Verminderung des geschätzten realen Potentialwachstums; die anderen Elemente der Zielableitung blieben unverändert. Der Einstieg in das neue Geldmengenziel wurde erneut erschwert durch den aus den beiden Vorjahren ererbten Geldüberhang. Die Geldmengenexpansion beschleunigte sich zudem Ende 1993/Anfang 1994

Leitzinssätze, Pensionssatz und Geldmarktsatz 1992-1994 Schaubild 10

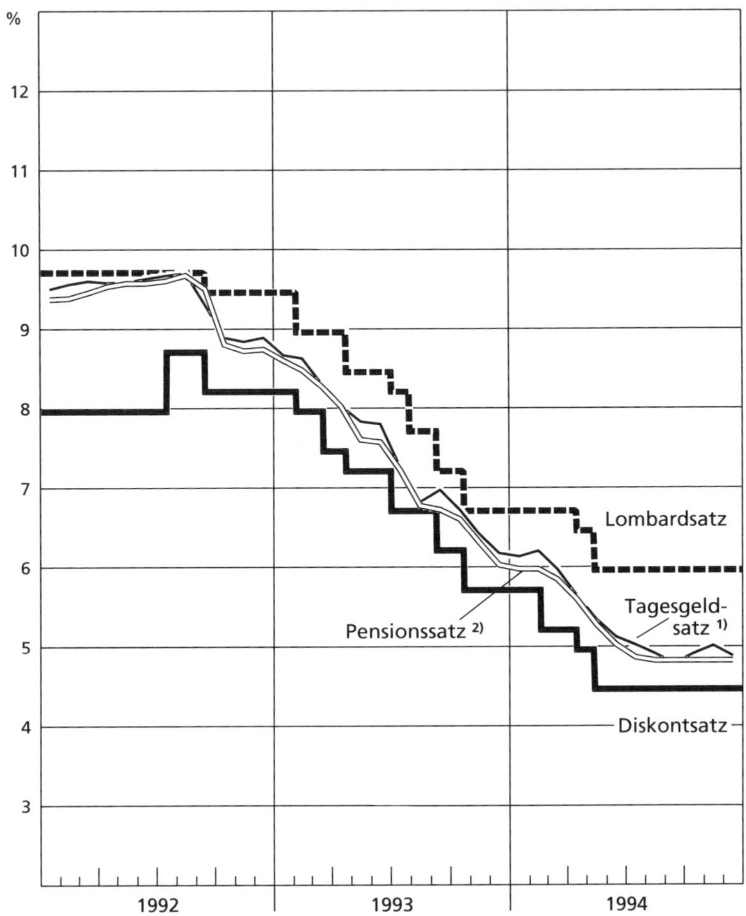

1 Monatsdurchschnitte. — 2 Monatsdurchschnittlicher Zinssatz für Wertpapierpensionsgeschäfte mit einmonatiger bzw. ab Oktober 1992 mit zweiwöchiger Laufzeit, einheitlicher Zuteilungssatz (Mengentender) bzw. marginaler Zuteilungssatz (Zinstender). — Quelle: Deutsche Bundesbank.

erneut sehr stark, zum Teil wegen einer Neuauflage der Zinsertragssteuerdiskussion, aber auch wegen der mit dem jetzt vorherrschenden weltweiten Zinsauftrieb verbundenen Zinssteigerungserwartungen, welche zu einer abwartenden Haltung gegenüber längerfristigen Anlagen und entsprechender Zunahme der Termingelder führten («Liquiditätsstau»). Die Bundesbank ging davon aus, daß sich diese Faktoren später wieder korrigieren würden, und setzte ihre bisherige Politiklinie mehr oder weniger unverändert fort. In der

Tat kam es im weiteren Verlauf des Jahres 1994 zu einer solchen Korrekturbewegung, unterstützt durch das fallende Kurzfristzinsniveau und die Ausweitung der Zinsdifferenz zugunsten der Langfristanlagen. Das Wachstum von M3 für 1994 lag schließlich leicht unter 6%, so daß erstmals seit mehreren Jahren das Ziel wieder eingehalten wurde, allerdings bei nach wie vor hoher Geldausstattung der Wirtschaft (hohes Ausgangsniveau) und bei zinsbedingtem Rückgang der Termineinlagen, aber hohen Zuwachsraten aller anderen M3-Komponenten.

Geldmarktsteuerung

Die Zinspolitik der Bundesbank blieb in der ersten Jahreshälfte 1992 auf dem Hintergrund des zunehmenden Preisauftriebs restriktiv und wurde, trotz starkem internationalem Gegendruck, sogar leicht verschärft. Diskont- und Lombardsatz blieben unverändert auf 8% resp. 9,75%, bei leicht ansteigenden Pensions- und Geldmarktsätzen. Im Juli wurde anläßlich der Überprüfung des Geldmengenziels aufgrund der zu raschen Geldmengenexpansion und des darin enthaltenen Inflationspotentials der Diskontsatz auf 8,75% angehoben, allerdings bei unverändertem Pensions- und Lombardsatz. Die Bundesbank erklärte gleichzeitig, daß sie keine weitere Verschärfung ihres Kurses vornehmen und die bisherige Überschreitung des Geldmengenziels tolerieren werde. Im Herbst ergab sich mit den großen Währungsunruhen im EWS eine neue Situation. Einerseits führten die EWS-Krise und die Interventionsverpflichtungen zu rekordmäßigen Devisenzuflüssen als Folge von Stützungskäufen und zwangen die Bundesbank zu kompensierenden Liquiditätsabschöpfungen über Pensionsgeschäfte und Schatzwechselabgaben. Andererseits aber stand die Bundesbank unter einem ungeheuren internationalen Druck, ihre Zinsen zu senken. Zugleich wirkte die eintretende D-Mark-Aufwertung dämpfend auf den Preisauftrieb. Die Bundesbank fühlte sich daher in der Lage – ohne Beabsichtigung einer grundlegenden Änderung ihrer Politiklinie –, erste vorsichtige Zinssenkungen vorzunehmen und begann am 15. September 1992 mit Senkungen ihrer Eckzinssätze auf 8,25% respektive 9,5% und mit einer allmählichen Absenkung des Pensionssatzes (Schaubild 10).

Als sich zu Beginn des Jahres 1993 die monetäre Expansion normalisierte, zum Teil als Reaktion auf vorherige Übersteigerungen, und sich zudem Verbesserungen in der Finanz- und Lohnpolitik sowie weitere preisdämpfende Wirkungen der D-Mark-Stärke abzuzeichnen schienen, benutzte die Bundesbank die Gelegenheit ab Februar 1993 zu weiteren, insgesamt sehr deutlichen Ermäßigungen der Eckzinssätze und des Pensionssatzes: Der Diskontsatz wurde im Laufe des Jahres 1993 von 8,25% auf 5,75% gesenkt, der Lombardsatz von 9,5% auf 6,75%; parallel dazu wurde auch der Pensionssatz zurückgeführt. Da der Preisauftrieb sich nur sehr zögernd abschwächte und die Geldmengenexpansion kräftig blieb, führte die Bundesbank diesen Zinssenkungsprozeß in zahlreichen, vorsichtigen und kleinen Schritten durch («Politik der Trippelschritte»). Sie verwendete dabei bei ihren wöchentlichen Offenmarktgeschäften in Zinssenkungsphasen vorzugsweise das Zinstender-Verfahren (zur «Auslotung des Zinssenkungsspielraums»), in Phasen ohne Zinssenkungsabsichten hingegen jenes des Mengentenders. Ihre Absicht dabei war es, den Zinssenkungsprozeß gerade so rasch (aber nicht rascher) durchzuführen, daß er mit dem durch ihre früheren Restriktionsmaßnahmen eingeleiteten Preisstabilisierungsprozeß vereinbar blieb. Konjunktur- und wechselkurspolitisch motivierte, forcierte Zinssenkungen hingegen lehnte sie nach eigener Aussage ab. Allerdings gewährte sie sich dabei – auf dem Hintergrund von Besorgnis um die Konjunktur, die Wechselkursstabilität und das Verhältnis zu den Partnerländern in Europa und Nordamerika – einen relativ langen Anpassungszeitraum und viel Spielraum bei der Inkaufnahme von monetären Zielüberschreitungen.

Die erneute Zuspitzung der Lage im EWS im Juli 1993 führte zu starken Erschwernissen der Geldmarktkontrolle durch die Bundesbank und zwang diese erneut zu sehr großen Stützungskäufen von Devisen und zu kompensierenden, den Geldmengenzuwachs begrenzenden Offenmarktgeschäften. Die Bandbreitenerweiterung im EWS auf ±15% war daher für die Bundesbank eine notwendige Voraussetzung für die Rückgewinnung ihrer geldmengenpolitischen Autonomie. Auch den Partnerländern verschaffte sie natürlich wieder entsprechend größere Freiheiten. Ab Herbst verlief die Geldmarktsteuerung dann wieder ohne größere Störungen.

Der zinspolitische Lockerungsprozeß der Bundesbank hielt bis ins Frühjahr 1994 an, bei allmählich nachlassender Inflation, aber seit Ende 1993/Anfang 1994 wieder starker Beschleunigung der Geldmengenexpansion. Bis im Mai 1994 wurden Diskontsatz und Lombardsatz auf 4,5% resp. 6% gesenkt, der Pensionssatz analog. Da die Bundesbank die Beschleunigung des Geldmengenwachstums in dieser Phase als durch temporäre Sonderfaktoren bedingt ansah und davon ausging, daß sich der «Liquiditätsstau» später wieder abbauen würde, setzte sie ihre im Vorjahr eingeleitete Politik fort. Durch den Versuch einer bewußten Vergrößerung der Differenz zwischen Lang- und Kurzfristzins (über die erwähnte Senkung der Notenbankzinsen bei steigenden Kapitalmarktzinssätzen) sollten zudem Substitutionen von Kurz- in Langfristanlagen angeregt und das Geldmengenwachstum gedämpft werden. Ab Mai 1994 hielt dann die Bundesbank bei relativ ruhigen Geldmarktverhältnissen ihre Zinssätze konstant, bei einem Pensionssatz von etwa 5%. Die Geldmengenentwicklung normalisierte sich auf dem Hintergrund der höheren Langfristzinsen und steiler werdender Zinsstruktur, und die Geldmenge M3 kehrte bis zum Jahresende tatsächlich in den Zielkorridor zurück. Anfang

1995 erfolgte dann ein deutlicher Rückgang von M3, verbunden mit einem Unterschreiten des Zielkorridors und dem Abbau des Geldüberhangs der Vorjahre.

Modifikation des Instrumentariums zur Geldmarktkontrolle

Im Februar 1993 nahm die Bundesbank eine größere Modifikation ihres liquiditätspolitischen Instrumentariums vor. Durch die Abgabe von 25 Mrd. DM an sogenannten Liquiditätspapieren (Bulis) versuchte sie, eine Verbreiterung der Basis für ihre Offenmarktpolitik zu erwirken. Es handelte sich dabei rechtlich um unverzinsliche Schatzanweisungen der BRD, ökonomisch-faktisch um Emissionen der Bundesbank. Diese Papiere sollten eine direkte Abschöpfung von Liquidität nicht nur bei Banken, sondern auch bei Nichtbanken ermöglichen und auf dem Weg von Rückkäufen auch zur Liquiditätsschöpfung eingesetzt werden können. Es gelang dem Instrument aber nie, sich wirklich durchzusetzen, und seine Verwendung wurde deshalb 1994 wieder eingestellt.

Verbunden mit dieser Neuerung war eine weitreichende Neugestaltung der Mindestreserveregelungen, welche in zwei Schritten im März 1993 und März 1994 vorgenommen wurde und mit einer substantiellen Senkung der Mindestreservesätze verbunden war. Dies entsprach einem alten Anliegen der deutschen Banken zur Stärkung ihrer internationalen Wettbewerbsfähigkeit und sollte den Anreiz zur Umgehung der Mindestreservepflicht vermindern. Die Mindestreservesätze für Spar- und Termineinlagen wurden deshalb im März 1993 neu auf 2% reduziert, jene für Sichteinlagen im März 1994 auf 5%. Das Mindestreservesoll des Bankensystems sank damit erheblich. Die Bundesbank sah die Mindestreserve trotz dieser Neuregelung nach wie vor als essentielles Instrument ihrer Politik an (Schaffung eines stabilen Bedarfs der Banken an Zentralbankgeld, Rolle eines Liquiditätspuffers am Geldmarkt).

c) Zielabweichungen und «Sonderfaktoren»

Kritik an der Bundesbank erfolgte in den Jahren 1992–1994 einmal mehr von beiden Seiten des Meinungsspektrums. Hielten die einen die Geldpolitik der Bundesbank für zu expansiv,[23] so erklärten andere die Orientierung der Bundesbank an der Geldmenge für verfehlt und sahen sie als Ursache einer unnötigen Verhärtung der Geldpolitik, da die starke Zunahme des Geldumlaufs in der vorliegenden Situation kein Inflationsrisiko signalisiere.[24]

23 Vgl. z.B. Scheide, Geldpolitik sowie Neumann, Deutsche Geldpolitik.
24 Vgl. z.B. DIW, Verfehlte Geldpolitik.

Angesichts der zum Teil markanten Zielverfehlungen war eine der zentralen Fragen in der öffentlichen Diskussion der Jahre 1992–1994, ob sich diese Verfehlungen durch «Sonderfaktoren» erklären und rechtfertigen ließen und deswegen einfach hingenommen werden sollten, oder ob sie umgekehrt einen Mangel an Stetigkeit und Standfestigkeit der Geldpolitik reflektierten und somit Fehlentwicklungen und Korrekturbedarf anzeigten. Damit einher ging zum Teil, zumindest implizit, die Frage nach den Qualitäten der Geldmenge M3 als Indikator der Geldpolitik.

Die Bundesbank hat wiederholt und mit Nachdruck auf verschiedene Sonderfaktoren zur Erklärung der von ihrem ursprünglichen Ziel abweichenden Geldmengenentwicklung hingewiesen. Dazu gehörten insbesondere die Effekte der deutschen Wiedervereinigung, die Wirkungen von Steueränderungen, der Einfluß von EWS-Turbulenzen und Wirkungen der inversen Zinsstruktur. Sie taxierte aber die genannten Sonderfaktoren im wesentlichen als vorübergehende Einflüsse, welche früher oder später durch gegenläufige Entwicklungen wieder kompensiert werden würden und folglich am längerfristigen Zusammenhang zwischen Geldmenge und Preisen nichts Grundlegendes änderten. Auf diesem Hintergrund stellte sie sich richtigerweise immer wieder die Frage, wie ein entstandener Geldüberhang wieder abgebaut werden könne, und machte sich Sorgen über die inflatorischen Konsequenzen dieses Überhangs – dies im Gegensatz zu manchen Beobachtern, die glaubten, der temporäre Charakter solcher Sonderfaktoren bedeute, daß sich das Problem ohne geldpolitisches Gegensteuern von selber wieder auflösen werde. Die Bundesbank hat sich allerdings mit sehr viel Vorsicht und Zurückhaltung an diese Aufgabe gemacht – aus Rücksicht auf Konjunktur, Wechselkurs und die Partner im EWS – und hat vor allem den im Jahr 1992 entstandenen starken Überhang bis ins Jahr 1994 hineingetragen. Insofern nahm sie ein relativ hohes Risiko der Absorption dieses Geldüberhangs über Preiserhöhungen in Kauf.

Es ist daher klar, daß man die starke Geldmengenexpansion der Jahre 1992–1994 nicht einfach den vielzitierten Sonderfaktoren zuschreiben darf. Selbstverständlich kann man deren Rolle, insbesondere für 1992 (und schon 1991) nicht negieren. Das starke Geldmengenwachstum und die Zielverfehlungen gingen aber letztlich in erster Linie auf alternative Ziele und Rücksichtnahmen zurück (Wechselkursstabilität, Konjunkturstützung, internationale Beziehungen und Empfindlichkeiten, interner politischer Druck).

Der Sachverständigenrat schlug im Herbst 1994 aufgrund solcher Erwägungen einen Abschlag von 2,5 % vom «normal errechneten» Geldmengenziel vor, zwecks Kompensation des aus 1992 vorgetragenen Überhangs. Dies wurde von der Bundesbank zwar nicht so befolgt. Im Ergebnis kam für 1995 dann aber doch in etwa eine solche Geldmengenentwicklung zustande.

Ein Muster an Stetigkeit bildet die Geldmengenentwicklung von 1992 bis

1994 sicher nicht. Die Frage läßt sich natürlich stellen, ob ein gleichmäßiger verlaufender Entwicklungspfad der Geldmenge, wie ihn etwa der Sachverständigenrat gefordert hatte, höhere realwirtschaftliche Instabilität mit sich gebracht hätte, als sie in der Wirklichkeit zu beobachten war. Die Erfahrungen dieser Periode, vor allem im Jahr 1994, zeigen aber auch, daß es irreführend sein kann, kurzfristigen, auf der Basis von Monatsänderungen (z.B. zu Jahresbeginn) hochgerechneten Entwicklungen eine allzu starke Bedeutung zuzumessen. Die Erwartungen der Bundesbank hinsichtlich einer Normalisierung der Geldmengenentwicklung im Jahr 1994 wurden letztlich weitgehend gerechtfertigt, und eine rasche Wende zur monetären Restriktion wäre in diesem Fall nicht angezeigt gewesen. Gleichzeitig aber zeigte die Periode 1992–1994 einmal mehr deutlich, daß die Bundesbank neben der Geldmengen- und Preisentwicklung in erheblichem Maß auch auf andere Nebenziele achtet, insbesondere jene der Verstetigung der Zinsentwicklung und der Konjunktur und der Vermeidung allzu abrupter Änderungen, und daß sie gegenüber Druck aus der Politik und Öffentlichkeit nicht völlig immun ist.

Klar ist jedoch, daß die Meinung jener, welche in den Jahren zuvor die Inflationsrisiken verharmlost und viel stärkere und raschere Zinssenkungen verlangt hatten, ungerechtfertigt war, denn die Inflationsraten stiegen gesamtdeutsch immerhin auf Werte bis gegen 5,1% an. Bei noch stärkerem Geldmengenwachstum in den Jahren 1992/93 wäre auch die Umkehr und Normalisierung in der zweiten Jahreshälfte 1994 und 1995 nicht so deutlich erfolgt.

7. Normalisierung des Geldmengenwachstums bei weiteren Zinssenkungen: 1995–1996

a) Allgemeine Entwicklung und Umfeld der Geldpolitik

Das weltwirtschaftliche Umfeld war 1995/96 weiterhin durch erhebliche internationale Unterschiede in der Konjunkturentwicklung gekennzeichnet, vor allem zwischen Europa und den USA. Die Wirtschaft der USA setzte, nach einer kurzen Beruhigungsphase im Jahr 1995, ihren schon seit mehreren Jahren anhaltenden kräftigen Aufschwung auch im Jahre 1996 fort, bei günstiger Arbeitsmarkt- und Preisentwicklung. In Europa andererseits geriet der eben erst begonnene Aufschwungprozeß bereits wieder ins Stocken, bei schlechter Arbeitsmarktsituation und schleppender Produktionsentwicklung. Die Inflationsraten bildeten sich umgekehrt im ganzen OECD-Raum zurück und erreichten ein vergleichsweise sehr niedriges Niveau.

Auch die BRD erlebte 1995/96 eine Wachstumsabschwächung gegenüber dem Vorjahr, mit unerwartet mäßigen Zuwachsraten des realen BIP von 1,9% für 1995 und einem noch etwas tieferen Wert von 1,4% für 1996. Die Entwicklung der Arbeitsmarktlage blieb weiterhin ungünstig. Die Teuerung hingegen stabilisierte sich auf tiefem Niveau (1995: 1,8%, 1996: 1,5%). Die Wachstumsabschwächung wurde begünstigt durch einen zeitweise markanten Aufwertungsdruck auf die D-Mark (gegenüber dem US-Dollar, zum Teil aber auch gegenüber europäischen Währungen, insbesondere der Lira), eine entsprechende Abschwächung der Auslandsnachfrage sowie durch starke Lohnerhöhungen anfangs 1995. Die deutsche Finanzpolitik blieb weiterhin angespannt, geprägt durch hohe Staatsausgaben und Transferlasten, Defizite und hohen Konsolidierungsbedarf.

An den Kapitalmärkten stellten sich ein markanter Zinsrückgang und eine Normalisierung der Zinsstruktur ein. In Europa kam es dabei zum Teil, unter Vorwegnahme einer künftigen Währungsunionsteilnahme der betroffenen Länder, zu einer relativ starken internationalen Angleichung der Langfristzinsen. Die Wechselkursentwicklung im EWS verlief vergleichsweise ruhig.

b) Die Geldpolitik der Bundesbank im Detail

Geldmengenziel und Geldmengenentwicklung

Zielsetzung der Bundesbank für 1995 war eine Zunahme der Geldmenge M3 von 4–6%. Die Ableitung dieses Ziels war durch erhebliche Schwierigkeiten und Ungewißheiten belastet. Die Bundesbank ging von einem Wachstum des Produktionspotentials von 2,75%, einer mittelfristigen normativen Teuerungsrate von 2% und einem Zuschlag von 1% für die abnehmende Umlaufsgeschwindigkeit von M3 aus. Vom so errechneten Wert von 5,75% machte sie aber angesichts des starken Wachstums der Geldmenge in den Vorjahren einen entsprechenden Abschlag auf 5% (±1%). Da die Geldmenge Ende 1994/Anfang 1995 sehr schwach wuchs und sogar zurückging und somit für einen entsprechend tiefliegenden Ausgangspunkt des Zieltrichters für 1995 sorgte, sah die Bundesbank dieses Ziel als konsistent mit einem völligen Abbau des in den Vorjahren aufgelaufenen Geldüberhangs an.

Die Bundesbank befürchtete Anfang 1995 eher eine zu starke monetäre Expansion für das kommende Jahr. Die tatsächliche Geldmengenentwicklung verlief dann sehr ungleichmäßig und in der Tendenz gerade umgekehrt (Schaubild 11). Zu Anfang des Jahres setzte sich der Geldmengenrückgang, der schon Ende 1994 eingetreten war, zunächst sogar verstärkt fort. Bis in den Sommer hinein wuchs die Geldmenge dann bei ausgeprägter Geldkapitalbildung wieder mäßig an, in der zweiten Jahreshälfte wieder etwas stärker. Für das Jahr 1995 insgesamt ergab sich ein Zuwachs für M3 von lediglich 2,1% und damit eine Zielunterschreitung. Schwach wuchsen in erster Linie die kurzfristigen Termineinlagen. Die Sichteinlagen nahmen recht kräftig zu, ebenso die Spareinlagen. Die Geldmenge M1 erzielte einen Zuwachs von 6,3%. Angesichts der relativ reichlichen Ausgangsausstattung (Geldüberhang der Vorjahre) und der bei der Zielfestlegung nicht hinreichend vorausgesehenen Substitution von Bankeinlagen durch die seit 1994 neu zugelassenen Geldmarktfondsanteile, welche eine Verschiebung der Geldnachfragefunktion nach unten bedeutete, interpretierte die Bundesbank die Zielunterschreitung für M3 nicht als Unterversorgung der Wirtschaft mit Liquidität und ging davon aus, daß sich in einer etwas längerfristigen Mehrjahresbetrachtung sowohl für M3 als auch für M1 angemessene Zuwachsraten «im Zielbereich» einstellen würden. Sie sah deshalb keine Ursache, die Unterschreitung von 1995 durch einen Aufschlag auf das Ziel für 1996 zu kompensieren.

Für 1996 wurde der Zielkorridor für M3 auf 4–7% festgelegt, auf der Basis eines angenommenen Potentialwachstums von 2,5%, einer normativen Preissteigerungsrate von 2% und eines Umlaufsgeschwindigkeitszuschlags von 1%. Die Korridorbreite wurde wegen der in der jüngeren Zeit häufig erfahrenen Instabilität in der kürzerfristigen Geldmengenentwicklung auf 3% vergrößert. Sowohl der Sachverständigenrat als auch die Wirtschaftsforschungsinstitute in ihrem Gemeinschaftsgutachten hatten für das Geldmengenziel 1996 vorgeschlagen, als Ausgangspunkt entgegen der üblichen Praxis der Bundesbank nicht den tatsächlichen (durchschnittlichen) Stand von M3 im 4. Quartal 1995 zu wählen, sondern den Mittelwert des für 1995 festgelegten Zielkorridors, was einen wesentlich höher liegenden Ausgangspunkt impliziert hätte.[25] Die Bundesbank lehnte diesen Vorschlag ab, weil er ihres Erachtens eine zu hohe Geldmengenexpansion angezeigt und damit möglicherweise destabilisierende Erwartungen geschaffen hätte. Sie teilte aber die Beurteilung, daß die Geldausstattung Anfang 1996 keinesfalls mehr als übermäßig angesehen werden konnte. Sie wollte deshalb mit der Ausdehnung des Zielkorridors um einen Prozentpunkt nach oben angesichts des schwachen Geldmengenwachstums des Vorjahrs auch eine gewisse Toleranz für eine wieder etwas stärkere Zunahme im Jahr 1996 zum Ausdruck bringen. In der ersten Jahreshälfte 1996 verlief das Geldmengenwachstum tatsächlich recht stark und oberhalb des Zielkorridors, begleitet von zinsbedingten Umschichtungen von Geldkapitalanlagen zu Termineinlagen. Mitte des Jahres bestätigte die Bundesbank ihr Jahresziel für 1996 und die zugrunde gelegten Annahmen und drückte die Erwartung aus, daß sich das Expansionstempo der Geldmenge noch im laufenden Jahr aufgrund von Rückbildungen dieser Umschichtungen wieder normalisieren werde. Tatsächlich verlief das Geldmengenwachstum im

25 Vgl. Sachverständigenrat, Jahresgutachten 1995/96.

Geldmengenziele und tatsächliche Entwicklung der Geldmenge *) 1995-1996 Schaubild 11

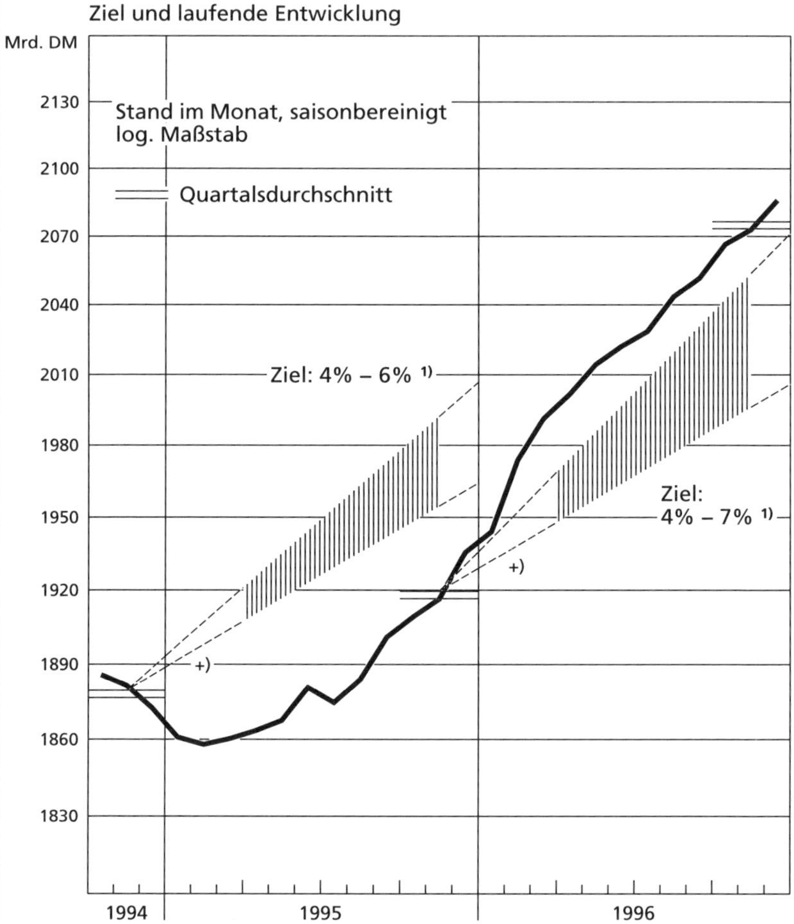

* M3, gemittelt aus fünf Bankwochenstichtagen; dabei Ultimostände jeweils zur Hälfte angerechnet. — + Der Zielkorridor wurde bis März nicht schraffiert, weil M3 um die Jahreswende i.d.R. stärkeren Zufallsschwankungen unterliegt. — 1 Vom 4. Quartal des vorangegangenen Jahres bis zum 4. Quartal des laufenden Jahres. — Quelle: Deutsche Bundesbank.

Herbst wieder etwas gedämpfter, blieb aber schließlich mit einer Zunahme von 8 % klar oberhalb des Zielkorridors. Gleichzeitig brachten die wiederholt aufgetretenen Unstetigkeiten im kurzfristigen Geldmengenverlauf die Bundesbank einmal mehr dazu, das mittelfristige Expansionstempo über etwas längere Fristen hinweg als essentiell zu betonen.

Leitzinssätze, Pensionssatz und Geldmarktsatz 1995-1996 Schaubild 12

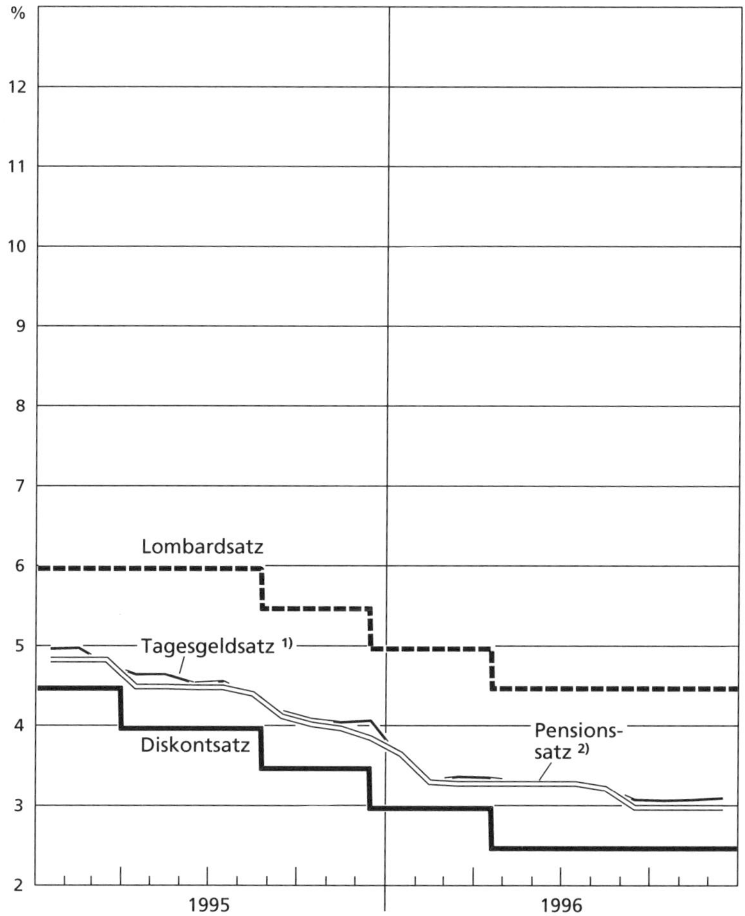

1 Monatsdurchschnitte. — **2** Monatsdurchschnittlicher Zinssatz für Wertpapierpensionsgeschäfte mit zweiwöchiger Laufzeit, einheitlicher Zuteilungssatz (Mengentender) bzw. marginaler Zuteilungssatz (Zinstender). — Quelle: Deutsche Bundesbank.

Maßnahmen der Geldmarktsteuerung

Angesichts der schwachen, unterhalb des Zielkorridors verlaufenden Geldmengenentwicklung des Jahres 1995, des inzwischen erzielten Inflationsrückgangs sowie der labilen Konjunktursituation entschied sich die Bundesbank, die Notenbankzinsen in mehreren Schritten noch einmal kräftig zu senken. Der Diskontsatz wurde von 4,5% anfangs 1995 auf den historischen Tiefstand von 2,5% im April 1996 zurückgeführt, der Lombardsatz von 6% auf 4,5% und der Pensionssatz von einem Niveau von etwa 4,85% anfangs 1995 auf 3,3% anfangs 1996 und sogar 3% im August 1996 (Schaubild 12). Parallel zu diesen zinspolitischen Lockerungen der Bundesbank fanden auch entsprechende Lockerungsschritte anderer europäischer Notenbanken statt. Im Laufe dieser Zinslockerungen bildeten sich auch die Kapitalmarktzinsen zurück, wenn auch nicht ganz im Gleichschritt mit der Senkung der Kurzfristzinsen und bei einer recht steil werdenden Zinsstruktur. Das deutsche Zinsniveau blieb dabei – bei einer Tendenz zunehmender Angleichung – am unteren Ende des internationalen Zinsspektrums.

Mit einem Beschluß vom Sommer 1995 führte die Bundesbank ihre 1993 begonnene Neuregelung der Mindestreservebestimmungen weiter. Die Mindestreservesätze für Sichteinlagen wurden noch einmal reduziert (von 5% auf neu 2%), ebenso jene für Spareinlagen (von 2% auf 1,5%), während jene für Termineinlagen unverändert auf 2% belassen wurden.

c) Die Geldpolitik in der öffentlichen Diskussion

Obwohl die Geldpolitik 1995/96 durch insgesamt markante Zinssenkungen charakterisiert war, verlief der Zinsentspannungsprozeß für manche der traditionellen Kritiker einer «zu harten» und «beschäftigungsfeindlichen» Bundesbankpolitik im In- und Ausland zu langsam und zu wenig konsequent. So war die Bundesbank auch in dieser Phase häufiger und zum Teil heftiger Kritik aus dieser Richtung ausgesetzt. Jeder Zinssenkungsschritt fand zwar breite Anerkennung und Beifall. Es folgten aber in der Regel unverzüglich weitere Forderungen sowie eine baldige Fortsetzung der bisherigen Kritik. Damit verbunden war meist ein etwas naiver Glaube an die Steuerbarkeit der Realwirtschaft durch die Geldpolitik und eine Verharmlosung von Inflations- und Stabilitätsrisiken.[26] Bemerkenswert war auch (vor allem in den USA) ein gewisses Wiederaufleben der Sicht, wonach «ein wenig» Inflation als Schmieröl für Strukturwandel und Wirtschaftswachstum diene – einer Sichtweise, welche ganz auf Geldillusion baut und in den sechziger/siebziger Jahren wesentlich zur Entstehung des verhängnisvollen Inflationsprozesses der nachfolgenden Jahrzehnte beigetragen hatte.

Zunehmend nahm die Kritik an der Bundesbank in der jetzigen Phase die grundlegende Form der Infragestellung einer Geldmengenorientierung

26 1995 fanden die Vertreter dieser Ausrichtung im übrigen angesichts des schwachen Geldmengenwachstums vorübergehend eine Zuneigung zu einer verstärkten Geldmengenorientierung, die sie aber schon 1996 bei wiedererstarkter monetärer Expansion rasch wieder abzustreifen bereit waren.

der Politik an sich an. Hilfreich für die Bundesbank war dabei, daß sie seitens der maßgebenden Organe der Politikberatung, insbesondere des Sachverständigenrats, aber auch wichtiger Wirtschaftsforschungsinstitute, in ihrer Grundausrichtung klare Unterstützung fand. Insgesamt zeigte die Bundesbank in ihrer Politik 1995/96 erneut viel Beständigkeit und Kontinuität sowie einen eindrücklichen Stabilitätswillen in einem durch schlechte Konjunktur und viel Nervosität geprägten nationalen und internationalen Umfeld.

d) Geldmengenziel für 1997/98

Ende 1996 entschied sich die Bundesbank erstmals seit Aufnahme ihrer Politik der Geldmengenziele für eine Ausdehnung des Zielhorizonts auf zwei Jahre. Sie legte für beide nachfolgenden Jahre ein Zuwachsziel für M3 von etwa 5% fest. Für 1997 präzisierte sie dieses Ziel zudem durch die Festlegung eines Zielkorridors von 3,5–6,5%. Eine entsprechende Präzisierung für 1998 stellte sie auf Ende 1997 in Aussicht. Hintergrund für diese Zielwerte bildeten, ähnlich wie in den Vorjahren, die Annahmen eines realen Potentialwachstums von 2%, einer normativen Preissteigerungsrate von 1,5–2% und eines trendmäßigen Rückgangs der Umlaufsgeschwindigkeit von 1%. Von einem Abschlag für die Ende 1996 bestehende Überschreitung des bisherigen Verlaufsziels sah die Bundesbank angesichts der momentan als gering eingeschätzten Inflationsrisiken und der vermuteten Tendenz einer Überzeichnung der «ausgabenrelevanten» Liquiditätsausweitung durch M3 (starke Zunahme der «Vermögenskomponenten» der Geldmenge) ab. Die leichte Absenkung des Zielkorridors gegenüber dem Vorjahr sollte jedoch die stabilitätspolitischen Ambitionen der Bundesbank unterstreichen.

Die Entscheidung für ein Zweijahresziel reflektierte auf der einen Seite die in der jüngeren Zeit immer wieder festgestellte kurzfristige Volatilität der M3-Entwicklung und die damit verbundene verstärkte Betonung des mittelfristigen Charakters der Geldpolitik der Bundesbank. Ebensosehr aber war dieser Entscheid bedingt durch die bevorstehende «Interimsperiode» bis zum Beginn der Europäischen Währungsunion anfangs 1999. Durch die Setzung eines klaren Stabilitäts- und Kontinuitätssignals für die ganze verbleibende Zeit autonomer Bundesbankpolitik sollten Unsicherheiten der Märkte über die Geldpolitik soweit wie möglich begrenzt werden. Zugleich sollte den anderen europäischen Notenbanken sowie der zukünftigen Europäischen Zentralbank dadurch ein klarer Orientierungs- und Anknüpfungspunkt für ihre eigene Politik gewährleistet werden. Der Übergang zu einem Zweijahreshorizont war in diesem Sinn als eine konsequente Fortsetzung der bisherigen Politik und keineswegs als ein grundlegender Strategiewechsel zu verstehen.

Insbesondere sollten durch die Gewährleistung günstiger Ausgangsbedingungen die Startchancen für die Geldpolitik in der künftigen Währungsunion vorteilhaft beeinflußt werden.

8. Die geldpolitische Strategie der Bundesbank. Sind Geldmengenziele sinnvoll?

Die Bundesbank vertritt seit über 20 Jahren eine Politik der potentialorientierten Geldmengensteuerung. Wie überzeugend ist diese als Strategie der Geldpolitik?

a) Verstetigungspolitik mit diskretionären Elementen

Ihrem eigenen Verständnis gemäß versucht die Bundesbank, einen pragmatischen Mittelweg zwischen den Extrempositionen einer strikt regelgebundenen und einer völlig diskretionären Politik zu begehen. Dieser Mittelweg läßt sich als «Verstetigungsstrategie mit diskretionären Elementen» bezeichnen.[27] Es liegt in der Natur der Sache, daß ein solcher Mittelweg stets von zwei Seiten her kritisiert werden kann. Wurde der Bundesbank einerseits immer wieder einmal ihr «dogmatischer Monetarismus» vorgeworfen, so wurde sie andererseits nicht selten auch eines Rückfalls in eine rein diskretionäre Politik alten Zuschnitts bezichtigt.

Dem Gedanken der Verstetigung hat die Bundesbank nachzuleben versucht durch

- die klare Verankerung der Geldwertstabilität als vorrangiges Ziel ihrer Politik,
- regelmäßige (jährliche) Vorankündigung ihres Kurses, jeweils unter Berücksichtigung der Politik und Entwicklung der Vorjahre und unter Erklärung der hinter der Kursankündigung stehenden Prinzipien,
- Angabe von Bedingungen, unter denen sie vom angekündigten Mittelkurs in bestimmter Weise abzuweichen gedachte,
- möglichst große Stetigkeit im Einsatz ihrer Mittel, Vermeidung abrupter Änderungen und Kurswechsel und generell mittelfristige Orientierung in ihrem Verhalten.

Die erklärten Ziele dieser Bemühungen um eine «regelmäßige», stetige Politik

27 Issing, Einführung, S. 286. Für allgemeine Darstellungen der Geldmengenpolitik der Bundesbank vgl. Issing, Grundlagen der Geldmengenpolitik oder König, Monetary Targeting.

sind eine möglichst zuverlässige und glaubwürdige Vermittlung von Informationen über den künftigen Gang der Geldpolitik an die Wirtschaftsteilnehmer, die Minimierung monetär bedingter Unsicherheiten und damit die Erleichterung und Stabilisierung der Erwartungsbildung und der Zukunftsplanung der Haushalte und Unternehmungen. Regelbindungen und Selbstverpflichtungen der Politik tragen zur Vermeidung von Zeitinkonsistenz- und Glaubwürdigkeitsproblemen bei, schaffen einen Rechtfertigungszwang für die Notenbank bei Fehlentwicklungen und erleichtern damit die Disziplinierung der Geldpolitik durch den Markt.[28]

Die diskretionären Elemente der Politik der Bundesbank andererseits kommen darin zum Ausdruck, daß sie ihre Zielvorstellungen (fast) immer als Korridor mit zeitweise beträchtlicher Breite und unter Nennung von Bedingungen und Vorbehalten formulierte, welche ihr grundsätzlich ein Abweichen vom angekündigten mittleren Kurs erlaubten. Die Bundesbank sieht dies als unerläßlich an, um auf Änderungen der relevanten monetären Zusammenhänge und des geldpolitischen Umfelds reagieren zu können, welche bei der Zielformulierung nicht vorhersehbar sind. Für die Korridorformulierung spielt zudem die Tatsache ein Rolle, daß die Notenbank ihre Zielgrößen nicht kurzfristig exakt, sondern bloß indirekt und mittelfristig steuern kann.

Die Bundesbank unterscheidet sich in diesen Grundvorstellungen nicht fundamental von der Mehrzahl anderer Notenbanken. Diese Grundvorstellungen, welche einer in der wissenschaftlichen Behandlung der Geldpolitik heute weit verbreiteten Sichtweise entsprechen, sind vernünftig und gut vertretbar, sagen aber nur wenig über die konkrete Durchführung der Geldpolitik. Die Bundesbank unterscheidet sich in dieser Beziehung insofern von den meisten anderen Zentralbanken, und zwar in einem positiven Sinn, als sie der Preisstabilität als prioritärer Zielsetzung der Notenbankpolitik sowie dem Aspekt der Stetigkeit und «Regelmäßigkeit» in ihrer Politik der vergangenen 20 Jahre vergleichsweise viel deutlicher und nachdrücklicher gerecht zu werden versucht hat. Darin liegt allerdings eine letztlich sehr wichtige Differenz.

Deutlich von der Mehrzahl anderer Notenbanken unterscheidet sich die Bundesbank zudem dadurch, daß sie sich seit über 20 Jahren einer Geldmengengröße zur Vorankündigung und Erklärung ihres Kurses bedient. Sie verwendet damit eine zweistufige (Zwischenziel-)Strategie, wie dies einer langen Tradition in der Praxis und Theorie der Geldpolitik entspricht. Die Ungewißheit über die kurzfristigen empirischen Zusammenhänge zwischen den Instrumenten und den Endzielen der Geldpolitik, einschließlich der involvierten Zeitverzögerungen, zusammen mit der vergleichsweise hohen Stabilität und Zuverlässigkeit der langfristigen monetären Beziehungen, bildet die traditionelle Rechtfertigung einer solchen Zwischenzielstrategie. Als Zwi-

28 Vgl. z.B. Barro/Gordon, Rules sowie Blackburn/Christensen, Monetary Policy.

schenziel ist dabei eine Größe zu wählen, deren Verlauf von der Notenbank kurzfristig hinreichend gut steuerbar ist und welche in der mittleren und langen Frist straff und zuverlässig mit dem angestrebten Endziel verbunden ist.

Die Wahl eines Geldaggregats als Zwischenziel und Indikator der Geldpolitik beruht auf einem an der Quantitätstheorie orientierten Grundverständnis der monetären Zusammenhänge, wie es mit einer breiten Klasse von heute gebräuchlichen makroökonomischen und geldtheoretischen Modellen – und nicht etwa nur einem eng verstandenen Monetarismus – konsistent ist, sowie auf einer inzwischen langjährigen Erfahrung mit dem trendmäßigen Zusammenhang zwischen Geldmengen- und Preisentwicklung. Das vorrangige Ziel der Bundesbank für ihre Politik war mit der Preisstabilität immer die Stabilität jener Größe, welche die Geldpolitik, und nur sie, langfristig wirklich zuverlässig kontrollieren kann. Umgekehrt war die Bundesbank sich stets bewußt, daß die Verfolgung realer Ziele mit der Geldpolitik wenig Sinn macht. So kann die Geldpolitik reale Größen, wenn überhaupt, nur kurzfristig beeinflussen. Längerfristig verpuffen die realen Effekte einer expansiven Geldpolitik, und es verbleiben nur deren inflatorische Konsequenzen.

Einwände gegenüber dieser geldpolitischen Strategie können auf zwei Ebenen vorgebracht werden, einerseits auf der grundsätzlichen Ebene, andererseits auf jener der Implementierung und konkreten Durchführungsform. Beiden Kritikformen sah sich die Bundesbank häufig ausgesetzt.

b) Grundsätzliche Einwände und Alternativen

Immer wieder anzutreffen ist die Kritik jener, welche einem monetären Aggregat andere Variablen als Indikator und Zwischenziel der Geldpolitik vorziehen, insbesondere Zinssätze und Wechselkurse. Zinsvariablen als Zwischenziel der Geldpolitik werden meistens von jenen befürwortet, welche die Konjunktursteuerung als Aufgabe der Geldpolitik in den Vordergrund stellen. Grundsätzlich muß gegen eine auf Konjunkturbeeinflussung ausgerichtete Politik der Zinssteuerung eingewendet werden, daß diese höchstens vorübergehende reale Wirkungen erzeugen kann. Die Geldpolitik sollte sich daher auf die Steuerung des Preisniveaus konzentrieren, denn nur dazu ist sie wirklich zuverlässig in der Lage. Doch gerade da liegt die Hauptschwäche einer Politik der Zinssteuerung, da sie im Gegensatz zur Geldmengensteuerung keine klare Verankerung des Preisniveaus mit sich bringt. Zwar kann man im Prinzip, bei gegebenen Ausgangsbedingungen, für jede Geldmengenpolitik stets eine entsprechende Zinspolitik formulieren und vice versa. Die Zinspolitik ist aber häufig viel komplexer und schwerer durchführbar, verlangt doch eine Senkung der langfristigen Zinssätze in der Regel zunächst eine Erhöhung der Kurzfristzinsen und umgekehrt, was für Politiker und Öffentlichkeit nicht ohne weiteres einsehbar und erklärbar ist. Vor allem aber sind Zinssätze, insbesondere die Langfristzinsen, stark von Zukunftserwartungen und anderen Einflüssen abhängig. Sie sind daher als Indikatoren der Geldpolitik schwer interpretierbar und als Zielgrößen schlecht kontrollierbar. Erst recht gelten diese Einwände für Realzinssätze und die Zinsstruktur. Zwischen diesen Größen und der Höhe des Preisniveaus besteht überhaupt kein zwingender Zusammenhang.

Ein (nominelles) Wechselkursziel kann für ein Land, welches seine Währung an jene eines anderen, stabilitätsbewußten Landes binden und seine Stabilität aus diesem importieren will, eine durchaus taugliche Form der Geldpolitik darstellen.[29] Eine solche Bindung muß dann aber in einer völlig festen und langfristig glaubwürdigen Form etabliert werden und impliziert die gänzliche Aufgabe der eigenen geldpolitischen Autonomie. Sie ist daher keine mögliche Politik für ein Land, welches über die Qualität seiner Währung selbständig bestimmen will oder dessen Währung, wie die D-Mark, in einem Wechselkursverbundsystem Ankerfunktion besitzt. Eine Wechselkurspolitik ist im übrigen indirekt natürlich ebenfalls eine Geldmengenpolitik; nur ist es in diesem Fall die Geldmengenpolitik jenes Landes, an dessen Währung man sich gebunden hat. Überhaupt nicht tauglich als Zielvariable der Geldpolitik ist der reale Wechselkurs; wie bei Zinszielen ist damit keine Verankerung des Preisniveaus gewährleistet.

Die Hauptargumentation gegen die Geldmengenpolitik entspringt aber heute weniger einer grundsätzlichen Präferenz für andere Zwischenzielvariablen als der Vorstellung, daß es mit der Entwicklung der modernen Finanzmärkte und ihrer Internationalisierung zunehmend schwieriger werde, Geldmengenaggregate zu steuern und zu interpretieren. Dabei wird häufig auf die Erfahrungen anderer Länder, wie etwa der USA oder Großbritanniens, hingewiesen, in denen die bisherigen monetären Zusammenhänge, bedingt durch Innovationen und Weiterentwicklungen der Finanzmärkte und ihrer Instrumente, undurchsichtig geworden sind und welche deswegen eine Geldmengensteuerung aufgegeben haben. In Deutschland wird in diesem Zusammenhang auf die Zielverfehlungen der letzten Jahre und die erfahrenen Instabilitäten in der Geldmengenentwicklung hingewiesen. Empfohlen wird dann vorzugsweise eine Politik, welche an die Stelle der Geldmenge eine Vielzahl geldpolitischer Indikatorvariablen setzt und sich an *direkten Inflationszielen* ausrichtet (*inflation targeting*[30]). Wenn man *inflation targeting* als eine Strategie versteht, bei der die Notenbank automatisch auf Abweichungen der realisierten oder erwarteten Inflationsrate von einer Zielrate reagiert, so ist es

29 Vgl. dazu etwa Giavazzi/Pagano, Central Bank Credibility.

30 Zur Strategie direkter Inflationsziele, vgl. etwa King, Inflation Targets oder Fischer/Zurlinden, Geldpolitik.

wegen der langen Transmissionswege der Geldpolitik und der Schwierigkeiten zuverlässiger Inflationsprognosen äußerst heikel, den Mitteleinsatz richtig zu dosieren. Faßt man hingegen *inflation targeting* einfach als eine einstufige Strategie der Geldpolitik auf, bei der die Notenbank ihre Mittel unter Verwendung aller verfügbaren Informationen direkt auf das Endziel der Inflationskontrolle ausrichtet, so handelt es sich um eine zunächst wenig spezifizierte, offene Art der Geldpolitik («*looking at everything*»), welche eine Geldmengenpolitik ebenso subsumieren kann wie vieles anderes.

Natürlich läßt sich sagen, daß die theoretisch optimale Geldpolitik alle relevanten Informationen ausnützt und daß deshalb eine geldpolitische Reaktionsfunktion, welche sich auf eine einzelne beobachtbare Größe, die Geldmenge, abstützt, bestenfalls *second best* bleiben kann. Wenn aber diese Größe (die Geldmenge) für die mittel- und längerfristige Entwicklung der Zielvariablen (das Preisniveau) die entscheidende ist und wenn zudem gegenüber Reaktionen auf kurzfristige Störungen aller Art aufgrund von Ungewißheit, Wirkungsverzögerungen sowie aus Glaubwürdigkeitsmotiven Vorsicht am Platz ist, so kann dies trotzdem eine zweckmäßige und möglicherweise die beste realisierbare Strategie darstellen.

Theoretisch optimal wäre eine Geldpolitik gemäß einer zustandsabhängigen Regel, welche flexible Reaktionen auf kurzfristige Störungen mit glaubwürdiger Verpflichtung auf trendmäßige Preisstabilität verbindet. Praktisch besteht aber immer ein Konflikt zwischen kurzfristiger Flexibilität und Glaubwürdigkeit langfristiger Regelgebundenheit. Eine Strategie des «*looking at everything*» ist äußerst schwer von einer rein diskretionären Politik mit all ihren Problemen unterscheidbar. Eine Geldmengenpolitik bedeutet zwar den Verzicht auf die Ausnutzung gewisser Informationen, bringt dafür aber eine zuverlässigere Bindung an die mittel- und längerfristige Zielsetzung mit sich und damit eine stärkere Disziplinierung der Geldpolitik, nicht zuletzt über die Stärkung ihrer Transparenz und den Rechtfertigungszwang bei Fehlentwicklungen. Dabei sind in der Praxis die Unterschiede nie so kraß wie im Lehrbuch. Auch die Bundesbank und jede andere Notenbank, die je Geldmengenziele verwendet hat, berücksichtigen neben der Geldmenge auch andere Informationen, die ihr bezüglich der Entwicklung ihrer Zielvariablen relevant erscheinen. In Frage steht nur deren Gewichtung.

Natürlich ist es richtig, daß Zwischenziele wie die Geldmenge als Disziplinierungsinstrumente nur so lange wirksam sein können, wie ihre Realisierung mit dem anvisierten Endziel und den diesbezüglichen Präferenzen der Bevölkerung konsistent ist, und daß deshalb glaubwürdige Zielfestlegungen für die Endzielvariable diesen Disziplinierungseffekt ebenfalls erfüllen können.[31] Wenn Notenbanken ein Preisstabilitätsziel wirklich glaubhaft verankern kön-

31 Vgl. etwa King, Inflation Targets.

nen, in dem Sinn etwa, daß ihr Prestige klar und sichtbar damit verbunden ist, mag dies genügen. Gerade zur Verankerung dieser Selbstverpflichtung können aber ein Geldmengenziel und die Ausnutzung der langfristigen Beziehung zwischen Geldmenge und Preisniveau einen hilfreichen Beitrag liefern.

Solange die wichtigen monetären Zusammenhänge zwischen Geldmenge, Nominaleinkommen und Preisniveau mittel- und längerfristig beobachtbar und stabil bleiben, wie dies für Deutschland aufgrund der verfügbaren empirischen Evidenz bisher der Fall zu sein scheint,[32] wäre es wenig sinnvoll, dies nicht durch die Beibehaltung der während eines Zeitraums von 20 Jahren bewährten Strategie der mittelfristig orientierten Geldmengenkontrolle auszunutzen. Ausnutzbar ist dabei insbesondere der Vorlaufcharakter der Geldmenge für Preisniveauentwicklungen. Eine Abkehr von dieser Strategie könnte leicht als negatives Signal – als Abkehr von der Stabilitätspolitik insgesamt – interpretiert werden und schwere Glaubwürdigkeitsverluste mit sich bringen. Die Politik der Bundesbank ist daher, jedenfalls in ihrem Grundsatz und unter bisherigen Bedingungen, gut gerechtfertigt und überzeugend, die Argumente für eine Abkehr von ihr sind wenig fundiert. Selbstverständlich gibt es keine Garantie dafür, daß die Verhältnisse auch in Zukunft so bleiben müssen, daß diese Einschätzung weiterhin Bestand haben wird.

Inflation targeting ist umgekehrt von jenen Ländern benutzt worden, welche über schwache Erfolgsausweise bei der Inflationsbekämpfung verfügten. In allen Fällen ist der Übergang zu direkten Inflationszielen als Signal für einen Regimewechsel und als Methode zur besseren Verankerung des Preisstabilitätsziels verwendet worden. Für Deutschland hat dieses Argument für den Wechsel zu einer Strategie des *inflation targeting* offensichtlich keine Bedeutung.

c) *Einwände gegenüber der Form der Implementierung*

Die grundsätzliche Befürwortung einer auf die Steuerung der Geldmenge ausgerichteten Strategie der Geldpolitik läßt die Regelung zahlreicher Detailfragen in der Durchführung einer solchen Politik immer noch offen. Auch auf solche Fragen bezogene Kritik mußte sich die Bundesbank häufig gefallen lassen. Zentrale Punkte der Auseinandersetzung auf dieser Ebene betrafen die Wahl des Geldaggregats, welches die Bundesbank als Indikator und Zwi-

32 Vgl. Deutsche Bundesbank, Zusammenhang, S. 20ff.; Deutsche Bundesbank, Überprüfung, S. 19ff. sowie Deutsche Bundesbank, Geldmengenziel 1996, S. 21ff.; vgl. auch Möller/Jarchow, Umlaufsgeschwindigkeit. Jene, welche bereits heute einen Zusammenbruch der etablierten monetären Zusammenhänge auch für Deutschland diagnostizieren, verwechseln häufig den Einfluß vorübergehender, z.B. zinsbedingter Strukturverschiebungen, wie man sie bei der Durchführung der Geldpolitik seit jeher zu beachten hat, mit der (allein relevanten) längerfristigen Stabilität der monetären Beziehungen.

schenziel in den Mittelpunkt ihrer Politik stellt, die Verwendung eines Zielkorridors (anstelle eines Punktziels), die Nennung von Zusatzbedingungen bei der Zielfestlegung und der dadurch geschaffene diskretionäre Spielraum sowie die Verwendung von Einjahres- statt Mehrjahreszielen.

Bekanntlich spielt für die Bundesbank seit 1988 die Geldmenge M3 die Rolle der Indikator- und Zwischenzielvariablen, nachdem sie zuvor für diesen Zweck die Zentralbankgeldmenge benutzt hatte. Die Gründe für den Übergang zu M3 wurden in Abschnitt 4 dargestellt und sollen hier nicht erneut aufgenommen werden. Aber auch M3 ist, gerade in der jüngsten Zeit, immer wieder in Frage gestellt worden.

M3 (wie auch die Zentralbankgeldmenge) enthält mit den Termin- und Spareinlagen Anlagearten, welche in beträchtlichem Ausmaß Vermögens- und Wertaufbewahrungscharakter haben und nicht direkt Zahlungsmittel darstellen. Hinter ihrem Einschluß steht die Vorstellung, daß auch diese Anlagen eine Liquiditätskomponente besitzen und damit Substitute für Anlagen mit eigentlichem Zahlungsmittelcharakter sind. Eine an den traditionellen Vorstellungen der Geldtheorie ausgerichtete Sichtweise pflegt umgekehrt den Zahlungsmittelcharakter des Geldes stärker in den Vordergrund zu stellen und bevorzugt daher eine Konzentration auf jene Aggregate, welche diesen am reinsten zum Ausdruck bringen, nämlich die in M1 zusammengefaßten Größen Bargeld und Sichteinlagen.

Von der Bundesbank als Nachteil von M1 (und ebenso M2) hervorgehoben wird demgegenüber die starke Zinsabhängigkeit dieses Aggregats und die im Vergleich zu M3 viel stärkere Beeinflussung durch Umschichtungen zwischen Termin- und anderen Einlagen. Das Hauptargument der Bundesbank für M3 ist allerdings ein empirisches: Der Zusammenhang zwischen M3, gesamtwirtschaftlicher Aktivität und Preisentwicklung hat sich für Deutschland als im längerfristigen Durchschnitt besonders eng und stabil erwiesen.

Allerdings mußte auch die Bundesbank seit geraumer Zeit und besonders in den letzten Jahren zugeben, daß die Entwicklung und Internationalisierung der Geld- und Finanzmärkte es immer schwieriger machen, kurzfristige Schwankungen der Geldmenge M3 adäquat zu interpretieren und zu steuern. Mit zunehmender Häufigkeit mußte die Bundesbank in den letzten Jahren Sonderfaktoren verschiedener Art beanspruchen, um kurzfristige Ausschläge der Geldmengenentwicklung zu erklären und als tolerierbar, d.h. als nicht entscheidend für die Entstehung eines Inflations- oder Deflationspotentials, zu bezeichnen: «Die Häufung von Störeinflüssen hat die Kompaßfunktion der Geldmenge M3 auf kürzere Sicht zeitweilig beeinträchtigt. Die Vorzüge der Geldmengensteuerung zeigen sich im Ergebnis nun stärker in der mittelfristigen Perspektive.»[33]

33 Deutsche Bundesbank, Geschäftsbericht 1995, S. 84.

Dabei spielen besonders die Vermögenskomponenten in M3 eine wichtige Rolle. Durch das Wachstum der Bedeutung von Euroanlagen und die Zulassung von Geldmarktfondsanteilen als nahe Substitute für Terminanlagen sind solche Verzerrungen noch verstärkt worden. Die Bundesbank beobachtet daher seit einiger Zeit zunehmend auch ein entsprechend erweitertes Aggregat («M3 erweitert»). Dieses ist allerdings noch weiter von einer direkten Kontrolle durch die Bundesbank entfernt; zudem ist der Substitutionsgrad dieser Anlagen für eigentliche Zahlungsmittel unklar. Auf diesem Hintergrund läßt sich fragen, ob es nicht angezeigt wäre, vermehrt auf ein engeres Aggregat zu setzen, anstatt M3 noch zu erweitern.

Die größere kurzfristige Störanfälligkeit von M3 veranlaßt die Bundesbank, vermehrt die mittelfristige Ausrichtung ihrer Politik zu betonen. Dies ist eine sinnvolle Reaktion und geht in die Richtung einer von monetaristisch orientierten Kritikern häufig vorgeschlagenen längerfristigen Zielperspektive, etwa in der Form von Mehrjahreszielen anstelle von Einjahreszielen. Die Bundesbank hat dies zwar bis vor kurzem mit dem Argument abgelehnt, daß es im Fall von permanenten Änderungen der monetären Grundbeziehungen zu Fehlentwicklungen führen würde. In der Tat wären längerfristige Zielfestlegungen dieser Gefahr unterworfen, wenn sie unkonditioniert formuliert würden. Dies trifft aber nicht mehr zu, wenn man Konditionen und Korrekturen für Fehlentwicklungen, etwa bei verändertem Trend der Umlaufsgeschwindigkeit, zuläßt. Selbstverständlich beruht auch bei konditionierten Mehrjahreszielen mit Korrekturmöglichkeit die Glaubwürdigkeit der Geldpolitik letztlich entscheidend auf der Fähigkeit der Notenbank, Zielabweichungen und -korrekturen überzeugend zu erklären und zu rechtfertigen.[34]

Die Verwendung von konditionierten Zielformulierungen und (relativ breiten) Zielkorridoren wurde aus monetaristischer Sicht wegen des damit für die Bundesbank geschaffenen diskretionären Spielraums häufig kritisiert. Ein bekanntes, mit der Praxis von Zielkorridoren verbundenes Problem liegt darin, daß die volle Ausnutzung des Korridors, durch die Verschiebung des jeweiligen Ausgangspunkts für den Korridor der nachfolgenden Periode, einen eigentlich nicht vorgesehenen Wachstumstrend zuläßt (*base drift*). Ein Mehrjahresziel wäre in diesem Sinn ein stringenteres Ziel.

Die Wahl des «richtigen» Geldaggregats bei der Durchführung einer Geldmengenpolitik gehört ebenso wie die Fragen von Korridoren und Zusatzbedingungen bei der Zielfestlegung zu den meistdiskutierten Aspekten der Geldpolitik, in Deutschland wie anderswo. In der Tat sind diese Fragen nicht unwichtig. Andererseits ist aber ihre Bedeutung auch wieder in den richtigen

34 Ein Beispiel für die Verwendung mehrjähriger Geldmengenziele, aber auch für die Schwierigkeiten, die mit dieser verbunden sein können, bietet die Praxis der Schweizerischen Nationalbank seit 1990.

Proportionen zu sehen. Langfristig gesehen entwickeln sich alle Geldaggregate mehr oder weniger parallel, zum Teil mit etwas unterschiedlichen, aber erklärbaren Trendraten. Zentral für die Geldpolitik ist die glaubwürdige Verankerung des Entwicklungstrends eines Geldaggregats, und damit der Preisentwicklung. Dies ist im Prinzip unabhängig vom konkret gewählten Geldmengenkonzept möglich.

Auf einer noch fundamentaleren Ebene läßt sich feststellen, daß die von der Notenbank verwendete geldpolitische Strategie zwar wichtig ist, daß aber letztlich entscheidend der hinter der Verwendung solcher Strategien stehende Wille zur Stabilität ist. Dieser wiederum muß auf einem in Bevölkerung und Politik fest verankerten Bewußtsein der Vorteile von Preisstabilität und der Kosten von Inflation und monetärer Instabilität ruhen. Dies ist der Nährboden, auf dem stabilitätskonforme monetäre Strategien und die Bereitschaft zu ihrer Implementierung und Durchsetzung wachsen. Geldmengenziele sind sowohl Instrumente zur Umsetzung dieses Willens als auch dessen Reflektion.

9. Das Instrumentarium der Bundesbank

Die Steuerung der Geldmenge durch die Bundesbank ist eine indirekte Steuerung über die Beeinflussung der Angebots- und Nachfragebedingungen am Markt für Zentralbankgeld. Aus dem Angebot der Notenbank an Zentralbankgeld, der Nachfrage der Banken und der restlichen Wirtschaft nach solchem und dem Zusammenspiel der Geldmarktverhältnisse mit jenen in den übrigen Finanz- und den Gütermärkten bestimmen sich die Gesamtgeldmenge und die Zinsverhältnisse. Die Notenbank kann die Bedingungen am Geldmarkt entweder über eine Steuerung der von ihr zur Verfügung gestellten *Menge* an Zentralbankgeld beeinflussen (wobei sie in diesem Fall den sich ergebenden Geldmarktzins und dessen Schwankungen akzeptieren muß), oder sie kann dies über eine Steuerung des *Geldmarktzinses* tun (wobei sie dann die von ihr verfügbar gemachte Menge an Zentralbankgeld an die beim gewählten Geldmarktzins auftretende Nachfrage anpassen muß). Die Bundesbank hat sich von Anfang an für die zweite Methode entschieden, also für die indirekte Geldmengenkontrolle, einschließlich der Kontrolle des Zentralbankgelds, über die Steuerung der Geldmarktzinsen.[35] Die Hauptinstrumente, die der Bundesbank zu diesem Zweck zur Verfügung stehen, sind die

35 Ein Gegenbeispiel für die direkte Steuerung der Notenbankgeldmenge liefert die Schweizerische Nationalbank. Zum Vergleich alternativer Steuerungsverfahren vgl. von Hagen, Alternative Regimes.

Offenmarktpolitik, die Refinanzierungspolitik (Diskont- und Lombardpolitik) und die Mindestreservepolitik.

Seit 1979 haben sich die Ausgestaltung dieses Instrumentariums sowie der Einsatz und die relative Bedeutung der verschiedenen Mittel in starkem Maße gewandelt. Dafür verantwortlich waren einerseits die im Laufe der Jahre gewonnenen Erfahrungen mit den verschiedenen Instrumenten, darüber hinaus aber insbesondere auch Entwicklungsprozesse der Finanzmärkte und ihrer Institutionen (Finanzinnovationen, Liberalisierung, Globalisierung und zunehmender internationaler Wettbewerbsdruck). Hauptcharakteristikum dieser Veränderungen war der Aufstieg der Offenmarktpolitik von einem vergleichsweise wenig bedeutenden Mittel der Geldpolitik zum dominierenden Instrument der Bereitstellung von Zentralbankgeld durch die Bundesbank. Gegenstück dazu bildete der relative Rückgang der Bedeutung der Diskont- und Lombardpolitik sowie der Mindestreservepolitik.[36]

a) Offenmarktpolitik

Den verschiedenen Instrumenten der Notenbankpolitik können unterschiedliche Vorzüge und Nachteile zugeschrieben werden. Der Hauptvorteil der Offenmarktpolitik, der entscheidend zu ihrer Bedeutungssteigerung zum wichtigsten Instrument der geldpolitischen Praxis beigetragen hat (in Deutschland wie anderswo), ist ihre Flexibilität und Reversibilität sowie die Tatsache, daß die Initiative zu Offenmarktgeschäften voll bei der Notenbank liegt. Da Offenmarktgeschäfte von der Bundesbank vor allem in der Form von Wertpapierpensionsgeschäften im Ausschreibeverfahren (Tenderverfahren) durchgeführt werden, können sie zu weitgehend wettbewerbsneutralen Bedingungen realisiert werden, also ohne wettbewerbsverzerrende und diskriminierende Effekte auf verschiedene Teile des Finanz- und Wirtschaftssystems, ein ebenfalls wichtiger Aspekt dieses Instrumentes.

Der Schritt zur verstärkten Beanspruchung offenmarktpolitischer Mittel durch die Bundesbank in den Jahren 1979/80 wurde von einer Diskussion über den «geräuschlosen» Charakter dieses Instruments begleitet. Dieser wurde als Vorteil empfunden, im Vergleich zu dem häufig als «zu geräuschvoll» kritisierten Einsatz der traditionellen Mittel der Refinanzierungs- und Mindestreservepolitik. Gemeint war damit in erster Linie eine relativ massive Beeinflussung der Zukunftserwartungen durch diese Instrumente. Diese wurden als «Grobsteuerungsmittel» mit starker Signalwirkung gesehen, nicht

36 Zur Entwicklung des Instrumentariums und seines Einsatzes vgl. Issing, Experience sowie Deutsche Bundesbank, Geldmengensteuerung, S. 61 ff.

besonders geeignet für die kurzfristige «Feinsteuerung». Wenn es auch sicher richtig ist, daß die Refinanzierungspolitik und die Mindestreservepolitik für den Zweck der geldpolitischen Feinsteuerung aus den zuvor genannten Gründen (Flexibilität, Dosierbarkeit, Reversibilität) weniger geeignet sind als die Offenmarktpolitik, so ist das Argument des unterschiedlichen «Geräuschpegels» respektive der stärkeren Signalwirkung weniger überzeugend. Sobald die Offenmarktpolitik nämlich zum wichtigen oder gar wichtigsten Einsatzinstrument der Notenbankpolitik avanciert, wird ihr momentaner und mutmaßlicher zukünftiger Einsatz von den Märkten ebenso scharf beobachtet und spekulativ interpretiert, wie dies für die anderen Instrumente der Fall ist. Diese Erfahrung ist in der BRD klar bestätigt worden.

b) Refinanzierungspolitik

Wurde die Diskont- und Lombardpolitik in den siebziger Jahren und der ersten Hälfte der achtziger Jahre noch stark benutzt, so blieb das Volumen der Refinanzierungskredite ab Mitte der achtziger Jahre mehr oder weniger auf das zu diesem Zeitpunkt erreichte Niveau beschränkt, bei weitgehender Ausnutzung der Refinanzierungslinien. Zur Feinsteuerung des Geldmarktes erwies sich die Refinanzierungspolitik als wenig geeignet, da die Bundesbank keinen direkten Einfluß auf den Grad der Nutzung ausstehender Rediskontkontingente besitzt und zudem in der Regel nur wenig Bereitschaft zu allzu häufigen Änderungen der Refinanzierungssätze und -kontingente aufweist. Dem letzteren Problem könnte grundsätzlich durch die Einführung eines Automatismus in der Form einer Bindung der Refinanzierungssätze an das Marktzinsniveau begegnet werden, etwa nach dem Muster der schweizerischen oder kanadischen Notenbanken. Dem steht aber häufig der Wunsch der Notenbanken entgegen, die Leitzinssätze als diskretionäres Mittel ihrer Politik, insbesondere zur Erzeugung von Signaleffekten, aber auch zur Bestätigung der eigenen Macht, verfügbar zu halten. So sind entsprechende Vorschläge zu einer Flexibilisierung des Lombardzinssatzes im Zentralbankrat der Bundesbank zwar zur Debatte gestellt und diskutiert, letztlich aber immer abgelehnt worden. Eine weitere Problematik der Refinanzierungspolitik ist, daß es bei der Zuteilung von Kontingenten schwierig ist, wettbewerbsneutral zu bleiben.

Die Lombardpolitik, die gemäß ihrer Grundidee primär der Überbrückung kurzfristiger Engpäße in der Bankenliquidität dient, ist quantitativ immer weniger bedeutend geblieben, auch wenn sie, wie in den vorausgehenden Abschnitten beschrieben, zeitweise ihres ursprünglichen Zwecks etwas entfremdet und vorübergehend in ihrem Gewicht übersteigert wurde. Sie ist selbstverständlich zur Wahrnehmung der Funktion der Notenbank als *lender of last resort* nach wie vor ein notwendiges und unverzichtbares Instrument der Bundesbankpolitik.

c) *Mindestreserve*

Bezüglich der Mindestreservepolitik wurden früher immer die Tatsachen als Vorteil gesehen, daß Mindestreserven für eine Straffung der Beziehung zwischen Bankreserven und Gesamtgeldmenge sorgten und daß sich die Banken der unmittelbaren restriktiven Wirkung einer Erhöhung der Mindestreservesätze nicht entziehen konnten. Mit der starken Internationalisierung der Kapitalmärkte und der resultierenden Zunahme der internationalen Substitutionsmöglichkeiten und insbesondere mit dem Aufkommen und Wachstum der nicht der Mindestreservepflicht unterworfenen Euromärkte sind diese Argumente aber stark verblaßt. Die damit verbundenen Ausweichmöglichkeiten haben die Wirksamkeit des Mindestreserveinstruments entscheidend vermindert. Die vergleichsweise hohe Belastung der deutschen Banken durch Mindestreserven wurde gleichzeitig mehr und mehr als starker Wettbewerbsnachteil des deutschen Banken- und Finanzsektors empfunden. Forderungen nach ihrer Abschaffung wurden von Bankenseite dementsprechend häufig und seit langem erhoben. Nach anfänglich großer Skepsis und mit erheblicher innerer Zurückhaltung hat die Bundesbank aus diesen Gründen die Mindestreservesätze von 1986 bis 1995 wiederholt reduziert und auf ein seit 1995 sehr bescheidenes Niveau herabgesetzt. Sie hat aber bis heute immer darauf beharrt, daß sie das Mindestreserveinstrument als wichtige Ergänzung zur Offenmarktpolitik grundsätzlich beibehalten will. Die von ihr vorgenommenen Satzsenkungen sind im Gegenteil als Maßnahmen zu verstehen, welche die langfristige Beibehaltung dieses Instruments auf einem mit der Konkurrenzfähigkeit der deutschen Banken vereinbaren Niveau gestatten sollen. Die Hauptargumente der Bundesbank für seine Beibehaltung – und auch seine Wünschbarkeit für eine künftige Europäische Zentralbank – sind die durch die Mindestreservepflicht implizierte Sicherstellung einer stabilen Basisnachfrage des Bankensystems nach Zentralbankgeld sowie die Erfüllung einer Pufferfunktion am Geldmarkt und die dadurch erreichte Verstetigung der Geldmarktzinsen. Nicht mehr eingesetzt wird die Mindestreservepolitik von der Bundesbank jedoch als Instrument der aktiven Steuerung der Geldmarktverhältnisse über Mindestreservesatzänderungen und damit verbundene Freisetzungen respektive Bindungen von Zentralbankgeld.

Die Frage der grundsätzlichen Bedeutung und Notwendigkeit der Mindestreservepolitik ist allerdings in der Wissenschaft und in der geldpolitischen Praxis umstritten. Es läßt sich durchaus auch die Meinung vertreten, daß eine monetäre Kontrolle auch ohne Mindestreserven in hinreichender Qualität realisierbar ist. Beim jetzt erreichten niedrigen Niveau der Mindestreservesätze in Deutschland sind Diskussionen darüber aber eher akademisch. Als Sicherheitsmaßnahme ist die Aufrechterhaltung einer minimalen Mindestreservepflicht durch die Bundesbank durchaus vertretbar.

Stark von Mindestreserveüberlegungen geprägt war auch die Diskussion um die Zulassung von Geldmarktfonds, welche die Bundesbank zunächst wegen der damit verbundenen Schmälerung der Basis für die Mindestreservepflicht zu verhindern versuchte und welche 1993 nach Aufgabe des Widerstands der Bundesbank (bei verbleibender Skepsis) die beschriebene Schwächung des Mindestreserveinstrumentes weiter verstärkte.

Die Minderung der Bedeutung der Mindestreserven versuchte die Bundesbank jeweils durch eine Verstärkung der offenmarktpolitischen Instrumente zu kompensieren. Generell wurden durch die Intensivierung der Internationalisierung und des internationalen Wettbewerbsdrucks jene Instrumente relativ gestärkt, welche wettbewerbsneutral wirken, also insbesondere die Offenmarktpolitik in all ihren Ausprägungen, und jene geschwächt und zurückgestuft, welche über Vorschriften und regulierende Verhaltenseinschränkungen operieren, wie eben die Mindestreserve.

Insgesamt läßt sich feststellen, daß sich die Bundesbank über die letzten 20 Jahre hinweg ein gut funktionierendes, zweckmäßiges Instrumentarium eingerichtet hat, welches ihr ohne Zweifel eine effiziente und zielgerechte Durchführung ihrer Politik gestattet.

10. Die Bundesbank als Vorbild?

Die Bundesbank wird zu Recht als eine sehr erfolgreiche, wenn nicht die erfolgreichste Zentralbank der vergangenen 20 Jahre betrachtet. Im Hinblick auf die Europäische Währungsunion hat sie für die im Maastricht-Vertrag nach ihrem eigenen Muster geschaffene Europäische Zentralbank eine eigentliche Vorbildrolle eingenommen. Es ist daher naheliegend, nach dem Verhältnis zwischen strategischem Anspruch und laufender Politik der Bundesbank sowie nach dem Grad ihrer Zielerreichung und ihrem Umgang mit Konflikten zwischen verschiedenen Zielsetzungen der Geldpolitik zu fragen. Schließlich soll die Bedeutung der Unabhängigkeit der Bundesbank für die von ihr realisierte Politik gewürdigt werden.

a) Strategie, laufende Politik und Zielkonflikte

War die Bundesbank ihrem Konzept der auf Stetigkeit angelegten, mittelfristig orientierten Geldmengenpolitik stets treu? Oder war dieses Konzept mehr «Garnitur», theoretische Verbrämung einer weiterhin pragmatisch und diskretionär bestimmten Politik? Gegner der Strategie der Geldmengenziele argumentieren gelegentlich so, um damit auszudrücken, daß die Bundesbank diese gedankliche «Zwangsjacke» ihrer Politik gar nicht wirklich brauche und auch bei Verzicht darauf ihren Kurs unverändert weiterführen könnte.[37] Aber auch monetaristisch orientierte Befürworter einer Politik der Geldmengenkontrolle haben der Bundesbank in zahlreichen Fällen vorgeworfen, ihre offizielle Strategie zu wenig konsequent umzusetzen und in ihrer laufenden Politik in ein diskretionäres Verhalten alten Stils zurückgefallen zu sein.[38] In diesem Fall ist die Kritik mit der Aufforderung verbunden, die Strategie beizubehalten, aber die laufende geldpolitische Praxis besser an sie anzupassen.

Natürlich gab es in der Geschichte der Bundesbankpolitik der letzten 20 Jahre immer wieder Situationen, in denen auf dem Hintergrund einer strikten lehrbuchmäßigen Auffassung ihrer Strategie Abweichungen der tatsächlichen Politik von dieser diagnostiziert werden mußten. Dies ist in der praktischen Geldpolitik auch kaum anders denkbar, denn diese muß ja stets im konkreten Umfeld der Tagespolitik mit all ihren Zwängen und Beeinflussungen durch Interessengruppen verschiedenster Art realisiert werden. Sie unterliegt daher vielfältigen Einwirkungen, denen sie sich selbst bei optimalem institutionellem Umfeld nicht immer widersetzen kann, nicht zuletzt um einer Gefährdung dieses Umfelds und ihrer Unabhängigkeit im politischen Prozeß vorzubeugen.

Der relevante Maßstab für die Beurteilung der laufenden Politik der Bundesbank (und jeder anderen Notenbank) sollten daher weniger eine lehrbuchmäßige, «reine» Formulierung der von ihr vertretenen Strategie als vielmehr der zentrale Grundgedanke und die Grundausrichtung der Politik sein, welche diese Strategie vorschreibt. In diesem Sinn darf man der Bundesbank bei der Gegenüberstellung ihrer laufenden Politik und ihrer grundsätzlichen Strategieauffassung zweifellos ein gutes Zeugnis ausstellen, jedenfalls im Vergleich mit den meisten anderen Notenbanken. Sie ist über mehr als 20 Jahre hinweg der Grundausrichtung ihrer Strategie in einem vergleichsweise hohen Maß treu geblieben und hat trotz zahlreicher Schwierigkeiten und vorübergehender Wirrnisse immer wieder zu dieser zurückgefunden. Sie hat dabei einen

37 Vgl. z.B. Bofinger, Real Target, der die Geldmengenziele der Bundesbank als Ritual bezeichnet.

38 Vgl. z.B. Neumann, Geldmengenpolitik sowie Neumann, Realtrendorientierung.

langen Atem bewiesen und ist nicht wie zahlreiche andere Notenbanken einem hektischen Wechsel von einer Strategie zur anderen erlegen. Der vergleichsweise hohe Erfolg ihrer Politik geht nicht zuletzt auf diese relative Konstanz ihrer Politik zurück.

Wenn in der Beurteilung der laufenden Politik der Bundesbank die Meinungen trotzdem teilweise weit auseinandergehen, so hat dies vor allem – wie bereits in den Detaildarstellungen der Abschnitte 2–7 betont – mit unterschiedlichen Gewichtungen der verschiedenen Zielsetzungen der Geldpolitik zu tun. Die Bundesbank hat stets die Geldwertstabilität zu ihrer prioritären Zielsetzung erklärt, daneben aber auch zusätzliche Zielkriterien, insbesondere eine gleichmäßige konjunkturelle Entwicklung sowie stabile Finanz- und Devisenmarktverhältnisse und außenwirtschaftliches Gleichgewicht, als für ihre Politik relevante Gesichtspunkte erwähnt. Sie hat zudem auch immer betont, daß sie ihre Politik nicht in einem Vakuum betreiben kann und insbesondere auf Entscheidungen im Bereich der Finanzpolitik und der Lohnverhandlungen Rücksicht zu nehmen hat.

Tatsächlich gab es viele Situationen, wo solche Einflüsse und Rücksichten festgestellt werden können. Stark war vor allem, neben den immer präsenten konjunkturellen Rücksichtnahmen, der *Einfluß außenwirtschaftlicher Entwicklungen,* besonders ausgeprägt etwa in der Phase 1979–1981 angesichts von D-Mark-Schwäche und Leistungsbilanzdefizit, aber auch später, unter umgekehrten außenwirtschaftlichen Vorzeichen. Die Bundesbank hat sich häufig aus außenwirtschaftlichen Überlegungen zu einer Politik der Wechselkurs- und Zinsbeeinflussung bewegen lassen, welche sie mit ihren Geldmengenzielen und dem dahinter stehenden Preisstabilitätsziel in einen gewissen Widerspruch brachte. Zusätzlich erschwert wurde ihre Stabilitätsausrichtung durch die häufigen und zeitweise massiven Interventionen an den Devisenmärkten, zu welchen sie durch ihre EWS-Verpflichtungen gezwungen wurde, am extremsten in den Jahren 1992 und 1993, aber auch schon in verschiedenen früheren Phasen.

Bei ihrer Politik der Außenwirtschaftsorientierung ist der Bundesbank allerdings zuzugestehen, daß sie diese primär als Verstetigungsmaßnahme, also als Mittel zur Vermeidung von allzu abrupten Änderungen und Instabilitäten aufgefaßt hat und sich darüber im klaren war, daß es in einem inflationären Umfeld letztlich unmöglich ist, Preis- und Wechselkursstabilität unter einen Hut zu bringen. Dabei hat sie sich im Zweifelsfall stets für die Preisstabilität entschieden – vielleicht nicht in jedem Fall so konsequent, wie dies im Sinn der Zielsetzung monetärer Stabilität wünschenswert gewesen wäre, aber doch im internationalen Vergleich mit sehr großer Deutlichkeit und Überzeugung. Dafür verdient sie hohes Lob.[39]

39 Es gab allerdings, gerade in der Phase von 1979 bis 1981, wichtige Stimmen im Zen-

Ähnliches gilt auch für ihre Rücksichtnahme auf *konjunkturelle Bedenken.* Wenn man das Maß an Kritik zur Kenntnis nimmt, welches die Bundesbank von seiten der auf Nachfragestimulierung ausgerichteten Beobachter in Deutschland und von seiten der internationalen Presse und Politik hat entgegennehmen müssen, so kommt man nicht umhin, ihr eine insgesamt äußerst hohe Standfestigkeit zuzugestehen, selbst wenn sie aus der Sicht der stabilitätsorientierten Beobachter häufig zu sehr auf Wechselkurs und Zinsniveau Rücksicht genommen hat. Erstmals trat diese Art von Kritik, verbunden mit entsprechenden Versuchen, Druck auszuüben, in unserer Betrachtungsperiode bereits in den Jahren 1980 und 1981 in aller Schärfe auf, dann wieder 1986–1988 sowie in der Zeit nach der deutschen Wiedervereinigung von 1991 bis 1993.

Die Bundesbank hatte weiterhin wie jede andere Notenbank den *Einfluß der Finanzpolitik* mit zu berücksichtigen. Dabei stand sie zeitweise schwierigen Verhältnissen gegenüber. Vor allem in den Jahren seit 1990 erfuhr sie wegen der vereinigungsbedingten Anspannungen im deutschen Staatshaushalt von dieser Seite sehr wenig Hilfe. Eine hohe Beanspruchung der Volkswirtschaft durch die Staatshaushalte und eine zunehmende Staatsverschuldung bringen latent immer die Gefahr mit sich, daß die Geldpolitik unter Druck gerät, durch monetäre Expansion einen «Ausgleich» zu schaffen, d.h. für Finanzierungserleichterungen zu sorgen und der Gefahr von Zinsversteifungen entgegenzuwirken. Die konsequente Beibehaltung eines monetären Stabilitätskurses ist unter solchen Bedingungen besonders schwierig, zugleich aber auch besonders wichtig, denn ein Nachgeben der Geldpolitik gegenüber der Finanzpolitik, also eine Alimentierung fiskalpolitischer Expansion durch monetäre Expansion, könnte verhängnisvolle Anreizeffekte auf die Finanzpolitik ausüben und letztlich gar zu deren faktischer Dominanz über die Geldpolitik führen.[40] Von großer Bedeutung ist in dieser Hinsicht die institutionelle Unabhängigkeit der Notenbank von der Regierung. Diese Unabhängigkeit hat der Bundesbank sehr geholfen, solchen Gefahren zu widerstehen.

Häufig betont wird auch, gerade in der deutschen Diskussion, die *Bedeutung des Lohnfindungsprozesses* für die Geldpolitik und die Abhängigkeit der Geldpolitik von diesem. In der Tat ist es richtig, daß hohe Lohnzuwächse angesichts ihrer Wirkung auf Arbeitsmarkt und Beschäftigung die Notenbank vor die schwierige Entscheidung stellen können, entweder Kostensteigerungen

tralbankrat und auch im Direktorium selbst, welche das Geldmengenziel in erster Linie als Instrument der außenwirtschaftlichen Stabilisierung sahen, also als Mittel, welches vorübergehend hilfreich war, um eine drohende Vertrauenskrise für die D-Mark abzuwenden, bei grundsätzlich großer Skepsis gegenüber der Strategie der Geldmengenorientierung. Diese Stimmen haben sich aber letztlich nicht durchgesetzt.

40 Zur Koordination der Geld- und Finanzpolitik vgl. Sargent/Wallace, Unpleasant Arithmetic.

monetär zu alimentieren und damit den Kostensteigerungen Preissteigerungen folgen zu lassen, oder aber dies nicht zu tun und dafür vorübergehende Beschäftigungsrückschläge in Kauf zu nehmen. Dies ist ein klassisches Dilemma der Geldpolitik. Es ist aber zu kurz gegriffen, es allein bei dieser Betrachtungsweise bewenden zu lassen. «Lohnpolitik» ist in bezug auf die Geldpolitik nicht exogen. Vielmehr werden Lohnforderungen auch in Erwartung der künftigen Preisentwicklung gebildet. Eine strikte, auf Preisstabilität angelegte und entsprechend angekündigte und antizipierte Geldpolitik ist das beste Mittel dazu, die Lohnpolitik in einem mit Preisstabilität konsistenten Rahmen zu halten. Dies war der Bundesbank immer in hohem Maß bewußt, und nicht zuletzt darin liegt der Vorteil einer Politik der Vorankündigung glaubwürdiger Geldmengenziele. Diesen Vorteil kann die Geldpolitik sowohl in Phasen der aktiven Inflationsbekämpfung ausspielen, wie dies die Bundesbank etwa 1979–1981 oder nach 1990 tun mußte, als auch in Phasen, in denen es um die Bewahrung niedriger Inflation und das Vorbeugen gegenüber aufkommenden Inflationserwartungen geht, wie etwa in den mittleren achtziger Jahren.

b) Wie gut hat die Bundesbank ihre Ziele erreicht?

Wie erfolgreich war die Politik der Bundesbank seit 1979, gemessen am Grad ihrer Zielerreichung, wirklich? Die nicht seltenen Verfehlungen ihrer Geldmengenziele, gerade in jüngerer Zeit, legen eine Betrachtung dieser Frage nahe. Es ist dabei wiederum klar, daß man diese Beurteilung entweder relativ zu einem Idealszenario ohne Fehler vornehmen kann oder aber im Vergleich zu den Leistungen anderer Notenbanken.

Bei der Beurteilung des Grades der Zielerreichung muß man unterscheiden, ob man diese an den Endzielen der Geldpolitik oder am angekündigten Zwischenziel des Geldmengenwachstums mißt. Gemessen an den gesetzten Geldmengenzielen ist der Grad der Zielerreichung der Bundesbank, statistisch gesehen, nicht schlecht, aber auch nicht überragend: Von 1979 bis 1996 wurde bei 18 Geldmengenzielen das Ziel elfmal erreicht und siebenmal verfehlt (1986, 1987, 1988, 1992, 1993, 1995, 1996), teilweise sehr deutlich. Gemessen am hauptsächlichen Endziel, der Preisstabilität, war andererseits der Grad der Zielerreichung zwar ebenfalls nicht perfekt, aber doch auffallend gut, jedenfalls im internationalen Vergleich, und dies ohne entscheidende Nachteile bei der Entwicklung der Realwirtschaft. Sowohl das Niveau der deutschen Inflationsrate als auch ihre Schwankungen über die Zeit hinweg blieben verhältnismäßig gering.[41]

41 Nicht zuletzt darin dürfte auch ein Grund dafür liegen, daß die Finanzmärkte in Deutschland weit weniger als in den USA und anderen Ländern durch Innovationen und

Man könnte nun versucht sein zu argumentieren, daß das Entscheidende für die Glaubwürdigkeit der Notenbank der Grad der Zielerreichung für das Endziel sei und, solange dieser hinreichend hoch sei, Zielverfehlungen beim Zwischenziel nur eine geringe Rolle spielten. Dies wäre allerdings eine zu einfache Überlegung und würde letztlich den Sinn monetärer Zwischenziele überhaupt in Frage stellen. Entscheidend für die Glaubwürdigkeit der Notenbank bei Zielverfehlungen, betreffen sie nun das Zwischenziel oder das Endziel, ist, daß sie diese hinreichend klar zu erläutern und rechtzufertigen vermag und für die Zukunft in überzeugender Weise eine Rückkehr zum Stabilitätskurs zu signalisieren versteht oder aber zu begründen vermag, warum eine Abweichung vom Geldmengenziel in einem konkreten Fall nicht im Widerspruch zum Endziel der Preisstabilität steht. Dies fällt ihr um so leichter, je weniger sie beim Endziel Fehlentwicklungen zu verzeichnen hat. In diesem Sinn ist tatsächlich die Endzielrealisierung zentral. Die Bundesbank war in dieser Hinsicht, also bei der Rechtfertigung ihrer Politik, alles in allem sehr erfolgreich, trotz einer an Herausforderungen reichen Zeit, in besonderem Maß etwa in den Jahren nach der deutschen Wiedervereinigung von 1990.

c) Die Unabhängigkeit der Bundesbank

Welche Bedeutung hatte die Unabhängigkeit der Bundesbank für die von ihr realisierte Politik? Die Bundesbank gilt als eine der unabhängigsten Notenbanken der Welt. Diesen Ruf genießt sie zu Recht und unter Berücksichtigung sämtlicher Dimensionen der Unabhängigkeit (Grad der Weisungsgebundenheit gegenüber der Regierung, Grad der Verfügungsmacht über die Instrumente der Geldpolitik, Unabhängigkeitsgrad der Führungspersönlichkeiten). Dabei ist klar, daß in einem demokratischen Staat die Notenbankunabhängigkeit immer nur relativ sein kann. Insbesondere kann sie vom Gesetzgeber gewährt, aber auch wieder aufgehoben werden. Die Unabhängigkeit nimmt die Notenbank aus dem politischen Tagesgeschehen heraus, impliziert aber umgekehrt eine klare Verantwortlichkeit gegenüber Politik und Öffentlichkeit und setzt einen präzisen Auftrag für die Notenbankpolitik voraus.

Es gibt maßgebliche theoretische Argumente und überzeugende empirische Evidenz dafür, daß zwischen Unabhängigkeit der Notenbank und monetärer Stabilität (Preisstabilität) ein deutlicher Zusammenhang besteht.[42] Zugleich

Strukturbrüche, und in deren Gefolge durch Instabilitäten und Veränderungen der monetären Grundrelationen, geprägt waren und somit eine Beibehaltung der Geldmengenpolitik bis in die Gegenwart erlaubten.

42 Vgl. z.B. Cukierman, Central Bank Strategy sowie Alesina/Summers, Central Bank Independence.

spricht nichts dafür, daß dies – im längerfristigen Durchschnitt – auf Kosten einer unterdurchschnittlichen realwirtschaftlichen Entwicklung oder einer erhöhten Instabilität realwirtschaftlicher Größen erreicht würde.

Die deutsche Geldpolitik der Jahre seit 1979 bietet vielfältigen Anschauungsunterricht für die praktische Bedeutung der Notenbankunabhängigkeit. Es können kaum Zweifel bestehen, daß eine stärker von der Regierung abhängige Notenbank in verschiedenen Phasen dieser Periode nicht die stabilitätsorientierte Politik hätte durchsetzen können, welche die Bundesbank in der Wirklichkeit betrieben hat, und daß die resultierende Politik, etwa in den Jahren 1980–1981, 1986–1987 oder 1991–1993, in diesem Fall eine im Durchschnitt expansivere und mit mehr Inflation verbundene Politik gewesen wäre. Die Vertreter der Regierung haben – auch in den Diskussionen im Zentralbankrat – meistens einer expansiveren Politik das Wort geredet und dabei die mit einer solchen Politik verbundenen Inflationsgefahren verharmlost. Zugleich neigten sie in der Regel deutlich stärker als die Bundesbank dazu, Druckversuchen aus dem Ausland nach einer expansiveren Geldpolitik nachzugeben.

Unabhängigkeit der Notenbank ist ein zentrales Instrument zur Schaffung von Glaubwürdigkeit und zur Gewährleistung einer Politik der Geldwertsicherung und monetären Stabilität. Sie muß daher unbedingt gewahrt bleiben und auch für eine künftige Europäische Zentralbank gewährleistet sein, wie dies im Maastricht-Vertrag vorgesehen ist. Unabhängigkeit darf aber umgekehrt auch nicht absolut gesehen werden. Sie vermag nicht völlig problemlos und automatisch Glaubwürdigkeit zu schaffen, nur schon deswegen, weil Unabhängigkeit von der Politik sowohl gewährt als auch weggenommen werden kann, aber auch weil sie unterschiedlich interpretiert und «gelebt» werden kann, je nach vorherrschender «Stabilitätskultur» und Inflationsmentalität. Glaubwürdigkeit muß, auch von einer konstitutionell unabhängigen Notenbank, über lange Phasen hinweg verdient werden. Maßnahmen, welche die Glaubwürdigkeit tangieren, können daher äußerst kostspielig sein. Unabhängigkeit ist zwar nicht eine hinreichende, doch eine notwendige und essentielle Voraussetzung dafür, daß die Bundesbank – oder ihre europäische Nachfolgeinstitution – ihre geldpolitische Vorbildrolle weiterhin wird ausüben können.

Preisentwicklung und Kapitalmarktzinsen 1979-1996

Schaubild 13

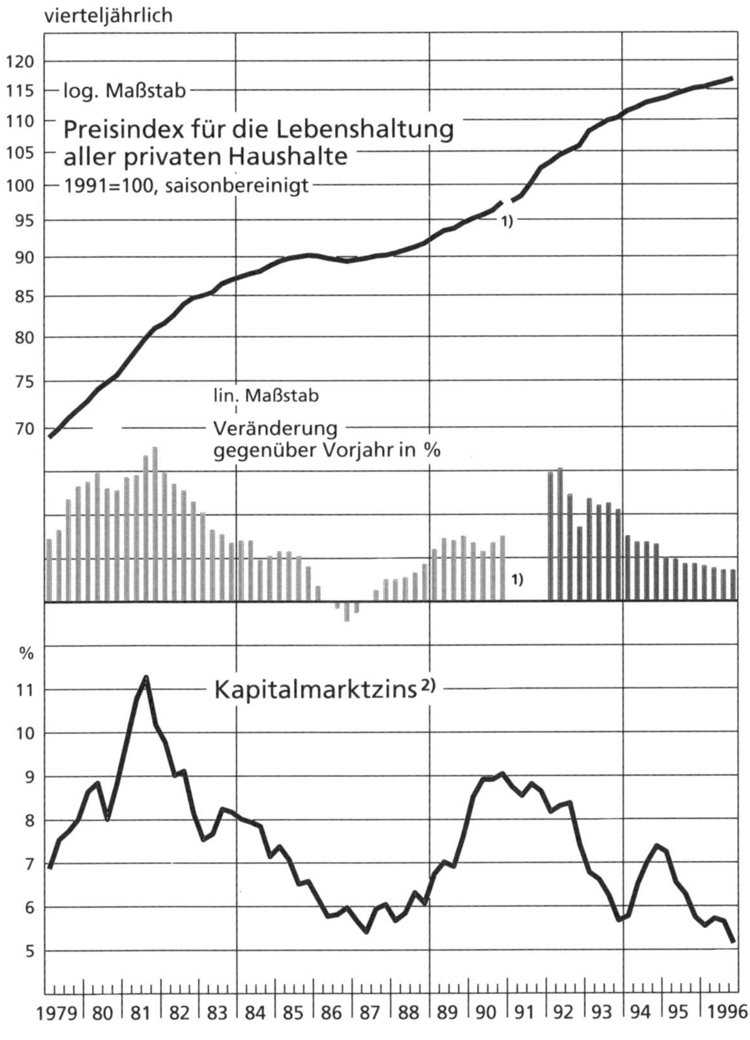

1 Ab 1991 neuer Gebietsstand der Bundesrepublik. — **2** Umlaufsrendite inländischer Rentenwerte. — Quelle: Deutsche Bundesbank.

Außenwert der D-Mark und DM-US-Dollarkurs 1979-1996

Schaubild 14

1 Gewogener Außenwert. — **2** Außenwert bereinigt um die unterschiedliche gesamtwirtschaftliche Preisentwicklung (gemessen an den Preisen des Gesamtabsatzes). — **3** Vierteljährlich. — Quelle: Deutsche Bundesbank.

11. Quellen und Literatur

Quellen

Archiv der Bank of England (BoE)
Bundesarchiv Koblenz
Historisches Archiv der Deutschen Bundesbank (HA BBk)
Ludwig-Erhard-Stiftung

Literatur

Alesina, Alberto/Summers, Lawrence: Central Bank Independence and Macroeconomic Performance: Some Comparative Evidence, in: Journal of Money, Credit and Banking 25 (1993), S. 151–162

Barro, Robert/Gordon, David: Rules, Discretion and Reputation in a Model of Monetary Policy, in: Journal of Monetary Economics 12 (1983), S. 101–121

Blackburn, Keith/Christensen, Michael: Monetary Policy and Policy Credibility: Theories and Evidence, in: Journal of Economic Literature 27 (1989), S. 1–45

Bofinger, Peter: Real Target behind Bundesbank Ritual, in: Financial Times vom 22. Dezember 1994

Cukierman, Alexander: Central Bank Strategy, Credibility and Independence: Theory and Evidence, Cambridge, Mass. 1992

Deutsche Bundesbank: Zum Zusammenhang zwischen Geldmengen- und Preisentwicklung in der Bundesrepublik Deutschland, in: Monatsbericht 44 (1992) 1, S. 20–29

Deutsche Bundesbank: Die Geldmengensteuerung der Deutschen Bundesbank, in: Monatsbericht 46 (1994) 5, S. 61–75

Deutsche Bundesbank: Überprüfung des Geldmengenziels und Neuordnung der Mindestreserve, in: Monatsbericht 47 (1995) 7, S. 19–37

Deutsche Bundesbank: Geldmengenziel 1996 und Senkung der Notenbankzinsen, in: Monatsbericht 48 (1996) 1, S. 21–30

Deutsche Bundesbank: Geschäftsberichte, Frankfurt a. M., 1979–1996

Deutsche Bundesbank: Monatsberichte, 1979–1996

Deutsches Institut für Wirtschaftsforschung: Muß der deutsche Zins im Schlepptau Amerikas bleiben?, in: Wochenbericht 51 (1984) 13, S. 149–156

Deutsches Institut für Wirtschaftsforschung: Geldpolitik nicht wachstumsgerecht: Hoher Realzins hemmt Investitionen, in: Wochenbericht 52 (1985) 33, S. 374–381

Deutsches Institut für Wirtschaftsforschung: Verfehlte Geldpolitik, in: Wochenbericht 59 (1992) 31/32, S. 385–389

Fischer, Andreas/Zurlinden, Mathias: Geldpolitik mit formellen Inflationszielen: Eine Übersicht, in: Geld, Währung und Konjunktur 12 (1994) 1, S. 65–76

Giavazzi, Francesco/Pagano, Marco: The Advantage of Tying One's Hand: EMS Discipline and Central Bank Credibility, in: European Economic Review 32 (1988), S. 1055–1077

Hagen, Jürgen von: Alternative Operating Regimes for Money Stock Control in West Germany: An Empirical Evaluation, in: Weltwirtschaftliches Archiv 124 (1988), S. 89–107

Hagen, Jürgen von: Monetary Union, Money Demand, and Money Supply: A Review of the German Monetary Union, in: European Economic Review 37 (1993), S. 803–827

Herz, Bernhard/Starbatty, Joachim: Viel Worte, wenig handfeste Taten, in: Rheinischer Merkur vom 30. Juni 1989

Issing, Otmar: Theoretische und empirische Grundlagen der Geldmengenpolitik der Deutschen Bundesbank, in: Wirtschaftsdienst 72 (1992), S. 537–548

Issing, Otmar: Experience Gained with Monetary Policy Instruments in Germany, in: Monetary Policy Instruments: National Experiences and European Perspectives, 17. Symposium zur Bankgeschichte, 10. Juni 1994, Frankfurt a.M. 1994, S. 47–58

Issing, Otmar: Einführung in die Geldpolitik, München [6]1996

Issing, Otmar/Tödter, Karl-Heinz: Geldmenge und Preise im vereinigten Deutschland, in: Duwendag, Dieter (Hrsg.): Neuere Entwicklungen in der Geldtheorie und Währungspolitik, Schriften des Vereins für Socialpolitik, N.F. Bd. 235, Berlin 1995, S. 97 bis 123

King, Mervyn: Direct Inflation Targets, in: Deutsche Bundesbank (Hrsg.): Monetary Policy Strategies in Europe, München 1996, S. 45–75

König, Reiner: The Bundesbank's Experience of Monetary Targeting, in: Deutsche Bundesbank (Hrsg.): Monetary Policy Strategies in Europe, München 1996, S. 107–140

McCallum, Bennett: The Case for Rules in the Conduct of Monetary Policy: A Concrete Example, in: Giersch, Herbert (Hrsg.): Macro und Micro Policies for More Growth and Employment, Tübingen 1988, S. 26–44

Meltzer, Allan: Limits of Short-Run Stabilization Policy, in: Economic Inquiry 25 (1987), S. 1–14

Möller, Herbert/Jarchow, Hans-Joachim: Zur Umlaufsgeschwindigkeit von M3, in: Jahrbücher für Nationalökonomie und Statistik 215 (1996), S. 308–327

Neumann, Manfred J.M.: Beteuerungen haben sich abgenutzt (Interview), in: Wirtschaftswoche 33 (1979) 25, S. 60–64

Neumann, Manfred J.M.: Quo vadis, Geldmengenpolitik?, in: Sparkasse 99 (1982) 3, S. 73–75

Neumann, Manfred J.M.: Auf dem Weg zu einer Realtrendorientierung der Geldpolitik, in: Sparkasse 102 (1985) 3, S. 88–91

Neumann, Manfred J.M.: Für mehr Stabilität: Rauf!, in: Wirtschaftswoche 40 (1986) 33, S. 63–64

Neumann, Manfred J.M.: Die Bundesbank sollte sich nicht beirren lassen, in: Wirtschaftsdienst 71 (1991) 9, S. 439–442

Neumann, Manfred J.M.: Deutsche Geldpolitik: Anker oder Stimulanz für Europa?, in: Wirtschaftsdienst 73 (1993), S. 175–180

Pfister, Jürgen: Geänderte Prioritäten in der Geldpolitik, in: Sparkasse 102 (1985) 7, S. 254–259

Pohl, Rüdiger: Bundesbank im Schlepptau des Auslands? Eine geldpolitische Analyse, in: BfG Wirtschaftsblätter 29 (1981) 7, S. 1–5

Pohl, Rüdiger: Die Geldpolitik der Deutschen Bundesbank im Lichte steigender Arbeitslosigkeit, in: WSI-Mitteilungen 35 (1982), S. 15–22

Pohl, Rüdiger: Brauchen wir eine neue geldpolitische Konzeption?, in: Wirtschaftsdienst 67 (1987) 7, S. 339–345

Pohl, Rüdiger: Ist die Geldpolitik zu restriktiv?, in: Wirtschaftsdienst 71 (1991) 9, S. 435–438

Rheinisch-Westfälisches Institut für Wirtschaftsforschung: Senkung von Diskont- und Lombardsatz trotz überschießender Geldausweitung – Wiederholung alter Fehler? Konjunkturbrief (1983) 2

Sachverständigenrat zur Begutachtung der gesamtwirtschaftlichen Entwicklung: Jahresgutachten, verschiedene Jahrgänge

Sargent, Thomas/Wallace, Neil: Some Unpleasant Monetarist Arithmetic, in: Sargent, Thomas: Rational Expectations and Inflation, New York [2]1993, S. 173–210

Scheide, Joachim: Geldpolitik mit hohem Risiko, in: Börsen-Zeitung vom 20. Mai 1994

Schlesinger, Helmut: Zehn Jahre Geldpolitik mit einem Geldmengenziel, in: Gebauer, Wolf-

gang (Hrsg.): Öffentliche Finanzen und monetäre Ökonomie, Frankfurt a.M. 1985, S. 123–148
Shadow European Economic Policy Committee: Europe Enters the Eighties, in: Banca Nazionale del Lavoro Quarterly Review 129 (1979), S. 117–132
Sievert, Olaf: Beim Bremsen sollte die Bundesbank nicht übertreiben, in: Frankfurter Allgemeine Zeitung vom 13. August 1991
Trapp, Peter: Die Geldpolitik der Bundesbank auf einem umstrittenen Kurs, in: Handelsblatt vom 11. September 1979

X. Die Geldpolitik im Spiegel der wissenschaftlichen Diskussion

Von Rudolf Richter

Dieser Artikel befaßt sich mit der wissenschaftlichen Diskussion zur Geldpolitik in den vergangenen 50 Jahren speziell in (West-)Deutschland. Er versteht sich als Beitrag zur Theorien- oder besser zur Dogmengeschichte der Zentralbankpolitik. Theoretiker lieben, anders als Historiker, das Allgemeine und die Spekulation, und so wird auch hier mehr über große Linien als über Details berichtet und nicht gezögert, Vermutungen anzustellen.

Die letzten fünfzig Jahre, 1948–1998, begannen mit einer Variante des internationalen Golddevisenstandards, sie enden mit den Anfängen eines internationalen Papierstandards. Die Bruchstelle liegt etwa in der Mitte: 1971/1973.[1] Die Rasanz der Entwicklung wird deutlich, wenn man weitere fünfzig Jahre zurückschaut – auf den Anfang unseres Jahrhunderts, die Blütezeit des internationalen Goldstandards. Papiergeld galt damals als Notgeld, ungeeignet für den Dienst im Weltverkehr.[2] Nur wenige, abstrakt arbeitende Ökonomen hielten einen internationalen Papierstandard für möglich und wünschenswert, darunter Knut Wicksell, der Begründer der modernen Geldtheorie.[3] Er war der führende Geldtheoretiker des ersten Drittels unseres Jahrhunderts. John Maynard Keynes, zunächst noch ganz unter dem Einfluß von Wicksell,[4] trat mit seiner revolutionären *Allgemeinen Theorie* erst 1936 an die Stelle von Wicksell. Seine Ideen beherrschten Geldtheorie und Geldpolitik des zweiten Drittels unseres Jahrhunderts – und darüber hinaus, jedenfalls bis zum Zusammenbruch des Bretton-Woods-Abkommens im Jahre 1973. Das knappe letzte Drittel unseres Jahrhunderts wurde von den Ideen Milton Friedmans und der von ihm ausgelösten monetaristischen Gegenrevolution dominiert. Es sind diese drei Namen – Wicksell, Keynes, Friedman – die weltweit das geldtheoretische und geldpolitische Denken unserer Zeit

1 Am 15. August 1971 setzten die USA die Einlösbarkeit des Dollars in Gold in der Absicht vorübergehend, faktisch auf Dauer aus. Am 19. März 1973 erfolgte die definitive Freigabe der D-Mark gegenüber dem US-Dollar und den Währungen, die nicht am Gruppenfloating teilnahmen.

2 Vgl. Wieser, Geld, S. 684.

3 Vgl. Wicksell, Geldzins, S. 179.

4 Siehe Keynes, Tract sowie Keynes, Treatise.

charakterisieren. Darüber hinaus hat die Geldtheorie der letzten 50–70 Jahre von einer Anzahl weiterer Ökonomen wichtige Anstöße erhalten – darunter von John R. Hicks, James Tobin und Robert E. Lucas –, die nicht ohne wirtschaftspolitische Konsequenzen blieben und durch Nobelpreise gewürdigt wurden. Bescheidener liegen die Dinge im deutschen Sprachbereich, wo die Zahl international beachteter Geldtheoretiker oder Geldpolitiker sich eher in Grenzen hält.

Die Darstellung erfolgt in vier Schritten, die sich – notgedrungen willkürlich – aus einem Gemisch wirtschafts- und dogmenhistorischer Entwicklungsphasen bestimmen. Als wirtschaftshistorische Trennpunkte benutzt werden die D-Mark-Aufwertung von 1961, der Zusammenbruch des Bretton-Woods-Systems 1973, das Ende der amerikanischen Dollarkurspolitik des *benign neglect* 1985. Sie stimmen ungefähr mit den Schnittstellen der westdeutschen dogmenhistorischen Phasen überein.

1. 1948–1960: Wirtschaftswunder und keynesianische Verlockungen

Dies war eine Zeit nicht nur der wirtschaftlichen, sondern auch der wirtschaftswissenschaftlichen Neuorientierung und Wiederbelebung. Draußen, in der westlichen Welt, begann die Blütezeit des Keynesianismus. Drinnen, in der Bundesrepublik, sickerte die neue Lehre nur langsam durch – von den Alten unterschiedlich, von den Jungen zunächst zögernd, dann aber mit wachsender Begeisterung aufgenommen.

a) Zum Stand der internationalen Debatte 1948–1960

Die internationale Debatte dieser Zeit wurde von den Ideen von Keynes dominiert, die noch weit in die sechziger Jahre hinein vorherrschten. Diese Debatte ist wie alle Geldtheorien eine Melodie zu den Grundtönen der *Quantitätstheorie*. Die Quantitätstheorie wird als fundamental anerkannt, aber ihre Aussagen hätten nur auf lange Sicht Gültigkeit und «in the long run we are all dead».[5] Was sie nicht erklärt, ist der Anpassungsprozeß der Wirtschaft an eine Geldmengenänderung. So bereits die Kritik von Wicksell, der die Wirkung einer Zunahme der Geldmenge auf die Preise mit seiner *Zinsspannentheorie* erklärte.[6]

5 Keynes, Tract, S. 80.
6 Vgl. Wicksell, Geldzins, S. VI.

Wicksell behandelt allerdings nicht die Anlageseite des Geldes. Das tut Keynes in seiner *Allgemeinen Theorie,* in der er sich darüber hinaus auf die von Wicksell ebenfalls vernachlässigte Erwartungs- und Ungleichgewichtsproblematik konzentriert. Die Kassenhaltung dient bei ihm nicht nur Transaktions-, sondern auch Anlagezwecken – ein neuer Gedanke, der für die speziellen Aussagen von Keynes wichtig ist: Die Höhe des Geldzinssatzes wird nicht nur durch das Geldangebot, sondern auch von der Liquiditätspräferenz bestimmt. Zusätzliches Geld kann in der «Liquiditätsfalle» verschwinden, statt die Zinsen zu senken und die Investitionen anzuregen. Keynes bezweifelt deshalb die Erfolgsaussichten monetärer Beschäftigungspolitik.[7]

Den Einfluß des Keynesianismus auf die Geldökonomen der fünfziger Jahre spiegeln der amerikanische Patman Report (1952) und der britische Radcliffe Report (1959) wider. In beiden plädieren die befragten Fachökonomen mehrheitlich für den Vorrang des Beschäftigungsziels gegenüber dem Ziel der Geldwertsicherung. Der Radcliffe Report folgt im übrigen Keynes' Liquiditätspräferenztheorie, indem er die Geldmenge nur als einen Teil der *Liquiditätsstruktur* der Wirtschaft bezeichnet. «It is the whole liquidity position that is relevant to spending decisions in the economy.»[8]

Die Mehrheit der Ökonomen, die jungen insbesondere, war damals davon überzeugt, in der Lage zu sein, den Wirtschaftsprozeß durch wissenschaftlich begründete Politik immer besser steuern zu können als bisher. Größere Konjunkturschwankungen und größere Arbeitslosigkeit, oder gar Langzeitarbeitslosigkeit, galten als eine Sache der Vergangenheit.

b) Die deutsche Diskussion – Grundlinien und Beispiele

Für eine Zeit mit großer Arbeitslosigkeit und Devisenknappheit ist es nicht erstaunlich, daß Beschäftigungs- und Zahlungsbilanzprobleme Hauptthemen der geldpolitischen Diskussion sind. Die im folgenden behandelten Grundlinien und Beispiele beschränken sich auf diese beiden Hauptthemen.

Die Diskussion zum Zielkatalog der deutschen Zentralbankpolitik

Auf diesem Gebiete herrschen keynesianische Vorstellungen vor – sowohl beim Wissenschaftlichen Beirat, dem damals der größte Teil der bekannteren Professoren der Volkswirtschaftslehre angehörte, als auch bei Nichtmitgliedern des Beirats. Die klassische Gegenposition ist kaum anzutreffen. Ihr pro-

7 Vgl. Keynes, General Theory, S. 164.
8 Radcliffe Report, § 389.

minenter Vertreter ist Friedrich A. Lutz, der erst 1965 Mitglied des Beirats wurde. Eine Sonderrolle spielen die Anhänger von Silvio Gesell.

(1) Der Wissenschaftliche Beirat bei der Verwaltung für Wirtschaft spricht sich 1949 gegen Regelbindung und für Ermessensfreiheit des Zentralbankmanagements aus. Auch soll die Notenbank ihre Politik nicht an einem einzigen Ziel orientieren – wie Preisstabilität –, sondern an einer «Gesamtanalyse der wirtschaftlichen Situation».[9] Die «Zulassung vorübergehender Haushaltsdefizite» zur Finanzierung öffentlicher Investitionsvorhaben wird als vertretbar angesehen.[10] Der keynesianische Einfluß, das Denken im Stile des IS-LM-Diagramms, ist in diesem Gutachten unverkennbar, obgleich es sich um das Produkt einer recht unterschiedlich zusammengesetzten Kommission handelt (22 Professoren, darunter 17 Volkswirte,[11] drei Juristen[12] und zwei Sozialwissenschaftler[13]).

Dem Beirat ist allerdings klar, daß sich das damalige Beschäftigungsproblem nicht ohne die Schaffung neuer Arbeitsplätze, d.h. nicht ohne eine Verstärkung der Investitionstätigkeit, beseitigen läßt. Die Möglichkeiten einer «monetären Kapitalbildungspolitik» werden diskutiert, und zwar wieder ganz in der keynesianischen Schiene: Die Investitionen erhöhen zunächst nicht den Anfall an Konsumgütern, während auf der anderen Seite die Geldeinkommen sofort steigen. Zur Vermeidung von Preissteigerungen muß deshalb die Spartätigkeit «mit allen Mitteln» gefördert werden. Sparen seinerseits bedeutet jedoch eine «Vernichtung aktiven Geldes».[14] Um die beschäftigungssteigernde Wirkung der primären Investitionen nicht wieder durch Sparen zunichte zu machen, müssen gleichzeitig und im Ausmaß des Sparens neue Investitionsstöße erfolgen. Es ist deshalb kein Widerspruch, wenn zugleich eine Politik von durch Geldschöpfung finanzierten Investitionen und eine Politik der Sparförderung verfolgt wird.[15]

Das ist der Denkstil des «hydraulischen Keynesianismus», wie ihn später Alan Coddington spöttelnd nannte.[16] Die Wirtschaft als Kreislauf von Geldströmen mit Absickerverlusten und Außenzuflüssen. Es gibt keine Märkte und keine Steuerung durch Preise, Löhne oder Zinsen. Jedoch: Die deutsche

9 Vgl. Wissenschaftlicher Beirat, Gutachten 1948–1950, S. 66.
10 Vgl. Wissenschaftlicher Beirat, Gutachten 1948–1950, S. 68.
11 Von Beckerath, W. Hoffmann, Kromphardt, Koch, Lampe, Müller-Armack, Liefmann-Keil, Miksch, Möller, Peter, Preiser, Rittershausen, Sauermann, Schiller, Veit, Weisser, Wessels.
12 Böhm, Hallstein, Raiser.
13 Von der Gablentz, von Nell-Breuning.
14 Analog Preiser, Geldschöpfen, S. 251.
15 Vgl. Wissenschaftlicher Beirat, Gutachten 1950–1952, S. 29.
16 Vgl. Coddington, Keynesian Economics.

Zentralbank- und Finanzpolitik folgte diesen Ratschlägen mit Erfolg und erhielt im nachhinein gute Noten.[17]

Bei der Beratung des Bundesbankgesetzes spricht sich der Beirat erneut gegen eine starre Normbindung der Notenbankpolitik aus. Es wäre aber auch nicht zweckmäßig, im Gesetz überhaupt keine Richtlinien über die Geldpolitik aufzunehmen. Er folgt ganz der keynesianischen Linie, die auch im Beiratsgutachten vom 3. Juni und 8. Juli 1956 zum Ausdruck kommt. Vollbeschäftigung rangiert dort vor Preisstabilität, und es wird hervorgehoben, daß «(für) eine konjunkturpolitisch sinnvolle Veränderung der Geldmenge ... eine Kooperation von Zentralbank und öffentlicher Hand notwendig (ist)».[18]

(2) Die klassische Gegenposition bezieht unbeirrt *Friedrich A. Lutz.*[19] Arbeitslosigkeit ist Mindestlohn-Arbeitslosigkeit, zu deren Überwindung die Reallöhne zu senken sind. Das kann durch inflatorische Geldpolitik erreicht werden, vorausgesetzt, die Arbeitnehmer bestehen nicht auf ihren bisherigen Reallöhnen. Wenn sie das tun, dann führt eine Erhöhung der Gesamtnachfrage lediglich zu Preissteigerungen ohne Mehrbeschäftigung.[20] Lutz sieht das damals noch unbekannte Phänomen der Stagflation voraus und spricht sich gegen eine monetäre Beschäftigungspolitik aus.

(3) Die Anhänger von *Silvio Gesell,* unter ihnen Otto Lautenbach, treten mit einem «Begehren zur Sicherung der Deutschen Mark» auf.[21] Sie fordern, der Notenbank (modern ausgedrückt) ein konkretes Inflationsratenziel gesetzlich vorzugeben, und zwar von null Prozent. Auf diese Weise ließen sich das Horten von Geld als Folge von Deflationserwartungen und der damit einhergehende Beschäftigungseinbruch vermeiden. In seiner Kritik sagt Wilhelm Krelle, der Notenbank solle kein Einzelziel, sondern ein Zielbündel vorgegeben werden, in dem außer der Inflationsrate auch Ersparnisbildung, Investitionen, Beschäftigung und Wechselkurs vorkommen.[22]

(4) *Wolfgang Stützel* bezweifelt, daß die Notenbank überhaupt in der Lage ist, durch Geldmengenpolitik einen Preisindex zu stabilisieren.[23] Geldpolitik könne nicht über die Geldmenge, sondern allenfalls über den *Liquiditätseffekt* praktiziert werden.[24] Im übrigen werde bei festen Wechselkursen wegen

17 Vgl. z.B. Stolper/Roskamp, Planning; Wallich, Mainsprings oder Häuser, Inflation.

18 Wissenschaftlicher Beirat, Gutachten 1955–1956, S. 42.

19 Siehe Lutz, Trugschluß.

20 Vgl. Lutz, Trugschluß, S. 255.

21 Vgl. Gesellschaft für wirtschaftswissenschaftliche und soziologische Forschung, Begehren.

22 Vgl. Gesellschaft für wirtschaftswissenschaftliche und soziologische Forschung, Begehren, S. 24f.

23 Vgl. Stützel (1960), Währungspolitik.

24 Vgl. Stützel, Diskussionsbeiträge, S. 19ff.

des *unmittelbaren Preiseffekts* die heimische Preisentwicklung vom Ausland bestimmt.[25]

Die Idee des *Liquiditätseffekts* stammt von Keynes und findet sich im Radcliffe Report wieder: Nicht irgendeine Geldmenge, sondern die Liquiditätsstruktur beeinflussen Zins- und Preisentwicklung. Prominente Vertreter des Liquiditätsdenkens sind in Deutschland außer Stützel Otto Veit und Claus Köhler.[26]

Das Konzept des *unmittelbaren Preiseffekts* (bei festen Wechselkursen) ist eine originelle Idee Stützels: die Anwendung des Gesetzes der Preisunterschiedslosigkeit auf die internationale Wirtschaft, ein Zusammenhang, der – wie später Samuelson zeigt[27] – weder von David Hume noch in den sich an Hume anschließenden Darstellungen des Goldautomatismus durchschaut wurde. Die Bank deutscher Länder[28] argumentiert z.B. noch ganz im Stil von Hume, d.h. ohne Berücksichtigung des unmittelbaren Preiseffekts. Nicht die «Überschußdevisen sind Bazillen» der Inflation,[29] sondern der unmittelbare Preiseffekt ist das Vehikel, «auf (dem) wir die schleichende Weltinflation in die Bundesrepublik importieren».[30] Bei festen Wechselkursen sind Zahlungsbilanzüberschüsse die Folge restriktiver Geldpolitik, nicht die Ursache heimischer Preissteigerung, die der Sog des unmittelbaren Preiseffekts bewirkt.[31] Mit dieser Einsicht hat Stützel den *monetären Ansatz der Zahlungsbilanzbestimmung* vorweggenommen, der zehn Jahre später von Robert Mundell, Harry Johnson und deren Schülern erneut entwickelt und propagiert wurde.[32]

Die Diskussion zur Konvertibilität der Deutschen Mark

Zentraler Gegenstand der Diskussion zur vollen Konvertibilität der D-Mark ist die Antwort auf das Problem des «magischen Dreiecks» – das Zauberkunststück der gleichzeitigen Verwirklichung von Preisstabilität, Vollbeschäftigung und Zahlungsbilanzausgleich bei voller Konvertibilität. Die beiden Extrembedingungen, bei denen der Trick (vielleicht) gelingt, sind:

25 Vgl. Stützel (1960), Währungspolitik, S. 29.

26 Siehe Veit, Liquiditätspolitik und Köhler (1970), Geldwirtschaft.

27 Vgl. Samuelson, Corrected Version.

28 Im Geschäftsbericht für 1953 heißt es, die Notenbank habe die verflüssigende Wirkung der Devisenzuflüsse «bewußt zugelassen, ja zum Teil gefördert», um damit den «Spielregeln der klassischen Goldwährung» zu folgen. Bank deutscher Länder, Geschäftsbericht 1953, S. 16.

29 Vgl. Stützel (1960), Währungspolitik, S. 4.

30 Stützel, Diskussionsbeiträge, S. 30.

31 Vgl. Stützel, Dilemma, S. 27.

32 Siehe Mundell, International Economics sowie Johnson, Monetary Approach.

– feste Wechselkurse mit internationaler Zusammenarbeit der Industrienationen auf dem Gebiete der Stabilitätspolitik,
– flexible Wechselkurse.

Die herrschende Meinung ist für feste Wechselkurse – so der Wissenschaftliche Beirat, die Bank deutscher Länder bzw. die Bundesbank oder Ökonomen wie Herbert Giersch, Hans Möller, Wolfgang Stützel. Die Befürworter flexibler Wechselkurse gehören zu den Außenseitern, unter ihnen L. Albert Hahn, Friedrich A. Lutz und die Freiwirtschaftler.

Einige Beispiele aus der Diskussion:

(1) Der Wissenschaftliche Beirat beim Bundeswirtschaftsministerium plädiert für die Beibehaltung des Systems fester Wechselkurse auch nach Herstellung voller Konvertibilität. Denn: «Gerade ein grundsätzlich marktwirtschaftlich geordneter Außenhandelsverkehr muß sich auf Stabilität der Wechselkurse verlassen können.»[33] Gedacht wird dabei nicht an feste, sondern an innerhalb einer (nicht zu großen) Bandbreite fluktuierende Kurse.[34] Die Notwendigkeit der wechselseitigen Abstimmung der Beschäftigungspolitik mit den Handelspartnern wird hervorgehoben.[35] Änderungen der Währungsparität werden nicht ausgeschlossen, sollen aber die Ausnahme bleiben.

(2) *Herbert Giersch* und *Hans Möller* sprechen sich in einer Stellungnahme gegen frei schwankende Wechselkurse aus. Sie befürchten heftige Kursschwankungen und Fehlbeurteilungen der Investitionsmöglichkeiten. Auch fehle dann der von der Zahlungsbilanz ausgehende Zwang zur rechtzeitigen Inflationsbekämpfung. Der Vorteil der Isolation gesunder Länder gegenüber Inflationsherden durch flexible Wechselkurse werde von der Gefahr einer Zersetzung der internationalen Arbeitsteilung durch ausländische Inflationsherde und deren politische Konsequenzen überschattet. Aus dem Grunde solle auf eine Isolierung von Inflationen durch frei bewegliche Wechselkurse verzichtet und statt dessen die Entstehung und Ausbreitung von Inflationsherden durch internationale wirtschaftspolitische Kooperation bekämpft werden.[36]

(3) *Hans Möller* tritt erneut für die Beibehaltung des Systems fester Wechselkurse auch nach Herstellung voller Konvertibilität ein. Er sieht darin ein Mittel zur Förderung der internationalen Zusammenarbeit.[37] Konterkarierende Devisenzuflüsse lassen sich vermeiden, wenn zur Inflationsbekämpfung nicht geldpolitische Maßnahmen, sondern die Finanzpolitik eingesetzt wird – z.B. eine Vorverlegung von Steuerzahlungen.[38] Die zusätzlichen Steuereinnahmen müßten dann natürlich vom Staat gehortet werden. Möller denkt hier

33 Wissenschaftlicher Beirat, Gutachten 1950–1952, S. 93.
34 Vgl. Wissenschaftlicher Beirat, Gutachten 1950–1952, S. 94.
35 Vgl. Wissenschaftlicher Beirat, Gutachten 1950–1952, S. 95.
36 Vgl. Giersch/Möller, Problem.
37 Vgl. Möller, Probleme, S. 502.
38 Vgl. Möller, Probleme, S. 588.

– ähnlich wie Häuser[39] – keynesianisch: Ein Inflationseffekt aus Ausfuhrüberschüssen tritt nicht auf, wenn der damit verbundene Einkommensüberschuß gespart wird. Die Zinsänderung bleibt unberücksichtigt. Tatsächlich dürften in dem Falle jedoch die Geldzinsen steigen und – wie bei restriktiver Geldpolitik – Devisen zufließen.

(4) Wolfgang Stützel plädiert für ein System *absolut* fester Wechselkurse,[40] für eine «Goldwährung ohne Gold»,[41] weil nur in einem solchen System keine Regierung es sich leisten könne, sich «über alle Geldfragen hinwegzusetzen und unbeschränkt in heimischer Währung Schulden zu machen».[42]

Offen bleibt allerdings, wie sich Stützel die Lösung des Problems denkt, daß es für n Staaten nur n-1 Wechselkurse als geldpolitische Zielgrößen gibt. Einer der Staaten benötigt also eine andere Zielgröße als den Wechselkurs. Das muß eine reale Größe sein (etwa der Goldpreis) oder eine mit einer realen Größe hinreichend eng verknüpfte nominelle Größe wie die Geldmenge.[43]

(5) *Friedrich A. Lutz* ist der am klarsten argumentierende deutschsprachige Befürworter flexibler Wechselkurse dieser Epoche.[44] Er schreibt, es sei durchaus möglich, flexible Wechselkurse mit dem Übergang zu voller Konvertibilität einzuführen, sofern mehrere Länder diesen Schritt gleichzeitig tun.[45]

Auf das Argument, flexible Wechselkurse könnten eine Lohn-Preis-Spirale auslösen, antwortet Lutz, höhere Lohnforderungen könnten von den Gewerkschaften nur durchgesetzt werden, wenn die Notenbank die dafür erforderlichen Mittel bereitstelle. Und wenn man sage, sie habe nicht die Macht, dies zu verweigern, «so muß auch gesagt werden, daß sie die Macht nicht hat, die Finanzierung von Lohnerhöhungen, die (bei festen Wechselkursen) aus vielen anderen Gründen gefordert werden können ... zu vermeiden». Die Gewerkschaften machten, wenn man die Sache so sehe, in jedem Falle die Geldpolitik.[46]

Wie dachte man in der Bank deutscher Länder bzw. in der Deutschen Bundesbank?

Auf der Grundlage ihrer Geschäftsberichte von 1948 bis 1960, in denen sie ihre Währungspolitik rechtfertigt, läßt sich kurz folgendes sagen:

Die Bundesbank richtet sich, entsprechend der allgemeinen Auffassung, nicht nach einer einzigen Zielgröße, sondern nach einem Zielbündel, das

39 Siehe Häuser, Inflation, S. 169.
40 Siehe Stützel (1960), Währungspolitik sowie Stützel, Diskussionsbeiträge.
41 Stützel, Diskussionsbeiträge, S. 101.
42 Stützel (1960), Währungspolitik, S. 10.
43 Vgl. Richter, Geldtheorie, S. 180ff.
44 Vgl. Lutz, Trugschluß; Lutz, Problem; Lutz, Rezept; Lutz, Gefahren und Vorteile.
45 Vgl. Lutz, Problem, S. 128.
46 Vgl. Lutz, Rezept, S. 24f.

außer den Zielen des magischen Dreiecks[47] auch andere Größen enthält wie Bankenliquidität, Entwicklung der Ersparnisbildung, Investitionstätigkeit, Produktivitätsentwicklung, konjunkturelle Lage, Fiskalpolitik. Ob der Kaufkraftsicherung dabei immer der Vorrang gegeben wird, ist schwer zu sagen. Als Gründe für Preisanstiege werden u.a. genannt Lohnerhöhungen[48] und «importierte Inflation» im Sinne von David Hume.[49]

Die Beschränkung der Autonomie der nationalen Kreditpolitik als Folge der Konvertibilität der D-Mark wird beklagt.[50] Dennoch will die Bundesbank bei festen Wechselkursen bleiben.[51]

Durchgehend sind die Bemühungen der Bundesbank zur Stabilisierung konjunktureller Schwankungen.[52] Die Möglichkeit, ja Notwendigkeit einer monetären Konjunkturpolitik wird von den Verantwortlichen der westdeutschen Notenbank genauso gesehen wie von der Mehrheit der Geldökonomen – national und international.

2. 1961–1972: Keynesianismus, Wechselkursdebatte und die Anfänge der monetaristischen Gegenrevolution

Die Jahre 1961–1972 sind gekennzeichnet durch das Überschwappen des Keynesianismus auf die deutsche Wirtschaftspolitik – Höhepunkt war das Stabilitäts- und Wachstumsgesetz von 1967 samt zugehöriger Verfassungsänderung –, die Wechselkursdebatte und die Anfänge der monetaristischen Gegenrevolution. In der internationalen Diskussion wird der «hydraulische» Keynesianismus – das Denken in Kreisläufen ohne Märkte und Preissteuerung – von der neoklassischen Synthese abgelöst. Märkte, vor allem Finanzmärkte beginnen nun auch in der makroökonomischen Diskussion eine Rolle zu spielen. Die monetäre Makroökonomik entwickelt sich. Die ökonometrischen Modelle expandieren und schließen Geld- und Finanzmärkte ein. Die Theorie optimaler Steuerung, von der Weltraumfahrt vorgeführt, wird von der Wirtschaftswissenschaft übernommen. Die Theorie quantitativer Wirtschaftspolitik erlebt ihre Blütezeit.

47 Vgl. Deutsche Bundesbank, Geschäftsbericht 1958, S. 1.

48 Vgl. Deutsche Bundesbank, Geschäftsbericht 1959, S. 2 sowie Geschäftsbericht 1960, S. 2.

49 Vgl. Deutsche Bundesbank, Geschäftsbericht 1953, S. 16 sowie Geschäftsbericht 1954, S. 21.

50 Vgl. Deutsche Bundesbank, Geschäftsbericht 1959, S. 3.

51 Vgl. Deutsche Bundesbank, Geschäftsbericht 1959, S. 4.

52 Vgl. Deutsche Bundesbank, Geschäftsbericht 1953, S. 1; Geschäftsbericht 1955, S. 1; Geschäftsbericht 1957, S. 1 sowie Geschäftsbericht 1959, S. 1.

In Westdeutschland geht es um die Vervollkommnung des Erreichten. Der Glaube an die Möglichkeiten der Feinsteuerung hat an Boden gewonnen, desgleichen die Überzeugung, daß sich störende Außeneinflüsse durch flexible Wechselkurse herausfiltern lassen. Die monetaristische Gegenrevolution, von Milton Friedman angeführt, nimmt ernste Formen an. Sie beherrscht die Debatte in den großen internationalen Zeitschriften und greift gegen Ende der sechziger Jahre auch auf Westdeutschland über. Die ersten deutschen Monetaristen treten auf und nehmen die Geldpolitik der Bundesbank unter Feuer. Eine lebhafte Diskussion nimmt ihren Anfang.

a) Zum Stand der internationalen Debatte 1961–1972

Zu Beginn der sechziger Jahre herrscht der Keynesianismus unvermindert vor – geläutert freilich durch die auf Hicks, Patinkin, Tobin, Gurley und Shaw zurückgehende neoklassische Synthese.[53] Diese Synthese findet ihre Fortsetzung durch weitere Beiträge von Patinkin, Tobin und die umfassend überarbeitete zweite Auflage von Patinkins «Money, Interest and Prices» aus dem Jahr 1965.[54]

Die neoklassische Synthese erlaubt die Einbettung des Bankensystems und der finanziellen Mittler in das gesamtwirtschaftliche System – und damit eine fundiertere Behandlung des *Liquiditätsansatzes der Geldtheorie.* Die Geldschöpfungstheorie erscheint in neuem Licht. So wendet sich Tobin gegen die herrschende Auffassung, die Geschäftsbanken könnten in beliebigem Umfange Geld schöpfen.[55] Denn Banken können ihr Einlagenvolumen nur ausdehnen, wenn sie Darlehen in entsprechendem Umfange am Markt unterbringen – was nicht unbegrenzt möglich ist.

Tobins Argument ist nicht ohne Wirkung auf die bis dahin vorherrschende Begründung von Mindestreserven. Entscheidend für die Kontrolle der Geschäftsbanken ist nicht das Vorhandensein von Mindestreserven, sondern die Zurverfügungstellung von *unborrowed reserves* durch die Zentralbank.[56]

Die Liquiditätstheorie der Keynesianer wird von Friedman lebhaft kritisiert: Es sei vielmehr die Geldmenge, die kontrolliert werden müsse, da kurzfristig zwischen Geldmenge und Beschäftigung ein enger Zusammenhang bestehe, der sich jedoch beschäftigungspolitisch nicht nutzen lasse, da Änderungen der Geldmenge auf das Volkseinkommen nur mit schwer abschätz-

53 Siehe Hicks, Value; Patinkin (1956), Money; Tobin, Liquidity Preference; Gurley/Shaw, Money. Der Begriff «neoklassische Synthese» stammt von Samuelson, Collected Papers, S. 1111, S. 1271, S. 1543.

54 Siehe Patinkin, Financial Intermediaries sowie Tobin, Commercial Banks.

55 Vgl. Tobin, Commercial Banks.

56 Vgl. Tobin, Commercial Banks, S. 9.

barer Verzögerung wirkten.[57] Monetäre Beschäftigungspolitik wirkt folglich eher destabilisierend als stabilisierend.[58] Die Zentralbank soll deshalb auf beschäftigungspolitische Manöver verzichten und sich darauf beschränken, für eine stetige Entwicklung der Geldmenge Sorge zu tragen. Um das sicherzustellen, soll sie verpflichtet werden, die Geldmenge mit einer festen Rate wachsen zu lassen.[59]

In den gleichen Zeitabschnitt gehören die zwei berühmten Feststellungen Friedmans, daß sich durch Inflationspolitik weder die Arbeitslosigkeit noch der Geldzins dauerhaft auf niedrigem Niveau halten lassen.[60]

Die erste Feststellung richtet sich gegen das Konzept des Phillipskurven-Trade-off, der auf Dauer nicht funktionieren kann, weil die Beschäftigung letztlich vom Reallohn, nicht vom Nominallohn bestimmt wird. Das zweite Argument ist auf der Erfahrung begründet, daß der Geldzins um die erwartete Inflationsrate steigt (Fisher-Relation).

Die grundlegende Debatte zum Thema «feste oder flexible Wechselkurse» hat Milton Friedman früh (im Jahre 1950) mit seiner Kritik am Bretton-Woods-System eröffnet.[61] In Deutschland ist die Auffassung etwas später von Egon Sohmen mit gleicher Vehemenz vertreten worden.[62] Gegen den Einwand, flexible Wechselkurse seien instabil, entgegnen Friedman und später Sohmen und Johnson – irrtümlich –, daß instabile Kurse durch gewinnbringende Spekulation verhindert werden.[63]

Als Vertreter der Gegenposition hervorgehoben seien Stützel und Charles P. Kindleberger.[64]

Sohmen und Mundell sind mit einer keynesianischen Variante der Theorie flexibler Wechselkurse hervorgetreten, die in der deutschen Wechselkursdiskussion der sechziger Jahre eine wichtige Rolle spielt.[65] Monetäre Stabilitätspolitik ist danach nicht nur denkbar, sondern bei flexiblen Wechselkursen von größerer Durchschlagskraft als bei festen. Der Grund liegt darin, daß bei flexiblen Wechselkursen der Keynes-Effekt um einen Exportüberschuß-Effekt ergänzt wird.[66] Die Wechselkurserwartungen bleiben im Mundell/Sohmen-Modell allerdings unberücksichtigt, wodurch die Allgemeingültigkeit ihrer Aussage eingeengt wird.

57 Vgl. Friedman, Quantity Theory sowie Friedman/Schwartz, Monetary History.
58 Vgl. Friedman, Supply of Money sowie Friedman/Meiselmann, Relative Stability.
59 Vgl. Friedman, Program, S. 100.
60 Vgl. Friedman, Role.
61 Siehe Friedman, Case.
62 Siehe Sohmen, Flexible Exchange Rates.
63 Vgl. Friedman, Case, S. 158; Sohmen, Flexible Exchange Rates sowie Johnson, Case.
64 Vgl. Stützel (1960), Währungspolitik und Kindleberger, Case.
65 Vgl. Sohmen, Fiscal and Monetary Policies sowie Mundell, Theory.
66 Vgl. Sohmen, Fiscal and Monetary Policies, S. 521.

b) Die deutsche Diskussion – Grundlinien und Beispiele

Bestimmt werden auch hier wieder die Hauptthemen der Debatte von den wirtschaftspolitischen Problemen der Zeit: Devisenbilanzüberschüssen und spekulativen Kapitalbewegungen, Sorge vor importierter Inflation, dem Wunsch nach einem weiterhin möglichst störungsfreien und angemessenen Wirtschaftswachstum. Die geldpolitische Diskussion konzentriert sich dementsprechend auf das Für und Wider flexibler Wechselkurse und einer monetären Konjunktur- und Wachstumspolitik. In der Wechselkursdebatte entwickelt sich unter den akademischen Volkswirten eine breite Front für flexible Wechselkurse. Im Mai 1969 unterschreiben beinahe 100 Professoren der Wirtschaftswissenschaft eine «Protestresolution» zum Nicht-Aufwertungsbeschluß der Bundesregierung;[67] im Oktober des gleichen Jahres geben 51 Professoren der Wirtschaftswissenschaft eine von Giersch und Sohmen verfaßte öffentliche Erklärung für eine stärkere Flexibilisierung des D-Mark-Wechselkurses ab.[68] In der Stabilitäts- und Wachstumsdebatte setzt sich der Keynesianismus durch.

Den intellektuellen Vorbereitungen folgen alsbald Taten: außenwirtschaftlich die vorübergehende Freigabe des D-Mark/US-Dollar Kurses vom 10. Mai bis zum 17. Dezember 1971 und schließlich die endgültige Freigabe am 19. März 1973; binnenwirtschaftlich die Etablierung des Sachverständigenrats zur Begutachtung der gesamtwirtschaftlichen Entwicklung im Jahr 1963 sowie – im Juni 1967 – das Inkrafttreten des Stabilitäts- und Wachstumsgesetzes samt zugehöriger Neufassung von Artikel 109, Abs. 4 Grundgesetz. Dieser neue institutionelle Rahmen sollte dazu beitragen, gleichzeitig und «im Rahmen der marktwirtschaftlichen Ordnung» vier wirtschaftspolitische Ziele zu verwirklichen: stabiles Preisniveau, hohen Beschäftigungsstand, außenwirtschaftliches Gleichgewicht, stetiges und angemessenes Wachstum. Das ist, zusammen mit der Forderung flexibler Wechselkurse, die neoklassische Synthese in Hochform – die Vermählung der Theorien von Walras, Wicksell, Hicks und Keynes. Es ist die herrschende («neue») Lehre dieser Zeit – lehrbuchmäßig dargestellt etwa von Giersch oder Richter, Schlieper, Friedmann.[69] Auch der Phillipskurven-Trade-off gehört zu diesem Denkstil. Er wird in der real existierenden Politik von Helmut Schmidt, dem damaligem Bundesminister für Wirtschaft und Finanzen, in dem geflügelten Satz zum Ausdruck

67 Die Erklärung richtete sich gegen den «nicht ökonomisch, sondern – aus wahltaktischen Erwägungen – demoskopisch belegten Nicht-Aufwertungsbeschluß des Kabinetts». «Die Mai-Revolte der Professoren», in: Der Volkswirt, Nr. 21, 23. Mai 1969, S. 29f.

68 Für freie Wechselkurse.

69 Siehe Giersch, Konjunkturpolitik sowie Richter/Schlieper/Friedmann (1973), Makroökonomik.

gebracht: «Mir scheint, daß das deutsche Volk – zugespitzt – 5 Prozent Preisanstieg eher vertragen kann als 5 Prozent Arbeitslosigkeit.»[70]

Währungssicherung mit festen oder flexiblen Wechselkursen: zur deutschen Wechselkursdebatte der sechziger Jahre

Das ist ein heftiger Streit auf der theoretischen und der praktisch-politischen Ebene. Rufer im Streite sind auf der einen Seite Egon Sohmen, auf der anderen Wolfgang Stützel, der unbeirrt für feste Wechselkurse eintritt. Sohmen gelang es, Herbert Giersch zu überzeugen, der nun als Mitglied des Sachverständigenrats für flexible Wechselkurse kämpft. Getragen wird die Auseinandersetzung von der Sorge einer Zunahme der Rate der schleichenden Inflation, die sich in den Jahren 1960–1963 gegenüber 1952–1959 mehr als verdoppelt hatte (von 1,26% auf 2,8%).

(1) Der Sachverständigenrat mit Herbert Giersch als Spiritus rector[71] nennt in seinem ersten Jahresgutachten (JG) als Hauptquelle des Geldwertschwunds den internationalen Preiszusammenhang.[72] Der Rat tritt deshalb, unter Einsatz eines Gutachtens von Friedrich A. Lutz und Egon Sohmen, für flexible Wechselkurse ein. In dem Gutachten wird u.a. die oben erwähnte Sohmen-Mundell-These von der größeren Durchschlagskraft der Geldpolitik bei flexiblen Wechselkursen wiederholt.

Der Sachverständigenrat bleibt bei dieser Auffassung bis zum JG 1969/70, beschreibt allerdings auch andere Lösungsmöglichkeiten des Inflationsimport-Problems – darunter Stützels Idee eines «gehärteten Devisenstandards»[73] – und plädiert, wie Stützel oder Köhler, für absolut feste Wechselkurse innerhalb der EWG-Staaten in Form einer Europäischen Währungsunion.[74]

(2) Der Wissenschaftliche Beirat beim Bundeswirtschaftsministerium, erheblich breiter zusammengesetzt als der Sachverständigenrat,[75] behandelt in seinem Gutachten vom 29. Januar 1966 die Ursachen der «ständigen Preiserhöhungen unserer Zeit», ohne den internationalen Preiszusammenhang auch

70 Vgl. «An höheren Steuern kommen wir nicht vorbei». SZ-Gespräch mit Helmut Schmidt, in: Süddeutsche Zeitung vom 28. Juli 1972.

71 Dem Sachverständigenrat gehörten in seiner ersten Runde an: W. Bauer (Vorsitzender), P. Binder, H. Giersch, H. Koch, F.W. Meyer. Letzterer wurde von W. Stützel im Februar 1966 abgelöst, der aber den Rat bereits wieder im September 1968 wegen grundsätzlicher und sachlicher Zerwürfnisse mit den übrigen Ratsmitgliedern verließ. Giersch schied 1970 aus dem Sachverständigenrat aus. Die jeweilige personelle Zusammensetzung des Rats blieb naturgemäß nicht ohne Wirkung auf den Inhalt der Jahresgutachten.

72 Vgl. Sachverständigenrat, Jahresgutachten 1964/65, S. 90.

73 Vgl. Sachverständigenrat, Jahresgutachten 1966/67, S. 147.

74 Vgl. Sachverständigenrat, Jahresgutachten 1971/72, S. 101.

75 Ihm gehörten 1965 21 Wirtschaftswissenschaftler an, unter ihnen dezidierte Befürworter (Giersch, Lutz) und Gegner (Möller, Veit) flexibler Wechselkurse.

nur zu erwähnen.[76] Für ihn sind die nationalen Preisniveaubewegungen das Resultat der Entwicklung des gesamtwirtschaftlichen Angebots und der monetären Nachfrage[77] – eine keynesianische Idee. Restriktive Geldpolitik mit dem Ziel der Preisniveaustabilisierung hat Arbeitslosigkeit zur Folge und verletzt somit das Beschäftigungsziel. Der Beirat kann sie deshalb nicht empfehlen. Statt dessen empfiehlt er zur Bekämpfung langfristiger Preissteigerungstendenzen Maßnahmen der Wettbewerbs-, Wachstums- und Strukturpolitik.[78]

In seinem Gutachten vom 25. November 1967 tritt der Beirat für feste Wechselkurse ein.[79] Begriff und Idee des internationalen Preiszusammenhangs werden auch hier konsequent vermieden.

(3) *Wolfgang Stützel* plädiert unverändert für absolut feste Wechselkurse bei voller Konvertibilität.[80] Das System (absolut) fester Wechselkurse mit voller Konvertibilität diene als «Zuchtmeister von Regierungen».[81] Flexible Wechselkurse trügen zur Beschleunigung der schleichenden Inflation bei und behinderten den Welthandel – Befürchtungen, die sich nicht bewahrheiteten. Was Stützel jedoch richtig sieht, ist, daß Devisenkurse nicht gewöhnlichen Kaufpreisen gleichzusetzen sind, sondern – wie er sich ausdrückt – als «Bestandshaltepreise» zu betrachten sind, d.h. als Preise von Anlagegütern, die in Beziehung zum erwarteten Wiederverkaufspreis zu sehen sind.[82] Stützel ist auch hier der wissenschaftlichen Entwicklung um Jahre voraus – in diesem Falle der Idee des Portfolio-Ansatzes der Wechselkursbestimmung, wie sie später von William Branson formalisiert wird.[83] Entsprechendes gilt für seine Erklärung nationaler Zahlungsbilanzdefizite, die er – wie später z.B. Ronald McKinnon und Wallace Oates[84] – als Resultat individuellen Sparverhaltens interpretiert.[85]

Monetäre Stabilitätspolitik in der Welt der neoklassischen Synthese

Die zentrale Hypothese der monetären Stabilitätspolitik der neoklassischen Synthese – des «Neuen» Keynesianismus der sechziger Jahre – ist unverändert der Wicksell-Keynes-Effekt, lehrbuchmäßig dargestellt durch das IS-LM-Diagramm. Neu sind u.a. die Integration der Finanzmärkte, darunter vor

76 Vgl. Wissenschaftlicher Beirat, Gutachten 1948–1972.
77 Vgl. Wissenschaftlicher Beirat, Gutachten 1948–1972, S. 483.
78 Vgl. Wissenschaftlicher Beirat, Gutachten 1948–1972, S. 485.
79 Vgl. Wissenschaftlicher Beirat, Gutachten 1948–1972, S. 509ff.
80 Vgl. Stützel, Währungskurse.
81 Stützel, Währung, S. 95.
82 Vgl. Stützel, Währung, S. 159.
83 Siehe Branson, Asset Markets.
84 Siehe McKinnon/Oates, Implications.
85 Siehe Stützel, Leistungsbilanzen.

allem die des Marktes finanzieller Mittler, und der Ausbau der Geldangebotstheorie: der aus den zwanziger Jahren stammenden Theorie des Geldschöpfungsmultiplikators. Empirische Untersuchungen, nicht theoretische Spekulationen, spielen hier eine wichtige Rolle. Sie sind, wenn auch nur in geringer Zahl, in der deutschen Literatur dieser Zeit zu finden.

(1) Entscheidend für die Wirksamkeit einer monetären Stabilitätspolitik in der Welt des IS-LM-Diagramms ist die Zinselastizität der Geldnachfrage. Zu den wenigen empirischen Arbeiten hierüber gehören die Untersuchungen von König, Roskamp und Laumas und Westphal.[86] Ermittelt werden signifikant von Null verschiedene, wenn auch geringe Werte der Zinselastizität. Eine monetäre Stabilitätspolitik wäre so, ohne Berücksichtigung der «offenen Flanke» der Zahlungsbilanz, immerhin schwach wirksam. Was die offene Flanke angeht, stellt sich das Problem konterkarierender Kapitalbewegungen. Hierzu gibt es in den sechziger Jahren in Deutschland nur Meinungsäußerungen. Empirische Untersuchungen folgen sehr viel später, darunter von Neumann.[87] Nach seinen Ergebnissen wurden in den sechziger Jahren ca. 50% einer monetären Restriktion durch Kapitalzuflüsse aus dem Ausland konterkariert. Richter und Teigen erhalten etwas andere Resultate, nämlich für die Zeit 1960.1–1966.6 keinen konterkarierenden Effekt, für 1966.7–1972.12 nahezu perfekte Konterkarierung.[88]

(2) In der deutschen wirtschaftstheoretischen Literatur dieser Zeit geht es im wesentlichen um die Aufarbeitung der angelsächsischen Debatte zur Integration der «Geldseite» in makroökonomische Modelle. Stützels «Saldenmechanik» und die volkswirtschaftliche Finanzierungsrechnung der Bundesbank stehen dabei Pate.[89] Die keynesianische Liquiditätstheorie des Geldes herrscht vor. In den geldpolitischen Arbeiten liegt das Augenmerk auf der Bankenliquidität, den Freien Liquiditätsreserven bzw. der Liquiditätsquote. Geldpolitik besteht in Liquiditätsverknappung und damit Kreditverteuerung und vice versa. Der Sachverständigenrat diskutiert in diesem Sinne fortlaufend die Geldpolitik der Bundesbank.[90] Charakteristisch für den keynesianischen Denkstil der Zeit ist auch das von Köhler begründete Konzept der potentialorientierten Kreditpolitik.[91]

Was den Vorrang der Preisstabilität angeht, sind die Meinungen unverändert geteilt. So hebt z.B. der Sachverständigenrat in seinem Jahresgutachten

86 Siehe König, Einkommenskreislaufgeschwindigkeit; Roskamp/Laumas, Demand sowie Westphal, Untersuchungen.

87 Siehe Neumann, Kapitalbewegungen.

88 Vgl. Richter/Teigen, Commercial Bank Behaviour.

89 Vgl. Köhler, Geldkreislauf; Köhler (1970), Geldwirtschaft; Jarchow, Bankkredit; Richter, Rolle der Banken; Richter, Banking System; Jarchow/Rühmann/Engel, Geldmenge.

90 Vgl. z.B. Sachverständigenrat, Jahresgutachten 1970/71, S. 40ff.

91 Vgl. Köhler, Kreditpolitik.

1970/71 hervor: «Der Geldwertstabilität einen hohen Rang zu geben, heißt nicht ihr einen Vorrang geben.»[92]

Die Monetaristen kommen

Mit dem Eindringen monetaristischer Ideen gegen Ende der sechziger Jahre kommt Leben in die wissenschaftliche Auseinandersetzung zur deutschen Geldpolitik. Die Bundesbank gerät unter Feuer. Die sauberen Checklisten und schmucken Modelle der neoklassischen Synthese werden durcheinandergewirbelt, die Selbstsicherheit ihrer Anhänger gerät ins Wanken. Das Unmögliche nimmt, wenn auch zunächst langsam, seinen Anfang: der Abschied von den Hoffnungen auf die Möglichkeit einer beschäftigungspolitischen Nutzung des Wicksell-Keynes-Effekts. Ein ungeahnter Bewußtseinswandel setzt ein, ohne den das heutige Vertrauen so vieler Fachleute in die Funktionstüchtigkeit der geplanten Europäischen Währungsunion bei gleichzeitigem Fortbestand der nationalen Finanzhoheit nicht denkbar wäre.

Nach Deutschland gebracht wird die monetaristische Gegenrevolution von Karl Brunner – nicht zuletzt mit der von ihm im Jahre 1970 ins Leben gerufenen Reihe «Konstanzer Seminar für Geldtheorie und Geldpolitik». Zu den frühen deutschen Monetaristen, noch belächelt und nicht ernst genommen, gehören Hans G. Monissen, Manfred J.M. Neumann, Jürgen Siebke und Manfred Willms.[93]

Monissen kritisiert die Behauptung von Köhler, die Quantitätstheorie stelle einseitig die Rolle des Geldes heraus und vernachlässige die Bedeutung des Kredits.[94]

Neumann behandelt das geldpolitische Zentralthema der Brunner-Meltzer-Linie[95] des Monetarismus: die sogenannten Zwischenziele und Indikatoren der Geldpolitik.[96] Die Bundesbank richte sich bei ihrer Politikbeurteilung nach der Bankenliquidität, während die erweiterte Geldbasis das richtige Maß für die deutsche Geldpolitik sei.[97] Er schließt mit der Forderung, die Bundesbank möge den Liquiditätsindikator samt dem «intellektuell inadäquaten» Liquiditätsbegriff aufgeben – was sie dann auch wenig später tat.

Die Position von *Köhler,* der sich mit einem Thesenpapier gegen die Lehren

92 Sachverständigenrat, Jahresgutachten 1970/71, Ziff. 217, S. 69. Gutachter waren W. Bauer, Cl. Köhler, N. Kloten, O. Sievert.

93 Siehe Monissen, Analyse; Monissen, Geldversorgung; Neumann, Zwischenziele; Neumann, Bank Liquidity; Siebke/Willms, Geldangebot.

94 Vgl. Köhler (1970), Geldwirtschaft, S. 200ff. sowie Monissen, Geldversorgung, S. 149.

95 Vgl. Brunner/Meltzer, Meaning.

96 Vgl. Neumann, Zwischenziele sowie Neumann, Bank Liquidity.

97 Vgl. Neumann, Bank Liquidity, S. 170.

von Friedman wendet und die Liquiditätstheorie der Geldpolitik verteidigt,[98] ist u.a. Ziel der Angriffe Neumanns. Köhlers Konzept der potentialorientierten Kreditpolitik findet Eingang in die Jahresgutachten des Sachverständigenrats für 1971/72 und 1972/73, dem Köhler zu der Zeit angehört. Allerdings nennt der Sachverständigenrat auch bereits das Geldvolumen als «Zielgröße und Indikator monetärer Steuerung» – eine Linie, auf die er später ganz einschwenkt.[99]

Der Wissenschaftliche Beirat beim Bundeswirtschaftsministerium lehnt wie zuvor eine Regelbindung der Notenbank ab – und dementsprechend auch die Friedman-Regel.[100] Allerdings: «In welchen Bereichen Ermessensentscheidungen einer Regelbindung unterworfen werden können und sollen, wäre im Einzelfall zu prüfen.»[101]

Wie dachte man in der Deutschen Bundesbank 1961–1972?

Anders als in der Vorperiode werden jetzt die Ziele der Bundesbankpolitik genau spezifiziert, nämlich als Preisstabilität, hoher Beschäftigungsstand und außenwirtschaftliches Gleichgewicht. Die Rangfolge ist nicht konstant. Außenwirtschaftliches Gleichgewicht steht gelegentlich an erster Stelle.[102] Betont wird, daß die Bundesbank mehrere Ziele gleichzeitig im Auge zu behalten hat.[103] Von «importierter Inflation» ist wieder die Rede – erneut im Sinne von David Hume, nicht von Wolfgang Stützel.[104] Flexible Wechselkurse werden unverändert abgelehnt.[105] Entscheidend für die Zahlungsbilanzprobleme sei nicht die Verfassung des internationalen Währungssystems, sondern die Währungspolitik, die in den maßgeblichen Ländern betrieben wird.[106]

Konjunkturstabilisierung ist unverändert ein Ziel der Bundesbank.[107] Mehrfach wird das Zusammenwirken von Geld- und Fiskalpolitik als wünschenswert bezeichnet,[108] oder es wird hervorgehoben, daß die Geldpolitik der aktiven Unterstützung durch die Finanzpolitik bedarf.[109]

98 Vgl. Köhler, Thesen.
99 Vgl. Sachverständigenrat, Jahresgutachten 1972/73, Ziff. 397.
100 Vgl. Wissenschaftlicher Beirat, Gutachten 1948–1972, S. 597ff.
101 Wissenschaftlicher Beirat, Gutachten 1948–1972, S. 617.
102 Vgl. Deutsche Bundesbank, Geschäftsbericht 1968, S. 23.
103 Vgl. Deutsche Bundesbank, Geschäftsbericht 1966, S. 1.
104 Vgl. Deutsche Bundesbank, Geschäftsbericht 1962, S. 4f. und Deutsche Bundesbank, Ausmaß der Geldentwertung, S. 15.
105 Vgl. Deutsche Bundesbank, Geschäftsbericht 1962, S. 19.
106 Vgl. Deutsche Bundesbank, Geschäftsbericht 1964, S. 41.
107 Vgl. Deutsche Bundesbank, Geschäftsbericht 1961, S. 12ff.; Geschäftsbericht 1965, S. 14; Geschäftsbericht 1970, S. 1.
108 Vgl. Deutsche Bundesbank, Geschäftsbericht 1964, S. 22; Geschäftsbericht 1967, S. 19.
109 Vgl. Deutsche Bundesbank, Geschäftsbericht 1969, S. 29; Geschäftsbericht 1972, S. 25.

Im ganzen kommt die Bundesbank in ihren Berichten der damals vorherrschenden neoklassischen Synthese sehr nahe. Vom Wicksell-Keynes-Effekt der Zinspolitik ist sie offensichtlich überzeugt.

3. 1973–1984: Monetarismus auf dem Prüfstand: neue Geldpolitik, Managed Floating

In der langen Geschichte des Geldes ist der 19. März 1973 ein denkwürdiger Tag. An diesem Tag beginnen die ersten, für das Publikum spürbaren Gehversuche des internationalen Papierstandards[110] – eines institutionellen Arrangements, das noch zu Beginn des Jahrhunderts von Fachleuten wie Friedrich von Wieser für unmöglich gehalten wurde. Der Schritt kommt ungeplant durch den Zusammenbruch des von vielen favorisierten Bretton-Woods-Systems. Eine neue geldpolitische Orientierung wird notwendig, und die Lehren Friedmans obsiegen: Die Deutsche Bundesbank geht zu einem pragmatisch gezügelten Monetarismus über.

Neben der älteren Richtung des Monetarismus um Milton Friedman entwickelt sich jetzt eine neue, abstraktere Linie, initiiert von Robert Lucas, der die Rationale Erwartungshypothese ins Spiel bringt. Tobin (1980) nennt die beiden Linien später «Monetarismus Mark I» und «Monetarismus Mark II», für letzteren führt er die heute gängige Bezeichnung «Neue klassische Makroökonomik» ein.[111] Beide Ansätze zeichnen sich durch eine klare Botschaft aus. Es sind – modernisiert und durch Zufallsschocks ergänzt – die wirtschaftspolitischen Lehren der klassischen Nationalökonomie, von denen noch zehn Jahre zuvor die Mehrheit der Profession geglaubt hatte, sie wären von Keynes erledigt und begraben worden. Geld ist nach der neuen Lehre zwar auch nicht neutral, aber seine Nichtneutralität läßt sich nicht konjunkturpolitisch ausschlachten. Und die «lange Frist», mit der Geldmengenänderungen angeblich auf die Preise wirken, ist kurz genug, um von den Initiatoren einer Inflationspolitik miterlebt zu werden. Mehr noch, nach der Theorie rationaler Erwartungsbildung wird eine systematische Geldpolitik von den Geldbenutzern von vornherein in Rechnung gestellt. Sie schlägt sofort auf die Preise durch und bleibt deshalb wirkungslos. Nur zufällige Geldmengenänderungen haben (kurzfristige) Beschäftigungswirkungen.

110 Der Gold-Devisenstandard endete, wie erwähnt, faktisch am 15. August 1971 mit dem Aussetzen der Einlösbarkeit des US-Dollar in Gold, seine organisatorische Hülle existierte allerdings noch bis zum 19. März 1973 fort.

111 Vgl. Tobin, Asset Accumulation.

Genauso schnell, wie sich zehn Jahre zuvor der Keynesianismus in der Bundesrepublik durchgesetzt hatte, wird er in den siebziger Jahren vom Monetarismus überrollt. Die Preisanstiege in der westlichen Welt und Enttäuschungen über die politischen Behinderungen der Feinsteuerung à la Stabilitäts- und Wachstumsgesetz begünstigen den Umschwung. Enttäuschungen erleben aber auch die Anhänger flexibler Wechselkurse. Die versprochene Stabilität der Wechselkurse bleibt aus, und die Notenbanken – mit Ausnahme des Federal Reserve Systems – intervenieren, anders als gedacht, in bisher nicht dagewesenem Umfang.[112]

a) Zum Stand der internationalen Debatte – kurz skizziert

Die Thesen Friedmans konnten sich zunächst nicht gegen die raffinierten Modelle der Vertreter der neoklassischen Synthese durchsetzen – einer Schar von Theoretikern und Ökonometrikern höchsten Rangs, die sich – wie Tobin oder Klein – zunächst erfolgreich verteidigten. Erst ein Theoretiker gleichen Kalibers, Robert Lucas, führte mit der von ihm ins Spiel gebrachten Rationalen Erwartungshypothese (REH) den entscheidenden Schlag gegen die Keynesianer.[113]

Zwei Argumente von Lucas treiben die Keynesianer in die Enge:

(1) Die *Politik-Ineffektivitätshypothese*[114] – die Behauptung der Wirkungslosigkeit einer systematischen Geldpolitik[115] – und

(2) die *Econometric Policy Evaluation Critique*[116] – wonach die ökonometrischen Strukturparameter von wirtschaftspolitischen Eingriffen nicht unabhängig sind, weshalb sich die gegenwärtig benutzten, teuren ökonometrischen Modelle nicht zur Politiksimulation oder gar zur optimalen Steuerung der Wirtschaft eignen. Im Ergebnis ist die Ökonometrie «nach Lucas» nicht mehr dieselbe wie zuvor.

Nach der Kritik von Lucas sind die Keynesianer in eine schwierige Lage geraten. Hicks spricht von der «Crisis in Keynesian Economics»;[117] Tobin, führender Kopf unter den Keynesianern, gesteht ein, daß die fehlende Mikrofundierung der (keynesianischen) Makroökonomik zu falschen Prognosen

112 Vgl. Jurgensen, Bericht.
113 Vgl. Lucas, Expectations.
114 Vgl. Lucas, Evidence.
115 Vgl. Sargent/Wallace, Rational Expectations sowie Barro, Rational Expectations. Als leicht lesbare Übersicht vgl. Maddock/Carter, Guide, S. 50. Eine umfassende Übersicht zur Theorie und Ökonometrie des Philippskurven-Trade-off bieten Santomero/Seater, Inflation.
116 Vgl. Lucas, Econometric Policy Evaluation.
117 Hicks, Crisis.

geführt hat.[118] Auf jeden Fall: Ihre Führungsrolle in der geld- und fiskalpolitischen Debatte haben die Keynesianer verloren. Sie erschöpfen sich in Abwehrgefechten, insbesondere gegen die Rationale Erwartungshypothese, die sie schließlich – variiert und abgeschwächt – in ihre Modelle einbauen. Es wird zum Sport zu zeigen, daß auch bei Gültigkeit der Rationalen Erwartungshypothese eine systematische Geldpolitik beschäftigungspolitisch oder wachstumspolitisch genutzt werden kann. Auch die Geldmengenpolitik wird akzeptiert, jedoch anstelle einer starren Geldmengenregel eine «modifiziert aktivistische Geldpolitik» (MAP) vorgeschlagen, bei der die Initiative bei der Zentralbank bleibt.[119]

Das international herausragende Geldbuch dieser Zeit stammt von Jürg Niehans.[120] Es ist in der Tradition von Hicks und Patinkin geschrieben – also im Stile der neoklassischen Synthese. Niehans betont jedoch am Ende seines Buches, daß Notenbankpolitik eine Kunst bleiben wird, welche Fortschritte auch immer die Geldtheorie macht.[121]

b) Die deutsche Diskussion – Grundlinien und Beispiele

Dominiert wird die wissenschaftliche Debatte zur Geldpolitik dieser Zeit von der monetaristischen Gegenrevolution. Die im erst kurz zuvor verabschiedeten Stabilitäts- und Wachstumsgesetz verankerte Idee der Feinsteuerung wird von einer wachsenden Gruppe von Ökonomen verworfen. Dafür seien, so der Sachverständigenrat, die Zusammenhänge zwischen Geldmenge und Wirtschaftstätigkeit nicht überzeugend genug aufgeklärt. Die Notenbank solle deshalb auf monetäre Konjunkturpolitik verzichten und eine konjunkturneutrale Geldpolitik betreiben.[122] Sie solle zu diesem Zwecke die Geldbasis mit einer Rate steigen lassen, die dem Wachstum des Produktionspotentials entspricht zuzüglich der als «unvermeidlich anzubahnenden» Inflationsrate. Bis auf den Zusatz der «unvermeidlichen Inflationsrate» ist das Milton Friedman in Reinform. Geldpolitik hat danach nur noch ein Ziel: Stabilität des Preisniveaus!

Erstes großes Diskussionsthema dieser Zeit ist dementsprechend die Geldmengensteuerung. Die deutschen Keynesianer geraten in die Defensive, halten jedoch unvermindert am Konzept der Liquiditätspolitik à la Radcliffe Report fest.

Zweites großes Diskussionsthema ist das Managed Floating der führenden

118 Vgl. Tobin, Asset Accumulation.
119 Vgl. Fischer, Activist Policy, S. 232.
120 Vgl. Niehans, Theory.
121 Vgl. Niehans, Theory, S. 294.
122 Vgl. Sachverständigenrat, Jahresgutachten 1974/75, S. 155.

Notenbanken. Die Idee absolut fester Kurse, zumindest innerhalb der EWG-Staaten, wird ventiliert. Das Europäische Währungssystem entsteht, allerdings mit anderem Ziel, nämlich der Tendenz entgegenzutreten, daß sich die D-Mark zur europäischen Leitwährung entwickelt[123] – was dann dennoch geschieht.

Geldmengensteuerung versus Liquiditätspolitik

Mit dem Zusammenbruch des Gold-Devisenstandards kann die Bundesbank endlich das Ziel der Sicherung des Binnenwerts der D-Mark ohne Rücksicht auf Außenwert und Zahlungsbilanz verfolgen. Dabei muß sie auf eine reale Verankerung abstellen – entweder direkt (wie ein Inflationsratenziel) oder indirekt (wie ein Geldmengenziel unter Annahme einer stabilen Geldnachfragefunktion). Friedman empfiehlt letzteres, weil es eine bessere Kontrolle der geldpolitischen Akteure als das Preisziel erlaubt. Wichtig zu sehen ist, daß eine indirekte reale Verankerung über nominelles Volkseinkommen, Liquiditätsquote, Geldzinssatz, Zinsstruktur, Realzinssatz usw. nicht weniger problematisch oder noch problematischer ist als die über die Geldmenge.

Hauptmatadoren im deutschen Streit zum Thema Geldmengensteuerung versus Liquiditätspolitik dieser Jahre sind Manfred J.M. Neumann und Rüdiger Pohl. Was sind ihre Argumente, was sagen Sachverständigenrat und Wissenschaftlicher Beirat zu diesem Thema?

(1) *Manfred J.M. Neumann* folgt, leicht abgemildert, den Lehren Friedmans, darunter der Hypothese der *Dominanz monetärer Impulse,* weshalb Geldpolitik von der bisherigen Zyklusorientierung zu einer *Trendorientierung* mit entsprechender Regelbindung übergehen sollte.[124] Von Friedman abweichend empfiehlt Neumann allerdings, die »*trendorientierte Regelbindung … mit der Vorbehaltsklausel* eines Notausstiegs zu versehen».[125]

Das Geldmengenziel soll durch «Ausbau der *Offenmarktpolitik* zum beherrschenden Instrument der Geldpolitik und ihre Anwendung *als Mengenpolitik*» verwirklicht werden.[126] Notwendig sei, «zu einer verbindlichen *monetären Zielformulierung für mehrere Jahre im voraus* überzugehen».[127]

Bei einer mengenorientierten Geldpolitik müsse «die Bestimmung des *Zinsniveaus,* wie übrigens auch der Wechselkurse, dem Markt überlassen» werden, wenn die Bank ihre eigene Politik nicht konterkarieren will.[128]

Neumann und das von ihm mit ins Leben gerufene Europäische Schatten-

123 Vgl. Sachverständigenrat, Jahresgutachten 1978/79, S. 153.
124 Vgl. Neumann, Stabilisierungspolitik, S. 69f.
125 Neumann, Stabilisierungspolitik, S. 70.
126 Neumann, Stabilisierungspolitik, S. 70 (Hervorhebungen hinzugefügt).
127 Neumann, Längerfristige Orientierung, S. 258 (Hervorhebungen hinzugefügt).
128 Neumann, Längerfristige Orientierung, S. 259 (Hervorhebungen hinzugefügt).

Wirtschafts-Komitee kritisieren die *antizyklisch ausgerichtete monetäre Expansion* der Bundesbank.[129]

Zur *Stabilität der Geldnachfragefunktion* schreibt Neumann: «Wenig spricht ... für eine dauerhafte Änderung der Kassenhaltungsgewohnheiten.»[130] Die häufige Verletzung des angekündigten Geldmengenziels wird von Neumann kritisiert. Das Problem der *Glaubwürdigkeit* stelle sich im Grunde sehr einfach dar: «Angekündigte Geldmengenziele müssen eingehalten werden.»[131]

(2) *Rüdiger Pohl* folgt der keynesianischen Linie vom Typ der neoklassischen Synthese, wie sie im Radcliffe Report zu finden ist. Die *Bankenliquidität* wird, wie von Köhler,[132] als zentraler Bestimmungsfaktor des monetären Geschehens angesehen.[133] Über sie wird das Kreditvolumen der Banken gesteuert.[134] Ziel der Geldpolitik hat das Kreditvolumen der Banken, nicht das Geldvolumen zu sein.

Dazu ist zu sagen: Für die Bestimmtheit der Kaufkraft des Geldes im Papierstandard sind beide Ziele gleich gut – vorausgesetzt, die Nachfragefunktionen für Geld und Bankdarlehen sind stabil. Was die Angebotsseite betrifft, muß das Liquiditätskonzept, das an der Bankenliquidität anknüpft, eine stabile Kreditschöpfungsfunktion unterstellen, die monetaristische Theorie, wenn sie am Geldbasiskonzept anknüpft, eine stabile Geldschöpfungsfunktion. Vertreter des Geldbasiskonzepts wie Brunner und Meltzer tun das.[135] Die deutschen Anhänger des Liquiditätskonzepts sagen dazu nichts. Köhler läßt bei seiner Berechnung des maximal erreichbaren Kreditbestands ausdrücklich offen, «ob die Banken eine Ausschöpfung der ihnen gegebenen Kreditschöpfungsmöglichkeiten anstreben».[136]

Im Gegensatz zu den Monetaristen (darunter Manfred J.M. Neumann) hebt Pohl die Notwendigkeit einer monetären Beschäftigungspolitik hervor. Er plädiert, ganz in der Tradition von Keynes, für eine nachfrageorientierte Beschäftigungspolitik[137] und für geldpolitische Lockerungen zur Konjunkturanregung.[138]

Von den deutschen Liquiditätstheoretikern sind außer Beiträgen von Pohl und Köhler Arbeiten von Duwendag, Kath, Oberhauser und Simmert her-

129 Vgl. Neumann, Finanz- und Geldpolitik.
130 Neumann, Geldpolitik, S. 23.
131 Neumann, Realtrendorientierung, S. 88.
132 Vgl. Köhler (1970), Geldwirtschaft.
133 Vgl. Pohl, Geld- und Kreditpolitik, S. 10.
134 Vgl. Pohl, Geldbasis, S. 106 sowie Pohl, Grundzüge, S. 33.
135 Vgl. Brunner/Meltzer, Further Investigations.
136 Köhler (1977), Geldwirtschaft, S. 128.
137 Vgl. Pohl, Gegen, S. 9 sowie Pohl (1982), Geldpolitik der Deutschen Bundesbank, S. 16.
138 Vgl. Pohl, Stunde, S. 2; Pohl (1983), Geldpolitik, S. 2.

vorzuheben.[139] Sie alle drücken Skepsis bezüglich der Geldmenge als Zwischenziel aus und treten für eine auf die Bankenliquidität bezogene Geldpolitik ein.

(3) Einen Kompromiß zwischen Geldbasis- und Liquiditätskonzept als Zwischenziel stellt das Konzept der *Liquiditätsbasis* dar, der Summe aus Zentralbankgeldvolumen und Freien Liquiditätsreserven.[140] Der Geldschöpfungsmultiplikator ist auf die Liquiditätsbasis analog anwendbar.[141] Auf diesem Wege kann eine Geldangebotsfunktion unter Berücksichtigung des Liquiditätsverhaltens bestimmt werden. Das Argument der deutschen Liquiditätstheoretiker um Claus Köhler, Rüdiger Pohl und Alois Oberhauser ist in dieser Form in den monetaristischen Ansatz integrierbar.

(4) Der Sachverständigenrat, dem Claus Köhler 1970–1973 angehörte, macht sich Köhlers Konzept des «rechnerischen Kreditmaximums» zu eigen.[142] Brunner und Neumann kritisieren deswegen den Rat.[143] Vom JG 1972/73 an spricht sich der Rat jedoch mehrheitlich für eine monetaristische Geldpolitik aus. Die Liquiditätsposition kommt nur noch in Minderheitsvoten zum Ausdruck.[144]

Der Sachverständigenrat plädiert dafür, den geldpolitischen Kurs für mehrere Jahre im voraus bekannt zu geben, hält aber die verbindliche Erklärung einer exakten Zielgröße für nicht ratsam.[145] Er tritt, ganz im Sinne der Monetaristen, für eine mengenorientierte Offenmarktpolitik ein.[146]

(5) Der Wissenschaftliche Beirat empfiehlt in diesem Zeitabschnitt ebenfalls eine verstetigende, mengenorientierte Geldpolitik – allerdings zunächst noch mit keynesianischem Touch.[147] Später, in seinem Gutachten vom Februar 1981, schwenkt der Beirat auf die Linie des Sachverständigenrats ein und empfiehlt eine klar am Binnenwert der D-Mark orientierte Geldpolitik. Der sich am Devisenmarkt bildende Wechselkurs sei dabei «dem Grundsatz nach hin-

139 Vgl. Duwendag, Geldpolitik; Kath, Geldmengenziel; Oberhauser, Geld- und Kreditpolitik; Oberhauser, Liquiditätstheorie; Oberhauser, Geldpolitik; Simmert, Plädoyer.

140 Genauer: Bargeldumlauf + Reservesoll der Banken + Freie Liquiditätsreserven der Banken. Vgl. Fautz, Geldbasis; Pohl, Geldpolitische Strategie; Richter/McMahon/Regier, Determinants.

141 Zum Mindestreservesatz muß dann lediglich die Liquiditätsquote addiert werden. Vgl. Richter/Teigen, Commercial Bank Behaviour.

142 Vgl. Sachverständigenrat, Jahresgutachten 1972/73, Ziff. 141–147.

143 Vgl. Brunner/Neumann, Monetäre Aspekte.

144 Vgl. Köhler, Jahresgutachten 1973/74, Ziff. 382–393 sowie Krupp, Jahresgutachten 1982/83, Ziff. 150 und Jahresgutachten 1983/84, Ziff. 419.

145 Vgl. Sachverständigenrat, Jahresgutachten 1974/75, Ziff. 316 sowie Sachverständigenrat, Jahresgutachten 1985/86, Ziff. 235.

146 Vgl. Sachverständigenrat, Jahresgutachten 1985/86, Ziff. 383ff.

147 Vgl. Wissenschaftlicher Beirat, Gutachten 1973–75, S. 633f.; Gutachten 1976–77, S. 853.

zunehmen».[148] Desgleichen äußert er sich jetzt (im Januar 1983) skeptisch bezüglich der Wirksamkeit einer diskretionären monetären Beschäftigungspolitik. Der Beitrag der Geldpolitik zur Beschäftigungspolitik bestehe vielmehr in der Verstetigung der Geldpolitik.[149]

Interventionen der Notenbank am Devisenmarkt: Managed Floating 1973–1984

Die Entwicklung des D-Mark/US-Dollar-Kurses nach März 1973 läuft den Stabilitätsversicherungen der Vertreter flexibler Wechselkurse zuwider. Zunächst kommt es zu einer über sieben Jahre anhaltenden, deutlichen Überbewertung der D-Mark mit tiefstem Kurswert von 1,7062 D-Mark/US-Dollar am 3. Januar 1980. Es folgt ein fünfjähriger Kursanstieg, weit über den Kaufkraftparitätskurs hinaus, mit höchstem Wert von 3,4690 D-Mark/US-Dollar am 26. Februar 1985. Was immer die Gründe dieser Entwicklung sind, die Befürchtungen von Stützel und anderen Gegnern flexibler Wechselkurse scheinen sich zu bestätigen. Woran Stützel möglicherweise dachte, waren spekulative Blasen. Theorien dazu waren ihm, Friedman und Sohmen zu ihrer Zeit noch unbekannt. Es gibt sie erst nach Erkenntnis der Rationalen Erwartungshypothese.[150]

Sohmen hat sich mit Beispielen destabilisierender Spekulation aus der Zwischenkriegszeit auseinandergesetzt.[151] Er sieht in den chaotischen Verhältnissen dieser Zeit den Grund für Fehlspekulationen. Im übrigen, meint er, verfügen Währungsbehörde und Regierung über genügend geld- und fiskalpolitische Instrumente, um notfalls die privaten Spekulanten zum Einschwenken auf die von ihr gewünschte Linie zu veranlassen. Die Furcht, daß «destabilisierende Spekulation» jemals das Feld beherrschen könnte, basiere auf der Annahme, daß die Zentralbank die Kontrolle über die Geldpolitik völlig aufgegeben habe.[152] Sohmen – anders als Friedman – denkt also bereits an eine Art Managed Floating, allerdings nur als Notlösung.

Aus welchen Gründen auch immer, de facto intervenieren die Notenbanken nach Freigabe des Dollarkurses häufig und in großem Umfange an den Devisenmärkten und geben dabei vielfach, wie Jurgensen hervorhebt, Wechselkursüberlegungen gegenüber binnenwirtschaftlichen Zielen den Vorrang.[153] Die Bundesbank macht in dieser Beziehung keine Ausnahme.[154] Da der Dollarkurs regelmäßig das Ziel der Devisenmarktinterventionen bildet, spricht später

148 Wissenschaftlicher Beirat, Gutachten 1981–1983, S. 1093.
149 Vgl. Wissenschaftlicher Beirat, Gutachten 1981–1983, S. 1218f.
150 Vgl. Azariadis, Prophecies sowie Blanchard/Watson, Bubbles.
151 Vgl. Sohmen, Wechselkurs, S. 73ff.
152 Vgl. Sohmen, Wechselkurs, S. 76.
153 Vgl. Jurgensen, Bericht, S. 83.
154 Vgl. Neumann, Interventionsfunktion.

McKinnon vom «Floating-Rate Dollar Standard, 1973–1984».[155] An kritischen Kommentaren aller Seiten zu den Devisenmarktinterventionen der Bundesbank, unterschiedlich motiviert, fehlt es nicht. Dazu einige Beispiele:

(1) *Monetaristen* reinsten Wassers wie Milton Friedman halten die Devisenmarktinterventionen der Bundesbank für «Verschwendung von Steuergeldern. ... Das Volk der Marktwirtschaft soll auch den Dollar dem Markt überlassen.»[156] Manfred J.M. Neumann kritisiert die monetäre Überexpansion des Jahres 1978 als Folge der Interventionspolitik der Bundesbank am Devisenmarkt.[157]

(2) *Keynesianer,* grundsätzlich Freunde staatlicher Interventionen, sehen in den Devisenmarktinterventionen der Bundesbank einen unwillkommenen Konkurrenten monetärer Beschäftigungspolitik. So etwa Rüdiger Pohl: «Das konjunkturpolitische Nebenziel – außenwirtschaftliches Gleichgewicht – verdrängt fast schon die primären Ziele – zumindest das Vollbeschäftigungsziel. Die Gewichte müssen wieder zurechtgerückt werden.»[158] Der Abwertungstrend (nach 1980) wird trotz der Anstrengung der Bundesbank nicht gebrochen.[159] «Die Hoffnung, ein System flexibler Wechselkurse könne Deutschland vor ausländischen Inflationsimpulsen wirksam schützen, hat sich als Illusion erwiesen.»[160]

(3) Der Sachverständigenrat geht immer wieder auf die Devisenmarktinterventionen der Bundesbank ein. Er drückt im JG 1978/79 unverblümt seine Enttäuschung über die Entwicklung des Systems flexibler Wechselkurse aus; «nicht einmal in bezug auf die wichtigsten Wechselkursrelationen in der Welt (konnten sich) einigermaßen stabile mittel- oder gar langfristige Erwartungen bilden».[161]

Die weitere Abwertung des Dollars hat dem Sachverständigenrat «Rätsel aufgegeben».[162] Sie sei weder von der Leistungsbilanz, noch von den Zins- oder Inflationsdifferenzen her erklärbar – oder von der Kaufkraftparität. Von einer spekulativen Blase zu sprechen vermeidet der Rat. Im Jahr darauf schreibt er, die Desorientierung (der Märkte) wurzle auch in der Tatsache, «daß die Wirtschaftspolitik nicht die Orientierung gibt, die sie im Prinzip geben könnte».[163] Sie sei selbst unstetig. Daran änderten auch Interventionen von Notenbanken an den Devisenmärkten oder eine kurzfristig wechselkursorientierte Zinspolitik nichts.[164]

155 McKinnon, Rules, S. 29.
156 Friedman, Steuergelder.
157 Vgl. Neumann, Geldpolitik, S. 21.
158 Pohl (1980), Geldpolitik auf falschem Gleis, S. 1.
159 Vgl. Pohl, Bundesbank.
160 Pohl, Bedeutung, S. 386.
161 Sachverständigenrat, Jahresgutachten 1978/79, Ziff. 337.
162 Sachverständigenrat, Jahresgutachten 1983/84, Ziff. 189.
163 Sachverständigenrat, Jahresgutachten 1984/85, Ziff. 365.
164 Vgl. Sachverständigenrat, Jahresgutachten 1984/85, Ziff. 366.

Wie dachte man in der Deutschen Bundesbank 1973–1984?

Während im akademischen Bereich die Argumente für eine monetäre Beschäftigungspolitik zur Mindermeinung geworden sind, finden sich in den Geschäftsberichten der Bundesbank immer wieder Hinweise auf eine konjunkturpolitische Orientierung der deutschen Geldpolitik.[165]

Zur Einführung des Geldmengenziels schreibt die Bundesbank, daß sie nicht in der Lage ist, ganz kurzfristig die Zentralbankgeldmenge genau nach dem längerfristig festgelegten Ziel zu steuern.[166] Gegen den Vorschlag eines für mehrere Jahre angekündigten Geldmengenziels spricht sich die Bundesbank mit dem Argument aus, daß sie dann unvorhersehbaren, gravierenden Störereignissen (z.B. Ölpreiserhöhungen) nicht Rechnung tragen könnte.[167]

In diesem Zusammenhang aufschlußreich sind die Darstellungen von Helmut Schlesinger. Er betont, daß die Geldpolitik der letzten Jahre stets ein Kompromiß zwischen den Strategien antizyklischer Geldpolitik und mittelfristiger Orientierung gewesen ist.[168] Die Bundesbank war maßvoll antizyklisch, im Kern aber längerfristig orientiert. Allerdings hat sie sich im Gegensatz zu weiter zurückliegenden Jahren «gegenüber kurzfristigen konjunkturellen Schwankungen der wirtschaftlichen Aktivität zweifellos ein ‹dickeres Fell› zugelegt, ... andererseits will und kann sich die Bundesbank aber auch nicht jeder Möglichkeit eines maßvollen antizyklischen Gegenhaltens der Geldpolitik von vornherein begeben».[169] Zur Steuerung der Geldmenge sagt Schlesinger, daß die Bundesbank die Zentralbankgeldmenge als monetäres Zwischenziel, nicht als Steuergröße benutze.[170] Die Geldpolitik sei im übrigen bei der Verfolgung ihres Ziels von der übrigen Wirtschaftspolitik zwar unabhängig, aber ihr Erfolg «ist in Frage gestellt, wenn nicht alle am Wirtschaftsprozeß Beteiligten ihre Ansprüche an die Leistungsfähigkeit der Volkswirtschaft zielkonform anpassen».[171] Mit anderen Worten: Die Unabhängigkeit der Notenbank ist eine notwendige, aber nicht hinreichende Bedingung für eine stabile Währung. Noch deutlicher ist Irmler. «Die Notenbank allein kann ... die Währung nicht voll sichern.»[172]

165 Vgl. Deutsche Bundesbank, Geschäftsbericht 1975, S. 1; Geschäftsbericht 1977, S. 1 sowie Geschäftsbericht 1982, S. 1.

166 Vgl. Deutsche Bundesbank, Geschäftsbericht 1975, S. 12.

167 Vgl. Deutsche Bundesbank, Geschäftsbericht 1984, S. 40.

168 Vgl. Schlesinger, Geldpolitische Konzeption, S. 37.

169 Schlesinger, Geldpolitische Konzeption, S. 38f.

170 Vgl. Schlesinger, Geldpolitische Konzeption, S. 64.

171 Schlesinger, Geldpolitische Konzeption, S. 74.

172 Irmler, Geldpolitik, S. 65.

4. 1985–1996: Der Monetarismus geht, die Institutionenökonomik kommt – in kleinen Schritten

In dieser Periode läßt die Expansionskraft der Ideen von Friedman und Lucas nach, die monetaristische Bewegung findet ein Ende. Die Keynesianer erholen und sammeln sich unter dem Feldzeichen der New Keynesian Economics (NKE), unter dem junge Theoretiker dem Monetarismus Mark II – den New Classical Economics (NCE) – durch Mikrofundierung keynesianischer Hypothesen Paroli bieten. Ein wirtschaftspolitisches Comeback bleibt ihnen allerdings versagt.

In beiden Richtungen, den New Keynesian Economics und den New Classical Economics, steckt jedoch eine dritte Kraft, ein Schlinggewächs aus Klassik und Antiklassik: die moderne Institutionenökonomik. Ihre formal analytischen Teile wurzeln in der Informationsökonomik, ein Stück klassischer Theorie, die bereits in den frühen siebziger Jahren mit den Hypothesen «effiziente Märkte» und «rationale Erwartungsbildung» revolutionäre Akzente gesetzt hatte und die nun, spieltheoretisch angereichert, zur Behandlung des Problems asymmetrischer Information herangezogen wird. Das Problem opportunistischen Politikerverhaltens findet als «dynamische Inkonsistenz» Beachtung und gibt der «Rules versus Discretion»-Debatte ein neues Gesicht. Begriffe wie Reputation oder Markennamen-Kapital sind in geldtheoretischen Beiträgen zu lesen. Das Vertragsdenken, insbesondere der Prinzipal-Agent-Ansatz in seinen unterschiedlichen Varianten, wird auf die Theorie der Gelddarlehen und finanziellen Mittler – aber auch auf die Theorie der Geldpolitik – angewendet. Und wie zehn Jahre zuvor monetaristische Termini über Nacht auf den Jargon der Ökonomen abfärbten, so geht es jetzt mit institutionenökonomischen Begriffen wie Transaktionskosten, versunkene Kosten, Kosten der Beweisführung (*costly state verification*), Glaubwürdigkeitsproblem, Vertretung, Anreizkompatibilität, adverse Selektion, Trittbrettfahrerverhalten u.a.m., die in der Geldliteratur aufzutauchen beginnen.[173] Aber auch Konzepte der Politischen Ökonomik, des Public Choice, der Verfassungsökonomik finden Beachtung und beleuchten Aspekte der nationalen und internationalen Währungsverfassung auf neue Art.

Jedoch: Die institutionenökonomische Revolution kommt nur in kleinen Schritten. Das Publikum, noch ganz auf den Streit zwischen Monetaristen und Keynesianern fixiert, merkt davon lange nichts – kein Big Bang wie im Falle der monetaristischen Gegenrevolution, keine einfachen fünf oder acht Lehrsätze, keine monetaristischen oder keynesianischen Gewißheiten. Es

173 Vgl. dazu einen Standardtext der Geldökonomik wie Mishkin, Economics.

handelt sich vielmehr um einen allmählichen Wandel im Denkstil, in der Sichtweise ökonomischer Probleme, des Verständnisses klassischer Lehren und keynesianischer Einwände. Wie nicht weiter erstaunlich, wird alsbald einer pragmatischen Synthese – oder Eklektik – der Lehren von Monetaristen und Keynesianern das Wort geredet.

a) *Zum Stand der internationalen Debatte*

Der Monetarismus als kämpferische Bewegung verliert an Kraft. Die Geldmengenpolitik wird von der FED wieder aufgegeben. Das von Friedman abgelehnte «inflation targeting» kommt in Mode.[174] Die Keynesianer hingegen geraten in Bewegung mit Gregory Mankiw in führender Rolle.[175] Mankiw und Romer bringen ein zweibändiges Sammelwerk mit Beiträgen von Vertretern der New Keynesian Macroeconomics (NKM) heraus.[176] Rationale Erwartungen und Zeitinkonsistenz werden in die Mikrofundierung keynesianischer Annahmen integriert. Generell geht es darum zu zeigen, daß auch unter den Bedingungen der REH eine systematische Geldpolitik realwirtschaftlich wirken kann.[177]

Die Nachfolger der alten Keynesianer sind bescheidene Leute. Sie freuen sich, die Attacken von Lucas abgewehrt zu haben und zu einem Stand «ähnlich dem der sechziger Jahre» zurückgekehrt zu sein.[178] Jedoch: Ein eigener Schritt nach vorn, ein großer theoretischer Wurf, vergleichbar mit dem der Lucas-Linie, wird nicht gewagt. Es bleibt bei der Restauration der keynesianischen Position – keine Aufbruchstimmung, keine Übernahme der intellektuellen Führung, keine neue Wirtschaftspolitik.

Anders dagegen der Monetarismus Mark II, die New Classical Macroeconomics (NCM). Sie entwickelt sich zu einer Theorie aus einem Guß. Die Bedeutung des Informationsproblems wird gesehen und propagiert – ein wichtiger Vorbote der modernen Institutionenökonomik. Der mechanische Denkstil wird aufgegeben, wonach der Inflationsprozeß wie ein Automobil in voller Fahrt langsam abgebremst werden muß, damit nicht gewissermaßen die Insassen durch die Frontscheibe fliegen.[179] Das Problem der Reputation des Politikmanagements wird aufgegriffen. Als Konsequenz dieser neuen Einsich-

174 Vgl. Friedman, Program, S. 87f. Gegenwärtig (1996) haben sich die Zentralbanken von Neuseeland, Kanada, U.K., Schweden, Finnland, Australien und Spanien explizite Inflationsziele gesetzt. Vgl. dazu McCallum, Inflation Targeting.

175 Vgl. z.B. Mankiw, Refresher.

176 Vgl. Mankiw/Romer, New Keynesian Economics.

177 Vgl. Mankiw/Romer, New Keynesian Economics, S. 2.

178 Vgl. Mankiw/Romer, New Keynesian Economics, S. 15.

179 Vgl. Sargent, Rational Expectations, Kap. 3.

ten müsse, so Lucas, über wirtschaftspolitische Maßnahmen völlig anders als bisher gedacht werden: im Stile dynamischer Spiele, in denen Regeln von Bedeutung sind.[180] Es ist der spieltheoretische Ansatz der modernen Institutionenökonomik, der plötzlich und in beachtlichem Umfang in die monetäre Makroökonomik eindringt. Das von Kydland und Prescott ins Gespräch gebrachte nicht-kooperative Spiel zwischen Geldlohnfixierern und Zentralbank hat eine zündende Wirkung, nicht zuletzt auf die Weiterentwicklung der von Nordhaus gestarteten Theorie politischer Konjunkturzyklen mit Arbeiten von Alesina sowie Rogoff und Sibert.[181]

In der monetären Makroökonomik offener Wirtschaften herrscht weiter der keynesianische Denkstil vor mit Dornbusch als Wortführer.[182] Empirische Stützungen liefern u.a. Frankel, Obstfeld, Rogoff.[183] Die enorme Volatilität flexibler Wechselkurse im Vergleich zum Verhältnis der Preisniveaus[184] bleibt Diskussionsgegenstand. Die Diskussion zum Thema ‹feste versus flexible Wechselkurse› lebt wieder auf. Das in Deutschland früher von Stützel vertretene Argument der Disziplinierung der Notenbanken durch feste Wechselkurse wird in abgeschwächter Form von McKinnon aufgegriffen.[185] Danach sollen die Notenbanken die Kurse der drei wichtigsten Währungen – US-Dollar, Yen und D-Mark – innerhalb einer schmalen Bandbreite verteidigen und ein vorgegebenes Welt-Geldmengenziel anvisieren.

Nicht-kooperative Spielsituationen und Reputationsprobleme bei Annahme keynesianischer Bedingungen werden auf Fragen der internationalen (Wirtschafts-) Politikkoordination generell angewendet.[186] So sind die in der Politikwissenschaft erforschten internationalen Regime[187] ein Anwendungsgebiet der Transaktionskostenökonomik von Williamson und der Theorie von Reputationsspielen.[188]

Die institutionenökonomische Infiltration der Theorie der Geldpolitik wird früh deutlich bei der Diskussion des alten Themas *Regeln versus Ermes-*

180 Vgl. Lucas, Model, S. 18.

181 Vgl. Kydland/Prescott, Rules; Nordhaus, Political Business Cycle; Alesina, Macroeconomic Policy; Rogoff/Sibert, Elections. Als Überblick vgl. Nordhaus, Approaches; Persson/Tabellini, Macroeconomic Policy, Kap. 5; Gärtner, Democracy.

182 Vgl. Dornbusch, Expectations.

183 Vgl. Frankel, On the Mark; Frankel, In Search; Obstfeld, Aggregate Spending; Obstfeld, Floating; Obstfeld, Capital Mobility; Rogoff, Tests; Rogoff, Effects.

184 Vgl. Obstfeld/Rogoff, Foundations, S. 608, Fig. 9.2.

185 Vgl. McKinnon, Tripartite Monetary Agreement; McKinnon, International Standard; McKinnon, Monetary and Exchange Rate Policies.

186 Vgl. z.B. Hamada, Strategy sowie Currie/Levine, Policy Design. Eine eigene große Literatur entwickelt sich auf diesem Gebiet, darunter Canzoneri/Gray, Monetary Policy Games; Rogoff, Reputational Constraints; Giavazzi/Pagano, Advantage. Einen Überblick geben Dornbusch/Giovannini, Monetary Policy, S. 1270f.

187 Vgl. Keohane, After Hegemony.

188 Einen Überblick geben Alt/Calvert/Humes, Reputation.

sensfreiheit. In einer Welt mit ungewissen Erwartungen sind enge formale Regeln, garantiert durch Rechtszwang, impraktikabel. Die Glaubwürdigkeit von Versprechen einer Währungsbehörde wird zum Problem. Dem Notenbankmanagement wird in den einschlägigen Modellen von den Geldbenutzern mit dem «Verlust der Reputation», einer rein subjektiven Größe, gedroht.[189] Das ist eine Variante des institutionenökonomischen Konzepts der Selbstdurchsetzung. Jedoch, die Drohung, dem Management der Notenbank, einer Handvoll Beamter, eine persönliche Nutzeneinbuße zuzufügen (keinen Vermögensverlust wie im Falle des Eigentümers einer Unternehmung), ist zu wenig glaubhaft, um ernsthaft als Instrument der Währungssicherung angesehen werden zu können. Die Unabhängigkeit der Notenbank allein bietet deshalb keine Sicherheit gegen betrügerisches Verhalten des Zentralbankmanagements.[190]

In der Diskussion zur monetären Makroökonomik finden sich wieder Tendenzen zur Synthese oder zumindest Eklektik «feindlicher» Methoden.[191] Bei der Diskussion geldpolitischer Fragen verwenden Blanchard und Fischer jedoch wieder das keynesianische Festpreismodell – das Modell des IS-LM-Diagramms –, in dem Geld annahmegemäß einen starken Einfluß auf das Sozialprodukt hat.[192]

b) Die deutsche Diskussion – Grundlinien und Beispiele

Auch in dieser Epoche wird die wissenschaftliche Diskussion der deutschen Geldpolitik von den ökonomischen Problemen der Zeit beherrscht – soweit sie als geldpolitisch relevant gelten: die hohe Arbeitslosigkeit, gegen die nach inzwischen herrschender Meinung kein monetäres Kraut gewachsen ist, die Geldmengenziel-Politik der Bundesbank mit ihren häufigen, z.T. dramatischen Zielverfehlungen, die Wechselkurspolitik der Bundesbank angesichts der diplomatisch lancierten Abwertung des US-Dollars und seiner Stabilisierung auf niedrigem Niveau. Neu sind die Probleme der Internationalisierung oder Globalisierung der Wirtschaft, die – durch den Fall des Eisernen Vorhangs verstärkt – die deutsche geldwissenschaftliche Diskussion zu beherrschen beginnen. Themen sind die Koordination der Devisenmarktinterventionen der Zentralbanken der Großen Sieben und – hier nicht behandelt – die deutsch-deutsche Währungsunion von 1990 sowie die Vorbereitungen auf eine Währungsunion der EWG-Staaten. Alle drei Themen haben etwas zu tun

189 Vgl. Barro/Gordon, Rules, S. 108.
190 Vgl. Richter, Theorie der Notenbankverfassung.
191 Vgl. z.B. Fischer, Recent Developments.
192 Vgl. Blanchard/Fischer, Lectures, S. 530.

mit Vereinbarungen oder Verträgen, darunter dem Plaza Agreement (1985), dem Louvre-Accord (1987) und dem Maastricht-Vertrag (1991). Das Denken in Verträgen ist gefragt. Bei der Behandlung dieser Themen können die Ökonomen nicht umhin, ihren eingeübten Makro-Denkstil um die Methoden der neuen Politik- und Institutionenökonomik zu ergänzen. Das geschieht langsam und in kleinen Schritten.

Das Für und Wider des Geldmengenziels der Deutschen Bundesbank

Zum Für und Wider des Geldmengenziels der Deutschen Bundesbank gibt es keine neuen Argumente. Die häufigen Verfehlungen des Geldmengenziels bestärken seine Gegner in ihrer Kritik an dem von der Bundesbank gewählten Ziel, seine Verteidiger in ihrer Kritik an der von der Bundesbank betriebenen Geldpolitik. Gegner und Verteidiger kommen aus den gleichen Lagern wie zuvor: den Anhängern des Liquiditätskonzepts – Schüler von Wolfgang Stützel (wie Peter Bofinger, Wolfram Engels) oder von Claus Köhler (Rüdiger Pohl) – und den Parteigängern des Monetarismus – Schüler bzw. «Enkel» von Karl Brunner (Manfred J.M. Neumann, Jürgen von Hagen). Der Sachverständigenrat bleibt beim Geldmengenziel und wiederholt seine Forderung einer konsequenten Verstetigung durch Ankündigung des Geldangebots für mehrere Jahre im voraus.[193] Der Wissenschaftliche Beirat dagegen schweigt zu diesem Thema.

Rüdiger Pohl ist führender Kritiker der Bundesbankpolitik geblieben. Ihr Geldmengenziel stelle ein «leeres Ritual» dar. Die Bundesbank suggeriere damit der Öffentlichkeit eine Selbstbindung, die sie de facto nicht einhält, weil sie sich von vornherein vorbehält, bei unerwarteten Ereignissen vom Ziel abzuweichen.[194] Pohl vertritt unverändert die Auffassung des Radcliffe Reports. Die Notenbank müsse auf eine Vielzahl von Größen achten – darunter Geldmenge, Zinshöhe, Bankenliquidität, Kreditvolumen.[195] Ferner: die Geldpolitik habe eine Mitverantwortung für die Beschäftigungshöhe.[196] Es gebe einen temporären Phillipskurven-Zusammenhang – vorausgesetzt allerdings, «die monetäre Expansion (wird) nicht zum Anlaß erhöhter Lohnforderungen (genommen)».[197] Schließlich betont Pohl mehrfach, daß trotz flexibler Wechselkurse externe Ungleichgewichte für die deutsche Geldpolitik von Bedeutung geblieben sind.[198]

193 Vgl. Sachverständigenrat, Jahresgutachten 1985/86, Ziff. 235.
194 Vgl. Pohl, Geldpolitische Konzeption, S. 345.
195 Vgl. Pohl, Geldpolitische Konzeption, S. 344 sowie Sondervotum in Sachverständigenrat, Jahresgutachten 1987/88, S. 173.
196 Vgl. Pohl, Flexible Orientierung.
197 Pohl, Flexible Orientierung, S. 175.
198 Vgl. Pohl, Konditionierte Zinssenkung; Pohl (1994), Geldpolitik; Pohl/Kißmer, Ungleichgewichte.

Auch *Peter Bofinger* und *Wolfram Engels* kritisieren die Geldmengenziel-Verfehlungen der Bundesbank.[199] Sinn des Geldmengenziels sei es, der Öffentlichkeit einen Begriff von den zu erwartenden Aktionen der Notenbank zu verschaffen, was im vorliegenden Falle nicht mehr gegeben sei. Die Geldpolitik der Bundesbank werde unglaubwürdig.

Auch *Manfred J. M. Neumann,* unverdrossener Verteidiger der Geldmengenziel-Politik der Bundesbank, hebt die Notwendigkeit der Glaubwürdigkeit der Geldpolitik hervor und kritisiert in dieser Beziehung ebenfalls die Bundesbankpolitik.[200] Allerdings stellt er später im Rahmen einer ökonometrischen Studie fest, daß sich die Bundesbank kurzfristig gar nicht von Geldmengenzielabweichungen, sondern von überhöhten Preissteigerungsraten, Aufwertungen der D-Mark und Schocks in der Geldnachfrage leiten läßt – was der Markt wisse und in Rechnung stelle. Deshalb und wegen der immer wieder bewiesenen Unabhängigkeit der Bundesbank habe die Bundesbank trotz mehrfacher Verfehlungen des Geldmengenziels ihre Glaubwürdigkeit behalten.[201]

Der Sachverständigenrat dagegen ist der Meinung, daß die Bundesbank «nicht auf den strikten Vollzug eines Geldmengenziels verpflichtet werden kann».[202] Das sei angesichts der Ungewißheit der Zukunft unmöglich.

Erläuternd sei hierzu gesagt, daß die Bundesbank auf jeden Fall den Geldbenutzern die Einhaltung eines plausiblen Entscheidungsprinzips versprechen kann – so die Idee von David Kreps, der das Prinzip zusammen mit der Art seiner Kommunikation als «Organisationskultur» interpretiert.[203] Für den vorliegenden Fall hat sich der Ausdruck «Stabilitätskultur» eingebürgert.[204]

Nach dem Gesagten wird deutlich, daß ein Geldmengenziel, nur weil es nicht immer erreicht wird, noch lange kein «leeres Ritual» sein muß. Zielvorgaben unter Vorbehalt können insoweit für die Öffentlichkeit durchaus von Nutzen sein. Ihre Einhaltung muß überprüft werden können, und die Geldbenutzer müssen von der Wirksamkeit des Prinzips (dem Geldmengenziel) auf das Endziel der Währungssicherung überzeugt sein. Auch leuchtet ein, daß «Ausnahme Ausnahme bleiben» muß.[205] Was im übrigen die Glaubwürdigkeit des Stabilitätsversprechens betrifft, sind außer der Unabhängigkeit der Notenbank das Engagement der Regierung und die Drohung ihrer Abwahl durch die heimischen Geldbenutzer von Bedeutung.

199 Vgl. Bofinger, Bundesbank sowie Engels, Alte Leier.
200 Vgl. Neumann, Realtrendorientierung.
201 Vgl. Neumann, Monetary Targeting, S. 199.
202 Sachverständigenrat, Jahresgutachten 1987/88, S. 174.
203 Vgl. Kreps, Corporate Culture.
204 Vgl. Richter, Institutionen, S. 82.
205 Sachverständigenrat, Jahresgutachten 1995/96, S. 235.

Die Koordination der Devisenmarktinterventionen der Notenbanken

Die starken mittelfristigen D-Mark/US-Dollar Kursänderungen zwischen Januar 1980 und Dezember 1987 geben der Kritik am System flexibler Wechselkurse neue Nahrung. Abgestimmte Devisenmarktinterventionen der Zentralbanken werden gefordert.

Der Sachverständigenrat warnt, eine solche Forderung führe auf den falschen Weg.[206] Ausgeprägte Schwankungen realer Wechselkurse seien die Folge der unterschiedlichen und wechselhaften nationalen Geld- und Finanzpolitik einzelner Länder.[207] Ein funktionierendes System flexibler Wechselkurse setze vielmehr eine stetige und glaubwürdige Stabilitätspolitik voraus. Dafür sei zu sorgen.

Unausgesprochen läßt der Sachverständigenrat dabei die Tatsache, daß sich ein Staat durch Abwertung auf Kosten seiner Handelspartner einen vorübergehenden Vorteil verschaffen kann. Der flexible Wechselkurs ist deshalb zugleich eine strategische Variable der Notenbanken. Ein Land, das – wie die USA in den Jahren 1973–1984 – auf Devisenmarktinterventionen verzichtet, nimmt deshalb einen strategischen Nachteil in Kauf. Die Möglichkeit besteht, daß sich die übrigen Notenbanken stillschweigend einigen, gegenüber dem stillhaltenden Land abzuwerten. Das trifft, jedenfalls für die Bundesbank, nicht zu. Es genügt aber, daß die Märkte das glauben, um eine sich selbst verstärkende Spekulation gegen die Währung des stillhaltenden Landes auszulösen. Was immer der Grund für die enorme Aufwertung des US-Dollars in den Jahren 1980–1985 war – eine «wohlwollende Vernachlässigung» des Wechselkurses durch die Notenbank eines Landes kann bei so einer Kursentwicklung nicht von Dauer sein, auch wenn es den Anschein hat, daß der Kurs (wie geschehen) wieder zu fallen beginnt. So kamen am 22. September 1985 die USA mit den Hauptüberschußländern Japan und der Bundesrepublik Deutschland, dazu England und Frankreich (Gruppe der Fünf) im sogenannten Plaza Agreement überein, enger zusammenzuarbeiten, um eine weitere geordnete Abwertung des Dollars zu fördern. Die «geordnete» Abwertung des Dollars ging zwei Jahre weiter. Um sie schließlich zu stoppen, traf sich am 22. Februar 1987 die Gruppe der Fünf plus Kanada und Italien im Louvre und vereinbarten im sogenannten Louvre-Accord «to cooperate closely to foster stability of exchange rates around current levels».[208]

Das Konzept der «hegemonialen Kooperation» läßt sich zur Erklärung dieser Entwicklung heranziehen[209] – mit den USA in der Rolle des Hegemon.[210]

206 Vgl. Sachverständigenrat, Jahresgutachten 1986/87, Ziff. 254ff.
207 Vgl. Sachverständigenrat, Jahresgutachten 1986/87, Ziff. 257.
208 International Monetary Fund, World Economic Outlook 1988, S. 58.
209 Vgl. Keohane, After Hegemony, S. 49 sowie Snidal, Limits.
210 Vgl. Richter, Louvre Accord.

Reputation, aber auch hegemoniale Druckmittel spielten dabei eine Rolle. Für Monetaristen reinsten Wassers, die von der Relevanz der Rationalen Erwartungshypothese überzeugt sind, ist diese Überlegung allerdings nicht nachzuvollziehen. Für sie gilt, daß das, was auf lange Sicht zu erwarten ist, aus Gründen der REH auch kurzfristig gilt. Bei dieser Sichtweise werden die Notenbanken von vornherein die Größe stabilisieren, auf die es nach dem monetären Ansatz der Wechselkurstheorie ankommt: die Wachstumsrate der nationalen Geldmengen. Geldpolitik bei flexiblen Wechselkursen ist dann eine rein nationale Angelegenheit. In diesem Sinne ist die öffentliche Erklärung von acht deutschen Professoren unter der Federführung von Manfred J.M. Neumann vom 7. Januar 1988 zu verstehen. Sie fordern, das Geldmengenziel nicht dem Wechselkursziel zu opfern.[211] Auch der Sachverständigenrat lehnt eine Wechselkursorientierung konsequent ab und verlangt eine deutlichere Verstetigung des Geldmengenwachstums durch Einführung eines mehrjährigen Geldmengenziels.[212]

Anders Rüdiger Pohl, der das Geldmengenziel ablehnt und im übrigen zu den Anhängern fester Wechselkurse gehört. Für ihn gibt internationale Kooperation in der Geld- und Währungspolitik den Ausschlag. Pohl hat deswegen nichts gegen eine zeitweilige Wechselkursorientierung der Bundesbank einzuwenden.[213]

Wie dachte man in der Deutschen Bundesbank 1985–1996?

Für die z.T. erheblichen Geldmengenzielüberschreitungen werden erst außenwirtschaftliche Einflüsse, dann Turbulenzen infolge der deutsch-deutschen Währungsunion geltend gemacht. Das Geldmengenziel wird tendenziell im Sinne des fokalen Prinzips von Kreps verteidigt – nämlich daß infolge der Transparenz des angekündigten Geldmengenziels die Selbstbindung der Notenbank überprüfbar gemacht werde, was dazu beitrage, die Stabilitätserwartungen des Publikums zu verfestigen.[214] Im übrigen wird, ganz im Sinne von Friedman, auf die langfristige Stabilität der monetären Grundrelationen in Deutschland hingewiesen, die auch nach der Wiedervereinigung fortbesteht.[215]

211 Vgl. Neumann, Geldmengenziele. Zu den Unterzeichnern gehören weiter Herbert Giersch, Otmar Issing, Hans K. Schneider, Jürgen Siebke, Roland Vaubel, Manfred Willms, Artur Woll.

212 Siehe Sachverständigenrat, Jahresgutachten 1985/86, Ziff. 234–244; Jahresgutachten 1986/87, Ziff. 257–259; Jahresgutachten 1989/90, Ziff. 134; Jahresgutachten 1995/96, Ziff. 422–425.

213 Vgl. Pohl (1987), Geldpolitik in der Dollarfalle, S. 72.

214 Vgl. Deutsche Bundesbank, Geschäftsbericht 1995, S. 86.

215 Vgl. Deutsche Bundesbank, Geschäftsbericht 1995, S. 85.

Immer wieder verweist die Bundesbank auf ihren außenwirtschaftlichen Anpassungszwang,[216] der ihr auch nach dem Louvre-Accord zu schaffen macht. Sie sieht sich dadurch in ihrer Handlungsfähigkeit eingeengt.[217]

Monetäre Konjunkturpolitik bleibt ein Thema. Die Bundesbank schenkt unverändert der allgemeinen Geschäftslage Aufmerksamkeit, so etwa den Folgen der (starken) Abwertung des US-Dollars[218] oder dem Konjunktureinbruch in Westdeutschland, der «tiefe Spuren in Produktion und Beschäftigung» hinterließ.[219]

5. Resümee

Der Wissenschaftsbetrieb ist – wie der Sport – eine ziemlich nationalistische Angelegenheit. Das gilt auch für die Theorie der Geldpolitik. Deutschland zählt in dieser Sparte nicht zu den Gewinnern, sondern Schweden mit Knut Wicksell, England mit John Maynard Keynes und John R. Hicks, die USA mit Milton Friedman und Robert E. Lucas. Unter den in diesem Beitrag genannten Deutschen ragt Wolfgang Stützel mit originellen Ideen zur Geldpolitik heraus; weder er noch sonst jemand in Deutschland bemühte sich allerdings, diese Ideen in die internationale Diskussion einzubringen. Keynesianismus (der fünfziger/sechziger Jahre) und Monetarismus, die in verschiedenen Varianten die Geldpolitik der vergangenen 50 Jahre bestimmten, sind amerikanische Importe. Sie prägten die Diskussion zur deutschen Geldpolitik. Die praktische Notenbankpolitik, mit ihrem später so bezeichneten Zinshebel der Geldmengenpolitik, geht dazu bis auf den heutigen Tag auf die Zinsspannentheorie des Schweden Knut Wicksell zurück. Im übrigen gilt unverändert die Quantitätstheorie. In dieser Beziehung trifft heute noch zu, was Wicksell in seinem Vorwort zu «Geldzins und Güterpreise» über die Quantitätstheorie schreibt, nämlich daß es «in Wirklichkeit keine zweite gibt, welcher der Name einer durchgeführten, in sich zusammenhängenden Theorie des Geldes beigelegt werden könnte».[220]

Was die Praxis angeht, liegt Deutschland mit seiner real praktizierten Geldpolitik der vergangenen 50 Jahre (die durchschnittliche Inflationsrate betrug knapp 3 %) in der Spitzengruppe der Notenbanken der Welt. Problematisch

216 Vgl. Deutsche Bundesbank, Geschäftsbericht 1986, S. 3; Geschäftsbericht 1987, S. 1; Geschäftsbericht 1989, S. 41.

217 Vgl. Deutsche Bundesbank, Geschäftsbericht 1992, S. 8; Geschäftsbericht 1993, S. 46 und S. 93.

218 Vgl. Deutsche Bundesbank, Geschäftsbericht 1986, S. 1.

219 Deutsche Bundesbank, Geschäftsbericht 1993, S. 1.

220 Wicksell, Geldzins, S. III.

für die Bundesbankpolitik bleibt allerdings auch nach Freigabe des Dollarkurses der «außenwirtschaftliche Anpassungszwang».[221] Wegen der strategischen Spielsituationen, die sich in der Währungspolitik großer Industrienationen immer wieder ergeben, sind währungsdiplomatische Schachzüge kaum vermeidbar und kommen sich Notenbanken und Regierungen immer wieder ins Gehege.

Für die Währungsdiplomatie genügt jedoch nicht das Denken im Stil der Quantitätstheorie oder der monetären Makroökonomik. Hinzukommen müssen Denkfiguren der modernen Institutionenökonomik, speziell der Vertragsökonomik und der Politikökonomik. Das sind Überlegungen auf einem Gebiet, auf dem die deutsche Wirtschaftswissenschaft einmal führend war – zunächst in Gestalt der jüngeren historischen Schule mit Gustav Schmoller als Hauptfigur, später in Form der Ordo-Theorie von Walter Eucken oder Franz Böhm. Bedauerlich, daß trotz dieser Vorgeschichte die institutionenökonomische Diskussion der internationalen Währungspolitik so dünn geblieben ist. Der internationale Papierstandard ist – im Gegensatz zum Goldstandard – ohne verhandelte internationale Kooperation schwer vorstellbar. In strategischen Spielsituationen, wie sie sich in der Wechselkurspolitik der Papierstandard-Notenbanken nun einmal ergeben, ist das Warten auf das Wirken der unsichtbaren Hand für den Wartenden in der Regel mit strategischen Nachteilen verbunden. Verhandeln ist vorzuziehen. Internationale Vereinbarungen – es müssen nicht gleich Währungsunionen sein – mögen darüber hinaus friedensstiftend wirken. Beeindruckend ist der Satz, mit dem Knut Wicksell – 15 Jahre vor Ausbruch des Ersten Weltkriegs – sein Buch «Geldzins und Güterpreise» beendete:

«Die Tatsache, daß die Durchführung des internationalen Papierstandards ... notwendig internationale Vereinbarungen von dauernder, mehr oder weniger durchgreifender Art erheischt, ist wenigstens für mich ein Grund mehr, mich für sie zu erwärmen. In jedem neuen Schritt zur Zusammenarbeit der Völker für wirtschaftliche oder wissenschaftliche Zwecke begrüße ich meinerseits mit Freude eine neue Garantie für die Wahrung und Stärkung desjenigen Gutes, von dem das glückliche Erreichen aller anderen materiellen und immateriellen Güter schließlich abhängt – des internationalen Friedens.»[222]

221 Deutsche Bundesbank, Geschäftsbericht 1986, S. 1.
222 Wicksell, Geldzins, S. 179.

6. Postskript

Wie erläutert, folgte die Bundesbank – teilweise unmittelbar, teilweise mit zeitlicher Verzögerung – den einflußreichsten Strömungen der Zeit. In den fünfziger Jahren verfolgte sie im Einklang mit der herrschenden Meinung eine ganze Reihe von Zielen (ca. acht oder neun), ohne dabei deutlich zu machen, daß die Erhaltung der Kaufkraft des Geldes ihr oberstes Ziel ist. Vor allem favorisierte sie feste Wechselkurse. In den Sechzigern reduzierte die Bundesbank die Anzahl der Ziele auf drei (das «magische Dreieck», das damals Mode war), favorisierte aber im Gegensatz zu den meisten deutschen Ökonomen, die ihre Meinung diesbezüglich geändert hatten, weiterhin feste Wechselkurse. In den Siebzigern und Anfang der Achtziger ging die Bundesbank zu einer pragmatisch orientierten Geldpolitik über, wobei sie ein selbstgestecktes Geldmengenziel verfolgte, obwohl sie weiterhin die drei alten Ziele des magischen Dreiecks im Auge behielt und offensichtlich der Preisstabilität nicht immer Vorrang einräumte. Außerdem verzichtete sie weiterhin nicht, wie Helmut Schlesinger es diplomatisch ausdrückte, auf die «Möglichkeit eines maßvoll antizyklischen Gegenhaltens der Geldpolitik von vornherein».[223] Zuletzt, d.h. seit 1985, setzte die Bundesbank mit der Beibehaltung ihres Geldmengenziels trotz zahlreicher Zielverfehlungen ihre «aufgeklärte» Geldpolitik fort und richtete weiterhin ihr Augenmerk nicht nur auf die Kaufkraft der D-Mark, sondern auch auf die Geschäftslage in Deutschland und Entwicklungen auf den ausländischen Devisenmärkten.

Worin bestand angesichts eines so raschen und tiefgreifenden Wandels der geldpolitischen Ansichten (oder Modeerscheinungen) in den letzten 50 Jahren – eine Entwicklung, die auch von der Bundesbank beeinflußt wurde – das Geheimnis des Erfolgs der Bundesbank, die dauerhaft eine der weltweit niedrigsten Preissteigerungsraten erreichte?

Darauf gibt es zwei Antworten. Erstens zeigte sich die Bundesbank gegenüber einflußreichen Strömungen der Zeit offen, wobei sie allerdings durchaus kompromißbereit war: Sie ist niemals dogmatisch gewesen. Wenn man davon ausgeht, daß makroökonomische Modeströmungen durch echte Probleme verursacht werden, die zu einem bestimmten Zeitpunkt bestehen, kann man argumentieren, daß deren Herausfiltern durch konservative (d.h. «zeitkonsistente»), pragmatisch orientierte Zentralbänker zu einer angemessenen Geldpolitik geführt hat. Zweitens spielt hier nicht nur das Angebot, sondern auch die Nachfrage nach Geld, d.h. die Wünsche und Überzeugungen der Geldbenutzer, eine Rolle. Die deutsche Öffentlichkeit der letzten 50 Jahre und damit die deutschen Wähler wollten eindeutig eine stabile Währung, nachdem

223 Schlesinger, Geldpolitische Konzeption, S. 38.

sie innerhalb von 25 Jahren zweimal ihre Ersparnisse verloren hatten. Keine Regierung in Bonn hätte es bei klarem politischem Verstand wagen können, eine inflationäre Fiskalpolitik zu betreiben und die Bundesbank unter Druck zu setzen. Daher hat neben der Unabhängigkeit der deutschen Zentralbank die öffentliche Meinung in Deutschland zum Erfolg der Bundesbank beigetragen. In der Tat ist in einem demokratischen Staat mit Papierstandard die öffentliche Meinung – der Wunsch der Wähler nach einer gesunden Währung – eine *conditio sine qua non* für eine stabile Währung.[224] Dies ist wohl von den Befürwortern der europäischen Währungsunion vergessen oder heruntergespielt worden. Sie scheinen davon überzeugt zu sein, daß die Unabhängigkeit einer supranationalen Europäischen Zentralbank ausreicht, um einen stabilen Euro zu garantieren.

7. Literatur

Alesina, Alberto: Macroeconomic Policy in a Two-Party System as a Repeated Game, in: Quarterly Journal of Economics 102 (1987), S. 651–678

Alt, James E./Calvert, Randall L./Humes, Brian D.: Reputation and Hegemonic Stability: A Game Theoretic Analysis, in: American Political Science Review 82 (1988), S. 445–466

Azariadis, Costa: Self-Fulfilling Prophecies, in: Journal of Economic Theory 25 (1981), S. 380–396

Barro, Robert J.: Rational Expectations and the Role of Monetary Policy, in: Journal of Monetary Economics 2 (1976), S. 1–32

Barro, Robert J./Gordon, David B.: Rules, Discretion and Reputation in a Model of Monetary Policy, Cambridge, Mass. 1983

Blanchard, Olivier J./Fischer, Stanley: Lectures on Macroeconomics, Cambridge, Mass./London 1989

Blanchard, Olivier J./Watson, Mark: Bubbles, Rational Expectations and Financial Markets, in: Wachtel, Paul (Hrsg.): Crises in the Economic and Financial Structure, Lexington, Mass. 1982

Bofinger, Peter: Die Bundesbank jagt ein Phantom, in: Frankfurter Allgemeine Zeitung vom 15. Mai 1994

Branson, William H.: Asset Markets and Relative Prices in Exchange Rate Determination, Stockholm 1977

Brunner, Karl/Meltzer, Allan H.: Some Further Investigations of Demand and Supply Functions for Money, in: Journal of Finance 19 (1964), S. 240–283

Brunner, Karl/Meltzer, Allan H.: The Meaning of Monetary Indicators, in: George Horwich (Hrsg.): Monetary Process and Policy: A Symposium, Homewood, Ill. 1967

Brunner, Karl/Neumann, Manfred J.M.: Monetäre Aspekte des Jahresgutachtens 1971/72 des Sachverständigenrats, in: Weltwirtschaftliches Archiv 108 (1972), S. 257–285

Canzoneri, Mathew B./Gray, Joanna: Monetary Policy Games and the Consequences of Non-Cooperative Behavior, in: International Economic Review 26 (1985), S. 617–625

Coddington, Alan: Keynesian Economics: The Search for First Principles, in: Journal of Economic Literature 14 (1976), S. 1258–1273

224 Vgl. Richter, Theorie der Notenbankverfassung.

Currie, David/Levine, Paul: Macroeconomic Policy Design in an Interdependent World, in: Buiter, Willem H./Marston, Richard (Hrsg.): International Economic Policy Coordination, Cambridge 1985, S. 228–268

Deutsche Bundesbank: Das Ausmaß der Geldentwertung seit 1950 und die weitere Entwicklung des Geldwertes. Gutachten der Deutschen Bundesbank vom 21. Juli 1965. Erstattet auf Wunsch des Bundesfinanzhofes, in: Monatsbericht 20 (1968) 3, S. 3–19

Deutsche Bundesbank: Geschäftsberichte, Frankfurt a.M., verschiedene Jahrgänge

Dornbusch, Rudiger: Expectations and Exchange Rate Dynamics, in: Journal of Political Economy 84 (1976), S. 1161–1176

Dornbusch, Rudiger/Giovannini, Alberto: Monetary Policy in the Open Economy, in: Friedman, Benjamin M./Hahn, Frank H. (Hrsg.): Handbook of Monetary Economics, Bd. II, Amsterdam 1990, S. 1230–1303

Duwendag, Dieter: Die neue Geldpolitik der Deutschen Bundesbank: Interpretationen und kritische Anmerkungen, in: Konjunkturpolitik, Zeitschrift für Angewandte Konjunkturforschung 22 (1976), S. 265–306

Engels, Wolfram: Alte Leier, in: Wirtschaftswoche 46 (1992) 45, S. 198

Eucken, Walter: Grundsätze der Wirtschaftspolitik, Tübingen 1952

Fama, Eugene F.: Banking in the Theory of Finance, in: Journal of Monetary Economics 6 (1980), S. 39–58

Fautz, Wolfgang M.: Geldbasis und Liquiditätsbasis. Alternative analytische Rahmen für die Untersuchung von Geld- und Kreditprozessen in der Bundesrepublik Deutschland, in: Kredit und Kapital 8 (1975), S. 145–269

Fischer, Stanley: On Activist Monetary Policy with Rational Expectations, in: Fischer, Stanley (Hrsg.): Rational Expectations and Economic Policy, Chicago 1980, S. 211–247

Fischer, Stanley: Recent Developments in Macroeconomics, in: Economic Journal 98 (1988), S. 294–339

Frankel, Jeffrey A.: On the Mark: A Theory of Floating Exchange Rates Based on Real Interest Differentials, in: American Economic Review 69 (1979), S. 610–622

Frankel, Jeffrey A.: In Search of the Exchange Risk Premium: A Six-Currency Test Assuming Mean-Variance Optimization, in: Journal of International Money and Finance 1 (1982), S. 255–274

Friedman, Milton: The Case for Flexible Exchange Rates, in: Friedman, Milton: Essays in Positive Economics, Chicago 1953, S. 157–203

Friedman, Milton: The Quantity Theory of Money – A Restatement, in: Friedman, Milton (Hrsg.): Studies in the Quantity Theory of Money, Chicago 1956, S. 3–21

Friedman, Milton: The Supply of Money and Changes in Prices and Output, in: The Relationship of Prices to Economic Stability and Growth, Compendium of Papers, Submitted by Panalists Appearing Before the Joint Economic Committee, U.S. Government Printing Office, Washington D.C. 1958, S. 249–250

Friedman, Milton: A Program for Monetary Stability, New York 1960

Friedman, Milton: The Role of Monetary Policy, in: American Economic Review 58 (1968), S. 1–17

Friedman, Milton: Das Stützen des Dollars verschwendet Steuergelder, in: Welt am Sonntag vom 11. Dezember 1977

Friedman, Milton/Meiselmann, David: The Relative Stability of Monetary Velocity and the Investment Multiplier in the United States, 1897–1958, in: Brown, Edgar C. u.a.: Stabilization Policies. A Series of Research Studies Prepared for the Commission on Money and Credit, Engelwood-Cliffs 1963, S. 165–268

Friedman, Milton/Schwartz, Anna J.: A Monetary History of the United States 1867–1960, Princeton 1963

Gärtner, Manfred: Democracy, Elections, and Macroeconomic Policy: Two Decades of Progress, in: European Journal of Political Economy 10 (1994), S. 85–109

Gesellschaft für wirtschaftswissenschaftliche und soziologische Forschung (Hrsg.): Das Begehren zur Sicherung der Deutschen Mark im Lichte wissenschaftlicher Kritik, Heidelberg-Ziegelhausen 1951
Giavazzi, Francesco/Pagano, Marco: The Advantage of Tying One's Hands: EMS Discipline and Central Bank Credibility, in: European Economic Review 32 (1988), S. 1055–1074
Giersch, Herbert: Konjunktur- und Wachstumspolitik in der offenen Wirtschaft, Wiesbaden 1977
Giersch, Herbert/Möller, Hans: Zum Problem der Konvertierbarkeit, Paris 1952
Gurley, John G./Shaw, Edward S.: Money in a Theory of Finance, Washington D.C. 1960
Hamada, Koichi: Macroeconomic Strategy and Coordination under Alternative Exchange Rates, in: Dornbusch, Rudiger/Frenkel, Jacob A. (Hrsg.): International Economic Policy, Baltimore, MD 1979, S. 292–324
Hankel, Wilhelm: Reformen des internationalen Währungssystems – Warum, wohin?, Vortrag vor der Friedrich-Ebert-Stiftung, Bundesministerium für Wirtschaft, Bad Godesberg 1970
Häuser, Karl: Das Inflationselement in den Exportüberschüssen der Bundesrepublik Deutschland, in: Weltwirtschaftliches Archiv 83 (1959), S. 166–188
Hicks, John R.: Value and Capital. An Inquiry into Some Fundamental Principles of Economic Theory, Oxford 1946
Hicks, John R.: The Crisis in Keynesian Economics, Oxford 1974
International Monetary Fund: World Economic Outlook. A Survey by the Staff of the International Monetary Fund, Washington D.C. 1988
Irmler, Heinrich: Geldpolitik aus der Sicht der Deutschen Bundesbank – historisch und theoretisch, in: Starbatty, Joachim (Hrsg.): Geldordnung und Geldpolitik in einer freiheitlichen Gesellschaft, Tübingen 1982, S. 58–72
Jarchow, Hans-Joachim: Der Bankkredit in einer Theorie der ‹Portfolio Selection›, in: Weltwirtschaftliches Archiv 104 (1970), S. 189–210
Jarchow, Hans-Joachim/Rühmann, Peter/Engel, Günther: Geldmenge, Zinssatz, Bankenverhalten und Zentralbankpolitik, in: Weltwirtschaftliches Archiv 105 (1970), S. 304–333
Johnson, Harry G.: The Case for Flexible Exchange Rates, in: The Federal Reserve Bank of St. Louis Review 51 (1969) 6, S. 12–24; wiederabgedruckt in: Johnson, Harry G.: Further Essays in Monetary Economics, London 1972, S. 198–228
Johnson, Harry G.: The Monetary Approach to Balance-of-Payments Theory, in: Johnson, Harry G.: Further Essays in Monetary Economics, London 1972, S. 229–249
Jurgensen, Philipp: Bericht der Arbeitstagung über Interventionen an den Devisenmärkten, in: Ehrlicher, Werner/Richter, Rudolf (Hrsg.): Devisenmarktinterventionen der Zentralbanken, Schriften des Vereins für Socialpolitik, N.F. Bd. 139 (1984), S. 83–113
Kath, Dietmar: Das Geldmengenziel der Deutschen Bundesbank, Diskussionsbeiträge des Fachbereichs Wirtschaftswissenschaft, Nr. 7, Gesamthochschule Duisburg 1979
Keohane, Robert O.: After Hegemony. Cooperation and Discord in the World Political Economy, Princeton 1984
Keynes, John M.: A Tract on Monetary Reform, London 1924
Keynes, John M.: A Treatise on Money, Bd. I., The Pure Theory of Money, London 1930
Keynes, John M.: The General Theory of Employment, Interest and Money, London 1936
Kindleberger, Charles P.: The Case for Fixed Exchange Rates, 1969, in: The International Adjustment Mechanism. Proceedings of the Monetary Conference Melvin Village, New Hampshire, October 8–10, 1969, Boston 1970, S. 93–108. Wiederabgedruckt in: Kindleberger, Charles P.: International Money. A Collection of Essays, London 1981, S. 169–182
Köhler, Claus: Der Geldkreislauf. Geldtheoretische Thesen im Spiegel der Empirie, Berlin 1962

Köhler, Claus: Geldwirtschaft, Bd. 1: Geldversorgung und Kreditpolitik, Berlin 1970
Köhler, Claus: Thesen und Gegenthesen. Bemerkungen zu Milton Friedmans monetärem Konzept des ‹New Liberalism›, in: Weltwirtschaftliches Archiv 105 (1970), S. 31–47
Köhler, Claus: Potentialorientierte Kreditpolitik, Berlin 1971
Köhler, Claus: Geldwirtschaft. Bd. 1: Geldversorgung und Kreditpolitik, 2., veränderte Auflage, Berlin 1977
König, Heinz: Einkommenskreislaufgeschwindigkeit des Geldes und Zinsveränderungen: Eine ökonometrische Studie über die Geldnachfrage in der BRD, in: Zeitschrift für die gesamte Staatswissenschaft 124 (1968), S. 70–90
Kreps, David M.: Corporate Culture and Economic Theory, in: Alt, James E./Shepsle, Kenneth A. (Hrsg.): Perspectives on Positive Political Economy, Cambridge 1990, S. 90–143
Kydland, Finn E./Prescott, Edward C.: Rules rather than Discretion: The Inconsistency of Optimal Plans, in: Journal of Political Economy 85 (1977), S. 473–491
Lucas, Robert E., Jr.: Expectations and the Neutrality of Money, in: Journal of Economic Theory 4 (1972), S. 103–124
Lucas, Robert E., Jr.: Some International Evidence on Output-Inflation Tradeoffs, in: American Economic Review 63 (1973), S. 326–334
Lucas, Robert E., Jr.: Econometric Policy Evaluation: A Critique, in: Brunner, Karl/Meltzer, Allan H. (Hrsg.): The Phillips Curve and Labor Markets, Carnegie-Rochester Conference Series on Public Policy 1 (1976), S. 19–46
Lucas, Robert E., Jr.: Model of Business Cycles, Oxford 1987
Lutz, Friedrich A.: Trugschluß als ‹Dollarknappheit›, in: Zeitschrift für das gesamte Kreditwesen 4 (1951) 19, S. 462–465
Lutz, Friedrich A.: Das Problem der Konvertibilität europäischer Währungen, in: ORDO, Jahrbuch für die Ordnung der Wirtschaft 6 (1954), S. 79–131
Lutz, Friedrich A.: Rezept Kursflexibilität, in: Zeitschrift für das gesamte Kreditwesen 8 (1955) 1, S. 23–25
Lutz, Friedrich A.: Gefahren und Vorteile einer leichten Inflation, in: Das Problem der Geldwertstabilität. Bericht über den wissenschaftlichen Teil der 20. Mitgliederversammlung der Arbeitsgemeinschaft deutscher wirtschaftswissenschaftlicher Forschungsinstitute e.V. am 21. Juni 1957 in Bad Godesberg, Berlin 1959, S. 10–21
Maddock, Rodney/Carter, Michael: A Child's Guide to Rational Expectations, in: Journal of Economic Literature 20 (1982), S. 39–51
Mankiw, N. Gregory: A Quick Refresher Course in Macroeconomics, in: Journal of Economic Literature 28 (1990), S. 1646–1660
Mankiw, N. Gregory/Romer, David: New Keynesian Economics, Bd. 2, Cambridge, Mass./London 1991
McCallum, Bennett T.: Inflation Targeting in Canada, New Zealand, Sweden, the United Kingdom, and in General, Bank of Japan (Hrsg.): IMES Discussion Paper 96-E-21, Tokio 1996
McKinnon, Ronald I.: A New Tripartite Monetary Agreement or a Limping Dollar Standard. Essays in International Finance 106, Princeton 1974
McKinnon, Ronald I.: An International Standard for Monetary Stabilization, Policy Analyses in International Economics 8, Washington D.C. 1984
McKinnon, Ronald I.: Monetary and Exchange Rate Policies for International Financial Stability: A Proposal, in: Economic Perspectives 2 (1988), S. 83–104
McKinnon, Ronald I.: The Rules of the Game: International Money in Historical Perspective, in: Journal of Economic Literature 31 (1993), S. 1–44
McKinnon, Ronald I./Oates, Wallace E.: The Implications of International Economic Integration for Monetary, Fiscal and Exchange Rate Policy, Princeton Studies in International Finance 16, Princeton 1966

Mishkin, Frederic S.: The Economics of Money, Banking, and Financial Markets, New York 1995
Möller, Hans: Probleme der Geld- und Kreditpolitik bei Währungskonvertierbarkeit, in: Beckerath, Erwin von (Hrsg.): Wirtschaftsfragen der freien Welt, Frankfurt a.M. 1957, S. 579–592
Monissen, Hans G.: Analyse der Keynesianischen Liquiditätspräferenzfunktion, in: Kredit und Kapital 4 (1971), S. 27–56
Monissen, Hans G.: Geldversorgung und Kreditpolitik: Kritische Anmerkungen zur monetären Konzeption von Claus Köhler, in: Kredit und Kapital 6 (1973), S. 134–156
Mundell, Robert A.: A Theory of Optimum Currency Areas, in: American Economic Review 51 (1961), S. 657–665
Mundell, Robert A.: International Economics, New York 1968
Neumann, Manfred J.M.: Zwischenziele und Indikatoren der Geldpolitik, in: Kredit und Kapital 4 (1971), S. 398–420
Neumann, Manfred J.M.: Bank Liquidity and the Extended Monetary Base as Indicator of German Monetary Policy, in: Brunner, K. (Hrsg.): Proceedings of the First Konstanzer Seminar on Monetary Theory and Monetary Policy 1970, Kredit und Kapital 5 (1972), S. 165–217
Neumann, Manfred J.M.: Stabilisierungspolitik stabilisieren, in: Wirtschaftswoche 28 (1974) 25, S. 69–74
Neumann, Manfred J.M.: Längerfristige Orientierung der Geldmengenkontrolle, in: Sparkasse 34 (1977) 8, S. 258–260
Neumann, Manfred J.M.: Gegen antizyklische Finanz- und Geldpolitik, in: Frankfurter Allgemeine Zeitung vom 6. Juni 1978
Neumann, Manfred J.M.: Konterkarrierende Kapitalbewegungen, eine Überprüfung der deutschen Evidenz, in: Kredit und Kapital 11 (1978), S. 348–424
Neumann, Manfred J.M.: Geldpolitik in der Fehlentwicklung, in: Wirtschaftsdienst 59 (1979) 1, S. 19–24
Neumann, Manfred J.M.: Beteuerungen haben sich abgenutzt, in: Wirtschaftswoche 33 (1979) 25, S. 60–64
Neumann, Manfred J.M.: Quo vadis, Geldmengenpolitik?, in: Sparkasse 99 (1982) 3, S. 73–75
Neumann, Manfred J.M.: Auf der Suche nach der Interventionsfunktion der Deutschen Bundesbank, in: Ehrlicher, Werner/Richter, Rudolf (Hrsg.): Devisenmarktinterventionen der Zentralbanken, Schriften des Vereins für Socialpolitik, N.F. Bd. 139, Berlin 1984, S. 9–38
Neumann, Manfred J.M.: Auf dem Weg zu einer Realtrendorientierung der Geldpolitik, in: Sparkasse 102 (1985) 3, S. 88–91
Neumann, Manfred J.M.: Geldmengenziele nicht zur Disposition stellen, Presseverlautbarung, Bonn 1988
Neumann, Manfred J.M.: Monetary Targeting in Germany, Bank of Japan, Institute for Monetary and Economic Studies, Discussion Paper Series 96-E-15, Tokio 1996
Niehans, Jürg: The Theory of Money, Baltimore/London 1978
Niehans, Jürg: International Monetary Economics, Oxford 1984
Nordhaus, William D.: The Political Business Cycle, in: Review of Economic Studies 42 (1975), S. 169–190
Nordhaus, William D.: Alternative Approaches to the Political Business Cycle, in: Brookings Papers on Economic Activity (1989) 2, S. 1–68
Oberhauser, Alois: Geld- und Kreditpolitik bei weitgehender Vollbeschäftigung und mäßigem Preisanstieg (1958–68), in: Deutsche Bundesbank (Hrsg.): Währung und Wirtschaft in Deutschland 1876–1975, Frankfurt a.M. 1976, S. 609–642

Oberhauser, Alois: Liquiditätstheorie des Geldes als Gegenkonzept zum Monetarismus, in: Kredit und Kapital 10 (1977), S. 207–232
Oberhauser, Alois: Die deutsche Geldpolitik zwischen 1968 und 1978, Kurseinheit 3, Geld- und Währungspolitik I + II, Fernuniversität-Gesamthochschule Hagen, Hagen 1980
Obstfeld, Maurice: Aggregate Spending and the Terms of Trade: Is there a Laursen-Metzler Effect?, in: Quarterly Journal of Economics 97 (1982), S. 251–270
Obstfeld, Maurice: Floating Exchange-rates: Experience and Prospects, in: Brookings Papers on Economic Activity (1985) 2, S. 369–464
Obstfeld, Maurice: Capital Mobility in the World Economy: Theory and Measurement, in: The National Bureau Method, International Capital Mobility and Other Essays, Carnegie-Rochester Conference Series on Public Policy 24 (1986), S. 55–104
Obstfeld, Maurice/Rogoff, Kenneth: Foundations of International Macroeconomics, Cambridge, Mass. 1996
Patinkin, Don: Money, Interest, and Prices. An Integration of Monetary and Value Theory, Evanston, Ill. 1956
Patinkin, Don: Financial Intermediaries and the Logical Structure of Monetary Theory. A Review Article, in: American Economic Review 51 (1961), S. 95–116
Patinkin, Don: Money, Interest and Prices. An Integration of Monetary and Value Theory, New York 1965
Patman Report: Monetary Policy and the Management of the Public Debt. Their Role in Achieving Price Stability and High-Level Employment, Part 1, U.S. Government Printing Office, Washington 1952
Persson, Torsten/Tabellini, Guido: Macroeconomic Policy, Credibility and Politics, Chur/London 1990
Pohl, Reinhard: Hat sich die neue geldpolitische Strategie der Deutschen Bundesbank bewährt?, in: Vierteljahrshefte zur Wirtschaftsforschung (1978) 1, S. 5–21
Pohl, Rüdiger: Grundzüge einer liquiditätstheoretischen Konzeption für die Zentralbankpolitik, in: Köhler, Claus (Hrsg.): Geldpolitik – kontrovers, Köln 1973, S. 21–39
Pohl, Rüdiger: Geldbasis versus Liquiditätssaldo. Ein Vergleich zweier geldpolitischer Konzepte, in: Köhler, Claus (Hrsg.): Geldpolitik – kontrovers, Köln 1973, S. 94–108
Pohl, Rüdiger: Geld- und Kreditpolitik: Warten auf den Umschwung. Geldstromanalyse für das 1. Quartal 1975, in: WSI-Mitteilungen 28 (1975), S. 283–293
Pohl, Rüdiger: Gegen die Unterbeschäftigungsmentalität. Geldpolitische Analyse für das Frühjahr 1977, o.O. 1977
Pohl, Rüdiger: Geldpolitik auf falschem Gleis. Konjunkturpolitische Analyse für den Winter 1980/81, Fernuniversität Hagen, Lehrgebiet Geld, Kredit, Währung, Hagen 1980
Pohl, Rüdiger: Die Stunde der Geldpolitik. Konjunkturpolitische Analyse für den Sommer 1980, Fernuniversität Hagen, Lehrgebiet Geld, Kredit, Währung, Hagen 1980
Pohl, Rüdiger: Bundesbank im Schlepptau des Auslands? Eine geldpolitische Analyse, in: BfG Wirtschaftsblätter 29 (1981) 7, S. 1–5
Pohl, Rüdiger: Die Geldpolitik der Deutschen Bundesbank im Lichte steigender Arbeitslosigkeit, in: WSI-Mitteilungen 35 (1982), S. 15–22
Pohl, Rüdiger: Zur Bedeutung des internationalen Inflationsverbundes für die Preisniveauentwicklung in der Bundesrepublik Deutschland, in: Ehrlicher, Werner/Simmert, Diethard B. (Hrsg): Geld- und Währungspolitik in der Bundesrepublik Deutschland, Berlin 1982, S. 358–399
Pohl, Rüdiger: Die Geldpolitik ist noch nicht ausgereizt. Geldpolitische Analyse für den Winter 1982/83, Fernuniversität Hagen, Lehrgebiet Geld, Kredit, Währung, Hagen 1983
Pohl, Rüdiger: Konditionierte Zinssenkung. Geldpolitische Analyse für den Winter 1993/94, Berlin 1983
Pohl, Rüdiger: Brauchen wir eine neue geldpolitische Konzeption?, in: Wirtschaftsdienst 67 (1987) 7, S. 339–345

Pohl, Rüdiger: Geldpolitik in der Dollarfalle. Geldpolitische Analyse für den Sommer 1987, Berlin 1987

Pohl, Rüdiger: Flexible Orientierung der Geldpolitik, in: Vierteljahrshefte zur Wirtschaftsforschung (1987) 3, S. 175–176

Pohl, Rüdiger: Die Geldpolitik der Bundesbank unter veränderten weltwirtschaftlichen Rahmenbedingungen, in: Jens, Uwe (Hrsg.): Langfristige Strukturprobleme der deutschen Wirtschaft, Baden-Baden 1994, S. 15–27

Pohl, Rüdiger/Kißmer, Friedrich: Die Bedeutung externer Ungleichgewichte für die deutsche Geld- und Währungspolitik zwischen 1973 und 1988, in: Riese, Hajo/Spahn, Heinz-Peter (Hrsg.): Geldpolitik und ökonomische Entwicklung. Ein Symposion, Regensburg 1990, S. 61–80

Preiser, Erich: Geldschöpfen oder Sparen?, in: Jahrbücher für Nationalökonomie und Statistik 162 (1950), S. 321–335

Radcliffe Report: Committee on the Working of the Monetary System. Report, London 1959

Richter, Rudolf: Die Rolle der Banken in makroökonomischen Modellen. Ein Beitrag zur Einbeziehung der Finanzierungsrechnung in die makroökonomische Theorie, in: Jahrbücher für Nationalökonomie und Statistik 180 (1967), S. 441–462

Richter, Rudolf: The Banking System within Macro-Economic Theory, in: The German Economic Review 6 (1968), S. 273–293

Richter, Rudolf: The Louvre Accord from the Viewpoint of the New Institutional Economics, in: Journal of Institutional and Theoretical Economics 145 (1989), S. 704–719

Richter, Rudolf: Geldtheorie. Vorlesungen auf der Grundlage der allgemeinen Gleichgewichtstheorie und der Institutionenökonomik, Berlin 1990

Richter, Rudolf: Institutionen ökonomisch analysiert, Tübingen 1994

Richter, Rudolf: Theorie der Notenbankverfassung aus der Sicht der Neuen Institutionenökonomik, in: Bofinger, Peter/Ketterer, Karl-Heinz (Hrsg.): Neuere Entwicklungen in der Geldtheorie und Geldpolitik, Festschrift für Norbert Kloten, Tübingen 1996, S. 119–136

Richter, Rudolf/McMahon, Patrick/Regier, Hans-Jürgen: Determinants of Free Liquid Reserves in the Federal Republic of Germany 1960–1972, in: Zeitschrift für die gesamte Staatswissenschaft 134 (1978), S. 686–702

Richter, Rudolf/Schlieper, Ulrich/Friedmann, Willy: Makroökonomik. Eine Einführung, Berlin 1973

Richter, Rudolf/Schlieper, Ulrich/Friedmann, Willy: Makroökonomik. Eine Einführung, 4., korrigierte und ergänzte Auflage, Berlin 1981

Richter, Rudolf/Teigen, Ronald L.: Commercial Bank Behavior and Monetary Policy in an Open Economy, West Germany 1960–1980, in: Journal of Monetary Economics 10 (1982), S. 383–405

Richter, Rudolf/Teigen, Ronald L.: Devisenreserven und Geldvolumina. Eine beschreibende Analyse für die Bundesrepublik Deutschland 1960–1980, Manuskript, Universität des Saarlandes, Saarbrücken 1982

Rogoff, Kenneth: Tests of the Martingale Model for Foreign Exchange Futures Markets, in: Essays on Expectations and Exchange Rate Volatility, Ph.D. dissertation, MIT, Cambridge, Mass. 1980

Rogoff, Kenneth: On the Effects of Sterilized Intervention: An Analysis of Weekly Data, in: Journal of Monetary Economics 14 (1984), S. 133–150

Rogoff, Kenneth: Reputational Constraints on Monetary Policy, in: Carnegie-Rochester Conference Series on Public Policy 26 (1987), S. 141–181

Rogoff, Kenneth/Sibert, Anne: Elections and Macroeconomic Policy Cycles, in: Review of Economic Studies 55 (1988), S. 1–16

Roskamp, Karl W./Laumas, Gurcharan S.: The Demand for Monetary Assets in the West German Economy: Evidence from Short-Run Data, in: Zeitschrift für die gesamte Staatswissenschaft 126 (1970), S. 468–483

Sachverständigenrat zur Begutachtung der gesamtwirtschaftlichen Entwicklung, Jahresgutachten, Stuttgart, verschiedene Jahrgänge
Samuelson, Paul A.: The Collected Scientific Papers of Paul A. Samuelson, Bd. 2, Cambridge, Mass. 1966
Samuelson, Paul A.: A Corrected Version of Hume's Equilibrating Mechanism for International Trade, in: Chipman, John S./Kindleberger, Charles P. (Hrsg.): Flexible Exchange Rates and the Balance of Payments, Amsterdam 1980, S. 141–158
Santomero, Anthony M./Seater, John J.: The Inflation-Unemployment Trade-off: A Critique of the Literature, in: Journal of Economic Literature 16 (1978), S. 499–544
Sargent, Thomas J.: Rational Expectations and Inflation, New York 1986
Sargent, Thomas J./Wallace, Neil: Rational Expectations, the Optimal Monetary Instrument, and the Optimal Money Supply Rule, in: Journal of Political Economy 83 (1975), S. 241–254
Schlesinger, Helmut: Die geldpolitische Konzeption der Deutschen Bundesbank, Kurseinheit 2, Schwerpunkt Fach Geld- und Währungspolitik I + II, Fernuniversität-Gesamthochschule, Hagen 1980
Siebke, Jürgen/Willms, Manfred: Das Geldangebot in der Bundesrepublik Deutschland, in: Zeitschrift für die gesamte Staatswissenschaft 126 (1970), S. 55–74
Simmert, Diethard B.: Plädoyer für mehr Geld, in: Wirtschaftswoche 30 (1976) 49, S. 66
Simons, Henry C.: Rules Versus Authorities in Monetary Policy, in: Journal of Political Economy 44 (1936), S. 1–30
Snidal, Duncan: The Limits of Hegemonic Stability Theory, in: International Organization 39 (1985), S. 579–614
Sohmen, Egon: Flexible Exchange Rates, 1. und 2. (revidierte) Auflage, Chicago/London 1961/1969
Sohmen, Egon: Fiscal and Monetary Policies under Alternative Exchange-Rate Systems, in: Quarterly Journal of Economics 81 (1967), S. 515–523
Sohmen, Egon: Wechselkurs und Währungsordnung, Tübingen 1973
Stein, Jerome L.: Inside the Monetarist Black Box, in: Stein, Jerome L. (Hrsg.): Monetarism, Amsterdam 1976, S. 183–232
Stolper, Wolfgang F./Roskamp, Karl W.: Planning a Free Economy: Germany 1945–1960, in: Zeitschrift für die gesamte Staatswissenschaft 135 (1979), S. 374–404
Stützel, Wolfgang: Leistungsbilanzen, Zahlungsbilanzen – Konvertibilität, in: Berliner Bank (Hrsg.): Mitteilungen für den Außenhandel (1953) 61, S. 5–8 (leicht geändert abgedruckt in: Stützel, 1973)
Stützel, Wolfgang: Währungspolitik und Wirtschaftsverfassung, Beilage zu den Mitteilungen der IHK, Dortmund, Oktober 1960
Stützel, Wolfgang: Ist die schleichende Inflation durch monetäre Maßnahmen zu beeinflussen?, in: Inwieweit ist die schleichende Inflation durch monetäre Maßnahmen zu bekämpfen? Arbeitsbericht über den wissenschaftlichen Teil der 23. Mitgliederversammlung der Arbeitsgemeinschaft deutscher wirtschaftswissenschaftlicher Forschungsinstitute in Bad Godesberg am 15. und 16. Juni 1960 (Diskussionsbeiträge), Berlin 1960
Stützel, Wolfgang: Das sogenannte Dilemma der deutschen Währungspolitik: Lehrjahre im Neuland einer voll konvertiblen Währung, in: Der Deutsche Volks- und Betriebswirt 7 (1961) 2, S. 22–27
Stützel, Wolfgang: Währungskurse = Zahlungsversprechen. Wechselkursmanipulationen sind keine Alternative zu wirtschaftlicher Disziplin, in: Die Presse vom 1./2. Februar 1969, S. 5
Stützel, Wolfgang: Währung in weltoffener Wirtschaft. Lehrstücke der Währungspolitik – unter der Herausforderung des Tages, Frankfurt a. M. 1973
Tobin, James: Liquidity Preference as Behavior Towards Risk, in: Review of Economic Studies 25 (1958), S. 65–86

Tobin, James: Commercial Banks as Creators of ‹Money›, in: Hester, Donald D./Tobin, James (Hrsg.): Financial Markets and Economic Activity, New York/London 1967, S. 1–11
Tobin, James: Monetary Semanticy, in: Brunner, Karl (Hrsg.): Targets and Indicators of Monetary Policy, San Francisco 1969, S. 165–174
Tobin, James: Asset Accumulation and Economic Activity. Reflections on Contemporary Macroeconomic Theory, Chicago 1980
Veit, Otto: Liquiditätspolitik statt reiner Diskontpolitik, in: Veit, Otto: Die veränderte Währungspolitik und ihre Folgen, Frankfurt a.M. 1957, S. 51–58
Wallich, Henry C.: Mainsprings of German Revival, New Haven 1955
Westphal, Uwe: Theoretische und empirische Untersuchungen zur Geldnachfrage und zum Geldangebot, Kieler Studien Nr. 110, Tübingen 1970
Whitman, Marina v. N.: Global Monetarism and the Monetary Approach to the Balance of Payments, in: Brookings Papers on Economic Activity (1975) 3, S. 419–536
Wicksell, Knut: Geldzins und Güterpreise. Eine Studie über die den Tauschwert des Geldes bestimmenden Ursachen, Jena 1898
Wieser, Friedrich von: Geld, in: Elster, Ludwig/Weber, Adolf/Wieser, Friedrich von (Hrsg.): Handwörterbuch der Staatswissenschaften, Bd. 4, Jena 1927, S. 681–717
Willms, Manfred: Das Rezept der Geldmengentheoretiker, in: Der Volkswirt 24 (1970) 23, S. 48–49
Willms, Manfred: Controlling Money in an Open Economy: The German Case, in: Review of the Federal Reserve Bank of St. Louis 53 (1971), 4, S. 19–27
Wissenschaftlicher Beirat bei der Verwaltung für Wirtschaft des Vereinigten Wirtschaftsgebietes: Gutachten 1948 bis Mai 1950, hrsg. vom Bundeswirtschaftsministerium, Göttingen 1950
Wissenschaftlicher Beirat beim Bundesministerium für Wirtschaft: Gutachten vom Juni 1950 bis November 1952, hrsg. vom Bundeswirtschaftsministerium, Bd. 2, Göttingen 1953
Wissenschaftlicher Beirat beim Bundesministerium für Wirtschaft: Gutachten vom Januar 1955 bis Dezember 1956, hrsg. vom Bundeswirtschaftsministerium, Bd. 4, Göttingen 1957
Wissenschaftlicher Beirat beim Bundesministerium für Wirtschaft: Sammelband der Gutachten von 1948 bis 1972, hrsg. vom Bundeswirtschaftsministerium, Göttingen 1973
Wissenschaftlicher Beirat beim Bundesministerium für Wirtschaft: Gutachten vom März 1973 bis November 1975, hrsg. vom Bundesministerium für Wirtschaft, Bd. 8, Göttingen 1977
Wissenschaftlicher Beirat beim Bundesministerium für Wirtschaft: Gutachten vom November 1976 bis November 1977, hrsg. vom Bundesministerium für Wirtschaft, Bd. 9, Göttingen 1978
Wissenschaftlicher Beirat beim Bundesministerium für Wirtschaft: Gutachten vom Januar 1981 bis Juni 1983, hrsg. vom Bundesministerium für Wirtschaft, Bd. 11, Göttingen 1983
Wissenschaftlicher Beirat beim Bundesministerium für Wirtschaft: Europäische Währungsunion, Gutachten, Studien-Reihe 61, hrsg. vom Bundesminister für Wirtschaft, Bonn 1989
Wissenschaftlicher Beirat beim Bundesministerium für Wirtschaft: Gutachten vom Juni 1987 bis März 1990, hrsg. vom Bundesministerium für Wirtschaft, Bd. 13, Göttingen 1990
Wissenschaftlicher Beirat beim Bundesministerium für Wirtschaft: Ordnungspolitische Orientierung für die Europäische Union, Gutachten, BMWi Dokumentation Nr. 356, hrsg. vom Bundesminister für Wirtschaft, Bonn 1994

Vierter Teil

DEUTSCH-DEUTSCHE ASPEKTE DER GELD- UND WÄHRUNGSPOLITIK

XI. Notenbank und Währung in der DDR*

Von H. Jörg Thieme

1. Vorbemerkungen

Über Entstehung und Entwicklung des monetären Systems in der DDR zu berichten, ist reizvoll und schwierig zugleich: Einerseits reizvoll, weil es nach der Wiedervereinigung Deutschlands möglich sein sollte, die monetäre Seite des administrativen Sozialismus zu analysieren, das Wechselspiel zwischen sozialistischer Ideologie und pragmatischer Gestaltung der monetären Beziehungen in einem System zentraler Volkswirtschaftsplanung für eine Periode von über vierzig Jahren zu überprüfen. Reizvoll auch deshalb, weil die westliche DDR-Forschung lange Zeit beherrscht war von der – auch von den Sozialismus-Theoretikern und der offiziellen Politik in der DDR vertretenen – Auffassung des «Money doesn't matter in socialism». Andererseits ist es schwierig, auf begrenztem Raum die Fülle von monetären Reformen, administrativen Neu- und Umorganisationen und deren ökonomische Konsequenzen detailliert nachzuvollziehen. Dies scheitert auch an verfügbarem empirischen Material für den monetären Sektor, das seinerzeit als geheim galt: Die heute mögliche Einsicht in interne Unterlagen der Staatsbank ist weniger aufhellend als erhofft, weil theoretische Sicht und politische Ziele in der DDR offensichtlich Struktur, Menge und Qualität der Datenerhebung geprägt haben.

Zunächst werden die Neuordnung des gesamten Bankensystems in der Nachkriegszeit und die Währungsreform von 1948 grob nachgezeichnet (2.). Sodann werden die Bedeutung von Geld und Kredit im Rahmen der gesamtwirtschaftlichen Zentralplanung bestimmt, die Rolle der Notenbank im Planungsprozeß abgegrenzt und deren geldpolitischen Ziele und Instrumente beschrieben (3.). Schließlich sollen einige systemspezifische Probleme einer zielorientierten Geldangebotssteuerung und daraus resultierende Konsequenzen analysiert werden (4.).

* Meinem Mitarbeiter, Herrn Diplom-Volkswirt Christof Welker, danke ich für wertvolle Vorarbeiten und die Geduld bei der inhaltlichen Diskussion.

2. Entstehung und Entwicklung des monetären Systems nach 1945

a) Die Neuordnung des Bankensystems

Der Neuaufbau des monetären Sektors nach Kriegsende in der Sowjetischen Besatzungszone (SBZ) kann in zwei Phasen eingeteilt werden: In der ersten Phase (1945–1948) wurden die bisherigen Strukturen eines weitgehend privatwirtschaftlichen, doppelstufigen Bankensystems zerschlagen. Der kommunistischen Doktrin folgend, wurden die Banken weitgehend verstaatlicht, wobei viele Institutionen zunächst nur provisorischer Art waren. In der zweiten Phase (ab 1948) wurde das Bankwesen, in Verbindung mit der Währungsreform, zunehmend zentralisiert; an seiner Spitze stand die zentrale Notenbank mit umfassenden Kompetenzen. Schrittweise wurde das monetäre System in die Zentralplanung der Gesamtwirtschaft (Zentralverwaltungswirtschaft sowjetischen Typs) integriert; seit 1951 war der Bank- und Kreditsektor unter Leitung der Notenbank der DDR ein wirksames Instrument der zentralen Planung, Steuerung und Kontrolle gesamtwirtschaftlicher Prozesse.

Verstaatlichung und Neuaufbau (1945–1948)

Mit dem Kriegsende im Mai 1945 und dem Entstehen der SBZ in einem Teil Deutschlands wurden die ordnungspolitischen Voraussetzungen für die Errichtung einer Zentralverwaltungswirtschaft sowjetischen Typs vorbereitet und geschaffen. Neben den wichtigsten Schlüsselindustrien verstaatlichte die Sowjetische Militäradministration Deutschlands (SMAD) alle Banken. Schon ab April 1945 (noch vor Kriegsende) mußten die Banken in den durch sowjetische Truppen besetzten Gebieten schließen; alle Bankeinlagen, Wertpapiere und der Inhalt der Schließfächer wurden beschlagnahmt.[1]

Die Neuordnung des Bankwesens hatte zunächst das Ziel, die Geld- und Kreditversorgung für den Wiederaufbau sicherzustellen. Vorhandene Bargeldbestände sollten wieder zwecks Fristen- und Risikotransformation im Bankensektor konzentriert werden.[2] Gleichzeitig – zunächst ohne Währungsreform – sollte auch die durch die Kriegswirtschaft der Nationalsozialisten entstandene zurückgestaute Inflation bekämpft werden. Geld- und Vermögensbestände der «Kapitalistischen Klasse» und durch Beteiligung am

1 Vgl. Befehl des Chefs der Besatzung, S. 115.

2 Vgl. dazu die entsprechenden gesetzlichen Regelungen: Chef der Besatzung der Stadt Berlin, Befehl 01 vom 23. Juli 1945, S. 115–118.

nationalsozialistischen Regime erworbenes Vermögen mußten in diesem Umstrukturierungsprozeß enteignet und in «Volkseigentum» überführt werden.

Zunächst wurde das Bankwesen auf Länderebene neu organisiert. Die neugegründeten Provinzial- und Landesbanken waren öffentlich-rechtliche Institute der jeweiligen Länderregierungen und als Universalbanken tätig. Ihr Aufgabenbereich bestand in der Kreditvergabe an Industrie und Handel sowie an kommunale Betriebe; die entsprechenden Einlagen wurden ebenfalls bei ihnen gehalten. Sie waren darüber hinaus für den bargeldlosen Zahlungsverkehr und die Kassengeschäfte der öffentlichen Haushalte der jeweiligen Länder zuständig. Sie hatten kein Notenemissionsrecht.

Die neugegründeten Sparkassen übernahmen die Bankangelegenheiten der Bevölkerung und gewährten kurz- und langfristige Kredite für den Wohnungsbau. Für den Agrarsektor wurden im November 1945 landwirtschaftliche Kreditgenossenschaften, für Handwerk und Gewerbe im Januar 1946 Genossenschaftsbanken wiedereröffnet.[3] Diese nutzten zwar die vorhandene Infrastruktur ihrer Vorgänger, waren jedoch keine Rechtsnachfolger der ehemaligen Sparkassen und Kreditgenossenschaften. Auch 25 Privatbanken durften zunächst unter spezifischen Bedingungen wiedereröffnen, wurden jedoch bis 1952 verstaatlicht. Alle Banken hatten den restriktiven Auftrag, den Reichsmarküberhang abzubauen und noch vorhandenes Privateigentum zu sozialisieren: Sämtliche Einlagen und Vermögensgegenstände aus der Zeit vor dem 9. Mai 1945 wurden gesperrt und später, nach einer Prüfung auf «rechtmäßigen Erwerb», im Rahmen der Währungsreform größtenteils liquidiert und den jeweiligen Landesregierungen zugewiesen. Klagen der ehemaligen Eigentümer waren erfolglos, weil die neugegründeten Banken per Gesetz keine Rechtsnachfolger der ehemaligen Banken waren. Des weiteren mußten alle noch ausstehenden Forderungen sofort, ebenfalls auf Rechnung der Landesregierungen, eingezogen werden. An Kleinsparer und Arbeitsunfähige (Guthaben bis 3000 RM) wurden 300 bzw. 400 RM ausgezahlt. Ergänzt wurden diese Maßnahmen durch einen Preisstopp für Agrar- und Industriegüter, Weiterzahlung von Löhnen und Gehältern in der nach Kriegsende gültigen Höhe und Rationierung der Lebensmittel mit Hilfe von Bezugsscheinen.[4] Die Steuersätze für die Einkommen- und Körperschaftssteuer wurden nach privaten und staatlichen Betrieben differenziert; der Spitzensteuersatz für Volkseigene Betriebe lag bei 65%, private Unternehmen hatten bis zu 95% zu entrichten.

3 Vgl. Befehl des Obersten Chefs, S. 122ff. sowie Befehl Nr. 14, S. 125.

4 Die offizielle Lesart der DDR-Literatur bewertete diese Maßnahme als Beitrag «zu einer wirksamen Eindämmung der Inflation und zu einer Sicherung der elementaren Rechte der Werktätigen». Kohlmey, Geldsystem, S. 25.

Die wiedereröffneten Geschäftsbanken orientierten ihre Kreditvergabe in dieser Übergangsphase an den traditionellen Rentabilitäts- und Liquiditätskriterien kommerzieller Kredite, weil bis 1951 keine zentrale Kreditplanung existierte. Die Inflation wurde durch diese Maßnahmen nur unzureichend bekämpft. Wieviel Reichsmark tatsächlich dem volkswirtschaftlichen Kreislauf entzogen wurde, ist nicht eindeutig festzustellen. Die Höhe der blockierten privaten Guthaben wird auf ca. 37 Mrd. RM geschätzt. Kredite in Höhe von rund 2,3 Mrd. RM aus der Zeit vor dem 9. Mai 1945 wurden eingezogen, davon wurden allerdings ca. 1,87 Mrd. RM wieder an Kleinsparer ausgezahlt. Zudem existierten erhebliche Bestände an gehortetem Bargeld, die zu den Banken zurückflossen und damit für die Giralgeldschöpfung genutzt werden konnten. Schließlich brachte die Besatzungsmacht inkonsequenterweise selbst neues Bargeld in Höhe von ca. 12 Mrd. RM in Umlauf.[5] Es stammte aus erbeuteten Kassenbeständen der Banken, aus Reichsmarkreserven der Reichsbank und auch aus Neudruck von Besatzungsgeld (sogenannte Okkupationsmarken). Als Folge stieg die Bargeldmenge in der SBZ bis zur Währungsreform 1948 stark an; es wurden immerhin 28,05 Mrd. RM zum Umtausch eingereicht.

Wegen der Güterknappheit, die durch Bezugsscheine bei Festpreisen reguliert werden sollte, entfaltete sich die monetäre Nachfrage auf Schwarzmärkten, deren Preise das tatsächliche Inflationspotential widerspiegelten. Das wurde auch von den verantwortlichen Stellen erkannt, jedoch als «Sabotage von Schiebern und Spekulanten, vor allem Vertretern der gestürzten Klassen, an der kartenmäßigen Versorgung der Bevölkerung»[6] interpretiert und per Gesetz bekämpft.

Zur Vorbereitung der gesamtdeutschen Währungsreform und der Zentralisierung des Bankensystems wurden im Februar 1947 fünf Emissions- und Girobanken auf Landesebene gegründet. Sie wickelten für das jeweilige Land den Geldumlauf und den Zahlungsverkehr ab; bei ihnen refinanzierten sich die Banken und Sparkassen. Gleichzeitig übernahmen sie die Bankgeschäfte für die öffentlichen Haushalte der Länder, hatten jedoch kein Recht zur Notenemission. Die vorhandenen Provinzial- bzw. Landesbanken wurden in Landeskreditbanken umgewandelt; sie vergaben Kredite an die vielen neugegründeten Volkseigenen Betriebe. Schließlich sei noch die Garantie- und Kreditbank AG erwähnt, über die alle Reparationszahlungen und Geschäfte von Betrieben in sowjetischem Besitz (sogenannte Sowjet AGs) abgewickelt wurden. Sie gab ihre Geschäftstätigkeit 1956 auf.

5 Vgl. Abeken, Geld- und Bankwesen, S. 9.
6 Dewey, Planung, S. 8.

Zentralisierung des Bankensystems und Aufbau einer Notenbank (nach 1948)

Diesem neuen Bankensystem wurde am 21. Mai 1948 als Spitzeninstitut die Deutsche Emissions- und Girobank übergeordnet. Sie hatte die Aufgabe, die Tätigkeit der Landesemissions- und Girobanken zu koordinieren und zu kontrollieren sowie den Zahlungsverkehr zwischen den Ländern der SBZ abzuwickeln. Nach der Währungsreform (24. Juni 1948) wurde sie am 20. Juli 1948 in «Deutsche Notenbank» umbenannt. Sie erhielt das Recht zur Notenemission und hatte ein Grundkapital von 100 Mio. DM.[7] Sie erfüllte ab diesem Zeitpunkt die Funktionen der Hausbank des Staates und der Bank der Banken. Schrittweise erhielt sie sämtliche monetären Kompetenzen und war direkt den höchsten politischen Entscheidungsträgern unterstellt; im März 1950 wurden die Landesemissions- und Girobanken sowie die Landeskreditbanken in die Deutsche Notenbank integriert. Sie wickelte das gesamte kurzfristige Kreditgeschäft ab und war damit nicht nur einzige «Geschäftsbank», sondern zugleich Finanzierungs- und Verrechnungszentrum der gesamten Volkswirtschaft sowie oberste Kontrollinstanz der zentral geplanten monetären und realwirtschaftlichen Prozesse («Kontrolle durch die Mark»).

Um den Beitrag des Bankensektors zur Planerfüllung und bei der Kontrolle der strikten Anwendung «sozialistischer Kreditprinzipien» zu verbessern, wurden zwei weitere Zentralinstitute gegründet: im Oktober 1948 die Deutsche Investitionsbank für das gesamte langfristige Kreditgeschäft und 1950 die Deutsche Bauernbank als Spitzeninstitut der landwirtschaftlichen Kreditgenossenschaften. Schließlich entstand 1956 die Deutsche Handelsbank AG, die 1966 durch die Deutsche Außenhandelsbank AG (Hauptaktionär Staat) abgelöst wurde und für das gesamte Auslandsgeschäft zuständig war. Im einstufigen Bankensystem waren diese Spezialbanken Abteilungen der Deutschen Notenbank. Sie waren weisungsgebunden und wurden von ihr kontrolliert.

Die umfassende Bankenreform am 1. Januar 1968 hatte zum Ziel, das einstufige durch ein zweistufiges Bankensystem zu ersetzen: Die Deutsche Notenbank wurde in «Staatsbank der DDR» umbenannt und hatte bis Juli 1974 nur noch die Aufgaben einer Zentralbank zu erfüllen, nämlich eine plangerechte Geldversorgung zu sichern.[8] Die traditionellen Bankgeschäfte wurden – nach Wirtschaftssektoren differenziert – übertragen auf die Industrie- und Handelsbank (frühere Investitionsbank), die Bank für Landwirtschaft und Nahrungsgüterwirtschaft (frühere Landwirtschaftsbank), die Sparkassen

7 Vgl. Bilanzen der Deutschen Notenbank (Bundesarchiv Koblenz und Berlin, NG, 3188).

8 Die Einbindung in die Zentralplanung sowie Aufgaben, Instrumente und Handlungsspielraum der Staatsbank werden später dargestellt. Vgl. Frenzel, Die rote Mark, S. 69ff.

(für die privaten Haushalte), die Bank für Handwerk und Gewerbe sowie die Deutsche Außenhandelsbank AG.[9] Sie sollten sich bei der Kreditvergabe an den erwarteten Erträgen der zu finanzierenden Projekte orientieren und hatten auch Spielräume bei der Zinsgestaltung. Die Entscheidungsspielräume der Geschäftsbanken wurden aber bereits ab 1971 wieder deutlich eingeschränkt, und im Juli 1974 wurde das doppelstufige Bankensystem ganz abgeschafft.

b) Die Währungsreform von 1948

Politische Hintergründe, Rahmenbedingungen und Umsetzung

Drei Jahre nach Kriegsende war – besonders im Westen Deutschlands – der Wiederaufbauprozeß so weit fortgeschritten, daß ein funktionierendes und stabiles monetäres System geschaffen werden mußte, um effizientes Wirtschaften und Wirtschaftswachstum auch zukünftig zu ermöglichen. Alle partiellen Maßnahmen zum Abbau des in der Kriegswirtschaft gelegten Inflationspotentials waren gescheitert; die Reichsmark hatte alle Geldfunktionen verloren.[10] Die Güterpreise waren staatlich fixiert, und es entstanden umfangreiche Schwarzmärkte, auf denen mit knappen Gütern, Devisen (US-Dollar) und Gold getauscht wurde. Im Westen wie im Osten mußte das Geldwesen durch eine radikale Währungsreform neu geordnet werden.

Im Vorfeld der Währungsreform versuchten die Siegermächte, eine gemeinsame Währungspolitik für alle vier Besatzungszonen umzusetzen. Die jeweiligen politischen Vorstellungen über die Neugestaltung einer Wirtschafts- und Gesellschaftsordnung im gesamten Deutschland waren jedoch so kontrovers, daß alle Bemühungen um eine einheitliche Währungsreform scheiterten. Sie hätte den Verlust von Einfluß und Kontrolle in Deutschland entweder für die Sowjetunion oder für die West-Alliierten bedeutet. Am 20. März 1948 blockierte die Sowjetunion die Währungsverhandlungen im alliierten Kontrollrat, was die westlichen Alliierten endgültig zu einer separaten Währungsreform nutzten; die Entscheidung für eine separate Währungsreform war auf seiten der Amerikaner schon vorher gefallen.[11] Die Teilung Deutschlands und der Beginn des Kalten Krieges in Europa kündigten sich an, wenngleich die Währungsreform im Westen Deutschlands nicht die eigentliche Ursache dafür war.[12]

9 Vgl. Mülhaupt/Fox, Bankwesen, S. 14ff.
10 Bezahlt wurde oft in knappen Naturalien, beispielsweise in Zigaretten. Das wirtschaftliche Geschehen entwickelte sich auf das Niveau einer Naturaltauschwirtschaft zurück.
11 Vgl. Buchheim, Währungsreform, S. 210f.
12 Vgl. Möller, Währungsreform, S. 441.

Am 21. Juni 1948 wurde die Währungsreform in den Westzonen durchgeführt.[13] Aus wirtschaftlichen, politischen und psychologischen Gründen war die Administration in der SBZ zur Reaktion gezwungen; eine eigene Währungsreform mit «sozialistischen Zielen» war allerdings auch schon vorbereitet. Nach der Währungsreform in Westdeutschland bestand die Gefahr von Zuflüssen alter Reichsmarkbestände (diese hatten in allen vier Zonen Gültigkeit), die die ohnehin schon übermäßig große Reichsmark-Geldmenge in der SBZ weiter aufgebläht hätten. Eine Anpassung der Geldmenge an das Produktionspotential war in der SBZ unerläßlich, wollte man nicht den Aufbau des volkswirtschaftlichen Gesamtplanes gefährden. Ebenso wie in Westdeutschland war eine Neuordnung der Währungsverhältnisse auch aus psychologischen Gründen wichtig. Das «neue Geld» sollte ein Symbol der neuen ökonomischen Stabilität im Sozialismus werden und Unsicherheiten in der Bevölkerung abbauen.

Ziel der Währungsreform in der SBZ (24.-28. Juni 1948) war es, die monetären Voraussetzungen für eine zentrale Planung der volkswirtschaftlichen Prozesse zu schaffen *und* die Eigentumsordnung zu verändern.[14] Die Währungsreform hatte also neben ihrer ökonomischen Funktion insbeson-

Tabelle 1: Erster Bargeldumtausch vom 24. bis 28. Juni 1948 (in Mio.)

	Altgeld	Kuponmark	Umtauschkurs
Private Haushalte	1.364,3 5.300,9	1.364,3 530,1	1:1 10:1
Private Haushalte insgesamt	6.665,2	1.894,4	3,5:1
Betriebe/Organisationen Sowjetische Armeeangehörige Sperrkonten	580,0 97,1 208,4	58,0 97,1 20,8	10:1 1:1 10:1
Nichtbanken insgesamt Kassenbestände Banken	7.550,7 20.500,0	2.070,4 2.050,0	3,65:1 10:1
Banknoten insgesamt	28.050,7	4.120,4	6,8:1

Quelle: Währungsreform in der Sowjetischen Besatzungszone 1948, S. 1 (Archiv der Kreditanstalt für Wiederaufbau, Niederlassung Berlin).

13 Diese Maßnahme wurde in der SBZ als «entscheidender Schritt auf dem Wege der wirtschaftlichen Spaltung Deutschlands durch die imperialistischen Kräfte des In- und Auslandes und der Vorbereitung einer westdeutschen Aggressionsbasis» gesehen. Kohlmey, Geldsystem, S. 27.

14 Vgl. SMAD-Befehl Nr. 111/1948, S. 193ff.

Tabelle 2: Ergebnis des Bargeldumtausches vom 25. bis 28. Juli 1948* (in Mio. DM)

Private Haushalte Betriebe/Organisationen	1.908,7 427,1
Nichtbanken insgesamt	2.335,8
Kassenbestände Banken	1.761,3
Banknotenemission insgesamt	4.097,1
Münzemission	
50-Pfennig-Stücke	48,2
5- und 10-Pfennig-Stücke	23,0
1-Pfennig-Stücke	2,0
Umgetauschte Münzen insgesamt Umwertungsdifferenzen	73,2 −1,0
Erstausstattung insgesamt	4.169,3

* Umstellung Kuponmark zu D-Mark 1:1

Quelle: Währungsreform in der Sowjetischen Besatzungszone 1948, S. 1f. (Archiv der Kreditanstalt für Wiederaufbau, Niederlassung Berlin).

dere gesellschaftspolitische Ziele. Der Druck neuer Geldscheine war zwar vorbereitet, aber zum Stichtag noch nicht abgeschlossen. Deswegen wurden die alten Geldscheine zunächst mit Kupons beklebt und weiterbenutzt (vgl. Tabelle 1), bis sie zwischen dem 25. und 28. Juli 1948 1:1 in neue Scheine mit der Bezeichnung «Deutsche Mark der Deutschen Notenbank» (DM) umgetauscht wurden.[15] In diesen vier Tagen mußte die Bevölkerung das alte Papiergeld bei den Kreditinstituten abliefern, jeder erhielt 70 DM gegen 70 RM in bar («Kopfquote») ausbezahlt. Die Münzen blieben noch in Höhe ihres Nominalwertes gültig und wurden ab Oktober 1948 ersetzt (vgl. dazu Tabelle 2).

Die Umtauschkurse waren nach politischen und wirtschaftspolitischen Gesichtspunkten stark differenziert (vgl. Tabelle 3).[16] Nach dem 8. Mai 1945 entstandene Guthaben Volkseigener Betriebe wurden 1:1 umgetauscht, Pri-

15 Vgl. SMAD-Befehl Nr. 124/1948, S. 242 sowie Roeper, D-Mark, S. 31ff. Die Bezeichnung der Währung änderte sich noch zweimal: ab 1964 in «Mark der Deutschen Notenbank» und 1974 in «Mark der DDR».

16 Vgl. Rittmann, Geldgeschichte, S. 360ff.

Tabelle 3: Ergebnis des Buchgeldumtausches (in Mio.)

	RM zum 23. Juni 1948	DM	Umstellung
Laufende und sonstige Einlagen			
insgesamt	15.410	7.872	2:1
davon:	6.907	690	10:1
bevorzugter Umtausch	8.503	7.182	1,2:1
Spareinlagen insgesamt	4.653	1.138	4,1:1
davon:	491	491	1:1
	2.313	462	5:1
	1.609	161	10:1
zunächst gesperrt	240	24	10:1
Buchgeldumtausch insgesamt	20.063	9.010	2,2:1

Quelle: Währungsreform in der Sowjetischen Besatzungszone 1948, S. 2 (Archiv der Kreditanstalt für Wiederaufbau, Niederlassung Berlin).

vatbetriebe erhielten für dieselben Guthaben nur einen Kurs von 10:1. Für private Sparguthaben, die seit dem 8. Mai 1945 entstanden waren, wurden pro Kopf die ersten 100 RM 1:1, bis 1000 RM 5:1 und über 1000 RM 10:1 umgetauscht. Alte Schuldverhältnisse blieben mit dem ursprünglichen Nennwert erhalten, sofern es sich nicht um Verrechnungsansprüche der Privaten handelte, diese wurden 10:1 abgewertet.[17]

Dies galt auch für alle vor dem 9. Mai 1945 entstandenen Verbindlichkeiten. Volkseigene Betriebe hatten derartige Probleme nicht. Die Verbindlichkeiten, die sie von den Vorgängerbetrieben übernommen hatten, wurden vollständig gelöscht. Sämtliche durch die Währungsreform entstandenen Umwertungsdifferenzen der Banken wurden ihnen bei der Notenbank auf Girokonten gutgeschrieben, was einer Schaffung von Primärgeld gleichkam. Die Umwertungsverluste wurden so bei der Deutschen Notenbank zentralisiert; sie erhielt dafür Schatzanweisungen der entsprechenden Länder, die die Länder durch eingezogene Altschulden und konfiszierte Guthaben beglichen. Zum 30. September 1949 wurden Landesschatzanweisungen in der Gesamthöhe von 26,664 Mrd. DM in der Bilanz der Deutschen Notenbank ausgewiesen, die bis 1954 getilgt wurden.[18] Diese Schatzanweisungen der Länder entspra-

17 Eine Ausnahme bildete die Landwirtschaft. Zur Förderung ihres Aufbaus wurden die Verbindlichkeiten aus zwischen 1945 und 1948 vergebenen Krediten 5:1 abgewertet.

18 Vgl. Abeken, Geld- und Bankwesen, S. 55.

chen den Ausgleichsforderungen in Westdeutschland. Für gesetzlich angeordnete Altschuldenstreichungen wurden der Deutschen Notenbank Schuldbuchforderungen gutgeschrieben. Bis zur deutschen Währungsunion 1990 bestanden noch Forderungen gegenüber dem Staatshaushalt in Höhe der Erstausstattung mit Noten und Münzen (4,169 Mrd. Mark der DDR).

Zu beachten ist der in Tabelle 4 dargestellte Umtausch von Vermögensbeständen aus der Zeit vor dem 9. Mai 1945: Alle Guthaben über 3000 RM wurden vor dem Umtausch auf «rechtmäßigen Erwerb» überprüft. Als unrechtmäßig galten Bereicherungen während des Hitler-Regimes, Geld aus Spekulationsgeschäften sowie illegale Einnahmen und Einkünfte aus Schwarzmarktgeschäften.[19] Politische Auslegungen der Kriterien bewirkten, daß viele dieser Guthaben konfisziert wurden. In Fällen, in denen die Rechtmäßigkeit festgestellt wurde, wurden die Guthaben der Privaten und Unternehmer 10:1 abgewertet und in eine «Altguthabensablösungsanleihe» umgewandelt, die ab 1. Januar 1949 mit 3% p.a. verzinst und bis 1972 getilgt wurde. Der geschätzte Betrag an blockierten Guthaben hatte 37 Mrd. RM betragen, an entsprechenden Schuldbuchforderungen wurden nun 2,823 Mrd. DM eingetragen. Die Anleihen von Bürgern mit Wohnsitz außerhalb der SBZ blieben gesperrt, ihre Tilgung wurde erst im Prozeß der Vereinigung Deutschlands in einer Verordnung vom 27. Juni 1990 geregelt.

Tabelle 4: Umwertung vor dem 9. Mai 1945 entstandener Guthaben* (in Mio.)

	Altguthaben in RM	DM
Bürger mit Wohnsitz in der SBZ	26.030	2.603
Bürger mit Wohnsitz außerhalb der SBZ	2.200	220
Gesamte umgewertete Guthaben	28.230	2.823

* Umstellung 10:1

Quelle: Währungsreform in der Sowjetischen Besatzungszone 1948, S. 3 (Archiv der Kreditanstalt für Wiederaufbau, Niederlassung Berlin).

Alle privaten Haushalte und Unternehmen konnten also über ihr stark abgewertetes Vermögen nicht, die Volkseigenen Betriebe dagegen sofort über derartige Einlagen verfügen. Die Kassenbestände der Banken, Unternehmen und Organisationen wurden ebenfalls mit einem Kurs von 10:1 umbewertet.

Die öffentlichen Haushalte hingegen wurden bei den Vermögensbeständen behandelt wie die Volkseigenen Betriebe: Alle Guthaben wurden in unbe-

19 Vgl. SMAD-Befehl Nr. 111/1948, S. 197f.

schränkter Höhe 1:1 umbewertet, auch die Steuerrückstände wurden mit vollem Nominalbetrag beibehalten, Steuervorauszahlungen dagegen mit einem Kurs von 10:1 verrechnet. Stromgrößen wie Löhne, Preise, Renten, Abgaben, Stipendien etc. blieben unverändert.[20]

Politische und ökonomische Effekte der Währungsreform

Die Wirtschaftswissenschaftler in der DDR beurteilten die Effekte der Währungsreform durchweg positiv, obwohl – wie offiziell bestätigt – auch nach der Währungsreform ein Geldüberhang und somit Inflationspotentiale existierten. Als Ursache hierfür galten die Unsicherheiten über die genaue Höhe der vorhandenen Reichsmarkgeldmenge sowie des Produktionspotentials.[21] Steigende Produktion und Produktivität hätten den Geldmengenüberhang allerdings schnell abgebaut. Die politischen Ziele der Währungsreform, nämlich die «kapitalistische Klasse» und die «Kriegsgewinnler» zu enteignen, Produktionsmitteleigentum zu verstaatlichen und bevorzugt Volkseigene Betriebe zu gründen, galten als verwirklicht.

Tatsächlich wurde der Begriff der «unrechtmäßigen Herkunft» von Vermögensbeständen sehr weit ausgelegt mit der Folge relativ willkürlicher Enteignungen ohne genaue Prüfung der Herkunft des Vermögensbestandes im Einzelfall. Die Umtauschkurse schwächten die privaten Unternehmen zusätzlich und schränkten ihre Handlungsspielräume erheblich ein, wodurch sie nur sehr begrenzt am wirtschaftlichen Aufbauprozeß teilnehmen konnten. Die Umwandlung von vor dem 9. Mai 1945 rechtmäßig erworbenem Vermögen in eine Zwangsanleihe war Ursache des erheblichen Kapitalmangels in den privaten Unternehmen, der durch die Umtauschkurse noch verstärkt wurde. Ob und inwieweit der Währungsschnitt in Ostdeutschland den Geldüberhang tatsächlich zielkonform reduziert hat, ist schwer feststellbar, weil empirisches Material über hierfür erforderliche gesamtwirtschaftliche Indikatoren – wie z.B. das Produktionspotential – fehlt. Auch die damalige Entwicklung der Schwarzmarktpreise ist als Inflationsindikator wenig geeignet, weil sie eher die Mangelsituation bei einzelnen Gütern widerspiegelt und zudem keine systematischen Zeitreihen vorliegen. Am ehesten geeignet ist ein Vergleich mit der westdeutschen Währungsreform, nach deren Umsetzung keine nennenswerten Inflationspotentiale und Ungleichgewichte auf den Gütermärkten entstanden sind. Als Vergleichsgrößen können die Erstausstattungen mit Bar- und Giralgeld, die Bevölkerungszahlen sowie die Volkseinkommensstatistiken (1950) herangezogen werden.

20 Vgl. Sprenger, Geld der Deutschen, S. 246ff.
21 Vgl. Ehlert/Hunstock/Tannert, Geld und Kredit, S. 318f.

Tabelle 5: Monetäre Erstausstattung Ost und West im Vergleich

	SBZ (DM-Ost)	Westzonen (DM-West)
Bar- und Buchgeld (Mio.)[1)]	11.400	13.200
Bar- und Buchgeld pro Kopf	600	275
Bargeldumlauf pro Kopf	178	132
Bar- und Buchgeld in % des Volkseinkommens[2)]	39,2	13,8

1) Ohne Kassenbestände der Banken. – 2) Nationaleinkommen bzw. Nettosozialprodukt zu Marktpreisen.

Quelle: Kreditanstalt für Wiederaufbau, Niederlassung Berlin, Anhang zur Dokumentation, S. 3.

Der in Tabelle 5 dargestellte grobe Vergleich der Pro-Kopf-Erstausstattungen sowie der Geldmengen-Volkseinkommen-Relation in Ost und West zeigt das Inflationspotential, mit dem die DDR nach dem Währungsschnitt startete.

Zentrale Ursache hierfür war die gesellschaftspolitische Instrumentalisierung der Währungsreform: Sie wurde konsequent für die «Sozialisierung» privater Vermögensbestände ausgenutzt; Volkseigene Betriebe, staatliche Banken und öffentliche Haushalte wurden gegenüber dem privaten Sektor deutlich bevorzugt (Umtausch der Kassenbestände, Differenzierung der Umtauschkurse, Altschuldenerlasse etc.). Sämtliche Bestimmungen und Vorschriften zur Währungsreform wurden «klassenkämpferisch» interpretiert und beschworen die «revolutionäre Umgestaltung» hin zum Sozialismus. Ökonomische Notwendigkeiten blieben außer acht; dadurch ist es nicht gelungen, adäquate monetäre Voraussetzungen für den Aufbau einer administrativen Zentralplanung ohne Inflationspotential zu schaffen. Der von Beginn an existierende Geldüberhang wurde noch dadurch verstärkt, daß der realwirtschaftliche Wachstumsprozeß unmittelbar nach der Währungsreform nur zögerlich vorankam. Die politischen Entscheidungsträger wußten von diesem Inflationspotential. Sie kurierten Symptome, indem sie die Bezugsscheinsysteme bei staatlichen Festpreisen aufrechterhielten und rigoros die Schwarzmärkte bekämpften. Dies hatte zur Folge, daß sich das vorhandene Inflationspotential nicht in Preisniveauerhöhungen, sondern im Anstieg unerwünschter Kassenhaltung, in Warteschlangen etc. auswirkte.

Die offiziellen Verlautbarungen zur Währungsreform betonten immer wieder die ökonomische Rationalität dieses wirtschaftspolitischen Einschnitts und beteuerten, die quantitätstheoretischen Zusammenhänge zwischen der Entwicklung der Geldmenge und dem Produktionspotential (in sozialistischer Interpretation: Umlaufgesetz des Geldes) berücksichtigt zu haben. Nirgendwo in den Unterlagen finden sich jedoch konkrete Zielformulierungen oder gar Operationalisierungen. Offizielle Berichte sind empirische Ex-post-Bestandsaufnahmen ohne Bewertung oder Fehleranalyse.[22] Insofern entsteht der Eindruck, daß die Währungsreform eindeutig politisch motiviert und geplant war und die Fülle von Ad-hoc-Entscheidungen ideologisch gerechtfertigt wurden, was zur Folge hatte, daß auch Ökonomen aus dem eigenen Theorielager sie nicht kritisieren konnten. Zu beachten ist dabei auch der dominante Einfluß der sowjetischen Besatzungsmacht, die alle Entscheidungen zu genehmigen hatte.

Insgesamt können der Neuaufbau des monetären Sektors und insbesondere die Währungsreform in Ostdeutschland nicht als rationaler, wirtschaftspolitischer Entscheidungsprozeß mit systematischer Zielvorgabe, Instrumentenauswahl und Effizienzkontrolle interpretiert werden, was angesichts der wirtschaftlichen und politischen Umstände auch nicht erwartet werden kann. Die Machtkonzentration bei wenigen Verantwortlichen, die ihr Handeln auf eine politische Interpretation der marxistischen Wirtschaftstheorie stützten, und die dominante Kontrollfunktion der SMAD prägten Ausgestaltung und Umsetzung der Währungsreform.

3. Geld und Kredit in der DDR

a) Die Rolle des Geldes in der sozialistischen Planwirtschaft

Lange Zeit dominierte in der DDR-Literatur, aber auch in der westlichen Forschung die Auffassung, Geld habe im Sozialismus nur eine passive Rolle wegen des Primats der naturalwirtschaftlichen Zentralplanung. Passivität bedeutet dabei, daß die Geldverwendung keinen Einfluß auf die ökonomischen Dispositionen der Entscheidungsträger hat, also weder reale noch nominale Größen durch die Geldverwendung tangiert werden. Die politische Führung (und ihre Bürokratie) entscheidet über Verwendung und Produktion knapper Ressourcen und Güter im System zentraler Planung, in das alle

22 Vgl. dazu Gesamtabrechnungsprotokolle der Währungsreform/Bargeldumtausch (Bundesarchiv Koblenz und Berlin, NG, 3176) sowie Schriftwechsel mit der sowjetischen Militäradministration in Deutschland, Anweisungen und Berichte zum ersten und zweiten Geldumtausch, Fehlbeträge und Differenzen, Sonderfälle, Altnotenvernichtung, Sperrkonten und Uraltguthaben (Bundesarchiv Koblenz und Berlin, NG, 822).

untergeordneten Wirtschaftseinheiten voll eingebunden sind, anhand der Salden in den naturalen Planbilanzen. Die Geldverwendung erleichtert bei staatlich fixierten Preisen die Planung und ermöglicht eine bessere Kontrolle der Planerfüllung; Geld hat also lediglich Verrechnungs- und Kontrollfunktionen.

Dogmenhistorischer Bezug war die Auffassung von Karl Marx, daß Geld ein Spezifikum kapitalistischer Produktionsweise sei, das bedeutungslos werden muß, wenn die marktwirtschaftliche Anarchie beseitigt ist.[23] Allerdings wurde in der DDR frühzeitig argumentiert, daß die Ware-Geld-Beziehung erst im Endstadium der kommunistischen Gesellschaft vollständig absterben würde und für die sozialistische Übergangsphase Geld zu akzeptieren sei: Erstens sei eine detaillierte naturale Zentralplanung und -bilanzierung, wie sie in der Theorie der Zentralverwaltungswirtschaft unter sehr restriktiven Modellannahmen abgeleitet wurde, de facto nicht möglich.[24] In der Praxis wurden häufig aggregierte Größen zentral geplant und bilanziert, was Geld als Recheneinheit voraussetzte. Zweitens wurde in der DDR schon in den fünfziger Jahren darauf hingewiesen, daß in der Übergangsphase noch rudimentäre Marktbeziehungen bestünden und deshalb insbesondere Bargeld auch als Tausch- und Zahlungsmittel fungieren müsse. Drittens wurden immer wieder die Anreizfunktionen der Geldverwendung betont. Sparen oder Lohn- und Prämienzahlungen in Geldform sollten Leistungsanreize schaffen, die wegen der vorhandenen Reste bürgerlicher Mentalität notwendig seien. Die Geldverwendung und das Umlaufgesetz des Geldes könnten jedoch «bewußt» angewendet und für die Verwirklichung sozialistischer Gestaltungsziele ausgenutzt werden.[25]

Insoweit entstand ein differenziertes Bild von den Geldfunktionen in der DDR: Alle Giralgeldtransaktionen galten weiterhin als passiv, weil sie vollständig in die Zentralplanung integriert waren und auch keine einzelwirtschaftlichen Entscheidungsspielräume im sozialistischen Wirtschaftssektor unterstellt wurden. Dem Bargeldumlauf hingegen wurden durchaus Einflußmöglichkeiten auf reale und nominale Variablen im Wirtschaftsprozeß eingeräumt, weil im privaten Sektor wirtschaftliche Handlungsspielräume existierten; man glaubte, daß deren Ausnutzung im einzelwirtschaftlichen Interesse durchaus Disproportionen auslösen könnte. Aus dieser Sichtweise, die auch in der westlichen Literatur Anhänger fand,[26] resultierte die strikte Zweiteilung in einen Bargeld- und einen Giralgeldkreislauf. Hieraus folgte, daß alle geldangebotspolitischen Aktivitäten in der DDR zunächst auf die Steuerung des Bargeldumlaufs konzentriert wurden: Die Bargeldbestände sollten so

23 Vgl. Marx, Kapital, Bd. II, S. 35ff. und 119ff.

24 Vgl. Hensel, Einführung, S. 170ff.

25 Vgl. Dewey, Planung, S. 8.

26 Vgl. Grossman, Money and Plan, S. 4ff.; Haffner, Monetäre Zentralplanung, S. 203ff.; Nove, Das sowjetische Wirtschaftssystem, S. 297ff.

gesteuert werden, daß sie sich – unter Berücksichtigung der geschätzten Umschlagshäufigkeit des Bargeldes – parallel zum zentral geplanten Konsumgüterfonds der Bevölkerung entwickeln und dadurch Diskrepanzen zwischen «Kauf- und Warenfonds» vermieden werden konnten.[27] Es war die Furcht vor unkontrollierten Bargeldbeständen, die die politische Führung in der DDR veranlaßte, Rechtsvorschriften zur Begrenzung der Bargeldhaltung auch im privaten Sektor zu formulieren und 1957 einen überraschenden Bargeldschnitt vorzunehmen; bei dieser «kleinen» Währungsreform am 13. Oktober 1957 durfte jeder DDR-Bürger nur 300 DM in neu gedrucktes Bargeld umtauschen. Der Rest des alten Bargeldes wurde auf Konten bei der Deutschen Notenbank gutgeschrieben.[28] In diesem Zusammenhang bedeutsam war auch die Vorstellung, Bargeld müsse durch Gold gedeckt sein, weil Marx den Wert des Geldes von seinem Goldgehalt abhängig gemacht hatte. Deswegen wurde in der DDR von 1949/50–1971 eine fiktive Golddeckung der Mark von 0,399902 Gramm Feingold gesetzlich festgelegt.[29] Zu Beginn der siebziger Jahre wurde die Vorstellung auch offiziell aufgegeben, daß der Wert des Geldes von einem lediglich auf dem Papier festgelegten Goldgehalt abhängt.

Zur gleichen Zeit begann ein Prozeß des monetären Umdenkens in der DDR: Aufgerüttelt durch die schwierigen ökonomischen Entwicklungsprobleme in den sechziger Jahren, die – auch in anderen sozialistischen Ländern – wesentlich durch die Ineffizienzen der administrativen Zentralplanung verursacht waren, wurden auch in der DDR in den sechziger Jahren Wirtschaftsreformen (1963 «Neues ökonomisches System der Planung und Leitung» – NÖSPL; 1968 «Ökonomisches System des Sozialismus» – ÖSS) verkündet und zeitweilig umgesetzt, die die weitgehende Dezentralisierung ökonomischer Entscheidungskompetenzen zum Ziel hatten. Dadurch wurden neben den Bargeldtransaktionen im privaten Sektor auch die Giralgeldverwendungen im sozialistischen Sektor geldpolitisch bedeutsam; die volkswirtschaftlich

27 Vgl. Kohlmey/Dewey, Bankensystem und Geldumlauf, S. 16ff.
In den sechziger Jahren allerdings wurden die Bargeldbestände (gegen den Widerstand der Staatsbank) bewußt stärker als das Produktionswachstum ausgedehnt, weil die damalige DDR-Führung die stalinistisch geprägte Ansicht vertrat, die Kaufkraft (in Form der Geldfonds) müsse der Produktion (Warenfonds) vorauseilen, um damit positive Realeffekte zu erzielen und Konjunkturkrisen wie im Kapitalismus zu vermeiden. Zudem wurden die Lohnfonds überproportional ausgeweitet, vermutlich um die Arbeitsmotivation zu erhöhen. Dies widersprach der inneren Logik der zentralen Planung.

28 Insgesamt wurden bei dieser Währungsreform 267,5 Mio. DM vernichtet: 263,4 Mio. DM wurden nicht zum Umtausch eingereicht, 4,1 Mio. DM der gutgeschriebenen Beträge in Überprüfungsverfahren wertlos gemacht. Die damalige Führung der DDR brachte bewußt die falsche Information in Umlauf, 600 Mio. DM seien vernichtet worden. Vgl. Deutsche Finanzwirtschaft, S. 321.

29 Vgl. Ökonomisches Lexikon, S. 1046.

als relevant angesehenen Geldmengenaggregate wurden – unter Einschluß des Giralgeldes – neu abgegrenzt.[30] Diese Diskussion in der DDR war sicherlich auch beeinflußt durch die wenigen geldtheoretischen Neuansätze in westlichen systemvergleichenden Analysen, in denen die These von der Passivität des Geldes im Sozialismus und der Existenz getrennter Geldkreisläufe verworfen wurde.[31]

Nach diesem neoquantitätstheoretischen Ansatz hatte Geld zu allen Zeiten in sozialistischen Planwirtschaften verschiedene Funktionen: Neben der unstrittigen Rechenmittelfunktion übte Geld (Bar- und Giralgeld) in der DDR auch transaktionskostensenkende Zahlungsmittelfunktionen aus und begründete so positive Wohlfahrtseffekte. Schließlich konkurrierte Geld als Wertaufbewahrungsmittel mit anderen Vermögensbestandteilen (knappe langlebige Konsumgüter, Westdevisen, Sachaktiva, Versicherungssparen, Spareinlagen) insbesondere, aber nicht nur im privaten Sektor. Ähnlich wie in Marktwirtschaften sind positive Wohlfahrtseffekte auch in sozialistischen Planwirtschaften der Maßstab für die Geldverwendung. In dem Ausmaß, wie es den Wirtschaftssubjekten in privaten und in sozialistischen Wirtschaftssektoren gelang, im administrativen Plansystem Entscheidungsspielräume zu schaffen und im einzelwirtschaftlichen Interesse zu nutzen,[32] wurde die aktive Rolle des Geldes in seinen verschiedenen Funktionen relevant und die Steuerung der monetären Aggregate zum geldpolitischen Problem der monetären Autoritäten in der DDR.

b) Monetäre Planung und zentraler Volkswirtschaftsplan

Funktionsweise

Funktionen des Geldes im administrativen Sozialismus, monetäre Zentralplanung und geldpolitische Aktivitäten der Staatsbank in der DDR sind nur verstehbar vor dem Hintergrund der umfassenden naturalen Zentralplanung des Wirtschaftsprozesses.[33] Anhand der güterwirtschaftlichen, von der staatlichen Planungskommission der DDR erstellten Bedarfs-, Produktions- und Verwendungsbilanzen traf die politische Führung alle ökonomisch relevanten Entscheidungen über den Einsatz der vorhandenen Ressourcen (Sachkapitalbestand und Humanvermögen), ihre Regeneration im Zeitablauf (Investitionen) sowie über außenwirtschaftliche Ergänzungen (Export/Import). Da eine

30 Vgl. Ehlert/Hunstock/Tannert, Geld und Kredit, S. 89.
31 Vgl. dazu Grossman, A Note; Podolski, Socialist Banking; Thieme, Inflation.
32 Vgl. Hartwig, Monetäre Steuerungsprobleme, S. 18ff.
33 Vgl. zu Aufbau und Logik der gesamtwirtschaftlichen Naturplanung Hensel, Zentralverwaltungswirtschaft.

vollständige Naturalplanung aus sachlichen (unüberschaubare Zahl von Verflechtungsbilanzen) und zeitlichen Gründen (ein- bzw. zweijährige Volkswirtschaftspläne) unmöglich war, konzentrierte sich die Detailplanung auf strategisch wichtige Wirtschaftssektoren; die Zahl dieser zentralen Bilanzen schwankte in Abhängigkeit vom Stand der Wirtschaftsreformen. Die übrigen Bereiche wurden mit aggregierten Größen geplant und bilanziert; die in der Planungshierarchie jeweils untergeordneten Planungsinstitutionen (Ministerien, Vereinigungen Volkseigener Betriebe, Bezirkswirtschaftsräte, Volkseigene Betriebe etc.) schlüsselten diese Größen in Planvorgaben (-kennziffern) auf, deren Erfüllung kontrolliert wurde.

In diesem grob skizzierten System der bis 1989 – mit zeitweiligen Modifikationen – praktizierten zentralen Volkswirtschaftsplanung bestand die Aufgabe der monetären Planung darin, im voraus die monetären Aggregate zu bestimmen, die für die geplanten güterwirtschaftlichen Transaktionen erforderlich waren.[34] Hierzu wurde auf das Geldumlaufgesetz zurückgegriffen: Die geplanten naturalen Größen wurden mit den staatlich fixierten Preisen in Geldeinheiten umgerechnet, und daraus wurde unter Berücksichtigung der prognostizierten Umschlagshäufigkeit des Geldes die erforderliche Geldmenge abgeleitet.

Methodisch diente dazu ein umfassendes finanzielles Bilanzsystem: Staatshaushaltsplan, Bilanz der Geldeinnahmen und -ausgaben der sozialistischen Wirtschaft, Bilanz der Geldeinnahmen und -ausgaben der Bevölkerung (einschließlich der noch vorhandenen privaten Wirtschaft), Bilanz der Bargeldeinnahmen und -ausgaben der Kassen aller staatlichen Institutionen, Banken und Betriebe, die Kreditbilanz, die Finanzbilanz des Staates und die Zahlungsbilanz. Als Berichtsbilanzen fungierten sie als Ex-post-Indikatoren und dienten der Kontrolle der Planerfüllung.

Binnenwirtschaft

Im Bilanzsystem hatte der Staatshaushaltsplan wegen der umfassend definierten Staatsaufgaben im administrativen Sozialismus eine zentrale Bedeutung. Wichtigste Einnahmenquelle waren die Abgaben des sozialistischen Wirtschaftssektors (Nettogewinnabführung, produktgebundene Abgaben, Produktions- und Handelsfondsabgaben sowie Beiträge für gesellschaftliche Fonds); die wichtigsten Ausgabeposten waren Investitionsobjekte, Preissubventionen, Verteidigung und Staatsapparat sowie kulturelle und soziale Aufgaben. Der Haushaltsplan, dessen Ist-Zahlen für zwei ausgewählte Jahre in

34 Vgl. hierzu ausführlicher Gutmann, Theorie und Praxis, S. 13ff. sowie Hartwig, Monetäre Steuerungsprobleme, S. 44ff.

Tabelle 6: Haushaltsplan der DDR 1975 und 1988 (in Mrd. DM)

	Ausgaben			Einnahmen	
	1975	1988		1975	1988
Wissenschaft/ Technik	1,5	3,3	Volkseigene Wirtschaft	78,0	180,2
Investitionen	3,4	10,4	Sozialistische Genossenschaften/private Handwerker	5,0	10,3
Subventionen	14,2	66,5			
Kultur/Soziales	39,7	72,2			
Außenwirtschaft		37,8	Lohnsteuer/ Sozialversicherung	10,7	18,3
Wohnungswesen	4,3	16,0			
Verteidigung/ Sicherheit	9,6	21,6	Außenwirtschaft		20,7
			Kultur/Soziales	12,7	22,4
Sonstiges	41,5	41,7	Sonstiges	8,3	17,8
insgesamt	114,2	269,5	insgesamt	114,7	269,7

Quelle: Höfner, Ernst/Kaminsky, Horst: Einschätzung zur Stabilität der Währung der DDR, Anlage 5 bis 7 (Archiv der Kreditanstalt für Wiederaufbau, Niederlassung Berlin, GVS B11–291/89, Berlin [Ost] 1989).

Tabelle 6 dargestellt sind, war gleichzeitig Teil der umfangreichen Finanzbilanz des Staates.[35]

Planbilanz für die sozialistische Wirtschaft war die aggregierte Geldeinnahmen- und Geldausgabenbilanz. Durch Disaggregation wurden die monetären Planauflagen für die einzelnen Betriebe abgeleitet. Sie bezogen sich auf geplante Erlöse, Aufwendungen, Kreditaufnahme, Kredittilgung und planmäßige Gewinnabführungen an den Staatshaushalt und an betriebliche Geldfonds. Separat erfaßt wurden Bildung und Verwendung der finanziellen Fonds, wobei die geplante Kreditaufnahme – weil geldmengenwirksam – besonders bedeutsam war.

In der Bilanz der Geldeinnahmen und -ausgaben der Bevölkerung wurde das Gleichgewicht zwischen Kauf- (Geld-) und Warenfonds geplant. Bei gegebenen Preisen, prognostiziertem Sparverhalten und geplantem Konsumgüterangebot konnte die Höhe der nominalen Einkommen bestimmt werden, die für eine periodenbezogene Markträumung erforderlich war.

Wegen der besonderen Bedeutung, die dem Bargeldumlauf zugemessen wurde, stellte die Staatsbank jährlich eine Bargeldumsatzbilanz auf, die der Kontrolle der Bargeldbestände diente. Grundlage dafür waren Bargeldumsatzpläne der Banken und der angemeldete Bargeldbedarf der sozialistischen

35 Vgl. dazu Gurtz/Kaltofen, Der Staatshaushalt der DDR.

Wirtschaft. Alle Betriebe, Banken und Organisationen mußten Bargeldbestände an die Staatsbank abführen.

In diesen Bilanzen wurden periodenbezogene Stromgrößen erfaßt; hinzu kam die gesamtwirtschaftliche Kreditbilanz, in der stichtagsbezogen alle Kredite den Einlagen und Bargeldbeständen gegenüberstanden, wobei auch die Auslandspositionen in Mark der DDR erfaßt waren (vgl. Tabelle 7). Diese Bestandsbilanz ist geldangebotstheoretisch bedeutsam, weil sie das gesamtwirtschaftliche Emissionsvolumen von Bar- und Buchgeld aufzeigt. Deshalb unterlag die Kreditbilanz der Zustimmungspflicht des Ministerrates der DDR. Plangrundlage waren Planentwürfe der Ministerien, Kreditanträge der Banken und jährliche Schätzungen des Bargeldbedarfs unter Berücksichtigung der prognostizierten Umlaufsgeschwindigkeit. Zuständige Planungsorgane waren die Staatsbank, die zentrale Plankommission und das Finanzministerium. Aus der Kreditbilanz wurden durch Aufschlüsselung auch die Kreditlinien für die Banken abgeleitet.

Tabelle 7: Struktur der Kreditbilanz der Staatsbank der DDR
(in Mrd. Mark, Jahresendstand)

	1970	1989		1970	1989
Kredite			Einlagen/Goldfonds		
an die Wirtschaft	82,7	270,4	der Wirtschaft	18,8	48,3
an das Wohnungswesen und gesellschaftliche Einrichtungen	22,6	108,5	des Wohnungswesens und gesellschaftlicher Einrichtungen	3,9	12,3
an die Bevölkerung	0,9	2,9	Spar- und Versicherungsguthaben der Bevölkerung	59,1	174,4
			Bargeldumlauf	7,4	17,0
sonstige Kredite	6,1	39,6	sonstige Guthaben	20,3	54,3
an das Ausland	3,2	47,1	Auslandsverbindlichkeiten	6,0	162,2
insgesamt	115,5	468,5	insgesamt	115,5	468,5

Quelle: Staatsbank der DDR, Kennziffern zur Entwicklung des Geld- und Kreditvolumens (Archiv der Kreditanstalt für Wiederaufbau, Niederlassung Berlin).

Horizontal wurden diese Bilanzen – ergänzt um die Bilanz des Versicherungssystems – zur Finanzbilanz des Staates zusammengefaßt mit dem Ziel, alle Finanzströme und -bestände aggregiert zu ermitteln und auf die güterwirtschaftlichen Pläne abzustimmen.[36] Die Zielsetzung, im Staatshaushaltsplan jährlich Einnahmenüberschüsse zu erzielen (was bis Mitte der achtziger Jahre auch gelang!), erhöhte die Abgabenlast der sozialistischen Wirtschaft mit der Folge einer zunehmenden Kreditfinanzierung der Betriebe; auch traditionelle Staatsaufgaben wurden aus dem Staatshaushalt ausgegliedert, auf andere Institutionen übertragen und über das Kreditsystem finanziert (Wohnungsbaugesellschaften übernahmen den Bau staatlicher Einrichtungen).

Außenwirtschaft

Da binnen- und außenwirtschaftliche Beziehungen strikt voneinander getrennt waren, wurden alle außenwirtschaftlichen Transaktionen gesondert in zwei Zahlungsbilanzen erfaßt.

Auf der Basis zentral geplanter Außenhandelstransaktionen wurden die geplanten Valutaeinnahmen und -ausgaben aus Export- und Importgeschäften bilanziert. Die Entwicklung der Kreditbewegungen zwischen In- und Ausland wurde in der Kreditbestandsbilanz der Außenwirtschaft gegenübergestellt. In einer weiteren Bestandsbilanz wurden die Devisenreserven sowie Forderungen und Verbindlichkeiten gegenüber dem Ausland erfaßt. Alle drei Teilbilanzen der Zahlungsbilanz waren nach Ländergruppen aufgegliedert: RGW-Länder, OECD-Länder, OPEC-Staaten und Länder Lateinamerikas, Westdeutschland und Entwicklungsländer, zu denen bilaterale Beziehungen bestanden.

Alle externen Teilbilanzen wurden dann saldiert, indem die Auslandswährungen mittels staatlich fixierter Wechselkurse (sogenannte Grundkurse) in Valutamark umgerechnet wurden. Die Valutamark war lediglich eine interne, fiktive Recheneinheit in der DDR, um verschiedene Währungseinheiten vergleichbar zu machen. Die in Mark der DDR notierte interne Zahlungsbilanz entstand schließlich durch Umrechnung der in Valutamark ausgewiesenen Exporterlöse mit Hilfe länder- und warenspezifischer Wechselkurse (= Korrektur der Grundkurse mit Richtungskoeffizienten). So existierte eine Fülle von im Zeitablauf variierenden, länder- und warenspezifischen Wechselkursen, die stets ein wohlgehütetes Staatsgeheimnis waren, weil sie die tatsächliche Wettbewerbsfähigkeit der DDR-Produkte auf dem Weltmarkt anzeigten.

36 Vgl. Frenzel, Die rote Mark, S. 83.

c) Funktionen der Staatsbank und des Bankensystems

Struktur und politische Einbindung

Das Bankwesen der DDR war – von einer kurzen Phase (1968–1974) abgesehen – einstufig organisiert. Die Staatsbank war Emissionszentrale, Kredit-, Kassen- und Verrechnungszentrum der gesamten Volkswirtschaft. Sie war zu jeder Zeit ein zentrales Organ des Ministerrates zur Schaffung der monetären Voraussetzungen für die beschlossene zentrale Planung. Der Präsident der Staatsbank hatte Sitz und Stimmrecht im Ministerrat. Die Staatsbank war dem Ministerrat direkt unterstellt und hatte seinen Beschlüssen Folge zu leisten: «Die Staatsbank der Deutschen Demokratischen Republik ... ist das zentrale Organ des Ministerrates für die Verwirklichung der von Partei und Regierung beschlossenen Geld- und Kreditpolitik in ihrer Gesamtheit.»[37] Präsident und Vizepräsident wurden vom Ministerratsvorsitzenden berufen. Sie wiederum benannten Direktoren und Niederlassungsleiter.

Die Staatsbank war zu keinem Zeitpunkt in ihren Entscheidungen unabhängig, sie war Erfüllungsgehilfe der zentralen Planadministration und besaß nur einen sehr begrenzten Handlungsspielraum bei der Entscheidungsfindung und bei geldpolitischen Sanktionen im Falle von Abweichungen von Planbeschlüssen. Eine größere Selbständigkeit – im Sinne von Unabhängigkeit – wäre auch nicht systemkonform gewesen, weil dadurch die zentrale Planung und somit das Fundament des wirtschaftlichen und politischen Systems gefährdet worden wären.

Bis 1967 hatte die Staatsbank gleichzeitig Zentralbank- und Geschäftsbankfunktionen inne. Allerdings waren zwischen 1945 und 1967 einige Banken (Deutsche Investitionsbank, Deutsche Bauernbank, Sparkassen, Bank für Handwerk und Gewerbe, Postscheckämter und Post- bzw. Reichsbahnsparkassen) direkt dem Minister der Finanzen unterstellt. Das Ministerium konnte dadurch de facto eine separate Kreditpolitik an der Notenbank vorbei betreiben, ohne die Zustimmung der Notenbank einholen zu müssen, was die Abhängigkeit der Notenbank von den politischen Entscheidungsträgern bis 1967 noch verschärfte.

Zwischen 1968 und 1974 wurde im Zusammenhang mit den bereits erwähnten allgemeinen Wirtschaftsreformen (NÖSPL; ÖSS) die direkte Kontrolle des Finanzministers über die Notenbank aufgegeben und gleichzeitig eine Art zweistufiges Bankensystem eingeführt. Die Notenbank hieß nunmehr Staatsbank und hatte nur noch die klassischen Notenbankfunktionen zu erfüllen. Die unmittelbar daraus resultierenden, systemgefährdenden Kon-

37 Gesetz über die Staatsbank, § 1.

flikte zwischen monetärer Zentralplanung und faktisch dezentral gesteuerter (Kreditmarkt-)Entwicklung veranlaßten die politischen Entscheidungsträger, die Entscheidungsspielräume der Geschäftsbanken bereits 1971 deutlich einzuschränken. Im Juli 1974 wurde das doppelstufige Bankensystem ganz abgeschafft. Der Versuch, ein dezentralisiertes Wirtschaftssystem («Sozialistische Marktwirtschaft») zu etablieren, scheiterte auch am monetären Sektor. Alle Notenbank- und Geschäftsbankenfunktionen wurden wieder bei der Staatsbank konzentriert (vgl. Schaubild 1).

Die übrigen Banken behielten Spezialaufgaben für bestimmte Wirtschaftssektoren und unterstanden der Staatsbank; der Staatsbankpräsident war weisungs- und kontrollbefugt. Sie arbeiteten de facto wie Filialen der Staatsbank. Die Staatsbank bestimmte die Grundsätze und die Konditionen für den Zahlungs-, Verrechnungs- und Kreditverkehr. Die konkurrenzfreie Aufgabenteilung sollte die Effizienz der monetären Steuerung erhöhen: Die Sparkassen waren für die Bevölkerung zuständig, landwirtschaftliche Betriebe führten ihre Konten bei der Bank für Land- und Nahrungsgüterwirtschaft, Genossenschaftskassen für Handwerk und Gewerbe waren für die Handwerksbetriebe verantwortlich. Die Staatsbank hatte mit ihren Filialen den größten Geschäftsanteil im Bankensektor; sie war für die Industrie, das Bauwesen, den Handel und den Verkehr zuständig.

Aufgaben in der Binnenwirtschaft

Der Staatsbank war gesetzlich der Auftrag erteilt, «aktiv auf das kontinuierliche Wachstum der Volkswirtschaft, die Steigerung der Arbeitsproduktivität und die Sicherung der Stabilität der Währung Einfluß zu nehmen».[38] Um diesen Auftrag zu erfüllen, mußte die Staatsbank – neben dem Emissionsrecht – drei Funktionen wahrnehmen: Verrechnungs-, Finanzierungs- sowie Kontroll- und Sanktionsfunktion.

Die Verrechnungsfunktion wurde dadurch erfüllt, daß alle Betriebe ihre Geldbestände auf Konten halten und Zahlungstransaktionen über das Bankensystem abwickeln mußten (Überweisungsverfahren). Bargeld durfte nur für Lohnzahlungen an Private bis zu einer Höhe von 200 M verwendet werden. Zwischenbetriebliche Kredite waren verboten, Kreditmärkte existierten nicht. Da der bargeldlose Zahlungsverkehr (Überweisungen und Schecks) auch im privaten Sektor zunahm, wurde die Verrechnungsfunktion auch hier immer bedeutsamer.

Die Finanzierungsfunktion bestand in der Vergabe von Umlaufmittel- und Investitionskrediten an die sozialistische und private Wirtschaft, an Wohnungsbaugesellschaften und – in begrenztem Ausmaß – an Konsumenten,

38 Gesetz über die Staatsbank, § 1.

Schaubild 1

Struktur des Bankensystems in der DDR ab 1974

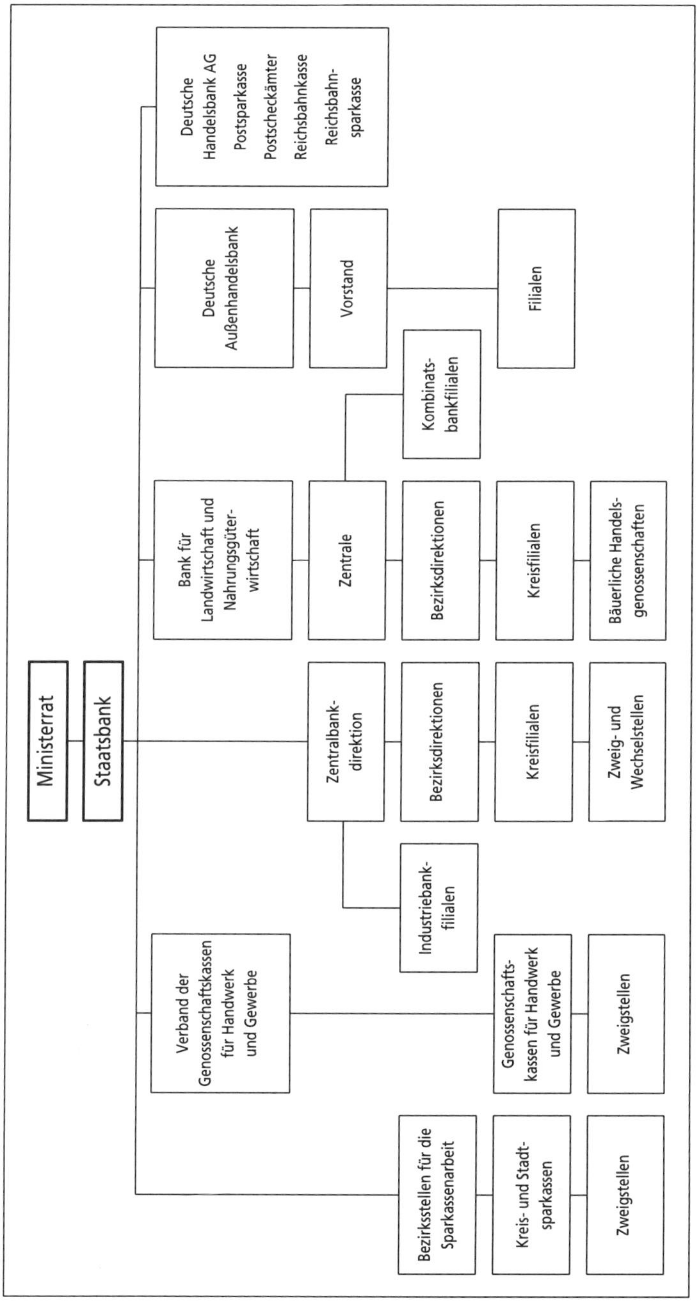

Quelle: Bundesministerium für innerdeutsche Beziehungen, DDR Handbuch, S. 147.

wobei die Plangrößen der Kreditbilanz «Emissionsdirektive» waren. Zunehmende Verluste der Betriebe, Versorgungs- und Liquiditätsengpässe sowie steigende Gewinnabschöpfungen durch den Staatshaushalt erhöhten stetig den Anteil der Kreditfinanzierung am Gesamtfinanzierungsvolumen, wodurch es für die Staatsbank immer schwieriger wurde, diese Finanzierungsfunktion stabilitätsgerecht zu erfüllen.

Die Kontroll- und Sanktionsfunktion der Staatsbank zielte auf Planung und Plandurchführung ab («Kontrolle durch die Mark»). Kontrollen bei der Planung sollten frühzeitig die Effizienz der verwendeten Ressourcen sichern. Gutachten über die monetäre Stabilität sollten bereits im Planungsprozeß die Stabilität des Geldumlaufs sicherstellen, gegebenenfalls durch Ablehnung unrentabler Investitionsprojekte. Die Staatsbank war deshalb Mitglied in allen wichtigen Entscheidungsgremien und hatte dort ihren stabilitätsorientierten Auftrag durchzusetzen.

Bei der Planverwirklichung überwachte die Staatsbank detailliert die Kredittilgung sowie die Bildung und Verwendung der betrieblichen Fonds (Geld- und Lohnfondskontrolle). Die Staatsbank analysierte die Betriebe vor Ort, beriet sie bei der Effizienzsteigerung (Kapazitätsauslastung, Lagerhaltung etc.), beseitigte Planwidrigkeiten und überwachte die betriebliche Berichterstattung, um planungsinkonforme Handlungsspielräume in den Betrieben nicht entstehen zu lassen.[39]

Wurden Planwidrigkeiten festgestellt, hatte die Staatsbank eine Reihe von Sanktionsinstrumenten: Bei Verstoß gegen Kreditvereinbarungen konnte sie den Betrieben die Kredite kündigen, bei säumiger Rückzahlung den Grundzins (5%) nachträglich auf bis zu 12% (1967–1974 bis zu 18%) erhöhen. Grundzinssenkungen bei besonders guter Qualität der Produktion bis auf 1,8% sollten ebenso wie Zinserhöhungen bei schlechter Qualität oder Produktionsrückständen bis auf 8% die Effizienz der Produktion steigern. Außerdem konnte die Staatsbank operative Kontrollen verschärfen, Prämienfonds kürzen und überbetriebliche Überwachungsgremien einberufen.

Trotz vieler Instrumente blieb der faktische Einfluß der Staatsbank sehr begrenzt. Wesentlicher Grund war ihre vollständige Abhängigkeit von den politischen Entscheidungsträgern. Entscheidungen über Schließungen von Verlustbetrieben konnte sie nicht beeinflussen; sie waren wegen des Vollbeschäftigungszieles politisch nicht gewollt. Zwar übernahm der Staatshaushalt die Subventionierung dieser Betriebe, verlagerte aber damit immer mehr Aufgaben in das Kreditsystem, wodurch der Staatshaushalt indirekt durch Geldproduktion der Staatsbank finanziert wurde. Auch die Strafzinsen waren kein wirksamer Sanktionsmechanismus, weil sie keine harten Budgetrestriktionen

39 Vgl. Pütsch, Staatsbank, S. 138ff.

darstellten. Die Staatsbank mußte letztlich alle politischen Entscheidungen monetär alimentieren, wodurch das Konfliktpotential zwischen Finanzministerium und Direktorium der Staatsbank deutlich anstieg.

Die Organisation des internationalen Zahlungsverkehrs

Das Außenwirtschaftsmonopol umfaßte in der DDR das Außenhandels- und das Valutamonopol. Wie in der Binnenwirtschaft planten zentrale Institutionen alle realwirtschaftlichen Außenhandelstransaktionen; spezielle Außenhandelsfirmen wickelten die Gütergeschäfte ab.[40] Die Deutsche Außenhandelsbank und die Deutsche Handelsbank, die beide vollständig weisungsabhängig von der Staatsbank waren, regelten den gesamten internationalen Zahlungsverkehr. Die Mark der DDR war nicht konvertibel; Einfuhr und Ausfuhr waren verboten. Den Auslandstransaktionen lagen in Inlandspreise umgerechnete Weltmarktpreise zugrunde; die Umrechnungskoeffizienten wurden den jeweiligen Planbedürfnissen angepaßt. Verluste, die durch Abweichungen der geplanten von den tatsächlichen Preisverhältnissen entstanden, deckte der Staatshaushalt ab, Gewinne mußten an ihn abgeführt werden. Die Preisdifferenzen des gesamten Außenhandels wurden auf dem Außenhandelspreisdifferenzenkonto erfaßt.

Im Auftrag der Staatsbank kaufte und verkaufte die Deutsche Außenhandelsbank die für die Außenhandelsgeschäfte benötigten Devisen, regelte internationale Kreditbeziehungen (meist aufgrund von bilateralen Außenhandelsabkommen) und den internationalen Zahlungsverkehr. Die Außenhandelsunternehmen mußten ihre Devisen (aus Exporterlösen) an sie verkaufen bzw. sie von ihr (zum Erwerb von Importen) kaufen. Es existierten multiple Wechselkurse für einzelne Länder und Warengruppen, mit deren Hilfe der Außenhandel gezielt gesteuert wurde. Die Wechselkurshoheit lag beim Staatsbankpräsidenten. Die Deutsche Handelsbank war ausschließlich für die finanzielle Abwicklung des Transitverkehrs zuständig.

Der Außenhandel zwischen den sozialistischen Mitgliedsländern des RGW wurde größtenteils über den transferablen Rubel verrechnet. Er existierte nur als Buchgeld, das durch die Ziehung von Tranchen (gemäß festgelegter Länderquote) bei der Internationalen Bank für wirtschaftliche Zusammenarbeit mit Sitz in Moskau entstand. Der transferable Rubel war in einem festen Verhältnis zu den westlichen Währungen fixiert. Weil die nationalen Währungen der sozialistischen Länder nicht konvertibel waren, sollten sie die Transaktionspreise mit ihren Partnern aushandeln und in transferablem Rubel bezahlen. Der transferable Rubel erfüllte strenggenommen nur eine Verrechungsfunktion und keine Tauschmittel- und Wertaufbewahrungsfunktionen, weil

40 Vgl. Buck, Stabilisierung, S. 144ff.

keine einheitlichen Güterpreise im Handel zwischen den sozialistischen Ländern verwendet wurden.[41]

d) Geldangebot und geldpolitische Ziele

Geldproduktion aus bilanztheoretischer Sicht

Im einstufigen Bankensystem der DDR hatte die Staatsbank das alleinige Recht zur Vergabe von Krediten bzw. zur Zuteilung von Kreditplafonds und zur Bargeldemission. Beides stellte Zentralbankgeld dar, eine eigenständige Giralgeldschöpfung der Geschäftsbanken gab es nicht. Insoweit existierte – anders als in Marktwirtschaften – nur eine Form der Geldmenge. Dadurch waren geldpolitische Instrumente wie Refinanzierungspolitik, Offenmarktpolitik oder Mindestreservepolitik überflüssig: Geld wurde durch Kreditvergabe der Staatsbank produziert und durch Kredittilgung bei der Staatsbank wieder vernichtet. Die Kreditbilanz der Staatsbank erfaßt – mit Ausnahme der Währungsreserven – die gesamtwirtschaftliche Geldmenge in Umfang und Struktur.

Auf der Aktivseite der Kreditbilanz stehen die Entstehungskomponenten des Geldangebots: Kredite an die sozialistische und private Wirtschaft, an das Wohnungswesen sowie gesellschaftliche Organisationen und Einrichtungen, an Private und ab 1974 an Investitionsvorhaben, die vom Staatshaushalt zu tilgen waren und Staatsaufgaben darstellten. Die Notenbank finanzierte somit indirekt den Staatshaushalt. Durch Umtausch von Währungsreserven der Außenhandelsbetriebe wurde ebenfalls Zentralbankgeld geschaffen. Dieser Posten enthält allerdings die gesamte Nettoauslandsposition der DDR, auch Guthaben an transferablen Rubel, der allerdings strenggenommen keine Geldfunktion erfüllte. Hinzu kamen noch die Devisenbestände der Privaten, die grundsätzlich Geldfunktionen erfüllten, weil sie entweder an die Staatsbank verkauft oder zum Kauf von Gütern in staatlichen Intershops bzw. auf Schwarzmärkten verwendet wurden. Ein Zufluß (oder Abfluß) an Devisen bedeutete also immer eine Erhöhung (bzw. Senkung) der Geldmenge.

Die Passivseite der Kreditbilanz enthält die Verwendung der Geldbestände für verschiedene Zwecke: die Bargeldbestände der Privaten, die Einlagen der Privaten, der sozialistischen und privaten Wirtschaft, der öffentlichen Haushalte und der Wohnungsbaugesellschaften sowie gesellschaftlicher Organisationen und Einrichtungen. Zusätzlich müssen auf beiden Seiten der Bilanz die kumulierten Budgetüberschüsse berücksichtigt werden. Sie entzogen der Wirtschaft Liquidität, dienten lediglich der Liquiditätssicherung der öffent-

41 Vgl. Clement, Funktionsprobleme, S. 191 ff.

lichen Haushalte und erfüllten somit keine Zahlungsmittelfunktion. Auf beiden Seiten zu ergänzen sind noch diverse Restkomponenten.[42]

Abgrenzungen der Geldmenge

Wie in Marktwirtschaften kann die Geldmenge von der Entstehungs- oder Verwendungsseite her definiert werden. Unter Verwendungsaspekten zählen zur relevanten Tauschgeldmenge als reiner Binnenwährung die Bargeldbestände der Privaten, die Giro- und Spareinlagen der Privaten (die zwar verzinst wurden und somit auch Wertaufbewahrungsfunktionen erfüllten, aber jederzeit abrufbar waren und mit den Girokonten in Marktwirtschaften vergleichbar sind), die Einlagen der Betriebe, des Wohnungsbausektors und des Staatshaushaltes, bereinigt um die kumulierten Budgetüberschüsse.

Diese Abgrenzung ähnelt der traditionellen Geldmenge M1 und wird auch in Abschnitt 4 zur empirischen Analyse verwendet. Ergänzend zum Inlandsbargeld müßten noch die Westdevisenbestände der Privaten berücksichtigt werden, die aber statistisch nicht zu ermitteln sind, einen geringen Anteil an der gesamten Geldmenge haben und deswegen vernachlässigt werden. Eine weite Geldmengenabgrenzung, die etwa mit M3 vergleichbar wäre, müßte die gesamte Verwendungsseite der Bilanzgleichung umfassen, also auch jene Einlagen der Privaten, die ausschließlich Wertaufbewahrungsfunktionen erfüllten. Die Geldmengenabgrenzung in Anlehnung an M1 ist enger als jene, die offiziell in der DDR verwendet wurde: Sie entsprach der gesamten, stichtagsbezogenen Summe der Kreditbilanz, bezog also alle Wertaufbewahrungsmittel mit ein und war nicht bereinigt um die Staatshaushaltsposition. Auch blieb die Nettoauslandsposition unberücksichtigt, was nicht plausibel ist, weil bei einer – seit 1964 durchgehend relevanten – Nettoschuldenposition Devisenkredite von der Deutschen Außenhandelsbank gegen Mark an die Außenhandelsunternehmen verkauft wurden, um die geplanten Güterimporte zu sichern. Dadurch sank die Geldmenge in Höhe der Nettoschuldenposition. Insoweit hat die Geldmengenabgrenzung in der DDR die monetären Impulse nicht korrekt widergespiegelt.

Geldpolitische Ziele und Indikatoren

Im restriktiven Modell eines Systems zentraler, naturaler und monetärer Planung wäre kein Platz für eine spezifische Geldpolitik der Notenbank. In der Praxis der sozialistischen Planwirtschaften war sie notwendig, weil

42 Die Restkomponenten enthalten die Erstausstattung mit Bargeld von der Währungsreform 1948 und aus dieser Zeit resultierende Forderungen an den Staatshaushalt, Positionen der staatlichen Versicherung, sonstige Aktiva und Passiva der Banken und unterwegs befindliche Verrechnungen.

Unvollkommenheiten bei der naturalen Planung und der Preissetzung Unsicherheiten für die monetäre Planung begründeten. Diese wurden verschärft durch die Handlungsspielräume in den staatlichen Betrieben und im privaten Sektor, die im einzelwirtschaftlichen Einkommensinteresse genutzt wurden, auch wenn dadurch die gesamtwirtschaftlichen Planziele unverwirklicht blieben. Dadurch war es für die Staatsbank unmöglich, im voraus die erforderliche Geldmenge exakt zu bestimmen, wodurch es zu Fehlsteuerungen der monetären Aggregate kam. Um die geforderte «Einheit von monetärer und güterwirtschaftlicher Planung» zu sichern, bedurfte es eines geldpolitischen Zwischenziels, das in enger Beziehung zu den geldpolitischen Zielen stand und durch die monetären Autoritäten steuerbar sowie schnell und präzise meßbar war. Obwohl die Zusammenhänge in der geldtheoretischen DDR-Literatur nicht explizit behandelt wurden, können sie gleichwohl aus ihr abgeleitet und belegt werden.[43]

Oberstes Ziel der Geldpolitik in der DDR war die Stabilität des Geldumlaufs,[44] die aus drei Komponenten bestand: stabile Entwicklung der Geldeinkommen der Bevölkerung, Geldwertstabilität im Sinne von Preisniveaustabilität und eine langfristig konstante Umlaufsgeschwindigkeit, d.h. ein stabiler Zusammenhang zwischen Geldangebot und Nationaleinkommen. Stabilität der Entwicklung der Geldeinkommen sollte durch eine an der Produktivitätsentwicklung orientierte staatliche Lohnfixierung und durch administrative Preisfestsetzungen sichergestellt werden. Beide Ziele zu verwirklichen lag nicht in der Kompetenz der Staatsbank, sondern der politischen Führung, die insbesondere die Einzelpreise nach sozialpolitischen Kriterien differenzierte.

Aufgabe der Staatsbank war daher allein die Steuerung der Geldmenge, um eine monetäre Über- oder Unterversorgung der Wirtschaft mit Bar- und Buchgeld zu verhindern. Auch in einer sozialistischen Planwirtschaft mit einstufigem Bankensystem galt die Bedingung, daß das Geldangebot der Geldnachfrage entspricht. Da die Entscheidungsträger in der DDR davon ausgingen, Preisinflation durch staatliche Preisfixierungen adäquat vermeiden zu können, und langfristig eine konstante Umlaufsgeschwindigkeit anstrebten, um einen stabilen Zusammenhang zwischen Geldangebot und Nationaleinkommen herzustellen, ergibt sich das geldpolitische Zwischenziel, das dem Ziel einer potentialorientierten Geldpolitik in westlichen Marktwirtschaften ähnelt: Die Geldmenge sollte mit der gleichen Rate wachsen wie das reale Volkseinkommen.

Dies wurde auch in der offiziellen DDR-Literatur beschrieben: «Für die Geldpolitik folgt daraus die Handlungsanweisung, das Geldmengenwachstum

43 Vgl. dazu Thieme, Geldpolitik, S. 192f.; Hartwig, Monetäre Steuerungsprobleme, S. 65ff. und Hartwig/Thieme, Monetary Goals, S. 175ff.

44 Vgl. Ehlert/Hunstock/Tannert, Geld und Kredit, S. 36ff.

an die Entwicklung verfügbaren Nationaleinkommens zu koppeln.»[45] Die relevante Einkommensgröße war das um den Außenhandelssaldo und die daraus entstandenen Preisumwertungsdifferenzen bereinigte Nationaleinkommen, das auch als «im Inland verwendetes» oder «verfügbares Nationaleinkommen» bezeichnet wurde.

Die hierfür erforderlichen Instrumente der Geldpolitik waren auf die Planung des Bar- und Buchgeldumlaufs und die Kontrolle des Kreditvolumens ausgerichtet. Die Kreditvergabe an sozialistische Betriebe machte den weitaus größten Teil des Kreditvolumens aus. Die Staatsbank mit ihrem weitverzweigten Filialnetz konzentrierte sich folgerichtig auf deren Kontrolle, wobei zinspolitische Instrumente, rechtliche Vergabekriterien, Betriebskontrollen und Kreditkontingente zur Verfügung standen (siehe 3c). Der Bargeldumlauf wurde über differenzierte Zinssätze für Sichteinlagen und sparwirksame Versicherungen beeinflußt.

Schaubild 2 faßt die Beziehungen zwischen Zielen, Zwischenzielen und Instrumenten der Geldpolitik in der DDR nochmals zusammen, wobei auch deutlich wird, daß die Geldpolitik immer strikt den gesamtwirtschaftlichen Zielen und politischen Aufgaben untergeordnet war.

4. Wirkungen und Funktionsprobleme der monetären Steuerung in der DDR

a) *Geldangebotskontrolle und Inflation*

Meßprobleme und empirischer Befund

Formal waren die ordnungspolitischen Möglichkeiten zu einer effizienten Kontrolle des Geldangebots und damit der Inflationsrate in der DDR gegeben. Es existierten ein konsistenter Ziel-Mittel-Zusammenhang und ein zentralisierter monetärer Kontrollapparat, der das alleinige Recht der Geldproduktion besaß. In der Realität war es für die Staatsbank offensichtlich viel schwieriger, ein potentialorientiertes Geldmengenwachstum zu verwirklichen.

Wie Schaubild 3 zeigt, können drei Phasen der Geldpolitik in der DDR unterschieden werden: Bis 1970 hat die Wachstumsrate der Geldmenge die des verfügbaren realen Nationaleinkommens drastisch überschritten, es wurde ein erhebliches Kassenhaltungsinflationspotential geschaffen. In den ersten Jahren dieser Phase wirkte der monetäre Überhang der Währungsre-

45 Schmidt/Waldhelm, Rolle des Geldes, S. 438.

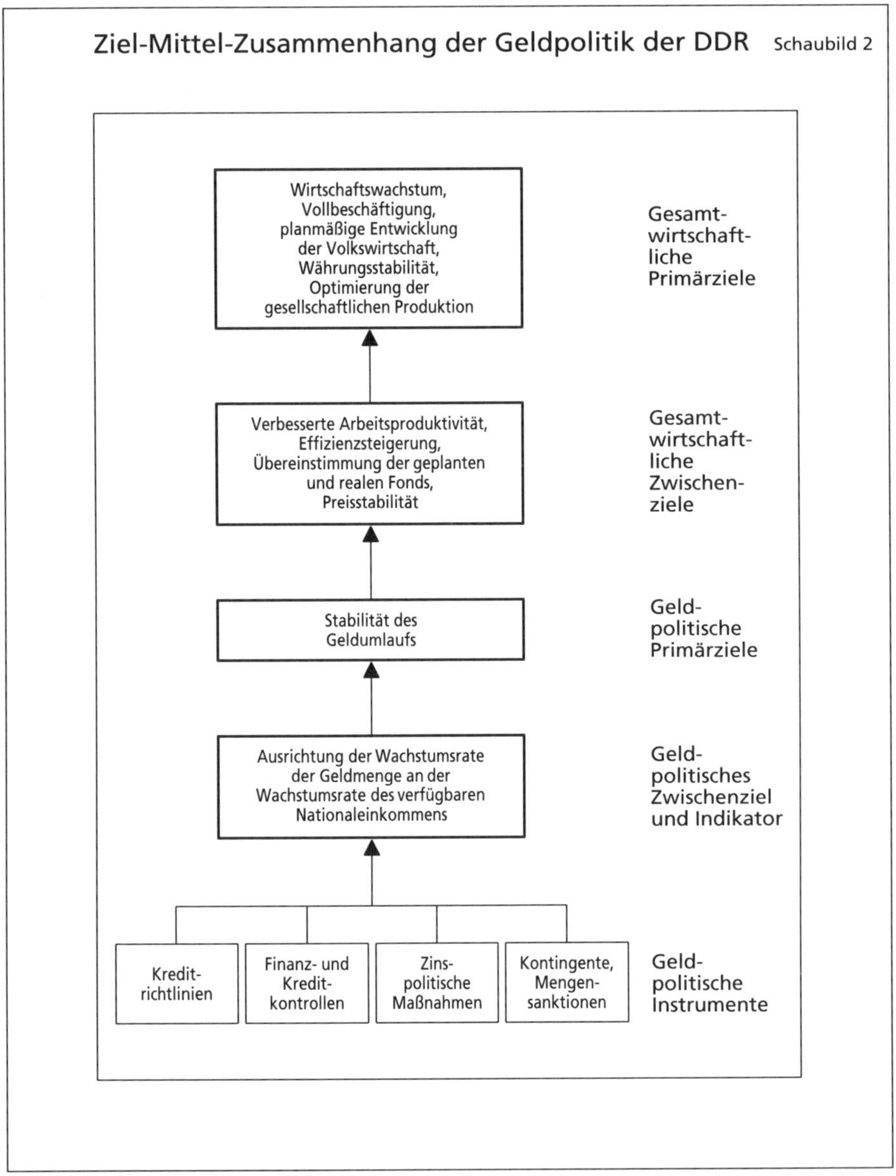

form noch fort.[46] Ab 1971 ist es der Staatsbank in der DDR, gerade im Vergleich zu anderen sozialistischen Ländern, gut gelungen, eine einigermaßen stabilitätsorientierte Politik zu betreiben, wobei die Zielverfehlungen zwischen 1971 und 1980 am geringsten waren; bis 1989 wurde der stabilitäts-

46 Wie bereits erläutert (Anm. 27), hat die bewußt expansive Geldpolitik der DDR-Führung in den sechziger Jahren diese Zielverfehlungen verstärkt.

Entwicklung der Geldmenge und des verfügbaren realen Nationaleinkommens der DDR *) Schaubild 3

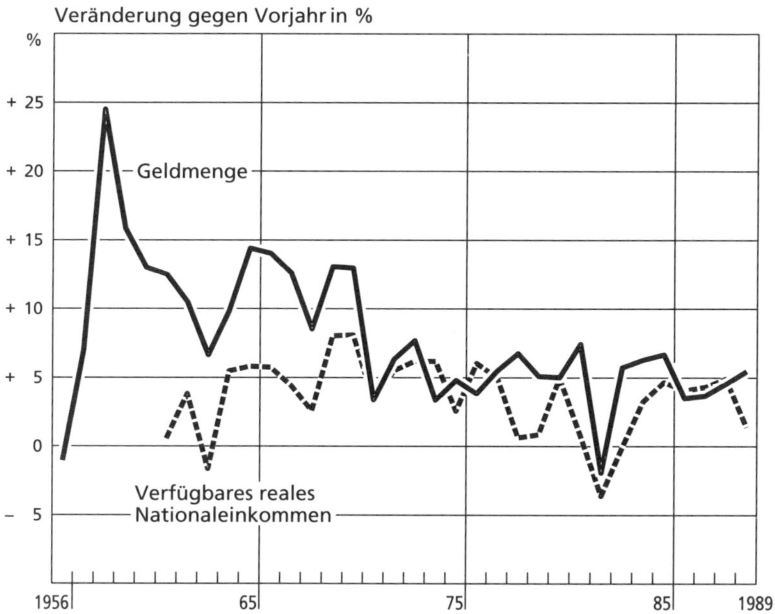

* Zur Definition der Geldmenge vergleiche Abschnitt 3d. Quelle: Staatsbank der DDR, Kennziffern zur Entwicklung des Geld- und Kreditvolumens (Archiv der Kreditanstalt für Wiederaufbau, Niederlassung Berlin), eigene Berechnungen.

orientierte Kurs der Vorjahre wieder etwas aufgeweicht. Besonders in der ersten Phase sind abrupte zyklische Schwankungen des Geldangebots festzustellen.

Für die Messung monetärer Ungleichgewichte ist das Fehlen freier Preise problematisch. Die staatlich administrierten Preise wurden nicht durch das Geldmengenwachstum beeinflußt; sie waren überdies ein Instrument der Wirtschafts- und Sozialpolitik und deswegen völlig verzerrt. Die ausgewiesenen Preisindizes sind daher unbrauchbar. Weil der Transmissionsprozeß monetärer Impulse durch staatliche Preisfixierungen unterbrochen war, beeinflußte ein inadäquates Geldmengenwachstum zunächst nur die Kassenhaltung der Wirtschaftssubjekte und deren Verhalten (Kassenhaltungsinflation oder «zurückgestaute» Inflation). Nicht die steigenden Preise im offiziellen Sektor entwerteten die nominalen Geldbestände, sondern die zunehmende Unmöglichkeit, überhaupt Güter zu erwerben (Güterrationierung bei Festpreisen). Das Kassenhaltungsinflationspotential konnte – wenn überhaupt – nur insoweit abgebaut werden, wie das administrative Preisniveau anstieg oder Transaktionen auf Schwarzmärkten bei freien Preisen möglich waren.

Wegen strenger Kontrollen war die Persistenz der Kassenhaltungsinflation enorm. Um einen genauen Indikator des Inflationspotentials zu haben, müßte man die ungeplante (unfreiwillige) Veränderung des Kassenhaltungskoeffizienten messen. Weil dies unmöglich ist, können aus dem geldpolitischen Zwischenziel nur näherungsweise Rückschlüsse auf die geplante Entwicklung der Kassenhaltung gezogen werden. Bei Annahme einer angestrebten stabilen Umlaufsgeschwindigkeit müßte die Wachstumsrate des Kassenhaltungskoeffizienten langfristig gleich Null sein.[47] Schaubild 4 bestätigt, daß in der ersten Periode der sehr expansiven Geldpolitik der Kassenhaltungskoeffizient dauerhaft sehr stark angestiegen ist.

Seit Beginn der siebziger Jahre hat die Wachstumsrate des Kassenhaltungskoeffizienten deutlich abgenommen. Der systematische Zusammenhang zwischen der Entwicklung der Geldmenge und des Kassenhaltungskoeffizienten bestätigt seine Eigenschaft als Inflationsindikator. Daran gemessen ist es der Staatsbank seit den siebziger Jahren relativ gut gelungen, Inflationspotentiale größeren Ausmaßes zu vermeiden.

Ursachen monetärer Fehlentwicklungen

Entscheidend für die monetäre Entwicklung war die Vergabe von Krediten als Entstehungskomponente des Geldangebotes. Um die zeitweiligen monetären Ungleichgewichte erklären zu können, bedarf es einer genaueren Analyse des Kreditnachfrageverhaltens des privaten Sektors und insbesondere der sozialistischen Betriebe.

Ähnlich wie in Marktwirtschaften konnten die Betriebe ihre einzelwirtschaftlichen Ziele durch Optimierungsverhalten realisieren. Als Ziele dominierten das Streben nach Maximierung der Einkommen der Beschäftigten und nach Macht, Sicherheit und Ansehen des Managements im sozialistischen Gesellschaftssystem.[49] Aufgrund der Systembedingungen konnten diese Ziele nur verwirklicht werden, wenn es dem Management gelang, Planvorgaben zu erfüllen oder überzuerfüllen.

Risiken einer Nichterfüllung der Planvorgaben mußten wegen der Anreizstrukturen (Prämiensystem) vermieden werden. Solche Risiken resultierten aus den Unvollkommenheiten des administrativen Plansystems: Materialengpässe, Qualitätsmängel von Vorprodukten, Ausfallzeiten der Maschinen und plötzliche Änderungen der Direktiven waren die Regel und gefährdeten die

47 Vgl. Hartwig/Thieme, Schwankungen, S. 108.

48 Nochmals sei darauf hingewiesen, daß das verwendete Geldmengenaggregat auch Geld in seiner Funktion als Wertaufbewahrungsmittel (Spareinlagen der Privaten, die aber jederzeit als Tauschmittel eingesetzt werden konnten) enthält.

49 Vgl. Leipold, Wirtschafts- und Gesellschaftssysteme, S. 238ff.; Kuczynski, The State Enterprise, S. 229ff.

Schaubild 4

Wachstumsraten des Kassenhaltungskoeffizienten der DDR *)

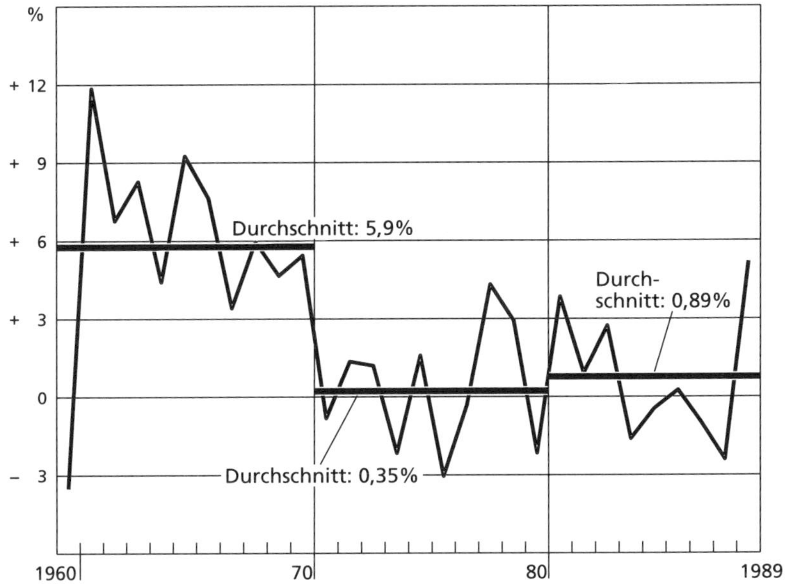

* Vgl. Fußnote 48. — Quelle: Staatsbank der DDR, Kennziffern zur Entwicklung des Geld- und Kreditvolumens (Archiv der Kreditanstalt für Wiederaufbau, Niederlassung Berlin), eigene Berechnungen.

Planerfüllung der Betriebe. Um sich davor zu schützen, nutzten die Betriebe ihren Informationsvorsprung bei der Planung. Sie kämpften bei der Planverteidigung um niedrige Outputkennziffern und möglichst hohe Inputkennziffern, weil dadurch Reserven für potentielle Engpässe entstanden.[50] Als Konsequenz entstand ein überhöhter Finanzierungsbedarf. Je besser es den Betrieben gelang, ihre Einzelinteressen gegenüber dem Planungs- und Bankensystem durch verzerrte Bewertungen, Angabe von Scheinprojekten etc. durchzusetzen, desto stärker war der Kreditnachfragesog, der die Geldmenge ohne entsprechende realwirtschaftliche Outputsteigerung erhöhte. Dies wurde durch die Auszahlung solcher Nichtleistungsprämien auf den privaten Sektor übertragen. Aufgrund der asymmetrischen Informationsverteilung zwischen Betrieben und Planungsbehörden bestand somit ständig die Gefahr eines permanenten Kreditnachfragesogs, der eine stabilitätsorientierte Geld-

50 In der DDR war ein ausgeprägtes Hortungsverhalten der Betriebe zu beobachten, das auch einen Tausch knapper Ressourcen der Betriebe untereinander ermöglichte.

politik gefährdete.[51] Nicht das Verhalten der Staatsbank, sondern die Systembedingungen waren hierfür die Ursache.

Der private Sektor hatte nur einen geringen direkten Einfluß auf die gesamtwirtschaftliche Kreditnachfrage. Der Anteil der Konsumentenkredite am gesamten Kreditvolumen war klein; überdies waren sie an den Kauf langlebiger Konsumgüter (z.B. PKW) gebunden, und die Kredittilgung war detailliert geregelt. Das Kauf- und Kassenhaltungsverhalten des privaten Sektors hat gleichwohl die betriebliche Kreditnachfrage indirekt beeinflußt: Wurden die angebotenen Gütermengen wegen qualitativer und quantitativer Fehlplanungen nicht vom privaten Sektor nachgefragt, mußten die Betriebe Umlaufmittelerhöhungen akzeptieren und hierfür zusätzliche Kredite aufnehmen, um ihren Zahlungsverpflichtungen nachkommen zu können. Kaufzurückhaltung und erhöhte Kassenhaltung der Privaten verhinderten den geplanten Rückfluß des Geldes in den Betriebs- und Bankensektor. Eine periodengerechte Geldvernichtung konnte somit nicht wie geplant stattfinden.

Um diesen Einflüssen der Kreditnachfrageseite entgegenwirken und um das Kreditvolumen, und damit die nominale Geldmenge, zielgerecht steuern zu können, hätte die Kreditangebotsseite effiziente Preis- und Mengenrationierungsinstrumente einsetzen müssen. Die bereits beschriebenen zinspolitischen Instrumente der Staatsbank blieben jedoch bestenfalls stumpf: Zinssanktionen sollten die Betriebsgewinne und damit die Höhe der Prämienfonds mindern. Häufig gelang es den Betrieben, zinsbedingte Zusatzkosten über scheinbare Qualitätsverbesserungen der Güter und damit mögliche Preiserhöhungen auf die Verbraucher zu überwälzen (versteckte Preisinflation). Hinzu kam, daß nicht die Gewinne, sondern Nettoproduktions- oder Arbeitsproduktivitätskennziffern entscheidend waren für die Höhe der Prämienfonds. Wahrscheinlich waren sogar anormale Kreditnachfragereaktionen der Betriebe auf Zinserhöhungen, weil gerade finanzschwache Betriebe die Kosten zukünftig anfallender Zinssanktionen bereits in ihrer Kreditnachfrage antizipiert haben. Zinserhöhungen hatten deshalb bestenfalls gar keinen Effekt, oft bewirkten sie eine Zunahme der Kreditnachfrage.

Die zweite Möglichkeit der Kontrolle des Kreditvolumens waren Mengenrationierungen, die die Staatsbank verordnen konnte. In Einzelfällen wurde davon auch Gebrauch gemacht. Allerdings bestand immer ein institutioneller Konflikt, weil solche Maßnahmen den gesamten Planungsprozeß revisionsbedürftig machten, was mit einem hohen administrativen Aufwand und Interessenkonflikten zwischen den einzelnen Behörden verbunden war. Noch wesentlicher für das Scheitern der Mengensanktionen war ein prinzipieller Defekt des Systems: Die Betriebe waren wegen des gesamtwirtschaftlichen Vollbeschäftigungszieles konkursunfähig. Die Banken waren entweder direkt

51 Vgl. Hartwig/Thieme, Determinanten, S. 227.

oder indirekt gezwungen, Verlustbetriebe zu alimentieren.[52] Die Betriebe erhielten entweder außerplanmäßige Kredite zu erhöhten Zinsen, woraus der beschriebene zinsaverse Nachfrageeffekt resultierte, oder der Staatshaushalt subventionierte sie direkt. Da dies die Leistungsfähigkeit des Staatshaushaltes auf Dauer überstieg, wurden Staatsaufgaben, die eigentlich aus Steuergeldern zu finanzieren waren, ab Mitte der achtziger Jahre verstärkt in den Kreditbereich verlagert und somit über eine Geldmengenerhöhung finanziert. Das Volumen der Staatsaufgaben, die jährlich durch das Kreditsystem finanziert wurden, lag 1986 noch bei 1,9 Mrd. M und stieg bis 1989 auf 11,7 Mrd. M. Insgesamt entstanden 1970 12 Mrd. M, 1980 43 Mrd. M und 1988 bereits 123 Mrd. M Verbindlichkeiten des Staatshaushaltes gegenüber dem Bankensystem, darunter 42 Mrd. M für Wohnungsbaukredite. Besonders die Sozial- und Wohnungsbaupolitik seit dem VIII. Parteitag der SED vom 15. bis 19. Juni 1971 hat zur Zunahme der Kreditfinanzierung des Staatshaushaltes beigetragen.[53] Zusätzlich wurde die Abgabenlast der Betriebe erhöht, was diese letztlich zu einer verstärkten Kreditfinanzierung zwang. Der Kreditanteil der finanzierten Investitionen der Betriebe stieg von 5% (1965) über 40,3% (1980) bis auf 60% (1989) an. Die Verlustbetriebe wurden direkt oder indirekt von den Banken alimentiert. Daraus lassen sich interessante Rückschlüsse auf den Kreditmarkt der DDR ziehen.

Die gesamtwirtschaftliche Kreditnachfragefunktion umfaßte die Kreditnachfrage der Privaten und der sozialistischen Wirtschaft, die Kreditnachfrage der Privaten kann aber wegen des geringen Volumens vernachlässigt werden. Die Kreditnachfrage der staatlichen Betriebe war im wesentlichen abhängig vom Kreditzins, dem realen Volkseinkommen, ihrem Bedarf für den Ausgleich nichtvorhersehbarer Plandefizite und der Kassenhaltung der privaten Haushalte. Für alle betrachteten Größen, auch für den Zins, kann ein positiver Zusammenhang zur Kreditnachfrage unterstellt werden, d.h. jede Erhöhung einer der Variablen führte auch zu einem Anstieg der Kreditnachfrage der staatlichen Betriebe. Weil die Betriebe bessere Informationen als die Planungsinstanzen hatten, konnten sie ihre Kreditwünsche auch jederzeit durchsetzen.

Das Geld- und Kreditangebot war dadurch – wie in Marktwirtschaften – endogen bestimmt: Insbesondere die Betriebe haben (unter der Bedingung der Konkursunfähigkeit) massiv die Kreditvergabe und somit das Geldangebot beeinflußt. Die währungspolitischen Institutionen konnten das Kredit- und Geldangebot unter diesen Systembedingungen nur beschränkt steuern.

52 Vgl. Thieme, Geldangebotssteuerung, S. 85ff.

53 Vgl. Höfner, Ernst/Kaminsky, Horst, Einschätzung zur Stabilität der Währung der DDR, Blatt 23f. (Archiv der Kreditanstalt für Wiederaufbau, Niederlassung Berlin, GVS B11–291/89, Berlin [Ost] 1989).

Dies wird empirisch zumindest zeitweise für die DDR bestätigt. Allerdings ist es den monetären Instanzen seit den siebziger Jahren zunehmend besser gelungen, die Kreditnachfrage der Betriebe zu kontrollieren; besonders die Periode von 1971 bis 1980 war sehr stabilitätsorientiert. Im Vergleich zur Politik anderer Staatsbanken sozialistischer Planwirtschaften war die Geldpolitik der Staatsbank in der DDR durchaus erfolgreich.

Effekte geldpolitischer Impulse

Sind monetäre Ungleichgewichte in einer sozialistischen Planwirtschaft relevant, ist nach den Anpassungsreaktionen der wirtschaftenden Akteure zu fragen, wobei mögliche realwirtschaftliche Effekte besonders interessant sind. Für die DDR sind bei einer solchen transmissionstheoretischen Analyse systembedingte Besonderheiten zu beachten: Mengenreaktionen waren wegen begrenzter Handlungsspielräume eingeschränkt, die Zahl der relevanten Vermögensaktiva war beschränkt, die DDR-Volkswirtschaft war für die Wirtschaftssubjekte nahezu vollständig geschlossen. Gleichwohl ist die für Marktwirtschaften entwickelte Vermögenstheorie nach entsprechender Relativierung durchaus geeignet, die Anpassungsreaktionen zu erklären, weil auch in der DDR die Aktiva unterschiedliche Ertragssätze hatten und Transaktionskosten bei Portfolioumschichtungen entstanden. Bei staatlich fixierten Güter- und Faktorpreisen waren Rationierungen und Schwarzmärkte von entscheidender Bedeutung. In der DDR wie in anderen sozialistischen Planwirtschaften wurden die kurz- und langfristigen Wirkungen monetärer Impulse durch Erwartungsbildung und Erwartungsantizipation beeinflußt.[54]

In der geschlossenen sozialistischen Planwirtschaft, in der die staatlichen Planinstitutionen alle gesamtwirtschaftlichen Variablen (insbesondere das Preisniveau und den Nominallohn) mit Ausnahme des faktischen Arbeitsangebots bestimmten, herrschte formal Vollbeschäftigung, die der Staat durch seine zentral geplante Arbeitsnachfrage sicherstellte. Die in der DDR zu allen Zeiten beobachtbare «sozialistische Arbeitslosigkeit» kann dadurch erklärt werden, daß die Arbeitsanbieter ihr faktisches Arbeitsangebot am Reallohn ausrichteten und die Qualität bzw. Intensität ihres Arbeitseinsatzes (z.B. *leisure on the job*) selbstständig variieren konnten, was sich über die Produktionsfunktion auf den Output auswirkte. Das tatsächliche Arbeitsangebot entsprach deswegen dem geplanten Vollbeschäftigungsplafonds abzüglich der «sozialen Beschäftigung», die durch die Arbeitsanbieter bestimmt wurde und die unter ökonomischen Aspekten unterblieben wäre. Diese war abhängig vom Reallohn, wobei die Unsicherheit bestand, ob man ein gestiegenes

54 Vgl. zu diesem Modell ausführlicher Thieme, Produktions- und Beschäftigungswirkungen, S. 300ff.

Nominaleinkommen bei starren Preisen überhaupt für Güterkäufe ausgeben könne. Oft stand einem gestiegenen Nominaleinkommen keine bedarfsgerechte Outputsteigerung gegenüber, wodurch es zu einem Anstieg der Kassenhaltung und einer Rationierung der Nachfrager am Konsumgütermarkt kam. Erwartete Preisniveau- und Kassenhaltungsveränderungen wurden deshalb von den Arbeitsanbietern in ihr Kalkül einbezogen.

Damit wird realistischerweise unterstellt, daß die Arbeitsanbieter auch in der DDR bei – hier unterstellten – autoregressiven Erwartungen[55] nur vorübergehend der Illusion unterlagen, daß jede zusätzliche Einkommenseinheit in Form von Geld auch tatsächlich einen realisierbaren Anspruch auf das Sozialprodukt darstellte.

Bei einem expansiven monetären Impuls ohne nominale Lohnerhöhung blieb zunächst die soziale Beschäftigungsquote unverändert, weil die Erwartungen nicht sofort angepaßt wurden. Nach zeitverzögerter Anpassung der Erwartungen an den Anstieg der nominalen und – bei konstantem Preisniveau – realen Kassenhaltung reduzierten die Arbeitsanbieter ihr reales Arbeitsangebot; die soziale Beschäftigungsquote stieg. Dadurch sank auch die gesamtwirtschaftliche Produktion. Über das variable, von den Arbeitsanbietern bestimmte faktische qualitative Arbeitsangebot können also Realeffekte monetärer Impulse abgeleitet werden, die auch empirisch relevant waren.

Existierten Schwarzmärkte, ist die Betrachtung zu erweitern: Im Second-Economy-Bereich der DDR wurden knappe Waren und Dienstleistungen (z.B. Handwerksarbeiten) gehandelt, die im offiziellen Sektor oder in der Schattenwirtschaft selbst produziert und natural oder gegen Westdevisen, im Konsumgütersektor auch gegen Mark der DDR, getauscht wurden.[56] Plausibel ist es anzunehmen, daß die Arbeitsanbieter das Arbeitsangebot in der Second Economy zumindest teilweise zu Lasten des Arbeitsangebots im offiziellen Sektor ausgeweitet oder durch Substitution von Freizeit bereitgestellt haben. Häufig wurden dem offiziellen Sektor noch weitere Inputfaktoren (in Form von Material, Maschinen oder Vorprodukten) entzogen. Welche gesamtwirtschaftlichen Outputeffekte entstehen, hängt von den unterschiedlichen Arbeitsproduktivitäten in beiden Sektoren ab.

Zweifellos war die Produktivität im privaten Sektor höher als im staatlichen; der Entzug von Material und Arbeitskräften kann jedoch auch einen überproportionalen Produktivitätsrückgang im offiziellen Sektor verursacht haben, der die positiven Effekte der Second Economy überkompensiert hat.

55 Dies ist insofern realistisch, weil ökonomische Informationen in der DDR nicht oder nur zu sehr hohen Kosten verfügbar waren.

56 Vgl. zur Bedeutung der Westwährungen in der DDR Sell/Thieme, Nebenwährungen, S. 127ff.

Zu bedenken ist außerdem, daß Geldangebotsüberschüsse in der Second Economy als Preisinflation abgebaut wurden.

Mengenrationierung und Kassenhaltungsinflation haben auch langfristig negative Wachstumseffekte ausgelöst, weil knappe Inputfaktoren für Erwartungsbildung und Antizipationshandlungen eingesetzt werden mußten, um die Folgen von Inflation abzuwehren.[57]

Kassenhaltungsinflation verursachte Warteschlangen wegen der allgegenwärtigen Mengenrationierung. Die Kosten, die durch Warten entstanden, wirkten negativ auf den betrieblichen Arbeitseinsatz (z.B. Einkauf während der Arbeitszeit). Rationierung und hohe Transaktionskosten beim Kauf eines spezifischen Gutes induzierten Anreize, solche Konsumgüter zu kaufen, die möglicherweise für den Naturaltausch geeignet waren. Die Güterknappheit wurde durch Horten knapper Güter für Naturaltauschgeschäfte verstärkt. Dies verzerrte die Informationsbasis über die Konsumentenbedürfnisse, was Fehlallokationen in zukünftigen Planperioden auslöste. Die Mengenrationierung hat somit das Geld in seinen Funktionen eingeschränkt; der Naturaltausch hat die Transaktionskosten drastisch erhöht. Neben dem entstandenen «Warengeld» wurden auch Westdevisen als Zahlungsmittel eingesetzt, weil mit ihnen knappe Güter in den Intershops zu kaufen waren. Schließlich wurde die Rationierung auch durch persönliche Beziehungen (Kauf von «Bückware») und durch Korruption überwunden, was ebenfalls erhebliche gesellschaftliche Kosten verursachte und die Gesamtwohlfahrt minderte. Diese Aktivitäten begründeten das Netz von Schwarzmärkten, auf denen nicht selten die Nachfrage der staatlichen Betriebe mit der Schwarzmarktnachfrage nach Produktionsfaktoren konkurrierte.

Auch die interpersonelle Einkommens- und Vermögensverteilung wurde durch Mengenrationierung und Kassenhaltungsinflation beeinflußt: Wer die Rationierung nicht auf irgendeine Weise umgehen oder auf Schwarzmärkte ausweichen konnte, hatte die Kosten einer Kassenhaltungsinflation zu tragen, was sein Realeinkommen minderte. Benachteiligt waren auch diejenigen, deren Einkommen nicht an die Kassenhaltungsinflationsrate angepaßt wurde (z.B. Transferempfänger und Rentner), weil ihnen weniger finanzielle Mittel zur Verfügung standen, um die Folgen der Inflation zu kompensieren.

b) Außenhandel, Auslandsverschuldung und Devisenreserven

In der DDR galt als wichtiges wirtschaftspolitisches Ziel der Ausgleich der Zahlungsbilanz, worunter eine langfristige Konstanz der Devisenbestände verstanden wurde, die dann verwirklicht war, wenn Güterimport und -export

57 Vgl. Cassel, Inflation, S. 277.

wertmäßig ausgeglichen waren und der Kreditbilanzsaldo null war. Wie in anderen Wirtschaftsbereichen der DDR wurden die gesamten Auslandsaktivitäten zentral gesteuert; die geplanten Auslandseinnahmen und -ausgaben wurden im Finanzministerium dokumentiert.

Die zentralen Planungs- und Kontrollverfahren im Auslandsgeschäft waren äußerst kompliziert: Die (interne) Zahlungsbilanz galt als ausgeglichen, wenn sich die positiven und negativen Differenzen zwischen geplanten und tatsächlichen Außenhandelspreisen ausglichen sowie importierte und exportierte, in Mark gerechnete Wertvolumina einander entsprachen. Um dies zu erreichen, setzte die zentrale Planungsadministration verschiedene außenhandels- und währungspolitische Instrumente, wie z.B. Exportsubventionen, Vorzugs- und Devisenkredite für Außenhandelsbetriebe sowie die sogenannten Richtungskoeffizienten ein, die zur betriebsindividuellen Umrechnung von Weltmarktpreisen in interne Markpreise dienten und sehr unterschiedliche fiktive Wechselkurse begründeten. Außenhandelsdefizite, die durch Abweichungen der geplanten von den tatsächlichen Preis- oder Mengengrößen entstanden, waren aus dem Staatshaushalt zu finanzieren.

Die Entwicklung der Auslandsverschuldung der DDR ist regional und zeitlich zu differenzieren: Gegenüber anderen sozialistischen Ländern bestanden keine Defizitprobleme, weil die DDR-Produkte sehr wettbewerbsfähig waren. Lediglich Anfang der siebziger Jahre entstanden wegen der steigenden Ölpreise Defizite, insbesondere im Handel mit der Sowjetunion; zwischen 1975 und 1988 erwirtschaftete die DDR Überschüsse im Handel mit anderen RGW-Ländern.[58]

Wegen der seit Mitte der sechziger Jahre immer deutlicheren Innovations- und Wachstumsschwächen der DDR gegenüber westlichen Marktwirtschaften wurde die Außenwirtschaftspolitik neu ausgerichtet: Eine (begrenzte) Aufnahme von Hartwährungskrediten sollte die entstandene technologische Lücke schließen. Die Inlandsproduktion wurde stärker auf die westlichen Märkte ausgerichtet, um die Exporte erhöhen und die Kredite bedienen zu können. Zwischenbetriebliche Kooperationen und devisenfreier (Natural-) Tausch sollten Zahlungsbilanzdefizite verhindern.[59] Wie Tabelle 8 zeigt, sank die internationale Wettbewerbsfähigkeit der DDR ständig.

Die Nettoverschuldung in Hartwährungen gegenüber den westlichen Industriestaaten stieg bis 1983 an, weil die Importabhängigkeit wuchs und die Wettbewerbsfähigkeit der DDR-Güter auf den Weltmärkten sank. Der Staats-

58 Ab 1988 entstanden Außenhandelsprobleme mit der Sowjetunion. Vgl. Höfner, Ernst/Kaminsky, Horst, Einschätzung zur Stabilität der Währung der DDR, Blatt 14f. (Archiv der Kreditanstalt für Wiederaufbau, Niederlassung Berlin, GVS B11–291/89, Berlin [Ost] 1989).

59 Vgl. Buck, Stabilisierung, S. 153f.

Tabelle 8: Internationale Wettbewerbsfähigkeit der DDR

Jahr	Devisenertrag[1)]	Wechselkurs gegenüber dem US-$[2)]	Wechselkurs gegenüber der DM[2)]
1970	0,537	7,56	1,80
1975	0,519	5,50	2,20
1980	0,454	4,75	2,50
1985	0,338	7,80	2,60
1987	0,255	9,20	4,00
1988	0,246	8,14	4,40

1) Erwirtschaftete Valutamark im Exportgeschäft pro Mark der DDR. – 2) Kommerzieller Wechselkurs im Handel mit dem «nicht-sozialistischen Wirtschaftsgebiet» inklusive Richtungskoeffizienten (in M der DDR).

Quellen: Höfner, Ernst/Kaminsky, Horst: Einschätzung zur Stabilität der Währung der DDR, Anlage 3 (Archiv der Kreditanstalt für Wiederaufbau, Niederlassung Berlin, GVS B 11-291/89, Berlin [Ost] 1989); Zusammenstellung der Staatsbank, Anhang 4 (Archiv der Kreditanstalt für Wiederaufbau, Niederlassung Berlin, GVS B5-1374/88, Berlin [Ost] 1988).

haushalt trug die Außenhandelsdefizite der Betriebe, wodurch die innere Verschuldung anstieg. Allein zwischen 1985 und 1988 wuchsen die Forderungen der Außenhandelsbetriebe an den Staatshaushalt von 24,5 Mrd. M auf 65 Mrd. M.[60]

Die DDR-Administration hat diese Wachstumsschwäche paradoxerweise faktisch noch verstärkt, weil Hartwährungskredite – wenn überhaupt – nur sehr begrenzt für Investitionsgüterkäufe verwendet wurden. Sie wurden für Konsumgüterimporte ausgegeben oder gehortet: Die Abteilung für Kommerzielle Koordinierung (KOKO) unter Alexander Schalck-Golodkowski, die für die Devisenbeschaffung zuständig war, hortete bis 1989 knapp 10 Mrd. US-Dollar,[61] die im Ausland verzinslich angelegt wurden. Diese Devisenbestände stammten aus Krediten und sollten die internationale Zahlungsfähigkeit und Kreditwürdigkeit der DDR dokumentieren (Motto: «Liquidität geht vor Rentabilität»). Über die hohen Devisenreserven waren vermutlich nur Schalck-Golodkowski und Günter Mittag, nicht jedoch das Politbüro informiert, das von einer weit höheren Nettoauslandsverschuldung (ca. 21 Mrd.

60 Vgl. Höfner, Ernst/Kaminsky, Horst, Einschätzung zur Stabilität der Währung der DDR, Anlage 4, Blatt 1 (Archiv der Kreditanstalt für Wiederaufbau, Niederlassung Berlin, GVS B11–291/89, Berlin [Ost] 1989).

61 1982 betrugen die DDR-Guthaben bei westlichen Banken erst 1 bis 2 Mrd. US-Dollar, 1985 schon ca. 6 Mrd. US-Dollar. Vgl. Volze, Bluff, S. 703.

US-Dollar) ausging. Tatsächlich betrug der Nettoschuldenstand 1989 ca. 14 Mrd. US-Dollar; die DDR ist also keineswegs in einer «Schuldenfalle» erstickt.[62] Die Zahlungsfähigkeit der DDR war 1989 zweifellos vorhanden. Allerdings hatte sich die internationale Wettbewerbsfähigkeit der DDR-Wirtschaft drastisch verschlechtert, wodurch längerfristig Finanzierungsprobleme des Schuldendienstes entstanden wären.

5. Monetäre Experimente im Sozialismus: ein Fazit

Die Geschichte der Mark-Währung in der DDR ist unter verschiedenen Aspekten interessant und aufschlußreich:

Erstens zeigen die zahlreichen institutionellen Reformen, daß die monetäre Versorgung in einem System zentraler Planung und Steuerung einer sozialistischen Übergangsgesellschaft keineswegs problemlos ist. Im Gegenteil, gerade die Verstaatlichung des Produktionsmitteleigentums, die dezentrale Verfügbarkeit von Informationen, die im Planungsprozeß vorhandenen Entscheidungsspielräume sowie letztlich die Konkursunfähigkeit der staatlichen Unternehmen schaffen in ihrer Kombination ungünstige Systembedingungen für eine stringente Geldmengensteuerung durch die Notenbank.

Zweitens wird in der Analyse deutlich, daß ein Kernproblem der Notenbank bei der monetären Steuerung in der DDR – wie in anderen Ländern des administrativen Sozialismus – darin bestand, die Volkswirtschaft stabilitätsadäquat mit Geldbeständen zu versorgen *und* gleichzeitig mit dem (einstufigen) Bankensystem Kapital in produktive Verwendungen zu lenken. Wegen des Fehlens leistungsfähiger Kapitalmärkte hat diese Doppelfunktion ständig Zielkonflikte ausgelöst, die politisch entschieden wurden. Insoweit hat die von den politischen Entscheidungen – insbesondere über die Finanzierung der auch in der DDR seit Mitte der achtziger Jahre anwachsenden Haushaltsdefizite – abhängige Notenbank auch keine eigenständige Verantwortung für die monetären Prozesse zu tragen gehabt.

Drittens zeigt der Vergleich mit anderen sozialistischen Ländern, daß es der Notenbank der DDR unter den gegebenen Rahmenbedingungen relativ gut gelungen ist, die monetäre Versorgung der DDR-Wirtschaft – insbesondere seit den siebziger Jahren – stabilitätsgerecht zu steuern und dadurch Kassenhaltungs- oder Preisinflationszyklen stärkeren Ausmaßes zu vermeiden. Dies

62 Siehe hierzu Volze, Bluff, S. 701, sowie Schätzungen der Deutschen Bundesbank, die bereits 1990 zu vergleichbaren Ergebnissen kommen. Vgl. Deutsche Bundesbank, Währungsunion, S. 26.

spricht für eine faktisch recht starke Position der Staatsbank im Machtgefüge der DDR. Wie Innovations- und Wachstumsschwäche sowie insbesondere die Qualität des Kapitalstocks in der DDR Ende der achtziger Jahre belegen, ist es nicht gelungen, im einstufigen Bankensystem eine effiziente Kapitalallokation auf Dauer zu sichern. Hierin und in den ordnungspolitisch begründeten realwirtschaftlichen Verwerfungen und Fehlentwicklungen liegen die Ursachen für das wirtschaftliche Scheitern des sozialistischen Experiments in der DDR.

6. Chronik der wichtigsten währungspolitischen Ereignisse

April 1945	Befehl zur Schließung der Banken in der SBZ.
23. Juli 1945	Befehl zur Sperrung der Guthaben aus der Zeit vor dem 9. Mai 1945 und Bildung von Provinzial- und Landesbanken sowie Sparkassen. In den darauf folgenden Monaten Wiedereröffnung von staatlichen Kreditinstituten für einzelne Wirtschaftssektoren.
21. Mai 1948	Gründung der Deutschen Emissions- und Girobank als Vorläufer der Deutschen Notenbank.
24. – 28. Juni 1948	Durchführung der Währungsreform in der SBZ. Zunächst wurden die Reichsbanknoten mit Kupons beklebt und dann vom 25.–28. Juli in neue Banknoten umgetauscht.
20. Juli 1948	Umbenennung der Deutschen Emissions- und Girobank in Deutsche Notenbank und Ausstattung mit Emissionsrecht.
13. Oktober 1957	Bargeldumtausch im Rahmen der sogenannten «kleinen Währungsreform».
1. Dezember 1967	Auflösung der Deutschen Notenbank und Gründung der Staatsbank der DDR. Etablierung eines zweistufigen Bankensystems, das den Geschäftsbanken Handlungsspielräume eröffnete. Die Staatsbank hatte nur noch Notenbankfunktionen zu erfüllen.
1. Juli 1974	Aufgabe des zweistufigen Bankensystem durch die Wiedereingliederung der Industrie- und Handelsbank in die Staatsbank. Umbenennung der Währung in Mark der DDR.
1. Juli 1990	Durch die Währungsunion mit der Bundesrepublik Deutschland verliert die DDR ihre geldpolitische Autonomie.

7. Quellen und Literatur

Quellen

Archiv der Kreditanstalt für Wiederaufbau, Niederlassung Berlin
Bundesarchiv Koblenz und Berlin

Literatur

Abeken, Gerhard: Das Geld- und Bankwesen in der sowjetischen Besatzungszone und im Sowjetsektor Berlins 1945 bis 1954, Bonn 1955

Befehl des Chefs der Besatzung der Stadt Berlin betr. Bankenschließung vom 28. April 1945, Nr. 1 (auszugsweise) in: Kohlmey, Gunther/Dewey, Charles (Hrsg.): Bankensystem und Geldumlauf in der Deutschen Demokratischen Republik 1945–1955, Gesetzessammlung und Einführung, Berlin (Ost) 1956, S. 115

Befehl des Obersten Chefs der Sowjetischen Militär-Administration – des Obersten Befehlshabers der Gruppe der sowjetischen Okkupations-Armeen in Deutschland Nr. 146 vom 20. November 1945, in: Kohlmey, Gunther/Dewey, Charles (Hrsg.): Bankensystem und Geldumlauf in der Deutschen Demokratischen Republik 1945–1955, Gesetzessammlung und Einführung, Berlin (Ost) 1956, S. 122–124

Befehl Nr. 14. vom 15. Januar 1946. Betrifft: Wiedereröffnung der Gewerbe-Handwerker-Banken (gew. Volksbank) in der von den Sowjets besetzten Zone Deutschlands, in: Kohlmey, Gunther/Dewey, Charles (Hrsg.): Bankensystem und Geldumlauf in der Deutschen Demokratischen Republik 1945–1955, Gesetzessammlung und Einführung, Berlin (Ost) 1956, S. 125

Buchheim, Christoph: Die Währungsreform 1948 in Westdeutschland, in: Vierteljahrshefte für Zeitgeschichte 36 (1988), S. 184–231

Buck, Hansjörg: Stabilisierung der Außenwirtschaftsbeziehungen von administrativ-sozialistischen Wirtschaftssystemen durch Zahlungsbilanz- und Finanzpolitik, in: Schüller, Alfred/Wagner, Ulrich (Hrsg.): Außenwirtschaftspolitik und Stabilisierung von Wirtschaftssystemen, Stuttgart 1980, S. 143–194

Bundesministerium für innerdeutsche Beziehungen (Hrsg.): DDR Handbuch, Köln [3]1985

Cassel, Dieter: Inflation und Inflationswirkungen in sozialistischen Planwirtschaften, in: Thieme, H. Jörg (Hrsg.): Geldtheorie. Entwicklung, Stand und systemvergleichende Anwendung, Baden-Baden [2]1987, S. 263–294

Chef der Besatzung der Stadt Berlin: Befehl 01 vom 23. Juli 1945. Neuorganisierung der deutschen Finanz- und Kreditorgane, in: Kohlmey, Gunther/Dewey, Charles (Hrsg.): Bankensystem und Geldumlauf in der Deutschen Demokratischen Republik 1945–1955, Gesetzessammlung und Einführung, Berlin (Ost) 1956, S. 115–118

Clement, Hermann: Funktionsprobleme der gemeinsamen Währung des RGW, in: Wagener, Hans-Jürgen (Hrsg.): Monetäre Steuerung und ihre Probleme in unterschiedlichen Wirtschaftssystemen, Berlin 1990, S. 187–212

Deutsche Bundesbank: Die Währungsunion mit der Deutschen Demokratischen Republik, in: Monatsbericht 42 (1990) 7, S. 14–29

Deutsche Finanzwirtschaft 11 (1957) 2, S. 321

Dewey, Charles: Die Planung und Regulierung des Geldumlaufs in der Deutschen Demokratischen Republik, Berlin (Ost) 1956

Ehlert, Willi/Hunstock, Diethelm/Tannert, Karlheinz (Hrsg.): Geld und Kredit in der Deutschen Demokratischen Republik, Berlin (Ost) 1985

Frenzel, Paul: Die rote Mark: Perestroika für die DDR, Herford 1989
Gesetz über die Staatsbank der Deutschen Demokratischen Republik vom 19. Dezember 1974, in: Gesetzblatt der Deutschen Demokratischen Republik, T. 1, Nr. 62, Berlin (Ost) 1974, S. 580–582
Grossman, Gene (Hrsg.): Money and Plan, Berkeley 1968
Grossman, Gene: A Note on Soviet Inflation, in: Joint Economic Commitee, Congress of the United States (Hrsg.): Soviet Economy in the 1980's: Problems and Prospects, Washington D.C. 1983, S. 267–286
Gurtz, Johannes/Kaltofen, Gotthold: Der Staatshaushalt der DDR, Berlin (Ost) 1982
Gutmann, Gernot: Theorie und Praxis der monetären Planung in der Zentralverwaltungswirtschaft, Stuttgart 1954
Haffner, Friedrich: Monetäre Zentralplanung und Volkswirtschaftsplanung, in: Thieme, H. Jörg (Hrsg.): Geldtheorie. Entwicklung, Stand und systemvergleichende Anwendung, Baden-Baden [2]1987, S. 194–216
Hartwig, Karl-Hans: Monetäre Steuerungsprobleme in sozialistischen Planwirtschaften, Stuttgart 1987
Hartwig, Karl-Hans/Thieme, H. Jörg: Schwankungen von Geldmenge, Umlaufgeschwindigkeit und Inflationsrate: Diagnose und Meßprobleme in unterschiedlichen Wirtschaftssystemen, in: Thieme, H. Jörg (Hrsg.): Gesamtwirtschaftliche Instabilitäten im Systemvergleich, Stuttgart 1979, S. 97–115
Hartwig, Karl-Hans/Thieme, H. Jörg: Monetary Goals and Indicators in Centrally Planned Economies: The Example of the German Democratic Republic, in: Jahrbuch der Wirtschaft Osteuropas 11 (1985), S. 173–186
Hartwig, Karl-Hans/Thieme, H. Jörg: Determinanten des Geld- und Kreditangebotes in sozialistischen Planwirtschaften, in: Thieme, H. Jörg (Hrsg.): Geldtheorie. Entwicklung, Stand und systemvergleichende Anwendung, Baden-Baden [2]1987, S. 217–239
Henning, Friedrich-Wilhelm: Das industrialisierte Deutschland 1914 bis 1992, Paderborn u.a. [8]1993
Hensel, Karl Paul: Einführung in die Theorie der Zentralverwaltungswirtschaft, Stuttgart [2]1959
Kohlmey, Gunther: Das Geldsystem der Deutschen Demokratischen Republik, Berlin (Ost) 1956
Kohlmey, Gunther/Dewey, Charles (Hrsg.): Bankensystem und Geldumlauf in der DDR, 1945 bis 1955, Gesetzessammlung und Einführung, Berlin (Ost) 1956
Kreditanstalt für Wiederaufbau, Niederlassung Berlin: Anhang zur Dokumentation «Mit der D-Mark zur Wirtschafts-, Währungs- und Sozialunion und zur Deutschen Einheit», Berlin 1996
Kuczynski, Waldemar: The State Enterprise under Socialism, in: Soviet Studies 30 (1978), S. 313–353
Leipold, Helmut: Wirtschafts- und Gesellschaftssysteme im Vergleich, Stuttgart [5]1988
Marx, Karl: Das Kapital, Bd. II, 29. Auflage, Berlin (Ost) 1885/1989
Möller, Hans: Die westdeutsche Währungsreform, in: Deutsche Bundesbank (Hrsg.): Währung und Wirtschaft in Deutschland 1876–1975, Frankfurt a.M. 1976, S. 433–483
Mülhaupt, Ludwig/Fox, Ursula: Das Bankwesen der Deutschen Demokratischen Republik, Wiesbaden 1971
Nove, Alec: Das sowjetische Wirtschaftssystem, Baden-Baden 1980
Ökonomisches Lexikon, 2 Bde., Berlin (Ost) 1967
Podolski, Tadeusz: Socialist Banking and Monetary Control, Cambridge 1973
Pütsch, Manfred: Die Staatsbank der Deutschen Demokratischen Republik, Frankfurt a.M. 1978
Rittmann, Herbert: Deutsche Geldgeschichte seit 1914, München 1986
Roeper, Hans: Die D-Mark. Vom Besatzungskind zum Weltstar, Frankfurt a.M. 1978

Schmidt, Hans/Waldhelm, Jürgen: Die aktive Rolle des Geldes bei der planmäßigen Ausnutzung der ökonomischen Gesetze des Sozialismus für die effektive und proportionale Gestaltung der intensiv erweiterten Produktion, in: Wirtschaftswissenschaft 32 (1984), S. 437–443

Sell, Erwin/Thieme, H. Jörg: Nebenwährungen bei zentraler Planung des Wirtschaftsprozesses, in: Schüller, Alfred/Wagner, Ulrich (Hrsg.): Außenwirtschaftspolitik und Stabilisierung von Wirtschaftssystemen, Stuttgart 1980, S. 127–141

SMAD-Befehl Nr. 111/1948 über die Durchführung der Währungsreform in der sowjetischen Besatzungszone Deutschlands, in: Kohlmey, Gunther/Dewey, Charles (Hrsg.): Bankensystem und Geldumlauf in der Deutschen Demokratischen Republik 1945–1955, Gesetzessammlung und Einführung, Berlin (Ost) 1956, S. 193–200

SMAD-Befehl Nr. 124/1948 über den Geldumtausch, in: Kohlmey, Gunther/Dewey, Charles (Hrsg.): Bankensystem und Geldumlauf in der Deutschen Demokratischen Republik 1945–1955, Gesetzessammlung und Einführung, Berlin (Ost) 1956, S. 242–243

Sprenger, Bernd: Das Geld der Deutschen: Geldgeschichte von den Anfängen bis zur Gegenwart, Paderborn u.a. 1991

Thieme, H. Jörg: Inflation in westlichen Marktwirtschaften und östlichen Planwirtschaften, in: List Forum 9 (1977/78), S. 290–309

Thieme, H. Jörg: Geldpolitik im Wirtschaftssystem der DDR, in: Gutmann, Gernot (Hrsg.): Basisbereiche der Wirtschaftspolitik in der DDR, Asperg 1982, S. 187–212

Thieme, H. Jörg: Produktions- und Beschäftigungswirkungen monetärer Impulse in sozialistischen Planwirtschaften, in: Thieme, H. Jörg (Hrsg.): Geldtheorie. Entwicklung, Stand und systemvergleichende Anwendung, Baden-Baden [2]1987, S. 295–318

Thieme, H. Jörg: Geldangebotssteuerung bei unterschiedlichen Unternehmens- und Marktverfassungen, in: Wagener, Hans-Jürgen (Hrsg.): Monetäre Steuerung und ihre Probleme in unterschiedlichen Wirtschaftssystemen, Berlin 1990, S. 77–98

Volze, Armin: Ein großer Bluff? Die Westverschuldung der DDR, in: Deutschland-Archiv 29 (1996), S. 701–713

XII. Die Rolle der Deutschen Bundesbank im innerdeutschen Zahlungsverkehr

Von Jochen Plassmann

1. Einleitung

Unter dem innerdeutschen Zahlungsverkehr ist der Zahlungsverkehr zwischen der Bundesrepublik Deutschland und der DDR zu verstehen, der sich sowohl rechtlich als auch in der technischen Abwicklung wesentlich vom Auslandszahlungsverkehr unterschied. Die Rechtsgrundlage für den innerdeutschen Zahlungsverkehr bildeten die alliierten Devisenbewirtschaftungsgesetze, die bis zum Beitritt der DDR zur Bundesrepublik im Jahre 1990 zur Anwendung kamen.

Im Mittelpunkt des kommerziellen Zahlungsverkehrs stand das Clearingsystem des innerdeutschen Handels, in dem streng bilateral gegenseitige Warenlieferungen und Dienstleistungen verrechnet wurden. Durch Einräumung eines zinslosen Überziehungskredits (Swing) konnte ein relativ störungsfreier Verrechnungsverkehr auch bei zeitlich divergierenden Zahlungsströmen sichergestellt werden. Kennzeichen dieses «gebundenen» Zahlungsverkehrs war es, daß beide Seiten die gutgeschriebenen Verrechnungseinheiten (VE) nur durch Käufe im jeweils anderen Staat einsetzen konnten.

Neben dem gebundenen Zahlungsverkehr entwickelte sich jedoch im Laufe der Zeit ein ständig wachsender freier Zahlungsverkehr mit der DDR, der über sogenannte Freikonten, d.h. in freier D-Mark für die DDR geführte Konten bei westdeutschen Banken, abgewickelt wurde. Über diese Freikonten wurden, neben dem Transithandel mit der DDR, erhebliche Zahlungen der öffentlichen Hand geleistet, z.B. für den Autobahnausbau auf den Transitstrecken nach Westberlin und zur Abgeltung der Transitpauschale selbst. An sich hätte es nahegelegen und wäre systemkonform gewesen, auch die Zahlungen der öffentlichen Hand in VE zu leisten, nicht zuletzt um auf diese Weise Verrechnungsmasse für den innerdeutschen Handel zu schaffen. Dies wurde von der DDR jedoch strikt abgelehnt, der es darum ging, freie Deviseneinnahmen zu erzielen, mit denen sie ihre am Euromarkt aufgenommenen Kredite bedienen konnte. Welche Bedeutung die freien D-Mark-Einnahmen für die DDR hatten, zeigt sich daran, daß der Überschuß der freien D-Mark-Zahlungen für die DDR seit Ende der siebziger Jahre bis 1989 sich auf jährlich rund 2 Mrd. DM belief, d.h., die DDR erzielte im freien Zahlungsverkehr mit der Bundesrepublik jährlich hohe Deviseneinnahmen, die für sie weit wichtiger waren als die beiden publizitätsträchtigen Milliardenkredite 1983 und 1984.

Aber nicht nur der kommerzielle innerdeutsche Zahlungsverkehr wies Besonderheiten auf, auch der nichtkommerzielle Zahlungsverkehr zeichnete sich durch ein besonderes Regelsystem aus. Vertraglich konnten mit der DDR nur zwei Teilbereiche geregelt werden: der Transfer von Unterhaltszahlungen und in begrenztem Umfang der Transfer von privaten Sperrguthaben. Daneben gab es jedoch eine Vielzahl einseitiger nichtkommerzieller Zahlungen an die DDR, die primär aus humanitären Gründen zugelassen worden waren. Hierzu gehörten insbesondere die Zahlungen an den Genex-Geschenkdienst, die sich bis 1989 auf 3,5 Mrd. DM summierten. Der Genex-Geschenkdienst war eine 1962 von der DDR gegründete Einrichtung, über den in der DDR entweder nicht oder nur nach langer Wartezeit erhältliche Waren, insbesondere Personenkraftwagen, zur sofortigen Auslieferung an den Empfänger bestellt werden konnten, wobei die Zahlung in «Valuta», d.h. in freien Devisen, zu leisten war.

Eine weitere Besonderheit des nichtkommerziellen Zahlungsverkehrs mit der DDR bestand darin, daß in beiden Staaten Guthaben von Personen der jeweils anderen Seite grundsätzlich der devisenrechtlichen Sperre unterworfen waren. Während die DDR das Sperrkontensystem im wesentlichen aufrechterhielt, um einen Devisenabfluß zu verhindern, stand in der Bundesrepublik die Schutzfunktion im Vordergrund, d.h., DDR-Bewohner sollten vor der im DDR-Devisengesetz vorgesehenen Anbietungs- und Ablieferungspflicht ihrer Westguthaben geschützt werden.

Die Bundesbank spielte im innerdeutschen Zahlungsverkehr eine zentrale Rolle. Sie war als Devisenbehörde für die Regelung und Genehmigung des Zahlungsverkehrs zuständig und übernahm als Verrechnungsbank die Durchführung der mit der DDR abgeschlossenen Verrechnungsabkommen. Während die technische Durchführung des Verrechnungsverkehrs eine bankspezifische Aufgabe darstellte, muß ihre Tätigkeit als Devisenbehörde primär unter deutschlandpolitischen Aspekten gesehen werden.

2. Interzonaler Zahlungsverkehr nach der Aufteilung Deutschlands in Besatzungszonen

Mit dem Kriegsende im Mai 1945 und der Aufteilung Deutschlands in vier Besatzungszonen war der Wirtschaftsverkehr zwischen den Besatzungszonen praktisch zum Erliegen gekommen. Nach dem Potsdamer Abkommen vom

2. August 1945 sollte Deutschland als eine wirtschaftliche Einheit behandelt werden,[1] und es waren gemeinsame Richtlinien für Wirtschaft, Währung und Verkehr vorgesehen. Entsprechend diesem Beschluß kam zuerst in der amerikanischen und der britischen Zone (der späteren Bizone), dann auch in der französischen Zone der Wirtschaftsverkehr zwischen den Besatzungszonen wieder in Gang. Da sich an der Wirtschaftsverfassung in den westlichen Besatzungszonen wenig änderte, konnte der Zahlungsverkehr hier über die vorhandenen Geldinstitute abgewickelt werden. Dagegen wurden in der sowjetischen Besatzungszone die vorhandenen Geldinstitute weitgehend geschlossen, die Industrie wurde in Volkseigentum überführt und der Warenaustausch mit den westlichen Besatzungszonen nur sehr zögernd zugelassen, wobei sich das sowjetische Modell des streng überwachten Tauschhandels durchsetzte.[2]

Das erste Abkommen zwischen der Bizone und der Ostzone über einen beiderseitigen Warenaustausch wurde am 18. Januar 1947 in Minden abgeschlossen; es sah einen Zahlungsausgleich über Konten des Ostberliner Stadtkontors bei den Landeszentralbanken Hannover, Frankfurt am Main und Karlsruhe vor. Dieses Abkommen gilt als Geburtsstunde des innerdeutschen Handels. Mit der Berlin-Blockade durch die Sowjetunion kam der Interzonenhandel jedoch bereits 1948 wieder zum Erliegen. Erst durch das Jessup-Malik-Abkommen der vier Mächte vom 4. Mai 1949, das zur Beendigung der Berlin-Blockade führte, wurden die Voraussetzungen für die Wiederaufnahme des Interzonenhandels geschaffen.[3]

Die Wiederaufnahme des Interzonenhandels wurde im Frankfurter Abkommen vom 8. Oktober 1949 vereinbart, das bereits alle wesentlichen Grundsätze enthielt, die später in das bis 1990 gültige Berliner Abkommen vom 20. September 1951 übernommen wurden. Abgeschlossen wurde das Frankfurter Abkommen zwischen den Währungsgebieten der Deutschen Mark (DM-West) und den Währungsgebieten der Deutschen Mark der Deutschen Notenbank (DM-Ost), da die Bundesregierung es ablehnte, die DDR völkerrechtlich anzuerkennen. Um sicherzustellen, daß in das Abkommen auch Berlin (West) und Ostberlin einbezogen waren, wurde für die West- und Ostseite statt «Währungsgebiet» (Einzahl) die Bezeichnung «Währungsgebiete» (Mehrzahl) gesetzt. Die Festlegung einer Kursrelation zwischen der Westmark und der Ostmark wurde dadurch vermieden, daß alle Zahlungen über Verrechnungskonten bei den beiden Notenbanken zu leisten waren, die in Verrechnungsein-

1 «Germany shall be treated as a single economic unit.»

2 Vgl. Kühne, Der interzonale Zahlungsverkehr, S. 4ff.

3 Das im Jessup-Malik-Abkommen vereinbarte Junktim zwischen freiem Zugang nach Westberlin und ungehindertem Interzonenhandel trug in den folgenden Jahren nicht unwesentlich zu einem störungsfreien innerdeutschen Handel bei.

heiten (VE) geführt wurden. Die Frage der Umrechnung der VE in die jeweilige Währung blieb damit jeder Seite überlassen; während es auf westdeutscher Seite bis zur Beendigung des Verrechnungsverkehrs am 30. Juni 1990 bei dem Verhältnis 1 VE = 1 DM blieb, wurde der geheime Richtungskoeffizient auf ostdeutscher Seite im Laufe der Zeit mehrfach geändert, was zu einer Kursrelation von schließlich 1 VE = 4,40 Mark der DDR führte, während nach außen hin die Fiktion eines Kurses von 1:1 aufrechterhalten wurde.[4] Bestandteil des Frankfurter Abkommens und des späteren Berliner Abkommens war jeweils eine Bankenvereinbarung zwischen der Bank deutscher Länder und der Deutschen Notenbank, in der die Einzelheiten des Verrechnungsverkehrs festgelegt wurden.

3. Regelung des Zahlungsverkehrs nach den alliierten Devisenbewirtschaftungsgesetzen; Zuständigkeit und Rolle der Bank deutscher Länder und der Landeszentralbanken

Der Wirtschafts- und Zahlungsverkehr zwischen der Bundesrepublik Deutschland und Berlin (West) einerseits und der Deutschen Demokratischen Republik und Berlin (Ost) andererseits war nach westdeutscher Auffassung wegen des besonderen Verhältnisses der beiden deutschen Staaten zueinander nicht Teil des Außenwirtschaftsverkehrs, sondern ein Handel sui generis, der bis zum Beitritt der DDR zur Bundesrepublik Deutschland durch die alliierten Devisenbewirtschaftungsgesetze geregelt wurde, die nach Kriegsende von den Alliierten in ihrer jeweiligen Besatzungszone erlassen wurden.[5] Nach diesen inhaltsgleichen Devisenbewirtschaftungsgesetzen waren alle Geschäfte im innerdeutschen Wirtschafts- und Zahlungsverkehr verboten, es sei denn, sie wurden ausdrücklich genehmigt.

Die Zuständigkeit für die Durchführung der alliierten Devisenbewirtschaftungsgesetze wurde durch Art. III Ziff. 15 Buchstabe c des Militärregierungsgesetzes Nr. 60 in großem Umfang der am 1. März 1948 errichteten Bank

4 Durch Einführung des Richtungskoeffizienten wurde die Mark der DDR faktisch abgewertet, was die Führung der DDR nach außen hin nicht eingestehen wollte. Der 1990 erreichte Kurs spiegelte recht gut das Produktivitätsgefälle zwischen der Bundesrepublik und der DDR wider. Es hätte daher nahegelegen, diesen Kurs bei der deutsch-deutschen Währungsunion zugrunde zu legen, der jedenfalls realistischer war als der von den westdeutschen Akteuren gewählte Kurs.

5 Vgl. Militärregierungsgesetz Nr. 53 (MRG 53) für die amerikanische und die britische Zone; Verordnung Nr. 235 für die französische Zone; Kommandanturverordnung Nr. 500 für Berlin.

deutscher Länder übertragen (Regelungskompetenz). Bereits vorher war ihr durch die Allgemeine Genehmigung Nr. 8 der Militärregierung die Genehmigungskompetenz erteilt worden.

Als 1957 gemäß § 1 des Bundesbankgesetzes die Bank deutscher Länder nach Verschmelzung mit den Landeszentralbanken und der Berliner Zentralbank die Deutsche Bundesbank wurde, blieb Art. III Ziff. 15 Buchstabe c Militäregierungsgesetz (MRG) Nr. 60 als einzige Bestimmung dieses Gesetzes in Kraft, so daß die der Bank deutscher Länder eingeräumten Befugnisse auf die Bundesbank übergingen. Ebenfalls gingen die ursprünglich der Berliner Zentralbank zustehenden Befugnisse auf die Bundesbank über.

Neben der Regelungs- und Genehmigungskompetenz ist der Bank deutscher Länder bzw. der Bundesbank und den Landeszentralbanken auch ein devisenrechtliches Auskunfts- und Prüfungsrecht nach Art. III MRG 53 in Verbindung mit Art. 2 Absatz 1 u. 2 des Gesetzes Nr. 33 der Alliierten Hohen Kommission übertragen worden. Die Bundesbank hat im Rahmen dieser Zuständigkeit Richtlinien zur Überwachung des innerdeutschen Wirtschaftsverkehrs erlassen und Prüfungen bei Geldinstituten durchgeführt, um die Einhaltung der devisenrechtlichen Regelungen sicherzustellen.

4. Verrechnungsverkehr und Swingregelungen nach dem Berliner Abkommen und den Bankenvereinbarungen zwischen der Deutschen Bundesbank und der Staatsbank der DDR

Das Frankfurter Abkommen wurde bereits 1951 durch das Berliner Abkommen abgelöst, das in der Fassung vom 16. August 1960 bis Mitte 1990 die vertragliche Grundlage des innerdeutschen Handels bildete. Einzelheiten der Zahlungsabwicklung waren in einer zwischen der Bank deutscher Länder und der Deutschen Notenbank abgeschlossenen Bankenvereinbarung geregelt, wonach alle Zahlungen über zentral bei der Deutschen Bundesbank und der Staatsbank der DDR geführte Verrechnungskonten abgewickelt werden mußten.[6]

Die bereits im Frankfurter Abkommen vereinbarte Swingregelung wurde

6 Nachdem in den fünfziger und sechziger Jahren bis zu acht Verrechnungskonten geführt worden waren, verringerte sich die Zahl in den siebziger Jahren auf zwei Verrechnungskonten, das Unterkonto 1/2 für den Warenverkehr und das Unterkonto 3 für den Dienstleistungsverkehr. Neben den Unterkonten 1/2 und 3 führte die Deutsche Bundesbank im Rahmen des Berliner Abkommens für die Staatsbank der DDR ein weiteres Konto, das Sonderkonto S, über das Sonderzahlungen außerhalb des Clearings abgewickelt wurden.

1951 in das Berliner Abkommen übernommen und der Swinghöchstbetrag auf zunächst 30 Mio. VE festgesetzt. Auf die im Frankfurter Abkommen vorgesehene Ermächtigung, bei Swinginanspruchnahme das Kassenkonto des Bundes zu belasten, wurde verzichtet, so daß von dieser Zeit an die Swinggewährung allein durch die Bundesbank erfolgte.

Als Rechtsgrundlage für die Swinggewährung hat die Bundesbank § 3 Bundesbankgesetz (BBankG) herangezogen, wonach die Bundesbank für die bankmäßige Abwicklung des Zahlungsverkehrs im Inland sorgt. Dabei wurde davon ausgegangen, daß die Abwicklung des zentralisierten Zahlungsverkehrs im Rahmen des Berliner Abkommens nur möglich sei, wenn sich die beiden Notenbanken auf den Verrechnungskonten Überziehungskredite einräumten, wobei unterstellt wurde, daß es sich um einen technischen Überziehungskredit handelte, der nach beiden Seiten «swingt». Problematisch wurde es daher immer, wenn der Swing den Charakter eines Dauerkredits annahm, da in diesem Fall § 3 BBankG als Rechtsgrundlage fraglich wurde. Bei der Swingverlängerung 1975/76 wurde diesen Bedenken dadurch Rechnung getragen, daß die Bundesbank die Swinggewährung von der Bereitschaft der Bundesregierung abhängig machte, die zur Finanzierung des Swing erforderlichen Mittel auf Anforderung der Bundesbank in Raten zur Verfügung zu stellen. Von dieser in einem Schriftwechsel mit dem Bundesminister für Wirtschaft vereinbarten Möglichkeit hat die Bundesbank allerdings keinen Gebrauch gemacht. Da die durchschnittliche Swinginanspruchnahme durch die DDR in den achtziger Jahren erheblich zurückging und es Ende 1988 und 1989 sogar zu einer Swinginanspruchnahme durch die Bundesbank kam, spielte die Frage der Rechtsgrundlage des Swing dann keine Rolle mehr. Für die DDR stand in diesen Jahren die Frage des Kreditstandings im Vordergrund, wobei die geringe Ausnutzung des Swing bewußt als Bonitätssiegel angestrebt wurde, auch wenn dies für die DDR wirtschaftlich von Nachteil war. Vom Politbüro war die Parole ausgegeben worden: «Liquidität geht vor Rentabilität.»

Der Swing wurde im Laufe der Zeit mehrfach erhöht. 1968 schloß die Bundesregierung eine bis 1975 befristete Vereinbarung mit der DDR, wonach die Höhe des Swing in der Weise von dem Umfang des innerdeutschen Handels abhängig gemacht wurde, daß er 25% der Vorjahresbezüge ausmachte. Auch wurde vertraglich auf den jährlichen Kontenausgleich verzichtet. Ziel dieser «dynamischen» Swingregelung war es, die Bezüge aus der DDR zu erhöhen, d.h., wenn die DDR ihre Lieferungen in das Bundesgebiet steigerte, wurde sie mit einem höheren Swing belohnt. Dabei ging die westdeutsche Seite davon aus, daß die DDR mit Ablauf der Swingvereinbarung 1975 in der Lage sein werde, ohne einen erhöhten Swing zu einem Ausgleich des beiderseitigen Warenaustausches zu gelangen. Diese Erwartungen erfüllten sich jedoch nicht, so daß die 25-Prozent-Regelung mit der Maßgabe verlängert wurde, daß der Swinghöchstbetrag auf 850 Mio. VE begrenzt wurde. 1982 wurde diese Regelung durch eine Vereinbarung abgelöst, wonach der Swing stufenweise bis 1985 auf 600 Mio. VE zurückgeführt wurde. Die letzte Swingvereinbarung vom 5. Juli 1985 sah wiederum einen Swinghöchstbetrag von 850 Mio. VE für die Jahre 1986–1990 vor.

Der Swinggewährung an die DDR ist in der öffentlichen Diskussion immer eine große Aufmerksamkeit geschenkt worden, weil der Swing als politisches Instrument verstanden wurde. Bei der Swingverlängerung im Jahre 1976 stand beispielsweise als Gegenleistung der DDR die teilweise Rückführung der kurz zuvor erhöhten Mindestumtauschsätze bei DDR-Besuchen Westdeutscher im Vordergrund. 1982 und 1986 wurden Deviseneinschüsse der DDR für den Sperrguthabentransfer aus der DDR an westdeutsche Empfänger als Gegenleistung vereinbart. Für die Finanzierung des innerdeutschen Handels spielte der Swing bis in die siebziger Jahre eine wesentliche Rolle. Später waren Lieferantenkredite, die mit und ohne Bundesgarantie gewährt wurden, die Hauptfinanzierungsquelle. Hinzu kamen in den siebziger Jahren gebundene Finanzkredite für Investitionsgüterlieferungen in die DDR, die ebenfalls über die Verrechnungskonten abgewickelt wurden und von der Bundesbank devisenrechtlich genehmigt werden mußten. So betrug z.B. der kumulierte Aktivsaldo gegenüber der DDR, also die Nettoverschuldung der DDR im innerdeutschen Handel, Ende 1985 rund 3,5 Mrd. VE; davon entfielen auf Lieferantenkredite rund 2 Mrd. VE, auf gebundene Finanzkredite 1,3 Mrd. VE und auf den Swing nur 192 Mio. VE. Dennoch waren die Swingregelungen für die DDR auch in späteren Jahren von großer Bedeutung. Auch bei geringer Ausnutzung war der Swing als Liquiditätsreserve wichtig und spielte eine bedeutende Rolle bei der Beurteilung des Kreditstandings der DDR durch inländische und ausländische Banken. Durch die Swinggewährung wurde insbesondere die sogenannte Regenschirmtheorie untermauert, wonach die Bundesrepublik die DDR im Falle von Zahlungsschwierigkeiten nicht im Regen stehen lassen werde.[7]

7 Angemerkt sei, daß die Bundesbank über den Swing hinaus als weitere Finanzierungshilfe für den innerdeutschen Handel der Gesellschaft zur Finanzierung von Industrieanlagen (Gefi) Rediskontfazilitäten im Rahmen des Gefi Plafonds II von zuletzt 200 Mio DM eingeräumt hatte, der revolvierend ausgenutzt werden konnte. Zur Entwicklung des innerdeutschen Handels und des Swing in den Jahren 1970–1989 vgl. Tabelle 1.

5. Gewährung gebundener und ungebundener Finanzkredite an die DDR, Verschuldung der DDR gegenüber der Bundesrepublik

Die Bundesbank hat Kreditgewährungen an die DDR bis Mitte 1983 nur genehmigt, wenn die Kredite der Finanzierung von Geschäften des innerdeutschen Handels oder von Transithandelsgeschäften westdeutscher Transithändler mit der DDR dienten. Kredite für andere Zwecke oder ungebundene Finanzkredite wurden bis zu diesem Zeitpunkt ohne Ausnahme abgelehnt. Diese restriktive Genehmigungspraxis wurde in Übereinstimmung mit der Bundesregierung damit begründet, daß die DDR gegenüber der Bundesrepublik nur begrenzt verschuldungsfähig sei und die noch freie Verschuldungsfähigkeit der Finanzierung des innerdeutschen Handels zugute kommen sollte, dem aus deutschlandpolitischen Gründen (Klammerfunktion, Anerkennung der speziellen innerdeutschen Beziehungen) besondere Bedeutung zukam. Mit dieser Begründung lehnte die Bundesbank auch Refinanzierungsgeschäfte deutscher Kreditinstitute für Kredite, die von ausländischen Banken der DDR gewährt wurden (mittelbare DDR-Kredite), ab. Der Grundsatz, nur Kredite zu genehmigen, die der Finanzierung des innerdeutschen Handels dienten, wurde Mitte 1983 und 1984 erweitert durch die auf Wunsch der Bundesregierung erteilten Genehmigungen für die beiden ungebundenen, bundesverbürgten Milliardenkredite an die DDR, als sich die Verschuldungssitutation der DDR am Euromarkt als Folge der Polenkrise zuspitzte. Die Bundesbürgschaften für diese Kredite wurden von der Bundesregierung aus deutschlandpolitischen Gründen gerechtfertigt, da die DDR als Gegenleistung humanitäre Zugeständnisse machte, insbesondere den Abbau der Selbstschußanlagen an der innerdeutschen Grenze und Erleichterungen auf dem Gebiet des innerdeutschen Reiseverkehrs. Außerdem wurde angeführt, daß die Bürgschaften mit keinen Risiken verbunden waren, da die Bundesregierung bei Zahlungsverzug der DDR entsprechende Beträge der Transitpauschale hätte einbehalten können. Damals wurde die Frage aufgeworfen, ob deutschlandpolitische Gründe generell eine sachgerechte Grundlage für die Genehmigungspraxis nach den alliierten Devisenbewirtschaftungsgesetzen, die bekanntlich keine Schutzzwecke ausdrücklich nennen, sein könnten. Die Bundesbank hat diese Frage damals bejaht und deutschlandpolitische Gründe schon deshalb als sachgerechte Genehmigungskriterien angesehen, weil der Gesetzgeber die Fortgeltung der alliierten Devisenbewirtschaftungsgesetze für den innerdeutschen Wirtschaftsverkehr gerade aus deutschlandpolitischen Gründen beschlossen hatte.[8] Diese Genehmigungsgrundsätze galten

8 Vgl. § 47 Absatz 1 Außenwirtschaftsgesetz (AWG) und die Gesetzesmaterialien.

bis 1990 unverändert weiter. Kredite an die DDR wurden nur genehmigt, wenn sie dem innerdeutschen Handel zugute kamen oder aus anderen deutschlandpolitischen Gründen gerechtfertigt waren. Dabei wurde allerdings auch die Höhe der Verschuldung der DDR gegenüber der Bundesrepublik berücksichtigt und auf handelsübliche Kreditlaufzeiten geachtet.

Die bilaterale Verschuldung der DDR hat sich – nicht zuletzt auch wegen der Genehmigungspraxis der Bundesbank – gemessen an Kriterien wie der Schuldendienstquote stets in vertretbaren Grenzen gehalten. Daher konnte auch die Finanzierung des innerdeutschen Handels, selbst in der Phase der kritischen Verschuldungssituation der DDR am Euromarkt, weitgehend ungestört aufrechterhalten werden. Daß der innerdeutsche Handel unter der Verschuldungssituation der DDR am Euromarkt in den Jahren 1982–1984 nicht gelitten, sondern sogar von dieser Situation profitiert hat, lag daran, daß die bilaterale Verschuldung in VE in Relation zu den Bezügen aus der DDR niedrig war und der Verrechnungsverkehr einen eigenen Kreislauf darstellte, der von der Westverschuldung der DDR in freien Devisen abgeschottet war. Es bestand seinerzeit zwischen Bundesbank und Bundeswirtschaftsministerium Übereinstimmung, daß ein eventuelles Moratorium der DDR am Euromarkt auf den Verrechnungsverkehr nicht angewandt werden durfte, weil eine Einbeziehung des innerdeutschen Verrechnungsverkehrs in ein Moratorium praktisch zu einer Aufhebung des Berliner Abkommens und damit zum Ende des Sonderstatus des innerdeutschen Handels geführt hätte.

6. Regelung des nichtkommerziellen Zahlungsverkehrs mit der DDR

a) Rechtsgrundlage für die Genehmigungspraxis der Bundesbank

Während es im kommerziellen Bereich schon sehr frühzeitig zu vertraglichen Vereinbarungen mit der DDR kam, blieb der nichtkommerzielle Zahlungsverkehr bis auf zwei Teilvereinbarungen im Jahre 1974 weitgehend vertraglich ungeregelt, da die DDR an Regelungen nicht interessiert war. Dies hatte zur Folge, daß die Bundesbank den nichtkommerziellen Bereich weitgehend selbst regeln mußte; ihre Genehmigungspraxis wurde von der DDR und beauftragten Anwälten zum Teil heftig angegriffen. In einem Verwaltungsstreitverfahren, das gegen die Bundesbank angestrengt worden war, hieß es u.a.: «Die Deutsche Bundesbank als Devisenbehörde nach dem Militärregierungsgesetz Nr. 53 nimmt im innerdeutschen Wirtschaftsverkehr eine Erlaßkompetenz, mithin legislatorische Gewalt in Anspruch.» Als Fazit wurde angeführt: «Die Bundesbank als Ersatzgesetzgeber ist ein Relikt aus dem Besatzungsrecht und ein eklatanter Verfassungsverstoß. Ihre Mitteilungen (Allgemeine Genehmigungen) sind daher nichtig.»

Was hat es mit diesen Vorwürfen auf sich? Richtig ist der Eindruck, daß die Bundesbank im innerdeutschen Zahlungsverkehr eine zentrale Funktion ausgeübt hat, die weit über die Aufgaben, die einer Notenbank üblicherweise übertragen werden, hinausging. Während der Bundesbank nach dem AWG nur eine eingeschränkte und abgeleitete Zuständigkeit für den Kapitalverkehr zukommt, stand ihr im innerdeutschen Wirtschaftsverkehr nach alliiertem Recht eine sehr weitgehende und originäre Regelungs- und Genehmigungskompetenz zu, die sie durch den Erlaß von Allgemeinen Genehmigungen, von Sammel- und Einzelgenehmigungen sowie von Mitteilungen über die Abwicklung des Zahlungsverkehrs mit der DDR ausgefüllt hat. Die Feststellung, die Bundesbank sei als Ersatzgesetzgeber aufgetreten, ist insoweit nicht einmal falsch gewesen. Es ist auch richtig, daß der Militärgesetzgeber es in das Belieben der Bundesbank gestellt hat, welche Regelungen sie träfe und ob sie Genehmigungen erteilte oder nicht. Die alliierten Devisenbewirtschaftungsgesetze enthielten keinerlei Normzwecke oder Einschränkungen, sondern sprachen ein generelles Verbot aus und ermächtigten die Bundesbank, Regelungen zu treffen und Genehmigungen zu erteilen. Die Übertragung so weitgehender Befugnisse auf ein Exekutivorgan war nach dem Grundgesetz kaum möglich, wurde vom Bundesverfassungsgericht jedoch als übernommenes Besatzungsrecht für eine Übergangszeit hingenommen. Eine Ablösung des Besatzungsrechts durch ein Bundesgesetz ist zwar seinerzeit mehrfach geprüft, jedoch immer wieder im Hinblick auf die Berlin-Problematik zurückgestellt worden.

b) Die Genehmigungspraxis der Bundesbank und ihre grundsätzliche Zielsetzung

Im nichtkommerziellen Zahlungsverkehr mit der DDR galt der Grundsatz, daß das Vermögen von DDR-Bewohnern im Bundesgebiet der devisenrechtlichen Sperre unterlag. Geldinstitute durften daher grundsätzlich für DDR-Bewohner nur Sperrkonten und Sperrdepots führen. Verfügungen waren nur nach Maßgabe der Allgemeinen Genehmigung bzw. Erteilung einer Einzelgenehmigung zulässig. Zweck dieser Regelung war es einmal, mit der DDR Regelungen auf Basis der Gegenseitigkeit zu treffen, wie es im Grundvertrag von 1972 dann auch vorgesehen wurde. Durch eine einseitige Freigabe der Vermögenswerte auf westdeutscher Seite wäre einer Lösung auf Basis der Gegenseitigkeit der Boden entzogen worden. Abkommen auf Basis der Gegenseitigkeit waren für die DDR insoweit problematisch, als DDR-

Bewohner kaum bereit waren, freiwillig D-Mark in die DDR mit Auszahlung in Mark der DDR zu transferieren, während umgekehrt für Bundesbürger ein Transfer aus der DDR attraktiv war. Zum anderen sollte die Sperre aber auch DDR-Bewohner vor der im DDR-Devisengesetz verankerten Anbietungs- und Ablieferungspflicht von Devisenwerten schützen. Nach dem Grundvertragsurteil des Bundesverfassungsgerichts aus dem Jahre 1973 hatten DDR-Bewohner, wann immer sie in den Schutzbereich der staatlichen Ordnung der Bundesrepublik gelangten, einen Anspruch auf staatlichen Schutz; dies galt auch für die bei westdeutschen Geldinstituten unterhaltenen Guthaben. Der Schutz bezog sich also darauf, DDR-Bewohner vor Zugriffen ihrer eigenen Devisenbehörden zu schützen. Versuche der DDR, an diese Devisenkonten zu gelangen, hatte es immer wieder gegeben. Dazu gehörte auch die sogenannte Auskunfts- und Transferaktion der Industrie- und Handelsbank der DDR, die von der Bundesbank unterbunden werden konnte.

Die Industrie- und Handelsbank der DDR, die 1968 aus der Deutschen Notenbank der DDR ausgegliedert worden war, versuchte 1970/71 D-Mark-Konten von DDR-Bewohnern bei westdeutschen Geldinstituten in ihre Verfügungsgewalt zu bekommen. Die Kontoinhaber in der DDR mußten Abtretungserklärungen und Vollmachten über ihre Westkonten unterschreiben, gegen Vorschußzahlungen in Mark der DDR, woran sie jedoch kein Interesse haben konnten, da die D-Mark in der DDR begehrt war. Die Vollmachten berechtigten einen Westberliner Anwalt, die Erteilung von Auskünften, die Herausgabe von Sparbüchern, die Umlegung der Konten und den Transfer der Guthaben zu verlangen. Ziel dieser Aktion war es, den Kontoinhabern die Verfügungsbefugnis über ihre Guthaben zu entziehen und die Devisen für die DDR verfügbar zu machen. Als der Charakter der Aktion erkannt wurde, erklärte die Bundesbank Auskünfte und Verfügungen auf Grundlage dieser Vollmachten als Umgehungsgeschäfte für unzulässig und verhinderte damit die Durchführung der Auskunfts- und Transferaktion. Wie sich nach der Wende herausstellte, hatte es sich bei der Auskunfts- und Transferaktion um einen zentral gelenkten Versuch der DDR gehandelt, Devisenwerte ihrer Bürger an sich zu bringen, wobei das Ministerium für Staatssicherheit und der Bereich Kommerzielle Koordinierung von Alexander Schalck-Golodkowski die Regie führten.

c) Nichtkommerzielle Zahlungen ohne vertragliche Regelung

Die Bundesbank hat eine Vielzahl von Zahlungen primär aus humanitären Gründen einseitig zugelassen. Hierunter fielen Zahlungen über das an sich für die Abwicklung von kommerziellen Dienstleistungen vorgesehene Unterkonto 3 (z.B. freiwillige Unterstützungszahlungen an DDR-Bewohner), Zahlungen über Freikonten oder zugunsten des Genex-Geschenkdienstes der DDR. Allein über den Genex-Geschenkdienst sind von 1962 bis Ende 1989 über 3,5 Mrd. DM mit Genehmigung der Bundesbank an die DDR geflossen. Der Genex-Geschenkdienst war deshalb so attraktiv, weil hier in der DDR knappe Güter, insbesondere Personenkraftwagen, preiswert und zur sofortigen Auslieferung gegen Zahlung in D-Mark bestellt werden konnten; die Bundesbank hat Zahlungen an den Genex-Geschenkdienst auch für sogenannte Selbstschenkungen von DDR-Bewohnern zugelassen, die zu Lasten ihrer im Bundesgebiet geführten Sperrkonten abgerechnet wurden. Der Transfer von Sperrguthaben wurde allerdings auf bestimmte Kontingente beschränkt, um einen völligen Abfluß der Sperrguthaben über den Genex-Geschenkdienst zu verhindern, was wiederum die westdeutsche Verhandlungsposition geschwächt hätte, bei der es darum ging, eine Freigabe der gesperrten Guthaben von Bundesbürgern bei der Staatsbank der DDR zu erreichen. Neben diesen Transferzahlungen hat die Bundesbank inlandsrelevante Zahlungen im großen Umfang genehmigt; dazu gehörten beispielsweise Grundstücks- und Wertpapiergeschäfte von DDR-Bewohnern, so daß diese bei der Vermögensanlage in der Bundesrepublik praktisch keinen Beschränkungen unterlagen.

d) Sperrguthabenvereinbarung und Unterhaltsvereinbarung mit der DDR vom 25. April 1974

Im nichtkommerziellen Zahlungsverkehr kam es erst 1974 zu den beiden Vereinbarungen mit der DDR über den Transfer von Sperrguthaben und den Transfer von Unterhaltszahlungen, nachdem frühere Versuche der Bundesbank, mit der Staatsbank der DDR zu Regelungen zu gelangen, von der Staatsbank stets abgelehnt worden waren. Grundlage für den Abschluß dieser Vereinbarungen bildete das Zusatzprotokoll zu Art. 7 des Grundvertrages mit der DDR, wonach die Bundesrepublik Deutschland und die DDR im Interesse der beteiligten Menschen Verhandlungen zur Regelung des nichtkommerziellen Zahlungs- und Verrechnungsverkehrs aufnehmen würden. Die am 24. April 1974 unterzeichneten Vereinbarungen bestanden jeweils aus einer Ressortvereinbarung zwischen den Finanzministerien und einer Durchführungsvereinbarung der beiden Notenbanken. Nach der Sperrguthabenvereinbarung konnte jeder DDR-Bewohner grundsätzlich 1000 DM monatlich im Verhältnis 1:1 transferieren, während die Bundesbank auf westdeutscher Seite nur Rentner, Sozialhilfeempfänger und minderjährige Vollwaisen zum Transfer zulassen konnte, und zwar auch nur in Höhe von 600 DM pro Quartal. Der Grund für diese ungleiche Behandlung lag darin, daß die Sperrguthabenvereinbarung nur auf Basis des Ausgleichs der West-Ost- und der Ost-

West-Zahlungen abgeschlossen werden konnte und aus der DDR erheblich weniger Transferaufträge gestellt wurden als aus der Bundesrepublik. Daß DDR-Bewohner in so geringem Ausmaß von der Vereinbarung Gebrauch machten, lag einmal an dem für sie ungünstigen Kursverhältnis von 1:1, zum anderen aber daran, daß die Alternativen, nämlich Barabhebungen und Einkauf im Intershop und Warenbestellung über Genex, weitaus attraktiver waren. Ein anderes Kursverhältnis, das nahegelegen hätte und vielleicht zu einem etwas besseren Ausgleich der Zahlungen geführt hätte, oder eine teilweise Auszahlung in D-Mark waren bei den Verhandlungen mit der DDR nicht durchzusetzen, die aus politischen Prestigeüberlegungen am Kurs 1:1 festhielt und für die eine Auszahlung in D-Mark nicht in Betracht kam.

Trotz der Beschränkung der Transferberechtigung auf westdeutscher Seite bildete sich bei der Bundesbank 1975/76 ein ständig steigendes «Wartezimmer» mit westdeutschen Transferaufträgen, die wegen fehlender Verrechnungsmasse nicht ausgeführt werden konnten. Die Bundesbank mußte deshalb ab Mai 1976 für mehr als zwei Jahre einen Annahmestopp für Transferaufträge von Bundesbürgern erlassen. Die Situation verbesserte sich erst, als sich die DDR im Zusammenhang mit der Vereinbarung über den Bau der Autobahn Berlin-Hamburg verpflichtete, in den Jahren 1979–1982 für die Ausführung von westdeutschen Transferaufträgen pro Jahr 50 Mio. DM in Vierteljahresraten zur Verfügung zu stellen. Im Zusammenhang mit den Swingregelungen stellte die DDR dann bis 1985 jährlich 60 Mio. DM als Einschuß für den Sperrguthabentransfer zur Verfügung. Für den Zeitraum 1986–1990 wurde dieser Einschuß auf 70 Mio. DM pro Jahr erhöht. Darüber hinaus leistete die DDR Anfang 1990 eine einmalige Zahlung von 60 Mio. DM zur Abdeckung des aufgelaufenen Fehlbetrages, so daß sie insgesamt über 770 Mio. DM in den Sperrguthabentransfer eingeschossen hat. Dank dieser Deviseneinschüsse, die für die DDR einen echten Devisenverlust darstellten, konnten an transferberechtigte Bundesbürger seit Inkrafttreten der Vereinbarung bis Mitte 1990 Sperrguthaben in Höhe von über 830 Mio. Mark der DDR aus einem nicht näher bezifferbaren Gesamtbestand im Verhältnis 1:1 transferiert werden, während umgekehrt an DDR-Bewohner nur 62 Mio. DM aus einem Bestand von ca. 3 Mrd. DM transferiert wurden.

Die Unterhaltsvereinbarung schaffte einen geregelten Zahlungsweg für Unterhaltszahlungen und ersetzte die frühere, im begrenzten Umfang mögliche Jugendamtsverrechnung. Nach der Vereinbarung konnten Unterhaltszahlungen zur Erfüllung familienrechtlich begründeter Verpflichtungen und bestimmte Schadenersatzzahlungen über besondere Verrechnungskonten bei der Bundesbank und der Staatsbank der DDR im Verhältnis 1:1 geleistet werden. Von der Vereinbarung eines Ausgleichsprinzips wie bei der Sperrguthabenvereinbarung wurde abgesehen, vielmehr erfolgte der Ausgleich über das Sonderkonto S. Seit Inkrafttreten der Vereinbarung bis Mitte 1990 wurden

Unterhaltszahlungen in Höhe von 177 Mio. DM an DDR-Bewohner und in Höhe von 104 Mio. DM an Bundesbürger überwiesen.

e) Reisezahlungsverkehr

Der Reiseverkehr von Bundesbürgern in die DDR stellte für die DDR eine wichtige Devisenquelle dar. Netto erzielte die DDR im Reiseverkehr jährliche Deviseneinnahmen von weit über 1 Mrd. DM (vgl. Tabelle 2), d.h., der politisch und ideologisch unerwünschte Besucherverkehr war für die DDR als Devisenquelle von außergewöhnlich großer Bedeutung.

Im Reisezahlungsverkehr konnte erst 1985/86 eine Einigung mit der Staatsbank der DDR über die Verwendung von Kreditkarten, Reise- und Eurocheques bei Reisen in die DDR erzielt werden. Die Zahlungen wurden zentral über ein bei der Bundesbank für die Deutsche Außenhandelsbank der DDR geführtes D-Mark-Konto verrechnet.

Nach dem Fall der Mauer konnten Reisende aus der DDR im Rahmen der Einrichtung eines gemeinsamen Reisedevisenfonds ab 1. Januar 1990 pro Jahr 200 DM gegen Mark der DDR erwerben, von denen 100 DM im Verhältnis 1:1 und die anderen 100 DM im Verhältnis 1:5 getauscht werden konnten. Der Fonds, der den Erwerb von Reisezahlungsmitteln bis zu 3 Mrd. DM vorsah, wurde bis zu einer Höhe von knapp 2,2 Mrd. DM ausgeschöpft, wovon 75% von der Bundesrepublik und die restlichen 25% von der DDR getragen wurden. Mit der Einführung der D-Mark in der DDR zum 1. Juli 1990 wurde der Reisedevisenfonds hinfällig.

7. Zahlungsverkehr mit der DDR in freier D-Mark über devisenrechtlich genehmigte Freikonten und Auslandskonten; verdeckter Transfer beim Häftlingsfreikauf

Neben dem Verrechnungsverkehr nach dem Berliner Abkommen, dem Verrechnungsverkehr nach der Sperrguthaben- und Unterhaltsvereinbarung sowie den Sperrkontenzahlungen ließ die Bundesbank auch einen Zahlungsverkehr mit der DDR in freier D-Mark zu. Die Zahlungen wurden über von der Bundesbank genehmigte frei verfügbare Konten, die sogenannten Freikonten, abgewickelt, die bei westdeutschen Banken vorwiegend für DDR-Banken und Außenhandelsbetriebe geführt wurden. Diese Konten dienten ursprünglich nur der Abwicklung des Zahlungsverkehrs der DDR mit dem Ausland über westdeutsche Geldinstitute. Seit den siebziger Jahren wurden über diese Konten jedoch auch umfangreiche Zahlungen aus dem Bundesgebiet in die DDR und umgekehrt geleistet. Zu den in freier D-Mark zugelassenen Geschäften gehörte der Transithandel mit der DDR, der jährlich ein Volumen von mehreren Milliarden D-Mark erreichte und seit 1982 erhebliche Überschüsse zugunsten der DDR erbrachte. Ferner wurden Drittlandskooperationsgeschäfte mit der DDR in freier D-Mark abgewickelt, sofern die Waren direkt ins Ausland (und nicht im Rahmen des innerdeutschen Handels) geliefert wurden. Auch wurden umfangreiche Regierungszahlungen an die DDR in freier D-Mark auf Freikonten geleistet, z.B. die jährliche Transitpauschale von 525 Mio. DM oder Zahlungen für Verkehrsprojekte in der DDR wie den Bau der Autobahn Berlin-Hamburg für 1,2 Mrd. DM. Umgekehrt zahlte die DDR die Zuschüsse für den Sperrguthabentransfer an westdeutsche Transferberechtigte in Höhe von über 770 Mio. DM zu Lasten der Freikonten. Ferner wurden Devisenhandelsgeschäfte westdeutscher Banken mit der DDR, die von der Bundesbank bei Kassageschäften ohne Begrenzung und bei Termingeschäften unter Festlegung eines bestimmten DDR-Obligos für jede Bank zugelassen worden waren, über Freikonten abgewickelt. Im Unterschied zu den VE-Einnahmen, die zweckgebunden für Einkäufe im innerdeutschen Handel verwendet werden mußten, konnte die DDR über die ihr auf Freikonten zufließenden Beträge frei verfügen. Eine Überziehung der Freikonten war jedoch ausgeschlossen.

Der Überschuß der Zahlungen in freier D-Mark zugunsten der DDR belief sich in den achtziger Jahren auf jährlich rund 2 Mrd. DM, d.h., die DDR erzielte aus dem freien Zahlungsverkehr mit der Bundesrepublik jährlich einen erheblichen Devisenzufluß, den sie im Handel mit westlichen Ländern bzw. zur Bedienung ihrer Devisenverschuldung einsetzen konnte.

Nicht über Freikonten wurden die Zahlungen der Bundesregierung von insgesamt 3,4 Mrd. DM für den Häftlingsfreikauf abgewickelt. Vielmehr wurde der Häftlingsfreikauf mit Genehmigung der Bundesbank im Rahmen der Kirchengeschäfte «B» abgewickelt.[9] Dabei flossen die Zahlungen an das Diakonische Werk, das analog zu den Kirchengeschäften «A» primär Rohstoffe an die DDR lieferte. Letztlich handelte es sich um einen verdeckten Transfer, da es wirtschaftlich auf dasselbe Ergebnis hinauslief, ob die DDR Rohstoffe erhielt und damit Devisen sparte oder zunächst Devisen erhielt, um damit benötigte Rohstoffe einzukaufen. Die Einbindung des Häftlingsfreikaufs in die Kirchengeschäfte hatte primär den Sinn, die anrüchige direkte Zahlung für die Freilassung von Häftlingen (Menschenhandel) zu vermeiden oder doch zu kaschieren.

9 Neben den Kirchengeschäften «B» (= Bundesregierung), bei denen das Diakonische Werk im Auftrag der Bundesregierung den Warentransfer für die ausgehandelten Freikäufe durchführte, gab es Kirchengeschäfte «A» und «C». Dabei handelte es sich um Eigenleistungen der beiden Kirchen zur Unterstützung ihrer Schwesterkirchen in der DDR.

8. Politische und rechtliche Bestimmungsgründe für die Rolle der Bundesbank im innerdeutschen Wirtschafts- und Zahlungsverkehr

Die Bedeutung des innerdeutschen Handels lag für die Bundesrepublik in der deutsch-deutschen Klammerfunktion und in der Sicherung des freien Zugangs nach Westberlin. Die Bundesbank hat den Sonderstatus des innerdeutschen Handels devisenrechtlich abgesichert und durch die Swinggewährung zur Funktionsfähigkeit des deutsch-deutschen Handels nicht unwesentlich beigetragen. Sie hat die Kreditgewährung an die DDR mit Hilfe des Devisenrechts so gesteuert, daß sich das DDR-Obligo gegenüber der Bundesrepublik stets in vertretbaren Grenzen gehalten hat, so daß weder der Verrechnungsverkehr gefährdet wurde, noch die Bundesrepublik Erpressungsversuchen der DDR ausgesetzt war, wie es bei einer höheren bilateralen Verschuldung mit der Drohung der Nichtrückzahlung hätte der Fall sein können. Dagegen trat die ökonomische Bedeutung des innerdeutschen Handels für die Bundesrepublik hinter der politischen Rolle zurück. In Relation zum Außenhandel lag der Anteil des innerdeutschen Handels immer unter 2%, hatte allerdings für die mit rund 80% beteiligten Klein- und Mittelbetriebe eine nicht zu unterschätzende Bedeutung.

Für die DDR dagegen hatte die ökonomische Bedeutung des innerdeutschen Handels Vorrang vor der politischen Rolle. Das zeigt sich schon daran, daß der Anteil des innerdeutschen Handels am Außenhandel der DDR bei über 10% lag und der innerdeutsche Handel eine Lückenbüßerfunktion ausübte; Produktionsausfälle und Mängel der Planwirtschaft konnten mit Hilfe des innerdeutschen Handels schnell und reibungslos kompensiert werden. Zudem brachte der DDR die Zoll- und Abschöpfungsfreiheit erhebliche wirtschaftliche Vorteile.

Die restriktive Genehmigungspraxis der Bundesbank bei der Kreditgewährung an die DDR hat es der Bundesregierung erleichtert, mit Hilfe der Bundesbürgschaften für die beiden Milliardenkredite politische Zugeständnisse der DDR zu erreichen. Auch bei der Genehmigung dieser beiden Kredite einschließlich der Bürgschaften standen deutschlandpolitische Erwägungen im Vordergrund. Der Vorwurf der ehemaligen Bürgerbewegung in der DDR, die Bundesregierung habe durch die Gewährung der Milliardenkredite den Zusammenbruch der DDR um Jahre verzögert, ist kaum aufrechtzuhalten. Abgesehen davon, daß die Sowjetunion 1981/82 die DDR nicht aufgegeben hätte, hätte selbst ein Zahlungsmoratorium der DDR nicht ihren Zusammenbruch bedeutet. Die DDR setzte die Milliardenkredite weder zu dem Zweck ein, fällige Kredite abzulösen, noch nutzte sie die Kredite zu Investitionen, um ihre wirtschaftliche Leistungsfähigkeit zu erhöhen. Statt dessen ließ sie den Gegenwert als Guthaben bei westlichen Banken stehen. Ihr war es zum Nachweis der Zahlungsfähigkeit wichtiger, höhere Guthaben in der Statistik der Bank für Internationalen Zahlungsausgleich (BIZ) ausweisen zu können, als Investitionen in den veralteten Produktionsapparat vorzunehmen. So stiegen die von der BIZ ausgewiesenen Guthaben der DDR von rund 2 Mrd. US-Dollar Ende 1982 auf knapp 10 Mrd. US-Dollar 1989 an. Ebenfalls erhöhte sich die Nettoverschuldung der DDR gegenüber dem Westen in dieser Zeit nur unwesentlich auf circa 13 Mrd. US-Dollar. Wäre es dagegen ohne die Milliardenkredite zur Zahlungsunfähigkeit der DDR gekommen und hätte dieser Schock zu wirtschaftlichen und politischen Reformen in der DDR geführt, wäre die historische Entwicklung unter Umständen sogar anders verlaufen, wie es etwa vergleichsweise in Ungarn der Fall war. Schließlich führten erst die geänderte politische Situation in der Sowjetunion und die Perspektivlosigkeit in der DDR zu der Ausreisewelle, zur Bildung einer politischen Opposition und schließlich zum Protest der Massen, die das DDR-Regime von innen zu Fall brachten, und nicht etwa die Auslandsverschuldung der DDR.

Die Bundesbank hatte im innerdeutschen Wirtschaftsverkehr zwar eine originäre Zuständigkeit und einen fast unbegrenzten Ermessensspielraum übertragen bekommen, sie hat sich jedoch bei der Ausübung der ihr übertragenen Aufgaben mit der Bundesregierung abgestimmt und die deutschlandpolitischen Ziele der Bundesregierung grundsätzlich unterstützt. Beim Erlaß Allgemeiner Genehmigungen übernahm sie faktisch die Rolle des Verordnungsgebers, was ihr den Vorwurf einbrachte, Ersatzgesetzgeber zu sein. Rückblickend gesehen hat sich das vielfach als fossiles Relikt verspottete innerdeutsche Wirtschafts- und Zahlungssystem bewährt; die mit ihm verfolgten politischen Ziele wurden erreicht.

Tabelle 1: Entwicklung des Innerdeutschen Handels und des Swing (in Mio. DM/VE)

Jahr	Lieferungen in die DDR[1)]	Bezüge aus der DDR[1)]	Ausnutzung des Swing am Jahresende durch die DDR	Swing-Höchstbetrag
1970	2484	2064	424	440
1971	2652	2584	429	440
1972	2960	2395	581	585
1973	2938	2688	613	620
1974	3662	3256	620	660
1975	4028	3391	756	790
1976	4470	3938	718	850
1977	4663	4071	660	850
1978	4754	4066	795	850
1979	5093	4792	798	850
1980	5875	5855	814	850
1981	6129	6350	583	850
1982	7080	6988	491	850
1983	7681	7562	481	770
1984	7251	8241	273	690
1985	8585	8158	192	600
1986	7837	7344	194	850
1987	7366	7119	233	850
1988	6838	7333	[2)]–124	850
1989	7702	7768	[2)]–97	850

1) Lieferungen und Bezüge umfassen sowohl Waren als auch Dienstleistungen. – 2) (–): Guthaben der Staatsbank der DDR bei der Bundesbank.

Quelle: Deutsche Bundesbank, Abt. IZ 1, Tabellen zum Innerdeutschen Zahlungsverkehr, Heft IV/1989.

Tabelle 2: Zahlungsverkehr in freier Währung
Zahlungen der Bundesrepublik in die DDR und Zahlungen der DDR in die Bundesrepublik (in Mio. DM)

	Zahlungen der Bundesrepublik in die DDR												Zahlungen der DDR in die Bundesrepublik				Überschuß der Zahlungen der Bundesrepublik über die Zahlungen der DDR	
	öffentliche Stellen				Wirtschaftsunternehmen				Privatpersonen									
	Bund	Bundespost	Berliner Senat	insgesamt 1+2+3	für Güterbeförderung	für Transithandel[1]	für sonstige Leistungen	insgesamt 5+6+7	im Reiseverkehr	sonstige Zahlungen[2]	insgesamt 9+10	Zahlungen der Bundesrepublik insgesamt 4+8+11	Transithandel[1]	Zahlungen aus Konto S	sonstige Zahlungen	Zahlungen der DDR insgesamt 13+14+15	ohne Transithandel 18+13−6	einschl. Transithandel 12−16
Jahr	1	2	3	4	5	6	7	8	9	10	11	12	13	14	15	16	17	18
1980	915	11	22	948	80	419	66	565	1241	194	1435	2947	821	12	262	1096	2254	1852
1981	1042	12	25	1079	78	723	50	852	1297	185	1482	3412	775	19	280	1074	2391	2338
1982	999	17	25	1042	105	1922	28	2055	1344	196	1540	4637	511	66	274	851	2374	3786
1983	741	38	25	803	96	2022	38	2156	1407	222	1629	4588	1616	73	288	1977	2206	2611
1984	706	20	29	755	93	2893	170	3155	1422	214	1637	5548	1652	66	270	1987	2320	3560
1985	593	38	29	659	106	1816	103	2025	1402	209	1612	4296	1110	45	272	1427	2163	2869
1986	682	32	27	741	88	1182	38	1307	1307	219	1526	3574	695	48	334	1078	2011	2497
1987	644	20	25	688	85	898	30	1013	1337	217	1554	3256	750	46	338	1134	1973	2121
1988	613	23	99	735	76	796	47	919	1406	219	1625	3279	801	46	340	1187	2096	2092
1989	591	23	33	646	74	1006	74	1155	1358	247	1606	3407	1082	43	496	1622	1861	1785

1) Geschäfte von Transithändlern in der Bundesrepublik und Geschäfte von Transithändlern in der DDR (ab 1984). – 2) Im wesentlichen Zahlungen an den Genex-Geschenkdienst.
Differenzen in den Summen durch Runden der Zahlen.

Quelle: Deutsche Bundesbank, Abt. IZ 1, Tabellen zum Innerdeutschen Zahlungsverkehr, Hefte I/1984 und IV/1989.

9. Literatur

Bopp, Helmut: Wirtschaftsverkehr mit der DDR, Baden-Baden 1983

Deutsche Bundesbank: Innerdeutscher Zahlungs- und Wirtschaftsverkehr, Tabellenheft der Abteilung IZ 1, Eigendruck Deutsche Bundesbank, Frankfurt a.M., diverse Jahrgänge

Deutsche Bundesbank: Merkblatt über den innerdeutschen Wirtschafts- und Zahlungsverkehr, Zusammenstellung der wichtigsten gesetzlichen Bestimmungen und Verordnungen zur Regelung des innerdeutschen Wirtschafts- und Zahlungsverkehrs sowie der Allgemeinen Genehmigungen der Deutschen Bundesbank und der dazu gegebenen Erläuterungen, Stand Januar 1989, Eigendruck Deutsche Bundesbank, Frankfurt a.M. 1989

Deutsche Bundesbank: Die Bilanz des Zahlungsverkehrs der Bundesrepublik Deutschland mit der Deutschen Demokratischen Republik, in: Monatsbericht 42 (1990) 1, S. 13–22

Deutsche Bundesbank: Die Währungsunion mit der Deutschen Demokratischen Republik, in: Monatsbericht 42 (1990) 7, S. 14–29

Haendcke-Hoppe, Maria: Die Wirtschaftsbeziehungen zwischen beiden deutschen Staaten; in: 40 Jahre innerdeutsche Beziehungen, Schriftenreihe der Gesellschaft für Deutschlandforschung, Bd. 29, Jahrbuch, Berlin 1989, S. 119–139

Kühne, Rudolf: Der interzonale Zahlungsverkehr innerhalb Deutschlands in den Jahren 1945 bis 1973, Eigendruck Deutsche Bundesbank, Frankfurt a.M. o.J. [1974]

Volze, Armin: Ein großer Bluff? Die Westverschuldung der DDR, in: Deutschland-Archiv 29 (1996), S. 701–713

XIII. Die deutsche Währungsunion*

Von Manfred E. Streit

1. Vorbemerkungen

Die Währungsunion vom 1. Juli 1990 ist markanter Bestandteil eines in der deutschen Geschichte einmaligen Vorgangs: Den Deutschen in Ostdeutschland war die Befreiung von einem totalitären Regime durch eine friedliche Revolution gelungen. Mit der Einbeziehung Ostdeutschlands in den Geltungsbereich der D-Mark begann eine Schocktherapie für ein sozialistisches Wirtschaftssystem, das selbst nach Einschätzung der Planungskommission der DDR kurz vor dem Zusammenbruch stand. Mit der «Währungs-, Wirtschafts- und Sozialunion» (WWSU) wurden über die Geldverfassung hinaus auch die übrigen Elemente der westdeutschen Wirtschaftsverfassung auf Ostdeutschland übertragen. Das bedeutete einen radikalen institutionellen Bruch mit der sozialistischen Vergangenheit, der in den übrigen Transformationsländern ohne Parallele ist.

Die Analyse gliedert sich wie folgt: Zunächst wird dargelegt, warum bei dem häufig versuchten Vergleich der Währungsunion von 1990 mit der Währungsreform von 1948 wesentliche Unterschiede zu Tage treten (Abschnitt 2), an denen deutlich wird, weshalb die damals gemachten Erfahrungen bei der WWSU nur sehr bedingt wirtschaftspolitisch genutzt werden konnten. Sodann wird begründet, warum das Geld- und Kreditsystem der DDR keinen organisatorisch und institutionell nahtlosen Übergang zum westdeutschen System erlaubte (Abschnitt 3). Danach wird die Währungsumstellung analysiert (Abschnitt 4). Im darauffolgenden Abschnitt 5 werden der faktische Ablauf der monetären Transformation Ostdeutschlands und die dabei gefundenen Problemlösungen dargestellt. Im letzten Abschnitt 6 werden die gefundenen Lösungen beurteilt.

* Meinem Mitarbeiter, Herrn Dr. Uwe Mummert, möchte ich besonders für seine Unterstützung danken. Er trug die Hauptlast der notwendigen Recherchen, erarbeitete Vorentwürfe und war für mich ständiger Diskussionspartner. Ferner danke ich meinen übrigen Mitarbeiterinnen und Mitarbeitern sowie den Doktoranden der Abteilung «Institutionenökonomik und Wirtschaftspolitik» des Instituts für die kritische Durchsicht und wertvolle Hinweise.

2. Die Währungsreform von 1948, eine historische Parallele?

Sowohl vor als auch nach der Währungsunion wurde nach historischen Parallelen gesucht mit dem Ziel, die so gewonnenen Erfahrungen zu nutzen. Dabei wurden schnell Grenzen eines solchen Vorgehens erkennbar.

Bei der WWSU handelte es sich nicht um eine Währungsreform im Sinne einer Neuordnung des Geldwesens einer Volkswirtschaft, wie dies 1923/24 in Deutschland nach einer Hyperinflation geschah. Ebensowenig war sie Folge des Beitritts eines Landes mit einem ähnlichen Wirtschaftssystem zum Geltungsbereich der Währung und Wirtschaftsverfassung eines anderen Landes, wie im Falle des Saarlandes 1959. Selbst beim Vergleich mit der Währungsreform von 1948 wird sich zeigen, daß die Situation 1990 grundlegende Unterschiede aufwies.

Für einen Vergleich sind nicht nur die monetären und realwirtschaftlichen Ausgangsbedingungen relevant. Hinzu kommt, daß auch Parallelen zur abrupten Systemtransformation bestehen müßten, die mit der Währungsunion von 1990 aufgrund der gleichzeitigen Wirtschafts- und Sozialunion verbunden war. Jede Systemtransformation beinhaltet einen grundlegenden Wandel der Institutionen,[1] die den Ordnungsrahmen von Wirtschaft und Gesellschaft ausmachen. Die Institutionen prägen die monetäre und realwirtschaftliche Entwicklung wesentlich mit. Infolgedessen sind auch die institutionellen Ausgangsbedingungen in den Vergleich einzubeziehen.

a) Monetäre Ausgangsbedingungen

1948 war die monetäre Situation durch einen erheblichen Geldüberhang, eine hohe Verschuldung der Banken sowie eine Zurückweisung der Reichsmark durch die Bevölkerung gekennzeichnet. Geldüberhang und Bankenverschuldung waren Folgen der «geräuschlosen» Rüstungsfinanzierung durch die

1 Institutionen stellen Beschränkungen menschlichen Verhaltens in wiederkehrenden Interaktionen dar. Es sind in der jeweils analysierten Gruppe gemeinhin bekannte Regeln, die von einem Durchsetzungsmechanismus unterstützt werden. Ein gängiges Unterscheidungskriterium ist der mit ihnen verbundene Durchsetzungsmechanismus. Solche Verhaltensregeln, deren Durchsetzung sich auf das staatliche Gewaltmonopol stützt, werden als externe Institutionen bezeichnet. Interne Institutionen sind dagegen Verhaltensregeln, die auf privaten Sanktionsmechanismen basieren; dazu gehören z.B. Konventionen, Sitten und moralische Normen. Vgl. z.B. Kiwit/Voigt, Überlegungen, und Lachmann, Wirtschaftsordnung, der zumindest in ähnlicher Weise zwischen «inneren» und «äußeren» Institutionen unterscheidet.

nationalsozialistische Regierung.[2] Diese Finanzierung fügte sich in eine Wirtschaftsordnung ein, die zentralverwaltungswirtschaftliche Merkmale hatte. Dazu gehörten vor allem eine zunehmend staatliche Allokation der Produktionsfaktoren, die Rationierung der Konsumgüter, die Fixierung der Löhne und Gehälter sowie Preiskontrollen. Der monetäre Sektor war im übrigen durch Finanzierungsbeschränkungen für Unternehmen, Geldhaltungsbeschränkungen für die privaten Haushalte und Devisenkontrollen gekennzeichnet. Die inflatorischen Folgen des wachsenden Geldüberhangs wurden durch Preiskontrollen und Rationierungen zurückgestaut.

Nach dem Kriegsende wurde das von der deutschen Regierung verwendete System von Preiskontrollen und Rationierungen weitgehend beibehalten. Auch die Reichsmark blieb gesetzliches Zahlungsmittel. Das bedeutete, daß zum Zeitpunkt der Währungsreform zwölf Jahre zurückgestauter Inflation zu bewältigen waren. Der Geldüberhang in Form von Bargeld und Bankguthaben wurde auf 90% der Geldbestände geschätzt.[3] Hinzu kam eine Überschuldung des Bankensystems, weil den Einlagen wertlose Forderungen an das Reich gegenüberstanden. Mit der Währungsreform wurden Geldüberhang und Überschuldung beseitigt: Die schließlich zum Umtausch angemeldete Geldmenge (im Sinne von M3) wurde bis auf eine Kopfquote von 60 Mark am Ende aller Umstellungen auf ein Fünfzehntel ihres Nominalwertes reduziert. Die wertlosen Forderungen der Banken gegen das Reich wurden gestrichen. Zum Ausgleich für verbliebene Verbindlichkeiten erhielten die Banken Forderungen gegen die Länder und später gegen den Bund.[4]

In der Zeit zwischen Kriegsende und Währungsreform gewannen Schwarzmarktaktivitäten ständig an Bedeutung. Steigende Angst vor einer offenen Inflation oder einer Währungsreform ließ das Vertrauen in die Reichsmark schwinden. Immer weniger Güter gelangten in den legalen Wirtschaftskreislauf. Statt dessen wurden sie gehortet, entweder um über ausreichende Mittel zum Naturaltausch verfügen zu können oder aus Angst vor einem inflationsbedingten Wertverlust von Geldvermögen. Schätzungen zufolge wurde schließlich nur noch die Hälfte der Produktion auf legalen Märkten gehandelt.[5] Damit hatte die Reichsmark zunehmend an Tauschmittel- und Wertaufbewahrungsfunktion eingebüßt. Symbol für die um sich greifende Zurückweisung des offiziellen Zahlungsmittels war die «Zigarettenwährung».

Die monetäre Ausgangslage von 1990 weist auf den ersten Blick durchaus

2 Vgl. zu den technischen Einzelheiten z.B. Stolper/Häuser/Borchardt, Deutsche Wirtschaft, S. 188ff. oder Abelshauser, Wirtschaftsgeschichte, S. 46.

3 Vgl. Colm/Dodge/Goldsmith, A Plan, S. 221f. sowie Reichsbankleitstelle, Hauptverwaltung der Reichsbank für die britische Zone: Wie kann eine Währungsreform auf Drei-Zonen-Basis durchgeführt werden? Hamburg 11. Dezember 1947 (HA BBk B 330/4584).

4 Ausführlicher hierzu Stolper/Häuser/Borchardt, Deutsche Wirtschaft, S. 242ff.

5 Vgl. Wolf, Geld- und Finanzprobleme, S. 229ff.

einige Parallelen zur Situation von 1948 auf. Ähnlich wie während der nationalsozialistischen Wirtschaftslenkung bildete sich im verwaltungswirtschaftlichen System der DDR ein Geldüberhang. Auch hier war die Ursache eine kontinuierliche Finanzierung staatlicher Geldschöpfung. Sie geschah ebenfalls «geräuschlos», wenn auch auf andere Weise. Es galt, die Überlegenheit des sozialistischen gegenüber dem zu Haushaltsdefiziten neigenden kapitalistischen System zu demonstrieren. Ein offener Ausweis des Haushaltsdefizits wurde dadurch vermieden, daß die Unternehmen in zunehmendem Umfang finanzielle Mittel an die Staatsbank abzuliefern hatten. Ihr daraus entstehender Finanzierungsbedarf wurde durch Kredite der Staatsbank bzw. der ihr nachgeordneten Banken gedeckt. Mit der Kreditvergabe als Steuerungsinstrument wurden die Betriebe keinen harten Beschränkungen unterworfen. Vorrang hatten die Ziele materieller Planung (Abschnitt 3a). Es galt der Grundsatz: «Am Geld scheitert nie etwas.»[6] Hinweise auf einen wachsenden Geldüberhang lieferte die Staatsbank der DDR selbst. Nach ihren Berechnungen stieg das Geld- und Kreditvolumen seit 1975 wesentlich schneller als das produzierte Nationaleinkommen.

Anders als im Jahre 1948 führte die «geräuschlose» Defizitfinanzierung im Falle der DDR nicht zu einer Überschuldung der Banken mangels werthaltiger Forderungen. Als staatliche Vollzugsorgane hatten sie im sozialistischen System ohnehin eine andere Funktion (Abschnitt 3a). Das bedeutete auch, daß die ausgewiesenen «Schulden» der Betriebe entsprechend zu interpretieren waren (Abschnitt 3b), was mit der gewählten Lösung des Problems der «Altschulden» nicht geschah (Abschnitt 5).

Auch in der DDR konnte sich der Geldüberhang aufgrund staatlicher Preisfixierung nicht in einer offenen Inflation niederschlagen. Allerdings wurde die Inflation nicht so rigoros rückgestaut, wie dies durch das nationalsozialistische Regime geschah. Lediglich die Preise für Konsumgüter des Grundbedarfs wurden stabil gehalten, während die Preise für Waren des gehobenen Bedarfs kräftig angehoben wurden. Das geht auch aus einer Studie des Finanzministeriums und der Staatsbank der DDR hervor.[7] Dennoch existierte weiterhin ein Geldüberhang. Nach Berechnungen des Finanzministeri-

6 Autorenkollektiv, Geld, Kredit, Finanzen, S. 21.

7 In einer Studie vom 27. November 1989 wurden die Preiserhöhungen in der Industrie, im Bauwesen und in der Landwirtschaft zusammengenommen mit 56,9% gegenüber 1975 angegeben. Für Konsumgüter und Dienstleistungen betrug danach die Anhebung des Preisniveaus für den gleichen Zeitraum 16,5%. Vgl. Einschätzung zur Stabilität der Währung der DDR, eingereicht von: Minister für Finanzen und Preise, Präsident der Staatsbank der DDR, Berlin 27. November 1989 (Bundesarchiv Koblenz und Berlin, DN1 VS13/90 Band 6). Demgegenüber dokumentieren die statistischen Jahrbücher der DDR eine im wesentlichen stabile Kaufkraft der Mark. Die Stabilität wurde durch Manipulationen des Warenkorbs erreicht. Darin waren im Preis stabil gehaltene Waren des Grundbedarfs im Verhältnis zu den verteuerten Waren des gehobenen Bedarfs überrepräsentiert.

ums und der Staatsbank der DDR betrug dieser etwa 15% der Geldbestände.[8] Auch wenn die Aussagefähigkeit amtlicher Statistiken der DDR stark bezweifelt werden muß, dürfte der Geldüberhang 1990 bei weitem nicht das Ausmaß von 1948 erreicht haben.

Es kam auch in der DDR nicht zu einer Zurückweisung der Mark, wie dies bei der Reichsmark der Fall gewesen war. Allerdings war die D-Mark schon lange vor der Währungsunion eine Art Zweitwährung geworden, die Zugang zu Waren verschaffte, welche sonst nicht zu haben waren.[9] Ihr Umlauf wurde geduldet. Durch ihre Zulassung als Zahlungsmittel in Intershop-Läden erschloß sich der Staat sogar eine Deviseneinnahmequelle. Ferner entwickelte sich aufgrund der unbefriedigenden Verwertbarkeit der Geldeinkommen wie in anderen sozialistischen Systemen eine Schattenwirtschaft, ergänzt durch Naturaltausch. Nach dem Fall der Mauer nahm das Vertrauen in die Mark der DDR allerdings rapide ab. Dazu trug auch eine in Ostdeutschland verbreitete Übervereinfachung bei. Die D-Mark wurde zunehmend als Instrument angesehen, um die wirtschaftlichen Probleme der DDR zu lösen.[10] Das Ausmaß der zu bewältigenden Transformationsaufgabe geriet dabei in den Hintergrund. Politische Äußerungen während der Wahlkämpfe im Jahre 1990 begünstigten diese Fehleinschätzung sogar.[11]

Als Zwischenergebnis kann festgehalten werden, daß sich die monetären Ausgangsbedingungen 1990 im Vergleich zu 1948 trotz einiger Parallelen insofern unterschieden, als die rein monetäre Aufgabe leichter lösbar war. Zwar bestanden beträchtliche Informationsdefizite hinsichtlich der monetären Lage in der DDR. Bei einer währungspolitischen Risikoabschätzung war aber zu berücksichtigen, daß es sich aus der Perspektive Gesamtdeutschlands nur um eine partielle Währungsreform für ein Wirtschaftsgebiet handelte, welches nach Bevölkerung und Sozialprodukt kleiner als Nordrhein-Westfalen war. Ferner konnte bei diesem Vorhaben – wie 1948 – auf eine etablierte Zentralbankorganisation zurückgegriffen werden.

8 Vgl. Einschätzung zur Stabilität der Währung der DDR, eingereicht von: Minister für Finanzen und Preise, Präsident der Staatsbank der DDR, Berlin 15. Dezember 1989 (Bundesarchiv Koblenz und Berlin, DN1 VS13/90, Band 5).

9 Die umlaufende Menge an D-Mark in der DDR wurde auf bis zu 4 Mrd. DM geschätzt. Vgl. Rüden, Rolle der D-Mark, S. 82f.

10 Vgl. Willgerodt, German Economic Integration, S. 174.

11 Dies sowie Bezeichnungen für den einschneidenden Bruch mit der sozialistischen Vergangenheit wie «Wende» (Egon Krenz, zurückgetretener Staatsratsvorsitzender der DDR) und «Aufschwung Ost» (Bundesregierung) trugen in Ost- und Westdeutschland dazu bei, daß die realwirtschaftlichen Anstrengungen unterschätzt wurden, welche zur Bewältigung des Erbes sozialistischer Mißwirtschaft erforderlich sein würden.

b) Realwirtschaftliche Ausgangsbedingungen

Zweifellos war es nicht leicht, die realwirtschaftliche Lage der DDR Ende 1989 und selbst bis zur Währungsunion verläßlich einzuschätzen. Es gab zwar Vermutungen über den schlechten Zustand der ostdeutschen Infrastruktur sowie der Produktionsanlagen; das wahre Ausmaß an Substanzverzehr wurde jedoch erheblich unterschätzt. Im Oktober 1989 hatte eine Arbeitsgruppe unter Leitung des Vorsitzenden der staatlichen Plankommission, Gerhard Schürer, in einer damals geheimen Studie für den Ministerrat der DDR ermittelt, daß 1988 der Verschleißgrad des Kapitalstocks in den verschiedenen Sektoren zwischen 52 und 67% lag.[12] Unterstellt man dieser Studie Realitätsnähe, ist bei einer ökonomischen Würdigung darüber hinaus zu bedenken: Unterlassene Reinvestitionen bedeuten in der Regel auch Produktivitätsrückstand durch Überalterung, und Produktion für Planziele bedeutet im Zweifel eine Spezifität des Kapitalstocks, die Markterfordernissen im Rahmen einer internationalen Arbeitsteilung allenfalls zufällig entspricht. Wenn dennoch bei der Schätzung des Produktionspotentials der DDR unter veränderten Bedingungen mit einem aus heutiger Sicht unrealistisch hohen Kapitalstock gerechnet wurde, so kann das nicht allein damit begründet werden, daß die Daten der DDR manipuliert waren. Die Fehleinschätzung durch Entscheidungsträger, Experten und Öffentlichkeit in Westdeutschland beruhte auch auf einer verzerrten Wahrnehmung des «realexistierenden Sozialismus».[13] Die seit Jahrzehnten vorliegenden Erkenntnisse über die immanenten, schwerwiegenden Funktionsdefizite sozialistischer Systeme wurden weder von der Politik noch von vielen Ökonomen hinreichend ernst genommen. Hinzu kam, daß bei Analysen und Politikvorschlägen den grundlegenden Systemunterschieden nicht immer ausreichend Rechnung getragen wurde.

Demgegenüber war die Situation 1948 überschaubarer, und niemand konnte über Kriegszerstörung und Demontagen hinwegsehen. Allerdings war

12 Im einzelnen waren es nach dieser Studie in der Industrie 53,8%, in der Bauwirtschaft 67%, im Verkehrssektor 52,1% sowie in der Land-, Forst- und Nahrungsmittelwirtschaft 61,3%, vgl. Schürer, Analyse, S. 17.

13 Symptomatisch für eine verzerrte Wahrnehmung der Realitäten sind die vom Deutschen Institut für Wirtschaftsforschung (DIW) erstellten statistischen Materialien, die zugleich wesentliche Informationsgrundlage der Bundesregierung bei den Verhandlungen mit Vertretern der DDR über den Einigungsvertrag waren. Vgl. Bundesministerium für innerdeutsche Beziehungen, Materialien, Teil B. Weder wurden Zweifel an der Korrektheit der offiziellen Angaben der DDR zugelassen noch wurde die Unvergleichbarkeit planwirtschaftlicher und marktwirtschaftlicher Wertrechnung berücksichtigt. Aber selbst bei der Analyse der physischen Angaben, so wie sie vorlagen, erschließen sich klare Hinweise auf den desolaten Zustand, in dem sich die Wirtschaft der DDR befand. Vgl. Lippe, Politische Rolle.

der verbliebene industrielle Kapitalstock 1945 und selbst nach den Demontagen immer noch größer als vor Kriegsbeginn. Insofern kann auch davon ausgegangen werden, daß die anhaltende Investitionstätigkeit bis 1945 eine relativ günstige Altersstruktur des industriellen Kapitalstocks bewirkt hatte, die durch die Demontagen bis 1948 nur begrenzt beeinträchtigt wurde.[14] Vor allem aber war der Kapitalstock in seiner Spezifität lediglich durch zwölf Jahre unterschiedlich intensiver staatlicher Wirtschaftslenkung mit Autarkiebestrebungen sowie 15 Jahre Preiskontrollen beeinflußt. Dem standen im Falle der DDR im Jahre 1989 zusammengenommen 56 Jahre staatlicher Lenkung, eine seit 1948 weitgehende Abkapselung vom Weltmarkt und die Folgen unterlassener Reinvestitionen gegenüber.

Die realwirtschaftliche Ausgangslage 1990 unterschied sich also wesentlich von der des Jahres 1948. Nach der Währungsreform von 1948 konnte der verbliebene, qualitativ hochwertige Kapitalstock mit Engpaßinvestitionen zur Behebung von Kriegsschäden und Demontagen relativ schnell für eine Produktionsausweitung genutzt werden.[15] Demgegenüber war 1990 das durch extensive Nutzung von Kapitalstock und natürlichen Ressourcen vergleichsweise hohe Produktionsniveau in der DDR nicht aufrechtzuerhalten. Für eine Produktion unter Weltmarktbedingungen war der Kapitalstock weitgehend ungeeignet, und die im Rahmen des RGW staatlich garantierte Nachfrage aus den übrigen RGW-Staaten blieb mit deren Transformation aus.

c) *Institutionelle Ausgangsbedingungen*

Institutionell liegt es zunächst nahe, eine Parallele zwischen der Währungsunion 1990 und der Währungsreform 1948 zu ziehen, denn in beiden Fällen ging es zugleich um eine Systemtransformation. Allerdings ergeben sich bei näherer Betrachtung weitreichende Unterschiede. Die Wirtschaftsordnung des Deutschen Reiches wurde in der Zeit von 1933 bis 1945 trotz Einführung staatlicher Lenkung nicht grundlegend verändert. Das Lenkungssystem wurde den marktwirtschaftlich orientierten Institutionen der Weimarer Republik praktisch übergestülpt. Die Lenkung bedingte zwar eine selektive Einschränkung der Handlungsfreiheit der privaten Akteure durch staatliche Anweisungen. De jure blieben sie aber autonome Eigentümer im Rahmen des bisherigen Privatrechts. Das galt auch für viele Unternehmen. Ihren Eigentümern verblieb im Rahmen der durch das Lenkungssystem gezogenen Grenzen die Möglichkeit zu eigenverantwortlichem Handeln.[16]

14 Zu Einzelheiten über den Kapitalstock vgl. z.B. Krengel, Anlagevermögen.
15 Vgl. z.B. Stolper/Häuser/Borchardt, Deutsche Wirtschaft, S. 255 f.
16 Vgl. Waltmann, Wirtschaftssysteme, S. 140; Schmieding, Übergang, S. 157.

Nach Kriegsende behielten die Alliierten das Lenkungssystem zunächst bei. Erst mit der Währungsreform wurde der Systemwechsel vollzogen. Dabei kam es aufgrund der institutionellen Ausgangslage in erster Linie darauf an, den planwirtschaftlichen Überbau zu beseitigen. Dies galt auch für das Geld- und Kreditsystem. Hinzu kamen allerdings institutionelle Neuerungen. Hervorzuheben ist einmal, daß mit Paragraph 28 des sogenannten Umstellungsgesetzes eine staatliche Defizitfinanzierung verboten wurde, wobei das Verbot mit einem Eingriffsvorbehalt der Alliierten versehen war. Ferner wurde die Unabhängigkeit der Bank deutscher Länder von politischen Weisungen gesetzlich verankert. Beides waren Vorkehrungen, mit denen aus dem inflationsträchtigen politischen Mißbrauch des Bankensystems institutionelle Konsequenzen gezogen wurden. Damit sollte auch das Vertrauen in die neue Währung «Deutsche Mark» gestärkt werden.[17] Die Alliierten schufen mit der Notenbankverfassung ein Präjudiz, das später zu einem ordnungsökonomischen Markenzeichen der Bundesrepublik werden sollte.

Verglichen mit der institutionell verbesserten Restitution in den Westzonen wurde das Bankensystem in der Ostzone nach Gründung der DDR völlig umgestaltet. Mit der Kreditreform von 1949 wurden die Geschäftsbanken der Kontrolle der neugegründeten Deutschen Notenbank (1968 wurde sie zur Staatsbank der DDR) unterstellt und mit der Durchsetzung staatlicher Planungsaufgaben betraut (Abschnitt 3a). Infolgedessen mußte 1990 das Geld- und Kreditsystem der DDR als Teilordnung in jedem Fall völlig ausgewechselt werden, wenn es sich in eine marktwirtschaftlich orientierte Gesamtordnung einfügen sollte. Das geschah mit der Währungsunion durch Übernahme des westdeutschen Systems.

Während somit 1948 im Falle der späteren Bundesrepublik lediglich ein Rückzug des Staates aus der Wirtschaft erfolgen mußte, war 1990 in der DDR ein institutioneller Umbruch unvermeidlich. Er wurde dadurch erschwert, daß sich in der DDR nahezu die gesamte Wirtschaft in Staatseigentum befand. Demgegenüber blieben – wie erwähnt – die Eigentumsverhältnisse durch das nationalsozialistische Regime in den meisten Fällen unangetastet.[18] Mit der Aufhebung der Regulierungen gewannen die Eigentumsrechte ihre ursprüngliche Funktion zurück und gewährten die für marktwirtschaftliches Verhalten notwendigen Anreize.[19] Das vergleichsweise geringe Ausmaß an Enteignungen und daran anknüpfenden Restitutionsforderungen sowie die Unsicherheit über Eigentumsrechte hatten nach 1948 keine schwerwiegenden Folgen.[20]

17 Vgl. Möller, Ordnungspolitische Aspekte, S. 222f.

18 Mit dieser Feststellung sollen die Enteignungen nicht verharmlost werden, welche mit der Diskriminierung und Verfolgung von Bevölkerungsgruppen durch das Naziregime verbunden waren.

19 Vgl. Watrin, Der schwierige Weg, S. 42f.

20 Vgl. Möller, Ordnungspolitische Aspekte, S. 231ff.

Hingegen sollten die Rückübertragung von Eigentum sowie ungeklärte Vermögensfragen nach der Währungsunion von 1990 zu vieldiskutierten Quellen entwicklungshemmender Ungewißheit werden.

Die institutionellen Ausgangsbedingungen unterschieden sich also 1990 wesentlich von denen im Jahre 1948. Damals ging es darum, in Westdeutschland eine zeitweilig und auch nur teilweise suspendierte Marktwirtschaft zu reaktivieren. Hingegen war 1990 in Ostdeutschland eine Marktwirtschaft völlig neu zu institutionalisieren. Zweifellos wurde diese Gestaltungsaufgabe durch die Übernahme des westdeutschen Institutionensystems konzeptionell wesentlich vereinfacht. Dennoch verblieb eine Reihe von Transformationsproblemen. So konnte nicht unbedingt davon ausgegangen werden, daß die Verhaltensregeln, die sich zwischen den Akteuren in den vorangegangenen vier Jahrzehnten herausgebildet hatten (interne Institutionen), zu den neuen, staatlich gesetzten Rahmenbedingungen passen würden. Externe Institutionen müssen von korrespondierenden Einstellungen und Werthaltungen unterstützt werden, wenn sie ihre Orientierungsleistung möglichst reibungsarm erbringen sollen. Das legt die Vermutung nahe, daß die neuen institutionellen Bedingungen vielschichtige Anpassungen erforderlich machen, wenn die gewonnene ökonomische Entscheidungsfreiheit gewinnbringend genutzt werden soll. Auch hier ist ein wesentlicher Unterschied zur Währungsreform von 1948 zu vermuten. Er läßt sich darauf zurückführen, daß 1948 noch gute Anknüpfungsmöglichkeiten für die einem marktwirtschaftlichen System adäquaten Regeln einer Privatrechtsgesellschaft und die sie stützenden Werte bestanden. Das kann bei der Transformation von 1990 nicht ohne weiteres unterstellt werden.

Mit Blick auf die staatlich gesetzten, institutionellen Ausgangsbedingungen setzte eine reibungsarme und kostensparende monetäre Transformation voraus, daß die spezifischen Eigenschaften des planwirtschaftlichen Geld- und Kreditsystems berücksichtigt wurden.

3. Das monetäre Transformationsobjekt der Währungsunion

Das Geld- und Kreditsystem der DDR hatte alle Merkmale einer monetären Ordnung, wie sie für Zentralverwaltungswirtschaften charakteristisch sind. Als solches unterschied es sich grundsätzlich vom marktwirtschaftlichen System der Bundesrepublik. Das war nicht allen politischen Akteuren und noch weniger der Öffentlichkeit hinreichend bewußt. Zweifellos trugen dazu auch viele Ähnlichkeiten im Sprachgebrauch bei. Für ein Verständnis der mit der Transformation des Geld- und Kreditsystems der DDR verbundenen Probleme ist es zweckmäßig, die charakteristischen Merkmale des Transformationsobjektes mit Blick auf die Währungsunion zu skizzieren.[21]

a) Geld und Kredit als planwirtschaftliche Instrumente

Steuerungsqualität der Instrumente

Das monetäre System der DDR war – wie in allen anderen sozialistischen Wirtschafts- und Gesellschaftsordnungen – durch den materiellen (realwirtschaftlichen) Planungsanspruch des Staates geprägt. Anders als in Marktwirtschaften war das monetäre System nicht konstitutiver Funktionsbestandteil der Wirtschaftsordnung, sondern Ausdruck einer Notlösung. In allen sozialistischen Systemen erwies es sich nämlich als unmöglich, sämtliche realwirtschaftlichen Vorgänge in einer komplexen, arbeitsteiligen Gesellschaft zu erfassen und einem planerischen Kalkül mit reinen Realgrößen zu unterwerfen.[22] Infolgedessen wurde die materielle Planung notgedrungen monetär ergänzt. Das Geld konnte seine allokativen Wirkungen als Tauschmittel in einem System freier Preisbildung aber nicht entfalten, weil der Anspruch einer zentralen Wirtschaftslenkung beibehalten wurde. Dieses Nebeneinander von materieller Planung und monetärer Ergänzung hatte in allen Planwirtschaften Funktionsstörungen zur Folge.

Da die materiellen Planungsmöglichkeiten begrenzt waren, mußte sich die zentrale Planung auf mit politischer Priorität versehene oder als Engpässe erfahrene Güterbündel beschränken[23] und Fixpreise zu Kalkulationszwecken sowie zur Arbeitsentlohnung einführen. Gleichzeitig kam es zu einer Trennung von Produktions- und Konsumsphäre. Während in der Produktionssphäre der materielle Planungsanspruch aufrechterhalten blieb, gab es in der Konsumsphäre private Dispositionsmöglichkeiten. Sie beschränkten sich jedoch auf die Wahl im Rahmen des staatlich Bereitgestellten. Von einer dem marktwirtschaftlichen System vergleichbaren Konsumentensouveränität konnte somit nicht die Rede sein.

21 Die umfassende Analyse des Geld- und Kreditsystems der DDR wird in dem Beitrag von H. Jörg Thieme in diesem Band vorgenommen.

22 Damit wurde praktisch bestätigt, was bereits Mises, Wirtschaftsrechnung, und in der Folge vor allem Hayek, Nature; Hayek, Use, unter zusätzlicher Betonung des Wissensproblems analytisch herausgearbeitet hatten.

23 Im Falle der DDR standen Millionen von Güterarten ca. 5000 Bilanzen für geplante Aufkommens- und Bedarfsmengen gegenüber. Im Rahmen eines hierarchischen Systems von Planverantwortung und Planbestätigung durch die übergeordneten Instanzen entfielen davon auf den Ministerrat ca. 300 Bilanzen, auf die staatliche Plankommission ca. 500, auf die Ministerien und gleichgestellten zentralen Staatsorgane ca. 1000 sowie auf Kombinate und territorialen Organe ca. 3000 Bilanzen. Vgl. hierzu und zum Planungs- und Bilanzierungsprozeß Leipold, Wirtschafts- und Gesellschaftssysteme, S. 204ff.

Der Trennung von Produktions- und Konsumsphäre entsprachen unterschiedliche monetäre Dispositionsmöglichkeiten. Dem zentralen Planungsanspruch wurde in der Produktionssphäre auch das Geld untergeordnet. Hier sollte es als Instrument zur Leistungsstimulierung und -kontrolle die plankonforme Leistungserbringung sichern. Entsprechend wurden die Finanzierungsbeziehungen zur Kontrolle der Betriebe verwendet.

Um die «Kontrolle durch die Mark» zu gewährleisten, existierten spezifische Regulierungen der Geld- und Kreditverwendung sowie ein Bankensystem, das auf diese Aufgaben zugeschnitten war.[24] Die Staatsbank übernahm die Kontrolle der Betriebe durch ein Netz von Zweigstellen und Spezialbanken.[25] Finanztransaktionen durften von den Betrieben allein in Form von Buchgeld und damit über das Bankensystem erfolgen. Entsprechend durften die Betriebe kein Bargeld halten und keine autonomen zwischenbetrieblichen Kreditbeziehungen eingehen. Darüber hinaus wurde ihnen die freie Verfügung über finanzielle Mittel untersagt. Das «Prinzip der Eigenerwirtschaftung der Mittel» sah zwar grundsätzlich eine Eigenfinanzierung vor, die Betriebe wurden jedoch durch die Pflicht zur Abführung «erwirtschafteter» finanzieller Mittel an den Staat außerstande gesetzt, Investitionen in nennenswertem Umfang aus eigenen Mitteln zu finanzieren. Zusätzlich bestanden für die Finanzierung von sogenannten Umlaufmitteln, zu denen z.B. Roh-, Hilfs- und Betriebsstoffe gehörten, gesetzliche Verpflichtungen zur teilweisen Kreditfinanzierung. Die Betriebe wurden also zu einer Kreditfinanzierung gezwungen, mit dem Ziel, ihre planorientierte Kontrolle durch die Banken zu gewährleisten. Die Kredite waren weder Ausdruck von autonomen Dispositionen auf betrieblicher Ebene, noch basierten sie auf privaten Ersparnissen, die durch Kreditvermittler den Betrieben zugänglich gemacht wurden.

Die «Kontrolle durch die Mark» stieß allerdings in der sozialistischen Wirklichkeit schnell an ihre Grenzen. Zu groß waren die systemimmanenten Widersprüche. Die Steuerung durch Kredit war wenig geeignet, das allgegenwärtige Prinzipal-Agent-Problem zu lösen. Planungs- und Allokationsfehler schlugen sich nicht zuletzt in «weichen» Plänen nieder, deren unvermeidliche Folge auch «weiche» Kredite waren.

Hinsichtlich der privaten Haushalte und der privaten Gewerbetreibenden hätte die Vermeidung von monetären Störungen eine perfekte Prognose der Einkommensdispositionen erfordert. Da dies nicht möglich war, wurde die

24 Vgl. im folgenden Mummert, Informelle Institutionen, S. 72 ff.

25 In der DDR bestand dieses hierarchische Bankensystem aus der Staatsbank der DDR, 15 Bezirksdirektionen und 180 Kreisfilialen sowie 41 zusätzlichen Industriebankfilialen. Diese Organisationsstruktur entsprach zugleich den verschiedenen Planungsebenen. Vgl. Pleyer/Tömp, Grundzüge, S. 2.

Autonomie monetärer Transaktionen auch in der Konsumsphäre beschränkt. Eine Kreditfinanzierung war für die privaten Akteure nur begrenzt möglich, und die aufgenommenen Mittel unterlagen einer strengen Zweckbindung. Dennoch verblieben beachtliche Planungsunsicherheiten. Sie ergaben sich vor allem daraus, daß die materielle Planung mit all ihren Unzulänglichkeiten es nicht erlaubte, Produktion und Entlohnung stabilitätskonform zu verbinden.

Die Ausführungen dürften zwei Zwischenergebnisse hinreichend stützen: Erstens erwies sich die Steuerungsqualität des monetären Systems als unzulänglich. Dem System hafteten alle Mängel einer Notlösung an. Als solche mußte die Kombination von materiellem Planungsanspruch und monetärer Ergänzung angesehen werden. Es gibt zwingende Gründe dafür, daß in Planwirtschaften wie der DDR eine finanzwirtschaftliche Disziplin im strikten Sinne nicht möglich war. Und da, wo sie als Sanktionsinstrument hätte genutzt werden können, wurde sie im Zweifel dem Interesse an materieller Planerfüllung geopfert. Die Tendenz zur monetären Überversorgung war – wie Eucken[26] zu Recht vermutete – systembedingt.[27] Zweitens spiegelten die Organisation des Kreditsystems und die Kreditverflechtungen den staatlichen Planungsanspruch und Planungsvollzug mit allen Unzulänglichkeiten wider. Daraus ergab sich eine grundsätzliche Inkompatibilität mit marktwirtschaftlichen Kreditsystemen und Kreditverflechtungen.

Qualität des Geldes

Geld und Kredit wiesen somit als Instrumente zur Durchsetzung einer zentralen materiellen Planung unvermeidliche Defizite auf. Werden zur Beurteilung von Bar- und Buchgeld in der DDR die generellen Geldfunktionen herangezogen, besteht die Gefahr eines Fehlurteils. Das Fehlurteil ergibt sich, wenn die durch den materiellen Planungsanspruch geprägte Struktur des monetären Systems vernachlässigt wird. Der Planungsanspruch setzte nicht nur Eigentumsrechte des Staates an den Produktionsmitteln voraus. Darüber hinaus bedingte er eine möglichst scharfe Trennung von Produktions- und Konsumsphäre. Die Trennung bedeutete, daß eine Interdependenz der Preise nicht zugelassen wurde. Die Preise selbst dienten in der Produktionssphäre der Verrechnung und in der Konsumsphäre der Rationierung. Güter wurden an die privaten Haushalte gegen Zahlung von Fixpreisen «abgegeben». Der damit verbundene indirekte Tausch ließ keine Märkte entstehen, die den Namen verdienten. Dazu fehlte es an marktkonformen Reaktionsmöglichkeiten auf der Angebotsseite. Derartige Reaktionen hätten die Planung und den

26 Vgl. Eucken, Grundsätze, S. 117.

27 Zumindest mit zu bedenken ist eine materielle Folge: Die unzureichende Disziplin ließ auch ungeplante realwirtschaftliche Strukturen entstehen und fortbestehen.

Planvollzug gestört. Sie waren ohnehin ausgeschlossen, weil die Betriebe über Produktionsmittel nicht autonom verfügen konnten. Auch die Ersparnisbildung der privaten Haushalte war vom realwirtschaftlichen System abgekoppelt. Eine Kopplung hätte erfordert, daß der geleistete Konsumverzicht und die gezahlten Zinsen in ein funktionsfähiges System der intertemporalen Allokation einbezogen gewesen wären. Jedoch konnte ein auch nur begrenzt überzeugender, planerischer Ersatz für funktionsfähige Kapitalmärkte nicht gefunden werden. Er hätte zugleich ein Ersatz für unternehmerisches Verhalten auf diesen Märkten und in den Betrieben sein müssen.

Wird das Geld in den Kassen und auf den Konten der privaten Haushalte nunmehr funktional beurteilt, ergibt sich folgendes: Selbst für die privaten Haushalte erfüllte Geld die für Marktwirtschaften charakteristischen Funktionen nur oberflächlich und in beschränktem Maße. Zwar schien die Mark der DDR zumindest für die privaten Haushalte als Recheneinheit sowie als Tausch- und Wertaufbewahrungsmittel geeignet zu sein. Jedoch muß der Befund schon mit dem Blick auf Preisfixierungen, chronische Versorgungsmängel und Konvertibilitätsbeschränkungen relativiert werden. Für die Wirtschaft insgesamt reduzierten sich die Funktionen des Geldes – trotz aller Feinheiten im Planungs- und Anreizdetail – ausschließlich auf die einer Recheneinheit. Geld konnte aufgrund des materiellen Planungsanspruchs des Staates und der damit verbundenen Trennung von Produktions- und Konsumsphäre auch keine Interdependenz aller Allokationsentscheidungen herstellen. Seine informations- bzw. transaktionskostensenkenden Wirkungen konnten nicht systematisch genutzt werden. Infolgedessen war Geld kein Bewertungsinstrument.

Das Urteil über die Qualität des Geldes in Planwirtschaften im allgemeinen und in der DDR im besonderen sowie seine Begründung sind nicht neu. Jedoch war der fast 70 Jahre alte Befund von Ludwig von Mises vor und nach der Währungsunion nicht hinreichend präsent.[28] In der vorherrschenden ökonomischen Theorie trägt die Diskussion über eine der Marktwirtschaft vergleichbare sozialistische Wirtschaftsrechnung dem Befund bis in die jüngste Vergangenheit nicht oder nur unzureichend Rechnung.[29] Das liegt an unangemessenen Annahmen über das zur Planung erforderliche Wissen, der unzureichenden Reflexion planwirtschaftlicher Institutionen und der Definition des Planungsproblems als einer Maximierung unter Nebenbedingungen. Geld spielte dabei praktisch keine Rolle. Infolge dieser theoretischen Fehleinschätzungen wurden auch die politisch Handelnden häufig mit Vorstellungen

28 Die überzeugend begründete Kernthese besagt, daß eine Wertrechnung in Geld in einem sozialistischen System a priori unmöglich ist. Vgl. Mises, Wirtschaftsrechnung, S. 90.

29 Ein auffälliges Beispiel ist Stiglitz, Whither Socialism. Vgl. zu den hier relevanten Defiziten der vorherrschenden ökonomischen Theorie z.B. Streit, Wohlfahrtsökonomik, S. 16ff.

konfrontiert, die – gemessen am Transformationsproblem – unzureichend waren.[30] Allerdings lassen sich im Falle der WWSU auch politisch-ökonomische Gründe dafür anführen, daß die politisch Handelnden wenig geneigt waren, die Folgen darzulegen, welche sich aus dem Zusammenbruch des sozialistischen Systems für die Bevölkerung in Ost- und Westdeutschland ergeben würden.[31]

b) Konsequenzen für die monetäre Transformation

Aufgrund des materiellen Planungsanspruchs fiel also Geld als ein Bewertungsinstrument aus, das in Marktwirtschaften dazu beiträgt, die Interdependenz aller Allokationsentscheidungen herzustellen. Für das monetäre Transformationsvorhaben hatte dies schwerwiegende Folgen: Die tatsächlich bilanzierten Werte des Sachvermögens und die monetären Bestandsgrößen sowie die Stromgrößen der DDR konnten keinerlei Aussagekraft für eine Währungsumstellung haben. Jede Konversion der Mark der DDR in D-Mark mußte willkürlich bleiben. Bisherige Wechselkurse für die Mark konnten keine verläßlichen Anhaltspunkte geben (Abschnitt 4). Dafür fehlte es ihnen an einer Rückkopplung mit dem Wirtschaftsprozeß in der DDR. Es gab kein marktäquivalentes Angebot an Mark bzw. keine entsprechende Devisennachfrage. Eine Neubewertung der Bestands- und der Stromgrößen der DDR konnte erst nach der Währungsunion im Verlauf der Integration Ostdeutschlands in das marktwirtschaftliche System Westdeutschlands und in die Weltwirtschaft beginnen.[32]

Bei der Neubewertung des Vermögens und der Verbindlichkeiten der DDR wurde den Besonderheiten des zu transformierenden monetären Systems nicht hinreichend Rechnung getragen. So hätte berücksichtigt werden müssen, daß es in der DDR keine Trennung zwischen Staat, Bankensystem und Unternehmenssektor gab. Wie dargelegt, waren die Kredite und Forderungen, soweit sie nicht die privaten Haushalte betrafen, monetäre Reflexe der staatlichen Planwirtschaft. Kredite der Banken an Betriebe und an den Staat stellten Transaktionen zwischen unterschiedlichen staatlichen Organisationen dar.

30 Vgl. zum sich inzwischen vollziehenden Abbau institutionentheoretischer Defizite z.B. Streit/Mummert, Grundprobleme.

31 Vgl. Streit/Mummert, Grundprobleme, S. 24ff.

32 Das war eine transformationspolitische Besonderheit. In allen übrigen Transformationsländern wurde die Neubewertung im Rahmen einer Anpassungsinflation gesucht. Der Inflationsschub sollte dann mit einem Stabilisierungsprogramm abgefangen werden. Vgl. z.B. Streit/Mummert, Grundprobleme. Für eine solche Transformationsstrategie ließ der stabilitätspolitische Auftrag der Bundesbank keinen Raum, ganz abgesehen davon, daß es sich aus gesamtdeutscher Sicht nur um eine Teiltransformation durch Integration in das Währungsgebiet der D-Mark handelte.

Infolgedessen waren sie aufzurechnen, als es darum ging, eine für die Währungsumstellung erforderliche Vermögensbilanz der DDR zu erstellen.[33]

Wäre die Vermögensbilanz der DDR systemkonform konsolidiert worden, hätte die Aktivseite den Wert aller Grundstücke, Gebäude, Ausrüstungen sowie die Forderungen an das Ausland und an die privaten Haushalte enthalten. Auf der Passivseite wären die Bargeldbestände und Einlagen der privaten Haushalte, die Auslandsverbindlichkeiten und – gegebenenfalls – das Nettovermögen als Überschuß ausgewiesen worden. Die Werthaltigkeit des Vermögens unter den neuen marktwirtschaftlichen Bedingungen war notwendig unbekannt. Infolgedessen hätte das Finanzvermögen der privaten Haushalte im Grunde gesperrt und als Anspruch auf die Erlöse aus der Veräußerung von staatlichen Betrieben und Grundstücken nach Abzug der Nettoauslandsverbindlichkeiten der DDR deklariert werden müssen.

Wäre diese Vorgehensweise als politisch nicht tragfähig beurteilt worden, hätte eine weitere, ebenfalls dem Systemwechsel konforme Lösungsmöglichkeit bestanden: Legt man z.B. die vertraglich vereinbarten Umstellungssätze zugrunde, so betrug das Nettofinanzvermögen der privaten Haushalte nach der Bilanz der Staatsbank zum 30. Juni 1990 119,2 Mrd. DM.[34] Die Nettoauslandsverbindlichkeiten der DDR beliefen sich auf 15 Mrd. DM. Bei dieser Lösung wäre es im wesentlichen darum gegangen, insgesamt 134,2 Mrd. DM (Nettofinanzvermögen der privaten Haushalte zuzüglich Nettoauslandsverbindlichkeiten der DDR) zu fundieren, d.h. der Bund hätte mit Blick auf den unbekannten Wert des Realvermögens der DDR eine Staatsgarantie in Form von Ausgleichsforderungen für das umgestellte Nettofinanzvermögen der privaten Haushalte der DDR geben und für die Nettoauslandsverbindlichkeiten eintreten müssen. Keine dieser beiden Varianten wurde gewählt. Statt dessen wurden die Altkredite der staatseigenen und genossenschaftlichen Wirtschaft sowie der Kommunen in die Marktwirtschaft übernommen. Die Umstellung des finanzwirtschaftlichen Systems der DDR erfolgte somit in nicht systemadäquater Weise.

Eigentumsrechtlich war die Anerkennung von Altkrediten bzw. Altschulden ebenfalls äußerst fragwürdig.[35] Mit den Worten eines Ökonomen kann

33 Diese Beurteilung findet sich auch in einer Studie des Internationalen Währungsfonds, vgl. Lipschitz, Introduction, S. 4, und wurde in Deutschland vor allem von Willgerodt, Probleme, S. 319ff., vertreten.

34 Das waren 7000 DM pro Kopf und entsprach rund vier Fünfteln der Ersparnisse, welche die privaten Haushalte der Bundesrepublik in einem einzelnen Jahr (1989) bildeten.

35 Diese Einschätzung verdichtete sich mit der Diskussion um ein einschlägiges Urteil des Kreisgerichts Magdeburg vom 4. November 1992, um die davon abweichende Auffassung des Bezirksgerichts Magdeburg, um die Bestätigung durch den Bundesgerichtshof und um die sich daran anschließende Verfassungsbeschwerde. Das Bezirksgericht hatte den Zusammenhang zwischen Krediten an Staatsunternehmen der DDR und deren Abgabeverpflichtungen gesehen und «gleichsam im Wege der Saldierung» (Scholz, Anmerkung, S. 304) zugunsten

nur noch einmal betont werden, was auch von einer Reihe von Juristen inzwischen so gesehen wird: «Kredit-, Zins- und Kapitalmärkte sind ... die marktwirtschaftlichen Alternativen und Konkurrenzmechanismen zur realsozialistischen Planwirtschaft und Investitionslenkung. Dergleichen, die Planwirtschaft aushebelnde Allokationssysteme konnte man sich weder in der ex-DDR noch in einem anderen RGW-Land leisten. Schon deswegen verbietet sich jede Gleichsetzung oder gar Gleichbewertung von Krediten in Plan- und (von) Krediten in Marktwirtschaften. Im Realsozialismus war und fungierte der Kredit lediglich als Buchungsposten der Plan- und Zahlungserfüllung. Er war kein marktwirtschaftlicher Eigentumstitel oder Vermögenswert und daher nicht rechtlich geschützt! Oder gar schutzwürdig. Mit der Währungsumstellung vom 1.7. 1990 gewannen diese Kredite ohne reale Vermögenssubstanz freilich eine neue – staatsrechtliche – Qualität.»[36]

Inwieweit die politischen Entscheidungen, die zu einer Übernahme planwirtschaftlicher, monetärer Relikte in die Marktwirtschaft führten, durch sachfremde Überlegungen geprägt waren, muß offenbleiben. Politisch-ökonomische Gründe sprechen allerdings dafür, daß die Art der Umstellung nicht zuletzt mit Blick auf den Bundeshaushalt willkommen gewesen sein dürfte (Abschnitt 6b). Durch dieses Vorgehen wurden die zunächst auszuweisenden Ausgleichsforderungen erheblich vermindert, die sich in Staatsverschuldung niederschlagen mußten. Dementsprechend verminderten sich auch die offen auszuweisenden «Kosten der Einheit».

4. Die Währungsunion als Teil einer Schocktherapie

Der tatsächlichen Umstellung des Geld- und Kreditsystems der DDR ging ein wirtschaftspolitischer Suchprozeß voraus, in dem die Währungsunion zunächst nicht im Vordergrund stand. Das Hauptinteresse galt der Transformation des dem Zusammenbruch nahen ostdeutschen Wirtschaftssystems. Die Währungsunion wurde primär von der ostdeutschen Bevölkerung

einer Aufrechnung entschieden. Auch das Bundesverfassungsgericht kam in seiner Urteilsbegründung vom 8. April 1997 zu der Einschätzung, daß sich die Kredite in der DDR nach ihren Voraussetzungen, Funktionen und Haftungsfolgen erheblich von Krediten in einer Marktwirtschaft unterschieden. Gleichwohl wurde die Verfassungsbeschwerde abgelehnt, da aus einer verfassungsrechtlichen Perspektive die gesetzgeberischen Prozesse, die zu der gewählten Verfahrensweise führten, nicht zu beanstanden seien. Auch sei dem Gesetzgeber ein besonderer Gestaltungsspielraum einzuräumen, da er nicht auf historische Vorbilder zurückgreifen konnte, gleichzeitig jedoch ein akuter Handlungsbedarf bestand (Bundesverfassungsgericht, Leitsatz, S. 47ff.). Zur juristischen Diskussion vgl. Matthiessen, DDR-Staatsbankkredite und Schachtschneider, Sozialistische Schulden sowie die dort angebene Literatur.

36 Hankel, DDR-Altschuldenregelung, S. 32f.

sowohl durch Abwanderung als auch durch Demonstrationen auf die politische Agenda gehoben.

a) Bedingungen für eine Währungsunion

Für die Bundesbank war die Übertragung der bundesdeutschen Geldverfassung auf die DDR unabdingbare Voraussetzung für eine Währungsunion. Die geldpolitische Kompetenz sollte nach der Währungsunion ausschließlich in ihren Händen liegen. Entsprechend forderte sie, im Staatsvertrag mit der DDR sicherzustellen, daß mit der Währungsunion das Bundesbankgesetz und die von der Bundesbank erlassenen Anordnungen in der DDR in gleichem Maße gelten würden wie in der Bundesrepublik. Auch das bundesdeutsche Kreditwesengesetz sollte in der DDR Gültigkeit erlangen und eine allgemeine Niederlassungsfreiheit für ausländische Kreditinstitute gewährt werden. Alle Vorschriften für Zinsbindungen und Devisenbeschränkungen sollten bis zur Währungsunion aufgehoben und die Möglichkeiten einer Kreditaufnahme öffentlicher Stellen in der DDR begrenzt werden. Außerdem verlangte die Bundesbank die Einrichtung einer eigenen Verwaltungsstelle in Berlin und weiterer rund 15 Zweiganstalten in der DDR. Die Bedingungen der Bundesbank entsprachen den Vorstellungen der Bundesregierung. Sie wollte neben den notwendigen währungs- und geldpolitischen Vereinbarungen möglichst eindeutige Regelungen für die künftig in der DDR geltende Wirtschaftsordnung festgelegt haben.[37] Das offizielle Verhandlungsangebot an die DDR über eine Währungsunion betonte, daß «zeitgleich ... von der DDR die notwendigen rechtlichen Voraussetzungen für die Einführung der sozialen Marktwirtschaft geschaffen sein müssen».[38] Es war somit von Anfang an deutlich, daß eine Währungsunion mit einem radikalen Wechsel der Wirtschaftsverfassung verbunden sein würde.

Seitens der Regierung de Maizière gab es gegen eine Einführung der sozialen Marktwirtschaft in der DDR keine prinzipiellen Einwände. Sie sperrte sich jedoch zunächst gegen eine vollständige Übertragung währungspolitischer Kompetenzen auf die Bundesbank und den damit verbundenen Verlust an wirtschaftspolitischer Souveränität. Nach Auffassung der DDR sollte die Staatsbank auch nach einer Währungsunion weiterhin solche Kompetenzen behalten, bzw. ihr sollte eine eigene Exekutivfunktion zugeordnet werden. Die DDR-Delegation lenkte in diesem Punkt erst nach einer ultimativen Aufforderung durch den westdeutschen Delegationsleiter, Hans Tietmeyer, ein.[39]

37 Vgl. Tietmeyer, Erinnerungen, S. 65 f.
38 Kohl, Signal der Hoffnung, S. 194.
39 Vgl. Tietmeyer, Erinnerungen, S. 77 und S. 87. Zur damaligen Zeit war Tietmeyer zwar Mitglied des Direktoriums der Bundesbank. Auf Ersuchen des Bundeskanzlers wurde er jedoch für die Wahrnehmung der Aufgaben des Delegationsleiters freigestellt.

Mit dem Staatsvertrag vom 18. Mai 1990 wurden insgesamt die institutionellen Transformationsvorstellungen der westdeutschen Seite durchgesetzt. Die WWSU bedeutete das Ende der zentralverwaltungswirtschaftlichen Verfassung der DDR. An ihre Stelle traten die marktwirtschaftlichen Institutionen der Bundesrepublik. In Artikel 1 Abs. 3 des Staatsvertrages zur WWSU wurde offiziell die soziale Marktwirtschaft als gemeinsame Wirtschaftsordnung für beide Vertragsparteien festgeschrieben. Damit wurde dieser Wirtschaftsordnung erstmals ein quasi verfassungsrechtlicher Status eingeräumt.[40]

b) Ökonomie und Politik der Währungsumstellung

Dubiose Anhaltspunkte für den Umstellungskurs

Wie bereits ausgeführt (Abschnitt 3b), ließ sich mangels überzeugender ökonomischer Anhaltspunkte kein sachlich zwingender Umstellungskurs ermitteln. Die Durchsetzung des binnenwirtschaftlichen Planungsanspruchs hatte eine Isolierung der Außenwirtschaft bedingt, ganz unabhängig davon, daß ohnehin keine überzeugende Interdependenz aller Preise hergestellt werden konnte.[41] So waren die Wechselkurse, die als Anhaltspunkte einer Umstellung herangezogen wurden, von zweifelhaftem Wert. Der offizielle Wechselkurs der DDR von 1 Mark der DDR zu 1 D-Mark diente der politischen Optik und dem Zwangsumtausch. Zwar bildeten sich für die Mark der DDR in der Bundesrepublik Marktkurse. Deren Aussagekraft muß jedoch schon deshalb bezweifelt werden, weil sie aus sehr spezifischen Transaktionen auf weitgehend isolierten Teilmärkten hervorgingen.

Ebenso abwegig war es, einen Wechselkurs auf der Grundlage der Kaufkraftparitätentheorie zu ermitteln. Selbst wenn die generelle Erklärungskraft dieser Theorie nicht bezweifelt wird, war eine solche Vorgehensweise unangemessen,[42] denn die Voraussetzungen für Kaufkraftparitätenansätze waren offensichtlich nicht erfüllt. Weder bestanden in der DDR in den Welthandel integrierte, wettbewerbliche Märkte, noch konnten homogene Warenkörbe miteinander verglichen werden. Die Zusammensetzung des Warenkorbes der DDR war das Ergebnis staatlicher Setzungen, die Qualität der darin enthalte-

40 Vgl. Willgerodt, Probleme, S. 311.

41 Dies räumten auch die Ökonomen der Humboldt-Universität ein, als sie – wenn auch mißverständlich – formulierten: «Eine exakte, auf realen ökonomischen Verhältnissen aufbauende Währungskursbestimmung bleibt jedoch wirkungslos, wenn die DDR nicht auch schrittweise eine Angleichung ihrer Preise an die sich international herausgebildeten Preisstrukturen vornehmen würde.» Autorenkollektiv, Geld, Kredit, Finanzen, S. 59.

42 Berechnungen dieser Art finden sich bei Sinn/Sinn, Kaltstart, S. 37, die auch einen Überblick über vergleichbare Vorgehensweisen geben. Kritisch äußern sich hierzu z.B. auch Bofinger, The German Monetary Unification und Neumann, German Unification.

nen ostdeutschen Produkte im Durchschnitt niedriger als in Westdeutschland; die Preise wurden staatlich festgesetzt sowie teilweise stabil gehalten, und viele Gebrauchsgüter waren häufig entweder überhaupt nicht oder erst nach langen Wartezeiten lieferbar.

Es gab somit keine überzeugenden Möglichkeiten, den «richtigen» Wechselkurs zwischen beiden Währungen zu ermitteln. Ökonomische Überlegungen waren aber sehr wohl hinsichtlich der Wirkungen eines Umstellungskurses vor dem Hintergrund unterschiedlicher währungs- und sozialpolitischer Zielsetzungen anzustellen.

Währungs- und wirtschaftspolitische Aspekte der Umstellung

Die sich abzeichnende währungs- und wirtschaftspolitische Gratwanderung wurde mit Hilfe mehrerer anstatt eines einheitlichen Umstellungssatzes der Mark der DDR versucht. Die Bundesbank definierte die im Staatsvertrag zu lösende Aufgabe wie folgt: «In den Vertragsvorbereitungen kam es letztlich darauf an, den schmalen Grat zwischen wichtigen ökonomischen, sozialen und politischen Entscheidungskriterien auszutarieren. Dabei handelte es sich gleichermaßen darum, die Inflationsrisiken der Währungsumstellung möglichst gering zu halten, die Wettbewerbsfähigkeit der DDR-Unternehmen weitgehend zu sichern, die Haushaltsbelastungen zu begrenzen und die soziale Akzeptanz in der Bevölkerung der DDR wie der Bundesrepublik zu ermöglichen.»[43]

Die Vorgabe, die Inflationsrisiken möglichst gering zu halten, richtete sich an die Bundesbank. Entsprechend ihrem gesetzlichen Auftrag und im Hinblick auf das von ihr verwendete geldpolitische Steuerungskonzept mußte es ihr in erster Linie darum gehen, eine monetäre Erstausstattung der DDR herbeizuführen, die sich in eine potentialorientierte Geldmengenpolitik für Gesamtdeutschland einfügte. Aus dieser Perspektive war die kritische Variable der Umstellungskurs für die geldmengenrelevanten Bestandsgrößen der DDR. Dazu waren Schätzungen der Vergrößerung des Produktionspotentials Gesamtdeutschlands durch den Beitritt der DDR, der Umlaufsgeschwindigkeit des Geldes in Ostdeutschland nach der Umstellung sowie der Geldmenge der DDR erforderlich.

Alle zur Ermittlung eines an Geldwertstabilität orientierten Umstellungskurses erforderlichen Größen waren indes mit beträchtlicher Unsicherheit behaftet. In besonderem Maße galt dies für die Produktion der DDR, die unter den neuen, marktwirtschaftlichen Bedingungen erwartet werden konnte. Die Bundesbank orientierte sich bei ihren Kalkulationen an Schätzungen des Bruttosozialprodukts der DDR durch das Deutsche Institut für

43 Deutsche Bundesbank, Währungsunion, S. 15.

Wirtschaftsforschung (DIW), das für 1988 einen Wert von rund 230 Mrd. DM veranschlagt hatte. Im Verhältnis zum Bruttosozialprodukt der Bundesrepublik machte dies 9,5 % aus. De facto ging die Bundesbank mit dieser Orientierung davon aus, daß die Schätzung korrekt war. Allerdings galt sie als nur grober Anhaltspunkt, «da das Ausmaß der möglichen Betriebsstillegungen offen» war.[44]

Auch über die Geschwindigkeit des Geldumlaufs in der DDR und ihre Entwicklung nach der Währungsunion bestand Unsicherheit. Der vergleichsweise unterentwickelte bargeldlose Zahlungsverkehr und das Fehlen von Lieferantenkrediten zwischen Unternehmen sprachen für eine zunächst geringere Umlaufsgeschwindigkeit als in Westdeutschland. Bei der Kassenhaltung der privaten Haushalte waren gegenläufige Vermutungen einzuschätzen. Einerseits wurde mit einer Kaufwelle gerechnet. Andererseits ließ sich aber auch argumentieren, der Umbruch, welcher mit der WWSU verbunden war, würde das Vorsichtsmotiv stärken. Die Bundesbank entschloß sich angesichts solcher Unwägbarkeiten dazu, bei ihren Kalkulationen von einer Geldumlaufsgeschwindigkeit auszugehen, die der in Westdeutschland entsprach.[45]

Schließlich war die Geldmenge der DDR zu ermitteln. Die Bundesbank war hierzu auf die Daten der Staatsbank angewiesen, über deren Aussagefähigkeit ebenfalls Unsicherheit bestand. Zugleich war das System der finanziellen Verflechtungen der Organe der DDR korrekt zu interpretieren und in bundesdeutsche Kategorien zu übertragen. Dabei kam es durchaus zu Fehlinterpretationen: Die Staatsbank sah die Außenhandelsbetriebe der DDR als Banken an. Infolgedessen wurden die Bankeinlagen dieser Betriebe nicht in der konsolidierten Bilanz des Bankensystems aufgeführt. Weil sie als Interbankenforderungen galten, fanden sie auch nicht Eingang in die Ermittlung der Geldmengenaggregate. Mit der Währungsunion und der damit verbundenen Abschaffung des Bankenstatus der Außenhandelsbetriebe wurden deren Forderungen jedoch zu Sichteinlagen bei den ehemaligen DDR-Banken und damit geldmengenwirksam. Deshalb stieg die Geldmenge mit der Währungsunion – je nach Einschätzung – um 20 bis 30 Mrd. DM mehr als erwartet.[46] Offensichtlich wäre es zu einer solchen Fehlinterpretation gar nicht gekommen, wenn eine konsequente Konsolidierung der Kreditbeziehungen in der DDR vorgenommen worden wäre.

Eine weitere Frage war, welches Geldmengenaggregat der Ermittlung des Umstellungskurses zugrunde gelegt werden sollte, um Geldmengeneffekte gering zu halten. Sollten sich die Berechnungen an M1 oder M3 orientieren? Wie schon im Beitrag von H. Jörg Thieme ausgeführt wird, unterschied sich

44 Deutsche Bundesbank, Währungsunion, S. 20.
45 Vgl. Bofinger/Kloten, The German Currency Union, S. 6.
46 Vgl. Deutsche Bundesbank, Kurzberichte, S. 6f.; Sinn/Sinn, Kaltstart, S. 52f.

das Geld- und Kreditsystem der DDR grundlegend von dem eines marktwirtschaftlichen Systems. Es bestanden daher auch erhebliche Unterschiede in der Vielfalt der Anlagemöglichkeiten. Vor allem waren die Festlegungsfristen in der DDR generell kürzer. Die möglichen Anlageformen waren somit wesentlich liquider als in der Bundesrepublik. Daraus ergab sich nach Umrechnung ein anderes Verhältnis zwischen M1 und M3 als in der Bundesrepublik. Während dort 1990 M1 rund 36% von M3 ausmachte, lag dieser Anteil in der DDR bei fast 60%. Die Konsequenz war, daß je nach Orientierung an M1 oder M3 deutlich unterschiedliche Umstellungssätze erforderlich waren, um dem Stabilitätsziel Rechnung zu tragen.[47] Entsprechend ihrer bisherigen Geldmengenorientierung ging die Bundesbank bei der Entwicklung ihrer Vorstellungen zum Umstellungskurs für die geldmengenrelevanten Bestandsgrößen von der Geldmenge M3 aus.

Auch war bei der Ermittlung der Geldmenge unbekannt, wie diese sich unter der Regierung Modrow entwickelt hatte und wie sie sich nach deren Ablösung durch die Regierung de Maizière bis zum Zeitpunkt der Währungsunion weiterentwickeln würde.

Die Bundesbank war also mit beträchtlichen Unwägbarkeiten konfrontiert, als sie ihre Vorstellungen über einen am Stabilitätsziel orientierten Umstellungskurs für die geldmengenrelevanten Bestandsgrößen der DDR entwickelte. Allerdings war das Risiko von Fehleinschätzungen begrenzt, denn man durfte unterstellen, daß auch nach der Währungsunion das ökonomische Geschehen in Westdeutschland wegen dessen hohen relativen Gewichts für eine stabilitätsorientierte Entwicklung der Geldmenge Gesamtdeutschlands ausschlaggebend sein würde.[48]

Das Entscheidungskriterium, «die Wettbewerbsfähigkeit der DDR-Unternehmen weitgehend zu sichern», betraf sowohl Bestands- als auch Stromgrößen. Bei den Bestandsgrößen ging es um die Verschuldung der ostdeutschen Betriebe gegenüber den Banken der DDR. Weil eine dem plan-wirtschaftlichen System entsprechende Konsolidierung der Kreditbeziehungen unterblieb, hatte der Umstellungssatz Folgen für die Wettbewerbsfähigkeit der ostdeutschen Betriebe. Er bestimmte die Höhe ihrer Verschuldung und die damit verbundene Zins- und Tilgungslast. Darüber hinaus wurde dem Schuldenstand der Betriebe Bedeutung für deren Privatisierungschancen beigemessen.[49] Daraus ergab sich zunächst einmal die Frage, ob bei der Währungsumstellung unter dem Aspekt der Wettbewerbsfähigkeit für die betreffenden Aktiva in der Bilanz der Staatsbank (und damit u.a. deren Forderungen an Unter-

47 Vgl. Bofinger, German Monetary Unification, S. 27f.

48 Auch zu dem im Vergleich mit den Vorstellungen der Bundesbank schließlich höheren Umstellungskurs machte die Geldmenge der DDR nur rund 13% der gesamtdeutschen Geldmenge aus.

49 Vgl. Bofinger, German Monetary Unification, S. 30.

nehmen) ein anderer Umstellungskurs gewählt werden sollte als derjenige, der sich aus stabilitätspolitischen Gründen für die geldmengenrelevanten Passiva empfahl. Diese Abwägung wurde noch dadurch erschwert, daß die «soziale Akzeptanz» zumindest nach Vorstellungen in der DDR-Bevölkerung eine allgemeine Umstellung der Sparguthaben im Verhältnis 1:1 nahelegte.[50] Angewendet auf alle relevanten Bilanzposten auf der Aktiv- und Passivseite hätte eine solche Umstellung weder dem Stabilitätsziel noch dem der Wettbewerbsfähigkeit entsprochen.

Hätte man versucht, zumindest der Wettbewerbsfähigkeit mit einem Umstellungssatz für die zugewiesene Unternehmensverschuldung – etwa im Verhältnis 2:1 – Rechnung zu tragen und im übrigen die Sparguthaben im Verhältnis 1:1 umzustellen, so hätte das Entscheidungskriterium, «die Haushaltsbelastungen zu begrenzen», vernachlässigt werden müssen. Denn eine derart asymmetrische Umstellung von Aktiv- und Passivseite der Bilanz der Staatsbank hätte bei den Kreditinstituten der DDR eine erhebliche Bilanzlücke verursacht. Zu deren Schließung hätten ihnen Ausgleichsforderungen an den Staat bis zu 100 Mrd. DM eingeräumt werden müssen. Darüber hinaus wären diese Forderungen so zu verzinsen gewesen, daß den Banken eine marktgerechte Verzinsung der Spareinlagen ermöglicht worden wäre. Die dadurch bewirkte zusätzliche Staatsverschuldung hätte mittelfristig durch den Bundeshaushalt aufgefangen werden müssen.

Damit ergab sich bei der Umstellung der Bestandsgrößen ein kaum lösbarer Konflikt zwischen den Zielen einer stabilitätsorientierten Erstausstattung der DDR mit D-Mark, einer weitgehenden Sicherung der Wettbewerbsfähigkeit ostdeutscher Betriebe, der Akzeptanz des Umtauschkurses vor allem für die ostdeutschen Sparer und der Schonung des Bundeshaushalts. Die Bundesbank suchte diesen Gordischen Knoten zu durchschlagen, indem sie zunächst eine symmetrische Umstellung aller relevanten Bestandsgrößen im Verhältnis 2:1 befürwortete. Davon sollten mit dem Blick auf «besondere soziale Aspekte» 2000 Mark der DDR je Einwohner ausgenommen werden, für die ein Umtausch im Verhältnis 1:1 vorgesehen war.[51]

Für die Wettbewerbsfähigkeit ostdeutscher Betriebe war neben der Umstellung der zugewiesenen Altschulden auch die der Stromgrößen von Bedeutung. Der Umstellungskurs für die Verpflichtungen der Betriebe aus laufenden Verträgen entschied über das Ausgangsniveau an Arbeitsentgelten und Arbeitskosten. Die Bundesbank wollte sicherstellen, daß «die erstmals in

50 Auch der Bundeskanzler erwog von Anfang an einen Umtausch im Verhältnis 1:1 in beschränktem Umfang. «Die Formel ‹1:1› würde natürlich von enormer politisch-psychologischer Bedeutung sein; sie würde den Menschen in der DDR signalisieren, daß es um Solidarität unter Gleichberechtigten ging – und nicht um eine herablassende Geste des reichen gegenüber dem armen Vetter.» Kohl, Deutschlands Einheit, S. 262.

51 Vgl. Deutsche Bundesbank, Pressenotiz, S. 2.

D-Mark auszuzahlenden Löhne in einer angemessenen Beziehung zur gesamtwirtschaftlichen Leistungsfähigkeit der DDR stehen, um nicht von vornherein die Wettbewerbsfähigkeit der DDR-Betriebe zu gefährden».[52] Dazu waren nicht nur Informationen über die Arbeitsproduktivität, sondern auch über die von den Betrieben in einer marktwirtschaftlichen Umgebung erzielbaren Erlöse erforderlich. Schon die Einschätzung der Produktivität erwies sich als sehr schwierig, ganz zu schweigen von der zweiten Komponente der Leistungsfähigkeit. Die Bundesbank schätzte die Produktivität auf durchschnittlich 33–40% der bundesdeutschen Unternehmen. Infolgedessen kam sie zu dem Ergebnis, daß die Bruttolöhne in der DDR unter Wettbewerbsaspekten nach der Währungsunion lediglich ein Drittel des westdeutschen Niveaus betragen durften.

Bei der Ermittlung des Umstellungskurses für Löhne und Gehälter war aber noch ein weiteres Ziel zu beachten. Ein wesentlicher Grund für das Angebot einer Währungsunion war die erhebliche Wanderung von Ost- nach Westdeutschland gewesen. Bei einem zu niedrigen Umstellungskurs der Löhne war zu befürchten, daß die Abwanderung anhalten würde. Aus diesem Grund sollte vermieden werden, daß die Löhne unter das – für die DDR neu festzusetzende – Sozialhilfeniveau sinken würden. Gleiches galt für die Ermittlung der Renten, bei deren Umstellung vor allem sozialpolitische Ziele zu beachten waren.

Mit Blick auf die Wettbewerbsfähigkeit strebte die Bundesbank ein weitgehend produktivitätsgerechtes Lohngefälle zwischen West- und Ostdeutschland nach der Umstellung an. Von dem so definierten Lohnniveau für Ostdeutschland hätten dann weitere marktmäßige Anpassungen und eine Differenzierung der nivellierten Lohnstruktur in Ostdeutschland erfolgen können.[53] Die Bundesbank plädierte dafür, daß vor der Umstellung Mark-der-DDR-Kompensationen geleistet würden, um die Realeinkommenseinbußen abzufangen, die zu erwarten waren, wenn die gröbsten Preisverzerrungen, insbesondere die massiven Subventionen für wichtige Konsumgüter, vor der Umstellung beseitigt würden. Eine Umstellung des so erreichten Lohnniveaus im Verhältnis 1:1 beurteilte die Bundesbank als gravierende Schwächung der Wettbewerbsfähigkeit der ostdeutschen Betriebe. Aus diesem Grund empfahl sie eine Umstellung im Verhältnis 2:1. Bei einer Umstellung der Löhne im Verhältnis 1:1 und einer erst nachträglichen Entzerrung der Preisstruktur mit der Folge kräftiger Preiserhöhungen befürchtete sie eine Preis-Lohn-Spirale und damit eine Gefährdung der Stabilität des Geldwertes der D-Mark. An dieser Einschätzung durch die Bundesbank dürften zumindest zwei Elemente problematisch gewesen sein. Zum einen gab es nur wenige

52 Deutsche Bundesbank, Währungsunion, S. 15.
53 Vgl. hierzu Deutsche Bundesbank, Pressenotiz, S. 3.

und sehr grobe Anhaltspunkte für die Ermittlung der Kompensationszahlungen. Realistische Preisstrukturen und davon ausgelöste Veränderungen der Warenkörbe sind für planwirtschaftliche Systeme ebensowenig ermittelbar wie Kaufkraftparitäten. Zum anderen kann bezweifelt werden, daß ein Vorgehen nach den Empfehlungen der Bundesbank zu geringeren Anpassungsforderungen für die Reallöhne geführt hätte.

Politische Entscheidungen und Geldwertsicherung

Der bereits umrissene Umstellungsvorschlag der Bundesbank (generell 2:1 mit Ausnahme von 2000 Mark der DDR Sparguthaben je Einwohner), der auch mit dem Bundesfinanzministerium abgestimmt war, traf in der politischen Diskussion kaum auf Zustimmung.

In der DDR dominierten andere Vorstellungen. Nach den Volkskammerwahlen und den anschließenden Koalitionsverhandlungen unterbreitete die Regierung de Maizière Mitte April einen Vorschlag, nach dem die Geldbestände generell im Verhältnis 1:1 konvertiert, die Schulden der DDR-Betriebe dagegen weitgehend gestrichen werden sollten. Löhne und Gehälter sollten im Verhältnis 1:1 umgestellt werden. Im Verhandlungsverlauf reduzierten die Vertreter der DDR ihre Forderungen. Am 30. April signalisierte die ostdeutsche Seite ihr Einverständnis mit einer Umstellung der Bestandsgrößen im Verhältnis 2:1, dies allerdings nur unter der Bedingung, daß über den Grundbetrag von 2000 Mark hinaus weitere – nach Altersgruppen gestaffelte – Grundbeträge von 4000 bis 6000 Mark im Verhältnis 1:1 umgestellt würden. Was die Umstellung der laufenden Zahlungen betraf, beharrten die Vertreter der DDR jedoch weiterhin auf einem Verhältnis von 1:1. Die Probleme, die eine solche Umstellung für die Wettbewerbsfähigkeit der DDR-Betriebe bringen würde, wurden zwar erkannt. Sie sollten aber nach Auffassung der Vertreter der DDR durch spezifische handelspolitische Maßnahmen in Form von Einfuhrkontingenten und Importzöllen gemildert werden. Wie dies in der WWSU realisiert werden sollte, ist unerfindlich.

Auch in der Bundesrepublik fand die Empfehlung der Bundesbank hinsichtlich des generellen Umstellungskurses von 2:1 weder in den Koalitionsfraktionen noch in der Opposition Anklang. Eine Umstellung im Verhältnis von 1:1 wurde von politischer Seite weitgehend bevorzugt. Dies galt insbesondere für die Umstellung der Stromgrößen. Wie der Delegationsleiter der Bundesrepublik, Tietmeyer, darlegte, bestand zwar seitens des Bundesfinanzministeriums, des Bundeswirtschaftsministeriums und des Bundeskanzleramts «viel Verständnis für die Position der Bundesbank», aber eine andere Umstellung als 1:1 wurde «in Anbetracht der politischen Widerstände in der DDR und der öffentlichen Festlegung wichtiger Bonner Koalitions- und

Oppositionspolitiker»[54] als unrealistisch angesehen. Entsprechend erklärte sich am 1. Mai die bundesdeutsche Koalitionsrunde mit dem Kompromißvorschlag einverstanden. Der bereits beschriebene Gordische Knoten «wurde schließlich mit dem Schwert einer politischen Entscheidung durchschlagen, vermutlich nicht ganz an der richtigen Stelle».[55]

Als Folge dieser Entscheidung wurde die Geldmenge mit der Währungsunion in einem Maße ausgeweitet, das nicht den Vorstellungen der Bundesbank von Inflationsneutralität entsprach. Allerdings darf nicht übersehen werden, daß der Erstausstattung mit D-Mark im Rahmen der Währungsunion letztlich eine geringere Bedeutung zukam, als ihr damals beigemessen wurde.[56] Dies gilt auch für die Konsequenzen von Fehleinschätzungen der Geldmenge durch die Bundesbank. Eine zu hohe Geldmengenausweitung hätte allenfalls zu einem einmaligen Anstieg des Preisniveaus führen können. Eine Inflation im Sinne von Preissteigerungen über einen längeren Zeitraum hinweg wäre damit nicht ausgelöst worden. Darüber hinaus darf nicht übersehen werden, daß durch die Geldmengenausweitung nur ein verhältnismäßig geringer Preisniveauanstieg alimentierbar war. Die mit der Währungsunion schließlich verbundene Geldmengenausweitung betrug 14,7% der westdeutschen Geldmenge. Verglichen mit der von der Bundesbank zunächst angestrebten Erhöhung um 9,5% war die gesamtdeutsche Geldmenge nach der Währungsunion somit um 5,2 Prozentpunkte zu groß. Hinzu kam noch eine Überbewertung des Produktionspotentials der DDR. Nach heutiger Einschätzung machte es nur 7% des westdeutschen Potentials aus.[57] Damit überschritt die Geldmengenausweitung das potentialorientierte Maß um 7,7 Prozentpunkte. Selbst unter Berücksichtigung der erwähnten Fehleinschätzung der Einlagen der Außenhandelsbetriebe hat der Fehler in der Geldmengenausweitung maximal 10% betragen. Der Geldmengeneffekt war somit zwar nicht gering, er erlaubte aber keinen dramatischen Anstieg des Preisniveaus.

Aufgrund des Ausgabenverhaltens der privaten Haushalte nach der Währungsunion wurde vielfach erwartet, daß der zu groß geratene monetäre Rahmen preissteigernd ausgefüllt werden würde. Bereits nach der Öffnung der Grenzen im November 1989 hatten die Bürger der DDR einen erheblichen Teil ihrer Ersparnisse aufgelöst, um Konsumgüter aus der Bundesrepublik zu erwerben.[58] Für die Zeit nach der Währungsunion wurde eine

54 Tietmeyer, Erinnerungen, S. 78.

55 So der damalige Vizepräsident der Bundesbank, Helmut Schlesinger, Die währungspolitischen Weichenstellungen, S. 21.

56 Vor der Währungsunion war dies jedoch nur schwer einzuschätzen. So gab es Berechnungen des HWWA, nach denen die Geldmenge M1 am Stichtag um ca. 28% und die Geldmenge M3 um etwa 14% steigen würden. Vgl. Hesse, Zweifache Währungsunion, S. 8.

57 Vgl. Thieme, Währungsunion, S. 149.

58 Vgl. Schrettl, Economic and Monetary Integration, S. 4.

Fortsetzung dieses Trends erwartet.[59] Gleichzeitig waren die Produktionskapazitäten in Westdeutschland bereits weitgehend ausgelastet. Zudem wurde befürchtet, daß die gesteigerte Nachfrage auf ein sinkendes Güterangebot ostdeutscher Unternehmen treffen würde, da diese im Wettbewerb mit westlichen Konkurrenten zurückstecken müßten und damit ein Teil des Angebots ausfallen würde.

Allerdings wäre bei korrekter Einschätzung der Geldmenge auch eine unbeabsichtigte monetäre Alimentierung eines Preisniveauanstiegs über mehrere Perioden denkbar gewesen. So bestand Unsicherheit über die Entwicklung des ostdeutschen Produktionspotentials und der Umlaufsgeschwindigkeit des Geldes nicht nur vor, sondern auch nach der Währungsumstellung. Insgesamt ließ die Qualität der für eine stabilitätskonforme Geldpolitik erforderlichen statistischen Informationen über die Währungsunion hinaus noch länger zu wünschen übrig. Aufgrund dieses Sachverhalts gab es sogar Empfehlungen, die Bundesbank solle die Potentialorientierung ihrer Geldpolitik vorübergehend suspendieren und statt dessen eine Geldmengenausweitung «auf Sicht» betreiben.[60]

Die Bundesbank orientierte sich jedoch weiterhin am Entwicklungstrend des nominellen Produktionspotentials.[61] Ohne hinreichende Informationen über die Entwicklung in Ostdeutschland nach der Währungsunion bedeutete dies nichts anderes als die Fortschreibung des Trends, wie er in Westdeutschland vor der Währungsunion geschätzt worden war.[62] Auch bei der Beurteilung der Entwicklung des Preisniveaus und der Umlaufsgeschwindigkeit des Geldes war Westdeutschland der statistische Anhaltspunkt. Hinsichtlich der nach ihren Schätzungen übermäßigen Ausweitung der Geldmenge als Folge der politisch gesetzten Umtauschkurse hielt sich die Bundesbank mit Korrekturen zurück. Allerdings ergab sich auch kein dringlicher Handlungsbedarf. Trotz der zu groß geratenen Geldausstattung expandierte die gesamtdeutsche Geldmenge bis weit in das Jahr 1991 hinein nur sehr wenig. Dies ist vor allem darauf zurückzuführen, daß die ostdeutschen Haushalte und Unternehmen

59 Es gab aber auch abweichende Meinungen, wonach die in Folge der Währungsunion gestiegene Arbeitslosigkeit zu verstärktem Sparen aus Vorsichtsmotiven beitragen würde. Vgl. z.B. Burda, Consequences.

60 Vgl. Pohl/Thiemer, Realwirtschaftliche Voraussetzungen, S. 89f. sowie Sherman, Geldpolitik.

61 Vgl. Deutsche Bundesbank, Überprüfung, S. 14.

62 Die Bundesbank betrachtete ihr Steuerungskonzept durch die Veränderungen der Währungsunion schon aufgrund deren relativer Bedeutung als nicht in Frage gestellt: «Allein die Größenverhältnisse zwischen der Bundesrepublik und der DDR [von etwa 10:1 gemessen am Sozialprodukt; Anm. M.E. S.] lassen erwarten, daß die bekannten Strukturbeziehungen in der Bundesrepublik trotz der Einbeziehung der DDR in das Währungsgebiet der D-Mark sich längerfristig wieder einstellen werden.» Deutsche Bundesbank, Währungsunion, S. 20.

ihre Spareinlagen mit gesetzlicher Kündigungsfrist zunehmend in längerfristige Geldanlagen (über vier Jahre) umwandelten.[63] Als Folge dieser Entwicklung sank das Verhältnis der ostdeutschen Geldmenge M3 zur westdeutschen bis Mitte 1991 von 14,7% auf 11,5%.[64]

Als Zwischenfazit kann festgehalten werden: Die Wahl der Umstellungssätze für die Mark der DDR basierte auf einer politischen Entscheidung. Der sozialen Akzeptanz und der Schonung des Bundeshaushalts wurde gegenüber der Geldwertstabilität und der Wettbewerbsfähigkeit der ostdeutschen Betriebe Vorrang eingeräumt. Dennoch ergaben sich hinsichtlich der Sicherung der Geldwertstabilität für die Bundesbank keine ernsthaften Probleme, weil das Risiko begrenzt war, das mit nicht potentialorientierten Geldmengenausweitungen verbunden war. Ferner entwickelten sich auch die Nachfrage sowie die geldmengenrelevanten Dispositionen der privaten Haushalte in der DDR nach der Währungsunion eher stabilitätskonform.

5. Die monetäre Transformation

Nachdem die Umstellungsmodalitäten politisch festgelegt worden waren,[65] hatte die Bundesbank die Umstellung technisch zu vollziehen und – gemäß Art. 10 Abs. 3 Staatsvertrag – mit Inkrafttreten der Währungsunion ihre stabilitätspolitische Aufgabe eigenverantwortlich im Sinne des Bundesbankgesetzes auch für Ostdeutschland wahrzunehmen.[66] Damit sie der stabilitätspolitischen Aufgabe gerecht werden konnte, war noch eine weitere zu lösen. Sie lag nicht in der Kompetenz der Bundesbank und hatte eine weiterreichende ordnungspolitische Bedeutung. Das zwischenzeitlich halbherzig umstrukturierte Bankensystem der DDR mußte «voll zu einem wettbewerblich organisierten

63 Vgl. z.B. Bofinger/Kloten, German Currency Union, S. 9ff.

64 Vgl. Deutsche Bundesbank, Überprüfung, S. 15.

65 Der generelle Umstellungssatz für Guthaben und Verbindlichkeiten betrug 2 Mark der DDR zu 1 Deutschen Mark. Abweichend davon galt ein bevorzugter Umstellungssatz von 1 Mark der DDR zu 1 Deutschen Mark: bis zu 2000 Mark für Personen, die nach dem 1. Juli 1976 geboren sind; bis zu 4000 Mark für Personen, die zwischen dem 2. Juli 1931 und dem 1. Juli 1976 geboren sind; bis zu 6000 Mark für Personen, die vor dem 2. Juli 1931 geboren sind. Guthaben von Personen mit Wohnsitz außerhalb der DDR, die vor dem 31. Dezember 1989 entstanden waren, wurden im Verhältnis 2:1 umgestellt, danach entstandene zum Kurs von 3:1.

66 In Art. 10 Abs. 2 des Staatsvertrages wird für beide Vertragsgebiete ein stabiler Geldwert als Ziel vorgegeben. Das ist inhaltlich nicht nur ein klarerer Auftrag als der nach § 3 des Bundesbankgesetzes. Er läßt auch weniger Raum für eine Verpflichtung auf andere Ziele, soweit sie mit dem Stabilitätsziel nicht vereinbar sind; vgl. hierzu auch Willgerodt, Probleme, S. 311ff.

Finanzsektor entwickelt werden».[67] Ferner waren die Altkredite abzuwickeln, die nach der inadäquaten Behandlung der planwirtschaftlichen Kreditbeziehungen (Abschnitt 3b) verblieben waren.

a) Vollzug der Währungsunion

Währungsumstellung

Die Umstellung auf D-Mark und die Ausstattung mit Bargeld erforderten beträchtliche organisatorische und logistische Vorbereitungen.[68] Da die DDR erst am 4. Mai 1990 einer uneingeschränkten Übertragung der währungspolitischen Kompetenzen auf die Bundesbank zustimmte, verblieb dieser nur ein Zeitraum von knapp acht Wochen, um die Währungsunion in der DDR vorzubereiten. Sie konnte auch erst ab Mai damit beginnen, die Vorläufige Verwaltungsstelle in Berlin sowie die 15 regionalen Filialen aufzubauen. Die Filialen wurden von den westdeutschen Landeszentralbanken sowohl personell als auch materiell unterstützt. Ferner sorgten die Landeszentralbanken für die Bargeldausstattung.[69]

Einrichtung von Refinanzierungsmöglichkeiten

Im monetären Planungssystem der DDR gab es aufgrund der angestrebten «Kontrolle durch die Mark» keine eigenständigen Refinanzierungsmöglichkeiten der Banken. Sie verfügten daher zu Beginn der Währungsunion kaum über Aktiva, die sie nunmehr für eine Refinanzierung hätten einsetzen können. Mit dem Staatsvertrag zur WWSU mußten deshalb Sonderregelungen hinsichtlich der Refinanzierung der ostdeutschen Kreditinstitute getroffen werden.[70] Mit Ende des Jahres 1992 sind die letzten davon ausgelaufen.

Umstellung der Bankenbilanzen

Die Bilanzen der Kreditinstitute der DDR waren wie die Unternehmensbilanzen entsprechend den im Staatsvertrag niedergelegten Modalitäten umzustellen.[71] Durch die unterschiedliche Umstellung der Aktiva und Passiva der

67 Deutsche Bundesbank, Währungsunion, S. 17.

68 Für eine detaillierte Darstellung vgl. Kreditanstalt für Wiederaufbau, Mit der D-Mark, S. 156ff. sowie Deutsche Bundesbank, Technische und organisatorische Aspekte.

69 Vgl. Tietmeyer, Erinnerungen, S. 88.

70 Vgl. hierzu Deutsche Bundesbank, Geldpolitische Aufgaben.

71 Vgl. Art. 7 und 8 der Anlage 1 des Vertrages über die WWSU, Bundesgesetzblatt vom 25. Juni 1990 II, S. 518.

Kreditinstitute kam es zu bilanziellen Lücken. Diese Lücken wurden durch sogenannte bilanzielle Ausgleichsposten geschlossen. Bereits die DDR-Regierung hatte zu diesem Zweck einen Ausgleichsfonds geschaffen, der als Schuldner bzw. Gläubiger der aus der Währungsumstellung resultierenden Ausgleichspositionen der Banken eintreten sollte.[72] Mit der Währungsunion galten auch im Gebiet der DDR die bundesdeutschen Vorschriften hinsichtlich der Eigenkapitalausstattung von Kreditinstituten. Entsprechend sollte das Eigenkapital der Kreditinstitute mindestens 4% der Bilanzsumme oder ein Dreizehntel des Kreditvolumens betragen.[73] Reichte das Eigenkapital der vormaligen DDR-Banken hierfür nicht aus, sollte die Lücke ebenfalls durch eine Zuteilung von Ausgleichsforderungen geschlossen werden.

Vor der deutschen Vereinigung kam es jedoch nicht mehr zu einer Zuteilung von Ausgleichsforderungen. Die entsprechenden Bestimmungen wurden mit dem sogenannten D-Mark-Bilanzgesetz in den Staatsvertrag übernommen. Schuldner der Ausgleichsforderungen wurde nun der bundesdeutsche «Ausgleichsfonds Währungsumstellung».[74] Mit der deutschen Vereinigung kam den bilanziellen Ausgleichsforderungen eine weitere Bedeutung zu. Sie wurden nicht nur zur Schließung der Bilanzlücken genutzt, die sich aus der asymmetrischen Umstellung ergaben, bzw. als Eigenkapitalersatz zugeteilt. Vielmehr dienten sie auch zur Abdeckung von Verlusten, die den Kreditinstituten durch den Ausfall von Krediten entstanden.

Die Ausgleichsforderungen wurden nachträglich vom 1. Juli 1990 an verzinst. Aufgrund der Vereinbarungen im Staatsvertrag (Anlage 1, Art. 8, § 4) bestimmt sich der Zinssatz nach den Konditionen des Interbankenmarktes in Frankfurt (Dreimonats-FIBOR). Die Tilgung der Ausgleichsforderungen begann mit dem 1. Juli 1995 und ist für einen Zeitraum von 40 Jahren vorgesehen. Die Finanzierung der Ausgleichsforderungen erfolgte über den «Ausgleichsfonds Währungsumstellung», eine Anstalt des öffentlichen Rechts, deren Mittel zunächst durch die Staatsbank Berlin (ehemals Staatsbank der DDR) verwaltet wurden. Nach Auflösung der Staatsbank zum Jahresende 1994 liegt die Geschäftsbesorgung des Ausgleichsfonds nunmehr in den Händen der Kreditanstalt für Wiederaufbau (KfW).

Die endgültige Zuteilung der Ausgleichsforderungen soll erst nach Prüfung der Umstellungsrechnungen und der D-Mark-Eröffnungsbilanzen der ostdeutschen Kreditinstitute durch das Bundesaufsichtsamt für das Kreditwesen erfolgen. Die dazu erforderliche Überprüfung sollte ursprünglich zum

72 Diese Regelung galt auch für die Außenhandelsbetriebe der DDR, weil diese kommerzielle Kreditbeziehungen unterhielten; vgl. Kreditanstalt für Wiederaufbau, Mit der D-Mark, S. 181.

73 Grundsatz I des Bundesaufsichtsamtes für das Kreditwesen in der Fassung vom 19. Dezember 1985.

74 Vgl. Welcker, Anmerkungen, S. 198.

31. Dezember 1994 abgeschlossen sein. Allerdings wurden bereits vorher Ausgleichsforderungen vorläufig zugeteilt. Diese können in börsengängige Inhaberschuldverschreibungen umgewandelt und damit am Kapitalmarkt gehandelt bzw. zur Refinanzierung bei der Bundesbank eingesetzt werden. Bis Ende 1994 belief sich der Wert der vorläufigen und vorab zugeteilten Ausgleichsforderungen auf rund 76 Mrd. DM, wovon 64 Mrd. DM in Inhaberschuldverschreibungen verbrieft wurden. Die Ausgleichsverbindlichkeiten betrugen dagegen nur 1,3 Mrd. DM. Ende 1994 ergab sich somit aus dem Ausgleichsfonds eine Forderung an die Bundesrepublik Deutschland in Höhe von rund 75 Mrd. DM.[75] Entgegen der ursprünglichen Zielsetzung ist eine abschließende Zuteilung der Ausgleichsforderungen bislang nicht möglich gewesen, da noch nicht alle D-Mark-Eröffnungsbilanzen bestätigt worden sind. So sind z.B. Altgeschäfte noch nicht endgültig abgewickelt und Vermögenswerte nicht vollständig ermittelt worden. Damit ist auch noch keine definitive Aussage über die Höhe der am Ende einzuräumenden Ausgleichsforderungen möglich. Mittlerweile wird geschätzt, daß das Volumen der Ausgleichsforderungen schließlich rund 95 Mrd. DM betragen wird (Stand Dezember 1996).

Mit dem Beitritt der DDR zum Bundesgebiet wurde entsprechend dem Einigungsvertrag ein Kreditabwicklungsfonds errichtet. Es handelte sich dabei um einen Sonderhaushalt des Bundes. Die Aufgabe des Fonds war es, das Defizit im DDR-Staatshaushalt, die Verbindlichkeiten aus der Zuteilung von Ausgleichsforderungen, die Verpflichtungen des Bundes aus der Gewährträgerhaftung für die Staatsbank Berlin und die Kosten der Abwicklung von Forderungen und Verbindlichkeiten aus der Wahrnehmung staatlicher Aufgaben der DDR gegenüber dem Ausland und der Bundesrepublik zu bündeln. Zugleich erfolgte über den Kreditabwicklungsfonds auch die Verzinsung der vom Ausgleichsfonds an die Kreditinstitute ausgegebenen Wertpapiere. Der Kreditabwicklungsfonds wurde aus dem Bundeshaushalt ausgelagert. Geplant war zunächst die Verrechnung der Verluste aus der Kreditabwicklung mit den erwarteten Gewinnen der Treuhandanstalt aus dem Verkauf der ehemaligen Betriebe der DDR. Diese stellten sich jedoch in der Folgezeit nicht ein. Vielmehr beendete die Treuhandanstalt ihre Privatisierungstätigkeit mit einem Defizit in Höhe von 256 Mrd. DM.[76] Dieses Defizit ging zusammen mit der Entschuldung der Wohnungswirtschaft der vormaligen DDR in Höhe von rund 30 Mrd. DM, dem erwarteten Wert des Ausgleichsfonds Währungsumstellung von rund 95 Mrd. DM und dem Defizit im DDR-Staatshaushalt in Höhe von 28 Mrd. DM zum 1. Januar 1995 in den «Erblastentilgungsfonds» ein. Bei diesem Fonds handelt es sich ebenfalls um ein Sondervermögen des

75 Vgl. Kreditanstalt für Wiederaufbau, Mit der D-Mark, S. 180ff.
76 Vgl. Kreditanstalt für Wiederaufbau, Mit der D-Mark, S. 179.

Bundes. Insgesamt ist infolgedessen mit einer Gesamtbelastung in Höhe von rund 400 Mrd. DM zu rechnen. Der damit belastete «Erblastentilgungsfonds» wird durch Zuführungen aus dem Bundeshaushalt und durch mögliche Bundesbankgewinne getilgt.[77]

b) *Transformation des Kreditsystems*

Institutionelle Transformation

Die ersten institutionellen Transformationsschritte wurden bereits vor dem 1. Juli 1990 in der DDR vollzogen. Am 1. April trat das von der Volkskammer am 8. März 1990 – also noch unter der Regierung Modrow – verabschiedete «Gesetz zur Änderung des Gesetzes über die Staatsbank der DDR aus dem Jahre 1974» in Kraft. Zentralbank- und Geschäftsbankenfunktion der Staatsbank wurden organisatorisch voneinander getrennt. An den Eigentumsverhältnissen änderte sich allerdings bei den Geschäftsbanken zunächst nichts. Gleichzeitig wurde den ostdeutschen Kreditinstituten erlaubt, Bankgeschäfte aller Art zu betreiben. Mit diesem Gesetz wurde das Kreditsystem der DDR jedoch keineswegs vollständig liberalisiert. So existierte nach wie vor keine Niederlassungsfreiheit für ausländische – d.h. auch für westdeutsche – Kreditinstitute. Ausländische Kreditinstitute hatten lediglich das Recht, Repräsentanzen zu errichten, die allerdings keine Kreditgeschäfte betreiben durften.[78]

Mit Inkrafttreten des Staatsvertrages über die WWSU am 1. Juli 1990 wurde die Geldverfassung der Bundesrepublik auf die DDR übertragen. Der institutionelle Umbruch erstreckte sich auch auf die Wirtschaftsverfassung der DDR. Eine allgemeine Vertrags-, Gewerbe-, Niederlassungs- und Berufsfreiheit wurde ebenso wie die wichtigsten Wirtschaftsgesetze der Bundesrepublik eingeführt. Die Vorschriften der DDR wurden entsprechend angepaßt bzw. entgegenstehende Vorschriften der DDR wurden – ohne im einzelnen genannt zu sein – als nicht mehr anwendbar erklärt. Die allgemeine Rechtsanpassung wurde in Anlagen zum Staatsvertrag konkretisiert. Die Anlagen bestimmten die bis zum Inkrafttreten des Vertrages inkraftzusetzenden, aufzuhebenden oder zu ändernden und neu zu erlassenden Rechtsvorschriften sowie Regelungen, die in der DDR im weiteren Verlauf anzustreben waren. Die endgültige institutionelle Transformation vollzog sich schließlich mit dem

77 Der Fonds erhält aus dem Bundeshaushalt jährlich folgende Zuweisungen: Zuführungen in Höhe von 7,5 % der Verpflichtungen des Erblastentilgungsfonds sowie Zuführungen in Höhe der Einnahmen aus dem Bundesbankgewinn, soweit sie einen Betrag von 7 Mrd. DM übersteigen. Vgl. Kreditanstalt für Wiederaufbau, Mit der D-Mark, S. 188.

78 Vgl. Gaddum, Markt- und Wettbewerbssituation, S. 192.

Beitritt der DDR zum Staatsgebiet der Bundesrepublik Deutschland am 3. Oktober 1990.

Neuordnung des Bankensystems

Als Folge der institutionellen Veränderungen zum 1. April 1990 hatte die Staatsbank ihre «Geschäftsbankfunktion» an die neugegründete Deutsche Kreditbank AG (DKB) und die Berliner Stadtbank AG übertragen (Schaubild 1). Mit der Übertragung gingen ihre planwirtschaftlich begründeten Forderungen im Industriebereich und im Wohnungsbau weitgehend auf die DKB über. Die Reorganisation des Bankensystems führte somit zunächst einmal dazu, daß lediglich neue staatliche Banken entstanden.[79]

Die DKB gründete zum 1. Juni 1990 mit der Deutschen Bank und der Dresdner Bank zwei Joint Ventures, die Deutsche Bank-Kreditbank AG bzw. die Dresdner Bank-Kreditbank AG. Beide Joint Ventures übernahmen die Filialen der Staatsbank der DDR einschließlich des Personals und der in der Planwirtschaft entstandenen Unternehmensbeziehungen. Ferner wickelten sie die Altkredite für die DKB im Rahmen eines Geschäftsbesorgungsvertrages ab. Ende 1990 bzw. im Frühjahr 1991 verkaufte die DKB ihre Anteile an den Joint Venture-Banken an die jeweiligen Partnerbanken. Kurz darauf wurden diese in ihre Mutterunternehmen integriert.

Mit dem 1. Juli 1990 wurde aus der Staatsbank der DDR die Staatsbank Berlin, eine Körperschaft des öffentlichen Rechts. Ihre Aufgabe war es, in die Verträge der Staatsbank der DDR gegenüber Dritten einzutreten und auf der Grundlage des Staatsvertrages die Währungsumstellung im Zusammenwirken mit der Bundesbank zu unterstützen. Mit dem Beitritt der DDR im Oktober 1990 wurde die Bundesrepublik Deutschland Gewährsträger der Bank. Ihre Aufgabe bildete nun die Verwaltung und Abwicklung der Altforderungen und Altverbindlichkeiten der DDR gegenüber dem Ausland und die Verwaltung des Ausgleichsfonds Währungsumstellung. Mit Abschluß der Privatisierungstätigkeit der Treuhandanstalt Ende 1994 ging die Staatsbank Berlin in der KfW auf. Die übrigen Banken der DDR wurden in der Zeit nach der Währungsunion umfassend reorganisiert. Das Ergebnis ist in Schaubild 1 zusammengefaßt.[80]

Bis Ende 1992 erfolgte eine Konsolidierung des Bankensystems in Ostdeutschland.[81] Die Bankenstellendichte erreichte damit etwa die Hälfte des

79 Dennig, Finanzstruktur, S. 128, weist darauf hin, daß zusätzlich zum 1. April 1990 eine Verkehrsbank, eine Postbank und eine Berliner Reise- und Touristenbank gegründet wurden. Auch diese befanden sich allein in staatlicher Hand.

80 Für weitere Einzelheiten vgl. Kreditanstalt für Wiederaufbau, Mit der D-Mark sowie Gawel, Deutsch-deutsche Währungsunion.

81 Die Zahl der Sparkassen und Kreditgenossenschaften sank vor allem durch Fusionen bis September 1992 auf rund 450 mit insgesamt etwa 4500 Zweigstellen. Hinzu kamen 1300 Niederlassungen westdeutscher Banken.

Neuordnung des Bankensystems

Schaubild 1

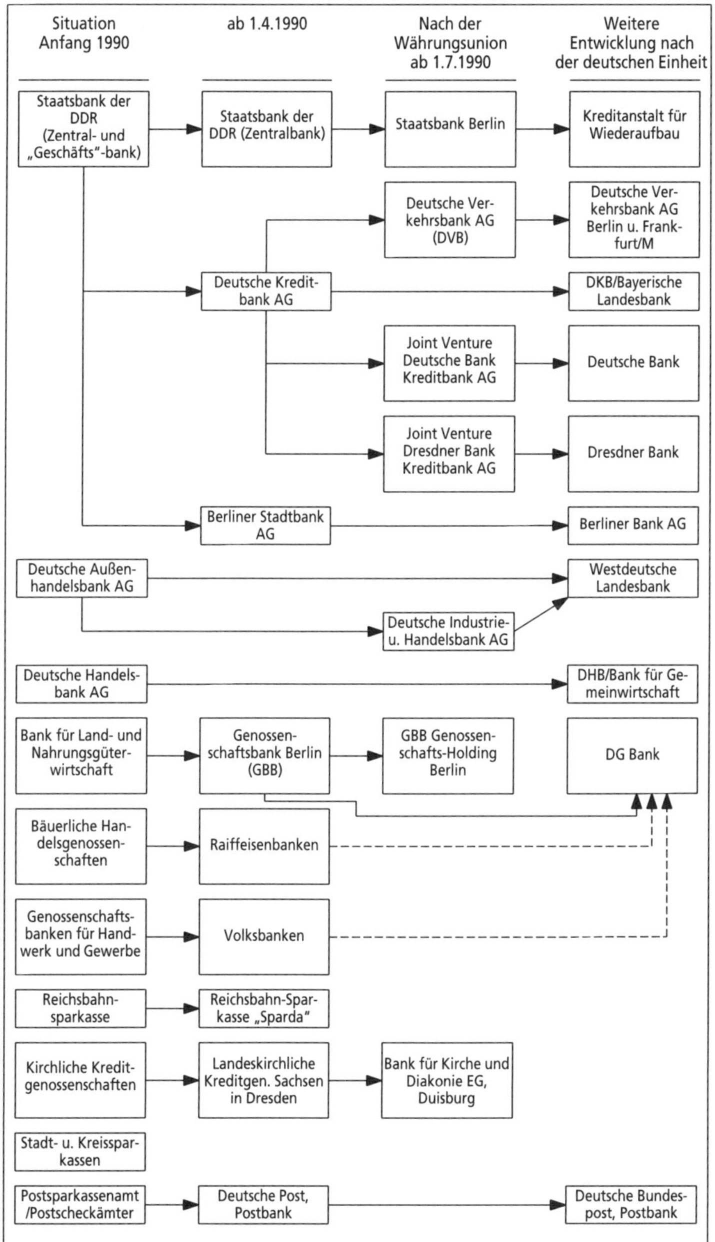

Quelle: Kreditanstalt für Wiederaufbau, Mit der D-Mark, S. 337. Eigene Ergänzungen und Änderungen.

Standes in den alten Bundesländern. Bankneugründungen erfolgten nur in geringer Zahl.[82] Auch wurden keine vormaligen DDR-Banken von ausländischen Banken erworben.

Abwicklung der Altkredite

Die systeminadäquate Behandlung der planwirtschaftlichen Kreditverflechtungen ist bereits durch Entwicklungen vor der Währungsunion begünstigt worden: Bei der Einrichtung eines zweistufigen Bankensystems in der DDR zum 1. April 1990 wurden die Forderungen der Staatsbank an die staatseigene Wirtschaft nicht konsolidiert, sondern nahezu vollständig auf die DKB übertragen.[83] Mit dem Beitritt der DDR wechselte die DKB in den Besitz der bundeseigenen Treuhandanstalt, die somit Eigentümerin der vormaligen Staatsbetriebe, aber auch Hauptschuldnerin der DKB wurde.

Die Aktiva der DKB setzten sich im wesentlichen aus Altkrediten an nunmehrige Treuhandunternehmen und aus staatlichen Wohnungsbaukrediten zusammen. Die Passiva bestanden aus Verbindlichkeiten gegenüber der Staatsbank Berlin. Zum Zeitpunkt der Währungsunion standen bei der Staatsbank den Forderungen an die DKB vor allem Einlagen der Sparkassen und Genossenschaftsbanken gegenüber. Nach der Währungsunion wurden diese Einlagen jedoch in beträchtlichem Umfang aufgelöst.[84] Allein im dritten Quartal 1990 betrugen die Liquiditätsabflüsse rund 25 Mrd. DM oder etwa ein Viertel der zu refinanzierenden Forderungen an die DKB.

Folge dieser Entwicklung war ein erheblicher Mittelabfluß bei der Staatsbank Berlin. Da diese ihre Forderungen gegenüber der DKB und anfangs der Berliner Stadtbank AG sowie der Genossenschaftsbank Berlin nicht kurzfristig abrufen konnte, wurden die entstandenen Lücken ebenfalls durch eine Kreditaufnahme am Kapitalmarkt geschlossen.[85] Bis Ende 1991 betrug die

82 Vgl. Deutsche Bundesbank, Abschlußbericht, S. 17f.

83 Nach der Währungsunion war die DKB mit 87 Mrd. DM Hauptgläubigerin der ehemaligen DDR-Betriebe. Es folgten die Genossenschaftsbank Berlin mit etwa 8 Mrd. DM, die Berliner Stadtbank AG mit rund 4,5 Mrd. DM und sonstige Institute mit kleineren Anteilen an den restlichen Altkrediten in Höhe von 2,5 Mrd. DM; vgl. Cloes, Altschulden, S. 659. Hinzu kamen staatliche Wohnungsbaukredite in Höhe von rund 40 Mrd. DM.

84 Eine wesentliche Ursache hierfür bildeten die zeitweilig verstärkten Verfügungen der Bevölkerung über ihre Ersparnisse zur Erfüllung langgehegter Konsumwünsche, zum Erwerb von höherverzinsten Wertpapieren und zur Geldanlage bei anderen Banken. Aber auch die Sparkassen und Genossenschaftsbanken selbst waren zunehmend daran interessiert, ihre Einlagen von der Staatsbank abzuziehen, um attraktivere Anlagemöglichkeiten auszunutzen. Hinzu kamen organisatorische Veränderungen bei den Sparkassen sowie den Volks- und Raiffeisenbanken, für die nun – anstelle der Staatsbank – die Deutsche Girozentrale bzw. die DG-Bank die Liquiditätshalterfunktion übernahmen.

85 Zuvor war es im dritten Quartal 1990 zu einem Stillhalteabkommen mit den Sparkassen gekommen, um der Staatsbank kurzfristig Luft zu verschaffen.

Kreditaufnahme am Kapitalmarkt bereits 97,4 Mrd. DM.[86] Hierfür wurden zu einem großen Teil «Floater» gewählt, also eine Form kurzfristiger Anleihen, die zum Geldmarktsatz zu verzinsen waren. Dies stellte angesichts der damaligen inversen Zinsstruktur die teuerste Form der Finanzierung dar.[87] Darüber hinaus verursachte die Finanzierung über die Staatsbank Berlin zusätzliche Kosten, denn diese stellte der DKB für ihre Finanzierungsaktivitäten eine Marge in Rechnung. Auch kam die Staatsbank nicht in den Genuß der für Staatsanleihen am Kapitalmarkt vergleichsweise günstigeren Konditionen. Eine Refinanzierung der DKB über die Treuhandanstalt hätte sie dagegen in den Genuß der Vorzugskonditionen kommen lassen können, vorausgesetzt, es wäre eine Erweiterung des Kreditrahmens der Treuhandanstalt vorgenommen worden. Das durch die Behandlung der Altkredite verursachte Refinanzierungskarussell hat also zusätzliche, vermeidbare Finanzierungsaufwendungen verursacht. Schon die bisherige Analyse des Refinanzierungskarussells für die Altkredite rechtfertigt das Urteil des Bundesrechnungshofs in einem Sonderprüfungsbericht, wonach es kostensparend gewesen wäre, die Altkredite mit der Währungsunion so schnell wie möglich wieder bei der Staatsbank zusammenzufassen.[88]

Hinzu kamen jedoch weitere vermeidbare Kosten als Folge der Nichtkonsolidierung der Kreditverflechtungen, da die Treuhandanstalt bzw. ihre Unternehmen nun Schuldendienst auf die Altschulden zu leisten hatten. Hierzu mußte sich die Treuhand ebenfalls refinanzieren. Daß die Refinanzierungskosten nicht gering waren, bestätigte auch die damalige Präsidentin der Treuhandanstalt, Birgit Breuel, in einer Aussage in anderem Zusammenhang vor dem Treuhanduntersuchungsausschuß: «Dann die Altkredite: Wir haben

86 Vgl. Kadow, DDR-Altschulden, S. 20.

87 So kamen beispielsweise im November 1991 fast zeitgleich Anleihen von Staatsbank und Bund in Höhe von jeweils rund 4 Mrd. DM auf den Markt. Die Staatsbank bot eine zinsvariable Anleihe an, der Bund vierjährige Schatzanweisungen. Während der Zinssatz für die Emissionen der Staatsbank bei rund 9,3% lag, betrug der für die Bundesemission nur 8,84%. Bis Ende 1992 betrug das Volumen von konsortialgeführten Anleihen und Krediten 74,5 Mrd. DM; vgl. Kadow, Günter: Die Staatsbank wickelte die DDR-Altschulden ab, in: Börsenzeitung vom 27. Mai 1993, S. 20. Hochgerechnet käme man somit aufgrund der Zinsdifferenz auf etwa 372 Mio. DM unnötig gezahlter Zinsen.

88 Der Sonderprüfungsbericht fand in der Presse ein breites Echo, das auch direkte Zitate enthielt. Auf diese wird, allerdings unter Heranziehen des Berichts, Bezug genommen. Das Bundesfinanzministerium hatte den Bericht aufgrund «vertraulicher Geschäftsdaten» als vertraulich klassifiziert. Diese Klassifikation ist zweifelhaft. Nach Vorlage des Berichts urteilte der Bundestagsabgeordnete Otto Schily, daß es nicht zulässig sei, wenn sich die Bundesregierung unter Hinweis auf Pflichten zum Stillschweigen ihrer Rechenschaftspflicht gegenüber der Öffentlichkeit entziehe. Der Abgeordnete Friedhelm Julius Beucher vermutete eine bewußte Verschleierung, weil man die Brisanz der Vorwürfe des Rechnungshofes kenne; vgl.: «Bonn weist Rechnungshof-Vorwürfe zurück», in: Frankfurter Allgemeine Zeitung vom 10. November 1995.

von den etwa 100 Milliarden Altkrediten bei uns etwa 80 Milliarden, darauf kommen 27 Milliarden Zinsen. Das sind 107 Milliarden. Das ist auch eine interessante Größe, die vergessen wird, wenn unser Schuldenberg so riesig gemacht wird. Dann kommen sonstige Ausgaben. Das sind wiederum in erheblichen Teilen Zinsen, weil wir uns ja am Kapitalmarkt finanziert und selber verzinst haben.»[89]

Weitere Kosten entstanden dadurch, daß die Verwaltung der Forderungen aus DDR-Altschulden nicht durch die (weiterhin staatlichen) Gläubigerbanken erfolgte, sondern privaten Banken im Rahmen von Geschäftsbesorgungsverträgen übertragen wurde. Auch diese Kosten wären bei einer sofortigen Konsolidierung nicht angefallen. Vor allem aber kritisiert der Bundesrechnungshof, daß diese Dienstleistung überteuert erfolgte. Des weiteren sah er genug Anhaltspunkte dafür, daß mit dem Verkauf von Anteilen und Geschäften von DDR-Banken an westdeutsche Banken Forderungen aus DDR-Altschulden unter Wert verkauft wurden.[90] Bei der Kaufpreisermittlung sei nicht berücksichtigt worden, daß die Altkredite durch Ausgleichsforderungen gegenüber dem Bund abgesichert waren.[91] Bei einer Wertberichtigung zweifelhaft erscheinender Altkredite wurden den Banken in gleicher Höhe Ausgleichsforderungen zugeteilt. Dementsprechend kritisierte der Rechnungshof auch, daß den Banken Anreize fehlten, Forderungen gegenüber Altschuldnern durchzusetzen.

Die gewählte Vorgehensweise hat somit erhebliche Kosten verursacht. Das eher zurückhaltende Urteil des Rechnungshofes lautete dementsprechend: «Es ist deshalb nicht auszuschließen, daß der Bund im Ergebnis weniger belastet wäre, wenn er die Altschulden direkt übernommen hätte.»[92] Hinzuzufügen ist: Wäre mit den Altkrediten von vornherein systemkonform verfahren worden, hätte das Problem, einschließlich der teuren Begünstigung einzelner Banken, völlig vermieden werden können.

Hinzu kommt, daß der Verzicht auf eine systemkonforme Konsolidierung

89 Deutscher Bundestag, Beschlußempfehlung, S. 252.

90 Im Falle von zwei Veräußerungen wurde die Bewertung des Bundesrechnungshofs von der Treuhandanstalt ausdrücklich bestätigt. Das gilt auch für die vom Rechnungshof geäußerten Zweifel am ordnungsgemäßen und interessengerechten Ablauf der Verkaufsverhandlungen; vgl. Bundesrechnungshof, Bericht, S. 31.

91 Hinzu kam, daß die Ausgleichsforderungen nach Umwandlung in Inhaberschuldverschreibungen zu Wertpapierpensionsgeschäften mit der Bundesbank dienten. Daraus entstanden erhebliche Zinsvorteile für die Banken. Die Ausgleichsforderungen waren insofern auch nicht ergebnisneutral. Das wäre ebenfalls bei der Kaufpreisermittlung zu berücksichtigen gewesen; vgl. Bundesrechnungshof, Bericht, S. 27.

92 Bundesrechnungshof, Bericht, S. 27. Diese Kritik gewinnt noch an Gewicht, wenn berücksichtigt wird, daß entgegen den dem Gutachten zugrundeliegenden Beteuerungen des Bundesfinanzministeriums nun auch die kommunalen Altschulden in den Erblastentilgungsfonds eingehen.

zu einer unnötigen Belastung des Transformationsprozesses in den neuen Bundesländern führte: Schon vor einer möglichen Veräußerung beeinflußten die Altschulden das Schicksal einzelner Betriebe, da in die Beurteilung der Sanierungsfähigkeit eines Treuhandbetriebes auch dessen Belastung mit Altschulden (die das Ergebnis planwirtschaftlicher Willkür waren) einging.[93] Zusätzlich wurden Treuhandbetriebe hinsichtlich ihrer Altschulden durchaus unterschiedlich behandelt. Es bestand zwar für alle Erwerber die Möglichkeit, entweder durch die Forderung einer Schuldenübernahme durch die Treuhand vor der Veräußerung oder durch eine entsprechende Minderung des Kaufpreises die Altschulden auf die Treuhandanstalt überzuwälzen. Jedoch insbesondere Großunternehmen wurden noch nach der Veräußerung Schulden erlassen. Daraus ergab sich nachträglich eine Ungleichbehandlung der Käufer von Treuhandvermögen. Im besonderen Maße wurden jedoch die ehemaligen Landwirtschaftlichen Produktionsgenossenschaften diskriminiert. Im Gegensatz zu den Treuhandbetrieben verfügten sie nicht über die Möglichkeit, die Altschulden auf die Treuhand zu überwälzen, da kein Eigentumswechsel erfolgte. Ihnen wurden somit mit der Währungsunion Schulden per Gesetz oktroyiert, auf deren Entstehung sie in der DDR kaum Einfluß hatten nehmen können und die sie bis heute finanziell erheblich belasten.[94]

6. Zusammenfassende Würdigung

Die Währungsunion war wesentlicher Bestandteil einer beispiellosen Schocktherapie. Mit der Einbeziehung Ostdeutschlands in den Geltungsbereich der D-Mark wurde zugleich das sozialistische Wirtschafts- und Gesellschaftssystem durch Übernahme des westdeutschen institutionellen Rahmens transformiert. [95]

93 Dies mußte auch ein Vertreter der Bundesanstalt für Vereinigungsbedingte Sonderaufgaben in der mündlichen Verhandlung des Bundesverfassungsgerichtes in Naumburg/Saale am 28. Januar 1997, insbesondere für die Einschätzung der Sanierungsfähigkeit von Landwirtschaftlichen Produktionsgenossenschaften, einräumen.

94 Vgl. zu Einzelheiten z. B. Mummert, Uwe: Der Bund sollte die Altschulden der Landwirtschaft streichen, in: Handelsblatt vom 28. Januar 1997.

95 Eine eingehendere Erörterung der monetären Transformationsmaßnahmen aus institutionentheoretischer Sicht sowie des Verhaltens der Akteure aus der Perspektive der politischen Ökonomik konnte hier nicht vorgenommen werden. Vgl. dazu Streit/Mummert, Grundprobleme, S. 19ff.

a) Aufgaben der Bundesbank

Im Rahmen der monetären Transformation der vormaligen DDR verblieb der Bundesbank letztendlich die Aufgabe, die Währungsumstellung nach den politischen Vorgaben vorzunehmen und die Geldwertsicherung auf das Beitrittsgebiet auszudehnen. Sie vollzog die Währungsumstellung organisatorisch und technisch reibungsarm, obgleich die dafür eingeräumten Fristen denkbar kurz waren. Auch die Inflationsrisiken der Währungsumstellung blieben unter Kontrolle. Die Bundesbank konnte also der ihr zugewiesenen Aufgabe der Geldwertsicherung entsprechen. Das stieß – wegen der damit in Verbindung gebrachten Zinsentwicklung – weder im In- noch im Ausland stets auf Zuspruch, ist aber Beleg der tatsächlichen Unabhängigkeit. Bei den politischen Vorgaben zur Währungsumstellung wurde – entgegen der Empfehlung der Bundesbank – der sozialen Akzeptanz und der Schonung des Bundeshaushalts Vorrang gegenüber der Wettbewerbsfähigkeit der DDR-Unternehmen eingeräumt.

Bei der Umstellung der Altkredite wurde der Rat der Bundesbank, im Verhältnis 2:1 umzustellen, zwar befolgt. Jedoch dürfte es schwierig sein, diesen Rat mit der Ausgangsdiagnose zu begründen. So betonte die Bundesbank zum Beispiel, daß die Kreditinstitute in der DDR «Teil eines zentralisierten Zuweisungs-, Plafondierungs- und Verrechnungssystems im Dienste der zentralen Wirtschaftsplanung mit institutsspezifischen Aufgabenstellungen» waren und daß das inländische «Firmengeschäft» im wesentlichen bei der Staatsbank lag.[96] Nach dieser Diagnose drängten sich Schlußfolgerungen hinsichtlich einer Konsolidierung der Kreditbeziehungen nahezu auf. Am allerwenigsten ist damit die noch vor kurzem vertretene Auffassung vereinbar, ein einzelfallbezogener Schuldenerlaß sei dem generellen Erlaß vorzuziehen.[97] Der Verweis darauf, daß auch die Vermögenswerte durch Planbehörden willkürlich zugewiesen wurden, kann nicht rechtfertigen, eine daran orientierte diskretionäre Schuldenzuweisung vorzunehmen. Das hieße nicht nur planwirtschaftliche Willkür mit neuer Willkür beantworten, um wettbewerblich «vergleichbare Ausgangspositionen»[98] zu schaffen. Vielmehr ist ein solches *«level the playing field»* unnötig; denn bei der Veräußerung von Unternehmen schlagen sich marktrelevante Unterschiede im (Netto-)Vermögen zwischen Unternehmen ohnehin in Kaufangeboten nieder.

Jeder Rat, der nicht von einer konsequenten Konsolidierung der Kreditbeziehungen ausging, mußte problematisch sein. Er hatte zur Folge, daß Alt-

96 Deutsche Bundesbank, Währungsunion, S. 17.
97 Vgl. Deutsche Bundesbank, Funktion, S. 51.
98 Deutsche Bundesbank, Funktion, S. 51.

kredite unversehens als marktwirtschaftliche Vermögenswerte zu beurteilen waren. Deshalb mußten sie bei der Festlegung des Umstellungssatzes auf eine Werthaltigkeit überprüft werden, die es nach ihrem Entstehen gar nicht geben konnte. Dazu gehörte auch, daß eine sachlich unmögliche Verbindung herzustellen war. Monetäre Größen aus einem System, in dem eine Wertrechnung, die den Namen verdient, a priori unmöglich war, mußten in solche eines marktwirtschaftlichen Systems verwandelt werden.[99]

b) Aufgaben der politischen Entscheidungsträger

Die politischen Entscheidungsträger hatten die Umstellungsmodalitäten festzulegen und die Neuordnung des ostdeutschen Bankensystems in die Wege zu leiten. Dabei war auch über die planwirtschaftlichen Kreditverflechtungen zu befinden.

Die Festlegung der Umstellungskurse beruhte auf politischen Erwägungen. Im übrigen wurde die Umstellung von der wenig überzeugenden Behandlung der planwirtschaftlichen Kreditverflechtungen geprägt. Es wurde durch unzulässige Gleichsetzungen von plan- und marktwirtschaftlichen Größen der Eindruck erweckt, als stünden den Einlagen der privaten Haushalte unmittelbar Forderungen der Banken an Unternehmen gegenüber. Das beschriebene Refinanzierungskarussel war damit fast vorprogrammiert. Es zog beträchtliche Vermögensschäden für den Bund nach sich. Bei systemadäquater Behandlung der Kreditverflechtungen wäre es bei der zweiten, zuvor diskutierten Variante (Abschnitt 3b) lediglich darum gegangen, einen Umstellungskurs für das Finanzvermögen der privaten Haushalte der DDR festzulegen. Damit wären die Ausgleichsforderungen eindeutig bestimmt gewesen, die zur Fundierung des Finanzvermögens erforderlich waren. Die Transparenz dieses Vorgangs und damit verbundene politische Diskussionen über die «Kosten der Einheit» während der Wahlkämpfe von 1990 mögen abschreckend gewirkt haben. Allerdings sind die Folgekosten der Altkreditregelung vom Steuerzahler zu tragen.

99 Auch die wirtschaftswissenschaftlichen Forschungsinstitute stellten bei ihrer Empfehlung im Frühjahr 1990 (siehe Lage der Weltwirtschaft) die Ausgangslage nicht in Frage, die durch eine systeminadäquate Behandlung der Kreditbeziehungen geschaffen würde. Das galt ebenso für spätere Vorschläge in dieser Richtung. Mit der inadäquaten Behandlung der Kreditbeziehungen wurden nämlich Fakten geschaffen und marktwirtschaftliche Interpretationen ausgelöst, die keine Analyse mehr erlaubten, welche der Entstehung und Funktion von Krediten im System der DDR noch gerecht werden konnte. Deshalb kam auch der Hinweis auf den Staat als Verursacher der Unternehmensschulden zu spät, mit dem sich das DIW im Herbst 1990 nochmals für eine Schuldenstreichung einsetzte. Vgl. z.B. Pohl, Alt-Schulden, S. 508.

Auch die Neuordnung des Bankensystems nach der Währungsunion kann nicht überzeugen. Da ist zunächst die unwiderlegte Kritik des Bundesrechnungshofes, wonach vor allem Verkäufe unter Wert zum Schaden des Bundes vorgenommen und Geschäftsbesorgungsverträge zu teuer abgeschlossen wurden (Abschnitt 5b). Hinzu kommen ordnungspolitische Defizite. Ein Großteil des Bankensystems der DDR wechselte lediglich den staatlichen Eigentümer (Schaubild 1). Daran ändert auch die Formenvielfalt nichts, die das Engagement von Bund, Ländern, Gemeinden und staatlich kontrollierten Unternehmen im Bankensektor der Bundesrepublik kennzeichnet. Ferner erlangten die Deutsche und die Dresdner Bank durch die Joint Ventures erhebliche Vorteile beim Aufbau des Filialnetzes gegenüber potentiellen Konkurrenten, nicht zuletzt deshalb, weil für die Banken geeignete Immobilien in der fraglichen Zeit extrem knapp waren. Die damit verbundene, temporäre marktzugangsbeschränkende Wirkung ist ordnungspolitisch bedeutsam, weil sie aus einer Sonderbehandlung der beiden Großbanken durch die DKB entstand. Schließlich fällt auf, daß sich ausländische Banken praktisch nicht engagierten, und zwar auch nicht in jenen Fällen, in denen die Veräußerung ehemaliger DDR-Banken mehr Zeit erlaubte. Besondere Anstrengungen, neue Wettbewerber zu gewinnen, scheinen nicht unternommen worden zu sein. Inwieweit generelle Marktzugangshemmnisse auf dem verkrusteten deutschen Bankenmarkt wirksam waren, muß offen bleiben.

In der Summe sind kostspielige, von den politischen Entscheidungsträgern zu vertretende Fehlentscheidungen im Verlauf der Währungsunion zu konstatieren. Dem kann entgegengehalten werden, daß viele Entscheidungen bei extrem schlechter Informationslage in sehr kurzer Zeit getroffen werden mußten. Ferner kann geltend gemacht werden, daß die zentrale Handlungsgrundlage – der Staatsvertrag – das Ergebnis eines schwierigen politischen Verhandlungsprozesses war, der nicht frei von Rücksichtnahmen auf Befindlichkeiten der Bevölkerung vor allem in Ostdeutschland bleiben konnte.

Schließlich war der wissenschaftlich begründete Rat – wie dargelegt – nicht frei von Fehlinterpretationen des mit der WWSU zu transformierenden Systems. Ähnliches dürfte für eine Reihe juristischer Schlußfolgerungen gelten, bei denen weder den planwirtschaftlichen Abläufen noch dem Umstand Rechnung getragen wurde, daß die gesamte Wirtschaftsordnung der DDR unterging, welche die Grundlage für die vorgefundenen monetären Bestands- und Stromgrößen gebildet hatte. Insofern dürfte der Befund eines Wegfalls der «großen Geschäftsgrundlage» gerechtfertigt sein.[100] Andererseits gab es aber auch wissenschaftlich begründete Erkenntnisse und Empfehlungen, die

100 Vgl. Matthiessen, DDR-Staatsbankkredite, S. 156. Ähnlich z.B. auch Schachtschneider, Sozialistische Schulden, S. 167ff.

den Eigenschaften des DDR-Systems Rechnung trugen.[101] Und schon vor Zustandekommen der Währungsunion fehlte es nicht an Warnungen – auch seitens der Bundesbank – vor wirtschafts- und lohnpolitischem Fehlverhalten in der Zeit danach.

All dies ändert zweifellos nichts an der Bedeutung der WWSU für die deutsche Vereinigung. Die hier kritisierten politischen Entscheidungen spiegeln jedoch sowohl Fehlinterpretationen der Planwirtschaft der DDR als auch beschönigende Opportunismen wider. Es erscheint reizvoll, sie mit der analytischen und politischen Position zu kontrastieren, die Ludwig Erhard für den Fall einer Währungsunion eingenommen hatte. Nach dem Aufstand von 1953 in Ostdeutschland waren kurzfristig Hoffnungen aufgekeimt, die Sowjetunion würde der Wiedervereinigung nach dem Mißerfolg des Ulbricht-Regimes eine Chance geben. Zu der von Erhard für diesen Fall befürworteten Einbeziehung Ostdeutschlands in das westdeutsche Währungssystem schrieb er: «Angesichts der völlig verzerrten Zwangswirtschaft und des Wirtschaftsterrors in der Sowjetzone kann über die echte Kaufkraft der Ostmark völlig unmöglich etwas vorausgesagt werden. Mit diesem Prozeß [der Währungsneuordnung; Anm. M.E. S.] wird dann naturgemäß die wirtschaftliche Lage der Sowjetzone schonungslos offengelegt, und es kann kein Zweifel bestehen, daß das Resultat betrüblich, ja, vielfach sogar erschütternd sein wird. Das heißt mit anderen Worten, daß wir mit einem starken Leistungsgefälle zwischen Ost und West rechnen müssen, und daß sich daraus schwerwiegende Konsequenzen für die sozialen Verhältnisse der Bevölkerung ergeben müssen. Dennoch müssen wir den Mut zur Klarheit und zur Wahrheit aufbringen, weil erst dann die Mittel der Heilung eingesetzt und wirksam werden können.»[102]

101 Dazu liegt einmal eine umfangreiche systemvergleichende, ordnungsökonomische Literatur vor. Ferner enthielten die amtlichen Berichte zur Lage der Nation im geteilten Deutschland seit mehreren Jahrzehnten zutreffende Darstellungen des Geld- und Kreditsystems der DDR.

102 Erhard, Wirtschaftliche Probleme, S. 227.

7. Quellen und Literatur

Quellen

Bundesarchiv Koblenz und Berlin
Historisches Archiv der Deutschen Bundesbank (HA BBk)

Literatur

Abelshauser, Werner: Wirtschaftsgeschichte der Bundesrepublik Deutschland 1945–1980, Frankfurt a.M. 1983
Arbeitsgemeinschaft Deutscher Wirtschaftswissenschaftlicher Forschungsinstitute: Die Lage der Weltwirtschaft und der westdeutschen Wirtschaft im Frühjahr 1990, in: Wochenbericht 57 (1990) 15, S. 183–189
Autorenkollektiv: Geld, Kredit, Finanzen aus neuer Sicht, Berlin 1990
Bofinger, Peter: The German Monetary Unification (GMU). Converting Marks into D-Marks, in: Federal Reserve Bank of St. Louis Review (1990) 7/8, S. 17–36
Bofinger, Peter/Kloten, Norbert: The German Currency Union of 1990 – A Critical Assessment. The Impact on German Monetary Policy, in: Frowen, Stephen F./Hölscher, Jens (Hrsg.): The German Currency Union of 1990, a critical assessment, Basingstoke u.a. 1997, S. 203–221
Bundesministerium für innerdeutsche Beziehungen (Hrsg.): Materialien zum Bericht zur Lage der Nation im geteilten Deutschland, Bonn 1987
Bundesrechnungshof: Bericht über die Abwicklung von Altkrediten der ehemaligen DDR und die Übernahme von Geschäften ehemaliger DDR-Kreditinstitute durch andere Geschäftsbanken gem. § 88 Abs. 2 BHO, Frankfurt a.M., 27. September 1995
Bundesverfassungsgericht: Leitsatz zum Urteil des Ersten Senats vom 8. April 1997 (1BvR 48/94)
Burda, Michael C.: The Consequences of German Economic and Monetary Union, Center for Economic Policy Research, Discussion Paper No. 449, London 1990
Cloes, Roger: Altschulden belasten Treuhand mehr als nötig, in: Die Bank 12 (1991), 657–660
Colm, Gerhard/Dodge, Joseph M./Goldsmith, Raymond W.: A Plan for the Liquidation of War Finance and the Financial Rehabilitation of Germany, 20. Mai 1946, abgedruckt in: Zeitschrift für die gesamte Staatswissenschaft 111 (1955), S. 204–284
Dennig, Ulrike: Die Finanzstruktur in den neuen Bundesländern, in: Wirtschaftsdienst 71 (1991), S. 125–131
Deutsche Bundesbank: Die Deutsche Bundesbank. Geldpolitische Aufgaben und Instrumente, Sonderdrucke der Deutschen Bundesbank Nr. 7, Frankfurt a.M. [5]1989
Deutsche Bundesbank: Pressenotiz zur Entschließung des Zentralbankrats, Frankfurt a.M., 2. April 1990
Deutsche Bundesbank: Die Währungsunion mit der Deutschen Demokratischen Republik, in: Monatsbericht 42 (1990) 7, S. 14–29
Deutsche Bundesbank: Kurzberichte: Monetäre Entwicklung, in: Monatsbericht 42 (1990) 10, S. 5–9
Deutsche Bundesbank: Technische und organisatorische Aspekte der Währungsunion mit der Deutschen Demokratischen Republik, in: Monatsbericht 42 (1990) 10, S. 25–32
Deutsche Bundesbank: Überprüfung des Geldmengenziels 1991, in: Monatsbericht 43 (1991) 7, S. 14–17

Deutsche Bundesbank: Abschlußbericht der Vorläufigen Verwaltungsstelle, Berlin 1992

Deutsche Bundesbank: Funktion und Bedeutung der Ausgleichsforderungen für die ostdeutschen Banken und Unternehmen, in: Monatsbericht 48 (1996) 3, S. 35–53

Deutscher Bundestag: Beschlußempfehlung und Bericht des 2. Untersuchungsausschusses «Treuhandanstalt» nach Artikel 44 des Grundgesetzes, Deutscher Bundestag, 12. Wahlperiode, Drucksache 12/8484, Bonn 31. August 1994

Erhard, Ludwig: Wirtschaftliche Probleme der deutschen Wiedervereinigung, in: Erhard, Ludwig: Deutsche Wirtschaftspolitik, Düsseldorf/Wien/Frankfurt a.M. 1962, S. 224–236

Eucken, Walter: Grundsätze der Wirtschaftspolitik, 6., durchgesehene Auflage, Tübingen 1990

Gaddum, Johann W.: Die Markt- und Wettbewerbssituation des Bankensektors in den neuen Bundesländern, in: Gröner, Helmut/Kantzenbach, Erhard/Mayer, Otto G.: Wirtschaftspolitische Probleme der Integration der ehemaligen DDR in die Bundesrepublik, Berlin 1991, S. 191–199

Gawel, Erik: Die deutsch-deutsche Währungsunion. Verlauf und geldpolitische Konsequenzen, Baden-Baden 1994

Hankel, Wilhelm: DDR-Altschuldenregelung. Bilanz- oder Budgetunwahrheit?, in: Deutsche Zeitschrift für Wirtschaftsrecht 2 (1992), S. 32–35

Hayek, Friedrich A.: The Nature and History of the Problem, in Hayek, Friedrich A. (Hrsg.): Collective Economic Planning, London 1935, S. 1–40

Hayek, Friedrich A.: The Use of Knowledge in Society, in: American Economic Review 35 (1945), S. 519–530

Hesse, Helmut: Zweifache Währungsunion. Probleme und Aussichten, Kieler Vorträge, N.F. 118, Institut für Weltwirtschaft an der Universität Kiel, Kiel 1991

Kreditanstalt für Wiederaufbau: Mit der D-Mark zur Währungs-, Wirtschafts- und Sozialunion und zur deutschen Einheit. Eine Dokumentation, Berlin 1996

Kiwit, Daniel/Voigt, Stefan: Überlegungen zum institutionellen Wandel unter Berücksichtigung des Verhältnisses interner und externer Institutionen, in: ORDO 46 (1995), S. 117–148

Kohl, Helmut: Signal der Hoffnung und Ermutigung für die Menschen in der DDR, in: Presse- und Informationsamt der Bundesregierung: Bulletin Nr. 25 vom 15. Februar 1990, S. 193–195

Kohl, Helmut: Ich wollte Deutschlands Einheit, Berlin 1996

Krengel, Rolf: Anlagevermögen, Produktion und Beschäftigung der Industrie im Gebiet der Bundesrepublik von 1924 bis 1965, Berlin 1958

Lachmann, Ludwig M.: Wirtschaftsordnung und wirtschaftliche Institutionen, in: ORDO 14 (1963), S. 63–77

Leipold, Helmut: Wirtschafts- und Gesellschaftssysteme im Vergleich: Grundzüge einer Theorie der Wirtschaftssysteme, Stuttgart [5]1988

Lippe, Peter von der: Die politische Rolle der amtlichen Statistik in der ehemaligen DDR, in: Jahrbücher für Nationalökonomie und Statistik 215 (1996), S. 641–674

Lipschitz, Leslie: Introduction and Overview, in: Lipschitz, Leslie/McDonald, Donogh (Hrsg.): German Unification. Economic Issues, Washington 1990, S. 1–16

Matthiessen, Holger: Die DDR-Staatsbankkredite als Rechtsproblem der deutschen Einheit, Baden-Baden 1994

Mises, Ludwig von: Die Wirtschaftsrechnung im sozialistischen Gemeinwesen, in: Archiv für Sozialwissenschaften 47 (1920), S. 86–121

Möller, Hans: Ordnungspolitische Aspekte der westdeutschen Währungs- und Wirtschaftsreform von 1948 mit vergleichenden Hinweisen auf die Währungsstabilisierung von 1923 in der Weimarer Republik und auf die Einführung der DM in der DDR am 1. Juli 1990, in: Wagener, Hans-Jürgen (Hrsg.): Anpassung durch Wandel. Evolution und Transformation von Wirtschaftssystemen, Berlin 1991, S. 209–237

Mummert, Uwe: Informelle Institutionen in ökonomischen Transformationsprozessen, Baden-Baden 1995
Neumann, Manfred J.M.: German unification. Economic problems and consequences, in: Carnegie-Rochester Conference Series on Public Policy 36 (1992), S. 163–210
Pleyer, Klemens/Tömp, Jürgen: Grundzüge des Bankrechts in der DDR, in: Recht in Ost und West, Zeitschrift für Rechtsvergleichung und innerdeutsche Rechtsprobleme 24 (1980) 1, S. 1–8
Pohl, Reinhard: Alt-Schulden der DDR-Betriebe: Streichung unumgänglich, in: Wochenbericht 57 (1990) 36, S. 503–509
Pohl, Rüdiger/Thiemer, Andreas: Realwirtschaftliche Voraussetzungen und monetäre Implikationen einer gesamtdeutschen Währungsunion, in: RWI-Mitteilungen 41 (1990) 1/2, S. 83–92
Rüden, Bodo von: Die Rolle der D-Mark in der DDR. Von der Nebenwährung zur Währungsunion, Baden-Baden 1991
Schachtschneider, Karl-Albrecht unter Mitarbeit von Olaf Gast: Sozialistische Schulden nach der Revolution. Kritik der Altschuldenproblematik. Ein Beitrag zur Lehre von Recht und Unrecht, Berlin 1996
Schlesinger, Helmut: Die währungspolitischen Weichenstellungen in Deutschland und Europa, in: Siebke, Jürgen (Hrsg.): Monetäre Konfliktfelder der Weltwirtschaft, Berlin 1990, S. 17–32
Schmieding, Holger: Der Übergang zur Marktwirtschaft: Gemeinsamkeiten und Unterschiede zwischen Westdeutschland 1948 und Mittel- und Osteuropa heute, in: Die Weltwirtschaft (1990) 1, S. 149–160
Scholz, Rupert: Anmerkung zum Urteil des BGH vom 22. Oktober 1993, in: Juristen Zeitung (1994), S. 304–305
Schrettl, Wolfram: Economic and Monetary Integration of the two Germanies, in: Economic Systems 15 (1991), S. 1–17
Schürer, Gerhard: Analyse der ökonomischen Lage der DDR mit Schlußfolgerungen, GVS b5–1155/89 vom 27. Oktober 1989, abgedruckt in: Schürer, Gerhard: Enthüllungen zum Staatsbankrott der DDR, in: Orientierungen zur Wirtschafts- und Gesellschaftspolitik 64 (1995), S. 15–23
Sherman, Heidemarie C.: Geldpolitik vor neuen Aufgaben, in: Wirtschaftskonjunktur 42 (1990), S. R1-R4
Sinn, Gerlinde/Sinn, Hans-Werner: Kaltstart, Tübingen 1991
Stiglitz, Joseph E.: Whither Socialism? Cambridge, Mass./London 1994
Stolper, Gustav, fortgeführt von Häuser, Karl/Borchardt, Knut: Deutsche Wirtschaft seit 1870, 2., erg. Auflage, Tübingen 1966
Streit, Manfred E.: Wohlfahrtsökonomik, Wirtschaftsordnung und Wettbewerb, in Streit, Manfred E.: Freiburger Beiträge zur Ordnungsökonomik, Tübingen 1995, S. 3–28
Streit, Manfred E./Mummert, Uwe: Grundprobleme der Systemtransformation aus institutionenökonomischer Perspektive, Max-Planck-Institut zur Erforschung von Wirtschaftssystemen, Diskussionsbeitrag 09/96, Jena 1996
Thieme, H. Jörg: Währungsunion in Deutschland: Konsequenzen für die Geldpolitik, in: Gutmann, Gernot/Wagner, Ulrich (Hrsg.): Ökonomische Erfolge und Mißerfolge der deutschen Vereinigung. Eine Zwischenbilanz, Stuttgart/Jena 1994, S. 131–158
Tietmeyer, Hans: Erinnerungen an die Vertragsverhandlungen, in: Waigel, Theo/Schell, Manfred: Tage, die Deutschland und die Welt veränderten. Vom Mauerfall zum Kaukasus. Die deutsche Währungsunion, München 1994, S. 57–117
Waltmann, Frank: Wirtschaftssysteme. Ökonomische Grundstrukturen des Nationalsozialismus und der DDR im Vergleich, in: Kühnhardt, Ludger u.a. (Hrsg.): Die doppelte deutsche Diktaturerfahrung. Drittes Reich und DDR – ein historisch-politikwissenschaftlicher Vergleich, Frankfurt a.M. 1994, S. 125–139

Watrin, Christian: Der schwierige Weg von der sozialistischen Planwirtschaft zur marktwirtschaftlichen Ordnung, in: Schulenburg, J.-Matthias Graf v.d./Sinn, Hans-Werner (Hrsg.): Theorie der Wirtschaftspolitik. Festschrift zum 75. Geburtstag von Hans Möller, Tübingen 1990, S. 26–46

Welcker, Johannes: Anmerkungen zur Entwicklung des Bankwesens in den fünf neuen Bundesländern, in: Sparkasse 108 (1991) 5, S. 198–203

Willgerodt, Hans: Probleme der deutsch-deutschen Wirtschafts- und Währungsunion, in: Zeitschrift für Wirtschaftspolitik 39 (1990), S. 311–323

Willgerodt, Hans: German Economic Integration in a European Perspective, in: ORDO 42 (1991), S. 171–187

Wolf, Eduard: Geld- und Finanzprobleme der deutschen Nachkriegswirtschaft, in: Deutsches Institut für Wirtschaftsforschung: Die deutsche Wirtschaft zwei Jahre nach dem Zusammenbruch. Tatsachen und Probleme, Berlin 1947, S. 195–262

Fünfter Teil

DIE INTERNATIONALE SZENE

XIV. Die internationale Rolle der Deutschen Mark*

Von Jacob A. Frenkel und Morris Goldstein

1. Einleitung

Als die Deutsche Mark 1948 im Zuge der deutschen Währungsreform geschaffen wurde, war ihre internationale Rolle vernachlässigbar. Da das Geldwesen in Deutschland nach dem Krieg neu aufgebaut werden mußte, verfügte die D-Mark über keines der Merkmale, die man typischerweise mit einer internationalen Währung verbindet, so daß sie für die damals dominierenden Reservewährungen (den US-Dollar und das Pfund Sterling) keine Konkurrenz darstellte. Wie bei anderen europäischen Währungen wurde die Konvertibilität der D-Mark (selbst für Leistungsbilanztransaktionen) erst gegen Ende der fünfziger Jahre hergestellt. Der Jahresbericht des Internationalen Währungsfonds erwähnt die D-Mark 1972 zum ersten Mal als Reservewährung.

Heute – beinahe fünfzig Jahre nach ihrer Einführung – hat die D-Mark eine ganz andere internationale Stellung. Nach den meisten Maßstäben ist die D-Mark die zweitwichtigste internationale Währung. Sie hat sich schon seit langem als De-facto-Anker des Europäischen Währungssystems durchgesetzt, und die Deutsche Bundesbank als diejenige Institution, die die Schöpfung der D-Mark kontrolliert und ihren Außenwert verteidigt, hat für das Europäische System der Zentralbanken in einer zukünftigen Europäischen Wirtschafts- und Währungsunion Modell gestanden. Darüber hinaus hat der institutionelle Rahmen, der sich für das strategische Management der D-Mark so bewährt hat, weit über Europa hinaus einen bedeutenden Einfluß auf die Denkweise und die Praxis in anderen Ländern ausgeübt. Weithin akzeptiert sind insbesondere die Vorteile einer unabhängigen Zentralbank und einer geldpolitischen Zielsetzung, die der langfristigen Preisstabilität höchste Priorität einräumt.

Dieser Beitrag liefert eine Analyse und Einschätzung der sich entfaltenden internationalen Rolle der D-Mark. In Abschnitt 2 geben wir eine kurze

* Wir danken C. Fred Bergsten und Randy Henning für ihre hilfreichen Kommentare zu einer früheren Version dieses Beitrags, ferner Robert McCauley (von der Bank für Internationalen Zahlungsausgleich) für den Einblick in seine Daten und nicht zuletzt Neal Luna für die ausgezeichnete Assistenzarbeit.

Zusammenfassung derjenigen Faktoren, die in der Literatur als wesentliche Kriterien für die internationale Verwendung einer Währung vorgeschlagen werden. In Abschnitt 3 wird analysiert, wie die D-Mark heute in bezug auf jedes dieser Kriterien dasteht. Es wird ein Vergleich zu anderen führenden internationalen Währungen und, soweit es die Daten erlauben, zu früheren Perioden gezogen. In Abschnitt 4 gehen wir über die traditionellen Maßstäbe für den Status einer internationalen Währung hinaus und beleuchten diejenigen Fragen, bei denen die Geldpolitik der Bundesbank die Denkweise und die Praxis in anderen Ländern stark beeinflußt hat. Abschnitt 5 enthält einige kurze Schlußbemerkungen.

2. Bestimmungsgründe der internationalen Währungsverwendung

Die Erklärung dafür, warum einige Währungen international viel stärker genutzt werden als andere, ist vielschichtig. Zum einen hat das Geld mehrere Funktionen: Es dient als Tauschmedium, als Recheneinheit und als Wertaufbewahrungsmittel. Zum anderen sind an der internationalen Verwendung einer Währung sowohl der staatliche als auch der private Sektor beteiligt. Hinzu kommt, daß nicht nur die Marktkräfte die Verbreitung einer Währung beeinflussen, sondern auch die Einstellung des Staates in bezug auf die Nutzen und Kosten der Reservewährungsfunktion. Und schließlich sind gleichzeitig politische und wirtschaftliche Gesichtspunkte zu berücksichtigen.

Inzwischen gibt es eine umfangreiche Literatur über die Bestimmungsgründe der internationalen Verwendung einer Währung.[1] Nach unserem Verständnis dieser Literatur sind es die folgenden sieben Faktoren, die zusammengenommen ein vollständiges Bild ergeben: 1. Das Vertrauen in die langfristige Wertstabilität der Währung, 2. die Offenheit, Tiefe, Breite und Dynamik der Finanzmärkte des betreffenden Landes, 3. die wirtschaftliche Größe und das politische Gewicht dieses Landes, 4. die Struktur seines Außenhandels, das gewählte Wechselkursregime und die Währungszusam-

1 Vgl. Ben-Bassat, Optimal Composition; Bergsten, Dilemmas; Bergsten, Impact of the Euro; Black, Transaction Costs; Deutsche Bundesbank, Gesamtwirtschaftliche Bestimmungsgründe; Deutsche Bundesbank, Rolle der D-Mark; Dooley/Lizondo/Mathieson, Currency Composition; Dornbusch, Exchange Risk; Eichengreen, Comments; Eichengreen/Frankel, SDR; Emminger, D-Mark; Frankel, Lingua Franca; Frenkel, International Liquidity; Frenkel/Goldstein, Macroeconomic Implications; Garber, Use of the Yen; Grassman, Fundamental Symmetry; Hale, Dollar; Hale, Yen; Heller/Knight, Reserve Currency Preferences; Kenen, Role of the Dollar; Krugman, Vehicle Currencies; Krugman, International Role; McCauley, Euro; McMahon, United Kingdom's Experience; Oppers, Trends; Page, Currency of Invoicing; Page, Choices; Rieke, Development; Sasaki, Promoting; Tavlas, International Use; Tavlas/Ozeki, Internationalization.

mensetzung seiner Auslandsschulden, 5. Portfolioüberlegungen, 6. der historische Vorteil der bisherigen Reservewährung(en) zusammen mit den Verbundvorteilen zwischen den verschiedenen Geldfunktionen und 7. die Einstellung der Verantwortlichen sowie die politischen Maßnahmen und Praktiken, die die internationale Verwendung fördern oder behindern. Wir diskutieren diese Faktoren der Reihe nach.

a) Das Vertrauen in die langfristige Wertstabilität

Je zuversichtlicher die Wirtschaftssubjekte darauf vertrauen, daß die Kaufkraft einer Währung erhalten bleiben wird, desto besser kann diese Währung die drei Geldfunktionen auf internationalem Niveau erfüllen. Insofern ist es angemessen, daß in der Literatur die durchschnittliche Inflationsrate und die Varianz der Inflationsrate (über Zeiträume von zehn oder mehr Jahren) als Schlüsselindikatoren für die Eignung als internationale Währung betont werden.[2] Der Außenwert der Währung, also die langfristige Entwicklung des nominalen Wechselkurses, wird manchmal ebenfalls als direktes Maß für das Vertrauen verwendet, meistens in bezug auf die Reservewährungsfunktion. Da die relative Kaufkraftparität (korrigiert um Produktivitätsunterschiede) für die nominalen Wechselkurse zwischen den wichtigsten Währungen langfristig einigermaßen zuverlässig erfüllt ist, führen innere und äußere Wertbeständigkeit als Vertrauensmaße oft zu ähnlichen qualitativen Schlußfolgerungen.[3]

Darüber hinaus beeinflussen Faktoren, die eine langfristige Abwertung ankündigen oder eine Abwertungsspekulation herausfordern können, das Vertrauen in eine Währung. Man geht davon aus, daß eine hohe Nettoauslandsverschuldung – und in geringerem Maß ein umfangreiches Leistungsbilanzdefizit – den Anreiz und damit gleichzeitig die Wahrscheinlichkeit für eine Abwertung erhöhen.[4] Wie das Triffin-Paradox zeigt, werden hohe oder steigende kurzfristige (staatliche) Verbindlichkeiten im Verhältnis zu den kurzfristigen liquiden Vermögenswerten (insbesondere den internationalen Währungsreserven) typischerweise als Gefahr für das Vertrauen in die Währung interpretiert. Und schließlich argumentiert mindestens ein Autor, daß ein relativ großer Außenhandelssektor den Reservewährungsstatus behindert. Denn in diesem Fall gibt es oft mächtige Interessengruppen, die an einer Abwertung interessiert sind, um die internationale Wettbewerbsfähigkeit künstlich zu verbessern.[5]

2 Vgl. Kenen, Role of the Dollar und Tavlas, International Use.
3 Vgl. die empirische Arbeit von Obstfeld, International Currency Experience.
4 Vgl. Eichengreen/Frankel, SDR und Frankel, Lingua Franca.
5 Vgl. Hale, Dollar.

b) Offene, tiefe, breite und dynamische Finanzmärkte

Die Marktteilnehmer sind daran interessiert, daß Finanztransaktionen ohne Beschränkungen durchgeführt werden können, daß die Transaktionskosten niedrig sind, daß eine breite Auswahl an Finanzinstrumenten zur Verfügung steht und daß die Geschäftspartner kreditwürdig und in bezug auf ihre speziellen Bedürfnisse sachkundig sind. Finanzzentren, die ein entsprechendes Menü von Finanzdienstleistungen anbieten können, fördern die internationale Verwendung ihrer Währungen. Hinzu kommt, daß Geldinstitute, die in solchen Zentren arbeiten, in einer guten Position sind, um den Rest der Welt mit Bankdienstleistungen zu versorgen.

Während traditionell Kapitalverkehrsbeschränkungen und Kapitalverkehrssteuern als wichtigstes Finanzmarkthindernis für die internationale Verwendung einer Währung genannt werden, wird heute – in einer Zeit zunehmender Finanzmarktliberalisierung und Kapitalbilanzkonvertibilität – die «Offenheit» der Finanzmärkte umfassender gesehen. Genauer gesagt bezieht sich die Kritik an der mangelnden Offenheit immer häufiger auf Beschränkungen für finanzielle Aktivitäten und Produkte sowie auf explizite und implizite Zutrittsschranken zu den heimischen Finanzmärkten. Darunter fällt zum Beispiel auch eine zurückhaltende Einstellung des Staates gegenüber Finanzinnovationen von ausländischen Unternehmungen auf dem heimischen Markt. Aus ähnlichen Überlegungen heraus rechnet man zu den Transaktionskosten nicht mehr nur die Steuern und Gebühren (z.B. Stempelgebühren, Quellensteuern, Umsatzsteuern, Kosten, die sich aus der Mindestreservepflicht der Banken ergeben, usw.), die Ausgabeprozeduren für Aktien und festverzinsliche Wertpapiere sowie die Maklerkommissionen, sondern auch die Qualität der unterstützenden Infrastruktur (z.B. Zahlungs- und Abrechnungssysteme, Depotverwaltung und Dienstleistungen der Zentralbank für das Reservenmanagement ausländischer Zentralbanken). Besonders wichtig für die Breite und Tiefe der Finanzmärkte sind die Existenz eines Marktes für hochliquide Schatzwechsel (denn die Zentralbanken halten ihre Reserven am liebsten in dieser Form) sowie das Vorhandensein guter Hedging-Möglichkeiten und eines aktiven und allgemein zugänglichen Marktes für Wertpapierpensionsgeschäfte. Auch Großbanken mit guter Kapitalausstattung, die international operieren und ein breites Spektrum an individuell zugeschnittenen Finanzdienstleistungen anbieten können, werden als förderlich für die internationale Ausbreitung der Währung betrachtet.

c) Wirtschaftliche Größe und politisches Gewicht

Die wirtschaftliche Größe, die üblicherweise durch den Anteil eines Landes an der realen Weltproduktion und am Welthandel gemessen wird, ist aus mindestens drei Gründen wichtig für die internationale Verwendung einer Währung: Große Länder haben eine größere natürliche «Nachfragebasis» für ihre Währung als kleine (insbesondere wegen des beträchtlichen Übergewichts von Anlagen in heimischer Währung in den Portfolios der Investoren, dem sogenannten home bias);[6] je größer ein Land ist, desto eher gelingt es den Exporteuren und Importeuren, die Fakturierung in ihrer eigenen Währung durchzusetzen (und damit das Währungsrisiko auf ihre Geschäftspartner abzuwälzen); und schließlich ist ein großes Land weniger anfällig für einen der Nachteile, die eine Reservewährung mit sich bringen kann, nämlich das Risiko, daß die eigene Geldpolitik von einer stark schwankenden Nachfrage nach Finanzanlagen in inländischer Währung beeinflußt wird. In der Vergangenheit konnte man oft beobachten, daß die drei größten Volkswirtschaften der Welt auch diejenigen waren, deren Währungen international am weitesten verbreitet waren. Als die Vereinigten Staaten und Großbritannien noch mindestens ein Viertel der Weltproduktion herstellten, waren ihre Währungen als führende Reservewährungen unangefochten. Der allmähliche Rückgang des amerikanischen Anteils an der Weltproduktion in den vergangenen 25 Jahren zeichnet die allmählich schwindende internationale Bedeutung des Dollars besser nach als die Entwicklung irgendeines anderen Indikators.

Politische Faktoren spielen auf zweierlei Weise eine Rolle. Manche Beobachter argumentieren, eine Schlüsselwährung müsse eine sichere Aufbewahrungsmöglichkeit für ausländische Gelder bieten und diese Sicherheit könne nicht ohne nationale militärische und politische Stärke garantiert werden.[7] In diesem Zusammenhang wird darauf hingewiesen, daß die Dominanz des Pfund Sterling und des Dollars in eine Zeit fiel, als Großbritannien und die Vereinigten Staaten als unerschütterliche Bastionen der nationalen Sicherheit galten. Eine umfassendere Interpretation dieses Gesichtspunkts geht dahin, daß es für ein Land einfacher ist, einen wirtschaftlichen Führungsanspruch geltend zu machen, wenn es auch politisch und militärisch eine anerkannte Führungsposition auf der Weltbühne hat. Politische Überlegungen beeinflus-

6 Vgl. Goldstein/Mussa, Integration, für eine Diskussion über den *home bias* in internationalen Portfolios.

7 Vgl. z.B. Bergsten, Dilemmas. Dagegen kann man einwenden, daß die Notwendigkeit, als Militärmacht konkurrenzfähig zu sein, die wirtschaftliche Leistungsfähigkeit eines Landes schwächen kann. So argumentieren einige Experten, daß der Rüstungswettbewerb mit der Sowjetunion die wirtschaftliche Konkurrenzfähigkeit der USA gegenüber den Japanern und den Deutschen geschwächt hat; vgl. Makin/Grassi, Introduction.

sen auch oft das Reservenmanagement der Staaten und führen dazu, daß allzu plötzliche Statusveränderungen einer Schlüsselwährung abgemildert werden. Das wichtigste Beispiel ist die Serie von Unterstützungsoperationen für das Pfund Sterling in den ersten zwei Jahrzehnten nach dem Zweiten Weltkrieg (durch die den Problemen mit den blockierten Sterlingguthaben und den hohen britischen Leistungsbilanzdefiziten begegnet werden sollte); in ähnlichem Sinne könnte man argumentieren, daß die Vereinigten Staaten in den späten sechziger Jahren ihren politischen Einfluß genutzt haben, um die Substitution des Dollars durch andere Währungen zu begrenzen und den Beginn des freien Floatens hinauszuzögern.

d) Struktur des Außenhandels, Wahl des Wechselkursregimes und Währungszusammensetzung der Schuldenzahlungen

Für die Modellierung der Reservenachfrage eines Landes kommen grundsätzlich zwei verschiedene Methoden in Frage: der Portfolioansatz (siehe unten), bei dem die Zusammensetzung der Währungsreserven als ein normales Portfolioproblem betrachtet wird (man sucht also eine Reservestruktur, die für ein gegebenes Risikoniveau den höchsten Ertrag bietet), und der Transaktionsansatz, bei dem sich die Währungszusammensetzung aus den Devisenmarktaktivitäten der Währungsbehörden ergibt (hier wird diejenige Währungszusammensetzung bevorzugt, welche die Transaktionskosten im Außenhandel, bei den Devisenmarktinterventionen und bei der Begleichung von Auslandsschulden minimiert).

Zur empirischen Analyse der Währungsreserven einzelner Länder (auf der Basis von vertraulichen Daten, die dem IWF zur Verfügung gestellt wurden) haben die Forscher den Transaktionskostenansatz bevorzugt. Die wichtigste Schlußfolgerung aus diesen Studien ist, daß eine Währung x einen hohen Anteil an den Währungsreserven eines Landes haben wird, wenn das Land seinen Wechselkurs gegenüber der Währung x fixiert hat, wenn der bilaterale Handel mit Land x einen großen Stellenwert hat und wenn ein großer Teil seiner Auslandsschulden auf diese Währung lautet.[8] Während die bilateralen Handelsmuster und die Ankerwährung für die Reservebestände von Industrie- und Entwicklungsländern gleichermaßen relevant sind, scheint die Währungszusammensetzung der Auslandsschulden hauptsächlich für Entwicklungsländer eine Rolle zu spielen.

Die Struktur des Außenhandels beeinflußt nicht nur die Wahl der Reservewährung, sondern auch die Währungen, in denen der Außenhandel fakturiert

8 Vgl. Dooley/Lizondo/Mathieson, Currency Composition und Heller/Knight, Reserve Currency Preferences.

wird. Auch hier hat die empirische Forschung eine Reihe von robusten Zusammenhängen festgestellt. Die folgenden drei seien explizit erwähnt: Der Handel mit Rohstoffen wird typischerweise in US-Dollar abgewickelt (und zu einem geringeren Teil in Pfund Sterling und in Sonderziehungsrechten des IWF); für den Handel zwischen Industrie- und Entwicklungsländern gilt in der Regel entweder die Währung des beteiligten Industrielandes oder der US-Dollar; und der inter-industrielle Handel wird meistens in der Währung des exportierenden Landes fakturiert.[9] Dies impliziert, daß eine Nicht-Dollar-Reservewährung ceteris paribus zunehmend verwendet wird, wenn das Handelsvolumen des entsprechenden Landes mit Entwicklungsländern steigt, wenn der Anteil der Rohstoffe an seinem Außenhandel abnimmt und wenn seine industriellen Exporte dauerhaft wachsen.

e) Portfolioüberlegungen

Viele der frühen empirischen Arbeiten über die Zusammensetzung internationaler Währungsreserven (sowohl über das Verhältnis zwischen Gold- und Währungsreserven als auch über das Verhältnis der Reservewährungen untereinander) verwendeten einen Portfolioansatz.[10] Aufgrund von konzeptionellen Problemen und von Datenproblemen wurde diese Methode im Laufe der Zeit seltener angewendet: Die Portfoliotheorie erklärt die Aufteilung eines Vermögens auf Nettobestände unterschiedlicher Anlageformen, während die Daten über Devisenbestände nur Bruttopositionen erfassen; auch sollten nach der Theorie alle finanziellen Vermögenswerte und Verbindlichkeiten einbezogen werden und nicht nur die Währungsreserven; und schließlich müßte man die Mittelwert-Varianz-Optimierung für ein einzelnes Land durchführen, während die Forscher (die keinen Zugang zu den vertraulichen Länderdaten des IWF hatten) stets die Daten von Ländergruppen verwendeten.[11]

Sofern die Ergebnisse aus diesen Portfolioanalysen überhaupt ein Muster aufweisen, dann besteht dieses darin, daß der Anteil der Nicht-Dollar-Währungen an den Reserven der Industrieländer im Zeitraum 1976–1985 gemessen am optimalen Portfolio zu niedrig war; zudem deutet einiges darauf hin, daß die Industrieländer vom optimalen Währungsreserven-Portfolio weiter entfernt waren als Entwicklungsländer.[12]

9 Vgl. Grassman, Fundamental Symmetry; Page, Currency of Invoicing; Page, Choices of Invoicing; Magee/Rao, Vehicle and Nonvehicle Currencies; Tavlas, International Use.

10 Vgl. Kouri/Braga de Macedo, Exchange Rates; Ben-Bassat, Optimal Composition; Healey, Regression Technique; Dornbusch, Exchange Risk.

11 Vgl. Dooley/Lizondo/Mathieson, Currency Composition.

12 Vgl. Dooley/Lizondo/Mathieson, Currency Composition.

f) Der historische Vorteil der bisherigen Reservewährung(en) und die Verbundvorteile zwischen den verschiedenen Geldfunktionen

Nach einer populären Definition ist eine internationale Währung «eine Währung, die international verwendet wird, weil jeder sie verwendet».[13] Diese Definition enthält implizit mehrere wichtige ökonomische Konzepte. Nach der Theorie der «Vehikelwährung» entsteht eine Vehikelwährung immer dann, wenn die Kosten des indirekten Tauschs mit Hilfe dieser Währung niedriger sind als die Kosten des direkten Tauschs zwischen zwei Nicht-Vehikelwährungen.[14] Darüber hinaus gibt es starke empirische Anhaltspunkte dafür, daß die Transaktionskosten auf den Devisenmärkten (die Spanne zwischen Geld und Brief) im umgekehrten Verhältnis zum Transaktionsvolumen stehen.[15] Mit anderen Worten: Die Tendenz zur Konzentration der Transaktionen auf eine Währung wird durch *economies of scale* gefördert. Je weiter verbreitet eine bestimmte Währung bereits ist, desto höher ist die Wahrscheinlichkeit, daß ein einzelner Käufer oder Verkäufer eine passende Währungstransaktion findet, desto niedriger sind also die Suchkosten; in eine ähnliche Richtung zielt das Argument, daß eine Währung um so vertrauter wird, je mehr sie bereits verwendet wird.[16]

Größenvorteile bei der Verwendung internationaler Währungen werden wahrscheinlich noch verstärkt durch Verbundvorteile zwischen den verschiedenen Geldfunktionen. Wenn zum Beispiel der größte Teil der privaten internationalen Finanztransaktionen in Dollar abgewickelt wird, werden die Länder mit größerer Wahrscheinlichkeit auf dem Devisenmarkt in Dollar intervenieren und ihre Währungsreserven in Dollar halten. Wird im internationalen Handel hauptsächlich der Dollar verwendet, so haben die Staaten einen größeren Anreiz, die Wechselkurse ihrer Währungen gegenüber dem Dollar zu fixieren. Und so weiter und so fort.

Aus dieser Argumentation folgt, daß eine Währung, die eine führende internationale Bedeutung erlangt hat, diesen Status aufgrund gewisser «Beharrungskräfte» leichter aufrechterhalten kann. Umgekehrt wird es einen gewissen Trägheitswiderstand geben, wenn man sich von dieser Währung lösen will, und zwar selbst dann, wenn die Eigenschaften, mit denen sie ihre herausragende Stellung erreicht hat, mit der Zeit immer mehr verschwinden.[17]

13 Frankel, Lingua Franca, S. 9.
14 Vgl. Black, Transaction Costs; Chrystal, Theory; Krugman, Vehicle Currencies.
15 Vgl. Black, Transaction Costs.
16 Vgl. Tavlas, International Use.
17 In diesem Zusammenhang wird oft der Vergleich mit der Standard-Computertastatur gebracht. Obwohl es offensichtlich möglich ist, eine neue Tastatur zu entwerfen, die der üblichen in bezug auf die Effizienz überlegen ist, machen die weitverbreitete Verwendung

Das bedeutet natürlich nicht, daß ein solcher Wechsel unmöglich ist – aber die betreffende Währung hat einen Vorteil, der zu einer recht niedrigen Substitutionselastizität führt, solange die Veränderung der Variablen, die für die internationale Verwendung entscheidend sind, ein gewisses kritisches Maß nicht überschreitet.[18]

g) Die Einstellung der Verantwortlichen und die politischen Maßnahmen und Praktiken, die die internationale Verwendung einer Währung fördern oder behindern

Aus der vorangegangenen Diskussion folgt, daß ein Land seine Währung nicht als internationale Währung etablieren kann, wenn in anderen Ländern keine echte Nachfrage nach dieser Währung besteht. Das schließt aber nicht aus, daß das Land Ausländer vom Gebrauch seiner Währung abschrecken oder – alternativ dazu – den internationalen Gebrauch seiner Währung zumindest marginal fördern kann.

Welche dieser beiden Haltungen ein Land einnimmt, sollte davon abhängen, wie es die Kosten und Nutzen einer internationalen Währung einschätzt. Mindestens vier Vorteile könnten sich auf die Einschätzung des Landes positiv auswirken. Erstens kann es Seigniorage-Gewinne erzielen, soweit Ausländer seine Währung in nichtverzinslicher Form (in Form von Banknoten) halten wollen. Wie in Abschnitt 3 für verschiedene internationale Währungen gezeigt wird, wird im Ausland ein so großer Teil des umlaufenden Bargeldes gehalten (als Alternative zu der instabilen heimischen Währung), daß ein nicht unwesentlicher Beitrag zur Seigniorage erzielt wird. Zweitens kann der Status als internationale Währung zu einem niedrigeren Zinssatz beitragen, selbst wenn die Verbindlichkeiten im Ausland in verzinslicher Form gehalten werden. Allgemeiner gesagt, kann der Status als internationale Währung die Finanzierung eines Zahlungsbilanzdefizits erleichtern. Drittens kann den Handelspartnern das Währungsrisiko aufgebürdet werden, wenn die Währung eine Stellung als Vehikelwährung einnimmt. Und da viertens die Verwendung als internationale Währung typischerweise die Entwicklung als internationales Finanzzentrum fördert, können die heimischen Finanzinstitute einen größeren Anteil am Weltmarkt erobern.

Angesichts dieser potentiellen Vorteile ist es auf den ersten Blick verwunderlich, warum einige Länder (einschließlich Deutschland und Japan) gegen-

der Standard-Tastatur und die Kosten des Übergangs zu einem neuen Design eine solche Substitution unwahrscheinlich.

18 Eine andere Implikation ist, daß hier stabile multiple Gleichgewichte auftreten können.

über der wachsenden internationalen Verwendung ihrer Währungen eine ambivalente oder sogar ablehnende Haltung eingenommen haben. Die Hauptgründe scheinen Unberechenbarkeit und Kontrollverlust zu sein.[19] Genauer gesagt, sorgt man sich über die möglichen Reaktionen von Ausländern, wenn diese einen wesentlichen Teil der kurzfristigen Verbindlichkeiten des Landes erworben haben oder erwerben zu können glauben. Eine Veränderung der Risiko-Ertrags-Aussichten kann nämlich entweder einen gewaltigen Kapitalzufluß oder einen «Run» auf die Währung provozieren, mit allen schädlichen Folgen für die geldpolitische Kontrolle und weitergehende wirtschaftspolitische Ziele.[20] Zwar könnte bei offenen Kapitalmärkten auch durch das Verhalten von Inländern ein Druck auf die Währung entstehen; man geht aber davon aus, daß der Staat über Inländer besser informiert ist als über ausländische Investoren und daß er ihr Verhalten leichter beeinflussen kann.

Wenn ein Land die internationale Verwendung seiner Währung verhindern möchte, kann es ausländischen Geldinstituten die Beteiligung an bestimmten Finanzmarktgeschäften verbieten, es kann implizit oder explizit Steuern auf Kapitalimporte erheben, es kann die Emittierung von solchen Finanzinstrumenten beschränken, die Ausländer besonders gerne halten, und es kann die internationalen Aktivitäten seiner eigenen Bevölkerung einschränken. Jede dieser Optionen verursacht Kosten, und manche sind wahrscheinlich nicht sehr wirkungsvoll. Dennoch muß man diese Kosten abwägen gegen die erwarteten Kosten und Nutzen einer alternativen Politik. Umgekehrt können Länder, die die internationale Verwendung ihrer Währung fördern wollen, ihre Devisen- und Finanzmärkte deregulieren sowie für Ausländer interessante Finanzinstrumente und eine gute Finanzmarkt-Infrastruktur zu attraktiven und konkurrenzfähigen Bedingungen anbieten.

3. Die D-Mark als internationale Währung

In diesem Abschnitt wenden wir die oben skizzierten Eigenschaften und Kriterien an, um den gegenwärtigen Status der D-Mark als internationale Währung einzuschätzen. Dabei beleuchten wir zum einen bestimmte Aspekte der Wirtschaftsleistung Deutschlands (zum Beispiel die Entwicklung der Inflationsrate und die wirtschaftliche Größe), die der relativen Attraktivität der D-Mark als internationaler Währung zugrunde liegen. Zum anderen

19 Vgl. Henning, Currencies.

20 In dem Maß, in dem die internationale Verwendung der Währung die Finanzierung von Zahlungsbilanzdefiziten erleichtert, verringern sich möglicherweise die Anpassungsanreize für einige Länder; denn daraus können längerfristig ernste Probleme entstehen.

betrachten wir Standardindikatoren für die internationale Verwendung einer Währung (das heißt die Rolle der D-Mark als Wertaufbewahrungsmittel, als Recheneinheit und als Zahlungsmittel für den staatlichen und den privaten Sektor).

a) *Inflationsentwicklung im internationalen Vergleich*

Tabelle 1 vergleicht 23 Industrieländer in bezug auf den Mittelwert der Inflationsrate im Zeitraum 1950–1995. Deutschland erreichte in dieser Periode insgesamt die niedrigste mittlere Inflationsrate (weniger als 2,9%, gemessen am Konsumentenpreisindex). Die anderen beiden großen Reservewährungen, der Dollar und der Yen, erscheinen auf dem fünften bzw. dem achten Platz.[21] In keinem der vier Jahrzehnte von 1950 bis 1990 lag Deutschland unter Platz vier in der Inflationstabelle; in der ersten Hälfte der neunziger Jahren ist Deutschland jedoch auf den zwölften Platz abgerutscht (wenn auch mit einer Inflationsrate, die immer noch unter 3,2% liegt).

Den Vereinigten Staaten gelang es in den fünfziger und sechziger Jahren recht gut, ihre Inflationsrate niedrig zu halten; während der siebziger Jahre verloren sie ihren Ruf als Hüter der Geldwertstabilität; in den achtziger und neunziger Jahren erreichten sie jedoch wieder ein besseres Ergebnis (die mittlere Inflationsrate fiel von mehr als 7% in den siebziger Jahren auf ungefähr 3,5% in den neunziger Jahren); trotzdem hat sich während der vergangenen drei Jahrzehnte ihre Stellung in der Rangfolge der Industrieländer verschlechtert.

Japan weist für die letzten 15 Jahre unter den Industrieländern die niedrigste mittlere Inflationsrate auf. Daß Japan während der gesamten betrachteten Periode 1950–1995 unter den drei Hauptwährungen nur den dritten Platz erreicht, ist auf seine relativ schwache stabilitätspolitische Leistung während der ersten drei Jahrzehnte zurückzuführen. Unter den kleineren Reservewährungsländern ist die Schweiz in bezug auf die Geldwertstabilität der einzige ernsthafte Konkurrent Deutschlands. Bis zu Beginn der neunziger Jahre gehörte die Schweiz ununterbrochen zu den Ländern mit der niedrigsten Inflationsrate, eine Leistung, durch die das Land für die vergangenen 45 Jahre den zweiten Platz unter allen Industrieländern erreicht hat.

Durch die kontinuierliche stabilitätspolitische Leistung Deutschlands und der Schweiz haben die D-Mark und der Schweizer Franken einen klaren Vorsprung gegenüber den Konkurrenzwährungen gewonnen, zumindest inso-

21 Die japanischen Erfolge bei der Bekämpfung der Inflation in der Nachkriegszeit sind besser sichtbar, wenn man nicht den Konsumentenpreisindex, sondern den Großhandelspreisindex betrachtet; vgl. z.B. Goldstein/Isard, Mechanisms.

Tabelle 1: Industrieländer, geordnet nach der mittleren Inflationsrate der Konsumentenpreise ($\overline{\Delta P}$), 1950–1995

1950–1959		1960–1969		1970–1979		1980–1989		1990–1995		Insgesamt (1950–1995)	
Land	($\overline{\Delta P}$)	Land	($\overline{\Delta P}$)	Land	($\overline{\Delta P}$)	Land	($\overline{\Delta P}$)	Land	($\overline{\Delta P}$)	Land	($\overline{\Delta P}$)
Portugal	0,68	Griechenland	1,95	Deutschland	4,89	Japan	2,53	Japan	1,66	Deutschland	2,87
Deutschland	1,13	Luxemburg	2,17	Schweiz	4,98	Niederlande	2,87	Dänemark	2,08	Schweiz	3,18
Schweiz	1,14	USA	2,33	Österreich	6,10	Deutschland	2,90	Frankreich	2,42	Luxemburg	3,75
USA	1,82	Deutschland	2,39	Luxemburg	6,50	Schweiz	3,27	Belgien	2,61	Belgien	3,94
Belgien	1,84	Australien	2,46	Niederlande	7,06	Österreich	3,84	Irland	2,64	USA	4,11
Luxemburg	2,07	Kanada	2,53	USA	7,10	Luxemburg	4,72	Norwegen	2,67	Niederlande	4,24
Kanada	2,41	Belgien	2,66	Belgien	7,13	Belgien	4,90	Kanada	2,68	Kanada	4,44
Italien	3,02	Schweiz	3,12	Kanada	7,38	USA	5,55	Niederlande	2,70	Japan	4,57
Japan	3,04	Neuseeland	3,21	Norwegen	8,37	Kanada	6,51	Neuseeland	2,75	Österreich	4,78
Großbritannien	3,51	Österreich	3,34	Schweden	8,57	Dänemark	6,91	Finnland	2,83	Dänemark	5,78
Niederlande	3,81	Norwegen	3,49	Frankreich	8,90	Finnland	7,32	Luxemburg	2,95	Norwegen	5,95
Dänemark	3,81	Großbritannien	3,53	Japan	9,09	Frankreich	7,38	Deutschland	3,17	Frankreich	6,04
Irland	3,86	Italien	3,62	Dänemark	9,29	Großbritannien	7,43	Österreich	3,24	Schweden	6,05
Schweden	4,42	Schweden	3,77	Australien	9,83	Schweden	7,94	Australien	3,30	Australien	6,35
Neuseeland	5,00	Frankreich	3,87	Finnland	10,41	Norwegen	8,34	USA	3,50	Großbritannien	6,47
Norwegen	5,57	Irland	4,00	Neuseeland	11,46	Australien	8,41	Schweiz	3,55	Finnland	6,66
Finnland	6,14	Portugal	4,02	Griechenland	12,31	Irland	9,34	Großbritannien	4,42	Irland	6,86
Frankreich	6,17	Niederlande	4,12	Italien	12,33	Spanien	10,25	Schweden	5,24	Neuseeland	7,22
Spanien	6,25	Finnland	5,05	Großbritannien	12,63	Italien	11,20	Italien	5,27	Italien	7,25
Griechenland	6,50	Dänemark	5,34	Irland	12,75	Neuseeland	11,86	Spanien	5,42	Spanien	8,67
Australien	6,51	Japan	5,35	Spanien	14,39	Portugal	17,64	Island	5,59	Portugal	9,66
Österreich	6,77	Spanien	5,75	Portugal	17,14	Griechenland	19,49	Portugal	8,25	Griechenland	10,71
Island	8,07	Island	10,82	Island	29,55	Island	39,16	Griechenland	15,06	Island	19,77

Quelle: Internationaler Währungsfonds, International Financial Statistics, CD-ROM (September 1996).

weit, als die interne Kaufkraftstabilität für die internationale Verwendung einer Währung von Bedeutung ist. Allerdings hat Japan in den letzten 15 Jahren eine sehr starke Glaubwürdigkeit in bezug auf die Preisstabilität des Yen erlangt, und die Vereinigten Staaten haben erhebliche Anstrengungen unternommen, um die Erinnerung an frühere inflationäre Auswüchse zu tilgen.[22]

b) Die Entwicklung der bilateralen nominalen Wechselkurse

Schaubild 1 zeigt die Entwicklung des Wechselkurses der D-Mark gegenüber dem US-Dollar und dem japanischen Yen über den Zeitraum 1950–1996. Insgesamt hat sich der Dollar während dieser Zeit gegenüber der D-Mark um 65 % abgewertet; dies entspricht einer Aufwertung der D-Mark gegenüber

Nominaler Wechselkurs der D-Mark gegenüber dem US-Dollar und dem Japanischen Yen Schaubild 1

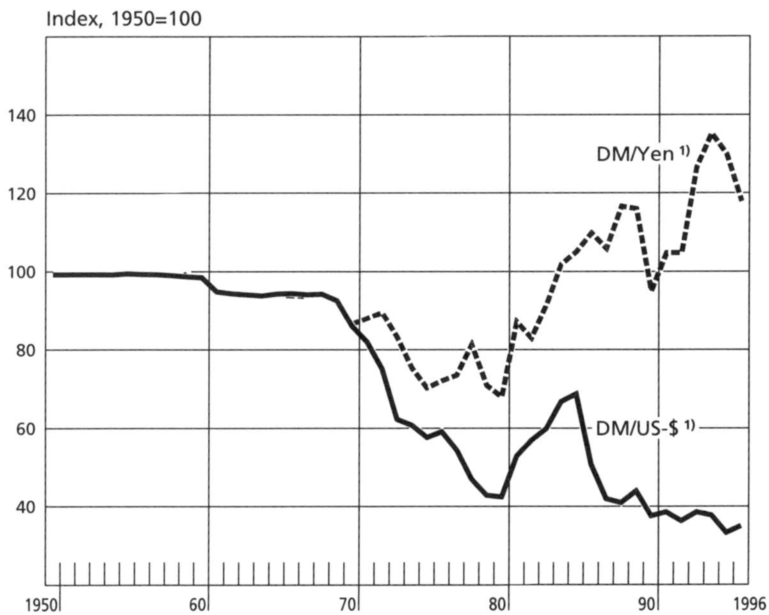

1 Eine fallende (steigende) Kurve bedeutet eine Aufwertung (Abwertung) der D-Mark. Quelle: Internationaler Währungsfonds, International Financial Statistics, September 1996.

22 In bezug auf die Variabilität der Inflationsraten erzielte Deutschland unter allen Industrieländern für den Zeitraum zwischen 1950 und 1995 das zweitbeste Ergebnis gleich hinter der Schweiz. Die Vereinigten Staaten landen bei der Variabilität der Inflationsrate auf dem sechsten Platz, Japan nimmt Platz vierzehn ein.

dem Dollar um 180%. Der Yen dagegen hat sich gegenüber der D-Mark um 30% aufgewertet; das entspricht einer Abwertung der D-Mark gegenüber dem Yen um 20%. Die Aufwertung gegenüber dem Dollar war ein fast ununterbrochen anhaltender Prozeß, der lediglich während der Amtsperiode von Präsident Reagan 1980–1985 eine deutliche Umkehrung erfuhr. Im Gegensatz dazu zeigen sich bei den Wechselkursbewegungen gegenüber dem Yen zwei deutlich verschiedene Teilperioden: eine 30jährige Aufwertungsphase der D-Mark und danach eine fast 20 Jahre andauernde Periode der Abwertung, die in den Jahren von 1993 bis Mitte 1995 am stärksten ausgeprägt war.

Für viele Zwecke ist es sinnvoll, die realen Wechselkurse anstelle der nominalen zu betrachten oder die effektiven Wechselkurse anstelle der bilateralen. Oft sind auch die Zinssätze zusammen mit den Veränderungen der nominalen Wechselkurse aussagekräftiger als die letzteren für sich genommen.[23] Dennoch kann man wohl davon ausgehen, daß das Vertrauen in eine internationale Währung durch eine säkulare Aufwertung ihres nominalen Wechselkurses gegenüber anderen internationalen Währungen gestärkt wird. Aus Schaubild 1 geht hervor, daß der Wert der D-Mark gegenüber dem Dollar über lange Zeit hinweg stark gestiegen ist, während er gegenüber dem Yen (zumindest während der beiden letzten Jahrzehnte) eine gewisse Abwertung erfahren hat.

c) Nettogläubiger- bzw. Nettoschuldnerposition

Unter den wichtigsten Industrieländern hat Deutschland derzeit das zweitgrößte Nettoauslandsvermögen; nur Japan hat eine höhere Nettogläubigerposition. Im Gegensatz dazu wechselten die Vereinigten Staaten, nachdem sie mehrere Jahrzehnte lang der größte Nettogläubiger der Welt gewesen waren, zu Beginn der achtziger Jahre in eine Nettoschuldnerposition und sind nun bei weitem der größte Nettoschuldner der Welt. Schaubild 2 zeigt die Entwicklung des Nettoauslandsvermögens für die Schlüsselwährungsländer (in Mrd. US-Dollar). Tabelle 2 gibt ein ausführlicheres Bild vom Wachstum der deutschen Auslandsforderungen und -verbindlichkeiten über die gesamte Periode 1949–1995.

Ein Blick auf die dritte Spalte von Tabelle 2 bestätigt, daß Deutschland seit Ende der fünfziger Jahre gegenüber den anderen Ländern eine Nettogläubigerposition hatte, wobei die Nettoauslandsforderungen 1990 einen Spitzen-

23 Betrachtet man die Entwicklung der nominalen und realen effektiven Wechselkurse seit dem Übergang zum allgemeinen Floaten (also Anfang 1973), so stellt man wiederum fest, daß die D-Mark weniger an Wert gewonnen hat als der japanische Yen, aber mehr als der US-Dollar; vgl. Mussa u.a., Improving.

Tabelle 2: Deutsche Auslandsforderungen und -verbindlichkeiten (in Mrd. DM), Jahresendstände

Jahr	Forderungen		Verbindlichkeiten		Nettoforderungen
	alle Währungen	davon: in D-Mark	alle Währungen	davon: in D-Mark	
1950	3,9		8,6		−4,7
1955	21,4		24,0		−2,6
1960	63,4		40,1		23,3
1965	91,1		65,5		25,6
1970	186,2		126,9		59,3
1975	322,3	137,8	266,5	173,0	95,8
1980	502,7	241,6	438,9	339,6	63,8
1985	841,3	394,7	711,4	583,4	129,9
1990	1.644,4	802,0	1.122,2	918,0	522,2
1995	2.381,6	1.164,6	2.136,2	1.661,1	245,4

Quelle: Deutsche Bundesbank.

wert von über 520 Mrd. DM erreichten; seitdem jedoch führten die aufgrund der deutschen Vereinigung entstehenden Leistungsbilanzdefizite (zusammen mit Wertänderungen des Finanzvermögens) dazu, daß sich die Nettogläubigerposition bis Ende des Jahres 1995 ungefähr halbiert hat.[24] Im Verhältnis zum Bruttoinlandsprodukt war das deutsche Nettoauslandsvermögen Ende 1994 etwa halb so hoch wie das japanische.

Zwischen 1946 und 1981 haben die USA eine umfangreiche Nettogläubigerposition gegenüber dem Ausland aufgebaut; nur in sieben dieser 36 Jahre war ihre Leistungsbilanz negativ. Von 1982 an hatten die Vereinigten Staaten jedoch 15 Jahre lang ohne Unterbrechung Leistungsbilanzdefizite zu verzeichnen und sind dadurch zum weltweit größten Schuldner geworden (mit einer Nettoschuldnerposition von mehr als 680 Mrd. US-$ Ende 1994);[25] diese Verschlechterung der Nettoauslandsposition führte dazu, daß die Vereinigten Staaten 1994 zum ersten Mal ein negatives Vermögenseinkommen erzielten.

24 Es wird geschätzt, daß ungefähr 60% des Rückgangs der deutschen Nettoauslandsposition zwischen Ende 1991 und Mitte 1995 durch die Defizite bei den Leistungsbilanztransaktionen zu erklären sind; vgl. Deutsche Bundesbank, Neuere Entwicklungen.

25 Die Nettoschuldnerposition der USA ist seitdem aufgrund der Leistungsbilanzdefizite von 148 Mrd. US-$ im Jahr 1995 und 165 Mrd. US-$ im Jahr 1996 noch weiter angewachsen.

Netto-Auslandsvermögen wichtiger Industrieländer *)

Schaubild 2

Stand am Jahresende

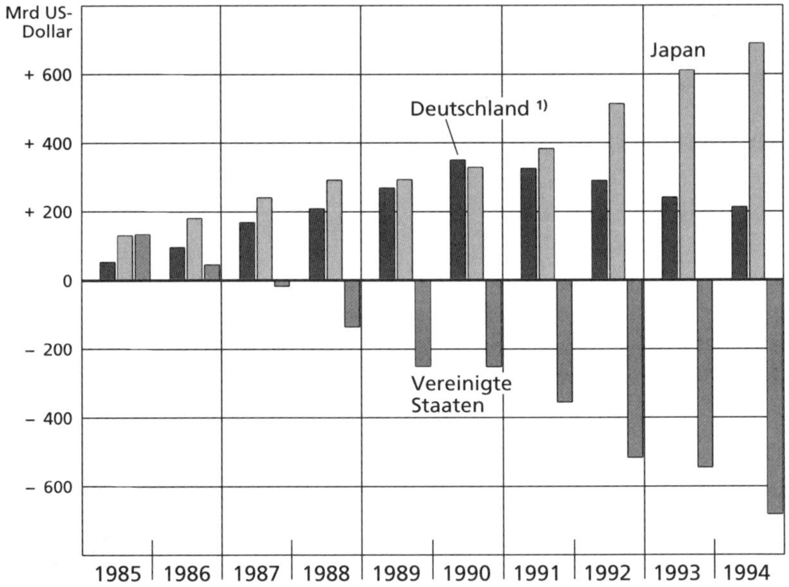

* Die Angaben sind wegen unterschiedlicher Bewertungsmethoden nur eingeschränkt vergleichbar. — 1 Ab Ende 1990 neuer Gebietsstand. — Quelle: Deutsche Bundesbank, Monatsbericht Januar 1996, S. 33.

Wie Schaubild 2 zeigt, ist die Nettogläubigerposition Japans (sowohl absolut als auch bezogen auf das Bruttoinlandsprodukt) unter dem Einfluß anhaltender Leistungsbilanzüberschüsse (in den vergangenen 20 Jahren gab es nur zwei Jahre, in denen Japan ein Leistungsbilanzdefizit zu verzeichnen hatte) ständig gewachsen – und das trotz der häufigen, großen Wertverluste von Vermögensanlagen in Auslandswährung (die wiederum mit der starken Aufwertung des Yen gegenüber diesen Währungen zusammenhingen).

Soweit eine starke Nettoauslandsposition das Vertrauen in die langfristige Wertbeständigkeit einer internationalen Währung erhöht, haben also der Yen und die D-Mark gegenüber dem US-Dollar einen Vorteil.

d) Größe der Volkswirtschaft

Tabelle 3 und Schaubild 3 zeigen für jede der drei Hauptreservewährungen eine Momentaufnahme der relativen Größe der Volkswirtschaft; dabei bezieht sich die Tabelle auf Produktionsanteile, das Schaubild auf Außenhandelsanteile.

Tabelle 3: Reales BIP in % des BIP der USA
– gewichtet nach Kaufkraftparitäten, in Preisen von 1985 –

Land	1950	1960	1970	1980	1990	1995
Deutschland	13,20	20,83	22,21	21,51	19,57	22,11
Japan	9,50	16,16	29,99	34,96	39,85	37,37
Frankreich	13,30	15,55	18,72	18,49	17,10	17,04
Großbritannien	20,02	19,48	16,41	16,43	16,31	15,73
USA	100,00	100,00	100,00	100,00	100,00	100,00

Quelle: Schätzungen des Internationalen Währungsfonds.

Anteil am Welthandel *) Schaubild 3

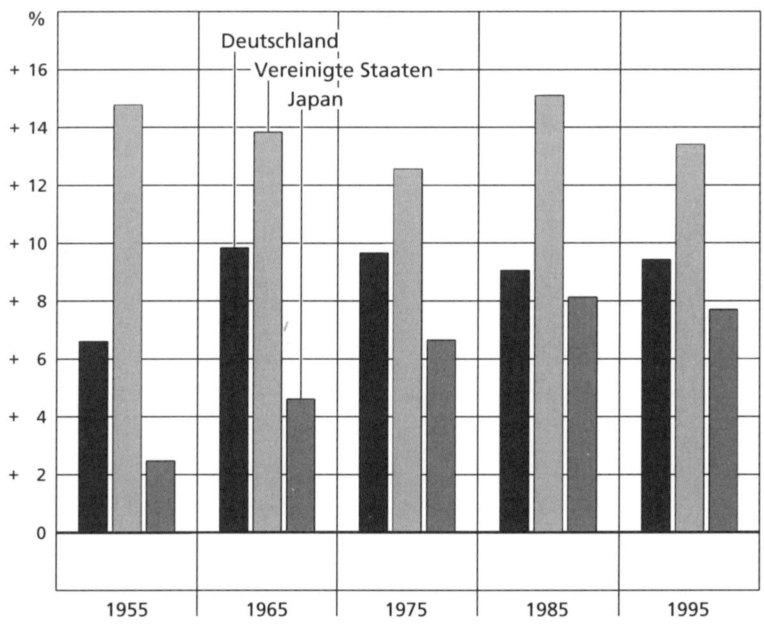

* Der Anteil am Welthandel ist definiert als die Exporte plus die Importe eines Landes in Relation zu den Weltexporten plus den -importen. — Quelle: Internationaler Währungsfonds, International Financial Statistics, September 1996.

In Tabelle 3 haben wir Wechselkurse auf der Basis der Kaufkraftparität zugrunde gelegt, da sie für den Vergleich von Zahlen über den realen Output besser geeignet sind als die aktuellen Marktkurse. Es zeigt sich, daß die deutsche Wirtschaft (1995) größenmäßig etwas mehr als ein Fünftel (22%) der US-amerikanischen Wirtschaft erreichte und ungefähr 60% der japanischen

Wirtschaft. Die deutsche Produktion liegt um ungefähr 30% über der von Frankreich und um 40% über derjenigen von Großbritannien.

Im Jahr 1950 entsprach die deutsche Wirtschaft ungefähr 13% der US-amerikanischen Wirtschaft und zwei Dritteln der Wirtschaft von Großbritannien; sie war etwa genauso groß wie die französische Wirtschaft und um ein Drittel größer als die japanische. In den folgenden 45 Jahren ist der Anteil der USA an der Gesamtproduktion dieser fünf wichtigsten Reservewährungsländer von ungefähr 65% auf etwas über 50% gefallen. Im gleichen Zeitraum ist der Anteil Großbritanniens stark zurückgegangen (von 13 auf 8%), der Anteil Japans hat sich mehr als verdreifacht (von 6 auf 19%), der Anteil Deutschlands hat leicht zugenommen (von 8,5 auf 11,5%), und der Anteil Frankreichs ist kaum spürbar gestiegen (von 8,5 auf 9%).

Betrachtet man die Anteile dieser Länder an der Weltproduktion, dann kommt man zu folgenden Ergebnissen: Mit Ausnahme von Japan verzeichneten alle wichtigen Reservewährungsländer in den vergangenen 30 Jahren einen Rückgang ihres Anteils an der Weltproduktion, da der Anteil der Entwicklungsländer deutlich gestiegen ist; der Anteil der USA an der Weltproduktion hat kontinuierlich abgenommen (von 27% auf 21% bei Wechselkursen auf der Basis der Kaufkraftparitäten); der deutsche Anteil ist ebenfalls deutlich zurückgegangen, wenn auch diese Entwicklung durch die deutsche Vereinigung (nicht überraschend) vorübergehend unterbrochen wurde; der Anteil Japans ist stark gestiegen, derjenige von Großbritannien stark zurückgegangen; auch Frankreich erlebte einen Rückgang seines Anteils an der Weltproduktion, der allerdings prozentual gesehen geringer ausfiel als in Deutschland.

Schaubild 3 zeigt, daß Deutschland gegenwärtig (1995) mit einem Anteil von etwa 10% am Welthandel (Exporte plus Importe) die zweitgrößte Handelsnation ist (hinter den Vereinigten Staaten, aber vor Japan). In den vergangenen 40 Jahren ist es Deutschland gelungen, seinen Anteil am Welthandel zu erhöhen, während der Anteil der Vereinigten Staaten zurückging und derjenige Japans sich verdreifachte.

Wie wir bereits in Abschnitt 2 argumentiert haben, hat die Größe einer Volkswirtschaft einen positiven Einfluß auf die internationale Verwendung ihrer Währung. Gemessen an diesem Kriterium hat die D-Mark einen beträchtlichen Nachteil gegenüber dem US-Dollar und einen geringeren Nachteil (wenn man die Anteile an der Weltproduktion und am Welthandel zusammennimmt) gegenüber dem japanischen Yen. Andererseits gibt die Größe der deutschen Volkswirtschaft der D-Mark einen Vorteil gegenüber den anderen (nicht zu den G-3-Ländern gehörigen) Reservewährungen.

e) Offenheit, Tiefe und Breite der Finanzmärkte sowie die offizielle Einstellung gegenüber der internationalen Verwendung der Währung

Die deutschen Finanzmärkte sind schon seit langem «offen» in dem Sinne, daß ein großer Kreis von in- und ausländischen Geldinstituten Kapital importieren und exportieren kann. Die Beteiligung von Ausländern an den deutschen Finanzmärkten und die Beteiligung von Inländern an den Finanzmärkten im Ausland sind – insbesondere in den letzten zwölf Jahren – stark gestiegen. Im Gegensatz zu einigen anderen Reservewährungsländern (Japan, USA und Frankreich) sind Deutschland ernsthafte Bankkrisen erspart geblieben. Während der vergangenen 25 Jahre fand auf den deutschen Finanzmärkten eine fortschreitende Liberalisierung und Modernisierung statt – ein Prozeß, der sich in den neunziger Jahren (Finanzplatz Frankfurt) unter dem Einfluß der zunehmenden Integration der europäischen Finanzmärkte und des verschärften Wettbewerbs zwischen den europäischen Finanzplätzen in der zukünftigen EWU noch beschleunigt hat. Gleichzeitig ist die ursprüngliche Abneigung der Bundesbank gegenüber einer stärkeren internationalen Verwendung der D-Mark langsam, aber stetig einer weniger starren Haltung gewichen. In jüngster Zeit gibt es auch Anzeichen einer Konvergenz der Vorschriften und Geschäftspraktiken zwischen den Ländern, deren Finanzmarktstruktur dem deutschen bankorientierten Modell entspricht, und denjenigen, die mehr in die anglo-sächsische wertpapierorientierte Linie passen.[26]

Dennoch gibt es unter Fachleuten eine breite Übereinstimmung darüber, daß trotz gewisser Aufholtendenzen Deutschland und Japan aufgrund des Zustands ihrer Finanzmärkte als Reservewährungsländer gegenüber den USA und Großbritannien im Nachteil sind.[27] In bezug auf Größe, Liquidität, Transparenz, Marktintegrität, Empfänglichkeit für Finanzinnovationen und Verfügbarkeit von Erfahrungen im Investment Banking sind New York und

26 In diesem Zusammenhang findet sich in Dziobek/Garrett, Convergence, die Anmerkung, daß die gesetzlichen Barrieren gegen die Entwicklung von Universalbanken in den USA langsam ausgehöhlt werden (z.B. sind die Vorschriften für den Bankverkehr zwischen den Bundesstaaten liberalisiert worden, «super-regionale» Banken sind im Aufstieg begriffen, und der Glass-Steagall-Act wurde in kleinen Schritten aufgehoben); gleichzeitig erwerben die deutschen Universalbanken ausländische Investmentfirmen, um Know-how auf dem Wertpapiersektor aufzubauen; die Deutsche Bank hat kürzlich die amerikanischen Buchführungsregeln übernommen, und Frankfurt hat eine ganze Reihe von marktfreundlichen Reformen eingeführt, um seine Attraktivität als europäischer Finanzplatz zu erhöhen.

27 Vgl. z.B. Eichengreen/Frankel, SDR; Frankel, Lingua Franca; Häusler, Competitive Position; Japan Center for International Finance, Opinions and Strategies; Montgomery, Germany; Oppers, Trends; Sasaki, Promoting; Tavlas, International Use of Currencies.

London gegenüber Frankfurt und Tokio überlegen. Hinzu kommt, daß Deutschland innerhalb des europäischen Kontinents mit Frankreich (das seinen Finanzsektor schon früher modernisiert hat) einen starken Konkurrenten hat und sein Spielraum für neue Steuervorschriften und Finanzmarktregulierungen in der Vergangenheit manchmal durch Kapitalabflüsse nach Luxemburg stark eingeschränkt war. Wenn auch die deutschen Währungsbehörden heute der Wettbewerbsfähigkeit gegenüber anderen europäischen Finanzplätzen mehr Gewicht einräumen als in den vergangenen drei Jahrzehnten, so sind sie doch weiterhin zurückhaltend gegenüber Regeln und Marktpraktiken, die ihre monetäre Kontrolle schwächen und ihre Fähigkeit zur Eindämmung der Inflation einschränken könnten.

Eine Studie der Deutschen Bundesbank aus dem Jahr 1992 enthält eine Chronologie der Deregulierung und Liberalisierung der deutschen Finanzmärkte. Nach Montgomery hat sich der Prozeß der Deregulierung und Modernisierung der deutschen Finanzmärkte während der neunziger Jahre fortgesetzt und wahrscheinlich noch beschleunigt, wie unter anderem die folgenden Maßnahmen zeigen: die Einrichtung einer Börse für Futures und Optionen (Deutsche Terminbörse); die Entwicklung eines Marktes für Commercial Paper; eine deutliche Verringerung der Mindestreservesätze für Sicht-, Spar- und Termineinlagen; die Abschaffung der Mindestreservepflicht für Wertpapierpensionsgeschäfte; die Abschaffung der Steuern auf Wertpapieremissionen und Wertpapierhandel und die Vereinfachung des Genehmigungsverfahrens für die Ausgabe von festverzinslichen D-Mark-Wertpapieren; Zugangserleichterungen für ausländische Banken und Nichtbanken zum D-Mark-Anleihemarkt (einschließlich der Ermächtigung für deutsche Tochterbanken und Zweigstellen von ausländischen Banken, als Emissionsführer für deutsche Anleihen aufzutreten); die Verabschiedung des Zweiten Finanzmarktförderungsgesetzes (durch das unter anderem das Verbot von offenen Geldmarktfonds aufgehoben wurde, ein Bundesaufsichtsamt für das Wertpapierwesen geschaffen wurde, Insiderhandel zum Delikt erklärt wurde und die Offenlegungsvorschriften für Wertpapiere verschärft wurden); die Übernahme von internationalen Buchführungsstandards durch einige deutsche Aktiengesellschaften; und einige Maßnahmen, durch die Umfang und Liquidität der deutschen Aktienmärkte erhöht wurden (einschließlich der historischen Privatisierung der Deutschen Telekom, der Umstrukturierung und Zentralisierung der regionalen Börsen, der Erweiterung der Liste der erlaubten Anlageformen bei den deutschen Investitions- und Geldmarktfonds, der Erleichterung von Wertpapierleihgeschäften und der Reduktion der Mindestnennwerte von deutschen Aktien). Indikatoren für die Beteiligung von Ausländern an den deutschen Finanzmärkten (z.B. die von Ausländern gehaltenen Bestände an deutschen Geldmarktpapieren, festverzinslichen Wertpapieren und Aktien) und für die Beteiligung von Deutschen an ausländischen

Tabelle 4: Größe der Kapitalmärkte in Deutschland, den USA und Japan im Jahr 1994

Deutschland

	kurzfristiges Kapital				mittel- und langfristiges Kapital							
	Gesamt	Tagesgeld	Solawechsel	Schatzwechsel	Gesamt	Bundesanleihen	andere Staatsanleihen	Kommunalobligationen	Hypothekenpfandbriefe	andere Bankanleihen	Industrieobligationen	Auslandsanleihen
In Mrd. US-$	323,1	298,9	10,9	13,2	1.852,4	419,8	337,5	386,8	121,1	374,9	1,9	210,3
In % des BIP	16,8	15,5	0,6	0,7	96,3	21,8	17,6	20,1	6,3	198,5	0,1	10,9

USA

	kurzfristiges Kapital						mittel- und langfristiges Kapital					
	Gesamt	Wertpapierpensionsgeschäfte	Commercial Paper	Einlagenzertifikate	Bankakzepte	Schatzwechsel	Gesamt	Schatzanleihen	Anleihen v. Bundesbehörden	Kommunalobligationen	Industrieobligationen	Auslandsanleihen
In Mrd. US-$	2.314,9	536,9	412,4	601,9	29,8	733,8	8.427,6	3.126,0	2.149,3	955,8	2.196,5	220,4
In % des BIP	34,4	8,0	6,1	8,9	0,4	10,9	125,2	46,5	31,9	14,2	32,6	3,3

Japan

	kurzfristiges Kapital								mittel- und langfristiges Kapital						
	Gesamt	Tagesgeld	Solawechsel	Einlagenzertifikate	Commercial Paper	Schatzwechsel	Auslandswechsel	Dreimonatsgeld (Gensaki)	Gesamt	Staatsanleihen	Kommunalobligationen	staatlich garantierte Anleihen	Bankschuldverschr.	Industrieobligationen	Auslandsanleihen
In Mrd. US-$	1.041,1	428,6	82,8	185,3	99,0	113,3	15,0	117,0	4.227,3	2.021,4	294,2	199,9	7.70,0	422,1	80,5
In % des BIP	22,1	9,1	1,8	3,9	2,1	2,4	0,3	2,5	91,9	42,9	6,2	4,2	16,3	9,0	1,7

Quelle: Sasaki, Promoting.

Finanzmärkten weisen über die vergangenen zehn Jahre ebenfalls einen stark steigenden Trend auf.[28]

Tabelle 4 aus Sasaki vergleicht für das Jahr 1994 die Größe der Kapitalmärkte in Deutschland, Japan und den Vereinigten Staaten sowohl absolut als auch relativ zum Bruttoinlandsprodukt.[29] Am auffälligsten ist die Größe des US-amerikanischen Marktes im Vergleich zu Japan und noch mehr im Vergleich zu Deutschland; selbst bezogen auf das Bruttoinlandsprodukt ist der amerikanische Markt im Vergleich zu den Märkten in Deutschland und Japan sehr groß. Besonders deutlich sind die Unterschiede am kurzen Ende der Ertragskurve und bei Instrumenten (wie den Schatzwechseln), die wegen ihrer Liquidität und ihrem äußerst niedrigen Risiko besonders gerne zur Anlage von staatlichen Devisenreserven verwendet werden. Diese Zahlen bestätigen auch die Schlußfolgerungen, die in Goldstein/Mussa aus Befragungen vieler unterschiedlicher Marktteilnehmer in den G-7-Ländern gezogen werden, daß nämlich der US-amerikanische Wertpapiermarkt bei weitem der liquideste Markt für Staatsanleihen ist; danach kommen die japanischen Benchmark-Bonds, die deutschen Benchmark-Bonds und die französischen OAT-Emissionen.[30]

Tabelle 5 aus Montgomery vergleicht die G-7-Länder (im Jahr 1994) in

Tabelle 5: Aktienumsatz und Marktkapitalisierung, 1994*
(in % des BIP)

Land	Aktienumsatz	Marktkapitalisierung
Deutschland	25,10	25,45
USA	53,32	76,47
Japan	24,43	73,18
Großbritannien	90,71	115,41
Frankreich	46,29	34,13
Italien	11,58	15,54
Kanada	29,32	58,40

* Aktienumsatz und Marktkapitalisierung beziehen sich auf eingetragene Aktien inländischer Unternehmungen.

Quelle: Montgomery, Germany.

28 Vgl. Montgomery, Germany; Deutsche Bundesbank, Neuere Entwicklungen sowie Deutsche Bundesbank, Die Rolle der D-Mark. So hielten z.B. Ende 1995 ausländische Anleger D-Mark-Werte von insgesamt 1439 Mrd. DM im Vergleich zu 771 Mrd. DM Ende 1990 und 268 Mrd. DM zu Beginn der achtziger Jahre; vgl. Deutsche Bundesbank, Die Rolle der D-Mark.

29 Sasaki, Promoting.

30 Goldstein/Mussa, Integration.

bezug auf den Aktienumsatz und die Marktkapitalisierung (relativ zum Bruttoinlandsprodukt im Jahr 1994).[31] Deutschland taucht beim Umsatz auf dem fünften Platz und bei der Marktkapitalisierung auf dem sechsten Platz auf; Großbritannien und die Vereinigten Staaten führen die Liste an. Auch hier zeigt sich, daß die Liquidität am deutschen Wertpapiermarkt geringer ist als in einigen anderen wichtigen Reservewährungsländern. Die Tatsachen, daß ein bedeutender Teil der Transaktionen in D-Mark-Titeln in London und Luxemburg stattfindet (so wird z.B. der zehnjährige Bund-Future an der LIFFE in London mit größeren Umsätzen gehandelt als an der Deutschen Terminbörse in Frankfurt) und daß zwei der größten deutschen Banken kürzlich ihre Investment Banking-Aktivitäten nach London verlagert haben, zeigen ebenfalls den Wettbewerbsdruck, dem die deutschen Finanzmärkte ausgesetzt sind.

Analysen darüber, warum Frankfurt und Tokio gegenüber New York und London im Nachteil sind, deuten auf eine Reihe von Erklärungsfaktoren hin.[32] Im Fall von Deutschland haben Umfang und Höhe der Mindestreservepflicht, die Quellensteuer auf Zinseinkommen, die Gewerbekapitalsteuer, die begrenzte Rolle privater Rentenversicherungen, der langsamere Fortschritt bei den Publizitätsvorschriften für Wertpapiere und den Strafen für Insiderhandel, die geringere Verfügbarkeit von geschultem Personal für Investment Banking und den Handel mit Finanzderivaten sowie bestimmte Inflexibilitäten am Arbeitsmarkt (z.B. Beschränkungen für Überstunden und Wochenendarbeit) eine Rolle gespielt. In bezug auf Japan werden von Fachautoren und Marktteilnehmern am häufigsten als behindernde Faktoren genannt: das beschränkte Angebot an Schatzwechseln des Staates, die Umsatzsteuer auf Staatsschuldpapiere, die Quellensteuer für Zinseinkommen, die ungenügende Transparenz der bürokratischen Prozesse, die ungleichen Wettbewerbsbedingungen gegenüber den heimischen Finanzunternehmen, die relativ hohen Ausgabekosten am Markt für Yen-Auslandsanleihen (Samurai-Bonds), die überholten Abrechnungsverfahren für Staatsschuldpapiere, die relativ langwierigen Genehmigungsprozeduren für neue Finanzinstrumente (insbesondere für Derivate) und die Zurückhaltung der Bank von Japan, wenn es darum geht, ausländischen Zentralbanken Dienstleistungen anzubieten (zu vergleichbaren Vorzugspreisen wie die Federal Reserve Bank in New York).[33]

31 Montgomery, Germany.

32 Auch hier gibt es große Vorteile für die bereits existierenden Finanzplätze. Da London und New York als Finanzplätze eine lange Geschichte haben, profitieren sie von Größen- und Verbundvorteilen, die mit der Konzentration der Finanzgeschäfte an einem einzigen Ort einhergehen.

33 Vgl. Garber, Use of the Yen; Japan Center for International Finance, Opinions and Strategies; Sasaki, Promoting und Tavlas/Ozeki, Internationalization.

Die Einstellung der Währungsbehörden gegenüber den Nutzen und Kosten einer internationalen Reservewährung hat das Ergebnis ebenfalls beeinflußt.[34] Die deutschen Währungsbehörden haben zwar (besonders in den letzten Jahren) durchaus die Vorteile gesehen, die mit einem bedeutenderen Finanzplatz verbunden sind, und sie waren sich auch der Tatsache bewußt, daß die wachsende Reputation Deutschlands in bezug auf die Geldwertstabilität mit einer größeren ausländischen Nachfrage nach D-Mark-Anlagen verbunden ist. Sie räumten jedoch der internen Geldwertstabilisierung eine höhere Priorität ein und fürchteten, daß eine stärkere internationale Verwendung der D-Mark – zusammen mit der Kapitalmarktderegulierung, die einer solchen Verwendung förderlich wäre – einen zu hohen Preis für die Geldpolitik haben würde, insbesondere, wenn die Zentralbank aus Gründen der Inflationsbekämpfung die Kreditgewährung einschränken muß.[35]

In den späten sechziger und frühen siebziger Jahren wurde diese Sorge durch massive Kapitalzuflüsse geschürt, die durch die fehlende geldpolitische Koordination bei festen Wechselkursen ausgelöst wurden. Diese Zuflüsse waren so umfangreich, daß man sie allein durch Sterilisierungsmaßnahmen lange nicht bekämpfen konnte.[36] Das gleiche Problem tauchte während der EWS-Krisen von 1992 und 1993 wieder auf, diesmal allerdings innerhalb

34 In Japan geht es bei den Bedenken gegen eine stärkere internationale Nutzung des Yen vor allem um die Auswirkungen plötzlicher Verschiebungen der Währungspräferenzen auf die Volatilität des Wechselkurses und die Wettbewerbsposition der Exporteure sowie um die Kosten der Strukturanpassung, die eine umfassende Deregulierung für die heimische Finanzindustrie mit sich bringen würde. In den Vereinigten Staaten ist nur selten eine wirkliche Diskussion über die Kosten und Nutzen der Rolle des US-Dollar als Reservewährung geführt worden; eine solche Diskussionsrunde fand gegen Ende der sechziger und Anfang der siebziger Jahre statt (im Zusammenhang mit dem Zusammenbruch des Bretton-Woods-Systems, mit der Schaffung der Sonderziehungsrechte und den Treffen des Zwanziger-Ausschusses), eine andere in den späten siebziger Jahren (als das Maßnahmenpaket zur Rettung des Dollars geschnürt werden mußte und beim IWF eine lebhafte Diskussion über «Substitutionskonten» geführt wurde); vgl. Solomon, International Monetary System und James, International Monetary Cooperation.

35 Tietmeyer drückt das folgendermaßen aus: «Die Bundesbank hat immer darauf geachtet, daß die Finanzmarktreformen nicht das Fundament der Geldpolitik erschüttern.» Tietmeyer, Overview, S. 410.

36 Vgl. Emminger, D-Mark sowie Rieke, Development of the D-Mark. Nach Tavlas, International Use of Currencies, wurden die Kapitalexportkontrollen während der fünfziger Jahre zurückgenommen, während noch bis Ende der siebziger Jahre verschiedene Maßnahmen angewandt wurden, um Kapitalzuflüsse abzuschrecken, so zum Beispiel höhere Mindestreserveanforderungen für Einlagen von Ausländern und eine formlose Vereinbarung zwischen der Bundesbank und den deutschen Banken, daß nur deutsche Banken für in D-Mark denominierte Anleihen Konsortialführer sein konnten. Natürlich war der Übergang zu flexiblen Wechselkursen zu Beginn der siebziger Jahre eine grundsätzlichere Antwort auf das Problem der Kapitalzuflüsse. Issing, Experience, zeigt, daß während der gesamten Periode von 1950 bis 1973 Veränderungen der Auslandsposition die dominierende Quelle von Veränderungen der Zentralbankgeldmenge waren; danach war das nicht

Europas (und nicht zwischen Europa und den Vereinigten Staaten).[37] Zwischendurch hatte man auch Bedenken, daß durch die Zunahme der auf D-Mark lautenden Anlagen an den Euromärkten (zusammen mit der geringeren Sensitivität ausländischer Banken gegenüber den deutschen wirtschaftspolitischen Zielen) eine Kreditverknappung im Inland unterlaufen werden könnte, daß die Zunahme der von der Mindestreservepflicht ausgenommenen kurzfristigen Anlagen die Steuerbemessungsgrundlage reduzieren und die Geldnachfrage weniger vorhersehbar machen würde, daß ein erhöhtes Angebot an kurzfristigen Staatsschuldpapieren Maßnahmen zur Geldmengenverknappung erschweren könnte (da damit dem Staat selbst höhere Kreditkosten aufgebürdet würden), und schließlich, daß vereinfachte Genehmigungsverfahren für Finanzinstrumente und -aktivitäten mit hohem Risiko letztendlich die Währungsbehörden in umfangreiche Rettungsaktionen verwickeln (und dadurch ebenfalls mit dem Primat der Preisstabilität in Konflikt bringen) würden.[38] Man war also immer der Meinung, daß eine stärkere internationale Verwendung der D-Mark ein Nebenprodukt der finanziellen Stabilität sein sollte und nicht ein konkurrierendes Ziel. Interessanterweise wird weder in den Vereinigten Staaten noch in Großbritannien der gleiche Konflikt zwischen dem internen Stabilitätsziel und der internationalen Verwendung der Währung gesehen.

Bis hierher haben wir uns auf die Frage konzentriert, inwieweit die D-Mark verschiedene erwünschte Eigenschaften einer internationalen Währung aufweist. Als nächstes betrachten wir einige Indikatoren für die tatsächliche internationale Währungsverwendung.

f) Währungszusammensetzung der offiziellen Bestände an internationalen Devisenreserven

Die Währungszusammensetzung der offiziellen Devisenreservenbestände ist einer der am genauesten verfolgten Indikatoren für die internationale Währungsverwendung. Die entsprechenden Schätzungen sind jedoch mit relativ großen Schätzfehlern behaftet, und zwar aus mindestens drei Gründen: Nicht alle Länder melden die Währungszusammensetzung ihrer Devisen-

mehr der Fall. Die letzten Kapitalimportrestriktionen wurden zu Beginn der achtziger Jahre abgeschafft; vgl. Freedman, Operating Procedures.

37 Vgl. Tietmeyer, Overview sowie Goldstein u.a., Exchange Rate Management. Als Reaktion auf die EWS-Krise hat die Bundesbank klargestellt, daß sie eine Verpflichtung zur «unbegrenzten Intervention» innerhalb des EWS nicht akzeptieren würde; zusätzlich wurden die Bandbreiten um die EWS-Leitkurse stark erweitert.

38 Vgl. Deutsche Bundesbank, Währungsreserven; Henning, Currencies and Policies; Häusler, Competitive Position; Issing, Experience sowie Issing, Stability.

reserven in regelmäßigen Abständen an den Internationalen Währungsfonds (auch Taiwan nicht, das weltweit den zweithöchsten Bestand an Devisenreserven hat);[39] durch das explosive Wachstum der Finanzderivate kann eine Zentralbank ihre Währungsposition schnell verändern (ohne daß diese Veränderung in den offiziellen Bilanzzahlen auftaucht);[40] und schließlich sind die Zahlen sehr stark davon abhängig, ob man die Devisenbestände zu laufenden oder zu konstanten Wechselkursen bewertet und ob man die Dollarreserven der EWS-Länder (die 1979 als Basis für die Schaffung von ECUs dienten) in die Dollarkomponente mit einbezieht oder nicht.[41] Darüber hinaus kann man (zumindest bei kurzen Zeitperioden) nicht davon ausgehen, daß die tatsächlichen Bestände einer bestimmten Reservewährung den erwünschten Beständen entsprechen (da Notenbanken mit umfangreichen Devisenreserven typischerweise kurz nach Devisenmarktinterventionen zugunsten von schwachen Währungen einen starken Anstieg der Bestände an diesen Währungen verzeichnen).

Im Bewußtsein dieser Einschränkungen zeigen wir in Tabelle 6 Schätzungen der Währungszusammensetzung der offiziellen Devisenreserven aus drei aktuellen Studien von Eichengreen u.a., Oppers und der Bank für Internationalen Zahlungsausgleich.[42] Die Eichengreen-Studie bezieht die Zahlen auf die gesamten Devisenreserven, enthält nicht die Dollardeckung der ECU-Reserven und bewertet die Reserven zu laufenden Wechselkursen. Oppers, Trends, berücksichtigt ausschließlich Devisenreserven (also nicht die Sonderziehungsrechte) und addiert zu den Dollarreserven auch die Dollardeckung der ECU-Reserven; die Währungsreserven werden sowohl zu laufenden als auch zu konstanten Wechselkursen (von Ende 1994) bewertet. Die Zahlen der Bank für Internationalen Zahlungsausgleich berücksichtigen auch die Devisenreserven Taiwans sowie die Dollardeckung der ECU-Reserven und verwenden laufende Wechselkurse, wobei auch Zahlen für 1995 präsentiert werden.

Aus den Schätzungen in Tabelle 6 sowie aus vereinzelten Zahlen über die Reservebestände früherer Perioden ergeben sich klar die folgenden fünf Schlußfolgerungen. Erstens ist bei allen Schätzungen der US-Dollar weiterhin die dominante Reservewährung, denn er macht die Hälfte bis zwei Drittel der gesamten Devisenreservenbestände aus. Zweitens erscheinen in allen Schät-

39 Frankel, Lingua Franca sowie Oppers, Trends, berichten, daß die Devisenreserven der chinesischen Provinz Taiwan bei etwa 93 Mrd. US-$ liegen.

40 Vgl. zu diesem Punkt Garber, The Use of the Yen.

41 Vgl. Oppers, Trends. Wenn man die internationalen Reserven breiter definiert und neben den offiziellen Devisenreserven auch die Goldreserven mit einbezieht, dann hat man zusätzlich das Problem, daß die Vereinigten Staaten ihre Goldreserven zum alten offiziellen Goldpreis bewerten (und nicht zum Marktpreis); dadurch werden ihre wahren Reserven stark unterschätzt.

42 Vgl. Eichengreen/Frankel, SDR; Oppers, Trends; Bank für Internationalen Zahlungsausgleich, 66. Jahresbericht.

Tabelle 6: Zusammensetzung der offiziellen Weltwährungsreserven, 1980–1995

(a) Eichengreen und Frankel , SDR und Internationaler Währungsfonds, Jahresbericht.[1)]

Währung	1979	1980	1981	1982	1983	1984	1985	1986	1987	1988	1989	1990	1991	1992	1993	1994	1995
D-Mark	10,9	12,5	11,5	10,8	9,5	10,3	12,2	11,2	11,3	12,4	15,5	15,4	13,8	12,0	12,7	12,9	12,5
US-Dollar	59,2	52,9	56,2	55,6	55,4	55,2	49,8	48,0	47,3	47,4	45,0	44,4	44,8	49,0	50,4	50,4	51,4
Yen	3,0	3,5	3,5	3,6	4,0	4,7	6,4	6,1	5,9	6,1	6,3	7,2	7,7	7,0	7,1	7,4	6,5
Pfund Sterling	1,7	2,5	1,9	2,1	2,1	2,5	2,6	2,0	1,9	2,2	2,2	2,8	3,0	2,9	2,8	3,1	3,1
Franz. Franc	1,2	1,4	1,3	1,2	0,8	0,9	1,0	0,6	0,7	0,9	1,2	2,1	2,4	2,1	2,0	1,9	1,7
ECU	12,5	15,7	13,9	12,5	13,0	10,4	10,3	10,6	12,0	10,0	9,1	8,5	8,8	8,9	7,5	7,0	6,0
SZR	4,8	3,9	5,3	5,9	4,5	4,5	5,0	5,1	4,3	3,9	3,6	3,3	3,2	2,0	2,0	2,0	2,2

1) In % der gesamten Devisenreserven einschließlich der Sonderziehungsrechte am Jahresende.

(b) Oppers, Trends.[2)]
Anteile berechnet zu laufenden Wechselkursen

Währung	1980	1981	1982	1983	1984	1985	1986	1987	1988	1989	1990	1991	1992	1993	1994
D-Mark	14,8	12,8	12,2	11,7	12,5	15,0	14,5	14,5	15,6	18,9	18,7	16,7	14,5	15,5	15,5
US-Dollar	69,4	70,8	69,9	70,0	69,1	63,9	65,9	66,1	63,3	58,9	56,0	58,2	62,7	63,3	63,1
Yen	4,3	4,3	4,6	4,9	5,7	8,0	7,8	7,5	7,6	7,7	8,8	9,3	8,5	8,7	8,5
Pfund Sterling	2,9	2,1	2,3	2,5	2,9	3,0	2,5	2,4	2,7	2,7	3,4	3,6	3,4	3,4	3,8
Franz. Franc	1,7	1,3	1,0	0,8	0,8	0,9	0,8	0,8	1,0	1,4	2,4	2,9	2,5	2,2	2,0
Schw. Franken	3,2	2,6	2,6	2,3	2,0	2,3	2,0	1,9	1,9	1,5	1,4	1,3	1,2	1,3	1,1
Holl. Gulden	1,3	1,1	1,1	0,8	0,7	1,0	1,1	1,2	1,1	1,1	1,1	1,1	0,6	0,6	0,5
Andere	2,3	5,1	6,3	7,1	6,3	6,0	5,3	5,6	6,9	7,8	8,2	6,9	6,5	4,9	5,5

Tabelle 6: Fortsetzung

Anteile berechnet zu konstanten Wechselkursen vom Jahresende 1994

Währung	1980	1981	1982	1983	1984	1985	1986	1987	1988	1989	1990	1991	1992	1993	1994
D-Mark	17,2	16,5	16,0	17,0	19,7	19,7	16,4	14,5	17,0	19,4	17,7	16,1	14,6	16,6	15,5
US-Dollar	63,8	62,4	59,8	57,9	53,6	52,6	59,7	64,9	60,3	55,3	55,0	57,3	60,6	61,0	63,1
Yen	8,1	8,3	9,3	9,4	11,2	13,2	11,3	9,1	9,1	10,4	11,6	11,5	10,2	9,4	8,5
Pfund Sterling	1,7	1,5	1,9	2,2	3,0	2,7	2,4	2,0	2,2	2,5	2,7	3,0	3,4	3,4	3,8
Franz. Franc	1,3	1,2	1,1	1,0	1,1	1,0	0,9	0,8	1,1	1,5	2,2	2,7	2,5	2,4	2,0
Schw. Franken	3,9	3,2	3,4	3,2	3,1	3,0	2,3	1,9	2,1	1,7	1,4	1,3	1,3	1,4	1,1
Holl. Gulden	1,5	1,3	1,4	1,1	1,1	1,3	1,3	1,3	1,2	1,1	1,0	1,0	0,6	0,7	0,5
Andere	2,4	5,6	7,2	8,2	7,3	6,5	5,7	5,6	7,1	8,1	8,3	6,9	6,7	5,0	5,5

2) In % der gesamten Devisenreserven einschließlich der Sonderziehungsrechte am Jahresende. Der Dollar-Anteil an den ECUs wurde zu den Dollar-Reserven addiert.

(c) Schätzungen der Bank für Internationalen Zahlungsausgleich.[3]

Währung	1981	1982	1983	1984	1985	1986	1987	1988	1989	1990	1991	1992	1993	1994	1995
D-Mark	14,1	13,4	12,9	13,6	15,6	15,9	16,3	16,5	19,1	19,0	16,9	15,0	15,6	15,9	16,1
US-Dollar	69,6	68,7	69,6	68,3	63,4	64,6	63,7	62,6	58,4	54,8	56,2	60,9	61,4	60,7	61,4
Yen	4,5	4,9	5,7	6,1	8,1	8,2	8,2	8,1	8,0	8,9	9,3	8,6	8,5	8,8	7,6

3) In % der Währungsreserven.

zungen die D-Mark und der japanische Yen als zweit- bzw. drittwichtigste Reservewährung, wobei der Anteil der D-Mark etwa doppelt so hoch ist wie der des Yen und ungefähr ein Viertel des Dollaranteils beträgt. Als nächste Währungen rangieren die ECU, das Pfund Sterling, die Sonderziehungsrechte, der Französische Franc und der Schweizer Franken. Drittens ist der Anteil des Dollars an den Währungsreserven in den vergangenen 25 Jahren langsam, aber deutlich zurückgegangen, wobei der Rückgang während der siebziger Jahre am stärksten war. Sowohl die D-Mark als auch der Yen haben, ausgehend von einem sehr niedrigen Niveau, ihre Anteile in diesem Zeitraum langsam, aber deutlich erhöht. Viertens hat der Dollaranteil in den letzten 15 Jahren nur geringfügig abgenommen, wobei ein großer Teil (zwischen der Hälfte und drei Vierteln) der Erosion während der achtziger Jahre in den neunziger Jahren wieder rückgängig gemacht worden ist;[43] im gleichen Zeitraum ist ein leichter Anstieg des D-Mark-Anteils zu verzeichnen, während der Anteil des Yen stärker gestiegen ist (in den neunziger Jahren geht der Yen-Anteil allerdings wieder zurück). Fünftens entspricht die Veränderung der Anteile der drei wichtigsten Reservewährungen an den Weltdevisenreserven in den letzten 25 Jahren ungefähr der Veränderung ihrer Anteile am realen Output der Welt und der OECD während der gleichen Periode.

g) Private Nachfrage nach Reservewährungen in anderen Ländern

In Ländern, deren Währungen ein sehr schlechtes und volatiles Wertaufbewahrungsmittel sind, nehmen die Menschen für ihre Ersparnisse und Transaktionen oft Zuflucht in eine der großen Reservewährungen.

Es ist ziemlich schwierig, sich ein Bild vom Umfang der im Ausland gehaltenen Reservewährungen zu machen, denn es gibt keine Möglichkeit der direkten Beobachtung. So ist z.B. zwar bekannt, wieviel Bargeld außerhalb des deutschen Bankensektors im Umlauf ist, aber die Aufteilung dieser Geldbestände zwischen den inländischen Nichtbanken und dem Ausland ist nicht möglich. Zur Schätzung der im Ausland zirkulierenden Bargeldmenge werden

43 Analysen der Gründe für den Anstieg des Dollaranteils an den offiziellen Währungsreserven in den neunziger Jahren betonen vor allem zwei Faktoren. Erstens haben Entwicklungsländer, deren Devisenreserven am stärksten zugenommen haben, ihre Wechselkurse gegenüber dem Dollar fixiert und halten in ihren Devisenreserven relativ hohe Dollaranteile; vgl. Bank für Internationalen Zahlungsausgleich, 66. Jahresbericht. Zweitens hat die Schwäche des Dollars in den neunziger Jahren andere Industrieländer zu umfangreichen Interventionen zugunsten des Dollars veranlaßt und eine Anhäufung von Dollars in ihren Reservebeständen bewirkt; vgl. Frankel, Lingua Franca. Vermutlich haben diese beiden Faktoren mehr als ausgereicht, um die Dollarverkäufe einiger asiatischer Entwicklungsländer zu kompensieren, die damit eine Diversifizierung ihrer Devisenreserven weg vom Dollar erreichen wollten.

die verschiedensten Methoden eingesetzt: Entweder man zieht Schlüsse aus Vergleichen mit früheren Perioden oder anderen Ländern, für die eine viel niedrigere Auslandsnachfrage nach der heimischen Währung angenommen werden kann, oder man verwendet ökonometrische Schätzungen von Geldnachfragefunktionen.[44] So liefert zum Beispiel ein Vergleich der Entwicklung der Bargeldhaltung als Prozentsatz des privaten Konsums oder des Bruttoinlandsprodukts einen ersten Hinweis darauf, daß die Nachfrage nach dem US-Dollar und der D-Mark im Ausland gestiegen ist. Aufgrund von Finanzinnovationen (z.B. der Zunahme des bargeldlosen Zahlungsverkehrs) würde man erwarten, daß die Geldhaltung relativ zum Konsum oder zum Bruttoinlandsprodukt mit der Zeit zurückgeht. Und tatsächlich ist das etwa in Frankreich oder Großbritannien auch zu beobachten. Im Gegensatz dazu ist dieses Verhältnis in Deutschland und den Vereinigten Staaten seit der zweiten Hälfte der siebziger Jahre gestiegen.[45] Hinzu kommt, daß diese Zunahme sich (zumindest in Deutschland) auf große Scheine beschränkt (500 und 1000 DM).

Aus den Studien über die Bargeldhaltung im Ausland kann man drei wichtige Ergebnisse ableiten: Erstens sind der Dollar und die D-Mark die beiden führenden Reservewährungen, die für Bargeldtransaktionen im Ausland verwendet werden, wobei der Gesamtwert der im Ausland zirkulierenden Dollar wahrscheinlich ungefähr dreimal höher ist als der der D-Mark.[46] Zweitens erscheint der Anteil des im Ausland zirkulierenden Bargeldes sehr «hoch», in einer Größenordnung von 30–40% bei der D-Mark und 50–70% beim Dollar.[47] Drittens weist zumindest die Dollar-Nachfrage im Ausland in den vergangenen 15 Jahren einen steigenden Trend auf.[48]

h) Währungszusammensetzung der internationalen Finanzanlagen

Je mehr Vertrauen die Marktteilnehmer in eine Reservewährung haben, desto eher sind sie ceteris paribus geneigt, finanzielle Verträge in dieser Währung abzuschließen. Deshalb betrachtet man oft die Währungszusammensetzung der Eurowährungseinlagen, der Auslandsanleihen, der Auslandsbankkredite und der langfristigen Verschuldung von Entwicklungsländern als Indikatoren für die internationale Verwendung von Währungen.

44 Vgl. Deutsche Bundesbank, D-Mark-Bargeldumlauf sowie Porter/Judson, Location of U.S. Currency.

45 Vgl. Deutsche Bundesbank, D-Mark-Bargeldumlauf.

46 Vgl. Eichengreen/Frankel, SDR. Die beiden anderen Länder mit relativ hohen Geldbeständen pro Einwohner sind Japan und die Schweiz. Es sind uns aber keine Schätzungen bekannt über den Anteil des Bargelds aus diesen Ländern, der im Ausland gehalten wird.

47 Vgl. Deutsche Bundesbank, D-Mark-Bargeldumlauf sowie Oppers, Trends.

48 Vgl. Porter/Judson, Location of U.S. Currency.

In den meisten Studien werden solche internationalen Finanzanlagen getrennt voneinander untersucht. McCauley von der Bank für Internationalen Zahlungsausgleich hat jedoch in einer aktuellen Studie eine Zeitreihe (für die Periode 1980–1995) zusammengestellt, die internationale Anleihen, Bankverbindlichkeiten gegenüber ausländischen Nichtbanken, Eurowährungsverbindlichkeiten gegenüber Nichtbanken (von 1984 an) und Euroschuldscheine (seit 1989) enthält.[49] Zusätzlich hat er für jede der drei führenden Währungen den Anteil an diesem Aggregat von internationalen Finanzanlagen berechnet. Die Ergebnisse werden in Tabelle 7 in Fünfjahresabständen aufgelistet. Ende 1995 betrug der Anteil des Dollars an diesen internationalen Finanzanlagen ungefähr 38% (also deutlich weniger als bei den internationalen Währungsreserven); die Anteile der D-Mark und des japanischen Yen lagen bei 15,5 bzw. 12%. Was die Trends betrifft, so ist bemerkenswert, daß der Dollaranteil, der in der ersten Hälfte der achtziger Jahre gestiegen war, seitdem stetig und deutlich zurückgegangen ist.[50] Im Gegensatz dazu ist der Anteil des Yen über die

Tabelle 7: Internationale Finanzanlagen*

Währung – in Mrd. US-Dollar –	1980	1985	1990	1995
D-Mark	72,9	87,7	365,0	713,9
US-Dollar	280,4	671,8	1.344,5	1.743,8
Yen	15,8	54,7	232,3	568,8
G-10 (nur Europa)	118,4	178,2	838,7	1.565,1
Gesamt	492,4	1.058,0	2.986,9	4.600,1
Währungsanteile – in % –				
D-Mark	14,8	8,3	12,2	15,5
US-Dollar	56,9	63,5	45,0	37,9
Yen	3,2	5,2	7,8	12,4

* Berücksichtigt wurden internationale Anleihen, Bankverbindlichkeiten gegenüber ausländischen Nichtbanken, Eurowährungsverbindlichkeiten gegenüber inländischen Nichtbanken (ab 1984) und Euro-Schuldscheine (ab 1989).

Quelle: Schätzungen der Bank für Internationalen Zahlungsausgleich.

49 McCauley, Euro.

50 Die Bank für Internationalen Zahlungsausgleich stellt fest, daß der Rückgang des Dollaranteils an diesem internationalen Finanzvermögenskonstrukt über den Zeitraum 1980–1995 recht genau dem Rückgang des Anteils der USA am Output der G-10-Länder im gleichen Zeitraum entspricht.

letzten 15 Jahre kontinuierlich gestiegen (und war 1995 ungefähr viermal so hoch wie 1980). Was die D-Mark betrifft, so ist für ihren Anteil kein klarer Trend erkennbar; er hat sich in diesem Zeitraum meistens zwischen 12 und 15% bewegt.

Schaut man über dieses Maß für die internationalen Finanzanlagen hinaus und betrachtet man seine Hauptkomponenten, so ergeben sich aus anderen Studien folgende Schlußfolgerungen.[51] Bei den Eurowährungseinlagen ist der Anteil des Dollars von ungefähr drei Viertel zu Beginn der achtziger Jahre auf etwas weniger als die Hälfte in der Mitte der neunziger Jahre gefallen; die D-Mark und der Yen sind wieder auf dem zweiten bzw. dritten Platz zu finden (mit Anteilen von 17 bzw. 5% im Jahr 1994). Bei den Auslandsbankkrediten ist die Dominanz des Dollars am ausgeprägtesten mit einem Anteil von mehr als 80%, der sich seit Anfang der achtziger Jahre kaum verändert hat; die Anteile der D-Mark und des Yen zeigen starke jährliche Fluktuationen, liegen aber typischerweise deutlich unter ihren Anteilen an anderen internationalen Finanzanlagen. Und schließlich ist der Dollar bei den Auslandsanleihen am wenigsten dominant und erreicht in den neunziger Jahren nur einen durchschnittlichen Anteil zwischen 30 und 40%; bei dieser Anlagekategorie ist der Anteil des Yen in der Regel größer als derjenige der D-Mark – ein Ergebnis, das die wachsende Bedeutung des Yen für die langfristige Verschuldung von Entwicklungsländern (insbesondere in Ostasien) widerspiegelt.[52] Wie bei dem internationalen Anlageaggregat zeigt der Anteil der D-Mark an diesen einzelnen Anlagekategorien über die vergangenen 15 Jahre keinen deutlichen Trend.

i) Umsatz am Devisenmarkt

Der Devisenhandel ist der größte Finanzmarkt der Welt mit einem geschätzten durchschnittlichen Tagesumsatz (im April 1995) in der Größenordnung von 1,2 Billionen US-Dollar. Tabelle 8 zeigt eine Zusammenfassung der Währungsanteile am Devisenhandel aus den letzten drei Dreijahres-Erhebungen der Bank für Internationalen Zahlungsausgleich. 1995 war der Dollar an

51 Vgl. Eichengreen/Frankel, SDR; Oppers, Trends; Tavlas, International Use of Currencies sowie Internationaler Währungsfonds, International Capital Markets.

52 Vgl. Eichengreen/Frankel, SDR sowie Sasaki, Promoting. Bemerkenswert ist, daß 1995 eine deutliche Verschiebung in der Währungszusammensetzung der neu aufgelegten Entwicklungsländeranleihen vom Dollar zum Yen und zur D-Mark zu verzeichnen war; genauer gesagt stieg der Anteil des Yen an den neu emittierten Anleihen auf 26% (gegenüber 13% im Jahr 1994) und der Anteil der D-Mark auf 10% (gegenüber 3% im Jahr 1994); für eine Analyse der Ursachen für diese Verschiebung siehe Internationaler Währungsfonds, International Capital Markets.

Tabelle 8: Weltweiter Bruttoumsatz an den Devisenmärkten* (in %)

Position	1989	1992	1995
Zusammensetzung nach Währungen			
D-Mark	27	40	37
US-Dollar	90	82	83
Yen	27	23	24
Pfund Sterling	15	14	10
Franz. Franc	2	4	8
Schw. Franken	10	9	7
Andere Währungen	29	28	31
Alle Währungen	200	200	200
Zusammensetzung nach Ländern			
Deutschland		5	5
USA	16	16	16
Japan	15	11	10
Großbritannien	26	27	30
Frankreich	3	3	4
Schweiz	8	6	5
Singapur	8	7	7
Hongkong	7	6	6

* Für die Zusammensetzung nach Währungen wurde jede Seite einer Transaktion gerechnet, die in den obigen Währungen abgewickelt wurde; da jede Transaktion zwei Währungen berührt, addieren sich die Anteile definitionsgemäß zu 200%. Jeder Umsatz wurde dem Land zugerechnet, in dem die Transaktion begonnen wurde, nicht dem Land, von dem aus die Transaktion letztendlich abgewickelt wurde.

Quelle: Internationaler Währungsfonds, International Capital Markets.

83% aller Transaktionen beteiligt;[53] das entspricht etwa seinem Anteil von 1992, liegt aber etwas unter den 90% von 1989.[54] Auch hier rangieren die D-Mark und der japanische Yen wieder auf dem zweiten und dritten Platz

53 Wie in der Anmerkung zu Tabelle 8 ausgeführt, beträgt die Summe der Anteile definitionsgemäß 200%, da an jeder Devisenmarkttransaktion zwei Währungen beteiligt sind.

54 Da der Devisenhandel meistens über Vehikelwährungen abgewickelt wird, gibt es einen (Transaktionskosten-)Anreiz, die offiziellen Devisenmarktinterventionen ebenfalls über solche Währungen durchzuführen. Leider sind die Daten über die Währungszusammensetzung von Devisenmarktinterventionen in bezug auf Vollständigkeit und Aktualität sehr begrenzt. Tavlas, International Use, berichtet, daß der Dollaranteil an den offiziellen Devisenmarktinterventionen innerhalb des Europäischen Währungssystems von ungefähr 70% in den Jahren 1979–1982 auf ungefähr 25% in den Jahren 1986 und 1987 gefallen ist; im gleichen Zeitraum ist der Anteil der D-Mark an den EWS-Interventionen von 24 auf 59% gestiegen.

mit Anteilen von 37 bzw. 24% (im Jahr 1995); der Anteil der D-Mark ist seit 1989 deutlich gestiegen, während der Anteil des Yen leicht zurückgegangen ist. Unter den EWS-Währungen haben der Französische Franc und einige kleinere Währungen gegenüber dem Pfund Sterling und dem Schweizer Franken (und wahrscheinlich auch gegenüber der D-Mark) an Boden gewonnen; die Umsätze in Währungen von Schwellenländern sind offensichtlich ebenfalls gestiegen.[55]

Was die geographische Verteilung betrifft, so dokumentiert Tabelle 8, daß London – mit 30% der Umsätze im Jahr 1995 gegenüber Anteilen von 26 und 27% in den beiden vorhergehenden Erhebungen – noch immer der dominante Handelsplatz ist. Die nächstgrößten Handelsplätze sind New York und Tokio mit 16 bzw. 10% Marktanteil. Frankfurt am Main taucht auf dem siebten Platz auf (sowohl 1992 als auch 1995) und steht für etwa 5% des Devisenhandels.

j) Währungsanbindungen

Bei der Wahl zwischen alternativen Wechselkursarrangements haben sich einige Länder dazu entschlossen, ihre Währungen mit festen Wechselkursen an eine der großen Reservewährungen zu binden, entweder weil man der Meinung ist, daß feste Wechselkurse als nomineller Anker für die Geldpolitik den verfügbaren Alternativen überlegen sind, oder weil die Kursschwankungen unter einem Regime flexibler Wechselkurse als schädlich für die Ressourcenallokation und den Außenhandel angesehen werden. Andere Länder sind zu dem Ergebnis gekommen, daß feste Wechselkurse oder ein stark kontrolliertes Floaten mehr Kosten verursachen als Nutzen bringen.

Wenn man auf die Entwicklung der Wechselkursarrangements der IWF-Mitgliedsländer in der Periode 1980–1996 zurückblickt, fallen drei Besonderheiten auf. Erstens wählen die meisten Länder, die ihren Wechselkurs gegenüber einer einzigen Währung fixieren, noch immer den US-Dollar; 1996 waren 30% aller Währungen mit festen Wechselkursen (einschließlich der Bindungen an einen Währungskorb) an den Dollar gebunden.[56] Zweitens erscheint der Französische Franc hier – im Gegensatz zu anderen Indikatoren für die internationale Verwendung von Währungen – an zweiter Stelle, während die D-Mark und der Yen überhaupt nicht vorkommen. Berücksichtigt man die führende Rolle der deutschen Zinspolitik innerhalb Europas und

55 Vgl. Internationaler Währungsfonds, International Capital Markets.

56 Frankel/Wei, Yen Bloc, berichten, daß bei den von ostasiatischen Ländern gewählten Wechselkursanbindungen an Währungskörbe der Dollar typischerweise ein größeres Gewicht hat als der Yen.

die Beschränkungen, die der Wechselkursmechanismus des EWS der Geldpolitik der Mitgliedsländer auferlegt, dann ist die Bindung der anderen europäischen Währungen an die D-Mark de facto viel stärker als de jure. Ähnlich ist auch der Einfluß des Yen auf die Wechselkurs- und Geldpolitik anderer asiatischer Länder größer, als die Zahlen über die Wechselkursbindungen vermuten lassen.[57] Dennoch überrascht das Fehlen einer offiziellen Wechselkursanbindung an die D-Mark und den Yen. Drittens sind in den vergangenen 15 Jahren Bindungen an den Dollar wie auch an andere Einzelwährungen insgesamt deutlich unpopulärer geworden, während «flexible» Wechselkurse (der einen oder anderen Art) häufiger geworden sind. Während 1980 41% aller Länder mit festen Wechselkursen ihre Währungen an den Dollar gebunden hatten, beträgt die entsprechende Zahl 1996 nur 31%; noch dramatischer ist folgende Entwicklung: Während 1980 ungefähr ein Viertel der IWF-Mitgliedsländer flexible Wechselkurse hatte, waren es 1996 mehr als die Hälfte.

k) Fakturierung im internationalen Handel

Die Daten über die Währungen, die im internationalen Handel für Fakturierung und Bezahlung verwendet werden, sind nicht so vollständig und aktuell wie für einige andere Indikatoren der internationalen Währungsverwendung. Dennoch erlauben die Tabellen 9 und 10 drei wichtige Schlußfolgerungen bezüglich der globalen Muster der Währungsverwendung und insbesondere bezüglich der Praktiken der Fakturierung im deutschen Außenhandel.

Beginnen wir mit dem US-Dollar, der auch hier wieder als wichtigste Recheneinheit und wichtigstes Zahlungsmittel erscheint, denn 1992 wurden etwas weniger als die Hälfte (48%) aller Weltexporte in Dollar denominiert. Tabelle 9 dokumentiert auch, daß die D-Mark einen komfortablen zweiten Platz einnimmt (mit 15%), mit großem Vorsprung vor dem Französischen Franc, dem Pfund Sterling und dem japanischen Yen (deren Anteile alle bei 5–6% liegen).[58] Ebenso wird deutlich, daß nur beim US-Dollar und bei der D-Mark die jeweilige Stellung als Fakturierungswährung bedeutender ist, als es den Anteilen der entsprechenden Länder am Welthandel entspricht.

57 Vgl. Frankel, Lingua Franca sowie Sasaki, Promoting. Auf die Frage, warum asiatische Länder ihre Währungen nicht an den Yen binden, sind die drei häufigsten Antworten, daß die Diversifikation ihrer Handelsbeziehungen die Bindung an einen Währungskorb nahelegt, daß diese Länder bisher in der Lage waren, ihre Inflation zu kontrollieren, ohne sich an einem nominalen, wechselkursorientierten Anker zu orientieren, und daß der Aufwertungstrend des Yen ihre Wettbewerbsfähigkeit über Gebühr beeinträchtigen würde.

58 Aufgrund früherer Daten, die in Tavlas, International Use of Currencies, analysiert werden, würde man erwarten, daß die Reihenfolge der Länder in bezug auf ihre Anteile an der Fakturierung der Importe in etwa der Reihenfolge beim Export entspricht.

Tabelle 9: Anteile der Währungen am internationalen Handel* (in %)

Währung	1980		1992	
	Anteil der Währung an den Weltexporten	Anteil der Währung im Verhältnis zum Anteil des Landes am Welthandel	Anteil der Währung an den Weltexporten	Anteil der Währung im Verhältnis zum Anteil des Landes am Welthandel
D-Mark	13,6	1,4	15,3	1,4
US-Dollar	56,1	4,5	47,6	3,6
Yen	2,1	0,3	4,8	0,6
Pfund Sterling	6,5	1,1	5,7	1,0
Franz. Franc	6,2	0,9	6,3	1,0
Ital. Lira	2,2	0,5	3,4	0,7
Holl. Gulden	2,6	0,7	2,8	0,8

* Die Anteile am Welthandel zeigen den Einfluß der Größe des Landes auf den Welthandel. So ist z.B. für den US-Dollar der Anteil definiert als:
(Anteil der Weltexporte, die in Dollar fakturiert werden: Anteil der USA am Welthandel).

Quelle: Thygesen u.a., Tripolar Regime.

Zweitens zeigt ein Blick auf die Trends der Periode 1980–1992, daß der Dollaranteil deutlich zurückgegangen ist, von ungefähr 56% (der Weltexporte) im Jahr 1980 auf 48% im Jahr 1992. Dieser Rückgang fällt beinahe ausschließlich in die Zeit zwischen 1980 und 1987 und hat nach Thygesen u.a. mit der wertmäßigen Abnahme der Exporte aus OPEC-Ländern (die fast ausschließlich in Dollar abgewickelt werden) zu tun.[59] Während derselben zwölf Jahre ist der Anteil der D-Mark von 14 auf 15% leicht gestiegen, der Anteil des Yen hat sich ausgehend von einer sehr niedrigen Basis mehr als verdoppelt, und die Anteile des Pfund Sterling und des Französischen Franc sind mehr oder weniger konstant geblieben. Tavlas argumentiert, daß die Zunahme des deutschen Anteils größer ausgefallen wäre, wenn nicht der Anteil der Entwicklungsländer am deutschen Außenhandel zurückgegangen wäre (denn dieser Handel wird typischerweise in der Währung des Industrielandes fakturiert).[60]

Drittens lauten etwa drei Viertel der deutschen Exporte und etwa die Hälfte der deutschen Importe auf die nationale Währung, wie Tabelle 10

59 Vgl. Thygesen u.a., Tripolar Regime.
60 Tavlas, International Use.

zeigt. Darüber hinaus kann man sagen, daß die Verwendung der D-Mark im Außenhandel bei den Exporten im Lauf der Zeit zurückgegangen, bei den Importen aber gestiegen ist. Daten, die in Thygesen u.a. für sieben Industrieländer (die USA, Deutschland, Japan, Frankreich, Großbritannien, Italien und die Niederlande) zusammengestellt worden sind, bestätigen, daß das deutsche Muster der Außenhandelsfakturierung weit verbreitet ist: Das heißt, die nationale Währung wird typischerweise häufiger bei den Exporten als bei den Importen als Fakturierungswährung verwendet, und ihre Bedeutung ist bei den Exporten mit der Zeit zurückgegangen, aber bei den Importen gestiegen.[61] Die Daten von Thygesen zeigen auch, daß von den betrachteten sieben Industrieländern nur die USA mehr Exporte und Importe in der nationalen Währung fakturieren als Deutschland. Obwohl die Fakturierung in Japan mit der Zeit der Praxis in den anderen Industrieländern immer ähnlicher wird, ist sie noch immer ein Ausreißer: 1992 war der Dollaranteil bei den japanischen Exporten etwas größer und bei den Importen viermal so groß wie der Anteil des Yen.

Tabelle 10: Anteil der D-Mark am deutschen Außenhandel* (in %)

Jahr	Exporte	Importe
1980	82,5	43,0
1985	79,5	47,8
1990	77,0	54,3
1991	77,5	55,4
1992	77,3	55,9
1993	74,3	54,1
1994	76,7	53,2
1995	74,8	k. A.

* Die Importanteile wurden auf der Basis der Importzahlungen berechnet; ab Juli 1990 sind in den Importdaten auch die Importe der neuen Bundesländer enthalten.

Quelle: Schätzungen der Deutschen Bundesbank.

Tabelle 11 faßt die Ergebnisse der Diskussion zusammen und ordnet die drei wichtigsten Reservewährungen nach dreizehn Charakteristika und Indikatoren der internationalen Währungsverwendung. Da wir andere Reservewährungen von dem Vergleich ausgeschlossen haben, reicht die Rangordnung jeweils nur von Platz eins bis Platz drei.

61 Japan stellt jedoch eine Ausnahme von diesen Trends dar; vgl. Thygesen u.a., Tripolar Regime.

Tabelle 11: Einflußfaktoren und Indikatoren der internationalen Währungsverwendung*

Einflußfaktor/Indikator	Deutschland	USA	Japan
(1) Vorteile aus dem bisherigen Status	2	1	3
(2) Geldwertstabilität	1	2	2
(3) Entwicklung der bilateralen nominalen Wechselkurse	2	3	1
(4) Internationale Nettogläubiger- bzw. Nettoschuldnerposition	2	3	1
(5) Größe der Volkswirtschaft			
(a) Realer Output (gewichtet nach Kaufkraftparitäten)	3	1	2
(b) Außenhandel (Exporte plus Importe)	2	1	3
(6) Finanzmärkte (Offenheit, Breite, Tiefe, Dynamik)	2	1	2
(7) Einstellung der Verantwortlichen	2	1	2
(8) Anteil an den offiziellen internationalen Währungsreserven	2	1	3
(9) Anteil an internationalen Finanzanlagen (Anleihen, Bankverbindlichkeiten gegenüber Ausländern, Eurowährungsverbindlichkeiten, Euroschuldscheine)	2	1	3
(10) Private Währungsbestände im Ausland	2	1	3
(11) Umsatz an den Devisenmärkten	2	1	3
(12) Wechselkursarrangements, Währungsbindungen	2	1	2
(13) Fakturierung im internationalen Handel	2	1	3

* 1, 2, 3 = Rangfolge der drei Hauptwährungen; 1 (3) steht für die häufigste (am wenigsten häufige) internationale Verwendung oder den günstigsten (am wenigsten günstigen) Einfluß auf die internationale Verwendung der Währung. Andere Währungen sind in dieser Rangfolge nicht berücksichtigt.

Zusammengenommen liefern diese Charakteristika und Indikatoren einen starken Beweis dafür, daß der US-Dollar noch immer mit Abstand die führende Währung ist. Nach den meisten Kriterien ist der Dollar heute weniger dominant als vor 50, 30 oder sogar vor 15 Jahren, wenn es auch – gemessen an einigen Schlüsselindikatoren – während der neunziger Jahre wieder Anzeichen für eine wiederauflebende Stärke gibt.

Wie Tabelle 11 dokumentiert, kann die D-Mark mit Abstand als zweitwichtigste Reserve- und Investitionswährung angesehen werden. Zu dieser überragenden Position hat ihr vor allem ihre überlegene Inflationsperformance und auch die internationale Nettogläubigerposition Deutschlands verholfen. Aufgrund der Größe der deutschen Volkswirtschaft hat die D-Mark einen Vorteil gegenüber den meisten anderen Reservewährungen, allerdings nicht gegenüber dem Dollar und (in den vergangenen 20 Jahren) auch nicht gegenüber dem Yen. Die D-Mark hat einen deutlich höheren Anteil als der Yen an den offiziellen Devisenreserven, an den privaten Geldbeständen im Ausland, an der Fakturierung im internationalen Handel und an den internationalen Finanzanlagen. Wie beim Yen sind die Haupthindernisse, die einer breiteren internationalen Verwendung entgegenstehen, der historische Vorteil des Dollars, die geringere Breite, Tiefe und Dynamik des Finanzsektors und die Sorge der Währungsbehörden, daß eine größere internationale Bedeutung der Währung mit höherrangigen wirtschaftspolitischen Zielen in Konflikt geraten könnte.

4. Andere Aspekte der internationalen Rolle der D-Mark (und der Bundesbank)

Die traditionellen Indikatoren der internationalen Währungsverwendung sind zwar nützlich, vermitteln aber nicht die ganze Tragweite der internationalen Rolle der D-Mark. Die anderen Dimensionen des Einflusses der D-Mark im Ausland kann man am besten einschätzen, wenn man sich vergegenwärtigt, daß der Einfluß einer Währung untrennbar mit der Institution verbunden ist, die diese Währung managt. Nach § 3 des Gesetzes über die Deutsche Bundesbank von 1957 regelt die Deutsche Bundesbank «den Geldumlauf und die Kreditversorgung der Wirtschaft mit dem Ziel, die Währung zu sichern».[62] Wenn wir diese breitere Sichtweise annehmen, dann sind mindestens drei wichtige Gebiete zu nennen, auf denen die D-Mark internationalen Einfluß ausübt.

Erstens haben die D-Mark und die Geldpolitik der Bundesbank seit Beginn der achtziger Jahre de facto als nomineller Anker für diejenigen Länder gedient, die sich am Wechselkursmechanismus des Europäischen Währungssystems beteiligen. Diejenigen Mitgliedsländer des Europäischen Wechselkursmechanismus, die zuvor hohe Inflationsraten hatten, haben sich entschieden, mit Hilfe der allmählichen Härtung der Wechselkursbindung innerhalb des Wechselkursmechanismus ihre eigene Geldpolitik zu disziplinieren. Dabei erwarteten sie von der Bundesbank geldpolitische Führung und stabilitätspo-

62 Die Bundesbank ist auch verpflichtet, die allgemeine Wirtschaftspolitik der Bundesregierung zu unterstützen, aber nur insoweit, als dadurch ihre wichtigste Funktion nicht beeinträchtigt wird; vgl. Issing, Unabhängigkeit der Notenbank.

litische Glaubwürdigkeit. Bis heute ist es in anderen europäischen Ländern üblich, die monetären Stabilitätsfortschritte an dem Abstand der Marktzinssätze der eigenen Staatsschuldpapiere von den entsprechenden D-Mark-Zinsen zu messen. Noch bemerkenswerter ist, daß die Deutsche Bundesbank ohne Zweifel für die Europäische Zentralbank Modell gestanden hat.[63] Die Rolle der D-Mark im Europäischen Währungssystem ist der Gegenstand eines anderen Beitrags in diesem Band.

Zweitens, und damit verlassen wir den europäischen Rahmen, ist keine andere Zentralbank einflußreicher gewesen, wenn es um die Förderung der Zentralbankunabhängigkeit ging. Debelle/Fischer dokumentieren und analysieren den wachsenden Trend hin zu einer größeren Unabhängigkeit der Zentralbanken in aller Welt und nennen drei Faktoren, die diese neue Orthodoxie begründen: den Erfolg der Bundesbank und der deutschen Wirtschaft in den vergangenen 40 Jahren, die theoretische wissenschaftliche Literatur über den inflationären Bias einer diskretionären Wirtschaftspolitik und die empirischen Studien über die Zentralbankunabhängigkeit.[64] Interessanterweise hat die Bundesbank wiederholt ihre Vorbehalte gegenüber der praktischen Anwendbarkeit und der Erwünschtheit eines regelgebundenen geldpolitischen Regimes ausgedrückt.[65] Gleichzeitig ist sie dafür eingetreten, die Geldpolitik vor politischer Einflußnahme zu schützen.

Es gibt zwar viele alternative Definitionen und Maße für die Unabhängigkeit einer Zentralbank, die Deutsche Bundesbank wird aber in Ländervergleichen typischerweise als die Zentralbank mit der weitestgehenden politischen Unabhängigkeit eingestuft (mit politischer Unabhängigkeit ist hier die Fähigkeit der Zentralbank gemeint, einen Antiinflationskurs ohne politische Einmischung durchzuhalten).[66]

Eijffinger/De Haan geben einen beachtlichen Überblick über die existierende Literatur zu den empirischen Zusammenhängen zwischen der Zentralbankunabhängigkeit und der wirtschaftlichen Entwicklung.[67] Drei ihrer wichtigsten Schlußfolgerungen sind erwähnenswert: (1) Langfristig (d.h. über Zeiträume von zehn und mehr Jahren) existiert eine inverse Beziehung zwi-

63 «The Bundesbank model was the guiding principle behind the pertinent provisions of the Maastricht Treaty, in particular those concerning the independence of the future European Central Bank System». Issing, Unabhängigkeit der Notenbank, S. 9.

64 Debelle/Fischer, Central Bank.

65 Vgl. z.B. Issing, Unabhängigkeit der Notenbank sowie Issing, Stability of Monetary Policy.

66 Eijffinger/De Haan, Political Economy, unterschieden zwischen personeller, finanzieller und politischer Unabhängigkeit; die politische Unabhängigkeit wird weiter unterschieden in Zielunabhängigkeit und Instrumentenunabhängigkeit; vgl. auch Grilli/Masciandaro/Tabellini, Political and Monetary Institutions sowie Cukierman, Central Bank Strategy.

67 Eijffinger/De Haan, Political Economy.

schen der Unabhängigkeit der Zentralbank einerseits und dem Niveau und der Variabilität der Inflationsraten andererseits;[68] (2) die Unabhängigkeit der Zentralbank scheint weder mit der Arbeitslosigkeit noch mit dem Wirtschaftswachstum oder seinen Schwankungen einen signifikanten Zusammenhang zu haben;[69] und (3) es gibt überraschenderweise keine Anzeichen dafür, daß die Länder mit den unabhängigsten Zentralbanken während einer Rezession geringere Outputverluste erleiden als Länder mit weniger unabhängigen Zentralbanken (tatsächlich gibt es sogar Hinweise darauf, daß Deutschland und in geringerem Ausmaß auch die Vereinigten Staaten höhere «Opferraten» [*sacrifice ratios*] haben – das heißt, höhere Outputverluste je Einheit des Rückgangs der Inflationsrate – als andere Industrieländer mit weniger unabhängigen Zentralbanken).[70] Kurz, die Unabhängigkeit der Zentralbank geht anscheinend mit einer besseren gesamtwirtschaftlichen Leistung einher (niedrigere Inflationsraten ohne erkennbare Wachstumsverluste), aber es bleibt ein Rätsel, warum die Glaubwürdigkeit der Zentralbank sich stärker auf die Finanzmärkte auswirkt als auf die Arbeitsmärkte.

Drittens hat die Bundesbank auch in bezug auf die Zielsetzungen der Geldpolitik internationalen Einfluß. Im Lauf der letzten zehn Jahre haben immer mehr Länder die Haltung übernommen, daß die langfristige Preisstabilität als Hauptziel der Zentralbank angesehen werden sollte. Die Faktoren, die zu dieser zweiten neuen Orthodoxie beigetragen haben, sind vor kurzem von Fischer analysiert worden.[71] Seiner Ansicht nach besteht Übereinkunft, daß Inflation mit hohen (wirtschaftlichen und sozialen) Kosten verbunden ist, daß die Ergebnisse ökonometrischer Untersuchungen einen langfristigen Tradeoff zwischen Inflation und Arbeitslosigkeit nicht bestätigen, während ein

68 Diese inverse Beziehung zwischen Zentralbankunabhängigkeit und Inflation gilt sowohl für Industrieländer als auch für Entwicklungsländer. Eijffinger/De Haan argumentieren jedoch, daß die gesetzliche Unabhängigkeit zwar in Industrieländern ein guter Indikator für Autonomie ist, daß man aber bei Tests für Entwicklungsländer andere Kennzahlen wie die Fluktuation der Notenbankpräsidenten oder die politische Verwundbarkeit der Zentralbank vorziehen sollte.

69 Da die Unabhängigkeit der Zentralbank negativ mit der Inflationsrate korreliert ist, aber anscheinend keine signifikanten negativen Auswirkungen auf das Wachstum hat (zumindest nicht in den Industrieländern), haben sie einige Autoren als «kostenloses Mittagessen» (*free lunch*) bezeichnet.

70 Vgl. Ball, Sacrifice Ratio sowie Debelle/Fischer, Central Bank. Für die Unterschiede zwischen den Opferraten verschiedener Länder gibt es noch keine Erklärung. Debelle/Fischer, Central Bank, argumentieren jedoch, daß Industrieländer mit einem realen Tradeoff zwischen der Länge und Tiefe von Rezessionen und der Variabilität der Inflationsrate konfrontiert sind, daß es nicht optimal ist, diesen Trade-off einer Zentralbank zu überlassen, die keinerlei politischem Druck ausgesetzt ist, und daß die Bundesbank deshalb für ihre Entscheidungen stärker verantwortlich gemacht werden sollte. Adenauer, Address, ist eine frühere Kritik an der Unabhängigkeit der Bundesbank.

71 Fischer, Central Banks.

kurzfristiger Trade-off besteht, und daß zweistellige Inflationsraten das wirtschaftliche Wachstum beeinträchtigen. Weiter ist man sich darüber einig, daß die Verfolgung langfristiger Preisstabilität (wobei Preisstabilität als eine Inflationsrate von etwa 1–3% interpretiert wird) in den meisten Fällen genügend Spielraum für eine antizyklische Politik offenläßt und daß ein explizites numerisches Inflationsziel zusammen mit einem transparenten Rahmen für geldpolitische Entscheidungsprozesse die beste Gewähr dafür ist, daß die potentiellen inflationären Konsequenzen der monetären Expansion nicht übersehen werden.

Vermutlich hat keine Notenbank sich mehr für die Akzeptanz der Preisstabilität als oberstes Ziel eingesetzt als die Bundesbank. Ihr eigener gesetzlicher Auftrag ist so formuliert. Hinter ihrem Geldmengenziel (seit 1975) stand stets ein explizit formuliertes Inflationsziel. Sie hat zwar ihr Geldmengen- und Inflationsziel oft überschritten, aber es bleibt eine Tatsache, daß Deutschland während der vergangenen 45 Jahre weltweit die niedrigsten Inflationsraten hatte.[72] Wie in Abschnitt 3 beschrieben wurde, hat sich die Bundesbank jedesmal zugunsten der Wahrung der Preisstabilität entschieden, wenn andere Elemente des institutionellen Politikrahmens (z. B. das Wechselkursregime, die Überwachung der Finanzinstitute, Liberalisierungsmaßnahmen zur Förderung der internationalen Rolle der D-Mark) dieses oberste Ziel zu bedrohen schienen. Und zu dem Zeitpunkt, als die Statuten einer zukünftigen europäischen Zentralbank festgelegt wurden, haben die Verantwortlichen in Deutschland darauf bestanden, daß Vollbeschäftigung und Wachstum zwar explizit erwähnt werden sollten, daß aber unmißverständlich klargestellt werden müsse, daß diese Ziele nur insoweit verfolgt werden sollen, als sie mit dem primären Ziel der Preisstabilität nicht in Konflikt geraten.

Zwei Einschränkungen sollten vermerkt werden. Erstens gibt es trotz der Vorrangigkeit des Stabilitätsziels starke Anzeichen dafür, daß die Bundesbank sich in ihren geldpolitischen Entscheidungen auch vom Zustand der Realwirtschaft hat beeinflussen lassen. Auch wenn darauf in offiziellen Verlautbarungen nicht eingegangen worden ist, zeigen die Daten doch, daß die Bundesbank immer wieder versucht hat, mit Hilfe einer antizyklischen geldpolitischen Lockerung die Häufigkeit und Strenge von Rezessionen zu verringern. Eine neuere empirische Studie von Clarida/Gertler zeigt, daß die Bundesbank die kurzfristigen Zinssätze meistens entsprechend einer modifizierten «Taylor-Regel» angepaßt hat (bei der die kurzfristigen Realzinssätze angehoben werden, wenn entweder die antizipierte Inflationsrate oder der antizipierte reale Output im Vergleich zur Zielgröße steigen). Tatsächlich

72 Die Zahlen in Clarida/Gertler, Bundesbank sowie Goldman Sachs, M3-Target, zeigen, daß die Bundesbank ihre Geldmengen- und Inflationsziele im Zeitraum 1975–1996 ungefähr jedes zweite Jahr verfehlt hat.

sehen Clarida/Gertler eine starke Parallele zwischen der Bundesbankpolitik im Zeitalter nach Bretton Woods und der Vorgehensweise der Federal Reserve seit 1987.[73]

Zweitens wurden nicht *alle* politischen Ansichten, die mit dem Management der D-Mark in den letzten Jahrzehnten verbunden waren, in anderen Ländern geteilt – sei es in Europa oder anderswo. In diesem Zusammenhang ist zu erwähnen, daß unter anderem eine Reihe von G-10-Ländern noch immer davon überzeugt werden muß, daß angesichts bedeutsamer Finanzinnovationen Geldmengenaggregate als Zwischenziele der Geldpolitik wünschenswert und praktikabel sind, daß Mindestreserveverpflichtungen notwendig sind, um eine hinreichend stabile Nachfrage nach Zentralbankgeld zu gewährleisten, und daß es eine weise Entscheidung ist, die Hauptverantwortung für die Bankenaufsicht nicht der Zentralbank, sondern einer anderen Institution zu übertragen.[74] Hinzu kommt, daß die deutschen Währungsbehörden während verschiedener Perioden – sowohl innerhalb Europas als auch jenseits des Atlantiks – scharf kritisiert worden sind, weil sie (angeblich) das Wachstum in Europa durch eine «Neigung zur Deflation» behindert haben (indem sie angesichts niedriger Wachstumsraten und steigender Outputlücken die Zinssätze nicht schneller gesenkt haben), weil sie nicht mehr Druck ausgeübt haben, um zu Beginn der deutschen Vereinigung eine Neubewertung der D-Mark durchzusetzen, und weil sie sich nicht aufgeschlossener gegenüber Vorschlägen für eine internationale Koordination der makroökonomischen Politikmaßnahmen gezeigt haben.[75]

5. Abschließende Bemerkungen

In diesem Beitrag haben wir versucht deutlich zu machen, welche Faktoren die D-Mark innerhalb eines Zeitraums von 50 Jahren von einer neuen Währung zur zweitwichtigsten Reserve- und Anlagewährung der Welt gemacht haben. Zum Schluß wollen wir drei kurze Anmerkungen anfügen über einige Implikationen unserer Analyse für den wahrscheinlichen Nachfolger der D-Mark, den Euro.

73 Clarida/Gertler, Bundesbank.

74 Vgl. Freedman, Operating Procedures sowie Eijffinger/De Haan, Political Economy.

75 Eine Diskussion über die Unterschiede in den wirtschaftspolitischen Auffassungen der G-7-Länder enthält Bergsten/Henning, Global Economic Leadership. Speziell zur Aufwertung der D-Mark nach der Vereinigung Deutschlands wird oft argumentiert, daß Deutschland eine solche Aufwertung wiederholt vorgeschlagen hat, daß sie aber von einigen seiner Partner im Europäischen Wechselkursmechanismus blockiert worden ist, da diese nicht bereit waren, eine Abwertung ihrer eigenen Währungen hinzunehmen.

Erstens hat der Euro aufgrund mehrerer Faktoren, die die internationale Verwendung einer Währung beeinflussen, gute Aussichten, mit der Zeit zu einem ernsthaften Rivalen für den Dollar zu werden. Wenn sich schließlich alle 15 EU-Länder für die Europäische Währungsunion qualifiziert und den Euro zu ihrer Währung gemacht haben, wird das daraus entstehende Währungsgebiet ein gemeinsames Bruttoinlandsprodukt haben, das (auf der Basis der Kaufkraftparitäten berechnet) fast dem der Vereinigten Staaten entspricht. Auftrag und Statuten der Europäischen Zentralbank sowie die Beitrittsbedingungen in Verbindung mit dem Stabilitätspakt für die Währungsunion stellen einen gewissen Schutz dar gegen eine Wirtschaftspolitik, die das Vertrauen in den langfristigen Wert der neuen Währung untergraben würde. Wenn die Geldwertstabilität aufrechterhalten werden kann, dann dürfte in den osteuropäischen Ländern der natürliche Wunsch entstehen, ihre Währung an den Euro anzubinden. Und wenn es Europa gelingt, einen integrierten, großen, liquiden Markt für festverzinsliche Wertpapiere und insbesondere für Schatzwechsel zu schaffen, dann könnte es sich von den Hauptnachteilen befreien, die es bisher daran gehindert haben, die dominante Position des Dollars stärker in Frage zu stellen. Hinzu kommen die oben angesprochenen Verbundeffekte zwischen den verschiedenen Geldfunktionen, die dazu führen, daß eine stärkere Verwendung des Euro in der einen Richtung auch seine Verwendung in anderen Richtungen begünstigen wird.

Zweitens – und dieses Argument geht in die entgegengesetzte Richtung – kann man den Einfluß der historischen Rollenverteilung und der Trägheit auf die kurz- bis mittelfristige Entwicklung der Reservewährungen leicht unterschätzen; ebenso wird der Einfluß von bescheidenen Portfolio-Verschiebungen (der Zentralbanken) und von Verbesserungen der Finanzmarktliquidität auf die Wechselkurse der wichtigsten Währungen leicht überschätzt.

Einige neuere Berechnungen sind lehrreich. Eichengreen/Frankel haben die historische Beziehung zwischen der Größe der Volkswirtschaft und der Währungszusammensetzung der offiziellen Währungsreservebestände untersucht.[76] Sie betrachten ein Szenario, in dem die Währungsgebiete der D-Mark bzw. des Euro und des Yen (auf der Basis der Kaufkraftparitäten) jeweils das gleiche reale Bruttoinlandsprodukt haben wie die Vereinigten Staaten, und in dem die drei Währungsgebiete zusammen die Hälfte des Bruttoinlandsprodukts der Welt produzieren (jedes einzelne also ein Sechstel). Sie schätzen, daß die Anteile der D-Mark und des Yen an den offiziellen Währungsreserven dann deutlich steigen (auf etwa 28 bzw. 16%), aber bei weitem nicht an den Anteil des Dollars herankommen würden (der in der Gegend von 60% verharren würde). In einer neueren ökonometrischen Analyse,[77] in der die

76 Eichengreen/Frankel, SDR.
77 Vgl. Eichengreen, Comments.

Anteile an den Währungsreserven sowohl mit den Anteilen am Weltbruttoinlandsprodukt und an den Weltexporten als auch mit ihrer eigenen historischen Entwicklung (angenähert durch zeitverzögerte Reserveanteile) verknüpft werden, kommt der Autor zu dem Ergebnis, daß der Einfluß der historischen Trägheit auf den Dollar viel größer ist als auf die D-Mark oder den Yen. Er argumentiert auch, daß der gegenüber dem gegenwärtigen Anteil der D-Mark höhere zukünftige Anteil des Euro an den internationalen Währungsreserven wahrscheinlich auf Kosten der EU-Währungen und kleinerer Reservewährungen gehen wird und nicht auf Kosten des Dollars.

Szenarien, bei denen große Veränderungen in der internationalen Währungsverwendung von starken Wechselkursverschiebungen abhängig sind, sollten gleichfalls unter Vorbehalt gesehen und mit den quantitativen Realitäten verglichen werden. Hier haben McCauley und White überzeugend argumentiert, daß durch Liquiditätsverbesserungen an den europäischen Märkten für festverzinsliche Wertpapiere nicht nur die Nachfrage, sondern auch das Angebot an Euroschuldtiteln steigen würde, wodurch die Wechselkursauswirkungen gemildert würden.[78] Darüber hinaus stellt McCauley fest, daß die existierenden Bestände an Staatsschuldpapieren so groß sind, daß bescheidene Portfolio-Verschiebungen (durch den offiziellen Sektor) zwischen dem Dollar und dem Euro wahrscheinlich keine großen Wechselkursänderungen auslösen würden. Nach diesen Schätzungen beträgt der Bestand der Staatsschulden für die G-10-Länder derzeit ungefähr zehn Billionen Dollar. Mit Hilfe eines einfachen Portfolio-Modells, in dem der Dollar und der Euro unvollständige Substitute sind, in dem ferner alle Portfolioanpassungen über den Wechselkurs (und nicht über die Zinssätze) laufen und die auf Dollar und Euro lautenden Bestände an Staatsschuldpapieren jeweils drei Billionen Dollar ausmachen, kommt der Autor zu dem Schluß, daß der Dollarkurs nur um wenige Prozent fallen müßte, um nach einer Portfolioumschichtung von zum Beispiel 30 Mrd. Dollar zugunsten des Euro das Portfoliogleichgewicht wiederherzustellen.

Diese quantitativen Untersuchungen legen nahe, daß sehr große Verschiebungen in der internationalen Währungsverwendung innerhalb von relativ kurzen Zeitperioden nur schwer vorstellbar sind, solange die US-Wirtschaft nicht in eine schwere und lange anhaltende Krise gerät.[79]

Und schließlich sei gesagt, daß die potentielle und die tatsächliche Entwicklung nicht notwendig übereinstimmen. Wie die Bundesbank selbst bei vielen Gelegenheiten argumentiert hat, kann die Glaubwürdigkeit der Geld-

78 Vgl. McCauley, Euro; McCauley/White, Euro.

79 Tatsächlich stellt Eichengreen fest, daß die kurzfristigen Auswirkungen von Veränderungen der Größe der amerikanischen Volkswirtschaft auf den Dollaranteil an den Währungsreserven nur ungefähr ein Zehntel der langfristigen Auswirkungen ausmachen. Vgl. Eichengreen, Comments.

politik nicht geborgt werden, sondern sie muß verdient werden. Die Europäische Zentralbank wird am Nullpunkt beginnen. Wenn der Euro «so gut wie die D-Mark» werden soll und wenn er auf der Grundlage seiner Reputation für Geldwertstabilität eine starke Konkurrenz für den Dollar werden soll, dann hat er eine sehr schwere Aufgabe vor sich.

6. Literatur

Adenauer, Konrad: Address to the Federal Association of German Industry, Köln, 23. Mai 1956 (zitiert in: Issing, Otmar: Unabhängigkeit der Notenbank und Geldwertstabilität, Stuttgart 1993)

Ball, Laurence: What Determines the Sacrifice Ratio? in: Mankiw, N. Gregory (Hrsg.): Monetary Policy, Chicago 1994, S. 155–182

Bank für Internationalen Zahlungsausgleich: 66. Jahresbericht, 1. April 1995–31. März 1996, Basel 1996

Ben-Bassat, Avraham: The Optimal Composition of Foreign Exchange Reserves, in: Journal of International Economics 10 (1980), S. 285–295

Bergsten, C. Fred: The Dilemmas of the Dollar, New York 1975

Bergsten, C. Fred: The Impact of the Euro on Exchange Rates and International Policy Coordination, in: Masson, Paul R./Krueger, Thomas H./Turtelboom, Bart G. (Hrsg.): EMU and the International Monetary System, International Monetary Fund, Washington D.C. 1997, S. 17–48

Bergsten, C. Fred/Henning, Randall: Global Economic Leadership and the Group of Seven, Institute for International Economics, Washington 1996

Black, Stanley: Transactions Costs and Vehicle Currencies, IMF Working Paper No. 89, Washington 1989

Chrystal, Alec: On the Theory of International Money, in: Black, J./Dorrance, G. (Hrsg.): Problems of International Finance: Papers on the Seventh Annual Conference of the International Economics Study Group, New York 1984, S. 77–92

Clarida, Richard/Gertler, Mark: How the Bundesbank Conducts Monetary Policy, NBER Working Paper No. 5581, Cambridge 1996

Cooper, Richard N.: Will An EC Currency Harm Outsiders?, in: Orbis 36 (1992) 4, S. 517–531

Cukierman, Alex: Central Bank Strategy, Credibility, and Independence. Cambridge 1992

Debelle, Guy/Fischer, Stanley: How Independent Should a Central Bank Be?, in: Fuhrer, Jeffrey (Hrsg.): Goals, Guidelines, and Constraints Facing Monetary Policymakers, Federal Reserve Bank of Boston, Boston 1995, S. 195–221

Deutsche Bundesbank: Die längerfristige Entwicklung der Weltwährungsreserven, in: Monatsbericht 42 (1990) 1, S. 34–55

Deutsche Bundesbank: Zur Bedeutung der D-Mark als Fakturierungswährung im Außenhandel, in: Monatsbericht 43 (1991) 11, S. 40–44

Deutsche Bundesbank: Finanzplatz Deutschland – Rahmenbedingungen und neuere Entwicklungen, in: Monatsbericht 44 (1992) 3, S. 23–31

Deutsche Bundesbank: Der D-Mark-Bargeldumlauf im Ausland, in: Monatsbericht 47 (1995) 7, S. 65–71

Deutsche Bundesbank: Gesamtwirtschaftliche Bestimmungsgründe der Entwicklung des realen Außenwerts der D-Mark, in: Monatsbericht 47 (1995) 8, S. 17–37

Deutsche Bundesbank: Neuere Entwicklungen des deutschen Netto-Auslandsvermögens und der Kapitalerträge, in: Monatsbericht 48 (1996) 1, S. 29–51

Deutsche Bundesbank: Die Rolle der D-Mark als internationale Anlage- und Reservewährung, in: Monatsbericht 49 (1997) 4, S. 17–30

Dooley, Michael/Lizondo, J. Saul/Mathieson, Donald J.: The Currency Composition of Foreign Exchange Reserves, in: Staff Papers, International Monetary Fund 36 (1989), S. 385–434

Dornbusch, Rudiger: Exchange Risk and the Macroeconomics of Exchange Rate Determination, in: Dornbusch, Rudiger: Exchange Rate and Inflation, Cambridge 1988, S. 125–151

Dziobek, Claudia/Garrett, John: Convergence of Financial Systems and Regulatory Policy Challenges in Europe and the United States, American Institute for Contemporary German Studies, Working Paper No. 19, Washington 1996

Eichengreen, Barry: «Comments» on Bergsten: Impact of the Euro, in: Masson, Paul R./Krueger, Thomas H./Turtelboom, Bart G. (Hrsg.): EMU and the International Monetary System, International Monetary Fund, Washington D.C. 1997, S. 49–57

Eichengreen, Barry/Frankel, Jeffrey A.: The SDR, Reserve Currencies, and the Future of the International Monetary System, in: Mussa, Michael L./Boughton, James M./Isard, Peter (Hrsg.): The Future of the SDR in Light of Changes in the International Financial System, International Monetary Fund, Washington D.C. 1996, S. 337–377

Eijffinger, Sylvester/De Haan, Jakob: The Political Economy of Central Bank Independence, Special Papers in International Economics 19, Princeton University 1996

Emminger, Otmar: The D-Mark in the Conflict Between Internal and External Equilibrium, 1948–1975, Essays in International Finance No. 122, International Finance Section, Princeton University, Princeton Juni 1977

Fischer, Stanley: Why Are Central Banks Pursuing Long-Run Price Stability?, in: Federal Reserve Bank of Kansas City: Achieving Price Stability, Jackson Hole 1996, S. 7–34

Frankel, Jeffrey A.: Still the Lingua Franca: The Exaggerated Death of the Dollar, in: Foreign Affairs 74 (1995) 4, S. 9–16

Frankel, Jeffrey/Wei, Shang-Jin: Yen Bloc or Dollar Bloc? Exchange Rate Policies of the East Asian Economies, in: Ito, Takatoshi/Krueger, Anne O. (Hrsg.): Macroeconomic Linkage: Savings, Exchange Rates, and Capital Flows, Chicago 1994, S. 295–333

Freedman, Charles: What Operating Procedures Should Be Adopted to Maintain Price Stability: Practical Issues, in: Federal Reserve Bank of Kansas City: Achieving Price Stability, Jackson Hole 1996, S. 241–286

Frenkel, Jacob: International Liquidity and Monetary Control, in: Furstenberg, George von (Hrsg.): International Money and Credit: The Policy Roles, International Monetary Fund, Washington D.C. 1983, S. 65–109

Frenkel, Jacob/Goldstein, Morris: Macroeconomic Implications of Currency Zones, in: Federal Reserve Bank of Kansas City: Policy Implications of Trade and Currency Zones, Kansas City 1991, S. 157–212

Garber, Peter M.: The Use of the Yen as a Reserve Currency, Economics Department, Brown University, unveröffentlichtes Manuskript, Februar 1996

Goldman Sachs: One More M3 Target, German Weekly Analyst, Issue No. 44, Frankfurt a.M., 22. November 1996, S. 1–6

Goldstein, Morris/Isard, Peter: Mechanisms for Promoting Global Monetary Stability, in: Goldstein, Morris u.a.: Policy issues in the evolving International Monetary System, IMF Occasional Paper No. 96, Washington D.C. 1992, S. 1–36

Goldstein, Morris u.a.: Exchange Rate Management and International Capital Flows, IMF International Capital Markets Report, Part I, Washington: IMF World Economic and Financial Surveys, April 1993

Goldstein, Morris/Mussa, Michael: The Integration of World Capital Markets, in: Federal

Reserve Bank of Kansas City, Changing Capital Markets: Implications for Monetary Policy, Kansas City 1994, S. 245–314
Grassman, Sven: A Fundamental Symmetry in International Payments Patterns, in: Journal of International Economics 3 (1973), S. 105–116
Grilli, Vittorio/Masciandaro, Donato/Tabellini, Guido: Political and Monetary Institutions and Public Financial Policies in the Industrial Countries, in: Economic Policy 13 (1993), S. 341–392
Group of Thirty: Reserve Currencies in Transition, New York 1982
Hale, David: Is the Dollar Losing Its Reserve Currency Status? Special Report, Kemper Financial Services, Chicago 16. März 1995
Hale, David: A Yen for Change: Why the Yen as a Reserve Currency is not Far-fetched, in: International Economy 9 (1995), S. 10–13
Häusler, Gerd: The Competitive Position of Germany as a Financial Centre, in: Central Banking 5 (1994), S. 44–55
Healy, James: A Simple Regression Technique for the Optimal Diversification of Foreign Exchange Reserves, unveröffentlichtes Manuskript, International Monetary Fund, Washington 1981
Heller, Robert/Knight, Malcolm: Reserve Currency Preferences of Central Banks. Essays in International Finance No. 131, International Finance Section, Princeton University, Princeton Dezember 1978
Henning, Randall: Currencies and Policies in the United States, Germany, and Japan, Washington: Institute for International Economics, September 1994
International Monetary Fund: Annual Report, Washington, verschiedene Jahrgänge
International Monetary Fund: International Capital Markets: Developments, Prospects, and Key Policy Issues, Washington D.C. 1996
Issing, Otmar: Unabhängigkeit der Notenbank und Geldwertstabilität, Stuttgart 1993
Issing, Otmar: Experience Gained with Monetary Policy Instruments in Germany, in: Monetary Policy Instruments: National Experiences and European Perspectives, Frankfurt a.M. 1994, S. 42–58
Issing, Otmar: Stability of Monetary Policy – Stability of the Monetary System: Experience with Monetary Targeting in Germany, Vortrag auf dem Symposium der Schweizer Nationalbank in Gerzensee, 17. März 1995, abgedruckt in: Deutsche Bundesbank: Auszüge aus Presseartikeln Nr. 22/1995, S. 4–9
James, Harold: International Monetary Cooperation Since Bretton Woods, New York 1996
Japan Center for International Finance: Opinions and Strategies of Foreign Financial Institutions Regarding the Tokyo Money and Capital Markets, Tokio 1995
Kenen, Peter B.: The Role of the Dollar as an International Currency. Group of Thirty Occasional Paper No. 13, New York 1983
Kouri, Pentti/Braga de Macedo, Jorge: Exchange Rates and the International Adjustment Process, in: Brookings Papers on Economic Activity (1978) 1, S. 111–150
Krugman, Paul: Vehicle Currencies and the Structure of International Exchange, in: Journal of Money, Credit, and Banking 12 (1980), S. 513–526
Krugman, Paul: The International Role of the Dollar: Theory and Prospect, in: Bilson, J./Marston R. (Hrsg.): Exchange Rate Theory and Practice, Chicago 1984
Leaky, Michael P.: The Dollar as an Official Reserve Currency Under EMU, in: Open Economies Review 7 (1996), S. 371–390
Magee, Stephen/Rao, Ramesh: Vehicle and Nonvehicle Currencies in International Trade, in: American Economic Review 70 (1980), S. 368–373
Makin, John/Grassi, Anneliese: Introduction, in: Makin, John/Hellmann, Donald (Hrsg.): Sharing World Leadership: A New Era for America and Japan? Washington D.C. 1989, S. XIX-XXIII
Marris, Stephen: Deficits and the Dollar: The World Economy at Risk, Washington 1995

Masson, Paul R./Turtelboom, Bart: Transmission of Shocks Under EMU, The Demand for Reserves, and Policy Coordination, International Monetary Fund, Januar 1997
McCauley, Robert: The Euro and the Dollar. BIS Working Paper, Basel 1997
McCauley, Robert/White, William: The Euro and European Financial Markets, in: Masson, Paul R./Krueger, Thomas H./Turtelboom, Bart G. (Hrsg.): EMU and the International Monetary System, International Monetary Fund, Washington D.C. 1997, S. 324–388
McMahon, Christopher: The United Kingdom's Experience in Winding Down the Reserve Role of Sterling, in: Group of Thirty: Reserve Currencies in Transition, New York 1982, S. 42–49
Montgomery, John: Germany: Selected Background Issues, IMF Staff Country Report No. 95/101, International Monetary Fund, Washington 1995
Mussa, Michael u.a.: Improving the International Monetary System, IMF Occasional Paper No. 116, International Monetary Fund, Washington 1994
Neumann, Manfred J.M.: Internationalization of German Banking and Finance, in: Internationalization of Banking: Analysis and Prospects, Korea Federation of Banks, Seoul 1986, S. 67–144
Obstfeld, Maurice: International Currency Experience: New Lessons and Lessons Relearned, in: Brookings Papers on Economic Activity (1995) 1, S. 119–220
Oppers, S. Erik: Trends in the International Use of the U.S. Dollar, International Monetary Fund, Washington 1996, unveröffentlichte Studie
OECD: Economic Outlook 58, Dezember 1995
Page, S.A.B.: Currency of Invoicing in Merchandise Trade, in: National Institute Economic Review 81 (1977), S. 77–81
Page, S.A.B.: The Choices of Invoicing Currency in Merchandise Trade, in: National Institute Economic Review 85 (1985), S. 60–72
Porter, Richard/Judson, Ruth: The Location of U.S. Currency: How Much is Abroad, Board of Governors of the Federal Reserve System, unveröffentlichtes Manuskript, Washington 1995
Rieke, Wolfgang: The Development of the D-Mark as a Reserve Currency, in: Group of Thirty: Reserve Currencies in Transition, New York 1982, S. 16–23
Sasaki, Fumiyuki: Promoting the Yen's Internationalization, in: Nomura Research Institute Quarterly 4 (1995) 4, S. 20–39
Solomon, Robert: The International Monetary System, 1945–76: An Insider's View, New York 1977
Tavlas, George: International Use of Currencies: The Case of the D-Mark. Essays in International Finance No. 181, International Finance Section, Princeton University, Princeton 1991
Tavlas, George/Ozeki, Yazuru: The Internationalization of Currencies: An Appraisal of the Japanese Yen, IMF Occasional Paper No. 90, International Monetary Fund, Washington 1992
Thygesen, Niels u.a.: International Currency Competition and the Future Role of the Single European Currency. Towards a Tripolar Regime? London/Den Haag/Boston 1995, S. 67–95
Tietmeyer, Hans: Overview, in: Federal Reserve Bank of Kansas City (Hrsg.): Changing Capital Markets: Implications for Monetary Policy, Kansas City 1994, S. 405–416

XV. Die Bundesbank und die Währungsintegration in Europa*

Von Peter Bernholz

1. Die ökonomischen Zusammenhänge

Die Weltwährungsordnung wird seit dem Zusammenbruch des Golddevisenstandards in der Weltwirtschaftskrise der dreißiger Jahre durch diskretionär von Zentralbanken manipulierte nationale Papiergeldwährungen bestimmt. Zwar gab es mit der in Bretton Woods konzipierten Ordnung nach dem Zweiten Weltkrieg nochmals einen abgeschwächten Golddevisenstandard, in dem nur für Währungsbehörden eine Konvertierbarkeit von US-Dollar in Gold zu fester Parität bestand. Da die Vereinigten Staaten jedoch den größten Teil der Goldreserven der Welt besaßen, brauchten sie die Regeln eines Golddevisenstandards lange nicht zu befolgen. Sobald sich wegen der Abnahme der Goldreserven Schwierigkeiten für die an innenpolitischen Gesichtspunkten ausgerichtete Geldpolitik ergaben, wurde die begrenzte Goldkonvertibilität von Präsident Richard Nixon 1971 aufgehoben. Selbst für die Zeit des Bretton-Woods-Systems ist daher von einem Zusammenspiel diskretionärer nationaler Währungsordungen auszugehen, zumal Auf- und Abwertungen in den Statuten des Weltwährungsfonds vorgesehen waren.

Bei diskretionären Währungsordnungen bestehen drei Möglichkeiten zur Ordnung der internationalen Währungsbeziehungen: feste Wechselkurse oder flexible Wechselkurse zwischen den Währungen oder eine einheitliche Währung mehrerer Länder. Mit allen Möglichkeiten sind Probleme verbunden. In einem *Festkurssystem* besteht wenig Spielraum für eine unabhängige

* Die folgenden Ausführungen stützen sich zu einem guten Teil auf Unterlagen aus dem Archiv der Deutschen Bundesbank, die diese zur Verfügung stellte. Wegen der dreißigjährigen Sperrfrist ist eine genaue Quellenangabe ab 1968 nicht zulässig. Es wird daher an den relevanten Stellen nur Historisches Archiv der Deutschen Bundesbank angegeben. Um eine spätere Überprüfung zu ermöglichen, befindet sich je ein Exemplar dieser Arbeit mit genauen Quellenangaben im Historischen Archiv der Deutschen Bundesbank und in den Unterlagen des Verfassers. Den Herren Gunter Baer, Andrew Crockett, Leonhard Gleske, Helmut Schlesinger, Hans Tietmeyer und Jean-Claude Trichet danke ich für die gewährten Interviews, Carsten Detken vom Schweizerischen Bankverein für zwei Daten zu den Schaubildern 3b und 4.

Geldpolitik. Verfolgt z.B. ein Land eine expansivere Geldpolitik als andere Länder, so wird sich sein Preisniveau allmählich stärker erhöhen als das der Partner. Die Zahlungsbilanz verschlechtert sich, und Devisenreserven gehen verloren. Wird die Lage kritisch, so werden die Marktteilnehmer die Währung spekulativ und zur Sicherung von auf diese lautenden Forderungen verkaufen, da sie eine Abwertung erwarten. Damit wird die Situation verschärft und eine Änderung der Geldpolitik oder eine Abwertung erzwungen.

Außerdem gibt es bei einem Festkurssystem mit *n* Teilnehmern nur *n-1* frei bestimmbare Wechselkurse, so daß nur *n-1* Länder zur Aufrechterhaltung der Paritäten intervenieren müssen. Das *n*-te Land wird im Laufe der Zeit zum Reservewährungsland. Dabei wird es sich um das Land handeln, das (bei ausreichend breiten Finanzmärkten) die am wenigsten expansive Geldpolitik verfolgt, da seine Währung am knappsten ist. Dieses Land kontrolliert damit Geldmengenexpansion und Inflation aller Länder, die am Festkurs festhalten und nicht abwerten. Das aber mag aus ökonomischen und politischen Gründen zu Spannungen führen.

In einem System von *flexiblen* Wechselkursen sind diese nicht nur äußerst volatil, sondern es kommt mittelfristig zu einem Überschießen der Wechselkurse.[1] Das[2] führt bei expansiverer Geldpolitik eines Landes regelmäßig zu einer längerwährenden Unterbewertung seiner Währung.[3] Diese bedeutet eine Förderung der Exporte und eine Behinderung der Importe und wird daher von den anderen Ländern wegen der Verschlechterung ihrer Wettbewerbslage nicht gern gesehen. Umgekehrt führt eine Unterbewertung zu einer Erhöhung der Preise für importierte Güter und wird daher oft nicht geschätzt.

Die mit festen bzw. flexiblen Wechselkursen verbundenen Probleme würden bei einer einheitlichen Währung zwischen mehreren Ländern verschwinden. Damit entfiele jedoch auch die Möglichkeit, Fehlentwicklungen bei Löhnen und Preisen durch Kursänderung zu kompensieren. Das wäre besonders bedeutsam bei starren Löhnen und Preisen und wenn nicht interregionale Finanzströme bei fehlender Integration der Kredit- und Kapitalmärkte einen Ausgleich schaffen könnten. Diese Probleme werden in der ökonomischen Literatur unter dem Stichwort «Optimale Währungsräume» diskutiert.[4] Weitere Probleme bestehen im Verlust der nationalen Währungshoheit und bezüglich der Organisationen und Regeln, die die gemeinsame Geldpolitik bestimmen sollen.

Seit ihrer Gründung 1957 wurde die Europäische Wirtschaftsgemeinschaft (EWG) und wurden später die Europäische Gemeinschaft (EG) und die

1 Vgl. Bernholz, Flexible Exchange Rates.
2 Vgl. Dornbusch, Exchange Rate Dynamics.
3 Vgl. Bernholz/Gärtner/Heri, Historical Experiences.
4 Vgl. Kawai, Optimum Currency Areas.

Europäische Union (EU) mit den geschilderten Problemen konfrontiert. Die Probleme fester und flexibler Wechselkurssysteme gaben immer wieder Anstöße für ein Europäisches Währungssystem (EWS) und schließlich eine Europäische Währungsunion (EWU), während die Probleme einer einheitlichen Währung zu den wichtigen Hindernissen ihrer Einführung zählen.

2. Die wesentlichen Akteure und ihre Interessen

Akteure bei der Währungsintegration sind für die europäische Ebene der Rat der Staatsoberhäupter und Regierungschefs (Rat), der Rat der Wirtschafts- und Finanzminister (Ecofin-Rat), der Währungsausschuß (WA) und der Ausschuß der Präsidenten der Zentralbanken (Gouverneursausschuß, GA). Der WA wurde bereits in Art. 105 (2) des Vertrages über die Europäische Wirtschaftsgemeinschaft (EWGV) vorgesehen. Seine Statuten wurden am 25. Februar 1958 durch den Ministerrat verabschiedet. Ihm gehören je zwei Mitglieder eines jeden Landes und der Kommission an. Von jenen wird je einer durch die Regierung und Notenbank benannt. Seine Funktionen sind im wesentlichen beratender und vorbereitender Art (für den Ecofin-Rat). Seine Aufgabe besteht in der Förderung der Koordinierung der Währungspolitik und der Beobachtung der Währungs- und Finanzlage der Mitgliedstaaten und der Gemeinschaft. Er hat Stellungnahmen auch aus eigener Initiative für den Ecofin-Rat und die Kommission abzugeben.

Der GA wurde zunächst informell auf Initiative der Zentralbanken gegründet, da Art. 105 (1) EWGV deren Zusammenarbeit zur Koordinierung der Währungspolitik vorsieht.[5] Formell wurde der «Ausschuß der Präsidenten der Zentralbanken der Mitgliedstaaten der Europäischen Wirtschaftsgemeinschaft» durch Beschluß des Rates vom 13. April 1964 geschaffen. Mitglieder sind die Präsidenten der Zentralbanken und ersatzweise ihre Stellvertreter. Ein Mitglied der Kommission wird zu den Sitzungen eingeladen.

Auf der nationalen Ebene sind Akteure die Staats- bzw. Regierungschefs, die Wirtschafts-, Finanz- und Außenministerien und die Zentralbanken. Für Deutschland schließt letzteres den Zentralbankrat ein, da dieser die geldpolitischen Entscheidungen trifft. In Deutschland lag die Kompetenz für die Währungspolitik bis 1972 beim Bundeswirtschaftsministerium (BMWi), danach beim Bundesfinanzministerium (BMF). Wichtig ist die unterschiedliche Regelung der Zuständigkeiten zwischen Regierung und Zentralbank in den Mitgliedstaaten. Während in den meisten Staaten für den größten Teil des

5 Vgl. Schreiben des Präsidenten der Deutschen Bundesbank Karl Blessing an den Bundesminister für Wirtschaft Ludwig Erhard vom 14. Januar 1958 (HA BBk N-2/K72).

zu behandelnden Zeitraums die Zentralbanken praktisch Abteilungen des Finanzministeriums waren, erfreute sich die Deutsche Bundesbank aufgrund des Bundesbankgesetzes einer großen Unabhängigkeit. Dies führte zu Mißverständnissen, da andere Regierungen oft nicht verstanden, daß die deutsche Regierung nicht nach Wunsch Einfluß auf die Politik der Bundesbank nehmen konnte.

Die Interessenlage der Akteure war und ist notwendigerweise verschieden. Die Staats- und Regierungschefs gehen wie die Außenminister von allgemeinen innen- und außenpolitischen Gesichtspunkten aus. Es war das Leitmotiv besonders der französischen und deutschen, aber auch der italienischen, holländischen, belgischen und luxemburgischen Staatsmänner nach der Katastrophe des Zweiten Weltkrieges, Institutionen in (West-)Europa zu schaffen, die den Rückfall in europäische Machtpolitik unmöglich machen sollten. Das war das Motiv für Jean Monnet und Robert Schuman, 1950 die Bildung der Europäischen Gemeinschaft für Kohle und Stahl vorzuschlagen, ein Angebot, das aus gleichen Gründen von Konrad Adenauer aufgegriffen wurde. Dieses Motiv führte neben den erwarteten wirtschaftlichen Vorteilen 1957 auch zum EWG-Vertrag und schließlich zu den Maastrichter Verträgen. Äußerungen deutscher Bundeskanzler vor dem Zentralbankrat weisen explizit auf diesen Aspekt hin. Dabei kann es auch im persönlichen Interesse der Politiker liegen, sich einen Namen in der Geschichte als bedeutender Mitspieler bei der Einigung Europas zu erwerben.

Der frühere Bundeskanzler Helmut Schmidt hat das Motiv der Friedenssicherung unlängst nochmals betont: «Der Fortschritt der europäischen Integration ... entspricht dem vitalen, langfristigen strategischen Interesse Deutschlands am Frieden – wenn es denn vermeiden will, daß es zum dritten Mal zu einer antideutschen Koalition kommt. Von dieser Einsicht sind alle Kanzler von Adenauer bis Kohl ausgegangen. ... Gegenüber diesem lebenswichtigen Ziel bleiben alle fachlichen Mäkeleien an der Währungsunion ... von zweitrangiger Bedeutung.»[6]

Staats- und Regierungschefs haben auch innenpolitische Gesichtspunkte zu berücksichtigen, da sie an ihre Wiederwahl denken müssen. Schon daher verfolgt z.B. die britische Regierung wegen der insularen Lage ihres Landes andere Ziele als etwa die französische. Auch diese muß jedoch ebenso wie die deutsche innenpolitische Zugeständnisse an Wähler- und Interessengruppen wie die Bauern machen.

Die Ziele der Wirtschafts- und Finanzministerien sind stärker von wirtschafts- und finanzpolitischen Rücksichten geprägt. Da die Minister und die sie tragenden Parteien wiedergewählt werden wollen, müssen sie Interessen-

6 Schmidt, Helmut: Deutsches Störfeuer gegen Europa, in: Die Zeit vom 29. September 1995, S. 1.

gruppen und Wähler berücksichtigen. Auch sind sie an einer Ausweitung der Kompetenzen ihrer Ministerien interessiert.

Europäischer Rat und Ecofin-Rat spiegeln die Interessen ihrer Mitglieder. Sind diese unterschiedlich, so wird es zu Kompromissen oder zu keiner Entscheidung kommen, was häufig durch Leerformeln überdeckt wird.

Die Europäische Kommission ist wie das Europäische Parlament an einer Ausdehnung der Kompetenzen der Gemeinschaft interessiert, um die Fülle ihrer eigenen Macht zu vergrößern. Dagegen können Konflikte mit dem Rat und dem Ecofin-Rat auftreten, da besonders letzterer oft der Einschränkung nationaler Kompetenzen widerstreben wird.

Die Interessen der Zentralbanken werden von ihrer Abhängigkeit von der Regierung und von gesetzlich vorgegebenen Zielen bestimmt. Notenbanken, die Weisungen der Finanzminister zu befolgen haben oder bei denen die beruflichen Chancen der Zentralbankiers von diesen abhängen, werden Ziele stärker gewichten, deren Verfolgung die Wiederwahlchancen der Minister und ihrer Parteien erhöht. Dazu gehören neben der Preisstabilität auch Beschäftigungs- und Wachstumsziele.

Oft wird eine Beeinflussung der Konjunkturlage versucht. Rechtzeitig vor Wahlen wirkt eine expansivere Geldpolitik belebend auf Wirtschaft und Beschäftigung, während Preiserhöhungen erst verzögert nach den Wahlen auftreten. Sie können dann in der Hoffnung auf ein kurzes Wählergedächtnis durch eine kontraktivere Geldpolitik begrenzt werden.

Finanzminister werden auch an einer Teilfinanzierung eines Budgetdefizits durch die Zentralbank interessiert sein. Niedrige Zinsen werden von ihnen bevorzugt, um die Zinsenlast staatlicher Schulden zu verringern, während etwas Inflation den Realwert derselben vermindert.

Insgesamt werden daher abhängige Zentralbanken eine expansivere Geldpolitik als unabhängige betreiben und die entsprechenden Länder eine höhere Inflationsrate aufweisen. Diese Erwartung wird durch empirische Untersuchungen bestätigt.[7]

Aus all diesem folgt die besondere Stellung der Deutschen Bundesbank, deren Unabhängigkeit durch das Bundesbankgesetz gesichert ist, in dem die Preisstabilität als oberstes Ziel festgelegt ist. Die Wirtschaftspolitik der Regierung ist zwar zu unterstützen, doch nur sofern dieses Ziel nicht verletzt wird. Unter den anderen Zentralbanken ist besonders die Bank der Niederlande ähnlichen Zielen verpflichtet.

Da der GA sich aus den Präsidenten der Zentralbanken zusammensetzte, waren unterschiedliche Vorstellungen der Mitglieder zu erwarten. Kompromisse waren daher regelmäßig die Voraussetzung für eine gemeinsame Haltung des GA. Allerdings möchten auch die Zentralbankiers abhängiger Zen-

7 Vgl. Eijffinger/De Haan, Central-Bank Independence.

tralbanken gerne unabhängiger sein und konnten daher versuchen, den GA für diesen Zweck zu benutzen.

Der WA setzt sich aus den beiden Kommissionsmitgliedern und den zu gleichen Teilen von den Regierungen und den Zentralbanken benannten Mitgliedern zusammen. In diesem Gremium werden daher die Interessen der Regierungen und der Kommission stärker zum Ausdruck kommen als im GA.

Die unterschiedliche Interessenlage läßt gelegentliche Konflikte als unvermeidlich erscheinen. Zur Illustration zwei Beispiele: Ende 1962 legte die Kommission ein Aktionsprogramm vor, in dem die formelle Einführung eines Rats der Notenbankpräsidenten der EWG (GA) vorgeschlagen wurde. Dies stieß auf erheblichen Widerstand im BMWi. Es wurde darauf hingewiesen, daß ein solcher Ausschuß «im deutschen Fall besondere Probleme aufwerfe, da das Verhältnis von Notenbank zur Regierung in der Bundesrepublik – verglichen mit der ‹fortschrittlichen› Regelung in anderen Ländern – weit weniger ‹integriert› sei. Die Bundesregierung erfahre von den Beschlüssen der Bundesbank häufig erst aus der Presse und habe daher kein Interesse, daß diese unter dem Deckmantel eines neuen Ausschusses noch weniger mit der Regierung zusammenarbeite. Nach Rolf Gochts Auffassung dürfe sich die Kooperation der Notenbanken nur unter der Ägide des EWG-Ministerrats vollziehen.»[8]

Dieser Konflikt wurde erst nach mehreren Sitzungen von Vertretern verschiedener Ministerien und der Bundesbank in einem Gespräch und einem Briefwechsel zwischen Bundesbankpräsident Karl Blessing und Staatssekretär Ludger Westrick bereinigt, nachdem jener eine regelmäßige Unterrichtung des Wirtschaftsministers über die Sitzungen des GA zugesagt hatte.[9]

Ein weiterer Konflikt ergab sich zwischen Bundeskanzler und Bundesbank bei der Vorbereitung des Europäischen Währungssystems (EWS), das im März 1979 in Kraft trat. In diesem Fall ergriffen Präsident Valéry Giscard d'Estaing und Bundeskanzler Helmut Schmidt, geleitet auch durch die geschilderten außenpolitischen Gesichtspunkte, die Initiative. Sie beschlossen, die Verhandlungen zunächst geheim durch ihre Experten, Bernard Clappier, Präsident der Banque de France, und Horst Schulmann, Ministerialdirektor im Bundeskanzleramt, unter Ausschaltung der Bundesbank und der zuständigen Ministerien durchzuführen. Denn, so Giscard d'Estaing: «Der Bundesbankpräsident, Otmar Emminger, steht dem Plan ablehnend gegenüber. Er

8 Vgl. Vermerk von Schleiminger betreffend die Ressortsitzung über Vorschläge der EWG-Kommission zur währungs- und finanzpolitischen Zusammenarbeit in der EWG vom 17. Juli 1963, Frankfurt am Main (HA BBk B 330/1841).

9 Vgl. Schreiben des Präsidenten der Deutschen Bundesbank Blessing an den Staatssekretär im Bundesministerium für Wirtschaft Westrick vom 23. September 1963 (HA BBk B 330/1841).

will nicht gezwungen sein, Deutsche Mark zu verkaufen, um die schwachen Währungen zu stützen, denn das könnte in Deutschland inflationäre Tendenzen unterstützen.»[10]

Die Ausschaltung der Bundesbank wird durch einen Brief ihres Präsidenten an den Bundeskanzler im Juni 1978 bestätigt, in dem jener um eine Aussprache[11] noch vor dem 4. Juli bittet. Da man nur über Grundzüge der Absprachen informiert sei, falle es schwer, ohne genauere Kenntnis der Einzelheiten zu den Absichten und Plänen Stellung zu nehmen.

3. Ausgangslage und Ansätze zur europäischen Währungsintegration

Im EWGV von 1957 finden sich nur erste Ansätze zu einer gemeinsamen Währungspolitik. Nach Art. 104 sollte jeder Mitgliedstaat unter Wahrung eines hohen Beschäftigungsstandes und eines stabilen Preisniveaus das Gleichgewicht seiner Zahlungsbilanz sichern. Zu seiner Sicherung sieht Art. 105 eine Zusammenarbeit der Zentralbanken und die Einrichtung eines Währungsausschusses (WA) vor, um die Koordinierung der Währungspolitik zu erleichtern.

Art. 106 sieht mit Art. 67 bis 71 eine Liberalisierung des Zahlungs- und des Kapitalverkehrs vor. Die Devisenpolitik soll durch Vorschläge des Rats an die Kommission, der Richtlinien dafür erläßt, koordiniert und liberalisiert werden. Allerdings sind im Falle von Störungen des Kapitalmarktes eines Mitglieds Schutzmaßnahmen erlaubt. Dabei ist zu beachten, daß bei Abschluß des EWG-Vertrags die freie Konvertierbarkeit der Währungen noch nicht voll wiederhergestellt war und verschiedene Beschränkungen für den Zahlungs- und Kapitalverkehr bestanden.[12] Die Ausländerkonvertierbarkeit der europäischen Währungen folgte erst Ende 1958 durch das Europäische Währungsabkommen (EWA).

Art. 107 EWGV legt die Änderung der Paritäten als Angelegenheit von gemeinsamem Interesse fest. Art. 108 regelt das Verfahren bei Zahlungsbilanzschwierigkeiten eines Mitglieds. In solchen Fällen prüft die Kommission die Lage und empfiehlt geeignete Maßnahmen. Erweisen sich die ergriffenen Maßnahmen als unzureichend, so kann der Rat mit qualifizierter Mehrheit gegenseitigen Beistand gewähren. Dieser kann ein abgestimmtes Vorgehen bei

10 Giscard d'Estaing, Macht und Leben, S. 124f.; vgl. Emminger, D-Mark, S. 357f.; vgl. auch Schmidt, Menschen und Mächte.

11 Vgl. Emminger, D-Mark, S. 358.

12 Vgl. Chronik der Anfänge der währungspolitischen Integration in Europa, 1955–1968 (Abschnitt 8a des vorliegenden Beitrags).

internationalen Organisationen, Zollsenkungen und Kontingentserhöhungen sowie begrenzte Kredite bei Einverständnis der betroffenen Länder einschließen. Bei einer plötzlichen Zahlungsbilanzkrise können nach Art. 109 Schutzmaßnahmen sofort getroffen werden. Dann sind Kommission und Mitgliedstaaten sofort zu unterrichten. Der Rat kann nach Stellungnahme der Kommission und Anhörung des WA mit qualifizierter Mehrheit eine Änderung, Aussetzung oder Aufhebung der Schutzmaßnahmen verlangen.

Soweit die währungspolitischen Bestimmungen des EWG-Vertrags, die angesichts des Ziels einer Wirtschaftsunion von vornherein für unzureichend gehalten wurden. So erhoben sich bereits bei den Ratifizierungsdebatten in Bundestag und Bundesrat im Jahre 1957 kritische Stimmen. So sagte der Abgeordnete Fritz Hellwig (CDU/CSU-Fraktion) im Bundestag: «Der zentrale Mangel ist, daß noch keine verbindliche Grundlage für die Entwicklung einer gemeinsamen Währungspolitik in dem Vertragswerk enthalten ist».[13]

Ähnlich berichtete im Dezember 1958 der Ausschuß für langfristige Wirtschaftspolitik, für Fragen der Finanzen und Investitionen dem Europäischen Parlament (Berichterstatter Ph. C.M. van Campen [Holland]): «Die wirtschaftliche Einheit Europas muß auf allen Gebieten geschaffen werden. Die Währungspolitik ist eines der wichtigsten Gebiete. ... Es ist von verschiedenen Seiten erklärt worden, daß die unzureichenden währungspolitischen Bestimmungen einen der schwerstwiegenden Mängel des Vertrages darstellen.»[14]

Angesichts dieser Beurteilung wurden schon bald Initiativen ergriffen, um diese Lücken zu schließen. Es lassen sich vier große Anstrengungen unterscheiden, denen jeweils Vorschläge von Kommissionen, Politikern, Zentralbankiers, Wissenschaftlern oder Vereinigungen vorausgingen. Der erste Vorstoß erfolgte mit einem Aktionsprogramm der Kommission für die zweite Stufe vom 29. Oktober 1962. Der zweite begann mit dem Memorandum der Kommission an den Rat über die Koordinierung der Wirtschafts- und Währungspolitik vom 12. Februar 1969 unter der Ägide ihres Vizepräsidenten Raymond Barre und kulminierte im Werner-Bericht. Die dritte Anstrengung erfolgte 1978 auf Initiative von Giscard d'Estaing und Helmut Schmidt und

13 Protokoll der 200. Sitzung des Bundestags am 21. März 1957 (Erklärung der Bundesregierung), S. 11365, zitiert nach: Vermerk von Kühnel betreffend die Einheitliche Währungspolitik im Gemeinsamen Markt – Kritik im Bundestag und im Bundesrat an den einschlägigen Bestimmungen des EWG-Vertrages vom 27. März 1958, Frankfurt am Main (HA BBk N-2/68).

14 Bericht des Ausschusses für langfristige Wirtschaftspolitik, für Fragen der Finanzen und Investitionen des Europäischen Parlaments über Fragen der langfristigen Wirtschaftspolitik, der Finanzen und Investitionen anläßlich der Ersten Gesamtberichte der Europäischen Atomgemeinschaft vom Dezember 1958, Berichterstatter Philippus C.M. van Campen, Kapitel V: Die Währungspolitik, Abschnitt a) Die Währungsstabilität, Unterabschnitt 36 (HA BBk B 330/1841).

führte zum EWS. Die vierte schließlich ging auf eine Anregung des Außenministers Hans-Dietrich Genscher zurück und führte 1992 zum Vertrag von Maastricht.

Dabei spielte von Anfang an das Endziel einer einheitlichen europäischen Währung mit einer europäischen Zentralbank eine Rolle. Der Wirtschafts- und Finanzausschuß des Europäischen Parlaments (EP) (Berichterstatter Ph. C.M. van Campen) beschäftigte sich in seinem Bericht vom 7. April 1962 über die Koordinierung der Währungspolitik mit dieser Idee. In einer Entschließung vom 17. Oktober 1962 schloß sich das EP diesen Vorstellungen an.[15] Schließlich kam es zur Vorlage des Aktionsprogramms der Kommission beim EWG-Ministerrat am 29. Oktober 1962 für die zweite Stufe des EWG-Vertrages. Darin wurde vorgeschlagen, daß die Währungsunion Ziel der dritten, von 1966 bis 1969 laufenden Stufe der EWG werden sollte.[16]

Bemerkenswert ist, daß es fast immer Vorstöße der Kommission und von führenden Politikern waren, die eine Weiterentwicklung der Wirtschafts- und Währungsintegration zum Ziele hatten. Aktive Anstöße in dieser Richtung von Zentralbanken und von Wirtschafts- und Finanzministern gab es fast keine. Die Deutsche Bundesbank hat anscheinend niemals einen Vorstoß zur Förderung der Währungsintegration unternommen. Andere Zentralbanken waren nicht ganz so enthaltsam. So unterbreitete der Gouverneur der belgischen Zentralbank als Präsident des GA am 3. April 1978 einen Vorschlag «Towards a greater convergence of foreign exchange policies within the Community». Überlegungen des belgischen Präsidenten des WA vom 22. März 1978 «Rapprocher les monnaies Européennes» folgten.

Das kann nach der Skizzierung der Interessenlage der Akteure nicht überraschen. Kommission und EP hatten Interesse an der Ausdehnung der europäischen und damit ihrer eigenen Kompetenzen. Die Regierungschefs und Präsidenten besonders Deutschlands und Frankreichs wurden wie die Außenminister von den geschilderten außen- und innenpolitischen Interessen motiviert. Dagegen sind Wirtschafts- und Finanzminister an einer Einschränkung ihrer Kompetenzen viel weniger interessiert, außer bei Aufgaben, bei deren Ausführung Verluste von Wählerstimmen drohen.[17] Dazu kamen auf

15 Vgl. Generalsekretariat der Räte der Europäischen Gemeinschaften, Vom Europäischen Parlament am 17. Oktober 1962 angenommene Entschließung über die Koordinierung der Währungspolitik im Rahmen der EWG, 1396/62 (ASS 463), vom 19. Oktober 1962, Brüssel (HA BBk B 330/1840).

16 Vgl. Das Aktionsprogramm für die 2. EWG-Stufe, Wortlaut des Kapitels: Die Währungspolitik des Memorandums der EWG-Kommission zum Aktionsprogramm der Gemeinschaft für die zweite Stufe, das am 29. Oktober 1962 dem Ministerrat und dem Europäischen Parlament übergeben wurde, in: Vereinigte Wirtschaftsdienste, Europa, Frankfurt am Main, Nr. 225 vom 31. Oktober 1962, zitiert nach: Deutsche Bundesbank, Auszüge aus Presseartikeln Nr. 86 vom 16. November 1962, S. 7–10.

17 Vgl. Vaubel, Public Choice View.

deutscher Seite ordnungspolitische Bedenken, da man von der EWG eine starke Neigung zu Interventionen in das Marktgeschehen befürchtete.

Auch die Haltung der Bundesbank ist verständlich. Sie ist nach dem Bundesbankgesetz zur Wahrung der Geldwertstabilität verpflichtet. Mußte jedoch angesichts der lockereren Geldpolitik in den meisten anderen Mitgliedsländern und der Abhängigkeit ihrer Zentralbanken nicht bei Abgabe von Kompetenzen an europäische Institutionen oder gar angesichts einer Währungsunion eine weniger stabilitätskonforme Geldpolitik erwartet werden? Traf das aber zu, so mußte die Bundesbank allen Integrationsvorschlägen Gegenvorschläge entgegensetzen, die eine wesentliche Einschränkung ihrer Kompetenzen verhinderten. Sollten dafür angesichts der politischen Kräfte die Aussichten einmal schlecht sein, so mußte es ihr Ziel sein, die zu schaffende europäische Zentralbank so zu gestalten, daß diese eine möglichst stabile Geldpolitik ermöglichen würde.

Natürlich ist auch eine andere Interpretation der Motive der Deutschen Bundesbank möglich. Keine Organisation gibt gern Kompetenzen ab oder trägt zu ihrer eigenen Auflösung bei. Das gilt auch auf monetärem Gebiet. So haben etwa der Weltwährungsfonds[18] und die Bank für Internationalen Zahlungsausgleich es nach dem Verlust ihrer ursprünglichen Aufgaben 1973 bzw. nach dem Zweiten Weltkrieg verstanden, ihre Existenz durch die Schaffung neuer Aufgaben zu sichern. Der frühere Bundeskanzler Helmut Schmidt sieht dieses Motiv als bestimmend für das Verhalten der Deutschen Bundesbank an: «In Wahrheit haben die Bundesbank-Herren, die heute wegen frei floatender Wechselkurse mächtiger sind als jemals vor 1993, ein ganz einfaches Motiv für die Ablehnung der Währungsunion: Sie möchten nicht zur abhängigen Filiale einer Zentralbank werden, die *noch* unabhängiger ist, als sie es selber heute sind.»[19]

Tatsächlich können die beiden Motive kaum auseinandergehalten werden, da sie zu einem weitgehend identischen Verhalten führen. Geht man jedoch von Äußerungen in den vertraulichen Sitzungen des Zentralbankrats und in Interviews aus, so erhält man den Eindruck, daß die außenpolitischen Gesichtspunkte durchaus gewürdigt wurden. Das legt den Schluß nahe, daß die Sicherung des Geldwerts in erster Linie für das Verhalten der Bundesbank ausschlaggebend war.

Wie kam es aber zu der etwas aktiveren Politik anderer Zentralbanken? Hier lassen sich drei Gründe anführen. Erstens, daß diese nicht unabhängig waren. Zweitens, daß die Bundesbank aufgrund ihrer Geldpolitik bald eine führende Rolle im europäischen Fixkurssystem erwarb, was nicht überall

18 Vgl. Vaubel, International Monetary Fund.

19 Schmidt, Helmut: Der zweite Anlauf, die letzte Chance, in: Die Zeit vom 5. April 1996, S. 4.

geschätzt wurde. Drittens, daß die betreffenden Zentralbanken an größeren Zahlungsbilanzkrediten und an einem Einfluß auf das System interessiert waren. Da letzteres auch für die jeweiligen Finanzminister galt, mußten solche Ziele besonders bei abhängigen Zentralbanken an Gewicht gewinnen.

4. Die Zeit bis zum Zusammenbruch des Systems von Bretton Woods

a) Ausgangslage und Probleme

Während der ersten fünfzehn Jahre[20] waren alle Länder der EWG als Mitglieder des Systems von Bretton Woods durch feste Wechselkurse verbunden, wobei die zum Dollar festgelegten Paritäten und damit die Mittelkurse untereinander geändert werden konnten. Dabei waren die Bandbreiten zwischen den EWG-Währungen, in denen sich die Wechselkurse aufgrund der Devisenarbitrage frei um den Mittelkurs bewegen konnten, mit 3 statt 1,5% doppelt so groß wie gegenüber dem Dollar. Schließlich erfolgte der Übergang zur freien (Ausländer-)Konvertierbarkeit mit dem Europäischen Währungsabkommen, das die Europäische Zahlungsunion (EZU) beendete.[21] Auch danach gab es noch verschiedene Kontrollen des Devisenverkehrs zwischen den EWG-Ländern, besonders bezüglich des Kapitalverkehrs.

In dieser Ausgangslage stellten sich in der EWG folgende Aufgaben: 1. Beseitigung der verbliebenen Devisenzwangswirtschaft und Einführung des freien Kapitalverkehrs; 2. Vermeidung von Auf- und Abwertungen, da diese zu Änderungen der Austauschverhältnisse für Exporte und Importe führten (um diese zu vermeiden, mußten entweder die Zahlungsbilanzen ausgeglichen gehalten oder eine Finanzierung derselben gesichert werden); 3. Verminderung der Bandbreite zwischen den EWG-Währungen. Unveränderte Wechselkurse wurden nach Einführung der gemeinsamen Agrarpolitik noch bedeutsamer, da jede Änderung sich in einer entsprechenden Anpassung der von der EWG fixierten Agrarpreise in den betroffenen Ländern niederschlug.

Die Bundesbank war sich dieser Probleme und Aufgaben von Anfang an bewußt, wie aus zwei Stellungnahmen des Mitglieds des Direktoriums, Otmar Emminger, «Währungspolitische Probleme des Gemeinsamen Marktes» vom Juli 1957 und «Monetäre Aspekte des Gemeinsamen Marktes» vom 29. Mai 1958, hervorgeht. In dieser heißt es: «Die Freiheit des Handels-,

20 Vgl. auch Cezanne/Möller, Europäische Union.
21 Vgl. Kaplan/Schleiminger, European Payments Union.

Dienstleistungs- und Kapitalverkehrs ist das Kernstück, ja die eigentliche raison d'être des Gemeinsamen Marktes. ... Eine unwiderrufliche Liberalisierung des Handels- und Zahlungsverkehrs wird nicht ohne gesunde Währungspolitik erreichbar sein.»[22] Kredithilfen zur Lösung von Zahlungsbilanzproblemen und flexible Wechselkurse werden abgelehnt. Erstere (in Art. 108 EWGV vorgesehen) kämen nur als eine kurzfristige, nicht automatische Überbrückung in Frage. Sonst bestehe eine Verführung zu einer die Solvenz nach außen vernachlässigenden Politik und einer Ansteckung der ganzen Gemeinschaft mit dem Inflationsbazillus. Flexible Wechselkurse führten zu monetärer und finanzieller Disziplinlosigkeit und zu einem Pendeln zwischen Über- und Unterbewertung. Dies müsse die Handelsrelationen verzerren und tendenziell eine Einschränkung der Freiheit des Kapitalverkehrs, wahrscheinlich aber auch des Waren- und Dienstleistungsverkehrs veranlassen. Auch bestehe nicht nur bei festen Wechselkursen aus politischen Gründen die Tendenz, notwendige Anpassungen zu verzögern.

Eine Koordinierung der Wirtschafts- und Währungspolitik sei schwierig und dürfe keinesfalls durch Kompromisse die Währungen aller Mitgliedsländer aufweichen. Nur eine zahlungsbilanzkonforme und nichtinflationistische Währungspolitik aller Mitgliedstaaten könne die Lösung des Währungsproblems der Gemeinschaft sein. Aber dies werde nicht ausreichen. «Entscheidend für das rechte Gleichgewicht werden also in erster Linie die *Lohnentwicklung*, die *Fiskalpolitik* und die *Geld- und Kreditpolitik* sein. Sie gilt es daher in der Hauptsache zu koordinieren.»[23] Am Anfang sei eine Korrektur unrealistischer (fester) Wechselkurse erforderlich. Diese erfolgte zum Teil durch die Abwertung des Französischen Franc am 27. Dezember 1958. Schließlich wendet sich Emminger der Frage einer Währungsunion zu,[24] die gegenwärtig völlig ausgeschlossen sei. Sie könne «nur am Ende der Entwicklung zur völligen Integration stehen, nämlich dann, wenn einmal eine gemeinsame politische und fiskalische Oberinstanz eingeführt werden sollte».[25]

Diese Äußerungen zeigen nicht nur die Probleme aus der Sicht der Deutschen Bundesbank auf, sondern lassen bereits deutlich ihre Zielsetzungen erkennen. Es ist erstaunlich, mit welcher Geradlinigkeit diese bis zur Gegenwart verfolgt wurden.

22 Zitiert aus: Monetäre Aspekte des Gemeinsamen Marktes von Otmar Emminger vom 29. Mai 1958, S. 1 (HA BBk B 330/1840); vgl. auch Währungspolitische Probleme des Gemeinsamen Marktes von Otmar Emminger vom Juli 1957 (HA BBk B 330/1840).

23 Monetäre Aspekte des Gemeinsamen Marktes von Otmar Emminger vom 29. Mai 1958, S. 18 (HA BBk B 330/1840).

24 Vgl. Monetäre Aspekte des Gemeinsamen Marktes von Otmar Emminger vom 29. Mai 1958, S. 24 f. (HA BBk B 330/1840).

25 Monetäre Aspekte des Gemeinsamen Marktes von Otmar Emminger vom 29. Mai 1958, S. 25 (HA BBk B 330/1840).

b) Die Entwicklung bis 1964

Am Anfang der monetären Entwicklung der EWG[26] stand die Schaffung des WA, dessen Satzung vom Rat am 18. März 1958 verabschiedet wurde, und des (noch informellen) GA. Die Bildung des WA wurde durch ein französisches Memorandum veranlaßt. Die deutsche Stellungnahme war positiv, wobei besonders auf die Bedeutung einer abgestimmten Konjunkturpolitik hingewiesen wurde, da unterschiedliche Konjunkturlagen sich auf die Zahlungsbilanz auszuwirken pflegten. Diese Auffassung scheint von anderen Ländern geteilt worden zu sein, denn am 9. März 1960 beschloß der Rat die Einsetzung eines Ausschusses für Konjunkturpolitik, mit dem Zweck, dieselbe zu koordinieren.

Da dem WA die Beobachtung der Währungssituation und die Abgabe von Empfehlungen dazu oblag, hatte die Bundesbank ein Interesse, dort vertreten zu sein. Ob sie erfolgreich darauf hinwirkte, ist aus den Unterlagen nicht zu erkennen. Immerhin sprach das französische Memorandum nur von Persönlichkeiten, «denen eine direkte Verantwortung für die Währungspolitik ihres jeweiligen Landes zufällt».[27] Und in einem Vermerk über den WA der EWG von 27. Juli 1957 berichtet Emminger von der Sitzung einer Ad-hoc-Gruppe am 16./17. Juli 1957 in Paris, daß das Recht der Zentralbanken, im WA vertreten zu sein, in Art. 5,2 des Satzungsentwurfs festgelegt sei und einen mühsam erarbeiteten Kompromiß darstelle.

Am 1. Januar 1962 begann die zweite Übergangsstufe der EWG, und kurz darauf folgte der «van Campen-Bericht» (7. April 1962) an das EP, der sich in Kapitel V eingehend mit der Währungspolitik beschäftigte und am 17. Oktober 1962 zu einer Entschließung des EP führte, in der eine gemeinsame Währungspolitik durch eine schrittweise föderative Organisation der Notenbanken mit einem Zentralorgan gefordert wurde.[28]

Gemäß diesem Vorstoß legte die Kommission dem Ministerrat und dem Parlament am 29. Oktober 1962 ein Programm für die zweite Stufe des EWG-Vertrages vor, das sich auf die gesamte Wirtschaftspolitik bezog. Im einzelnen wurde für die *Währungspolitik* vorgeschlagen:

26 Vgl. Chronik der Anfänge der währungspolitischen Integration in Europa, 1955–1968 (Abschnitt 8a des vorliegenden Beitrags).

27 Sekretariat der Regierungskonferenz für den Gemeinsamen Markt und Euratom, Arbeitsgruppe für den Gemeinsamen Markt, Französisches Memorandum betreffend die Einsetzung eines Währungsausschusses, S. 6, vom 15. Oktober 1956, Brüssel (HA BBk N-2/K 68).

28 Vgl. Generalsekretariat der Räte der Europäischen Gemeinschaften, Vom Europäischen Parlament am 17. Oktober 1962 angenommene Entschließung über die Koordinierung der Währungspolitik im Rahmen der EWG, 1396/62 (ASS 463), vom 19. Oktober 1962, Brüssel (HA BBk B 330/1840).

1. Feste Wechselkurse spätestens ab Ende der Übergangszeit, die für 1962–1965 vorgesehen war (2. Etappe). Bereits vorher sollen Konsultationen über Änderungen des Diskontsatzes, der Mindestreserven, der Rediskontkredite, von Krediten der Zentralbanken an den Staat und der Wechselkurse erfolgen.
2. Das System der Beratungen soll sich zu einem solchen der Empfehlungen entwickeln.
3. Eine gemeinsame Haltung für alle wichtigen Entscheidungen gegenüber Drittländern, einschließlich von Ziehungen beim Internationalen Währungsfonds, gegenüber Reservewährungsländern und bei Reformen des Weltwährungssystems.
4. Die Höchstbeträge des gegenseitigen Kreditbeistandes nach Art. 108 und 109 EWGV sollen in Relation zu den Gold- und Devisenreserven festgelegt werden.
5. Anschließend sollen die Kapitalbewegungen weiter liberalisiert werden.
6. In einem Ausblick auf die dritte Stufe wird nach 1965 durch eine Änderung des EWG-Vertrags die Errichtung einer Währungsunion vorgesehen.
7. Der GA mit einem Stellvertreterausschuß soll zu einem offiziellen Organ der EWG werden.
8. Für Angelegenheiten, die unter die Zuständigkeit der Finanz- bzw. Wirtschaftsminister und der Notenbankgouverneure fallen, soll ein gemeinsames Gremium geschaffen werden. Seine Sitzungen sollen vom WA vorbereitet werden.
9. Zur Unterstützung der Währungspolitik wird eine Koordinierung der Lohn- und der Finanzpolitik empfohlen.[29]

Angesichts der Interessenlage von Bundesbank, BMWi und BMF stießen diese Vorschläge auf wenig Gegenliebe. In seiner Sitzung vom 25. Oktober 1962 stimmte der Zentralbankrat Emminger zu, daß vorherige Konsultationen vor jeder kreditpolitischen Einzelmaßnahme technisch und rechtlich nicht möglich seien. Eine Verstärkung der Zusammenarbeit in WA und GA genüge. Dabei müsse auch auf eine entsprechende Koordinierung der Haushalts- und Finanzpolitik geachtet werden.[30]

Das Bundeswirtschaftsministerium (Abteilung E) äußerte ebenfalls in einer «Stellungnahme zum Aktionsprogramm der EWG-Kommission für die

29 Vgl. Das Aktionsprogramm für die 2. EWG-Stufe, Wortlaut des Kapitels: Die Währungspolitik des Memorandums der EWG-Kommission zum Aktionsprogramm der Gemeinschaft für die zweite Stufe, das am 29. Oktober 1962 dem Ministerrat und dem Europäischen Parlament übergeben wurde, in: Vereinigte Wirtschaftsdienste, Europa, Frankfurt am Main, Nr. 225 vom 31. Oktober 1962, zitiert nach: Deutsche Bundesbank, Auszüge aus Presseartikeln Nr. 86 vom 16. November 1962, S. 7–10.

30 Vgl. Protokoll der 128. Sitzung des Zentralbankrats der Deutschen Bundesbank in Frankfurt am Main vom 25. Oktober 1962, S. 10 (HA BBk B 330/194).

zweite Stufe» vom 16. November 1962 neben ordnungspolitischen Bedenken gegen zentrale Entscheidungen aus Brüssel und staatliche (Rahmen-)Planung die Ansicht, daß die Beseitigung der Bandbreiten, eine Währungsunion und eine europäische Reservewährung verfrüht seien. Eine Festsetzung der Volumina der Haushaltspläne und des gegenseitigen Beistands (Art. 108 EWGV) sei abzulehnen.

Diese Standpunkte wurden in verschiedenen Ressortsitzungen bestätigt. Dabei lehnte z.B. Günther Schleiminger von der Bundesbank in der Sitzung vom 16. November 1962 eine Festlegung der Verpflichtungen für den gegenseitigen Beistand ab. Vorabkonsultationen kämen nur für die großen Linien der Geldpolitik in Frage, die Kreditpolitik könne nicht isoliert von der Finanzpolitik koordiniert werden. Interessant ist die Bitte des Außenministeriums, keine nur negative Stellungnahme abzugeben. Die Bundesbank betonte, daß man sich über eine gemeinsame währungspolitische Haltung gegenüber Drittländern lediglich ins Benehmen zu setzen habe.

Die geäußerten Bedenken gingen in die deutsche Stellungnahme ein. Da auch von anderen Ländern Einwendungen kamen, legte die Kommission am 19. Juni 1963[31] einen Entwurf für einen Ratsbeschluß über die Zusammenarbeit auf dem Gebiet der Währungsbeziehungen vor, der viele dieser Bedenken berücksichtigte. Das Ergebnis dieses ersten großen Versuchs zur europäischen Währungsintegration war denn auch bescheiden. Neben Beschlüssen des Rats, EWG-Ausschüsse für Haushaltspolitik und mittelfristige Wirtschaftspolitik einzusetzen, gab es am 8. Mai 1964 folgende Beschlüsse zur Währungspolitik:[32]

1) Der GA wurde formell als Ausschuß der EWG geschaffen.
2) Im WA finden zu jeder wichtigen Entscheidung oder Stellungnahme der Mitgliedstaaten auf dem Gebiet der internationalen Währungsbeziehungen Konsultationen statt. Entscheidungen der Mitgliedstaaten finden erst nach den Konsultationen statt, *es sei denn, daß die Umstände und insbesondere die Fristen für den Erlaß der bevorstehenden Maßnahmen dem entgegenstehen* (Hervorhebung des Verfassers).

Gleichzeitig wurde vom Rat eine Erklärung verabschiedet, daß entsprechend Art. 107 EWGV vor jeder Änderung von Wechselkursparitäten Konsultationen zwischen den Mitgliedstaaten stattfinden sollten, wobei die Kommission hinzuzuziehen sei. Die Modalitäten dafür seien in einer Stellungnahme des WA festzulegen, die denn auch am 12. Dezember 1964 vorgelegt wurde.

31 Vgl. Kommission der Europäischen Wirtschaftsgemeinschaft, Die Währungs- und Finanzpolitische Zusammenarbeit in der Europäischen Wirtschaftsgemeinschaft (Mitteilung der Kommission an den Rat), I/Korn (63) 216, 19. Juni 1963, Brüssel (HA BBk B 330/1841).

32 Vgl. Europäische Wirtschaftsgemeinschaft – Informationen – Der Rat, Amtsblatt der Europäischen Gemeinschaften, 7. Jahrgang Nr. 77, 21. Mai 1964.

Danach muß das Verfahren geheim sein und sollen die Konsultationen im WA stattfinden, der vom Vorsitzenden kurzfristig einberufen wird.

Dabei sind die Geheimhaltung und das rasche Zusammentreten wegen der Schnelligkeit der Devisenmärkte und ihrer sofortigen Reaktion auf Informationen notwendig. Deswegen hatte auch die Bundesbank dargelegt, daß eine vorherige Konsultation gemäß 2) unter bestimmten Umständen technisch gar nicht möglich sei. Durch diese Einschränkungen wurde jedoch die Möglichkeit vorheriger Konsultationen bei Währungskrisen immer wieder in Frage gestellt.

In den folgenden Jahren kam es trotz verschiedener, auch privater Initiativen zu keinen weiteren Fortschritten bei der Währungsintegration. Erwähnt sei die sogenannte Initiative 1964, die Kommissionspräsident Walter Hallstein am 1. Oktober 1964 dem Ratspräsidenten vorlegte. Bezüglich der Währungspolitik wurden die bekannten Punkte aus dem Aktionsprogramm vom Oktober 1962 übernommen. Zweitens ist zu nennen eine Europainitiative der Bundesregierung. In einem Entwurf für diese durch Vertreter des Außen-, Wirtschafts- und Finanzministeriums wurden Regeln objektiver Art für die Währungspolitik, eine Zusammenlegung der Währungsreserven und gemeinsame Entscheidungen über ihre Zusammensetzung vorgeschlagen.[33] In einer Sitzung des Zentralbankrats vom 15. Oktober 1964[34] wurden beide Initiativen abgelehnt und wurde Emminger beauftragt, den Standpunkt der Bundesbank bei Bundesregierung und Ministerien darzulegen.

Der Standpunkt des Zentralbankrats wurde in Besprechungen im BMWi vorgebracht. Eine Zusammenlegung der Währungsreserven könne zu automatischer Kreditgewährung führen. Starre Regeln für die Geldpolitik seien nicht formulierbar.[35] In der Sitzung erklärte Emminger schließlich, «daß der Zentralbankrat weder nach dem Gesetz noch nach dem Gewissen sich von einer Mitverantwortung für die Währungsstabilität entbinden lassen kann».[36]

Interessant ist, daß der Wortlaut der deutschen Europainitiative, die dem Ministerrat am 10./11. November 1964 vorgelegt werden sollte, der Bundesbank offenbar auf Betreiben des Auswärtigen Amtes nicht ausgehändigt

33 Vgl. den Auszug aus dem Entwurf zur Europa-Initiative der Bundesregierung, Anlage 2 zum Schreiben vom Mitglied des Direktoriums der deutschen Bundesbank Otmar Emminger an die Mitglieder des Zentralbankrats vom 9. Oktober 1964 (HA BBk B 330/ 435).

34 Vgl. Protokoll der 177. Sitzung des Zentralbankrats der Deutschen Bundesbank in Frankfurt am Main vom 15. Oktober 1964 (HA BBk B 330/435).

35 Vgl. Vermerk von Schleiminger betreffend die Besprechung im Wirtschaftsministerium vom 21. Oktober 1964 über die währungspolitischen Vorschläge im Rahmen der Europa-Initiative der Bundesregierung vom 26. Oktober 1964, Frankfurt am Main (HA BBk B 330/5696) und Vermerk von Ungerer und Jennemann betreffend die EWG vom 9. November 1964 (HA BBk B 330/5696).

36 Vgl. Protokoll der 177. Sitzung des Zentralbankrats der Deutschen Bundesbank in Frankfurt am Main vom 15. Oktober 1964, S. 7 (HA BBk B 330/5696).

wurde.[37] Sollte das erfolgt sein, weil das Auswärtige Amt einen erfolgreichen Widerstand der Bundesbank befürchtete?

c) Die Entwicklung bis 1973

Die währungspolitische Integration der EG (entstanden am 1. Juli 1967 durch die Verschmelzung der drei bisherigen Gemeinschaften) erhielt einen neuen Anstoß durch Vorschläge des luxemburgischen Ministerpräsidenten Pierre Werner Ende 1968 und ein Memorandum der Kommission an den Rat («Barre-Memorandum») vom 12. Februar 1969. In diesen ging es neben einer Verbesserung des Konsultationsverfahrens, besserer statistischer Information und einem abgestimmten Vorgehen in der internationalen währungspolitischen Zusammenarbeit um die Schaffung einer einheitlichen Rechnungseinheit, die Konkretisierung des gegenseitigen Beistands, die Schaffung eines gemeinsamen Fonds, die Beseitigung der Bandbreiten, die nur noch einvernehmliche Änderung der Paritäten und die schließlich endgültige Fixierung der Wechselkurse untereinander. Im Hintergrund der Initiativen standen auch die Probleme, die bei Paritätsänderungen für die gemeinsame Agrarpolitik entstanden.[38]

Die Diskussion wurde von Anfang an lebhaft geführt im GA und WA, in den Zentralbanken und Ministerien, besonders bezüglich der Kredithilfen bei Zahlungsbilanzschwierigkeiten, der Verminderung und Beseitigung der Bandbreiten und der Schaffung eines Europäischen Fonds. Bundesbank und GA beschäftigten sich eingehend mit den technischen Problemen, den Möglichkeiten und Folgen einer Einengung der Bandbreiten.[39] Im Zentralbankrat wurde erstmals ein Entgegenkommen bei der Kredithilfe für vertretbar gehalten.[40] In der Folge gab dieser seinen Widerstand gegen automatische, sehr kurzfristige Kredite im Rahmen der EG allmählich auf, was mit den Währungskrisen der Jahre 1968–1970 zusammenhängen dürfte. Sie zeigten, daß man quasi-automatische kurzfristige Swapkredite in Krisenfällen ohnehin nicht vermeiden konnte. So wurde Frankreich nach der Abwertung des Franc vom 10. August 1969 ein befristeter Swapkredit über 400 Mio. US-$ eingeräumt und wurden Belgien 100 Mio. US-$ auf 3 Monate gewährt. Man erwartete wohl auch, daß bei einem EG-Mechanismus die Kreditgewährung sich

37 Vgl. Vermerk von Schleiminger betreffend die Besprechung im Wirtschaftsministerium vom 21. Oktober 1964 über die währungspolitischen Vorschläge im Rahmen der Europa-Initiative der Bundesregierung vom 26. Oktober 1964, Frankfurt am Main, S. 2 (HA BBk B 330/5696).

38 Vgl. Abschnitt 4a des vorliegenden Beitrags.

39 Vgl. Historisches Archiv der Deutschen Bundesbank.

40 Vgl. Historisches Archiv der Deutschen Bundesbank.

auf mehrere Länder verteilen würde und kurzfristige Kredite nach einer Währungskrise rasch getilgt werden könnten, da mit einer Umkehr der spekulativen Ströme zu rechnen war. Gleichzeitig unterrichtete allerdings der Vorsitzende den Zentralbankrat über die Absicht des Direktoriums, der Bundesregierung den Gesamtumfang der eingeräumten Kredithilfen vor Augen zu führen.[41]

Das Ausmaß solcher Kredithilfen war so wichtig für die Bundesbank, weil ja jede Inanspruchnahme von D-Mark-Krediten durch eine ausländische Zentralbank für Interventionen am Devisenmarkt zu einem Verkauf von D-Mark z.B. gegen US-Dollars oder Francs führt. Dadurch erhöht sich die Zentralbankgeldmenge und wird die Steuerung der Geldmenge erschwert. Ohne entsprechende Reduktion z.B. durch Offenmarktpolitik ergibt sich ein Inflationspotential.

Die Währungskrisen von 1968 bis 1970 hatten verdeutlicht, daß mit einem Zusammenbruch oder einer Änderung des Festkurssystems von Bretton Woods gerechnet werden mußte.[42] Es ergab sich denn auch bald Übereinstimmung der EG-Länder (Ecofin-Rat in Venedig, 29./30. Mai 1970),[43] daß bei einer Erweiterung der Bandbreiten im Bretton-Woods-System oder bei einem Übergang zu flexiblen Wechselkursen untereinander an festen Paritäten festgehalten werden sollte.

Auf der Ratssitzung der Regierungs- und Staatschefs der EG in Den Haag am 1./2. Dezember 1969 kam es schließlich zum Beschluß, eine stufenweise Verwirklichung der Wirtschafts- und Währungsunion (WWU) vorzusehen und den Übergang zu einer Europäischen Währungsunion bis 1978 zu vollziehen. Eine Ad-hoc-Kommission unter Vorsitz des luxemburgischen Ministerpräsidenten Werner wurde beauftragt, einen Bericht zu erarbeiten, der als Stufenplan für eine WWU bis zum Ende der siebziger Jahre Rat und Kommission («Werner-Bericht») am 8. Oktober 1970 vorgelegt wurde.[44] In ihm wurden Vorschläge verschiedener Länder zu einem Kompromiß zusammengefaßt. Aufgrund dieses Berichts legte die Kommission dem Ministerrat drei Entwürfe zur stufenweisen Entwicklung der WWU, über die Verstärkung der Zusammenarbeit der Zentralbanken und die Koordinierung der kurzfristigen Wirtschaftspolitik vor, die zum Teil erheblich vom Bericht abwichen.

Schon während der Vorbereitungsarbeiten hatten sich Meinungsverschiedenheiten ergeben. Belgien und Frankreich hatten bereits im Frühjahr 1969 im WA eine baldige Verengung der Bandbreiten verlangt, während die Nie-

41 Vgl. Historisches Archiv der Deutschen Bundesbank.

42 Vgl. Historisches Archiv der Deutschen Bundesbank.

43 Vgl. Historisches Archiv der Deutschen Bundesbank.

44 Vgl. Bericht an Rat und Kommission über die stufenweise Verwirklichung der Wirtschafts- und Währungsunion in der Gemeinschaft (Werner-Bericht), Brüssel 8. Oktober 1970; abgedruckt in: Hellmann, Europäische Wirtschafts- und Währungsunion, S. 134–159.

derlande und Deutschland diese erst in der dritten Stufe der WWU nach Fortschritten in der Harmonisierung der Wirtschafts- und Währungsentwicklung einführen wollten.[45] Ein weiterer Gegensatz bestand im GA bezüglich der Schaffung eines Reservefonds, der zu einer Art gemeinsamer Notenbank ausgebaut werden sollte. Während Belgien und Frankreich früh zu einem solchen Reservefonds übergehen wollten, traten die Bundesregierung und die Niederlande für eine Errichtung in der dritten Stufe ein. Der Präsident der Bundesbank bezeichnete den belgischen und französischen Plan als sehr gefährlich.[46] Schließlich kam es wegen der Meinungsverschiedenheiten in dieser Frage im Werner-Ausschuß im Mai 1970 sogar zu einem Brief des belgischen Ministerpräsidenten an den Bundeskanzler. Dieser bat anschließend den Bundeswirtschaftsminister in einem Schreiben vom 27. Mai 1970, die Möglichkeit eines Kompromisses zu prüfen.

Die Bundesbank und das BMWi hatten auch Bedenken gegen die Gewährung automatischer Kredite bei Währungskrisen, die aber durch die Festsetzung von Höchstplafonds ausgeräumt werden konnten.

Die vom Werner-Bericht abweichenden Entwürfe der Kommission gaben zu erheblichen Bedenken bei Bundesbank und BMWi Anlaß und fanden ihren Weg in die deutsche Stellungnahme für die Ratssitzung am 23. November 1970. Kritisiert wurde, daß das Ziel einer politischen Union völlig in den Hintergrund getreten und die Parallelität wirtschafts- und währungspolitischer Fortschritte nicht gewährleistet sei. Richtlinien des Ministerrates (Ecofin-Rat) für die Geldpolitik seien abzulehnen. Sie gefährdeten die gesetzliche Unabhängigkeit der Bundesbank. Ebenso sei abzulehnen, daß von ihnen abweichende kreditpolitische Maßnahmen erst nach obligatorischer Konsultation mit den anderen Zentralbanken ergriffen werden dürften. Nach Ansicht des ZBR sollte der GA, der vermutlich eine Vorstufe für den im Endzustand vorgesehenen Federal Reserve Board darstelle, von Anfang an unabhängig vom Ministerrat für die Festlegung von Orientierungen zuständig sein. Die verstärkten Konsultationen und die Koordinierung der Geld- und Kreditpolitik während der ersten Stufe dürften die gesetzlichen Bestimmungen über die Bundesbank nicht tangieren.[47] Der Bundeswirtschaftsminister erklärte dem ZBR,[48] daß die volle Parallelität der wirtschafts- und währungspolitischen Koordination gewährleistet sein müsse und auf der ersten Stufe keine institutionellen Änderungen vorgenommen werden dürften, die mit dem Bundesbankgesetz unvereinbar seien. Die Unabhängigkeit der Bundesbank müsse nach Ansicht der Regierung möglichst bis zur Endstufe erhalten

45 Vgl. Historisches Archiv der Deutschen Bundesbank.
46 Vgl. Historisches Archiv der Deutschen Bundesbank.
47 Vgl. Historisches Archiv der Deutschen Bundesbank.
48 Vgl. Historisches Archiv der Deutschen Bundesbank.

bleiben. Diese beabsichtige, die autonome Notenbank als Modell für die europäische Zentralbank zur Entscheidung zu stellen.

Nun schien jedoch Frankreich zwar an einem baldigen Abschluß der Verhandlungen über die Währungsunion, an einer Beeinflussung der deutschen Geldpolitik und an einem leichteren Zugang zu Zahlungsbilanzhilfen interessiert zu sein, nicht jedoch an einer Abgabe von Souveränitätsrechten in der zweiten und dritten Stufe an europäische Institutionen.[49] Wegen dieser Haltung, die vermutlich bei anderen Mitgliedstaaten ähnlich war, der deutschen Vorbehalte und der Währungskrise von 1971 bis 1973, die zum Zusammenbruch des Bretton-Woods-Systems führte, blieben die Ergebnisse auch dieses zweiten Anlaufs zu einer WWU bescheiden.

Worin bestanden diese Ergebnisse? Am 9. Februar 1970 wurde durch ein Abkommen der Zentralbanken der kurzfristige (drei Monate, Verlängerung um drei Monate möglich) Währungsbeistand mit einem Gesamtbetrag der automatischen Quoten von 1362,5 Mio. EWRE (siehe unten) eingeführt. Diese waren ihrem Volumen nach begrenzt und an Bedingungen geknüpft. Ferner beschloß der GA am 6. März 1971 eine Verringerung der Bandbreiten der EG-Währungen um ihre Paritäten ab 1. Juni 1971. Dieser Beschluß konnte allerdings wegen einer Währungskrise erst am 24. April 1972 mit einer Bandbreite von ± 2,25 % in Kraft treten. Auf der Sitzung des GA am 10. April 1972 vereinbarten die EG-Notenbanken außerdem die Regeln des neuen Interventionssystems und des Saldenausgleichs. Dabei sollten die ersten sechs Monate nach Inkrafttreten als Experimentierphase gelten. Auf deutschen Wunsch und nach einem früheren französischen Vorschlag wurde vereinbart, daß ohne Zustimmung der betroffenen Notenbank kein Partnerland mehr als 10% der Quote dieses Landes in dessen Währung als Reserve halten dürfe. Damit wollte die Bundesbank vermeiden, daß die D-Mark in der EG zur Reservewährung würde. Die Beitrittskandidaten Großbritannien, Irland, Dänemark und Norwegen sowie einige andere Länder bekundeten ihr Interesse an diesem Vorhaben.

Weitere Ergebnisse waren die Einführung des mittelfristigen Beistands zwischen den Regierungen nach Art. 108 EWGV mit Höchstquoten und Bedingungen durch Ratsbeschluß vom 22. März 1971, des sehr kurzfristigen unbeschränkten Beistands (Laufzeit ein Monat) durch die Zentralbanken am 10. April 1972 und die Gründung des Europäischen Fonds für Währungspolitische Zusammenarbeit (EFWZ) durch den Ecofin-Rat am 12. September 1972. Der EFWZ war für den Saldenausgleich, die Buchhaltung und die Abwicklung der sehr kurzfristigen und kurzfristigen Kredite zuständig. Seine Leitung lag bei den Notenbankpräsidenten, und seine Funktionen wurden durch die Bank für Internationalen Zahlungsausgleich (BIZ) in Basel als

49 Vgl. Historisches Archiv der Deutschen Bundesbank.

Agent durchgeführt. Schließlich wurde am 3. April 1973 die Europäische Währungs-Recheneinheit geschaffen (1 EWRE = 0,88867088 g Feingold; das entsprach dem Wert des Dollars bis 1971).

5. Der Wechselkursverbund der EWG

Durch das Basler Abkommen der Zentralbanken war der Wechselkursverbund der EWG am 24. April 1972 in Kraft getreten.[50] Man sprach zunächst von einer Schlange im Tunnel. Der Tunnel war durch die größere Bandbreite gegenüber dem Dollar gegeben. In diesem bewegte sich die Schlange der EWG-Währungen, die durch die engere Bandbreite zwischen ihnen festgelegt war. Nach dem Ende des Bretton-Woods-Systems und damit der festen Wechselkurse gegenüber dem Dollar sprach man dann von der (Währungs-) Schlange.

Der neue Verbund geriet bald in ernsthafte Probleme, die zunächst mit dem Zerfall des Systems von Bretton Woods zu tun hatten.[51] Am 23. Juni 1972 ging Großbritannien nach einer Währungskrise zu flexiblen Wechselkursen über. Aus gleichen Gründen verließ Italien am 13. Februar 1973 den Verbund. Die damit verbundene Währungskrise griff auch auf die Bundesrepublik und andere Länder über. Daraufhin beschloß der Ministerrat der EG am 19. März 1973 nach einer Aufwertung der D-Mark um 3% die Freigabe der Wechselkurse zum Dollar und die Beibehaltung des Wechselkursverbundes (ohne Großbritannien, Italien und Irland). Schweden und Norwegen schlossen sich als assoziierte Nichtmitglieder an. Das weitere Schicksal der Schlange ist aus der Chronik des EWG-Wechselkursverbundes von 1972 bis 1978 zu ersehen (siehe Abschnitt 8b). Wichtig ist, daß Frankreich Anfang 1974 aufgrund einer Währungskrise austrat, im Juli 1975 wieder eintrat, um dann im März 1976 den Verbund endgültig zu verlassen. Damit war die Schlange zu einem Miniverbund geworden, in dem die D-Mark die Rolle einer Reservewährung spielte. Die hochfliegenden Pläne, das System allmählich zu einer Europäischen WWU zu entwickeln,[52] waren gescheitert.

Worin lagen die Ursachen für diese unbefriedigende Entwicklung? Offen-

50 Vgl. zu diesem Abschnitt auch Thygesen, European Monetary System.

51 Vgl. Chronik des EWG-Wechselkursverbundes, 1972–1978 (Abschnitt 8b des vorliegenden Beitrags).

52 Vgl. Entschließung des Rates und der Vertreter der Regierungen der Mitgliedstaaten vom 21. März 1972 betreffend die Anwendung der Entschließung vom 22. März 1971 über die stufenweise Verwirklichung der Wirtschafts- und Währungsunion in der Gemeinschaft (Basler Abkommen), abgedruckt in: Krägenau/Wetter, Europäische Wirtschafts- und Währungsunion, S. 108f.

bar sind es die gleichen, die zum Zusammenbruch des Systems von Bretton Woods führten. Bei diskretionären Währungsordnungen waren die Regierungen bzw. Zentralbanken nicht bereit, ihre innenpolitischen Ziele einer zahlungsbilanzkonformen Geldpolitik unterzuordnen bzw. ihre Geldpolitik nach der des Landes mit der dominierenden Währung auszurichten. Nun wurden diese Bedingungen auch (vgl. Tabelle 1) von den an der Schlange teilnehmenden Ländern nicht erfüllt, reichten doch die Inflationsunterschiede gegenüber der Bundesrepublik für den gesamten Zeitraum von 1972 bis 1978 von 27,24% bis 107,43%. So ist es nicht erstaunlich, daß die Länder mit den höchsten Inflationsunterschieden, Italien und Großbritannien, schon am Anfang aus dem Währungsverbund ausschieden. Luxemburg und Irland wurden in Tabelle 1 nicht berücksichtigt, da ersteres über keine eigene Währung verfügte und die des letzteren fest an das britische Pfund gebunden war.

Tabelle 1: Inflation, 1971–1978
(Anstieg der Preisindizes für die Lebenshaltung in %)

Land	D	I	Ne	S	No	UK	Dk	B	F
Inflation	42,14	149,57	69,38	84,51	81,14	145,96	96,57	75,15	89,47
Differenz zu D	–	107,43	27,24	42,37	39,00	103,82	54,43	33,01	47,33

Erläuterung: D = Deutschland, I = Italien, Ne = Niederlande, S = Schweden, No = Norwegen, UK = Großbritannien, Dk = Dänemark, B = Belgien. F = Frankreich.

Quelle: Berechnungen der Deutschen Bundesbank auf Basis von Angaben der OECD.

Aber hätte das Festkurssystem nicht auch durch ausreichende Paritätsänderungen bewahrt werden können? Dabei tauchen jedoch Schwierigkeiten auf. Einmal dürfen solche Änderungen nicht zu häufig und zu groß sein, da sonst sehr umfangreiche Spekulations- und Deckungskäufe am Devisenmarkt das System gefährden. So mußten etwa 1976 von der Bundesbank bei Währungsunruhen ab Ende Juli bis zum 15. Oktober Interventionen in Höhe von ca. 8 Mrd. DM vorgenommen werden,[53] was ihre stabilitätsorientierte Geldpolitik erheblich erschwerte. Bei großen Inflationsunterschieden sind jedoch häufigere und größere Paritätsanpassungen notwendig.

Zweitens sind Regierungen zu zurückhaltend mit Paritätsänderungen[54] und

53 Vgl. Historisches Archiv der Deutschen Bundesbank.
54 Vgl. Historisches Archiv der Deutschen Bundesbank.

stimmen ihnen oft zu spät und in zu kleinem Ausmaß zu. Bei Abwertungen wird befürchtet, politisches Prestige zu verlieren und (oder) die Inflation zu erhöhen.[55] Aber auch gegenüber Aufwertungen besteht Zurückhaltung, da diese die Wettbewerbslage der exportierenden und der importkonkurrierenden Wirtschaftszweige verschlechtern. Dabei darf nicht vergessen werden, daß Märkte schnell auf Informationen reagieren, während der politische Prozeß mit seiner Vorbereitung durch Behörden, Regierungen und internationale Gremien langsam und schwerfällig ist. Daher erfolgen währungspolitische Entscheidungen oft zu spät unter Zugzwang der Märkte. Das gilt auch bei exogenen Schocks, die wie der Ölpreisschock von 1973/74 die Zahlungsbilanzen verschiedener Länder unterschiedlich beeinflussen.

Wenn Länder Paritätsänderungen verzögern, so gibt es in einem Fixkurssystem Tendenzen zur realen Aufwertung der Währungen mit höheren Inflationsraten. Wie Schaubild 1 zeigt, war dies tatsächlich für die belgische, dänische und niederländische Währung gegenüber der D-Mark der Fall. Umgekehrt tendierten die Währungen britisches Pfund und Lira mit flexiblen Wechselkursen bei höherer Inflationsrate zu einer Unterbewertung. Gleiches galt für den französischen Franc nach seinem Ausscheiden aus der Schlange. Ähnliches galt für die der Schlange assoziierten Währungen.

Allerdings hätte eine expansivere deutsche Geldpolitik die Spannungen vermindern und das Ausscheiden Frankreichs vermeiden können. Für die deutsche Politik ergab sich eine Spannung zwischen der Europa- und der Stabilitätspolitik. Diese war schon vor der Schaffung der Schlange erkannt und z.B. 1969 dem Bundeskanzler in Stellungnahmen zur Kenntnis gebracht worden.[56] Die Bundesbank war zu einer expansiveren Politik jedoch nicht bereit, und die Bundesregierung folgte meist diesem Standpunkt. Es blieb nur der Versuch, die anderen Länder zu einer Stabilitätspolitik zu veranlassen.

Verschiedene Mitgliedstaaten der EG und die Kommission verfolgten jedoch andere Interessen. Abgesehen von Plänen zur Wiederbelebung der Anstrengungen zur WWU, die zu keinen Beschlüssen führten (Fourcade-Vorschlag Dezember 1974, Marjolin-Bericht März 1975, Tindemanns-Bericht Dezember 1975, Duisenberg-Vorschlag 1976, Ortoli- und Jenkins-Vorschläge September 1977 und Vorschlag der Kommission November 1977), wurden noch weitere Vorschläge diskutiert. Diese zielten auf die Erhöhung der Quoten für den kurzfristigen Beistand, die Verlängerung der Fristen und den Wegfall der Verzinsung für den sehr kurzfristigen Beistand, die Zusammenlegung eines Teils der Reserven beim EFWZ, eine Ausweitung der Befugnisse desselben einschließlich des Rechts auf Kreditgewährung, eine neue Defini-

55 Vgl. Historisches Archiv der Deutschen Bundesbank.
56 Vgl. Historisches Archiv der Deutschen Bundesbank.

Reale Wechselkurse gegenüber der D-Mark im Europäischen Wechselkursverbund *) Schaubild 1

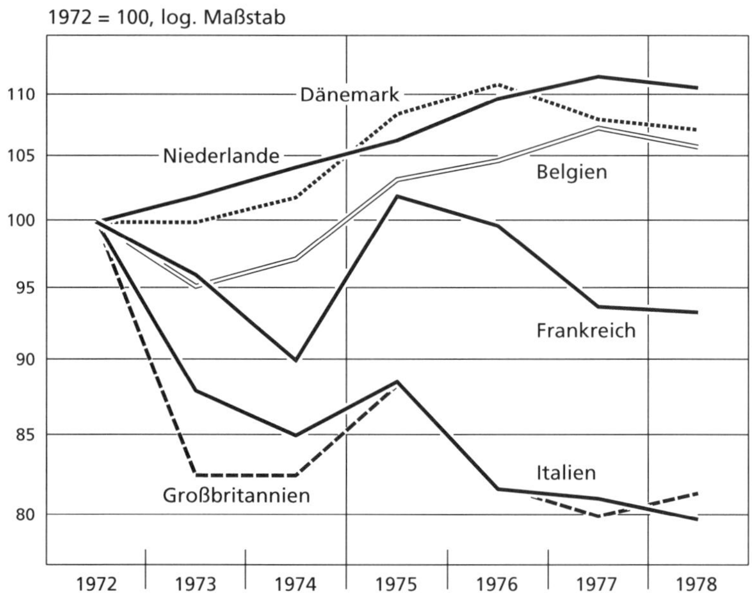

* Verschiedene Paritätsänderungen 1973, 1976, 1977 und 1978. Frankreich war nicht Mitglied in der Zeit vom 21.1.1974 bis zum 10.7.1975 und vom 15.3.1976 an. Großbritannien und Italien waren keine Mitglieder. — Quelle: Deutsche Bundesbank.

tion der EWRE als Währungskorb und die Einrichtung einer Zielzone der EG für den Dollar. Sie wurden meist von Frankreich vorgebracht bzw. unterstützt.[57] Während die Forderungen nach einer Zielzone und der Umwandlung der EWRE in eine Korbwährung und das französische Verlangen nach «symmetrischen» Interventionen abgelehnt wurden, beschloß der GA am 10. Dezember 1974, versuchsweise geheime Interventionen gegenüber dem Dollar so vorzunehmen, daß dieser nicht mehr als 1% vom amtlichen Kurs des Vortags abwich.

Die Kommission hatte dem Rat bereits 1973 eine Versechsfachung der Quoten für den kurzfristigen Währungsbeistand bei Verlängerung von maximal 6 auf 12 Monate vorgeschlagen. Diese Pläne wie auch der Vorschlag der Vergemeinschaftung der Reserven fanden im WA nur bei einigen Mitgliedern Zustimmung. Allerdings hielt man eine begrenzte Erhöhung der kurzfristigen Kredite zu angemessenen Bedingungen für gerechtfertigt.[58] Die Bundesbank

57 Vgl. Historisches Archiv der Deutschen Bundesbank.
58 Vgl. Historisches Archiv der Deutschen Bundesbank.

wandte sich gegen die meisten dieser Vorschläge. Immerhin kam es im November 1977 entsprechend den Voten von GA und WA zu einem Beschluß des Ministerrats über die Erhöhung und Anpassung der kurz- und mittelfristigen Währungsbeistände.[59]

6. Das Europäische Währungssystem (EWS)

a) Entstehung und Charakteristiken

In der ersten Jahreshälfte 1978 wurden verschiedene Vorschläge zur europäischen Währungsintegration gemacht und in den zuständigen Gremien diskutiert. Zu erwähnen sind das «Aktionsprogramm 1978» der Kommission und Vorschläge der belgischen Vorsitzenden von WA bzw. GA, Jacques van Ypersele und Cecil de Strycker, vom März und April dieses Jahres. In diese Diskussionsrunden sickerten ab etwa Juni Informationen über die von Giscard d'Estaing und Helmut Schmidt ausgehende Initiative und die vertraulichen Gespräche zwischen Clappier und Schulmann zur Ausarbeitung dieses Konzepts. Dabei suchten Giscard und Schmidt die Ministerien und die Bundesbank auszuschalten, um nicht zu frühzeitig Widerstände hervorzurufen. So wurde der erarbeitete Entwurf erst am Vorabend des entscheidenden Treffens der Staats- und Regierungschefs in Bremen am 6./7. Juli 1978 verteilt. Allerdings hatte der Präsident der Bundesbank bereits – nach einer telefonischen Unterrichtung durch Schulmann über Grundzüge – in einem Brief den Bundeskanzler um eine Aussprache vor dem 4. Juli gebeten. Von da ab erfolgte laut Emminger[60] eine volle Information. Nach dem Bremer Gipfel unterrichtete ein Fernschreiben des Kanzlers vom 8. Juli über die Ergebnisse.

Was waren die Motive der beiden Politiker, die Reaktion in den anderen Ländern, den Ministerien und bei der Bundesbank? Was war der Inhalt der Pläne, wie wurden sie abgeändert, und was das Resultat der hektischen Arbeit in den Ministerien, dem Ministerrat, dem Rat der Staats- und Regierungschefs, der Bundesbank, WA und GA in der zweiten Hälfte 1978?

Giscard zog aus den Erfahrungen der Schlange die Lehre, daß ein europäischer Währungsverbund, der für die EG notwendig sei, nur funktionieren könne, wenn nicht nur die schwachen, sondern auch die starken Währungen die Last mittragen würden. Wenn ein Wechselkurs den Interventionskurs

59 Vgl. Historisches Archiv der Deutschen Bundesbank.
60 Vgl. Emminger, D-Mark, S. 358.

erreiche, müßten beide Zentralbanken gemeinsam intervenieren.[61] Ein solches System wäre auch der damaligen französischen Neigung zu einer expansiveren Geldpolitik entgegengekommen. Auch glaubte Giscard, daß die Deutschen und speziell der Präsident der Bundesbank, Emminger, in Währungsfragen egoistisch ihre nationale Stabilitätspolitik verfolgen würden.[62]

Helmut Schmidt ging von den geschilderten (Abschnitt 1) außenpolitischen Überlegungen aus. (West-)Deutschland benötige angesichts der Spaltung Deutschlands, der Lage am Eisernen Vorhang, der prekären Situation Berlins und seiner Belastung durch die nationalsozialistische Vergangenheit die Unterstützung von EG und NATO. Ohne diese könne die deutsche Außenpolitik nicht erfolgreich geführt werden. Daneben erwähnt Schmidt in seinen Memoiren,[63] daß er ein Festkurssystem für die EG anstrebte und die Regierungen mit extremen Währungs- und Finanzpolitiken in die Pflicht nehmen wollte, um eine Konvergenz zu erreichen und eine europäische Währung als Gegengewicht gegen Dollar und Yen zu schaffen. Dies wird durch die vorliegenden Unterlagen bestätigt. In seiner Erklärung vor dem Zentralbankrat[64] betonte der Kanzler, daß es darum gehe, den Gemeinsamen Markt zu retten. Ferner wies er eindringlich auf die Bedeutung für die außenpolitische Lage Deutschlands und auf die Beziehung zum Dollar hin.

Schließlich hat Otmar Emminger vermutlich recht, wenn er ausführt: «Als Frankreich 1976 zum zweitenmal ausschied, war uns klar, daß es sich kaum entschließen würde, der ‹Schlange› wieder ein drittes Mal beizutreten. Es lag in der Luft, daß hierzu etwas anderes geschaffen werden mußte.»[65]

Schmidt suchte besonders aus politischen Gründen Großbritannien von vornherein in die Pläne einzubeziehen, was jedoch wegen des britischen Widerstands nicht gelang. Immerhin beteiligte sich Großbritannien an den Verhandlungen, blieb jedoch dem EWS vorerst fern.

Was waren die wichtigsten Diskussionspunkte bei der Entscheidungsbildung in der zweiten Hälfte 1978 und anfangs 1979? Zu nennen sind zunächst die Verlängerung der Fristen für den sehr kurzfristigen und kurzfristigen Währungsbeistand und die Erhöhung der Quoten beim kurzfristigen und mittelfristigen Beistand und der Rallongen beim kurzfristigen Beistand. Bei der sehr kurzfristigen Finanzierung trat die Mehrheit im Gegensatz zu den Niederlanden und Deutschland für eine Ausdehnung der Frist um 30 Tage, Belgien sogar bis zu einem Jahr ein. Beim kurzfristigen Beistand war Frankreich für eine Verlängerung der Laufzeit von drei auf sechs Jahre und für eine

61 Vgl. Giscard d'Estaing, Macht und Leben, S. 124f.
62 Vgl. Giscard d'Estaing, Macht und Leben, S. 122–125.
63 Vgl. Helmut Schmidt, Menschen und Mächte.
64 Vgl. Historisches Archiv der Deutschen Bundesbank.
65 Emminger, D-Mark, S. 357.

ebensolche Ausweitung der einmaligen Verlängerung.[66] Bezüglich der Summe der mittel- und kurzfristigen (insgesamt) Währungsbeistände sah ein französischer und ein Vorschlag der Kommission fast eine Vervierfachung vor, während das BMF im Gegensatz zur Bundesbank, die keine Notwendigkeit für eine Erweiterung sah, in einer Alternative immerhin eine Erhöhung um ca. 34% vorschlug. Die Briten und Italiener verlangten sogar freie Verfügbarkeit der beim EFWZ gegen Einzahlung nationaler Währung in europäischen Währungseinheiten (später einigte man sich auf die Bezeichnung ECU) zu schaffenden Einlagen.[67] Auch das BMF ging zunächst im Gegensatz zur Bundesbank davon aus, daß so geschaffene Reserven zur Eröffnung zusätzlicher Kreditlimiten verwendet werden sollten.[68]

Als neue Elemente wurden entsprechend den Absichten von Giscard und Schmidt die Neufestsetzung einer als Korbwährung definierten europäischen Währungseinheit (später ECU, gleich einer EWRE gesetzt), symmetrische Interventionen bei Gefahr der Überschreitung der Bandbreite und die Einbringung von nationalen Reserven beim EFWZ, der die Entscheidungsbefugnisse beim kurz- und mittelfristigen Beistand übernehmen sollte, eingebracht. Schließlich wurden gemeinsame Interventionen gegenüber dem Dollar ins Auge gefaßt.

Für eine Korbwährung und Interventionen bei Erreichen der Grenzen der Bandbreiten um die im Verhältnis zur Korbwährung festgelegten Paritäten traten Frankreich, Italien und Großbritannien ein. Dagegen setzten die Niederlande und Dänemark sich für eine bilaterale Fixierung aller Kreuzparitäten zwischen den Währungen ein, woraus dann die Währungskorbeinheit nach Festsetzung von Gewichten für die einzelnen Währungen zu berechnen war.[69] Die Bundesbank befürchtete, daß bei der reinen Korblösung, für die anfänglich auch der Bundeskanzler eintrat, eine Inflationsgemeinschaft entstehen würde, da sich der Wert der Korbwährung im Durchschnitt der nationalen Inflationsraten ändern müsse. Auch erwartete sie bei dieser Lösung zu hohe Interventionsverpflichtungen gegenüber dem Dollar, die ihre geldpolitische Autonomie gefährden könnten.[70] Schließlich wurde die Position der Bundesbank für die deutsche Verhandlungsführung übernommen.

Die Bundesbank befand sich angesichts der weitergehenden Vorschläge und der teilweisen Unterstützung derselben durch Bundeskanzler und BMF in einer schwächeren Position. Sie hatte allerdings die uneingeschränkte Unterstützung des BMWi und seines Ministers, Otto Graf Lambsdorff.[71] Außer-

66 Vgl. Historisches Archiv der Deutschen Bundesbank.
67 Vgl. Historisches Archiv der Deutschen Bundesbank.
68 Vgl. Historisches Archiv der Deutschen Bundesbank.
69 Vgl. Historisches Archiv der Deutschen Bundesbank.
70 Vgl. Historisches Archiv der Deutschen Bundesbank.
71 Vgl. Interview des Verfassers mit Hans Tietmeyer am 9. Juli 1995.

dem suchte sie Hilfe durch Gespräche mit verschiedenen Interessengruppen einschließlich Gewerkschaften und mit Experten der CDU/CSU-Bundestagsfraktion.[72] Am 13. September fand ein Gespräch des Direktoriums der Bundesbank und von Vertretern des Bankgewerbes beim Bundeskanzler statt, bei dem die Bankenvertreter wie der Wirtschaftsminister den Standpunkt der Bundesbank unterstützten. Der Präsident der Bundesbank betonte, daß Wechselkursanpassungen schnell und geräuschlos möglich sein müßten, daß die Devisenankaufpflicht, die Kreditfazilitäten und die Interventionspflicht zu begrenzen seien und daß das Bezugssystem für Interventionen nicht das Korbsystem sein dürfe. Die Autonomie der Notenbank könne nicht aufgegeben werden. Der Kanzler stimmte diesen fünf Punkten zu,[73] auf die der Bundesbankpräsident auch bereits bei einer Kabinettssitzung hingewiesen hatte.[74]

Anders als im Verhältnis zum BMWi ergaben sich Konflikte der Bundesbank mit dem zuständigen BMF. Neben den unterschiedlichen Standpunkten bezüglich der Ausweitung der Währungsbeistände neigte das BMF zu einer begrenzten Verlängerung des sehr kurzfristigen Beistands. Schließlich war es aus politischen Gründen gegen die Möglichkeit eines Austritts aus dem EWS, den die Bundesbank für den Fall wünschte, daß außerordentliche Interventionen ihre stabilitätsorientierte Geldpolitik unterlaufen würden.[75] In allen Fragen konnte schließlich ein Kompromiß erzielt werden.

Was waren die Ergebnisse der langwierigen nationalen und internationalen Verhandlungen? Zunächst einigte man sich in einem Kompromiß bei den französisch-deutschen Konsultationen am 14./15. September in Aachen auf die Festlegung der Interventionspunkte nach dem Paritätengitter, wobei man jedoch die Verwendung der europäischen Währungseinheit als Indikator für Interventionen innerhalb der Bandbreiten offenhielt. Der Ecofin-Rat beschloß daraufhin gegen den Widerstand nur noch von Großbritannien, die Leitkurse (Paritäten) in ECU auszudrücken. Ein belgischer Kompromißvorschlag wurde die Grundlage für die intramarginalen Interventionen.[76] Der schließlich beschlossene Vertrag zwischen den Zentralbanken sah entsprechend einen Abweichungsindikator vor, nach dem bei 75% der maximal möglichen Abweichung einer Währung vom ECU-Leitkurs vermutet wird, daß Maßnahmen (z.B. intramarginale Interventionen) zur Verminderung der Wechselkursspannungen ergriffen werden sollten.

Der sehr kurzfristige Beistand wurde um einen halben Monat verlängert. Der Saldenausgleich erfolgt weiterhin vorrangig in der Währung des Gläubi-

72 Vgl. Historisches Archiv der Deutschen Bundesbank.
73 Vgl. Historisches Archiv der Deutschen Bundesbank.
74 Vgl. Historisches Archiv der Deutschen Bundesbank.
75 Vgl. Historisches Archiv der Deutschen Bundesbank.
76 Vgl. Historisches Archiv der Deutschen Bundesbank.

gers im EFWZ. Der Rest (maximal 50%) kann ganz oder teilweise in ECU ausgeglichen werden. Andere Bestimmungen blieben unverändert.

Der kurzfristige Währungsbeistand wurde auf 14, der mittelfristige auf 11 Mrd. ECU erhöht. Die maximalen deutschen Finanzierungsverpflichtungen stiegen dadurch von bisher 5,0 auf 12,3 bzw. von 1,2 auf 3,1 Mrd. ECU. Nichtteilnehmer am EWS wie Großbritannien können Beistände nicht in Anspruch nehmen. Die Zentralbanken erklärten sich bereit, 20% ihrer Reserven beim EFWZ gegen Gutschrift in ECU zu hinterlegen. Da jedoch rechtliche Bedenken bei einigen Ländern und der Bundesbank gegen eine Übereignung der Reserven ohne vertragliche Regelungen nach Art. 236 EWGV bestanden, blieben diese im Eigentum der Notenbanken und wurden dem EFWZ mit Hilfe von revolvierenden 3-Monats-Swaps übertragen. Nach einer vertraglichen Regelung bis zum Ende der Übergangszeit von zwei Jahren sollten sie dann übereignet werden. In dieser sollte der EFWZ unverändert bleiben und weiterhin von der BIZ als Agent verwaltet werden. Alle Konten wurden in ECU geführt. Bei einer Auf- oder Abwertung einer Währung konnten daher Währungsverluste oder -gewinne eintreten.

Die Abkommen wurden auf einer Sitzung des Ecofin-Rats und des GA in Washington am 13. März 1979 in Kraft gesetzt, nachdem es wegen des Bestehens Frankreichs auf einer Änderung des Agrarausgleichs zu einer Verzögerung von fast drei Monaten gekommen war. Die wichtigsten Vereinbarungen wurden wieder in einem Abkommen der Notenbanken festgelegt, während der Rat die Erhöhung des mittelfristigen Beistands beschloß. Die Bandbreite blieb 2,25%, konnte aber ausnahmsweise auch ± 6% betragen, wovon Italien Gebrauch machte. Als Eintrittskurse wurden für die Schlangewährungen ihre bisherigen Paritäten, für die anderen Währungen die Tageskurse vom 12. März 1979 übernommen, bei der Lira mit einem Abschlag von 0,5%. Der Wert des ECU wurde aufgrund dieser Paritäten definiert, nachdem der Ecofin-Rat zuvor die Gewichte der Währungen im Währungskorb fixiert hatte. Im Übergang wurde 1 ECU = 1 EWRE gesetzt.

Die Bundesbank konnte ihre wichtigsten Ziele erreichen, wenn auch mit Zugeständnissen bei der Laufzeit des sehr kurzfristigen und beim Volumen des kurzfristigen Währungsbeistands. Wichtig war ihr die Durchsetzung des Paritätengitters und die Festlegung der Bandbreiten um die Paritäten.[77] Noch wichtiger war die Zusage von Bundeskanzler und Bundesregierung, einer Suspendierung der Interventionsverpflichtung der Bundesbank zuzustimmen, wenn die stabilitätsorientierte Geldpolitik gefährdet würde.[78] Schon wenige

77 Vgl. Interview des Verfassers mit Hans Tietmeyer am 9. Juli 1995 und mit Leonhard Gleske am 9. Juni 1996.

78 Vgl. Historisches Archiv der Deutschen Bundesbank sowie Erklärung von Wirtschaftsminister Graf Lambsdorff vor dem Bundestag am 6. Dezember 1978, Verhandlungen des Bundestags, Bd. 108, Plenarprotokolle 8/119–8/133, S. 9503; vgl. Emminger, D-Mark.

Monate später machte Finanzminister Hans Matthöfer davon Gebrauch, als er im September 1979 drohte, ohne Neufestsetzung der Wechselkurse im EWS die Interventionen einzustellen.[79]

b) Die weitere Ausgestaltung des EWS

Die Pläne zum Ausbau des EWS in einer zweiten Stufe scheiterten. Als erstes wurde der Umbau des EFWZ zu einem Europäischen Fonds mit zentralbankähnlichen Funktionen und einer definitiven Übereignung von Währungsreserven aufgegeben. Eine Mehrheit im GA war der Ansicht, daß solche weitreichenden Änderungen nur durch eine ratifizierungsbedürftige Anpassung des EWG-Vertrags nach Art. 236 erfolgen durften. Die Bundesbank betonte Anfang 1980 außerdem, daß die Aufgaben eines Europäischen Fonds gegenüber dem EFWZ nicht wesentlich erweitert werden dürften, bevor eine Angleichung bei der Preisentwicklung erfolgt sei.[80] Bereits damals wurden für eine Weiterentwicklung des EFWZ in Richtung europäischer Zentralbank Bedingungen genannt, die den später für die Europäische Währungsunion (EWU) formulierten ähnlich waren.[81]

Im November 1980 erklärte der Finanzminister, daß die Bundesregierung die Pläne zur institutionellen Weiterentwicklung des EWS vorerst nicht weiterverfolgen werde.[82] Allerdings betonte er im März 1982 auch, daß die Bundesbank zur Übertragung von Währungsreserven auf einen Europäischen Fonds und zur Einschränkung von nationalen Kompetenzen bereit sein müsse, wenn sich das EWS zu einer Stabilitätszone entwickle.[83]

In der Folge konzentrierten sich die Diskussionen auf eine Erhöhung der Annahmegrenze für den Saldenausgleich von 50% in ECU, die Nutzung des sehr kurzfristigen Beistands auch für automatische und plafondierte *intramarginale* Interventionen, die private Verwendung von ECU und eine gemeinsame Interventionspolitik gegenüber dem Dollar. Die Bundesbank lehnte im März 1982 solche Vorschläge ohne Vertragsänderung ab.[84]

Diese Vorschläge kamen von der Kommission, wurden von Frankreich und Italien unterstützt und 1987 wieder aufgenommen. Daneben forderte Frankreich größere Symmetrie bei den Interventionen (auch in Französischen Francs), und die Kommission schlug vor, an die Stelle des von der Bundes-

79 Vgl. Interview mit Hans Tietmeyer am 9. Juli 1995; vgl. auch Historisches Archiv der Deutschen Bundesbank.

80 Vgl. Historisches Archiv der Deutschen Bundesbank.

81 Vgl. Historisches Archiv der Deutschen Bundesbank.

82 Vgl. Historisches Archiv der Deutschen Bundesbank.

83 Vgl. Historisches Archiv der Deutschen Bundesbank.

84 Vgl. Historisches Archiv der Deutschen Bundesbank.

republik vorgegebenen Stabilitätsstandards gemeinsame Ziele zu setzen. Auch wurde die Koordinierung von intramarginalen Interventionen, d.h. die Beteiligung mehrerer Notenbanken und die Verlängerung der sehr kurzfristigen Währungshilfe, verlangt.[85]

Nach langer Verzögerung beschloß der ZBR am 16. Juni 1987, die private Verwendung von ECU in der Bundesrepublik zuzulassen.[86] Auch ließ die Bundesbank wegen der positiven Entwicklung des EWS, der geringfügigen Inanspruchnahme des kurz- und mittelfristigen Währungsbeistands, der zügigen Begleichung der Salden und der französischen Kritik an der deutschen Politik in diesem Jahr ihre Bereitschaft erkennen, die Annahmegrenze von 50% für ECU beim Saldenausgleich aufzuheben und den sehr kurzfristigen Währungsbeistand im Rahmen eines Plafonds auch für intramarginale Interventionen zu benutzen.[87] Entsprechende Abmachungen wurden vom GA im September 1987 verabschiedet. Die Zustimmung des Gläubigerlandes für intramarginalen Währungsbeistand blieb jedoch erhalten. Erwähnt sei ferner die Richtlinie des Ecofin-Rats vom 24. Juni 1988 zur vollen Liberalisierung des Kapitalverkehrs bis Mitte 1990 (mit Übergangsregelungen für Spanien, Portugal, Griechenland und Irland). Bedeutsam war schließlich, daß in der am 1. Juli 1987 in Kraft getretenen Einheitlichen Europäischen Akte (EEA) (Vollendung des Binnenmarktes) Art. 102 a in den EWGV eingefügt wurde. Danach erfordern institutionelle Änderungen für die Weiterentwicklung der Wirtschafts- und Währungspolitik eine Vertragsänderung nach Art. 236.

c) Die Entwicklung des EWS

Das EWS entwickelte sich günstig[88] und führte bis 1992 zu einer Zone relativer Wechselkursstabilität und rückläufiger Inflationsraten. Allerdings ist zweifelhaft, ob letzteres mit dem EWS zu tun hatte, da dies auch in Nichtmitgliedstaaten stattfand (Tabelle 2). Immerhin wiesen Dänemark, Belgien, die Niederlande und Österreich, die immer zu Schlange und EWS gehörten bzw. sich angehängt hatten, die niedrigsten Inflationsraten auf.[89] Die D-Mark entwickelte sich zur Leitwährung des Systems. Die Länder mit den höchsten Inflationsraten (Tabelle 3) nahmen die geringste Zeit am EWS teil.[90] Grie-

85 Vgl. Historisches Archiv der Deutschen Bundesbank.

86 Vgl. Historisches Archiv der Deutschen Bundesbank.

87 Vgl. Historisches Archiv der Deutschen Bundesbank.

88 Vgl. auch Gros/Thygesen, EMS und Fratianni/von Hagen, European Monetary System.

89 Vgl. auch Giovannini, European Monetary System und die dort angegebene Literatur.

90 Vgl. Chronik der Ein- und Austritte aus dem EWS (Abschnitt 8c des vorliegenden Beitrags).

Tabelle 2: Durchschnittliche jährliche Inflationsraten, 1963–1995
(Veränderung der Preisindizes für die Lebenshaltung)

	1963 bis 1967	1968 bis 1972	1973 bis 1977	1978 bis 1982	1983 bis 1987	1988 bis 1992	1993 bis 1995	**1963 bis 1995**
Australien	2,65	4,27	13,07	9,63	7,65	5,22	2,80	**6,63**
Österreich	3,50	4,27	7,64	5,15	3,05	3,03	2,95	**4,29**
Belgien	3,48	4,00	9,75	6,25	4,33	2,66	2,19	**4,79**
Kanada	2,72	3,92	8,91	10,29	4,54	4,17	1,41	**5,32**
Dänemark	5,77	6,24	10,81	10,75	5,13	3,26	1,79	**6,47**
Frankreich	3,21	5,52	10,35	11,71	5,70	3,06	1,83	**6,10**
Deutschland	2,81	3,47	5,58	4,75	1,57	3,10	3,00	**3,49**
Irland	4,14	7,57	16,09	15,21	6,27	3,15	2,09	**8,01**
Italien	4,83	3,89	16,17	16,40	8,98	5,84	4,56	**8,80**
Japan	5,63	5,69	12,73	4,65	1,37	2,19	0,63	**4,88**
Niederlande	4,47	6,02	8,61	5,48	1,53	2,12	2,45	**4,47**
Neuseeland	3,46	6,58	12,98	14,87	11,51	4,33	2,26	**8,25**
Norwegen	4,08	6,04	9,38	9,70	7,24	4,21	2,07	**6,32**
Portugal	4,24	6,58	21,40	21,09	18,78	11,18	5,27	**12,88**
Spanien	8,32	5,68	17,15	16,01	9,24	6,04	4,65	**9,79**
Schweden	4,36	5,01	9,64	10,28	6,52	7,05	3,32	**6,77**
Schweiz	3,74	4,35	5,60	4,14	2,30	4,04	1,99	**3,84**
UK	3,35	6,59	16,30	11,96	4,64	6,33	2,49	**7,58**
USA	1,91	4,65	7,71	9,76	3,32	4,30	2,78	**5,01**
Arithmetischer Durchschnitt	**4,04**	**5,28**	**11,57**	**10,43**	**5,98**	**4,49**	**2,66**	**6,51**

Erklärung: k.A. = keine Angabe.

Quelle: Berechnungen der Deutschen Bundesbank auf Basis von Angaben der OECD.

Tabelle 3: Inflation, 1978–1994
(Anstieg der Preisindizes für die Lebenshaltung in %)

Land	D	B	F	I	Ne	S	P
Inflation	65,67	92,39	153,94	323,00	58,47	207,12	850,35
Land	UK	Dk	Fi	Irl	Au	E	Gr
Inflation	188,64	135,81	155,53	210,39	78,66	300,33	1.388,14

Erläuterung: D = Deutschland (nur Westdeutschland), B = Belgien, F = Frankreich, I = Italien, Ne = Niederlande, S = Schweden, P = Portugal, UK = Großbritannien, Dk = Dänemark, Fi = Finnland, Irl = Irland, Au = Österreich, E = Spanien, Gr = Griechenland.

Quelle: Berechnungen der Deutschen Bundesbank auf Basis von Angaben der OECD.

chenland nahm nie teil, Spanien und Portugal erst ab 1989 bzw. 1992, Großbritannien nur von 1990 bis 1992. Italien verließ das EWS 1992.

Es lassen sich drei Phasen des EWS unterscheiden, die erste von 1979 bis 1983, die zweite bis etwa 1990 und danach die dritte. Die erste Phase ist durch eine relativ expansive Geldpolitik verschiedener Länder und durch häufige und teils größere Änderungen der Paritäten gekennzeichnet (vgl. Tabelle 4). Die expansive Geldpolitik läßt sich aus den hohen durchschnittlichen Inflationsraten (Tabelle 2) für Italien (16,40%), Irland (15,21%), Dänemark (10,75%) und Frankreich (11,71%) für die Jahre 1978–1982 erkennen. Nur die belgische und niederländische Inflationsrate entsprachen etwa der deutschen. Dies führte zu Spannungen, die sich auch politisch auswirkten. So schrieb der französische Premierminister im April 1981 an den Bundeskanzler und drückte den Wunsch nach einer Senkung der deutschen Geldmarktzinssätze aus, die am 19. Februar erhöht worden waren. Ob dies mit den nahenden französischen Präsidentschaftswahlen zusammenhing, sei hier offengelassen. Das Direktorium der Bundesbank wandte sich gegen dieses Ansinnen und drückte die Hoffnung aus, daß die Auffassungen über die Geldpolitik zwischen Bundesbank und Bundesregierung wieder übereinstimmen würden. [91] Zuvor war es in Breda am 4./5. April 1981 bei einer Tagung der Staats- und Regierungschefs zu einer Aufforderung (an den WA)[92] gekommen, die Möglichkeiten für eine konzertierte Zinssenkung zu prüfen. Die Bundesbank hielt jedoch an ihrer Politik fest, und der Ausgleich der Spannungen im EWS geschah lediglich durch Anpassungen der Paritäten.

91 Vgl. Historisches Archiv der Deutschen Bundesbank.
92 Vgl. Historisches Archiv der Deutschen Bundesbank.

Dabei fiel der französischen Geldpolitik eine zentrale Rolle zu, die unter der ersten Regierung unter Präsident Mitterand noch expansiv blieb.

Mit einer grundlegenden Änderung der französischen Politik im März 1983 begann die zweite Phase des EWS, die durch eine stabilere Geldpolitik und abnehmende Inflationsraten gekennzeichnet war (siehe Tabelle 2 für 1983–1987 und 1988–1992). Es kam daher zu weniger und kleineren Paritätsänderungen (vgl. Tabelle 4), mit Ausnahme der Abwertung des irischen Pfunds um 8% 1986. 1984 und von 1988 bis 1992 fanden keine Änderungen der Paritäten statt.

Die Änderung der französischen Politik erfolgte beim Übergang zur zweiten sozialistischen Regierung unter Präsident Mitterand. Während der deutschen Koalitionsgespräche vom März 1983 trat Finanzminister Jacques Delors durch Michel Camdessus an Finanzminister Gerhard Stoltenberg und Bundeskanzler Kohl heran mit dem Wunsch, den von ihm geplanten Wechsel zu einer Stabilitätspolitik durch einen gemeinsamen Antrag auf eine Änderung der Paritäten zu unterstützen. Einige Tage später flog Stoltenberg in Begleitung seines Referenten, Horst Köhler, und von Hans Tietmeyer nach Paris, wo die Angelegenheit mit Jacques Delors und seinen Vertrauensleuten erörtert wurde. Dieser legte dar, daß die Paritätsänderung aus innenpolitischen Gründen unabdingbar sei, besonders wegen des massiven Widerstands in der eigenen Partei. Dort gebe es eine starke Gruppe, die aus dem EWS ausscheiden und eine Einfuhrsteuer einführen wolle. Die Stabilisierungspolitik liege also im Interesse Frankreichs und Europas. Es stünde auf des Messers Schneide, ob er diese Politik durchsetzen könne.[93] Tatsächlich wurde ein deutsch-französischer Antrag gestellt und die D-Mark am 21. März 1983 um 5,5% auf- und der Franc um 2,5% abgewertet (vgl. Tabelle 4). Eine einseitige Aufwertung der D-Mark wurde abgelehnt.[94] Seither verfolgte Frankreich einen Stabilitätskurs, und andere vorher weniger stabilitätsorientierte EWS Mitglieder folgten seinem Beispiel.

In dieser zweiten Phase konvergierten Inflationsraten und Zinssätze im EWS (Tabelle 2). Das war vermutlich mit ein Grund für den Beitritt Spaniens 1989 und Großbritanniens 1990. Norwegen (1990), Schweden (1991) und Finnland (1991) banden ihre Währungen an die ECU. Österreich hielt am festen Kurs des Schilling zur D-Mark fest.

Auch diese Jahre blieben nicht ohne Spannungen. So bat die Bundesbank 1987 die Bundesregierung, eine Paritätsänderung zu beantragen, damit die durch Interventionen am Devisenmarkt bedingte Schaffung von Zentralbankgeld aufhöre und die geldpolitische Kontrolle zurückgewonnen werden

93 Interview des Verfassers mit Hans Tietmeyer am 9. Juli 1995; vgl. auch Historisches Archiv der Deutschen Bundesbank.

94 Vgl. Historisches Archiv der Deutschen Bundesbank.

Tabelle 4: Auf-/Abwertungen im EWS
(in % gegenüber allen übrigen Teilnehmerwährungen)

Datum 1)	DM	BFR/ LFR	DKR	FF	IR£	HFL	LIT	£	DR	PTA	ESC
1979											
24. Sept.	+2,0		−2,86					(+3,07)	2)	2)	2)
30. Nov.			−4,76						2)	2)	2)
1981											
23. März							−6,00	(+22,73)	2)	2)	2)
5. Okt.	+5,50			−3,00		+5,50	−3,00	(−9,89)	2)	2)	2)
1982											
22. Febr.		−8,50	−3,00					(+8,27)	2)	2)	2)
14. Juni	−4,25			−5,75		+4,25	−2,75		2)	2)	2)
1983											
21. März	+5,50	+1,50	+2,50	−2,50	−3,50	+3,50	−2,50	(−10,90)	2)	2)	2)
18. Mai								(+8,58)	2)	2)	2)
1985											
22. Juli	+2,00	+2,00	+2,00	+2,00	+2,00	+2,00	−6,00	(+7,47)	(−11,54)	2)	2)
1986											
7. April	+3,00	+1,00	+1,00	−3,00		+3,00		(−13,31)	(−26,95)	2)	2)
4. Aug.					−8,00			(−8,40)	(−2,29)	2)	2)
1987											
12. Jan.	+3,00	+2,00				+3,00		(−7,75)	(−8,71)	2)	2)
1990											
8. Jan.							−3,68	(−0,68)	(−20,31)		
8. Okt.								3) +5,13	(−7,95)		
1992											
14. Sept.	+3,50	+3,50	+3,50	+3,50	+3,50	+3,50	−3,50	+3,50	(−16,08)	+3,50	+3,50
17. Sept.							4)	4)		−5,00	
23. Nov.							(−6,50)	(−17,12)	(−4,57)	−6,00	−6,00
1993											
1. Febr.					−10,00		(−6,68)	(−1,19)	(−2,79)		
14. Mai								(+2,58)	(−2,13)	−8,00	−6,50

Erklärung: BFR/LFR = Belgischer/Luxemburgischer Franc, DKR = Dänische Krone, FF = Französischer Franc, IR£ = Irisches Pfund, HFL = Holländischer Gulden, LIT = Italienische Lira, £ = Pfund Sterling, DR = Griechische Drachme, PTA = Spanische Peseta, ESC = Portugiesischer Escudo.
Werte in Klammern = fiktive Werte, da Währung nicht am EWS-Wechselkursmechanismus teilnimmt.

1) Jeweils Tag des Inkrafttretens.
2) Währung war zu diesem Zeitpunkt noch nicht Bestandteil des ECU-Korbes.
3) Beteiligung am EWS-Wechselkursmechanismus: Pfund Sterling ab 8. Oktober 1990, Escudo ab 6. April 1992.
4) Ab 17. September 1992 Mitgliedschaft im EWS-Wechselkursmechanismus zeitweise ausgesetzt.

Quelle: Deutsche Bundesbank.

Schaubild 2

Interventionen der Federal Reserve und der Bundesbank am US-Dollar/DM-Markt und D-Mark-Interventionen im EWS*)

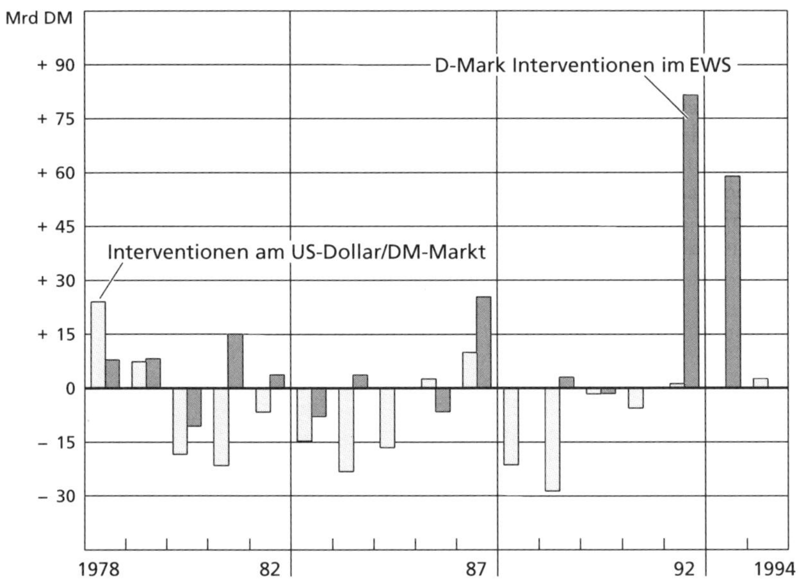

* Bereitstellung von Zentralbankgeld (+); Abschöpfung von Zentralbankgeld (–). — Quelle: Deutsche Bundesbank.

könne.[95] Während sie monierte, daß die Paritätsänderung wiederum erst unter dem Druck der Ereignisse erfolgt sei, beklagte die französische Seite eine mangelhafte deutsche Zusammenarbeit,[96] obwohl die Bundesbank im Dezember 1986 und bis 9. Januar 1987 mit 36,1 Mrd. DM im EWS intervenierte (davon 55% intramarginal)[97] (vgl. auch Schaubild 2). Das Realignment folgte am 12. Januar 1987. Auf französische Bestrebungen, die dominante Stellung der Bundesbank im EWS, die «Asymmetrie», zu beseitigen, wurde bereits (in Abschnitt 6b) hingewiesen. Andererseits erlaubte es die an der D-Mark orientierte Stabilitätspolitik den französischen Politikern, sich das Verdienst der Inflationssenkung zuzuschreiben, während die Bundesbank für etwaige negative Beschäftigungsfolgen der Desinflation verantwortlich gemacht werden konnte. Immerhin scheint jedoch der Desinflationsprozeß im EWS für Länder mit vorher höherer Inflation kostspieliger gewesen zu sein als für andere

95 Vgl. Historisches Archiv der Deutschen Bundesbank.
96 Vgl. Historisches Archiv der Deutschen Bundesbank.
97 Vgl. Historisches Archiv der Deutschen Bundesbank.

OECD-Länder mit flexiblen Wechselkursen. Das dürfte daran liegen, daß eine Schocktherapie mit starker realer Aufwertung bei Festkursen ausgeschlossen ist und durch den notwendigen gradualistischen Ansatz nur eine langsamere Senkung der Inflationserwartungen erreicht werden kann.[98] Daher dürften die Klagen Frankreichs und anderer Länder über die deutsche Politik verständlich sein.

Die dritte Phase des EWS seit 1990 ist durch die deutsche Wiedervereinigung, die Vorbereitungen zur Europäischen Währungsunion und die Krise des EWS 1992/93 gekennzeichnet. Zunächst fand seit 1987 mit Ausnahme einer geringen Abwertung der Lira Anfang 1990 keine Anpassung der Paritäten mehr statt (vgl. Tabelle 4), obwohl seitdem bis 1991 eine starke reale Aufwertung von Peseta und Escudo und eine weniger starke von britischem Pfund und italienischer Lira stattgefunden hatte (Schaubild 3a). So erstaunt nicht, daß sich verschiedene Mitglieder des ZBR gegen eine Tabuisierung von Realignments[99] durch die Kommission, aber auch den Ecofin-Rat wendeten.

Die Situation wurde zunehmend prekärer, weil zum einen bis 1990 die Freiheit des Kapitalverkehrs weitgehend realisiert worden war und zum anderen die deutsche Geldpolitik nach der deutschen Währungsunion von 1990 und der Wiedervereinigung durch die dadurch bedingte expansive Fiskalpolitik zunehmend belastet wurde. Diese hätte im Grunde wohl nach einer (wenigstens vorübergehenden) Aufwertung der D-Mark verlangt. Statt dessen suchte die Bundesbank die Situation geldpolitisch zu meistern, was zu Zinserhöhungen führte. Schließlich geriet von April bis September 1992 der Dollar unter Druck. Dies löste, wie bei anderen Gelegenheiten, Spannungen im EWS aus, da die D-Mark stärker als Zufluchtswährung benutzt wurde als andere Währungen.[100]

Trotz dieser bedrohlichen Faktoren blieb die Lage an den Devisenmärkten zunächst ruhig. Bis einschließlich des zweiten Quartals 1992 fanden keine nennenswerten D-Mark-Interventionen im EWS statt (Schaubild 2). Die Märkte waren wohl überzeugt, daß die seit 1988 vorbereiteten und vom Europäischen Rat am 7. Februar 1992 in Maastricht verabschiedeten Pläne für eine WWU zu einem Übergang der EWS-Währungen in die gemeinsame Währung zu den bestehenden Paritäten erfolgen würden. Dieses Vertrauen wurde jedoch wegen der Ablehnung des Vertragswerks im dänischen Referendum am 2. Juni und die Ankündigung eines französischen Referendums erschüttert. Es kam zu intramarginalen Interventionen, doch trug eine dänische Zinserhöhung zur vorübergehenden Beruhigung des Marktes bei.[101] Eine

98 Vgl. de Grauwe, European Monetary System.

99 Vgl. Historisches Archiv der Deutschen Bundesbank.

100 Interwiew des Verfassers mit Helmut Schlesinger am 10. April 1995; vgl. auch Historisches Archiv der Deutschen Bundesbank.

101 Vgl. Historisches Archiv der Deutschen Bundesbank.

Reale Wechselkurse
gegenüber der D-Mark im EWS, 1978–1994 *)

Schaubild 3a

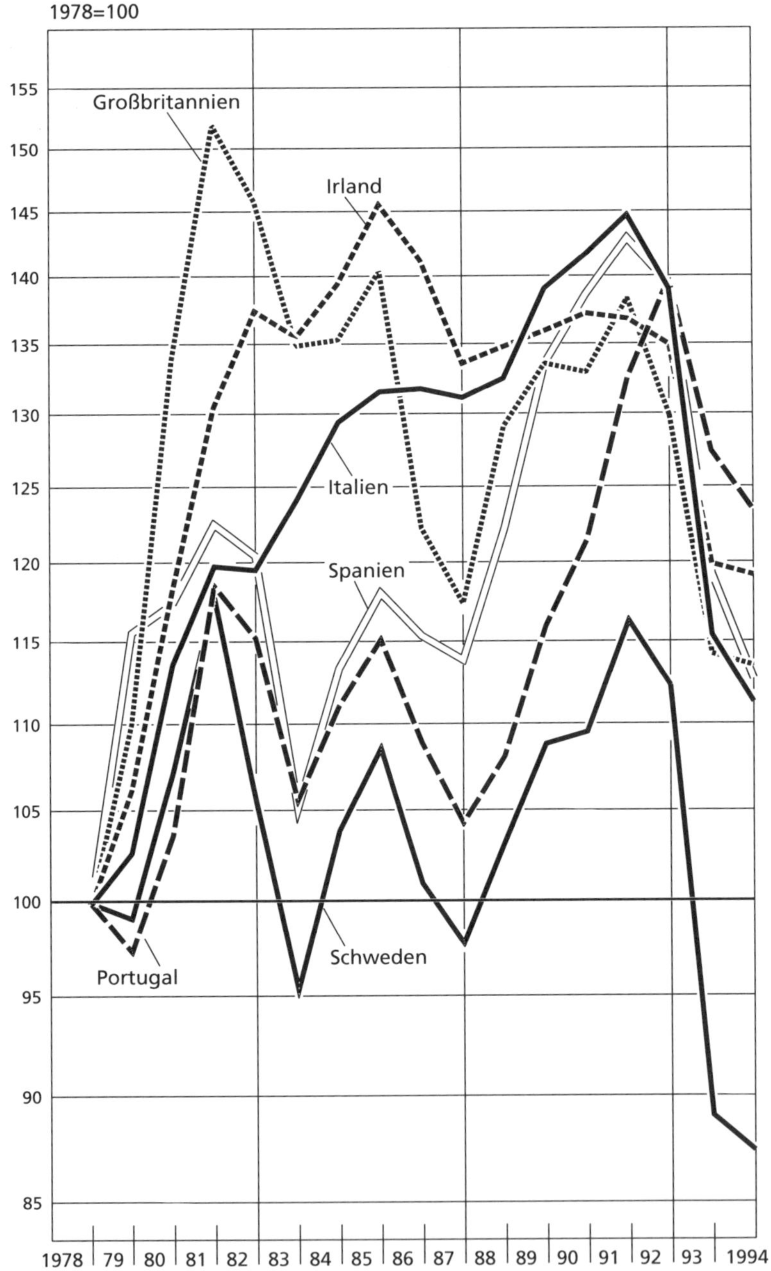

* Index der Verbraucherpreise des jeweiligen Landes, umgerechnet auf DM-Basis, dividiert durch den deutschen Preisindex für die Lebenshaltung. — Quelle: Deutsche Bundesbank.

Erhöhung des deutschen Diskontsatzes am 17. Juli 1992 und Meinungsumfragen, die den Ausgang des französichen Referendums am 20. September als ungewiß erscheinen ließen, führten jedoch zu einer Verstärkung des Mißtrauens.[102] Daneben stand der Dollar unter Druck. Daraufhin begannen die Anleger, ihre Pfund-, Lira- und Pesetapositionen aufzulösen. Diese Währungen schwächten sich deutlich ab, und die Spekulanten begannen auf ihre Abwertung zu spekulieren. Vom 28. August bis 16. September betrugen die obligatorischen Interventionen zugunsten der Lira 29,2 Mrd., die intramarginalen 9,5 Mrd. DM. Für das Pfund beliefen sie sich vom 11. bis 16. September auf 33,1 bzw. 5,2 Mrd. DM. Insgesamt betrugen die D-Mark-Interventionen im EWS im dritten Quartal 1992 87,2 Mrd. DM, von denen 5,67 Mrd. im vierten Quartal ausgeglichen werden konnten (Schaubild 2).

Trotzdem hielten die Finanzminister Großbritanniens, Frankreichs und Italiens entgegen einem Vorschlag der Bundesbank, besonders die Paritäten von Lira und britischem Pfund anzupassen, auf einem geheimen Treffen in Paris-Bercy am 26. August an unveränderten Paritäten fest. Der deutsche Finanzminister verhielt sich neutral.[103] Auf einer informellen Sitzung des Ecofin-Rats in Bath am 5. September wurde eine Paritätsänderung nicht einmal erörtert. Von britischer, irischer und italienischer Seite wurde eine Senkung der deutschen Zinsen verlangt.

Schließlich sah die Bundesbank ihre Geldpolitik gefährdet. Auf Bitte von Bundesbankpräsident Helmut Schlesinger kam es am 11. September zu einem Treffen in Frankfurt mit Bundeskanzler Kohl und Finanzminister Theo Waigel, in dem diese nach anfänglichem Zögern Kohls wegen befürchteter Rückwirkungen auf die Maastrichter Verträge nach Vorlage von Interventionszahlen dem Versuch, ein Realignment zu erreichen, zustimmten. Staatssekretär Köhler und Bundesbankvizepräsident Tietmeyer begaben sich daraufhin zunächst nach Paris zum französischen Finanzminister und zu Jean-Claude Trichet, dem Vorsitzenden des WA, und dann nach Rom zum italienischen Finanzminister und zu Carlo Azeglio Ciampi, dem Gouverneur der Banca d'Italia. Sie stießen zunächst auf erheblichen Widerstand. Die Franzosen wollten keine Entscheidung vor ihrem Referendum, und die Italiener waren gegen eine Abwertung. Schließlich gaben die Franzosen ihren Widerstand gegen eine italienische Initiative auf, und die Italiener erklärten, sie wollten eine Abwertung beantragen.[104]

Entgegen den Erwartungen der deutschen Seite baten die Italiener jedoch nicht formell um die Ingangsetzung der Anpassungsverhandlungen und rief

102 Interview des Verfassers mit Andrew Crockett am 20. April 1995.

103 Schreiben von Tietmeyer an den Verfasser vom 11. Oktober 1996.

104 Vgl. Interview des Verfassers mit Hans Tietmeyer am 9. Juli 1995 und mit Helmut Schlesinger am 10. April 1995; vgl. auch Historisches Archiv der Deutschen Bundesbank.

Jean-Claude Trichet den WA nicht zusammen, sondern suchte eine Lösung über Telefon bzw. Fax zu erreichen.[105] Am 13. September kam es daraufhin zu einer Abwertung der Lira um 3,5% und zu einer Aufwertung aller anderen EWS-Währungen um 3,5%. Die Bundesbank senkte, wie zugesagt, die Zinsen. Diese Schritte reichten aber keineswegs zur Beruhigung der Märkte aus. Nun stand neben der Lira besonders das britische Pfund unter Druck, was zu erheblichen Interventionen der Bank of England und der Bundesbank führte. Die Lage wurde verschärft durch ein Interview Schlesingers mit dem Wall Street Journal und dem Handelsblatt, in dem er ausführte, daß die Probleme noch nicht engültig gelöst seien und ein umfassenderes Realignment besser gewesen wäre. Das englische Pfund könne jedoch nicht in eine ähnliche Lage wie die Lira geraten.[106] Das Handelsblatt übermittelte den Presseagenturen am Dienstagabend eine Zusammenfassung, in der die positive Bemerkung über das Pfund weggelassen war. Die Nachricht der Agenturen platzte am Abend des 15. September in eine Sitzung mit dem Schatzkanzler Norman Lamont und dem Gouverneur der Bank of England, Robert Leigh-Pemberton, in der die Verteidigung des Pfundes am nächsten Tage besprochen wurde. Der Eindruck war deprimierend: «And I said, when this message came as to what Schlesinger was supposed to have said, *That's it, the game's up.*»[107]

Eine Erklärung der Bundesbank am späten Abend auf Verlangen des Gouverneurs der Bank of England, daß das Interview nicht autorisiert gewesen sei, war zu schwach und half nicht mehr. Am folgenden *Schwarzen Mittwoch* erklärten im WA Großbritannien (nach riesigen Reserveverlusten von mehr als 10 Mrd. US-$ an einem Tag) und Italien ihren Austritt aus dem EWS. Die Peseta wurde um 5% abgewertet. Damit waren die Unruhen jedoch noch nicht beendet. Weitere Abwertungen von Peseta und Escudo um 6% folgten am 23. November 1992 und um 8 bzw. 6,5% am 14. Mai 1993 (vgl. Tabelle 4). Das irische Pfund wurde am 1. Februar 1993 um 10% abgewertet.

Ab Ende Juni 1993 kam es zu einer Abschwächung des französischen Franc, des belgischen Franc, der dänischen Krone, der Peseta und des Escudo und zu zunehmenden intramarginalen Interventionen der Banque de France.[108] Diese mußten in der Folge verstärkt werden, und auch die Bundesbank intervenierte in riesigem Ausmaß (Schaubild 2). Dies, obwohl der Franc dank einer seit zehn Jahren stabilitätsorientierten Politik keineswegs überbewertet war (Schaubild 3b) und auch nachher seinen Wert behaupten konnte (im Juni 1992 wurden 100 Francs zu 29,705 DM notiert, am 24. August 1996

105 Vgl. Interview des Verfassers mit Hans Tietmeyer am 9. Juli 1995 und Schreiben von Tietmeyer an den Verfasser vom 11. Oktober 1996.

106 Vgl. Benkhoff, Werner: Zinssenkung war Angebot der Deutschen Bundesbank, in: Handelsblatt vom 17. September 1996.

107 Interview des Verfassers mit Andrew Crockett am 20. April 1995.

108 Vgl. Historisches Archiv der Deutschen Bundesbank.

zu 29,26 DM). Anlaß mag immerhin die wegen der noch hohen Inflationsrate von etwa 4% zögerliche Zinssenkung durch die Bundesbank gewesen sein.

Nach langen und schwierigen Verhandlungen, bilateral und im WA ab 30. Juli, beschlossen die Finanzminister und Notenbankpräsidenten eine Erweiterung der Bandbreiten auf ± 15% ab 2. August 1993, wobei die Niederlande bei ± 2,25% gegenüber der D-Mark blieben. Die Frage, ob damit das EWS aufgehört habe, als Fixkurssystem zu bestehen, wird von Zentralbankiers verneint,[109] da die Paritäten nach wie vor als Bezugspunkt für die Geldpolitik dienten, die Spekulation abgeschreckt werde und man de facto zur alten Bandbreite zurückgekehrt sei. Ende 1996 kehrten auch Finnland und Italien in das EWS zurück.

Die Ereignisse der Jahre 1992/93 schadeten politisch der Bundesrepublik Deutschland[110] und dem Ansehen der Bundesbank, der man von dänischer, belgischer, französischer und britischer Seite vorwarf, daß sie von übermäßigen Inflationsängsten besessen sei und dem EWS und der geplanten Währungsunion Schaden zugefügt habe. Helmut Schmidt spricht sogar von einer Mitwirkung Waigels und Tietmeyers an der De-facto-Zerstörung des gut funktionierenden EWS.[111] Letzteres ist jedoch unzutreffend, da sich besonders Tietmeyer entschieden für eine allgemeine Neufestsetzung der Paritäten eingesetzt hatte. Umstritten war auch, ob vor dem Schwarzen Mittwoch am 12./13. Februar 1992 mit der britischen Seite wegen eines breiteren Realignments offiziell oder inoffiziell Kontakt aufgenommen wurde. Während Gouverneur Ciampi[112] und die Bundesbank[113] solche Kontakte und eine Ablehnung eines umfassenden Realignments durch die Briten bestätigten, bestritten die britischen Politiker und Zentralbankiers diese.[114] Nach Aussage des damaligen Vorsitzenden des WA, Jean-Claude Trichet, wußte jeder der Entscheidenden, daß die Bundesbank eine breitere Neufestsetzung der Paritäten wünschte, aber ebenso, daß niemand in irgendeiner Hauptstadt

109 Vgl. Interview des Verfassers mit Andrew Crockett am 20. April 1995, mit Helmut Schlesinger am 10. April 1995, mit Hans Tietmeyer am 9. Juli 1995 und mit Jean-Claude Trichet am 9. Dezember 1996.

110 Vgl. Historisches Archiv der Deutschen Bundesbank.

111 Vgl. Schmidt, Helmut: Der zweite Anlauf, die letzte Chance, in: Die Zeit vom 5. April 1996, S. 4.

112 Vgl. «Monday Interview: Enduring symbol of stability», Interview mit Carlo Azeglio Ciampi, abgedruckt in: Financial Times vom 12. Oktober 1992, S. 30.

113 Vgl. Historisches Archiv der Deutschen Bundesbank.

114 Vgl. House of Commons, Session 1992–93, Treasury and Civil Service Committee, First Report: The 1992 Autumn Statement and the Conduct of Economic Policy, London 1992, S. X-XV; House of Commons, Session 1992–93, Treasury and Civil Service Committee: The Future Conduct of Economic Policy, Minutes of Evidence, 28 Oct. 1992, London 1992, S. 29–33; House of Commons, Official Report: Parliamentary Debates (Hansard), Bd. 212, London 1992, S. 100–107 (24 Sept. 1992: Norman Lamont), S. 313 f. (20 Oct. 1992: John Major).

Reale Wechselkurse gegenüber der D-Mark im EWS, 1978 – 1994 *)

Schaubild 3b

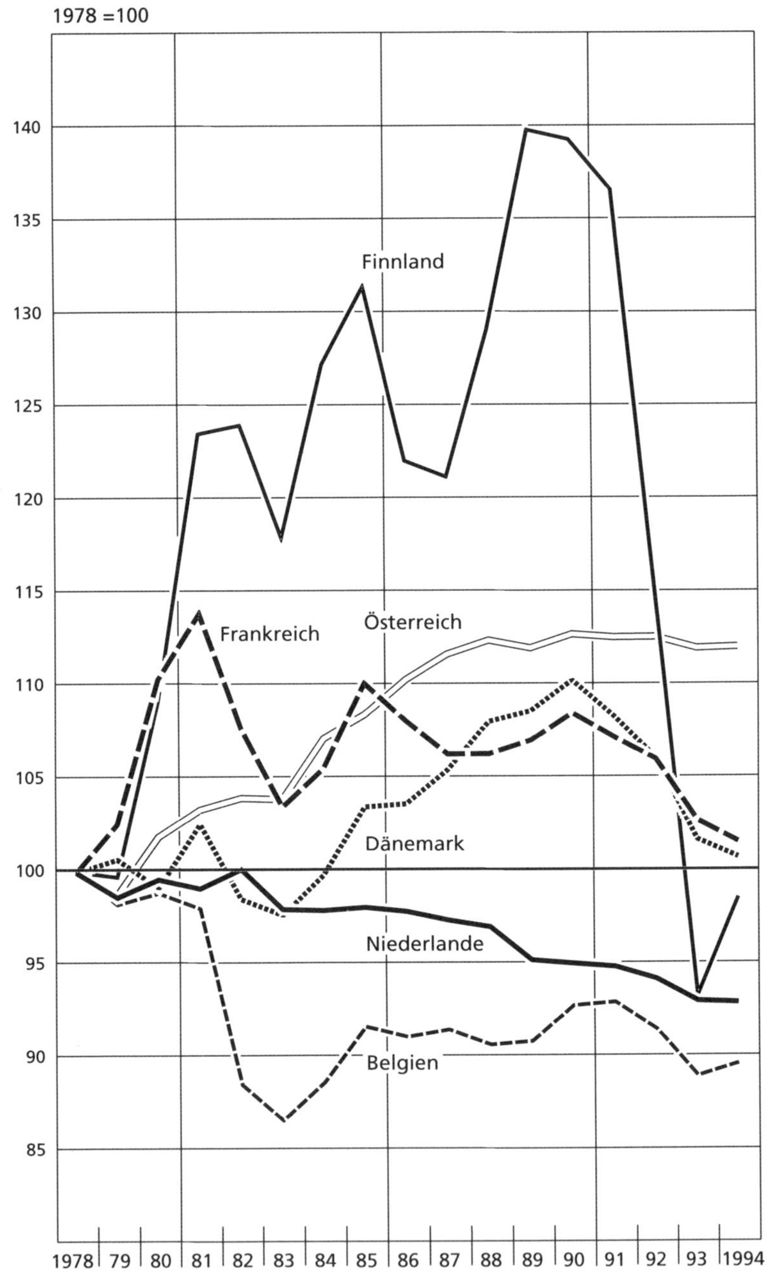

* Index der Verbraucherpreise des jeweiligen Landes, umgerechnet auf DM-Basis, dividiert durch den deutschen Preisindex für die Lebenshaltung. — Quelle: Deutsche Bundesbank.

dazu bereit war. Das sei der Grund, warum weder von deutscher, noch gar von französischer Seite den Briten oder anderen ein entsprechender Vorschlag unterbreitet worden sei. Gemäß Angabe von Trichet hätten jedoch verschiedene Quellen angedeutet, daß die italienische Regierung direkten Kontakt zur britischen in dieser Angelegenheit aufgenommen habe.[115]

7. Die Pläne für eine Europäische Währungsunion[116]

a) Der Weg zum Vertrag von Maastricht

Die französischen Bestrebungen, die auch von Italien unterstützt wurden, zu einer größeren Symmetrie und «gerechteren Lastenverteilung» zu gelangen, hatten nicht zu einem Erfolg geführt. Zwar war es zur Gründung eines deutsch-französischen Finanz- und Wirtschaftsrats gekommen (eine Mitgliedschaft *ohne Stimmrecht* hatte der Bundesbankpräsident abgelehnt), doch hatte die Bundesbank 1988 erfolgreich auf ihrer gesetzlichen alleinigen Verantwortung für die Geldpolitik bestanden.[117] In dieser Lage gab es offenbar Diskussionen zwischen dem französischen und dem deutschen Außenminister, Roland Dumas und Hans-Dietrich Genscher, in denen sie feststellten, daß der Binnenmarkt der Ergänzung durch eine WWU bedürfe.[118]

Am 26. Februar 1988 ergriff Genscher mit einem «Memorandum für die Schaffung eines Europäischen Währungsraumes und einer Europäischen Zentralbank» die Initiative, das zunächst für eine Diskussion in der FDP gedacht war, aber am gleichen Tage der Bundesbank zugeleitet wurde. Er postulierte darin die Notwendigkeit eines Europäischen Währungsraumes mit einer Zentralbank als notwendige Ergänzung des einheitlichen Marktes. Er forderte die personelle, funktionelle und finanzielle Unabhängigkeit einer Europäischen Zentralbank von nationalen und EG-Institutionen sowie das Verbot einer Finanzierung von öffentlichen Ausgaben durch sie. Die Zentralbank müsse der Geldwertstabilität Priorität einräumen. Die Grundelemente des Bundesbankgesetzes sollten übernommen werden. Nicht bereite Länder könnten später beitreten. Zur Verwirklichung schlug Genscher vor, daß der Europäische Rat in Hannover am 27./28. Juni 1988 ein Gremium zur Ausarbeitung der Prinzipien einsetzen solle.

115 Vgl. Interview des Verfassers mit Jean-Claude Trichet am 9. Dezember 1996.
116 Vgl. zu diesem Abschnitt Kenen, Economic and Monetary Union.
117 Vgl. Historisches Archiv der Deutschen Bundesbank.
118 Vgl. Interview des Verfassers mit Hans Tietmeyer am 9. Juli 1995.

Der Zeitpunkt für die Initiative war gut gewählt. Das EWS schien erfolgreich zu arbeiten. Frankreich hatte sich einer Stabilitätspolitik verpflichtet, der andere Länder folgten. Seine Bedenken und die anderer Mitgliedstaaten gegen die Dominanz einer lediglich dem Ziel der Preisstabilität nach deutschen Erfordernissen folgenden Bundesbank wurden durch den Vorschlag berücksichtigt.[119] Schließlich war durch den neuen Art. 102 a EWGV festgelegt, daß institutionelle Änderungen im Bereich der Währungspolitik nur durch Vertragsänderung erfolgen konnten.

Finanzminister Stoltenberg äußerte sich nicht sehr enthusiastisch zu dem Vorschlag und betonte, daß vor allem der Kapitalverkehr völlig liberalisiert werden müsse.[120] Die Zeit sei für weitergehende Vorschläge noch nicht reif. Allerdings müsse eine künftige Europäische Zentralbank unabhängig und föderal organisiert sein.[121] Trotzdem setzte der Europäische Rat in Hannover am 27./28. Juni 1988 unter Vorsitz des Kanzlers eine Expertengruppe unter EG-Kommissionspräsident Delors ein,[122] die ihren «Bericht zur Wirtschafts- und Währungsunion in der EG» im April 1989 vorlegte, der vom Rat als Grundlage für weitere Verhandlungen am 26./27. Juni akzeptiert wurde. Delors hatte bereits zuvor betont, daß «die Institution, die diese (europäische) Währung verwaltet, die gleiche Unabhängigkeit wie die Bundesbank haben (muß) – oder eine solche Institution wird es nicht geben».[123] Dieses Ziel wurde als Vorgabe von ihm in den Ausschuß eingebracht.[124] Entsprechend schlug dieser ein unabhängiges, föderales Europäisches Zentralbanksystem (ESZB) vor, das die nationalen Zentralbanken umfassen sollte. Als Leitungsorgane wurden ein ESZB-Rat und ein Direktorium vorgeschlagen. Der Rat sollte aus den nationalen Zentralbankpräsidenten und dem Direktorium bestehen, die Mitglieder über eine angemessen lange Amtszeit verfügen. Jährlich hätte der ESZB-Rat dem Europäischen Parlament und Europäischen Rat zu berichten. Das System sollte von Beginn der dritten Stufe an dem Ziel der Preisstabilität verpflichtet und für die Geldpolitik, die Wechselkurssteuerung, die Verwaltung der Währungsreserven und ein funktionierendes Zahlungssystem zuständig sein. Kredite an öffentliche Stellen seien nicht zu gestatten. Eine Währungsunion (dritte Stufe) sei gegeben, wenn irreversible Konvertibilität der Währungen bei Beseitigung der Bandbreiten und unwiderruflicher Fixierung der Wechselkurse bei völliger Liberalisierung des Kapitalverkehrs erreicht seien.

119 Vgl. Historisches Archiv der Deutschen Bundesbank.

120 Interview des Verfassers mit Hans Tietmeyer am 9. Juli 1995.

121 Vgl. Historisches Archiv der Deutschen Bundesbank.

122 Zum folgenden vgl. Gros/Thygesen, EMS.

123 Vgl. «Den Zeitplan einhalten», Interview mit Delors, in: Die Wirtschaftswoche vom 24. März 1988, S. 31–34.

124 Vgl. Interview des Verfassers mit Gunter Baer am 29. Mai 1995.

Weitere Vorschläge des Delors-Ausschusses waren: Eine Änderung des EWGV sei notwendig. Die Koordinierung der Wirtschafts- und Währungspolitik sei parallel zu realisieren. Ein verbindlicher Rahmen für die Finanzpolitik der Länder und eine größere Mobilität der Produktionsfaktoren und Preisflexibilität seien erforderlich. Letzteres deshalb, weil in einer Währungsunion unterschiedliche Wirkungen von Schocks in den Mitgliedstaaten nicht mehr durch Wechselkursänderungen ausgeglichen werden könnten. Außerdem sei daher eine gemeinschaftliche Regional- und Strukturpolitik notwendig. Die beschlossene Verdoppelung des Strukturfonds bis 1993 reiche möglicherweise nicht aus.

Die Endstufe der WWU solle über zwei Stufen ohne zeitliche Festlegung durch Beschluß des Rats erfolgen. Die erste Stufe solle am 1. Juli 1990 mit der vollständigen Liberalisierung des Kapitalverkehrs beginnen. In ihr sollten alle EU-Mitglieder dem EWS beitreten, den Zentralbanken sollte mehr Autonomie gewährt und die Stellung des GA gestärkt werden, der Stellungnahmen zur Koordinierung der Geld- und Wechselkurspolitik abzugeben habe. Mehrheitsvoten wären jedoch unverbindlich. Einige Länder traten jedoch für eine Übertragung dieser Funktionen an einen Europäischen Reservefonds (ERF) ein.

Für die zweite Stufe wurde die Errichtung des ESZB vorgesehen, in dem der EFWZ und der GA aufgehen würden und an das allmählich ein Teil der geldpolitischen Entscheidungsbefugnisse übertragen werden sollte. So würde es geldpolitische Richtlinien für die Gemeinschaft festlegen und einen operationellen Rahmen für die Geldpolitik schaffen. Wechselkursanpassungen wären wie in der ersten Stufe noch möglich.

Einen Auftrieb erhielten die Pläne für eine WWU 1990 durch die deutsche Wiedervereinigung. Frankreich, aber auch andere Länder und die Bundesrepublik waren nun noch mehr an einer Einbindung Deutschlands in Europa interessiert.[125]

Der Zentralbankrat reagierte auf die Pläne für eine Währungsunion (WU) 1988 zunächst zurückhaltend,[126] obwohl bereits einige Forderungen wie Unabhängigkeit, föderale Struktur und Preisstabilität als prioritäres Ziel für eine etwaige Europäische Zentralbank erhoben wurden. Diese dürfe nicht das Recht haben, Staatsdefizite zu finanzieren. Auch sei zu fragen, welche Länder denn in der Lage und willens wären, an einer WU teilzunehmen. Selbst die Frage des Sitzes wurde bereits von Bundesbankpräsident Karl Otto Pöhl auf dem der Sitzung des ZBR am 5. Mai 1988 folgenden Pressegespräch angesprochen. Staatssekretär Tietmeyer bestätigte in diesem ein hohes Maß von Übereinstimmung zwischen Bundesregierung und Bundesbank.

125 Vgl. Interview des Verfassers mit Hans Tietmeyer am 9. Juli 1995; vgl. auch Historisches Archiv der Deutschen Bundesbank.

126 Vgl. Historisches Archiv der Deutschen Bundesbank.

Die Haltung der Bundesbank kommt in einem Brief ihres Präsidenten vom 1. Juni 1988 an den Kanzler zum Ausdruck. Eine WWU brauche viel Zeit und setze eine gemeinsame wirtschafts- und finanzpolitische Willensbildung voraus. Vorher dürfe keineswegs auf Wechselkursänderungen verzichtet werden, da sonst ein politisch problematischer Ressourcentransfer zu Lasten der starken Länder erforderlich sei. Der gemeinsame Binnenmarkt bedürfe keiner gemeinsamen Währung. Eine europäische Parallelwährung sei stabilitätspolitisch bedenklich. Vor allem sei die Kapitalverkehrsliberalisierung zu Ende zu führen. Es folgen die erwähnten Postulate für eine Entwicklung in Richtung WWU. Der GA sei mit den entsprechenden Untersuchungen zu betrauen. Diesem Wunsch wurde in Hannover nicht voll entsprochen, da dem Delors-Ausschuß neben den Notenbankpräsidenten drei unabhängige Experten und der Kommissionspräsident als Vorsitzender angehörten.

Der Delors-Bericht entsprach in wichtigen Punkten den Zielen der Bundesbank, doch wies sie in einem Brief an den Bundeskanzler im Juni 1989 kurz vor der Madrider Konferenz darauf hin, daß eine Ausweitung der Kompetenzen des GA in der ersten Phase bedenklich sei, falls nicht eine verbindliche politische Festlegung auf die WWU erfolge. Vor Vertragsverhandlungen sollten eine völlige Liberalisierung des Kapitalverkehrs, die Annäherung der wirtschaftlichen und steuerlichen Rahmenbedingungen und die Teilnahme aller EU-Mitgliedstaaten am EWS Vorrang besitzen. Die Schaffung eines europäischen Notenbanksystems mit geldpolitischen Befugnissen schon in der zweiten Stufe erfordere eine Änderung des Bundesbankgesetzes, die vermutlich in der Bundesrepublik Deutschland keine breite Zustimmung finden werde.

Die Bundesbank erkannte jedoch, daß eine Währungsunion möglicherweise aus politischen Gründen unvermeidbar sei, da verschiedene Länder nicht bereit waren, ihre Dominanz auf Dauer zu akzeptieren. Aus diesem Grund müßten die Schwächen des Delors-Berichts besonders bezüglich der zweiten Phase ausgeräumt werden.[127] Die Bundesbank trat daher während der folgenden Verhandlungen dafür ein, daß in der ersten Stufe die Eigenständigkeit des GA gegenüber dem Ecofin-Rat besonders entgegen britischen Wünschen gewahrt bleibe und keine Regelungen beschlossen würden, die die Rechte des ZBR nach dem Bundesbankgesetz einschränken würden. Die Parallelität von Fortschritten auf dem Weg zur WWU müsse gesichert sein.[128] Der Finanzminister akzeptierte diese Forderungen weitgehend und wies auf die Bedeutung der Unterstützung durch die Bundesbank für die innenpolitische öffentliche Diskussion hin.[129]

127 Vgl. auch Wissenschaftlicher Beirat beim Bundesministerium für Wirtschaft, Europäische Währungsunion.

128 Vgl. Historisches Archiv der Deutschen Bundesbank.

129 Vgl. Historisches Archiv der Deutschen Bundesbank.

Für die zweite Stufe wehrte sich die Bundesbank gegen eine schrittweise Übertragung von geldpolitischen Befugnissen an ein ESZB. Das führe zu einer Vermengung der Kompetenzen und sei aus diesem Grund stabilitätspolitisch gefährlich. Daher solle das ESZB erst gegründet werden, wenn feststehe, welche Länder wann bereit seien, ihre Wechselkurse endgültig zu fixieren und eine gemeinschaftliche Geldpolitik zu betreiben.[130] Dieser Position schloß sich die Bundesregierung Anfang 1991 an.[131] Ein niederländischer Kompromißvorschlag für ein Europäisches Währungsinstitut statt des ESZB auf der zweiten Stufe löste dann dieses Problem.

Eine weitere Sorge der Bundesbank war die Festlegung und Änderung der Paritäten im Falle der Fixierung der Wechselkurse nach außen. Hier wurde eine Mitwirkung des ESZB gewünscht.[132]

b) Die wesentlichen Bestimmungen des Maastrichter Vertrages zur Wirtschafts- und Währungsunion (WWU)

Die Bundesbank sah die meisten ihrer Ziele im Vertragswerk von Maastricht verwirklicht, das am 7. Februar 1992 unterzeichnet und den Parlamenten zur Ratifizierung zugeleitet wurde. Allerdings seien feste Termine für den Eintritt in die zweite und dritte Stufe nicht vermieden worden. Bei der Festsetzung von fixen Paritäten nach außen habe man Verbesserungen erzielen können. Der ECU trage aber trotz Korbfixierung bis zu Beginn der dritten Stufe ein Wechselkursrisiko. Die Vereinbarungen zur politischen Union seien nicht ausreichend. Weitere Schwierigkeiten könnten sich aus Lasten im Rahmen des Kohäsionsfonds ergeben.[133] Demgegenüber betonte der Finanzminister, daß er nicht von der Notwendigkeit einer staatlichen Grundlage für eine Währungsunion überzeugt sei.[134] Nachbesserungen könne es nicht geben. Im übrigen dankte er dem ZBR für die gute Zusammenarbeit.

Der Vertrag folgt bezüglich des Statuts der EZB fast unverändert dem Vorschlag des GA unter Vorsitz von Bundesbankpräsident Pöhl. Er sieht die Unabhängigkeit der EZB von Weisungen (Art. 107) und als vorrangiges Ziel die Preisstabilität vor. Subsidiär ist die allgemeine Wirtschaftspolitik der Gemeinschaft zu unterstützen (Art. 105). Das ESZB besteht aus der EZB und den nationalen Zentralbanken (Art. 106). Man kann fragen, ob bei der Beibehaltung der Zentralbanken neben Gesichtspunkten der Durchführung der

130 Vgl. Historisches Archiv der Deutschen Bundesbank.

131 Vgl. Historisches Archiv der Deutschen Bundesbank.

132 Vgl. Historisches Archiv der Deutschen Bundesbank.

133 Vgl. Historisches Archiv der Deutschen Bundesbank sowie Deutsche Bundesbank, Beschlüsse von Maastricht, S. 54.

134 Vgl. Historisches Archiv der Deutschen Bundesbank.

Geldpolitik und des Föderalismus nicht auch die Absicht, Posten und Arbeitsplätze zu erhalten, eine Rolle gespielt hat. Das scheint bereits im Delors-Ausschuß der Fall gewesen zu sein.[135]

Die EZB hat das ausschließliche Recht, die Ausgabe von Banknoten und Münzen zu genehmigen (Art. 105 a). Der Rat kann einstimmig nach Anhörung der EZB im Einklang mit dem Ziel der Preisstabilität Vereinbarungen über Fixkurse nach außen treffen. Bei flexiblen Wechselkursen kann er mit qualifizierter Mehrheit entsprechend Orientierungen gegenüber Drittwährungen aufstellen (Art. 109).

Der EZB-Rat besteht aus bis zu sechs Mitgliedern des Direktoriums und den Präsidenten der Zentralbanken. Die Amtszeit der erstgenannten beträgt acht Jahre und kann nicht verlängert werden (Art. 109 a). Die Präsidenten haben eine Amtszeit von mindestens fünf Jahren (Protokoll über die Satzung des ESZB und der EZB, Art. 14.2). Die Zentralbanken sind bezüglich ihrer Aufgaben im EZB unabhängig von Weisungen (Protokoll, Art. 7). Der EZB-Rat legt die Geldpolitik fest, erläßt Leitlinien und Entscheidungen, das Direktorium führt diese aus und bereitet die Sitzungen des Rats vor (Protokoll, Art. 12). Art. 14.2 des Protokolls ist kritisiert worden, da eine Amtszeit der Zentralbankpräsidenten von weniger als acht Jahren und Wiederwahlmöglichkeit die personelle Unabhängigkeit des EZB-Rats gefährdeten.

Das ESZB nimmt seine Tätigkeit mit Beginn der dritten Stufe auf. Bis dahin verbleibt die Geldpolitik in der Verantwortung der Zentralbanken. Für die zweite Stufe, die fristgemäß am 1. Januar 1994 begann, wurde ein unabhängiges Europäisches Währungsinstitut (EWI) gegründet (Art. 109 f). Dieses soll die Zusammenarbeit der Zentralbanken und die Koordinierung ihrer Geldpolitik mit dem Ziel der Preisstabilität verstärken und das Funktionieren des EWS überwachen. Es soll die technischen Vorbereitungen für die dritte Stufe besonders bezüglich der Instrumente und Verfahren der Geldpolitik, der Effizienz des Zahlungsverkehrs und für die europäischen Banknoten treffen. Der GA und EFWZ gehen in ihm auf. Sein Rat besteht aus einem Präsidenten und den Gouverneuren der Zentralbanken.

In Art. 109 j EWGV und den Protokollen über das Verfahren bei einem übermäßigen Defizit und über die Konvergenzkriterien nach Art. 109 j sind die «Konvergenzkriterien» und der Eintritt in die dritte Stufe geregelt. Danach entscheidet der Rat spätestens bis zum 31. Dezember 1996 mit qualifizierter Mehrheit, ob eine Mehrheit der Mitgliedstaaten die Kriterien erfüllt, ob es zweckmäßig ist, in die dritte Stufe einzutreten und wann diese beginnen soll. Ist bis Ende 1997 kein solcher Zeitpunkt festgelegt, so beginnt die dritte Stufe am 1. Januar 1999. Der Rat bestätigt dann vor dem 1. Juli 1998, welche Staaten die Voraussetzungen erfüllen. Für die anderen Mitgliedstaaten gilt

135 Interview des Verfassers mit Gunter Baer am 25. Mai 1995.

eine Ausnahmeregelung, die bei späterer Erfüllung der Kriterien vom Rat mit qualifizierter Mehrheit aufgehoben wird.

Der Vertrag enthält vier Konvergenzkriterien:

1. Erreichung eines hohen Grades an Preisstabilität: Nach (Art. 1) Protokoll darf die durchschnittliche Inflationsrate im Jahr vor der Prüfung höchstens um 1,5% über der durchschnittlichen Inflationsrate der drei Mitgliedstaaten mit der niedrigsten Inflation liegen.
2. Eine auf Dauer tragbare Finanzlage der öffentlichen Hand: Das Defizit soll 3% und die öffentliche Verschuldung 60% des Bruttoinlandsprodukts nicht überschreiten (Art. 1). Diese Quantifizierung geht auf einen niederländischen Vorschlag zurück. Nach Art. 104 c (2) ist sie nicht bindend, wenn beim Defizit das Verhältnis erheblich und laufend zurückgegangen und in die Nähe des Referenzwertes geführt hat oder es nur ausnahmsweise und vorübergehend überschritten wurde; und wenn beim Schuldenstand das Verhältnis hinreichend rückläufig ist und sich rasch genug dem Referenzwert nähert.

   Die Vorschriften für die Fiskalpolitik gelten auch nach dem Eintritt in die dritte Stufe. Ihre Verletzung kann mit (allerdings schwachen) Sanktionen geahndet werden.
3. Einhaltung der Bandbreiten des EWS für zwei Jahre ohne Abwertung. Unklar bleibt, ob als «normale» Bandbreite auch die seit 1993 geltenden ± 15% gedeutet werden können.
4. Die Dauerhaftigkeit der erreichten Konvergenz eines Mitglieds und seiner Teilnahme am EWS. Erstere ist gegeben, wenn im Jahr vor der Prüfung der durchschnittliche langfristige Zinssatz des Landes höchstens 2% über dem Durchschnitt der Zinssätze der drei Mitgliedstaaten mit den niedrigsten Zinssätzen liegt (Protokoll, Art. 4). Schließlich sind Großbritannien und Dänemark nicht verpflichtet, sich an der dritten Stufe zu beteiligen.[136]

c) Weitere Entwicklung und Ausblick

Wie erwähnt lösten das negative erste Referendum in Dänemark und die Unsicherheit über den Ausgang des französischen Referendums über die Maastrichter Verträge die Krise des EWS 1992 aus. Die Franzosen stimmten schließlich den Verträgen mit knapper Mehrheit zu, die Dänen in einem zweiten Referendum ebenfalls, nachdem ihnen die erwähnte Ausnahmebestimmung eingeräumt worden war. Auch in Deutschland war der Widerstand groß. Eine Mehrheit von «Wirtschaftsprofessoren» kritisierte seit Mai 1992

136 Vgl. Protokoll, Bonn 1994, S. 77 und S. 79.

öffentlich die Verträge.[137] Während Banken und Industrie der WWU eher positiv gegenüberstehen, gilt dies heute (1996) nach Meinungsumfragen für eine Mehrheit der Bevölkerung noch nicht. Ähnliches trifft für Dänemark, Großbritannien, Österreich, Finnland und Schweden zu.

Am 12. Oktober 1993 wies das Bundesverfassungsgericht eine Verfassungsbeschwerde gegen das Gesetz vom 28. Dezember 1992 über den Vertrag zur Europäischen Union zurück. Allerdings führte es aus, daß der Zeitpunkt für die dritte Stufe der WWU «eher als Zielvorgabe denn als rechtlich durchsetzbares Datum zu verstehen» sei. Der Deutsche Bundestag könne «seinen Willen, die zukünftige Währungsordnung nur unter den Voraussetzungen strikter Stabilitätskriterien beginnen zu lassen, jedenfalls im Rahmen des Art. 23 Abs. 3 GG ... zur Wirkung bringen».[138] Man kann der Ansicht sein, daß damit der BRD bei Nichterfüllung der Konvergenz- bzw. Stabilitätskriterien eine Art Austrittsrecht gegen den Beginn der dritten Stufe zustehe.[139]

Der ZBR trat keineswegs enthusiastisch für die Verwirklichung der WU ein, wobei allerdings die Standpunkte der Mitglieder wie bei den Beratungen zur Vorbereitung des Maastrichter Vertrags durchaus verschieden waren. Die Bundesbank sieht sich als Wächter der Stabilität einer künftigen europäischen Währung und räumt der Anwendung der Kriterien Vorrang vor der Einhaltung der Termine ein.[140] Der Bundesbankpräsident verweist auf die Notwendigkeit von mehr politischer Gemeinsamkeit als Grundlage für die WU, die auch Giscard d'Estaing in einem «Manifest für ein föderalistisches Europa»[141] und Kommissionspräsident Jacques Santer[142] für notwendig erklärt hätten. Ein weiteres Problem sei, daß nicht sofort alle EU-Staaten Mitglieder der Währungsunion werden könnten. Wie werde Europa damit fertig werden?[143]

Weitere Probleme werden von anderen Mitgliedern des Direktoriums aufgeworfen. Was geschehe, wenn durch ein verfehltes Verhalten der Tarifparteien Arbeitlosigkeit in einzelnen Ländern entstehe? Könne dann die EZB dem politischen Druck standhalten? Sei die Flexibilität des Arbeitsmarktes groß genug, um nach Wegfall von Paritätsänderungen angemessen auf exogene Schocks zu reagieren? Der (politische) Druck auf eine Ergänzung durch eine Sozialunion, auf Ausgleich durch finanzielle Transfers[144] und eine Lohn-

137 Vgl. «Maastricht II/Colloquium an der Universität Hohenheim, Wirtschaftsprofessoren gegen Währungsunion», in: Handelsblatt vom 6. November 1995, S. 8.

138 Urteil des Bundesverfassungsgerichts vom 12. Oktober 1993, abgedruckt in: Europäische Grundrechte-Zeitschrift, 20. Jahrgang, Heft 17, 18. Oktober 1993, S. 442.

139 Interview des Verfassers mit Andrew Crocket am 20. April 1995.

140 Vgl. Tietmeyer, Erfahrungen, S. 421–430.

141 Vgl. Giscard d'Estaing, Manifeste.

142 Vgl. «Kein Europa à la carte», Interview mit Jaques Santer, abgedruckt in: Industrie vom 25. Januar 1995, S. 10–12.

143 Vgl. Historisches Archiv der Deutschen Bundesbank.

144 Vgl. Historisches Archiv der Deutschen Bundesbank.

angleichung verringere diese Flexibilität weiter und erhöhe die Arbeitslosigkeit, wenn ihm nachgegeben werde. Auch sei zu bezweifeln, ob der Bestimmung des Maastrichter Vertrages nachgelebt werde, einen von Bankrott bedrohten Mitgliedstaat nicht zu unterstützen. Würde dies aber erwartet, so werde die Finanzierung von Defiziten durch den entstehenden einheitlichen Kapitalmarkt eher erleichtert. Die Bestimmungen zur Sicherung solider öffentlicher Finanzen seien nicht ausreichend. Mit dem Näherrücken des Termins würden die Konvergenzkriterien zunehmend in Frage gestellt.[145]

Gegen diese bedenkenswerten Argumente lassen sich auch Gegenargumente vorbringen. Die Nordische und die Lateinische Münzunion (mit Ausnahme zeitweiser Suspendierung der Konvertierbarkeit durch Italien) funktionierten gut jahrzehntelang bis 1914 ohne politische Union. Die Probleme der letzteren hatten lediglich mit ihrem Charakter als Doppelwährung zu tun, der dann praktisch aufgehoben wurde. Die Dinge liegen natürlich für eine Währungsordnung mit diskretionärem Papiergeld anders, doch sind im Maastrichter Vertrag fast alle Voraussetzungen erfüllt, um dieses so stabil wie die D-Mark zu halten. Flexible oder anpaßbare Wechselkurse sind ebenfalls nicht unproblematisch. So können unterschiedliche Geldpolitiken und externe Schocks zu Über- und Unterbewertungen mit negativen Auswirkungen für Beschäftigung, Inflationsrate und Wachstum führen. Wenn die beteiligten Länder entsprechend dem Vertrag vom Bankrott bedrohte Staaten nicht retten, so werden die Kapitalmärkte ihre Kontrollfunktion durch größere Zinsdifferenzen oder Kreditunwürdigkeit bald wahrnehmen. Dies wäre besser als die gegenwärtige Verminderung von Staatsschulden durch Inflationierung. Unter Philipp II. von Spanien etwa hat es mehrere «gesunde Staatsbankrotte» gegeben, ohne daß die Stabilität der Währung – einer Weltwährung – darunter gelitten hätte.

Doch zurück zur weiteren Entwicklung. Das EWI, als dessen Sitz ebenso wie für die EZB nach längeren Diskussionen am 29. Oktober 1993 Frankfurt festgesetzt wurde, begann Anfang 1994 seine Tätigkeit. Es machte sich alsbald ans Werk bezüglich der technischen Probleme des Übergangs zur dritten Stufe, der Art der Geldpolitik und ihrer Instrumente und der Erleichterung des Zahlungsverkehrs in der dritten Stufe und der Einführung von Kassentransaktionen.[146] Die Kommission setzte Anfang 1994 eine Studiengruppe ein, die bis 31. Oktober 1994 einen Bericht zum Übergang zur Einheitswährung abgeben sollte, was zum Grünbuch der Kommission führte. Aufgrund dieser Arbeiten beschloß der Rat der Staats- und Regierungschefs am 16. Dezember 1995 in Madrid ein Szenario für die Einführung einer einheitlichen Währung, die er Euro nannte, mit Beginn der dritten Stufe der WWU am 1. Januar 1999. Der Vorschlag des Bundesfinanzministers für einen fiskalischen Stabilitäts-

145 Vgl. Issing, Europa, S. 1–7.
146 Vgl. Europäisches Währungsinstitut, Übergang zur Einheitlichen Währung.

pakt für die Zeit nach der Gründung der WWU wurde am Treffen der Regierungschefs in Dublin am 13. Dezember 1996 akzeptiert und beim Treffen des Ecofin-Rats in Nordwijk am 6. April 1997 konkretisiert. Danach sollen Länder, die ein größeres Defizit als 3% des Bruttoinlandsprodukts (BIP) nach Schaffung der WU aufweisen, eine Einlage zahlen. Bessert sich die Situation nicht innerhalb von drei Jahren, so verfällt die Einlage und fließt als Buße den «soliden» WU-Mitgliedern zu. Der Sanktionsbetrag beläuft sich auf einen festen Betrag von 0,2% und eine variable Komponente von bis zu 0,5% des BIP, die von der Höhe der Defizitüberschreitung abhängt. Der fixe Betrag entfällt ab dem zweiten Jahr. Ein Defizit von über 3% des BIP ist jedoch bei einem Rückgang desselben von mehr als 2% erlaubt. Bei einem Rückgang des BIP zwischen 0,75 und 2% entscheidet der Rat, ob ein übermäßiges Defizit vorliegt. Eine Beschleunigung des Feststellungsverfahrens auf zehn Monate wurde ebenfalls beschlossen.

Ferner wurde ein EWS II mit festen Paritäten zum Euro und mit großer Bandbreite für die Länder vorgesehen, die 1999 der WWU noch nicht beitreten können. Daran waren besonders Frankreich und Irland interessiert, die Wettbewerbsnachteile durch unterbewertete Währungen befürchteten. Die Mitgliedschaft im EWS ist freiwillig, aber Voraussetzung für den Beitritt zur WU wegen des Wechselkurskriteriums. Die Paritäten werden gegenüber dem Euro und im Hinblick auf einen Beitritt zur WU festgelegt. Neben den beteiligten Ländern ist auch die EZB verpflichtet, am Devisenmarkt zur Einhaltung der Bandbreiten zu intervenieren, aber nur solange dadurch das Ziel der Preisstabilität nicht gefährdet wird. Alle Beteiligten können Verhandlungen zwecks Paritätsänderungen verlangen. Eine Einengung der Bandbreiten ist möglich.

Schließlich wurden die vom EWI gewählten Entwürfe für die Euro-Noten vorgestellt.

Es sind drei Phasen für den Übergang in der dritten Stufe der WWU geplant. (Zu Phase A siehe unten.) In Phase B soll die Umstellung des bargeldlosen Zahlungsverkehrs auf Euro erfolgen, wobei die Buchgeldumstellung den Märkten überlassen bleibt. Alle Geld- und Devisenmarkttransaktionen des ESZB sollen in Euro erfolgen und Konten bei diesem auf Euro umgestellt werden. Der ECU wird 1:1 in Euro umgetauscht. Staatliche Neuemissionen mit Laufzeit über 2001 hinaus sollen auf Euro lauten.

In Phase C sollen ab 1. Januar 2002 Euro-Noten und -Münzen eingeführt und die nationalen Noten und Münzen am 1. Juli 2002 ungültig werden. Außerdem wird der größte Teil der Umstellung der öffentlichen Hand, von Unternehmen und Haushalten (z.B. der Buchführung, bei Automaten usw.) auf Euro vorgenommen. Phase A (etwa ab Frühjahr 1998) dient der Verabschiedung der Anpassungsgesetze, der Errichtung von EZB und ESZB, dem Beginn der Herstellung von Noten und Münzen, sowie der Vorbereitung der Währungsumstellung im Finanz- und Bankensektor.

Bezüglich der Ziele der Geldpolitik setzte sich die Bundesbank für ein Geldmengenzwischenziel ein. Sie unterstützte als Instrumente in den Diskussionen im EWI neben der Offenmarkt- und Lombardpolitik die Diskont- und die Mindestreservepolitik.[147]

Inzwischen sind die Vorbereitungsarbeiten im EWI weit fortgeschritten. So schlägt es der EZB als mögliche Strategien die Festlegung eines Geldmengen- oder eines direkten Inflationsziels vor. Bei der Anwendung könne es auch Varianten geben, die Elemente beider Ziele enthielten.

Als wichtigstes Instrument wird die Offenmarktpolitik mit vier Arten je nach Laufzeit vorgeschlagen. Aber auch die Option der Mindestreserven wird vorbereitet. Außerdem soll das ESZB an den Devisenmärkten intervenieren können. Daneben wird die Erhebung von Gesamtstatistiken durch die EZB und mit den Zentralbanken ein grenzüberschreitendes Zahlungsverkehrssystem entwickelt.[148]

Abschließend ist zu fragen, welche weitere Entwicklung zu erwarten ist. Wird es und wann zur WWU kommen? Wird diese erfolgreich sein? Die Ansichten gehen weit auseinander. Die Konjunkturlage ist zur Zeit ungünstig für die finanzpolitischen Konvergenzkriterien, während die Kriterien für die Inflationsraten und die langfristigen Zinssätze von den meisten Mitgliedern erfüllt werden (Schaubild 4). Möglicherweise können die finanzpolitischen Kriterien von Frankreich und von Deutschland 1997 nicht erfüllt werden (Schaubild 5). Nach einhelliger Meinung wird es jedoch ohne Frankreich und Deutschland keine WWU geben. Wie können die Politiker reagieren, wenn dieser Fall eintreten sollte? Als Alternativen bleiben eine Verschiebung und eine weiche Interpretation der Kriterien. Man könnte diese z.B. damit rechtfertigen, daß man die 3 bzw. 60% des BIP für Defizit bzw. Schuldenstand als Durchschnitt über einen Konjunkturzyklus definiert. Wie aber würden dann Bundestag bzw. Bundesverfassungsgericht reagieren?

Auch politisch können sich Probleme wegen der skeptischen Bevölkerung in den relativ stabilen Ländern und der hohen Arbeitslosigkeit ergeben. Werden sich die Oppositionsparteien die Gelegenheit entgehen lassen, in Deutschland die Stimmung gegen die WWU auszunutzen und in Frankreich für eine expansivere Geldpolitik zur Reduktion der Arbeitslosigkeit einzutreten? Bundeskanzler Kohl und Außenminister Klaus Kinkel warnten bereits die SPD vor billigem Populismus in der deutschen Europapolitik.[149] Und der frühere Bundeskanzler Helmut Schmidt bezeichnete in eben diesem Sinne

147 «Dr. Tietmeyer discusses the role and instruments of monetary policy», abgedruckt in: BIS Review 189, Basel, 17. Oktober 1994, S. 1–13; vgl. auch Historisches Archiv der Deutschen Bundesbank.

148 Europäisches Währungsinstitut, Einheitliche Geldpolitik.

149 Vgl. «Kohl gegen den Währungspopulismus der SPD, Scharping fordert Ergänzung des Maastricht-Vertrages», in: Neue Zürcher Zeitung vom 9. November 1995, S. 1.

Inflationsraten und langfristige Zinssätze in der Europäischen Union 1996 *)

Schaubild 4

Jahresdurchschnitte

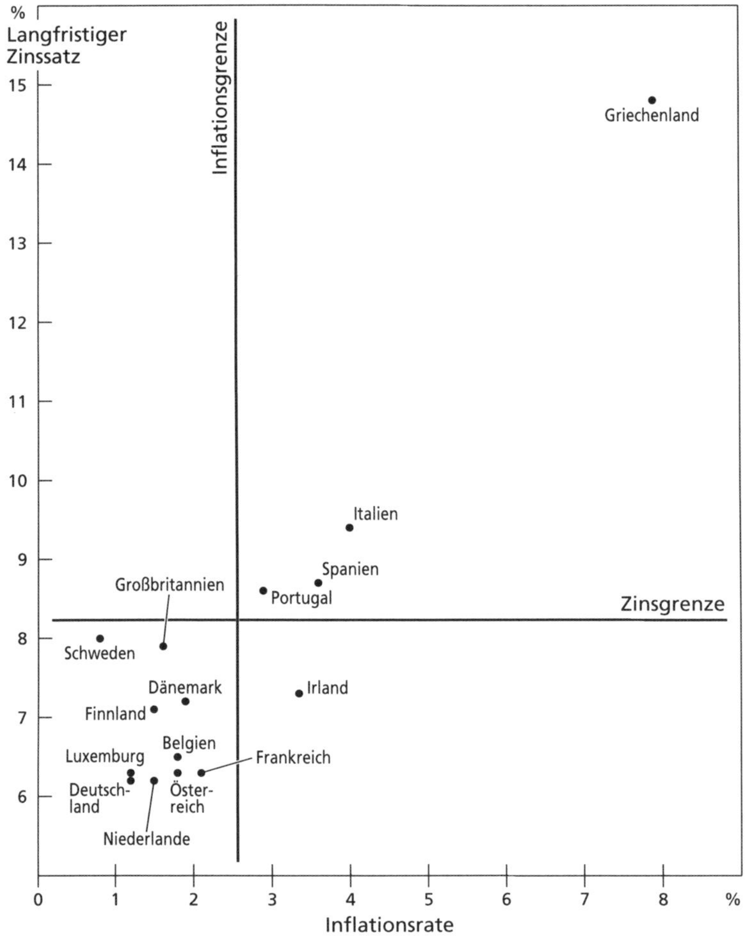

* Inflationsgrenze 2,57%, Zinsgrenze 8,23%. — Quelle: Europäisches Währungsinstitut, Jahresbericht 1996, S. 59; Inflationsraten für Großbritannien und Irland, Inflationsgrenze und Zinsgrenze: eigene Berechnungen.

Defizite und Staatsverschuldung in der Europäischen Union 1996 *)

Schaubild 5

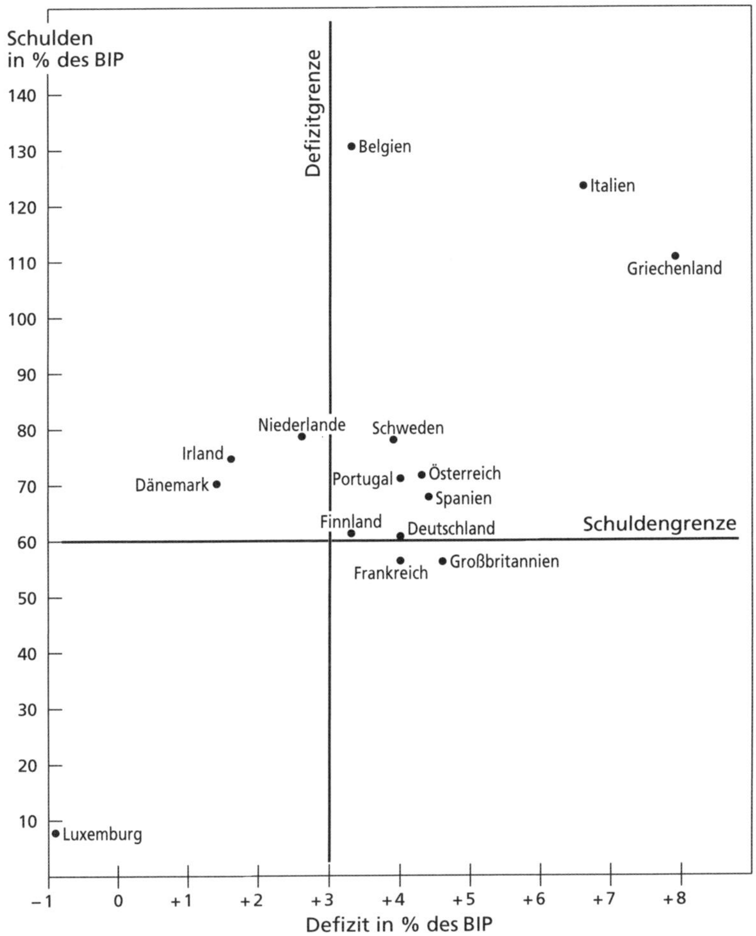

* Geschätzt; Defizitgrenze und Schuldengrenze für die öffentliche Hand 3% bzw. 60% des Bruttoinlandsprodukts. — Quelle: Europäisches Währungsinstitut, Jahresbericht 1996, S. 59.

neben den «Parteifreunden» des Bundeskanzlers, «Tietmeyer oder Stoiber», seine «Parteifreunde Schröder oder Spöri (als) strategische Pygmäen».[150]

Die Entscheidung wird jedenfalls eine politische sein müssen, während es nach dem Prinzip der Gewaltenteilung Aufgabe der Bundesbank bleibt, auch für die Stabilität einer neuen Währung einzutreten.

8. Wichtige Daten und Ereignisse der währungspolitischen Integration in Europa im Überblick

a) Chronik der Anfänge der währungspolitischen Integration in Europa, 1955–1968

5. August 1955	Europäisches Währungsabkommen wird unterzeichnet.
25. März 1957	Verträge über die Bildung der Europäischen Wirtschaftsgemeinschaft und der Europäischen Atomgemeinschaft (EURATOM) werden in Rom unterzeichnet.
1. Januar 1958	EWG- und EURATOM-Vertrag treten in Kraft.
18. März 1958	Beschluß des Rates über die Satzung des Währungsausschusses.
27. Dezember 1958	Konvertibilität aller wichtigen europäischen Währungen verkündet, Europäisches Währungsabkommen (EWA) tritt in Kraft. Auflösung der Europäischen Zahlungsunion (EZU).
9. März 1960	Entscheidung des Rates über die Koordinierung der Konjunkturpolitik der Mitgliedstaaten (Gründung des Ausschusses für Konjunkturpolitik).
1. Januar 1962	Beginn der zweiten Übergangsstufe der EWG.
7. April 1962	Bericht des Wirtschafts- und Finanzausschusses des Europäischen Parlaments über die Koordinierung der Währungspolitik in der EWG («van Campen-Bericht»).
29. Oktober 1962	Memorandum der EWG-Kommission zum Aktionsprogramm der Gemeinschaft für die zweite Stufe.
19. Juni 1963	Mitteilung der Kommission an den Rat über «Die währungs- und finanzpolitische Zusammenarbeit in der Europäischen Wirtschaftsgemeinschaft».

150 Schmidt, Helmut: Der zweite Anlauf, die letzte Chance, in: Die Zeit vom 5. April 1996, S. 4.

13. April 1964	Formelle Gründung des «Ausschusses der Präsidenten der Zentralbanken der Gemeinschaft».
15. April 1964	Beschluß des Rates über die Einsetzung eines Ausschusses für mittelfristige Wirtschaftspolitik.
8. Mai 1964	Beschluß des Rates über die Zusammenarbeit zwischen den zuständigen Verwaltungsstellen der Mitgliedstaaten auf dem Gebiet der Haushaltspolitik (Haushaltsausschuß).

b) Chronik des EWG-Wechselkursverbundes, 1972–1978

24. April 1972	Durch das Baseler Abkommen wird gemäß einer Entscheidung des Rats vom 21. März 1972 und einem Beschluß der Zentralbanken vom 10. April 1972 die «Schlange im Tunnel» geboren. Teilnehmer: Belgien, Bundesrepublik Deutschland, Frankreich, Italien, Luxemburg, Niederlande.
1. Mai 1972	Beitritt Großbritanniens und Dänemarks.
23. Mai 1972	Assoziierung Norwegens.
23. Juni 1972	Austritt Großbritanniens und Dänemarks.
11. Oktober 1972	Wiedereintritt Dänemarks.
13. Februar 1973	Austritt Italiens.
19. März 1973	Übergang zum Blockfloating; der Ministerrat beschließt, die Zentralbanken der EG von der Verpflichtung zur Intervention in US-Dollar zu entbinden. Der Tunnel entfällt, die Schlange bleibt jedoch erhalten; Assoziierung Schwedens; Aufwertung der D-Mark um 3%.
3. April 1973	Verordnung über die Errichtung eines Europäischen Fonds für währungspolitische Zusammenarbeit wird vom Rat in Luxemburg auf der Rechtsgrundlage des Artikels 235 gebilligt. Sie tritt am 6. April 1973 in Kraft.
29. Juni 1973	Aufwertung der D-Mark um 5,5%.
17. September 1973	Aufwertung des holländischen Guldens um 5%.
16. November 1973	Aufwertung der norwegischen Krone um 5%.
21. Januar 1974	Austritt Frankreichs.
10. Juli 1975	Rückkehr Frankreichs.
15. März 1976	Austritt Frankreichs; Sonderabkommen der Beneluxstaaten vom August 1971 über eine Verengung der Bandbreite auf 1,5% wird ausgesetzt. Die Schwankungsbreite beträgt nun 2,25%.

18. Oktober 1976	Aufwertung der D-Mark um 2%; Abwertung der dänischen Krone um 4% sowie der norwegischen und schwedischen Krone um je 1%.
4. April 1977	Abwertung der schwedischen Krone um 6% sowie der dänischen und norwegischen Krone um je 3%.
29. August 1977	Austritt Schwedens und Abwertung der dänischen und norwegischen Krone um je 5%.
13. Februar 1978	Abwertung der norwegischen Krone um 8%.
16. Oktober 1978	Aufwertung der D-Mark um 4% sowie des belgischen Franc und des holländischen Guldens um je 2%.

c) Chronik der Ein- und Austritte aus dem EWS

19. Juni 1989	Spanien beteiligt sich am Wechselkursmechanismus des EWS. Die Schwankungsbreite der spanischen Peseta im EWS wird für eine Übergangszeit auf ± 6% festgelegt.
8. Oktober 1990	Großbritannien beteiligt sich am Wechselkursmechanismus des EWS. Die Schwankungsbreite des Pfund Sterling im EWS wird für eine Übergangszeit auf ± 6% festgelegt.
6. April 1992	Portugal beteiligt sich am Wechselkursmechanismus des EWS. Die Schwankungsbreite des Escudo im EWS wird auf ± 6% festgelegt.
8. September 1992	Finnland gibt die einseitige Anbindung der Finnmark an die Europäische Währungseinheit (ECU) auf.
17. September 1992	Aufgrund anhaltender Währungsunruhen im EWS wird die Teilnahme der italienischen Lira sowie des britischen Pfundes am Wechselkursmechanismus auf Wunsch der beiden Länder bis auf weiteres suspendiert.
19. November 1992	Schweden gibt die einseitige Anbindung der schwedischen Krone an die ECU auf.
10. Dezember 1992	Norwegen gibt die einseitige Anbindung der norwegischen Krone an die ECU auf.
2. August 1993	Die Finanzminister und Notenbankpräsidenten der Europäischen Gemeinschaft beschließen, mit Wirkung vom 2. August die Bandbreite für obligatorische Interventionen der Teilnehmerstaaten am Wechselkursmechanismus des EWS zeitweise auf ± 15% beiderseits der unveränderten bilateralen Leitkurse zu erweitern (anstelle von ± 2,25% bzw. ± 6% für Spanien und Portugal). Lediglich zwischen den Niederlanden und

	Deutschland bleibt es aufgrund einer bilateralen Vereinbarung bei der bisherigen Bandbreite von ± 2,25%.
9. Januar 1995	Österreich tritt dem Wechselkursmechanismus des Europäischen Währungssystems (EWS) mit einer Schwankungsbreite von ± 15% bei.
14. Oktober 1996	Teilnahme Finnlands am Wechselkursmechanismus des EWS.
25. November 1996	Italien nimmt wieder am Wechselkursmechanismus des EWS teil.

9. Quellen und Literatur

Unveröffentlichte Quellen

Historisches Archiv der Deutschen Bundesbank (HA BBk)

Literatur

Bericht an Rat und Kommission über die stufenweise Verwirklichung der Wirtschafts- und Währungsunion in der Gemeinschaft (Werner-Bericht), Brüssel 8. Oktober 1970, abgedruckt in: Hellmann, Rainer: Europäische Wirtschafts- und Währungsunion. Eine Dokumentation, Baden-Baden 1972, S. 134–159

Bernholz, Peter: Flexible Exchange Rates in Historical Perspective. Princeton Studies in International Finance 49, Princeton University 1982

Bernholz, Peter/Gärtner, Manfred/Heri, Erwin: Historical Experiences with Flexible Exchange Rates, in: Journal of International Economics 19 (1985), S. 21–45

Cezanne, Wolfgang/Möller, Hans: Die Europäische Union als Währungsunion? Baden-Baden 1979

Deutsche Bundesbank: Die Beschlüsse von Maastricht zur europäischen Wirtschafts- und Währungsunion, in: Monatsbericht 44 (1992) 2, S. 45–54

Deutsche Bundesbank: Auszüge aus Presseartikeln, verschiedene

Deutscher Bundestag (Hrsg.): Verhandlungen des Bundestages, Plenarprotokolle, verschiedene

Dornbusch, Rudiger: Expectations and Exchange Rate Dynamics, in: Journal of Political Economy 84 (1976), S. 1161–1176

Eijffinger, Sylvester C.W./De Haan, Jakob: The Political Economy of Central-Bank Independence. Special Papers in International Economics 19, Princeton University 1996

Emminger, Otmar: D-Mark, Dollar, Währungskrisen. Erinnerungen eines ehemaligen Bundesbankpräsidenten, Stuttgart 1986

Europäisches Währungsinstitut: Der Übergang zur Einheitlichen Währung, Frankfurt a.M. November 1995

Europäisches Währungsinstitut: Die Einheitliche Geldpolitik in Stufe 3. Festlegung des Handlungsrahmens, Frankfurt a.M. 1997

Europäische Wirtschaftsgemeinschaft: Informationen – Der Rat, Amtsblatt der Europäischen Gemeinschaften, 7. Jahrgang Nr. 77 (1964)

Fratianni, Michele/Hagen, Jürgen von: The European Monetary System Ten Years After, in: Carnegie-Rochester Conference Series on Public Policy 32 (1990), S. 173–242

Giovannini, Alberto: European Monetary System, in: The New Palgrave Dictionary of Money and Finance, Bd. 1, London 1992, S. 800–805

Giscard d'Estaing, Valéry: Macht und Leben. Frankfurt a.M. 1991

Giscard d'Estaing, Valéry: Manifeste pour une nouvelle Europe fédérative, abgedruckt in: Le Figaro vom 11. Januar 1995

Grauwe, Paul de: The Cost of Disinflation and the European Monetary System, in: Open Economies Review 1 (1990), S. 147–173

Gros, Daniel/Thygesen, Niels: The EMS: Achievements, Current Issues and Directions for the Future, in: CEPS (Centre for European Policy Studies), Paper No. 35, Brüssel 1988

Gros, Daniel/Thygesen, Niels: European Monetary Integration: From EMS to EMU, London 1992

Hellmann, Rainer: Europäische Wirtschafts- und Währungsunion. Eine Dokumentation, Baden-Baden 1972

House of Commons: Session 1992–93, Treasury and Civil Service Committee, First Report: The 1992 Autumn Statement and the Conduct of Economic Policy, London 1992, S. X-XV

House of Commons: Session 1992–93, Treasury and Civil Service Committee: The Future Conduct of Economic Policy, Minutes of Evidence, 28. Okober 1992, London 1992

House of Commons: Official Report: Parliamentary debates. Hansard, Bd. 212, London 1992, S. 100–107 (24. September 1992: Norman Lamont), S. 313–314 (20. Oktober 1992: John Major)

Issing, Otmar: Europa: Politische Union durch gemeinsames Geld? Vortrag anläßlich der Preisverleihung der Informedia-Stiftung in Frankfurt am 3. Juli 1995, zitiert nach: Deutsche Bundesbank: Auszüge aus Presseartikeln, Nr. 50/1995, S. 1–7

Kaplan, Jacob J./Schleiminger, Günther: The European Payments Union: Financial Diplomacy in the 1950s, Oxford 1989

Kawai, Masahiro: Optimum Currency Areas, in: The New Palgrave Dictionary of Money and Finance, Bd. 3, London 1992, S. 78–81

Kenen, Peter B.: Economic and Monetary Union in Europe. Moving beyond Maastricht, Cambridge 1995

Krägenau, Henry/Wetter, Wolfgang: Europäische Wirtschafts- und Währungsunion, Vom Werner-Plan zum Vertrag von Maastricht, Analysen und Dokumentation, Baden-Baden 1993, S. 108–109

Protokoll betreffend Dänemark und Protokoll über einige Bestimmungen betreffend das Vereinigte Königreich Großbritannien und Nordirland des Vertrags über die Europäische Union vom 7. Februar 1992, abgedruckt in: Europäische Union, Europäische Gemeinschaft: Die Vertragstexte von Maastricht mit den deutschen Begleittexten, Presse- und Informationsamt der Bundesregierung, Bonn 1994

Schmidt, Helmut: Wir schaffen ein Europäisches Währungssystem, aus: Die Deutschen und ihre Nachbarn, Berlin 1990; Vorabdruck in: Die Zeit vom 31. August 1990

Thygesen, Niels: The Emerging European Monetary System: Precursors, First Stages, Policy Options, in: Bulletin de la Banque Nationale de Belgique 54 (1979) 1 (4), S. 87–125

Tietmeyer, Hans: Erfahrungen und Perspektiven für die WU in Europa, Vortrag vor dem Gesprächskreis Nord der Friedrich-Ebert-Stiftung in Hamburg am 30. Januar 1995, in: Tietmeyer, Hans: Währungsstabilität für Europa. Beiträge, Reden und Dokumente zur europäischen Währungsintegration aus vier Jahrzehnten, hrsg. vom Zentralbankrat der Deutschen Bundesbank, Baden-Baden 1996, S. 421–430

Vaubel, Roland: A Public Choice View of International Organization, in: Vaubel, Roland/Willett, Thomas D. (Hrsg.): The Political Economy of International Organizations, Boulder 1991, S. 27–45

Vaubel, Roland: The Political Economy of the International Monetary Fund: A Public Choice Analysis, in: Vaubel, Roland/Willett, Thomas D. (Hrsg.): The Political Economy of International Organizations, Boulder 1991, S. 204–244
Wissenschaftlicher Beirat beim Bundesministerium für Wirtschaft: Gutachten vom 20./21. Januar 1989: Europäische Währungsordnung, in: Gutachten vom Juni 1987 bis März 1990, hrsg. vom Bundesministerium für Wirtschaft, Bd. 13, Göttingen 1990, S. 1473–1480

ANHANG

Abkürzungsverzeichnis

ABC	Allied Bank Commission
abgedr.	abgedruckt
Abs.	Absatz
AG	Aktiengesellschaft
AKA	Ausfuhrkredit AG
Anm.	Anmerkung
AöR	Archiv des öffentlichen Rechts
Art.	Artikel
Aufl.	Auflage
AWG	Außenwirtschaftsgesetz
BAKred.	Bundesaufsichtsamt für das Kreditwesen
Banz.	Bundesanzeiger
BayVBl.	Bayerisches Verwaltungsblatt
BB	Der Betriebs-Berater
BBankG	Bundesbankgesetz
Bd./Bde.	Band/Bände
BDI	Bundesverband der Deutschen Industrie
BdL	Bank deutscher Länder
BGBl.	Bundesgesetzblatt
BGH	Bundesgerichtshof
BIP	Bruttoinlandsprodukt
BIS	Bank for International Settlements
BIZ	Bank für Internationalen Zahlungsausgleich
Bl.	Blatt
BMF	Bundesministerium der Finanzen
BMinG	Bundesministergesetz
BMWi	Bundesministerium für Wirtschaft
BNB	Banque National de Belgique
BoE	Bank of England
BRD	Bundesrepublik Deutschland
BRDrucks.	Bundesrat Drucksache
BRRG	Beamtenrechtsrahmengesetz
BRSten.Ber.	Bundesrat Stenographische Berichte
BSP	Bruttosozialprodukt
BT-Drucks.	Bundestag Drucksache
BTSten.Ber.	Bundestag Stenographische Berichte
Buli	Bundesbank-Liquiditäts-U-Schätze
BVerfGE	Entscheidungen des Bundesverfassungsgerichts
BVerwGE	Entscheidungen des Bundesverwaltungsgerichts
bzgl.	bezüglich
bzw.	beziehungsweise
CDG-Plan	Colm-Dodge-Goldsmith-Plan
CDs	Certificates of Deposits

CDU	Christlich-Demokratische Union Deutschlands
CSU	Christlich-Soziale Union Bayern e.V.
DAFOX	Deutscher Aktienindex für Forschungszwecke
DDR	Deutsche Demokratische Republik
DIHT	Deutscher Industrie- und Handelstag
Diss.	Dissertation
DIW	Deutsches Institut für Wirtschaftsforschung
DKB	Deutsche Kreditbank AG
DM	Deutsche Mark
D-Mark	Deutsche Mark
DÖV	Die öffentliche Verwaltung
DVBl.	Deutsches Verwaltungsblatt
EAF	Elektronische Abrechnung Frankfurt
ECA	Economic Cooperation Administration (Marshallplanverwaltung)
Ecofin-Rat	Rat der Wirtschafts- und Finanzminister
ECU	European Currency Unit
EEA	Einheitliche Europäische Akte
EFWZ	Europäischer Fonds für Währungspolitische Zusammenarbeit
EG	Europäische Gemeinschaft
EMS	European Monetary System
EP	Europäisches Parlament
ERF	Europäischer Reservefonds
ESZB	Europäisches System der Zentralbanken
etc.	et cetera (und so weiter)
EU	Europäische Union
EuR	Europarecht
EURATOM	Europäische Atomgemeinschaft
EuZW	Europäische Zeitschrift für Wirtschaftsrecht
e. V.	eingetragener Verein
EVG	Europäische Verteidigungsgemeinschaft
EWA	Europäisches Währungsabkommen
EWG	Europäische Wirtschaftsgemeinschaft
EWGV	Vertrag über die Europäische Wirtschaftsgemeinschaft
EWI	Europäisches Währungsinstitut
EWRE	Europäische Währungs-Recheneinheit
EWS	Europäisches Währungssystem
EWU	Europäische Währungsunion
EWWU	Europäische Wirtschafts- und Währungsunion
EZB	Europäische Zentralbank
EZU	Europäische Zahlungsunion
f./ff.	folgende (Seite)/folgende (Seiten)
FDP	Freie Demokratische Partei
FN	Fortführungsnachweis
FRBNY	Federal Reserve Bank of New York
GA	Gouverneursausschuß
GATT	Allgemeines Zoll- und Handelsabkommen
Gefi	Gesellschaft zur Finanzierung von Industrieanlagen
GeschOBReg	Geschäftsordnung der Bundesregierung
GG	Grundgesetz
HA BBk	Historisches Archiv der Deutschen Bundesbank
HdbStR	Handbuch des Staatsrechts
HGrG	Haushaltsgrundsätzegesetz

Hrsg.	Herausgeber
HWWA	Institut für Wirtschaftsforschung, Hamburg (früher: Hamburgisches Weltwirtschafts-Archiv)
i.d.F.	in der Fassung
i.d.R.	in der Regel
IfZ	Institut für Zeitgeschichte
inkl.	inklusive
inländ.	inländisch
internat.	international(e)
i.V.m.	in Verbindung mit
IWF	Internationaler Währungsfonds
JCS	Joint Chiefs of Staff
JG	Jahresgutachten
Jg.	Jahrgang
JöR	Jahrbuch des öffentlichen Rechts der Gegenwart
JuS	Juristische Schulung
JZ	Juristenzeitung
Kap.	Kapitel
KfW	Kreditanstalt für Wiederaufbau
KOKO	Abteilung für Kommerzielle Koordinierung
krit.	kritisch
KWG	Kreditwesengesetz
KZ	Konzentrationslager
lfd.	laufende
LIFFE	London and International Financial Futures - Exchange
LSE	London School of Economics
lt.	laut
LZB	Landeszentralbank
M	Mark der DDR
MAE	Ministère des Affaires Etrangères
MAP	modifiziert aktivistische Geldpolitik
Mefo	Metallurgische Forschungs-GmbH
Mio.	Million(en)
mit zust. Bespr.	mit zustimmender Besprechung
Mrd.	Milliarde(n)
MRG	Militärregierungsgesetz
m. w. Nachw.	mit weiteren Nachweisen
NA	National Archives, Washington
NATO	North Atlantic Treaty Organization
NCE	New Classical Economics
NJW	Neue juristische Wochenschrift
NKE	New Keynesian Economics
NKM	New Keynesian Macroeconomics
NÖSPL	Neues ökonomisches System der Planung und Leitung
Nr./Nrn.	Nummer/Nummern
NS	Nationalsozialismus/nationalsozialistisch
NSDAP	Nationalsozialistische Deutsche Arbeiterpartei
NvwZ	Neue Zeitschrift für Verwaltungsrecht
o.D.	ohne Datum
OECD	Organization for Economic Co-operation and Development
OEEC	Organization for European Economic Co-operation
OGAW-Richtlinie	Organismen für gemeinsame Anlagen in Wertpapieren

o.J.	ohne Jahr
OMGUS	Office of Military Government for Germany, United States
o.O.	ohne Ortsangabe
OPEC	Organization of Petroleum Exporting Countries
ÖSS	Ökonomisches System des Sozialismus
o.V.	ohne Verfasser
p.a.	pro anno
Rat	Rat der Staatsoberhäupter und Regierungschefs
RBG	Reichsbankgesetz
Rdnr./Rdnrn.	Randnummer/Randnummern
REH	Rationale Erwartungshypothese
RGBl.	Reichsgesetzblatt
RGW	Rat für gegenseitige Wirtschaftshilfe
RGZ	Entscheidungen des Reichsgerichts in Zivilsachen
RM	Reichsmark
RVO	Reichsversicherungsordnung
SBZ	Sowjetische Besatzungszone
SDR	Special Drawing Rights (Sonderziehungsrechte des IWF)
SED	Sozialistische Einheitspartei Deutschlands
SHAEF	Supreme Headquarters Allied Expeditionary Forces
SKV	Staats- und Kommunal-Verwaltung
SNB	Schweizerische Nationalbank
SMAD	Sowjetische Militäradministration in Deutschland
SPD	Sozialdemokratische Partei Deutschlands
StabG	Gesetz zur Förderung der Stabilität und des Wachstums der Wirtschaft
SWIFT	Society for Worldwide Interbank Financial Telecommunication
SZR	Sonderziehungsrechte (des IWF)
Tab.	Tabelle
u.ä.	und ähnliche
UdSSR	Union der Sozialistischen Sowjetrepubliken
U.K.	United Kingdom
UNO	United Nations Organization
US	United States
USA	United States of America
VE	Verrechnungseinheit
vgl.	vergleiche
vH	vom Hundert
VVdStRL	Veröffentlichungen der Vereinigung der Deutschen Staatsrechtslehrer
VWG	Vereinigtes Wirtschaftsgebiet
VwGO	Verwaltungsgerichtsordnung
VwVfG	Verwaltungsverfahrensgesetz
WA	Währungsausschuß
WM	Wertpapier-Mitteilungen
WU	Währungsunion
WWSU	Wirtschafts-, Währungs- und Sozialunion
WWU	Wirtschafts- und Währungsunion
ZBR	Zentralbankrat
ZfK	Zeitschrift für das gesamte Kreditwesen
Ziff.	Ziffer
z.T. abw.	zum Teil abweichend
zust.	zuständigkeitshalber
z. Zt.	zur Zeit

Verzeichnis der Tabellen und Schaubilder

Schaubilder sind *kursiv* gesetzt.

Register

Personenregister

Reichsbank, Bank deutscher Länder und Deutsche Bundesbank sind nicht im nachfolgenden Institutionenregister, sondern im Schlagwortregister aufgeführt.

Institutionenregister

Schlagwortregister

Die Autoren

Ernst Baltensperger, geb. 1942, ist seit 1984 Professor für Nationalökonomie an der Universität Bern. Studium der Nationalökonomie an der Universität Zürich (Lic. oec. publ.) und an der John Hopkins University, USA (Ph. D.). 1968–1979 Professor of Economics an der Ohio State University, USA, 1979–1982 Professor an der Universität Heidelberg, 1982–1984 an der Hochschule St. Gallen. Dazwischen Gastaufenthalte und -professuren bei der Schweizerischen Nationalbank sowie an verschiedenen amerikanischen und europäischen Universitäten. 1984–1996 Herausgeber der Schweizerischen Zeitschrift für Volkswirtschaft und Statistik. Associate Editor des Journal of Money, Credit and Banking (1976–1993), des Journal of Banking and Finance (seit 1987) und der Open Economies Review (seit 1997). Präsident der Eidg. Kommission für Konjunkturfragen (1988–1994).

Veröffentlichungen u. a.: Alternative Approaches to the Theory of Banking Firm, in: Journal of Monetary Economics 6 (1980), S. 1-37; (zus. mit H. Milde) Theorie des Bankverhaltens. Studies in Contemporary Economics, Berlin/Heidelberg 1987; (zus. mit T. Jordan) Die Schweiz und die Bestrebungen zur Bildung einer Europäischen Währungsunion, Bern 1993.

Peter Bernholz, geb. 1929, ist emeritierter Professor für Nationalökonomie, insbesondere Geld- und Außenwirtschaft; zuletzt (1971–1997) war er an der Universität Basel ordentlicher Professor und Institutsvorsteher. Studium der Volkswirtschaftslehre an den Universitäten Marburg und München. Dipl.-Volkswirt 1953, 1955 Promotion zum Dr. rer. pol., 1956–1962 Wissenschaftlicher Mitarbeiter bzw. Assistent in Frankfurt und München, 1962 Habilitation. 1963/64 Rockefeller Fellow an den Universitäten Harvard und Stanford, 1964–1966 Dozent an der Universität Frankfurt, 1966–1971 ordentlicher Professor an der Technischen Universität Berlin. Gastprofessuren in den USA am Massachusetts Institute of Technology, am Virginia Polytechnic Institute, an der Stanford University, der George Mason University und der University of California, Los Angeles. Korrespondierendes Mitglied der Bayerischen Akademie der Wissenschaften. Präsident der European Public Choice Society 1974–1980; Mitglied des Wisssenschaftlichen Beirats beim Bundesminister für Wirtschaft seit 1974; 1988–1990 Mitglied der Macroeconomic Policy Group bei der EG; seit 1992 Vorstandsmitglied der Mont Pelerin Society.

Veröffentlichungen u. a.: Außenpolitik und Internationale Wirtschaftsbeziehungen, Frankfurt a. M. 1966; Währungskrisen und Währungsordnung, Hamburg 1974; Institutional Requirements for Stable Money in an Integrated World Economy, in: The Cato Journal 10 (1990), S. 485–501; (zus. mit F. Breyer) Grundlagen der Politischen Oekonomie, Tübingen [3]1993/94; Necessary and Sufficient Conditions to End Hyperinflations, in: Siklos, P. L. (Hrsg.): Great Inflations of the 20th Century, Aldershot, UK/Brookfield, USA 1995, S. 257–287.

Christoph Buchheim, geb. 1954, ist seit 1991 Professor für Wirtschafts- und Sozialgeschichte an der Universität Mannheim. Studium der Volkswirtschaftslehre, Neueren Geschichte und Sinologie in München und Oxford. 1982 Promotion, 1989 Habilitation für das Fach Wirtschafts- und Sozialgeschichte, beides an der Universität München. 1979–1985 Assistent am Seminar für Wirtschaftsgeschichte der Universität München, 1985–1989 Wissenschaftlicher Mitarbeiter im Institut für Zeitgeschichte.

Veröffentlichungen u.a.: Die Währungsreform 1948 in Westdeutschland, in: Vierteljahrshefte für Zeitgeschichte 36 (1988), S. 189–231; Die Wiedereingliederung Westdeutschlands in die Weltwirtschaft 1945–1958, München 1990; Einführung in die Wirtschaftsgeschichte, München 1997.

Günter Franke, geb. 1944, ist seit 1983 Professor für Internationales Finanzmanagement an der Universität Konstanz. 1963–1967 Studium der Betriebswirtschaftslehre an der Universität Hamburg und der Universität des Saarlandes. Nach einer Tätigkeit als Visiting Associate Professor in den USA 1975 Habilitation an der Universität des Saarlandes. 1978 Präsident der European Finance Association. Bis 1983 Professor für Finanzwirtschaft an der Universität Gießen. Seit 1989 Gastdozent am European Institute for Advanced Studies in Management, Brüssel.

Veröffentlichungen u.a.: Costless Signalling in Financial Markets, in: Journal of Finance 42 (1987), S. 809–822; (zus. mit H. Hax) Finanzwirtschaft des Unternehmens und Kapitalmarkt, Berlin u.a. [4]1998; Transformation of Banks and Bank Services, in: Journal of Institutional and Theoretical Economics 154 (1998).

Jacob A. Frenkel, geb. 1943, ist seit 1991 Gouverneur der Bank of Israel und Weisfeld Professor of the Economics of Peace and International Relations an der Universität Tel Aviv. 1965 Bachelor of Arts in Wirtschaft und Politischen Wissenschaften, Studium der Wirtschaft 1967 an der Hebräischen Universität in Jerusalem, 1969/70 Master of Arts und Ph.D. an der University of Chicago. 1973–1987 Mitglied und David Rockefeller Professor of International Economics der Wirtschaftswissenschaftlichen Fakultät der University of Chicago. 1987–1991 Wirtschaftlicher Berater und Forschungsdirektor beim IWF. Zeitweise Herausgeber des Journal of Political Economy und Vorsitzender des Gremiums der Gouverneure der Inter-American Development Bank. Mitglied der G-30, Research Associate des National Bureau of Economic Research, Mitglied der Econometric Society und ausländisches Ehrenmitglied der American Academy of Arts and Sciences.

Veröffentlichungen u.a.: (zus. mit G. Johnson) The Monetary Approach to the Balance of Payments, London 1976; (zus. mit A. Rezin) Fiscal Policies and Growth, Cambridge, Mass. [3]1996; (zus. mit M. Goldstein) The International Monetary System: Key Analytical Issues, [2]1996.

Morris Goldstein, geb. 1944, ist seit 1995 Inhaber des Dennis-Weatherstone-Lehrstuhls für International Finance am Institute for International Economics in Washington D.C. Bachelor of Arts in Wirtschaftswissenschaften am Rutgers College, Promotion in Wirtschaftswissenschaften an der New York University. 25 Jahre lang Mitarbeiter des Internationalen Währungsfonds, während der letzten acht Jahre als stellvertretender Direktor der Abteilung Forschung; Leiter der Arbeit der Abteilung im Bereich Systemfragen und der jährlichen Kapitalmarktemission des IWF für Nordamerika, Europa und Asien, Mitautor des jährlich erscheinenden International Capital Markets Report des IWF. 1979 auch Tätigkeit als Senior Technical Adviser des amerikanischen Finanzministeriums.

Veröffentlichungen u.a.: (zus. mit M. Kahn) Income and Price Effects in International Trade, in: Kenen, Peter (Hrsg.): Handbook of International Economics, Bd. 1, Amsterdam 1985, S. 1041–1105; (zus. mit D. Folkerts-Landau u.a.) International Capital Markets,

Part I, Exchange Rate Management and International Capital Flows, IMF World Economic and Financial Surveys, Washington, D. C., April 1993; The Case for an International Banking Standard, Washington, D. C. 1997.

Jürgen von Hagen, geb. 1955, ist seit 1996 Professor für Volkswirtschaft an der Universität Bonn und Direktor für Wirtschaft und Soziales am Zentrum für Europäische Integrationsforschung in Bonn. 1977–1981 Studium der Volkswirtschaft in Dortmund und Bonn, 1981–1987 Wissenschaftlicher Mitarbeiter am Institut für Internationale Wirtschaftspolitik der Universität Bonn bei Prof. Dr. Manfred J. M. Neumann. 1985 Promotion zum Dr. rer. pol., Bonn. 1987–1992 Assistant Professor und Associate Professor of Business Economics and Public Policy an der Indiana University School of Business, USA sowie Stipendiat des Center for European and German Studies, University of California. 1992–1996 Professor für Volkswirtschaft und geschäftsführender Direktor des Instituts für Aufbaustudien an der Universität Mannheim. Research Consultant beim IWF, Washington D. C. und Consultant der Europäischen Kommission, DG II, der Interamerican Development Bank und des Federal Reserve Board. Herausgeber des Open Economies Review, des International Journal of Finance & Economics und der European Transatlantic Studies.

Veröffentlichungen u.a.: (zus. mit B. Eichengreen) Federalism, Fiscal Restraints and EMU, in: American Economic Review 86 (1996), S. 134–138; Monetary Policy and Institutions in the EMU, in: Swedish Economic Policy Review 4 (1997), S. 51–116; Central Banking as a Political Principal Agent Problem, in: Economic Inquiry 35 (1997), S. 378–394.

Carl-Ludwig Holtfrerich, geb. 1942, ist seit 1983 Professor für Volkswirtschaftslehre an der FU Berlin. 1966 Dipl.-Volkswirt, 1971 Dr. rer. pol. an der Universität Münster, anschließend dreijährige Tätigkeit in der Außenhandelsabteilung des BDI. Seit 1974 Assistenzprofessor und 1979 Habilitation am Fachbereich Wirtschaftswissenschaft der FU Berlin, 1980–1983 Professor für Wirtschafts- und Sozialgeschichte an der Universität Frankfurt a.M. Lehr- und Forschungsaufenthalte an der Harvard University, Oxford University und im Wilson Center, Washington D. C.

Veröffentlichungen u.a.: Die deutsche Inflation 1914–1923, Berlin/New York 1980; Interactions in the World Economy. Perspectives from International Economic History, New York/London 1989; Economic and Strategic Issues in U. S. Foreign Policy, Berlin/New York 1989; Wirtschaft USA: Strukturen, Institutionen, Prozesse, München/Wien 1991; (als Mitautor) Die Deutsche Bank 1870–1995, München 1995.

Otmar Issing, geb. 1936, ist seit 1990 Mitglied des Direktoriums der Deutschen Bundesbank und des Zentralbankrats sowie seit 1991 Honorarprofessor an der Universität Würzburg. 1954–1960 Studium zunächst der Altphilologie, dann der Volkswirtschaftslehre an der Universität Würzburg mit Studienaufenthalten in London und Paris. 1962 Promotion, 1965 Habilitation, Lehrstuhlvertretungen an den Universitäten Marburg und Erlangen-Nürnberg. 1967–1973 ordentlicher Professor und Vorstand des Instituts für Internationale Wirtschaftsbeziehungen an der Wirtschafts- und Sozialwissenschaftlichen Fakultät der Universität Erlangen-Nürnberg, 1973–1990 ordentlicher Professor für Volkswirtschaftslehre an der Universität Würzburg, Lehrstuhl für Volkswirtschaftslehre, Geld und internationale Wirtschaftsbeziehungen. Seit 1980 Mitglied des Wissenschaftlichen Beirats beim Bundesministerium für Wirtschaft (z.Zt. ruhend), 1988–1990 Mitglied des Sachverständigenrates zur Begutachtung der gesamtwirtschaftlichen Entwicklung. Ordentliches Mitglied der Akademie der Wissenschaften und der Literatur, Mainz (seit 1991) und der Academia Scientiarum et Artium Europaea (seit 1991).

Veröffentlichungen u.a.: Einführung in die Geldtheorie, München [10]1995; Einführung in die Geldpolitik, München [6]1996.

Harold James, geb. 1956, ist seit 1986 Professor für Geschichte an der Princeton University, USA. 1975–1978 Studium der Geschichte an der Cambridge University, 1978–1986 Fellow des Peterhouse College in Cambridge, Großbritannien. Gastprofessur am Institut des Hautes Etudes Internationales, Genf 1996.

Veröffentlichungen u.a.: The Reichsbank and Public Finance in Germany 1924–1933, Frankfurt a.M. 1985; Deutschland in der Weltwirtschaftskrise, Stuttgart 1988 (engl. Ausgabe 1986); Deutsche Identität, Frankfurt a.M. 1991 (engl. Ausgabe 1989); Vom Historikerstreit zum Historikerschweigen, Berlin 1993; International Monetary Cooperation since Bretton Woods, Washington/New York 1996; Rambouillet, 15. November 1975: Die Globalisierung der Wirtschaft, München 1997.

Wolfgang Kitterer, geb. 1943, ist seit 1995 Professor für Wirtschaftliche Staatswissenschaften an der Universität zu Köln. Studium der Volkswirtschaft an der Universität des Saarlandes, 1975 Promotion zum Dr. rer. pol. Anschließend zunächst dreijährige Tätigkeit als Referent im Rheinisch-Westfälischen Institut für Wirtschaftsforschung in Essen, dann vierjährige Tätigkeit als Geschäftsführer des Instituts für Angewandte Wirtschaftsforschung in Tübingen. 1983 Habilitation in Tübingen, 1984–1995 Professor für Finanzwissenschaft an der Universität Kiel.

Veröffentlichungen u.a.: Rechtfertigung und Risiken einer Finanzierung der deutschen Einheit durch Staatsverschuldung, in: Hansmeyer, Karl-Heinrich (Hrsg.): Finanzierungsprobleme der deutschen Einheit I, Schriften des Vereins für Socialpolitik, N.F. Bd. 229/I, Berlin 1993, S. 39–76; Tax Versus Debt Finance of Public Investment: A Dynamic Simulation Analysis, in: Kredit und Kapital 27 (1994) 2, S. 163–187; Intergenerative Belastungsrechnungen («Generational Accounting») – Ein Maßstab für die Belastung zukünftiger Generationen?, in: Oberhauser, Alois (Hrsg.): Finanzierungsprobleme der deutschen Einheit IV: Spezielle Finanzierungsaspekte im Zeitablauf, Schriften des Vereins für Socialpolitik, N.F. Bd. 229/IV, Berlin 1996, S. 215–275.

Manfred J. M. Neumann, geb. 1940, ist seit 1981 Professor für Allgemeine Staatswissenschaften, insbesondere Wirtschaftspolitik, an der Universität Bonn. 1960–1964 Studium der Nationalökonomie in Göttingen, Erlangen-Nürnberg und Marburg. 1966 Promotion in Marburg, 1967–1969 Volkswirtschaftliche Abteilung der Deutschen Bundesbank, 1969–1973 Wissenschaftlicher Assistent an der Universität Konstanz, 1973–1981 Professor für Geldtheorie an der FU Berlin. Veranstalter des Konstanz Seminar on Monetary Theory and Monetary Policy und Vorsitzender des Wissenschaftlichen Beirats beim Bundesministerium für Wirtschaft.

Veröffentlichungen u.a.: Monetary Policy and Uncertainty, Baden-Baden 1986; Implementing Monetary Policy in Germany, in: Board of Governors of the Federal Reserve System: Financial Sectors in Open Economies, Washington D.C. 1990, S. 499–528; Monetary Reform, in: The New Palgrave Dictionary of Money and Finance, London 1992, Bd. 2, S. 751–756; Seigniorage in Japan and Germany, in: Bank of Japan: Monetary and Economic Studies 14 (1996) 1, S. 104–142.

Jochen Plassmann, geb. 1936, ist Bundesbankdirektor. Banklehre bei der Deutschen Bank AG in Köln; Studium der Rechtswissenschaft in München, Freiburg i.Br. und Köln. 1962 Erstes Juristisches Staatsexamen am Oberlandesgericht Köln. 1964 Promotion zum Dr. juris utriusque an der Universität Köln. 1963–1966 Bankreferendar bei der Deutschen Bundesbank in Frankfurt a.M. 1966 Prüfung für den höheren Bankdienst (Bankassessor), 1966–1972 Hauptgruppenleiter in der Auslandsabteilung der Bundesbank mit wechselnden Aufgabengebieten, 1973–1990 Tätigkeit in der Abteilung für Innerdeutschen Zahlungs- und Wirtschaftsverkehr, seit 1975 Abteilungsleiter.

Veröffentlichung u.a.: Genehmigungspraxis der Deutschen Bundesbank bei der Kreditgewährung an die DDR, in: Politik und Kultur 14 (1987) 1, S. 51–60.

Rudolf Richter, geb. 1926, ist emeritierter Professor für Wirtschaftstheorie; zuletzt (1964–1994) war er an der Universität Saarbrücken tätig. 1946–1949 Studium der Betriebswirtschaftslehre in Frankfurt a.M., 1951 volkswirtschaftliche Promotion. 1953 Habilitation für Volkswirtschaftslehre, anschließend ein Jahr Rockefeller Fellow in den USA (Columbia, University of Michigan, Harvard/MIT). Gastprofessuren an den Universitäten von Minnesota und Michigan (1967/68, 1985, 1994). Visiting Fellow Hoover Institution, Stanford University (1986, 1990, 1995), 1961–1964 Professor für Wirtschaftstheorie in Kiel. 1978–1994 Herausgeber von JITE, seit 1995 Mitherausgeber.

Veröffentlichungen u.a.: (zus. mit U. Schlieper und W. Friedmann) Makroökonomik. Eine Einführung, Berlin/Heidelberg ⁴1981; Geldtheorie. Vorlesung auf der Grundlage der Allgemeinen Gleichgewichtstheorie und der Institutionenökonomik, Berlin u.a. ²1990; (zus. mit E.G. Furubotn) Neue Institutionenökonomik. Eine Einführung und kritische Würdigung, Tübingen 1996.

Klaus Stern, geb. 1932, ist seit 1966 Professor für öffentliches Recht, Verwaltungslehre und Allgemeine Rechtslehre an der Universität Köln. Studium der Rechtswissenschaft und der Volkswirtschaftslehre in Erlangen, Innsbruck und München, Erste und Zweite Juristische Staatsprüfung in München 1955 und 1960, Promotion 1956, Habilitation für Öffentliches Recht 1961 in München. 1962–1966 ordentlicher Professor an der Freien Universität Berlin. Ab 1976 Richter am Verfassungsgerichtshof des Landes Nordrhein-Westfalen.

Veröffentlichungen u.a.: Das Staatsrecht der Bundesrepublik Deutschland, Bd. I, München ²1984: Grundbegriffe und Grundlagen; Bd. II, München 1980: Staatsorgane, Staatsfunktionen, Finanz- und Haushaltsverfassung; Bd. III/1, München 1990; Bd. III/2, München 1994: Allgemeine Lehren der Grundrechte; (zus. mit K.-H. Hansmeyer und P. Münch): Kommentar zum Gesetz zur Förderung der Stabilität und des Wachstums der Wirtschaft, Stuttgart ²1972; Die staatsrechtliche Stellung des Bundesrechnungshofes und seine Bedeutung im System der Finanzkontrolle, in: Zavelberg, H. G. (Hrsg.): Die Kontrolle der Staatsfinanzen, Berlin 1989, S. 11–42; (zus. mit B. Schmidt-Bleibtreu) Verträge und Rechtsakte zur Deutschen Einheit, Bd. 1-3, München 1991; Der Staat des Grundgesetzes. Ausgewählte Schriften und Vorträge, Köln 1992.

Manfred E. Streit, geb. 1939, ist seit 1993 Direktor der Abteilung Institutionenökonomik und Wirtschaftspolitik am Max-Planck-Institut zur Erforschung von Wirtschaftssystemen in Jena und Honorarprofessor für Volkswirtschaftslehre an der Universität Jena. 1959–1963 Studium der Wirtschaftswissenschaften sowie der Grundzüge des Rechts an der Universität des Saarlandes. 1963–1966 Wissenschaftlicher Mitarbeiter, 1966 Promotion zum Dr. rer. pol.; 1966–1968 Wissenschaftlicher Assistent des Sachverständigenrates zur Begutachtung der gesamtwirtschaftlichen Entwicklung; 1968–1971 Lecturer in Economics, University of

Reading, Großbritannien. 1971–1990 Professor für Volkswirtschaftslehre an der Universität Mannheim, 1980–1983 abgeordnet an das Europäische Hochschulinstitut in Florenz. 1990–1993 Professor für Volkswirtschaftslehre an der Universität Freiburg i.Br.

Veröffentlichungen u.a.: Theorie der Wirtschaftspolitik, 4., neubearb. und erw. Auflage, Düsseldorf 1991; Freiburger Beiträge zur Ordnungsökonomik, Tübingen 1995; Systemwettbewerb im europäischen Integrationsprozeß, in: Immenga, Ulrich/Möschel, Wernhard/Reuter, Dieter (Hrsg.): Festschrift für Ernst-Joachim Mestmäcker zum siebzigsten Geburtstag, Baden-Baden 1996, S. 521–535.

H. Jörg Thieme, geb. 1941, ist seit 1990 Professor für Volkswirtschaftslehre an der Universität Düsseldorf. Studium der Volkswirtschaftslehre und Rechtswissenschaft an den Universitäten Erlangen, Nürnberg und Marburg. 1964 Dipl.-Volkswirt, 1968 Promotion zum Dr. rer. pol. in Marburg. 1969–1972 Wissenschaftlicher Assistent an der Universität Gießen. 1972–1977 ordentlicher Professor für Wirtschaftswissenschaften an der Universität Essen. 1977–1990 ordentlicher Professor für Theoretische Volkswirtschaftslehre an der Ruhr-Universität Bochum. 1990–1992 Gründungsdekan (1992–1994 Prodekan) der Wirtschaftswissenschaftlichen Fakultät der Heinrich-Heine-Universität Düsseldorf. 1991–1993 Vorsitzender des Ausschusses zum Vergleich von Wirtschaftssystemen im Verein für Socialpolitik. 1993–1997 Vorstandsvorsitzender der Akademie Deutscher Genossenschaften.

Veröffentlichungen u.a.: Geldtheorie. Entwicklung, Stand und systemvergleichende Anwendung, Baden-Baden [2]1987; Soziale Marktwirtschaft. Ordnungskonzeption und wirtschaftspolitische Gestaltung, 2., überarb. Auflage, München 1994 (Übersetzungen ins Chinesische, Polnische, Bulgarische und Koreanische); (zus. mit J. Siebke) Geldpolitik. Zwanzig Jahre Geldmengensteuerung in Deutschland, Baden-Baden 1995.

Hans Tietmeyer, geb. 1931, ist seit 1993 Präsident der Deutschen Bundesbank und seit 1996 Honorarprofessor für Volkswirtschaftslehre an der Universität Halle-Wittenberg. 1953–1958 Studium in Münster, Bonn und Köln, 1958 Dipl.-Volkswirt an der Universität Köln. 1959–1962 Geschäftsführer der Studienförderung Cusanuswerk. 1960 Dr. rer. pol. an der Universität Köln. 1962–1982 Tätigkeit im Bundesministerium für Wirtschaft. 1982–1989 Staatssekretär im Bundesministerium der Finanzen. Seit 1990 Mitglied des Direktoriums der Deutschen Bundesbank, 1991–1993 Vizepräsident der Deutschen Bundesbank. Seit 1994 Chairman der G10-Zentralbankgouverneure. In den siebziger und achtziger Jahren u.a. Vorsitzender des EG-Ausschusses für Wirtschaftspolitik, Vorsitzender der OECD-Arbeitsgruppe für Strukturanpassungspolitik und Vorsitzender des EG-Währungsausschusses. Seit 1990 im Nebenamt Vorsitzender des Kuratoriums der Deutschen Bundesstiftung Umwelt. Seit 1995 Mitglied der Päpstlichen Akademie der Sozialwissenschaften in Rom.

ANZEIGEN